여러분의 합격을 응원하는
해커스공무원의 특별 혜택

FREE 공무원 관세법 특강

해커스공무원(gosi.Hackers.com) 접속 후 로그인 ▶ 상단의 [무료강좌] 클릭 ▶
[교재 무료특강] 클릭하여 이용

회독용 답안지(PDF)

해커스공무원(gosi.Hackers.com) 접속 후 로그인 ▶
상단의 [교재·서점 → 무료 학습 자료] 클릭 ▶ 본 교재의 [자료받기] 클릭

▲ 바로 가기

해커스공무원 온라인 단과강의 **20% 할인쿠폰**

A E 2 F D 9 F 5 E D F B 6 7 7 Y

해커스공무원(gosi.Hackers.com) 접속 후 로그인 ▶ 상단의 [나의 강의실] 클릭 ▶
좌측의 [쿠폰등록] 클릭 ▶ 위 쿠폰번호 입력 후 이용

* 등록 후 7일간 사용 가능(ID당 1회에 한해 등록 가능)

합격예측 **온라인 모의고사 응시권 + 해설강의 수강권**

2 C A 3 3 A E 6 7 2 3 8 7 4 E M

해커스공무원(gosi.Hackers.com) 접속 후 로그인 ▶ 상단의 [나의 강의실] 클릭 ▶
좌측의 [쿠폰등록] 클릭 ▶ 위 쿠폰번호 입력 후 이용

* ID당 1회에 한해 등록 가능

쿠폰 이용 관련 문의 **1588-4055**

단기 합격을 위한
해커스공무원 커리큘럼

입문
탄탄한 기본기와 핵심 개념 완성!
누구나 이해하기 쉬운 개념 설명과 풍부한 예시로 부담없이 쌩기초 다지기

TIP 베이스가 있다면 **기본 단계**부터!

▼

기본+심화
필수 개념 학습으로 이론 완성!
반드시 알아야 할 기본 개념과 문제풀이 전략을 학습하고
심화 개념 학습으로 고득점을 위한 응용력 다지기

▼

기출+예상 문제풀이
문제풀이로 집중 학습하고 실력 업그레이드!
기출문제의 유형과 출제 의도를 이해하고 최신 출제 경향을 반영한
예상문제를 풀어보며 본인의 취약영역을 파악 및 보완하기

▼

동형문제풀이
동형모의고사로 실전력 강화!
실제 시험과 같은 형태의 실전모의고사를 풀어보며 실전감각 극대화

▼

최종 마무리
시험 직전 실전 시뮬레이션!
각 과목별 시험에 출제되는 내용들을 최종 점검하며 실전 완성

▼

PASS

* 커리큘럼 및 세부 일정은 상이할 수 있으며,
자세한 사항은 해커스공무원 사이트에서 확인하세요.

**단계별 교재 확인 및
수강신청은 여기서!**

gosi.Hackers.com

해커스공무원

이명호
관세법

단원별 기출문제집

해커스

이명호

약력

관세사
서울대학교 졸업
고려대학교 경영전문대학원 MBA 석사 졸업
제18회 관세사 자격시험 수석 합격
현 | 해커스공무원 관세법, 무역학, 한국사 강의
전 | 아모르이그잼 관세법 강의
전 | 국제무역사 시험 출제위원
전 | 이의신청 심의위원, 과세전적부심 심사위원

저서

해커스공무원 이명호 올인원 관세법
해커스공무원 이명호 관세법 뻥령집
해커스공무원 이명호 관세법 단원별 기출문제집
해커스공무원 이명호 관세법 핵심요약집
해커스공무원 이명호 무역학 이론 + 기출문제
해커스공무원 이명호 한국사
해커스공무원 이명호 한국사 암기강화 프로젝트 워크북
해커스공무원 이명호 한국사 기출로 적중

서문

중요한 것은 언제나 중요하다!

이전에 관세법령집에 기출 문장들을 표시해 본 적이 있습니다. 관세사 1차 시험에 출제되었던 문제는 '관', 관세직 9급 시험에 출제되었던 문제는 '9', 관세직 7급 시험에 출제되었던 문제는 '7', 이런 식으로 표시를 했습니다. 그랬더니 지난 10년간 한 번도 출제되지 않은 문장이 있는가 하면, 어떤 문장에는 '관, 관, 관, 9, 9, 7, 7' 이렇게 표시되어 있는 것들도 있었습니다.

시험에서 "중요한 것은 언제나 중요합니다." 이것은 기출문제를 분석하는 것이 얼마나 중요한지를 보여주는 부분입니다.

기출문제집은 '제2의 기본서'입니다.

문제풀이를 한다는 생각보다는 기본이론을 더욱 정밀하게 정리한다는 자세로 이 문제집을 대해야 합니다. 문제를 맞고 틀리는 것에 집중하기보다는, 어떤 문제가 어떤 유형으로 출제되는지, 그리고 변형이 되어 출제되면 어떻게 대응할 것인지를 고려하며 보아야 합니다. 맞힌 문제라 할지라도 그냥 넘어가지 마시고, 나머지 선지들에서도 키워드를 정리하시기 바랍니다.

<해커스공무원 이명호 관세법 단원별 기출문제집>은 관세법 학습의 기본이 되는 기출문제를 효과적으로 학습할 수 있도록 다음과 같은 특징을 가지고 있습니다.

첫째, 현재까지 진행된 관세직 7·9급 시험과 관세사 1차 시험의 문제를 모두 담았습니다.

동시에 '너무 닮아있는' 문제들은 일부 통합하여 효율성을 높였습니다. 이를 통해 다양한 출제 유형의 문제들을 풀어보면서 기본이론에 대한 이해와 함께 문제풀이 실력도 향상시킬 수 있습니다.

둘째, 법령이 개정되어 문제나 답을 수정해야 하는 경우, 이를 모두 수정하였습니다.

이 책의 모든 문제는 현재 시행되고 있는 법령에 맞게 구성되어 있습니다. 이를 통해 빈틈없는 법령 학습이 가능합니다.

셋째, 2024년 국가직 9급 기출문제까지 모두 수록하였습니다.

2025년 시험을 효과적으로 대비하기 위하여 2024년 국가직 9급 기출문제를 모두 수록하였으며, 단원별 출제 비중을 파악하여 실전감각을 기를 수 있도록 구성하였습니다.

더불어, 공무원 시험 전문 사이트 해커스공무원(gosi.Hackers.com)에서 교재 학습 중 궁금한 점을 나누고 다양한 무료 학습 자료를 함께 이용하여 학습 효과를 극대화할 수 있습니다.

<해커스공무원 이명호 관세법 단원별 기출문제집>이 관세법 시험을 준비하시는 모든 수험생 여러분들에게 실질적인 도움이 되길 바랍니다.

이명호

차례

이 책의 구성

문제해결 능력 향상을 위한 단계별 구성

STEP 1 기출문제로 문제해결 능력 키우기

7·9급 국가직을 포함하여 관세사 1차 시험의 관세법 기출문제까지 수록하였습니다. 그 중 너무 유사한 문제들은 일부 통합하고 변형하여 수록하였으며, 재출제 가능성이 높거나 퀄리티가 좋은 문제들은 물론 지엽적이고 고난도의 문제 등 다양한 출제 유형의 문제를 학습 흐름에 따라 배치하였습니다. 충분한 문제풀이를 통해 학습한 이론이 어떻게 문제로 출제되는지 확인하고, 문제해결 능력을 키울 수 있습니다.

STEP 2 상세한 해설로 개념 완성하기

기출문제 학습이 단순히 문제풀이에서 끝나지 않고 이론 복습 및 개념 완성으로 이어질 수 있도록 모든 문제에 상세한 해설을 수록하였습니다. 더불어 문제와 관련된 법조문을 제시하여 필요에 따라 법령의 원문을 확인하여 실력을 쌓을 수 있으며, 본인이 취약한 부분도 쉽게 파악하고 보완할 수 있습니다. 또한 더 알아두면 학습에 도움이 되는 법령이나 내용을 수록하여 문제를 단순히 풀어보는 것에서 그치지 않고 관련 내용까지 심도 있는 학습을 할 수 있습니다.

STEP 3 회독 장치를 통해 약점 극복하기

문제를 여러번 회독할 수 있도록 회독 표시용 체크 박스와 회독용 답안지를 수록 및 제공하였습니다. 문제번호 옆의 회독 표시용 체크 박스를 통해 3회독 동안의 채점 결과를 기록하여 자신의 약점과 강점을 쉽게 파악하고, 이를 통해 중점적으로 학습해야 할 범위를 좁힐 수 있습니다. 또, 해커스공무원 사이트에서 제공하는 회독용 답안지를 활용하여 각 회독마다 단원별로 자신의 학습상태를 점검하고, 더 학습해야 하는 단원들을 체계적으로 분석할 수 있습니다.

정답의 근거와 오답의 원인, 관련법령까지 짚어주는 정답 및 해설

기출문제

- 7·9급 국가직 및 관세사 1차 시험을 학습흐름에 따라 단원별로 수록
- 문제번호 하단의 체크 박스를 활용한 다회독 가능

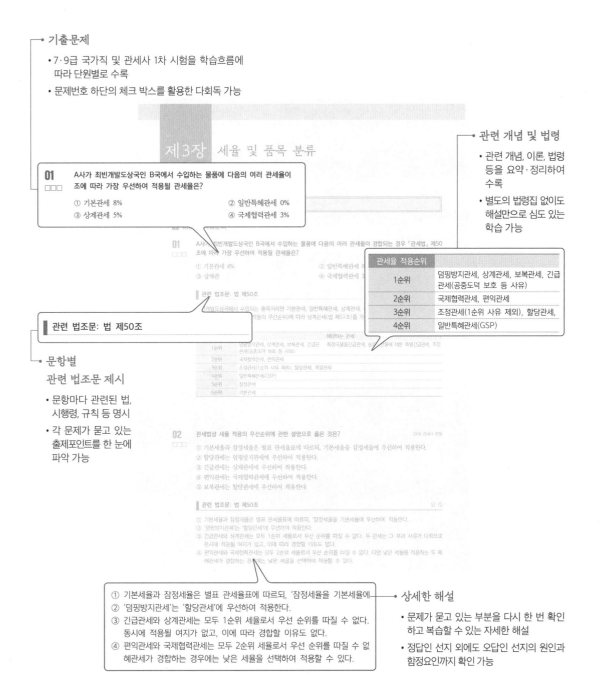

제3장 세율 및 품목 분류

01 A사가 최빈개발도상국인 B국에서 수입하는 물품에 다음의 여러 관세율이 조에 따라 가장 우선하여 적용될 관세율은?

① 기본관세 8% ② 일반특혜관세 0%
③ 상계관세 5% ④ 국제협력관세 3%

관련 개념 및 법령

- 관련 개념, 이론, 법령 등을 요약·정리하여 수록
- 별도의 법령집 없이도 해설만으로 심도 있는 학습 가능

관세율 적용순위	
1순위	덤핑방지관세, 상계관세, 보복관세, 긴급관세(공중도덕 보호 등 사유)
2순위	국제협력관세, 편익관세
3순위	조정관세(1순위 사유 제외), 할당관세,
4순위	일반특혜관세(GSP)

관련 법조문: 법 제50조

문항별 관련 법조문 제시

- 문항마다 관련된 법, 시행령, 규칙 등 명시
- 각 문제가 묻고 있는 출제포인트를 한 눈에 파악 가능

02 관세법상 세율 적용의 우선순위에 관한 설명으로 옳은 것은?

① 기본세율과 잠정세율은 별표 관세율표에 따르되, '잠정세율을 기본세율에
② '덤핑방지관세'는 '할당관세'에 우선하여 적용한다.
③ 긴급관세와 상계관세는 모두 1순위 세율로서 우선 순위를 따질 수 없다. 동시에 적용될 여지가 없고, 이에 따라 경합할 이유도 없다.
④ 편익관세와 국제협력관세는 모두 2순위 세율로서 우선 순위를 따질 수 없 혜관세가 경합하는 경우에는 낮은 세율을 선택하여 적용할 수 있다.

상세한 해설

- 문제가 묻고 있는 부분을 다시 한 번 확인하고 복습할 수 있는 자세한 해설
- 정답인 선지 외에도 오답인 선지의 원인과 함정요인까지 확인 가능

제1장

총칙

제1장 총칙

제1절 | 통칙(법 제1조 ~ 제4조)

■ 용어 정의

01 「관세법」상 용어에 대한 설명으로 옳지 않은 것은?

2023 국가직 7급

① 우리나라에 거주하는 자가 외국에 있던 선박의 사실상 소유권을 취득하고 그 선박이 우리나라에 들어와 사용에 제공된 때에는 형식적으로는 그 선박이 우리나라의 국적을 아직 취득하지 아니하였더라도 실질적으로는 관세부과의 대상이 되는 '수입'에 해당한다.

② 선박용품 중 '수리용 예비부분품 및 부속품'은 항해 중에 있을 수 있는 선박의 자체적인 유지·관리·보수를 대비하여 통상적으로 구비하는 예비적인 부분품이나 부속품을 의미한다.

③ '사이버몰'은 컴퓨터 등과 정보통신설비를 이용하여 재화를 거래할 수 있도록 설정된 가상의 영업장을 말한다.

④ 수입신고수리전 반출승인을 받아 반출된 물품은 '외국물품'에 해당한다.

> **┃ 관련 법조문: 법 제2조**
> 답 ④

수입신고수리전 반출승인을 받아 반출된 물품은 관세선을 밖에서 안으로 통과해 들어온 '내국물품'에 해당한다(법 제2조 제5호 라목).

✅ 선지분석

① 외국에 있던 선박을 우리나라 거주자가 소유권을 국내에 반입한 경우이므로, 이것은 '외국물품'이 '반입'된 것, 즉 수입으로 볼 수 있다.

② 선박용품 중 '수리용 예비부분품 및 부속품'은 항해 중에 있을 수 있는 선박의 자체적인 유지·관리·보수를 대비하여 통상적으로 구비하는 예비적인 부분품이나 부속품을 의미한다. '예비'라는 단어가 붙어 있다는 것에 유의해야 한다. 이것은 관세법 본문이 아닌, 관세법 기본통칙의 내용이다.

③ 관세법상 용어의 정의에 따라 '전자상거래물품이란 사이버몰(컴퓨터 등과 정보통신설비를 이용하여 재화를 거래할 수 있도록 설정된 가상의 영업장을 말한다) 등을 통하여 전자적 방식으로 거래가 이루어지는 수출입물품'을 말한다. 이 정의 안에 '사이버몰'의 정의가 포함되어 있다.

---

02 관세법상 용어에 관한 설명으로 옳은 것은?

2024 관세사

① 국내에 도착하여 수입통관절차를 거친 외국물품이 다시 외국으로 반출되는 것은 "반송"에 해당한다.

② 지정장치장의 화물관리인 지정을 받은 자는 "운영인"에 해당한다.

③ 관세의 과세표준과 세액을 결정하기 위하여 서면으로 납세자의 장부·서류를 조사하는 것은 "관세조사"에 해당하지만 통합조사의 원칙에 따라 통합하여 조사하는 경우는 "관세조사"에 해당하지 않는다.

④ 외국물품이더라도 선박용품·항공기용품 또는 차량용품을 운송수단 안에서 그 용도에 따라 소비하는 경우는 "수입"에 해당하지 않는다.

⑤ 상업서류, 견본품, 자가사용물품, 그 밖에 이와 유사한 물품으로서 국제무역선을 이용하여 물품을 휴대하여 반출입하는 것을 업으로 하는 자에게 위탁하여 우리나라에 반입하는 물품은 "탁송품"에 해당한다.

| 관련 법조문: 법 제2조, 제239조 | 답 ④ |

선박용품·항공기용품 또는 차량용품을 운송수단 안에서 그 용도에 따라 소비하는 경우는 수입으로 보지 아니한다 (법 제239조 제1호).

✅ **선지분석**

① '국내에 도착하여 수입통관 절차를 거친 외국물품'은 수입신고를 하고 수입신고수리까지 된 물품이므로 '내국물품'이다. 이 물품을 다시 외국으로 반출하면 재수출하는 것이므로 '수출'에 해당한다. 반송이란 국내에 도착한 외국물품이 수입통관절차를 거치지 아니하고 다시 외국으로 반출하는 것을 말한다(법 제2조 제3호).

② 지정장치장의 화물관리인 지정을 받은 자는 '화물관리인'이다. 세관장은 지정장치장의 질서유지와 화물의 안전관리를 위하여 필요하다고 인정할 때에는 화주를 갈음하여 보관의 책임을 지는 화물관리인을 지정할 수 있다(법 제172조 제2항). 관세법상 '운영인'이란 다음 중 어느 하나에 해당하는 자를 말한다(법 제2조 제16호).

> 1. 법 제174조 제1항에 따라 특허보세구역의 설치·운영에 관한 특허를 받은 자
> 2. 법 제198조 제1항에 따라 종합보세사업장의 설치·운영에 관한 신고를 한 자

③ '관세조사'란 관세의 과세표준과 세액을 결정 또는 경정하기 위하여 방문 또는 서면으로 납세자의 장부·서류 또는 그 밖의 물건을 조사(법 제110조의2에 따라 통합하여 조사하는 것을 포함한다)하는 것을 말한다(법 제2조 제20호).

⑤ '탁송품'(託送品)이란 상업서류, 견본품, 자가사용물품, 그 밖에 이와 유사한 물품으로서 국제무역선·국제무역기 또는 국경출입차량을 이용한 물품의 송달을 업으로 하는 자(물품을 휴대하여 반출입하는 것을 업으로 하는 자는 제외한다)에게 위탁하여 우리나라에 반입하거나 외국으로 반출하는 물품을 말한다(법 제2조 제18호).

---

03 **관세법상 용어의 정의가 옳지 않은 것은?** 2018·2016 관세사, 2013 국가직 9급

① '수입'이란 외국물품을 우리나라에 반입(보세구역을 경유하는 것은 보세구역으로부터 반입하는 것을 말한다)하거나 우리나라에서 소비 또는 사용하는 것(우리나라의 운송수단 안에서의 소비 또는 사용을 포함하며, 관세법 제239조 각 호의 어느 하나에 해당하는 소비 또는 사용은 제외한다)을 말한다.

② '수출'이란 내국물품을 외국으로 반출하는 것을 말한다.

③ '반송'이란 국내에 도착한 외국물품이 수입통관절차를 거치지 아니하고 다시 외국으로 반출되는 것을 말한다.

④ '복합환적'이란 동일한 세관의 관할구역에서 입국 또는 입항하는 운송수단에서 출국 또는 출항하는 운송수단으로 물품을 옮겨 싣는 것을 말한다.

| 관련 법조문: 법 제2조 | 답 ④ |

복합환적(複合換積)은 환적(換積)에 포함되는 것이 아니다. 환적과 복합환적은 다른 것이므로 구분하여야 하며, 특히 '동일 세관'에서 옮겨 싣는지, '다른 세관'으로 운송하여 옮겨 싣는지를 구분하여야 한다.

환적	동일한 세관의 관할구역에서 입국 또는 입항하는 운송수단에서 출국 또는 출항하는 운송수단으로 물품을 옮겨 싣는 것
복합환적	입국 또는 입항하는 운송수단의 물품을 다른 세관의 관할구역으로 운송하여 출국 또는 출항하는 운송수단으로 옮겨 싣는 것

04 관세법의 규정 또는 관세법에서 사용하는 용어의 정의로 옳지 않은 것은? 2013 관세사

□□□

① '선박용품'이란 외국물품인 음료, 식품, 연료, 소모품, 밧줄, 수리용 예비부분품 및 부속품, 집기, 그 밖에 이와 유사한 물품으로서 해당 선박에서만 사용되는 것을 말한다.

② 선박용품·항공기용품 또는 차량용품을 운송수단 안에서 그 용도에 따라 소비하거나 사용하는 경우에는 이를 '수입'으로 보지 아니한다.

③ 우리나라의 선박 등이 공해에서 채집하거나 포획한 수산물 등은 '내국물품'에 해당한다.

④ 종합보세사업장의 설치·운영에 관한 신고를 한 자는 '운영인'에 해당한다.

⑤ 수입하려는 물품을 수입신고전에 하역통로로부터 반출하기 위하여 즉시 반출신고를 하고 반출된 물품의 경우에는 '내국물품'으로 본다.

▌관련 법조문: 법 제2조 답 ①

선박용품이란 음료, 식품, 연료, 소모품, 밧줄, 수리용 예비부분품 및 부속품, 집기, 그 밖에 이와 유사한 물품으로서 해당 선박에서만 사용되는 것을 말한다. 선박용품에는 '외국물품인 선박용품'과 '내국물품인 선박용품'이 모두 있으므로, 선박용품을 정의할 때 외국물품으로만 한정하여서는 안 된다.

05 관세법상 용어 정의에 관한 설명으로 옳은 것은? 2011 관세사

□□□

① 우리나라와 자유무역협정을 체결한 국가의 선박에 의해 협정국 인근의 공해상에서 채집 또는 포획한 수산물을 우리나라에 반입한다면 관세법상 수입이라고 볼 수 없다.

② 입항 전 수입신고가 된 물품은 내국물품으로 간주한다.

③ 항공기용품이란 선박용품에 준하는 물품으로 해당 항공기에서만 사용되는 것을 말한다.

④ 우리나라 선박에 의해 외국영해에서 채집 또는 포획한 수산물을 우리나라에 반입한다면 관세법상 수입이라고 볼 수 없다.

▌관련 법조문: 법 제2조 답 ③

국제무역선의 항해에 필수적인 물품을 선박용품이라 한다. 이와 유사한 물품으로서 국제무역기에서만 사용되면 항공기용품이라 하고, 국경출입차량에서만 사용되면 차량용품이라고 한다.

✓ 선지분석

① '우리나라와 자유무역협정을 체결한 국가의 선박'이란 FTA를 체결했든 그렇지 않든 어쨌거나 외국선박이다. 외국선박이 '공해'에서 잡은 물고기를 우리나라로 반입한다면 관세법상 '수입'이 된다.

② 수입신고는 원칙적으로 입항한 후에 해야 한다. 그러나 신속한 통관을 위해 입항 전에 수입신고를 할 수 있는 예외를 마련해 두었다. 이렇게 입항 전에 한 수입신고는 우리나라에 도착하여 수입신고를 한 것과 법률적인 효력이 동등하게 인정된다. 그럼에도 불구하고, 입항 전 수입신고가 된 것만으로는 '내국물품'이라고 할 수 없다. 입항 전 수입신고가 '수리'되어야 내국물품이 된다.

④ 나라마다 그 나라의 땅(영토), 그 나라의 바다(영해), 그 나라의 하늘(영공)이 있다. 그 나라의 바다에서 잡은 물고기는 무조건 그 나라의 것이다. 우리가 외국의 바다에서 잡은 물고기는(외국영해에서 채집 또는 포획한 수산물은) 법적으로 '외국물품'에 해당한다. 그러므로 이 물품을 국내로 반입한다면 당연히 수입이 된다.

06 관세법상 용어의 정의에 대한 설명으로 옳지 않은 것은?

① 수출신고가 수리된 물품은 외국물품에 해당된다.
② 우리나라의 선박 등에 의하여 공해에서 채집 또는 포획된 수산물 등은 내국물품에 해당된다.
③ 외국물품인 선박용품·항공기용품 또는 차량용품을 운송수단 안에서 그 용도에 따라 소비 또는 사용하는 것은 수입에 해당된다.
④ 입국 또는 입항하는 운송수단의 물품을 다른 세관 관할구역으로 운송하여 출국 또는 출항하는 운송수단으로 옮겨 싣는 것은 복합환적에 해당한다.

관련 법조문: 법 제2조, 제239조   답 ③

선박용 연료와 같이 항해에 필수적인 물품을 선박용품이라고 한다. '외국물품인 선박용품'이란 수입 연료와 같은 것들이다. 이러한 연료 등을 운항 중인 선박에서(운송수단 안에서), 항해를 위하여(그 용도에 따라) 소비·사용하였다면 이것에 대해서는 과세하지 않는다. 수입으로 보지 않기 때문이다.

> **법 제239조(수입으로 보지 아니하는 소비 또는 사용)** 외국물품의 소비나 사용이 다음 각 호의 어느 하나에 해당하는 경우에는 이를 수입으로 보지 아니한다.
> 1. 선박용품·항공기용품 또는 차량용품을 운송수단 안에서 그 용도에 따라 소비하거나 사용하는 경우
> 2. 선박용품·항공기용품 또는 차량용품을 세관장이 정하는 지정보세구역에서 출입국관리법에 따라 출국심사를 마치거나 우리나라에 입국하지 아니하고 우리나라를 경유하여 제3국으로 출발하려는 자에게 제공하여 그 용도에 따라 소비하거나 사용하는 경우
> 3. 여행자 휴대품을 운송수단 또는 관세통로에서 소비하거나 사용하는 경우
> 4. 관세법에서 인정하는 바에 따라 소비하거나 사용하는 경우

07 관세법 제2조(정의)에 따른 설명으로 옳지 않은 것은?

① 복합환적이란 입국 또는 입항하는 운송수단의 물품을 다른 세관의 관할구역으로 운송하여 출국 또는 출항하는 운송수단으로 옮겨 싣는 것을 말한다.
② 외국의 선박이 외국의 영해가 아닌 경제수역에서 포획한 수산물로서 관세법 제241조 제1항에 따른 수입의 신고가 수리되기 전의 것은 외국물품에 해당한다.
③ 외국물품을 우리나라에 반입하거나 여행자가 외국물품인 휴대품을 운송수단 또는 관세통로에서 소비 또는 사용하는 것은 수입으로 본다.
④ 선박용품이란 음료, 식품, 연료, 소모품, 밧줄, 수리용 예비부분품 및 부속품, 집기, 그 밖에 이와 유사한 물품으로서 해당 선박에서만 사용되는 것을 말한다.

관련 법조문: 제2조, 제239조   답 ③

외국물품을 우리나라에 반입하는 것은 '수입'에 해당한다(법 제2조 제1호). 그러나 여행자가 외국물품인 휴대품을 운송수단 또는 관세통로에서 소비 또는 사용하는 것은 '수입으로 보지 아니하는 소비 또는 사용'에 해당하므로 '수입'에 해당하지 않는다(법 제239조).

08 관세법상 외국물품의 '수입'으로 볼 수 있는 것은?

① 보세구역을 경유해야 하는 물품을 보세구역에 반입하는 경우
② 선박용품을 부두에서 운영하고 있는 크레인에서 사용하는 경우
③ 항공기용품을 세관장이 정하는 지정보세구역에서 출입국관리법에 따라 출국심사를 마친 자에게 제공하여 그 용도에 따라 사용하는 경우
④ 여행자가 휴대품을 관세통로에서 사용하는 경우

▌관련 법조문: 법 제2조, 제239조   답 ②

외국물품을 '우리나라에서' 또는 '우리나라의 운송수단 안에서' 소비하거나 사용하면 관세법상 수입으로 보아 관세를 부과한다. 그러나 선박용품을 선박에서 항해 용도대로 사용하면 수입으로 보지 않고, 관세도 부과하지 않는다. 다만, 선박용품 등을(다른 물품이면 안 됨), 운송수단 안에서(소비·사용의 장소가 반드시 운송수단 안이어야 함), 용도에 따라(항해의 용도대로) 소비하거나 사용될 때에만 '수입으로 보지 아니하는 소비 또는 사용'에 해당한다. 선박용품을 '부두에서 운영하고 있는 크레인'에서 사용하였다면, 사용 장소 요건도 맞지 않고, 용도에 따라 사용한 것으로도 볼 수 없으므로 '수입으로 보지 아니하는 소비 또는 사용'에 해당하지 않는다. 즉, 이런 경우 '수입'으로 봐야 하므로, 관세 부과대상이 된다.

⊘ 선지분석

① 보세구역을 경유해야 하는 물품을 '보세구역으로부터' 반입하는 경우, 수입에 해당한다. 관세법상 외국지역인 보세구역에 반입하는 것만으로는 '수입'이라고 볼 수 없다.
③ '항공기용품을 세관장이 정하는 지정보세구역에서 출입국관리법에 따라 출국심사를 마친 자에게 제공하여 그 용도에 따라 사용하는 경우' 법 제239조에 따라 수입으로 보지 아니하는 소비 또는 사용에 해당하므로 수입으로 볼 수 없다.
④ '여행자가 휴대품을 관세통로에서 사용하는 경우' 법 제239조에 따라 수입으로 보지 아니하는 소비 또는 사용에 해당하므로 수입으로 볼 수 없다.

09 외국물품의 소비나 사용을 수입으로 볼 수 있는 것은?

① 선박용품·항공기용품 또는 차량용품을 세관장이 정하는 지정 보세구역에서 출입국관리법에 따라 출국심사를 마치거나 우리나라에 입국하지 아니하고 우리나라를 경유하여 제3국으로 출발하려는 자에게 제공하여 그 용도에 따라 소비하거나 사용하는 경우
② 선박용품·항공기용품 또는 차량용품을 운송수단 안에서 그 용도에 따라 소비하거나 사용하는 경우
③ 여행자가 휴대품을 운송수단 또는 관세통로에서 소비하거나 사용하는 경우
④ 외국물품에 대하여 보세구역에 반입신고를 한 후에 그 용도에 따라 소비하거나 사용하는 경우

▌관련 법조문: 법 제2조, 제239조   답 ④

법 제2조(정의)의 '수입'과 법 제239조(수입으로 보지 아니하는 소비 또는 사용)를 구분하는 문제이다. ①②③은 '수입으로 보지 아니하는 소비 또는 사용'에 해당한다. 외국물품을 '우리나라에서' 또는 '우리나라의 운송수단 안에서' 소비하거나 사용하는 경우에는 '수입'에 해당한다.

10 관세법상 수입과 수출에 대한 설명으로 옳은 것은?

□□□

① 보세구역을 경유하는 외국물품을 보세구역으로부터 반입하는 것은 수입이다.

② 여행자가 외국물품인 휴대품을 운송수단에서 소비하는 것은 수입이다.

③ 우리나라 선박이 공해에서 포획하여 우리나라에 도착한 수산물을 소비하는 것은 수입이다.

④ 수입신고한 물품을 수입신고수리전 반출승인을 받아 반출한 경우 그 물품을 다시 외국으로 반출하는 것은 수출이 아니다.

▍관련 법조문: 법 제2조, 제239조 답 ①

수입이란 외국물품을 우리나라에 반입(보세구역을 경유하는 것은 보세구역으로부터 반입하는 것을 말한다)하거나 우리나라에서 소비 또는 사용하는 것(우리나라의 운송수단 안에서의 소비 또는 사용을 포함하며, 법 제239조 각 호의 어느 하나에 해당하는 소비 또는 사용은 제외한다)을 말한다(법 제2조 제1호).

✅ 선지분석

② 여행자가 휴대품을 운송수단 또는 관세통로에서 소비하거나 사용하는 경우 이를 수입으로 보지 아니한다(법 제239조).

③ 우리나라 선박이 공해에서 포획하여 우리나라에 도착한 수산물은 내국물품이므로, 이 물품을 소비하는 것은 수입에 해당하지 않는다(법 제2조).

④ 수입신고한 물품을 수입신고수리전 반출승인을 받아 반출한 경우 그 물품은 내국물품이다(법 제2조 제5호). 그러므로 이 물품을 다시 외국으로 반출하는 것은 수출에 해당한다(법 제2조 제2호).

> **🔍 명호샘의 한마디**
> '수입'에 대한 문제가 출제되면, 다음의 세 조항이 섞여 있는지 살펴봐야 한다. 법 제2조(수입)의 오답은 법 제239조 (수입이 아닌 것)이다.
>
> | 법 제2조(정의) 제1호 | '수입'인 것들과 '수입'에서 제외되는 것(법 제239조) |
> |---|---|
> | 법 제239조(수입으로 보지 아니하는 소비 또는 사용) | '수입'에서 제외되는 것 |
> | 법 제240조(수출입의 의제) | '수입'으로 보는 것들 |

---

11 다음 물품 중 관세법상 내국물품에 해당하는 것만을 모두 고른 것은?

□□□

> ㉠ 입항전수입신고가 수리된 물품
> ㉡ 보세구역 장치물품의 현상을 유지하기 위한 보수작업으로 외국물품에 부가된 내국물품
> ㉢ 우리나라의 선박 등이 공해에서 채집하거나 포획한 수산물
> ㉣ 수입신고수리전 반출승인을 받아 반출된 물품
> ㉤ 외국으로부터 우리나라에 도착한 물품으로서 수입신고가 수리되기 전의 물품
> ㉥ 수입신고된 물품으로서 우리나라에 도착한 물품

① ㉠, ㉡, ㉣　　　　　　　　　　　② ㉡, ㉤, ㉥

③ ㉠, ㉢, ㉣　　　　　　　　　　　④ ㉢, ㉣, ㉥

▍관련 법조문: 법 제2조 답 ③

내국물품이 아니라면 분명히 외국물품이다. ㉠㉢㉣이 내국물품이고, ㉡㉤㉥은 외국물품이다.

㉠ 관세법 제244조 제1항에 따른 입항전수입신고가 수리된 물품은 '내국물품'에 해당한다(법 제2조 제5호 다목).

㉢ 우리나라의 선박 등이 공해에서 채집하거나 포획한 수산물 등은 '내국물품'에 해당한다(법 제2조 제5호 나목).

㉣ 관세법 제252조에 따른 수입신고수리전 반출승인을 받아 반출된 물품은 '내국물품'에 해당한다(법 제2조 제5호 라목).

ⓛ 수입될 물품의 보수작업을 위하여 그 재료로 '내국물품'을 사용한 경우, 보수작업으로 외국물품에 부가된 내국물품은 외국물품으로 본다(법 제158조 제5항). 재료로 사용한 내국물품을 외국물품으로 간주하여야 전체 물품이 외국물품이 되기 때문이다.

ⓜ 외국으로부터 우리나라에 도착한 물품으로서 관세법 제241조 제1항에 따른 수입의 신고가 수리(受理)되기 전의 것은 '외국물품'에 해당한다(법 제2조 제4호 가목).

ⓗ 수입 '신고'가 되고, 우리나라에 '도착'되었다 하더라도, 신고가 '수리'되지 않으면 내국물품으로 볼 수 없다. 중요한 것은 화물의 물리적인 위치가 아니라 행정적인 처리이다.

12 관세법상 내국물품에 해당하지 않는 것은?

□□□

① 칠레로부터 우리나라에 도착된 물품으로서 수입신고가 수리된 물품
② 우리나라의 어선이 공해에서 포획한 수산물
③ 세관장의 허가를 받고 국내운항선에 적재한 외국물품
④ 수입하려는 물품을 적재한 선박이 입항하기 전에 수입신고가 수리된 물품

┃ 관련 법조문: 법 제2조, 법 제140조　　　　　　　　　　　　　　　　답 ③

세관장의 허가를 받아 국내운항선에 외국물품을 적재한 경우 그 화물은 그대로 '외국물품'의 상태를 유지한다. 원칙적으로 국내운항선에는 외국물품을 적재할 수 없지만, 세관장의 허가를 받으면 적재할 수도 있다(법 제140조 제6항).

⊘ 선지분석

①④ 수입신고가 '수리'되었으므로 내국물품이 된다.
② 그 포획의 주체가 우리나라의 어선(선박)이고, 포획 장소가 '공해'이므로 해당 수산물은 내국물품이다.

13 관세법상 내국물품인 것은? (단, 해당 물품에 대해 입항전수입신고 등 수출입통관절차가 이행된 바 없음)

□□□

① 국내에 소재하는 회사가 원자재 전량을 수출하여 중국에서 위탁가공으로 생산한 다음 인천항으로 반입하는 물품
② 국내에서 생산하여 보세판매장에서 판매된 물품으로 내국인 출국자가 소지하고 스페인으로 반출했다가 귀국시 다시 반입하는 물품
③ 외국적 선박이 제주 근해(영해) 해저에서 채굴한 광산물
④ 우리나라 기업이 필리핀 연안(영해)에서 직접 양식하여 부산항으로 반입하는 수산물
⑤ 대금지불을 완료하고 베트남으로부터 우리나라에 반입되어 보세창고에 장치되었으나 매수인이 매도인에게 클레임을 제기해 다시 반품하기로 합의한 물품

┃ 관련 법조문: 법 제2조　　　　　　　　　　　　　　　　답 ③

'외국적 선박이 제주 근해(영해) 해저에서 채굴한 광산물'은 외국적 선박이 우리나라 영해에서 채굴한 광산물이므로, 우리나라 정부의 채굴 허가가 있어야 한다. 그렇게 채굴을 했다면 아무리 외국적 선박이 채굴하였다고 하더라도 '우리나라 영해'에서 채굴한 것이므로 '내국물품'이 된다.

⊘ 선지분석

① 위탁가공을 했어도 해당 물품이 우리나라의 국제항으로 반입하였다면 그것은 '외국물품'이다.
② 국내 보세판매장에서 판매되어 외국으로 반출되었다가 다시 반입하였다면 그것은 '외국물품'이다.
④ 외국의 영해에서 양식한 수산물이 국내의 국제항으로 반입되었다면 그것은 '외국물품'이다.
⑤ 보세창고에 반입되었으나 해당 물품이 다시 반품되었다면 관세선 안쪽으로 들어온 적이 없는 '외국물품'이다.

14 관세법상 내국물품에 해당하는 것만을 모두 고르면?

ㄱ. 우리나라에 있는 물품으로서 수출신고가 수리된 물품
ㄴ. 외국으로부터 우리나라에 도착한 물품으로 수입신고가 수리되기 전의 것
ㄷ. 수입신고 전 즉시반출신고를 하고 반출된 물품
ㄹ. 우리나라의 선박 등이 공해에서 채집하거나 포획한 수산물로서 우리나라에 도착하지 않은 것

① ㄱ, ㄴ   ② ㄱ, ㄷ
③ ㄴ, ㄹ   ④ ㄷ, ㄹ

█ 관련 법조문: 법 제2조   답 ④

ㄷ. '수입신고 전 즉시반출신고를 하고 반출된 물품'은 관세당국이 그 신고에 대한 수리를 하고, 이후에 반출한 것이므로 행정 처리가 완료된 물품이다. 그러므로 내국물품이다.
ㄹ. '우리나라의 선박 등이 공해에서 채집하거나 포획한 수산물'은 내국물품이다. 해당 물품이 우리나라에 도착하였는지를 불문하고 이 물품은 내국물품이다.

⊘ **선지분석**

ㄱ. '수출신고가 수리된 물품'은 외국물품이다.
ㄴ. '수입신고가 수리되기 전의 것'은 외국물품이다.

> **명호샘의 한마디**
> 외국선박이 수산물 등을 채집한 장소에 따라 해당 수산물 등은 외국물품이 될 수도 있고, 내국물품이 될 수도 있다.
>
> | 외국 선박이 공해에서 채집한 수산물 | 외국물품 |
> |---|---|
> | 외국 선박이 외국의 영해가 아닌 경제수역에서 채집한 수산물 | 외국물품 |
> | 외국 선박이 영해에서 채집한 수산물 | • 우리나라 영해인 경우: 내국물품
• 외국의 영해인 경우: 외국물품 |

---

15 관세법상 외국물품에 해당되는 것을 모두 고른 것은?

ㄱ 입항전수입신고가 수리된 물품
ㄴ 수출신고가 수리된 물품
ㄷ 보수작업으로 외국물품에 부가된 내국물품
ㄹ 수입신고수리전 반출승인을 받아 반출된 물품
ㅁ 수입신고 중에 있는 물품
ㅂ 수출신고를 하였으나 각하처분을 받은 물품
ㅅ 보세운송 중에 있는 물품
ㅇ 체신관서가 수취인에게 교부한 물품

① ㄱ, ㄷ, ㅁ, ㅂ   ② ㄱ, ㄹ, ㅅ, ㅇ
③ ㄴ, ㄷ, ㄹ, ㅂ   ④ ㄴ, ㄷ, ㅁ, ㅅ
⑤ ㄴ, ㄹ, ㅁ, ㅇ

ⓛ 수출신고가 수리된 물품은 관세선 밖으로 나간 것이므로 외국물품이다.
ⓒ 보수작업으로 외국물품에 부가된 내국물품은 외국물품으로 본다.
ⓜ 수입신고 중에 있는 물품은 신고에 대한 수리가 명확하게 명시되지 않는 한 아직까지는 외국물품 상태에 있는 것이다.
ⓢ 보세운송 중에 있는 물품은 보세상태로 국내운송되고 있는 것이므로 외국물품이다.

☑ 선지분석

ⓐ 입항전수입신고가 수리된 물품은 그 물품이 우리나라에 도착하지 않았다 하더라도 행정적으로 '수리'가 되면 내국물품이 된 것으로 본다.
ⓔ 수입신고수리전 반출승인을 받아 반출된 물품은 일반적인 수입통관절차를 거친 것은 아니지만 그 물품이 관세선 안쪽으로 들어온 것으로 보아 내국물품으로 간주한다.
ⓗ 수출신고를 하였으나 각하처분이 되었다면 아직은 관세선 밖으로 나가지 않은 것이므로 내국물품이다.
ⓞ 체신관서가 수취인에게 내준 물품은 수입의 의제가 된 것이므로 내국물품이다.

16 관세법상 외국물품인 것은?

① 세관장으로부터 기간과 장소를 지정받아 보세구역 밖에서 한 보수작업으로 외국물품에 부가된 내국물품
② 수입신고전 즉시반출신고를 하고 반출된 물품
③ 수입신고수리전 반출승인을 받아 반출된 물품
④ 입항전수입신고가 수리된 물품
⑤ 우리나라 선박이 공해에서 포획한 수산물

보세구역에 장치된 물품은 그 현상을 유지하기 위하여 필요한 보수작업과 그 성질을 변하지 아니하게 하는 범위에서 포장을 바꾸거나 구분·분할·합병을 하거나 그 밖의 비슷한 보수작업을 할 수 있다. 이 경우 보세구역에서의 보수작업이 곤란하다고 세관장이 인정할 때에는 기간과 장소를 지정받아 보세구역 밖에서 보수작업을 할 수 있다(법 제158조 제1항). 이와 같은 보수작업으로 외국물품에 부가된 내국물품은 외국물품으로 본다(법 제158조 제5항).

☑ 선지분석

② '수입신고전 즉시반출신고를 하고 반출된 물품'은 관세선 안 쪽으로 들어온 내국물품이다.
③ '수입신고수리전 반출승인을 받아 반출된 물품'은 관세선 안 쪽으로 들어온 내국물품이다.
④ '입항전수입신고가 수리된 물품'은 일반적인 수입신고가 수리된 물품과 같이 내국물품이다.
⑤ '우리나라 선박이 공해에서 포획한 수산물'은 내국물품이다.

17 관세법상 용어의 정의로 옳지 않은 것은?

① 국제무역선이란 무역을 위하여 우리나라와 외국 간을 운항하는 선박을 말한다.
② 항공기용품이란 선박용품에 준하는 물품으로서 해당 항공기에서만 사용되는 것을 말한다.
③ 환적이란 동일한 세관의 관할구역에서 입국 또는 입항하는 운송수단에서 출국 또는 출항하는 운송수단으로 물품을 옮겨 싣는 것을 말한다.
④ 반송이란 국내에 도착한 외국물품이 수입통관절차를 거치고 다시 외국으로 반출되는 것을 말한다.
⑤ 복합환적이란 입국 또는 입항하는 운송수단의 물품을 다른 세관의 관할구역으로 운송하여 출국 또는 출항하는 운송수단으로 옮겨 싣는 것을 말한다.

반송이란 국내에 도착한 외국물품이 수입통관절차를 '거치지 아니하고' 외국으로 반출되는 것을 말한다(법 제2조 제3호).

18

관세법상 용어의 설명으로 옳은 것은?　　　　　　　　　　　　　　2021 국가직 9급

① 반송이란 국내에 도착한 물품이 수입통관절차를 거치고 다시 외국으로 반출되는 것을 말한다.
② 수출이란 물품을 국외로 반출·반송하는 것을 말한다.
③ 외국의 선박 등이 공해에서 포획한 수산물로서 제241조(수출·수입 또는 반송의 신고) 제1항에 따른 수입의 신고가 수리되기 전의 것은 외국물품에 해당한다.
④ 국제무역기란 무역을 위하여 외국과 외국간을 운항하는 항공기를 말한다.

■ 관련 법조문: 법 제2조　　　　　　　　　　　　　　　　　　　　답 ③

외국으로부터 우리나라에 도착한 물품[외국의 선박 등이 공해(公海, 외국의 영해가 아닌 경제수역을 포함한다. 이하 같다)에서 채집하거나 포획한 수산물 등을 포함한다]으로서 제241조 제1항에 따른 수입의 신고(이하 '수입신고'라 한다)가 수리(受理)되기 전의 것은 '외국물품'이다(법 제2조 제4호).

⊘ 선지분석

① 반송이란 국내에 도착한 외국물품이 수입통관절차를 거치지 아니하고 다시 외국으로 반출되는 것을 말한다(법 제2조 제3호).
② 수출이란 내국물품을 외국으로 반출하는 것을 말한다(법 제2조 제2호).
④ 국제무역기란 무역을 위하여 우리나라와 외국간을 운항하는 항공기를 말한다(법 제2조 제7호).

> ### ⓠ 명호샘의 한마디
> 관세법 제2조(정의) 제4호와 제5호에서는 내국물품과 외국물품을 다음과 같이 정의하고 있다. 관세선 밖에 있는 외국물품과 관세선 안에 있는 내국물품은 명백히 구분되므로, 시험 문제에서 두 개념은 각각 정답과 오답이 된다.
>
> | 외국물품 | 가. 외국으로부터 우리나라에 도착한 물품[외국의 선박 등이 공해(公海, 외국의 영해가 아닌 경제수역을 포함한다. 이하 같다)에서 채집하거나 포획한 수산물 등을 포함한다]으로서 제241조 제1항에 따른 수입의 신고(이하 '수입신고'라 한다)가 수리(受理)되기 전의 것
나. 제241조 제1항에 따른 수출의 신고(이하 '수출신고'라 한다)가 수리된 물품 |
> | --- | --- |
> | 내국물품 | 가. 우리나라에 있는 물품으로서 외국물품이 아닌 것
나. 우리나라의 선박 등이 공해에서 채집하거나 포획한 수산물 등
다. 법 제244조 제1항에 따른 입항전수입신고가 수리된 물품
라. 법 제252조에 따른 수입신고수리전 반출승인을 받아 반출된 물품
마. 법 제253조 제1항에 따른 수입신고전 즉시반출신고를 하고 반출된 물품 |

19 관세법상 내용으로 옳지 않은 것은?　　　　　　　　　　　　2018 국가직 9급

□□□

① 관세를 납부하여야 하는 물품에 대하여는 다른 조세, 그 밖의 공과금 및 채권에 우선하여 그 관세를 징수한다.

② 관세법의 해석이나 관세행정의 관행이 일반적으로 납세자에게 받아들여진 후에는 그 해석이나 관행에 따른 행위 또는 계산은 정당한 것으로 보며, 새로운 해석이나 관행에 따라 소급하여 과세되지 아니한다.

③ 관세법에 따른 기간을 계산할 때 관세법 제252조에 따른 수입신고수리전 반출승인을 받은 경우에는 그 승인일을 수입신고의 수리일로 본다.

④ 관세법 제253조 제1항에 따른 수입신고전 즉시반출신고를 하고 반출된 물품은 외국물품에 해당한다.

┃ **관련 법조문: 법 제2조, 제3조, 제5조, 제8조**　　　　　　　　　　답 ④

수입신고전 즉시반출신고를 하고 반출된 물품은 '내국물품'이다.

☑ **선지분석**

① 관세를 납부하여야 하는 물품에 대하여는 다른 조세, 그 밖의 공과금 및 채권에 우선하여 그 관세를 징수한다(법 제3조 제1항). 이를 '관세징수의 우선'이라 한다.

② 관세법의 해석이나 관세행정의 관행이 일반적으로 납세자에게 받아들여진 후에는 그 해석이나 관행에 따른 행위 또는 계산은 정당한 것으로 보며, 새로운 해석이나 관행에 따라 소급하여 과세되지 아니한다(법 제5조 제2항). 이를 '소급과세의 금지'라 한다.

③ 관세법에 따른 기간을 계산할 때 관세법 제252조에 따른 수입신고수리전 반출승인을 받은 경우에는 그 승인일을 수입신고의 수리일로 본다(법 제8조 제1항).

20 관세법상 관세의 징수 및 내국세등의 부과·징수에 대한 설명으로 옳지 않은 것은?　　2020 국가직 7급

□□□

① 관세법에 따른 가산세 및 강제징수비의 부과·징수·환급 등에 관하여는 관세법 중 관세의 부과·징수·환급 등에 관한 규정을 적용한다.

② 강제징수의 대상이 해당 관세를 납부하여야 하는 물품이 아닌 재산인 경우에 국세징수의 예에 따라 징수하는 관세는 국세기본법에 따른 국세에 우선한다.

③ 내국세등은 수입물품에 대하여 세관장이 부과·징수하는 부가가치세, 지방소비세, 담배소비세, 지방교육세, 개별소비세, 주세, 교육세, 교통·에너지·환경세 및 농어촌특별세를 말하며, 내국세등의 가산세 및 강제징수비를 포함한다.

④ 수입물품에 대하여 세관장이 부과·징수하는 내국세등에 대한 담보제공 요구, 국세충당, 담보해제, 담보금액 등에 관하여는 관세법 중 관세에 대한 담보 관련 규정을 적용한다.

┃ **관련 법조문: 법 제3조, 제4조**　　　　　　　　　　　　　　답 ②

관세를 납부하여야 하는 물품에 대하여는 다른 조세, 그 밖의 공과금 및 채권에 우선하여 그 관세를 징수한다(법 제3조 제1항). 국세징수의 예에 따라 관세를 징수하는 경우 강제징수의 대상이 해당 관세를 납부하여야 하는 물품이 아닌 재산인 경우에는 관세의 우선순위는 국세기본법에 따른 <u>국세와 동일하게 한다</u>(법 제3조 제2항).

① 법 제4조(내국세등의 부과·징수) 제3항
③ 법 제4조(내국세등의 부과·징수) 제1항
④ 법 제4조(내국세등의 부과·징수) 제4항

> ⓐ 명호샘의 한마디
>
> 법 제3조(관세징수의 우선)가 출제되면 해당 문장이 '관세를 납부하여야 하는 물품'인지 '관세를 납부하여야 하는 물품이 아닌 재산'인지 구분해야 한다.
>
> | 관세를 납부하여야 하는 물품 | 다른 조세, 그 밖의 공과금 및 채권에 우선하여 그 관세를 징수한다. |
> | --- | --- |
> | 관세를 납부하여야 하는 물품이 아닌 재산 | (국세징수의 예에 따라 관세를 징수하는 경우 강제징수의 대상이 해당 관세를 납부하여야 하는 물품이 아닌 재산인 경우에는)
관세의 우선순위는 국세기본법에 따른 국세와 동일하게 한다. |

21

관세법상 통칙에 대한 설명으로 옳지 않은 것은?

2022 국가직 9급

① 탁송품이란 상업서류, 견본품, 자가사용물품, 그 밖에 이와 유사한 물품으로서 국제무역선·국제무역기 또는 국경출입차량을 이용한 물품의 송달을 업으로 하는 자(물품을 휴대하여 반출입하는 것을 업으로 하는 자는 제외한다)에게 위탁하여 우리나라에 반입하거나 외국으로 반출하는 물품을 말한다.
② 우리나라의 선박 등이 공해에서 채집하거나 포획한 수산물 등은 내국물품에 해당한다.
③ 관세를 납부하여야 하는 물품에 대하여는 다른 조세를 제외한 그 밖의 공과금 및 채권에 우선하여 그 관세를 징수한다.
④ 수입물품에 대하여 세관장이 부과·징수하는 내국세등의 체납이 발생하였을 때에는 징수의 효율성 등을 고려하여 필요하다고 인정되는 경우에는 대통령령으로 정하는 바에 따라 납세의무자의 주소지(법인의 경우 그 법인의 등기부에 따른 본점이나 주사무소의 소재지) 관할 세무서장이 체납세액을 징수할 수 있다.

관련 법조문: 법 제2조, 제3조, 제4조	답 ③

관세를 납부하여야 하는 물품에 대하여는 다른 조세, 그 밖의 공과금 및 채권에 우선하여 그 관세를 징수한다(법 제3조 제1항). '다른 조세를 제외'하는 것이 아니라, '다른 조세'에 우선하여 관세를 징수한다.

① 법 제2조 제18호(2020년 법 개정 후, 처음 출제된 문장)
② 법 제2조 제5호 나목
④ 법 제4조 제2항

③ 내국세의 부과·징수

22

영국의 다국적기업이 우리나라에 신설한 자회사 공장에서 사용할 1억원 상당의 장비를 무상으로 기증하였다. 해당 장비가 수입될 때 관세법상 세관장이 부과할 수 있는 조세가 아닌 것은?

2021 관세사

① 교육세
② 농어촌특별세
③ 개별소비세
④ 증여세
⑤ 지방소비세

관련 법조문: 법 제4조   답 ④

수입물품에 대하여 세관장이 부과·징수하는 내국세는 <u>부가가치세, 지방소비세, 담배소비세, 지방교육세, 개별소비세, 주세, 교육세, 교통·에너지·환경세, 농어촌특별세</u>이다. 외국에서 '무상으로 기증'하였다고 해도 수입물품에 대하여 증여세가 부과되지는 않는다.

---

23 관세법상 수입물품에 대해 세관장이 부과·징수하는 내국세만으로 구성된 것은? 2013 관세사, 2011 국가직 9급

㉠ 관세	㉡ 부가가치세
㉢ 교육세	㉣ 유류세
㉤ 농어촌특별세	㉥ 주세
㉦ 지방소비세	

① ㉠, ㉡, ㉢, ㉣, ㉥   ② ㉠, ㉡, ㉢, ㉤, ㉥

③ ㉡, ㉢, ㉣, ㉤, ㉦   ④ ㉡, ㉢, ㉤, ㉥, ㉦

관련 법조문: 법 제4조   답 ④

이 문제는 수입물품에 부과되는 '내국세'를 고르는 문제이므로, 국경세인 관세는 제외된다. 휘발유, 경유 등의 오일(oil)이 수입될 때 부과되는 내국세는 유류세가 아니라 '교통·에너지·환경세'이다.

명호쌤의 한마디

'수입물품에 대하여 세관장이 부과·징수하는 내국세'를 물을 때 오답으로 출제될 수 있는 것은 다음과 같다.

증여세(2021·2003년 기출)	외국에서 무상으로 기증(증여)한 물품이 수입되어도 증여세가 부과되지는 않는다.
소득세(2024년 기출)	수입업체에게 개인 소득이 있어도 소득세가 부과되지는 않는다.
법인세(2017 기출)	수입업체가 '법인'이어도 법인세가 부과되지는 않는다.
유류세(2011 기출)	수입물품이 유류인 경우 교통·에너지·환경세는 부과될 수 있지만 유류세는 부과되지 않는다.
상속세	외국에서 사망한 자가 국내에 있는 자에게 상속한 물품이 수입되어도 상속세가 부과되지는 않는다.
자동차세	자동차가 수입되어도 자동차세가 부과되지는 않는다.

---

24 관세법상 수입물품에 부과되는 조세의 부과·징수에 대한 설명으로 옳은 것은? 2017 국가직 9급(하반기)

① 법인이 수입하는 물품에 대하여 세관장은 교육세나 농어촌특별세는 부과할 수 있지만 법인세는 부과할 수 없다.

② 세관장이 관세의 강제징수를 위해 수입물품이 아닌 납세의무자의 재산을 압류하여 매각한 경우 다른 내국세나 공과금에 우선하여 관세를 징수한다.

③ 수입물품에 대하여 세관장이 부과·징수하는 내국세등의 체납이 발생하였을 때에는 징수의 효율성 등을 고려하여 통관지를 관할하는 세무서장이 이를 일괄하여 징수한다.

④ 수입물품에 부과되는 내국세등의 가산세 및 강제징수비의 부과·징수·환급 등에 관한 해당 세법의 규정과 관세법의 규정이 상충되는 경우에는 해당 세법의 부과·징수·환급 등에 관한 규정을 우선하여 적용한다.

관련 법조문: 법 제3조, 제4조   답 ①

법인이 수입하는 경우에도 수입물품에 대하여 법인세를 부과할 수는 없다. 수입물품에 대해서는 관세와 9가지 내국세 이외에는 부과되지 않는다.

☑ 선지분석

② '세관장이 관세의 강제징수를 위해 수입물품이 아닌 납세의무자의 재산을 압류하여 매각한 경우'란 '국세징수의 예에 따라 관세를 징수하는 경우 강제징수의 대상이 해당 관세를 납부하여야 하는 물품이 아닌 재산인 경우'에 해당한다. 그러므로 이 경우 관세의 우선순위는 국세기본법에 따른 국세와 동일하게 한다(법 제3조 제2항).
③ 통관지를 관할하는 세무서장이 아니라 납세의무자의 주소지(법인의 경우 그 법인의 등기부에 따른 본점이나 주사무소의 소재지)를 관할하는 세무서장이어야 한다(법 제4조 제2항).
④ 수입물품에 부과되는 내국세등의 가산세 및 강제징수비의 부과·징수·환급 등에 관한 해당 세법의 규정과 관세법의 규정이 상충되는 경우에는 관세법의 부과·징수·환급 등에 관한 규정을 우선하여 적용한다(법 제4조 제1항).

25

☐☐☐

관세법령상 내국세등의 부과 및 징수의 요건 등에 대한 설명으로 옳지 않은 것은?   2015 국가직 7급

① 수입물품에 대하여 세관장이 부과·징수하는 내국세등에 대한 담보제공 요구, 국세충당, 담보해제, 담보금액 등에 관하여는 관세법 중 관세에 대한 담보 관련 규정을 적용한다.
② 관세법에 따른 이의신청·심사청구·심판청구 또는 행정소송이 계류 중인 경우, 채무자 회생 및 파산에 관한 법률 제243조에 따라 회생계획인가 결정을 받은 경우 및 압류 등 강제징수가 진행 중이거나 압류 또는 매각을 유예받은 경우에는 세무서장이 징수하게 할 수 없다.
③ 세관장은 체납자의 내국세등을 세무서장이 징수하게 하는 경우, 관세체납정리위원회의 의결을 거쳐 관세청장이 정하는 바에 따라 체납자의 내국세등의 징수에 관한 사항을 기재하여 해당 세무서장에게 서면으로 요청하여야 하며, 그 사실을 관세청장에게도 통지하여야 한다.
④ 징수를 요청받은 세무서장이 체납된 내국세등을 징수한 경우에는 징수를 요청한 세관장에게 징수 내역을 통보해야 하며, 체납된 내국세등에 대한 불복절차 또는 회생절차의 개시, 체납자의 행방불명 등의 사유로 더 이상의 강제징수절차의 진행이 불가능하게 된 경우에는 그 사실을 징수를 요청한 세관장 및 체납자에게 통보 및 통지해야 한다.

관련 법조문: 법 제4조, 영 제1조의2   답 ③

세관장은 체납자의 내국세등을 세무서장이 징수하게 하는 경우 관세체납정리위원회의 의결을 거쳐 관세청장이 정하는 바에 따라 체납자의 내국세등의 징수에 관한 사항을 기재하여 해당 세무서장에게 서면으로 요청하여야 하며, 그 사실을 해당 '체납자'에게도 통지하여야 한다(영 제1조의2 제2항).

☑ 선지분석

① 법 제4조(내국세등의 부과·징수) 제4항
② 영 제1조의2(체납된 내국세등의 세무서장 징수) 제1항 단서
④ 영 제1조의2(체납된 내국세등의 세무서장 징수) 제3항

26 수입하는 물품에 대한 관세나 내국세등의 부과·징수에 대한 설명으로 옳지 않은 것은? 2012 국가직 7급

① 관세를 납부하여야 하는 물품에 대하여는 다른 조세, 그 밖의 공과금 및 채권에 우선하여 그 관세를 징수한다.

② 국세징수의 예에 따라 관세를 징수하는 경우 강제징수의 대상이 해당 관세를 납부하여야 하는 물품이 아닌 재산인 경우에는 관세의 우선순위는 국세기본법에 따른 국세와 동일하게 한다.

③ 관세법에 따른 가산세 및 강제징수비의 부과·징수·환급 등에 관하여는 관세법 중 관세의 부과·징수·환급 등에 관한 규정을 적용한다.

④ 세관장은 관세법에 따라 징수하는 국세의 체납이 발생하였을 때에는 국세청장에게 이를 인계하여야 한다.

관련 법조문: 법 제3조, 제4조, 영 제1조의2   답 ④

수입물품에 대하여 세관장이 부과·징수하는 내국세등의 체납이 발생하였을 때에는 징수의 효율성 등을 고려하여 필요하다고 인정되는 경우 대통령령으로 정하는 바에 따라 납세의무자의 주소지(법인의 경우 그 법인의 등기부에 따른 본점이나 주사무소의 소재지)를 관할하는 세무서장이 체납세액을 징수할 수 있다. '국세청장'이 징수하는 것이 아니며, 의무적으로 '인계하여야' 하는 것은 더욱 아니다.

> **명호쌤의 한마디**
> 수입물품에 대한 내국세등의 체납이 발생하였을 때에는 '세관장 ⇨ 세무서장'으로 체납액 징수가 인계될 수 있다.
> • 세관장이 국세청장에게 인계 (×) (2012 기출)
> • 세관장이 관세청장에게 인계 (×) (2015 기출)

27 내국세등의 부과·징수에 관한 설명으로 옳지 않은 것은? 2014 관세사

① 수입물품에 대하여 세관장이 부과·징수하는 내국세등의 체납이 발생하였을 때에는 징수의 효율성 등을 고려하여 필요하다고 인정되는 경우 대통령령으로 정하는 바에 따라 납세의무자의 주소지를 관할하는 세무서장이 체납세액을 징수할 수 있다.

② 수입물품에 대하여 세관장이 부과·징수하는 내국세등에 대한 담보제공 요구, 국세충당, 담보해제, 담보금액 등에 관하여는 관세법 중 관세에 대한 담보 관련 규정을 적용한다.

③ 체납자의 체납액 중 관세의 체납은 없고 내국세등만이 체납되어 있거나, 체납된 내국세등의 합계가 1천만원을 초과하여야 하는 두 가지 요건 중 하나라도 해당되면 납세의무자의 주소지를 관할하는 세무서장이 체납된 내국세등을 징수할 수 있다.

④ 수입물품에 대하여 세관장이 부과·징수하는 부가가치세의 부과·징수·환급 등에 관하여 부가가치세법의 규정과 관세법의 규정이 상충하는 경우에는 관세법의 규정을 우선하여 적용한다.

⑤ 관세법에 따른 가산세 및 강제징수비의 부과·징수·환급 등에 관하여는 관세법 중 관세의 부과·징수·환급 등에 관한 규정을 적용한다.

관련 법조문: 법 제4조, 영 제1조의2   답 ③

수입물품에 대하여 세관장이 부과·징수하는 내국세등의 체납이 발생하였을 때에는 징수의 효율성 등을 고려하여 필요하다고 인정되는 경우 대통령령으로 정하는 바에 따라 납세의무자의 주소지(법인의 경우 그 법인의 등기부에 따른 본점이나 주사무소의 소재지)를 관할하는 세무서장이 체납세액을 징수할 수 있다(법 제4조 제2항). 다만, 해당 세무서장이 체납세액을 징수하려면 다음의 두 가지 요건을 '모두' 갖추어야 한다(영 제1조의2 제1항).

> 1. 체납자의 체납액 중 관세의 체납은 없고 내국세등만이 체납되었을 것
> 2. 체납된 내국세등의 합계가 1천만원을 초과했을 것

28 관세법상 내국세등의 부과·징수에 대한 설명으로 옳지 않은 것은?

① 수입물품에 대하여 세관장이 부과·징수하는 부가가치세의 부과·징수·환급 등에 관하여 부가가치세법의 규정과 관세법의 규정이 상충되는 경우에는 관세법의 규정을 우선하여 적용한다.

② 수입물품에 대하여 세관장이 부과하는 부가가치세의 체납이 발생하였을 때에는 징수의 효율성 등을 고려하여 관세청장이 정하는 바에 따라 법인 대표자의 주소지를 관할하는 세무서장이 체납세액을 징수할 수 있다.

③ 관세법에 따른 가산세 및 강제징수비의 부과·징수·환급 등에 관하여는 관세법 중 관세의 부과·징수·환급 등에 관한 규정을 적용한다.

④ 수입물품에 대하여 세관장이 부과·징수하는 개별소비세에 대한 담보제공 요구에 관하여는 관세법 중 관세에 대한 담보 관련 규정을 적용한다.

▌ **관련 법조문: 법 제4조**　　　　　　　　　　　　　　　　　　　　　　답 ②

수입물품에 대하여 세관장이 부과·징수하는 내국세등의 체납이 발생하였을 때에는 징수의 효율성 등을 고려하여 필요하다고 인정되는 경우 '대통령령'으로 정하는 바에 따라 '납세의무자의 주소지(법인의 경우 그 법인의 등기부에 따른 본점이나 주사무소의 소재지)'를 관할하는 세무서장이 체납세액을 징수할 수 있다(법 제4조 제2항). 즉 '관세청장이 정하는 바에 따라'를 '대통령령으로 정하는 바에 따라'로, '법인 대표자의 주소지'를 '납세의무자의 주소지' 또는 '법인의 등기부에 따른 본점이나 주사무소의 소재지'로 바꿔야 한다.

✓ **선지분석**

① 수입물품에 대하여 세관장이 부과·징수하는 부가가치세, 지방소비세, 담배소비세, 지방교육세, 개별소비세, 주세, 교육세, 교통·에너지·환경세 및 농어촌특별세(내국세등)의 부과·징수·환급 등에 관하여 국세기본법, 국세징수법, 부가가치세법, 지방세법, 개별소비세법, 주세법, 교육세법, 교통·에너지·환경세법 및 농어촌특별세법의 규정과 관세법의 규정이 상충되는 경우에는 관세법의 규정을 우선하여 적용한다(법 제4조 제1항).

③ 관세법에 따른 가산세 및 강제징수비의 부과·징수·환급 등에 관하여는 관세법 중 관세의 부과·징수·환급 등에 관한 규정을 적용한다(법 제4조 제3항).

④ 수입물품에 대하여 세관장이 부과·징수하는 내국세등에 대한 담보제공 요구, 국세충당, 담보해제, 담보금액 등에 관하여는 관세법 중 관세에 대한 담보 관련 규정을 적용한다(법 제4조 제4항).

---

29 관세법령상 수입물품에 대하여 세관장이 부과·징수하는 내국세등의 체납이 발생하였을 때 납세의무자의 주소지를 관할하는 세무서장이 그 체납세액을 징수할 수 없는 경우만을 모두 고르면?

ㄱ. 체납자가 채무자 회생 및 파산에 관한 법률에 따라 회생절차개시의 신청을 한 경우
ㄴ. 체납자가 관세법에 따라 심사청구를 제기하여 그 심사청구가 계류 중인 경우
ㄷ. 세관장이 압류 또는 매각 유예신청에 대하여 거부한 경우
ㄹ. 체납된 내국세등에 대한 압류 등 강제징수가 진행 중인 경우

① ㄱ, ㄴ
② ㄱ, ㄹ
③ ㄴ, ㄷ
④ ㄴ, ㄹ

▌ **관련 법조문: 영 제1조의2**　　　　　　　　　　　　　　　　　　　답 ④

납세의무자의 주소지(법인의 경우 그 법인의 등기부에 따른 본점이나 주사무소의 소재지)를 관할하는 세무서장이 체납된 내국세등을 징수할 수 없는 사유는 다음과 같다.

1. 법에 따른 이의신청·심사청구·심판청구 또는 행정소송이 계류 중인 경우
2. 채무자 회생 및 파산에 관한 법률 제243조에 따라 회생계획인가 결정을 받은 경우
3. 압류 등 강제징수가 진행 중인 경우
4. 압류 또는 매각을 유예받은 경우

✅ 선지분석

ㄱ. '회생절차개시의 신청을 한 경우'로는 부족하고, '회생계획인가 결정을 받은 경우'이어야 한다.
ㄷ. '압류 또는 매각 유예신청이 거부'된 경우가 아닌, '압류 또는 매각을 유예받은 경우'이어야 한다.

30

2018 국가직 7급

관세법령상 관세와 내국세등의 부과·징수에 대한 설명으로 옳지 않은 것은?

① 국세징수의 예에 따라 관세를 징수하는 경우 강제징수의 대상이 해당 관세를 납부하여야 하는 물품이 아닌 재산인 경우에는 관세의 우선순위는 국세기본법에 따른 국세와 동일하게 한다.
② 수입물품에 대하여 세관장이 부과·징수하는 부가가치세의 부과·징수·환급 등에 관하여 국세기본법, 국세징수법, 부가가치세법의 규정과 관세법의 규정이 상충되는 경우에는 관세법의 규정을 우선하여 적용한다.
③ 수입물품에 대한 세관장의 관세 및 부가가치세 부과에 대하여 이의신청이 계류 중인 경우 그 징수의 효율성을 위하여 필요하다고 인정되면 세무서장이 그 체납세액을 징수한다.
④ 세관장은 체납자의 내국세등을 세무서장이 징수하게 하는 경우 관세체납정리위원회의 의결을 거쳐 관세청장이 정하는 바에 따라 체납자의 내국세등의 징수에 관한 사항을 기재하여 해당 세무서장에게 서면으로 요청하여야 한다.

관련 법조문: 법 제3조, 제4조, 영 제1조의2   답 ③

이의신청이 계류 중인 경우 체납된 내국세등을 세무서장이 징수하게 할 수 없다(영 제1조의2 제1항 단서). '징수의 효율성'이라는 말은 오히려 세관장이 세무서장에게 체납세액을 인계할 때 쓰는 말이다(법 제4조 제2항 참조).

✅ 선지분석

① 법 제3조(관세징수의 우선) 제2항
② 법 제4조(내국세등의 부과·징수) 제1항
④ 영 제1조의2(체납된 내국세등의 세무서장 징수) 제2항

31

2023 국가직 9급

관세법령상 관세 및 내국세등의 부과·징수에 대한 설명으로 옳은 것은?

① 국세징수의 예에 따라 관세를 징수하는 경우 강제징수의 대상이 해당 관세를 납부하여야 하는 물품인 경우에는 관세의 우선순위는 국세징수법에 따른 국세와 동일하게 한다.
② 세관장은 관세법령 요건에 해당되는 체납자의 내국세등을 세무서장이 징수하게 하는 경우 관세법에 따른 관세체납정리위원회의 의결을 거쳐 관세청장이 정하는 바에 따라 체납자의 내국세등의 징수에 관한 사항을 기재하여 해당 세무서장에게 서면으로 요청하여야 하며, 그 사실을 해당 체납자에게도 통지하여야 한다.
③ 세관장은 수입물품에 대하여 국가가 부과하는 국세인 부가가치세를 부과·징수할 수 있지만 지방세인 지방교육세를 부과할 수는 없다.
④ 수입물품에 대하여 체납자의 체납액 중 관세의 체납은 없고 내국세등만 2천만원 체납되어 관세법에 따른 행정소송이 계류 중인 경우에 징수의 효율성 등을 고려하여 납세의무자의 주소지를 관할하는 세무서장이 체납세액을 징수하게 할 수 있다.

관련 법조문: 법 제3조, 제4조, 영 제1조의2

답 ②

세관장은 '영 제1조의2 제1항의 요건'에 해당되는 체납자의 내국세등을 세무서장이 징수하게 하는 경우 법 제45조에 따른 관세체납정리위원회의 의결을 거쳐 관세청장이 정하는 바에 따라 체납자의 내국세등의 징수에 관한 사항을 기재하여 해당 세무서장에게 서면으로 요청하여야 하며, 그 사실을 해당 체납자에게도 통지하여야 한다(영 제1조의 제2항). '영 제1조의2 제1항의 요건'을 이 문제에서는 '관세법령 요건'이라고 표현하였다.

⊘ 선지분석

① 국세징수의 예에 따라 관세를 징수하는 경우 강제징수의 대상이 해당 관세를 납부하여야 하는 물품인 '아닌 재산인 경우'에는 관세의 우선순위는 국세징수법에 따른 국세와 동일하게 한다(법 제3조 제2항).

③ 수입물품에 대하여 세관장이 부과·징수하는 부가가치세, 지방소비세, 담배소비세, <u>지방교육세</u>, 개별소비세, 주세, 교육세, 교통·에너지·환경세 및 농어촌특별세(이하 "내국세등"이라 하되, 내국세등의 가산세 및 강제징수비를 포함한다)의 부과·징수·환급 등에 관하여 국세기본법, 국세징수법, 부가가치세법, 지방세법, 개별소비세법, 주세법, 교육세법, 교통·에너지·환경세법 및 농어촌특별세법의 규정과 관세법의 규정이 상충되는 경우에는 관세법의 규정을 우선하여 적용한다(법 제4조 제1항).

④ 수입물품에 대하여 체납자의 체납액 중 관세의 체납은 없고 내국세등만 2천만원 체납되어 관세법에 따른 행정소송이 계류 중인 경우에 징수의 효율성 등을 고려하여 납세의무자의 주소지를 관할하는 세무서장이 체납세액을 징수하게 할 수 '없다'(영 제1조의2 제1항).

32 관세법령상 설명으로 옳은 것은?

2020 국가직 9급

□□□

① 수입신고수리전 반출승인을 받아 반출된 물품은 외국물품이다.

② 지식재산권의 거래에 관련된 계약서 또는 이에 갈음하는 서류는 해당 신고에 대한 수리일부터 3년간 보관하여야 한다.

③ 납부고지사항을 공시하였을 때에는 공시일부터 21일이 지나면 관세의 납세의무자에게 납부고지서가 송달된 것으로 본다.

④ 수입물품에 대하여 세관장이 부과·징수하는 담배소비세는 내국세이며 이에 대한 담보제공 요구 등에 관하여는 관세법 중 관세에 대한 담보 관련 규정을 적용한다.

관련 법조문: 법 제2조, 제4조, 제11조, 영 제3조

답 ④

수입물품에 대하여 세관장이 부과·징수하는 내국세등에 대한 담보제공 요구, 국세충당, 담보해제, 담보금액 등에 관하여는 관세법 중 관세에 대한 담보 관련 규정을 적용한다(법 제4조 제4항).

⊘ 선지분석

① 수입신고수리전 반출승인을 받아 반출된 물품은 '내국물품'이다(법 제2조 제5호).

② 지식재산권의 거래에 관련된 계약서 또는 이에 갈음하는 서류는 해당 신고에 대한 수리일부터 '5년'간 보관하여야 한다(영 제3조 제1항).

③ 납부고지서를 공시송달 할 때에는 납부고지사항을 공고한 날부터 '14일'이 지나면 납부고지서가 송달이 된 것으로 본다(법 제11조 제2항).

01 관세법 적용의 원칙 등에 대한 설명으로 옳지 않은 것은? 2016 국가직 9급

☐☐☐

① 관세법을 해석할 때에는 과세의 효율과 관세행정의 관행에 비추어 납세자의 재산권을 침해하지 아니하도록 하여야 한다.

② 관세법의 해석이나 관세행정의 관행이 일반적으로 납세자에게 받아들여진 후에는 그 해석이나 관행에 따른 행위 또는 계산은 정당한 것으로 보며, 새로운 해석이나 관행에 따라 소급하여 과세되지 아니한다.

③ 납세자가 그 의무를 이행할 때에는 신의에 따라 성실하게 하여야 한다. 세관공무원이 그 직무를 수행할 때에도 또한 같다.

④ 세관공무원은 그 재량으로 직무를 수행할 때에는 과세의 형평과 관세법의 목적에 비추어 일반적으로 타당하다고 인정되는 한계를 엄수하여야 한다.

■ 관련 법조문: 법 제5조, 제6조, 제7조 답 ①

관세법을 해석하고 적용할 때에는 '과세의 형평'과 해당 조항의 합목적성에 비추어 납세자의 재산권을 부당하게 침해하지 아니하도록 하여야 한다(법 제5조 제1항). 관세법을 해석하고 적용할 때에는 '과세의 효율'이 아니라 '과세의 형평'을 따라야 한다. 과세에 있어 '효율성'을 따지는 것은 세관장이 세무서장에게 체납세액을 할 때이다.

> 수입물품에 대하여 세관장이 부과·징수하는 내국세등의 체납이 발생하였을 때에는 징수의 효율성 등을 고려하여 필요하다고 인정되는 경우 대통령령으로 정하는 바에 따라 납세의무자의 주소지(법인의 경우 그 법인의 등기부에 따른 본점이나 주사무소의 소재지)를 관할하는 세무서장이 체납세액을 징수할 수 있다(법 제4조 제2항).

선지분석

② 소급과세 금지의 원칙(법 제5조 제2항)
③ 신의성실의 원칙(법 제6조)
④ 세관공무원 재량의 한계(법 제7조)

명호샘의 한마디

관세법 제1장 제2절의 제목인 '(관세)법 적용의 원칙 등'이 언급되면 지문에는 다음의 세 조항이 출제된다.

법조문	주의해야 할 표현
법 제5조(법 해석의 기준과 소급과세의 금지)	과세의 형평, 해당 조항의 합목적성, 일반적
법 제6조(신의성실)	–
법 제7조(세관공무원 재량의 한계)	관세법의 목적, 일반적

02 다음은 납세자의 권리구제에 대한 설명이다. 이에 적합한 관세법 적용원칙은? 2012 국가직 9급

> 국내의 A사는 권리사용료를 지급하는 수입물품에 대하여 잠정가격 신고를 하였다. 그 후 C세관으로부터 확정가격신고 이행기간 안내문을 수령 후 안내문에 기재된 잠정가격신고에 대한 확정가격 신고를 하고 과부족을 정산하였다. 그 후 1건의 잠정가격 신고에 대하여 확정가격 신고가 기간 내에 이행되지 아니하였다는 이유로 C세관으로부터 과태료 부과통지를 받았다. 이에 대해 A사는 C세관의 안내문에 따라 확정가격 신고를 정확하게 수행하였다고 판단하고, 관세법 제277조 과태료 규정에 근거하여 30일 이내에 C세관에 이의를 제기하였다.

① 과세의 형평과 법 해석의 합목적성
② 소급과세금지
③ 신의성실
④ 세관공무원 재량의 한계

│ 관련 법조문: 법 제6조　　　　　　　　　　　　　　　　　　　　　　답 ③

세관의 안내문에 따라 확정가격신고를 했는데도, 그 안내문에서는 누락되어 있었던 잠정가격 신고건에 대한 과태료가 부과된다면 납세자에게는 억울한 마음이 생길 수 있다. 이럴 때 적용 가능할 것으로 보이는 과세원칙은 '소급과세 금지의 원칙'과 '신의성실의 원칙'이다. 그런데 소급과세 금지의 원칙은 과세관청이 장기간에 걸쳐 과세하지 않는다는 의사 표시가 있어야 하고, 일반적으로 납세자에게 받아들여진 내용이어야 적용될 수 있으므로, 이 사례에서는 적용될 여지가 없다. 그러므로 납세자는 세관공무원이 직무를 수행함에 있어 신의에 따라 성실하게 하지 못하였다고 주장하며 과태료 부과 취소를 다투어 볼 수 있다.

---

03 관세법상 법 적용의 원칙 등에 관한 내용으로 옳지 않은 것은? 2016 관세사

① 관세법을 해석하고 적용할 때에는 과세의 형평과 해당 조항의 합목적성에 비추어 납세자의 재산권을 부당하게 침해하지 아니하도록 하여야 한다.
② 관세법의 해석이나 관세행정의 관행이 일반적으로 납세자에게 받아들여진 후에는 그 해석이나 관행에 따른 행위 또는 계산은 정당한 것으로 보며, 새로운 해석이나 관행에 따라 소급하여 과세되지 아니한다.
③ 납세자가 그 의무를 이행할 때에는 신의에 따라 성실하게 하여야 한다. 세관공무원이 그 직무를 수행할 때에도 또한 같다.
④ 관세법의 해석에 관한 질의회신의 처리 절차 및 방법 등에 관하여 필요한 사항은 기획재정부령으로 정한다.
⑤ 세관공무원은 그 재량으로 직무를 수행할 때에는 과세의 형평과 관세법의 목적에 비추어 일반적으로 타당하다고 인정되는 한계를 엄수하여야 한다.

│ 관련 법조문: 법 제5조, 제6조, 제7조　　　　　　　　　　　　　답 ④

관세법의 해석에 관한 질의회신의 처리 절차 및 방법 등에 관하여 필요한 사항은 '대통령령'으로 정한다(법 제5조 제4항). 그 '대통령령'이 바로 영 제1조의3(관세법 해석에 관한 질의회신의 절차와 방법)이다.

04 관세법 해석에 관한 질의회신의 절차와 방법에 대한 설명으로 옳지 않은 것은? 2013 국가직 7급

□□□

① 관세청장은 관세법 시행령 제1조의3 제1항에 따라 회신한 문서의 사본을 해당 문서의 시행일이 속하는 달의 다음 달 10일까지 기획재정부장관에게 송부하여야 한다.

② 기획재정부장관 및 관세청장은 관세법의 해석과 관련된 질의에 대하여 관세법 제5조(법 해석의 기준과 소급과세의 금지)에 따른 해석의 기준에 따라 해석하여 회신하여야 한다.

③ 관세청장은 관세법 시행령 제1조의3 제1항의 질의가 국세기본법 시행령 제9조의3(국세예규심사위원회) 제1항 각 호의 어느 하나에 해당한다고 인정하는 경우에는 기획재정부장관에게 의견을 첨부하여 해석을 요청하여야 한다.

④ 관세청장은 관세법을 적용할 때 우리나라가 가입한 관세에 관한 조약에 대한 해석에 의문이 있는 경우에는 기획재정부장관에게 의견을 첨부하여 해석을 요청하여야 한다.

▌ 관련 법조문: 법 제5조, 영 제1조의3   답 ①

기획재정부장관 및 관세청장은 법의 해석과 관련된 질의에 대하여 관세법 제5조(법 해석의 기준과 소급과세의 금지)에 따른 해석의 기준에 따라 해석하여 회신하여야 한다(영 제1조의3 제1항). 관세청장은 관세법 시행령 제1조의3 제1항에 따라 회신한 문서의 사본을 해당 문서의 시행일이 속하는 달의 다음 달 '말일까지' 기획재정부장관에게 송부하여야 한다(영 제1조의3 제2항).

> 🔎 **명호샘의 한마디**
> 관세법상 '다음 달 말일까지' 해야 하는 일은 다음의 두 가지이다.
> 1. 관세청장은 회신한 문서의 사본을 해당 문서의 시행일이 속하는 달의 <u>다음 달 말일까지</u> 기획재정부장관에게 송부하여야 한다(영 제1조의3 제2항).
> 2. 과세자료제출기관의 장은 분기별로 분기만료일이 속하는 달의 <u>다음 달 말일까지</u> 대통령령으로 정하는 바에 따라 관세청장 또는 세관장에게 과세자료를 제출하여야 한다(법 제264조의4 제1항).

05 관세법 시행령상 관세법 해석에 관한 질의회신의 처리절차 및 방법에 대한 설명으로 옳지 않은 것은? 2019 국가직 9급

□□□

① 관세청장은 기획재정부장관에게 의견을 첨부하여 해석을 요청하였을 때 그 해석에 이견이 있는 경우에는 그 이유를 붙여 재해석을 요청할 수 있다.

② 기획재정부장관 및 관세청장은 법의 해석과 관련된 질의에 대하여 관세법 제5조에 따른 해석의 기준에 따라 해석하여 회신하여야 한다.

③ 기획재정부장관에게 제출된 법 해석과 관련된 질의는 기획재정부장관이 직접 회신할 수 있는 경우가 아니면 관세청장에게 이송하고 그 사실을 민원인에게 알려야 한다.

④ 관세청장은 법을 적용할 때 우리나라가 가입한 관세에 관한 조약에 대한 해석에 의문이 있는 경우에는 기획재정부장관에게 의견을 첨부하여 해석을 요청하여야 한다. 이 경우 기획재정부장관은 필요하다고 인정될지라도 관련 국제기구에 질의할 수 없다.

▌ 관련 법조문: 영 제1조의3   답 ④

관세청장은 법을 적용할 때 우리나라가 가입한 관세에 관한 조약에 대한 해석에 의문이 있는 경우에는 기획재정부장관에게 의견을 첨부하여 해석을 요청하여야 한다. 이 경우 기획재정부장관은 필요하다고 인정될 때에는 관련 국제기구에 질의할 수 있다(영 제1조의3 제6항).

☑ **선지분석**

① 영 제1조의3(관세법 해석에 관한 질의회신의 절차와 방법) 제4항
② 영 제1조의3(관세법 해석에 관한 질의회신의 절차와 방법) 제1항
③ 영 제1조의3(관세법 해석에 관한 질의회신의 절차와 방법) 제5항

06 관세법령상 다음 사례에 대한 설명으로 옳지 않은 것은? (단, 제시된 사실 외에는 고려하지 아니함)

2023 국가직 7급

> 민원인 甲은 관세청장 A에게 「관세법」의 해석과 관련된 질의를 하였고, 이에 A는 그 질의에 대하여 「관세법」의 해석 기준에 따라 해석하여 문서로 甲에게 회신하였다. 그 질의에 대한 A의 회신을 받은 민원인 甲은 그 회신 내용 중에서 사실판단과 관련된 사항에 대하여 직접 기획재정부장관 B에게 다시 질의하였다. 한편, A는 「관세법」을 적용할 때 우리나라가 가입한 관세에 관한 조약에 대한 해석에 의문이 있어 B에게 의견을 첨부하여 해석을 요청하였다.

① A는 甲의 질의에 대해 회신한 문서의 사본을 그 문서의 시행일이 속하는 달의 다음 달 말일까지 B에게 송부하여야 한다.
② A는 甲의 질의가 납세자의 권리 및 의무에 중대한 영향을 미치는 사항에 해당한다고 인정하면 B에게 의견을 첨부하여 그 해석을 요청하여야 한다.
③ 甲의 질의를 받은 B는 甲이 A의 회신문을 첨부하여 질의한 경우에는 그 질의에 대하여 직접 회신하고 그 회신문서를 A에게 송부하여야 한다.
④ 조약의 해석에 대한 A의 요청을 받은 B는 필요하다고 인정될 때에는 관련 국제기구에 질의할 수 있다.

▌관련 법조문: 영 제1조의3   답 ③

기획재정부장관에게 제출된 법 해석과 관련된 질의는 관세청장에게 이송하고 그 사실을 민원인에게 알려야 한다. 다만, 다음 각 호의 어느 하나에 해당하는 경우에는 기획재정부장관이 직접 회신할 수 있으며, 이 경우 회신한 문서의 사본을 관세청장에게 송부하여야 한다.

1. 「국세기본법 시행령」 제9조의3 제1항 각 호의 어느 하나에 해당하여 「국세기본법」 제18조의2에 따른 국세예규심사위원회의 심의를 거쳐야 하는 질의
2. 관세청장의 법 해석에 대하여 다시 질의한 사항으로서 관세청장의 회신문이 첨부된 경우의 질의(사실판단과 관련된 사항은 제외한다)
3. 법이 새로 제정되거나 개정되어 이에 대한 기획재정부장관의 해석이 필요한 경우
4. 그 밖에 법의 입법 취지에 따른 해석이 필요한 경우로서 납세자의 권리보호를 위해 필요하다고 기획재정부장관이 인정하는 경우

☑ **선지분석**

① 관세청장은 회신한 문서의 사본을 해당 문서의 시행일이 속하는 달의 다음 달 말일까지 기획재정부장관에게 송부하여야 한다(영 제1조의3 제2항).
② 관세청장은 민원인의 질의가 '납세자의 권리 및 의무에 중대한 영향을 미치는 사항'(국세기본법 시행령 제9조의3 제1항 제3호)에 해당한다고 인정하면 기획재정부장관에게 의견을 첨부하여 그 해석을 요청하여야 한다(영 제1조의3 제3항).
④ 관세청장은 법을 적용할 때 우리나라가 가입한 관세에 관한 조약에 대한 해석에 의문이 있는 경우에는 기획재정부장관에게 의견을 첨부하여 해석을 요청하여야 한다. 이 경우 기획재정부장관은 필요하다고 인정될 때에는 관련 국제기구에 질의할 수 있다(영 제1조의3 제6항).

1 기간 및 기한의 계산

01 관세법령상 기간 및 기한의 계산에 대한 설명으로 옳지 않은 것은? 2011 국가직 9급

□□□

① 관세법에 따른 기한이 근로자의 날 제정에 관한 법률에 따른 근로자의 날에 해당하는 경우에는 그 다음 날을 기한으로 한다.

② 관세법에 따른 기간의 계산은 동 법에 특별한 규정이 있는 것을 제외하고는 민법에 따른다.

③ 관세법에 따른 기간을 계산할 때 수입신고수리전 반출승인을 받은 경우에는 그 승인일을 수입신고의 수리일로 본다.

④ 관세법상 구축 및 운영되고 있는 국가관세종합정보시스템, 연계정보통신망 또는 전산처리설비가 대통령령으로 정하는 장애로 가동이 정지되어 관세법에 따른 기한까지 관세법에 따른 신고, 신청, 승인, 허가, 수리, 교부, 통지, 통고, 납부 등을 할 수 없게 되는 경우에는 그 장애가 복구된 날을 기한으로 한다.

> **┃ 관련 법조문: 법 제8조** 답 ④

관세청이나 세관의 컴퓨터에 '장애'가 생겨 가동이 정지된 경우, 그 컴퓨터가 수리되어야 납세자는 각종 신고, 신청, 납부 등을 할 수 있게 된다. 이 경우 컴퓨터가 수리된 그 다음 날까지 신고, 신청, 납부 등을 할 수 있다. 신고 등의 기한은 장애가 복구된 날이 아닌 '장애가 복구된 날의 다음 날'로 연장된다.

02 관세법에 따른 기간 및 기한을 계산할 때의 설명으로 옳지 않은 것은? 2012 · 2011 관세사

□□□

① 기한이 근로자의 날 제정에 관한 법률에 따른 근로자의 날과 토요일을 포함한 공휴일에 해당될 경우에는 그 다음 날을 기한으로 한다.

② 기간의 계산은 관세법에 특별한 규정이 있는 것을 제외하고는 국세기본법에 따른다.

③ 수입신고수리전 반출승인을 받은 경우에는 그 승인일을 수입신고 수리일로 본다.

④ 세관장은 도난으로 인하여 재산에 심한 손실을 입어 정하여진 기한까지 납부 또는 징수를 할 수 없다고 인정되는 경우 기한을 연장할 수 있다.

⑤ 관세청장이 정하는 요건을 갖춘 성실납세자는 납부기한이 동일한 달에 속하는 세액에 대하여는 그 기한이 속하는 달의 말일까지 한꺼번에 납부할 수 있다.

> **┃ 관련 법조문: 법 제8조, 영 제2조** 답 ②

'기간'에 관한 일반적인 규정은 국세기본법이 아닌 '민법'에 있다. 기간의 계산에 있어 관세법과 민법이 서로 충돌하는 경우 관세법이 적용된다.

> **◎ 명호샘의 한마디**
>
> 관세법상 '기간의 계산' 규정은 다음의 두 개밖에 없다.
> 1. 관세법에 따른 기간을 계산할 때 제252조에 따른 수입신고수리전 반출승인을 받은 경우에는 그 승인일을 수입신고의 수리일로 본다(법 제8조 제1항).
> 2. 관세법에 따른 기간의 계산은 관세법에 특별한 규정이 있는 것을 제외하고는 민법에 따른다(법 제8조 제2항).
>
> > • 관세법에 따른 기간의 계산은 민원처리에 관한 법률에 따른다. (×) (2021 기출)
> > • 관세법에 따른 기간의 계산은 국세기본법에 따른다. (×) (2012 기출)
> > • 관세법에 따른 기간의 계산은 민사소송법에 따른다. (×) (2007 기출)

03 관세법규상 기간과 기한의 계산에 관한 설명으로 옳은 것은?

① 관세법의 규정에 의한 기간의 계산은 민사소송법에 의한다.
② 관세법의 규정에 의한 기한이 근로자의 날 제정에 관한 법률에 따른 근로자의 날에 해당하는 경우 그 다음 날을 기한으로 한다.
③ 전산처리설비가 장애로 인하여 가동이 정지되어 관세법에 따른 신고, 교부 등을 할 수 없게 된 때에는 그 장애가 복구된 날을 기한으로 한다.
④ 세관장은 천재지변 등으로 인하여 관세법에 따른 신고, 납부 등을 할 수 없다고 인정되는 때에는 2년을 초과하지 아니하는 기간을 정하여 그 기한을 연장할 수 있다.

▌ 관련 법조문: 법 제8조, 제10조   답 ②

은행이 쉬는 토요일과 일요일, 근로자의 날(5월 1일)을 포함한 각종 공휴일에 납부기한 등 '기한'이 겹쳐 납세자가 납부 등을 하게 될 수 없는 경우에는 은행 등이 다시 영업을 하게 되는 '다음 날'로 기한이 연장된다.

☑ 선지분석

① 기간 계산에 관한 일반법은 민사소송법이 아니라 '민법'이다.
③ 전산처리설비에 장애가 있는 경우 그 '장애가 복구된 날의 다음 날'로 기한이 연장된다.
④ 천재지변 등으로 인한 기한의 연장은 '1년을 초과하지 않는 기간'까지 할 수 있다.

04 관세법령상 기간과 기한에 대한 설명으로 옳은 것은?

① 관세법에 따른 기간을 계산할 때 관세법 제252조(수입신고수리전 반출)에 따른 수입신고수리전 반출 승인을 받은 경우에는 그 승인일을 수입신고의 수리일로 본다.
② 관세법에 따른 기간의 계산은 관세법에 특별한 규정이 있는 것을 제외하고는 민원 처리에 관한 법률에 따른다.
③ 관세법 시행령 제1조의5(월별납부) 제2항의 규정에 의하여 월별납부의 승인을 받은 납세의무자가 관세를 납부기한까지 납부하지 아니하는 때에는, 세관장은 월별납부의 승인을 취소할 수 있다.
④ 세관장은 관세법 제10조(천재지변 등으로 인한 기한의 연장)에 따라 납부기한을 연장하는 때에는 기획재정부장관이 정하는 기준에 의하여야 하며, 납부자의 신청으로 납부기한을 연장하는 경우 관세법 제39조(부과고지)에 따른 납부고지를 생략할 수 있다.

▌ 관련 법조문: 법 제8조, 영 제1조의5, 제2조   답 ①

관세법에 따른 기간을 계산할 때 수입신고수리전 반출승인을 받은 경우에는 그 승인일을 수입신고의 수리일로 본다(법 제8조 제1항).

☑ 선지분석

② 관세법에 따른 기간의 계산은 이 법에 특별한 규정이 있는 것을 제외하고는 민법에 따른다(법 제8조 제2항).
③ 세관장은 납세의무자가 다음 각 호의 어느 하나에 해당하게 된 때에는 제2항에 따른 월별납부의 승인을 취소할 수 있다. 이 경우 세관장은 월별납부의 대상으로 납세신고된 세액에 대해서는 15일 이내의 납부기한을 정하여 납부고지해야 한다(영 제1조의5 제4항).

> 1. 관세를 납부기한이 경과한 날부터 15일 이내에 납부하지 아니하는 경우
> 2. 월별납부를 승인받은 납세의무자가 관세청장이 정한 요건을 갖추지 못하게 되는 경우

④ 세관장은 법 제10조(천재지변 등으로 인한 기한의 연장)의 규정에 의하여 납부기한을 연장하는 때에는 관세청장이 정하는 기준에 의하여야 한다(영 제2조 제2항). 세관장은 법 제10조에 따라 납부기한을 연장한 때에는 법 제39조에 따른 납부고지를 해야 한다(영 제2조 제4항).

05 관세법령상 기간과 기한에 대한 설명으로 옳은 것은?

① 관세법에 따른 기한이 토요일 및 일요일, 공휴일에 관한 법률에 따른 공휴일 및 대체공휴일(근로자의 날 제정에 관한 법률에 따른 근로자의 날을 제외한다) 또는 그 밖에 대통령령으로 정하는 날에 해당하는 경우에는 그 다음 날을 기한으로 한다.

② 관세법 제8조 제3항에서 '대통령령으로 정하는 날'이란 금융기관(한국은행 국고대리점 및 국고수납대리점인 금융기관에 한한다) 또는 체신관서의 휴무, 그 밖에 부득이한 사유로 인하여 정상적인 관세의 납부가 곤란하다고 관세청장이 정하는 날을 말한다.

③ 기간의 계산은 대통령령에 특별한 규정이 있는 것을 제외하고는 민법에 따른다.

④ 정전으로 인하여 국가관세종합정보시스템의 가동이 정지되어 법에 따른 신고 등을 기한 내에 할 수 없게 된 때에는 국가관세종합정보시스템의 장애가 복구된 날을 기한으로 한다.

▌ 관련 법조문: 법 제8조, 영 제1조의4   답 ②

관세법에 따른 기한이 다음 각 호의 어느 하나에 해당하는 경우에는 그 다음 날을 기한으로 한다(법 제8조 제3항).

> 1. 토요일 및 일요일
> 2. 공휴일에 관한 법률에 따른 공휴일 및 대체공휴일
> 3. 근로자의 날 제정에 관한 법률에 따른 근로자의 날
> 4. 그 밖에 대통령령으로 정하는 날

법 제8조 제3항에서 대통령령으로 정하는 날이란 금융기관(한국은행 국고대리점 및 국고수납대리점인 금융기관에 한한다) 또는 체신관서의 휴무, 그 밖에 부득이한 사유로 인하여 정상적인 관세의 납부가 곤란하다고 관세청장이 정하는 날을 말한다(영 제1조의4 제1항).

⊘ 선지분석

① '근로자의 날'도 그 다음 날로 기한이 연장되는 사유에 포함된다(법 제8조 제3항).
③ 기간의 계산은 관세법에 특별한 규정이 있는 것을 제외하고는 민법에 따른다(법 제8조 제2항).
④ 정전으로 인하여 국가관세종합정보시스템의 가동이 정지되어 법에 따른 신고 등을 기한 내에 할 수 없게 된 때에는 국가관세종합정보시스템의 장애가 복구된 날의 다음 날을 기한으로 한다(영 제1조의4 제2항).

06 관세법령상 기간과 기한에 관한 설명으로 옳지 않은 것은?

① 천재지변을 이유로 납부기한을 연장받고자 하는 자가 세관장에게 제출하는 신청서의 기재사항에 연장 받고자하는 기간은 포함되지 않는다.

② 수입신고수리전 반출승인을 받은 경우에는 그 승인일을 수입신고의 수리일로 본다.

③ 기한이 체신관서의 휴무일인 경우에는 그 다음 날을 기한으로 한다.

④ 관세를 월별납부하고자 하는 자는 납세실적 및 수출입실적에 관한 서류 등 관세청장이 정하는 서류를 갖추어 세관장에게 월별납부의 승인을 신청하여야 한다.

⑤ 세관장은 천재지변으로 관세법에 따른 신고를 정하여진 기한까지 할 수 없다고 인정되는 경우에는 1년을 넘지 아니하는 기간을 정하여 그 기한을 연장할 수 있다.

| 관련 법조문: 영 제2조 답 ①

천재지변을 이유로 납부기한을 연장받고자 하는 자가 세관장에게 제출하는 신청서의 기재사항에 연장 받고자하는 기간은 '포함된다'(영 제2조 제3항 제3호). 법 제10조(천재지변 등으로 인한 기한의 연장)의 규정에 의하여 납부기한을 연장받고자 하는 자는 다음 각호의 사항을 기재한 신청서를 당해 납부기한이 종료되기 전에 세관장에게 제출하여야 한다(영 제2조 제3항).

> 1. 납세의무자의 성명·주소 및 상호
> 2. 납부기한을 연장받고자 하는 세액 및 당해 물품의 신고일자·신고번호·품명·규격·수량 및 가격
> 3. 납부기한을 연장받고자 하는 사유 및 기간

✓ **선지분석**

② 법 제8조(기간 및 기한의 계산) 제1항
③ 법 제8조(기간 및 기한의 계산) 제3항, 영 제1조의4(기한의 계산) 제1항
④ 영 제1조의5(월별납부) 제1항
⑤ 법 제10조(천재지변 등으로 인한 기한의 연장)

2 납부기한

07 관세법상 관세의 납부기한 등에 대한 내용으로 옳지 않은 것은?   2013 국가직 9급, 2006 관세사

① 관세법 제9조 제1항에도 불구하고 납세의무자는 수입신고가 수리되기 전에 해당 세액을 납부할 수 있다.
② 관세법 제38조 제1항에 따른 납세신고를 한 경우 납세신고 수리일부터 15일 이내에 관세를 납부하여야 한다.
③ 관세법 제39조 제3항에 따른 납부고지를 한 경우 납부고지를 받은 날부터 15일 이내에 관세를 납부하여야 한다.
④ 관세법 제253조 제1항에 따른 수입신고전 즉시반출신고를 한 경우 반출신고일부터 15일 이내에 관세를 납부하여야 한다.
⑤ 관세의 납부기한은 관세법 제9조 제1항의 구분에 따르지만, 관세법에서 달리 규정하는 경우에는 그 규정에 따른다.

| 관련 법조문: 법 제9조 답 ④

즉시반출 물품의 납부기한은 그 기산일이 '즉시반출신고를 한 날'도 아니고 '수입신고수리일'도 아니다(2009년 국가직 9급 기출). 수입신고전 즉시 반출신고를 한 경우, 즉시 반출신고를 한 날부터 10일 이내에 '수입신고'를 하여야 하며, 수입신고를 한 날부터 15일 이내에 '관세를 납부'하여야 한다.

✓ **선지분석**

① 납세의무자는 관세법 제9조 제1항(일반적인 관세 납부기한 규정)에도 불구하고 수입신고가 수리되기 전에 해당 세액을 납부할 수 있다(법 제9조 제2항).
②③④⑤ 관세의 납부기한은 관세법에서 달리 규정하는 경우를 제외하고는 다음 각 호의 구분에 따른다.

사유	납부기한
법 제38조 제1항에 따른 납세신고를 한 경우	납세신고 수리일부터 15일 이내
법 제39조 제3항에 따른 납부고지를 한 경우	납부고지를 받은 날부터 15일 이내
법 제253조 제1항에 따른 수입신고전 즉시반출신고를 한 경우	수입신고일부터 15일 이내

08 관세법령상 기간과 기한에 대한 설명으로 옳지 않은 것은?

☐☐☐

① 기한이 체신관서의 휴무, 그 밖에 부득이한 사유로 정상적인 관세의 납부가 곤란하다고 관세청장이 정하는 날에 해당하는 경우 그 다음 날을 기한으로 한다.

② 세관장이 천재지변 등으로 인한 기한의 연장 규정에 따라 관세의 납부기한을 연장한 경우 납세의무자가 담보를 제공하지 아니하면 세관장은 납부기한연장을 취소하고 즉시 납부하도록 납부고지를 하여야 한다.

③ 가격신고, 납세신고, 수출입신고, 반송신고, 보세화물반출입신고, 보세운송신고를 하거나 적재화물목록을 제출한 자는 신고 또는 제출한 자료의 내용을 증빙할 수 있는 장부 및 증거서류(신고필증을 포함한다)를 성실하게 작성하여 신고 또는 제출한 날부터 5년의 범위에서 대통령령으로 정하는 기간 동안 갖추어 두어야 한다.

④ 세관장은 재해로 인하여 재산에 심한 손실을 입은 경우 등 대통령령으로 정하는 사유로 관세의 납부를 정하여진 기한까지 할 수 없다고 인정되는 경우에는 1년을 넘지 아니하는 기간을 정하여 대통령령으로 정하는 바에 따라 그 기한을 연장할 수 있다.

│ 관련 법조문: 법 제10조, 제12조, 영 제2조 답 ②

세관장은 법 제10조의 규정에 의하여 납부기한연장을 받은 납세의무자가 다음 각 호의 1에 해당하게 된 때에는 납부기한연장을 취소할 수 있다(영 제2조 제6항).

> 1. 관세를 지정한 납부기한 내에 납부하지 아니하는 때
> 2. 재산상황의 호전 기타 상황의 변화로 인하여 납부기한연장을 할 필요가 없게 되었다고 인정되는 때
> 3. 파산선고, 법인의 해산 기타의 사유로 당해 관세의 전액을 징수하기 곤란하다고 인정되는 때

세관장은 위 규정에 의하여 납부기한연장을 취소한 때에는 15일 이내의 납부기한을 정하여 법 제39조(부과고지)의 규정에 의한 납부고지를 하여야 한다(영 제2조 제7항). 법 제10조 및 영 제2조에 따라 기한을 연장할 때, 세관장은 필요하다고 인정하는 경우에는 납부할 관세에 상당하는 담보를 제공하게 할 수 있다(법 제10조). 즉, 담보를 반드시 제공하여야 하는 것은 아니며, '담보 미제공'이 '납부기한 연장 취소사유'가 되는 것도 아니다. 납부기한 연장의 취소사유는 위의 세 가지로 한정한다.

⊘ 선지분석

① 관세법에 따른 기한이 다음 각 호의 어느 하나에 해당하는 경우에는 그 다음 날을 기한으로 한다(법 제8조 제3항).

> 1. 토요일 및 일요일
> 2. 공휴일에 관한 법률에 따른 공휴일 및 대체공휴일
> 3. 근로자의 날 제정에 관한 법률에 따른 근로자의 날
> 4. 그 밖에 대통령령으로 정하는 날

여기에서 '대통령령으로 정하는 날'이란 금융기관(한국은행 국고대리점 및 국고수납대리점인 금융기관에 한한다) 또는 체신관서의 휴무, 그 밖에 부득이한 사유로 인하여 정상적인 관세의 납부가 곤란하다고 관세청장이 정하는 날을 말한다(영 제1조의4 제1항).

③ 법 제12조(장부 등의 보관) 제1항

④ 세관장은 천재지변이나 그 밖에 대통령령으로 정하는 사유로 관세법에 따른 신고, 신청, 청구, 그 밖의 서류의 제출, 통지, 납부 또는 징수를 정하여진 기한까지 할 수 없다고 인정되는 경우에는 1년을 넘지 아니하는 기간을 정하여 대통령령으로 정하는 바에 따라 그 기한을 연장할 수 있다(법 제10조). 법 제10조에서 '대통령령으로 정하는 사유'란 다음 각 호의 어느 하나에 해당하는 경우를 말한다(영 제2조 제1항).

> 1. 전쟁·화재 등 재해나 도난으로 인하여 재산에 심한 손실을 입은 경우
> 2. 사업에 현저한 손실을 입은 경우
> 3. 사업이 중대한 위기에 처한 경우
> 4. 그 밖에 세관장이 제1호부터 제3호까지의 규정에 준하는 사유가 있다고 인정하는 경우

09 관세법상 기간과 기한에 관한 설명으로 옳지 않은 것은?

① 세관장이 납부고지를 한 경우에 관세의 납부기한은 납부고지를 받은 날부터 15일 이내이다.

② 세관장은 천재지변이나 그 밖에 기획재정부령으로 정하는 사유로 관세법에 따른 신고, 신청, 청구, 그 밖의 서류의 제출, 통지, 납부 또는 징수를 정하여진 기한까지 할 수 없다고 인정되는 경우에는 2년을 넘지 아니하는 기간을 정하여 기획재정부령으로 정하는 바에 따라 그 기한을 연장할 수 있다.

③ 수입신고전 즉시반출신고를 한 경우에 관세의 납부기한은 수입신고일부터 15일 이내이다.

④ 납세의무자가 납세신고를 한 경우에 관세의 납부기한은 납세신고 수리일부터 15일 이내이다.

⑤ 관세법에 따른 기간을 계산할 때 수입신고수리전 반출승인을 받은 경우에는 그 승인일을 수입신고의 수리일로 본다.

> **관련 법조문: 법 제8조, 제9조, 제10조** 답 ②

세관장은 천재지변이나 그 밖에 '대통령령'으로 정하는 사유로 관세법에 따른 신고, 신청, 청구, 그 밖의 서류의 제출, 통지, 납부 또는 징수를 정하여진 기한까지 할 수 없다고 인정되는 경우에는 '1년'을 넘지 아니하는 기간을 정하여 '대통령령으로' 정하는 바에 따라 그 기한을 연장할 수 있다(법 제10조).

10 관세법상 관세의 납부기한에 관한 설명으로 옳지 않은 것은?

① 세관장이 부과고지하는 경우가 아닌 물품의 납세신고를 하는 경우 납세신고 수리일부터 15일 이내로 한다.

② 세관장의 부과고지를 받은 경우 납부고지를 받은 날부터 15일 이내로 한다.

③ 납세의무자가 신고납부한 세액이 부족하여 세액보정을 신청하는 경우 보정신청을 한 날부터 5일 이내로 한다.

④ 납세신고한 세액을 납부하기 전에 해당 세액에 과부족이 있는 것을 안 때에는 납세신고한 세액을 정정할 수 있다. 이 경우 납부기한은 당초의 납부기한으로 한다.

> **관련 법조문: 법 제9조, 제38조, 제38조의2** 답 ③

납세의무자가 관세 등의 세금을 납부한 후, 신고하고 납부한 금액에 부족함이 있음을 나중에 발견하게 되면 세액의 정정절차를 거칠 수 있다. 납부한 후 6개월까지는 '보정신청'의 방법으로, 그 이후에는 '수정신고'의 방법으로 정정할 수 있다. 이때 부족하게 납부하였던 금액을 더 내야 한다. 그 납부기한은 각각 '보정신청일의 다음 날', '수정신고일의 다음 날'이다.

11 관세법령상 관세의 납부기한에 관한 설명으로 옳은 것은?

2018 관세사

① 신고납부에 따른 납세신고를 한 경우에는 납세신고 수리일부터 10일 이내이다.

② 부과고지에 따른 납부고지를 한 경우에는 납부고지를 받은 날부터 15일 이내이다.

③ 수입신고전 즉시반출신고를 한 경우에는 수입신고일부터 10일 이내이다.

④ 납세의무자는 수입신고가 수리되기 전에 해당 세액을 납부할 수 없다.

⑤ 관세청장은 납세실적 등을 고려하여 세관장이 정하는 요건을 갖춘 성실납세자가 대통령령으로 정하는 바에 따라 신청을 할 때에는 수입신고기간이 동일한 달에 속하는 세액에 대하여는 그 기한이 속하는 달의 다음 달 말일까지 한꺼번에 납부하게 할 수 있다.

▌관련 법조문: 법 제9조 답 ②

부과고지(법 제39조 제3항)에 따른 납부고지를 한 경우 납부고지를 받은 날부터 15일 이내에 관세를 납부하여야 한다(법 제9조 제1항 제2호).

✅ 선지분석

① 신고납부(법 제38조 제1항)에 따른 납세신고를 한 경우 납부기한은 납세신고 수리일부터 15일 이내이다(법 제9조 제1항 제1호).

③ 수입신고전 즉시반출신고를 한 경우 납부기한은 수입신고일부터 15일 이내이다(법 제9조 제1항 제3호).

④ 납세의무자는 법 제9조 제1항(납부기한의 원칙)에도 불구하고 수입신고가 수리되기 전에 해당 세액을 납부할 수 있다(법 제9조 제2항).

⑤ 세관장은 납세실적 등을 고려하여 관세청장이 정하는 요건을 갖춘 성실납세자가 대통령령으로 정하는 바에 따라 신청을 할 때에는 납부기한이 동일한 달에 속하는 세액에 대하여는 그 기한이 속하는 달의 말일까지 한꺼번에 납부하게 할 수 있다(법 제9조 제3항).

12 신고납부를 하는 경우로서 수입신고일(납세신고일)은 5월 1일, 그 신고의 수리일은 5월 2일이다. 5월 5일과 5월 8일은 공휴일이고, 5월 3일과 5월 17일은 토요일로 금융기관이 휴무를 한다. 이 수입신고건의 관세납부기한은?

2003 관세사

① 5월 17일

② 5월 19일

③ 5월 20일

④ 5월 21일

⑤ 5월 23일

▌관련 법조문: 법 제8조, 제9조 답 ②

납부기한을 계산하는데 있어 가장 중요한 날은 '수입신고 수리일'이다. 이때부터 15일 이내에 관세를 납부하여야 하기 때문이다. 5월 2일에 수입신고가 수리되었으므로, 여기에 15일을 더한 17일까지 관세 등을 납부하여야 한다. 그런데 5월 17일이 토요일이므로, 그 다음 날을 기한으로 한다(법 제8조 제3항). 그런데 그 다음 날이 휴일(일요일)이므로 하루 더 연장되어, 결국 월요일인 5월 19일까지 관세를 납부할 수 있다.

	5/2	5/17(토)	5/18(일)	5/19(월)
	수입신고 수리일	납부기한	(연장)	(연장)

13 관세법 시행령상 월별납부에 대한 설명으로 옳지 않은 것은?

13 관세법 시행령상 월별납부에 대한 설명으로 옳지 않은 것은?

① 월별납부의 승인을 갱신하려는 자는 관세법령상의 서류를 갖추어 그 유효기간 만료일 2개월 전까지 승인갱신신청을 하여야 한다.

② 납세의무자가 관세를 납부기한이 경과한 날부터 15일 이내에 납부하지 아니하는 경우 세관장은 월별납부의 승인을 취소할 수 있다.

③ 경영상의 중대한 위기로 월별납부를 유지하기 어렵다고 세관장이 인정하는 경우 세관장은 월별납부의 승인을 취소할 수 있다.

④ 세관장은 월별납부의 승인을 취소하는 경우 월별납부의 대상으로 납세신고된 세액에 대해서는 15일 이내의 납부기한을 정하여 납부고지해야 한다.

▍관련 법조문: 영 제1조의5

답 ①

세관장은 납세실적 등을 고려하여 관세청장이 정하는 요건을 갖춘 성실납세자가 대통령령으로 정하는 바에 따라 신청을 할 때에는 납부기한이 동일한 달에 속하는 세액에 대하여는 그 기한이 속하는 달의 말일까지 한꺼번에 납부하게 할 수 있다. 이 경우 세관장은 필요하다고 인정하는 경우에는 납부할 관세에 상당하는 담보를 제공하게 할 수 있다(법 제9조 제3항). 세관장은 월별납부의 승인을 신청한 자가 관세청장이 정하는 요건을 갖춘 경우에는 세액의 월별납부를 승인하여야 한다. 이 경우 승인의 유효기간은 승인일부터 그 후 2년이 되는 날이 속하는 달의 마지막 날까지로 한다(영 제1조의5 제2항). 영 제1조의5 제2항에 따른 승인을 갱신하려는 자는 '제1항에 따른 서류'(관세법령상의 서류)를 갖추어 그 유효기간 만료일 '1개월 전까지' 승인갱신신청을 하여야 한다(영 제1조의5 제5항).

✅ 선지분석

② 영 제1조의5(월별납부) 제4항 제1호
③ 영 제1조의5(월별납부) 제4항 제3호
④ 영 제1조의5(월별납부) 제4항

> **🔍 명호쌤의 한마디**
> '갱신신청'은 유효기간이 끝나는 날의 '1개월 전까지' 하는 경우와 '6개월 전까지' 하는 경우만 있다.

1개월 전까지 갱신신청	• 월별납부 승인 갱신(영 제1조의5 제5항) • 특허보세구역 특허 갱신(영 제188조 제3항) • 부세운송업자 등의 등록 갱신(영 제231조 제4항)
6개월 전까지 갱신신청	• 보세판매장 특허 갱신(영 제192조의6 제2항) • 수출입 안전관리 우수업체 공인 갱신(영 제259조의3 제2항)

> **🔍 명호쌤의 한마디**
> 갱신(更新)과 관련하여 특별히 알아야 할 규정은 다음과 같다.
> 1. 보세판매장의 특허를 받은 자는 두 차례에 한정하여 대통령령으로 정하는 바에 따라 특허를 갱신할 수 있다. 이 경우 갱신 기간은 한 차례당 5년 이내로 한다(법 제176조의2 제6항).
> 2. 보세운송업자 등의 등록의 유효기간은 3년으로 하되, 대통령령으로 정하는 바에 따라 갱신할 수 있다. 다만, 관세청장이나 세관장은 안전관리기준의 준수 정도 측정·평가 결과가 우수한 자가 등록을 갱신하는 경우에는 유효기간을 2년의 범위에서 연장하여 정할 수 있다(법 제222조 제5항).
> 3. 수출입 안전관리 우수업체의 공인의 유효기간은 5년으로 하되, 대통령령으로 정하는 바에 따라 갱신할 수 있다(법 제255조의2 제5항).

14 관세법령상 관세의 월별납부의 승인에 대한 설명으로 옳은 것은?

① 월별납부 승인의 유효기간은 승인일부터 그 후 1년이 되는 날이 속하는 달까지로 한다.

② 승인을 갱신하려는 자는 관세청장이 정하는 서류를 갖추어 그 유효기간 만료일 1개월 전까지 승인 갱신신청을 하여야 한다.

③ 세관장은 월별납부 승인 갱신절차를 승인의 유효기간이 끝나는 날의 1개월 전까지 휴대폰에 의한 문자전송, 전자메일, 팩스 등으로 미리 알려야 한다.

④ 세관장은 납세의무자가 납부기한이 경과한 날부터 10일 이내에 납부하지 아니하는 경우 월별납부의 승인을 취소한다.

▌관련 법조문: 영 제1조의5　　　　　　　　　　　　　　　　답 ②

월별납부 승인을 갱신하려는 자는 법령에서 정하는 서류를 갖추어 그 유효기간 만료일 1개월 전까지 승인 갱신신청을 하여야 한다(영 제1조의5 제5항).

 선지분석

① 월별납부 승인의 유효기간은 승인일부터 <u>그 후 2년이 되는 날이 속하는 달의 마지막 날</u>까지로 한다(영 제1조의5 제2항).

③ 세관장은 월별납부 승인을 받은 자에게 승인을 갱신하려면 승인의 유효기간이 끝나는 날의 1개월 전까지 승인 갱신을 신청하여야 한다는 사실과 갱신절차를 승인의 유효기간이 끝나는 날의 <u>2개월 전까지</u> 휴대폰에 의한 문자전송, 전자메일, 팩스, 전화, 문서 등으로 미리 알려야 한다(영 제1조의5 제6항).

④ 세관장은 납세의무자가 <u>다음 각 호의 어느 하나에 해당하게 된 때에는</u> 월별납부의 승인을 취소할 수 있다. 이 경우 세관장은 월별납부의 대상으로 납세신고된 세액에 대해서는 15일 이내의 납부기한을 정하여 납부고지해야 한다(영 제1조의5 제4항).

> 1. <u>관세를 납부기한이 경과한 날부터 15일 이내에 납부하지 아니하는 경우</u>
> 2. 월별납부를 승인받은 납세의무자가 법 제9조 제3항의 규정에 의한 관세청장이 정한 요건을 갖추지 못하게 되는 경우

---

15 관세법령상 월별납부에 대한 설명으로 옳지 않은 것은?

① 납부기한이 동일한 달에 속하는 세액을 월별로 일괄하여 납부하고자 하는 자는 납세실적 및 수출입실적에 관한 서류 등 관세청장이 정하는 서류를 갖추어 세관장에게 월별납부의 승인을 신청하여야 한다.

② 세관장은 월별납부의 승인을 신청한 자가 관세청장이 정하는 요건을 갖춘 경우에는 세액의 월별납부를 승인하여야 하며, 이 경우 승인의 유효기간은 승인일부터 그 후 3년이 되는 날이 속하는 달의 마지막 날까지로 한다.

③ 세관장은 납세의무자가 납부기한이 경과한 날부터 15일 이내에 관세를 납부하지 아니하여 월별납부의 승인을 취소한 경우 월별납부의 대상으로 납세신고된 세액에 대해서는 15일 이내의 납부기한을 정하여 납부고지해야 한다.

④ 세관장은 월별납부 승인을 받은 자에게 승인을 갱신하려면 승인의 유효기간이 끝나는 날의 1개월 전까지 승인갱신을 신청하여야 한다는 사실과 갱신절차를 승인의 유효기간이 끝나는 날의 2개월 전까지 휴대폰에 의한 문자전송, 전자메일, 팩스, 전화, 문서 등으로 미리 알려야 한다.

관련 법조문: 법 제9조, 영 제1조의5	답 ②

세관장은 월별납부의 승인을 신청한 자가 관세청장이 정하는 요건을 갖춘 경우에는 세액의 월별납부를 승인하여야 한다. 이 경우 승인의 유효기간은 승인일부터 그 후 '2년'이 되는 날이 속하는 달의 마지막 날까지로 한다(영 제1조의5 제2항).

> **명호샘의 한마디**
>
> 관세법상의 유효기간은 다음과 같다.
> 1. 월별납부 승인의 유효기간(영 제1조의5): 승인일부터 2년이 되는 날이 속하는 달의 마지막 날까지
> 2. 덤핑방지관세/상계관세 부과, 약속의 시행, 재심과 결과 변경된 조치의 유효기간(법 제56조, 제62조): 5년
> 3. 품목분류 사전심사, 재심사 결과, 변경된 품목분류의 유효기간(법 제86조, 제87조): 품목분류가 변경되기 전까지 유효
> 4. 납세증명서의 유효기간(영 제141조의9): 증명서를 발급한 날부터 30일(다만, 발급일 현재 납부기한이 진행 중인 관세 및 내국세등이 있는 경우에는 그 납부기한까지)
> 5. 화물관리인 지정의 유효기간(영 제187조): 5년
> 6. 보세운송업자 등 등록의 유효기간(법 제222조): 3년(다만, 안전관리기준 준수 정도 측정·평가 결과가 우수한 자가 등록을 갱신하는 경우 유효기간을 2년의 범위에서 연장할 수 있다)
> 7. 원산지증명서의 유효기간(영 제236조): 제출일부터 소급하여 1년 이내에 발행된 것
> 8. 수출입 안전관리 우수업체 공인의 유효기간(법 제255조의2): 5년(갱신 가능)
> 9. 수출·수입 또는 반송에 관한 증명서의 유효기간(법 제322조): 5년

16 관세법령상 관세의 월별납부에 대한 설명으로 옳은 것만을 모두 고르면? 2024 국가직 9급

> ㄱ. 세관장은 성실납세자가 월별납부를 신청한 때에 납부고지를 한 관세의 납부기한이 동일한 달에 속하는 세액에 대하여는 그 기한이 속하는 달의 말일까지 한꺼번에 납부하게 할 수 있다.
> ㄴ. 월별납부 승인의 유효기간은 승인일부터 그 후 2년이 되는 날이 속하는 달의 마지막 날까지로 한다.
> ㄷ. 세관장은 월별납부를 승인받은 납세의무자가 관세를 납부기한이 경과한 날부터 15일 이내에 납부하지 아니하는 경우에는 월별납부의 승인을 취소할 수 있다.
> ㄹ. 월별납부 승인을 갱신하려는 자는 관세청장이 정하는 서류를 갖추어 그 유효기간 만료일이 속하는 달의 마지막 날까지 승인갱신 신청을 하여야 한다.

① ㄱ, ㄷ   ② ㄱ, ㄹ
③ ㄴ, ㄷ   ④ ㄴ, ㄹ

관련 법조문: 법 제9조, 영 제1조의5	답 ③

ㄴ. 세관장은 월별납부의 승인을 신청한 자가 관세청장이 정하는 요건을 갖춘 경우에는 세액의 월별납부를 승인하여야 한다. 이 경우 승인의 유효기간은 승인일부터 그 후 2년이 되는 날이 속하는 달의 마지막 날까지로 한다(영 제1조의5 제2항).

ㄷ. 세관장은 납세의무자가 다음 각 호의 어느 하나에 해당하게 된 때에는 제2항에 따른 월별납부의 승인을 취소할 수 있다(영 제1조의5 제4항 제1호).

> 1. 관세를 납부기한이 경과한 날부터 15일 이내에 납부하지 아니하는 경우
> 2. 월별납부를 승인받은 납세의무자가 법 제9조 제3항의 규정에 의한 관세청장이 정한 요건을 갖추지 못하게 되는 경우
> 3. 사업의 폐업, 경영상의 중대한 위기, 파산선고 및 법인의 해산 등의 사유로 월별납부를 유지하기 어렵다고 세관장이 인정하는 경우

ㄱ. 세관장은 납세실적 등을 고려하여 관세청장이 정하는 요건을 갖춘 성실납세자가 대통령령으로 정하는 바에 따라 신청을 할 때에는 법 제9조 제1항 제1호(법 제38조 제1항에 따른 납세신고를 한 경우) 및 제3호(법 제253조 제1항에 따른 수입신고전 즉시반출신고를 한 경우: 수입신고일부터 15일 이내)에도 불구하고 납부기한이 동일한 달에 속하는 세액에 대하여는 그 기한이 속하는 달의 말일까지 한꺼번에 납부하게 할 수 있다(법 제9조 제3항). 즉 월별납부의 대상에 '납부고지를 한 관세'는 포함되지 않는다.

ㄹ. 월별납부 승인을 갱신하려는 자는 관세청장이 정하는 서류를 갖추어 그 <u>유효기간 만료일 1개월 전까지</u> 승인갱신 신청을 하여야 한다(영 제1조의5 제5항).

17 관세법상 세관장이 월별납부의 승인을 취소할 수 있는 사유에 해당하지 않는 것은? 2007 국가직 9급

☐☐☐

① 관세를 납부기한이 경과한 날부터 15일 이내에 납부하지 아니하는 경우
② 사업의 폐업, 경영상의 중대한 위기, 파산선고 및 법인의 해산 등의 사유로 월별납부를 유지하기 어렵다고 세관장이 인정하는 경우
③ 월별납부를 승인받은 납세의무자가 관세법상 관세청장이 정한 요건을 갖추지 못하게 되는 경우
④ 납세의무자의 관세환급금에 관한 권리를 제3자에게 양도한 경우

> **│ 관련 법조문: 법 제9조, 영 제1조의5** 답 ④

월별납부를 하기 위해서는 사전에 세관장으로부터 월별납부업체로 승인을 받아야 한다. 그러나 폐업, 경영상의 중대한 위기 등 특정 사유(① ~ ③의 사유)에 해당이 되면 월별납부의 승인을 취소한다. 환급청구권의 양도와 월별납부 및 그 승인 취소와는 관련이 없다.

┌─────────────────────────────────────┐
◎ 명호샘의 한마디

월별납부 승인 취소와 기업자율심사 승인 취소를 비교하여 암기하여야 한다.

월별납부 승인 취소	기업자율심사 승인 취소(영 제32조의2 제6항)
1. 관세를 납부기한이 경과한 날부터 15일 이내에 납부하지 아니하는 경우	1. 법 제38조 제3항의 규정에 의한 <u>관세청장이 정한 요건</u>을 갖추지 못하게 되는 경우
2. 월별납부를 승인받은 납세의무자가 법 제9조 제3항의 규정에 의한 관세청장이 정한 요건을 갖추지 못하게 되는 경우	2. 자율심사를 하지 아니할 의사를 표시하는 경우
3. 사업의 폐업, 경영상의 중대한 위기, 파산선고 및 법인의 해산 등의 사유로 <u>월별납부를 유지</u>하기 어렵다고 세관장이 인정하는 경우	3. 자율심사 결과의 제출 등 자율심사의 유지를 위하여 필요한 의무 등을 이행하지 아니하는 경우

└─────────────────────────────────────┘

관세법령상 천재지변 등으로 인한 기한의 연장에 대한 설명으로 옳지 않은 것은? 2018 국가직 9급

① 세관장은 천재지변이나 그 밖에 대통령령으로 정하는 사유로 관세법에 따른 신고, 신청, 청구, 그 밖의 서류의 제출, 통지, 납부 또는 징수를 정하여진 기한까지 할 수 없다고 인정되는 경우에는 1년을 넘지 아니하는 기간을 정하여 대통령령으로 정하는 바에 따라 그 기한을 연장할 수 있다.

② 세관장은 관세법 제10조에 따라 납부기한을 연장하는 때에는 관세청장이 정하는 기준에 의하여야 한다.

③ 천재지변 등의 사유로 기한을 연장하는 경우 세관장은 필요하다고 인정하는 경우에는 납부할 관세에 상당하는 담보를 제공하게 할 수 있다.

④ 세관장이 납부기한연장을 취소한 때에 납세의무자는 15일 이내에 관세법 제38조의 규정에 의하여 납세신고를 하여야 한다.

▌관련 법조문: 법 제10조, 영 제2조   답 ④

세관장은 천재지변이나 그 밖에 대통령령으로 정하는 사유로 이 법에 따른 신고, 신청, 청구, 그 밖의 서류의 제출, 통지, 납부 또는 징수를 정하여진 기한까지 할 수 없다고 인정되는 경우에는 1년을 넘지 아니하는 기간을 정하여 대통령령으로 정하는 바에 따라 그 기한을 연장할 수 있다. 이 경우 세관장은 필요하다고 인정하는 경우에는 납부할 관세에 상당하는 담보를 제공하게 할 수 있다(법 제10조). 다만, 세관장은 법 제10조의 규정에 의하여 납부기한연장을 받은 납세의무자가 <u>납부기한연장을 취소한 때에는 15일 이내의 납부기한을 정하여 법 제39조에 따른 납부고지를 해야 한다(영 제2조 제7항)</u>. '납세신고'는 '물품을 수입하려는 자'가 하는 것이다(법 제38조 제1항). 즉, '세관장'이 하는 것은 납세신고가 아니라 '납부고지'이다(법 제39조 제3항).

◎ 선지분석

①③ 법 제10조(천재지변 등으로 인한 기한의 연장)
② 영 제2조(천재지변 등으로 인한 기한의 연장)

관세법상 세관장은 천재지변 기타 대통령령으로 정하는 사유로 인하여 관세의 납부기한을 연장할 수 있다. 여기에서 '기타 대통령령으로 정하는 사유'로 시행령에 구체적으로 명시된 것이 아닌 것은?
2006 국가직 9급, 2005 관세사

① 전쟁, 화재 등 재해나 도난으로 인하여 재산에 심한 손실을 입은 경우

② 사업에 현저한 손실을 입은 경우

③ 사업이 중대한 위기에 처한 경우

④ 정전 등으로 전산처리설비 가동에 상당한 문제가 발생한 경우

▌관련 법조문: 법 제10조, 영 제2조, 제285조의2   답 ④

1년 범위에서 납부기한을 연장하거나, 1년 범위에서 관세를 분할하여 납부할 수 있게 하는 '천재지변 등의 사유'란 지문 ① ~ ③의 사유와 '그 밖에 세관장이 ① ~ ③의 규정에 준하는 사유가 있다고 인정하는 경우'를 말한다. 정전 등은 '천재지변 등의 사유'가 아니라, '장애의 사유'이다. 두 사유를 구분하여야 한다.

장애의 사유 (법 제8조, 영 제1조의4)	정전, 프로그램의 오류, 한국은행(그 대리점을 포함한다) 또는 체신관서의 정보처리장치의 비정상적인 가동이나 그 밖에 관세청장이 정하는 사유
천재지변 등의 사유 (법 제10조, 영 제2조)	0. 천재지변 1. 전쟁·화재 등 재해나 도난으로 인하여 재산에 심한 손실을 입은 경우 2. 사업에 현저한 손실을 입은 경우 3. 사업이 중대한 위기에 처한 경우 4. 그 밖에 세관장이 제1호부터 제3호까지의 규정에 준하는 사유가 있다고 인정하는 경우

20 관세법령상 관세의 납세의무자가 천재지변 등으로 인해 받은 납부기한 연장이 취소될 수 있는 사유를 모두 고른 것은?

2020 관세사

> ㄱ. 관세를 지정한 납부기한 내에 납부하지 아니하는 때
> ㄴ. 파산선고로 당해 관세의 전액을 징수하기 곤란하다고 인정되는 때
> ㄷ. 법인의 해산으로 당해 관세의 전액을 징수하기 곤란하다고 인정되는 때
> ㄹ. 재산상황의 호전으로 납부기한연장을 할 필요가 없게 되었다고 인정되는 때

① ㄱ, ㄴ   ② ㄷ, ㄹ

③ ㄱ, ㄴ, ㄷ   ④ ㄴ, ㄷ, ㄹ

⑤ ㄱ, ㄴ, ㄷ, ㄹ

▍ 관련 법조문: 영 제2조   답 ⑤

세관장은 법 제10조(천재지변 등으로 인한 기한의 연장)의 규정에 의하여 납부기한연장을 받은 납세의무자가 다음 중 어느 하나에 해당하게 된 때에는 납부기한 연장을 취소할 수 있다(영 제2조 제6항). 이 문제에서는 아래 제3호의 문장을 ㄴ과 ㄷ으로 분리하였다.

> 1. 관세를 지정한 납부기한 내에 납부하지 아니하는 때
> 2. 재산상황의 호전 기타 상황의 변화로 인하여 납부기한연장을 할 필요가 없게 되었다고 인정되는 때
> 3. 파산선고, 법인의 해산 기타의 사유로 당해 관세의 전액을 징수하기 곤란하다고 인정되는 때

---

21 관세법령상 천재지변 등으로 납부기한을 연장받고자 하는 자가 신청서에 기재할 사항으로 명시되어 있지 않은 것은?

2019 관세사

① 납세의무자의 납세실적 및 재산내역

② 납부기한을 연장받고자 하는 기간

③ 납세의무자의 성명·주소 및 상호

④ 납부기한을 연장받고자 하는 세액

⑤ 납부기한을 연장받고자 하는 사유

▍ 관련 법조문: 영 제2조   답 ①

영 제2조(천재지변 등으로 인한 기한의 연장) ③ 법 제10조의 규정에 의하여 납부기한을 연장받고자 하는 자는 다음 각 호의 사항을 기재한 신청서를 당해 납부기한이 종료되기 전에 세관장에게 제출하여야 한다.
> 1. 납세의무자의 성명·주소 및 상호 ⇨ ③
> 2. 납부기한을 연장받고자 하는 세액 및 당해 물품의 신고일자·신고번호·품명·규격·수량 및 가격 ⇨ ④
> 3. 납부기한을 연장받고자 하는 사유 및 기간 ⇨ ②⑤

01

관세법 총칙에 대한 설명으로 옳지 않은 것은?

① 국세징수의 예에 따라 관세를 징수하는 경우 강제징수의 대상이 해당 관세를 납부하여야 하는 물품이 아닌 재산인 경우에는 관세의 우선순위는 국세기본법에 따른 국세와 동일하게 한다.

② 세관장은 관세의 납세의무자의 주소, 거소, 영업소 또는 사무소가 모두 분명하지 아니하여 관세의 납부고지서를 송달할 수 없을 때에는 해당 세관의 게시판이나 그 밖의 적당한 장소에 납부고지사항을 공시할 수 있으며, 이 경우 공시일부터 10일이 지나면 관세의 납세의무자에게 납부고지서가 송달된 것으로 본다.

③ 관세법에 따라 가격신고, 납세신고, 수출입신고, 반송신고, 보세화물반출입신고, 보세운송신고를 하거나 적재화물목록을 제출한 자는 신고 또는 제출한 자료의 내용을 증빙할 수 있는 장부 및 증거서류(신고필증을 포함한다)를 성실하게 작성하여 신고 또는 제출한 날부터 5년의 범위에서 대통령령으로 정하는 기간 동안 갖추어 두어야 한다.

④ 수입신고전 즉시반출신고를 한 경우 관세의 납부기한은 관세법에서 달리 규정하는 경우를 제외하고는 수입신고일부터 15일 이내이다.

▌관련 법조문: 법 제3조, 제9조, 제11조, 제12조 답 ②

'관세법 총칙'이란 관세법 제1장 전체를 말한다. 납부고지서를 송달받아야 할 자가 다음 각 호의 어느 하나에 해당하는 경우에는 납부고지사항을 공고한 날부터 14일이 지나면 제1항의 납부고지서의 송달이 된 것으로 본다(법 제11조 제2항).

> 1. 주소, 거소(居所), 영업소 또는 사무소가 국외에 있고 송달하기 곤란한 경우
> 2. 주소, 거소, 영업소 또는 사무소가 분명하지 아니한 경우
> 3. 납세의무자가 송달할 장소에 없는 경우로서 등기우편으로 송달하였으나 수취인 부재로 반송되는 경우 등 대통령령으로 정하는 경우

☑ 선지분석

① 법 제3조(관세징수의 우선) 제2항
③ 법 제12조(장부 등의 보관) 제1항
④ 법 제9조(관세의 납부기한 등) 제1항 제3호

02 관세법령상 공시송달을 할 수 있는 경우에 관한 내용이다. (ㄱ), (ㄴ)에 들어갈 사항으로 옳은 것은?

> 세관공무원이 (ㄱ)회 이상 납세자를 방문[처음 방문한 날과 마지막 방문한 날 사이의 기간이 (ㄴ)일(기간을 계산할 때 공휴일, 대체공휴일, 토요일 및 일요일은 산입하지 않는다) 이상이어야 한다]해 서류를 교부하려고 하였으나 수취인이 부재중인 것으로 확인되어 납부기한까지 송달이 곤란하다고 인정되는 경우

	(ㄱ)	(ㄴ)
①	1	3
②	2	2
③	2	3
④	3	3
⑤	3	4

관련 법조문: 영 제2조의2 답 ③

납부고지서를 송달받아야 할 자가 다음 각 호의 어느 하나에 해당하는 경우에는 납부고지사항을 공고한 날부터 14일이 지나면 납부고지서의 송달이 된 것으로 본다(법 제11조 제2항).

1. 주소, 거소(居所), 영업소 또는 사무소가 국외에 있고 송달하기 곤란한 경우
2. 주소, 거소, 영업소 또는 사무소가 분명하지 아니한 경우
3. 납세의무자가 송달할 장소에 없는 경우로서 등기우편으로 송달하였으나 수취인 부재로 반송되는 경우 등 <u>대통령령</u>으로 정하는 경우

> **영 제2조의2(공시송달)** 법 제11조 제2항 제3호에서 "등기우편으로 송달하였으나 수취인 부재로 반송되는 경우 등 대통령령으로 정하는 경우"란 다음 각 호의 어느 하나에 해당하는 경우를 말한다.
> 1. 서류를 등기우편으로 송달하였으나 수취인이 부재중(不在中)인 것으로 확인되어 반송됨으로써 납부기한까지 송달이 곤란하다고 인정되는 경우
> 2. 세관공무원이 (**2**)회 이상 납세자를 방문[처음 방문한 날과 마지막 방문한 날 사이의 기간이 (**3**)일(기간을 계산할 때 공휴일, 대체공휴일, 토요일 및 일요일은 산입하지 않는다) 이상이어야 한다]해 서류를 교부하려고 하였으나 수취인이 부재중인 것으로 확인되어 납부기한까지 송달이 곤란하다고 인정되는 경우

03 관세법상 납부고지서의 송달과 장부 등의 보관에 대한 설명으로 옳지 않은 것은?

2015 관세사, 2012 국가직 9급

① 관세 납부고지서의 송달은 납세의무자에게 직접 발급하는 경우를 제외하고는 인편(人便), 우편 또는 법 제327조에 따른 전자송달의 방법으로 한다.

② 납부고지서를 송달받아야 할 자가 주소, 거소(居所), 영업소 또는 사무소가 국외에 있고 송달하기 곤란한 경우에는 납부고지사항을 공고한다.

③ 관세법에 따라 가격신고, 납세신고, 수출입신고, 반송신고, 보세화물반출입신고, 보세운송신고를 하거나 적재화물목록을 제출한 자는 신고 또는 제출한 자료의 내용을 증빙할 수 있는 장부 및 증거서류 (신고필증을 포함한다)를 성실하게 작성하여 신고 또는 제출한 날부터 5년의 범위에서 대통령령으로 정하는 기간 동안 갖추어 두어야 한다.

④ 수입신고필증, 수입거래관련 계약서 또는 이에 갈음하는 서류, 법 제237조에 따른 지식재산권의 거래에 관련된 계약서 또는 이에 갈음하는 서류, 수입물품 가격결정에 관한 자료는 해당 신고에 대한 수리일부터 5년 동안 보관하여야 한다.

⑤ 납부고지사항을 공고한 날부터 7일이 지나면 납부고지서의 송달이 된 것으로 본다.

> **■ 관련 법조문: 법 제11조, 제12조, 영 제3조**   답 ⑤
>
> 납부고지서를 송달받아야 할 자가 다음 각 호의 어느 하나에 해당하는 경우에는 납부고지사항을 공고한 날부터 14일이 지나면 납부고지서의 송달이 된 것으로 본다(법 제11조 제2항).
>
> 1. 주소, 거소(居所), 영업소 또는 사무소가 국외에 있고 송달하기 곤란한 경우
> 2. 주소, 거소, 영업소 또는 사무소가 분명하지 아니한 경우
> 3. 납세의무자가 송달할 장소에 없는 경우로서 등기우편으로 송달하였으나 수취인 부재로 반송되는 경우 등 대통령령으로 정하는 경우(영 제2조의2)
>   ① 서류를 등기우편으로 송달하였으나 수취인이 부재중(不在中)인 것으로 확인되어 반송됨으로써 납부기한까지 송달이 곤란하다고 인정되는 경우
>   ② 세관공무원이 2회 이상 납세자를 방문[처음 방문한 날과 마지막 방문한 날 사이의 기간이 3일(기간을 계산할 때 공휴일, 대체공휴일, 토요일 및 일요일은 산입하지 않는다) 이상이어야 한다]해 서류를 교부하려고 하였으나 수취인이 부재중인 것으로 확인되어 납부기한까지 송달이 곤란하다고 인정되는 경우

04 관세법령상 납부고지사항을 공고한 날부터 14일이 지나면 납부고지서의 송달이 된 것으로 보는 경우에 해당하지 않는 것은?

2024 국가직 9급

① 납부고지서를 등기우편으로 송달하였으나 수취인이 부재중인 것으로 확인되어 반송됨으로써 납부기한까지 송달이 곤란하다고 인정되어 관세청 홈페이지에 게시한 경우

② 세관공무원이 3일 연속 납세자를 방문해 납부고지서를 교부하려고 하였으나 수취인이 부재중인 것으로 확인되어 납부기한까지 송달하기 곤란하여 국가관세종합정보시스템에 게시한 경우

③ 주소, 거소, 영업소 또는 사무소가 국외에 있고 송달하기 곤란하여 세관의 홈페이지와 그 밖의 적절한 장소에 게시한 경우

④ 주소, 거소, 영업소 또는 사무소가 분명하지 아니하여 관세청과 세관의 게시판에 게시한 경우

관세법령상 공시송달하는 경우는 다음의 4가지이다(법 제11조 제2항, 영 제2조의2).

1. 주소, 거소(居所), 영업소 또는 사무소가 국외에 있고 송달하기 곤란한 경우
2. 주소, 거소, 영업소 또는 사무소가 분명하지 아니한 경우
3. 서류를 등기우편으로 송달하였으나 수취인이 부재중(不在中)인 것으로 확인되어 반송됨으로써 납부기한까지 송달이 곤란하다고 인정되는 경우
4. 세관공무원이 2회 이상 납세자를 방문[처음 방문한 날과 마지막 방문한 날 사이의 기간이 3일(기간을 계산할 때 공휴일, 대체공휴일, 토요일 및 일요일은 산입하지 않는다) 이상이어야 한다]해 서류를 교부하려고 하였으나 수취인이 부재중인 것으로 확인되어 납부기한까지 송달이 곤란하다고 인정되는 경우

✅ 선지분석

② '3일 연속 납세자를 방문'을 '2회 이상 납세자를 방문[처음 방문한 날과 마지막 방문한 날 사이의 기간이 3일(기간을 계산할 때 공휴일, 대체공휴일, 토요일 및 일요일은 산입하지 않는다) 이상이어야 한다]'으로 길게 바꿔야 하고, '납부기한까지 송달하기 곤란하여 국가관세종합정보시스템에 게시한 경우'를 '납부기한까지 송달이 곤란하다고 인정되는 경우'로 짧게 바꿔야 한다.

05

관세법령상 해당 신고에 대한 수리일부터 3년간 보관하여야 하는 서류는?   2021 국가직 7급

① 반송신고필증
② 보세운송에 관한 자료
③ 수입물품 가격결정에 관한 자료
④ 관세법 시행령 제237조(지식재산권의 신고)에 따른 지식재산권의 거래에 관련된 계약서

반송신고필증의 보관기간은 수리일부터 3년이다(영 제3조 제1항).

✅ 선지분석

② 수리일부터 2년간 보관하여야 한다.
③④ 수리일부터 5년간 보관하여야 한다.

보관기간	보관대상 장부 및 증거서류
신고 수리일부터 5년간 보관	• 수입신고필증 • 수입거래 관련 계약서 또는 이에 갈음하는 서류 • 법 제237조에 따른 지식재산권의 거래에 관련된 계약서 또는 이에 갈음하는 서류 • 수입물품 가격결정에 관한 자료
신고 수리일부터 3년간 보관	• 수출신고필증·반송신고필증 • 수출물품·반송물품 가격결정에 관한 자료 • 수출거래·반송거래 관련 계약서 또는 이에 갈음하는 서류
신고 수리일부터 2년간 보관	• 보세화물 반출입에 관한 자료 • 적재화물목록에 관한 자료 • 보세운송에 관한 자료

06 관세법 시행령상 장부 등의 보관기간에 대한 설명으로 옳지 않은 것은? 2019 국가직 7급, 2017 국가직 9급

① 보세화물반출입에 관한 자료는 해당 신고에 대한 수리일부터 3년 동안 보관하여야 한다.

② 수출거래·반송거래 관련 계약서는 해당 신고에 대한 수리일부터 3년 동안 보관하여야 한다.

③ 수입물품 가격결정에 관한 자료는 해당 신고에 대한 수리일부터 5년 동안 보관하여야 한다.

④ 수입거래 관련 계약서는 해당 신고에 대한 수리일부터 5년 동안 보관하여야 한다.

> **┃ 관련 법조문: 법 제12조, 영 제3조** 답 ①

보세화물반출입에 관한 자료는 해당 신고에 대한 수리일부터 '2년' 동안 보관하여야 한다(영 제3조 제1항).

07 관세법령상 장부 등의 보관기간이 가장 긴 것은? 2019 관세사

① 수입물품 가격결정에 관한 자료

② 보세화물반출입에 관한 자료

③ 적재화물목록에 관한 자료

④ 반송신고필증

⑤ 수출신고필증

> **┃ 관련 법조문: 법 제12조, 영 제3조** 답 ①

수입물품 가격결정에 관한 자료는 해당 신고에 대한 수리일부터 5년간 보관하여야 한다(영 제3조).

✓ 선지분석

②③ 2년간 보관하여야 한다.

④⑤ 3년간 보관하여야 한다.

08 관세법에 따라 가격신고, 납세신고, 수출입신고, 반송신고, 보세화물반출입신고, 보세운송신고를 하거나 적
□□□ 재화물목록을 제출한 자는 신고 또는 제출한 자료의 내용을 증빙할 수 있는 장부 및 증거서류를 성실하게
작성하여 일정 기간 동안 보관하여야 할 의무가 있다. 다음 중 장부 등의 보관기간이 옳게 짝지어진 것은?

2007 관세사

> 가. 세관장 승인 없이 신고만으로 이루어진 보세운송에 관한 자료
> 나. 통관시 무관세율을 적용한 물품의 수입거래관련 계약서
> 다. 컨테이너로 수입한 물품의 적재화물목록에 관한 자료

	(가)	(나)	(다)
①	2년	5년	3년
②	2년	5년	2년
③	3년	3년	3년
④	2년	3년	2년
⑤	3년	2년	2년

▌관련 법조문: 법 제12조, 영 제3조　　　　　　　　　　　　　　　　　　　　　답 ②

가. 세관장의 승인 없이 이루어진 보세운송은 가장 일반적인 경우이다. 보세운송 신고를 하였든 보세운송 승인을
　　얻었든 상관 없이 그 서류의 보관기간은 모두 2년이다.
나. 통관을 할 때 무관세율(세율 0%)을 적용하였든 그렇지 않든 수입거래 관련 계약서의 보관기간은 모두 5년이다.
다. 컨테이너 수입이건 아니건 적재화물목록에 관련 자료의 보관기간은 모두 2년이다.

09 관세법령상 장부 등의 보관기간에 관한 설명으로 옳지 않은 것은?　　　　　　　　　2022 관세사
□□□
① 보세화물반출입에 관한 자료는 해당 신고에 대한 수리일부터 3년이다.
② 수입물품 가격결정에 관한 자료는 해당 신고에 대한 수리일부터 5년이다.
③ 수입거래관련 계약서 또는 이에 갈음하는 서류는 해당 신고에 대한 수리일부터 5년이다.
④ 수출물품·반송물품 가격결정에 관한 자료는 해당 신고에 대한 수리일부터 3년이다.
⑤ 적재화물목록에 관한 자료는 해당 신고에 대한 수리일부터 2년이다.

▌관련 법조문: 법 제12조, 영 제3조　　　　　　　　　　　　　　　　　　　　　답 ①

보세화물반출입에 관한 자료는 해당 신고에 대한 수리일부터 '2년'이다(영 제3조).

10 관세법령상 '신고서류'와 해당 신고에 대한 수리일부터의 '신고서류 보관기간'의 연결로 옳지 않은 것은?

2024 관세사, 2023 관세사

① 보세운송에 관한 자료 - 2년
② 수입거래관련 계약서 - 3년
③ 수출신고필증 - 3년
④ 반송신고필증 - 3년
⑤ 수입물품 가격결정에 관한 자료 - 5년

▌관련 법조문: 영 제3조　　　　　　　　　　　　　　　　　　　　　　　답 ②

영 제3조(장부 등의 보관) ① 법 제12조 제1항 전단에서 "대통령령으로 정하는 기간"이란 다음 각 호의 구분에 따른 기간을 말한다.
　1. 다음 각 목의 어느 하나에 해당하는 서류: 해당 신고에 대한 수리일부터 5년
　　가. 수입신고필증
　　나. 수입거래관련 계약서 또는 이에 갈음하는 서류
　　다. 제237조에 따른 지식재산권의 거래에 관련된 계약서 또는 이에 갈음하는 서류
　　라. 수입물품 가격결정에 관한 자료
　2. 다음 각 목의 어느 하나에 해당하는 서류: 해당 신고에 대한 수리일부터 3년
　　가. 수출신고필증
　　나. 반송신고필증
　　다. 수출물품·반송물품 가격결정에 관한 자료
　　라. 수출거래·반송거래 관련 계약서 또는 이에 갈음하는 서류
　3. 다음 각 목의 어느 하나에 해당하는 서류: 해당 신고에 대한 수리일부터 2년
　　가. 보세화물반출입에 관한 자료
　　나. 적재화물목록에 관한 자료
　　다. 보세운송에 관한 자료

제2장

과세가격과 관세의
부과·징수 등

제2장 과세가격과 관세의 부과·징수 등

제1절 | 통칙(법 제14조 ~ 제19조)

1 과세물건

01 관세를 부과하는 데는 과세요건을 구비하여야 한다. 과세요건으로는 (A), (B), (C), (D) 등의 네 가지가 있다. ( )의 알맞은 것을 고르면?

2007 관세사

	(A)	(B)	(C)	(D)
①	과세객체	납세징수자	세번	과세기준
②	과세물건	납세의무자	세율	과세표준
③	과세주체	납세계약자	세액	관세율
④	과세명세	수입허가자	채권	과세금액
⑤	과세대상	수입계약자	채무	과세물품

│ 관련 법조문: 법 제15조 답 ②

관세의 과세요건이란 납세의무의 성립에 필요한 네 가지 요건을 말한다. 과세의 4대 요건은 과세물건, 납세의무자, 과세표준, 세율이다.

구분	관세
과세물건(법 제14조)	수입물품
납세의무자(법 제19조)	그 물품을 수입신고하는 때의 화주
과세표준(법 제15조)	수입물품의 가격 또는 수량
세율(법 제49조)	관세율(기본세율, 잠정세율, 법 제51조부터 제67조까지, 제67조의2 및 제68조부터 제77조까지의 규정에 따라 대통령령 또는 기획재정부령으로 정하는 세율)

02 과세물건에 대한 설명으로 옳은 것은?

2012 국가직 7급

① 관세법상 과세물건은 관세의 부과대상이 되는 수출입물품을 말한다.

② 모든 수출입물품은 관세부과대상으로 예외는 허용되지 않는다.

③ 수입신고한 물품이 수입신고가 수리되기 전에 손상된 경우에는 대통령령으로 정하는 바에 따라 그 관세를 경감할 수 있다.

④ 관세는 수입신고를 하는 때의 물품의 수량에 따라 부과하고, 물품의 성질은 고려하지 않는다.

| 관련 법조문: 법 제13조, 제14조, 제100조 | 답 ③ |

수입신고한 물품이 수입신고가 수리되기 전에 손상된 경우 그 가치감소분에 해당하는 관세를 경감하여 관세를 징수한다. 이를 손상물품에 대한 감면(법 제100조)이라 한다.

✓ 선지분석

① 관세법상 과세물건이란 관세의 과세대상을 말한다. 관세의 과세물건은 '수출입물품'이 아니라 '수입물품'이다.
② 원칙적으로 '모든 수입물품'이 관세의 부과대상이지만, 관세 감면 규정이나 각종 조약에 따라 관세가 경감되거나 면제되는 '예외'가 존재한다.
④ 관세는 수입신고를 하는 때의 '성질과 수량'에 따라 부과한다.

---

03 다음 사례와 관련하여 관세법의 규정에 의한 설명으로 옳지 않은 것은?

2011 국가직 7급

□□□

> 대한민국 국적 D수산(주)의 ○○호는 태평양 공해상에서 직접 잡은 참치 300톤과 여기에 미국어선이 인근 공해에서 어획한 참치 200톤을 톤당 1천달러를 주고 구입하여 총 500톤을 한국에서 온 운반선에 인도하였다. 운반선은 부산항에 정상적으로 입항하여 세관에 과세대상 물품 전량을 수입신고하였다.

① 내국물품은 ○○호가 직접 잡은 참치 300톤이다.
② 외국물품은 미국어선에서 구입한 참치 200톤이다.
③ 과세물건의 수량은 운반선이 부산항에 반입한 참치 500톤이다.
④ 수입신고된 물품의 과세가격은 적어도 미화로 200,000달러 이상이다.

| 관련 법조문: 법 제2조, 제15조, 제16조 | 답 ③ |

관세는 '수입신고를 할 때'의 성질과 수량에 따라 부과한다(법 제16조). 관세 부과의 기준 시점이 되는 이때를 '과세물건 확정시기'라 한다. 수입물품 중에서 수입신고를 할 때 최종적으로 남아 있는 성질과 수량이 관세의 부과대상이 된다.

✓ 선지분석

①②③ 대한민국 국적의 선박(우리나라의 선박)이 '공해'에서 잡은 참치는 '내국물품'이므로 이것을 국내로 반입하더라도 수입신고를 하지 않는다. 그러나 미국 어선(외국의 선박)이 '공해'에서 잡은 참치는 '외국물품'이므로 이것을 국내로 반입할 때에는 수입신고를 하여야 한다. 수입신고를 할 때의 과세대상 물품은 외국물품 200톤이다.
④ 과세대상 화물이 200톤이고, 톤당 1천달러로 구매하였으므로 여기에 국내까지의 운임, 보험료 등을 합하면 과세가격은 200,000달러 이상이 된다.

---

04 관세법상 관세의 과세물건은 수입신고를 하는 때 확정됨이 원칙이다. 과세물건의 확정시기가 이 원칙과 다른 경우를 모두 고른 것은? (단, 밀수품이 아님)

2021 관세사

□□□

> ㄱ. 지정장치장에 장치중 도난된 물품
> ㄴ. 해외직구에 따라 탁송품으로 수입된 물품
> ㄷ. 보세건설장에서 건설된 물품
> ㄹ. 보세구역 장치기간 경과를 이유로 관세법에 따라 매각되는 물품
> ㅁ. 과세가격 미확정을 이유로 잠정가격신고를 한 물품

① ㄱ, ㄴ   ② ㄱ, ㄹ   ③ ㄴ, ㅁ
④ ㄷ, ㄹ   ⑤ ㄷ, ㅁ

법 제16조 단서(과세물건 확정시기의 예외)의 사유에 해당하는 것은 ㄱ과 ㄹ 뿐이다.

ㄱ. 지정장치장에 장치중 도난된 물품: 해당 물품이 도난된 때의 성질과 그 수량에 따라 부과한다.

ㄹ. 보세구역 장치기간 경과를 이유로 관세법에 따라 매각되는 물품: 해당 물품이 매각된 때의 성질과 그 수량에 따라 부과한다.

☑ 선지분석

ㄴ. 해외직구에 따라 탁송품으로 수입된 물품: 탁송품으로 수입되는 것은 '신고생략 또는 간소한 신고대상의 탁송품으로서 자가사용 물품 또는 면세되는 상업용 견본품 중 물품가격이 미화 150달러 이하'일 때 통관목록을 제출함으로써 수입신고를 생략할 수 있는 '특별통관'절차가 있기는 하나(법 제254조의2), 과세물건 확정시기는 여전히 '수입신고를 하는 때'이다.

ㄷ. 보세건설장에서 건설된 물품: 보세건설장 외 작업허가를 받아 작업을 하였으나 그 기간이 경과하여 관세를 징수하는 물품은 '보세건설장 외 작업을 허가받은 때'의 성질과 그 수량에 따라 관세를 부과한다(법 제16조, 법 제195조). 그러나 보세건설장에서 건설된 물품 자체의 과세물건 확정시기는 여전히 '수입신고를 하는 때'이다.

ㅁ. 과세가격 미확정을 이유로 잠정가격신고를 한 물품: 잠정가격으로 신고를 하는 경우 그 가격이 '확정적'이지 않을 뿐 과세물건은 역시 '수입신고를 하는 때'에 확정된다. 나중에 확정가격신고를 하여 다시 정산하면 된다.

> ### ⓔ 명호샘의 한마디
>
> 관세는 '수입신고(입항전수입신고 포함)'를 하는 때의 물품의 성질과 그 수량에 따라 부과한다. 그러나 다음에 해당하는 물품에 대하여는 (예외적으로) 다음 각 호에 규정된 때의 물품의 성질과 그 수량에 따라 부과한다.
>
> | 구분 | 예외적인 과세물건 확정시기 |
> | --- | --- |
> | 1. 외국물품인 선박용품 항공기용품·차량용품이나, 국제무역선·국제무역기·국경출입차량 안에서 판매하는 물품을 허가받은 대로 적재하지 아니하여 관세를 징수하는 물품 | 하역을 허가받은 때 |
> | 2. 보세구역 외 보수작업의 승인기간이 경과하여 관세를 징수하는 물품 | 승인받은 때 |
> | 3. 보세구역 장치물품의 멸실·폐기로 관세를 징수하는 물품 | 멸실되거나 폐기된 때 |
> | 4. 보세공장 외 작업, 보세건설장 외 작업의 허가기간이 경과하거나 종합보세구역 외 작업의 기간이 경과하여 관세를 징수하는 물품 | 장외작업을 허가받거나 신고한 때 |
> | 5. 보세운송기간이 경과하여 관세를 징수하는 물품 | 보세운송을 신고하거나 승인받은 때 |
> | 6. 수입신고가 수리되기 전에 소비하거나 사용하는 물품(법 제239조에 따라 소비 또는 사용을 수입으로 보지 아니하는 물품은 제외한다) | 소비하거나 사용한 때 |
> | 7. 수입신고전 즉시반출신고를 하고 반출한 물품 | 수입신고전 즉시반출신고를 한 때 |
> | 8. 우편으로 수입되는 물품(법 제258조 제2항에 해당하는 수입신고를 하여야 하는 우편물은 제외한다) | 통관우체국에 도착한 때 |
> | 9. 도난물품 또는 분실물품 | 도난되거나 분실된 때 |
> | 10. 관세법에 따라 매각되는 물품 | 매각된 때 |
> | 11. 수입신고를 하지 아니하고 수입된 물품(1.~10.에 규정된 것은 제외한다) | 수입된 때 |

05 관세법상 과세표준 및 과세물건 확정의 시기에 관한 설명으로 옳지 않은 것은? 2014 관세사

① 관세의 과세표준은 수입물품의 가격 또는 수량으로 한다.

② 보세운송기간이 경과하여 그 관세를 즉시 징수하는 물품은 보세운송을 신고하거나 승인받은 때가 과세물건 확정의 시기이다.

③ 수입으로 보지 아니하는 외국물품의 소비 또는 사용을 제외하고, 수입신고가 수리되기 전에 소비하거나 사용하는 물품은 해당 물품을 소비하거나 사용한 때가 과세물건 확정의 시기이다.

④ 관세법에 따라 매각되는 물품은 해당 물품이 매각된 때가 과세물건 확정의 시기이다.

⑤ 도난물품 또는 분실물품은 해당 물품이 도난되거나 분실된 것을 신고한 때가 과세물건 확정의 시기이다.

> ▎관련 법조문: 법 제15조, 제16조 답 ⑤

도난물품 또는 분실물품의 과세물건 확정시기는 '도난되거나 분실된 때'이다. 그 사실을 '신고한 때' 또는 그 사실이 '확인된 때'가 아니다.

06 과세물건의 확정시기에 대한 설명으로 옳지 않은 것은? 2008 국가직 9급

① 보세운송하는 외국물품이 지정된 기간 내에 목적지에 도착하지 아니하여 관세를 징수하는 경우: 보세운송의 신고를 하거나 승인을 받은 때

② 도난물품 또는 분실물품: 해당 물품이 도난되거나 분실된 때

③ 수입신고전 즉시반출신고를 하고 반출한 물품: 수입신고전 즉시반출신고가 수리된 때

④ 보세공장 외 작업기간이 경과한 경우 해당 공장 외 작업장에 허가된 외국물품 또는 그 제품이 있어서 관세를 징수하는 경우: 보세공장 외 작업의 허가를 받은 때

> ▎관련 법조문: 법 제16조 답 ③

'즉시반출신고를 하고 반출한 물품'은 과세물건 확정시기 문제에서 가장 많이 등장하는 '오답'이다. 즉시반출한 물품의 과세물건 확정시기는 '수입신고전 즉시반출신고를 한 때'이다.

07 관세법상 과세물건 확정의 시기에 대한 설명으로 옳지 않은 것은? 2011 국가직 9급, 2007 국가직 7급

① 관세법에 따라 보세구역으로부터 국제무역선 또는 국제무역기에 적재할 수 있는 외국물품인 선박용품 또는 항공기용품과 국제무역선 또는 국제무역기 안에서 판매할 물품이 하역허가의 내용대로 운송수단에 적재하지 아니한 경우: 하역을 허가받은 때

② 보세구역에 장치된 외국물품이 멸실되거나 폐기되었을 때: 해당 물품이 멸실되거나 폐기된 때

③ 관세법에 따라 보세운송하는 외국물품이 지정된 기간 내에 목적지에 도착하지 아니한 경우: 보세운송을 신고하거나 승인받은 때

④ 수입하려는 물품을 수입신고전 관세법에 따른 장치 장소 등으로부터 즉시반출신고를 하고 반출한 물품: 수입신고전 반출한 때

즉시반출 물품의 과세물건 확정시기는 그 물품이 물리적으로 반출한 때가 아니라, 행정적으로 '반출신고를 할 때'이다. 반출신고 시점이 현품을 최종적으로 확인할 수 있는 시점이므로 이 시점을 과세물건 확정시기로 규정한 것이다.

08 관세법상 과세물건 확정의 시기에 대한 설명으로 옳지 않은 것은? 2012 국가직 9급

□□□

① 일반수입물품에 대한 관세의 과세물건 확정의 시기는 수입신고시점을 원칙으로 한다.

② 보세공장에서 제조된 물품을 수입하는 경우 원료과세는 해당 물품의 원료인 외국물품을 보세공장에 반입하여 사용신고를 할 때 그 원료의 성질 및 수량에 따라 관세를 부과한다.

③ 우편으로 수입되는 물품의 과세물건 확정의 시기는 수입신고를 하여야 하는 경우를 제외하고는 수취인에게 교부된 때이다.

④ 관세법에 따라 매각되는 물품의 과세물건 확정의 시기는 해당 물품이 매각된 때이다.

우편물(신고대상 제외)의 과세물건 확정시기는 통관 우체국에 도착한 때이다.

09 과세물건의 확정시기는 과세대상 범위의 확정과 관련하여 중요한 의미가 있다. 다음 중 과세물건 확정시기를 올바르게 설명한 것은? 2003 관세사

□□□

① 선박용품 하역허가를 받았으나 국제무역선의 출항지연으로 이를 허가받은 대로 적재하지 아니한 때: 해당 물품이 하역된 때

② 전자상거래에 의해 우편으로 수입되는 물품: 해당 우편물의 수취인에게 교부된 때

③ 제조공정에 긴급투입하기 위하여 수입신고전 즉시반출신고를 하고 반출한 물품: 해당 물품이 반출된 때

④ 수입신고를 한 다음 긴급한 사유가 발생하여 신고가 수리되기 전에 이를 사용한 때: 해당 물품의 수입신고를 한 때

⑤ 보세구역에 장기간 방치로 인해 관세법의 규정에 따라 공매로서 매각되는 물품: 해당 물품이 매각된 때

보세구역에 장기간 방치되어 매각되었다는 것은 '체화공매'를 의미한다. 관세법상 체화공매된 물품의 과세물건 확정시기는 '매각된 때'이다.

✓ 선지분석

① 선박용품 하역 허가대로 적재하지 않은 경우 '하역을 허가받은 때'의 성질과 수량에 따라 관세를 부과한다.

② 우편물의 경우 '통관 우체국에 도착한 때'의 성질과 수량에 따라 관세를 부과한다.

③ 즉시반출신고를 하고 반출한 물품의 경우 '즉시반출신고를 한 때'의 성질과 수량에 따라 관세를 부과한다.

④ 수입신고가 수리되기 전에 소비하거나 사용한 물품의 경우 '소비하거나 사용한 때'의 성질과 수량에 따라 관세를 부과한다.

> **명호샘의 한마디**
>
> 관세법에 따라 매각되는 물품은 해당 물품이 매각된 때의 성질과 그 수량에 따라 관세를 부과한다(법 제16조 제10호).
> 여기에서 '관세법에 따라 매각'되었다는 것은 관세법 제240조에 따라 '수입의 의제'가 되었다는 의미이다. 그러므로 그
> 이외의 '매각(상법상 매각, 민사소송법상 매각, 법원경매 등)'은 그 매수인이 별도의 수입신고를 하여야 하므로 '수입신
> 고를 할 때'의 성질과 수량에 따라 관세를 부과한다.
>
> | 과세물건
확정시기 | • 관세법에 따라 매각되는 물품: 매각된 때 (○) (2014, 2012 기출) |
> | --- | --- |
> | | • 보세구역 장치기간 경과를 이유로 관세법에 따라 매각되는 물품: 매각된 때 (○) (2021 기출) |
> | | • 보세구역에 장기간 방치로 인해 관세법의 규정에 따라 공매로서 매각되는 물품: 매각된 때 (○) (2003 기출) |
> | | • 민사소송법 등 법령에 의해 매각된 물품: 매각된 때 (×) (2005 기출) |
> | | • 관세법에 따라 매각되는 물품: 매각공고를 하는 때 (×) (2008 기출) |
> | | • 장치기간 경과로 세관장에 의해 공개 매각되는 물품: 보세구역에 반입된 때 (×) (2011 기출) |

10 관세법상 과세물건 확정시기에 관한 설명으로 옳지 않은 것은?   2012 관세사

① 수입신고를 하지 않고 밀수입된 후 적발된 물품은 해당 물품이 적발된 때

② 도난물품 또는 분실물품은 해당 물품이 도난되거나 분실된 때

③ 관세법에 따라 매각되는 물품은 해당 물품이 매각된 때

④ 보세구역에 장치된 외국물품이 멸실되거나 폐기되어 관세를 징수하는 물품은 해당 물품이 멸실되거나 폐기된 때

⑤ 보세운송신고 또는 승인받은 외국물품이 지정된 기한 내 목적지에 도착하지 아니하여 관세를 징수하는 물품은 보세운송을 신고하거나 승인을 받은 때

> **관련 법조문: 법 제16조**   답 ①

수입신고를 하지 않고 수입된 물품의 경우 '수입된 때'의 성질과 수량에 따라 관세를 부과한다.

11 과세물건 확정의 시기에 관한 설명으로 옳지 않은 것은?   2013 관세사

① 수입신고가 수리되기 전에 소비하거나 사용하는 물품: 해당 물품을 소비하거나 사용한 때

② 차량용품과 국경출입차량 안에서 판매할 물품이 허가된 내용대로 운송수단에 적재되지 아니하여 관세를 징수하는 물품: 하역허가를 받은 때

③ 우편으로 수입되는 물품: 통관 우체국에 도착한 때

④ 보세건설장 외 작업허가기간을 경과하여 관세를 징수하는 물품: 보세건설장 외 작업이 완료된 때

⑤ 수입신고전 즉시반출신고를 하고 반출한 물품: 수입신고전 즉시반출신고를 한 때

> **관련 법조문: 법 제16조**   답 ④

보세건설장 외 작업 허가기간이 경과하여 관세를 징수하는 물품의 과세물건 확정시기는 '보세건설장 외 작업을 허가받은 때'이다.

12 관세법상 과세물건 확정의 시기 등 관세의 부과·징수에 대한 설명으로 옳은 것은? 2019 국가직 7급

□□□

① 보세구역에 장치된 외국물품으로서 세관장의 승인을 받아 폐기된 물품에 대하여는 세관장의 승인을 받은 때의 물품의 성질과 그 수량에 따라 관세를 부과한다.

② 세관장에게 신고하고 보세운송하는 외국물품이 지정된 기간 내에 목적지에 도착하지 아니하여 즉시 관세를 징수하는 경우 그 물품에 대하여는 보세운송을 신고한 때의 물품의 성질과 그 수량에 따라 관세를 부과한다.

③ 여행자가 관세통로에서 사용한 휴대품에 대하여는 해당 물품을 사용한 때의 물품의 성질과 그 수량에 따라 관세를 부과한다.

④ 외국에서 우리나라에 도착한 외국물품인 선박용품이 하역 허가의 내용대로 하역되지 아니하여 즉시 관세를 징수하는 경우 그 물품에 대하여는 도착한 때의 물품의 성질과 그 수량에 따라 관세를 부과한다.

▌관련 법조문: 법 제16조   답 ②

보세운송하는 외국물품이 지정된 기간 내에 목적지에 도착하지 아니하여 즉시 관세를 징수하는 경우, 보세운송을 신고하거나 승인받은 때의 물품의 성질과 그 수량에 따라 관세를 부과한다(법 제16조 제5호). 이 문제의 경우 '세관장에게 신고'하는 경우로 한정하였으므로, 이 때의 과세물건 확정시기는 '보세운송을 신고한 때'라고 해도 충분하다.

✓ 선지분석

① 보세구역에 장치된 외국물품이 멸실되거나 폐기되었을 때에는 그 운영인이나 보관인으로부터 즉시 그 관세를 징수한다. 다만, 재해나 그 밖의 부득이한 사유로 멸실된 때와 미리 세관장의 승인을 받아 폐기한 때에는 예외로 한다(법 제160조 제2항). 법 제160조 제2항에 따라 관세를 징수하는 물품에 대하여는 해당 물품이 멸실되거나 폐기된 때의 물품의 성질과 그 수량에 따라 관세를 부과한다(법 제16조 제3호). 즉, '세관장의 승인'을 받은 경우에는 관세 징수의 예외이므로 과세물건 확정시기 자체가 없다.

③ '여행자가 관세통로에서 사용한 휴대품'은 법 제239조의 '수입으로 보지 아니하는 소비 또는 사용'에 포함되므로 비과세대상이다. 그러므로 이 경우 과세물건 확정시기 자체가 없다.

④ 외국에서 우리나라에 도착한 외국물품인 선박용품이 하역 허가의 내용대로 하역되지 아니하여 즉시 관세를 징수하는 경우 그 물품에 대하여는 '하역을 허가받은 때'의 물품의 성질과 그 수량에 따라 관세를 부과한다(법 제16조 제1호).

---

2 적용 법령

13 다음 사례에서 A회사의 수입물품에 대한 관세감면 가능 여부는 어느 시점의 법령에 의하여 판단하여야 하는가? 2012 관세사

□□□

> A회사가 미국으로부터 수입하는 PCB(Printed Circuit Board) 검사기기는 현재 감면대상이나, 관세감면 대상에서 제외될 예정으로 입법예고되어 있다.

① 계약 시점의 법령

② 수입신고 당시의 법령

③ 우리나라 입상시의 법령

④ 선하증권(B/L) 발행일의 법령

⑤ 선적일의 법령

관세는 수입신고 시점의 법령을 기준으로 부과한다. 이것은 수입신고 시점을 기준으로 감면 여부를 판단하고, 관세율을 적용한다는 의미이다. 입법예고 등과는 상관없이 관세 부과에 적용되는 법령은 '수입신고 당시의 법령'이다.

14 미성년자인 '甲'이 인터넷을 이용하여 전자상거래로 구매한 물품이 우편으로 도착되었다. 관세법령의 개정으로 전자상거래물품에 대한 면세기준이 달라졌을 때, 어느 시점의 법령을 기준으로 면세 여부를 판단하게 되는가?
2006 관세사

① 인터넷으로 물품을 구매한 날
② 인터넷사이트 운영자가 물품을 발송한 날
③ 해당 물품이 우리나라에 반입된 날
④ 해당 물품이 통관 우체국에 도착한 날
⑤ 구매자가 해당 물품을 교부받은 날

| 관련 법조문: 법 제17조 | 답 ④ |

과세물건 확정시기가 '수입신고를 할 때'가 아닌 관세법 제16조 단서의 여러 사실이 발생한 경우의 적용 법령은 '법 제16조 단서의 사실이 발생한 날에 시행하는 법령'이다. 전자상거래로 구매한 물품은 일반적으로 일반 수입신고대상이 아니므로, 이런 우편물의 과세물건 확정시기는 '통관 우체국에 도착한 때'이다. 이 물품에 적용되는 법령은 '통관 우체국에 도착한 날'에 시행하는 법령이다.

> **명호샘의 한마디**
> 적용법령은 관세법 제17조에서 다루고 있다. 법 제17조 본문은 '원칙'이고, 제1호 및 제2호는 '예외'이다. 적용 법령 문제가 출제되면, 그 문제가 '원칙'을 묻는 것인지 '예외'를 묻는 것인지 구분해야 한다.
>
> | 구분 | 적용 법령 |
> |---|---|
> | 원칙 | 수입신고 당시의 법령 |
> | 예외 | 1. 법 제16조(과세물건 확정의 시기) 각 호의 어느 하나에 해당되는 물품: 그 사실이 발생한 날에 시행되는 법령
2. 법 제192조에 따라 보세건설장에 반입된 외국물품: 사용 전 수입신고가 수리된 날에 시행되는 법령 |

15 관세법상 과세물건의 확정시기와 적용법률에 대한 설명으로 옳은 것은?
2022 국가직 9급

① 보세건설장에 반입된 외국물품은 사용 전 수입신고가 수리된 날에 시행되는 법령에 따라 관세를 부과한다.
② 수입신고전 즉시반출신고를 하고 반출한 물품의 과세물건 확정시기는 즉시반출신고 후 수입신고를 하는 때이다.
③ 보세구역에서의 보수작업이 곤란하다고 세관장이 인정할 때에는 기간과 장소를 지정받아 보세구역 밖에서 보수작업을 할 수 있는데, 이 경우 과세물건 확정시기는 보수작업을 허가 받거나 신고한 때이다.
④ 보세구역에 장치한 물품 중 도난 또는 분실된 물품의 과세물건 확정시기는 해당 물품이 수입된 때이다.

보세건설장에 반입된 외국물품은 사용 전 수입신고가 수리된 날에 시행되는 법령에 따라 관세를 부과한다(법 제17조 제2호). '수리' 시점의 법령을 적용하는 물품은 '보세건설장에 반입된 외국물품' 밖에 없다.

☑ 선지분석

② 수입신고전 즉시반출신고를 하고 반출한 물품의 과세물건 확정시기는 '수입신고전 즉시반출신고를 한 때'이다(법 제16조 제7호).

③ 보세구역에서의 보수작업이 곤란하다고 세관장이 인정할 때에는 기간과 장소를 지정받아 보세구역 밖에서 보수작업을 할 수 있는데, 이 경우 과세물건 확정시기는 '보세구역 밖에서 하는 보수작업을 승인받은 때'이다(법 제16조 제2호, 법 제158조 제1항).

④ 보세구역에 장치한 물품 중 도난 또는 분실된 물품의 과세물건 확정시기는 해당 물품이 '도난되거나 분실된 때'이다(법 제16조 제9호). '수입된 때'가 과세물건 확정시기가 되는 물품은 '수입신고를 하지 아니하고 수입된 물품'이다(법 제16조 제11호).

16 관세법상 관세의 부과와 징수에 대한 설명으로 옳지 않은 것은?

① 수입신고가 수리되기 전에 소비하거나 사용하는 물품(관세법 제239조에 따라 소비 또는 사용을 수입으로 보지 아니하는 물품은 제외한다)은 해당 물품을 소비하거나 사용한 때의 물품의 성질과 그 수량에 따라 관세를 부과한다.

② 관세는 수입신고 당시의 법령에 따라 부과하는 것이 원칙이지만 보세건설장에 반입된 외국물품인 경우에는 건설공사 완료 보고일에 시행되는 법령을 적용한다.

③ 과세가격을 결정하는 경우 외국통화로 표시된 가격을 내국통화로 환산할 때에는 관세법 제17조에 따른 날(보세건설장에 반입된 물품의 경우에는 수입신고를 한 날을 말한다)이 속하는 주의 전주(前週)의 기준환율 또는 재정환율을 평균하여 관세청장이 그 율을 정한다.

④ 관세청장은 체납발생일부터 1년이 지난 관세 및 내국세등이 2억원 이상인 체납자에 대하여는 그 인적사항과 체납액등을 공개할 수 있다. 다만, 체납관세등에 대하여 이의신청·심사청구 등 불복청구가 진행 중이거나 체납액의 일정 금액 이상을 납부한 경우 등 대통령령으로 정하는 사유에 해당하는 경우에는 그러하지 아니하다.

| 관련 법조문: 법 제16조, 제17조, 제18조, 제116조의2 | 답 ② |

관세는 수입신고 당시의 법령에 따라 부과한다. 다만, 다음 각 호의 어느 하나에 해당하는 물품에 대하여는 각 해당 호에 규정된 날에 시행되는 법령에 따라 부과한다(법 제17조).

1. 법 제16조 각 호의 어느 하나에 해당되는 물품: 그 사실이 발생한 날
2. 법 제192조에 따라 보세건설장에 반입된 외국물품: 사용 전 수입신고가 수리된 날

☑ 선지분석

① 법 제16조(과세물건 확정의 시기)
③ 법 제18조(과세환율)
④ 법 제116조의2(고액·상습체납자 등의 명단 공개) 제1항 제1호

3 과세환율

17 아르헨티나산 오렌지를 수입하면서 미국 달러로 대금을 결제하였다. 과세가격 결정과 관련하여 달러를 원화로 환산함에 있어 다음 중 가장 관련이 깊은 환율은? 2007 관세사

① 수입신고를 한 날의 외국환 매입률
② 수입신고를 한 날의 기준환율 또는 재정환율
③ 수입신고를 한 날이 속하는 주의 전주의 외국환 매입률
④ 수입신고를 한 날이 속하는 주의 전주의 기준환율 또는 재정환율

│ 관련 법조문: 법 제18조   답 ④

외화로 표시된 금액을 원화로 환산하기 위해 적용하는 환율을 과세환율이라 한다. 과세환율은 1주일 단위로 변동된다. 한 주의 환율을 평균하여 그 다음 주의 과세환율로 한다. 수입신고를 한 물품에 대한 과세환율은 수입신고를 한 날이 속하는 주의 전주의 기준환율 또는 재정환율을 평균하여 관세청장이 그 율을 정한다.

18 과세환율에 대한 내용으로 옳은 것은? 2014 국가직 7급

① 과세환율은 관세법 제17조에 따른 날(보세건설장에 반입된 물품의 경우에는 수입신고를 한 날을 말한다)이 속하는 주의 전월의 기준환율 또는 재정환율을 평균하여 대통령령으로 그 율을 결정한다.
② 과세환율은 관세법 제17조에 따른 날(보세건설장에 반입된 물품의 경우에는 수입신고를 한 날을 말한다)이 속하는 주의 전월의 기준환율 또는 재정환율을 평균하여 관세청장이 그 율을 결정한다.
③ 과세환율은 관세법 제17조에 따른 날(보세건설장에 반입된 물품의 경우에는 수입신고를 한 날을 말한다)이 속하는 주의 전주의 기준환율 또는 재정환율을 평균하여 관세청장이 그 율을 결정한다.
④ 과세환율은 관세법 제17조에 따른 날(보세건설장에 반입된 물품의 경우에는 수입신고를 한 날을 말한다)이 속하는 주의 전주의 기준환율 또는 재정환율을 평균하여 대통령령으로 그 율을 결정한다.

│ 관련 법조문: 법 제18조   답 ③

과세가격을 결정하는 경우 외국통화로 표시된 가격을 내국통화로 환산할 때에는 법 제17조에 따른 날(보세건설장에 반입된 물품의 경우에는 수입신고를 한 날을 말한다)이 속하는 주의 전주(前週)의 기준환율 또는 재정환율을 평균하여 관세청장이 그 율을 정한다(법 제18조).

19
□□□
관세법상 수입신고를 한 물품에 대한 납세의무자는 그 물품을 수입신고하는 때의 화주이며, 화주가 불분명한 경우에는 납세의무자를 따로 정하고 있는데, 다음 중 관세의 납세의무자가 될 수 없는 것은?

2015 · 2005 관세사

① 수입을 위탁받아 수입업체가 대행 수입한 물품이 아닌 때에는 수입계약서에 기재된 물품수신인
② 수입을 위탁받아 수입업체가 대행 수입한 물품일 때에는 그 물품의 수입을 위탁한 자
③ 수입물품을 수입신고전에 양도한 때에는 그 양수인
④ 관세법 제143조(선박용품 및 항공기용품 등의 하역 등) 제6항에 따라 관세를 징수하는 물품인 경우에는 하역허가를 받은 자
⑤ 관세법 제158조(보수작업) 제7항에 따라 관세를 징수하는 물품인 경우에는 보세구역 밖에서 보수작업을 승인받은 자

| **관련 법조문: 법 제19조** | 답 ① |

수입을 위탁받아 수입업체가 대행 수입한 물품이 아닌 경우, 즉 직접 수입한 경우에는 대통령령으로 정하는 상업서류에 적힌 물품수신인이 납세의무자가 된다. 여기에서 대통령령으로 정하는 상업서류란 <u>송품장, 선하증권, 항공화물운송장</u>의 세 가지 서류에 한정된다.

20
□□□
관세법령상 수입을 위탁받아 수입업체가 대행 수입한 물품이 아닌 경우, 납세의무자가 '대통령령으로 정하는 상업서류'에 적힌 물품수신인이 될 때 그에 해당하는 서류가 아닌 것은?

2014 국가직 9급 · 관세사

① 포장명세서 　　　　　　　　② 선하증권
③ 송품장 　　　　　　　　　　④ 항공화물운송장

| **관련 법조문: 법 제19조** | 답 ① |

포장명세서는 대통령령으로 정하는 상업서류에 포함되지 않는다. 포장명세서에 '물품수신인'이 표기되어 있어도 그 물품수신인이 납세의무자로 확정되지는 않는다.

21
□□□
관세법령상 과세가격과 관세의 부과 · 징수 등의 통칙에 대한 설명으로 옳지 않은 것은?　　2021 국가직 9급

① 관세법에 따라 매각되는 물품은 해당 물품이 매각된 때의 물품의 성질과 그 수량에 따라 관세를 부과한다.
② 분실물품은 해당 물품이 분실된 날에 시행되는 법령에 따라 관세를 부과한다.
③ 화주가 불분명할 때 수입을 위탁받아 수입업체가 대행수입한 물품이 아닌 경우 수입화물선취보증장에 적힌 물품수신인은 관세의 납세의무자가 된다.
④ 과세가격을 결정하는 경우 외국통화로 표시된 가격을 내국통화로 환산할 때, 보세건설장에 반입된 물품의 경우에는 수입신고를 한 날이 속하는 주의 전주(前週)의 기준환율 또는 재정환율을 평균하여 관세청장이 그 율을 정한다.

관련 법조문: 법 제16조, 제17조, 제18조, 제19조　　　　　　　　　　　　　답 ③

'대통령령으로 정하는 상업서류'에 수입화물선취보증장(L/G)은 포함되지 않는다.

⊘ 선지분석

① 매각되는 물품은 '매각된 때'의 성질과 그 수량에 따라 관세를 부과한다(법 제16조).
② 분실물품은 '분실된 날에 시행되는 법령'에 따라 관세를 부과한다(법 제17조).
④ 과세가격을 결정하는 경우 외국통화로 표시된 가격을 내국통화로 환산할 때에는 제17조에 따른 날(보세건설장에 반입된 물품의 경우에는 수입신고를 한 날을 말한다)이 속하는 주의 전주(前週)의 기준환율 또는 재정환율을 평균하여 관세청장이 그 율을 정한다(법 제18조). 보세건설장에 반입된 물품의 법령 적용 기준 시점은 '수리' 시점이지만, 과세환율 적용 기준 시점은 '신고' 시점이다.

> **⊙ 명호샘의 한마디**
> 수입을 위탁받아 수입업체가 대행수입한 물품이 아닌 경우 '대통령령으로 정하는 상업서류'에 적힌 물품수신인이 관세의 납세의무자가 된다. 여기에서 대통령령으로 정하는 상업서류란 <u>송품장, 선하증권, 항공화물운송장</u>을 말한다. 시험에 출제되었던 오답을 모으면 다음과 같다.
> • 계약서 (×)
> • 포장명세서 (×)
> • 원산지증명서 (×)
> • 수입화물선취보증장 (×)

22

관세법상 납세의무자에 관한 설명으로 옳지 않은 것은?　　　　　　　　2022 관세사

① 관세법 제253조(수입신고전의 물품 반출) 제4항에 따라 관세를 징수하는 물품인 경우 해당 물품을 즉시 반출한 자는 납세의무자가 된다.
② 우편으로 수입되는 물품인 경우 그 수취인은 납세의무자가 된다.
③ 수입을 위탁받아 수입업체가 대행수입한 물품인 경우 대통령령으로 정하는 상업서류에 적힌 물품수신인은 납세의무자가 된다.
④ 화주가 불분명하고 수입물품이 수입신고 전에 양도된 경우 그 양수인은 납세의무자가 된다.
⑤ 관세법 제160조(장치물품의 폐기) 제2항에 따라 관세를 징수하는 물품인 경우 운영인 또는 보관인은 납세의무자가 된다.

관련 법조문: 법 제19조　　　　　　　　　　　　　　　　　　　　　답 ③

수입을 위탁받아 수입업체가 대행수입한 물품인 경우 '그 물품의 수입을 위탁한 자'가 납세의무자가 된다(법 제19조 제1항 제1호 가목). '대행수입한 물품인 경우'와 '대행수입한 물품이 아닌 경우'를 구분하여야 한다.

구분	납세의무자
수입을 위탁받아 수입업체가 대행수입한 물품인 경우	그 물품의 수입을 위탁한 자
수입을 위탁받아 수입업체가 대행수입한 물품이 아닌 경우	대통령령으로 정하는 상업서류에 적힌 물품수신인

⊘ 선지분석

① 법 제19조(납세의무자) 제1항 제8조
② 법 제19조(납세의무자) 제1항 제9조
④ 법 제19조(납세의무자) 제1항 제1조 다목
⑤ 법 제19조(납세의무자) 제1항 제4조

23

관세법상 납세의무자에 대한 설명으로 옳은 것은?

① 수입을 위탁받아 수입업체가 대행수입한 물품인 경우 대통령령으로 정하는 상업서류에 적힌 물품수신인이 납세의무자가 된다.

② 우편으로 수입되는 물품인 경우에는 그 수취인이 납세의무자가 되고, 수입신고가 수리되기 전에 소비하거나 사용하는 물품(관세법 제239조에 따라 소비 또는 사용을 수입으로 보지 아니하는 물품은 제외한다)인 경우에는 그 소비자 또는 사용자가 납세의무자가 된다.

③ 도난물품이나 분실물품인 경우 보세구역의 장치물품은 보세운송을 신고하거나 승인을 받은 자가 납세의무자가 된다.

④ 수입물품을 수입신고 전에 양도한 경우에는 그 양도인이 납세의무자가 된다.

▌관련 법조문: 법 제19조 　　　　　　　　　　　　　　　　　　　　　　　　　　　　답 ②

관세는 수입신고(입항전수입신고를 포함한다)를 하는 때의 물품의 성질과 그 수량에 따라 부과한다. 다만, 다음 각 호의 어느 하나에 해당하는 물품에 대하여는 각 해당 호에 규정된 때의 물품의 성질과 그 수량에 따라 부과한다(법 제19조 제1항).

> 7. 수입신고가 수리되기 전에 소비하거나 사용하는 물품(제239조에 따라 소비 또는 사용을 수입으로 보지 아니하는 물품은 제외한다)인 경우에는 그 소비자 또는 사용자
> 9. 우편으로 수입되는 물품인 경우에는 그 수취인

✅ 선지분석

① 수입을 위탁받아 수입업체가 대행수입한 물품인 경우 '그 물품의 수입을 위탁한 자'가 납세의무자가 된다(법 제19조 제1항 제1호 가목).

③ 도난물품이나 분실물품인 경우 보세구역의 장치물품은 '그 운영인 또는 화물관리인'이 납세의무자가 된다(법 제19조 제1항 제10호 가목).

④ 수입물품을 수입신고 전에 양도한 경우에는 그 '양수인'이 납세의무자가 된다(법 제19조 제1항 제1호 다목).

관세법상 납세의무자에 관한 설명으로 옳지 않은 것은?

① 납세의무자는 신고납부한 세액이 부족하다는 것을 알게 된 때에는 신고납부한 날부터 1년 이내 해당 세액을 보정(補正)하여 줄 것을 세관장에게 신청할 수 있다.

② 우편으로 수입되는 물품인 경우에는 그 수취인이 납세의무자가 된다.

③ 보세운송물품이 도난품인 경우 보세운송을 신고하거나 승인을 받은 자가 납세의무자가 된다.

④ 다른 법령에 따라 관세의 납부를 보증한 자는 보증액의 범위에서 납세의무를 진다.

⑤ 납세의무자인 법인이 채무자 회생 및 파산에 관한 법률 제215조에 따라 신회사를 설립하는 경우 신회사가 관세·가산세 및 강제징수비를 연대하여 납부할 의무를 진다.

▌관련 법조문: 법 제19조, 제38조의2 　　　　　　　　　　　　　　　　　　　　답 ①

납세의무자는 신고납부한 세액이 부족하다는 것을 알게 된 때에는 신고납부한 날부터 '6개월' 이내 해당 세액을 보정(補正)하여 줄 것을 세관장에게 신청할 수 있다(법 제38조의2 제1항).

✅ 선지분석

② 법 제19조(납세의무자) 제1항 제9호

③ 법 제19조(납세의무자) 제1항 제10호 나목

④ 법 제19조(납세의무자) 제3항

⑤ 법 제19조(납세의무자) 제6항 제3호

25 관세법령상 납세의무자와 납세의무에 대한 설명으로 옳은 것은?

① 수입을 위탁받아 수입업체가 대행수입한 물품인 경우 수입신고를 한 물품의 화주가 불분명할 때에는 그 물품의 수입을 위탁받은 자가 원칙적인 관세의 납세의무자이다.

② 관세부과의 제척기간을 산정할 때 과다환급 또는 부정환급 등의 사유로 관세를 징수하는 경우에는 환급한 날의 다음 날을 관세를 부과할 수 있는 날로 한다.

③ 국세기본법 제38조부터 제41조까지의 규정에 따른 제2차 납세의무자는 관세의 담보로 제공된 것이 없거나 관세의 납부를 보증한 자가 납세의무를 이행하지 아니하는 경우에 납세의무를 진다.

④ 관세를 체납한 납세의무자에게 납세신고일 후에 담보의 목적이 된 양도담보재산이 있을 때에는 그 납세의무자의 다른 재산에 우선하여 양도담보재산으로써 관세를 징수할 수 있다.

> **관련 법조문: 법 제19조, 영 제6조**   답 ②

관세부과의 제척기간을 산정할 때 과다환급 또는 부정환급 등의 사유로 관세를 징수하는 경우에는 환급한 날의 다음 날을 관세를 부과할 수 있는 날로 한다(영 제6조).

⊘ 선지분석

① 수입을 위탁받아 수입업체가 대행수입한 물품인 경우 수입신고를 한 물품의 화주가 불분명할 때에는 그 물품의 수입을 '위탁한 자'가 원칙적인 관세의 납세의무자이다(법 제19조 제1항 제1호 가목).

③ 국세기본법 제38조부터 제41조까지의 규정에 따른 제2차 납세의무자는 관세의 담보로 제공된 것이 '없고' '납세의무자'와 관세의 납부를 보증한 자가 납세의무를 이행하지 아니하는 경우에 납세의무를 진다(법 제19조 제9항). ⊙ 담보가 없고, ⓒ 납세의무자가 체납하고, ⓒ 납세보증자가 체납하였을 때 국세기본법상 제2차 납세의무자가 납세의무를 진다.

④ 납세의무자(관세의 납부를 보증한 자와 제2차 납세의무자를 포함한다)가 관세·가산세 및 강제징수비를 체납한 경우 그 납세의무자에게 국세기본법 제42조 제3항에 따른 양도담보재산이 있을 때에는 그 납세의무자의 '다른 재산에 대하여 강제징수를 하여도 징수하여야 하는 금액에 미치지 못한 경우에만' 국세징수법 제7조를 준용하여 그 양도담보재산으로써 납세의무자의 관세·가산세 및 강제징수비를 징수할 수 있다. 다만, 그 관세의 납세신고일(법 제39조에 따라 부과고지하는 경우에는 그 납부고지서의 발송일을 말한다) 전에 담보의 목적이 된 양도담보재산에 대해서는 그러하지 아니하다(법 제19조 제10항). 납세의무자에게 '다른 재산'이 있는 경우에는 양도담보권자의 물적 납세의무가 성립하지 않는다.

26

한국의 A사는 어떠한 물품에 대하여 한국의 B사로부터 수입대행요청에 의하여 단순수입대행계약을 체결하고 A사를 신용장 발행신청인으로 하고 C사를 수익자로 하는 양도 가능 수입신용장을 개설하였다. C사는 사정에 의하여 D사에게 동 신용장을 양도하고 D사 명의의 선적서류가 한국에 도착되었다. 동 물품은 수입신고 후 최종적으로 국내의 E사 및 F사로 판매되었다. 이와 같은 경우 관세법에 따른 관세의 납세의무자는 누구인가?

2007 국가직 9급

① A사
② B사
③ D사
④ E사 및 F사

| 관련 법조문: 법 제19조 답 ②

B사는 A사에 수입대행을 요청한 '수입을 위탁한 자'이다. 수입대행업체 A사는 납세의무를 가지지 않는다. 신용장 거래에 있어 '수익자(beneficiary)'란 수출자를 말한다. 그러므로 C사는 납세의무자와 관련이 없으며, 수출자 C의 신용장에 관한 권한을 양도받은 D사도 납세의무자와는 관련이 없다. 국내에 도착한 물품이 '수입신고전'에 양도되었다면 그 양수인이 납세의무자가 된다. B사가 실질적으로 수입하여 E사 및 F사에게 판매하였지만, 그 국내판매 시점이 수입신고가 이루어진 이후이므로 E사 및 F사는 납세의무자가 되지 못한다. 즉, 수입신고 시점 기준으로 수입물품의 실질적인 주인인 'B사'가 납세의무자가 된다.

27

관세법령상 납세의무 또는 납세의무자에 대한 설명으로 옳은 것은?

2018 국가직 7급

① 법령, 조약, 협약 등에 따라 관세의 납부를 보증한 자는 납세의무자가 납세신고한 관세액 전부에 대하여 납세의무를 지지만, 담보를 제공한 경우에는 보증액의 범위에서 납세의무를 진다.

② 수입신고를 한 물품의 경우 수입을 위탁받아 대행수입한 수입업체는 그 물품을 수입신고하는 때의 화주가 불분명하면 그 물품의 수입을 위탁한 자와 연대하여 해당 관세를 납부하여야 한다.

③ 관세를 체납한 납세의무자에게 그 관세의 납세신고일 전에 담보의 목적이 된 양도담보재산이 있을 때에는 그 납세의무자의 다른 재산에 대하여 강제징수를 하여도 징수하여야 하는 금액에 미치지 못한 경우에만 국세징수법의 규정을 준용하여 그 양도담보재산으로써 그 관세를 징수할 수 있다.

④ 법인이 분할되거나 분할합병되는 경우 분할일 또는 분할합병일 이전에 부과되거나 납세의무가 성립한 관세는 분할되는 법인이나 분할 또는 분할합병으로 설립되는 법인, 존속하는 분할합병의 상대방 법인 및 신회사가 연대하여 납부할 의무를 진다.

| 관련 법조문: 법 제19조 답 ④

다음 각 호의 어느 하나에 해당되는 경우 국세기본법 제25조 제2항부터 제4항까지의 규정을 준용하여 분할되는 법인이나 분할 또는 분할합병으로 설립되는 법인, 존속하는 분할합병의 상대방 법인 및 신회사가 관세·가산세 및 강제징수비를 연대하여 납부할 의무를 진다(법 제19조 제6항).

1. 법인이 분할되거나 분할합병되는 경우
2. 법인이 분할 또는 분할합병으로 해산하는 경우
3. 법인이 채무자 회생 및 파산에 관한 법률 제215조에 따라 신회사를 설립하는 경우

이 규정을 적용할 때 '준용'되는 국세기본법 제25조 제2항부터 제4항까지의 규정은 다음과 같다.

> **국세기본법 제25조(연대납세의무)** ② 법인이 분할되거나 분할합병된 후 분할되는 법인(이하 이 조에서 '분할법인'이라 한다)이 존속하는 경우 다음 각 호의 법인은 분할등기일 이전에 분할법인에 부과되거나 납세의무가 성립한 국세 및 강제징수비에 대하여 분할로 승계된 재산가액을 한도로 연대하여 납부할 의무가 있다.
> 1. 분할법인
> 2. 분할 또는 분할합병으로 설립되는 법인(이하 이 조에서 '분할신설법인'이라 한다)
> 3. 분할법인의 일부가 다른 법인과 합병하는 경우 그 합병의 상대방인 다른 법인(이하 이 조에서 '분할합병의 상대방 법인'이라 한다)
> ③ 법인이 분할 또는 분할합병한 후 소멸하는 경우 다음 각 호의 법인은 분할법인에 부과되거나 분할법인이 납부하여야 할 국세 및 강제징수비에 대하여 분할로 승계된 재산가액을 한도로 연대하여 납부할 의무가 있다.
> 1. 분할신설법인
> 2. 분할합병의 상대방 법인
> ④ 법인이 채무자 회생 및 파산에 관한 법률 제215조에 따라 신회사를 설립하는 경우 기존의 법인에 부과되거나 납세의무가 성립한 국세 및 강제징수비는 신회사가 연대하여 납부할 의무를 진다.

그러므로 관세법 제19조 제6항과 이 규정에서 준용하는 국세기본법 제25조 제2항부터 제4항까지의 규정을 종합하여 보면, "법인이 분할되거나 분할합병되는 경우 분할일 또는 분할합병일 이전에 부과되거나 납세의무가 성립한 관세는 분할되는 법인이나 분할 또는 분할합병으로 설립되는 법인, 존속하는 분할합병의 상대방 법인 및 신회사가 연대하여 납부할 의무를 진다."고 말할 수 있게 된다.

✅ **선지분석**

① 관세법 또는 다른 법령, 조약, 협약 등에 따라 관세의 납부를 보증한 자는 보증액의 범위에서 납세의무를 진다(법 제19조 제3항). 관세의 납부를 보증한 자가 '관세액 전부'에 대하여 납세의무를 지는 것은 아니며, '담보를 제공한 경우'에는 그 담보의 종류가 '보증'인 경우에만 '보증액의 범위'에서 납세의무를 진다는 개념이 성립된다.

② 수입을 위탁받아 수입업체가 대행수입한 물품인 경우, 화주가 불분명할 때에는 '그 물품의 수입을 위탁한 자'가 관세의 납세의무자가 된다(법 제19조 제1항 제1호). 이 경우 '그 물품의 수입을 위탁한 자'가 원칙적인 납세의무자가 되는 것이지, 대행수입업체와 연대하여 관세를 납부하여야 하는 것은 아니다.

③ 납세의무자(관세의 납부를 보증한 자와 제2차 납세의무자를 포함한다. 이하 이 조에서 같다)가 관세·가산세 및 강제징수비를 체납한 경우 그 납세의무자에게 국세기본법 제42조 제3항에 따른 양도담보재산이 있을 때에는 그 납세의무자의 다른 재산에 대하여 강제징수를 하여도 징수하여야 하는 금액에 미치지 못한 경우에만 국세징수법 제7조를 준용하여 그 양도담보재산으로써 납세의무자의 관세·가산세 및 강제징수비를 징수할 수 있다. 다만, 그 관세의 납세신고일(제39조에 따라 부과고지하는 경우에는 그 납부고지서의 발송일을 말한다) 전에 담보의 목적이 된 양도담보재산에 대해서는 그러하지 아니하다(법 제19조 제10항). 즉, '관세의 납세신고일 전에 담보의 목적이 된 양도담보재산이 있을 때'에는 양도담보권자의 물적 납세의무가 성립하지 않는다.

28 관세법상 납세의무자에 대한 설명으로 옳지 않은 것은?　　　2020 국가직 9급
☐☐☐

① 우편으로 수입되는 물품인 경우에는 그 수취인이 관세의 납세의무자가 된다.

② 보세구역 밖에서 보수작업을 승인받은 관세 징수 물품의 경우에는 보수작업을 승인받은 자가 관세의 납세의무자가 된다.

③ 보세운송 중 물품이 분실된 경우에는 그 보관인 또는 취급인이 관세의 납세의무자가 된다.

④ 수입신고가 수리되기 전에 소비하거나 사용하는 물품(관세법 제239조에 따라 소비 또는 사용을 수입으로 보지 아니하는 물품은 제외한다)인 경우에는 그 소비자 또는 사용자가 관세의 납세의무자가 된다.

▌ 관련 법조문: 법 제19조　　　답 ③

보세운송 중 물품이 도난 또는 분실된 경우, 보세운송을 신고하거나 승인을 받은 자가 관세의 납세의무자가 된다(법 제19조 제1항 제10호). 도난물품이나 분실물품은 그것이 어디에서 도난되거나 분실되었는지가 중요하다. 보세구역 장치 중 도난되거나 분실되면 '그 운영인 또는 화물관리인'이 납세의무자가 되고, 보세운송물품이 도난되거나 분실되면 '보세운송을 신고하거나 승인을 받은 자'가 납세의무자가 된다. 그 밖의 물품으로서 도난되거나 분실된 경우에는 '그 보관인 또는 취급인'이 납세의무자가 된다.

29 관세법상 관세의 납세의무자와 징수에 대한 설명으로 옳은 것은?

① 제143조(선박용품 및 항공기용품 등의 하역 등) 제6항에 따라 관세를 징수하는 물품인 경우에 하역허가를 받은 자는 관세의 납세의무자가 된다.

② 제158조(보수작업) 제7항에 따라 관세를 징수하는 물품인 경우에 보세구역 안에서 하는 보수작업을 수행하는 자는 관세의 납세의무자가 된다.

③ 미리 세관장의 승인을 받아 보세구역에 장치된 외국물품을 폐기한 때에는 그 운영인이나 보관인으로부터 즉시 그 관세를 징수한다.

④ 제213조(보세운송의 신고) 제2항에 따라 신고를 하거나 승인을 받아 보세운송하는 외국물품이 재해로 망실되어 지정된 기간 내에 목적지에 도착하지 아니한 경우에는 즉시 그 관세를 징수한다.

> **관련 법조문: 법 제19조, 제160조, 제217조**   답 ①

'제143조(선박용품 및 항공기용품 등의 하역 등) 제6항에 따라 관세를 징수하는 물품'이란 외국물품인 선박용품 또는 항공기용품과 국제무역선 또는 국제무역기 안에서 판매할 물품이 하역 또는 환적허가의 내용대로 운송수단에 적재되지 않아서 관세를 징수하는 경우를 말한다. 이 경우에는 '해당 허가를 받은 자'가 관세의 납세의무자가 된다(법 제19조 제1항, 제143조).

✓ 선지분석

② '제158조(보수작업) 제7항에 따라 관세를 징수하는 물품인 경우'란 보세구역 밖에서 하는 보수작업의 승인을 받았으나 그 기간이 경과하여 관세를 징수하는 경우를 말한다(법 제158조). 이 경우 보세구역 밖에서 하는 보수작업을 승인받은 자가 납세의무자가 된다(법 제19조 제1항).

③ 보세구역에 장치된 외국물품이 멸실되거나 폐기되었을 때에는 그 운영인이나 보관인으로부터 즉시 그 관세를 징수한다. 다만, 재해나 그 밖의 부득이한 사유로 멸실된 때와 미리 세관장의 승인을 받아 폐기한 때에는 예외로 한다(법 제160조 제2항). 즉, '미리 세관장의 승인을 받아 폐기'한 경우 비과세이므로, 납세의무자도 존재하지 않는다.

④ 보세운송의 신고를 하거나 승인을 받아 보세운송하는 외국물품이 지정된 기간 내에 목적지에 도착하지 아니한 경우에는 즉시 그 관세를 징수한다. 다만, 해당 물품이 재해나 그 밖의 부득이한 사유로 망실되었거나 미리 세관장의 승인을 받아 그 물품을 폐기하였을 때에는 그러하지 아니하다(법 제217조).

---

30 관세법상 납세의무자로 옳지 않은 것은?

① 우편에 의하여 수입되는 물품에 대하여는 그 수취인

② 보세구역에 장치된 외국물품이 멸실되거나 폐기된 때에 관세를 징수하는 물품에 대하여는 운영인 또는 보관인

③ 소비 또는 사용을 수입으로 보지 아니하는 물품에 해당하지 아니하는 물품에 대하여는 그 소비자 또는 사용자

④ 보세구역의 장치물품으로 도난이나 분실된 물품에 대하여는 보관인 또는 취급인

> **관련 법조문: 법 제19조**   답 ④

창고에 있다가(보세구역 장치물품으로) 잃어버린(도난이나 분실된) 경우에는 창고 주인(운영인 또는 화물관리인)이 관세를 납부하여야 한다.

31 인천상사는 실화주로 동해물산에게 수입을 위탁하였다. 송품장 등 무역서류에는 동해물산이 화주로 표시되어 있다. 동해물산이 반입한 외국물품이 인천세관의 지정장치장에 장치 도중 도난되었다면 이 물품에 대한 납세의무자는 누구인가?

2009 관세사

① 인천상사
② 동해물산
③ 지정장치장의 화물관리인
④ 절취한 자
⑤ 도난되었으므로 납세의무자 없음

| 관련 법조문: 법 제19조 | 답 ③

일반적인 경우라면 수입대행업체 동해물산이 아닌 실화주인 인천상사가 납세의무자가 되어야 한다. 그러나 보세구역에 장치되어 있는 중에 '도난'이 되었으므로 보세구역의 운영인 또는 화물관리인이 납세의무자가 된다. 원칙적인 납세의무자와 특별납세의무자가 경합되는 경우 특별납세의무자가 납세의무자가 된다. 지정장치장 장치 중 도난된 경우 지정장치장의 화물관리인이 특별납세의무자이므로 납세의무를 부담하여야 한다.

> 법 제19조(납세의무자) ② 법 제19조 제1항 제1호에 따른 <u>화주</u> 또는 <u>신고인</u>과 법 제19조 제1항 제2호부터 제11호까지에 규정된 자(특별납세의무자)가 경합되는 경우에는 법 제19조 제1항 제2호부터 제11호까지에 규정된 자(<u>특별납세의무자</u>)를 납세의무자로 한다.

32 관세법에서 정하고 있는 관세의 납세의무자가 될 수 없는 자는?

2010 관세사

① 수입신고인
② 납세보증인
③ 보세운송신고인
④ 외교관용 면세물품의 무단 양도자
⑤ 여신전문금융업법의 규정에 의한 시설대여업자

| 관련 법조문: 법 제19조, 제88조, 제105조 | 답 ④

외교관용 면세물품을 다른 용도로 사용할 자에게 양도한 경우 양수인이 납세의무를 지게 된다. 외교관용 면세물품의 무단 양도자란 외교관을 말하는 것으로, 외교관의 경우 양도를 했다고 하더라도 납세의무를 가지지 않는다. 오히려 양수제한 물품(자동차, 선박, 피아노, 오르간, 엽총)을 사후관리기간에 다른 용도로 사용하기 위하여 양수한 경우에는 그 '양수자'로부터 면제된 관세를 즉시 징수한다(법 제88조 제3항).

 선지분석

① 수입신고인은 연대납세의무자가 될 수 있다.
② 관세의 납부를 보증한 자는 보증액의 범위에서 납세의무자가 될 수 있다.
③ 보세운송 중 도난되거나 분실된 경우, 보세운송기간이 경과한 경우 보세운송의 신고를 하거나 승인받은 자가 납세의무자가 될 수 있다.
⑤ 대여시설의 경우 대여시설이용자가 원칙적인 납세의무자이지만, 대여시설이용자로부터 관세를 징수할 수 없는 경우 시설대여업자가 납세의무자가 될 수 있다.

33 납세의무자와 관련하여 다음 중 성격이 다른 것을 고르면?

2008 관세사

① 법인
② 청산인
③ 납세보증자
④ 출자자
⑤ 사업양수인

│ 관련 법조문: 법 제19조　　　　　　　　　　　　　　　　　　　답 ③

법인, 청산인, 출자자, 사업양수인은 국세기본법상의 제2차 납세의무자이다.

---

34 납세의무자에 관한 설명으로 옳지 않은 것은?

2011 관세사

① 수입신고를 한 물품으로 화주가 분명한 경우에는 그 물품을 수입신고하는 때의 화주가 관세의 납세의무자이다.
② 보세구역을 설치하여 운영하는 자는 납세의무자가 될 수도 있다.
③ 보세구역 밖에서 보수작업을 실시하였으나, 기간의 경과 등으로 관세를 징수하는 경우에는 보세구역 밖에서의 보수작업 승인을 받은 자가 납세의무자가 된다.
④ 수입물품의 화주와 우편으로 수입되는 물품의 수취인 사이에 납세의무자가 경합될 경우에는 우편물의 수취인이 납세의무자가 된다.
⑤ 관세의 담보로 제공된 것이 없고 납세의무자와 관세의 납부를 보증한 자가 납세의무를 이행하지 아니하는 경우에는 수입신고인이 납세의무자가 된다.

│ 관련 법조문: 법 제19조　　　　　　　　　　　　　　　　　　　답 ⑤

㉠ 담보가 없고, ㉡ 납세의무자가 납세의무를 이행하지 않고, ㉢ 납부보증자가 납세의무를 이행하지 않을 때에는 '제2차 납세의무자'가 관세 등을 납부하여야 한다.

◇ 선지분석

② '보세구역을 설치하여 운영하는 자'란 특허보세구역이나 종합보세사업장의 운영인을 말한다. 법 제19조에 따라 '멸실되거나 폐기되어 관세를 징수하는 물품인 경우에는 운영인 또는 보관인'이 납세의무자가 되고, '보세구역 장치물품으로서 도난되거나 분실된 물품인 경우에는 운영인 또는 화물관리인'이 납세의무자가 된다. 즉 '운영인'도 관세의 납세의무자가 될 수 있다.

---

35 관세법상 관세의 납세의무자에 대한 설명으로 옳지 않은 것은?

2019 국가직 7급

① 법인이 합병하거나 상속이 개시된 경우에는 국세기본법 제23조 및 제24조를 준용하여 관세·가산세 및 강제징수비의 납세의무를 승계한다.
② 법령, 조약, 협약 등에 따라 관세의 납부를 보증한 자는 보증액의 범위에서 납세의무를 진다.
③ 수입신고인이 수입신고를 하면서 화주가 아닌 자를 납세의무자로 신고한 경우 그 신고인이 관세포탈을 범하여 유죄판결을 받은 때에는 그 신고인은 관세포탈로 얻은 이득이 없더라도 납세의무자가 된다.
④ 수입신고가 수리되기 전에 소비하는 물품(관세법 제239조에 따라 소비를 수입으로 보지 아니하는 물품은 제외한다)인 경우에는 그 소비자가 납세의무자가 된다.

수입신고인이 수입신고를 하면서 수입신고하는 때의 화주가 아닌 자를 납세의무자로 신고한 경우, 수입신고인 또는 납세의무자로 신고된 자가 관세포탈 또는 부정감면의 범죄를 저지르거나 그 행위를 교사하거나 방조하는 범죄를 저질러 유죄의 확정판결을 받은 경우 그 수입신고인 및 납세의무자로 신고된 자와 해당 물품을 수입신고하는 때의 화주가 연대하여 납부할 의무를 진다. 다만, 관세포탈 또는 부정감면으로 얻은 이득이 없는 수입신고인 또는 납세의무자로 신고된 자는 제외한다(법 제19조 제5항).

🔍 명호쌤의 한마디

연대납세의무(연대하여 관세를 납부하여야 할 의무)란 하나의 납세의무에 대해 여러 사람 혹은 기업이 연대하여 납부의무를 지는 것을 말한다. 관세법상 연대납세의무에는 다음과 같이 4가지가 있다.

법조문	연대납세의무자
법 제19조 제1항 제1호	수입신고가 수리된 물품 또는 법 제252조에 따른 수입신고수리전 반출승인을 받아 반출된 물품에 대하여 납부하였거나 납부하여야 할 관세액이 부족한 경우 해당 물품을 수입신고하는 때의 화주의 주소 및 거소가 분명하지 아니하거나 수입신고인이 화주를 명백히 하지 못하는 경우에는 그 신고인이 해당 물품을 수입신고하는 때의 화주와 연대하여 해당 관세를 납부하여야 한다.
법 제19조 제5항	다음 각 호에 규정된 자가 연대하여 납부할 의무를 진다. 1. 법 제19조 제1항 제1호에 따른 수입신고물품의 경우 　가. 수입신고물품이 공유물이거나 공동사업에 속하는 물품인 경우: 그 공유자 또는 공동사업자인 납세의무자 　나. 수입신고인이 수입신고를 하면서 수입신고하는 때의 화주가 아닌 자를 납세의무자로 신고한 경우: 수입신고인 또는 납세의무자로 신고된 자가 법 제270조 제1항 또는 제4항에 따른 관세포탈 또는 부정감면의 범죄를 저지르거나 법 제271조 제1항(제270조 제1항 또는 제4항에 따른 행위를 교사하거나 방조한 경우에 한정한다)에 따른 범죄를 저질러 유죄의 확정판결을 받은 경우 그 수입신고인 및 납세의무자로 신고된 자와 해당 물품을 수입신고하는 때의 화주. 다만, 관세포탈 또는 부정감면으로 얻은 이득이 없는 수입신고인 또는 납세의무자로 신고된 자는 제외한다. 　다. 다음 중 어느 하나를 업으로 하는 자(이하 "구매대행업자"라 한다)가 화주로부터 수입물품에 대하여 납부할 관세 등에 상당하는 금액을 수령하고, 수입신고인 등에게 과세가격 등의 정보를 거짓으로 제공한 경우: 구매대행업자와 수입신고하는 때의 화주 　　1) 자가사용물품을 수입하려는 화주의 위임에 따라 해외 판매자로부터 해당 수입물품의 구매를 대행하는 것 　　2) 사이버몰 등을 통하여 해외로부터 구매 가능한 물품의 정보를 제공하고 해당 물품을 자가사용물품으로 수입하려는 화주의 요청에 따라 그 물품을 구매해서 판매하는 것 2. 법 제19조 제1항 제2호부터 제12호까지(특별납세의무자)의 규정에 따른 물품에 대한 납세의무자가 2인 이상인 경우 그 2인 이상의 납세의무자
법 제19조 제6항	다음 각 호의 어느 하나에 해당되는 경우 국세기본법 제25조 제2항부터 제4항까지의 규정을 준용하여 분할되는 법인이나 분할 또는 분할합병으로 설립되는 법인, 존속하는 분할합병의 상대방 법인 및 신회사가 관세·가산세 및 강제징수비를 연대하여 납부할 의무를 진다. 1. 법인이 분할되거나 분할합병되는 경우 2. 법인이 분할 또는 분할합병으로 해산하는 경우 3. 법인이 채무자 회생 및 파산에 관한 법률 제215조에 따라 신회사를 설립하는 경우
법 제107조 제6항	관세의 분할납부를 승인받은 법인이 합병·분할 또는 분할합병된 경우에는 합병·분할 또는 분할합병 후에 존속하거나 합병·분할 또는 분할합병으로 설립된 법인이 연대하여 관세를 납부하여야 한다.

36 관세법상 납세의무자에 관한 설명으로 옳지 않은 것은?

① 외국물품을 보세구역에 반입하여 수입신고전에 외국인에게 양도한 경우에는 양도인이 납세의무자가 된다.

② 수입신고를 한 뒤 그 신고가 수리되기 전에 해당물품(관세법 제239조에 따라 소비 또는 사용을 수입으로 보지 아니하는 물품은 제외)을 구매하기로 계약한 사람이 미리 사용한 경우 그 사용자가 납세의무자가 된다.

③ 법인이 합병하였다면 해당 법인의 관세뿐 아니라 가산세와 강제징수비의 납세의무도 승계된다.

④ 조약에 따라 관세의 납부를 보증한 경우에는 보증자가 보증액의 범위에서 납세의무를 진다.

⑤ 화주의 의뢰로 보세운송업자가 보세운송신고를 하고 화주도 함께 탑승하여 운송하는 도중 휴게소에서 해당 물품이 분실되었다면 보세운송업자가 납세의무를 진다.

▌ 관련 법조문: 법 제19조 답 ①

수입물품을 수입신고전에 양도한 경우에는 그 '양수인'이 납세의무자가 된다(법 제19조 제1항 제1호 다목). 양수도가 보세구역 반입 후에 이루어졌어도, 그 양수인이 외국인이라 할지라도 마찬가지이다.

ⓥ 선지분석

② 법 제19조(납세의무자) 제1항 제7호

③ 법 제19조(납세의무자) 제4항: 법인이 합병하거나 상속이 개시된 경우에는 국세기본법 제23조 및 제24조를 준용하여 관세·가산세 및 강제징수비의 납세의무를 승계한다.

④ 법 제19조(납세의무자) 제3항

⑤ 법 제19조(납세의무자) 제1항 제10호 나목

01 관세법상 관세 또는 강제징수비를 납부하여야 하는 의무의 소멸사유에 관한 다음 설명 중 옳지 않은 것은?

2014 국가직 9급, 2004 관세사

□□□

① 관세를 납부하거나 관세에 충당한 때

② 행정소송법에 의한 소송에 대한 판결이 있는 때

③ 관세부과가 취소된 때

④ 관세법 제21조(관세부과의 제척기간)에 따라 관세를 부과할 수 있는 기간 내에 관세가 부과되지 아니하고 그 기간이 만료된 때

⑤ 관세법 제22조(관세징수권 등의 소멸시효)에 따라 관세징수권의 소멸시효가 완성된 때

> **▌관련 법조문: 법 제20조**　　　　　　　　　　　　　　　　　　　답 ②
>
> 관세 등의 납부의무가 소멸한다는 것은 납세의무자의 관세채무 뿐만 아니라 세관장의 관세채권도 모두 사라지는 것을 말한다. 관세 또는 강제징수비를 납부하여야 하는 의무는 다음 각 호의 어느 하나에 해당되는 때에는 소멸한다 (법 제20조).
>
> 1. 관세를 납부하거나 관세에 충당한 때
> 2. 관세부과가 취소된 때
> 3. 법 제21조에 따라 관세를 부과할 수 있는 기간에 관세가 부과되지 아니하고 그 기간이 만료된 때
> 4. 법 제22조에 따라 관세징수권의 소멸시효가 완성된 때

> **◎ 명호샘의 한마디**
>
> 관세 납부의무의 소멸사유는 관세법 제20조와 제261조에 규정되어 있다.
>
> | 조문 | 납부의무 소멸 사유 |
> |---|---|
> | 법 제20조(납부의무의 소멸) | 1. 관세납부
2. 관세충당
3. 관세부과 취소
4. 관세부과 제척기간 만료
5. 관세징수권 소멸시효 완성 |
> | 법 제261조(우편물의 반송) | 6. 우편물의 반송 |

02 관세법상 관세 납부의무가 소멸하는 때가 아닌 것은?　　　　　2017 관세사

□□□

① 관세를 납부하거나 관세에 충당한 때

② 관세 부과가 취소된 때

③ 부정한 방법으로 관세를 포탈한 경우 해당 관세를 부과할 수 있는 날부터 5년이 지나도록 관세를 부과하지 아니한 때

④ 5억원 이상의 관세에 대하여 징수권을 행사할 수 있는 날부터 10년 동안 징수권을 행사하지 아니한 때

⑤ 5억원 미만의 관세에 대하여 징수권을 행사할 수 있는 날부터 5년 동안 징수권을 행사하지 아니한 때

'관세법 제21조에 따라 관세를 부과할 수 있는 기간에 관세가 부과되지 아니하고 그 기간이 만료된 때'에는 관세, 가산금 또는 강제징수비를 납부하여야 하는 의무가 소멸한다(법 제20조). 그런데 관세는 해당 관세를 부과할 수 있는 날부터 5년이 지나면 부과할 수 없지만, 부정한 방법으로 관세를 포탈하였거나 환급 또는 감면받은 경우에는 관세를 부과할 수 있는 날부터 10년이 지나면 부과할 수 없으므로, ③의 경우에는 아직 관세 부과 제척기간이 만료되지 않은 상태이다. 즉, 납세의무가 아직은 소멸하지 않았다.

☑ 선지분석

④⑤ 모두 '관세법 제22조에 따라 관세징수권의 소멸시효가 완성된 때'에 해당하므로, 납세의무가 소멸한다.

---

03 관세법상 관세의 납세의무가 소멸되는 사유로 옳은 것은?　　2019 관세사, 2017 국가직 9급(하반기)

① 관세징수권의 소멸시효가 정지된 때
② 관세부과가 취소된 때
③ 관세청장 또는 세관장이 통고처분을 한 때
④ 관세포탈죄로 벌금 처벌을 받은 때
⑤ 납세의무자의 국적이 변경된 때

관세 또는 강제징수비를 납부하여야 하는 의무는 관세부과가 취소된 때 소멸한다(법 제20조).

☑ 선지분석

① 관세징수권의 소멸시효는 '완성'되었을 때 납세의무가 소멸한다. 이때 과세권자(세관장)의 관세징수권이 소멸하기 때문이다. 그러나 관세징수권의 소멸시효가 '정지'되면 과세권자가 권리행사를 하지 못하는 상황에 있는 것일 뿐, 정지사유가 사라져 정지되었던 소멸시효가 다시 '진행'되면 과세권자가 권리행사를 할 수 있으므로, 관세징수권 소멸시효 정지는 납세의무 소멸시효가 되지 못한다.
③④ 통고처분을 받거나 벌금형이 선고된 경우에도 납세의무는 소멸하지 않는다. 통고처분 또는 형사처벌과 함께 납세의무도 이행해야 한다.
⑤ 납세의무자의 국적이 변경되어도 관세의 납부의무는 소멸하지 않는다.

04　（　　）에 들어갈 내용이 순서대로 옳은 것은?　　2017 국가직 9급(하반기), 2016 관세사

> 관세는 해당 관세를 부과할 수 있는 날부터 （　　）년이 지나면 부과할 수 없다. 다만, 부정한 방법으로 관세를 포탈하였거나 환급 또는 감면받은 경우에는 관세를 부과할 수 있는 날부터 （　　）년이 지나면 부과할 수 없다.

① 1, 3　　　　　　　　　　　　② 2, 3
③ 3, 8　　　　　　　　　　　　④ 5, 7
⑤ 5, 10

관세부과의 제척기간을 묻는 문제이다. 관세는 해당 관세를 부과할 수 있는 날부터 （ 5 ）년이 지나면 부과할 수 없다. 다만, 부정한 방법으로 관세를 포탈하였거나 환급 또는 감면받은 경우에는 관세를 부과할 수 있는 날부터 （ 10 ）년이 지나면 부과할 수 없다(법 제21조 제1항).

05 관세부과의 제척기간 등에 관한 설명으로 옳지 않은 것은?

☐☐☐

① 관세는 원칙적으로 해당 관세를 부과할 수 있는 날부터 5년이 지나면 부과할 수 없다.

② 행정소송법에 따른 소송제기가 있는 경우 부과 제척기간이 경과되더라도 소송제기일부터 1년이 지나기 전까지는 경정이나 그 밖에 필요한 처분을 할 수 있다.

③ 부과 제척기간이 경과되더라도 심판청구에 대한 결정이 있는 경우에는 그 결정이 확정된 날부터 1년이 지나기 전까지는 해당 결정에 따라 경정이나 그 밖에 필요한 처분을 할 수 있다.

④ 부정한 방법으로 관세를 포탈하였거나 환급받은 경우에는 관세를 부과할 수 있는 날부터 10년이 지나면 부과할 수 없다.

▌관련 법조문: 법 제21조   답 ②

관세는 원칙적으로 해당 관세를 부과할 수 있는 날부터 5년이 지나면 부과할 수 없다. 여기에서 '해당 관세를 부과할 수 있는 날'을 관세부과 제척기간의 기산일이라고 하며, '5년'을 관세부과의 제척기간이라고 한다. 다만, 부정한 방법으로 관세를 포탈하였거나 환급 또는 감면받은 경우에는 해당 관세를 부과를 할 수 있는 날부터 '10년'이 지나면 부과할 수 없다. 즉, 관세포탈 등의 경우에는 관세부과의 제척기간이 5년에서 10년으로 연장된다.

	일반적인 경우	5년
관세부과의 제척기간	1. 관세포탈 2. 부정환급 3. 부정감면	10년

관세부과 제척기간의 기산일로부터 5년(관세포탈 등의 경우 10년)이 지나면 관세부과의 제척기간이 '만료'되었다고 표현한다. 관세부과 제척기간이 만료되면 더 이상 관세를 부과할 수 없다. 다만, 다음의 경우에는 일정 기간이 지나기 전까지는 해당 결정·판결·회신 또는 경정청구에 따라 경정이나 그 밖에 필요한 처분을 할 수 있다. 행정소송에 대한 '판결'이 있는 경우에는 해당 판결이 '확정'된 날부터 1년이 지나기 전까지는 필요한 처분을 할 수 있다.

1. 다음 각 목의 어느 하나에 해당하는 경우 　가. 제5장 제2절(제119조부터 제132조까지)에 따른 이의신청, 심사청구 또는 심판청구에 대한 결정이 있는 경우 　나. 감사원법에 따른 심사청구에 대한 결정이 있는 경우 　다. 행정소송법에 따른 소송에 대한 판결이 있는 경우 　라. 제313조에 따른 압수물품의 반환결정이 있는 경우	그 결정·판결이 확정된 날부터 1년
2. 이 법과 자유무역협정의 이행을 위한 관세법의 특례에 관한 법률 및 조약·협정 등에서 정하는 바에 따라 양허세율의 적용 여부 및 세액 등을 확정하기 위하여 원산지증명서를 발급한 국가의 세관이나 그 밖에 발급 권한이 있는 기관에게 원산지증명서 및 원사지증명서확인자료의 진위 여부, 정확성 등의 확인을 요청한 경우	다음 각 목의 날 중 먼저 도래하는 날부터 1년 가. 해당 요청에 따라 회신을 받은 날 나. 이 법과 자유무역협정의 이행을 위한 관세법의 특례에 관한 법률 및 조약·협정 등에서 정한 회신기간이 종료된 날
3. 다음 각 목의 어느 하나에 해당하는 경우 　가. 제38조의3 제2항·제3항 또는 제38조의4 제1항에 따른 경정청구가 있는 경우 　나. 제38조의4 제4항에 따른 조정신청에 대한 결정통지가 있는 경우	경정청구일 또는 결정통지일부터 2개월

06 관세부과의 제척기간 등에 관한 설명으로 옳지 않은 것은?

2015 관세사

① 부정한 방법으로 관세를 포탈하였거나 환급 또는 감면받은 경우가 아니라면 관세는 해당 관세를 부과할 수 있는 날부터 5년이 지나면 부과할 수 없다.

② 관세법 규정에 따른 압수물품의 반환결정이 있는 후에는 해당 결정 통지일로부터 2개월이 지나기 전까지는 해당 결정에 따라 경정이나 그 밖에 필요한 처분을 할 수 있다.

③ 감사원법에 따른 심사청구에 대한 결정이 있은 경우에는 결정이 확정된 날부터 1년이 지나기 전까지는 해당 결정에 따라 경정이나 그 밖에 필요한 처분을 할 수 있다.

④ 이의신청·심사청구 또는 심판청구에 대한 결정이 있은 경우에는 결정이 확정된 날부터 1년이 지나기 전까지는 해당 결정에 따라 경정이나 그 밖에 필요한 처분을 할 수 있다.

⑤ 행정소송법에 따른 소송에 대한 판결이 있은 경우 판결이 확정된 날부터 1년이 지나기 전까지는 해당 판결에 따라 경정이나 그 밖에 필요한 처분을 할 수 있다.

▌ 관련 법조문: 법 제21조　　　　　　　　　　　　　　　　　　　　　　　　답 ②

반환 예정인 압수물품에 대하여 관세가 미납된 경우에는 반환받을 자로부터 해당 관세를 징수한 후 그 물품이나 환가대금을 반환하여야 한다(법 제313조 제4항). 관세법 제313조에 따른 압수물품의 반환결정이 있는 후에는 '해당 결정이 확정된 날부터 1년'이 지나기 전까지는 해당 결정에 따라 경정이나 그 밖에 필요한 처분을 할 수 있다(법 제21조 제2항).

07 관세부과의 제척기간이 만료되었다 할지라도 어떤 결정, 판결, 회신 등이 확정된 날부터 일정 기간이 경과하기 전까지는 해당 결정 등에 따라 경정 기타 필요한 처분을 할 수 있는 경우로 옳지 않은 것은?

2010 국가직 7급

① 멸실물품의 폐기결정이 있은 경우
② 행정소송법에 의한 소송에 대한 판결이 있은 경우
③ 이의신청·심사청구 또는 심판청구에 대한 결정이 있은 경우
④ 압수물품의 반환결정이 있은 경우

▌ 관련 법조문: 법 제21조　　　　　　　　　　　　　　　　　　　　　　　　답 ①

행정소송 판결 등에 따라 관세부과와 관련된 어떤 사실이 확정되었을 때, 과세관청이 필요한 처분을 할 수 있도록 한 것이 관세부과 제척기간 만료의 특례이다. 멸실물품의 폐기결정과는 관련이 없다.

08 관세부과 제척기간의 기산일에 대한 설명 중 잘못된 것은?

① 과다환급 또는 부정환급 등의 사유로 관세를 징수하는 경우에는 환급신청한 날의 다음 날
② 우편에 의하여 수입되는 물품은 통관 우체국에 도착한 날의 다음 날
③ 보세건설장에 반입된 외국물품의 경우에는 건설공사완료보고를 한 날 또는 특허기간이 만료되는 날 중 먼저 도래한 날의 다음 날
④ 관세부과의 제척기간을 산정함에 있어서는 수입신고한 날의 다음 날을 관세를 부과할 수 있는 날로 한다.
⑤ 의무불이행 등의 사유로 감면된 관세를 징수하는 경우에는 그 사유가 발생한 날의 다음 날

| 관련 법조문: 법 제21조, 영 제6조 | 답 ① |

관세부과 제척기간의 기산일은 원칙적으로 '수입신고한 날의 다음 날'이다. 즉, 원칙적으로 수입신고한 날의 다음 날부터 5년 내에 관세 부과권을 행사하여야 한다. 다만, 다음 각 호의 경우에는 해당 호에 규정된 날을 관세를 부과할 수 있는 날로 한다(영 제6조).

> 1. 법 제16조 제1호 내지 제11호(과세물건 확정시기의 예외)에 해당되는 경우에는 그 사실이 발생한 날의 다음 날
> 2. 의무불이행 등의 사유로 감면된 관세를 징수하는 경우에는 그 사유가 발생한 날의 다음 날
> 3. 보세건설장에 반입된 외국물품의 경우에는 다음 각 목의 날 중 먼저 도래한 날의 다음 날
>   가. 건설공사완료보고를 한 날
>   나. 특허기간(특허기간을 연장한 경우에는 연장기간을 말한다)이 만료되는 날
> 4. 과다환급 또는 부정환급 등의 사유로 관세를 징수하는 경우에는 환급한 날의 다음 날
> 5. 잠정가격을 신고한 후 확정된 가격을 신고한 경우에는 확정된 가격을 신고한 날의 다음 날(다만, 확정가격 신고기간 내에 확정된 가격을 신고하지 아니하는 경우에는 해당 기간의 만료일의 다음 날)

09 관세부과 제척기간의 기산일에 대한 설명 중 틀린 것은?

① 보세구역 밖에서의 보수작업 승인을 받은 경우에는 보세구역 밖에서 하는 보수작업을 승인받은 날의 다음 날
② 의무불이행 등의 사유로 감면된 관세를 징수하는 경우에는 그 사유가 발생한 날의 다음 날
③ 수입신고물품의 경우에는 수입신고한 날의 다음 날
④ 과다환급 또는 부정환급 등의 사유로 관세를 징수하는 경우에는 환급한 날의 다음 날
⑤ 보세건설장에 반입된 외국물품의 경우에는 보세건설장에 해당 물품을 반입한 날의 다음 날

| 관련 법조문: 법 제21조, 영 제6조 | 답 ⑤ |

보세건설장에 반입된 외국물품의 경우에는 다음의 날 중 먼저 도래한 날의 다음 날을 관세부과 제척기간의 기산일로 한다.

> 1. 영 제211조의 규정에 의하여 건설공사완료보고를 한 날
> 2. 법 제176조의 규정에 의한 특허기간(특허기간을 연장한 경우에는 연장기간을 말한다)이 만료되는 날

10 관세법령상 관세부과의 제척기간과 그 기산일에 대한 설명으로 옳은 것만을 모두 고르면? 2019 국가직 7급

ㄱ. 부정한 방법으로 감면받은 관세의 경우 관세부과의 제척기간은 그 관세를 부과할 수 있는 날부터 10년이다.

ㄴ. 관세부과의 제척기간을 산정할 때 분실물품에 관세를 부과하는 경우에는 수입신고한 날의 다음 날을 관세를 부과할 수 있는 날로 한다.

ㄷ. 감사원법에 따른 심사청구에 대한 결정이 있은 경우에는 그 결정이 확정된 날부터 5년이 지나기 전까지는 해당 결정에 따라 경정 등 필요한 처분을 할 수 있다.

ㄹ. 관세부과의 제척기간을 산정할 때 의무불이행 등의 사유로 감면된 관세를 징수하는 경우에는 그 사유가 발생한 날의 다음 날을 관세를 부과할 수 있는 날로 한다.

① ㄱ, ㄷ

② ㄱ, ㄹ

③ ㄱ, ㄴ, ㄹ

④ ㄴ, ㄷ, ㄹ

│ 관련 법조문: 법 제21조, 영 제6조　　　　　　　　　　　　　　　　답 ②

◇ 선지분석

ㄴ. 관세부과의 제척기간을 산정할 때 분실물품에 관세를 부과하는 경우에는 '분실된 날'의 다음 날을 관세를 부과할 수 있는 날로 한다(영 제6조 제1호). 이 규정은 아래의 영 제6조 제1호(법 제16조 제1호 내지 제11호에 해당되는 경우에는 그 사실이 발생한 날의 다음 날)에 해당한다.

ㄷ. 감사원법에 따른 심사청구에 대한 결정이 있은 경우에는 그 결정이 확정된 날부터 '1년'이 지나기 전까지는 해당 결정에 따라 경정 등 필요한 처분을 할 수 있다(법 제21조 제2항).

---

11 ( ) 안에 들어갈 내용이 옳은 것은? 2014 관세사

잠정가격신고를 하였으나 관세법령에서 정하고 있는 기간 내에 확정된 가격을 신고하지 아니하는 경우에는 ( )의 다음 날부터 5년이 지나면 관세를 부과할 수 없다.

① 수입신고일

② 수입신고 수리일

③ 잠정가격 신고일

④ 잠정가격신고 수리일

⑤ 해당 기간의 만료일

│ 관련 법조문: 법 제21조, 영 제6조　　　　　　　　　　　　　　　　답 ⑤

'~년이 지나면 관세를 부과할 수 없다'는 '관세부과의 제척기간'을 의미하는 표현이다. 그 앞의 '~부터'라는 부분은 관세부과 제척기간의 기산일을 말한다. 잠정가격을 신고한 후 확정된 가격을 신고한 경우에는 확정된 가격을 신고한 날의 다음 날(다만, 정해진 기간 내에 확정된 가격을 신고하지 아니하는 경우에는 해당 기간의 만료일의 다음 날)이 관세부과 제척기간의 기산일이다.

12 4월 2일(월요일)에 보세창고에 반입된 외국물품이 관리 소홀로 4월 7일(토요일)에 도난되었다. 도난 사실은 4월 9일(월요일)에 보세창고 운영인에 의해 확인되었다. 관세부과를 위한 제척기간의 산정에서 그 기산일은 언제가 되는가?

2007 관세사

① 4월 2일
② 4월 7일
③ 4월 8일
④ 4월 9일
⑤ 4월 10일

▌ **관련 법조문: 법 제21조, 영 제6조**　　　　　　　　　　　　　　답 ③

관세법 제16조 제1호 내지 제11호(과세물건 확정시기의 예외)에 해당되는 경우에는 그 사실이 발생한 날의 다음 날을 관세부과 제척기간의 기산일로 한다. 여기에서 '그 사실이 발생한 날'이란 과세물건 확정시기를 말한다. 그러므로 보세구역 장치물품이 도난된 경우라면, 이때의 과세물건 확정시기인 '도난된 때(날)'의 '다음 날'이 관세부과 제척기간의 기산일이 된다. 도난된 날이 4월 7일이므로 그 다음 날인 4월 8일이 기산일이다. 기산일을 정하는 경우 공휴일 등은 따지지 않는다.

13 관세법령상 관세부과의 제척기간에 관한 설명으로 옳은 것은?

2021 관세사

① 부정한 방법으로 관세를 포탈한 경우 관세부과의 제척기간은 5년이다.
② 관세법을 위반하여 납세의무자가 고발되더라도 관세의 부과 제척기간이 중단되거나 정지되지 아니한다.
③ 이의신청이나 심사청구, 심판청구에 대한 결정이 있은 경우 그 결정이 확정된 날부터 2년 이내에는 예외적으로 해당 결정이나 경정청구에 따라 경정이나 그 밖에 필요한 처분을 할 수 있다.
④ 관세법에 따라 잠정가격을 신고한 경우 관세부과 제척기간의 기산일은 잠정가격신고를 한 날의 다음 날이다.
⑤ 관세를 감면받은 물품에 대해 의무불이행 등을 이유로 감면된 관세를 징수하는 경우에는 납부기한이 종료한 날의 다음 날이 관세부과 제척기간의 기산일이 된다.

▌ **관련 법조문: 법 제21조, 영 제6조**　　　　　　　　　　　　　　답 ②

관세의 부과 제척기간에는 중단이나 정지가 없다. 납세의무자가 고발되더라도 역시 중단이나 정지는 없다. 중단과 정지가 있는 것은 관세징수권의 소멸시효와 환급청구권의 소멸시효이다.

✓ 선지분석

① 관세는 해당 관세를 부과할 수 있는 날부터 5년이 지나면 부과할 수 없다. 다만, 부정한 방법으로 관세를 포탈하였거나 환급 또는 감면받은 경우에는 관세를 부과할 수 있는 날부터 <u>10년</u>이 지나면 부과할 수 없다(법 제21조 제1항).
③ 관세법 제5장 제2절(제119조부터 제132조까지)에 따른 이의신청, 심사청구 또는 심판청구에 대한 결정이 있은 경우에는 그 결정·판결이 확정된 날부터 <u>1년</u> 이내에는 해당 결정·판결·회신결과 또는 경정청구에 따라 경정이나 그 밖에 필요한 처분을 할 수 있다(법 제21조 제2항 제1호 가목).
④ 잠정가격을 신고한 후 <u>확정된 가격을 신고한 경우에는 확정된 가격을 신고한 날의 다음 날</u>(다만, 확정가격신고 기간 내에 확정된 가격을 신고하지 아니하는 경우에는 해당 기간의 만료일의 다음 날)이 관세부과의 제척기간의 기산일이 된다(영 제6조 제5호).
⑤ 의무불이행 등의 사유로 감면된 관세를 징수하는 경우에는 <u>그 사유가 발생한 날의 다음 날</u>이 관세부과의 제척기간의 기산일이 된다(영 제6조 제2호).

14 관세법령상 관세부과의 제척기간에 관한 설명으로 옳지 않은 것은?

① 감사원법에 따른 심사청구에 대한 결정이 있는 경우 그 결정이 확정된 날부터 1년까지는 해당 결정이나 경정청구에 따라 경정이나 그 밖에 필요한 처분을 할 수 있다.

② 부정한 방법으로 관세를 감면받은 경우 관세부과의 제척기간은 10년이다.

③ 이의신청에 대한 결정이 있는 경우 그 결정이 확정된 날부터 1년까지는 해당 결정이나 경정청구에 따라 경정이나 그 밖에 필요한 처분을 할 수 있다.

④ 관세의 납부독촉이 있더라도 관세부과의 제척기간은 중단되지 않는다.

⑤ 관세법에 따라 잠정가격을 신고한 경우 관세부과 제척기간의 기산일은 잠정가격신고를 한 날의 다음 날이다.

> **│ 관련 법조문: 법 제21조, 영 제6조**
> 답 ⑤

관세법에 따라 잠정가격을 신고한 경우 관세부과 제척기간의 기산일은 '확정된 가격을 신고한 날의 다음 날(다만, 확정가격신고 기간 내에 확정된 가격을 신고하지 아니하는 경우에는 해당 기간의 만료일의 다음날)'이다(영 제6조 제5호).

⊘ **선지분석**

① 법 제21조(관세부과의 제척기간) 제2항 제1호 나목
② 법 제21조(관세부과의 제척기간) 제1항
③ 법 제21조(관세부과의 제척기간) 제2항 제1호 가목
④ 관세의 납부독촉이 있더라도 관세부과의 제척기간은 중단되지 않는다.

---

15 관세법령상 관세부과 제척기간의 기산일에 관한 규정의 일부이다. 옳은 것을 모두 고른 것은?

> 법 제21조 제1항에 따른 관세부과의 제척기간을 산정할 때 (ㄱ) 수입신고한 날의 다음날을 관세를 부과할 수 있는 날로 한다. 다만, 다음 각 호의 경우에는 해당 호에 규정된 날을 관세를 부과할 수 있는 날로 한다.
>
> 1. <생략>
> 2. 의무불이행 등의 사유로 감면된 관세를 징수하는 경우에는 (ㄴ) 그 사유가 발생한 날
> 3. <생략>
> 4. 과다환급 또는 부정환급 등의 사유로 관세를 징수하는 경우에는 (ㄷ) 환급한 날의 다음날
> 5. <생략>

① ㄴ
② ㄱ, ㄴ
③ ㄱ, ㄷ
④ ㄴ, ㄷ
⑤ ㄱ, ㄴ, ㄷ

> 영 제6조(관세부과 제척기간의 기산일) 법 제21조 제1항에 따른 관세부과의 제척기간을 산정할 때 <u>수입신고한 날의 다음날</u>을 관세를 부과할 수 있는 날로 한다. 다만, 다음 각 호의 경우에는 해당 호에 규정된 날을 관세를 부과할 수 있는 날로 한다.
>
> 1. 법 제16조 제1호 내지 제11호에 해당되는 경우에는 그 사실이 발생한 날의 다음날
> 2. 의무불이행 등의 사유로 감면된 관세를 징수하는 경우에는 <u>그 사유가 발생한 날의 다음날</u>
> 3. 보세건설장에 반입된 외국물품의 경우에는 다음 각목의 날중 먼저 도래한 날의 다음날
>   가. 제211조의 규정에 의하여 건설공사완료보고를 한 날
>   나. 법 제176조의 규정에 의한 특허기간(특허기간을 연장한 경우에는 연장기간을 말한다)이 만료되는 날
> 4. 과다환급 또는 부정환급 등의 사유로 관세를 징수하는 경우에는 <u>환급한 날의 다음날</u>
> 5. 법 제28조에 따라 잠정가격을 신고한 후 확정된 가격을 신고한 경우에는 확정된 가격을 신고한 날의 다음 날(다만, 법 제28조 제2항에 따른 기간 내에 확정된 가격을 신고하지 아니하는 경우에는 해당 기간의 만료일의 다음날)

16 관세의 징수권(5억원 미만의 관세를 말한다)은 이를 행사할 수 있는 날부터 (A)년간 행사하지 않으면 소멸시효가 완성되며, 납세의무자의 관세환급금 또는 그 밖의 관세의 환급청구권은 이를 행사할 수 있는 날부터 (B)년간 행사하지 아니하면 소멸시효가 완성되는데, 여기에서 괄호 안에 들어갈 내용을 순서대로 바르게 표시한 것은?

2007 관세사

	(A)	(B)
①	5	5
②	2	5
③	5	2
④	3	3
⑤	2	2

관세의 징수권은 이를 행사할 수 있는 날부터 다음 각 호의 구분에 따른 기간 동안 행사하지 아니하면 소멸시효가 완성된다(법 제22조 제1항).

> 1. 5억원 이상의 관세(내국세를 포함한다): 10년
> 2. 제1호 외의 관세: 5년

한편, 납세자가 납부한 금액 중 잘못 납부하거나 초과하여 납부한 금액 또는 그 밖의 관세의 환급청구권은 그 권리를 행사할 수 있는 날부터 5년간 행사하지 아니하면 소멸시효가 완성된다(법 제22조 제2항).

17 관세법령상 관세의 부과와 징수 및 납세의무의 소멸에 대한 설명으로 옳지 않은 것은? 2016 국가직 9급

□□□
① 관세법 제38조의2(보정) 제4항의 규정에 의하여 납부하는 관세의 징수권은 부족세액에 대한 보정신청일의 다음 날부터 5년간 행사하지 아니하면 소멸시효가 완성된다.
② 관세징수권의 소멸시효는 관세의 분할납부기간, 징수유예기간, 압류·매각의 유예기간 또는 사해행위 취소소송기간 중에는 진행하지 아니한다.
③ 부정한 방법으로 관세를 포탈하였거나 환급 또는 감면받은 경우에는 관세를 부과할 수 있는 날부터 10년이 지나면 부과할 수 없다.
④ 납세자가 납부한 금액 중 잘못 납부하거나 초과하여 납부한 금액 또는 그 밖의 관세의 환급청구권은 그 권리를 행사할 수 있는 날부터 5년간 행사하지 아니하면 소멸시효가 완성된다.

> **관련 법조문: 법 제21조, 제22조, 제23조, 영 제7조** 답 ①

관세법 제38조의2(보정) 제4항의 규정에 의하여 납부하는 관세에 있어서는 '부족세액에 대한 보정신청일의 다음 날의 다음 날'이 관세징수권 소멸시효의 기산일이 된다(영 제7조 제1항). 그러므로 ①에서는 기산일도 잘못 표현되어 있고, 관세징수권의 소멸시효를 5억원 이상의 관세와 그 외의 관세로 나누지 않고, 단순히 '5년'으로 표현한 것도 잘못되었다(법 제22조 제1항).

18 「관세법」상 납세의무의 소멸 등에 대한 설명으로 옳은 것은? 2023 국가직 7급

□□□
① 압수물품의 반환결정이 있는 경우에는 그 결정통지일부터 2개월까지는 해당 결정에 따라 경정이나 그 밖에 필요한 처분을 할 수 있다.
② 조약에서 정한 바에 따라 양허세율의 적용여부 확정을 위하여 원산지증명서를 발급한 국가의 세관에게 그 진위의 확인을 요청한 경우에는 그 요청에 따른 회신을 받은 날부터 1년까지는 회신결과에 따라 경정이나 그 밖에 필요한 처분을 할 수 있다.
③ 「감사원법」에 따른 심사청구에 대한 결정이 있은 경우에는 그 결정통지일부터 1년까지는 해당 결정에 따라 경정이나 그 밖에 필요한 처분을 할 수 있다.
④ 관세징수권의 소멸시효는 관세의 분할납부기간, 징수유예기간, 압류·매각의 유예기간 중에는 진행하지 아니한다.

> **관련 법조문: 법 제21조, 제23조** 답 ④

관세징수권의 소멸시효는 관세의 분할납부기간, 징수유예기간, 압류·매각의 유예기간 또는 사해행위(詐害行爲) 취소소송기간 중에는 진행하지 아니한다(법 제23조 제3항). 지문에서는 '사해행위 취소소송 기간'은 언급하지 않았다.

선지분석

① 압수물품의 반환결정이 있는 경우에는 <u>그 결정이 확정된 날부터 1년까지는</u> 해당 결정에 따라 경정이나 그 밖에 필요한 처분을 할 수 있다(법 제21조 제2항 제1호).
② 관세법과 「자유무역협정의 이행을 위한 관세법의 특례에 관한 법률」 및 조약·협정 등에서 정하는 바에 따라 양허세율의 적용여부 및 세액 등을 확정하기 위하여 원산지증명서를 발급한 국가의 세관이나 그 밖에 발급권한이 있는 기관에게 원산지증명서 및 원산지증명서확인자료의 진위 여부, 정확성 등의 확인을 요청한 경우 <u>다음 각 목의 날 중 먼저 도래하는 날부터 1년까지는</u> 그 회신결과에 따라 경정이나 그 밖에 필요한 처분을 할 수 있다(법 제21조 제2항 제2호).

③ 「감사원법」에 따른 심사청구에 대한 결정이 있는 경우에는 <u>그 결정이 확정된 날부터 1년까지는</u> 해당 결정에 따라 경정이나 그 밖에 필요한 처분을 할 수 있다(법 제21조 제2항 제1호).

---

19 관세법령상 관세부과의 제척기간과 관세징수권의 소멸시효에 관한 설명으로 옳은 것은?　2024 관세사

☐☐☐

① 부정환급을 이유로 관세를 징수하는 경우에는 환급한 날을 제척기간의 기산일로 한다.
② 납부독촉을 하면 제척기간은 중단된다.
③ 사해행위 취소소송으로 인한 소멸시효 정지의 효력은 소송이 취하된 경우에는 소멸되나 각하된 경우에는 지속된다.
④ 가압류를 한 경우에는 소멸시효가 중단된다.
⑤ 소멸시효는 관세의 분할납부기간 중에는 진행하지 아니한다.

■ **관련 법조문: 법 제23조, 영 제6조**　　　　　　　　　　　　　　　　답 ②

관세징수권의 소멸시효는 관세의 분할납부기간, 징수유예기간, 압류·매각의 유예기간 또는 사해행위(詐害行爲) 취소소송기간 중에는 진행하지 아니한다(법 제23조 제3항).

✅ **선지분석**

① 부정환급을 이유로 관세를 징수하는 경우에는 <u>환급한 날의 다음날을</u> 제척기간의 기산일로 한다(영 제6조 제4호).
② 납부독촉을 하면 <u>관세징수권의 소멸시효는</u> 중단된다(법 제23조 제1항). 관세부과의 제척기간에는 중단이나 정지가 없다.
③ 사해행위 취소소송으로 인한 시효정지의 효력은 <u>소송이 각하, 기각 또는 취하된 경우에는 효력이 없다</u>(법 제23조 제4항).
④ '가압류'는 관세징수권 소멸시효의 중단 사유가 아니다. 다만, '압류'는 중단 사유이다.

---

20 관세법규상 관세징수권 소멸시효의 기산일에 관한 것으로 옳지 않은 것은?　2007 국가직 7급, 2005 관세사

☐☐☐

① 신고납부 규정에 따라 신고납부하는 관세에 있어서는 수입신고가 수리된 날부터 15일이 경과한 날의 다음 날. 다만, 월별납부의 경우에는 그 납부기한이 경과한 날의 다음 날
② 수정 및 경정 규정에 의하여 납부하는 관세에 있어서는 수정신고한 날부터 15일이 경과한 날의 다음 날
③ 수입신고전의 물품 즉시 반출규정에 따라 납부하는 관세에 있어서는 수입신고한 날부터 15일이 경과한 날의 다음 날
④ 부과고지 규정에 따라 부과고지하는 관세의 경우 납부고지를 받은 날부터 15일이 경과한 날의 다음 날

'관세징수권 소멸시효의 기산일'이란 세관장이 관세징수권을 행사할 수 있는 최초의 날을 말한다. '징수'란 체납관세 징수를 의미하는 것으로, 납부기한이 경과되었을 때 징수도 가능해진다. 관세법상 관세징수권 소멸시효의 기산일은 '납부기한 + 다음 날'의 형식을 취한다. 보정신청이나 수정신고에 따라 관세가 징수되는 경우에는 각각의 납부기한이 '보정신청한 날의 다음 날', '수정신고한 날의 다음 날'이므로, 그 관세징수권의 소멸시효의 기산일은 '다음 날'을 붙여서 '보정신청한 날의 다음 날의 다음 날', '수정신고한 날의 다음 날의 다음 날'이 된다. 관세징수권 소멸시효의 기산일은 다음과 같다.

1. 법 제38조에 따라 신고납부하는 관세에 있어서는 수입신고가 수리된 날부터 15일이 경과한 날의 다음 날. 다만, 제1조의3에 따른 월별납부의 경우에는 그 납부기한이 경과한 날의 다음 날로 한다.
2. 법 제38조의2 제4항(보정신청)의 규정에 의하여 납부하는 관세에 있어서는 부족세액에 대한 보정신청일의 다음 날의 다음 날
3. 법 제38조의3 제1항(수정신고)의 규정에 의하여 납부하는 관세에 있어서는 수정신고일의 다음 날의 다음 날
4. 법 제39조에 따라 부과고지하는 관세의 경우 납부고지를 받은 날부터 15일이 경과한 날의 다음 날
5. 법 제253조 제3항(즉시반출)의 규정에 의하여 납부하는 관세에 있어서는 수입신고한 날부터 15일이 경과한 날의 다음 날
6. 그 밖의 법령에 따라 납부고지하여 부과하는 관세의 경우 납부기한을 정한 때에는 그 납부기한이 만료된 날의 다음 날

21 관세징수권 소멸시효의 기산일에 관한 설명으로 옳은 것은?   2013 관세사

□□□

① 신고납부한 세액이 부족한 경우로서 수정신고를 하고 납부하는 관세에 있어서는 수정신고일의 다음 날의 다음 날
② 부과고지하는 관세의 경우 납부고지를 받은 날부터 15일이 경과한 날의 다음 날의 다음 날
③ 부족한 세액에 대해 보정을 신청하고 납부하는 관세에 있어서는 부족세액에 대한 보정신청일의 다음 날
④ 즉시 반출신고를 하고 반출을 한 다음 수입신고를 하고 신고납부하는 관세에 있어서는 수입신고가 수리된 날부터 15일이 경과한 날의 다음 날의 다음 날
⑤ 그 밖의 법령에 따라 납부고지하여 부과하는 관세의 경우 납부기한을 정한 때에는 그 납부기한이 만료된 날의 다음 날의 다음 날

✅ 선지분석

② 부과고지하는 관세의 경우 납부고지를 받은 날부터 15일이 경과한 날의 다음 날
③ 부족한 세액에 대해 보정을 신청하고 납부하는 관세에 있어서는 부족세액에 대한 보정신청일의 다음 날의 다음 날
④ 즉시반출신고를 하고 반출을 한 다음 수입신고를 하고 신고납부하는 관세에 있어서는 수입신고한 날부터 15일이 경과한 날의 다음 날
⑤ 그 밖의 법령에 따라 납부고지하여 부과하는 관세의 경우 납부기한을 정한 때에는 그 납부기한이 만료된 날의 다음 날

22 관세법상 관세환급청구권을 행사할 수 있는 날에 대한 설명으로, 올바르지 못한 것은? 2007 관세사

□□□
① 착오납부 또는 이중납부로 인한 환급의 경우에는 그 납부일
② 계약내용과 다른 물품에 대한 환급의 경우에는 해당 물품의 수출신고 수리일
③ 경정에 의한 환급의 경우에는 경정결정일
④ 적법하게 납부한 후 법률의 개정으로 인하여 환급하는 경우에는 그 법률의 시행일
⑤ 수입신고 또는 입항 전 수입신고를 하고 관세를 납부한 후 신고가 취하 또는 각하된 경우에는 수입신고일

┃ 관련 법조문: 영 제7조 답 ⑤

관세법상 관세환급청구권을 행사할 수 있는 날이란 관세환급청구권 소멸시효의 기산일을 말한다. 환급청구권을 행사할 수 있는 최초의 날은 환급사유가 발생한 날 또는 환급이 행정적으로 결정된 날이 된다. 수입신고 또는 입항 전 수입신고를 하고 관세를 납부한 후 신고가 취하 또는 각하된 경우에는 신고가 취하되거나 각하된 것이 환급을 발생시킨 이유이므로, 취하일 또는 각하일이 환급청구권 소멸시효의 기산일이 된다. 관세법상 환급청구권 소멸시효의 기산일은 다음과 같다.

1. 경정으로 인한 환급의 경우에는 경정결정일
2. 착오납부 또는 이중납부로 인한 환급의 경우에는 그 납부일
3. 법 제106조 제1항에 따른 계약과 상이한 물품 등에 대한 환급의 경우에는 해당 물품의 수출신고 수리일 또는 보세공장반입신고일
4. 법 제106조 제3항 및 제4항에 따른 폐기(위약환급의 경우), 멸실, 변질, 또는 손상(지정보세구역 장치물품의 멸실손상으로 인한 환급의 경우)된 물품에 대한 환급의 경우에는 해당 물품이 폐기, 멸실, 변질 또는 손상된 날
5. 법 제106조의2 제1항에 따른 수입한 상태 그대로 수출되는 자가사용물품에 대한 환급의 경우에는 수출신고가 수리된 날. 다만, 수출신고가 생략되는 물품의 경우에는 운송수단에 적재된 날로 한다.
6. 법 제106조의2 제2항에 따라 국제무역선, 국제무역기 또는 보세판매장에서 구입한 후 환불한 물품에 대한 환급의 경우에는 해당 물품이 환불된 날
7. 종합보세구역에서 물품을 판매하는 자가 법 제199조의2 및 영 제216조의5 제2항의 규정에 의하여 환급받고자 하는 경우에는 동 규정에 의한 환급에 필요한 서류의 제출일
8. 수입신고 또는 입항 전 수입신고를 하고 관세를 납부한 후 법 제250조(신고의 취하 및 각하)의 규정에 의하여 신고가 취하 또는 각하된 경우에는 신고의 취하일 또는 각하일
9. 적법하게 납부한 후 법률의 개정으로 인하여 환급하는 경우에는 그 법률의 시행일

---

23 잘못 납부하거나 초과하여 납부한 금액에 대한 관세환급청구권을 행사할 수 있는 날에 관한 내용으로 옳은 것은? 2013 관세사

□□□
① 경정으로 인한 환급의 경우에는 경정결정일의 다음 날
② 관세의 이중납부로 인한 환급의 경우에는 그 납부일
③ 수입신고를 하고 관세를 납부한 후 신고가 각하된 경우에는 수입신고 수리일
④ 계약과 상이한 물품 등에 대한 환급의 경우에는 당해 물품의 수출신고일의 다음 날
⑤ 착오납부로 인한 환급의 경우에는 수입신고 수리일

┃ 관련 법조문: 영 제7조 답 ②

착오납부 또는 이중납부로 인한 환급의 경우에는 그 납부일을 '관세환급청구권을 행사할 수 있는 날'로 한다(영 제7조 제2항).

① 경정으로 인한 환급의 경우: 경정결정일
③ 수입신고를 하고 관세를 납부한 후 신고가 각하된 경우: 신고의 각하일
④ 계약과 상이한 물품 등에 대한 환급의 경우: 당해 물품의 수출신고 수리일
⑤ 착오납부로 인한 환급의 경우: 납부일

24

관세법령상 관세환급청구권의 소멸시효 기산일로 옳지 않은 것은?　　　　2023 국가직 9급

① 관세법 제38조의3 제6항에 따른 경정으로 인한 환급의 경우에는 경정청구일
② 관세법 제106조 제1항에 따른 계약과 상이한 물품 등에 대한 환급의 경우에는 당해 물품의 수출신고 수리일 또는 보세공장 반입신고일
③ 착오납부 또는 이중납부로 인한 환급의 경우에는 그 납부일
④ 적법하게 납부한 후 법률의 개정으로 인하여 환급하는 경우에는 그 법률의 시행일

> ▌관련 법조문: 영 제7조　　　　　　　　　　　　　　　　　　　　　　　답 ①

관세법 제38조의3 제6항에 따른 경정으로 인한 환급의 경우에는 '경정결정일'이 환급청구권 소멸시효의 기산일이 된다(영 제7조 제2항 제1호).

☑ 선지분석

② 영 제7조(관세징수권 소멸시효의 기산일) 제2항 제3호
③ 영 제7조(관세징수권 소멸시효의 기산일) 제2항 제2호
④ 영 제7조(관세징수권 소멸시효의 기산일) 제2항 제5호

25

관세법령상 관세징수권 및 환급청구권의 소멸시효에 관한 설명으로 옳은 것은?　　　　2023 관세사

① 압류는 관세징수권 소멸시효의 정지사유에 해당한다.
② 7억원의 관세(내국세를 포함한다)의 징수권에 대한 소멸시효는 7년이다.
③ 관세징수권의 소멸시효는 관세징수권을 행사할 수 있는 날의 다음 날부터 기산한다.
④ 부과고지하는 관세의 경우 납부고지를 받은 날부터 15일이 경과한 날이 관세징수권 소멸시효의 기산일이다.
⑤ 착오납부로 인한 환급의 경우 그 납부일이 관세환급청구권 소멸시효의 기산일이다.

> ▌관련 법조문: 법 제22조, 제23조, 영 제7조　　　　　　　　　　　　　답 ⑤

착오납부 또는 이중납부로 인한 환급의 경우에는 그 납부일을 관세환급청구권을 행사할 수 있는 날(환급청구권 소멸시효의 기산일)로 한다(영 제7조 제2항).

☑ 선지분석

① 압류는 관세징수권 소멸시효의 '중단' 사유에 해당한다(법 제23조 제1항 제8호).
② 7억원의 관세(내국세를 포함한다)의 징수권에 대한 소멸시효는 '10년'이다(법 제22조 제1항 제1호).
③ 관세징수권의 소멸시효는 '관세징수권을 행사할 수 있는 날'부터 기산한다(영 제7조 제1항).
④ 부과고지하는 관세의 경우 납부고지를 받은 날부터 '15일이 경과한 날의 다음날'이 관세징수권 소멸시효의 기산일이다(영 제7조 제1항 제3호).

26 관세법령상 관세징수권 및 관세환급청구권의 소멸시효에 관한 내용으로 옳지 않은 것은? 2020 관세사

☐☐☐

① 관세의 징수권은 5억원 이상의 관세(내국세를 포함한다)의 경우 이를 행사할 수 있는 날부터 10년 동안 행사하지 아니하면 소멸시효가 완성된다.
② 납부고지가 있는 경우 관세징수권의 소멸시효는 중단된다.
③ 관세의 환급청구권은 그 권리를 행사할 수 있는 날부터 3년간 행사하지 아니하면 소멸시효가 완성된다.
④ 환급청구권의 소멸시효는 환급청구권의 행사로 중단된다.
⑤ 적법하게 관세를 납부한 후 법률의 개정으로 인하여 환급하는 경우에는 그 법률의 시행일이 관세환급청구권 소멸시효의 기산일이 된다.

┃ 관련 법조문: 법 제22조, 영 제7조　　　　　　　　　　　　　　　　　　　　답 ③

납세자가 납부한 금액 중 잘못 납부하거나 초과하여 납부한 금액 또는 그 밖의 관세의 환급청구권은 그 권리를 행사할 수 있는 날부터 5년간 행사하지 아니하면 소멸시효가 완성된다(법 제22조 제2항).

27 관세법령상 관세의 납세의무자 및 부과와 징수 등에 대한 설명으로 옳지 않은 것은? 2017 국가직 9급(하반기)

☐☐☐

① 수입신고가 수리되기 전에 소비하거나 사용하는 물품(관세법 규정에 따라 소비 또는 사용을 수입으로 보지 아니하는 물품은 제외한다)에 대해서는 그 물품의 소비자 또는 사용자가 납세의무자가 된다.
② 납세의무자가 관세·가산세 및 강제징수비를 체납한 경우 그 납세의무자에게 국세기본법 제42조 제3항에 따른 양도담보재산이 있을 때에는 그 납세의무자의 다른 재산에 대하여 강제징수를 하여도 징수하여야 하는 금액에 미치지 못한 경우에만 국세징수법 제7조를 준용하여 그 양도담보 재산으로써 납세의무자의 관세·가산세 및 강제징수비를 징수할 수 있다. 다만, 그 관세의 납세신고일(관세법 제39조에 따라 부과고지하는 경우에는 그 납부고지서의 발송일) 전에 담보의 목적이 된 양도담보재산에 대해서는 그러하지 아니하다.
③ 납세의무자가 신고납부한 세액을 세관장이 심사한 결과 세액에 과다함이 있음을 알게 되어 세관장이 경정하는 경우의 환급청구권을 행사할 수 있는 날과 착오납부 또는 이중납부로 인한 환급의 경우 환급청구권을 행사할 수 있는 날은 모두 그 납부일이다.
④ 세관장은 관세의 납세의무자가 아닌 자가 관세의 납부를 보증한 경우 그 담보로 관세에 충당하고 남은 금액이 있을 때에는 그 보증인에게 이를 직접 돌려주어야 한다.

┃ 관련 법조문: 법 제19조, 제25조, 영 제7조　　　　　　　　　　　　　　답 ③

착오납부 또는 이중납부로 인한 환급의 경우에는 그 납부일이 환급청구권을 행사할 수 있는 날(환급청구권 소멸시효의 기산일)이지만, 경정으로 인한 환급의 경우에는 경정결정일이 환급청구권을 행사할 수 있는 날이다(영 제7조 제2항).

✓ 선지분석
- -
① 법 제19조(납세의무자) 제1항
② 법 제19조(납세의무자) 제10항
④ 법 제25조(담보의 관세충당) 제3항

28 관세징수권의 소멸시효가 중단되는 사유에 해당하지 않는 것은?

2011 관세사

① 통고처분
② 행정소송에 의한 판결
③ 납부독촉
④ 경정처분
⑤ 특정범죄 가중처벌 등에 관한 법률에 따른 공소제기

관련 법조문: 법 제23조	답 ②

행정소송에 대한 판결은 관세징수권 소멸시효 중단사유가 아니다.

29 관세법상 관세징수권의 소멸시효 중단사유에 해당하지 않는 것은?

2021 관세사

① 통고처분
② 경정처분
③ 과태료처분
④ 교부청구
⑤ 납부독촉

관련 법조문: 법 제23조	답 ③

과태료처분은 관세징수권 소멸시효 중단사유가 아니다.

> **명호샘의 한마디**
>
> 관세징수권 소멸시효의 '중단'이란 관세징수권을 가진 자(세관장)가 징수권이 소멸되기 전에 권리를 행사하였을 때 권리 존속기간이 다시 회복되는 것을 말한다. 관세징수권의 소멸시효가 진행되는 동안에 세관장이 납부고지 등의 권리행사를 했다면 이전에 진행된 기간은 의미가 없어지며, 세관장에게는 관세징수권을 행사할 수 있는 기간으로서 '새로운 5년(또는 10년)'이 주어진다. 이것이 '중단'의 개념이다. 관세법상 관세징수권의 소멸시효가 중단되는 사유와 시험에 출제되었던 오답을 모아본다.

중단사유	중단사유가 아닌 것
1. 납부고지 (O)	1. 고소제기 (×) 2010 국가직 9급
2. 경정처분 (O)	2. 공소포기 (×) 2007 관세사
3. 납부독촉 (O)	3. 분할납부 (×)
4. 통고처분 (O)	4. 멸실·폐기 (×)
5. 고발 (O)	5. 사해행위 취소소송 제기 (×)
6. 특정범죄 가중처벌 등에 관한 법률 제16조에 따른 공소제기 (O)	6. 행정소송에 의한 판결 (×)
7. 교부청구 (O)	7. 과태료처분 (×)
8. 압류 (O)	

30 다음은 관세징수권의 소멸시효가 진행되지 않는 사유를 적시한 것이다. 옳지 않은 것은?　　2010 관세사

① 관세의 분할납부기간
② 관세의 징수유예기간
③ 압류·매각의 유예기간
④ 사해행위 취소소송의 기간
⑤ 심판청구에 대한 심사기간

▎ 관련 법조문: 법 제23조　　　　　　　　　　　　　　　　　　　　　　　　답 ⑤

관세징수권의 소멸시효가 진행되지 않는 사유란 관세징수권 소멸시효의 '정지'사유를 말한다. 관세징수권자인 세관장이 권리 행사를 제대로 할 수 없는 상황에서도 시효가 계속 진행이 되는 경우 권리자에게 너무 가혹한 일이 될 수 있으므로, 이런 경우 시효의 진행을 '일시 멈춤'시키는 것이 소멸시효의 정지이다. 관세징수권의 소멸시효는 관세의 분할납부기간, 징수유예기간, 압류·매각의 유예기간 또는 사해행위(詐害行爲) 취소소송기간 중에는 진행하지 아니한다. 다만, 사해행위 취소소송으로 인한 시효정지의 효력은 소송이 각하, 기각 또는 취하된 경우에는 효력이 없다.

31 관세법상 시효의 중단 및 정지에 대한 설명으로 옳지 않은 것은?　　2017 국가직 7급(하반기)

① 경정처분은 관세징수권의 소멸시효 중단사유에 해당한다.
② 환급청구권의 소멸시효는 환급청구권의 행사로 중단된다.
③ 관세징수권의 소멸시효는 관세의 분할납부기간 중에도 진행된다.
④ 사해행위 취소소송으로 인한 관세징수권 시효정지의 효력은 소송이 취하된 경우에는 효력이 없다.

▎ 관련 법조문: 법 제23조　　　　　　　　　　　　　　　　　　　　　　　　답 ③

관세징수권의 소멸시효는 관세의 분할납부기간, 징수유예기간, 압류·매각의 유예기간 또는 사해행위(詐害行爲) 취소소송기간 중에는 진행하지 아니한다(법 제23조 제3항).

32 관세법령상 관세징수권의 소멸시효에 대한 설명으로 옳은 것은?　　2017 국가직 7급

① 5억원 미만의 관세의 징수권은 이를 행사할 수 있는 날부터 시효의 중단 및 정지사유 없이 5년 동안 행사하지 아니하면 소멸시효가 완성된다.
② 신고납부하는 관세에 있어서 관세징수권 소멸시효의 기산일은 수입신고가 수리된 날부터 15일이 경과한 날이다.
③ 관세징수권의 소멸시효는 납부고지에 의해 정지된다.
④ 사해행위 취소소송으로 인한 관세징수권의 소멸시효 정지의 효력은 그 소송이 기각된 경우에도 효력이 있다.

관세의 징수권은 5억원 이상의 관세(내국세 포함)의 경우, 이를 행사할 수 있는 날부터 10년 동안 행사하지 아니하면 소멸시효가 완성된다. 다만, 관세의 징수권은 5억원 미만의 관세(내국세 포함)의 경우, 이를 행사할 수 있는 날부터 5년 동안 행사하지 아니하면 소멸시효가 완성된다(법 제22조 제1항). 이때 5년 동안 시효를 중단시키는 사유나 시효의 진행을 정지시키는 사유가 발생하지 않아야 한다.

✓ 선지분석

② 신고납부하는 관세에 있어서 관세징수권 소멸시효의 기산일은 '수입신고가 수리된 날부터 15일이 경과한 날의 다음 날'로 한다(영 제7조 제1항 제1호).
③ 관세징수권의 소멸시효는 '납부고지로' 인해 '중단'된다(법 제23조 제1항 제1호).
④ 관세징수권의 소멸시효는 관세의 분할납부기간, 징수유예기간, 압류·매각의 유예기간 또는 사해행위(詐害行爲) 취소소송기간 중에는 진행하지 아니한다(법 제23조 제3항). 이때 사해행위 취소소송으로 인한 시효정지의 효력은 소송이 각하, 기각 또는 취하된 경우에는 '효력이 없다'(법 제23조 제4항).

33 관세부과의 제척기간 및 관세징수권 등의 소멸시효에 관한 설명으로 옳지 않은 것은? 2009 · 2005 관세사
□□□
① 관세징수권의 소멸시효가 완성된 때 관세 납세의무가 소멸한다.
② 부정한 방법으로 관세를 포탈한 경우 관세부과의 제척기간은 10년이다.
③ 관세가 5억원 미만인 경우, 관세징수권의 소멸시효는 이를 행사할 수 있는 날부터 5년이다.
④ 납세자의 관세환급금 기타 관세의 환급청구권의 소멸시효는 이를 행사할 수 있는 날부터 5년이다.
⑤ 관세징수권의 소멸시효에 관하여는 민법의 규정이 우선 적용된다.

관세징수권과 환급청구권의 소멸시효에 관하여 관세법에서 규정한 것을 제외하고는 민법을 준용한다. 즉, 소멸시효에 관하여 관세법과 민법의 규정이 상충되는 경우에는 관세법을 따르므로 '관세법의 규정이 우선 적용된다'고 표현해야 한다.

34 □□□

관세법령상 관세부과 제척기간의 기산일과 관세징수권 소멸시효의 기산일에 대한 설명으로 옳은 것만을 모두 고르면?

2023 국가직 7급

> ㄱ. 과다환급 또는 부정환급 등의 사유로 관세를 징수하는 경우에는 환급한 날의 다음날이 관세부과 제척기간의 기산일이다.
> ㄴ. 보세건설장에 반입된 외국물품의 경우에는 건설공사완료보고를 한 날의 다음날이 관세부과 제척기간의 기산일이다.
> ㄷ. 월별납부의 경우에는 수입신고가 수리된 날부터 15일이 경과한 날의 다음날이 관세징수권 소멸시효의 기산일이다.
> ㄹ. 「관세법」 제253조(수입신고전의 물품반출) 제3항의 규정에 의하여 납부하는 관세에 있어서는 수입신고한 날부터 15일이 경과한 날의 다음날이 관세징수권 소멸시효의 기산일이다.

① ㄱ, ㄷ
② ㄱ, ㄹ
③ ㄴ, ㄷ
④ ㄴ, ㄹ

▌관련 법조문: 영 제6조, 제7조　　　　　　　　　　　　　　　　　　　　　답 ②

ㄱ. 과다환급 또는 부정환급 등의 사유로 관세를 징수하는 경우에는 환급한 날의 다음날이 관세부과 제척기간의 기산일이다(영 제6조 제4호).

ㄹ. 「관세법」 제253조(수입신고전의 물품반출) 제3항의 규정에 의하여 납부하는 관세에 있어서는 수입신고한 날부터 15일이 경과한 날의 다음날이 관세징수권 소멸시효의 기산일이다(영 제7조 제4호).

◇ **선지분석**

ㄴ. 보세건설장에 반입된 외국물품의 경우에는 <u>다음 각 목의 날중 먼저 도래한 날의 다음날</u>이 관세부과 제척기간의 기산일이다(영 제6조 제3호).

> 가. 제211조의 규정에 의하여 건설공사완료보고를 한 날
> 나. 법 제176조의 규정에 의한 특허기간(특허기간을 연장한 경우에는 연장기간을 말한다)이 만료되는 날

ㄷ. 월별납부의 경우에는 <u>그 납부기한이 경과한 날의 다음 날</u>이 관세징수권 소멸시효의 기산일이다(영 제7조 제1호). 즉 월별로 '말일'의 다음 날이 기산일이 된다.

01 관세법에 규정된 담보의 종류가 아닌 것은?

2010 국가직 9급

① 보험에 든 등기된 선박　　　　　　② 납세보증보험증권

③ 지방채　　　　　　　　　　　　　④ 자동차

▌ 관련 법조문: 법 제24조　　　　　　　　　　　　　　　　　　　　답 ④

세관장이 관세채권을 확보하기 위하여 관세 대신에 납세담보를 제공할 것을 요구할 수 있다. 관세채권 확보가 곤란한 수입자들에게 수입통관시에 담보를 요구할 수도 있고, 보세구역에 장치되었던 물품이 일시적으로 외부로 반출될 때에도 담보제공이 요구되는 경우가 있다. 이때 제공할 수 있는 담보에는 7가지가 있다. 수송기기 중 선박과 항공기는 담보가 될 수 있지만, 자동차는 될 수 없다. 선박과 항공기도 담보가 되기 위해서는 반드시 ㉠ 보험에 가입되어야 하고, ㉡ 등기 또는 등록되어야 한다.

---

02 관세법에서 정한 담보의 종류로서 적합하지 않은 것은?

2009 관세사

① 국채 또는 지방채

② 토지

③ 증권거래소에 상장된 모든 유가증권

④ 보험에 든 등기 또는 등록된 선박, 항공기

⑤ 세관장이 인정하는 보증인의 납세보증서

▌ 관련 법조문: 법 제24조　　　　　　　　　　　　　　　　　　　　답 ③

증권거래소에 상장된 유가증권은 관세법상 납세담보가 될 수 있지만, '모든' 유가증권은 아니다. 유가증권 중 세관장이 인정하는 것만 납세담보가 된다.

---

03 다음 중 관세법상의 규정에 의하여 제공하는 담보의 종류로 합당하지 아니한 것은?

2014 국가직 7급, 2004 관세사

① 국채 또는 지방채

② 세관장이 인정하는 유가증권

③ 납세보증보험증권

④ 등기 또는 등록된 선박·항공기 및 건설기계

⑤ 금전

▌ 관련 법조문: 법 제24조　　　　　　　　　　　　　　　　　　　　답 ④

건물, 공장재단, 광업재단, 선박, 항공기, 건설기계가 제공 가능한 담보가 되려면 반드시 ㉠ 보험에 가입되어야 하고, ㉡ 등기 또는 등록되어 있어야 한다. 두 조건 중 하나라도 갖추지 못하면 담보의 종류에 들어가지 못한다.

04 관세법상 세관장이 인정하는 경우에 한하여 담보로 제공할 수 있는 것은?

① 지방채　　　　　　　　　　　② 유가증권
③ 납세보증보험증권　　　　　　④ 보험에 가입된 등기된 건물
⑤ 보험에 가입된 등록된 선박

┃ 관련 법조문: 법 제24조　　　　　　　　　　　　　　　　　　　답 ②

'세관장이 인정하는 경우'에 한하여 담보로 제공할 수 있는 것은 '유가증권'과 '보증인의 납세보증서'이다.

> **명호샘의 한마디**
>
> 관세법상 제공할 수 있는 담보와 그렇지 않은 담보를 구분해야 한다.
>
> | 제공할 수 있는 담보 | 제공할 수 없는 것 |
> | --- | --- |
> | 1. 금전(현금, 사채업자로부터 빌린 돈) | 1. 국영 기업체가 발행한 채권 및 증권 (×) |
> | 2. 국채 또는 지방채(재정자립도가 극히 취약한 지방자치단체가 발행한 채권) | 2. 은행이 발행한 예금 확인서 (×) |
> | 3. 세관장이 인정하는 유가증권(한국증권거래소 또는 코스닥 시장에 상장된 증권 중 세관장이 인정하는 유가증권) | 3. 납세의무자가 발행한 보험증명서 (×) |
> | 4. 납세보증보험증권 | 4. 증권거래소에 상장된 모든 증권 (×) |
> | 5. 토지(공장부지, 투기의 대상이 되고 있는 땅, 비무장 지대 근처의 땅) | 5. 등기 또는 등록된 선박·항공기 및 건설기계 (×) |
> | 6. 보험에 가입된 등기 또는 등록된 건물·공장재단·광업재단·선박·항공기 또는 건설기계 | 6. 자동차 (×) |
> | 7. 세관장이 인정하는 보증인의 납세보증서 | |

---

05 관세법상 담보의 종류 중 세관장이 요청하면 특정인이 납부하여야 하는 금액을 일정 기일 이후에는 언제든지 세관장에게 지급한다는 내용이어야 하는 것을 모두 고른 것은?

> ㄱ. 납세보증보험증권
> ㄴ. 세관장이 인정하는 유가증권
> ㄷ. 국채 또는 지방채
> ㄹ. 세관장이 인정하는 보증인의 납세보증서

① ㄱ
② ㄱ, ㄹ
③ ㄴ, ㄷ
④ ㄴ, ㄷ, ㄹ
⑤ ㄱ, ㄴ, ㄷ, ㄹ

┃ 관련 법조문: 법 제24조　　　　　　　　　　　　　　　　　　　답 ②

관세법 제24조 제1항 제4호에 따른 납세보증보험증권 및 제7호에 따른 납세보증서는 세관장이 요청하면 특정인이 납부하여야 하는 금액을 일정 기일 이후에는 언제든지 세관장에게 지급한다는 내용의 것이어야 한다(법 제24조 제2항). '보증'이란 말이 들어가는 담보를 고르면 되는 문제이다.

06 관세법상 납세담보에 관한 설명으로 옳지 않은 것은?

2016 관세사

① 관세법에 따라 제공하는 담보의 종류에는 국채, 세관장이 인정하는 유가증권 및 납세보증보험증권 등이 포함된다.

② 납세보증보험증권 및 세관장이 인정하는 보증인의 납세보증서는 세관장이 요청하면 특정인이 납부하여야 하는 금액을 일정 기일 이후에는 언제든지 세관장에게 지급한다는 내용의 것이어야 한다.

③ 납세담보의 제공에 필요한 사항은 대통령령으로 정한다.

④ 관세청장은 납세담보를 관세에 충당하고 남은 금액이 있을 때에는 담보를 제공한 자에게 이를 돌려주어야 하며, 돌려줄 수 없는 경우에는 이를 국고귀속한다.

⑤ 세관장은 관세의 납세의무자가 아닌 자가 관세의 납부를 보증한 경우 그 담보로 관세에 충당하고 남은 금액이 있을 때에는 그 보증인에게 이를 직접 돌려주어야 한다.

| 관련 법조문: 법 제24조, 제25조　　　　　　　　　　　　　　　　　　　　답 ④

'세관장'은 담보를 관세에 충당하고 남은 금액이 있을 때에는 담보를 제공한 자에게 이를 돌려주어야 하며, 돌려줄 수 없는 경우에는 이를 '공탁할 수 있다'(법 제25조 제2항).

✓ 선지분석

① 관세법에 따라 제공하는 담보의 종류에는 금전, 국채 또는 지방채, 세관장이 인정하는 유가증권, 납세보증보험증권, 토지, 보험에 가입된 등기 또는 등록된 건물·공장재단·광업재단·선박·항공기 또는 건설기계, 세관장이 인정하는 보증인의 납세보증서가 있다(법 제24조 제1항).

② 법 제24조(담보의 종류 등) 제2항

③ 법 제24조(담보의 종류 등) 제3항

⑤ 법 제25조(담보의 관세충당) 제3항

---

07 관세법상 납세담보에 관한 설명으로 가장 옳지 않은 것은?

2017 국가직 9급, 2009 국가직 7급

① 납세의무자가 그 납부기한까지 해당 관세를 납부하지 아니하여 세관장이 납부기한이 지난 후에 그 담보를 해당 관세에 충당할 경우 관세법 제42조(가산세)를 적용하지 않는다.

② 세관장은 관세의 납세의무자가 아닌 자가 관세의 납부를 보증한 경우 그 담보로 관세에 충당하고 남은 금액이 있을 때에는 그 보증인에게 이를 직접 돌려주어야 한다.

③ 정부 또는 지방자치단체가 수입신고한 물품을 세관장의 수입신고수리 전에 반출하려는 경우 그 물품에 대하여는 담보의 제공을 생략할 수 있다.

④ 세관장은 관세의 강제징수를 하는 때에는 재산의 압류·보관·운반 및 공매에 소요되는 비용에 상당하는 강제징수비를 징수할 수 있다.

| 관련 법조문: 법 제24조, 제25조, 제26조　　　　　　　　　　　　　　　　답 ①

세관장은 담보를 제공한 납세의무자가 그 납부기한까지 해당 관세를 납부하지 아니하면 기획재정부령으로 정하는 바에 따라 그 담보를 해당 관세에 충당할 수 있다. 이 경우 '담보로 제공된 금전'을 해당 관세에 충당할 때에는 납부기한이 지난 후에 충당하더라도 법 제42조(가산세)를 적용하지 아니한다(법 제25조). 담보의 종류가 '금전'일 때에만 충당시 가산세가 없다.

08 관세법령상 납세담보에 관한 설명으로 옳지 않은 것은?

□□□

① 세관장은 관세의 납세의무자가 아닌 자가 관세의 납부를 보증한 경우 그 담보로 관세에 충당하고 남은 금액이 있을 때에는 그 보증인에게 이를 직접 돌려주어야 한다.

② 세관장은 담보를 관세에 충당하고 남은 금액이 있을 때에는 담보를 제공한 자에게 이를 돌려주어야 하며, 돌려줄 수 없는 경우에도 이를 공탁할 수 없다.

③ 세관장은 관세의 강제징수를 할 때에는 재산의 압류, 보관, 운반 및 공매에 드는 비용에 상당하는 강제징수비를 징수할 수 있다.

④ 세관장은 담보를 제공한 납세의무자가 그 납부기한까지 해당 관세를 납부하지 아니하면 기획재정부령으로 정하는 바에 따라 그 담보를 해당 관세에 충당할 수 있다.

⑤ 납세의무자(관세의 납부를 보증한 자를 포함)는 관세법에 따라 계속하여 담보를 제공하여야 하는 사유가 있는 경우에는 관세청장이 정하는 바에 따라 일정 기간에 제공하여야 하는 담보를 포괄하여 미리 세관장에게 제공할 수 있다.

> ▌ **관련 법조문:** 법 제24조, 제25조, 제26조   답 ②

세관장은 담보를 관세에 충당하고 남은 금액이 있을 때에는 담보를 제공한 자에게 이를 돌려주어야 하며, 돌려줄 수 없는 경우에는 이를 공탁할 수 있다(법 제25조 제2항).

⊘ **선지분석**

① 법 제25조(담보의 관세충당) 제3항
③ 법 제26조(담보 등이 없는 경우의 관세징수) 제2항
④ 법 제25조(담보의 관세충당) 제1항
⑤ 법 제24조(담보의 종류 등) 제4항

09 관세법령상 납세담보에 관한 내용으로 옳지 않은 것은?

□□□

① 세관장은 납세담보의 제공을 받은 관세 및 강제징수비가 납부되었을 때에는 지체 없이 담보해제의 절차를 밟아야 한다.

② 관세청장은 담보를 제공한 납세의무자가 그 납부기한까지 해당 관세를 납부하지 아니하면 대통령령으로 정하는 바에 따라 그 담보를 해당 관세에 충당할 수 있다.

③ 담보제공이 없거나 징수한 금액이 부족한 관세의 징수에 관하여는 관세법에 규정된 것을 제외하고는 국세기본법과 국세징수법의 예에 따른다.

④ 관세의 담보를 제공한 자는 당해 담보물의 가격감소에 따라 세관장이 담보물의 증가 또는 변경을 통지한 때에는 지체 없이 이를 이행하여야 한다.

⑤ 관세의 담보를 제공하고자 하는 자는 담보의 종류·수량·금액 및 담보사유를 기재한 담보제공서를 세관장에게 제출하여야 한다.

> ▌ **관련 법조문:** 법 제25조, 제26조, 제26조의2, 영 제10조, 제12조   답 ②

'세관장'은 담보를 제공한 납세의무자가 그 납부기한까지 해당 관세를 납부하지 아니하면 기획재정부령으로 정하는 바에 따라 그 담보를 해당 관세에 충당할 수 있다(법 제25조 제1항, 담보의 관세충당).

① 법 제26조의2(담보의 해제)
③ 법 제26조(담보 등이 없는 경우의 관세징수) 제1항
④ 영 제12조(담보의 변경) 제1항
⑤ 영 제10조(담보의 제공절차 등) 제1항

10 관세법령상 관세의 납세담보에 관한 설명으로 옳은 것은?

① 금전은 담보로 제공할 수 없다.
② 담보제공자가 세관장에게 제출하는 담보제공서에는 담보사유를 기재한다.
③ 담보물인 토지의 평가는 상속세 및 증여세법 제61조를 준용하여 평가한 가액으로 할 수 없다.
④ 보험에 든 건물을 담보로 제공하려는 경우 그 보험기간은 담보를 필요로 하는 기간으로 한다.
⑤ 담보물이 납세보증보험증권인 경우 이를 매각하는 방법으로 관세충당한다.

▌ 관련 법조문: 법 제24조, 영 제9조, 제10조, 규칙 제1조의3   답 ②

관세의 담보를 제공하고자 하는 자는 담보의 종류·수량·금액 및 담보사유를 기재한 담보제공서를 세관장에게 제출하여야 한다(영 제10조 제1항).

① 금전은 담보로 제공할 수 '있다'(법 제24조 제1항 제1호). 금전을 담보로 제공하려는 자는 국고금 관리법 시행령 제11조 제1항 각 호의 금융기관 중 관세청장이 지정한 금융기관에 이를 납입하고 그 확인서를 담보제공서에 첨부해야 한다(영 제10조 제2항).
③ 토지 또는 건물의 평가는 상속세 및 증여세법 제61조를 준용하여 평가한 가액으로 한다(영 제9조 제2항 제1호).
④ 보험에 든 건물을 담보로 제공하려는 경우 그 보험기간은 '담보를 필요로 하는 기간에 30일 이상을 더한 것'이어야 한다(영 제10조 제7항).
⑤ 담보물이 납세보증보험증권인 경우 '그 보증인에게 담보한 관세에 상당하는 금액을 납부할 것을 즉시 통보하는' 방법으로 관세충당한다(규칙 제1조의3 제2호).

11 관세법령상 납세담보에 대한 설명으로 옳은 것은?

① 세관장은 납세의무자가 매각예정일까지 관세와 비용을 납부하는 때에는 담보물의 매각을 중지하여야 한다.
② 관세의 담보를 제공한 자는 당해 담보물의 가격감소에 따라 세관장이 담보물의 변경을 통지한 때에는 그 통지일부터 10일 이내에 이를 이행하여야 한다.
③ 관세의 담보를 제공한 자는 담보물, 보증은행, 보증보험회사, 은행지급보증에 의한 지급기일 또는 납세보증보험기간을 변경하고자 하는 때에는 세관장의 허가를 얻어야 한다.
④ 세관장은 관세의 담보를 제공하고자 하는 자가 담보액의 확정일부터 10일 이내에 담보를 제공하지 아니하는 경우에는 납부고지를 할 수 있다.

▌ 관련 법조문: 영 제10조, 제12조, 제14조   답 ④

세관장은 다음 각 호의 어느 하나에 해당하는 경우에는 법 제39조에 따른 납부고지를 할 수 있다(영 제10조 제9항).

1. 관세의 담보를 제공하고자 하는 자가 담보액의 확정일부터 10일 이내에 담보를 제공하지 아니하는 경우
2. 납세의무자가 수입신고후 10일 이내에 법 제248조 제2항(수입신고수리시 담보제공)의 규정에 의한 담보를 제공하지 아니하는 경우

⊘ 선지분석

① 세관장은 납세의무자가 매각예정일 1일 전까지 관세와 비용을 납부하는 때에는 담보물의 매각을 중지하여야 한다(영 제14조 제2항).
② 관세의 담보를 제공한 자는 당해 담보물의 가격감소에 따라 세관장이 담보물의 변경을 통지한 때에는 지체 없이 이를 이행하여야 한다(영 제12조 제1항).
③ 관세의 담보를 제공한 자는 담보물, 보증은행, 보증보험회사, 은행지급보증에 의한 지급기일 또는 납세보증보험기간을 변경하고자 하는 때에는 세관장의 승인을 얻어야 한다(영 제12조 제2항).

---

12 관세법령상 납세담보에 관한 설명으로 옳지 않은 것은?

2024 관세사

① 토지를 담보로 제공하려는 자는 저당권을 설정하는 데에 필요한 서류를 담보제공서에 첨부하여야 한다.
② 담보물인 토지 또는 건물의 평가는 「감정평가 및 감정평가사에 관한 법률」에 따른 감정평가법인등의 평가액에 따른다.
③ 세관장은 관세의 담보를 제공하고자 하는 자가 담보액의 확정일부터 10일 이내에 담보를 제공하지 아니하는 경우에는 납세의무자에게 납부고지를 할 수 있다.
④ 세관장은 관세의 납세의무자가 아닌 자가 관세의 납부를 보증한 경우 그 담보로 관세에 충당하고 남은 금액이 있을 때에는 그 보증인에게 이를 직접 돌려주어야 한다.
⑤ 납세보증보험증권을 담보로 제공하는 경우 담보가 되는 보험의 기간은 해당 담보를 필요로 하는 기간으로 하되, 납부기한이 확정되지 아니한 경우에는 관세청장이 정하는 기간으로 한다.

▌관련 법조문: 법 제25조, 영 제9조, 제10조 답 ②

담보물에 대한 평가는 다음 각 호에 따른다(영 제9조 제2항). 즉 '토지 또는 건물'의 평가는 「상속세 및 증여세법」 제61조를 준용하여 평가한 가액으로 한다.

1. 토지 또는 건물의 평가: 「상속세 및 증여세법」 제61조를 준용하여 평가한 가액
2. 공장재단·광업재단·선박·항공기 또는 건설기계: 「감정평가 및 감정평가사에 관한 법률」에 따른 감정평가법인등의 평가액 또는 「지방세법」에 따른 시가표준액

⊘ 선지분석

① 영 제10조(담보의 제공절차 등) 제6항
③ 영 제10조(담보의 제공절차 등) 제9항 제1호
④ 법 제25조(담보의 관세충당) 제3항
⑤ 영 제10조(담보의 제공절차 등) 제5항

13 관세법상 담보물을 평가하는 방법은 담보의 종류별로 정하고 있다. 다음 중에서 국가 및 지방자치단체가 발행하는 채권 및 증권의 평가방법은 어느 것인가? 2002 관세사

① 담보로 제공하는 날의 전날에 상속세 및 증여세법 시행령 제58조 제1항 제2호를 준용하여 계산한 가액
② 최종매입원가법에 의한 평가액
③ 상속세 및 증여세법 제61조를 준용하여 평가한 가액
④ 지방세법에 의한 시가표준액
⑤ 담보제공일 현재 한국증권거래소에서 형성된 최종거래가격

| 관련 법조문: 법 제24조, 영 제9조 | 답 ① |

세관장이 인정하는 유가증권과 국채·지방채의 가치가 얼마나 되는지 평가하는 방법은 다음의 두 가지 중 하나이다. 국채·지방채는 특히 2번에 포함된다.

1. 자본시장과 금융투자업에 관한 법률에 따라 거래소가 개설한 증권시장에 상장된 유가증권 중 매매사실이 있는 것: 담보로 제공하는 날의 전날에 공표된 최종시세가액
2. 제1호 외의 유가증권: 담보로 제공하는 날의 전날에 상속세 및 증여세법 시행령 제58조 제1항 제2호를 준용하여 계산한 가액

담보의 종류	담보물의 평가기준
거래소가 개설한 증권시장에 상장된 유가증권 중 매매사실이 있는 것	담보로 제공하는 날의 전날에 공표된 최종시세가액
그 밖의 유가증권(국채, 지방채 포함)	담보로 제공하는 날의 전날에 상속세 및 증여세법 시행령 제58조 제1항 제2호를 준용하여 계산한 가액
토지 또는 건물	상속세 및 증여세법 제61조를 준용하여 평가한 가액
공장재단·광업재단·선박·항공기 또는 건설기계	감정평가법인등의 평가액 또는 시가표준액

---

14 관세법령상 담보의 제공절차 등에 관한 설명으로 옳지 않은 것은? 2022 관세사

① 금전을 담보로 제공하려는 자는 국고금 관리법 시행령 제11조 제1항 각 호의 금융기관 중 관세청장이 지정한 금융기관에 이를 납입하고 그 확인서를 담보제공서에 첨부해야 한다.
② 관세의 담보를 제공하고자 하는 자는 담보의 종류·수량·금액 및 담보사유를 기재한 담보제공서를 세관장에게 제출하여야 한다.
③ 지방채를 담보로 제공하려는 자는 해당 채권에 관하여 모든 권리를 행사할 수 있는 자의 위임장을 담보제공서에 첨부하여야 한다.
④ 관세가 확정되지 아니한 경우에는 제공하고자 하는 담보의 금액은 관세청장이 정하는 금액으로 한다.
⑤ 관세의 담보를 제공하고자 하는 자가 담보액의 확정일부터 5일 이내에 담보를 제공하지 아니하는 경우 관세청장은 관세법 제39조(부과고지)에 따른 납부고지를 할 수 있다.

| 관련 법조문: 영 제10조 | 답 ⑤ |

관세의 담보를 제공하고자 하는 자가 담보액의 확정일부터 '10일' 이내에 담보를 제공하지 아니하는 경우 '세관장'은 관세법 제39조(부과고지)에 따른 납부고지를 할 수 있다(영 제10조 제9항 제1호).

 선지분석

① 영 제10조(담보의 제공절차 등) 제2항
② 영 제10조(담보의 제공절차 등) 제1항

③ 국채 또는 지방채를 담보로 제공하려는 자는 해당 채권에 관하여 모든 권리를 행사할 수 있는 자의 위임장을 담보제공서에 첨부하여야 한다(영 제10조 제3항).

④ 제공하고자 하는 담보의 금액은 납부하여야 하는 관세에 상당하는 금액이어야 한다. 다만, 그 관세가 확정되지 아니한 경우에는 관세청장이 정하는 금액으로 한다(영 제10조 제8항).

⒬ 명호샘의 한마디

관세의 담보를 제공하고자 하는 자는 담보의 종류·수량·금액 및 담보사유를 기재한 담보제공서를 세관장에게 제출하여야 한다(영 제10조 제1항). 담보의 종류에 따라 담보제공서에 첨부해야 하는 서류는 다음과 같다.

담보의 종류	담보제공서에 첨부해야 하는 서류
금전	관세청장이 지정한 금융기관에의 납입확인서
국채, 지방채	해당 채권에 관하여 모든 권리를 행사할 수 있는 자의 위임장
세관장이 인정하는 유가증권	해당 증권발행자의 증권확인서 해당 증권에 관한 모든 권리를 행사할 수 있는 자의 위임장
납세보증보험증권, 세관장이 인정하는 보증인의 납세보증서	그 납세보증보험증권 그 납세보증서
토지, 건물·공장재단·광업재단·선박·항공기나 건설기계	저당권을 설정하는 데에 필요한 서류
보험에 든 건물·공장재단·광업재단·선박·항공기나 건설기계	그 보험증권 (보험기간: 담보를 필요로 하는 기간에 30일 이상을 더한 것)

15

관세법령상 납세담보에 대한 설명으로 옳은 것은?

2020 국가직 7급

① 담보로 제공된 금전을 해당 관세에 충당할 때 납부기한이 지난 후에 충당하는 경우에는 관세법 제42조를 적용하여 미납부세액에 대한 가산세를 징수한다.

② 공장재단 또는 건설기계를 담보로 제공하려는 경우 납세의무자는 저당권의 설정을 위한 등기를 하여야 한다.

③ 세관장이 인정하는 유가증권을 담보로 제공하려는 자는 해당 증권발행자의 증권확인서와 해당 증권에 관한 모든 권리를 행사할 수 있는 자의 위임장을 담보제공서에 첨부하여야 한다.

④ 세관장은 관세의 납부기한 도래 전이라도 담보를 관세에 충당할 수 있고, 충당하고 남은 금액은 이를 납세의무자에게 돌려주어야 한다.

┃ 관련 법조문: 법 제25조, 영 제10조 답 ③

세관장이 인정하는 유가증권을 담보로 제공하려는 자는 해당 증권발행자의 증권확인서와 해당 증권에 관한 모든 권리를 행사할 수 있는 자의 위임장을 담보제공서에 첨부하여야 한다(영 제10조 제4항).

✓ 선지분석

① 담보를 관세에 충당하는 경우 담보로 제공된 금전을 해당 관세에 충당할 때에는 납부기한이 지난 후에 충당하더라도 법 제42조(가산세)를 적용하지 아니한다(법 제25조 제1항).

② 토지, 건물·공장재단·광업재단·선박·항공기나 건설기계를 담보로 제공하려는 자는 저당권을 설정하는 데에 필요한 서류를 담보제공서에 첨부하여야 한다. 이 경우 세관장은 저당권의 설정을 위한 등기 또는 등록의 절차를 밟아야 한다(영 제10조 제6항). 즉, 담보를 제공하고자 하는 자는 '저당권 설정에 필요한 서류'를 첨부하여 세관장에게 제출하면 되고, '세관장'이 등기 또는 등록의 절차를 밟는다.

④ 세관장은 담보를 제공한 납세의무자가 그 납부기한까지 해당 관세를 납부하지 아니하면 기획재정부령으로 정하는 바에 따라 그 담보를 해당 관세에 충당할 수 있다(법 제25조 제1항). 세관장은 담보를 관세에 충당하고 남은 금액이 있을 때에는 담보를 제공한 자에게 이를 돌려주어야 하며, 돌려줄 수 없는 경우에는 이를 공탁할 수 있다(법 제25조 제2항). 즉, 납부기한이 지나야 '충당'할 수 있고, 충당 후 남은 금액은 '담보를 제공한 자'에게 돌려주어야 한다. 담보를 제공한 자는 납세의무자일 수도 있지만, 담보의 제공사유에 따라 납세의무자가 아닐 수도 있으므로 정확하게 '담보를 제공한 자'라고 표현해야 한다.

16 관세법령상 납세담보에 관한 내용으로 옳지 않은 것은?

① 세관장은 납세담보의 제공을 받은 관세 및 강제징수비가 납부되었을 때에는 그 납부일로부터 10일 이내에 담보해제의 절차를 밟아야 한다.

② 국채 또는 지방채를 담보로 제공하려는 자는 해당 채권에 관하여 모든 권리를 행사할 수 있는 자의 위임장을 담보제공서에 첨부하여야 한다.

③ 관세가 확정되지 아니한 경우에 제공하고자 하는 담보의 금액은 관세청장이 정하는 금액으로 한다.

④ 세관장은 관세의 담보를 제공하고자 하는 자가 담보액의 확정일부터 10일 이내에 담보를 제공하지 아니하는 경우 관세법 제39조에 따른 납부고지를 할 수 있다.

⑤ 세관장은 납세의무자가 담보물의 매각예정일 1일전까지 관세와 비용을 납부하는 때에는 담보물의 매각을 중지하여야 한다.

│ 관련 법조문: 법 제26조의2, 영 제10조, 제14조　　　　　　　　　　　　　　　답 ①

세관장은 납세담보의 제공을 받은 관세 및 강제징수비가 납부되었을 때에는 '지체 없이' 담보해제의 절차를 밟아야 한다(법 제26조의2). 즉, '그 납부일로부터 10일 이내에'가 아니라 '지체 없이'이다. '지체 없이'를 숫자로 바꿔 놓으면 어려운 오답이 되므로 주의하여야 한다.

☑ 선지분석

② 영 제10조(담보의 제공절차 등) 제3항

③ 제공하고자 하는 담보의 금액은 납부하여야 하는 관세에 상당하는 금액이어야 한다. 다만, 그 관세가 확정되지 아니한 경우에는 관세청장이 정하는 금액으로 한다(영 제10조 제8항).

④ 영 제10조(담보의 제공절차 등) 제9항

⑤ 영 제14조(담보의 제공절차 등) 제2항

---

17 납세담보에 관한 설명으로 옳지 않은 것은?

① 세관장은 담보를 제공한 납세의무자가 그 납부기한까지 해당 관세를 납부하지 아니하면 기획재정부령으로 정하는 바에 따라 그 담보를 해당 관세에 충당할 수 있다.

② 세관장은 담보를 관세에 충당하고 남은 금액이 있을 때에는 담보를 제공한 자에게 이를 돌려주어야 하며, 돌려줄 수 없는 경우에는 이를 공탁할 수 있다.

③ 세관장은 관세의 납세의무자가 아닌 자가 관세의 납부를 보증한 경우 그 담보로 관세에 충당하고 남은 금액이 있을 때에는 이를 공탁할 수 있다.

④ 세관장은 관세의 강제징수를 할 때에는 재산의 압류, 보관, 운반 및 공매에 드는 비용에 상당하는 강제징수비를 징수할 수 있다.

⑤ 담보제공이 없거나 징수한 금액이 부족한 관세의 징수에 관하여는 관세법에 규정된 것을 제외하고는 국세기본법과 국세징수법의 예에 따른다.

│ 관련 법조문: 법 제25조　　　　　　　　　　　　　　　답 ③

세관장은 담보를 관세에 충당하고 남은 금액이 있을 때에는 담보를 제공한 자에게 이를 돌려주어야 하며, 돌려줄 수 없는 경우에는 이를 공탁할 수 있다. 세관장은 관세의 납세의무자가 아닌 자가 관세의 납부를 보증한 경우 그 담보로 관세에 충당하고 남은 금액이 있을 때에는 그 보증인에게 이를 직접 돌려주어야 한다. 즉, 담보의 관세 충당 후 남은 금액(잔금)의 처리 순서는 '(보증인이 있다면) 보증인 ⇨ 담보제공자 ⇨ 공탁'이다. ③의 문장처럼 바로 '공탁'으로 가서는 안 된다.

18 관세법령상 납세담보에 관한 설명으로 옳지 않은 것은?

① 담보를 포괄하여 제공할 수 있는 요건, 그 담보의 종류 기타 필요한 사항은 세관장이 정한다.

② 세관장은 납세의무자가 매각예정일 1일전까지 관세와 비용을 납부하는 때에는 담보물의 매각을 중지하여야 한다.

③ 관세의 담보를 제공한 자는 당해 담보물의 가격감소에 따라 세관장이 담보물의 증가 또는 변경을 통지한 때에는 지체없이 이를 이행하여야 한다.

④ 세관장은 제공된 담보물을 매각하고자 하는 때에는 담보제공자의 주소·성명·담보물의 종류·수량, 매각사유, 매각장소, 매각일시 기타 필요한 사항을 공고하여야 한다.

⑤ 관세의 담보를 제공한 자는 은행지급보증에 의한 납세보증보험기간을 변경하고자 하는 때에는 세관장의 승인을 얻어야 한다.

▌ **관련 법조문: 영 제11조, 제12조, 제14조** 답 ①

①은 '포괄담보'에 대한 설명이다. 납세의무자(관세의 납부를 보증한 자를 포함한다)는 관세법에 따라 계속하여 담보를 제공하여야 하는 사유가 있는 경우에는 관세청장이 정하는 바에 따라 일정 기간에 제공하여야 하는 담보를 포괄하여 미리 세관장에게 제공할 수 있다(법 제24조 제4항). 담보를 포괄하여 제공하고자 하는 자는 그 기간 및 담보의 최고액과 담보제공자의 전년도 수출입실적 및 예상수출입물량을 기재한 신청서를 세관장에게 제출하여야 한다(영 제11조 제1항). 담보를 포괄하여 제공할 수 있는 요건, 그 담보의 종류 기타 필요한 사항은 '관세청장'이 정한다(영 제11조 제2항). 여기에서 '관세청장이 정한다'는 것은 포괄담보에 관련된 내용이 관세청 고시인 '관세 등에 대한 담보제도 운영에 관한 고시'에 규정되어 있다는 의미이다.

 선지분석

②④ 세관장은 제공된 담보물을 매각하고자 하는 때에는 담보제공자의 주소·성명·담보물의 종류·수량, 매각사유, 매각장소, 매각일시 기타 필요한 사항을 공고하여야 한다(영 제14조 제1항). 세관장은 납세의무자가 매각예정일 1일전까지 관세와 비용을 납부하는 때에는 담보물의 매각을 중지하여야 한다(영 제14조 제2항).

③⑤ 관세의 담보를 제공한 자는 당해 담보물의 가격감소에 따라 세관장이 담보물의 증가 또는 변경을 통지한 때에는 지체없이 이를 이행하여야 한다(영 제12조 제1항). 관세의 담보를 제공한 자는 은행지급보증에 의한 납세보증보험기간을 변경하고자 하는 때에는 세관장의 승인을 얻어야 한다(영 제12조 제2항).

19 다음 중 법률에서 관세에 대한 담보제공사유로 규정하고 있는 내용이 아닌 것은?

① 관세감면 및 분할납부물품에 대한 담보제공

② 상계관세의 최종조치로서의 담보제공

③ 지식재산권 침해물품의 통관을 위한 담보제공

④ 지식재산권 침해물품의 통관 보류요청시의 담보제공

▌ **관련 법조문: 법 제53조** 답 ②

덤핑방지관세 및 상계관세의 '잠정조치'로서 담보제공이 이루어질 수 있다. 기획재정부장관은 덤핑방지관세의 부과 여부를 결정하기 위하여 조사가 시작된 경우로서 조사기간 중에 발생하는 피해를 방지하기 위하여 해당 조사가 종결되기 전이라도 대통령령으로 정하는 바에 따라 그 물품과 공급자 또는 공급국 및 기간을 정하여 잠정적으로 추계(推計)된 덤핑차액에 상당하는 금액 이하의 잠정덤핑방지관세를 추가하여 부과하도록 명하거나 담보를 제공하도록 명하는 조치를 할 수 있다(법 제53조). 관세법상 납세담보를 제공하여야 하는 사유는 다음과 같다.

1. (징벌통/실체/집파개/곤란) 수입신고를 수리하는 경우
2. 수입신고수리전 반출승인을 받아 물품을 반출하는 경우
3. 수입신고전 즉시 반출신고를 하고 물품을 반출하는 경우
4. 지식재산권 침해물품에 대한 통관 보류나 유치를 요청하는 경우 및 이에 대한 통관 허용이나 유치 해제를 요청하는 경우
5. 덤핑방지관세·상계관세의 잠정조치를 하는 경우, 신규공급자에 대한 덤핑방지관세 부과를 유예하는 경우
6. 관세감면, 분할납부, 월별납부, 기한의 연장을 하는 경우
7. 보세구역 외 장치허가를 하는 경우
8. 보세운송의 신고를 하거나 승인(조난물품 운송승인 포함)을 얻고자 하는 경우
9. 압류·매각의 유예

20 다음 중 관세법상 담보를 제공하게 할 수 있는 경우가 아닌 것은? 2005 관세사

① 수입신고물품을 수입신고수리전에 해당 물품이 장치된 장소로부터 반출하고자 하는 경우
② 덤핑방지관세 및 상계관세를 부과하기 전에 잠정조치를 할 경우
③ 수입하고자 하는 물품을 수입신고전에 장치장소로부터 즉시 반출하고자 즉시 반출신고를 하는 경우
④ 상표권을 보호받고자 하는 자가 해당 물품의 통관의 보류를 요청할 경우
⑤ 관세법 규정에 의한 용도세율의 적용을 신청할 경우

┃ 관련 법조문: 법 제53조, 제59조, 제83조, 제235조, 제252조 답 ⑤

관세 특혜 제도 중 ㉠ 관세감면, ㉡ 분할납부, ㉢ 월별납부, ㉣ 기한의 연장은 담보제공사유에 해당하지만, 용도세율은 담보제공사유에 들어가지 않는다.

제1관 가격신고 등(법 제27조 ~ 제29조)

01 관세법령상 관세의 납세의무자가 가격신고를 생략할 수 있는 물품으로 명시되어 있지 않은 것은?

☐☐☐
2020 관세사

① 수출용 원재료
② 정부조달물품
③ 관세 및 내국세등이 부과되지 아니하는 물품
④ 특정연구기관 육성법의 규정에 의한 특정연구기관이 수입하는 물품
⑤ 과세가격이 미화 2만불 미만인 물품. 다만, 개별소비세, 주세, 교통·에너지·환경세가 부과되는 물품과 분할하여 수입되는 물품은 제외한다.

┃ 관련 법조문: 규칙 제2조　　　　　　　　　　　　　　　　　　　　　　답 ⑤

과세가격이 미화 '1만불 이하'인 물품. 다만, 개별소비세, 주세, 교통·에너지·환경세가 부과되는 물품과 분할하여 수입되는 물품은 제외한다(규칙 제2조).

가격신고 생략대상	1. 정부 또는 지방자치단체가 수입하는 물품 2. 정부조달물품 3. 공공기관의 운영에 관한 법률 제4조에 따른 공공기관이 수입하는 물품 4. 관세 및 내국세등이 부과되지 않는 물품 5. 방위산업용 기계와 그 부분품 및 원재료로 수입하는 물품. 다만, 해당 물품과 관련된 중앙행정기관의 장의 수입 확인 또는 수입추천을 받은 물품에 한정한다. 6. 수출용 원재료 7. 특정연구기관 육성법의 규정에 의한 특정연구기관이 수입하는 물품 8. 과세가격이 미화 1만불 이하인 물품. 다만, 개별소비세, 주세, 교통·에너지·환경세가 부과되는 물품과 분할하여 수입되는 물품은 제외한다. 9. 종량세 적용물품. 다만, 종량세와 종가세 중 높은 세액 또는 높은 세율을 선택하여 적용해야 하는 물품의 경우에는 제외한다. 10. 법 제37조 제1항 제3호에 따른 과세가격 결정방법의 사전심사 결과가 통보된 물품. 다만, 관세법 시행령 제16조 제1항 각 호의 물품은 제외한다.
가격신고 생략불가 대상	1. 과세가격을 결정함에 있어서 법 제30조 제1항 제1호 내지 제5호(법정가산요소 6가지 중 운임·보험료를 제외한 5가지 가산요소)의 규정에 의한 금액을 가산하여야 하는 물품 1의2. 법 제30조 제2항에 따른 구매자가 실제로 지급하였거나 지급하여야 할 가격에 구매자가 해당 수입물품의 대가와 판매자의 채무를 상계(相計)하는 금액, 구매자가 판매자의 채무를 변제하는 금액, 그 밖의 간접적인 지급액이 포함되어 있는 경우에 해당하는 물품 1의3. 과세가격이 법 제31조부터 제35조까지에 따라 결정되는 경우에 해당하는 물품 2. 법 제39조(부과고지)에 따라 세관장이 관세를 부과·징수하는 물품 3. 관세법 시행령 제16조 제1항 각 호의 물품(잠정가격 신고대상) 4. 관세법 시행규칙 제8조 제1항 제3호부터 제5호까지의 물품(수입신고수리전 세액심사대상 중 체납자 신고물품, 불성실 신고인이 신고한 물품, 그 밖에 사후심사가 적당하지 않은 물품)

02 가격신고의 생략대상으로 보기 어려운 것은?

① 정부조달물품
② 방위산업체가 생산하는 모든 물품
③ 수출용 원재료
④ 공공기관이 수입하는 물품

| 관련 법조문: 규칙 제2조

답 ②

방위산업용 기계와 그 부분품 및 원재료로 수입하는 물품에 대해서는 가격신고를 생략할 수 있다. 다만, 생략 대상은 해당 물품과 관련된 중앙행정기관의 장의 수입확인 또는 수입추천을 받은 물품에 한정한다. 그러므로 방위산업체가 수입하는 품목이라 하더라도 '모든' 물품이 생략대상이라고 말할 수는 없다.

03 관세법령상 가격신고를 생략할 수 있는 물품이 아닌 것은?

① 수출용 원재료
② 과세가격이 미화 3만불 이하인 물품
③ 정부조달물품
④ 정부 또는 지방자치단체가 수입하는 물품
⑤ 관세 및 내국세등이 부과되지 아니하는 물품

| 관련 법조문: 규칙 제2조

답 ②

과세가격이 미화 '1만불' 이하인 물품. 다만, 개별소비세, 주세, 교통·에너지·환경세가 부과되는 물품과 분할하여 수입되는 물품은 제외한다.

04 가격신고를 생략할 수 있는 수입물품이 아닌 것은?

① 정부수입물품   ② 지방자치단체 수입물품
③ 잠정가격 신고물품   ④ 정부조달물품

| 관련 법조문: 규칙 제2조

답 ③

관세의 납세의무자는 수입신고를 할 때 대통령령으로 정하는 바에 따라 세관장에게 해당 물품의 가격에 대한 신고(가격신고)를 하여야 한다(법 제27조 제1항). '가격신고를 한다'는 것은 수입통관 단계에서 수입신고서 뿐만 아니라 가격신고서도 함께 제출하는 것을 말한다. 정부가 수입하는 물품 등은 수입신고서 제출만으로 족하며, 가격신고서를 제출하지 않아도 된다. 이것이 가격신고 생략대상이다. ③의 잠정가격 신고물품은 반드시 가격신고를 하여야 한다. 잠정가격신고 내역은 수입신고서에서는 파악이 안 되며, 오직 가격신고서에만 관련 항목이 기재되기 때문이다.

05 과세가격의 신고 및 결정과 공표에 관한 설명으로 옳지 않은 것은? 2015 관세사

① 관세의 납세의무자는 수입신고를 할 때 대통령령으로 정하는 바에 따라 세관장에게 해당 물품의 가격에 대한 신고를 하여야 한다. 다만, 통관의 능률을 높이기 위하여 필요하다고 인정되는 경우에는 대통령령으로 정하는 바에 따라 물품의 수입신고를 하기 전에 가격신고를 할 수 있다.

② 가격신고를 할 때에는 관세청장이 정하는 바에 따라 과세가격의 결정과 관계되는 자료를 제출하여야 한다.

③ 과세가격을 결정하기가 곤란하지 아니하다고 인정하여 기획재정부령으로 정하는 물품에 대하여는 가격신고를 생략할 수 있다.

④ 납세의무자는 가격신고를 할 때 신고하여야 할 가격이 확정되지 아니한 경우로서 대통령령으로 정하는 경우에는 잠정가격으로 가격신고를 할 수 있다. 이 경우 신고의 방법과 그 밖에 필요한 사항을 대통령령으로 정한다.

⑤ 관세청장은 원활한 물자수급을 위하여 특정 물품의 수입을 촉진시킬 필요가 있는 경우 국민 생활에 긴요한 물품으로서 국내물품과 비교 가능한 수입물품의 평균 신고가격이나 반입 수량에 관한 자료를 대통령령으로 정하는 바에 따라 집계하여 공표할 수 있다.

❙ 관련 법조문: 법 제27조, 제28조, 제29조 　　　　　　　　　　　답 ②

관세의 납세의무자는 수입신고를 할 때 대통령령으로 정하는 바에 따라 세관장에게 해당 물품의 가격에 대한 신고(가격신고)를 하여야 한다. 다만, 통관의 능률을 높이기 위하여 필요하다고 인정되는 경우에는 대통령령으로 정하는 바에 따라 물품의 수입신고를 하기 전에 가격신고를 할 수 있다. 가격신고를 할 때에는 '대통령령으로 정하는 바에 따라' 과세가격의 결정과 관계되는 자료(과세가격결정자료)를 제출하여야 한다.

06 관세법상 가격신고를 할 때에 제출하여야 하는 과세가격의 결정과 관계되는 과세자료로 대통령령에서 직접 규정하고 있는 것이 아닌 것은? 2012 관세사

① 계약서

② 송품장

③ 수입물품의 사용설명서

④ 각종 비용의 금액 및 산출근거를 나타내는 증빙자료

⑤ 기타 가격신고의 내용을 입증하는데 필요한 자료

❙ 관련 법조문: 법 제27조, 영 제15조 　　　　　　　　　　　답 ③

가격신고를 할 때에는 대통령령으로 정하는 바에 따라 과세가격의 결정과 관계되는 자료(과세자료)를 제출하여야 한다. 가격신고를 할 때에 제출하여야 하는 과세자료는 다음 각 호와 같다. 다만, 해당 물품의 거래의 내용, 과세가격결정방법 등에 비추어 과세가격결정에 곤란이 없다고 세관장이 인정하는 경우에는 자료의 일부를 제출하지 아니할 수 있다.

1. 송품장
2. 계약서
3. 각종 비용의 금액 및 산출근거를 나타내는 증빙자료
4. 기타 가격신고의 내용을 입증하는 데에 필요한 자료

07 관세법령상 가격신고에 대한 설명으로 옳은 것은?

① 관세의 납세의무자는 수입신고를 할 때 대통령령으로 정하는 바에 따라 세관장에게 해당 물품의 가격에 대한 신고를 하여야 한다. 다만, 통관의 능률을 높이기 위하여 필요하다고 인정되는 경우에는 대통령령으로 정하는 바에 따라 물품의 수입신고를 하기 전에 가격신고를 할 수 있다.

② 세관장은 같은 물품을 같은 조건으로 반복적으로 수입하는 경우로서 세관장이 정하여 고시하는 경우에는 과세가격의 결정에 관계되는 서류의 전부 또는 일부를 제출하지 아니하게 할 수 있다.

③ 과세가격을 결정하기가 곤란하지 아니하다고 인정하여 대통령령으로 정하는 물품에 대하여는 가격신고를 생략할 수 있다.

④ 세관장은 가격신고를 하려는 자가 수입항까지의 운임 및 보험료 외에 우리나라에 수출하기 위하여 판매되는 물품에 대하여 구매자가 실제로 지급하였거나 지급하여야 할 가격에 가산할 금액이 없는 경우에는 가격신고를 일정 기간 일괄하여 신고하게 할 수 있다.

▌ **관련 법조문: 법 제27조, 영 제15조**　　　　　　　　　　　　　　　　답 ①

관세의 납세의무자는 수입신고를 할 때 대통령령으로 정하는 바에 따라 세관장에게 해당 물품의 가격에 대한 신고를 하여야 한다. 다만, 통관의 능률을 높이기 위하여 필요하다고 인정되는 경우에는 대통령령으로 정하는 바에 따라 물품의 수입신고를 하기 전에 가격신고를 할 수 있다(법 제27조 제1항).

✓ **선지분석**

② 세관장은 다음 각 호의 어느 하나에 해당하는 경우로서 '관세청장'이 정하여 고시하는 경우에는 과세가격의 결정에 관계되는 서류의 전부 또는 일부를 제출하지 아니하게 할 수 있다(영 제15조 제2항).

> 1. 같은 물품을 같은 조건으로 반복적으로 수입하는 경우
> 2. 수입항까지의 운임 및 보험료 외에 우리나라에 수출하기 위하여 판매되는 물품에 대하여 구매자가 실제로 지급하였거나 지급하여야 할 가격에 가산할 금액이 없는 경우
> 3. 그 밖에 과세가격결정에 곤란이 없다고 인정하여 관세청장이 정하는 경우

③ 과세가격을 결정하기가 곤란하지 아니하다고 인정하여 기획재정부령으로 정하는 물품에 대하여는 가격신고를 생략할 수 있다(법 제27조 제3항).

④ 세관장은 가격신고를 하려는 자가 '영 제15조 제2항 제1호'에 해당하는 경우에는 법 제27조 제1항 본문에 따른 가격신고를 일정 기간 일괄하여 신고하게 할 수 있다(영 제15조 제3항). 여기에서 '영 제15조 제2항 제1호'란 '같은 물품을 같은 조건으로 반복적으로 수입하는 경우'를 말한다. 영 제15조 제2항 제2호 또는 제3호는 여기에 해당하지 않는다.

08 거래 관행상 거래가 성립된 때부터 일정 기간이 지난 후에 가격이 정하여지는 물품으로서 수입신고일 현재 그 가격이 정하여지지 아니하여 잠정가격으로 신고할 수 있는 물품이 아닌 것은?　2001 국가직 7급

① 원유　　　　　　　　　　　② 자동차
③ 곡물　　　　　　　　　　　④ 광석

▌ **관련 법조문: 영 제16조, 규칙 제3조**　　　　　　　　　　　　　　　　답 ②

거래 관행상 거래가 성립된 때부터 일정 기간이 지난 후에 가격이 정하여지는 물품(기획재정부령으로 정하는 것으로 한정한다)으로서 수입신고일 현재 그 가격이 정하여지지 아니한 경우, 잠정가격으로 신고할 수 있다. 여기에서 '기획재정부령으로 정하는 것'이란 원유·곡물·광석 그 밖의 이와 비슷한 1차 산품을 말한다.

🔍 **명호샘의 한마디**

1. 자동차는 '거래관행상 일정 기간이 지난 후에 가격이 정해져서 잠정가격신고를 할 수 있는 물품'도 아니고, '관세법 상 제공할 수 있는 담보'에도 포함되지 않는다.
2. 법률에서 '자동차'가 언급되는 경우는 한 번 밖에 없다. 법 제272조(밀수 전용 운반기구의 몰수)에서 밀수입죄의 죄에 전용되는 선박, 자동차, 그 밖의 운반기구는 일정한 요건을 만족하는 경우 몰수한다.
3. 시행령에서 '자동차'가 언급되는 경우는 없다.
4. 시행규칙에서 '자동차'가 언급되는 경우는 여러 번 있으나 우리가 눈여겨 봐야 할 규정은 다음과 같다.
    (1) 자동차(삼륜자동차와 이륜자동차를 포함한다)는 법 제88조(외교관용 물품 등의 면세)에 따른 양수제한 물품이다(규칙 제34조).
    (2) 자동차와 이륜자동차는 자선 또는 구호의 목적으로 기증되는 물품이라 할지라도 법 제91조(종교용품, 자선용품 등의 면세)가 적용되지 아니하고, 관세가 부과된다(규칙 제39조).
    (3) 승용자동차는 국가기관이나 지방자치단체에 기증된 물품으로서 공용으로 사용한다고 해도 법 제92조(정부용품 등의 면세)가 적용되지 아니하고, 관세가 부과된다(규칙 제41조).
    (4) 자동차(우리나라에서 수출되었다가 다시 반입된 물품 제외)가 이사물품으로 반입되는 경우 법 제96조(여행자 휴대품, 이사물품 등의 면세)가 적용되지 아니하고, 관세가 부과된다(규칙 제48조의2).
    (5) 자동차(이륜자동차와 삼륜자동차 포함)가 승무원 휴대품으로 반입되는 경우 법 제96조(여행자 휴대품, 이사물품 등의 면세)가 적용되지 아니하고, 관세가 부과된다(규칙 제48조의3).
    (6) 자동차의 부분품은 법 제95조(환경오염방지물품 등에 대한 감면)에 따른 '오염물질의 배출 방지 또는 처리를 위한 물품'이라 할지라도 사후관리를 면제한다(규칙 제58조).

09 □□□ 다음은 관세법 제28조에서 규정하고 있는 잠정가격신고와 확정가격신고에 관한 설명이다. 올바른 것은 어느 것인가?

2002 관세사

① 거래 관행상 거래가 성립된 때부터 일정 기간이 경과된 후에 가격이 정하여지는 물품으로서 수입신고일 현재 그 가격이 정하여지지 아니한 모든 물품에 대하여는 잠정가격신고로 수입신고하여야 한다.
② 납세의무자는 가격신고를 함에 있어서 신고하여야 할 가격이 확정되지 아니한 경우로서 대통령령으로 정하는 경우에는 잠정가격으로 가격신고를 할 수 있다.
③ 잠정가격신고한 경우 2년 이내에 확정가격신고를 해야 하며, 일반적으로 1년의 범위에서 이 기간은 연장이 가능하다.
④ 과다징수한 금액에 대하여는 관세환급가산금을 지급하고 과소징수한 금액에 대하여는 가산세를 징수한다.
⑤ 잠정가격을 기초로 신고납부한 세액과 확정된 가격에 의한 세액과의 차액을 분기별로 정산하여 상계할 수 있다.

| 관련 법조문: 법 제28조

답 ②

잠정가격신고대상은 관세법 시행령에서 다음과 같이 정하고 있다. 즉, '대통령령으로 정하는 경우'에 잠정가격신고가 가능하다.

1. 거래 관행상 거래가 성립된 때부터 일정 기간이 지난 후에 가격이 정하여지는 물품(기획재정부령으로 정하는 것으로 한정한다)으로서 수입신고일 현재 그 가격이 정하여지지 아니한 경우
2. 법 제30조 제1항 각 호(법정가산요소)에 따라 조정하여야 할 금액이 수입신고일부터 일정 기간이 지난 후에 정하여질 수 있음이 첨부서류 등으로 확인되는 경우
3. 법 제37조 제1항 제3호(특수관계자간 거래에 대한 과세가격 결정방법 사전심사)에 따라 과세가격 결정방법의 사전심사를 신청한 경우
4. 영 제23조 제1항 각 호의 어느 하나에 해당하는 특수관계가 있는 구매자와 판매자 사이의 거래 중 법 제30조 제1항 본문에 따른 수입물품의 거래가격이 수입신고 수리 이후에 국제조세조정에 관한 법률 제8조에 따른 정상가격으로 조정될 것으로 예상되는 거래로서 기획재정부령으로 정하는 요건을 갖춘 경우
5. 계약의 내용이나 거래의 특성상 잠정가격으로 가격신고를 하는 것이 불가피한 경우로서 기획재정부령으로 정하는 경우

① 거래 관행상 거래가 성립된 때부터 일정 기간이 경과된 후에 가격이 정하여지는 물품으로서 수입신고일 현재 그 가격이 정하여지지 아니한 물품에 대하여는 잠정가격으로 신고하여야 하지만, 이에 해당하는 물품은 시행규칙상에(기획재정부령으로) 정해 놓고 있다. 여기에 해당하는 물품은 원유·곡물·광석 그 밖의 이와 비슷한 1차 산품뿐이다.

③ 세관장은 구매자와 판매자간의 거래계약내용이 변경되는 등 잠정가격을 확정할 수 없는 불가피한 사유가 있다고 인정되는 경우로서 납세의무자의 요청이 있는 경우에는 기획재정부령으로 정하는 바에 따라 확정가격 신고기간을 연장할 수 있다. 이 경우 연장하는 기간은 확정가격 신고기간의 만료일부터 2년을 초과할 수 없다.

④ 잠정가격을 기초로 납세신고를 하고 이후 확정가격 신고를 하여 부족세액이 발생하거나 과다납부세액이 발생한 경우, 이에 대하여는 정산을 하여 관세를 환급하거나 징수하지만 이때 환급가산금이나 가산세는 적용되지 않는다.

⑤ 잠정가격신고와 관련하여 분기별 정산이라는 규정은 없다.

10 농산물로서 종가세가 적용되는 물품의 관세액은 '과세가격 × 관세율'로서 산출된다. 관세의 납세의무자가 세관장에게 신고하는 것 가운데 신고의 내용이 확정되지 아니한 경우 잠정신고가 가능한 것은?

2006 관세사

① 가격신고   ② 과세신고
③ 납세신고   ④ 수입신고
⑤ 관세신고

| 관련 법조문: 법 제28조, 영 제16조 | 답 ① |

신고 내역이 확정되지 않아 '추정'되는 내역으로 신고가 가능한 것은 가격신고제도밖에 없다. 이것을 잠정가격신고라 한다.

11 관세법 제28조(잠정가격의 신고 등)에 관한 설명으로 옳지 않은 것은?

2009 관세사

① 잠정가격으로 가격신고를 한 자는 1년의 범위 안에서 구매자와 판매자간의 거래계약내용 등을 고려하여 세관장이 지정하는 기간 내에 확정된 가격을 신고하여야 한다.

② 납세의무자는 가격신고를 함에 있어서 신고하여야 할 가격이 확정되지 아니한 경우로서 대통령령으로 정하는 경우에는 잠정가격으로 가격신고를 할 수 있다.

③ 거래 관행상 거래가 성립된 때부터 일정 기간이 경과된 후에 가격이 정하여지는 물품(원유·곡물·광석 그 밖의 이와 비슷한 1차 산품)으로서 수입신고일 현재 그 가격이 정하여지지 아니한 경우에는 잠정가격으로 가격신고를 할 수 있다.

④ 잠정가격신고를 한 물품에 대한 세액을 환급하는 경우 관세환급가산금을 지급하지 않는다.

⑤ 세관장은 가격을 확정하였을 때에는 대통령령으로 정하는 바에 따라 잠정가격을 기초로 신고납부한 세액과 확정된 가격에 의한 세액과의 차액을 징수 또는 환급하여야 한다.

납세의무자는 잠정가격으로 가격신고를 하였을 때에는 대통령령으로 정하는 기간 내에 해당 물품의 확정된 가격을 세관장에게 신고하여야 한다(법 제28조 제2항). 잠정가격으로 가격신고를 한 자는 2년의 범위 안에서 구매자와 판매자간의 거래계약의 내용 등을 고려하여 세관장이 지정하는 기간 내에 확정된 가격(확정가격)을 신고하여야 한다(영 제16조 제3항).

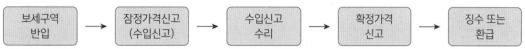

12　관세법 시행령 조문의 일부이다. (　　)에 들어갈 내용을 순서대로 옳게 나열한 것은?　　2020 관세사

> 제16조(잠정가격의 신고 등) ③ 잠정가격으로 가격신고를 한 자는 (　　)년의 범위 안에서 구매자와 판매자간의 거래계약의 내용 등을 고려하여 세관장이 지정하는 기간 내에 확정된 가격을 신고하여야 한다. 이 경우 잠정가격으로 가격신고를 한 자는 관세청장이 정하는 바에 따라 전단에 따른 신고기간이 끝나기 30일 전까지 확정가격의 계산을 위한 가산율을 산정해 줄 것을 요청할 수 있다.
> ④ 세관장은 구매자와 판매자간의 거래계약내용이 변경되는 등 잠정가격을 확정할 수 없는 불가피한 사유가 있다고 인정되는 경우로서 납세의무자의 요청이 있는 경우에는 기획재정부령으로 정하는 바에 따라 제3항 전단에 따른 신고기간을 연장할 수 있다. 이 경우 연장하는 기간은 제3항 전단에 따른 신고기간의 (　　)부터 (　　)년을 초과할 수 없다.

① 2, 시작일, 2
② 2, 만료일, 2
③ 2, 만료일, 3
④ 3, 시작일, 3
⑤ 3, 만료일, 3

관련 법조문: 영 제16조　　　　　　　　　　　　　　　　　　　　　　　　　답 ②

확정가격 신고기간은 '2년의 범위 안에서 구매자와 판매자간의 거래계약의 내용 등을 고려하여 세관장이 지정하는 기간'이다(영 제16조 제3항). 납세의무자의 요청에 따라 신고기간을 연장할 때, 그 연장기간은 '지정한 신고기간의 <u>만료일</u>부터 <u>2년</u>을 초과할 수 없다'.

13 관세법령상 잠정가격의 신고 등에 관한 내용으로 (   )에 들어갈 사항을 순서대로 올바르게 나열한 것은?

2022 관세사

> 잠정가격으로 가격신고를 한 자는 (   )년의 범위 안에서 구매자와 판매자 간의 거래계약의 내용 등을 고려하여 세관장이 지정하는 기간내에 확정된 가격을 신고하여야 한다. 이 경우 잠정가격으로 가격신고를 한 자는 관세청장이 정하는 바에 따라 전단에 따른 신고기간이 끝나기 (   )일 전까지 확정가격의 계산을 위한 가산율을 산정해 줄 것을 요청할 수 있다.

① 1, 10

② 1, 15

③ 1, 30

④ 2, 15

⑤ 2, 30

▍ 관련 법조문: 영 제16조   답 ⑤

잠정가격으로 가격신고를 한 자는 '2년'의 범위 안에서 구매자와 판매자 간의 거래계약의 내용 등을 고려하여 세관장이 지정하는 기간내에 확정가격을 신고하여야 한다. 이 경우 잠정가격으로 가격신고를 한 자는 관세청장이 정하는 바에 따라 전단에 따른 신고기간이 끝나기 '30일' 전까지 확정가격의 계산을 위한 가산율을 산정해 줄 것을 요청할 수 있다(영 제16조 제3항).

---

14 관세법령상 가격신고 및 잠정가격의 신고 등에 대한 설명으로 옳지 않은 것은?

2024 국가직 9급

① 가격신고를 할 때에 당해 물품의 거래의 내용, 과세가격결정방법 등에 비추어 과세가격결정에 곤란이 없다고 세관장이 인정하는 경우에는 과세자료의 일부를 제출하지 아니할 수 있다.

② 세관장은 구매자와 판매자 간의 거래계약내용이 변경되는 등 잠정가격을 확정할 수 없는 불가피한 사유가 있다고 인정되는 경우에는 납세의무자의 요청이 없더라도 확정된 가격에 대한 신고기간의 만료일부터 2년의 범위에서 신고기간을 연장할 수 있다.

③ 잠정가격으로 가격신고를 한 자는 2년의 범위안에서 구매자와 판매자 간의 거래계약의 내용 등을 고려하여 세관장이 지정하는 기간내에 확정된 가격을 신고하여야 한다.

④ 잠정가격으로 가격신고를 한 자는 관세청장이 정하는 바에 따라 확정된 가격에 대한 신고기간이 끝나기 30일 전까지 확정가격의 계산을 위한 가산율을 산정해 줄 것을 요청할 수 있다.

▍ 관련 법조문: 영 제15조, 제16조   답 ②

세관장은 구매자와 판매자간의 거래계약내용이 변경되는 등 잠정가격을 확정할 수 없는 불가피한 사유가 있다고 인정되는 경우로서 납세의무자의 요청이 있는 경우에는 기획재정부령으로 정하는 바에 따라 확정가격 신고기간을 연장할 수 있다. 이 경우 연장하는 기간은 (처음에 정한) 확정가격 신고기간의 만료일부터 2년을 초과할 수 없다(영 제16조 제4항).

⊘ 선지분석

---

① 영 제15조(가격신고) 제5항

③④ 영 제16조(잠정가격의 신고 등) 제3항

제2관 과세가격의 결정(법 제30조 ~ 제37조의4)

1 과세가격 결정의 원칙(1방법)

15

관세법 제30조에 따른 방법으로 과세가격을 결정하지 아니하는 경우, 관세법상의 과세가격 결정방법의 일반적인 순서를 옳게 나열한 것은?

2005 국가직 9급

> ㉠ 유사물품의 거래가격을 기초로 한 과세가격의 결정
> ㉡ 산정가격을 기초로 한 과세가격의 결정
> ㉢ 국내판매가격을 기초로 한 과세가격의 결정
> ㉣ 동종·동질물품의 거래가격을 기초로 한 과세가격의 결정

① ㉣ - ㉠ - ㉢ - ㉡　　　　　② ㉡ - ㉢ - ㉠ - ㉣
③ ㉣ - ㉡ - ㉠ - ㉢　　　　　④ ㉢ - ㉠ - ㉡ - ㉣

| **관련 법조문: 법 제30조, 제31조, 제32조, 제33조, 제34조, 제35조** | 답 ① |

과세가격을 결정하는 절차를 관세평가라고 한다. 과세가격 결정의 방법, 즉 관세평가의 방법은 총 6가지가 있다. 원칙적인 방법은 관세법 제30조에 규정된 해당 물품의 거래가격을 기초로 한 과세가격 결정방법이다. 그러나 납세의무자가 불성실한 신고를 하는 등 관세평가의 원칙적인 방법을 적용할 수 없는 경우, 동종·동질물품의 거래가격을 기초로 하여 과세가격을 결정하는 등의 예외적인 방법을 적용하여야 한다. 관세평가의 방법은 다음의 6가지 방법을 순차적으로 적용하는 것이 원칙이다.

규정	제목	내용
법 제30조	관세평가 제1방법	해당 물품의 거래가격을 기초로 한 과세가격 결정
법 제31조	관세평가 제2방법	동종·동질물품의 거래가격을 기초로 한 과세가격 결정
법 제32조	관세평가 제3방법	유사물품의 거래가격을 기초로 한 과세가격 결정
법 제33조	관세평가 제4방법	국내판매가격을 기초로 한 과세가격 결정
법 제34조	관세평가 제5방법	산정가격을 기초로 한 과세가격 결정
법 제35조	관세평가 제6방법	합리적 기준에 따른 과세가격 결정

16

의류판매업체인 갑(甲)이 프랑스로부터 유행이 지난 의류 2,000여점을 저가로 수입해 국내에서 판매하고자 한다. 수입통관을 위해 갑(甲)이 우선 적용을 검토해야 하는 관세법상 과세가격 결정방법은?

2021 관세사

① 갑(甲)이 실제로 지급하였거나 지급할 가격을 기초로 한 과세가격 결정방법
② 동종·동질물품의 거래가격을 기초로 한 과세가격 결정방법
③ 유사물품의 거래가격을 기초로 한 과세가격 결정방법
④ 국내판매가격을 기초로 한 과세가격 결정방법
⑤ 합리적 기준에 따른 과세가격 결정방법

| **관련 법조문: 법 제30조, 제31조, 제32조, 제33조, 제34조, 제35조** | 답 ① |

문제에서 '우선 적용을 검토해야 하는 관세법상 과세가격 결정방법'이란 관세평가 제1방법을 말한다. 관세평가 제1방법(과세가격 결정의 원칙)은 다음과 같다.

> 수입물품의 과세가격은 우리나라에 수출하기 위하여 판매되는 물품에 대하여 구매자가 실제로 지급하였거나 지급하여야 할 가격에 법정가산요소를 더하여 조정한 거래가격으로 한다(법 제30조 제1항).

17 관세법령상 과세가격 결정의 원칙과 관련하여 '우리나라에 수출하기 위하여 판매되는 물품의 범위'에 해당하지 않는 것을 모두 고른 것은?

2022 관세사

> ㄱ. 국내 도착 후 경매 등을 통해 판매가격이 결정되는 위탁판매물품
> ㄴ. 산업쓰레기 등 수출자의 부담으로 국내에서 폐기하기 위해 국내에 도착하는 물품
> ㄷ. 별개의 독립된 법적 사업체가 아닌 지점 등과의 거래에 따라 국내에 도착하는 물품
> ㄹ. 수입자의 책임으로 국내에서 판매하기 위해 국내에 도착하는 물품

① ㄱ, ㄷ　　　　　　② ㄱ, ㄹ　　　　　　③ ㄴ, ㄷ
④ ㄴ, ㄹ　　　　　　⑤ ㄱ, ㄴ, ㄷ

▌관련 법조문: 법 제30조, 영 제17조　　　　　　　　답 ⑤

'수입자'의 책임으로 국내에서 판매하기 위해 국내에 도착하는 물품은 '정상적인 거래 물품'이다. '수출자'의 책임으로 국내에서 판매하기 위해 국내에 도착하는 물품인 경우, 수출자가 거래 전 과정을 통제한다는 의미이므로 '우리나라에 수출하기 위하여 판매되는 물품의 범위'에 해당하지 않는다.

우리나라에 수출하기 위하여 판매되는 물품이 아닌 것
1. 무상으로 국내에 도착하는 물품
2. 국내 도착 후 경매 등을 통해 판매가격이 결정되는 위탁판매물품
3. 수출자의 책임으로 국내에서 판매하기 위해 국내에 도착하는 물품
4. 별개의 독립된 법적 사업체가 아닌 지점 등과의 거래에 따라 국내에 도착하는 물품
5. 임대차계약에 따라 국내에 도착하는 물품
6. 무상으로 임차하여 국내에 도착하는 물품
7. 산업쓰레기 등 수출자의 부담으로 국내에서 폐기하기 위해 국내에 도착하는 물품

---

18 관세법상 실거래가격으로 관세의 과세가격을 결정하기 위한 요건 중 우리나라에 수출하기 위하여 판매되는 물품이라 볼 수 있는 것은?

2012 국가직 9급

① 다른 무역거래와 관련하여 무상으로 국내에 도착하는 견본품
② 독립된 법적 사업체가 아닌 지점과의 거래에 따라 국내에 도착하는 시설재
③ 정상적인 거래가격보다 낮은 덤핑가격으로 수입하는 소비재
④ 임대차계약에 따라 임차료를 지불하고 국내에 도착하는 공작기계

▌관련 법조문: 법 제30조, 영 제17조　　　　　　　　답 ③

'우리나라에 수출하기 위하여 판매'되는 물품이란 판매(sale) 목적으로 국내에 반입되는 물품으로서, 이 범주에 해당될 때 상업송장(Commercial invoice)상의 가격이 진실된 가격이 될 수 있다. 만약 임차(leases) 목적으로 수입이 되었고, 상업송장에 임차료가 기재되었다면 그 임차료를 가격으로 인정할 수는 없다. 그러므로 우리나라에 수출하기 위하여 판매되는 물품이 아닌 경우에는 관세평가 제1방법을 적용하지 않고, 제2방법부터 제6방법까지를 적용한다. 덤핑가격으로 수입되었다고 해서 제1방법 적용을 배제하지는 않는다. 덤핑으로 판명이 되었다면 덤핑방지관세를 추가 부과하여 충분히 조정할 수 있기 때문이다.

✓ 선지분석

① 무상으로 국내에 도착하는 물품은 대가 지급성이 없으므로, 정상적인 판매 물품으로 보기 어렵다.
② 독립된 법적 사업체가 아닌 지점과의 거래에 따라 국내에 도착하는 경우, 본사 등으로부터 가격 결정 과정에서 영향을 받게 되므로 해당 수입가격은 정상적인 판매 가격으로 보기 어렵다. 반면에 '독립된 법적 사업체와의 거래에 따라 국내에 도착한 물품'은 정상적인 거래에 해당한다(2005 관세사 기출).
④ 임대차(임대 + 임차)계약에 따라 국내에 도착한 경우 무상임차이든 유상임차이든 그 수입 가격은 물품의 정상적인 것으로 볼 수 없다. 소유권 이전에 대한 대가가 아닌 '빌리는' 가격이기 때문이다.

19 수입물품의 과세가격은 '우리나라에 수출하기 위하여 판매되는 물품'이어야 함을 전제로 한다. 이러한 물품에 해당하지 않는 것을 모두 고른 것은?

2013 관세사

> ㉠ 임대차계약에 따라 국내에 도착하는 물품
> ㉡ 무상으로 임차하여 국내에 도착하는 물품
> ㉢ 산업쓰레기 등 수출자의 부담으로 국내에서 폐기하기 위해 국내에 도착하는 물품
> ㉣ 거래 관행상 거래가 성립된 때부터 일정 기간이 지난 후에 가격이 정해지는 수입물품
> ㉤ 별개의 독립된 법적 사업체가 아닌 지점 등과의 거래에 따라 국내에 도착하는 물품

① ㉠, ㉡, ㉢　　　　　　　　　② ㉠, ㉢, ㉣
③ ㉠, ㉡, ㉢, ㉤　　　　　　　④ ㉠, ㉡, ㉣, ㉤
⑤ ㉡, ㉢, ㉣, ㉤

┃ 관련 법조문: 법 제30조　　　　　　　　　　　　　　　　답 ③

거래 관행상 거래가 성립된 때부터 일정 기간이 지난 후에 가격이 정해지는 수입물품은 관세평가 제1방법(과세가격 결정의 원칙)을 그대로 적용할 수 있다. 다만, 잠정가격으로 신고하면 된다.

20 관세법령상 과세가격 결정의 원칙과 관련하여 '우리나라에 수출하기 위하여 판매되는 물품의 범위'에 포함되지 아니하는 물품으로 명시되어 있지 않은 것은?

2020 관세사

① 무상으로 임차하여 국내에 도착하는 물품
② 임대차계약에 따라 국내에 도착하는 물품
③ 국내 도착 후 경매 등을 통해 판매가격이 결정되는 위탁판매물품
④ 수입자의 책임으로 국내에서 판매하기 위해 국내에 도착하는 물품
⑤ 별개의 독립된 법적 사업체가 아닌 지점 등과의 거래에 따라 국내에 도착하는 물품

┃ 관련 법조문: 법 제30조, 영 제17조　　　　　　　　　　답 ④

'수출자의 책임'으로 국내에서 판매하기 위해 국내에 도착하는 물품은 '우리나라에 수출하기 위하여 판매되는 물품이 아닌 것'에 포함된다. 수입자의 책임으로 국내에서 판매된다면 그것은 정상적인 거래일 것이다.

21 관세법 제30조의 실거래가격에 의한 과세가격 결정에서 객관적이고 수량화할 수 있는 자료가 존재하는 경우 구매자가 실제로 지급하였거나 지급해야 할 총금액에 가산하여야 할 금액에 해당하지 않는 것은?

2009 국가직 9급

① 구매수수료를 제외한 구매자가 부담하는 수수료 및 중개료
② 수입항까지의 운임
③ 특허권 또는 상표권의 사용에 대한 대가로 지급하는 것으로 대통령령으로 정하는 바에 따라 산출된 금액
④ 수출자가 해당 물품과 동종·동류의 물품을 수출판매할 때에 통상적으로 부가하는 이윤 및 일반 경비에 해당하는 금액

수입항에 도착할 때까지 수입물품에 소요된 모든 비용과 이윤을 합하면 과세가격이 된다. ①~③은 과세가격을 결정할 때 더하여야 할(과세해야 할) 금액 요소이다. ④도 우리나라에 도착하기 전에 발생한 비용에 해당하므로 과세대상이다. 그러나 ④는 관세법 제30조(관세평가 제1방법)에서 정한 '법정 가산요소' 6가지에 들어가지는 않는다. 무역거래상의 각종 비용 요소를 단순히 과세대상과 비과세대상으로 구분할 것이 아니라, 과세대상도 관세법령상 어느 범주에 들어가서 과세대상이 되는지를 구분하여야 한다.

구분		금액
과세대상	법정 가산요소	1. 구매자가 부담하는 수수료와 중개료. 다만, 구매수수료는 제외한다. 2. 해당 수입물품과 동일체로 취급되는 용기의 비용과 해당 수입물품의 포장에 드는 노무비와 자재비로서 구매자가 부담하는 비용 3. 구매자가 해당 수입물품의 생산 및 수출거래를 위하여 대통령령으로 정하는 물품 및 용역을 무료 또는 인하된 가격으로 직접 또는 간접으로 공급한 경우에는 그 물품 및 용역의 가격 또는 인하차액을 해당 수입물품의 총생산량 등 대통령령으로 정하는 요소를 고려하여 적절히 배분한 금액 4. 특허권, 실용신안권, 디자인권, 상표권 및 이와 유사한 권리를 사용하는 대가로 지급하는 것으로서 대통령령으로 정하는 바에 따라 산출된 금액 5. 해당 수입물품을 수입한 후 전매·처분 또는 사용하여 생긴 수익금액 중 판매자에게 직접 또는 간접으로 귀속되는 금액 6. 수입항(輸入港)까지의 운임·보험료와 그 밖에 운송과 관련되는 비용으로서 대통령령으로 정하는 바에 따라 결정된 금액. 다만, 기획재정부령으로 정하는 수입물품의 경우에는 이의 전부 또는 일부를 제외할 수 있다.
	실제지급금액 포함요소	1. 수입물품의 대가와 판매자의 채무를 상계(相計)하는 금액 2. 구매자가 판매자의 채무를 변제하는 금액 3. 그 밖의 간접적인 지급액 　(1) 수입물품의 대가 중 전부 또는 일부를 판매자의 요청으로 제3자에게 지급하는 경우 그 금액 　(2) 수입물품의 거래조건으로 판매자 또는 제3자가 수행해야 하는 하자보증을 구매자가 대신하고 그에 해당하는 금액을 할인받았거나 하자보증비 중 전부 또는 일부를 별도로 지급하는 경우 그 금액 　(3) 수입물품의 거래조건으로 구매자가 외국훈련비, 외국교육비 또는 연구개발비 등을 지급하는 경우 그 금액 　(4) 그 밖에 일반적으로 판매자가 부담하는 금융비용 등을 구매자가 지급하는 경우 그 금액
비과세대상	실제지급금액 공제요소	1. 수입 후에 하는 해당 수입물품의 건설, 설치, 조립, 정비, 유지 또는 해당 수입물품에 관한 기술지원에 필요한 비용 2. 수입항에 도착한 후 해당 수입물품을 운송하는 데에 필요한 운임·보험료와 그 밖에 운송과 관련되는 비용 3. 우리나라에서 해당 수입물품에 부과된 관세 등의 세금과 그 밖의 공과금 4. 연불조건(延拂條件)의 수입인 경우에는 해당 수입물품에 대한 연불이자

22
□□□

수입물품의 과세가격은 우리나라에 수출하기 위하여 판매되는 물품에 대하여 구매자가 실제로 지급하였거나 지급하여야 할 가격에 다음 '각 항목'의 금액을 더하여 조정한 거래가격으로 한다. 여기에서 '각 항목'에 해당하지 않는 것은?

2014 관세사

① 구매자가 부담하는 수수료와 중개료(단, 구매수수료 제외함)

② 해당 수입물품과 동일체로 취급되는 용기의 비용과 해당 수입물품의 포장에 드는 노무비와 자재비로서 수출자가 부담하는 비용

③ 특허권, 실용신안권, 디자인권, 상표권 및 이와 유사한 권리를 사용하는 대가로 지급하는 것으로서 대통령령으로 정하는 바에 따라 산출된 금액

④ 해당 수입물품을 수입한 후 전매·처분 또는 사용하여 생긴 수익금액 중 판매자에게 직접 또는 간접으로 귀속되는 금액

⑤ 수입항까지의 운임·보험료와 그 밖에 운송과 관련되는 비용으로서 대통령령으로 정하는 바에 따라 결정된 금액

■ 관련 법조문: 법 제30조

| 관련 법조문: 법 제30조 | 답 ② |

과세가격을 결정할 때 용기비용·포장비·노무비가 법정가산요소가 되려면, 이 비용을 '구매자'가 부담하여야 한다.

23 관세법 제30조에서 과세가격 결정시 해당 수입물품의 대가로서 구매자가 지급하였거나 지급하여야 할 총 금액에서 다음 어느 하나에 해당하는 금액을 명백히 구분할 수 있을 때에는 그 금액을 공제하게 되는데, 이때 공제하는 금액에 해당하는 것만을 모두 고르면?

> ㄱ. 수입 후에 하는 해당 수입물품의 건설, 설치, 조립, 정비, 유지 또는 해당 수입물품에 관한 기술지원에 필요한 비용
> ㄴ. 수입항에 도착한 후 해당 수입물품을 운송하는 데에 필요한 운임·보험료와 그 밖에 운송과 관련되는 비용
> ㄷ. 해당 수입물품을 수입한 후 전매·처분 또는 사용하여 생긴 수익금액 중 판매자에게 직접 또는 간접으로 귀속되는 금액
> ㄹ. 우리나라에서 해당 수입물품에 부과된 관세 등의 세금과 그 밖의 공과금

① ㄱ, ㄴ, ㄷ   ② ㄱ, ㄴ, ㄹ

③ ㄱ, ㄷ, ㄹ   ④ ㄴ, ㄷ, ㄹ

| 관련 법조문: 법 제30조 | 답 ② |

수입 후 기술지원 비용, 수입항 도착 후 운송 관련 비용, 우리나라에서 부과된 관세 등은 과세가격 결정시 '공제'해야 하는 금액이다. 문제에서 제시되지는 않았지만 연불이자도 공제요소 중의 하나이다. 그러나 판매자에게 귀속되는 수익 금액은 법정가산요소이다.

24 관세법상 과세가격 결정시 가산요소에 해당하지 않는 것은?

① 우리나라에 수출하기 위하여 판매되는 물품에 대하여 구매자가 부담하는 객관적인 구매수수료
② 특허권·실용신안권·디자인권·상표권 및 이와 유사한 권리를 사용하는 대가로 지급하는 것으로서 대통령령으로 정하는 바에 따라 산출된 금액
③ 구매자가 해당 물품의 생산 및 수출거래를 위하여 무료 또는 인하된 가격으로 직접 또는 간접으로 대통령령으로 정하는 물품 및 용역을 공급하는 때에는 그 가격 또는 인하차액을 해당 수입물품의 총 생산량 등 대통령령으로 정하는 요소를 고려하여 적절히 배분한 금액
④ 수입항까지의 운임·보험료 기타 운송에 관련되는 비용으로서 대통령령으로 정하는 바에 따라 결정된 금액(다만, 기획재정부령으로 정하는 물품의 경우에는 이의 전부 또는 일부를 제외할 수 있다)

| 관련 법조문: 법 제30조 | 답 ① |

구매자가 부담하는 수수료 및 중개료는 과세가격을 결정할 때 거래가격에 더하여 과세한다. 오퍼수수료(Offer Commission)가 대표적인 과세대상 수수료이다. 그러나 구매자만을 위하여 구매자가 구매대리인에게 지급하는 구매수수료는 과세대상이 아니다.

25 관세법상 수입물품의 과세가격은 우리나라에 수출하기 위하여 판매되는 물품에 대하여 구매자가 실제로 지급하였거나 지급하여야 할 가격에 관세법령에서 규정한 금액을 더하여 조정한 거래가격으로 한다. 이러한 관세법령에서 규정한 금액에 해당하지 않는 것은? 2013 국가직 9급

① 구매자가 해당 수입물품의 생산 및 수출거래를 위하여 대통령령으로 정하는 물품 및 용역을 무료 또는 인하된 가격으로 직접 또는 간접으로 공급한 경우에는 그 물품 및 용역의 가격 또는 인하차액을 해당 수입물품의 총생산량 등 대통령령으로 정하는 요소를 고려하여 적절히 배분한 금액

② 해당 수입물품과 동일체로 취급되는 용기의 비용과 해당 수입물품의 포장에 드는 노무비와 자재비로서 구매자가 부담하는 비용

③ 해당 수입물품을 수입한 후 전매·처분 또는 사용하여 생긴 수익금액 중 구매자에게 직접 또는 간접으로 귀속되는 금액

④ 특허권, 실용신안권, 디자인권, 상표권 및 이와 유사한 권리를 사용하는 대가로 지급하는 것으로서 대통령령으로 정하는 바에 따라 산출된 금액

> **│ 관련 법조문: 법 제30조** 답 ③

해당 수입물품을 수입한 후 전매·처분 또는 사용하여 생긴 수익금액 중 '판매자'에게 직접 또는 간접으로 귀속되는 금액은 과세가격 결정시 가산한다.

---

26 구매자가 지불한 다음 비용이 송품장상 명백하게 구분되고 있다. 이러한 구분 여부를 불문하고 다음에서 관세의 과세가격에 포함되어야 하는 것은? 2007 관세사

① 구매자의 국내 공장에서 행해지는 해당 수입물품의 설치·조립비용

② 수입항에서 구매자 소재지까지 구간에서의 보세운송과 관련되는 비용

③ 수입물품 적재에 사용된 파레트(Pallet)의 비용

④ 거래조건이 DDP인 물품을 수입함에 있어 수입물품에 부과된 관세

⑤ 수입국에 소재하는 해당 거래의 구매대행자에게 지불하는 구매수수료

> **│ 관련 법조문: 법 제30조** 답 ③

수입물품 적재에 사용된 파레트는 '해당 수입물품과 동일체로 취급되는 용기의 비용과 해당 수입물품의 포장에 드는 노무비와 자재비로서 구매자가 부담하는 비용'에 포함되므로 과세가격에 포함시켜서 과세하여야 한다. 송품장상 금액과 구분할 실익은 '공제' 요소에 있다. 과세하여야 하는 '포함' 요소는 송품장상 금액과의 구분 여부를 불문하고 과세하지만, 납세의무자 입장에서 송품장상 금액에서 공제하여 관세를 납부하고 싶지 않은 금액이 있다면 이 경우에는 해당 금액이 반드시 송품장상 금액과 구분 명기되어 있어야 한다.

⊘ 선지분석

① 구매자의 국내 공장에서 행해지는 작업 비용은 수입항 도착 이후 발생한 비용, 즉 국내발생 비용이므로 과세하지 않는다.

② 보세운송 비용은 수입항 도착 후 운임 등에 해당하므로 이 또한 과세하지 않는다.

④ 거래조건이 DDP(Delivered Duty Paid)라는 것은 무역거래 조건상 수출자가 수입국의 관세 등까지 납부하여 최종 목적지까지 인도하는 조건을 말한다. 그러나 무역거래조건과는 상관 없이 법률적인 납세의무자는 무조건 수입국에 소재한 수입화주가 되므로 이때 부과된 관세도 역시 국내 발생 비용에 해당하므로 비과세대상이다.

⑤ 구매대행자(구매대리인)에게 지급하는 구매수수료는 비과세대상이다.

27 관세법령상 과세가격 결정에서 구매자가 실제로 지급하였거나 지급하여야 할 가격에 더해야 할 금액에 대한 설명으로 옳지 않은 것은?

2022 국가직 9급

① 금액을 더할 때에는 객관적이고 수량화할 수 있는 자료에 근거하여야 한다.
② 해당 수입물품의 구매와 관련하여 외국에서 구매자를 대리하여 행하는 용역의 대가로서 구매자가 구매대리인에게 지급하는 비용은 더해야 할 금액에 해당한다.
③ 해당 수입물품을 수입한 후 전매·처분 또는 사용하여 생긴 수익금액 중 판매자에게 직접 또는 간접으로 귀속되는 금액은 더해야 할 금액에 해당한다.
④ 해당 수입물품과 동일체로 취급되는 용기의 비용과 해당 수입물품의 포장에 드는 노무비와 자재비로서 구매자가 부담하는 비용은 더해야 할 금액에 해당한다.

┃ 관련 법조문: 법 제30조, 영 제17조의2　　　　　　　　　　　　　　답 ②

'해당 수입물품의 구매와 관련하여 외국에서 구매자를 대리하여 행하는 용역의 대가로서 구매자가 구매대리인에게 지급하는 비용'이란 구매수수료를 말한다. 과세가격을 결정할 때 구매수수료는 가산하지 않는다(법 제30조 제1항 제1호, 영 제17조의2 제1항).

⊘ 선지분석

① 금액을 더할 때에는 객관적이고 수량화할 수 있는 자료에 근거하여야 하며, 이러한 자료가 없는 경우에는 이 조에 규정된 방법으로 과세가격을 결정하지 아니하고 법 제31조부터 제35조까지에 규정된 방법(2방법 내지 6방법)으로 과세가격을 결정한다(법 제30조 제1항).

---

28 우리나라 K사가 미국으로부터 기계장치를 수입하면서 지불한 아래의 금액 중 과세가격에 포함되어야 하는 것은?

2008 관세사

① K사 직원의 미국 곡물시장 실태파악을 위한 출장비(항공료, 체재비 등)
② K사 비용과 책임으로 선임한 대리인에 지급한 구매수수료
③ 수입물품과 대가로 지급한 금액과는 구분하여 별도로 약정한 연불조건 수입에 따른 연불이자
④ 수입물품의 대가와는 별도로 구분하여 지불한 수입 후 건설, 설치, 조립, 정비, 유지 등 비용
⑤ 선적항에서 포장에 든 노무비와 자재비

┃ 관련 법조문: 법 제30조　　　　　　　　　　　　　　답 ⑤

수입항까지의 운임·보험료와 그 밖에 운송과 관련되는 비용으로서 대통령령으로 정하는 바에 따라 결정된 금액은 과세가격 결정시 가산한다. '선적항'에서 포장에 든 노무비와 자재비는 '수입물품의 포장에 드는 노무비와 자재비'에 해당하므로 과세가격에 포함(가산)시킨다.

⊘ 선지분석

①② 구매수수료에 해당하므로 과세가격 결정시 가산하지 않는다.
③ 연불이자는 과세가격 결정시 공제한다.
④ 수입 후 건설, 설치, 조립, 정비, 유지 등 비용은 과세가격 결정시 공제한다.

29

수입물품의 구매자가 실제로 지급하였거나 지급할 가격에 가산요소의 금액을 조정한 거래가격을 기초로 관세의 과세가격을 결정함에 있어 올바른 것은? 2010 관세사

① 비록 그 비용을 명확히 산출할 수 있는 자료는 없지만 구매자가 실제지급금액과 별도로 선적지에서 필요한 용기비용과 포장비용을 지불한 경우에는 동 비용을 가산하여 과세가격을 결정

② 연불조건으로 수입함에 있어 해당 수입물품에 대한 연불이자가 실제지급금액에 포함되어 있으나 이를 명백히 구분할 수 없는 경우에는 실제지급금액을 과세가격으로 결정

③ 외국의 판매자가 판매조건으로 수입자가 수입물품을 전시용에 사용하도록 하는 제한을 하였으나 실제지급금액이 파악된 경우에는 그 실제지급금액을 과세가격으로 결정

④ 별개의 독립된 법적 사업체가 아닌 지점에서 수입하였으나 실제지급금액이 파악된 경우에는 그 실제지급금액으로 과세가격을 결정

⑤ 임대차계약에 따라 임차인이 임대인에게 임차료를 지불하고 국내에 도착하는 경우에는 그 임차료를 실제지급금액으로 보아 과세가격을 결정

| 관련 법조문: 법 제30조, 영 제17조, 제20조, 제21조 답 ②

연불이자란 (지)연(지)불한 거래에 발생하는 이자를 말한다. 수입대금을 즉시 지급하지 않고 3개월, 6개월 또는 1년 후에 지급하는 경우 이자가 발생하는데, 해당 이자는 즉시 지급한 경우와 기준을 같게 하기 위해서 비과세대상으로 한다. 다만, 해당 이자를 과세가격을 결정할 때 공제하기 위해서는 해당 금액이 얼마인지가 구매자 실제지급금액과 명백히 구분되어야 한다. 이 입증책임은 납세의무자에게 있으며, 이것을 명백히 하지 못하는 납세의무자는 이자가 포함된 실제지급금액 전체에 대해 관세 등을 납부하여야 한다.

가산요소	자료 명확	→	가산한다.
	자료 불명확	→	제1방법을 적용하지 않는다.
공제요소	자료 명확	→	공제한다.
	자료 불명확	→	공제하지 않는다(과세한다).

✓ 선지분석

① 선적지에서 용기 비용과 포장 비용을 지불하였으나 해당 비용을 확인할 수 있는 명확한 자료가 없다면 과세가격을 결정할 때 그 비용을 가산할 수가 없다. 이런 경우 비과세대상으로 하는 것은 아니며, '법정가산요소가 객관적이고 수량화할 수 있는 자료에 근거하지 못한 경우'로 보아서 제1방법을 적용하지 않는 방향으로 넘어간다.

③ 수입물품이 국내에 수입된 후의 용도가 전시용·자선용·교육용 등으로 특정이 된 경우 실제지급금액의 파악 여부를 불문하고 제1방법을 적용하지 못한다.

④ 별개의 독립된 사업체가 아닌 지점 등에서 수입한 경우 실제지급금액의 파악 여부를 불문하고 제1방법을 적용하지 못한다.

⑤ 임대차계약에 따라 물품이 국내에 도착한 경우 임차료를 수입가격으로 인정할 수 없으므로 제1방법을 적용하지 않는다.

30 국내기업인 A사는 독일의 B사로부터 소비재를 수입하면서 매출액의 일정 부분을 상표권에 대한 권리사용료로 지급하고 있다. 관세법 제30조에 따라 과세가격결정시 권리사용료 가산과 관련하여 옳지 않은 것은?

2011 국가직 7급

① A사가 지급한 권리사용료가 상표권을 사용하는 대가로 지급하는 것으로서 실제지급금액에 가산되어 과세가격이 되어야 하는지 여부를 판단해 보아야 한다.

② A사가 지급한 권리사용료가 과세가격에 포함되기 위해서는 그 권리사용료가 수입물품에 관련되고 해당 수입물품의 거래조건으로 지급하는 금액이어야 한다.

③ A사가 지급한 권리사용료가 수입물품을 재포장한 후에 B사 상표를 부착하는 조건으로 지급한 것이라면 그 권리사용료는 해당 수입물품과 관련된 것으로 보지 않는다.

④ A사가 수입물품을 구매하기 위하여 B사에게 권리사용료를 지급하고 있다면 그 권리사용료는 해당 물품의 거래조건으로 지급되는 것으로 본다.

■ 관련 법조문: 영 제19조   답 ③

과세가격을 결정할 때 권리사용료(로열티)를 가산하기 위해서는 해당 권리사용료가 ㉠ 수입물품과 관련되고, ㉡ 구매자가 거래조건으로 지급한 금액이어야 한다. 상표권에 있어 관련성이란 수입물품에 해당 상표를 붙임으로써 권리사용료가 지급되었다는 의미이다. 수출자 상표를 부착하고 권리사용료가 지급되는 조건으로 거래가 성사되었다면 그 권리사용료는 해당 수입물품과 관련된 것으로 본다.

권리사용료 가산요건	관련성이 있는 것으로 보는 경우	1. 특허권: 수입물품에 특허가 구현되어 있는 경우 2. 디자인권: 수입물품에 디자인이 표현되어 있는 경우 3. 상표권: 수입물품에 상표가 부착되거나 희석·혼합·분류·단순조립·재포장 등의 경미한 가공 후에 상표가 부착되는 경우 4. 저작권: 수입물품에 가사, 선율, 영상 등이 수록되어 있는 경우 5. 실용신안권, 영업비밀: 특허권 규정에 준함
	거래조건으로 지급된 것으로 보는 경우	1. 구매자가 수입물품을 구매하기 위하여 판매자에게 권리사용료를 지급하는 경우 2. 수입물품의 구매자와 판매자간의 약정에 따라 구매자가 수입물품을 구매하기 위하여 당해 판매자가 아닌 자에게 권리사용료를 지급하는 경우 3. 구매자가 수입물품을 구매하기 위하여 판매자가 아닌 자로부터 특허권 등의 사용에 대한 허락을 받아 판매자에게 그 특허권 등을 사용하게 하고 당해 판매자가 아닌 자에게 권리사용료를 지급하는 경우

---

31 관세법상 수입물품에 대한 관세의 과세가격 결정방법에 대한 설명으로 옳지 않은 것은?

2017 국가직 9급(하반기)

① 우리나라에 수출하기 위하여 판매되는 물품에 대하여 구매자가 실제로 지급하였거나 지급하여야 할 가격에 객관적이고 수량화할 수 있는 자료에 근거한 관세법 제30조 제1항 각 호의 금액을 더하여 조정한 거래가격을 원칙적인 과세가격으로 한다.

② 수입 후에 하는 해당 수입물품의 건설, 설치, 조립, 정비, 유지 또는 해당 수입물품에 관한 기술지원에 필요한 비용으로 구매자가 판매자에게 별도로 지급한 금액이 있다면 이는 구매자가 실제로 지급하였거나 지급하여야 할 가격에 가산한다.

③ 해당 수입물품과 동일체로 취급되는 용기의 비용과 해당 수입물품의 포장에 드는 노무비와 자재비로 구매자가 부담하는 비용은 과세가격 산출시 이를 가산한다. 다만, 가산은 객관적이고 수량화할 수 있는 자료에 근거하여야 한다.

④ 구매자와 판매자간에 관세법령이 정한 특수관계가 있더라도 일정한 경우 해당 거래가격을 과세가격으로 인정할 수 있다.

구매자가 지급하였거나 지급하여야 할 총금액에서 '수입 후에 하는 해당 수입물품의 건설, 설치, 조립, 정비, 유지 또는 해당 수입물품에 관한 기술지원에 필요한 비용으로 구매자가 판매자에게 별도로 지급한 금액'을 명백히 구분할 수 있을 때에는 구매자가 실제로 지급하였거나 지급하여야 할 가격에서 뺀다(법 제30조 제2항).

⊘ 선지분석

④ 구매자와 판매자간에 대통령령으로 정하는 특수관계가 있어 그 특수관계가 해당 물품의 가격에 영향을 미친 경우, 해당 거래가격을 과세가격으로 인정하지 않는다(법 제30조 제3항). 즉, 관세평가 제1방법을 적용하지 않는다. 다만, 해당 산업부문의 정상적인 가격결정 관행에 부합하는 방법으로 결정된 경우 등 대통령령으로 정하는 경우는 제외한다(법 제30조 제3항 단서). 지문에서 '일정한 경우'란 단서 부분을 말한다.

---

32   권리사용료에 대한 다음 설명 중 잘못된 것은?   2014 · 2006 관세사

□□□

① 법적 권리에는 속하지 아니하지만 경제적 가치를 가지는 것으로서 상당한 노력에 의하여 비밀로 유지된 생산방법 · 판매방법 기타 사업활동에 유용한 기술상 또는 경영상의 정보도 과세대상 권리이다.

② 권리사용료가 디자인권에 대하여 지급되는 때에는 수입물품이 해당 디자인을 표현하는 물품이거나 국내에서 해당 디자인권에 의하여 생산되는 물품의 부분품 또는 구성요소로서 그 자체에 해당 디자인의 전부 또는 일부가 표현되어 있는 경우에 그 권리사용료가 해당 물품과 관련되는 것으로 본다.

③ 권리사용료가 상표권에 대하여 지급되는 때에는 수입물품에 상표가 부착되거나 경미한 가공 이상의 가공 후 상표가 부착되는 경우에 그 권리사용료가 해당 물품과 관련되는 것으로 본다.

④ 컴퓨터소프트웨어에 대하여 지급되는 권리사용료는 컴퓨터소프트웨어가 수록된 마그네틱테이프 · 마그네틱디스크 · 시디롬 및 이와 유사한 물품(관세율표 중 세번 제8523호에 속하는 것에 한한다)과 관련되지 아니하는 것으로 본다.

⑤ 구매자가 수입물품을 구매하기 위하여 판매자가 아닌 자로부터 특허권 등의 사용에 대한 허락을 받아 판매자에게 그 특허권 등을 사용하게 하고 해당 판매자가 아닌 자에게 권리사용료를 지급하는 경우에 그 권리사용료가 해당 물품의 거래조건으로 지급되는 것으로 본다.

권리사용료가 상표권에 대하여 지급되는 때에는 수입물품에 상표가 부착되거나 희석 · 혼합 · 분류 · 단순조립 · 재포장 등의 경미한 가공 후에 상표가 부착되는 경우 권리사용료가 해당 물품과 관련되는 것으로 본다. 2014년 관세사 시험에서는 '권리사용료가 상표권에 대하여 지급되는 때에는 수입물품에 희석 · 혼합 · 분류 · 단순조립 · 재포장 등의 경미한 가공을 초과하여 제작한 후에 상표가 부착되는 경우'가 오답으로 출제되었다.

33 관세법령상 권리사용료의 산출에 있어서 권리사용료가 당해 물품과 관련되는 것으로 보는 경우에 해당하지 않는 것은?

2021 국가직 7급

① 권리사용료가 디자인권에 대하여 지급되는 때에는 수입물품이 당해 디자인을 표현하는 물품이거나 국내에서 당해 디자인권에 의하여 생산되는 물품의 부분품 또는 구성요소로서 그 자체에 당해 디자인의 전부 또는 일부가 표현되어 있는 경우
② 권리사용료가 특허권에 대하여 지급되는 때에는 국내에서 당해 특허에 의하여 생산될 물품의 부분품·원재료 또는 구성요소로서 그 자체에 당해 특허의 내용의 전부 또는 일부가 구현되어 있는 물품에 해당하는 경우
③ 권리사용료가 상표권에 대하여 지급되는 때에는 수입물품에 상표가 부착되거나 희석·혼합·분류·단순조립·재포장 등의 경미한 가공 후에 상표가 부착되는 경우
④ 권리사용료가 실용신안권 또는 영업비밀에 대하여 지급되는 때에는 수입물품에 가사·선율·영상·컴퓨터소프트웨어 등이 수록되어 있는 경우

│ 관련 법조문: 영 제19조 답 ④

권리사용료가 실용신안권 또는 영업비밀에 대하여 지급되는 때에는 당해 실용신안권 또는 영업비밀이 수입물품과 제1호의 규정에 준하는 관련이 있는 경우 권리사용료가 당해 물품과 관련되는 것으로 본다(영 제19조 제3항 제5호).

⊘ 선지분석
① 영 제19조(권리사용료의 산출) 제3항 제2호
② 영 제19조(권리사용료의 산출) 제3항 제1호 다목
③ 영 제19조(권리사용료의 산출) 제3항 제3호

34 수입물품의 과세가격을 결정함에 있어 우리나라에 수출하기 위하여 판매되는 물품에 대하여 구매자가 실제로 지급하였거나 지급하여야 할 가격에 가산하는 금액으로 옳지 않은 것은?

2014 국가직 7급

① 구매수수료를 제외한 구매자가 부담하는 수수료와 중개료
② 해당 수입물품과 동일체로 취급되는 용기의 비용과 해당 수입물품의 포장에 드는 노무비와 자재비로서 구매자가 부담하는 비용
③ 특허권, 실용신안권, 상표권 및 이와 유사한 권리를 사용하는 대가로 지급하는 것으로서 기획재정부령으로 정하는 바에 따라 산출된 금액
④ 해당 수입물품을 수입한 후 전매·처분 또는 사용하여 생긴 수익금액 중 판매자에게 직접 또는 간접으로 귀속되는 금액

│ 관련 법조문: 법 제30조 답 ③

법정가산요소인 로열티는 특허권, 실용신안권, 디자인권, 상표권 및 이와 유사한 권리를 사용하는 대가로 지급하는 것으로서 '대통령령으로' 정하는 바에 따라 산출된 금액이다(법 제30조 제1항 제4호).

35
☐☐☐ 관세법 제30조 제1항의 규정에 의하여 당해 물품에 대하여 구매자가 실제로 지급하였거나 지급하여야 할 가격에 가산하여야 하는 특허권·실용신안권·디자인권·상표권 및 이와 유사한 권리를 사용하는 대가(특정한 고안이나 창안이 구현되어 있는 수입물품을 이용하여 우리나라에서 그 고안이나 창안을 다른 물품에 재현하는 권리를 사용하는 대가를 제외하며 이하 '권리사용료'라 한다)는 당해 물품에 관련되고 당해 물품의 거래조건으로 구매자가 직접 또는 간접으로 지급하는 금액으로 한다. 권리사용료가 당해 물품과 관련되는 것으로 보기 어려운 것은?

2013 국가직 7급

① 권리사용료가 특허권에 대하여 지급되는 때에는 수입물품이 방법에 관한 특허에 의하여 생산된 물품인 경우

② 권리사용료가 상표권에 대하여 지급되는 때에는 수입물품에 상표가 부착되거나 수입원료를 사용하여 국내에서 생산 후에 상표가 부착되는 경우

③ 권리사용료가 특허권에 대하여 지급되는 때에는 수입물품이 특허발명품인 경우

④ 권리사용료가 저작권에 대하여 지급되는 때에는 수입물품에 가사·선율·영상·컴퓨터소프트웨어 등이 수록되어 있는 경우

▌ 관련 법조문: 영 제19조   답 ②

권리사용료가 상표권에 대하여 지급되는 때에는 수입물품에 상표가 부착되거나 희석·혼합·분류·단순조립·재포장 등의 경미한 가공 후에 상표가 부착되는 경우 권리사용료가 해당 물품과 관련되는 것으로 본다. '경미한 가공' 수준을 넘어서는 가공이나 생산행위를 한 후에 상표가 부착되는 것은 관련성이 없는 것으로 본다.

36
☐☐☐ 국내에 있는 A는 중국으로부터 FOB US $10을 주고 a를 수입했다. 그리고 해상운임 및 보험료로 US $10을 추가로 지급하였다. 이 경우 관세율 8%, 과세환율 1,000원 / US$일 경우 세금 총액은?

2003 국가직 9급

① 3,760원   ② 8,000원
③ 1,600원   ④ 2,160원

▌ 관련 법조문: 법 제30조   답 ①

FOB(Free On Board) 가격이란 수출국에서 선적(shipment)까지 해주는 가격을 말한다. 단순하게 말하면 FOB 가격이란 해상운임이 포함되지 않은 물품가격으로 이해하면 된다.
1. 과세가격 = FOB가격 + 해상운임 및 보험료 = US $10 + US $10 = US $20
2. 관세 = 관세의 과세가격 × 관세율 = (외화표시 과세가격 × 과세환율) × 관세율
   = (US $20 × 1,000원/US$) × 8% = 1,600원
3. 부가가치세 = (관세의 과세가격 + 관세) × 부가가치세율 = (20,000원 + 1,600원) × 10% = 2,160원
4. 납부하여야 할 총 조세 = 관세 + 부가가치세 = 3,760원
답은 3,760원이지만, 실제로 납부하여야 할 조세는 없다. 왜냐하면 징수 최저한 금액인 1만원 미만의 금액이기 때문이다.

37

☐☐☐

국내의 컴퓨터 생산자 '甲'은 영국의 유명 상표권자인 'A'사와 '甲'이 생산하는 컴퓨터에 'A'사의 고유상표를 부착할 수 있는 상표권 사용계약을 체결하고 'A'사의 상표를 부착한 컴퓨터 1,000대를 수원에서 생산하여 컴퓨터 1대당 미화 1,000달러로 중국에 수출한 다음 그 판매액의 10%에 상당하는 미화 100,000달러를 권리사용료로 'A'사에 지급하였다. 이 경우 관세를 부과하기 위한 과세물건과 과세가격에 대한 설명으로 옳은 것은?

2009 국가직 9급

① 과세물건은 없고 과세가격도 없다.
② 과세물건은 컴퓨터 1,000대이고 과세가격은 미화 1,000,000달러이다.
③ 과세물건은 컴퓨터 1,000대이고 과세가격은 미화 1,100,000달러이다.
④ 과세물건은 없지만 과세가격은 미화 100,000달러이다.

▎ **관련 법조문: 법 제30조**　　　　　　　　　　　　　　　　　　　　　　답 ①

여러 가지 계약 관계가 있지만, 이런 문제에서 우선적으로 파악해야 할 것은 화물의 흐름이다. 물품이 수원에서 중국으로 이동한 것이 전부이므로 해당 거래는 '수출'이다. 수출물품은 과세물건이 되지 않으므로, 과세가격도 존재할 수 없다.

38

☐☐☐

다음은 국내 K사가 미국으로부터 곡물을 수입하면서 지급한 비용 명세이다. 관세법상 곡물의 과세가격은 얼마인가?

2008 관세사

> • 계약조건: EXW $100,000
> • 선적항까지 운송비 등 선적비용: $1,000
> • 선적항에서 국내항까지 운임: $3,000
> • 선적항에서 국내항까지 보험료: 실제 미가입(통상 보험에 가입하는 경우 $2,000 정도 소요)
> • 국내항 도착 후 검량비용: $500
> • 도착항에서의 하역비용: $1,000
> • 도착항 하역 후 보관, 운송, 통관비용: $2,000

① $100,000　　　　　　　　　　　② $101,000
③ $104,000　　　　　　　　　　　④ $105,000
⑤ $107,500

▎ **관련 법조문: 법 제30조**　　　　　　　　　　　　　　　　　　　　　　답 ③

EXW(Ex Works) 조건으로 거래하는 경우 EXW 가격에는 수출국의 국내운송료 등이 포함되어 있지 않으므로, 과세가격 결정시 이를 따로 더하여야 한다. 수입항까지의 운임·보험료와 그 밖에 운송과 관련되는 비용을 합하면 EXW $100,000 + $1,000(선적항까지 운송비 등 선적비용) + $3,000(선적항에서 국내항까지의 운임)이므로 총 $104,000이 된다. 여기에서 보험은 실제로 부보된 경우에만 가산하므로 통상의 보험료가 제시된다 하여도 실제 미가입된 상태라면, 해당 금액은 무시하면 된다. 국내항 도착 후 검량비용 등 국내 발생 비용은 어떠한 경우에도 과세가격에 포함되어서는 안 된다.

39
□□□

국내 수입상이 중국에서 US $30,000 상당의 남성용 의류를 FOB Shanghai 가격으로 수입하기로 하였다. 수입상은 중국 상해항에서 선적하여 부산항에 도착한 물품을 서울까지 보세운송하여 수입통관하였다. 거래자료를 기초로 한 과세가격은?

2010 국가직 7급

- 중국 상해에서 부산항까지 해상운임: US $500
- 중국 상해에서 부산항까지 해상보험료: US $100
- 부산에서 서울 간 보세운송의 운임: 1,000,000원
- 과세환율: US $1 = 1,000원

① 30,500,000원
② 30,600,000원
③ 31,500,000원
④ 31,600,000원

│ 관련 법조문: 법 제30조
답 ②

과세가격을 결정할 때 운임 및 보험료는 수입항까지 발생한 비용만 가산한다. 보세운송료는 수입항 도착 후 발생한 비용이므로 가산하지 않는다.

원화표시 과세가격
= (FOB 가격 + 중국 상해에서 부산항까지 해상운임 + 중국 상해에서 부산항까지 해상보험료) × 과세환율
= (US $30,000 + US $500 + US $100) × 1,000/US $
= 30,600,000원

40
□□□

대전 소재 A사가 서울 소재 B상사의 중개로 호주의 C사로부터 건설공사용 측정기를 수입하면서 지급한 금액은 다음과 같다. 물품은 시드니항에서 선적되어 부산항에 도착하였으며, 부산 시내의 D보세창고에 장치한 후 부산세관에 수입신고를 하였다. 이 경우 과세가격은?

2011 국가직 7급

- C사에 지급한 물품의 가액: 90,000달러
- 선박회사에 지급한 부산항까지의 운송료: 10,000달러
- 보험회사에 지급한 부산항까지의 보험료: 1,000달러
- B상사에 지급한 중개수수료: 4,000달러
- D보세창고에 지급한 창고보관료(수입신고 이전 발생분): 2,000달러

① 101,000달러
② 104,000달러
③ 105,000달러
④ 107,000달러

│ 관련 법조문: 법 제30조
답 ③

수출자인 C사에 지급한 물품가액과 부산항까지의 운송료 및 보험료는 과세대상이다. 중개자인 B에 지급한 중개수수료도 '구매자가 부담하는 수수료 및 중개료'에 해당되어 과세대상이다. 그러나 부산의 D보세창고에서 발생한 창고료는 그것이 수입신고 이전에 발생된 비용이라 할 지라도 (어쨌거나) 수입항 도착 후 발생한 비용이므로 과세대상이 아니다. 따라서 창고보관료 이외의 모든 금액을 합하면 105,000달러가 과세가격이다.

41

☐☐☐

甲의 무역거래 내용이 다음과 같다고 할 때 甲이 수입한 물품의 관세 과세가격은 얼마인가? 2007 관세사

> (가) 미국 A사로부터 의료장비 3세트를 수입하고 CIF 조건으로 1,000만원을 지불하였다.
> (나) 부산항에 도착한 장비를 서울로 보세운송하고 운송을 담당한 외국계 운수회사에 운송 및 보험료로 50만원을 별도로 지불하였다.
> (다) A사와의 거래를 중개한 국내소재 수입대리점 乙에게 수수료로 30만원을 별도로 지불하였다.
> (라) 미국 A사가 甲이 수입한 의료장비를 제작할 때 동 장비에 장착하도록 甲은 반도체칩 100만원 상당 어치를 무료로 송부하였다.
> (마) 수입의료장비의 사용방법을 지도하기 위해 A사의 기술자가 한국에 파견되었으며, 甲은 동 기술자의 국내체재비로 50만원을 별도로 부담하였다.

① 1,180만원　　　　　　　　　　② 1,050만원

③ 1,100만원　　　　　　　　　　④ 1,130만원

⑤ 1,230만원

┃ 관련 법조문: 법 제30조 　　　　　　　　　　　　　　　　　　　　답 ④

(가), (다), (라)가 과세대상이므로 모두 합하면 과세가격은 1,130만원이 된다.

(가) CIF(Cost, Insurance and Freight) 가격이란 수입국에 도착할 때까지의 운임 및 보험료를 포함한 가격을 말하며, CIF 가격 전체가 과세대상이 된다.

(나) 외국계 운수회사에 지급한 금액이라 할지라도 그 금액이 보세운송료라면 비과세대상이다.

(다) 중개수수료는 과세대상이다.

(라) 장비 장착용 반도체칩을 무료로 제공하였다면 이것은 '생산지원'에 해당된다. 그러므로 무료 송부한 가액만큼을 과세가격 결정시 가산하여야 한다.

(마) 수입 후 기술지원비용은 비과세대상이다.

42

☐☐☐

甲이 전산장비를 수입하면서 지급한 금액은 아래와 같다. 과세가격은? 2009 관세사

> • 거래가격: FOB US $100,000
> • 수입항 보세구역 창고료: US $10,000
> • 제3자에게 지급한 중개수수료: US $1,000
> • 해상운임: US $30,000
> • 보험료: 비부보(단, CIF에서와 같이 최소담보조건 부보시 US $500)

① US $141,500　　　　　　　　　② US $140,000

③ US $131,500　　　　　　　　　④ US $131,000

⑤ US $130,000

┃ 관련 법조문: 법 제30조 　　　　　　　　　　　　　　　　　　　　답 ④

• 과세가격에 포함되는 것은 거래가격(FOB가격), 중개수수료, 해상운임이다. 중개수수료는 수출자와 수입자를 중개하여 거래를 성사시키는 필수 비용으로 보기 때문에 과세가격 결정시 가산한다.
　그러므로 100,000$ + 1,000$ + 30,000$ = 131,000$이다.

• 수입항 보세구역 창고료는 '수입항 도착 후 운송관련 비용'에 포함되므로 비과세대상이다. 만약 이 금액이 거래가격에 포함되어 있으면 '공제'하고, 포함되어 있지 않으면 무시하면 된다. 해상보험료는 '실제로 보험에 부보한 경우'에만 가산하므로, 비부보(보험을 들지 않음) 상태이면 해당 보험료는 가산하지 않는다.

다음 수입물품(전화기 1,000대)에 대한 과세가격은 얼마인가?

> 수입자 I사는 구매대리업체 D사를 통해 수출자 S사로부터 10,000대의 전화기를 대당 US $400에 구매하기로 계약을 맺고, 1차로 전화기 1,000대를 US $400,000(CIF)에 수입하였다.
>
> 가) 수입자인 I사는 전화기 수입과 관련하여 수출자 S사에게 무상으로 아래와 같은 물품 및 용역을 제공하였다. 이와 관련한 운송비용 등 기타비용은 수출자가 부담하였다.
>
> (1) I사에 의해 수입국에서 US $20,000에 생산된 디자인 및 설계도
>
> (2) 개당 US $10의 비용으로 수입국에서 생산한 10,000개의 액정표시판. 액정표시판은 전화기당 1개씩 사용되며, I사는 수입 수량에 따라 액정표시판의 비용을 할당하여 수입신고하기로 한다.
>
> (3) 수입국에서 US $10,000의 비용으로 제작된 전화기 몸체 생산용 모울드. 모울드는 전화기당 1개씩 사용되며, I사는 수입수량에 따라 모울드의 비용을 할당하여 수입신고하기로 한다.
>
> 나) I사는 D사에게 거래되는 전화기 1대당 US $2의 수수료를 지급하였다.

① US $402,000
② US $411,000
③ US $413,000
④ US $530,000
⑤ US $532,000

▎ 관련 법조문: 법 제30조, 영 제18조   답 ②

- 과세가격은 '현재, 실제로' 수입되는 물품에 적용된다. 10,000대의 전화기 수입을 계약했지만, '현재, 실제로' 수입되는 것은 1,000대이므로, 1,000대에 해당하는 US $400,000을 거래가격으로 보면 된다. 그런데 이 금액이 CIF 가격, 즉 운임과 보험료가 포함된 가격이므로 별도의 해상운임과 보험료는 고려하지 않아도 된다.

- 수입자는 수출자의 생산을 위하여 물품 및 용역을 무상으로 제공하였다. US $10의 전화기용 액정표시판(부품)을 무료로 공급하였다. 10,000개를 공급하였지만, 전화기 1대당 1개씩 장착되었으므로 실제 물품 가공에 투입되어 사용된 것은 1,000개이다. 즉, US $10,000만큼 '생산지원'을 한 것이다. 이 금액은 과세가격을 결정할 때 더하여야 한다.

- 수입자가 수출자에게 공급한 디자인 및 설계도, 즉 용역도 무상제공하였다면 원칙적으로 과세가격 결정시 더하여야 하지만, '수입국에서 생산(우리나라에서 생산)'된 것을 무상제공한 경우, 그 금액을 더하지 않는다.

- US $10,000의 모울드(금형)는 전화기 10,000대를 만드는데 쓰이는 것이므로, 1,000대에 대해서는 US $1,000 상당이 사용된 것으로 볼 수 있다.

- 수입자가 구매대리업체에게 지급한 비용은 '구매수수료'로서 과세가격 결정시 가산하지 않는다.

- 과세가격 = 거래가격(US $400,000) + 액정표시판 생산지원(US $10,000) + 모울드 생산지원(US $1,000)
  = US $411,000

44
□□□

안양시에 소재하는 A업체가 미국에 소재하는 B업체로부터 'DAP 안양 US $25,000' 조건으로 물품을 수입하였다. DAP US $25,000 내역을 검토해보니 수입자가 부담한 비용은 다음과 같고, 그 세부내역은 무역서류에 구분하여 표기되어 있었다. 이 경우 관세의 과세표준은 얼마인가? 2013 관세사

가. 물품 가격: US $20,000
나. 해상운임: US $3,000
다. 부산항에서의 하역료: US $500
라. 해상보험료: US $300
마. 선적항에서의 검사비용: US $100
바. 부산항에서 안양까지의 보세운송료: US $1,000
사. 부산항에서 안양까지의 보험료: US $100

---

① US $23,300
② US $23,400
③ US $23,900
④ US $24,900
⑤ US $25,000

┃ 관련 법조문: 법 제30조 답 ②

관세의 과세표준에 들어가는 금액은 '가, 나, 라, 마'이다. 물품 가격은 당연히 과세가격에 포함되며, 해상운임, 해상보험료, 선적항에서의 검사비용은 모두 '수입항까지의 운송관련 비용'이므로 과세가격에 가산하여야 한다. 그러나 수입항에서의 하역료나 국내 운송료 및 보험료는 과세가격에 포함되지 않는다. 따라서 '가 + 나 + 라 + 마'인 US $23,400가 외화로 표시된 과세가격이다.

45
□□□

과세가격을 결정함에 있어서 금액을 명백히 구분할 수 있는 경우 구매자가 지불하였거나 지불하여야 할 총금액에서 공제할 수 있는 요소에 해당하지 않는 것은? 2008 국가직 9급

① 수입 후에 하는 해당 수입물품의 건설, 설치, 조립, 정비, 유지 또는 해당 수입물품에 관한 기술지원에 필요한 비용
② 해당 물품의 포장에 소요되는 노무비 및 자재비로서 구매자가 부담하는 비용
③ 우리나라에서 해당 수입물품에 부과된 관세 등의 세금 기타 공과금
④ 연불조건수입의 경우에는 해당 수입물품에 대한 연불이자

┃ 관련 법조문: 법 제30조 답 ②

포장비로서 구매자가 별도로 부담하는 비용이 있다면, 포장도 물품의 일부로 보아 그 포장비를 과세가격에 포함시킨다. 포장비는 '공제요소'가 아니라 오히려 '법정가산요소'에 포함된다.

⊘ 선지분석

①③ 수입 후 기술지원 비용과 우리나라에서 부과된 조세는 '국내 발생 비용'이므로 과세가격에 포함되어서는 안된다. 만약 구매자 실제지급금액에 포함되어 있다면 '공제'하여야 한다.
④ 연불이자는 물품이 수입되었을 때 그 대금을 즉시 지불하지 않고 3개월, 6개월 등 한참 지나서 지불하려고 할 때 생기는 이자이다. 연불이자는 즉시 지급한 거래와 형평성을 맞추기 위하여 과세가격 결정시 포함시키지 않는다.

46 □□□ 관세법상 과세가격결정의 원칙과 관련하여 구매자가 지급하였거나 지급하여야 할 총금액에서 공제하는 것 (단, 금액을 명백히 구분할 수 있을 때)이 아닌 것은?

2011 국가직 9급

① 수입 후에 하는 해당 수입물품의 건설, 설치, 조립, 정비, 유지 또는 해당 수입물품에 관한 기술지원에 필요한 비용
② 구매자가 부담하는 구매수수료
③ 수입항에 도착한 후 해당 수입물품을 운송하는 데에 필요한 운임·보험료와 그 밖에 운송과 관련되는 비용
④ 우리나라에서 해당 수입물품에 부과된 관세 등의 세금과 그 밖의 공과금

관련 법조문: 법 제30조 답 ②

구매수수료란 구매자(수입자)가 구매대리인에게 지급하는 수수료로서, 판매자와는 관련이 없는 수수료이다. 구매대리인이란 구매자를 위하여 샘플 수집, 정보 수집 등을 하고, 무역거래와 관련되는 운송, 보험 등을 '알선'하는 역할을 하는 사람을 말한다. 구매자가 별도로 부담하는 수수료는 원칙적으로 과세가격 결정시 가산하지만, '구매수수료'는 가산하지 않는다. 즉, 비과세대상이다.

✓ 선지분석

①③④는 구매자 실제지급금액에서 '공제'할 대상이어서 '비과세'대상이고, ②는 구매자 실제지급금액에 '가산하지 않는' 대상이어서 '비과세'대상이다. 즉, 과세되지 않는 금액 요소인 것은 공통점이지만, 과세하지 않는 이유가 다르기 때문에 ②가 답이 된다.

---

47 □□□ 관세법 제30조(과세가격 결정의 원칙)의 수입물품의 과세가격은 우리나라에 수출하기 위하여 판매되는 물품에 대하여 '구매자가 실제로 지급하였거나 지급하여야 할 가격'에서 더하거나 뺀 금액을 말한다. 이때 빼야 할 금액은?

2015 관세사

① 실용신안권 사용 대가로 지급한 금액
② 해당 수입물품을 수입한 후 처분하여 생긴 수익금액 중 판매자에게 직접 또는 간접적으로 귀속되는 금액
③ 구매자가 부담하는 중개료 금액
④ 총 금액에서 명백히 구분할 수 있는 경우로, 수입 후에 하는 해당 수입물품의 조립·정비 금액
⑤ 수입항까지의 운송 관련 비용 금액

관련 법조문: 법 제30조 답 ④

수입 후에 하는 해당 수입물품의 건설, 설치, 조립, 정비, 유지 또는 해당 수입물품에 관한 기술지원에 필요한 비용으로서 총 금액에서 해당 금액을 명백히 구분할 수 있을 때에는 그 금액을 뺀 금액을 '구매자가 실제로 지급하였거나 지급하여야 할 가격'으로 한다. '기술지원 비용, 수입항 도착 후 운임, 우리나라에서 부과된 세금 그 밖의 공과금, 연불이자'는 모두 총 금액에서 명백히 구분될 때에만 과세가격 결정시 '공제'할 수 있다.

✓ 선지분석

① '실용신안권 사용 대가로 지급한 금액'은 권리사용료로서 '가산'요소이다.
② '(귀속 수익이 금액으로 환산될 수 있는) 귀속 수익 금액'은 '가산'요소이다.
③ '구매자가 부담하는 중개료 금액'은 '가산'요소이다. 구매자가 부담하는 '구매수수료'와 구분하여야 한다.
⑤ '수입항까지의 운송 관련 비용 금액'은 '가산'요소이다.

48

☐☐☐ 관세법 제30조 제2항에서 구매자가 실제로 지급하였거나 지급하여야 할 가격이란 해당 수입물품의 대가로서 구매자가 지급하였거나 지급하여야 할 총 금액을 말하며, 구매자가 해당 수입물품의 대가와 판매자의 채무를 상계하는 금액, 구매자가 판매자의 채무를 변제하는 금액 및 '그 밖의 간접적인 지급액'을 포함한다고 규정하고 있다. 다음은 이러한 '간접적인 지급액'의 종류를 나열한 것이다. 다음 중 옳지 않은 것은?

2002 관세사

① 수입물품의 거래조건으로 구매자가 외국훈련비, 외국교육비 또는 연구개발비 등을 지급하는 경우 그 금액

② 일반적으로 판매자가 부담하는 금융비용 등을 구매자가 지급하는 경우 그 금액

③ 구매자가 해당 수입물품의 생산 및 수출거래를 위하여 대통령령으로 정하는 물품 및 용역을 무료 또는 인하된 가격으로 직접 또는 간접으로 공급한 경우에는 그 물품 및 용역의 가격 또는 인하차액을 해당 수입물품의 총생산량 등 대통령령으로 정하는 요소를 고려하여 적절히 배분한 금액

④ 수입물품의 대가 중 전부 또는 일부를 판매자의 요청으로 제3자에게 지급하는 경우 그 금액

⑤ 수입물품의 거래조건으로 판매자 또는 제3자가 수행해야 하는 하자보증을 구매자가 대신하고 그에 해당하는 금액을 할인받았거나 하자보증비 중 전부 또는 일부를 별도로 지급하는 경우 그 금액

▌ **관련 법조문: 법 제30조, 영 제20조의2**　　　　　　　　　　　　　　　　답 ③

구매자 실제지급금액에 '포함'되는 금액에는 상계금액, 변제금액, 제3자 지급금액 등이 있지만 이 '포함' 요소도 두 가지로 구분할 필요가 있다. 법률에서는 다음과 같이 포함요소를 표현한다.

> 수입물품의 대가와 판매자의 채무를 상계(相計)하는 금액, 구매자가 판매자의 채무를 변제하는 금액, 그 밖의 간접적인 지급액을 포함한다.

여기에서 '그 밖의 간접적인 지급액'은 시행령에서 다음과 같이 언급하고 있다. 즉, '상계금액 + 변제금액'(법률), '간접적인 지급액'(시행령)의 구조로 구분하여야 하는 문제도 있다는 것이다.

> '그 밖의 간접적인 지급액'에는 다음 각 호의 금액이 포함되는 것으로 한다.
> 1. 수입물품의 대가 중 전부 또는 일부를 판매자의 요청으로 제3자에게 지급하는 경우 그 금액
> 2. 수입물품의 거래조건으로 판매자 또는 제3자가 수행해야 하는 하자보증을 구매자가 대신하고 그에 해당하는 금액을 할인받았거나 하자보증비 중 전부 또는 일부를 별도로 지급하는 경우 그 금액
> 3. 수입물품의 거래조건으로 구매자가 외국훈련비, 외국교육비 또는 연구개발비 등을 지급하는 경우 그 금액
> 4. 그 밖에 일반적으로 판매자가 부담하는 금융비용 등을 구매자가 지급하는 경우 그 금액

49

☐☐☐ 우리나라에 수출판매되는 물품에 대하여 구매자가 실제로 지급하였거나 지급하여야 할 가격을 기초로 과세할 때, 만일 구매자가 실제로 지급하였거나 지급하여야 할 가격에서 일정한 금액을 명백히 구분할 수 있을 때에는 해당 금액을 뺄 수 있다. 이 경우 뺄 수 있는 금액이 아닌 것은?

2011 관세사

① 해당 물품과 동일체로 취급되는 용기의 비용과 해당 물품의 포장에 드는 노무비와 자재비로서 구매자가 부담하는 비용

② 우리나라의 수입항에 도착한 후 해당 수입물품을 국내에서 운송하는 데에 필요한 운임·보험료와 그 밖의 운송과 관련되는 비용

③ 수입 후에 외국의 수출자가 파견한 기술자의 감독 아래 하는 해당 수입물품의 건설, 설치, 조립, 정비, 유지에 필요한 비용

④ 우리나라에서 해당 수입물품에 부과된 관세, 부가가치세 등의 세금과 그 밖의 공과금

⑤ 연불조건으로 수입하면서 지급한 해당 수입물품에 대한 연불이자

포장과 관련된 ㉠ 용기의 비용, ㉡ 포장을 위한 노무비(급여), ㉢ 포장을 위한 자재비는 '법정가산요소'에 포함된다.

50

관세법 제30조에 따라 구매자가 실제로 지급하였거나 지급하여야 할 총금액에서 공제할 요소에 해당하지 않는 것은?

① 수입물품의 거래조건으로 구매자가 지급하는 외국교육비
② 수입항 도착 후 해당 수입물품의 운송 관련 비용
③ 우리나라에서 해당 수입물품에 부과된 관세 등 세금
④ 연불조건의 수입인 경우에는 해당 수입물품에 대한 연불이자
⑤ 수입 후에 하는 해당 수입물품에 관한 기술지원 비용

수입물품 사용방법 등을 교육받기 위해 '수입 전'에 '외국'에서 교육을 받고 비용을 지불하였다면, 이것은 수입을 위한 필수적인 비용으로 보아 과세가격 결정시 포함시킨다.

51

관세법령상 납세의무자가 관세법 제30조 제1항에 의한 거래가격으로 가격신고를 한 경우 과세가격이 불인정되는 경우에 해당하지 않는 것은?

① 납세의무자가 신고한 가격이 유사물품 가격과 현저한 차이가 있는 경우
② 납세의무자가 거래처를 변경한 경우로서 신고한 가격이 종전 가격과 현저한 차이가 있는 경우
③ 납세의무자가 동일한 공급자로부터 계속하여 수입하고 있음에도 신고한 가격에 현저한 변동이 있는 경우
④ 신고한 물품이 국제거래시세가 공표되지 않는 광석인 경우 기획재정부령에서 지정하는 자가 조사한 수입물품의 산지 조사가격이 있는 때에는 신고한 가격이 그 조사가격과 현저한 차이가 있는 경우

수입신고한 물품이 국제거래시세가 공표되는 물품인 경우, 신고한 가격과 그 국제거래시세를 비교해 본다. 그러나 신고한 물품이 국제거래시세가 공표되지 않는 물품인 경우, 신고한 가격과 '산지 조사가격'을 비교해 본다. 여기에서의 '조사'는 '관세청장 또는 관세청장이 지정하는 자'가 한다.
과세가격 불인정의 범위에 해당하는 경우는 다음과 같다.

1. 납세의무자가 신고한 가격이 동종·동질물품 또는 유사물품의 가격과 현저한 차이가 있는 경우
2. 납세의무자가 동일한 공급자로부터 계속하여 수입하고 있음에도 불구하고 신고한 가격에 현저한 변동이 있는 경우
3. 신고한 물품이 원유·광석·곡물 등 국제거래시세가 공표되는 물품인 경우 신고한 가격이 그 국제거래시세와 현저한 차이가 있는 경우
4. 신고한 물품이 원유·광석·곡물 등으로서 국제거래시세가 공표되지 않는 물품인 경우 관세청장 또는 관세청장이 지정하는 자가 조사한 수입물품의 산지 조사가격이 있는 때에는 신고한 가격이 그 조사가격과 현저한 차이가 있는 경우
5. 납세의무자가 거래선을 변경한 경우로서 신고한 가격이 종전의 가격과 현저한 차이가 있는 경우
6. 제1호부터 제5호까지의 사유에 준하는 사유로서 기획재정부령으로 정하는 경우

52 관세법 시행령상 납세의무자가 거래가격으로 가격신고를 한 경우 해당 신고가격이 동종·동질물품 또는 유사물품의 거래가격과 현저한 차이가 있는 등 이를 과세가격으로 인정하기 곤란한 경우로 세관장이 납세의무자에게 신고가격이 사실과 같음을 증명할 수 있는 자료를 제출할 것을 요구할 수 있는 경우에 해당하지 않는 것은?

2017 국가직 9급(하반기)

① 납세의무자가 거래처를 변경한 경우로 신고한 가격이 종전의 가격과 현저한 차이가 있는 경우

② 납세의무자가 동일한 공급자로부터 계속하여 수입하고 있음에도 불구하고 신고한 가격에 현저한 변동이 있는 경우

③ 신고한 물품이 원유·광석·곡물 등 국제거래시세가 공표되는 물품인 경우 신고한 가격이 그 국제거래시세와 현저한 차이가 있는 경우

④ 신고한 물품이 국제거래시세가 공표되지 아니하는 물품으로서 동종·동질물품 또는 유사물품의 국내 판매가격과 현저한 차이가 있는 경우

▎관련 법조문: 법 제30조, 영 제24조　　　　　　　　　　　　답 ④

신고한 물품이 원유·광석·곡물 등으로서 국제거래시세가 공표되지 않는 물품인 경우 관세청장 또는 관세청장이 지정하는 자가 조사한 수입물품의 산지 조사가격이 있는 때에는 신고한 가격이 그 조사가격과 현저한 차이가 있는 경우, 영 제24조(과세가격 불인정의 범위 등)에 해당한다.

53 납세의무자가 관세법 제30조(과세가격 결정의 원칙)에 따른 거래가격으로 가격신고를 하였을 때, 세관장이 납세의무자에게 신고가격이 사실과 같음을 증명할 수 있는 자료 제출을 요구할 수 있는 경우로 옳지 않은 것은?

2021 관세사

① 납세의무자가 신고한 가격이 관세법 제32조의 유사물품의 거래가격과 현저한 차이가 있는 경우

② 납세의무자가 동일한 공급자로부터 계속하여 수입하고 있음에도 불구하고 신고한 가격에 현저한 변동이 있는 경우

③ 신고한 물품이 가격이 동종·동질물품의 국내 판매가격과 현저한 차이가 있는 경우

④ 신고한 물품이 국제거래시세가 공표되는 곡물로, 납세의무자가 신고한 가격이 그 국제거래시세와 현저한 차이가 있는 경우

⑤ 납세의무자가 거래처를 변경한 경우로서 신고한 가격이 종전의 가격과 현저한 차이가 있는 경우

▎관련 법조문: 법 제30조, 영 제24조　　　　　　　　　　　　답 ③

세관장은 납세의무자가 가격신고를 한 경우 해당 신고가격이 동종·동질물품 또는 유사물품의 거래가격과 현저한 차이가 있는 등 이를 과세가격으로 인정하기 곤란한 경우로서 대통령령으로 정하는 경우에는 대통령령으로 정하는 바에 따라 납세의무자에게 신고가격이 사실과 같음을 증명할 수 있는 자료를 제출할 것을 요구할 수 있다(법 제30조 제4항). 이 '과세가격 불인정의 범위'에 '납세의무자가 신고한 가격이 동종·동질물품 또는 유사물품의 가격과 현저한 차이가 있는 경우'는 포함되지만, ③과 같은 경우는 포함되지 않는다.

54 과세가격의 결정 원칙에서 해당 물품의 거래가격을 기초로 과세가격을 결정하는 경우 거래가격의 요건으로 볼 수 없는 것은?

2003 관세사

① 우리나라에 수출하기 위하여 판매되는 물품이어야 한다.

② 구매자가 물품을 처분 또는 사용함에 있어 우리나라의 법령이나 법령에 의한 처분에 의하여 부과되거나 요구되는 제한이 없어야 한다.

③ 해당 물품에 대한 거래의 성립 또는 가격의 결정이 금액으로 계산할 수 없는 조건 또는 사정에 의하여 영향을 받지 않아야 한다.

④ 해당 물품의 수입 후의 전매·처분 또는 사용에 따른 수익의 일부가 직접 또는 간접으로 판매자에게 귀속되지 않아야 한다.

⑤ 구매자와 판매자간의 특수관계가 수입물품의 가격에 영향을 미치지 않아야 한다.

> **관련 법조문: 법 제30조**　　　　　　　　　　　　　　　　　　　　　　　　　답 ②

수입 후에 구매자가 수입물품을 처분(판매)하거나 사용할 때 ⊙ 특정 용도(자선용, 전시용, 교육용)로 사용하도록 하는 제한, ⓒ 특정인(특정업체)에게만 판매하도록 하는 제한이 있는 경우, 그 '제한'으로 인해 가격결정 과정에 하자가 있는 것으로 보고 그때 제시된 가격을 인정하지 않는다. 즉, 관세평가 제1방법을 적용할 수 없다. 다만, ⊙ 우리나라의 법령이나 법령에 따른 처분에 의해 부과되거나 요구되는 제한, ⓒ 특정 지역에만 판매하도록 하는 제한(전매 지역 제한)은 그것이 가격결정 과정에 영향을 주었다고 하더라도 정상적인 상황으로 보아 관세평가 제1방법을 그대로 적용할 수 있게 한다.

제한이 있는 것으로 보는 경우 제1방법을 적용할 수 없는 경우	'제한이 있는 것으로 보는 경우'가 아닌 경우 제1방법을 그대로 적용할 수 있는 경우
1. 전시용·자선용·교육용 등 당해 물품을 특정 용도로 사용하도록 하는 제한 2. 당해 물품을 특정인에게만 판매 또는 임대하도록 하는 제한 3. 기타 당해 물품의 가격에 실질적으로 영향을 미치는 제한	1. 우리나라의 법령이나 법령에 의한 처분에 의하여 부과되거나 요구되는 제한 2. 수입물품이 판매될 수 있는 지역의 제한 3. 그 밖에 해당 수입물품의 특성, 해당 산업부문의 관행 등을 고려하여 통상적으로 허용되는 제한으로서 수입가격에 실질적으로 영향을 미치지 않는다고 세관장이 인정하는 제한

55 일정한 요건이 충족될 경우 납세의무자가 신고한 해당 물품의 거래가격을 과세관청이 인정하지 아니할 수도 있다. 다음 중 신고가격 부인의 사유로서 합당하지 않은 것은?

2006 관세사

① 피아노를 교육용 기자재로만 사용하는 조건하에 거래한 경우

② 우리나라에서 부과되는 관세를 외국의 수출자가 전액 부담하는 조건하에 거래한 경우

③ 소화장비를 수출자와 특수관계는 없으나 특정업체에게 임대하는 조건하에 거래한 경우

④ 첨단 통신장비를 전시용으로만 사용하도록 하는 조건하에 거래한 경우

⑤ 납세의무자가 신고한 가격이 유사물품의 가격과 현저한 차이가 있어 세관장이 납세의무자에게 신고가격이 사실과 같음을 증명할 수 있는 자료의 제출을 요구하였으나, 요구받은 자료를 제출하지 아니한 경우

> **관련 법조문: 법 제30조**　　　　　　　　　　　　　　　　　　　　　　　　　답 ②

'신고가격 부인'이란 수입신고인이 신고한 가격을 과세관청이 인정하지 않아서 관세평가 제1방법(과세가격 결정의 원칙)을 적용하지 않는 경우를 말한다.

우리나라에서 부과되는 관세를 외국의 수출자가 전액 부담하는 조건이란 무역거래 조건 중 DDP(Delivered Duty Paid) 조건을 말한다. 무역계약을 할 때 수출자가 상대국의 관세 등을 납부하는 조건으로 거래가 성사되었다 하더라도 수입국에서의 법적인 납세의무자는 여전히 '수입자'가 된다.

선지분석

① 피아노를 '교육용'으로 사용하도록 하는 조건은 '제한이 있는 경우'에 해당한다.
③ 소화장비를 '특정업체(특정인)'에게 판매 또는 '임대'하도록 하는 조건은 '제한이 있는 경우'에 해당한다.
④ 통신장비를 '전시용'으로 사용하도록 하는 조건은 '제한이 있는 경우'에 해당한다.
⑤ 납세의무자가 신고한 가격이 '동종동질물품의 가격'이나 '유사물품의 가격'과 현저한 차이가 있는 경우를 '과세가격 불인정의 범위'라고 한다. 이때 세관장이 자료 제출을 요구하였으나 납세의무자가 이에 불응하는 경우 제1방법 적용을 배제한다.

56

구매자가 실제로 지급하였거나 지급하여야 할 가격을 기초로 수입물품의 과세가격을 결정하는 관세법 제30조(과세가격 결정의 원칙)에 의한 과세가격 결정방법(제1방법)을 배제할 수 있는 사유가 아닌 것은?

2015 관세사

① 매매당사자가 체결한 계약에 당해 물품을 교육용으로만 사용하도록 하는 제한이 있는 경우
② 매매당사자가 체결한 계약에 당해 물품을 특정인에게만 판매하도록 하는 제한이 있는 경우
③ 매매당사자가 체결한 계약에 당해 수입물품을 특정 지역에서만 판매하도록 하는 제한이 있는 경우
④ 해당 물품을 수입한 후에 사용하여 생긴 수익의 일부가 판매자에게 직접 또는 간접으로 귀속되는 경우(실제 지급하였거나 지급하여야 할 가격을 적절히 조정할 수 없는 경우)
⑤ 구매자가 판매자에게 판매하는 다른 물품의 가격에 따라 당해 물품의 가격이 결정되는 경우

관련 법조문: 법 제30조, 영 제21조, 제22조　　　　답 ③

해당 물품의 처분 또는 사용에 '제한'이 있는 경우, 과세가격 결정의 원칙(제1방법)을 적용하지 않는다. 여기에서 '제한'이 있다는 것은 '특정 용도로 사용하도록 하는 제한, 특정인에게만 판매 또는 임대하도록 하는 제한, 기타 가격에 실질적으로 영향을 미치는 제한'을 말한다. '수입물품이 판매될 수 있는 지역의 제한'은 거래가격에 실질적으로 영향을 미치지 않는다고 인정하는 제한이 있는 경우에 해당한다.

선지분석

①② '해당 물품의 처분 또는 사용에 제한이 있는 경우'이다.
④ 화폐단위로 환산할 수 없는 '귀속수익이 있는 경우'이다.
⑤ '해당 물품에 대한 거래의 성립 또는 가격의 결정이 금액으로 계산할 수 없는 조건 또는 사정에 따라 영향을 받은 경우'이다.

57

관세법 제30조에 따라 해당 물품의 거래가격을 기초로 과세가격을 결정할 수 있는 수입물품은?

2012 관세사

① 수출자의 책임으로 국내에서 판매하기 위해 국내에 도착하는 물품
② 수입물품을 특정인에게만 판매할 수 있도록 제한하고 있는 물품
③ 구매자가 판매자에게 판매하는 다른 물품의 가격에 따라 해당 물품의 가격이 결정되는 물품
④ 구매자와 판매자가 특수관계에 있으나 거래가격이 해당 산업부문의 정상적인 가격결정 관행에 부합하는 방법으로 결정된 물품
⑤ 해당 물품을 수입 후 전매, 처분 또는 사용하여 생긴 수익의 일부(금액으로 환산 불가) 판매자에게 직접 또는 간접으로 귀속되는 물품

특수관계가 있다고 하더라도 그 거래가격이 정상적인 범주에 있다면 관세법 제30조(관세평가 제1방법)를 적용할 수 있다.

 선지분석

① 우리나라에 수출하기 위하여 판매되는 물품에 포함되지 않는다.
② '제한'이 있는 것으로 보는 경우에 해당한다.
③ '영향'이 있는 경우에 해당한다.
⑤ 금액으로 환산할 수 없는 귀속수익이 있다는 것은 제대로 된 법정가산요소가 될 수 없다는 것이며, 이 경우 가격 결정과정에 하자가 있는 것으로 보아 제1방법을 적용하지 못한다.

58 　관세법상 과세가격 결정시 구매자와 판매자 간 특수관계의 범위에 해당하지 않는 것은?　2012 국가직 9급

□□□

① 구매자와 판매자가 상호 사업상의 임원 또는 관리자인 경우
② 구매자와 판매자가 상호 사실상의 동업자인 경우
③ 구매자와 판매자가 고용관계에 있는 경우
④ 특정인이 구매자 및 판매자의 의결권 있는 주식을 직접 또는 간접으로 5퍼센트 이상 소유하거나 관리하는 경우

관련 법조문: 영 제23조　　　　　　　　　답 ②

구매자(수입자)와 판매자(수출자)의 관계가 '법률상'의 동업자인 경우에만 양자가 특수관계에 있는 것으로 본다. 동업을 하고 있다고 하더라도 법적 계약 관계가 아닌 경우에는 특수관계가 아닌 것으로 본다.

특수관계가 있는 것으로 보는 경우 (이하의 관계가 가격에 영향을 미치는 경우 제1방법을 적용하지 않음)
1. 구매자와 판매자가 상호 사업상의 임원 또는 관리자인 경우
2. 구매자와 판매자가 상호 법률상의 동업자인 경우
3. 구매자와 판매자가 고용관계에 있는 경우
4. 특정인이 구매자 및 판매자의 의결권 있는 주식을 직접 또는 간접으로 5퍼센트 이상 소유하거나 관리하는 경우
5. 구매자 및 판매자 중 일방이 상대방에 대하여 법적으로 또는 사실상으로 지시나 통제를 할 수 있는 위치에 있는 등 일방이 상대방을 직접 또는 간접으로 지배하는 경우
6. 구매자 및 판매자가 동일한 제3자에 의하여 직접 또는 간접으로 지배를 받는 경우
7. 구매자 및 판매자가 동일한 제3자를 직접 또는 간접으로 공동지배하는 경우
8. 구매자와 판매자가 국세기본법 시행령 제1조의2 제1항 각 호의 어느 하나에 해당하는 친족관계에 있는 경우

59 　관세평가에 있어 적용되는 특수관계의 범위에 대한 다음의 내용 중 잘못된 것은?　2008 관세사

□□□

① 특정인이 구매자 및 판매자의 의결권 있는 주식을 직접 또는 간접으로 10% 이상 관리하는 경우
② 구매자와 판매자가 고용관계에 있는 경우
③ 구매자와 판매자가 상호 사업상의 관리자인 경우
④ 구매자 및 판매자가 동일한 제3자에 의하여 직접 지배를 받는 경우
⑤ 구매자와 판매자가 동일한 제3자를 간접으로 공동지배하는 경우

관련 법조문: 법 제30조, 영 제23조　　　　　　　　　답 ①

특정인이 구매자 및 판매자의 의결권 있는 주식을 직접 또는 간접으로 '5%' 이상 소유하거나 관리하는 경우 특수관계의 범위에 해당한다(영 제23조 제1항 제4호).

60
□□□

관세법령상 구매자와 판매자간에 대통령령으로 정하는 특수관계가 있어 그 특수관계가 해당 물품의 가격에 영향을 미친 경우에는 관세법 제30조 제1항에 따른 거래가격을 해당 물품의 과세가격으로 하지 아니하고 관세법 제31조부터 제35조까지에 규정된 방법에 따라 과세가격을 결정한다. 이러한 특수관계에 해당하지 않는 것은?

2016 국가직 9급

① 구매자와 판매자가 상호 사업상의 임원 또는 관리자인 경우
② 특정인이 구매자 및 판매자의 의결권 없는 주식을 직접 또는 간접으로 5퍼센트 이상 소유하거나 관리하는 경우
③ 구매자 및 판매자 중 일방이 상대방에 대하여 법적으로 또는 사실상으로 지시나 통제를 할 수 있는 위치에 있는 등 일방이 상대방을 직접 또는 간접으로 지배하는 경우
④ 구매자 및 판매자가 동일한 제3자에 의하여 직접 또는 간접으로 지배를 받는 경우

▎**관련 법조문: 법 제30조, 영 제23조**　　　　　　　　　　　　　　답 ②

특정인이 구매자 및 판매자의 '의결권 있는 주식'을 직접 또는 간접으로 5퍼센트 이상 소유하거나 관리하는 경우, 관세법 제30조 제3항 제4호에서 규정하는 '대통령령으로 정하는 특수관계'에 포함된다(영 제23조 제1항 제4호).

61
□□□

과세가격의 결정에 있어 고려되어야 할 요소로서 다음 중 구매자와 판매자 간에 '특수관계'가 있다고 볼 수 있는 것은?

2009 · 2003 관세사

① 구매자와 판매자가 단일한 무역계약하에 장기간 무역거래관계를 유지하고 있는 경우
② 제3의 특정인이 구매자의 의결권 있는 주식을 3%, 판매자의 의결권 있는 주식을 4% 소유하고 있는 경우
③ 구매자가 특정한 제3자에 의하여 직접적으로 지배를 받는 경우
④ 판매자가 구매자와 특수한 관계에 있는 자와 긴밀한 무역거래관계가 있는 경우
⑤ 구매자와 판매자가 동일한 제3자를 간접적으로 공동지배하는 경우

▎**관련 법조문: 영 제23조**　　　　　　　　　　　　　　　　　답 ⑤

구매자와 판매자가 동일한 제3자를 '직접적으로' 또는 '간접적으로' 공동지배할 때 특수관계가 있는 것으로 본다.

✓ **선지분석**

① 구매자와 판매자가(수입자와 수출자) 장기간 무역 계약 관계에 있어서 친해졌다 하더라도 그것만으로는 특수관계에 해당하지 않는다. 2013년 관세사 시험에서는 '구매자와 판매자가 전략적 제휴관계에 있는 경우'라는 오답이 출제된 적이 있다. 관세평가에서 특수관계란 '관세법 시행령 제23조에 명시된 8가지 관계'만을 말한다. 확대해석하지 말아야 한다.
② 특정인 구매자와 판매자의 의결권 있는 주식을 모두 5% 이상 소유하거나 관리할 때 특수관계가 있는 것으로 본다.
③ 구매자와 판매자가 모두 제3자에 의하여 지배를 받을 때 특수관계가 있는 것으로 본다. 구매자만 제3자에 의하여 지배를 받고 있다면 그 지배관계가 구매자와 판매자의 무역거래에 영향을 미쳤다고 볼 수 없다.
④ 판매자와 '구매자와의 특수관계자'간에 긴밀한 무역거래 관계가 있다고 해도 이것을 특수관계로 볼 수는 없다. 특수관계는 구매자와 판매자간의 관계에서 고민할 부분이다.

62 □□□ 관세법상 과세가격의 결정에서 구매자와 판매자 간에 대통령령으로 정하는 '특수관계'가 있어 그 '특수관계'가 해당 물품의 가격에 영향을 미친 경우 해당 물품의 거래가격을 과세가격으로 하지 아니한다. 다음 중 관세법 시행령으로 정하는 '특수관계'에 해당하는 것을 모두 고르면?

2020 국가직 7급

> ㄱ. 구매자와 판매자가 상호 사업상의 임원 또는 관리자인 경우
> ㄴ. 특정인이 구매자 또는 판매자와 사실상 동업자인 경우
> ㄷ. 구매자 및 판매자 중 일방이 상대방에 대하여 사실상으로 지시나 통제를 할 수 있는 위치에 있는 등 일방이 상대방을 직접 또는 간접으로 지배하는 경우
> ㄹ. 특정인이 구매자 또는 판매자의 의결권 있는 주식을 직접 또는 간접으로 3퍼센트 이상 소유하는 경우

① ㄱ, ㄷ   ② ㄱ, ㄹ
③ ㄴ, ㄷ   ④ ㄴ, ㄹ

▌관련 법조문: 영 제23조   답 ①

✅ 선지분석

ㄴ. '특정인이 구매자 또는 판매자와 사실상 동업자인 경우'는 특수관계로 볼 수 없다. '특정인'과 구매자 및 판매자의 관계를 말하는 것은 '주식 보유' 상황 뿐이다. 그리고 '사실상 동업자'라는 말도 오류이다. '구매자와 판매자가 상호 법률상의 동업자인 경우'에 특수관계로 볼 수 있다(영 제23조 제1항 제2호).

ㄹ. 특정인이 구매자 '및' 판매자의 의결권 있는 주식을 직접 또는 간접으로 '5퍼센트' 이상 소유하는 경우, 특수관계가 될 수 있다(영 제23조 제1항 제4호). '또는'이 '및'으로, '3퍼센트'가 '5퍼센트'로 바뀌어야 한다.

> **🔍 명호샘의 한마디**
> '특정인이 구매자 및 판매자의 의결권 있는 주식을 직접 또는 간접으로 5퍼센트 이상 소유하거나 관리하는 경우'는 '대통령령으로 정하는 특수관계'에 해당한다(영 제23조).
>
> | 법령의 표현 | 주의사항 |
> | --- | --- |
> | 특정인이 구매자 및 판매자의 (○) | 구매자와 판매자가 (×)
특정인이 구매자 또는 판매자의 (×) |
> | 의결권 있는 (○) | 의결권 없는 (×) |
> | 직접 또는 간접으로 (○) | 간접으로 (○) |
> | 5퍼센트 이상 (○) | 3퍼센트 이상 (×) |
> | 소유하거나 관리하는 경우 (○) | 관리하는 경우 (○) |

---

63 □□□ 구매자와 판매자가 관세법령에서 정하는 특수관계에 있더라도 그 특수관계가 해당 물품의 가격에 영향을 미치지 아니한 것으로 볼 수 있는 요건에 관한 설명으로 옳은 것을 <보기>에서 모두 고른 것은?

2011 관세사

> <보기>
> 가. 해당 산업부문의 정상적인 가격결정 관행에 부합하는 방법으로 결정된 경우
> 나. 수입가격과 기획재정부령으로 정한 비교가격과의 차이가 비교가격을 기준으로 하여 비교할 때 100분의 10 이하인 경우
> 다. 수입가격이 기획재정부령으로 정한 비교가격의 100분의 110을 초과하더라도 해당 물품의 특성·거래내용·거래 관행 등으로 보아 그 수입가격이 합리적이라고 인정되는 경우

① 가   ② 나   ③ 가, 다
④ 나, 다   ⑤ 가, 나, 다

구매자와 판매자간에 특수관계가 있다고 해서 바로 제1방법 적용을 배제하는 것은 아니다. 그 특수관계가 해당 물품의 가격에 영향을 미친 경우 비로소 제1방법을 적용하지 않고, 제2방법 등으로 넘어간다. 이때 '가격에 영향을 미친 경우'의 구체적인 기준은 다음과 같다.

특수관계가 해당 물품의 가격에 영향을 미치지 아니한 것으로 보는 경우 (제1방법을 적용할 수 있는 경우)	1. 특수관계가 없는 구매자와 판매자간에 통상적으로 이루어지는 가격결정방법으로 결정된 경우 2. 당해 산업부문의 정상적인 가격결정 관행에 부합하는 방법으로 결정된 경우 3. 다음 각 목의 어느 하나의 가격(이하 이 조에서 '비교가격'이라 한다)에 근접하는 가격으로서 기획재정부령으로 정하는 가격에 해당함을 구매자가 입증한 경우. 이 경우 비교가격 산출의 기준시점은 기획재정부령으로 정한다. 　가. 특수관계가 없는 우리나라의 구매자에게 수출되는 동종·동질물품 또는 유사물품의 거래가격 　나. 법 제33조 및 법 제34조의 규정에 의하여 결정되는 동종·동질물품 또는 유사물품의 과세가격
특수관계의 영향을 받지 아니한 물품가격 (위에서 '기획재정부령이 정하는 가격'의 범위)	수입가격과 위 '3. 가~나'의 가격(비교가격)과의 차이가 비교가격을 기준으로 하여 비교할 때 100분의 10 이하인 경우(다만, 세관장은 해당 물품의 특성·거래 내용·거래 관행 등으로 보아 그 수입가격이 합리적이라고 인정되는 때에는 비교가격의 100분의 110을 초과하더라도 비교가격에 근접한 것으로 볼 수 있으며, 수입가격이 불합리한 가격이라고 인정되는 때에는 비교가격의 100분의 110 이하인 경우라도 비교가격에 근접한 것으로 보지 아니할 수 있다)

64 관세법령상 내용으로 옳은 것은?

2017 국가직 9급(하반기)

① 전자문서중계사업자가 관세청장의 전자문서중계사업에 관한 지도나 감독을 위반한 경우 관세청장은 과징금이나 과태료를 선택적으로 부과할 수 있다. 그러나 어느 경우나 청문절차를 거쳐야 한다.

② 환급청구권의 소멸시효는 환급청구권을 행사하더라도 중단되지 않는다.

③ 관세의 과세가격을 결정함에 있어 수입항까지의 운임 및 보험료는 당해 사업자가 발급한 운임명세서·보험료명세서 또는 이에 갈음할 수 있는 서류에 의하여 산출함이 원칙이다.

④ 수입신고가 수리되기 전에 소비하거나 사용하는 물품의 과세물건 확정시기는 해당 물품의 수입신고를 한 때이다.

│ 관련 법조문: 법 제16조, 제23조, 제327조의3, 영 제20조   답 ③

법 제30조 제1항 제6호의 규정에 의한 운임 및 보험료(법정가산요소가 되는 운임 및 보험료)는 당해 사업자가 발급한 운임명세서·보험료명세서 또는 이에 갈음할 수 있는 서류에 의하여 산출한다(영 제20조 제1항). 다만, 이 규정에 따라 운임 및 보험료를 산출할 수 없는 경우의 운임 및 보험료는 운송거리·운송방법 등을 고려하여 기획재정부령으로 정하는 바에 따라 산출한다(영 제20조 제2항). 문제에서는 제2항의 예외가 있으므로 제1항의 규정이 원칙임을 밝혔다.

⊘ **선지분석**

① 전자문서중계사업자가 관세청장의 전자문서중계사업에 관한 지도나 감독을 위반한 경우 관세청장은 그 지정을 취소하거나 1년 이내의 기간을 정하여 전자문서중계업무의 전부 또는 일부의 정지를 명할 수 있다(법 제327조의3 제3항). 이 경우 세관장은 청문을 하여야 한다(법 제328조). 다만, 관세청장은 업무정지가 그 이용자에게 심한 불편을 주거나 그 밖에 공익을 해칠 우려가 있는 경우에는 업무정지처분을 갈음하여 1억원 이하의 과징금을 부과할 수 있다(법 제327조의3 제4항).

② 환급청구권의 소멸시효는 환급청구권의 행사로 중단된다(법 제23조 제2항).

④ 수입신고가 수리되기 전에 소비하거나 사용하는 물품의 과세물건 확정시기는 해당 물품을 소비하거나 사용한 때이다(법 제16조).

65 관세법령상 과세가격결정에 대한 설명으로 옳은 것은?

① 수입물품의 과세가격은 조정가격 산정시 더할 금액의 산정에 필요한 객관적이고 수량화할 수 있는 자료가 없는 경우 구매자가 지급하여야 할 가격에 구매자가 부담하는 구매수수료를 더하여 조정한 거래가격으로 한다.

② 과세가격결정을 할 때 구매자가 지급하여야 할 가격은 수입물품의 대가로서 구매자가 지급하여야 할 총금액에서 구매자가 해당 수입물품의 대가와 판매자의 채무를 상계(相計)하는 금액을 뺀 금액을 말한다.

③ 유사물품의 거래가격을 기초로 한 과세가격을 결정할 수 없을 때에는 동종·동질물품의 거래가격을 기초로 과세가격을 결정한다.

④ 세관장은 납세의무자가 신고한 거래가격이 유사물품의 가격과 현저한 차이가 있는 등 과세가격으로 인정하기 곤란한 경우에는 대통령령으로 정하는 바에 따라 납세의무자에게 신고가격이 사실과 같음을 증명할 수 있는 자료를 제출할 것을 요구할 수 있다.

▌ 관련 법조문: 법 제30조, 제32조　　　　　　　　　　　　　　　　　　　답 ④

세관장은 납세의무자가 가격신고를 한 경우 해당 신고한 거래가격이 동종·동질물품 또는 유사물품의 거래가격과 현저한 차이가 있는 등 이를 과세가격으로 인정하기 곤란한 경우로서 대통령령으로 정하는 경우에는 대통령령으로 정하는 바에 따라 납세의무자에게 신고가격이 사실과 같음을 증명할 수 있는 자료를 제출할 것을 요구할 수 있다 (법 제30조 제4항).

⊘ 선지분석

① 수입물품의 과세가격은 구매자가 실제로 지급하였거나 지급하여야 할 가격에 법정가산요소를 더하여 조정한 거래가격으로 한다. 다만, 법정가산요소(조정가격 산정시 더할 금액)는 객관적이고 수량화할 수 있는 자료에 근거하여야 하며, 이러한 자료가 없는 경우에는 법 제30조(과세가격 결정의 원칙)에 규정된 방법으로 과세가격을 결정하지 아니하고, 법 제31조부터 제35조까지(제2방법부터 제6방법까지)에 규정된 방법으로 과세가격을 결정한다(법 제30조 제1항). 즉, 객관적이고 수량화할 수 있는 가산요소가 없는 경우 제1방법을 배제하는 조치를 하게 되는 것이지, '구매수수료를 더하는' 조치를 하는 것은 아니다. 오히려 구매수수료는 과세가격 결정시 가산하지 않는다.

② 구매자가 실제로 지급하였거나 지급하여야 할 가격이란 해당 수입물품의 대가로서 구매자가 지급하였거나 지급하여야 할 총 금액을 말하며, 구매자가 해당 수입물품의 대가와 판매자의 채무를 상계(相計)하는 금액, 구매자가 판매자의 채무를 변제하는 금액, 그 밖의 간접적인 지급액을 포함한다(법 제30조 제2항). 즉, '채무 상계 금액'은 공제요소가 아니라 '포함'요소이다.

③ (과세가격 결정의 원칙으로도 과세가격을 결정할 수 없는 상황에서) 동종·동질물품의 거래가격을 기초로 한 과세가격을 결정할 수 없을 때에는 유사물품의 거래가격을 기초로 과세가격을 결정한다(법 제32조 제1항).

66

□□□

동종·동질물품의 거래가격을 기초로 한 과세가격의 결정에 대한 설명으로 옳지 않은 것은?

2017 국가직 9급, 2012 국가직 7급, 2003 관세사

① 과세가격을 결정하려는 해당 물품의 생산국에서 생산된 것으로서 해당 물품의 선적일에 선적되거나 해당 물품의 선적일을 전후하여 가격에 영향을 미치는 시장조건이나 상관행에 변동이 없는 기간 중에 선적되어 우리나라에 수입된 것이어야 한다.

② 거래단계, 거래수량, 운송 거리, 운송 형태 등이 해당 물품과 같아야 하며, 두 물품간에 차이가 있는 경우에는 그에 따른 가격 차이를 조정한 가격이어야 한다.

③ 동종·동질물품의 거래가격이 둘 이상 있는 경우에는 거래내용 등(생산자, 거래시기, 거래단계, 거래수량 등)이 해당 물품과 가장 유사한 것에 해당하는 물품의 가격을 기초로 한다.

④ 거래내용 등이 같은 물품이 둘 이상이 있고 그 가격도 둘 이상이 있는 경우에는 가장 높은 가격을 기초로 하여 과세가격을 결정한다.

│ 관련 법조문: 법 제31조   답 ④

과세가격으로 인정된 사실이 있는 동종·동질물품의 거래가격을 기초로 하여 과세가격을 결정할 때, 동종·동질물품의 거래가격이 둘 이상 있는 경우에는 생산자, 거래시기, 거래단계, 거래수량 등(거래내용 등)이 해당 물품과 가장 유사한 것에 해당하는 물품의 가격을 기초로 하고, 거래내용 등이 같은 물품이 둘 이상이 있고 그 가격도 둘 이상이 있는 경우에는 '가장 낮은 가격'을 기초로 하여 과세가격을 결정한다(법 제31조 제3항). 즉, 가격 비교대상이 둘 이상 있을 때의 적용 순서는 ⊙ 거래 내용이 가장 유사한 가격, ⓒ 가장 낮은 가격이다.

67

□□□

甲이 4월 10일 미국의 A사와 거래한 장비가 관세법 제30조에 규정한 과세요건을 충족하지 못하여 동법 제31조(동종·동질물품의 거래가격을 기초로 한 과세가격의 결정) 제2항을 적용하여 과세하고자 한다. 조회결과 생산자, 거래단계, 거래수량 등은 동일하였으며, 국내의 乙, 丙, 丁이 동종·동질물품의 장비를 미국의 A사와 거래한 다음과 같은 거래실적이 있었다. 과세가격으로 채택하여야 할 거래가격은? 2007 관세사

거래일자	거래자	과세가격으로 인정된 거래가격
3월 15일	乙	US$ 11,000
3월 15일	丙	US$ 8,000
3월 20일	乙	US$ 6,000
4월 5일	乙	US$ 7,000
4월 5일	丙	US$ 8,000

① US$ 6,000

② US$ 7,000

③ US$ 8,000

④ US$ 10,000

⑤ US$ 11,000

관세법 제31조는 동종·동질물품의 거래가격을 기초로 하여 과세가격을 결정하는 방법이다. 즉, 현재 수입된 물품의 가격이 정상적이지 않을 때, 그와 같은 물품으로서 이전에 통관이 된 적이 있었던 물품의 과세가격을 현재 수입된 물품에도 적용하는 방법이다. 동종·동질물품의 거래가격이 둘 이상 있는 경우에는 생산자, 거래시기, 거래단계, 거래수량 등이 해당 물품과 가장 유사한 것에 해당하는 물품의 가격을 기초로 하고, 거래내용 등이 같은 물품이 둘 이상이 있고 그 가격도 둘 이상이 있는 경우에는 가장 낮은 가격을 기초로 하여 과세가격을 결정한다.

문제에서는 생산자, 거래단계, 거래수량이 동일하므로, 거래시기가 '가장 유사'한 것을 비교가격으로 채택하면 되겠다. 수입물품의 거래일자가 4월 10일이므로, 가장 유사한 거래는 4월 5일에 '甲'이 '乙', '丙'과 한 거래이다. 둘 중 '가장 낮은 가격'은 US$ 7,000이므로, 이 가격을 현재 수입된 물품의 과세가격으로 한다.

68   관세의 과세가격 결정에 관한 설명으로 옳지 않은 것은?   2010 관세사
□□□

① 국내판매가격을 기초로 하여 과세가격을 결정함에 있어서 국내판매가격이 둘 이상 있는 때에는 생산자·거래시기·거래단계·거래수량 등이 해당 물품과 가장 유사한 것에 해당하는 물품의 가격을 기초로 한다.

② 해당 물품에 대한 거래의 성립 또는 가격의 결정이 금액으로 계산할 수 없는 조건 또는 사정에 의하여 영향을 받는 경우에는 우리나라에 수출하기 위하여 판매되는 물품에 대하여 구매자가 실제로 지급하였거나 지급하여야 할 가격에 가산요소 금액을 가산하여 조정한 거래가격을 해당 물품의 과세가격으로 할 수 없다.

③ 유사물품의 거래가격을 기초로 과세가격을 결정함에 있어서 유사물품의 거래가격이 둘 이상 있는 때에는 거래내용 등이 해당 물품과 가장 유사한 것에 해당하는 물품의 가격을 기초로 하고, 거래내용 등이 같은 물품이 둘 이상 있고 그 가격이 둘 이상 있는 때에는 가장 낮은 가격을 기초로 하여 과세가격을 결정한다.

④ 관세법 제30조부터 제34조까지의 규정에 의한 방법으로 과세가격을 결정할 수 없는 때에는 대통령령으로 정하는 바에 따라 제30조부터 제34조까지에 규정된 과세가격 결정원칙과 부합되는 합리적인 기준에 의하여 과세가격을 결정한다.

⑤ 세관장은 납세의무자가 서면으로 요청하면 과세가격을 결정하는 데에 사용한 방법과 과세가격 및 그 산출근거를 그 납세의무자에게 서면으로 통보하여야 한다.

관세평가 제2방법 또는 제3방법에 따라 과세가격을 결정할 때 동종·동질물품이나 유사물품의 가격이 둘 이상 있는 경우에는 생산자, 거래시기, 거래단계, 거래수량 등(거래내용 등)이 해당 물품과 가장 유사한 것에 해당하는 물품의 가격을 기초로 하고, 거래내용 등이 같은 물품이 둘 이상 있고 그 가격도 둘 이상 있는 경우에는 가장 낮은 가격을 기초로 하여 과세가격을 결정한다. ①에서 국내판매가격이 아니라 '동종동질물품의 가격' 또는 '유사물품의 가격'이어야 한다. 이 규정은 제4방법이 아닌 제2방법과 제3방법에서만 적용되는 규정이다.

69   관세법 제33조에 규정하고 있는 국내판매가격을 기초로 한 과세가격의 결정방법에 대한 설명으로 옳지 않은 것은?   2009 국가직 9급
□□□

① 관세법 제30조부터 제32조까지에 따른 방법으로 과세가격을 결정할 수 없을 때에 비로소 적용할 수 있는 방법이다.

② 납세의무자의 요청이 있을 때에는 이 방법 대신 제35조(합리적 기준에 의한 과세가격의 결정)의 규정을 우선 적용하여 과세가격을 결정할 수 있다.

③ 동종·동류의 수입물품이 국내에서 판매되는 때에 통상적으로 부가되는 이윤 및 일반경비에 해당하는 금액은 공제대상이다.

④ 국내판매와 관련하여 통상적으로 지급하였거나 지급하여야 할 것으로 합의된 수수료는 공제대상이다.

관련 법조문: 법 제33조

답 ②

관세평가 제1방법부터 제6방법까지는 순차적으로 적용하는 것이 원칙이다. 그러나 납세의무자가 요청하면 법 제34조(제5방법)에 따라 과세가격을 결정하되 법 제34조(법 제5방법)에 따라 결정할 수 없는 경우에는 이 조(제33조 즉, 제4방법), 제35조(제6방법)의 순서에 따라 과세가격을 결정한다(법 제33조 제1항).

구분		관세평가 적용 순서
원칙		1 → 2 → 3 → 4 → 5 → 6
예외 (납세의무자가 요청하는 경우)	제5방법으로 결정 가능한 경우	1 → 2 → 3 → 5
	제5방법으로 결정할 수 없는 경우	1 → 2 → 3 → 4 → 6

70
☐☐☐

국내판매가격을 기초로 한 관세의 과세가격 결정에서 국내판매가격의 요건에 해당되지 않는 것은?

2013 관세사

① 해당 물품, 동종·동질물품 또는 유사물품이 수입된 것과 동일한 상태로 국내에서 판매되는 단위가격이어야 한다.
② 해당 물품의 수입신고일 또는 수입신고일과 거의 동시에 국내에서 판매되는 단위가격이어야 한다.
③ 특수관계가 없는 자에게 국내에서 판매되는 단위가격이어야 한다.
④ 가장 많은 수량으로 국내에서 판매되는 단위가격이어야 한다.
⑤ 해당 물품을 특정인에게만 판매 또는 임대하도록 한다는 제한이 없이 국내에서 판매되는 단위가격이어야 한다.

관련 법조문: 법 제33조

답 ⑤

관세평가 제4방법에서의 '국내판매가격'이란 해당 물품, 동종·동질물품 또는 유사물품이 수입된 것과 동일한 상태로 해당 물품의 수입신고일 또는 수입신고일과 거의 동시에 특수관계가 없는 자에게 가장 많은 수량으로 국내에서 판매되는 단위가격을 기초로 하여 산출한 금액을 말한다. ⑤와 같은 요건은 요구되지 않는다.

> 🔍 **명호샘의 한마디**
> 관세평가 제4방법의 국내판매가격은 다음 각각의 요건을 갖춰야 한다.

법 제33조	1. 해당 물품, 동종·동질물품 또는 유사물품이 수입된 것과 동일한 상태로 국내판매되는 단위가격이어야 한다. 2. 해당 물품의 수입신고일 또는 수입신고일과 거의 동시에 국내판매되는 단위가격이어야 한다(법 제33조 제1항). 수입신고일과 거의 동시에 판매되는 단위가격은 당해 물품의 종류와 특성에 따라 수입신고일의 가격과 가격변동이 거의 없다고 인정되는 기간중의 판매가격으로 한다. 다만, 수입신고일부터 90일이 경과된 후에 판매되는 가격을 제외한다(영 제27조 제3항). 3. 특수관계가 없는 자에게 국내판매되는 단위가격이어야 한다. 4. 가장 많은 수량으로 국내에서 판매되는 단위가격이어야 한다.
영 제27조	"국내에서 판매되는 단위가격"이란 수입 후 최초의 거래에서 판매되는 단위가격을 말한다. 다만, 다음 각 호의 어느 하나에 해당하는 경우의 가격은 이를 국내에서 판매되는 단위가격으로 보지 아니한다. 1. 최초거래의 구매자가 판매자 또는 수출자와 특수관계에 있는 경우 2. 최초거래의 구매자가 판매자 또는 수출자에게 영 제18조(무료 또는 인하된 가격으로 공급하는 물품 및 용역의 범위) 각 호의 물품 및 용역을 수입물품의 생산 또는 거래에 관련하여 사용하도록 무료 또는 인하된 가격으로 공급하는 경우

71 관세법상 국내판매가격을 기초로 한 과세가격의 결정에서 공제할 금액에 관한 내용으로 옳지 않은 것은?

2016 관세사

① 국내판매와 관련하여 통상적으로 지급하였거나 지급하여야 할 것으로 합의된 수수료
② 해당 물품의 수입 및 국내판매와 관련하여 납부하였거나 납부하여야 하는 조세와 그 밖의 공과금
③ 동종·동류의 수입물품이 국내에서 판매되는 때에 통상적으로 부가되는 이윤 및 일반경비에 해당하는 금액
④ 수입항까지의 운임·보험료와 그 밖에 운송과 관련되는 비용
⑤ 수입항에 도착한 후 국내에서 발생한 통상의 운임·보험료와 그 밖의 관련 비용

▌관련 법조문: 법 제33조, 제34조   답 ④

관세평가 제4방법(법 제33조)에 따라 과세가격을 결정하는 경우, 국내판매가격에서 빼야 할 법정공제요소는 다음과 같다.

> 1. 국내판매와 관련하여 통상적으로 지급하였거나 지급하여야 할 것으로 합의된 수수료 또는 동종·동류의 수입물품이 국내에서 판매되는 때에 통상적으로 부가되는 이윤 및 일반경비에 해당하는 금액
> 2. 수입항에 도착한 후 국내에서 발생한 통상의 운임·보험료와 그 밖의 관련 비용
> 3. 해당 물품의 수입 및 국내판매와 관련하여 납부하였거나 납부하여야 하는 조세와 그 밖의 공과금

'수입항까지의 운임·보험료와 그 밖에 운송과 관련되는 비용'은 관세평가 제1방법 적용시 '가산'요소가 될 수 있고, 관세평가 제5방법 적용시 '합산'요소가 될 수 있다.

---

72 관세법 제35조에 따라 과세가격(합리적 기준에 의한 과세가격의 결정)을 결정할 때 다음에 해당하는 가격을 기준으로 하여서는 안 된다. 해당하지 않는 것은?

2004 관세사

① 우리나라에서 생산된 물품의 국내판매가격
② 선택 가능한 가격 중 반드시 높은 가격을 과세가격으로 하여야 한다는 기준에 따라 결정하는 가격
③ 수출국의 국내판매가격
④ 우리나라 외의 국가에 수출하는 물품의 가격
⑤ 특정수입물품에 대하여 미리 설정하여 둔 최고과세기준가격

▌관련 법조문: 영 제29조   답 ⑤

제6방법을 적용할 때 기준으로 해서는 안 되는 가격이란, 합리적 기준이라는 것이 관세평가 제1방법부터 제5방법까지의 규정을 확대적용, 신축적용하는 방법이기는 하지만 그래도 여러 가격 중 이런 가격까지는 채택해서는 안 된다는 가격을 말한다. 다음의 가격은 제6방법에서도 배제되는 가격들이다.

거래당사자의 위치에 하자가 있는 경우	1. 우리나라에서 생산된 물품의 국내판매가격 2. 수출국의 국내판매가격 3. 우리나라 외의 국가에 수출하는 물품의 가격
가격을 인위적으로 조정한 경우	4. 선택 가능한 가격 중 반드시 높은 가격을 과세가격으로 해야 한다는 기준에 따라 결정하는 가격 5. 동종·동질물품 또는 유사물품에 대하여 제5방법의 규정에 의한 방법 외의 방법으로 생산비용을 기초로 하여 결정된 가격 6. 특정수입물품에 대하여 미리 설정하여 둔 최저과세기준가격 7. 자의적 또는 가공적인 가격

관세법상 산정가격을 기초로 한 과세가격의 결정에 관한 설명으로 옳지 않은 것은? 2014 관세사

① 해당 물품의 수입항까지의 소요되는 운임·보험료와 그 밖의 운송관련 비용으로서 결정된 금액은 산정가격에 포함한다.

② 우리나라에서 개발된 기술·설계·고안·디자인 또는 공예에 소요되는 비용을 생산자가 부담하는 경우에는 당해 비용이 산정가격에 포함되지 않는다.

③ 납세의무자가 산정가격의 기초금액을 확인하는 데 필요한 자료를 제출하지 않은 경우에는 산정가격을 기초로 한 과세가격의 결정방법을 적용하지 않을 수 있다.

④ 수출국 내에서 해당 물품과 동종·동류의 물품의 생산자가 우리나라에 수출하기 위하여 판매할 때 통상적으로 반영하는 이윤 및 일반 경비에 해당하는 금액은 산정가격에 포함된다.

⑤ 해당 물품의 생산에 사용된 원자재 비용은 산정가격에 포함된다.

│ 관련 법조문: 법 제34조, 영 제28조 답 ②

관세법 제34조에 따라 산정가격을 기초로 과세가격을 결정할 때 합산요소 중의 하나는 '해당 물품의 생산에 사용된 원자재 비용 및 조립이나 그 밖의 가공에 드는 비용 또는 그 가격'이다. 이 규정에 따른 조립이나 그 밖의 가공에 드는 비용 또는 그 가격에는 법 제30조 제1항 제2호의 규정에 의한 금액(포장비, 용기비용, 노무비)이 포함되는 것으로 하며, 우리나라에서 개발된 기술·설계·고안·디자인 또는 공예에 소요되는 비용을 생산자가 부담하는 경우에는 당해 비용이 포함되는 것으로 한다(영 제28조). 제5방법에 따라 여러 가지 비용을 합산(合算)하여 과세가격을 만들 때, 그 가격에 수출국의 생산자가 돈을 주고 산 '우리나라(한국)에서 개발된 기술 등의 비용'이 포함된다는 의미이다.

제5방법 적용시 합산할 가격 (비용)	1. 해당 물품의 생산에 사용된 원자재 비용 및 조립이나 그 밖의 가공에 드는 비용 또는 그 가격
	2. 수출국 내에서 해당 물품과 동종·동류의 물품의 생산자가 우리나라에 수출하기 위하여 판매할 때 통상적으로 반영하는 이윤 및 일반 경비에 해당하는 금액
	3. 해당 물품의 수입항까지의 운임·보험료와 그 밖에 운송과 관련된 비용으로서 법 제30조 제1항 제6호(제1방법의 법정가산요소에 해당하는 운임·보험료)에 따라 결정된 금액

관세법령상 합리적 기준에 따른 과세가격의 결정에 있어서 기준으로 하여서는 아니 되는 가격에 해당하는 것만을 모두 고르면? 2019 국가직 9급

> ㉠ 우리나라에서 생산된 물품의 국내판매가격
> ㉡ 우리나라 외의 국가에 수출하는 물품의 가격
> ㉢ 국제거래시세·산지조사가격을 조정한 가격
> ㉣ 선택 가능한 가격 중 반드시 높은 가격을 과세가격으로 하여야 한다는 기준에 따라 결정하는 가격

① ㉠, ㉡, ㉣　　　　　　　　② ㉠, ㉢, ㉣
③ ㉡, ㉢, ㉣　　　　　　　　④ ㉠, ㉡, ㉢, ㉣

│ 관련 법조문: 법 제35조 답 ①

관세평가 제1방법부터 제5방법으로 과세가격을 결정할 수 없을 때에는 제1방법부터 제5방법에 규정된 원칙과 부합되는 합리적인 기준에 따라 과세가격을 결정한다(법 제35조 제1항). 이 규정에 따라 과세가격을 결정할 수 없을 때에는 국제거래시세·산지조사가격을 조정한 가격을 적용하는 방법 등 거래의 실질 및 관행에 비추어 합리적으로 인정되는 방법에 따라 과세가격을 결정한다(동조 제2항). 문제의 '㉢'(국제거래시세·산지조사가격을 조정한 가격)의 표현은 바로 법 제35조 제2항에서 빌려온 표현이다. 그런데 이것은 '합리적 기준에 따른 과세가격의 결정에 있어서 기준으로 하여서는 아니 되는 가격'이 아니라, 오히려 합리적 기준에 따라 과세가격을 결정할 수 없을 때 적용할 수 있는 가격 중 하나이다.

75 합리적 기준에 의해 과세가격을 결정함에 있어서 그 기준으로 사용할 수 있는 가격은? 2010 관세사

□□□
① 우리나라에서 생산된 물품의 국내판매가격
② 선택 가능한 가격 중 반드시 높은 가격을 과세가격으로 하여야 한다는 기준에 따라 결정하는 가격
③ 우리나라에 수입된 동종·동질물품에 대한 과세가격
④ 수출국의 국내판매가격
⑤ 우리나라 외의 국가에 수출하는 물품의 가격

> **관련 법조문: 영 제29조** 답 ③

동종·동질물품에 대한 과세가격이나 유사물품의 과세가격 등은 제6방법에서 기준으로 사용할 수 있는 가격이다.

76 다음은 관세법 제35조의 규정에 의한 합리적 기준에 의한 과세가격을 결정함에 있어서 가격기준으로 하여서는 안 되는 가격을 열거한 것이다. 이에 해당되지 않는 것은? 2005 관세사

□□□
① 선택 가능한 가격 중 반드시 높은 가격을 과세가격으로 하여야 한다는 기준에 따라 결정하는 가격
② 우리나라에서 생산된 물품의 국내판매가격
③ 산정가격을 기초로 과세가격이 결정된 동종·동질물품 또는 유사물품의 가격
④ 수출국의 국내판매가격
⑤ 우리나라 외의 국가에 수출하는 물품의 가격

> **관련 법조문: 영 제29조** 답 ③

산정가격을 기초로 과세가격이 결정된 동종·동질물품 또는 유사물품의 가격이란 제5방법으로 수입 통관된 동종·동질물품 또는 유사물품의 가격을 말하는 것으로서, 원칙적으로는 제2방법과 제3방법에서 인정하지 않지만, 제6방법의 합리적 기준에서는 이런 가격도 인정하고 있다. 제4방법과 제5방법으로 통관되었던 동종·동질물품이나 유사물품의 과세가격을 비교대상으로 삼는 것도 '합리적 기준' 중의 하나에 포함된다.

77 관세법령상 합리적 기준에 의한 과세가격의 결정에 있어서 기준으로 하여서는 아니 되는 가격으로 명시되어 있지 않은 것은? 2019 관세사

□□□
① 우리나라에서 생산된 물품의 국내판매가격
② 우리나라외의 국가에 수출하는 물품의 가격
③ 자의적 또는 가공적인 가격
④ 수출국의 국내판매가격
⑤ 선택가능한 가격 중 반드시 낮은 가격을 과세가격으로 하여야 한다는 기준에 따라 결정하는 가격

> **관련 법조문: 영 제29조** 답 ⑤

관세법 제35조(합리적 기준에 의한 과세가격의 결정)에 의하여 과세가격을 결정함에 있어 '선택 가능한 가격 중 반드시 높은 가격을 과세가격으로 하여야 한다는 기준에 따라 결정하는 가격'은 기준으로 하여서는 아니 된다(영 제29조 제2항).

78 다음 사례에 명시된 내용과 가장 관련성이 높은 과세가격 결정방법에 해당하는 것은?

☐☐☐

> 미국에서 가족과 함께 1년간 교환교수로 근무하다가 귀국하게 된 홍길동 교수는 사용하던 승용자동차를
> 국내로 가져오기 위해 관세청 홈페이지에서 이사물품 수입통관에 관련된 관세청 고시를 찾아보았더니,
> "승용자동차의 과세가격은 정기적으로 발행되는 자동차가격에 관한 책자에 게재된 신차가격(List Price)
> 에서 수입물품 과세가격 결정에 관한 고시 별표 2의 기준에 따라 최초등록일 이후 수입신고일까지의 사
> 용으로 인한 가치감소분을 공제한 후 운임 및 보험료를 포함한 가격으로 한다."라고 나와 있었다.

① 실제거래가격에 의한 과세가격 결정원칙(관세법 제30조)
② 동종·동질물품의 거래가격을 기초로 한 과세가격의 결정(관세법 제31조)
③ 국내판매가격을 기초로 한 과세가격의 결정(관세법 제33조)
④ 합리적 기준에 의한 과세가격의 결정(관세법 제35조)
⑤ 산정가격을 기초로 한 과세가격의 결정(관세법 제34조)

▌관련 법조문: 법 제35조, 영 제29조 답 ④

다음에 해당하는 물품에 대한 과세가격 결정에 필요한 기초자료, 금액의 계산방법 등 세부사항은 기획재정부령으로 정할 수 있다. 이 규정은 관세평가 제6방법 아래에 있다.

> 1. 수입신고전에 변질·손상된 물품
> 2. 여행자 또는 승무원의 휴대품·우편물·탁송품 및 별송품
> 3. 임차수입물품
> 4. 중고물품
> 5. 법 제188조 단서의 규정에 의하여 외국물품으로 보는 물품(보세공장 제품과세 물품으로서, 외국물품과 내국물품의 혼용 승인을 받은 물품)
> 6. 범칙물품
> 7. 석유 및 석유대체연료 사업법 제2조 제1호의 석유로서 국제거래시세를 조정한 가격으로 보세구역에서 거래되는 물품
> 8. 그 밖에 과세가격결정에 혼란이 발생할 우려가 있는 물품으로서 기획재정부령으로 정하는 물품

> **ⓠ 명호샘의 한마디**
> 아직 출제되지 않은 다음의 내용도 있다.
>
> • 법 제36조(과세가격 결정방법 등의 통보)
> • 법 제37조(과세가격 결정방법의 사전심사)
> • 법 제37조의2(관세의 과세가격 결정방법과 국세의 정상가격 산출방법의 사전조정)
> • 법 제37조의3(관세의 부과 등을 위한 정보제공)

79 관세법령상 과세가격의 결정에 대한 설명으로 옳은 것은?

① 수입물품의 과세가격 산정시 해당 수입물품과 동일체로 취급되는 용기의 비용과 해당 수입물품의 포장에 드는 노무비와 자재비로서 판매자가 부담하는 비용이 있는 경우, 구매자가 실제로 지급하였거나 지급하여야 할 가격에 이를 더하여 조정한 거래가격으로 한다.

② 관세법 제35조 규정에 의하여 합리적 기준에 따른 과세가격을 결정함에 있어서는 우리나라에서 생산된 물품의 국내판매가격과 우리나라외의 국가에 수출하는 물품의 가격을 기준으로 할 수 있다.

③ 세관장은 관세청장이 정하는 바에 따라 해당 수입물품의 특성, 거래 규모 등을 고려하여 동종·동류의 수입물품을 선정하고 이 물품이 국내에서 판매되는 때에 부가되는 이윤 및 일반경비의 평균값을 기준으로 동종·동류비율을 산출하여야 한다.

④ "유사물품"이라 함은 당해 수입물품의 수입국에서 판매되는 것으로서 모든 면에서 동일하지는 아니하지만 동일한 기능을 수행하고 대체사용이 가능할 수 있을 만큼 비슷한 특성과 비슷한 구성요소를 가지고 있는 물품을 말한다.

> **관련 법조문: 법 제30조, 영 제26조, 제27조, 제29조**　　　　　　　　답 ③

세관장은 관세청장이 정하는 바에 따라 해당 수입물품의 특성, 거래 규모 등을 고려하여 동종·동류의 수입물품을 선정하고 이 물품이 국내에서 판매되는 때에 부가되는 이윤 및 일반경비의 평균값을 기준으로 동종·동류비율을 산출하여야 한다(영 제27조 제6항).

⊘ 선지분석

① 수입물품의 과세가격 산정시 해당 수입물품과 동일체로 취급되는 용기의 비용과 해당 수입물품의 포장에 드는 노무비와 자재비로서 '구매자'가 부담하는 비용이 있는 경우, 구매자가 실제로 지급하였거나 지급하여야 할 가격에 이를 더하여 조정한 거래가격으로 한다(법 제30조 제1항 제2호).

② 관세법 제35조 규정에 의하여 합리적 기준에 따른 과세가격을 결정함에 있어서는 우리나라에서 생산된 물품의 국내판매가격과 우리나라 외의 국가에 수출하는 물품의 가격을 기준으로 '하여서는 아니된다'(영 제29조 제2항).

④ 유사물품이라 함은 당해 수입물품의 '생산국'에서 '생산'된 것으로서 모든 면에서 동일하지는 아니하지만 동일한 기능을 수행하고 대체사용이 가능할 수 있을 만큼 비슷한 특성과 비슷한 구성요소를 가지고 있는 물품을 말한다(영 제26조 제1항).

80 (　　)에 들어갈 내용이 순서대로 옳은 것은?

> 세액심사시 특수관계에 있는 자가 수입하는 물품의 과세가격의 적정성을 심사하기 위해 관세법 규정에 따라 자료제출을 요구받은 자는 자료제출을 요구받은 날부터 (　　)일 이내에 해당 자료를 제출하여야 한다. 다만, 대통령령으로 정하는 부득이한 사유로 제출기한의 연장을 신청하는 경우에는 세관장은 (　　) 차례만 (　　)일까지 연장할 수 있다.

① 60, 두, 60
② 60, 한, 60
③ 60, 한, 30
④ 30, 두, 30
⑤ 60, 두, 30

| 관련 법조문: 법 제37조의4 | 답 ② |

세관장은 세액심사시 특수관계에 있는 자가 수입하는 물품의 과세가격의 적정성을 심사하기 위하여 해당 특수관계자에게 과세가격결정자료를 제출할 것을 요구할 수 있다. 자료제출을 요구받은 자는 자료제출을 요구받은 날부터 '60일 이내'에 해당 자료를 제출하여야 한다. 다만, 대통령령으로 정하는 부득이한 사유로 제출기한의 연장을 신청하는 경우에는 세관장은 '한' 차례만 '60일'까지 연장할 수 있다.

81

관세법령상 세관장은 세액심사시 특수관계에 있는 자가 수입하는 물품의 과세가격의 적정성을 심사하기 위하여 해당 특수관계자에게 과세가격결정자료를 제출할 것을 요구할 수 있다. 이에 대한 설명으로 옳은 것은?　　　　2017 국가직 7급

① 자료제출을 요구받은 자는 자료제출을 요구받은 날부터 30일 이내에 해당 자료를 제출하여야 한다.
② 자료제출을 요구받은 자가 대통령령으로 정하는 부득이한 사유로 자료제출기한의 연장을 신청하는 경우에는 세관장은 한 차례만 60일까지 연장할 수 있다.
③ 자료제출을 요구받은 자는 해당 자료를 한글 또는 영문으로 작성하여 제출해야 하며, 세관장이 허용하는 경우에는 다른 외국어로 작성된 자료를 제출할 수 있다.
④ 세관장이 자료제출기한 연장신청이 접수된 날부터 7일 이내에 연장 여부를 신청인에게 통지를 하지 아니한 경우에는 연장신청이 승인되지 아니한 것으로 본다.

| 관련 법조문: 법 제37조의4, 영 제31조의5 | 답 ② |

자료제출을 요구받은 자는 자료제출을 요구받은 날부터 '60일' 이내에 해당 자료를 제출하여야 한다. 다만, 대통령령으로 정하는 부득이한 사유로 제출기한의 연장을 신청하는 경우에는 세관장은 한 차례만 60일까지 연장할 수 있다(법 제37조의4 제3항).

⊘ 선지분석

③ 자료제출을 요구받은 자는 해당 자료를 한글로 작성하여 제출하여야 한다. 다만, 세관장이 허용하는 경우에는 영문으로 작성된 자료를 제출할 수 있다(영 제31조의5 제2항).
④ 세관장은 자료제출기한 연장신청이 접수된 날부터 7일 이내에 연장 여부를 신청인에게 통지하여야 한다. 이 경우 7일 이내에 연장 여부를 신청인에게 통지를 하지 아니한 경우에는 연장신청한 기한까지 '자료제출기한이 연장된 것으로 본다'(영 제31조의5 제5항).

82

관세법령상 과세가격을 결정함에 있어서 관세청장 또는 세관장이 가산율 또는 공제율을 정하여 적용할 수 있는 관세법 시행령 제30조의 내용에 대한 설명으로 옳지 않은 것은?　　　　2020 관세사, 2017 국가직 9급

① 납세의무자의 편의와 신속한 통관업무를 위하여 필요하다고 인정되는 때에 적용할 수 있다.
② 장기간 반복하여 수입되는 물품에 대하여 적용할 수 있다.
③ 당해 물품에 대하여 통상적으로 인정되는 가산율 또는 공제율을 정하여 적용할 수 있다.
④ 납세의무자의 요청이 없더라도 필요하다고 인정되는 때에는 직권으로 적용할 수 있다.

관련 법조문: 영 제30조

답 ④

관세청장 또는 세관장은 장기간 반복하여 수입되는 물품에 대하여 법 제30조(제1방법) 제1항이나 법 제33조(제4방법) 제1항 또는 제3항의 규정을 적용하는 경우 납세의무자의 편의와 신속한 통관업무를 위하여 필요하다고 인정되는 때에는 기획재정부령으로 정하는 바에 따라 당해 물품에 대하여 통상적으로 인정되는 가산율 또는 공제율을 적용할 수 있다(영 제30조 제1항). 제1항의 규정에 의한 가산율 또는 공제율의 적용은 납세의무자의 요청이 있는 경우에 한한다(영 제30조 제2항).

83 관세법상 과세가격의 신고 및 결정에 관한 설명으로 옳은 것은?

2017 관세사

① 동종·동질물품의 거래가격을 기초로 과세가격을 결정하는 것은 허용되나, 유사물품의 거래가격을 기초로 과세가격을 결정하는 것은 허용되지 않는다.
② 세관장은 납세의무자의 요청이 없더라도 과세가격을 결정하는 데에 사용한 방법과 과세가격 및 그 산출근거를 납세의무자에게 서면으로 통보하여야 한다.
③ 거래관행상 거래가 성립된 때부터 일정 기간이 지난 후에 가격이 정하여지는 물품으로서 수입신고일 현재 그 가격이 정하여지지 아니한 경우에는 가격신고를 생략할 수 있다.
④ 통관의 능률을 높이기 위하여 필요하다고 인정되는 경우에는 대통령령으로 정하는 바에 따라 물품의 수입신고를 하기 전에 가격신고를 할 수 있다.
⑤ 수입물품의 과세가격은 우리나라에 수출하기 위하여 판매되는 물품에 대하여 구매자가 실제로 지급하였거나 지급하여야 할 가격에서 일정한 금액을 빼서 조정한 거래가격으로 한다.

관련 법조문: 법 제27조, 제28조, 제30조, 제32조, 제36조, 영 제16조

답 ④

관세의 납세의무자는 수입신고를 할 때 대통령령으로 정하는 바에 따라 세관장에게 해당 물품의 가격에 대한 신고(가격신고)를 하여야 한다. 다만, 통관의 능률을 높이기 위하여 필요하다고 인정되는 경우에는 대통령령으로 정하는 바에 따라 물품의 수입신고를 하기 전에 가격신고를 할 수 있다(법 제27조 제1항).

⊘ 선지분석

① 동종·동질물품의 거래가격을 기초로 과세가격을 결정하는 것(법 제31조) 뿐만이 아니라, 법 제30조(제1방법)와 제31조(제2방법)에 따른 방법으로 과세가격을 결정할 수 없을 때에는 과세가격으로 인정된 사실이 있는 유사물품의 거래가격으로서 일정한 요건을 갖춘 가격을 기초로 하여 과세가격을 결정한다(법 제32조 제1항).
② 세관장은 '납세의무자가 서면으로 요청'하면 과세가격을 결정하는 데에 사용한 방법과 과세가격 및 그 산출근거를 그 납세의무자에게 서면으로 통보하여야 한다(법 제36조).
③ '거래관행상 거래가 성립된 때부터 일정 기간이 지난 후에 가격이 정하여지는 물품으로서 수입신고일 현재 그 가격이 정하여지지 아니한 경우'에는 잠정가격으로 가격신고를 할 수 있다(법 제28조 제1항 및 영 제16조 제1항).
⑤ 수입물품의 과세가격은 우리나라에 수출하기 위하여 판매되는 물품에 대하여 구매자가 실제로 지급하였거나 지급하여야 할 가격에서 일정한 금액을 '더하여' 조정한 거래가격으로 한다(법 제30조 제1항).

84 관세법령상 과세가격의 신고 및 결정에 관한 설명으로 옳은 것은?

84 관세법령상 과세가격의 신고 및 결정에 관한 설명으로 옳은 것은?

 2023 관세사

① 구매자가 부담하는 중개료는 과세가격에 포함되지 않는다.

② 세관장은 과세가격을 결정하는 데에 사용한 방법과 과세가격 및 그 산출근거를 납세의무자에게 구두 또는 서면으로 통보하여야 한다.

③ 과세가격의 신고는 관세청장에게 한다.

④ 납세의무자가 가격신고를 할 때 신고하여야 할 가격이 확정되지 아니한 경우로서 과세가격 결정방법의 사전심사를 신청한 경우에는 잠정가격으로 가격신고를 할 수 있다.

⑤ 납세의무자가 동일한 공급자로부터 계속하여 수입하고 있음에도 불구하고 신고한 가격에 현저한 변동이 있는 경우는 과세가격으로 인정하기 곤란한 경우에 해당하지 않는다.

> **관련 법조문: 법 제27조, 제30조, 제36조, 영 제16조**　　　　　답 ④

납세의무자가 가격신고를 할 때 신고하여야 할 가격이 확정되지 아니한 경우로서 과세가격 결정방법의 사전심사를 신청한 경우에는 잠정가격으로 가격신고를 할 수 있다(법 제28조 제1항, 영 제16조 제1항 제2의2호).

✅ 선지분석

① 구매자가 부담하는 수수료와 '중개료'는 과세가격에 포함된다. 다만, 구매수수료는 제외한다(법 제30조 제1항 제1호).

② 세관장은 '납세의무자가 서면으로 요청하면' 과세가격을 결정하는 데에 사용한 방법과 과세가격 및 그 산출근거를 납세의무자에게 '서면'으로 통보하여야 한다(법 제36조).

③ 과세가격의 신고는 '세관장'에게 한다(법 제27조 제1항).

⑤ 납세의무자가 동일한 공급자로부터 계속하여 수입하고 있음에도 불구하고 신고한 가격에 현저한 변동이 있는 경우는 과세가격으로 인정하기 곤란한 경우에 '해당한다'(영 제24조 제1항 제2호).

제1관 세액의 확정(법 제38조 ~ 제43조)

1 신고납부

01 관세법상 신고납부와 관련한 설명 중 옳은 것은?　　　　　　　2008 국가직 7급

① 세관장이 부과고지하는 물품에 대해서는 납세신고를 하여야 한다.

② 납세신고는 수입신고전에 하여야 한다.

③ 수입신고서에 기재된 사항과 관세법에 따른 확인사항 등에 대한 심사는 수입신고를 수리한 후에 세관장이 하는 것이 원칙이다.

④ 관세청장이 정한 요건을 갖춘 자가 신청한 경우에는 납세신고한 세액을 자체적으로 심사하게 할 수 있다.

> **관련 법조문: 법 제38조**　　　　　　　　　　　　　　　　답 ④

'납세신고한 세액을 자체적으로 심사'하는 것을 '자율심사'라고 한다. 현재의 관세심사 체계는 과세관청의 심사와 기업자율심사의 이원화된 구조로 되어 있다. 자율심사를 할 수 있는 기업의 요건은 '관세청장'이 정한다.

☑ 선지분석

① '납세신고'는 신고납부방식에 따라 납세의무자가 스스로 신고하는 것을 말한다. 부과고지방식에 따라 세관장이 '세금을 내시오'라고 말하는 것은 '납부고지'이다.

② 납세신고는 수입신고를 할 때 한다. 수입신고서 안에 납세신고의 내용이 포함되어 있으므로, 두 신고는 분리될 수가 없다.

③ 세액 심사는 수입신고가 수리된 후에 하는 것이 원칙이지만, '기재사항'과 '확인사항'에 대한 심사는 '납세신고를 받으면' 바로 하게 된다. 즉, '수입신고 ~ 수입신고 수리'의 단계에서 기재사항과 확인사항에 대한 심사가 이루어진다.

02 관세법령상 관세의 신고납부에 관한 설명으로 옳지 않은 것은?　　　　　2024 관세사

① 세관장의 세액심사는 수입신고 수리 전에는 할 수 없다.

② 세관장은 자율심사업체에게 수출입업무의 처리방법 및 체계 등에 관한 관세청장이 정한 자료를 제공하여야 한다.

③ 관세납부대행기관은 납세자로부터 신용카드등에 의한 관세납부대행용역의 대가로 기획재정부령으로 정하는 바에 따라 납부대행수수료를 받을 수 있다.

④ 납세의무자가 신고납부한 세액이 부족하여 수정신고한 경우에는 수정신고한 날의 다음 날까지 해당 관세를 납부하여야 한다.

⑤ 납세의무자는 납세신고한 세액을 납부하기 전에 그 세액이 과부족하다는 것을 알게 되었을 때에는 납세신고한 세액을 정정할 수 있고, 이 경우 납부기한은 당초의 납부기한으로 한다.

> **관련 법조문: 법 제38조, 영 제32조의2, 제32조의5**　　　　　　답 ①

세관장은 납세신고를 받으면 수입신고서에 기재된 사항과 이 법에 따른 확인사항 등을 심사하되, 신고한 세액 등 납세신고 내용에 대한 심사(세액심사)는 수입신고를 수리한 후에 한다. 다만, 신고한 세액에 대하여 관세채권을 확보하기가 곤란하거나, 수입신고를 수리한 후 세액심사를 하는 것이 적당하지 아니하다고 인정하여 기획재정부령으로 정하는 물품의 경우에는 수입신고를 수리하기 전에 이를 심사한다(법 제38조 제1항). 수입신고 수리 후에 세액심사를 하는 것이 원칙이지만, 수입신고가 수리되기 전에도 심사할 수 있다.

② 영 제32조의2(자율심사) 제2항
③ 영 제32조의5(신용카드 등에 의한 관세 등의 납부) 제3항
④ 법 제38조의3(수정 및 경정) 제1항
⑤ 법 제38조(신고납부) 제4항

---

03 관세법령상 '수입신고수리전 세액 심사대상물품'에 해당하지 않는 것은?　　　2020 관세사

① 법률 또는 조약에 의하여 관세 또는 내국세를 감면받고자 하는 물품
② 관세법 제107조의 규정에 의하여 관세를 분할납부하고자 하는 물품
③ 10만원의 관세를 10일간 체납하고 있는 자가 신고하는 물품
④ 5만원의 관세를 체납하고 있는 자가 체납기간 7일 이내에 수입신고하는 물품
⑤ 납세자의 성실성 등을 참작하여 관세청장이 정하는 기준에 해당하는 불성실신고인이 신고하는 물품

| **관련 법조문: 규칙 제8조**　　　　　　　　　　　　　　　　　　　　　답 ④

'체납액 10만원 미만' 또는 '체납기간 7일 이내' 일 때 사전세액 심사대상에서 제외한다. 5만원의 관세를 체납하고 있는 자가 체납기간 7일 이내에 수입신고한다면 당연히 사전세액 심사대상에서 제외한다.

---

04 수입신고수리전 세액 심사대상물품으로 옳은 것은?　　　2013 관세사

① 물품의 가격변동이 크거나 기타 수입신고 수리 후에 세액을 심사하는 것이 적합하지 아니하다고 인정하여 기획재정부령으로 정하는 물품
② 조약에 의하여 내국세를 감면받고자 하는 물품
③ 관세 체납액이 3만원이고 체납기간이 7일된 자가 신고하는 물품
④ 납세자의 성실성 등을 참작하여 대통령령에서 정하는 기준에 해당하는 불성실신고인이 신고하는 물품

| **관련 법조문: 규칙 제8조**　　　　　　　　　　　　　　　　　　　　　답 ②

'법률'에 의하여 관세 또는 내국세를 감면받고자 하는 물품뿐만이 아니라 '조약'에 의하여 관세 또는 내국세를 감면받고자 하는 물품도 사전세액 심사대상이다.

① 물품의 가격변동이 크거나 기타 수입신고 수리 후에 세액을 심사하는 것이 적합하지 아니하다고 인정하여 '관세청장'이 정하는 물품
③ 관세 체납액이 3만원이고 체납기간이 7일된 자가 신고하는 물품은 체납액이 10만원 미만인 경우에 해당하므로 사전세액 심사대상에서 제외된다.
④ 납세자의 성실성 등을 참작하여 '관세청장'이 정하는 기준에 해당하는 불성실신고인이 신고하는 물품

05 관세법상 세관장이 신고한 세액에 대한 심사 중 과세가격 및 세율 등에 대한 심사를 하고자 하는 경우 수
입신고수리전에 심사하는 물품에 해당하지 않는 것은? 2009 국가직 7급

① 관세를 체납하고 있는 자가 신고하는 물품(체납액이 10만원 미만이거나 체납기간 7일 이내에 수입신
고하는 경우를 제외한다)
② 법률 또는 조약에 의하여 관세 또는 내국세를 감면받고자 하는 물품
③ 납세자의 성실성 등을 참작하여 관세청장이 정하는 기준에 해당하는 불성실신고인이 신고하는 물품
④ 물품의 가격변동이 큰 물품 기타 수입신고 수리 후에 세액을 심사하는 것이 적합하지 아니하다고 인
정하여 관세청장이 정하는 물품

▌ 관련 법조문: 규칙 제8조   답 ②

수입신고수리전에 세액심사를 하는 물품, 즉 사전세액 심사대상은 다음과 같다. 다만, 아래 물품 중 제1호와 제2호
에 규정된 물품의 감면 또는 분할납부의 적정 여부에 대한 심사는 수입신고수리전에 하고, 과세가격 및 세율 등에
대한 심사는 수입신고 수리 후에 한다. 문제에서 '과세가격 및 세율 등에 대한 심사를 하고자 하는 경우'로 한정하였
으므로, 이 경우 감면 물품과 분할납부 물품의 심사는 사후세액 심사대상에 들어간다.

1. 법률 또는 조약에 의하여 관세 또는 내국세를 감면받고자 하는 물품
2. 법 제107조의 규정에 의하여 관세를 분할납부하고자 하는 물품
3. 관세를 체납하고 있는 자가 신고하는 물품(체납액이 10만원 미만이거나 체납기간 7일 이내에 수입신고하는 경우를
   제외한다)
4. 납세자의 성실성 등을 참작하여 관세청장이 정하는 기준에 해당하는 불성실신고인이 신고하는 물품
5. 물품의 가격변동이 큰 물품 기타 수입신고 수리 후에 세액을 심사하는 것이 적합하지 아니하다고 인정하여 관세청
   장이 정하는 물품

06 관세법령상 수입신고수리전 세액심사에 대한 설명으로 옳지 않은 것은? 2017 국가직 9급

① 50만원의 관세를 1개월 체납하고 있는 자가 신고하는 물품의 세액에 대한 심사는 수입신고수리전에
한다.
② 법률 또는 조약에 의하여 관세를 감면받고자 하는 물품의 과세가격 및 세율 등에 대한 심사는 수입신
고수리후에 한다.
③ 납세자의 성실성 등을 참작하여 관세청장이 정하는 기준에 해당하는 불성실신고인이 신고하는 물품
의 세액심사는 수입신고수리전에 한다.
④ 관세법 제107조의 규정에 의하여 관세를 분할납부하고자 하는 물품의 과세가격 및 세율 등에 대한 심
사는 수입신고수리전에 한다.

▌ 관련 법조문: 규칙 제8조   답 ④

수입신고수리전에 세액심사를 하는 물품 중 '법률 또는 조약에 의하여 관세 또는 내국세를 감면받고자 하는 물품'
및 '관세를 분할납부하고자 하는 물품'의 감면 또는 분할납부의 적정 여부에 대한 심사는 수입신고수리전에 하고,
과세가격 및 세율 등에 대한 심사는 수입신고수리후에 한다(규칙 제8조 제2항).

⊘ 선지분석

① 관세를 체납하고 있는 자가 신고하는 물품은 수입신고수리전에 세액심사를 한다. 다만, 체납액이 10만원 미만이
거나 체납기간 7일 이내에 수입신고하는 경우를 제외한다(규칙 제8조 제1항). 즉, '단기 체납' 또는 '소액 체납'
인 경우에는 수입신고가 수리된 이후에 세액 심사를 한다. '50만원'의 관세를 '1개월 체납'하고 있는 자는 단기
체납도 아니고, 소액 체납도 아니므로, 수입신고가 수리되기 전에 세액심사를 한다.

📖 **명호샘의 한마디**

사전세액 심사대상 문제는 '규칙 제8조 제1항' 문제가 있고 '규칙 제8조 제2항' 문제가 있다. 사전세액 심사 문제를 풀 때엔 문제의 유형을 먼저 파악한 후 풀어야 한다. '제1항 문제'는 단순히 사전세액 심사대상 여부를 묻는 문제이다. 그러나 '제2항 문제'는 감면과 분할납부의 '적정 여부'만 사전심사대상이고, '과세가격 및 세율 등'은 여전히 사후심사라는 것을 알아야 한다는 문제이다.

> **규칙 제8조(수입신고수리전 세액 심사대상물품)** ① 법 제38조 제2항 단서의 규정에 의하여 수입신고수리전에 세액심사를 하는 물품은 다음 각 호와 같다.
> 1. 법률 또는 조약에 의하여 관세 또는 내국세를 감면받고자 하는 물품
> 2. 법 제107조의 규정에 의하여 관세를 분할납부하고자 하는 물품
> 3. 관세를 체납하고 있는 자가 신고하는 물품(체납액이 10만원 미만이거나 체납기간 7일 이내에 수입신고하는 경우를 제외한다)
> 4. 납세자의 성실성 등을 참작하여 관세청장이 정하는 기준에 해당하는 불성실신고인이 신고하는 물품
> 5. 물품의 가격변동이 큰 물품 기타 수입신고수리후에 세액을 심사하는 것이 적합하지 아니하다고 인정하여 관세청장이 정하는 물품
> ② 제1항의 규정에 의하여 수입신고수리전에 세액심사를 하는 물품 중 제1항 제1호 및 제2호에 규정된 물품의 감면 또는 분할납부의 적정 여부에 대한 심사는 수입신고수리전에 하고, 과세가격 및 세율 등에 대한 심사는 수입신고수리후에 한다.

07 수입신고수리전 세액 심사대상물품에 관한 설명으로 옳지 않은 것은?

2009 관세사

① 납세자의 성실성 등을 참작하여 관세청장이 정하는 기준에 해당하는 불성실 신고인이 신고하는 물품은 수입신고수리전 세액 심사대상물품이다.

② 관세를 체납하고 있는 자가 신고하는 물품(체납액이 10만원 미만이거나 체납기간 7일 이내에 수입신고하는 경우를 제외한다)은 수입신고수리전 세액 심사대상물품이다.

③ 관세법 제107조의 규정에 의하여 관세를 분할납부하고자 하는 물품은 수입신고수리전 세액 심사대상물품이다. 다만, 분할납부의 적정 여부에 대한 심사는 수입신고수리전에 하고, 과세가격 및 세율 등에 대한 심사는 수입신고 수리 후에 한다.

④ 법률 또는 조약에 의하여 관세 또는 내국세를 감면받고자 하는 물품은 수입신고수리전 세액 심사대상물품이다. 다만, 감면의 적정 여부에 대한 심사는 수입신고수리전에 하고, 과세가격 및 세율 등에 대한 심사는 수입신고 수리 후에 한다.

⑤ 물품의 가격변동이 큰 물품 기타 수입신고 수리 후에 세액을 심사하는 것이 적합하지 아니하다고 인정하여 관세청장이 정하는 물품은 수입신고수리전 세액 심사대상물품이다. 다만, 과세가격의 적정 여부에 대한 심사는 수입신고수리전에 하고, 세율 등에 대한 심사는 수입신고 수리 후에 한다.

┃ 관련 법조문: 법 제38조, 규칙 제8조

답 ⑤

감면 또는 분할납부의 적정 여부에 대한 심사는 수입신고수리전에 하고, 과세가격 및 세율 등에 대한 심사는 수입신고 수리 후에 한다. 물품의 가격 변동이 큰 이유 등으로 사전세액 심사를 하는 경우, 모든 심사를 수입신고가 수리되기 전에 한다.

08 관세법상 관세의 부과와 징수에 대한 설명으로 옳지 않은 것은?

2016 국가직 7급

① 세관장은 세액의 보정 결과 부족한 세액이 있을 때에는 납부 기한일부터 보정신청을 한 날까지의 기간과 금융회사의 정기 예금에 대하여 적용하는 이자율을 고려하여 대통령령으로 정하는 이율에 따라 계산한 금액을 더하여 해당 부족세액을 징수한다.

② 납세의무자가 납세신고한 세액을 납부하기 전에 그 세액이 과부족하다는 것을 알게 되어 납세신고한 세액을 정정한 경우 납부기한은 당초의 납부기한으로 한다.

③ 납세신고를 받은 세관장은 납세실적과 수입규모 등을 고려하여 관세청장이 정하는 요건을 갖춘 자가 신청할 때에는 납세신고한 세액을 자체적으로 심사하게 할 수 있다.

④ 납세신고를 받은 세관장은 수입신고를 수리한 후 세액심사를 하는 것이 적당하지 아니하다고 인정하여 기획재정부령으로 정하는 물품의 경우에는 수입신고를 수리하기 전에 신고한 세액에 대하여 심사한다.

▌ 관련 법조문: 법 제38조, 제38조의2   답 ①

세관장은 법 제38조의2 제1항(보정신청)과 제2항 후단(통지에 의한 보정신청)에 따른 신청에 따라 세액을 보정한 결과 부족한 세액이 있을 때에는 납부기한(법 제9조에 따른 납부기한을 말한다) '다음 날'부터 보정신청을 한 날까지의 기간과 금융회사의 정기예금에 대하여 적용하는 이자율을 고려하여 대통령령으로 정하는 이율에 따라 계산한 금액을 더하여 해당 부족세액을 징수하여야 한다(법 제38조의2 제5항).

⊘ 선지분석

② 납세의무자는 납세신고한 세액을 납부하기 전에 그 세액이 과부족(過不足)하다는 것을 알게 되었을 때에는 납세신고한 세액을 정정할 수 있다. 이 경우 납부기한은 당초의 납부기한(법 제9조에 따른 납부기한을 말한다)으로 한다(법 제38조 제4항).

③④ 세관장은 납세신고를 받으면 수입신고서에 기재된 사항과 관세법에 따른 확인사항 등을 심사하되, 신고한 세액에 대하여는 수입신고를 수리한 후에 심사한다. 다만, 신고한 세액에 대하여 관세채권을 확보하기가 곤란하거나, 수입신고를 수리한 후 세액심사를 하는 것이 적당하지 아니하다고 인정하여 기획재정부령으로 정하는 물품의 경우에는 수입신고를 수리하기 전에 이를 심사한다(법 제38조 제2항). 세관장은 법 제38조 제2항 본문에도 불구하고 납세실적과 수입규모 등을 고려하여 관세청장이 정하는 요건을 갖춘 자가 신청할 때에는 납세신고한 세액을 자체적으로 심사(자율심사)하게 할 수 있다. 이 경우 해당 납세의무자는 자율심사한 결과를 세관장에게 제출하여야 한다(법 제38조 제3항).

09 관세법령상 관세의 부과와 징수에 관한 내용으로 옳은 것은?

2020 관세사

① 세관장은 납세의무자가 납부하여야 하는 세액이 3만원인 경우에는 이를 징수하지 아니한다.

② 세관장이 납세의무자가 납부하여야 하는 세액이 대통령령으로 정하는 금액 미만에 해당하여 이를 징수하지 아니하게 된 경우에는 당해 물품의 수입신고수리일을 그 납부일로 본다.

③ 관세납부대행기관이 받는 납부대행수수료는 관세청장이 관세납부대행기관의 운영경비 등을 종합적으로 고려하여 승인하되, 해당 관세의 1천분의 5를 초과할 수 없다.

④ 납세의무자는 세액산출의 기초가 되는 과세가격 또는 품목분류 등에 오류가 있는 것을 알게 되었을 때에는 신고납부한 날부터 1년 이내에 해당 세액을 보정하여 줄 것을 세관장에게 신청하여야 한다.

⑤ 납세의무자가 신고납부한 세액이 부족하다는 것을 알고, 이 부족한 세액에 대한 세액의 보정을 신청한 경우에는 해당 보정신청을 한 날까지 해당 관세를 납부하여야 한다.

세관장은 납세의무자가 납부하여야 하는 세액이 대통령령으로 정하는 금액 미만인 경우에는 이를 징수하지 아니한다(법 제40조). 이것을 '징수금액의 최저한'이라 한다. 이 규정에 따라 관세를 징수하지 아니하게 된 경우에는 당해 물품의 수입신고수리일을 그 납부일로 본다(영 제37조).

✓ 선지분석

① '징수금액의 최저한' 규정에 따라 세관장이 징수하지 아니하는 금액은 '1만원'으로 한다(영 제37조 제1항). '징수금액의 최저한' 문제는 이 문제와 마찬가지로 그 금액을 변경하는 형태로 자주 출제된다. 2020년 관세직 9급 문제에서도 '2만원'이라는 오답이 출제된 적이 있다.

③ 납부대행수수료는 관세청장이 관세납부대행기관의 운영경비 등을 종합적으로 고려하여 승인하되, 해당 '납부세액'의 '1천분의 10'을 초과할 수 없다(규칙 제8조의2 제2항).

④ 납세의무자는 신고납부한 세액이 부족하다는 것을 알게 되거나 세액산출의 기초가 되는 과세가격 또는 품목분류 등에 오류가 있는 것을 알게 되었을 때에는 신고납부한 날부터 '6개월 이내'(보정기간)에 대통령령으로 정하는 바에 따라 해당 세액을 보정(補正)하여 줄 것을 세관장에게 '신청할 수 있다'(법 제38조의2 제1항).

⑤ 보정을 신청한 경우, 그 납부기한은 '보정신청을 한 날의 다음 날'이다(법 제38조의2 제4항).

10 관세법령상 관세부과 등에 대한 설명으로 옳은 것은? 　　　　　　　2022 국가직 9급

① 6억원인 관세(내국세 포함)의 징수권은 이를 행사할 수 있는 날부터 5년간 행사하지 않으면 소멸시효가 완성된다.

② 세관장은 신고한 세액에 대하여 관세채권을 확보하기가 곤란하거나, 수입신고를 수리한 후 세액심사를 하는 것이 적당하지 아니하다고 인정하여 기획재정부령으로 정하는 물품의 경우에는 수입신고를 수리하기 전에 이를 심사한다.

③ 세관장은 납세의무자가 납부하여야 하는 세액이 2만원 미만인 경우에는 이를 징수하지 아니하며, 이 경우 당해 물품의 수입신고수리일을 그 납부일로 본다.

④ 납세의무자는 납세신고한 세액을 납부하기 전에 그 세액이 과부족하다는 것을 알게 되었을 때에는 납세신고한 세액을 정정할 수 있다. 이 경우 납부기한은 정정한 날의 다음날로 한다.

세관장은 납세신고를 받으면 수입신고서에 기재된 사항과 이 법에 따른 확인사항 등을 심사하되, 신고한 세액에 대하여는 수입신고를 수리한 후에 심사한다. 다만, 신고한 세액에 대하여 관세채권을 확보하기가 곤란하거나, 수입신고를 수리한 후 세액심사를 하는 것이 적당하지 아니하다고 인정하여 기획재정부령으로 정하는 물품의 경우에는 수입신고를 수리하기 전에 이를 심사한다(법 제38조 제2항).

✓ 선지분석

① '6억원인 관세(내국세 포함)'이란 '5억원 이상의 관세(내국세를 포함한다)'에 해당한다. 그러므로 관세의 징수권은 이를 행사할 수 있는 날부터 '10년간' 행사하지 않으면 소멸시효가 완성된다(법 제22조 제1항 제1호).

③ 세관장은 납세의무자가 납부하여야 하는 세액이 대통령령으로 정하는 금액 미만인 경우에는 이를 징수하지 아니한다(법 제40조). 법 제40조의 규정에 의하여 세관장이 징수하지 아니하는 금액은 '1만원'으로 한다(영 제37조).

④ 납세의무자는 납세신고한 세액을 납부하기 전에 그 세액이 과부족하다는 것을 알게 되었을 때에는 납세신고한 세액을 정정할 수 있다. 이 경우 납부기한은 '당초의 납부기한'(법 제9조에 따른 납부기한을 말한다)으로 한다(법 제38조 제4항).

11 관세법령상 관세의 부과·징수에 관한 설명으로 옳지 않은 것은?

① 납세의무자가 납부하여야 하는 세액이 3만원인 경우 세관장은 수입물품에 부과되는 세금을 징수하지 아니한다.

② 납세의무자는 납세신고한 세액을 납부하기 전에 그 세액이 과부족하다는 것을 알게되었을 때에는 납세신고한 세액을 정정할 수 있다.

③ 잠정가격신고를 기초로 납세신고를 하고 이에 해당하는 세액을 납부한 경우 관세법 제42조 제1항 제1호 및 제2호의 금액을 합한 금액의 가산세를 감면한다. 단, 납세의무자가 제출한 자료가 사실과 다름이 판명되어 추징의 사유가 발생한 경우는 가산세 감면 대상에서 제외한다.

④ 보험에 가입된 등기된 건물은 관세법에 따라 제공하는 담보물이 될 수 있다.

⑤ 세관장은 납세의무자가 경정청구한 세액을 심사한 결과 과부족하다는 것을 알게 되었을 때에는 그 세액을 경정하여야 한다.

> **관련 법조문: 법 제24조, 제38조, 제38조의3, 제40조, 제42조의2, 영 제37조**   답 ①

세관장은 납세의무자가 납부하여야 하는 세액이 대통령령으로 정하는 금액 미만인 경우에는 이를 징수하지 아니한다(법 제40조). 법 제40조의 규정에 의하여 세관장이 징수하지 아니하는 금액은 1만원으로 한다(영 제37조 제1항).

✓ 선지분석

② 납세의무자는 납세신고한 세액을 납부하기 전에 그 세액이 과부족(過不足)하다는 것을 알게 되었을 때에는 납세신고한 세액을 정정할 수 있다. 이 경우 납부기한은 당초의 납부기한(법 제9조에 따른 납부기한을 말한다)으로 한다(법 제38조 제4항).

③ 세관장은 다음 각 호의 어느 하나에 해당하는 경우에는 제42조 제1항에 따른 가산세에서 다음 각 호에서 정하는 금액을 감면한다(법 제42조의2 제1항).

> 2. 제28조 제1항에 따른 잠정가격신고를 기초로 납세신고를 하고 이에 해당하는 세액을 납부한 경우(납세의무자가 제출한 자료가 사실과 다름이 판명되어 추징의 사유가 발생한 경우는 제외한다): 제42조 제1항 제1호 및 제2호의 금액을 합한 금액

④ '보험에 가입된 등기 또는 등록된 건물·공장재단·광업재단·선박·항공기 또는 건설기계'는 관세법상 제공할 수 있는 담보에 포함된다(법 제24조 제1항).

⑤ 세관장은 납세의무자가 신고납부한 세액, 납세신고한 세액 또는 경정청구한 세액을 심사한 결과 과부족하다는 것을 알게 되었을 때에는 대통령령으로 정하는 바에 따라 그 세액을 경정하여야 한다(법 제38조의3 제6항).

12 관세법령상 납부세액의 변경에 대한 설명으로 옳지 않은 것은?

① 세관장은 세액산출의 기초가 되는 과세가격 또는 품목분류 등에 오류가 있다는 것을 알게 되었을 때에는 대통령령으로 정하는 바에 따라 납세의무자에게 해당 보정기간에 보정신청을 하도록 통지할 수 있다.

② 세관장은 납세의무자가 신고납부한 세액을 심사한 결과 그 세액이 과부족하다는 것을 알게 되어 경정한 후에는 다시 경정하지 못한다.

③ 납세의무자는 최초의 신고에서 과세표준 및 세액의 계산근거가 된 거래 등이 그에 관한 판결과 같은 효력을 가지는 화해에 의하여 다른 것으로 확정되어 납부한 세액이 과다한 것을 알게 되었을 때에는 그 사유가 발생한 것을 안 날부터 2개월 이내에 납부한 세액의 경정을 세관장에게 청구할 수 있다.

④ 납세의무자로부터 경정의 청구를 받은 세관장은 그 청구를 받은 날부터 2개월 이내에 세액을 경정하거나 경정하여야 할 이유가 없다는 뜻을 그 청구를 한 자에게 통지하여야 한다.

세관장은 경정을 한 후 그 세액에 과부족이 있는 것을 발견한 때에는 그 경정한 세액을 다시 경정한다(영 제34조 제5항).

✅ 선지분석

① 법 제38조의2(보정) 제2항

③ 납세의무자는 <u>최초의 신고 또는 경정에서 과세표준 및 세액의 계산근거가 된 거래 또는 행위 등이 그에 관한 소송에 대한 판결(판결과 같은 효력을 가지는 화해나 그 밖의 행위를 포함한다)에 의하여 다른 것으로 확정되는 등 대통령령으로 정하는 사유가 발생하여 납부한 세액이 과다한 것을 알게 되었을 때에는 제2항에 따른 기간에도 불구하고 그 사유가 발생한 것을 안 날부터 2개월 이내에 대통령령으로 정하는 바에 따라 납부한 세액의 경정을 세관장에게 청구할 수 있다</u>(법 제38조의3 제3항). 법 제38조의3 제3항에서 '최초의 신고 또는 경정에서 과세표준 및 세액의 계산근거가 된 거래 또는 행위 등이 그에 관한 소송에 대한 판결(판결과 같은 효력을 가지는 화해나 그 밖의 행위를 포함한다)에 의하여 다른 것으로 확정되는 등 대통령령으로 정하는 사유'란 다음 각 호의 어느 하나에 해당하는 경우를 말한다(영 제34조 제2항).

> 1. 최초의 신고 또는 경정에서 과세표준 및 세액의 계산근거가 된 거래 또는 행위 등이 그에 관한 소송에 대한 판결(판결과 같은 효력을 가지는 화해나 그 밖의 행위를 포함한다)에 의하여 다른 것으로 확정된 경우
> 2. 최초의 신고 또는 경정을 할 때 장부 및 증거서류의 압수, 그 밖의 부득이한 사유로 과세표준 및 세액을 계산할 수 없었으나 그 후 해당 사유가 소멸한 경우
> 3. 법 제233조 제1항 후단에 따라 원산지증명서 등의 진위 여부 등을 회신받은 세관장으로부터 그 회신내용을 통보받은 경우

④ 법 제38조의3(수정 및 경정) 제4항

13

□□□

관세법령상 세액의 수정 및 경정에 대한 설명으로 옳지 않은 것은? 2016 국가직 7급

① 세관장은 세액을 심사한 결과 세액의 경정을 하는 경우 이미 납부한 세액에 부족이 있거나 납부할 세액에 부족이 있는 경우에는 그 부족세액에 대하여 납부고지를 하여야 한다.

② 납세의무자는 최초의 신고를 할 때 장부 및 증거서류의 압수로 과세표준 및 세액을 계산할 수 없었으나 그 후 그 사유가 소멸하여 납부한 세액이 과다한 것을 알게 되었을 때에는 그 사유가 발생한 것을 안 날부터 2개월 이내에 대통령령으로 정하는 바에 따라 납부한 세액의 경정을 세관장에게 청구할 수 있다.

③ 납세의무자는 신고납부한 세액이 과다한 것을 알게 되었을 때에는 그 날부터 5년 이내에 대통령령으로 정하는 바에 따라 세액의 경정을 세관장에게 청구할 수 있다.

④ 신고납부한 세액이 부족하여 수정신고를 한 납세의무자는 수정신고한 날의 다음 날까지 해당 관세를 납부하여야 한다.

납세의무자는 신고납부한 세액이 과다한 것을 알게 되었을 때에는 '최초로 납세신고를 한 날부터' 5년 이내에 대통령령으로 정하는 바에 따라 신고한 세액의 경정을 세관장에게 청구할 수 있다. 이 경우 경정의 청구를 받은 세관장은 그 청구를 받은 날부터 2개월 이내에 세액을 경정하거나 경정하여야 할 이유가 없다는 뜻을 청구한 자에게 통지하여야 한다(법 제38조의3 제2항). '5년'을 계산할 때 그 기산일은 납부세액이 과다함을 알게 된 날이 아니라, 최초로 납세신고를 한 날이다.

한편 2013년 국가직 9급에서는 '신고납부한 세액의 과다'를 '신고납부한 세액의 과부족'으로 표현한 오답이 출제된 적이 있다. 신고납부한 세액의 '부족'에 대해서는 '보정신청'과 '수정신고'의 방법으로, 신고납부한 세액의 '과다'에 대해서는 '경정청구'의 방법으로 세액을 정정하게 된다.

① 세관장은 납세의무자가 신고납부한 세액, 납세신고한 세액 또는 경정청구한 세액을 심사한 결과 과부족하다는 것을 알게 되었을 때에는 대통령령으로 정하는 바에 따라 그 세액을 경정하여야 한다(법 제38조의3 제6항). 부과고지 대상이거나 부족액 징수 대상이 되어 세관장이 관세를 징수하려는 경우에는 대통령령으로 정하는 바에 따라 납세의무자에게 납부고지를 하여야 한다(법 제39조 제3항). 경정을 하는 경우 이미 납부한 세액에 부족이 있거나 납부할 세액에 부족이 있는 경우에는 그 부족세액에 대하여 납부고지를 해야 한다. 이 경우 동일한 납세의무자에게 경정에 따른 납부고지를 여러 건 해야 할 경우 통합하여 하나의 납부고지를 할 수 있다(영 제34조 제4항).

② 납세의무자는 최초의 신고 또는 경정에서 과세표준 및 세액의 계산근거가 된 거래 또는 행위 등이 그에 관한 소송에 대한 판결(판결과 같은 효력을 가지는 화해나 그 밖의 행위를 포함한다)에 의하여 다른 것으로 확정되는 등 대통령령으로 정하는 사유가 발생하여 납부한 세액이 과다한 것을 알게 되었을 때에는 제2항에 따른 기간에도 불구하고 그 사유가 발생한 것을 안 날부터 2개월 이내에 대통령령으로 정하는 바에 따라 납부한 세액의 경정을 세관장에게 청구할 수 있다(법 제38조의3 제3항).

④ 납세의무자는 신고납부한 세액이 부족한 경우에는 대통령령으로 정하는 바에 따라 수정신고(보정기간이 지난 날부터 관세부과 제척 기간이 끝나기 전까지로 한정한다)를 할 수 있다. 이 경우 납세의무자는 수정신고한 날의 다음 날까지 해당 관세를 납부하여야 한다(법 제38조의3 제1항).

---

14 관세법령상 세액의 수정 및 경정에 관한 설명으로 옳지 않은 것은?
□□□

① 납세의무자는 신고납부한 세액이 부족한 경우에는 대통령령으로 정하는 바에 따라 수정신고(보정기간이 지난 날부터 관세법 제21조 제1항에 따른 기간이 끝나기 전까지로 한정)를 할 수 있다.

② 세관장은 관세법 제38조의3 제2항 또는 제3항에 따른 경정의 청구를 받은 날부터 3개월 이내에 세액을 경정하거나 경정하여야 할 이유가 없다는 뜻을 그 청구를 한 자에게 통지하여야 한다.

③ 납세의무자는 신고납부한 세액이 과다한 것을 알게 되었을 때에는 최초로 납세신고를 한 날부터 5년 이내에 대통령령으로 정하는 바에 따라 신고한 세액의 경정을 세관장에게 청구할 수 있다.

④ 관세법 제38조의3 제2항 또는 제3항에 따라 경정을 청구한 자가 제4항에 따라 2개월 이내에 통지를 받지 못한 경우에는 그 2개월이 되는 날의 다음 날부터 관세법에 따른 이의신청, 심사청구, 심판청구 또는 감사원법에 따른 심사청구를 할 수 있다.

⑤ 세관장은 납세의무자가 신고납부한 세액, 납세신고한 세액 또는 관세법 제38조의3 제2항 및 제3항에 따라 경정청구한 세액을 심사한 결과 과부족하다는 것을 알게 되었을 때에는 대통령령으로 정하는 바에 따라 그 세액을 경정하여야 한다.

│ 관련 법조문: 법 제38조의3 답 ②

세관장은 관세법 제38조의3 제2항 또는 제3항에 따른 경정의 청구를 받은 날부터 <u>2개월 이내</u>에 세액을 경정하거나 경정하여야 할 이유가 없다는 뜻을 그 청구를 한 자에게 통지하여야 한다(법 제38조의3 제4항).

▲ 관세법령상 세액의 수정 및 경정

15 관세법상 세액의 확정에 대한 설명으로 옳은 것은?

☐☐☐

① 납세의무자는 신고납부한 세액이 부족하다는 것을 알게 되었을 때에는 신고납부한 날부터 3개월 이내에 해당 세액을 보정(補正)하여 줄 것을 세관장에게 신청할 수 있다.

② 납세의무자는 신고납부한 세액이 부족한 경우에는 대통령령으로 정하는 바에 따라 수정신고를 할 수 있다. 이 경우 납세의무자는 수정신고한 날까지 해당 관세를 납부하여야 한다.

③ 납세의무자는 신고납부한 세액이 과다한 것을 알게 되었을 때에는 최초로 신고납부를 한 날부터 1년 이내에 신고한 세액의 경정을 세관장에게 청구할 수 있다.

④ 조난 선박에 적재된 물품으로서 보세구역이 아닌 장소에 장치된 물품에 대한 관세는 그 물품을 검사한 공무원이 검사장소에서 수납할 수 있다.

▌ **관련 법조문: 법 제38조, 제38조의2, 제38조의3, 제43조**   답 ④

다음 각 호의 어느 하나에 해당하는 물품에 대한 관세는 그 물품을 검사한 공무원이 검사 장소에서 수납할 수 있다 (법 43조 제1항).

> 1. 여행자의 휴대품
> 2. 조난 선박에 적재된 물품으로서 보세구역이 아닌 장소에 장치된 물품

---

16 관세의 신고납부와 관련하여 다음 표 A, B, C, D의 경우에 납세의무자가 취할 수 있는 조치를 옳게 열거한 것은?

☐☐☐

납세 신고 후	납부일로부터 6개월까지	A	B
	납부일로부터 6개월 경과 후	C	D
		부족	과다
		세액	

	A	B	C	D
①	보정신청	경정청구	수정신고	경정청구
②	정정	보정신청	경정	수정신고
③	보정신청	수정신고	경정청구	경정청구
④	경정	경정청구	수정신고	경정청구

▌ **관련 법조문: 법 제38조**   답 ①

세액을 신고 또는 납부한 후 납세의무자가 그 과부족을 정정할 수 있는 방법에는 정정, 보정신청, 수정신고, 경정청구가 있다.

정정 주체	변경할 내용	세액 납부 전	세액 납부 후 6개월까지	관세부과 제척기간이 끝날 때까지
납세의무자	부족	정정	보정신청	수정신고
	과다		경정청구 (최초로 납세신고를 한 날부터 5년 이내)	
세관장	과부족		경정	

17 관세법상 세액의 확정에 대한 설명으로 옳지 않은 것은?

□□□

① 납세의무자는 납세신고한 세액을 납부하기 전에 그 세액이 과부족하다는 것을 알게 되었을 때에는 납세신고한 세액을 정정할 수 있다.

② 납세의무자는 세액산출의 기초가 되는 과세가격 또는 품목분류 등에 오류가 있는 것을 알게 되었을 때에는 신고납부한 날부터 6개월 이내에 대통령령으로 정하는 바에 따라 해당 세액을 보정하여 줄 것을 세관장에게 신청할 수 있다.

③ 납세의무자는 신고납부한 세액이 과다한 것을 알게 되었을 때에는 최초로 납세신고를 한 날부터 5년 이내에 대통령령으로 정하는 바에 따라 신고한 세액의 경정을 세관장에게 청구할 수 있다.

④ 납세의무자는 국제조세조정에 관한 법률에 따라 국세청장이 해당 수입물품의 거래가격과 관련하여 소급하여 적용하도록 사전승인을 함에 따라 그 거래가격과 관세법에 따라 신고납부·경정한 세액의 산정기준이 된 과세가격간 차이가 발생한 경우에는 그 결정·경정 처분 또는 사전승인이 있는 날부터 3개월 또는 최초로 경정신고를 한 날부터 5년 내에 세관장에게 세액의 경정을 청구할 수 있다.

| 관련 법조문: 법 제38조, 제38조의2, 제38조의3, 제38조의4 | 답 ④ |

납세의무자는 국제조세조정에 관한 법률 제7조 제1항에 따라 관할 지방국세청장 또는 세무서장이 해당 수입물품의 거래가격을 조정하여 과세표준 및 세액을 결정·경정 처분하거나 같은 법 제14조 제3항(일방적 사전승인의 대상인 경우에 한정한다)에 따라 국세청장이 해당 수입물품의 거래가격과 관련하여 소급하여 적용하도록 사전승인을 함에 따라 그 거래가격과 이 법에 따라 신고납부·경정한 세액의 산정기준이 된 과세가격간 차이가 발생한 경우에는 그 결정·경정 처분 또는 사전승인이 있음을 안 날(처분 또는 사전승인의 통지를 받은 경우에는 그 받은 날)부터 3개월 또는 <u>최초로 납세신고를 한 날</u>부터 5년 내에 대통령령으로 정하는 바에 따라 세관장에게 세액의 경정을 청구할 수 있다(법 제38조의4 제1항).

✅ 선지분석

① 법 제38조(신고납부) 제4항
② 법 제38조의2(보정) 제1항
③ 법 제38조의3(수정 및 경정) 제2항

18 관세법상 납세의무자가 신고납부한 세액에 대한 수정신고 및 세관장의 경정에 관한 설명으로 옳은 것은?

☐☐☐ 2014 관세사

① 납세의무자는 신고납부한 세액이 과다한 것을 알게 되었을 때에는 최초로 납세신고를 한 날부터 2년 이내에 신고한 세액의 경정을 청구할 수 있다.

② 세관장은 납세의무자가 신고납부한 세액, 납세신고한 세액, 경정청구한 세액을 심사한 결과 과부족하다는 것을 알게 되었을 때에는 대통령령으로 정하는 바에 따라 그 세액을 경정하여야 한다.

③ 수정신고를 한 납세의무자는 수정신고한 날까지 관세를 납부하여야 한다.

④ 납세의무자는 최초의 신고 또는 경정에서 과세표준 및 세액의 계산근거가 된 거래 또는 행위 등이 그에 관한 소송에 대한 판결에 의하여 다른 것으로 확정되어 납부한 세액이 과다한 것을 알게 되었을 때에는 그 사유가 발생한 것을 안 날부터 3개월 이내에 경정청구를 할 수 있다.

⑤ 경정의 청구를 받은 세관장은 그 청구를 받은 날부터 3개월 이내에 세액을 경정하거나 경정하여야 할 이유가 없다는 뜻을 청구한 자에게 통지하여야 한다.

▌ 관련 법조문: 법 제38조의3 답 ②

세관장은 ㉠ 신고납부한 세액, ㉡ 납세신고한 세액, ㉢ 경정청구한 세액의 '과다 + 부족'에 대하여 모두 '경정'한다.

⊘ 선지분석

① 납세의무자는 신고납부한 세액이 과다한 것을 알게 되었을 때에는 최초로 납세신고를 한 날부터 '5년' 이내에 대통령령으로 정하는 바에 따라 신고한 세액의 경정을 세관장에게 청구할 수 있다.

③ 수정신고를 한 납세의무자는 수정신고한 날의 '다음 날'까지 관세를 납부하여야 한다.

④ 납세의무자는 최초의 신고 또는 경정에서 과세표준 및 세액의 계산근거가 된 거래 또는 행위 등이 그에 관한 소송에 대한 판결에 의하여 다른 것으로 확정되어 납부한 세액이 과다한 것을 알게 되었을 때에는 그 사유가 발생한 것을 안 날부터 '2개월' 이내에 경정청구를 할 수 있다.

⑤ 경정의 청구를 받은 세관장은 그 청구를 받은 날부터 '2개월' 이내에 세액을 경정하거나 경정하여야 할 이유가 없다는 뜻을 청구한 자에게 통지하여야 한다.

---

19 관세법상 세액의 확정에 관한 설명으로 옳은 것은?

☐☐☐ 2009 국가직 7급

① 수입신고전 즉시 반출신고를 하고 반출한 물품에 대해서는 세관장이 관세를 부과·징수한다.

② 수입신고가 수리되기 전에 소비 또는 사용하는 물품에 대해서는 수입자가 납세신고를 해야 한다.

③ 세관장은 법의 규정에 의한 신청에 따라 세액을 보정한 결과 부족한 세액이 있을 경우에 납부기한일로부터 부족한 세액을 납부한 날까지의 기간과 금융회사의 정기예금에 대하여 적용하는 이자율을 감안하여 부족세액을 징수한다.

④ 납세의무자는 납세신고한 세액을 납부하기 전에 해당 세액에 과부족이 있는 것을 안 때에는 납세신고한 세액을 성정할 수 있으며, 이 경우 납부기한은 당초의 납부기한으로 한다.

✓ **선지분석**

① 수입신고전 즉시 반출신고를 하고 반출한 물품에 대해서는 즉시 반출신고를 한 날부터 10일 이내에 수입신고를 하도록 요구하고 있다. 즉시 반출신고 후 수입신고가 이루어진다는 것은 납세자가 스스로 납세신고를 한다는 의미이다. '세관장이 관세를 부과·징수한다'는 부과고지방식을 의미한다.

② 수입신고가 수리되기 전에 소비 또는 사용하는 물품은 부과고지대상에 해당한다. '수입자가 납세신고를 한다'는 신고납부방식을 의미한다.

③ 세관장은 보정신청에 따라 세액을 보정한 결과 부족한 세액이 있을 때에는 제42조에도 불구하고 '납부기한 다음 날부터 보정신청을 한 날까지의 기간'과 금융회사의 정기예금에 대하여 적용하는 이자율을 고려하여 대통령령으로 정하는 이율에 따라 계산한 금액을 더하여 해당 부족세액을 징수하여야 한다.

20

관세법상 세액의 확정에 관한 설명으로 옳지 않은 것은?

① 납세의무자가 부족한 세액에 대한 세액의 보정을 신청한 경우에는 해당 보정신청을 한 날까지 해당 관세를 납부하여야 한다.

② 납세신고, 자율심사 및 관세법 제38조(신고납부) 제4항에 따른 세액의 정정과 관련하여 그 방법 및 절차 등 필요한 사항은 대통령령으로 정한다.

③ 납세의무자는 납세신고한 세액을 납부하기 전에 그 세액이 과부족하다는 것을 알게 되었을 때에는 납세신고한 세액을 정정할 수 있으며, 이 경우 납부기한은 당초의 납부기한으로 한다.

④ 납세의무자는 신고납부한 세액이 과다한 것을 알게 되었을 때에는 최초로 납세신고를 한 날부터 5년 이내에 대통령령으로 정하는 바에 따라 신고한 세액의 경정을 세관장에게 청구할 수 있다.

⑤ 납세의무자는 세액산출의 기초가 되는 과세가격 또는 품목분류 등에 오류가 있는 것을 알게 되었을 때에는 신고납부한 날부터 6개월 이내에 대통령령으로 정하는 바에 따라 해당 세액을 보정하여 줄 것을 세관장에게 신청할 수 있다.

납세의무자가 부족한 세액에 대한 세액의 보정을 신청한 경우에는 '해당 보정신청을 한 날의 다음 날'까지 해당 관세를 납부하여야 한다(법 제38조의2 제4항).

정정 방식	납부기한
보정신청(법 제38조의2 제4항)	보정신청한 날의 다음날까지
수정신고(법 제38조의3 제1항)	수정신고한 날의 다음날까지

✓ **선지분석**

② 납세신고, 자율심사 및 관세법 제38조(신고납부) 제4항에 따른 세액의 정정과 관련하여 그 방법 및 절차 등 필요한 사항은 대통령령으로 정한다(법 제38조 제5항). 납세신고는 영 제32조(납세신고)에서, 자율심사는 영 제32조의2(자율심사)에서, 세액의 정정은 영 제32조의3(세액의 정정)에서 상세히 규정한다. 즉 '대통령령으로 정한다'.

21 「관세법」상 세액의 확정에 대한 설명으로 옳지 않은 것은?

□□□
① 세관장은 경정청구를 받은 날부터 2개월 내에 세액을 경정하거나 경정하여야 할 이유가 없다는 뜻을 청구인에게 통지하여야 한다.

② 과세가격 조정에 따른 경정청구에 대한 세관장의 통지에 이의가 있는 청구인은 그 통지를 받은 날(2개월 내에 통지를 받지 못한 경우에는 2개월이 지난 날)부터 30일 내에 기획재정부장관에게 국세의 정상가격과 관세의 과세가격 간의 조정을 신청할 수 있다.

③ 납세의무자가 부족한 세액에 대한 세액의 보정을 신청한 경우에는 해당 보정신청을 한 날의 다음 날까지 해당 관세를 납부하여야 한다.

④ 세관장은 납세의무자가 납부기한까지 납부하지 아니한 관세액을 징수하거나 부족한 관세액을 징수할 때에는 부족세액의 100분의 20과 대통령령으로 정하는 이자율을 합한 금액을 가산세로 징수한다.

> **관련 법조문: 법 제38조의2, 제38조의4, 제42조**   답 ④
>
> 세관장은 납세의무자가 법정납부기한까지 납부하지 아니한 관세액을 징수하거나 수정신고 또는 경정에 따라 부족한 관세액을 징수할 때에는 다음 각 호의 금액을 합한 금액을 가산세로 징수한다(법 제42조 제1항). 단순하게 부족세액의 ~%에 이자율을 합한 금액으로 표현할 수 없다.
>
> 1. 부족세액의 100분의 10
> 2. 다음 각 목의 금액을 합한 금액
>   가. 미납부세액 또는 부족세액 × 법정납부기한의 다음 날부터 납부일까지의 기간(납부고지일부터 납부고지서에 따른 납부기한까지의 기간은 제외한다) × 금융회사 등이 연체대출금에 대하여 적용하는 이자율 등을 고려하여 대통령령으로 정하는 이자율
>   나. 법정납부기한까지 납부하여야 할 세액 중 납부고지서에 따른 납부기한까지 납부하지 아니한 세액 × 100분의 3 (관세를 납부고지서에 따른 납부기한까지 완납하지 아니한 경우에 한정한다)
>
> ☑ **선지분석**
> ① 법 제38조의4(수입물품의 과세가격 조정에 따른 경정) 제3항
> ② 법 제38조의4(수입물품의 과세가격 조정에 따른 경정) 제4항
> ③ 법 제38조의2(보정) 제4항

22 관세법령상 보정에 대한 설명으로 옳지 않은 것은?

□□□
① 세관장은 세액산출의 기초가 되는 과세가격 또는 품목분류 등에 오류가 있다는 것을 알게 되었을 때에는 직권으로 보정을 하고 납세의무자에게 통지하여야 한다.

② 세관장은 관세법 제38조의2 제1항과 제2항 후단에 따른 신청에 따라 세액을 보정한 결과 부족한 세액이 있을 때에는 제42조에도 불구하고 납부기한 다음 날부터 보정신청을 한 날까지의 기간과 금융회사의 정기예금에 대하여 적용하는 이자율을 고려하여 대통령령으로 정하는 이율에 따라 계산한 금액을 더하여 해당 부족세액을 징수하여야 한다.

③ 관세법 제38조의2 제1항과 제2항 후단에 따라 신고납부한 세액을 보정하고자 하는 자는 세관장에게 세액보정을 신청한 다음에 이미 제출한 수입신고서를 교부받아 수입신고서상의 품목분류·과세표준·세율 및 세액 그 밖의 관련 사항을 보정하여야 한다.

④ 관세법 제38조의2 제5항 제2호에 따라 부족세액에 가산하여야 할 금액을 면제받으려는 자는 납세의무자의 성명 또는 상호 및 주소, 면제받으려는 금액, 정당한 사유를 적은 신청서를 세관장에게 제출하여야 한다.

관련 법조문: 법 제38조의2, 영 제32조의4   답 ①

세관장은 신고납부한 세액이 부족하다는 것을 알게 되거나 세액산출의 기초가 되는 과세가격 또는 품목분류 등에 오류가 있다는 것을 알게 되었을 때에는 대통령령으로 정하는 바에 따라 납세의무자에게 해당 보정기간에 보정신청을 하도록 통지할 수 있다. 이 경우 세액보정을 신청하려는 납세의무자는 대통령령으로 정하는 바에 따라 세관장에게 신청하여야 한다. '착한 세관장'은 보정이 가능한 기간에 납부세액의 부족 등을 발견한 경우, 납세의무자에게 보정할 것을 통지하여 보정을 유도한다. 세관장이 경정하지 않고, 납세의무자가 보정을 하는 경우 납세의무자의 가산세 부담이 없어지기 때문이다.

23 다음의 괄호 안에 들어갈 내용으로 옳은 것은?   2007 관세사

□□□

> 납세의무자는 신고납부한 세액이 부족하다는 것을 알게 되거나 세액산출의 기초가 되는 과세가격 또는 품목분류 등에 오류가 있는 것을 알게 되었을 때에는 신고납부한 날부터 (A)개월 이내에 해당 세액을 보정하여 줄 것을 세관장에게 신청할 수 있으며, 납세의무자가 세액의 보정을 신청한 경우에는 (B)까지 해당 관세를 납부하여야 한다. 세관장은 보정기간에 신고납부한 세액이 부족하다는 것을 알게 되거나 세액산출의 기초가 되는 과세가격 또는 품목분류 등에 오류가 있는 것을 알게 되었을 때에는 납세의무자에게 (C).

	(A)	(B)	(C)
①	3	보정신청을 한 날의 다음 날	경정을 청구하도록 통지할 수 있다.
②	3	보정신청을 한 날	보정신청을 하도록 통지할 수 있다.
③	6	보정신청을 한 날의 다음 날	경정을 청구하도록 통지할 수 있다.
④	6	보정신청을 한 날	보정신청을 하도록 통지할 수 있다.
⑤	6	보정신청을 한 날의 다음 날	보정신청을 하도록 통지할 수 있다.

관련 법조문: 법 제38조의2   답 ⑤

보정기간(신고납부한 날부터 6개월 이내)에 납세의무자가 (스스로) 보정신청할 수도 있고, 세관장이 (보정신청을 하도록 통지)하여 보정신청할 수도 있다.

24 관세의 부과와 징수에 관한 설명으로 옳지 않은 것은?

① 납세의무자는 납세신고한 세액을 납부하기 전에 해당 세액에 과부족이 있는 것을 안 때에는 납세신고한 세액을 정정할 수 있다.

② 납세의무자는 신고납부한 세액에 부족이 있거나 세액산출의 기초가 되는 과세가격 또는 품목분류 등에 오류가 있는 것을 안 때에는 신고납부한 날부터 6개월 이내에 해당 세액의 보정을 세관장에게 신청할 수 있다.

③ 납세의무자가 부족한 세액에 대한 세액보정을 신청한 경우에는 해당 보정신청을 한 날이 속한 달의 말일까지 해당 관세를 납부하여야 한다.

④ 납세의무자는 신고납부한 세액에 부족이 있는 때에는 수정신고(보정기간이 지나고 관세부과의 제척기간이 끝나기 전까지로 한정한다)를 할 수 있다.

⑤ 신고납부의 납부기한과 관계없이 납세의무자는 수입신고가 수리되기 전에 해당 세액을 납부할 수 있다.

> **관련 법조문: 법 제9조, 제38조, 제38조의2, 제38조의3**　　　　　　　　　　　답 ③

보정신청을 한 경우의 납부기한은 '보정신청한 날의 다음 날'이다.

25 수입업자 A가 세액을 과소납부한 수입신고 건에 대하여 5월 1일(금요일)에 수정신고를 한 후 납부고지서를 발급받고, 직접 방문하여 납부하는 행위에 대한 설명으로 옳은 것은?

① 5월 2일(토요일)에 금융기관에 납부함

② 5월 4일(월요일)에 체신관서에 납부함

③ 5월 2일(토요일)에 금융기관의 휴무로 인해 납부할 수 없으므로 당초 납부고지서를 취하 후 신규로 재발급받아 납부함

④ 5월 4일(월요일)에 당초 납부고지서를 취하 후 신규로 재발급받아 납부함

> **관련 법조문: 법 제8조, 제38조의3**　　　　　　　　　　　　　　　　　　　답 ②

5월 1일에 수정신고를 하였다면 그 다음 날인 5월 2일까지 관세를 납부하여야 한다. 실제적으로는 5월 2일(토요일)에도 인터넷 뱅킹으로 관세를 납부할 수 있지만, 문제에서 '직접 방문하여 납부'한다고 하였으므로 5월 2일에는 납부할 수가 없다. 그러므로 납부기한이 그 다음 날로 연장이 되고, 일요일에 겹치므로 다시 또 그 다음 날로 연장이 되어서, 5월 4일(월요일)에 관세를 납부할 수 있다. 관세는 금융기관(은행)뿐만이 아니라 체신관서에도 납부할 수 있다.

26 관세법 제38조의3 제1항의 규정에 의하여 수정신고를 하고자 하는 자는 수정신고서를 세관장에게 제출하여야 하는데, 동법 시행령 제33조에서 명시적으로 수정신고서에 기재할 사항으로 규정하지 않는 것은?

① 해당 물품의 수정신고사유

② 수정신고 전의 해당 물품의 품목분류·과세표준·세율 및 세액

③ 수정신고 후의 해당 물품의 품목분류·과세표준·세율 및 세액

④ 가산세액

⑤ 해당 물품의 수입신고번호와 품명·규격 및 수량

보정통지서나 경정통지서 등에는 '사유'가 포함되지만, 수정신고서에는 '사유' 항목이 없다. 세액정정과 관련된 서류에는 보정통지서, 수정신고서, 경정청구서, 경정통지서가 있다.

문서의 종류	작성자	문서에 포함되는 항목
보정통지서	세관장	1. 당해 물품의 수입신고번호와 품명·규격 및 수량 2. 보정 전 당해 물품의 품목분류·과세표준·세율 및 세액 3. 보정 후 당해 물품의 품목분류·과세표준·세율 및 세액 4. 보정사유 및 보정기한 5. 그 밖의 참고사항
수정신고서	수정신고를 하고자 하는 자	1. 당해 물품의 수입신고번호와 품명·규격 및 수량 2. 수정신고 전의 당해 물품의 품목분류·과세표준·세율 및 세액 3. 수정신고 후의 당해 물품의 품목분류·과세표준·세율 및 세액 4. 가산세액 5. 기타 참고사항
경정청구서	경정청구를 하고자 하는 자	1. 당해 물품의 수입신고번호와 품명·규격 및 수량 2. 경정 전의 당해 물품의 품목분류·과세표준·세율 및 세액 3. 경정 후의 당해 물품의 품목분류·과세표준·세율 및 세액 4. 경정사유 5. 기타 참고사항
경정청구서 (수입물품 과세가격 조정에 따른 경정)	경정청구를 하고자 하는 자	1. 해당 물품의 수입신고번호와 품명·규격 및 수량 2. 경정 전의 해당 물품의 품목분류·과세표준·세율 및 세액 3. 경정 후의 해당 물품의 품목분류·과세표준·세율 및 세액 4. 수입물품 가격의 조정내역, 가격결정방법 및 계산근거 자료 5. 경정사유 6. 그 밖의 필요한 사항
경정통지서	세관장	1. 당해 물품의 수입신고번호와 품명·규격 및 수량 2. 경정 전의 당해 물품의 품목분류·과세표준·세율 및 세액 3. 경정 후의 당해 물품의 품목분류·과세표준·세율 및 세액 4. 가산세액 5. 경정사유 6. 기타 참고사항

27
□□□

갑(甲)은 물품을 수입하면서 신고납부를 하고 통관하였으나, 수입통관 후 5개월 되는 시점에 3,000만원의 관세를 과다납부한 사실을 알게 되었다. 이 경우 갑(甲)이 해당 관세를 환급받기 위한 관세법상 조치로 옳은 것은?
2021 관세사

① 납부세액 조정신청
② 조사신청
③ 수정신고
④ 경정청구
⑤ 과오납신고

납세의무자는 신고납부한 세액이 과다한 것을 알게 되었을 때에는 최초로 납세신고를 한 날부터 5년 이내에 대통령령으로 정하는 바에 따라 신고한 세액의 경정을 세관장에게 청구할 수 있다(법 제38조의3 제2항). '과다납부'한 사실을 알게 되어, 환급을 받으려 한다면 '경정청구'로 그 과다납부사실을 확인받아야 한다.

28 관세법상 수입물품의 과세가격 조정에 따른 경정에 대한 내용으로 옳지 않은 것은? 2017 국가직 7급(하반기)

① 경정청구를 받은 세관장은 대통령령으로 정하는 바에 따라 해당 수입물품의 거래가격 조정방법과 계산근거 등이 관세법 제30조부터 제35조까지의 규정에 적합하다고 인정하는 경우에는 세액을 경정할 수 있다.

② 세관장은 경정청구를 받은 날부터 2개월 내에 세액을 경정하거나 경정하여야 할 이유가 없다는 뜻을 청구인에게 통지하여야 한다.

③ 세관장의 통지에 이의가 있는 청구인은 그 통지를 받은 날(2개월 내에 통지를 받지 못한 경우에는 2개월이 경과한 날)부터 30일 내에 관세청장에게 국세의 과세가격과 관세의 정상가격간의 조정을 신청할 수 있다. 이 경우 국제조세조정에 관한 법률 제20조를 준용한다.

④ 세관장은 세액을 경정하기 위하여 필요한 경우에는 관할 지방국세청장 또는 세무서장과 협의할 수 있다.

관련 법조문: 법 제38조의4   답 ③

> **법 제38조의4(수입물품의 과세가격 조정에 따른 경정)** ① 납세의무자는 「국제조세조정에 관한 법률」 제7조 제1항에 따라 관할 지방국세청장 또는 세무서장이 해당 수입물품의 거래가격을 조정하여 과세표준 및 세액을 결정·경정 처분하거나 같은 법 제14조 제3항(일방적 사전승인의 대상인 경우에 한정한다)에 따라 국세청장이 해당 수입물품의 거래가격과 관련하여 소급하여 적용하도록 사전승인을 함에 따라 그 거래가격과 이 법에 따라 신고납부·경정한 세액의 산정기준이 된 과세가격 간 차이가 발생한 경우에는 그 결정·경정 처분 또는 사전승인이 있음을 안 날(처분 또는 사전승인의 통지를 받은 경우에는 그 받은 날)부터 3개월 또는 최초로 납세신고를 한 날부터 5년 내에 대통령령으로 정하는 바에 따라 세관장에게 세액의 경정을 청구할 수 있다.

법 제38조의4(수입물품의 과세가격 조정에 따른 경정)에 근거한 문제이다. 세관장의 (경정) 통지에 이의가 있는 청구인은 그 통지를 받은 날(2개월 내에 통지를 받지 못한 경우에는 2개월이 경과한 날)부터 30일 내에 <u>기획재정부장관</u>에게 국세의 정상가격과 관세의 과세가격간의 조정을 신청할 수 있다. 이 경우 국제조세조정에 관한 법률 제20조를 준용한다(법 제38조의4 제4항).

✓ 선지분석
① 법 제38조의4(수입물품의 과세가격 조정에 따른 경정) 제2항
② 법 제38조의4(수입물품의 과세가격 조정에 따른 경정) 제3항
④ 법 제38조의4(수입물품의 과세가격 조정에 따른 경정) 제6항

---

29 관세법령상 세액의 확정에 대한 설명으로 옳지 않은 것은? 2021 국가직 9급

① 납세의무자는 신고납부한 세액이 부족하다는 것을 알게 되었을 때에는 신고납부한 날부터 6개월 이내에 대통령령으로 정하는 바에 따라 해당 세액을 보정하여 줄 것을 세관장에게 신청할 수 있다.

② 납세의무자는 신고납부한 세액이 과다한 것을 알게 되었을 때에는 최초로 납세신고를 한 날부터 5년 이내에 대통령령으로 정하는 바에 따라 신고한 세액의 경정을 세관장에게 청구할 수 있다.

③ 경정청구에 따른 세관장의 통지에 이의가 있는 청구인은 그 통지를 받은 날부터 2개월 이내에 관세청장에게 국세의 정상가격과 관세의 과세가격간의 조정을 신청할 수 있다.

④ 세관장은 납세의무자가 납부하여야 하는 세액이 1만원 미만인 경우에는 이를 징수하지 아니한다.

답 ③

세관장의 (경정)통지에 이의가 있는 청구인은 <u>그 통지를 받은 날</u>(2개월 내에 통지를 받지 못한 경우에는 2개월이 지난 날)부터 30일 내에 기획재정부장관에게 국세의 정상가격과 관세의 과세가격간의 조정을 신청할 수 있다. 이 경우 국제조세조정에 관한 법률 제20조를 준용한다(법 제38조의4 제4항).

✓ 선지분석

① 납세의무자는 신고납부한 세액이 부족하다는 것을 알게 되거나 세액산출의 기초가 되는 과세가격 또는 품목분류 등에 오류가 있는 것을 알게 되었을 때에는 신고납부한 날부터 6개월 이내(이하 '보정기간'이라 한다)에 대통령령으로 정하는 바에 따라 해당 세액을 보정(補正)하여 줄 것을 세관장에게 신청할 수 있다(법 제38조의2 제1항).

② 법 제38조의3(수정 및 경정) 제2항

④ 세관장은 납세의무자가 납부하여야 하는 세액이 대통령령으로 정하는 금액 미만인 경우에는 이를 징수하지 아니한다(법 제40조). 법 제40조의 규정에 의하여 세관장이 징수하지 아니하는 금액은 1만원으로 한다(영 제37조 제1항).

2 부과고지

30 관세법령상 부과고지에 대한 설명으로 옳지 않은 것은? 2021 국가직 7급

□□□

① 수입신고전 즉시반출신고를 하고 반출한 물품을 즉시반출신고를 한 날부터 10일 이내에 수입신고를 하지 아니하여 관세를 징수하는 경우, 관세법 제38조(신고납부)에도 불구하고 세관장이 관세를 부과·징수한다.

② 납세의무자가 관세청장이 정하는 사유로 과세가격이나 관세율 등을 결정하기 곤란하여 부과고지를 요청하는 경우, 관세법 제38조(신고납부)에도 불구하고 세관장이 관세를 부과·징수한다.

③ 관세법 제43조(관세의 현장 수납)에 따라 물품을 검사한 공무원이 관세를 수납하는 경우에는 그 공무원으로 하여금 말로써 고지하게 할 수 있다.

④ 세관장은 관세법 제10조(천재지변 등으로 인한 기한의 연장)에 따라 납부기한을 연장한 때에는 납부고지를 생략할 수 있다.

답 ④

세관장은 법 제10조(천재지변 등으로 인한 기한의 연장)에 따라 납부기한을 연장한 때에는 법 제39조(부과고지)에 따른 납부고지를 해야 한다(영 제2조 제4항).

✓ 선지분석

①② 법 제39조(부과고지) 제1항

③ 영 제36조(납부고지)

31 관세의 납부방식은 원칙적으로 신고납부제도에 의하고 있으며 예외적으로 특별한 경우에 부과고지방식을 적용하고 있다. 다음 중 부과고지대상이 아닌 것은?

2004 관세사

① 보세구역에 반입된 물품이 수입신고 수리되기 전에 반출된 경우
② 수입신고전 물품 반출에 의해 즉시 반출한 물품을 수입신고하지 아니하여 관세를 징수하는 경우
③ 세관장이 과세가격, 관세율 등을 결정하기 곤란하여 부과고지를 결정한 경우
④ 납세신고가 부적당한 것으로서 기획재정부령으로 정하는 경우
⑤ 보세건설장에서 건설된 시설로서 수입신고가 수리되기 전에 가동된 경우

관련 법조문: 법 제39조, 규칙 제9조   답 ③

세관장이 부과고지를 결정하는 경우가 아니라, 납세의무자가 관세청장이 정하는 사유로 과세가격이나 관세율 등을 결정하기 곤란하여 부과고지를 요청하는 경우가 부과고지대상이다.

> **🔍 명호샘의 한마디**
>
> 부과고지 대상은 법 제39조와 규칙 제9조에 규정되어 있다. 법률에서 정하는 부과고지 대상은 모두 암기하여야 한다. 시행규칙에서 정하는 부과고지 대상 중 '우편물'은 부과고지 대상이지만, '대외무역법 제11조에 따른 수출입의 승인을 받은 것'(법 제258조) 등 신고대상 우편물은 부과고지 대상에서 제외한다(신고납부 대상이다).
>
> | 법률에서 정하는 부과고지대상 | 시행규칙에서 정하는 부과고지대상 |
> |---|---|
> | 1. 법 제16조(과세물건확정시기) 제1호부터 제6호까지 및 제8호부터 제11호까지에 해당되어 관세를 징수하는 경우 | 1. 여행자 또는 승무원의 휴대품 및 별송품 |
> | 2. 보세건설장에서 건설된 시설로서 수입신고가 수리되기 전에 가동된 경우 | 2. 우편물(신고대상 우편물을 제외한다) |
> | 3. 보세구역(법 제156조 제1항에 따라 보세구역 외 장치를 허가받은 장소를 포함한다)에 반입된 물품이 수입신고가 수리되기 전에 반출된 경우 | 3. 법령의 규정에 의하여 세관장이 관세를 부과·징수하는 물품 |
> | 4. 납세의무자가 관세청장이 정하는 사유로 과세가격이나 관세율 등을 결정하기 곤란하여 부과고지를 요청하는 경우 | 4. 제1호 내지 제3호 외에 납세신고가 부적당하다고 인정하여 관세청장이 지정하는 물품 |
> | 5. 법 제253조에 따라 즉시 반출한 물품을 같은 조 제3항의 기간(즉시 반출신고를 한 날부터 10일) 내에 수입신고를 하지 아니하여 관세를 징수하는 경우 | |
> | 6. 그 밖에 법 제38조(신고납부)에 따른 납세신고가 부적당한 것으로서 기획재정부령으로 정하는 경우 | |

- 수입신고전 즉시반출신고를 하고 반출한 물품을 즉시반출신고한 날부터 10일 이내에 수입신고를 하여 관세를 징수하는 경우 (×) (2001 국가직 9급) – 즉시반출한 물품을 즉시반출신고한 날부터 10일 내에 수입신고를 하였다면 '신고납부' 대상이 되며, 10일 내에 수입신고를 하지 않았다면 '부과고지' 대상이 된다.
- 수입신고전 즉시반출한 물품을 수입신고기간 내에 수입신고한 경우 (×) (2010 국가직 7급) – 즉시반출한 물품을 수입신고기간 내에 수입신고하였다면 '신고납부' 대상이다. 수입신고를 지연하였을 경우에만 '부과고지' 대상이 된다.
- 보세건설장에서 건설된 시설재가 건설공사 완료보고 후 사용전 수입신고가 수리된 경우 (×) (2003 관세사) – 보세건설장에서 건설된 시설은 원칙적으로 '신고납부'대상이다. 그러나 보세건설장에서 건설된 시설이 수입신고가 수리되기 전에 가동된 경우에는 '부과고지'대상이 된다. 보세건설장에서 건설된 시설이 건설공사 완료보고를 한 후 사용 전 수입신고가 수리되는 경우 정상적인 절차이다. 그 수리 전에 가동이 될 때에만 부과고지대상이 된다.
- 대외무역법 제11조에 따른 수입승인을 받은 물품 (×) (2005 관세사) – 대외무역법 제11조에 따른 수출입의 승인을 받은 우편물은 '신고 대상 우편물'이다. 그러므로 부과고지 대상에서 제외된다.

32 다음 중 관세법 제39조 제1항 제6호의 규정에 의하여 납세신고가 부적당한 것으로서 세관장이 관세를 부과고지하는 물품에 해당되지 않는 것은?

2005 관세사

① 승무원 휴대품
② 여행자 별송품
③ 법령의 규정에 의하여 세관장이 관세를 부과·징수하는 물품
④ 납세신고가 부적당하다고 인정하여 관세청장이 지정하는 물품
⑤ 대외무역법 제11조에 따른 수입승인을 받은 물품

> **관련 법조문: 법 제39조, 제258조, 규칙 제9조**　　　　　　　　　답 ⑤

'관세법 제39조 제1항 제6호'란 '그 밖에 제38조에 따른 납세신고가 부적당한 것으로서 기획재정부령으로 정하는 경우'이다. 즉, 법률에서 5개의 부과고지대상을 규정하고, 나머지는 시행규칙으로 위임하고 있는데, 그 시행규칙상의 부과고지대상을 판단하라는 문제이다.
대외무역법 제11조에 따른 수입승인을 받은 물품은 '신고대상 우편물'에 해당한다. 우편물이 대외무역법 제11조에 따른 수출입의 승인을 받은 것이거나 그 밖에 대통령령으로 정하는 기준에 해당하는 것일 때에는 해당 우편물의 수취인이나 발송인은 법 제241조 제1항에 따른 신고를 하여야 한다(법 제258조 제2항).

33 관세법 제39조(부과고지)에 따라 세관장이 관세를 부과·징수하는 부과고지대상물품이 아닌 것은?

2009 관세사

① 대외무역법 제11조에 따른 수입 승인을 받아 수입신고하는 우편물의 경우
② 보세건설장에서 건설된 시설로서 관세법 제248조(신고의 수리)의 규정에 의하여 수입신고가 수리되기 전에 가동된 경우
③ 보세구역(관세법 제156조 제1항의 규정에 의한 보세구역 외 장치허가를 받은 장소를 포함한다)에 반입된 물품이 관세법 제248조(신고의 수리)의 규정에 의하여 수입신고가 수리되기 전에 반출된 경우
④ 납세 의무자가 관세청장이 정하는 사유로 과세가격·관세율 등을 결정하기 곤란하여 부과고지를 요청하는 경우
⑤ 여행자 또는 승무원의 휴대품 및 별송품

> **관련 법조문: 법 제39조, 제258조, 규칙 제9조**　　　　　　　　　답 ①

대외무역법 제11조에 따른 수입승인을 받은 우편물에 대해서는 수입신고를 하여야 한다. 수입신고를 한다는 것은 일반적으로 신고납부방식에 따라 납세신고가 이루어진다는 것을 의미한다.

34 신고납부의 규정에도 불구하고 납세신고가 부적당한 것으로서 세관장이 관세를 부과고지하는 경우에 해당
□□□ 되지 않는 것은?
2007 관세사

① 보세건설장에서 건설된 시설로서 수입신고가 수리되기 전에 가동된 경우
② 보세구역에 반입된 물품이 수입신고가 수리되기 전에 반출된 경우
③ 관세법 제38조(신고납부)의 규정에 의한 납세신고가 부적당한 것으로서 대통령령으로 정하는 경우
④ 관세법 제253조(수입신고전의 물품 반출)의 규정에 의하여 즉시 반출한 물품을 기간 내에 수입신고를
  하지 아니하여 관세를 징수하는 경우
⑤ 법령의 규정에 해당되어 세관장이 징수하는 경우

▌관련 법조문: 법 제39조, 규칙 제9조   답 ③

납세신고가 부적당한 것으로서 '기획재정부령'으로 정하는 경우이어야 한다. 부과고지대상은 법률에서 일부를 규정
하고, 나머지는 기획재정부령으로 위임하고 있다.

35 관세의 부과·징수에 있어 부과고지에 관한 설명으로 옳은 것은?
□□□
2010 관세사

① 세관장이 과세표준, 세율, 관세감면 등에 관한 규정의 적용착오, 기타 사유로 이미 징수한 금액에 부
  족이 있는 것을 안 때에는 그 부족액을 징수한다.
② 중소기업체인 납세의무자가 수입물품에 대한 품목분류 곤란을 이유로 부과고지를 요청하는 경우 세
  관장은 이를 거부할 수 없다.
③ 부족세액징수를 위한 부과고지는 관세청장이 직접 하여야 한다. 이 경우 관세청장은 납세의무자에게
  납부고지를 하여야 한다.
④ 보세구역에 반입된 물품이 수입신고가 수리되기 전에 반출된 경우 납세의무자가 납세신고를 하고 가
  산세와 함께 해당 세액을 납부하여야 한다.
⑤ 보세건설장에서 건설된 시설에 대해서는 신고납부 대신 세관장이 관세를 부과·징수한다.

▌관련 법조문: 법 제39조   답 ①

✓ **선지분석**
② 납세의무자가 관세청장이 정하는 사유로 과세가격·관세율 등을 결정하기 곤란하여 부과고지를 요청하는 경우
  법 제39조(부과고지) 규정에 의하여 세관장이 관세를 부과·징수한다. 이런 경우 세관장은 부과고지방식에 의하
  여 세액을 확정하여야 한다. 그러나 품목분류 곤란은 부과고지 요청사항이 아니므로, 세관장은 이를 거부할 수
  있다.
③ 부족세액 징수를 위한 부과고지는 세관장이 하여야 한다. 납부고지도 세관장이 한다.
④ 보세구역에 반입된 물품이 수입신고가 수리되기 전에 반출된 경우 부과고지대상에 해당한다.
⑤ 보세건설장에서 건설된 시설도 원칙적으로 신고납부대상에 해당한다. 다만, 수입신고가 수리되기 전에 무단 가
  동된 경우에만 부과고지방식으로 전환된다.

36 관세의 납세에 관한 설명으로 옳지 <u>않은</u> 것은?

① 부과고지대상물품인 외국물품을 수입하고자 하는 자는 수입신고를 할 때에 세관장에게 납세신고를 하여야 한다.

② 납세의무자는 신고납부한 세액이 부족하다는 것을 알았을 때 신고납부한 날부터 6개월 이내에 해당 세액의 보정을 세관장에게 신청할 수 있다.

③ 납세의무자는 보정기간이 경과한 후 신고납부한 세액이 과다한 것을 알게 되었을 때 최초로 납세신고를 한 날부터 5년 이내에 신고한 세액의 경정을 세관장에게 청구할 수 있다.

④ 외국물품인 선박용품이 하역허가대로 하역되지 아니한 경우에는 세관장이 관세를 부과 및 징수한다.

⑤ 납세의무자가 납세신고한 세액을 납부하기 전에 그 세액이 과부족하다는 것을 알았을 때에는 납세신고한 세액을 정정할 수 있다.

| 관련 법조문: 법 제38조, 제38조의2, 제38조의3, 제39조   답 ①

부과고지대상물품에 대해서는 세관장이 납부고지를 한다.

납세의무 확정방식	구체적 행위	확정방식을 의미하는 문장
신고납부	납세신고	납세의무자가 관세의 납부에 관한 신고를 한다.
부과고지	납부고지	세관장이 관세를 부과·징수한다.

③ 가산세

37 관세법상 가산세를 부과할 수 있는 경우에 해당되지 <u>않는</u> 것은?

① 미납부세액을 징수하거나 부족세액을 징수하는 경우

② 대통령령으로 정하는 물품을 수입하는 자가 지정장치장 또는 보세창고에 반입일부터 20일 이내에 수입신고를 하지 아니하는 경우

③ 수입신고전 물품 반출에 대하여 즉시 반출신고를 한 날부터 10일 이내에 수입신고를 하지 아니하는 경우

④ 여행자 또는 승무원이 관세법 제96조에 의한 면세대상에 해당하지 않는 휴대품을 신고하지 아니하여 과세하는 경우

| 관련 법조문: 법 제42조, 제241조, 제253조   답 ②

수입하거나 반송하려는 물품을 지정장치장 또는 보세창고에 반입하거나 보세구역이 아닌 장소에 장치한 자는 그 반입일 또는 장치일부터 30일 이내에 수입신고 또는 반송신고를 하여야 한다(법 제241조 제3항). 세관장은 대통령령으로 정하는 물품을 수입하거나 반송하는 자가 위 기간 내에 수입 또는 반송의 신고를 하지 아니한 경우에는 해당 물품 과세가격의 100분의 2에 상당하는 금액의 범위에서 대통령령으로 정하는 금액을 가산세로 징수한다(법 제241조 제4항). 법 제241조 제4항에 따른 가산세를 징수해야 하는 물품은 물품의 신속한 유통이 긴요하다고 인정하여 보세구역의 종류와 물품의 특성을 고려하여 관세청장이 정하는 물품으로 한다(영 제248조).

⊘ 선지분석

① 법 제42조(가산세) 제1항
③ 법 제253조(수입신고전의 물품 반출) 제4항
④ 법 제241조(수출·수입 또는 반송의 신고) 제5항

📝 **명호샘의 한마디**

관세법상 가산세를 부과할 수 있는 경우는 다음과 같다.

1. 부정한 행위로 과소신고한 후 보정신청을 한 경우(법 제38조의2 제6항)
2. 미납부세액(법정납부기한까지 납부하지 아니한 관세액)을 징수하는 경우(법 제42조 제1항)
3. 수정신고를 하거나 경정을 하여 부족세액을 징수하는 경우(법 제42조 제1항)
4. 부정한 행위로 과소신고한 경우로서, 부족세액을 징수하는 경우(법 제42조 제2항)
5. 수입신고를 하지 아니하고 수입한 물품에 대하여 관세를 부과·징수하는 경우(법 제42조 제3항)
6. 재수출 면세 규정에 따라 관세를 면제받고 재수출 이행 기간내에 재수출하지 아니한 경우(법 제97조 제4항)
7. 재수출 감면 규정에 따라 관세를 경감받고 재수출 이행 기간내에 재수출하지 아니한 경우(법 제98조 제2항)
8. 수입하거나 반송하려는 물품을 지정장치장 또는 보세창고에 반입하거나 보세구역이 아닌 장소에 장치한 자가 그 반입일 또는 장치일부터 30일 이내에 신고를 하지 아니한 경우(법 제241조 제3항)
9. 전기·가스·유류·용수를 전선이나 배관 등을 이용하여 수출·수입·반송하는 자가 다음 달 10일까지 신고를 하지 아니한 경우(법 제241조 제6항)
10. 과세대상 휴대품(면세대상이 아닌 여행자·승무원의 휴대품)을 신고하지 아니하여 과세하는 경우(법 제241조 제5항)
11. 과세대상 이사물품(면세대상이 아닌 이사물품)을 신고하지 아니하여 과세하는 경우(법 제241조 제5항)
12. 즉시 반출을 한 자가 즉시반출신고를 한 날부터 10일 이내에 수입신고를 하지 아니하여 관세를 부과·징수하는 경우(법 제253조 제4항)

---

38 관세법상 가산세를 감면하는 경우에 해당하는 것만을 모두 고르면? 2018 국가직 7급

□□□

> ㄱ. 납세의무자가 특수관계가 있는 자들 간에 거래되는 물품의 과세가격 결정방법에 관한 사전심사의 결과를 통보받고 그 통보일부터 2개월 이내에 통보된 과세가격 결정방법에 따라 해당 사전심사의 결과를 통보받은 날 전에 신고납부한 세액을 수정신고하는 경우
> ㄴ. 납세의무자가 해당 관세에 대하여 과세표준과 세액을 경정할 것을 미리 알고 수정신고서를 제출한 경우로서 납세의무자가 관세조사의 사전통지를 받은 후 수정신고서를 제출한 경우
> ㄷ. 납세의무자가 수입신고가 수리되기 전에 관세를 납부한 결과 부족세액이 발생한 경우로서 수입신고가 수리되기 전에 납세의무자가 당해 세액에 대하여 수정신고하는 경우

① ㄱ, ㄴ ② ㄱ, ㄷ
③ ㄴ, ㄷ ④ ㄱ, ㄴ, ㄷ

│ 관련 법조문: 법 제42조의2 답 ②

ㄱ. 납세의무자가 특수관계가 있는 자들 간에 거래되는 물품의 과세가격 결정방법에 관한 사전심사(법 제37조 제1항 제3호에 관한 사전심사)의 결과를 통보받고 그 통보일부터 2개월 이내에 통보된 과세가격 결정방법에 따라 해당 사전심사 신청 이전에 신고납부한 세액을 수정신고하는 경우, 가산세를 감면한다.
ㄷ. 납세의무자가 수입신고가 수리되기 전에 관세를 납부한 결과 부족세액이 발생한 경우로서 수입신고가 수리되기 전에 납세의무자가 당해 세액에 대하여 수정 신고하는 경우, 가산세를 감면한다.

세관장은 다음 각 호의 어느 하나에 해당하는 경우에는 제42조 제1항에 따른 가산세액에서 다음 각 호에서 정하는 금액을 감면한다(법 제42조의2 제1항).

1. 법 제9조 제2항에 따라 수입신고가 수리되기 전에 관세를 납부한 결과 부족세액이 발생한 경우로서 수입신고가 수리되기 전에 납세의무자가 해당 세액에 대하여 수정신고를 하거나 세관장이 경정하는 경우: 법 제42조 제1항 제1호 및 제2호의 금액을 합한 금액
2. 법 제28조 제1항에 따른 잠정가격신고를 기초로 납세신고를 하고 이에 해당하는 세액을 납부한 경우(납세의무자가 제출한 자료가 사실과 다름이 판명되어 추징의 사유가 발생한 경우는 제외한다): 법 제42조 제1항 제1호 및 제2호의 금액을 합한 금액
3. 법 제37조 제1항 제3호에 관한 사전심사의 결과를 통보받은 경우 그 통보일부터 2개월 이내에 통보된 과세가격의 결정방법에 따라 해당 사전심사의 결과를 통보받은 날 전에 신고납부한 세액을 수정신고하는 경우: 법 제42조 제1항 제1호의 금액
4. 법 제38조 제2항 단서에 따라 기획재정부령으로 정하는 물품 중 감면대상 및 감면율을 잘못 적용하여 부족세액이 발생한 경우: 법 제42조 제1항 제1호의 금액
5. 법 제38조의3 제1항에 따라 수정신고(법 제38조의2 제1항에 따른 보정기간이 지난 날부터 1년 6개월이 지나기 전에 한 수정신고로 한정한다)를 한 경우에는 다음 각 목의 구분에 따른 금액. 다만, 해당 관세에 대하여 과세표준과 세액을 경정할 것을 미리 알고 수정신고를 한 경우로서 기획재정부령으로 정하는 경우는 제외한다.
   가. 법 제38조의2 제1항에 따른 보정기간이 지난 날부터 6개월 이내에 수정신고한 경우: 법 제42조 제1항 제1호의 금액의 100분의 30
   나. 법 제38조의2 제1항에 따른 보정기간이 지난 날부터 6개월 초과 1년 이내에 수정신고한 경우: 법 제42조 제1항 제1호의 금액의 100분의 20
   다. 제38조의2 제1항에 따른 보정기간이 지난 날부터 1년 초과 1년 6개월 이내에 수정신고한 경우: 제42조 제1항 제1호의 금액의 100분의 10
6. 국가 또는 지방자치단체가 직접 수입하는 물품 등 대통령령으로 정하는 물품의 경우: 법 제42조 제1항 제1호 및 제2호의 금액을 합한 금액
7. 법 제118조의4 제9항 전단에 따른 관세심사위원회가 법 제118조 제3항 본문에 따른 기간 내에 과세전적부심사의 결정·통지(이하 이 호에서 '결정·통지'라 한다)를 하지 아니한 경우: 결정·통지가 지연된 기간에 대하여 부과되는 가산세(법 제42조 제1항 제2호 가목에 따른 계산식에 결정·통지가 지연된 기간을 적용하여 계산한 금액에 해당하는 가산세를 말한다) 금액의 100분의 50
8. 신고납부한 세액의 부족 등에 대하여 납세의무자에게 대통령령으로 정하는 정당한 사유가 있는 경우: 법 제42조 제1항 제1호 및 제2호의 금액을 합한 금액

☑ 선지분석
ㄴ. 법 제38조의3 제1항에 따라 수정신고(법 제38조의2 제1항에 따른 보정기간이 지난 날부터 1년 6개월이 지나기 전에 한 수정신고로 한정한다)를 한 경우, 가산세를 감면한다. 다만, 해당 관세에 대하여 과세표준과 세액을 경정할 것을 미리 알고 수정신고서를 제출한 경우로서 기획재정부령으로 정하는 경우는 제외한다.

39
□□□
납세의무자가 법정납부기한까지 납부하지 아니한 관세액을 징수하거나 관세법 제38조의3(수정 및 경정) 제1항 또는 제6항에 따라 부족한 관세액을 징수할 때에는 일정한 계산식을 적용하여 계산한 금액을 합한 금액을 가산세로 징수한다. 이때 적용하는 계산식에 들어갈 수 있는 요소에 해당하지 않는 것은? 2017 국가직 7급

① 해당 부족세액의 100분의 10
② 연 1천분의 35의 이자율
③ 법정납부기한의 다음 날부터 납부일까지의 기간
④ 법정납부기한까지 납부하여야 할 세액 중 납부고지서에 따른 납부기한까지 납부하지 아니한 세액

세관장은 미납부세액을 징수하거나 부족세액을 징수할 때에는 다음의 각 금액을 합한 금액을 가산세로 징수한다(법 제42조 제1항).

> 1. 부족세액의 100분의 10
> 2. 다음 각 목의 금액을 합한 금액
> 가. 미납부세액 또는 부족세액 × 법정납부기한의 다음 날부터 납부일까지의 기간(납부고지일부터 납부고지서에 따른 납부기한까지의 기간은 제외한다) × 금융회사 등이 연체대출금에 대하여 적용하는 이자율 등을 고려하여 대통령령으로 정하는 이자율
> 나. 법정납부기한까지 납부하여야 할 세액 중 납부고지서에 따른 납부기한까지 납부하지 아니한 세액 × 100분의 3 (관세를 납부고지서에 따른 납부기한까지 완납하지 아니한 경우에 한정한다)

'연 1천분의 35의 이자율'은 관세환급가산금의 이율이며(규칙 제9조의3), 과다환급액 징수시 이자, 보정이자에도 적용한다. 그러나 미납부세액 또는 부족세액 징수에 따른 가산세에는 이 이자율을 적용하지 않는다. 법 제42조(가산세) 제1항 제2호 가목 및 같은 조 제3항 제2호 가목의 계산식에서 '대통령령으로 정하는 이자율'이란 각각 <u>1일 10만분의 22의 율</u>을 말한다(영 제39조 제1항).

40
□□□

관세법령상 납세자가 부정한 행위로 과소신고한 경우에는 세관장은 해당 부족세액의 100분의 40에 상당하는 금액과 관세법 제42조 제1항 제2호의 금액을 합한 금액을 가산세로 징수하는데, 이때 대통령령으로 정하는 부정한 행위에 해당하지 않는 것은?   2018 국가직 9급

① 이중송품장·이중계약서 등 허위증명 또는 허위문서의 작성이나 수취
② 관세부과의 근거가 되는 행위나 거래의 조작·은폐
③ 관세를 지정한 납부기한 내에 납부하지 아니한 행위
④ 관세를 포탈하거나 환급 또는 감면을 받기 위한 부정한 행위

이 문제는 '신고납부 불성실 가산세의 가중 부과'에 관한 문제이다. 납세자가 부정한 행위(납세자가 관세의 과세표준 또는 세액계산의 기초가 되는 사실의 전부 또는 일부를 은폐하거나 가장하는 것에 기초하여 관세의 과세표준 또는 세액의 신고의무를 위반하는 것으로서 대통령령으로 정하는 행위를 말한다)로 과소신고한 경우에는 세관장은 해당 부족세액의 100분의 40에 상당하는 금액과 관세법 제42조 제1항 제2호의 금액을 합한 금액을 가산세로 징수한다(법 제42조 제2항). 법 제42조 제2항에서 '대통령령으로 정하는 행위'란 다음 각 호의 어느 하나에 해당하는 행위를 말한다(영 제39조 제4항).

> 1. <u>이중송품장·이중계약서 등 허위증명 또는 허위문서의 작성이나 수취</u>
> 2. 세액심사에 필요한 자료의 파기
> 3. <u>관세부과의 근거가 되는 행위나 거래의 조작·은폐</u>
> 4. 그 밖에 <u>관세를 포탈하거나 환급 또는 감면을 받기 위한 부정한 행위</u>

관세를 지정한 납부기한 내에 납부하지 아니한 경우, 가산세가 가중 부과되는 것이 아니라 관세법 제42조 제1항에 따라 일반적인 수준에서 부과된다.

41
□□□

세관장은 납세의무자인 갑(甲)이 신고납부한 세액을 심사한 결과 납부한 세액이 부족한 것을 발견하여 가산세를 징수하고자 한다. 부족세액은 100만원이고, 법정납부기한의 다음 날부터 납부일까지의 기간(납부고지일부터 납부고지서에 따른 납부기한까지의 기간은 제외한다)은 100일이라고 가정할 경우 징수하는 가산세는 얼마인가? (단, 법정납부기한까지 납부하여야 할 세액 중 납부고지서에 따른 납부기한까지 납부하지 아니한 세액은 없음)

2012 관세사

① 100,000원
② 110,000원
③ 113,000원
④ 122,000원
⑤ 150,000원

│ 관련 법조문: 법 제42조   답 ④

(부족세액 × 10%) + (부족세액 × 기간 × 이자율) = (100만원 × 10%) + (100만원 × 100일 × 22/100,000) = 100,000원 + 22,000원 = 122,000원

42
□□□

관세법상 가산세 징수에 대한 설명으로 옳지 않은 것은?   2023 국가직 9급

① 세관장은 납세의무자가 법정납부기한까지 납부하지 아니한 관세액을 징수하는 경우 가산세를 징수한다.
② 세관장은 관세법 제97조 제1항 재수출면세 규정에 따라 관세를 면제받은 물품 중 기획재정부령으로 정하는 물품이 같은 항에 규정된 기간 내에 수출되지 아니한 경우에는 1,000만원을 넘지 아니하는 범위에서 가산세를 징수한다.
③ 세관장은 관세법 제38조의3 제1항에 따라 수정신고를 한 경우 부족한 관세액을 징수할 때에는 가산세를 징수한다.
④ 세관장은 납세의무자가 관세법 제42조 제2항에 따른 부정한 행위로 과소신고한 후 보정신청을 한 경우 가산세를 징수한다.

│ 관련 법조문: 법 제38조의2, 제42조, 제97조   답 ②

세관장은 관세법 제97조 제1항 재수출면세 규정에 따라 관세를 면제받은 물품 중 기획재정부령으로 정하는 물품이 같은 항에 규정된 기간 내에 수출되지 아니한 경우에는 '500만원'을 넘지 아니하는 범위에서 해당 물품에 부과될 관세의 100분의 20에 상당하는 금액을 가산세로 징수한다(법 제97조 제4항).

⊘ 선지분석
①③ 법 제42조(가산세) 제1항
④ 법 제38조의2(보정) 제6항

43 관세법상 관세의 현장 수납에 대한 설명으로 옳지 않은 것은?

① 조난 선박에 적재된 물품으로서 보세구역이 아닌 장소에 장치된 물품에 대한 관세는 그 물품을 검사한 공무원이 검사 장소에서 수납할 수 있다.

② 물품을 검사한 공무원이 관세를 수납할 때에는 부득이한 사유가 있는 경우라도 다른 공무원을 참여시켜야 한다.

③ 출납공무원이 아닌 공무원이 관세를 수납하였을 때에는 지체 없이 출납공무원에게 인계하여야 한다.

④ 출납공무원이 아닌 공무원이 선량한 관리자로서의 주의를 게을리하여 수납한 현금을 잃어버린 경우에는 변상하여야 한다.

| 관련 법조문: 법 제43조 | 답 ② |

제1항에 따라 물품을 검사한 공무원이 관세를 수납할 때에는 <u>부득이한 사유가 있는 경우</u>를 제외하고는 다른 공무원을 참여시켜야 한다(법 제43조 제2항).

✓ **선지분석**

① 다음 각 호의 어느 하나에 해당하는 물품에 대한 관세는 그 물품을 검사한 공무원이 검사 장소에서 수납할 수 있다(법 제43조 제1항).

> 1. 여행자의 휴대품
> 2. 조난 선박에 적재된 물품으로서 보세구역이 아닌 장소에 장치된 물품

③ 출납공무원이 아닌 공무원이 제1항에 따라 관세를 수납하였을 때에는 지체 없이 출납공무원에게 인계하여야 한다(법 제43조 제3항).

④ 출납공무원이 아닌 공무원이 선량한 관리자로서의 주의를 게을리하여 제1항에 따라 수납한 현금을 잃어버린 경우에는 변상하여야 한다(법 제43조 제4항).

44 다음 중 관세의 현장수납에 대한 설명으로 관세법에 규정되어 있지 않은 것은?

① 여행자의 휴대품에 대한 관세는 그 물품을 검사한 공무원이 검사장소에서 수납할 수 있다.

② 조난선박에 적재된 물품으로서 보세구역이 아닌 장소에 장치한 물품에 대한 관세는 그 물품을 검사한 공무원이 검사장소에서 수납할 수 있다.

③ 위 ①, ②에서 설명한 규정에 의하여 물품을 검사한 공무원이 관세를 수납하는 때에는 부득이한 사유가 있는 경우를 제외하고는 다른 공무원을 참여시켜야 한다.

④ 출납공무원 아닌 공무원이 위 ①, ②에서 설명한 규정에 의하여 관세를 수납한 때에는 지체 없이 출납공무원에게 인계하여야 한다.

⑤ 출납공무원이 아닌 공무원이 선량한 관리자로서의 주의를 게을리하여 위 ①, ②에서 설명한 규정에 의하여 수납한 관세를 잃어버린 경우에는 세관장에게 즉시 신고하여야 한다.

| 관련 법조문: 법 제43조 | 답 ⑤ |

'관세의 현장수납'이란 여행자 휴대품 및 조난선박에 적재된 물품에 대해 '말로써 고지'할 수 있는 제도를 말한다. 출납공무원이 아닌 공무원이 현장에서 수납하였던 관세를 잃어버린 경우에는 '변상'하여야 한다.

45 □□□ 관세법 제43조는 관세의 현장수납에 대하여 규정하고 있다. 다음 중 관세의 현장수납 등에 대하여 올바르게 설명한 것은?

2007 관세사

① 여행자의 모든 물품을 대상으로 한다.
② 물품을 검사한 공무원이 관세를 수납한 때에는 이유 여하를 막론하고, 다른 공무원을 입회시켜야 한다.
③ 출납공무원이 아닌 공무원이 수납한 때에는 공무원 본인이 즉시 납부조치해야 한다.
④ 조난선박에 적재된 물품으로서 보세구역이 아닌 장소에 장치한 물품을 대상으로 한다.
⑤ 출납공무원이 아닌 공무원이 현장수납한 현금을 잃어버린 경우에는 출납공무원이 변상하여야 한다.

> **관련 법조문: 법 제43조** 답 ④

✅ **선지분석**

① 여행자의 '모든' 물품이 아니라 여행자의 '휴대품'만 현장수납대상이다.
② 물품을 검사한 공무원이 관세를 수납하는 경우에는 '부득이한 사유가 있는 경우를 제외하고는' 다른 공무원을 참여시켜야 한다('입회'라는 표현은 법령 개정으로 '참여'로 변경되었음).
③ 출납공무원이 아닌 공무원이 수납을 한 경우 출납공무원에 '인계'하여야 한다.
⑤ 출납공무원이 아닌 공무원이 수납한 관세를 잃어버린 경우에는 '출납공무원이 아닌 공무원'이 변상하여야 한다.

제2관 강제징수 등(법 제43조의2 ~ 제45조)

46 □□□ 관세법상 강제징수 등에 대한 설명으로 옳지 않은 것은?

2021 국가직 9급

① 세관장은 재산의 압류나 압류재산의 매각을 유예함으로써 사업을 정상적으로 운영할 수 있게 되어 체납액의 징수가 가능하다고 인정되는 경우에는 그 체납액에 대하여 강제징수에 의한 재산의 압류나 압류재산의 매각을 대통령령으로 정하는 바에 따라 유예할 수 있다.
② 세관장은 제43조의2(압류·매각의 유예) 제1항에 따라 유예하는 경우에 필요하다고 인정하면 이미 압류한 재산의 압류를 해제할 수 있다.
③ 압류의 유예를 받은 체납자가 체납액을 분납계획에 따라 납부하지 아니한 경우로서 정당한 사유가 있는 것으로 세관장이 인정하는 경우에는 압류의 유예를 취소하지 아니할 수 있다.
④ 재산상황이나 그 밖의 사정의 변화로 유예할 필요가 없다고 인정될 경우라도 정당한 사유가 있는 것으로 세관장이 인정하는 경우에는 압류의 유예를 취소하지 아니한다.

> **관련 법조문: 법 제43조의2** 답 ④

세관장은 압류 또는 매각의 유예를 받은 체납자가 다음 각 호의 어느 하나에 해당하는 경우에는 그 압류 또는 매각의 유예를 취소하고, 유예에 관계되는 체납액을 한꺼번에 징수할 수 있다. 다만, 제1호에 정당한 사유가 있는 것으로 세관장이 인정하는 경우에는 압류 또는 매각의 유예를 취소하지 아니할 수 있다(법 제43조의2 제5항)

1. 체납액을 분납계획에 따라 납부하지 아니한 경우
2. 담보의 변경이나 그 밖에 담보 보전에 필요한 세관장의 명령에 따르지 아니한 경우
3. 재산상황이나 그 밖의 사정의 변화로 유예할 필요가 없다고 인정될 경우
4. 다음 각 목 중 어느 하나의 경우에 해당되어 그 유예한 기한까지 유예에 관계되는 체납액의 전액을 징수할 수 없다고 인정될 경우
   가. 국세·지방세 또는 공과금의 체납으로 강제징수 또는 체납처분이 시작된 경우
   나. 민사집행법에 따른 강제집행·담보권 실행 등을 위한 경매가 시작된 경우
   다. 어음법 및 수표법에 따른 어음교환소에서 거래정지처분을 받은 경우
   라. 채무자 회생 및 파산에 관한 법률에 따른 파산선고를 받은 경우
   마. 법인이 해산된 경우
   바. 관세의 체납이 발생되거나 관세를 포탈하려는 행위가 있다고 인정되는 경우

✓ 선지분석

① 법 제43조의2(압류·매각의 유예) 제1항
② 법 제43조의2(압류·매각의 유예) 제2항

47

□□□

「관세법」상 강제징수 등에 대한 설명으로 옳지 않은 것은? 2024 국가직 9급

① 세관장은 압류의 유예 결정일 기준으로 최근 3년 이내에 「자유무역협정의 이행을 위한 관세법의 특례에 관한 법률」 위반으로 처벌받은 사실이 있는 체납자에 대해서는 재산의 압류를 유예하는 경우 그에 상당하는 납세담보의 제공을 요구할 수 있다.

② 체납자가 「어음법」에 따른 어음교환소에서 거래정지처분을 받은 경우에는 압류의 유예에 관계되는 체납액 전액을 징수할 수 있는지와 관계없이 압류의 유예를 취소하여야 한다.

③ 관세청장은 「관세법」 제43조의2(압류·매각의 유예) 제4항에 따른 체납자의 「조세범 처벌법」 위반 사실을 확인하기 위하여 관계 기관의 장에게 범죄경력자료의 조회를 요청할 수 있다.

④ 세관장은 체납된 관세 및 내국세등과 관련하여 「관세법」에 따른 심판청구가 계류 중인 경우에는 체납자료의 제공을 요구한 신용정보집중기관에 체납자료를 제공하지 아니한다.

▌관련 법조문: 법 제43조의2, 제44조

답 ②

'체납자가 「어음법」에 따른 어음교환소에서 거래정지처분을 받은 경우'는 압류 또는 매각을 유예한 기한까지 '유예에 관계되는 체납액의 전액을 징수할 수 없다고 인정될 경우'에만 압류 또는 매각의 유예를 취소하는 사유가 된다. 아래의 '가~마'의 사유에는 반드시 '그 유예한 기한까지 유예에 관계되는 체납액의 전액을 징수할 수 없다고 인정될 경우'라는 말이 붙어야 완전한 압류·매각의 유예 취소 사유가 된다(법 제43조의2 제5항 제4호).

> 법 제43조의2(압류·매각의 유예) ⑤ 세관장은 압류 또는 매각의 유예를 받은 체납자가 다음 각 호의 어느 하나에 해당하는 경우에는 그 압류 또는 매각의 유예를 취소하고, 유예에 관계되는 체납액을 한꺼번에 징수할 수 있다. 다만, 제1호에 정당한 사유가 있는 것으로 세관장이 인정하는 경우에는 압류 또는 매각의 유예를 취소하지 아니할 수 있다.
> 1. 체납액을 분납계획에 따라 납부하지 아니한 경우
> 2. 담보의 변경이나 그 밖에 담보 보전에 필요한 세관장의 명령에 따르지 아니한 경우
> 3. 재산상황이나 그 밖의 사정의 변화로 유예할 필요가 없다고 인정될 경우
> 4. 다음 각 목 중 어느 하나의 경우에 해당되어 그 유예한 기한까지 유예에 관계되는 체납액의 전액을 징수할 수 없다고 인정될 경우
>   가. 국세·지방세 또는 공과금의 체납으로 강제징수 또는 체납처분이 시작된 경우
>   나. 「민사집행법」에 따른 강제집행·담보권 실행 등을 위한 경매가 시작된 경우
>   다. 「어음법」 및 「수표법」에 따른 어음교환소에서 거래정지처분을 받은 경우
>   라. 「채무자 회생 및 파산에 관한 법률」에 따른 파산선고를 받은 경우
>   마. 법인이 해산된 경우
>   바. 관세의 체납이 발생되거나 관세를 포탈하려는 행위가 있다고 인정되는 경우

✓ 선지분석

① 세관장은 압류 또는 매각의 유예 결정일 기준으로 최근 3년 이내에 이 법, 「자유무역협정의 이행을 위한 관세법의 특례에 관한 법률」, 「수출용 원재료에 대한 관세 등 환급에 관한 특례법」 또는 「조세범 처벌법」 위반으로 처벌받은 사실이 없는 체납자로부터 체납액 납부계획서를 제출받고 그 납부계획의 타당성을 인정하는 경우에는 납세담보의 제공을 요구하지 아니할 수 있다(법 제43조의2 제4항).

③ 법 제43조의2(압류·매각의 유예) 제8항
④ 법 제44조(체납자료의 제공) 제1항

48 관세법령상 부과와 징수에 대한 설명으로 옳지 않은 것은?

① 납세의무자는 최초의 신고 또는 경정에서 과세표준 및 세액의 계산근거가 된 거래 또는 행위 등이 그에 관한 소송에 대한 판결에 의하여 다른 것으로 확정되어 납부한 세액이 과다한 것을 알게 되었을 때에는 그 사유가 발생한 것을 안 날부터 2개월 이내에 납부한 세액의 경정을 세관장에게 청구할 수 있다.

② 「관세법」 제38조의4(수입물품의 과세가격 조정에 따른 경정) 제3항에 따른 세관장의 통지에 이의가 있는 청구인은 그 통지를 받은 날(2개월 내에 통지를 받지 못한 경우에는 2개월이 지난 날)부터 30일 내에 기획재정부장관에게 국세의 정상가격과 관세의 과세가격 간의 조정을 신청할 수 있다.

③ 세관장은 압류 또는 매각의 유예를 받은 체납자가 담보의 변경에 필요한 세관장의 명령에 따르지 아니한 정당한 사유가 있는 것으로 세관장이 인정한 경우에는 압류 또는 매각의 유예를 취소하지 아니할 수 있다.

④ 여행자의 휴대품을 검사한 공무원이 검사 장소에서 관세를 수납하는 경우에는 그 공무원으로 하여금 말로써 세목·세액 등을 고지하게 할 수 있다.

▌ 관련 법조문: 법 제38조의3, 제38조의4, 제43조의2　　　　　　　　　　답 ③

아래의 압류·매각의 유예 취소 사유 중 오직 제1호(체납액을 분납계획에 따라 납부하지 아니한 경우)만 '정당한 사유가 있는 것으로 세관장이 인정하는 경우'에 압류 또는 매각의 유예를 취소하지 아니할 수 있다(법 제43조의2 제5항). '담보의 변경에 필요한 세관장의 명령에 따르지 아니한 경우'는 이에 해당하지 않는다.

> **법 제43조의2(압류·매각의 유예)** ⑤ 세관장은 압류 또는 매각의 유예를 받은 체납자가 다음 각 호의 어느 하나에 해당하는 경우에는 그 압류 또는 매각의 유예를 취소하고, 유예에 관계되는 체납액을 한꺼번에 징수할 수 있다. 다만, 제1호에 정당한 사유가 있는 것으로 세관장이 인정하는 경우에는 압류 또는 매각의 유예를 취소하지 아니할 수 있다.
> 1. 체납액을 분납계획에 따라 납부하지 아니한 경우
> 2. 담보의 변경이나 그 밖에 담보 보전에 필요한 세관장의 명령에 따르지 아니한 경우
> 3. 재산상황이나 그 밖의 사정의 변화로 유예할 필요가 없다고 인정될 경우
> 4. 다음 각 목 중 어느 하나의 경우에 해당되어 그 유예한 기한까지 유예에 관계되는 체납액의 전액을 징수할 수 없다고 인정될 경우
>   가. 국세·지방세 또는 공과금의 체납으로 강제징수 또는 체납처분이 시작된 경우
>   나. 「민사집행법」에 따른 강제집행·담보권 실행 등을 위한 경매가 시작된 경우
>   다. 「어음법」 및 「수표법」에 따른 어음교환소에서 거래정지처분을 받은 경우
>   라. 「채무자 회생 및 파산에 관한 법률」에 따른 파산선고를 받은 경우
>   마. 법인이 해산된 경우
>   바. 관세의 체납이 발생되거나 관세를 포탈하려는 행위가 있다고 인정되는 경우

⊘ 선지분석

① 법 제38조의3(수정 및 경정) 제3항
② 법 제38조의4(수입물품의 과세가격 조정에 따른 경정) 제4항
④ 영 제36조(납부고지)

49 관세법상 체납자료의 제공 등에 관한 설명으로 옳지 않은 것은?

① 체납자료의 제공 절차 등에 필요한 사항은 대통령령으로 정한다.

② 체납자료를 제공받은 자는 이를 업무 목적 외의 목적으로 누설하거나 이용하여서는 아니 된다.

③ 관세체납정리위원회는 위원장 1인을 포함한 10인 이상의 위원으로 구성한다.

④ 관세(세관장이 징수하는 내국세등을 포함한다)의 체납정리에 관한 사항을 심의하기 위하여 세관에 관세체납정리위원회를 둘 수 있다.

⑤ 관세체납정리위원회의 조직과 운영에 필요한 사항은 대통령령으로 정한다.

▌ **관련 법조문: 법 제44조, 제45조, 영 제42조**　　　　　　　　　　　답 ③

관세체납정리위원회는 위원장 1인을 포함한 '5인 이상 7인 이내'의 위원으로 구성한다(영 제42조 제2항).

✅ **선지분석**

①② 체납자료의 제공절차 등에 필요한 사항은 대통령령으로 정한다(법 제44조 제2항). 체납자료를 제공받은 자는 이를 업무 목적 외의 목적으로 누설하거나 이용하여서는 아니 된다(법 제44조 제3항).

④⑤ 관세(세관장이 징수하는 내국세등을 포함한다)의 체납정리에 관한 사항을 심의하기 위하여 세관에 관세체납정리위원회를 둘 수 있다(법 제45조 제1항). 제1항에 따른 관세체납정리위원회의 조직과 운영에 필요한 사항은 대통령령으로 정한다(법 제45조 제2항).

50 관세법상 세관장이 관세징수 또는 공익목적을 위하여 필요한 경우로서 신용정보집중기관 등의 요구에도 불구하고 체납자료를 제공하지 아니하는 사유가 아닌 것은?

① 체납된 관세와 관련하여 관세법에 따른 심사청구가 계류 중인 경우

② 강제징수절차가 진행 중인 경우

③ 전쟁·화재 등 재해나 도난으로 인하여 재산에 심한 손실을 입은 경우

④ 사업에 현저한 손실을 입은 경우

⑤ 사업이 중대한 위기에 처한 경우

▌ **관련 법조문: 법 제44조, 영 제41조**　　　　　　　　　　　답 ②

세관장은 관세징수 또는 공익목적을 위하여 필요한 경우로서 신용정보의 이용 및 보호에 관한 법률 제2조 제6호에 따른 신용정보집중기관, 그 밖에 대통령령으로 정하는 자가 '체납 발생일부터 1년이 지나고 체납액이 대통령령으로 정하는 금액 이상인 자' 또는 '1년에 3회 이상 체납하고 체납액이 대통령령으로 정하는 금액 이상인 자'에 해당하는 체납자의 인적사항 및 체납액에 관한 자료(체납자료)를 요구한 경우에는 이를 제공할 수 있다. 다만, 체납된 관세 및 내국세등과 관련하여 이 법에 따른 이의신청·심사청구 또는 심판청구 및 행정소송이 계류 중인 경우나 그 밖에 '대통령령으로 정하는 경우'에는 체납자료를 제공하지 아니한다(법 제44조 제1항).

법 제44조 제1항 각 호 외의 부분 단서에서 '대통령령으로 정하는 경우'란 다음 각 호의 어느 하나에 해당하는 경우를 말한다(영 제41조 제1항).

> 1. 영 제2조 제1항 제1호부터 제3호까지의 사유에 해당되는 경우
>   1) 전쟁·화재 등 재해나 도난으로 인하여 재산에 심한 손실을 입은 경우
>   2) 사업에 현저한 손실을 입은 경우
>   3) 사업이 중대한 위기에 처한 경우
> 2. 압류 또는 매각이 유예된 경우

> **명호샘의 한마디**
>
> 다음의 세 가지를 구분해야 한다.
>
> - 천, 재, 세, 손, 위: ① 기한의 연장, ② 분할납부
> - 유, 재, 계, 손, 위: 체납자료를 제공하지 않는 경우
> - 유, 진, 회, 계: 세무서장이 체납세액을 징수할 수 없는 경우

제3관 관세환급금의 환급 등(법 제46조 ~ 제48조)

51 관세법령상 관세환급금의 환급 등에 대한 설명으로 옳지 않은 것은?

2016 국가직 9급

① 세관장은 납세의무자가 관세법에 따라 환급하여야 할 환급세액의 환급을 청구할 때에는 대통령령으로 정하는 바에 따라 지체 없이 이를 관세환급금으로 결정하고 30일 이내에 환급하여야 하며, 세관장이 확인한 관세환급금은 납세의무자가 환급을 청구하지 아니하더라도 환급하여야 한다.

② 세관장은 관세환급금을 결정한 때에는 즉시 환급금 해당액을 환급받을 자에게 지급할 것을 내용으로 하는 지급지시서를 한국은행(국고대리점을 포함한다)에 송부하고, 그 환급받을 자에게 환급내용 및 방법 등을 기재한 환급통지서를 송부하여야 한다.

③ 세관장은 관세환급금의 과다환급액을 징수할 때에는 과다환급을 한 날의 다음 날부터 징수결정을 하는 날까지의 기간에 대하여 대통령령으로 정하는 이율에 따라 계산한 금액을 과다환급액에 더하여야 한다.

④ 세관장은 관세를 환급받을 자가 세관에 납부하여야 하는 관세가 있더라도 그 권리자에게 사전에 충당의 통지를 이행하지 아니하면 환급하여야 하는 금액에서 이를 충당할 수 없다.

> **관련 법조문: 법 제46조, 영 제52조, 제54조**   답 ④

세관장은 관세환급금을 환급하는 경우에 환급받을 자가 세관에 납부하여야 하는 관세와 그 밖의 세금, 가산세 또는 강제징수비가 있을 때에는 환급하여야 하는 금액에서 이를 충당할 수 있다(법 제46조 제2항). 세관장은 이 규정에 의하여 관세환급금을 충당한 때에는 그 사실을 권리자에게 통보하여야 한다. 다만, 권리자의 신청에 의하여 충당한 경우에는 그 통지를 생략한다(영 제52조). 즉, 충당 통지는 '사전에' 하는 것이 아니라, 이미 '충당한' 사실을 통보하는 것이다. 사전에 충당의 통지를 이행하지 않았다고 해서 세관장이 충당을 할 수 없는 것은 아니다.

> **선지분석**

① 세관장은 납세의무자가 관세·가산세 또는 강제징수비로 납부한 금액 중 잘못 납부하거나 초과하여 납부한 금액 또는 이 법에 따라 환급하여야 할 환급세액의 환급을 청구할 때에는 대통령령으로 정하는 바에 따라 지체 없이 이를 관세환급금으로 결정하고 30일 이내에 환급하여야 하며, 세관장이 확인한 관세환급금은 납세의무자가 환급을 청구하지 아니하더라도 환급하여야 한다(법 제46조 제1항).

② 세관장은 관세환급금을 결정한 때에는 즉시 환급금 해당액을 환급받을 자에게 지급할 것을 내용으로 하는 지급지시서를 한국은행(국고대리점을 포함한다)에 송부하고, 그 환급받을 자에게 환급내용 및 방법 등을 기재한 환급통지서를 송부하여야 한다(영 제54조 제1항).

③ 세관장은 법 제46조에 따른 관세환급금의 환급에 있어서 그 환급액이 과다한 것을 알게 되었을 때에는 해당 관세환급금을 지급받은 자로부터 과다지급된 금액을 징수하여야 한다(법 제46조 제1항). 세관장은 제1항에 따라 관세환급금의 과다환급액을 징수할 때에는 과다환급을 한 날의 다음 날부터 징수결정을 하는 날까지의 기간에 대하여 대통령령으로 정하는 이율에 따라 계산한 금액을 과다환급액에 더하여야 한다(법 제47조 제2항).

52

관세법령상 관세의 부과와 징수에 대한 설명으로 옳지 않은 것은?

① 세관장은 자율심사업체에게 수출입업무의 처리방법 및 체계 등에 관한 관세청장이 정한 자료를 제공하여야 한다.

② 세관장은 관세의 과오납금을 확인한 경우 관세심사위원회의 심의를 거쳐 환급결정을 하고 그 결정일로부터 30일 이내에 환급하여야 한다.

③ 조약에 의하여 관세의 감면을 받는 경우 그 감면액과 법적 근거는 물품(세관장이 부과고지하는 물품은 제외)을 수입하기 위하여 납세신고를 하고자 하는 자가 수입신고서에 기재하여야 하는 사항이다.

④ 수입신고를 수리한 후 세액심사를 하는 것이 적당하지 아니하다고 인정하여 기획재정부령으로 정하는 물품의 납세신고를 받은 세관장은 신고한 세액에 대하여는 수입신고를 수리하기 전에 이를 심사한다.

> ▌ **관련 법조문: 법 제38조, 제46조, 영 제32조, 제32조의2**　　　　　답 ②

세관장은 납세의무자가 관세·가산세 또는 강제징수비로 납부한 금액 중 잘못 납부하거나 초과하여 납부한 금액 또는 관세법에 따라 환급하여야 할 환급세액의 환급을 청구할 때에는 대통령령으로 정하는 바에 따라 지체 없이 이를 관세환급금으로 결정하고 30일 이내에 환급하여야 하며, 세관장이 확인한 관세환급금은 납세의무자가 환급을 청구하지 아니하더라도 환급하여야 한다(법 제46조 제1항). 이 경우 관세심사위원회의 의결로 환급결정을 하는 것이 아니다. 오히려 세관장이 확인한 잘못 납부하거나 초과하여 납부한 금액은 납세의무자가 환급을 청구하지 아니하더라도 환급하여야 한다. '30일 이내에 환급'하는 것은 '세관장이 (환급금을) 확인한 경우'가 아니라 '납세의무자가 환급을 청구할 때'에 적용되는 절차이다.

✅ **선지분석**

① 세관장은 납세실적과 수입규모 등을 고려하여 관세청장이 정하는 요건을 갖춘 자가 신청할 때에는 납세신고한 세액을 자체적으로 심사(자율심사)하게 할 수 있다(법 제38조 제3항). 세관장은 자율심사업체에게 수출입업무의 처리방법 및 체계 등에 관한 관세청장이 정한 자료를 제공하여야 한다(영 제32조의2 제2항).

③ 법 제38조(신고납부) 제1항의 규정에 의하여 납세신고를 하고자 하는 자는 영 제246조의 규정에 의한 수입신고서에 동조 각 호의 사항 외에 다음 각 호의 사항을 기재하여 세관장에게 제출하여야 한다(영 제32조 제1항). 조약 뿐만이 아니라 법률에 의하여 관세의 감면을 받는 경우에는 수입신고서에 '감면액과 법적 근거'를 기재하여야 한다.

> 1. 당해 물품의 관세율표상의 품목분류·세율과 품목분류마다 납부하여야 할 세액 및 그 합계액
> 2. 법 기타 관세에 관한 법률 또는 조약에 의하여 관세의 감면을 받는 경우에는 그 감면액과 법적 근거
> 3. 제23조 제1항의 규정에 의한 특수관계에 해당하는지 여부와 그 내용
> 4. 기타 과세가격결정에 참고가 되는 사항

④ 세관장은 납세신고를 받으면 수입신고서에 기재된 사항과 관세법에 따른 확인사항 등을 심사하되, 신고한 세액에 대하여는 수입신고를 수리한 후에 심사한다. 다만, 신고한 세액에 대하여 관세채권을 확보하기가 곤란하거나, 수입신고를 수리한 후 세액심사를 하는 것이 적당하지 아니하다고 인정하여 기획재정부령으로 정하는 물품의 경우에는 수입신고를 수리하기 전에 이를 심사한다(법 제38조 제2항).

53

관세법상 관세환급금의 환급 등에 관한 설명으로 옳지 않은 것은?

① 세관장은 납세의무자가 관세·가산세 또는 강제징수비로 납부한 금액 중 잘못 납부하거나 초과하여 납부한 금액 또는 관세법에 따라 환급하여야 할 환급세액의 환급을 청구할 때에는 기획재정부령으로 정하는 바에 따라 지체 없이 이를 관세환급금으로 결정하고 60일 이내에 환급하여야 하며, 세관장이 확인한 관세환급금은 납세의무자가 환급을 청구하지 아니하더라도 환급하여야 한다.

② 세관장은 관세환급금을 환급하는 경우에 환급받을 자가 세관에 납부하여야 하는 관세와 그 밖의 세금, 가산세 또는 강제징수비가 있을 때에는 환급하여야 하는 금액에서 이를 충당할 수 있다.

③ 세관장은 관세환급금의 환급에 있어서 그 환급액이 과다한 것을 알게 되었을 때에는 해당 관세환급금을 지급받은 자로부터 과다지급된 금액을 징수하여야 한다.

④ 세관장은 관세환급금의 과다환급액을 징수할 때에는 과다환급을 한 날의 다음 날부터 징수결정을 하는 날까지의 기간에 대하여 대통령령으로 정하는 이율에 따라 계산한 금액을 과다환급액에 더하여야 한다.

⑤ 납세의무자의 관세환급금에 관한 권리를 대통령령으로 정하는 바에 따라 제3자에게 양도할 수 있다.

관련 법조문: 법 제46조, 제47조　　　　　　　　　　　　　　　　　　　　　답 ①

세관장은 납세의무자가 관세·가산세 또는 강제징수비로 납부한 금액 중 잘못 납부하거나 초과하여 납부한 금액 또는 관세법에 따라 환급하여야 할 환급세액의 환급을 청구할 때에는 '대통령령'으로 정하는 바에 따라 지체 없이 이를 관세환급금으로 결정하고 '30일 이내'에 환급하여야 하며, 세관장이 확인한 관세환급금은 납세의무자가 환급을 청구하지 아니하더라도 환급하여야 한다(법 제46조 제1항, 2022년 관세사).

 선지분석

② 법 제46조(관세환급금의 환급) 제2항
③ 법 제47조(과다환급관세의 징수) 제1항
④ 법 제47조(과다환급관세의 징수) 제2항
⑤ 법 제46조(관세환급금의 환급) 제3항

54

관세법 및 동법 시행령상 관세환급금의 환급 등에 대한 내용으로 옳지 않은 것은?

① 세관장은 관세환급금을 환급하는 경우에 환급받을 자가 세관에 납부하여야 하는 관세와 그 밖의 세금, 가산세 또는 강제징수비가 있을 때에는 환급하여야 하는 금액에서 이를 충당할 수 있다.

② 납세의무자의 관세환급금에 관한 권리는 대통령령으로 정하는 바에 따라 제3자에게 양도할 수 있다.

③ 관세법 제46조 제1항에 따른 관세환급금의 환급을 받고자 하는 자는 당해 물품의 품명·규격·수량·수입신고수리연월일·신고번호 및 환급사유와 환급받고자 하는 금액을 기재한 신청서를 세관장에게 제출하여야 한다.

④ 세관장은 관세법 제46조 제2항의 규정에 의하여 관세환급금을 충당한 때에는 권리자의 신청에 의하여 충당한 경우를 포함하여 그 사실을 권리자에게 통보하여야 한다.

관련 법조문: 법 제46조, 영 제52조　　　　　　　　　　　　　　　　　　　답 ④

세관장은 법 제46조(관세환급금의 환급) 제2항의 규정에 의하여 관세환급금을 충당한 때에는 그 사실을 권리자에게 통보하여야 한다. 다만, 권리자의 신청에 의하여 충당한 경우에는 그 통지를 생략한다(영 제52조).

55 관세법령상 관세환급금의 환급 등에 관한 내용으로 옳은 것은?

① 세관장이 확인한 관세환급금은 납세의무자가 환급을 청구하지 아니하더라도 환급하여야 한다.
② 세관장은 관세환급금을 환급하는 경우에 환급받을 자가 세관에 납부하여야 하는 관세와 그 밖의 세금, 가산세 또는 강제징수비가 있을 때에도 환급하여야 하는 금액에서 이를 충당할 수 없다.
③ 한국은행은 관세청장이 환급금지급계정에 이체된 금액으로부터 당해 회계연도의 환급통지서 발행금액중 다음 회계연도 1월 30일까지 지급하지 못한 환급금을 세관환급금 지급미필이월계정에 이월하여 정리하여야 한다.
④ 세관장은 납세의무자가 환급세액의 환급을 청구할 때에는 기획재정부령에 따라 지체 없이 이를 관세환급금으로 결정하고 60일 이내에 환급하여야 한다.
⑤ 세관장은 관세환급금의 과다환급액을 징수할 때에는 과다환급을 한 날부터 징수결정을 하는 날까지의 기간에 대하여 한국은행이 정하는 이율에 따라 계산한 금액을 과다환급액에 더하여야 한다.

▎관련 법조문: 법 제46조, 제47조, 영 제55조 　　　　　　　　　　　답 ①

세관장은 납세의무자가 관세·가산세 또는 강제징수비의 과오납금 또는 이 법에 따라 환급하여야 할 환급세액의 환급을 청구할 때에는 대통령령으로 정하는 바에 따라 지체 없이 이를 관세환급금으로 결정하고 <u>30일 이내에 환급하여야</u> 하며, 세관장이 확인한 관세환급금은 납세의무자가 환급을 청구하지 아니하더라도 환급하여야 한다(법 제46조 제1항).

✓ 선지분석
② 세관장은 법 제46조 제1항에 따라 관세환급금을 환급하는 경우에 환급받을 자가 세관에 납부하여야 하는 관세와 그 밖의 세금, 가산세 또는 강제징수비가 있을 때에는 환급하여야 하는 금액에서 이를 <u>충당할 수 있다</u>(법 제46조 제2항).
③ 한국은행은 세관장이 환급금지급계정에 이체된 금액으로부터 당해 회계연도의 환급통지서 발행금액중 <u>다음 회계연도 1월 15일까지</u> 지급하지 못한 환급금을 세관환급금지급미필이월계정에 이월하여 정리하여야 한다(영 제55조 제1항, 미지급자금의 정리).
⑤ 세관장은 관세환급금의 과다환급액을 징수할 때에는 <u>과다환급을 한 날의 다음 날부터</u> 징수결정을 하는 날까지의 기간에 대하여 <u>대통령령으로 정하는 이율</u>에 따라 계산한 금액을 과다환급액에 더하여야 한다(법 제47조 제2항).

56 관세법상 관세환급금의 환급 등에 대한 설명으로 옳지 않은 것은?

① 세관장은 납세의무자가 관세·가산세로 납부한 금액 중 잘못 납부하거나 초과하여 납부한 금액을 청구할 때에는 대통령령으로 정하는 바에 따라 지체 없이 이를 관세환급금으로 결정하고 30일 이내에 환급하여야 한다.
② 납세의무자의 관세환급금에 관한 권리는 대통령령으로 정하는 바에 따라 제3자에게 양도할 수 있다.
③ 세관장은 관세환급금의 환급액이 과다한 것을 알게 되었을 때에는 해당 관세환급금을 지급받은 자로부터 과다지급된 금액을 징수하여야 한다.
④ 세관장은 관세환급금의 과다환급액을 징수할 때에는 과다환급을 한 날부터 징수결정을 하는 날까지의 기간에 대하여 대통령령으로 정하는 이율에 따라 계산한 금액을 과다환급액에 더하여야 한다.

▎관련 법조문: 법 제47조 　　　　　　　　　　　답 ④

세관장은 관세환급금의 과다환급액을 징수할 때에는 '과다환급을 한 날의 다음 날'부터 징수결정을 하는 날까지의 기간에 대하여 대통령령으로 정하는 이율에 따라 계산한 금액을 과다환급액에 더하여야 한다(법 제47조 제2항).

57 관세법령상 관세환급금의 환급 등에 관한 설명으로 옳은 것은?

① 세관장은 관세환급금결정액계산서와 그 증빙서류를 감사원장이 정하는 바에 따라 감사원에 제출하여야 한다.
② 세관장은 분기별 관세환급금결정액보고서를 작성하여 관세청장에게 제출하여야 한다.
③ 관세환급금을 환급받을 자가 환급통지서를 받은 날부터 6개월 내에 환급금을 지급받지 못한 때에는 세관장에게 다시 환급절차를 밟을 것을 요구하여야 한다.
④ 한국은행은 세관장이 환급금지급계정에 이체된 금액으로부터 당해 회계연도의 환급 통지서 발행금액 중 다음 회계연도 1월 31일까지 지급하지 못한 환급금을 세관환급금지급미필이월계정에 이월하여 정리하여야 한다.
⑤ 세관장은 관세환급금의 과다환급액을 징수할 때에는 과다환급을 한 날부터 징수결정을 하는 날까지의 기간에 대하여 대통령령으로 정하는 이율에 따라 계산한 금액을 과다환급액에 더하여야 한다.

│ 관련 법조문: 법 제47조, 영 제51조, 제55조　　　　답 ①

세관장은 관세환급금결정액계산서와 그 증빙서류를 감사원장이 정하는 바에 따라 감사원에 제출하여야 한다(영 제51조 제4항).

✔ **선지분석**
② 세관장은 '매월' 관세환급금결정액보고서를 작성하여 '기획재정부장관'에게 제출하여야 한다(영 제51조 제3항).
③ 관세환급금을 환급받을 자가 '환급통지서발행일'부터 '1년' 내에 환급금을 지급받지 못한 때에는 세관장에게 다시 환급절차를 밟을 것을 요구할 수 있으며, 세관장은 이를 조사·확인하여 그 지급에 필요한 조치를 하여야 한다(영 제55조 제3항).
④ 한국은행은 세관장이 환급금지급계정에 이체된 금액으로부터 당해 회계연도의 환급통지서 발행금액 중 다음 회계연도 '1월 15일'까지 지급하지 못한 환급금을 세관환급금지급미필이월계정에 이월하여 정리하여야 한다(영 제55조 제1항).
⑤ 세관장은 관세환급금의 과다환급액을 징수할 때에는 '과다환급을 한 날의 다음 날'부터 징수결정을 하는 날까지의 기간에 대하여 대통령령으로 정하는 이율에 따라 계산한 금액을 과다환급액에 더하여야 한다(법 제47조 제2항).

58 관세법령상 관세환급금의 환급 등에 대한 설명으로 옳지 않은 것은?

① 세관장은 관세환급금을 환급하는 경우에 환급받을 자가 세관에 납부하여야 하는 관세와 그 밖의 세금, 가산세 또는 강제징수비가 있을 때에는 환급하여야 하는 금액에서 이를 충당할 수 있다.
② 세관장이 확인한 관세환급금은 납세의무자가 환급을 청구하지 아니하더라도 환급하여야 한다.
③ 세관장은 관세환급 사유를 확인한 때에는 권리자에게 그 금액과 이유 등을 통지하여야 한다.
④ 세관장은 매월 관세환급금결정액보고서를 작성하여 감사원에 제출하여야 한다.

│ 관련 법조문: 법 제46조, 영 제51조　　　　답 ④

세관장은 매월 관세환급금결정액보고서를 작성하여 '기획재정부장관'에게 제출하여야 한다(영 제51조 제3항).

서류의 종류	제출 방향
관세환급금결정액보고서	세관장 → 기획재정부장관
관세환급금결정액계산서	세관장 → 감사원

59 관세법령상 관세환급금의 환급에 관한 설명으로 옳지 않은 것은?

① 세관장은 납세의무자가 환급세액의 환급을 청구할 때에는 대통령령으로 정하는 바에 따라 지체 없이 이를 관세환급금으로 결정하고 30일 이내에 환급하여야 한다.
② 세관장이 확인한 관세환급금은 납세의무자가 환급을 청구하지 아니하더라도 환급하여야 한다.
③ 관세환급금에 관한 권리는 제3자에게 양도할 수 있다.
④ 관세환급금을 환급받을 자가 환급통지서발행일부터 1년 내에 환급금을 지급받지 못한 때에는 세관장에게 다시 환급절차를 밟을 것을 요구할 수 있다.
⑤ 세관장은 분기별 관세환급금결정액보고서를 작성하여 기획재정부장관에게 제출하여야 한다.

> **관련 법조문: 법 제46조, 영 제51조, 제55조** 답 ⑤

세관장은 '매월' 관세환급금결정액보고서를 작성하여 기획재정부장관에게 제출하여야 한다(영 제51조 제3항).

✅ 선지분석
①② 법 제46조(관세환급금의 환급) 제1항
③ 법 제46조(관세환급금의 환급) 제3항
④ 영 제55조(미지급자금의 정리) 제3항

60 관세법령상 관세환급금의 환급 등에 관한 설명으로 옳지 않은 것은?

① 세관장이 확인한 관세환급금은 납세의무자가 환급을 청구하지 아니하더라도 환급하여야 한다.
② 세관장은 관세환급금의 과다환급액을 징수할 때에는 과다환급을 한 날의 다음 날부터 징수결정을 하는 날까지의 기간에 대하여 대통령령으로 정하는 이율에 따라 계산한 금액을 과다환급액에 더하여야 한다.
③ 세관장은 환급금지급계정에 이체된 금액으로부터 당해 회계연도의 환급통지서 발행금액중 다음 회계연도 1월 15일까지 지급하지 못한 환급금을 세관환급금지급미필이월계정에 이월하여 정리하여야 한다.
④ 세관환급금지급미필이월계정에 이월한 금액중 환급통지서발행일부터 1년내에 지급하지 못한 금액은 그 기간이 만료한 날이 속하는 회계연도의 세입에 편입하여야 한다.
⑤ 관세환급금을 환급받을 자가 환급통지서발행일부터 1년내에 환급금을 지급받지 못한 때에는 세관장에게 다시 환급절차를 밟을 것을 요구할 수 있으며, 세관장은 이를 조사·확인하여 그 지급에 필요한 조치를 하여야 한다.

> **관련 법조문: 법 제46조, 제47조, 영 제55조** 답 ③

한국은행은 세관장이 환급금지급계정에 이체된 금액으로부터 당해 회계연도의 환급통지서 발행금액 중 다음 회계연도 1월 15일까지 지급하지 못한 환급금을 세관환급금지급미필이월계정에 이월하여 정리하여야 한다(영 제55조 제1항). '이월하여 정리'하는 주체는 한국은행이다. 세관장이 환급금을 지급하지 못했으면, 한국은행이 그 지급하지 못한 환급금을 세관환급금지급미필이월계정에 이월하여 정리한다는 의미이다.

① 법 제46조(관세환급금의 환급) 제1항
② 법 제47조(과다환급관세의 징수) 제2항
④ 영 제55조(미지급자금의 정리) 제2항
⑤ 영 제55조(미지급자금의 정리) 제3항

61

관세법 시행령상 관세환급가산금의 기산일에 대한 설명으로 옳지 않은 것은?　　2017 국가직 9급

① 납부(2회 이상 분할납부된 것인 경우는 제외) 후 그 납부의 기초가 된 신고 또는 부과를 경정하거나 취소함에 따라 발생한 관세환급금: 납부일의 다음 날
② 적법하게 납부된 관세의 감면으로 발생한 관세환급금: 감면결정일의 다음 날
③ 적법하게 납부된 후 법률이 개정되어 발생한 관세환급금: 납부일의 다음 날
④ 환급세액을 신청하지 아니하였으나 세관장이 직권으로 결정한 환급세액을 환급하는 경우: 해당 결정일로부터 30일이 지난 날의 다음 날

관련 법조문: 영 제56조　　　　　　　답 ③

관세환급가산금 기산일은 다음과 같다(영 제56조 제3항).

1. 착오납부, 이중납부 또는 납부 후 그 납부의 기초가 된 신고 또는 부과를 경정하거나 취소함에 따라 발생한 관세환급금: 납부일의 다음 날(여기에서 '납부일'이란 2회 이상 분할납부된 것인 경우에는 그 최종 납부일로 하되, 관세환급금액이 최종 납부된 금액을 초과하는 경우에는 관세환급금액이 될 때까지 납부일의 순서로 소급하여 계산한 관세환급금의 각 납부일로 한다)
2. 적법하게 납부된 관세의 감면으로 발생한 관세환급금: 감면 결정일의 다음 날
3. 적법하게 납부된 후 법률이 개정되어 발생한 관세환급금: '개정된 법률의 시행일의 다음 날'
4. 이 법에 따라 신청한 환급세액(잘못 신청한 경우 이를 경정한 금액을 말한다)을 환급하는 경우: 신청을 한 날부터 30일이 지난 날의 다음 날(다만, 환급세액을 신청하지 아니하였으나 세관장이 직권으로 결정한 환급세액을 환급하는 경우에는 해당 결정일로부터 30일이 지난 날의 다음 날로 한다)
5. 자유무역협정의 이행을 위한 관세법의 특례에 관한 법률 제9조 제5항에 따른 관세환급금: 같은 조 제4항 후단에 따른 협정관세 적용 등의 통지일의 다음 날

62

관세법 시행규칙 제9조의3(관세 등 환급가산금의 이율)의 내용이다. (　　)에 들어갈 숫자는?　　2024 관세사

관세법 시행령 제56조(관세환급가산금 등의 결정) 제2항에서 "기획재정부령으로 정하는 이자율"이란 연 1천분의 (　　)을/를 말한다.

① 10　　　　　　　　　　② 12
③ 19　　　　　　　　　　④ 29
⑤ 35

63 관세법령상 관세환급금에 관한 권리를 제3자에게 양도하고자 하는 자가 세관장에게 제출해야 하는 문서의 기재사항으로 옳은 것을 모두 고른 것은?   2019 관세사

> ㄱ. 환급금액   ㄴ. 양도인의 주소와 성명
> ㄷ. 환급사유   ㄹ. 양수인의 주소와 성명

① ㄱ
② ㄴ, ㄷ
③ ㄱ, ㄴ, ㄹ
④ ㄴ, ㄷ, ㄹ
⑤ ㄱ, ㄴ, ㄷ, ㄹ

관련 법조문: 영 제53조   답 ⑤

납세의무자의 관세환급금에 관한 권리는 대통령령으로 정하는 바에 따라 제3자에게 양도할 수 있다(법 제46조 제3항). 법 제46조 제3항에 따라 관세환급금에 관한 권리를 제3자에게 양도하고자 하는 자는 다음 각 호의 사항을 적은 문서를 세관장에게 제출해야 한다(영 제53조).

1. 양도인의 주소와 성명
2. 양수인의 주소와 성명
3. 환급사유
4. 환급금액

제3장

세율 및 품목 분류

제3장 세율 및 품목 분류

제1절 | 통칙(법 제49조 ~ 제50조)

1 세율의 적용순위

01

A사가 최빈개발도상국인 B국에서 수입하는 물품에 다음의 여러 관세율이 경합되는 경우 관세법 제50조에 따라 가장 우선하여 적용될 관세율은?

2017 국가직 9급(하반기)

① 기본관세 8%

② 일반특혜관세 0%

③ 상계관세 5%

④ 국제협력관세 3%

┃ 관련 법조문: 법 제50조   답 ③

최빈개발도상국에서 수입되는 품목이라면 기본관세, 일반특혜관세, 상계관세, 국제협력관세가 모두 적용될 수 있다. 다만, 관세법 제50조(세율 적용의 우선순위)에 따라 상계관세(법 제57조)를 가장 우선하여 적용한다. 관세율 적용 순위는 다음과 같다.

관세율 적용순위	해당하는 관세
1순위	덤핑방지관세, 상계관세, 보복관세, 긴급관세, 특정국물품긴급관세, 농림축산물에 대한 특별긴급관세, 조정관세(공중도덕 보호 등 사유)
2순위	국제협력관세, 편익관세
3순위	조정관세(1순위 사유 제외), 할당관세, 계절관세
4순위	일반특혜관세(GSP)
5순위	잠정관세
6순위	기본관세

02

관세법상 세율 적용의 우선순위에 관한 설명으로 옳은 것은?

2016 관세사

① 기본세율과 잠정세율은 별표 관세율표에 따르되, 기본세율을 잠정세율에 우선하여 적용한다.

② 할당관세는 덤핑방지관세에 우선하여 적용한다.

③ 긴급관세는 상계관세에 우선하여 적용한다.

④ 편익관세는 국제협력관세에 우선하여 적용한다.

⑤ 보복관세는 할당관세에 우선하여 적용한다.

┃ 관련 법조문: 법 제50조   답 ⑤

✅ **선지분석**

① 기본세율과 잠정세율은 별표 관세율표에 따르되, '잠정세율을 기본세율에 우선하여' 적용한다.

② '덤핑방지관세'는 '할당관세'에 우선하여 적용한다.

③ 긴급관세와 상계관세는 모두 1순위 세율로서 우선 순위를 따질 수 없다. 두 관세는 그 부과사유가 다르므로 동시에 적용될 여지가 없고, 이에 따라 경합할 이유도 없다.

④ 편익관세와 국제협력관세는 모두 2순위 세율로서 우선 순위를 따질 수 없다. 다만, 낮은 세율을 적용하는 두 특혜관세가 경합하는 경우에는 낮은 세율을 선택하여 적용할 수 있다.

03 농림축산물이 아닌 일반물품의 관세율이 경합될 경우에 적용할 세율로 옳지 않은 것은? 2012 관세사

① 잠정세율이 10%이고 기본세율이 8%인 경우 잠정세율 10% 적용
② WTO협정에 의한 국제협력관세율이 10%이고 기본세율이 8%인 경우 국제협력관세율 10% 적용
③ 기본세율이 8%이고 할당관세율이 5%인 경우 할당관세율 5% 적용
④ 긴급관세율 20%이고 국제협력관세율 10%인 경우 긴급관세율 20% 적용
⑤ 덤핑방지관세율 20%이고 기본세율 10%인 경우 덤핑방지관세율 20% 적용

> **관련 법조문: 법 제50조**   답 ②

WTO협정관세율이 10%이고 기본세율이 8%인 경우, 기본세율 8%가 적용된다. 국제협력관세 중의 하나인 WTO 협정관세는 그 세율이 (관세율 적용순위에 있어) 이하의 세율보다 낮은 경우에만 우선 적용된다. 그러나 제시된 것 처럼 다른 세율이 더 낮다면, 그 세율이 적용된다.

---

04 관세법령상 잠정세율에 관한 설명으로 옳지 않은 것은? 2022 관세사

① 기본세율과의 세율차를 좁히도록 잠정세율을 올리거나 내릴 수 있다.
② 잠정세율은 기본세율에 우선하여 적용된다.
③ 관계부처의 장은 잠정세율 인상 또는 인하의 필요가 있다고 인정되는 때에는 이를 기획재정부장관에 게 요청할 수 있다.
④ 기획재정부장관은 잠정세율의 적용정지 등에 관한 사항을 조사하기 위하여 필요하다고 인정되는 때 에는 기타 이해관계인에게 관련 자료의 제출을 요청할 수 있다.
⑤ 잠정세율의 적용을 받는 물품과 관련이 있는 관계부처의 장은 그 물품의 전부 또는 일부에 대하여 잠정세율의 적용을 정지할 수 있다.

> **관련 법조문: 법 제50조, 영 제57조**   답 ⑤

관세법 별표 관세율표중 잠정세율의 적용을 받는 물품과 관련이 있는 관계부처의 장 또는 이해관계인은 법 제50조 제4항의 규정에 의하여 잠정세율의 적용정지나 잠정세율의 인상 또는 인하의 필요가 있다고 인정되는 때에는 이를 기획재정부장관에게 요청할 수 있다(영 제57조 제1항).

✅ **선지분석**

① 관세법 별표 관세율표 중 잠정세율을 적용받는 물품에 대하여는 대통령령으로 정하는 바에 따라 그 물품의 전부 또는 일부에 대하여 잠정세율의 적용을 정지하거나 기본세율과의 세율차를 좁히도록 잠정세율을 올리거나 내릴 수 있다(법 제50조 제4항).
② 기본세율과 잠정세율은 별표 관세율표에 따르되, 잠정세율을 기본세율에 우선하여 적용한다(법 제50조 제1항).
③ 관세법 별표 관세율표중 잠정세율의 적용을 받는 물품과 관련이 있는 관계부처의 장 또는 이해관계인은 법 제 50조 제4항의 규정에 의하여 잠정세율의 적용정지나 잠정세율의 인상 또는 인하의 필요가 있다고 인정되는 때 에는 이를 기획재정부장관에게 요청할 수 있다(영 제57조 제1항).
④ 기획재정부장관은 잠정세율의 적용정지 등에 관한 사항을 조사하기 위하여 필요하다고 인정되는 때에는 관계기 관·수출자·수입자 기타 이해관계인에게 관련자료의 제출 기타 필요한 협조를 요청할 수 있다(영 제57조 제3항).

관세법규에 의한 잠정세율에 관한 다음 설명 중 그 내용이 맞지 않는 것은 어느 것인가? 2005 관세사

① 잠정세율은 국회의 의결로 확정되며 관세율표상의 기본세율과 함께 표시되어 있다.

② 잠정세율의 적용을 받는 물품과 관련이 있는 관계부처의 장은 그 적용을 정지할 수 있다.

③ 잠정세율을 적용받는 물품에 대하여는 대통령령으로 정하는 바에 따라 그 물품의 전부 또는 일부에 대하여 잠정세율의 적용을 정지할 수 있다.

④ 잠정세율을 적용받는 물품에 대하여는 대통령령으로 정하는 바에 따라 그 물품의 전부 또는 일부에 대하여 기본세율과의 세율차를 좁히도록 잠정세율을 인상하거나 인하할 수 있다.

⑤ 잠정세율은 관세법 별표 관세율표에 의하되 기본세율에 우선하여 적용한다.

▎ **관련 법조문: 법 제50조, 영 제57조** 답 ②

관계부처의 장이 직접 잠정세율의 적용을 정지할 수는 없다. 잠정세율의 적용을 받는 물품과 관련이 있는 관계부처의 장 또는 이해관계인이 '기획재정부장관'에게 그 적용의 정지나 세율의 인상, 인하를 요청하면, '기획재정부장관'이 적용 정지, 인상, 인하를 하게 된다.

다음 무역거래 내용을 보고 동 물품이 수입될 때 적용되어야 할 관세율을 고르면? 2007 관세사

> ㉠ 국산 부품 20%, 중국산 부품 20%, 싱가포르산 부품 40%, 일본산 부품 20%를 사용하여 중국에서 생산한 공기청정기를 수입한다.
> ㉡ 부품의 세번과 공기청정기의 세번은 HS 6단위가 서로 다르다.
> ㉢ 국산부품은 공기청정기의 핵심부품들로, 이는 수입자에 의해 생산자에게 무료로 공급되었다. 이 수출을 이유로 관세 등을 환급받은 사실은 없다.
> ㉣ 한국과 싱가포르는 자유무역협정을 체결하고 있으며, 동 협정에 따르면 우리나라가 양허한 공기청정기의 협정세율은 현재 1%이다.
> ㉤ 공기청정기의 기본세율은 8%이고, WTO에 우리나라가 양허한 협정세율은 현재 5%이다. 한국, 중국, 일본, 싱가포르는 모두 WTO 회원국이다.
> ㉥ 한국과 중국은 아시아태평양무역협정을 맺고 있으며, 동 협정에서 우리나라가 양허한 공기청정기의 협정세율은 현재 3%이다.

① 무관세(관세율 0%)

② 1%

③ 3%

④ 5%

⑤ 8%

▎ **관련 법조문: 법 제50조** 답 ③

㉢에 따라 해당 수입물품은 '중국산'임을 알 수 있다. 2개 국가 이상에 걸쳐 생산, 제조된 경우 생산국으로 수입될 때의 부분품 및 원재료의 세번(관세율표 번호, HS코드)이 수출될 때의 제품의 세번과 다른 경우 그 생산국이 원산지가 된다. 이를 세번변경기준이라 한다. 중국산 물품이므로 ㉤의 WTO협정세율 및 ㉥의 아시아태평양무역협정(APTA)의 세율이 적용될 수 있다. 협정세율이 두 개 이상 적용 가능한 경우 납세의무자가 그중 더 좋은 것을 선택할 수 있다. 당연히 낮은 세율을 선택할 것이다.

주의 이 문제가 출제된 이후 2015년 6월에 한중 FTA가 타결되었다. 그러므로 이 문제는 한중 FTA가 마치 '체결되지 않은 것'처럼 푼다.

1 탄력관세

01 기획재정부령으로 결정되는 관세율을 모두 고른 것은?

2015 관세사

☐☐☐

㉠ 조정관세	㉡ 덤핑방지관세
㉢ 할당관세	㉣ 긴급관세
㉤ 계절관세	㉥ 편익관세
㉦ 일반특혜관세	㉧ 상계관세

① ㉠, ㉡, ㉢, ㉥
② ㉠, ㉡, ㉣, ㉧
③ ㉡, ㉣, ㉤, ㉧
④ ㉢, ㉣, ㉤, ㉦
⑤ ㉢, ㉤, ㉥, ㉦

> **관련 법조문: 법 제51조, 제57조, 제65조, 제69조, 제71조, 제72조, 제74조, 제76조**　　　답 ③

'(탄력관세 중)보, 조, 할, 편' + '일반특혜관세, 국제협력관세'의 '세율' 및 '적용대상'은 대통령령으로 정한다. 그 밖의 탄력관세의 '세율' 및 '적용대상'은 기획재정부령으로 정한다. 그러므로 이 문제의 '덤, 긴, 계, 상'의 세율과 적용대상은 기획재정부령으로 정한다.

02 관세법상 세율의 조정에 관한 설명으로 옳은 것은?

2016 관세사

☐☐☐

① 덤핑방지관세의 부과와 잠정조치는 각각의 조치일 이전 수입되는 물품에 대하여 적용된다. 다만, 잠정조치가 적용된 물품에 대하여 국제협약에서 달리 정하는 경우와 그 밖에 대통령령으로 정하는 경우에는 그 물품에 대하여도 덤핑방지관세를 부과할 수 있다.
② 할당관세는 수입가격이 급등한 물품 또는 이를 원재료로 한 제품의 국내가격을 안정시키기 위하여 필요한 경우 부과할 수 있다.
③ 농림축산물에 대한 특별긴급관세를 부과하여야 하는 대상 물품, 세율, 적용시한, 수량, 국가 등은 대통령령으로 정한다.
④ 보복관세를 부과하여야 하는 대상 국가, 물품, 수량, 세율, 적용시한, 그 밖에 필요한 사항은 기획재정부령으로 정한다.
⑤ 할당관세와 계절관세는 100분의 45의 범위의 율을 잠정세율에서 빼고 관세를 부과할 수 있다.

'수입가격이 급등한 물품 또는 이를 원재료로 한 제품의 국내가격을 안정시키기 위하여 필요한 경우'는 100분의 40의 범위의 율을 기본세율에서 빼고 관세를 부과하는 방식의 할당관세 부과사유이다(법 제71조 제1항 제2호).

✅ 선지분석

① 덤핑방지관세의 부과와 잠정조치는 각각의 '조치일 이후' 수입되는 물품에 대하여 적용된다. 다만, 잠정조치가 적용된 물품에 대하여 국제협약에서 달리 정하는 경우와 그 밖에 대통령령으로 정하는 경우에는 그 물품에 대하여도 덤핑방지관세를 부과할 수 있다(법 제55조).

③ 농림축산물에 대한 특별긴급관세를 부과하여야 하는 대상 물품, 세율, 적용시한, 수량, 국가 등은 '기획재정부령'으로 정한다(법 제68조 제2항).

④ 보복관세를 부과하여야 하는 대상 국가, 물품, 수량, 세율, 적용시한, 그 밖에 필요한 사항은 '대통령령'으로 정한다(법 제63조 제2항).

⑤ 할당관세와 계절관세는 다음과 같이 이중적인 관세율 구조를 가지고 있다(법 제71조, 제72조).

구분	할당관세	계절관세
세율 인상	100분의 40의 범위의 율을 기본세율에 더하여 관세 부과(단, 농림축수산물의 경우에는 기본세율에 국내외 가격차에 상당하는 율을 더한 율의 범위에서 관세 부과)	국내외 가격차에 상당하는 율의 범위에서 기본세율보다 높게 관세 부과
세율 인하	100분의 40의 범위의 율을 기본세율에서 빼고 관세 부과	100분의 40의 범위의 율을 기본세율에서 빼고 관세 부과

03 관세법령상 세율의 조정에 관한 내용으로 옳지 않은 것은?

2020 관세사

① 기획재정부장관은 보복관세를 부과할 때 필요하다고 인정되는 경우에는 관련 국제기구와 미리 협의할 수 있다.

② 기획재정부장관은 필요하다고 인정되는 때에는 긴급관세의 부과결정에 대하여 재심사를 할 수 있다.

③ 기획재정부장관은 특정국물품 긴급관세를 부과할 때에는 이해당사국과 해결책을 모색하기 위하여 사전 협의를 할 수 있다.

④ 일반특혜관세를 부과할 때 해당 특혜대상물품의 수입이 국내산업에 미치는 영향 등을 고려하여 그 물품에 적용되는 세율에 차등을 둘 수 있다.

⑤ 조약에 따라 우리나라가 양허한 품목에 대하여 그 양허를 철회한 경우에는 해당 조약에 따라 철회의 효력이 발생한 날의 다음 날부터 관세법에 따른 세율을 적용한다.

조약에 따라 우리나라가 양허한 품목에 대하여 그 양허를 철회한 경우에는 해당 조약에 따라 철회의 효력이 발생한 날부터 이 법에 따른 세율을 적용한다(법 제80조 제1항). 즉, '다음 날'이 빠져야 한다.

04 관세법상 세율의 조정에 대한 설명으로 옳지 않은 것은?

☐☐☐

① 덤핑방지관세의 부과와 잠정조치는 각각의 조치일 이후 수입되는 물품에 대하여 적용되지만, 잠정조치가 적용된 물품에 대하여 국제협약에서 달리 정하는 경우와 그 밖에 대통령령으로 정하는 경우에는 그 물품에 대하여도 덤핑방지관세를 부과할 수 있다.

② 긴급관세의 부과결정에 대한 재심사의 결과에 따라 부과기간을 연장하는 경우에는 잠정긴급관세의 부과기간, 긴급관세의 부과기간, 대외무역법 제39조 제1항에 따른 수입수량제한 등의 적용기간 및 그 연장기간을 포함한 총 적용기간은 8년을 초과 할 수 없다.

③ 농림축수산물이 아닌 특정물품의 수입을 억제할 필요가 있는 경우에는 일정한 수량을 초과하여 수입되는 분에 대하여 100분의 40의 범위의 율을 기본세율에 더하여 할당관세를 부과할 수 있다.

④ 물품간의 세율 불균형을 시정하기 위하여 100분의 100에서 해당 물품의 기본세율을 뺀 율을 기본세율에 더한 율의 범위에서 조정관세를 부과할 수 있다. 다만, 농림축수산물을 원재료로 하여 제조된 물품의 국내외 가격차가 해당 물품의 과세가격을 초과하는 경우에는 기본세율에 국내외 가격차에 상당하는 율을 더한 율의 범위에서 관세를 부과할 수 있다.

│ 관련 법조문: 법 제55조, 제65조, 제69조, 제71조 　　　　　　　　　　　　　　 답 ④

④의 문장이 정확해지기 위해서는 '물품간의 세율 불균형'이라는 말 앞에 '산업구조의 변동 등으로'가 들어가야 하며, '국내외 가격차에 상당하는 율을 더한 율의 범위'가 아니라 '국내외 가격차에 상당하는 율의 범위'라고 바꿔야 한다.

> **법 제69조(조정관세의 부과대상)** 다음 각 호의 어느 하나에 해당하는 경우에는 <u>100분의 100에서 해당 물품의 기본세율을 뺀 율을 기본세율에 더한 율의 범위에서 관세를 부과할 수 있다. 다만, 농림축수산물 또는 이를 원재료로 하여 제조된 물품의 국내외 가격차가 해당 물품의 과세가격을 초과하는 경우에는 국내외 가격차에 상당하는 율의 범위에서 관세를 부과할 수 있다.</u>
> 1. <u>산업구조의 변동 등으로 물품 간의 세율 불균형이 심하여 이를 시정할 필요가 있는 경우</u> ⇨ ④
> <이하 생략>

구분	농림축수산물의 경우 관세율 인상폭
조정관세	국내외 가격차에 상당하는 율의 범위에서 관세를 부과
인상하는 할당관세	국내외 가격차에 상당하는 율을 더한 율의 범위에서 관세를 부과

☑ 선지분석

① 법 제55조(덤핑방지관세의 부과시기)
② 법 제65조(긴급관세의 부과대상 등) 제5항
③ 법 제71조(할당관세) 제2항

05 관세법상 탄력관세제도에 대한 설명으로 옳은 것은?

① 상계조치는 기획재정부령으로 그 적용시한을 따로 정하는 경우를 제외하고는 해당 상계조치의 시행일부터 5년이 지나면 그 효력을 잃으며, 보조금 등의 지급과 산업피해를 재심사하고 그 결과에 따라 내용을 변경할 때에는 기획재정부령으로 그 적용시한을 따로 정하는 경우를 제외하고는 변경된 내용의 시행일부터 5년이 지나면 그 효력을 잃는다.

② 계절에 따라 가격의 차이가 심한 물품으로서 동종물품·유사물품 또는 대체물품의 수입으로 인하여 국내시장이 교란되거나 생산기반이 붕괴될 우려가 있을 때에는 계절에 따라 해당 물품의 국내외 가격차에 상당하는 율의 범위에서 기본세율보다 높게 관세를 부과하거나 100분의 30의 범위의 율을 기본세율에서 빼고 관세를 부과할 수 있다.

③ 조정관세를 부과하여야 하는 대상 물품, 세율 및 적용시한 등은 기획재정부령으로 정하며, 특별긴급관세를 부과하여야 하는 대상 물품, 세율, 적용시한, 수량 등은 대통령령으로 정한다.

④ 긴급관세의 부과기간은 5년을 초과할 수 없으며, 잠정긴급관세는 240일을 초과하여 부과할 수 없다. 다만, 재심사의 결과에 따라 부과기간을 연장하는 경우에는 잠정긴급관세의 부과기간, 긴급관세의 부과기간, 대외무역법 제39조 제1항에 따른 수입수량제한 등의 적용기간 및 그 연장기간을 포함한 총 적용기간은 8년을 초과할 수 없다.

관련 법조문: 법 제62조, 제65조, 제68조, 제70조, 제72조　　　　　답 ①

상계관세의 부과, 수락된 약속, 재심사 결과 변경된 조치의 효력기간은 모두 '5년'이다(법 제62조 제3항).

✔ 선지분석

② 계절관세를 '인상'하는 경우 '국내외 가격차에 상당하는 율의 범위에서 기본세율보다 높게' 부과하고, '인하'하는 경우 '100분의 40의 범위의 율을 기본세율에서 빼고' 부과한다(법 제72조 제1항).

③ 조정관세를 부과하여야 하는 대상 물품, 세율 및 적용시한 등은 대통령령으로 정하며(법 제70조 제2항), 특별긴급관세를 부과하여야 하는 대상 물품, 세율, 적용시한, 수량 등은 '기획재정부령'으로 정한다(법 제68조 제2항). '대통령령'으로 그 세율의 적용대상과 적용되는 세율 등을 구체적으로 정하는 탄력관세는 '보복관세, 조정관세, 할당관세, 편익관세'의 네 가지이다.

④ 긴급관세의 부과기간은 '4년', 잠정긴급관세의 부과기간은 '200일'을 초과할 수 없다. 재심사 결과 부과기간을 연장하는 경우 ㉠ 잠정긴급관세 부과기간, ㉡ 긴급관세 부과기간, ㉢ 대외무역법상 수입수량제한 등 적용기간, ㉣ (수입수량제한 등 적용기간의) 그 연장기간은 '총 8년'을 초과할 수 없다(법 제65조 제5항).

---

06 할당관세, 국제협력관세, 계절관세에 관한 설명으로 옳지 않은 것은?

① 수입가격이 급등한 물품의 국내가격 안정을 위해 필요한 경우에 100분의 50의 범위의 율을 기본세율에서 빼고 관세를 부과할 수 있다. 이 경우 필요하다고 인정되는 때에는 그 수량을 제한할 수 있다.

② 특정 물품의 수입을 억제할 필요가 있는 때에는 일정한 수량을 초과하여 수입되는 분에 대하여 100분의 40의 범위의 율을 기본세율에 가산하여 관세를 부과할 수 있다.

③ 정부는 우리나라의 대외무역의 증진을 위하여 필요하다고 인정되는 때에는 특정국가 또는 국제기구와 관세에 관한 협상을 할 수 있으며 이 규정에 의한 협상을 수행함에 있어서 필요하다고 인정되는 때에는 관세를 양허할 수 있다. 다만, 특정국가와의 협상을 수행함에 있어서는 기본관세율의 100분의 50의 범위를 초과하여 관세를 양허할 수 없다.

④ 계절에 따라 가격의 차이가 심한 물품으로서 동종물품·유사물품 또는 대체물품의 수입으로 인하여 국내시장이 교란되거나 생산 기반이 붕괴될 우려가 있을 때에는 계절에 따라 해당 물품의 국내외 가격차에 상당하는 율의 범위에서 기본세율보다 높게 관세를 부과하거나 100분의 40의 범위의 율을 기본세율에서 빼고 관세를 부과할 수 있다.

| 관련 법조문: 법 제71조, 제72조, 제73조 | 답 ① |

할당관세을 올리거나 내릴 때에는 '기본세율 ± 40% 이하의 세율'의 산출식을 따른다. 관세법에서는 이것을 각각 '100분의 40의 범위의 율을 기본세율에 더하여 관세를 부과할 수 있다', '100분의 40의 범위의 율을 기본세율에서 빼고 관세를 부과할 수 있다'로 표현한다.

07 다음은 탄력관세율의 적용범위를 설명한 것이다. 올바르지 않은 것은? 　　2003 관세사

① 덤핑방지관세는 정상가격과 덤핑가격과의 차액에 상당하는 금액 이하
② 보복관세는 피해상당액의 범위 내
③ 긴급관세는 필요한 범위 내
④ 농림축산물에 대한 특별긴급관세는 양허세율에 그 양허세율의 1/2까지를 추가한 금액
⑤ 조정관세는 100분의 100에서 해당 물품의 기본세율을 뺀 율을 기본세율에 가산한 율의 범위 내

| 관련 법조문: 법 제68조 | 답 ④ |

농림축산물에 대한 특별긴급관세를 물량 기준으로 부과하는 경우(해당 연도 수입량이 기준발동물량을 초과하여 부과하는 경우) 국내외 가격차에 상당한 율인 해당 양허세율에 그 양허세율의 3분의 1까지를 추가한 세율로 부과할 수 있다.

물량기준으로 부과하는 경우	양허세율 + 양허세율의 1/3까지
가격기준으로 부과하는 경우	양허세율에 의한 관세 + 기준가격을 기준으로 계산한 금액

08 탄력관세 중에서 관세의 부과범위가 잘못 설명된 것은? 　　2006 관세사

① 특정국물품긴급관세: 피해를 구제하거나 방지하기 위하여 필요한 범위 내
② 조정관세: 농림축산물은 국내외 가격차에 상당하는 율의 범위 내
③ 할당관세: 농림축산물은 기본세율에 100분의 40 범위의 율을 가산한 금액
④ 덤핑방지관세: 덤핑차액에 상당하는 금액 이하의 관세를 추가한 금액
⑤ 상계관세: 해당 보조금 등의 금액 이하의 관세를 추가한 금액

| 관련 법조문: 법 제71조 | 답 ③ |

할당관세는 인하하는 경우 '100분의 40의 범위의 율을 기본세율에서 빼고', 인상하는 경우 '100분의 40의 범위의 율을 기본세율에 더하여' 관세를 부과할 수 있다. 다만, 관세율을 인상하는 경우 그 물품이 농림축수산물인 경우에는 기본세율에 동종물품, 유사물품 또는 대체물품의 '국내외 가격차에 상당한 율을 더한 율의 범위'에서 관세를 부과할 수 있다.

관세의 '부과 범위'란 그 관세가 얼마나 부과되는지를 표현하는 용어이다. 각 탄력관세의 부과범위는 다음과 같다.

명칭	부과 범위
덤핑방지관세	정상가격과 덤핑가격 간의 차액에 상당하는 금액 이하의 관세(추가)
상계관세	보조금 등의 금액 이하의 관세(추가)
보복관세	피해상당액의 범위
긴급관세	심각한 피해 등을 방지하거나 치유하고 조정을 촉진하기 위하여 필요한 범위(추가)
특정국물품긴급관세	피해를 구제하거나 방지하기 위하여 필요한 범위(추가)
농림축산물에 대한 특별긴급관세	[물량기준] 양허세율 + (양허세율의 1/3) [가격기준] 양허세율 관세 + 기준가격과 대비한 수입가격하락률로 구분되어진 금액
조정관세	100분의 100에서 해당 물품의 기본세율을 뺀 율을 기본세율에 더한 율의 범위(농림축산물: 국내외가격차)
할당관세	[인하] 40% 범위의 율을 기본세율에서 빼고 부과 [인상] 40% 범위의 율을 기본세율에 더하여 부과(농림축산물: 국내외가격차)
계절관세	[인하] 40% 범위의 율을 기본세율에서 빼고 부과 [인상] 국내외가격차
편익관세	이미 체결된 외국과의 조약에 따른 편익의 한도에서 편익 부여

09 관세율에 관한 설명으로 옳지 않은 것은?

2010 관세사

□□□

① 수입가격이 급등한 물품 또는 이를 원재료로 한 제품의 국내가격의 안정을 위하여 필요한 경우에는 100분의 40의 범위의 율을 기본세율에서 빼고 관세를 부과할 수 있다. 이 경우 필요하다고 인정되는 때에는 그 수량을 제한할 수 있다.

② 계절에 따라 가격의 차이가 심한 물품으로서 동종물품·유사물품 또는 대체물품의 수입으로 인하여 국내시장이 교란되거나 생산 기반이 붕괴될 우려가 있을 때에는 계절에 따라 해당 물품의 국내외 가격차에 상당하는 율의 범위에서 기본세율보다 높게 관세를 부과하거나 100분의 40의 범위의 율을 기본세율에서 빼고 관세를 부과할 수 있다

③ 우리나라의 대외무역 증진을 위하여 필요하다고 인정되는 때 정부는 특정국가 또는 국제기구와 관세에 관한 협상을 할 수 있으며, 협상을 수행함에 있어서 필요하다고 인정되는 때에는 관세를 양허할 수 있다. 다만, 이 경우 특정국가와의 협상에서 기본관세율의 100분의 40의 범위를 초과하여 관세를 양허할 수 없다.

④ 특정 물품의 수입증가로 인하여 동종 물품 또는 직접적인 경쟁관계에 있는 물품을 생산하는 국내산업이 심각한 피해를 받거나 받을 우려가 있음이 조사를 통하여 확인되고 해당 국내산업을 보호할 필요가 있다고 인정되는 때에는 해당 물품에 대하여 심각한 피해 등을 방지하거나 치유하고 조정을 촉진하기 위하여 필요한 범위에서 관세를 추가하여 부과할 수 있다.

⑤ 산업구조의 변동 등으로 물품 간의 세율이 현저히 불균형하여 이를 시정할 필요가 있는 경우에는 100분의 100에서 해당 물품의 기본세율을 뺀 율을 기본세율에 가산한 율의 범위 안에서 관세를 부과할 수 있다.

│ 관련 법조문: 법 제65조, 제69조, 제71조, 제72조, 제73조　　　　　　　　　　답 ③

①은 할당관세에 대한 설명이며, ②는 계절관세, ④는 긴급관세, ⑤는 조정관세에 대한 설명이다. ③은 국제협력관세에 대한 설명이기는 하나, 마지막 부분에서 '100분의 40'이 아니라 '100분의 50'이 되어야 한다. 특정국가와의 협상을 수행함에 있어서는 기본관세율의 100분의 50의 범위를 초과하여 관세를 양허할 수 없다(법 제73조).

10 관세법상 덤핑방지관세에 대한 설명으로 옳지 않은 것은?

① 기획재정부장관은 덤핑방지관세를 부과할 때 관련 산업의 경쟁력 향상, 국내 시장구조, 물가안정, 통상협력 등을 고려할 필요가 있는 경우에는 이를 조사하여 반영할 수 있다.

② 기획재정부장관은 필요하다고 인정되는 때에는 덤핑방지관세의 부과와 약속에 대하여 재심사를 할 수 있으며, 재심사의 결과에 따라 덤핑방지관세의 부과, 약속의 내용변경, 환급 등 필요한 조치를 할 수 있다.

③ 덤핑방지관세의 부과 여부를 결정하기 위한 예비조사결과 해당 물품에 대한 덤핑과 그로 인한 실질적 피해 등의 사실이 있는 것으로 판정된 경우 해당 물품의 수출자 또는 기획재정부장관은 덤핑으로 인한 피해가 제거될 정도의 가격수정이나 덤핑수출의 중지에 관한 약속을 제의할 수 있고, 약속이 수락된 경우 기획재정부장관은 잠정조치 또는 덤핑방지관세의 부과 없이 반드시 조사가 중지 또는 종결되도록 하여야 한다.

④ 덤핑방지조치는 기획재정부령으로 그 적용시한을 따로 정하는 경우를 제외하고는 해당 덤핑방지조치의 시행일로부터 5년이 지나면 그 효력을 잃게 된다.

관련 법조문: 법 제52조, 제54조, 제56조   답 ③

덤핑방지관세에서 약속이 수락된 경우 기획재정부장관은 잠정조치 또는 덤핑방지관세의 부과 없이 조사가 중지 또는 종결되도록 하여야 한다. 다만, 기획재정부장관이 필요하다고 인정하거나 수출자가 조사를 계속하여 줄 것을 요청한 경우에는 그 조사를 계속할 수 있다. 즉, 약속이 수락된 경우에도 조사를 계속할 수 있는 경우가 있으므로 '반드시' 조사가 중지 또는 종결되도록 하여야 하는 것은 아니다.

---

11 정상가격이란 해당 물품의 공급국에서 소비되는 동종물품의 통상거래가격을 말한다. 다음 중 정상가격으로 볼 수 없는 것은?

① 동종물품이 거래되지 아니하거나 특수한 시장상황 등으로 인하여 통상거래가격을 적용할 수 없는 때에는 해당 국가에서 제3국으로 수출되는 수출가격 중 대표적인 가격으로서 비교가능한 가격 또는 원산지국에서의 제조원가에 합리적인 수준의 관리비 및 판매비와 이윤을 합한 가격을 정상가격으로 본다.

② 해당 물품의 원산지국으로부터 직접 수입되지 아니하고 제3국을 거쳐 수입되는 경우에는 그 제3국의 통상거래가격을 정상가격으로 본다.

③ 해당 물품의 원산지국으로부터 직접 수입되지 아니하고 제3국을 거쳐 수입되는 경우 그 제3국 안에서 해당 물품을 단순히 옮겨 싣거나 동종물품의 생산실적이 없는 때 또는 그 제3국 내에 통상거래가격으로 인정될 가격이 없는 때에는 또 다른 제3국의 통상거래가격을 정상가격으로 본다.

④ 해당 물품이 통제경제를 실시하는 시장경제체제가 확립되지 아니한 국가로부터 수입되는 때에는 우리나라를 제외한 시장경제국가에서 우리나라를 포함한 제3국으로의 수출가격 또는 구성가격을 정상가격으로 볼 수 있다.

⑤ 해당 물품이 통제경제를 실시하는 시장경제체제가 확립되지 아니한 국가로부터 수입되는 때에는 우리나라를 제외한 시장경제국가에서 소비되는 동종물품의 통상거래가격을 정상가격으로 볼 수 있다.

정상가격이란 원칙으로 해당 물품의 공급국에서 소비되는 동종물품의 통상거래가격을 말한다. 그러나 이러한 가격을 적용할 수 없거나, 제3국을 경유하는 경우, 시장경제체제가 확립되지 않은 국가로부터 수입되는 경우에는 정상가격을 다음과 같이 따로 정의한다.

구분	정상가격
원칙	1. 공급국의 통상거래가격 2. 제3국 수출가격 3. 구성가격
제3국 경유시	1. 제3국의 통상거래가격 2. 원산지국의 통상거래가격
통제경제국가로부터의 수입시	1. 우리나라를 제외한 시장경제국가에서 소비되는 동종물품의 통상거래가격 2. 우리나라를 제외한 시장경제국가에서 우리나라를 포함한 제3국으로의 수출가격 또는 구성가격 (단, 시장경제로의 전환체제에 있는 경우 '원칙', '제3국 경유시'의 기준을 따름)

12 관세법령상 덤핑방지관세 부과와 관련한 정상가격 및 덤핑가격에 대한 설명으로 옳지 않은 것은?

2017 국가직 7급(하반기)

① 당해 물품의 원산지국으로부터 직접 수입되지 아니하고 제3국을 거쳐 수입되는 경우에는 그 제3국 안에서 당해 물품을 단순히 옮겨 싣거나 동종물품의 생산실적이 없는 때 또는 그 제3국내에 통상거래 가격으로 인정될 가격이 없는 때에는 우리나라의 통상거래가격을 정상가격으로 본다.

② 동종물품이 거래되지 아니하거나 특수한 시장상황 등으로 인하여 통상거래가격을 적용할 수 없는 때에는 당해 국가에서 제3국으로 수출되는 수출가격 중 대표적인 가격으로서 비교가능한 가격 또는 원산지국에서의 제조원가에 합리적인 수준의 관리비 및 판매비와 이윤을 합한 가격을 정상가격으로 본다.

③ 정상가격과 덤핑가격의 비교는 가능한 한 동일한 시기 및 동일한 거래단계(통상적으로 공장도 거래단계를 말한다)에서 비교하여야 한다.

④ 정상가격과 덤핑가격을 비교하는 때에는 원칙적으로 거래량을 가중치로 하여 가중산술평균한 가격으로 비교하여야 한다. 이 경우 개별 덤핑가격이 정상가격보다 높은 경우를 포함하여 모든 개별 덤핑가격을 가중산술평균한 가격을 덤핑가격으로 한다.

┃ 관련 법조문: 영 제58조, 규칙 제10조 답 ①

당해 물품의 원산지국으로부터 직접 수입되지 아니하고 제3국을 거쳐 수입되는 경우에는 그 제3국의 통상거래가격을 정상가격으로 본다. 다만, 그 제3국 안에서 당해 물품을 단순히 옮겨 싣거나 동종물품의 생산실적이 없는 때 또는 그 제3국내에 통상거래가격으로 인정될 가격이 없는 때에는 <u>원산지국의 통상거래가격</u>을 정상가격으로 본다(영 제58조 제2항).

13 관세법령상 덤핑방지관세에 대한 설명으로 옳지 <u>않은</u> 것은? 2018 국가직 7급

① 정상가격은 당해 물품의 공급국에서 소비되는 동종물품의 통상거래가격을 말하지만, 동종물품이 거래되지 아니하여 통상거래가격을 적용할 수 없을 때에는 당해 물품의 국가에서 제3국으로 수출되는 수출가격 중 대표적인 가격으로서 비교 가능한 가격 또는 원산지국에서의 제조원가에 합리적인 수준의 관리비 및 판매비와 이윤을 합한 가격을 정상가격으로 본다.

② 덤핑방지관세의 부과를 위하여 조사를 통해 확인되어야 하는 실질적 피해 등은 국내산업이 실질적인 피해를 받거나 받을 우려가 있는 경우와 국내산업의 발전이 실질적으로 지연된 경우를 말한다.

③ 기획재정부장관은 덤핑방지관세를 부과할 때 관련 산업의 경쟁력 향상, 국내 시장구조, 물가안정, 통상협력 등을 고려할 필요가 있는 경우에는 이를 조사하여 반영할 수 있다.

④ 당해 물품의 원산지국으로부터 직접 수입되지 아니하고 동종물품의 생산실적이 없는 제3국을 거쳐 수입되는 경우에는 그 제3국의 통상거래가격을 정상가격으로 본다.

｜ 관련 법조문: 법 제51조, 제52조, 영 제58조 답 ④

당해 물품의 원산지국으로부터 직접 수입되지 아니하고 제3국을 거쳐 수입되는 경우에는 그 제3국의 통상거래가격을 정상가격으로 본다. 다만, 그 제3국 안에서 당해 물품을 단순히 옮겨 싣거나 동종물품의 생산실적이 없는 때 또는 그 제3국내에 통상거래가격으로 인정될 가격이 없는 때에는 원산지국의 통상거래가격을 정상가격으로 본다(영 제58조 제2항).

✓ 선지분석

① 영 제58조(정상가격 및 덤핑가격의 비교) 제1항
② 법 제51조(덤핑방지관세의 부과대상)
③ 법 제52조(덤핑 및 실질적 피해 등의 조사) 제2항

14 관세법령상 덤핑방지관세부과를 위한 공청회에 관한 설명으로 옳은 것은? 2021 관세사

① 무역위원회가 공청회를 개최하는 때에는 그 결과를 관세청장에게 통보해야 한다.

② 관세청장이 공청회를 개최하고자 하는 때에는 공청회 개최일 30일 이전에 공고하여야 한다.

③ 신청인이 공청회에서 진술하는 때에는 한국어와 신청인 또는 이해관계자의 모국어를 동시에 사용하여야 한다.

④ 공청회에 참가하는 자는 공청회에서 진술한 내용과 관련되는 보완자료를 공청회 종료 후 7일 이내에 기획재정부장관 및 무역위원회에 서면으로 제출할 수 있다.

⑤ 신청인은 공청회에 대리인과 공동으로 참가하여 진술할 수 있지만, 이해관계인은 반드시 본인이 직접 참석하여 진술하여야 한다.

｜ 관련 법조문: 규칙 제16조 답 ④

공청회에 참가하는 자는 공청회에서 진술한 내용과 관련되는 보완자료를 공청회 종료 후 7일 이내에 기획재정부장관 및 무역위원회에 서면으로 제출할 수 있다(규칙 제16조 제5항).

✓ 선지분석

① 무역위원회는 영 제64조 제8항 전단에 따라 공청회를 개최하는 때에는 그 계획 및 결과를 <u>기획재정부장관에게</u> 통보해야 한다(규칙 제16조 제1항).
② <u>기획재정부장관 및 무역위원회는</u> 공청회를 개최하고자 하는 때에는 신청인 및 이해관계인에게 공청회의 일시 및 장소를 개별통지하고, 관보 등 적절한 방법으로 공청회개최일 30일 이전에 공고하여야 한다. 다만, 사안이 시급하거나 조사일정상 불가피한 때에는 7일 이전에 알려줄 수 있다(규칙 제16조 제2항).

③ 신청인 또는 이해관계인은 공청회에서 진술하는 때에는 <u>한국어를 사용하여야 한다</u>(규칙 제16조 제6항).
⑤ 신청인 또는 이해관계인은 공청회에 대리인과 공동으로 참가하여 진술하거나 필요한 때에는 <u>대리인으로 하여금 진술하게 할 수 있다</u>(규칙 제16조 제4항).

15

관세법상 덤핑방지관세를 정률세의 방법으로 부과하는 경우 최대 덤핑방지 관세액은? 　　2017 관세사

> • 과세가격: 200원
> • 조정된 정상가격: 280원
> • 조정된 덤핑가격: 180원

① 20원　　　　　　　　　　　　　② 50원
③ 80원　　　　　　　　　　　　　④ 100원

▌ 관련 법조문: 규칙 제17조　　　　　　　　　　　　　　　　　　　답 ④

과세가격, 조정된 정상가격, 조정된 덤핑가격을 이용하여 구할 수 있는 것은 '덤핑률'이다.

$$덤핑률 = \frac{조정된\ 정상가격 - 조정된\ 덤핑가격}{과세가격} \times 100$$

덤핑률 내에서 결정한 율을 덤핑방지관세율이라 하므로, '최대 덤핑방지 관세액'이란 '과세가격 × 덤핑방지관세율'을 말한다.

> • 덤핑률 = {(280 − 180) / 200} × 100 = 50%
> • 최대 덤핑방지관세율 = 50%
> • 최대 덤핑방지관세액 = 200 × 50% = 100(원)

16

잠정조치가 적용된 물품으로서 덤핑방지관세가 부과되는 물품(관세법 시행령 제69조 제1항)으로서 올바르지 못한 것은? 　　2002 관세사

① 실질적 피해 등이 있다고 최종판정이 내려진 경우에는 잠정조치가 적용된 기간 동안 수입된 물품
② 실질적 피해 등의 우려가 있다는 최종판정이 내려졌으나 잠정조치가 없었다면 실질적인 피해 등이 있다는 최종판정이 내려졌을 것으로 인정되는 경우에는 잠정조치가 적용된 기간 동안 수입된 물품
③ 비교적 단기간 내에 대량 수입되어 발생되는 실질적 피해 등의 재발을 방지하기 위하여 덤핑방지관세를 소급하여 부과할 필요가 있는 경우로서 해당 물품이 과거에 덤핑되어 실질적 피해 등을 입힌 사실이 있었던 경우 또는 수입자가 덤핑사실과 그로 인한 실질적 피해 등의 사실을 알았거나 알 수 있었을 경우에는 잠정조치를 적용한 날부터 90일 전 이후에 수입된 물품
④ 수출자가 가격수정 등의 약속을 위반하여 잠정조치가 적용된 물품의 수입으로 인한 실질적 피해 등의 사실이 인정되는 경우에는 잠정조치를 적용한 날부터 90일 전 이후에 수입된 물품. 이 경우 약속위반일 이전에 수입된 물품을 포함한다.
⑤ 국제협약에서 정하는 바에 따라 기획재정부장관이 정하는 기간에 수입된 물품

덤핑방지관세는 원칙적으로 부과조치일 이후 수입되는 물품에 대하여 적용된다. 다만, 잠정조치가 적용된 물품에 대해서도 덤핑방지관세를 부과할 수 있는 경우가 있는데, 이를 '소급부과'라 한다.

소급부과기간 (소급부과대상 물품)	소급부과하는 이유
잠정조치 적용기간 동안 수입된 물품	1. 실질적 피해 등이 있다고 최종판정이 내려진 경우 2. 실질적 피해 등의 우려가 있다고 최종판정이 내려진 경우(잠정조치가 없었다면 실질적 피해 판정이 내려졌을 것으로 인정되는 경우)
잠정조치 적용일부터 90일 전 이후에 수입된 물품	1. 비교적 단기간 내에 대량 수입된 경우 2. 약속을 위반한 경우(단, 약속 위반일 이전에 수입된 것은 제외)
국제협약에서 정하는 기간에 수입된 물품	—

17 관세법상 덤핑방지관세에 대한 다음 설명 중 바르지 못한 것은?　　　　2004 관세사

① 국내산업과 이해관계가 있는 자로서 대통령령으로 정하는 자 또는 주무부장관의 부과요청이 있는 경우에 부과될 수 있다.

② 외국의 물품이 대통령령으로 정하는 정상가격 이하로 수입되어 '실질적 피해 등'이 있는 것으로 조사를 통하여 확인되는 경우에 부과될 수 있다.

③ 위 ②에서 '실질적 피해 등'이란 국내산업이 실질적인 피해를 받거나 받을 우려가 있는 경우 또는 국내산업의 발전이 실질적으로 지연된 경우를 말한다.

④ 해당 국내산업을 보호할 필요가 있다고 인정되는 경우에 부과될 수 있다.

⑤ 위 ①부터 ④까지의 요건이 충족되는 경우 대통령령으로 그 물품과 공급자 또는 공급국을 지정하여 해당 물품에 대하여 정상가격과 덤핑가격과의 차액에 상당하는 금액 이상의 관세를 추가하여 부과할 수 있다.

'기획재정부령'으로 그 물품과 공급자 또는 공급국을 지정하여 해당 물품에 대하여 정상가격과 덤핑가격 간의 차액에 상당하는 금액 '이하'의 관세를 추가하여 부과할 수 있다.

18 관세법상 덤핑방지관세에 관한 설명으로 옳지 않은 것은?　　　　2024 관세사

① 기획재정부장관은 덤핑방지관세를 부과할 때 관련 산업의 경쟁력 향상, 국내 시장구조, 물가안정, 통상협력 등을 고려할 필요가 있는 경우에는 이를 조사하여 반영할 수 있다.

② 덤핑방지관세의 부과와 잠정조치는 각각의 조치일 이후 수입되는 물품에 대하여 적용되나, 잠정조치가 적용된 물품에 대하여 국제협약에서 달리 정하는 경우에는 그 물품에 대하여도 덤핑방지관세를 부과할 수 있다.

③ 기획재정부장관은 필요하다고 인정될 때에는 대통령령으로 정하는 바에 따라 덤핑방지조치에 대하여 재심사를 할 수 있다.

④ 기획재정부장관은 덤핑방지조치에 대한 재심사에 필요한 사항으로서 덤핑방지조치 물품의 수입 및 징수실적 등 대통령령으로 정하는 사항을 조사할 수 있다.

⑤ 덤핑방지조치는 기획재정부령으로 그 적용시한을 따로 정하는 경우를 제외하고는 해당 덤핑방지조치의 시행일부터 3년이 지나면 그 효력을 잃는다.

덤핑방지조치는 기획재정부령으로 그 적용시한을 따로 정하는 경우를 제외하고는 해당 덤핑방지조치의 시행일부터 5년이 지나면 그 효력을 잃으며, 덤핑과 산업피해를 재심사하고 그 결과에 따라 내용을 변경할 때에는 기획재정부령으로 그 적용시한을 따로 정하는 경우를 제외하고는 변경된 내용의 시행일부터 5년이 지나면 그 효력을 잃는다. 다만, 대통령령으로 정하는 사유로 재심사하는 경우에는 재심사가 끝나기 전에 해당 덤핑방지조치의 적용시한이 종료되더라도 재심사기간 동안 그 덤핑방지조치는 효력을 잃지 아니한다(법 제56조 제3항).

✅ 선지분석

① 법 제52조(덤핑 및 실질적 피해등의 조사) 제2항
② 법 제55조(덤핑방지관세의 부과 시기)

> **법 제55조(덤핑방지관세의 부과 시기)** 덤핑방지관세의 부과와 잠정조치는 각각의 조치일 이후 수입되는 물품에 대하여 적용된다. 다만, 잠정조치가 적용된 물품에 대하여 국제협약에서 달리 정하는 경우와 그 밖에 대통령령으로 정하는 경우에는 그 물품에 대하여도 덤핑방지관세를 부과할 수 있다.

③ 법 제56조(덤핑방지관세에 대한 재심사 등) 제1항
④ 법 제56조(덤핑방지관세에 대한 재심사 등) 제2항

19
☐☐☐

관세법령상 덤핑 및 실질적 피해 등의 조사에 관한 설명이다. (　　) 안에 들어갈 내용을 순서대로 바르게 나열한 것은?
　　　　　　　　　　　　　　　　　　　　　　　　　　　　　　　　　　　　　　2018 관세사

> 무역위원회는 덤핑사실 및 그로 인한 실질적 피해 등의 사실이 있다고 추정되는 충분한 증거가 있는지에 관한 예비조사를 하여 그 결과를 기획재정부장관에게 제출하여야 한다. 무역위원회는 기획재정부령이 정하는 특별한 사유가 없는 한 예비조사결과를 (　　)부터 본조사를 개시하여야 하며, 본조사개시일부터 (　　)월 이내에 본조사결과를 기획재정부장관에게 제출하여야 한다.

① 제출한 날의 다음 날, 1　　　　　　　　② 제출한 날, 2
③ 제출한 날의 다음 날, 2　　　　　　　　④ 제출한 날, 3
⑤ 제출한 날의 다음 날, 3

> **영 제61조(덤핑 및 실질적 피해 등의 조사)** ② 무역위원회는 제60조 제3항 전단에 따라 조사개시의 결정에 관한 사항이 관보에 게재된 날부터 3월 이내에 덤핑사실 및 그로 인한 실질적 피해 등의 사실이 있다고 추정되는 충분한 증거가 있는지에 관한 예비조사를 하여 그 결과를 기획재정부장관에게 제출해야 한다.
> ⑤ 무역위원회는 기획재정부령이 정하는 특별한 사유가 없는 한 제2항의 규정에 의한 예비조사결과를 제출한 날의 다음 날부터 본조사를 개시하여야 하며, 본조사개시일부터 3월 이내에 본조사결과를 기획재정부장관에게 제출하여야 한다.

20 덤핑방지관세와 관련된 가격수정·수출중지 등의 약속과 관련한 설명 중 잘못된 것은?

① 기획재정부장관은 수출자가 수락된 약속을 이행하지 아니한 경우 덤핑방지를 위하여 덤핑방지 관세를 부과하거나 잠정조치를 하는 등의 신속한 조치를 취할 수 있다.

② 실질적 피해 등의 사실이 없거나 덤핑차액이 없는 원인이 약속으로 인한 것으로 판단되는 때에는 기획재정부장관은 적정한 기간을 정하여 약속을 계속 이행하게 할 수 있으며, 수출자가 그 약속의 이행을 거부하는 때에는 이용 가능한 최선의 정보에 의하여 잠정조치를 실시하는 등 덤핑방지를 위한 신속한 조치를 취할 수 있다.

③ 덤핑방지관세의 부과 여부를 결정하기 위한 조사가 개시된 물품의 수출자가 약속을 제의하거나 피해조사를 계속하여 줄 것을 요청하고자 하는 때에는 본조사의 결과에 따라 최종판정을 하기 45일 전에 서면으로 그 뜻을 무역위원회에 제출하여야 한다.

④ 기획재정부장관은 필요하다고 인정되는 가격수정·수출중지 등의 약속을 수출자를 지정하여 제의할 수 있다.

⑤ 기획재정부장관은 예비조사결과 덤핑사실 및 그로 인한 실질적 피해 등의 사실이 있다고 추정되는 충분한 증거가 있다고 판정하기 전에 약속의 수락이나 가격수정에 관한 약속의 제의를 할 수 있다.

> **관련 법조문: 법 제54조, 영 제68조** 답 ⑤

덤핑방지관세 부과를 위한 '예비조사'를 한 경우, 그 결과에 따른 조치는 ㉠ 잠정조치, ㉡ 약속의 제의가 있다. 이 중 잠정조치는 '기획재정부장관'이 하는 것이고, 약속의 제의는 (우리나라의 대표) 기획재정부장관과 (수출국의 대표) 수출자(공급자)가 할 수 있다. 약속의 제의는 예비조사 결과 실질적 피해 등의 사실이 있다고 추정되는 충분한 증거가 있다고 판정되어야 할 수 있다.

기획재정부장관은 예비조사결과 덤핑사실 및 그로 인한 실질적 피해 등의 사실이 있다고 추정되는 충분한 증거가 있다고 판정하기 전에는 '약속의 수락'이나 '약속의 제의'를 할 수 없다(영 제68조 제4항).

---

21 관세법령상 덤핑방지관세의 부과 여부를 결정하기 위한 조사가 개시된 물품의 수출자가 기획재정부장관에게 약속을 제의하는 경우 그 약속에 포함되어야 할 사항으로 옳은 것을 모두 고른 것은?

> ㄱ. 약속수락 전까지 계약되거나 선적되는 물품에 관한 내용
> ㄴ. 제3국이나 제3자를 통한 판매 등의 방법으로 사실상 약속을 위반하지 아니하겠다는 내용
> ㄷ. 수출국 안에서의 판매물량 및 판매가격과 우리나라로의 수출물량 및 수출가격에 대하여 관세청장에게 정기적으로 보고하겠다는 내용
> ㄹ. 관련자료에 대한 검증을 허용하겠다는 내용

① ㄴ ② ㄱ, ㄹ
③ ㄴ, ㄷ ④ ㄱ, ㄴ, ㄹ
⑤ ㄱ, ㄴ, ㄷ, ㄹ

> **관련 법조문: 규칙 제19조** 답 ④

ㄷ에서 관세청장을 '기획재정부장관'으로 바꿔야 한다.

22

□□□

관세법 시행령상 덤핑방지관세 부과에 있어 실질적 피해 등의 우려 판정에 대한 근거기준으로 옳지 않은 것은?

2014 국가직 9급

① 실질적인 수입증가의 가능성을 나타내는 덤핑물품의 현저한 증가율
② 덤핑물품의 가격이 동종물품의 가격을 하락 또는 억제시킬 수 있는지 여부 및 추가적인 수입수요의 증대 가능성
③ 우리나라로 덤핑수출하는 수출국으로 수입되는 물량의 실질적 증가율
④ 덤핑물품의 재고 및 동종물품의 재고상태

관련 법조문: 영 제63조　　　　　　　　　　　　　　　　　　　　　　　　　답 ③

덤핑방지관세 부과를 위한 실질적 피해 등의 판정에는 두 가지가 있다. 첫째는 '실질적 피해 등'의 판정이고, 둘째는 '실질적 피해 등의 우려' 판정이다. 각각의 판정기준은 다음과 같다. 우리나라에 덤핑수출을 증가시킬 수 있는 생산능력의 실질적 증가 부분은 판정의 기준으로 삼지만, 우리나라로 덤핑수출하는 수출국으로 수입되는 물량은 우리나라로 수입된 물량과 직접적인 상관관계가 없으므로 피해 판정의 근거가 되지 못한다.

실질적 피해 등의 사실을 조사·판정할 때의 기준	실질적 피해 등을 받을 우려가 있는지에 관한 판정의 기준
1. 덤핑물품의 수입물량(당해 물품의 수입이 절대적으로 또는 국내생산이나 국내소비에 대하여 상대적으로 뚜렷하게 증가되었는지 여부를 포함한다) 2. 덤핑물품의 가격(국내 동종물품의 가격과 비교하여 뚜렷하게 하락되었는지 여부를 포함한다) 3. 덤핑차액의 정도(덤핑물품의 수입가격이 수출국내 정상가격과 비교하여 뚜렷하게 하락되었는지 여부를 포함한다) 4. 국내산업의 생산량·가동률·재고·판매량·시장점유율·가격(가격하락 또는 인상억제의 효과를 포함한다)·이윤·생산성·투자수익·현금수지·고용·임금·성장·자본조달·투자능력 5. 제1호 및 제2호의 내용이 국내산업에 미치는 실재적 또는 잠재적 영향	1. 왼쪽의 5가지 기준 2. 실질적인 수입증가의 가능성을 나타내는 덤핑물품의 현저한 증가율 3. 우리나라에 덤핑수출을 증가시킬 수 있는 생산능력의 실질적 증가(다른 나라에의 수출 가능성을 고려한 것이어야 한다) 4. 덤핑물품의 가격이 동종물품의 가격을 하락 또는 억제시킬 수 있는지 여부 및 추가적인 수입수요의 증대 가능성 5. 덤핑물품의 재고 및 동종물품의 재고상태

23 관세법령상 덤핑방지관세부과와 관련하여 실질적 피해등의 판정을 위해 검토해야 하는 사항이 아닌 것은?

☐☐☐ 2022 관세사

① 덤핑물품의 가격   ② 덤핑방지관세 부과에 따른 보상 수준
③ 국내산업의 가동률·재고   ④ 덤핑차액의 정도
⑤ 덤핑물품의 수입물량

┃ 관련 법조문: 영 제63조   답 ②

무역위원회는 실질적 피해등의 사실을 조사·판정하는 때에는 다음 각 호의 사항을 포함한 실질적 증거에 근거해야 한다(영 제63조 제1항). '덤핑방지관세 부과에 따른 보상 수준'은 여기에 포함되지 않는다.

> 1. 덤핑물품의 수입물량
> 2. 덤핑물품의 가격
> 3. 덤핑차액의 정도
> 4. 국내산업의 생산량·가동률·재고·판매량·시장점유율·가격·이윤·생산성·투자수익·현금수지·고용·임금·성장·자본조달·투자능력
> 5. 제1호 및 제2호의 내용이 국내산업에 미치는 실재적 또는 잠재적 영향

---

24 덤핑방지관세의 발동요건인 덤핑의 존재 여부를 확인하려면 먼저 정상가격과 수입가격을 조사·확인한 후

☐☐☐ 이 두 가격을 비교해야 한다. 이때의 정상가격에 관한 설명으로 옳지 않은 것은? 2010 관세사

① 정상가격이라 함은 해당 물품의 공급국에서 소비되는 동종물품의 통상거래가격을 말한다.
② 동종물품이 거래되지 아니하거나 특수한 시장상황 등으로 인하여 통상거래가격을 적용할 수 없는 때에는 해당 국가에서 제3국으로 수출되는 수출가격 중 대표적인 가격으로서 비교가능한 가격을 정상가격으로 본다.
③ 해당 물품의 원산지국으로부터 직접 수입되지 아니하고 제3국을 거쳐 수입되는 경우에는 그 제3국의 통상거래가격을 정상가격으로 본다. 다만, 그 제3국 안에서 해당 물품을 단순히 옮겨 싣거나 동종물품의 생산실적이 없는 때, 또는 그 제3국 내에 통상거래가격으로 인정될 가격이 없는 때에는 원산지국의 통상거래가격을 정상가격으로 본다.
④ 동종물품이 거래되지 아니하거나 특수한 시장 상황 등으로 인해 통상거래가격을 적용할 수 없는 때에 정상가격으로 인정되는 구성가격은 원산지국에서의 제조원가에 합리적 수준의 판매비와 이윤을 합한 가격을 정상가격으로 본다.
⑤ 해당 물품이 통제경제를 실시하는 시장경제체제가 확립되지 아니한 국가로부터 수입되는 때에는 우리나라를 제외한 시장경제국가에서 소비되는 동종물품의 통상거래가격을 정상가격으로 본다.

┃ 관련 법조문: 영 제58조   답 ④

동종물품이 거래되지 아니하거나 특수한 시장 상황 등으로 인해 통상거래가격을 적용할 수 없는 때에 정상가격으로 인정되는 구성가격은 원산지국에서의 제조원가에 합리적 수준의 관리비 및 판매비와 이윤을 합한 가격을 정상가격으로 본다(영 제58조 제1항). 즉, '관리비'가 추가되어야 한다.

25 관세법령상 내용으로 옳지 않은 것은?

① 관세의 분할납부를 승인받은 물품을 동일한 용도로 사용하려는 자에게 양도한 경우에는 그 양수인이 관세를 납부하여야 하며, 해당 용도 외의 다른 용도로 사용하려는 자에게 양도한 경우에는 그 양도인이 관세를 납부하여야 한다. 이 경우 양도인으로부터 해당 관세를 징수할 수 없을 때에는 그 양수인으로부터 징수한다.

② 보세판매장의 운영인은 보세판매장에서 물품을 판매하는 때에는 판매사항·구매자 인적사항 기타 필요한 사항을 관세청장이 정하는 바에 따라 기록·유지하여야 한다.

③ 국경을 출입하려는 도로차량의 운전자는 해당 도로차량이 국경을 출입할 수 있음을 증명하는 서류를 세관장으로부터 발급받아야 한다.

④ 덤핑방지관세의 부과 여부를 결정하기 위하여 예비조사를 한 결과 해당 물품에 대한 덤핑 사실 및 그로 인한 실질적 피해 등의 사실이 있는 것으로 판정된 경우 해당 물품의 수입자 또는 기획재정부장관은 대통령령으로 정하는 바에 따라 덤핑으로 인한 피해가 제거될 정도의 가격수정이나 덤핑수입의 중지에 관한 약속을 제의할 수 있다.

> **관련 법조문: 법 제54조, 제107조, 제152조, 영 제213조**   답 ④

덤핑방지관세와 부과 여부를 결정하기 위한 예비조사결과 해당 물품에 대한 덤핑과 그로 인한 실질적 피해 등의 사실이 있는 것으로 판정된 경우 해당 물품의 '수출자' 또는 기획재정부장관은 덤핑으로 인한 피해가 제거될 정도의 가격수정이나 덤핑수출의 중지에 관한 약속을 제의할 수 있다(법 제54조 제1항).

26 다음의 탄력관세 종류 중 상대방 국가의 보조금 지급 등 불공정무역에 의한 수입에 대한 산업피해 구제제도인 것은?

① 상계관세
② 긴급관세
③ 조정관세
④ 할당관세
⑤ 농림축산물에 대한 특별긴급관세

> **관련 법조문: 법 제57조**   답 ①

불공정무역에 대한 대응 조치로서의 산업 피해 구제제도는 ㉠ 덤핑방지관세, ㉡ 상계관세, ㉢ 보복관세가 있다. 이 중 수출국에서 보조금이나 장려금을 지급받은 물품이 수입되어 산업피해가 생겼을 때 이에 대하여 대응하는 관세조치는 '상계관세(countervailing duties)'이다.

27 다음 ( ) 안에 들어갈 내용으로 올바른 것은?

> 상계관세의 부과는 원칙적으로 해당 상계관세 또는 약속의 시행일부터 (A)이 지나면 그 효력을 잃으며, 보조금 등의 지급과 산업피해를 재심사하고 그 결과에 따라 내용을 변경하는 때에는 기획재정부령으로 그 적용시한을 따로 정하는 경우를 제외하고는 변경된 내용의 시행일부터 (B)이 지나면 그 효력을 잃는다.

	(A)	(B)
①	3년	4년
②	5년	3년
③	4년	4년
④	5년	4년
⑤	5년	5년

▌관련 법조문: 법 제62조　　　　　　　　　　　　　　　　　　답 ⑤

덤핑방지관세의 부과, 시행된 약속, 재심사결과 변경된 조치의 유효기간은 5년이며, 이 규정은 그대로 상계관세에도 적용된다.

28 관세법령상 관세환급금과 상계관세에 대한 설명으로 옳지 않은 것은?

① 관세환급금의 환급은 국가재정법 제17조에도 불구하고 대통령령으로 정하는 바에 따라 한국은행법에 따른 한국은행의 해당 세관장의 소관 세입금에서 지급하며, 납세의무자의 관세환급금에 관한 권리는 대통령령으로 정하는 바에 따라 제3자에게 양도할 수 있다.

② 세관장은 납세의무자가 관세·가산세 또는 강제징수비의 과오납금의 환급을 청구할 때에는 대통령령으로 정하는 바에 따라 지체 없이 이를 관세환급금으로 결정하고 30일 이내에 환급하여야 하며, 세관장이 확인한 관세환급금은 납세의무자가 환급을 청구하지 아니하더라도 환급하여야 한다.

③ 상계관세의 부과나 관세법 제60조(상계관세와 관련된 약속의 제의)에 따라 수락된 약속은 대통령령으로 그 적용시한을 따로 정하는 경우를 제외하고는 해당 상계관세의 시행일 또는 약속한 날의 다음 날로부터 5년이 지나면 그 효력을 잃는다.

④ 관세법 제57조(상계관세의 부과대상)의 규정에 의하여 상계관세를 부과하는 경우 상계관세는 보조금 등의 금액을 과세가격으로 나누어 여기에 100을 곱하여 산정된 보조금률의 범위 안에서 결정한 율을 과세가격에 곱하여 산출한다.

▌관련 법조문: 법 제46조, 제62조, 규칙 제29조　　　　　　　　답 ③

상계조치는 기획재정부령으로 그 적용시한을 따로 정하는 경우를 제외하고는 해당 상계조치의 시행일부터 5년이 지나면 그 효력을 잃으며, 보조금 등의 지급과 산업피해를 재심사하고 그 결과에 따라 내용을 변경할 때에는 기획재정부령으로 그 적용시한을 따로 정하는 경우를 제외하고는 변경된 내용의 시행일부터 5년이 지나면 그 효력을 잃는다. 다만, 대통령령으로 정하는 사유로 재심사하는 경우에는 재심사가 끝나기 전에 해당 상계조치의 적용시한이 종료되더라도 재심사기간 동안 그 상계조치는 효력을 잃지 아니한다(법 제62조 제3항).

◎ 선지분석
① 법 제46조(관세환급금의 환급) 제3항·제4항
② 법 제46조(관세환급금의 환급) 제1항

④ 상계관세를 부과하는 경우 상계관세는 다음의 산식에 의하여 산정된 보조금률의 범위 안에서 결정한 율을 과세가격에 곱하여 산출한다(규칙 제29조 제1항).

$$\text{보조금률} = \frac{\text{보조금 등의 금액}}{\text{과세가격}} \times 100$$

29

보조금 등을 받은 물품의 수입 및 실질적 피해 등의 조사와 관련한 설명 중 잘못된 것은? 2006 관세사

① 무역위원회는 상계관세의 부과에 관한 사항과 조사개시의 결정에 관한 사항이 관보에 게재된 날부터 3개월 이내에 보조금 등을 받은 물품의 수입사실 및 그로 인한 실질적 피해 등의 사실이 있다고 추정되는 충분한 증거가 있는지에 관한 예비조사를 하여 그 결과를 기획재정부장관에게 제출해야 한다.

② 기획재정부장관은 예비조사결과가 제출된 날부터 1개월 이내에 잠정상계관세 부과 조치의 필요 여부 및 내용에 관한 사항을 결정하여야 한다.

③ 무역위원회는 기획재정부령으로 정하는 특별한 사유가 없는 한 예비조사결과를 제출한 날의 다음 날부터 본조사를 개시하여야 한다.

④ 무역위원회는 조사와 관련하여 조사기간을 연장할 필요가 있거나 이해관계인이 정당한 사유를 제시하여 조사기간의 연장을 요청한 때에는 3개월의 범위에서 그 조사기간을 연장할 수 있다.

⑤ 기획재정부장관은 본조사 결과가 접수되면 관보게재일부터 12개월 이내에 상계관세의 부과 여부 및 내용을 결정하여야 한다. 다만, 특별한 사유가 있다고 인정되는 때에는 관보게재일부터 18개월 이내에 상계관세의 부과조치를 할 수 있다.

▌ 관련 법조문: 영 제75조 답 ④

덤핑방지관세와 상계관세의 경우, 무역위원회는 기획재정부령으로 정하는 특별한 사유가 없는 한 예비조사 결과를 제출한 날의 다음 날부터 본조사를 개시하여야 하며, 본조사 개시일부터 3개월 이내에 본조사 결과를 기획재정부장관에게 제출해야 한다. 다만, 무역위원회는 예비조사 및 본조사의 조사기간을 연장할 필요가 있거나 이해관계인이 정당한 사유를 제시하여 조사기간의 연장을 요청하는 때에는 '2개월'의 범위에서 그 조사기간을 연장할 수 있다(영 제61조 제4항, 영 제75조 제6항).

30

관세법상 보조금 등의 특정성과 범위에 관한 설명으로 옳지 않은 것은? 2014 관세사

① 특정성이라 함은 보조금 등이 특정기업이나 산업 또는 특정기업군이나 산업군에 지급되는 경우를 말한다.

② 보조금 등이 일부 기업 등에 대하여 제한적으로 지급되는 경우, 특정성이 있는 것으로 본다.

③ 보조금 등의 금액은 수혜자가 실제로 받는 혜택을 기준으로 하여 기획재정부령이 정하는 바에 따라 계산한다.

④ 보조금 등이 제한된 수의 기업 등에 의하여 사용되어지는 경우, 특정성이 없는 것으로 본다.

⑤ 지분참여의 경우 당해 지분참여와 통상적인 투자와의 차이에 의하여 발생하는 금액 상당액을 기준으로 하여 보조금 등의 금액을 산정한다.

보조금 등이 제한된 수의 기업 등에 의하여 사용되어지는 경우, 특정성이 '있는' 것으로 본다. 상계관세가 부과되는 보조금 또는 장려금(보조금 등)은 정부·공공기관 등의 재정지원 등에 의한 혜택 중 특정성이 있는 것을 말한다. 다만, 기획재정부령이 정하는 보조금 또는 장려금은 제외한다. 여기에서 '특정성'이란 보조금 등이 특정기업이나 산업 또는 특정기업군이나 산업군에 지급되는 경우를 말하며, 구체적인 판별기준은 기획재정부령으로 정한다(영 제72조). '기획재정부령이 정하는 보조금 또는 장려금'이란 특정성은 있으나 연구·지역개발 및 환경관련 보조금 또는 장려금으로서 국제협약에서 인정하고 있는 것을 말한다. 다음의 경우 특정성이 있는 것으로 본다(규칙 제21조).

1. 보조금 등이 일부 기업 등에 대하여 제한적으로 지급되는 경우
2. 보조금 등이 제한된 수의 기업 등에 의하여 사용되어지는 경우
3. 보조금 등이 특정한 지역에 한정되어 지급되는 경우
4. 기타 국제협약에서 인정하고 있는 특정성의 기준에 부합되는 경우

31

관세법상 상계관세에 대한 설명으로 옳은 것은? 2016 국가직 7급

① 기획재정부장관은 국내산업의 보호를 위하여 상계관세의 부과 여부를 결정하기 위한 조사가 종결되기 전이라도 그 물품의 수출자 또는 수출국 및 기간을 정하여 보조금 등의 추정액에 상당하는 금액 이상의 잠정상계관세를 부과하도록 명하거나 담보를 제공하도록 명하는 조치를 할 수 있다.

② 상계관세의 부과와 잠정조치는 각각의 조치일 이후 수입되는 물품에 대하여 적용된다. 다만, 잠정조치가 적용된 물품에 대하여 국내법에서 달리 정하고 있는 경우와 그 밖에 대통령령으로 정하는 경우에는 그 물품에 대하여도 상계관세를 부과할 수 있다.

③ 상계관세와 관련된 약속이 수락된 경우 기획재정부장관은 잠정조치 또는 상계관세의 부과 없이 조사가 중지 또는 종결되도록 하여야 한다. 다만, 기획재정부장관이 필요하다고 인정하거나 수출자가 피해 조사를 계속하여 줄 것을 요청한 경우에는 그 조사를 계속할 수 있다.

④ 상계조치는 기획재정부령으로 그 적용시한을 따로 정하는 경우를 제외하고는 해당 상계조치의 시행일부터 5년이 지나면 그 효력을 잃는다.

상계조치는 기획재정부령으로 그 적용시한을 따로 정하는 경우를 제외하고는 해당 상계조치의 시행일부터 5년이 지나면 그 효력을 잃으며, 보조금 등의 지급과 산업피해를 재심사하고 그 결과에 따라 내용을 변경할 때에는 기획재정부령으로 그 적용시한을 따로 정하는 경우를 제외하고는 변경된 내용의 시행일부터 5년이 지나면 그 효력을 잃는다. 다만, 대통령령으로 정하는 사유로 재심사하는 경우에는 재심사가 끝나기 전에 해당 상계조치의 적용시한이 종료되더라도 재심사기간 동안 그 상계조치는 효력을 잃지 아니한다(법 제62조 제3항).

⊘ 선지분석

① 기획재정부장관은 상계관세의 부과 여부를 결정하기 위하여 조사가 시작된 물품이 보조금 등을 받아 수입되어 다음 각 호의 어느 하나에 해당한다고 인정되는 경우에는 대통령령으로 정하는 바에 따라 국내산업의 보호를 위하여 조사가 종결되기 전이라도 그 물품의 수출자 또는 수출국 및 기간을 정하여 보조금 등의 추정액에 상당하는 금액 '이하'의 잠정상계관세를 부과하도록 명하거나 담보를 제공하도록 명하는 조치(잠정조치)를 할 수 있다(법 제59조 제1항).

1. 국내산업에 실질적 피해 등이 발생한 사실이 있다고 추정되는 충분한 증거가 있음이 확인되는 경우
2. 법 제60조(상계관세와 관련된 약속의 제의)에 따른 약속을 철회하거나 위반한 경우와 그 약속의 이행에 관한 자료를 제출하지 아니한 경우로서 이용할 수 있는 최선의 정보가 있는 경우

② 상계관세의 부과와 잠정조치는 각각의 조치일 이후 수입되는 물품에 대하여 적용된다. 다만, 잠정조치가 적용된 물품에 대하여 '국제협약에서' 달리 정하고 있는 경우와 그 밖에 대통령령으로 정하는 경우에는 그 물품에 대하여도 상계관세를 부과할 수 있다(법 제61조).

③ 상계관세와 관련된 약속이 수락된 경우 기획재정부장관은 잠정조치 또는 상계관세의 부과 없이 조사가 중지 또는 종결되도록 하여야 한다. 다만, 기획재정부장관이 필요하다고 인정하거나 '수출국 정부'가 피해 조사를 계속하여 줄 것을 요청한 경우에는 그 조사를 계속할 수 있다(법 제60조 제2항).

32 관세법령상의 내용으로 옳지 않은 것은?

① 관세법 시행령 제249조(입항전 수입신고) 제1항에도 불구하고, 수입신고하는 때와 우리나라에 도착하는 때의 물품의 성질과 수량이 달라지는 물품으로서 관세청장이 정하는 물품은 해당 물품을 적재한 선박 등이 우리나라에 도착된 후에 수입신고하여야 한다.

② 관세법 제187조(보세공장 외 작업 허가) 제1항에 따라 허가를 받아 지정된 장소에 반입된 외국물품은 지정된 기간이 만료될 때까지는 보세공장에 있는 것으로 본다.

③ 외국에서 수출보조금을 받은 물품의 수입으로 인하여 국내산업의 발전이 실질적으로 지연된 것으로 확인되어 해당 국내 산업을 보호할 필요가 있는 경우에는 100분의 100에서 해당 물품의 기본세율을 뺀 율을 기본세율에 더한 율의 범위에서 조정관세를 부과할 수 있다.

④ 지방자치단체가 직접 수입하는 물품에 대하여는 체납된 관세에 대하여 관세법 제42조에 따른 가산세를 징수하지 아니한다.

▌ 관련 법조문: 법 제57조, 제69조, 제187조, 영 제38조, 제249조   답 ③

'외국에서 수출보조금을 받은 물품의 수입으로 인하여 국내산업의 발전이 실질적으로 지연된 것으로 확인되어 해당 국내 산업을 보호할 필요가 있는 경우'에 부과되는 탄력관세는 상계관세이다(법 제57조). 상계관세를 부과할 때에는 '해당 보조금 등의 금액 이하의 관세'를 추가하여 부과한다(법 제57조). '100분의 100에서 해당 물품의 기본세율을 뺀 율을 기본세율에 더한 율의 범위에서 조정관세를 부과할 수 있다'는 말은 상계관세와 연결시켜서는 안 된다. 조정관세는 보조금을 지급받은 물품의 수입 때문이 아니라, 다음과 같은 경우로 부과된다(법 제69조).

> 1. 산업구조의 변동 등으로 물품 간의 세율 불균형이 심하여 이를 시정할 필요가 있는 경우
> 2. 공중도덕 보호, 인간·동물·식물의 생명 및 건강 보호, 환경보전, 한정된 천연자원 보존 및 국제평화와 안전보장 등을 위하여 필요한 경우
> 3. 국내에서 개발된 물품을 일정 기간 보호할 필요가 있는 경우
> 4. 농림축수산물 등 국제경쟁력이 취약한 물품의 수입증가로 인하여 국내시장이 교란되거나 산업기반이 붕괴될 우려가 있어 이를 시정하거나 방지할 필요가 있는 경우

✅ 선지분석

① 법 제244조(입항전 수입신고) 제1항의 규정에 의한 수입신고는 당해 물품을 적재한 선박 또는 항공기가 그 물품을 적재한 항구 또는 공항에서 출항하여 우리나라에 입항하기 5일 전(항공기의 경우 1일 전)부터 할 수 있다(영 제249조 제1항). 영 제249조 제1항에도 불구하고 다음 각 호의 어느 하나에 해당하는 물품은 해당 물품을 적재한 선박 등이 우리나라에 도착된 후에 수입신고하여야 한다(영 제249조 제3항).

> 1. 세율이 인상되거나 새로운 수입요건을 갖추도록 요구하는 법령이 적용되거나 적용될 예정인 물품
> 2. 수입신고하는 때와 우리나라에 도착하는 때의 물품의 성질과 수량이 달라지는 물품으로서 관세청장이 정하는 물품

② 세관장은 가공무역이나 국내산업의 진흥을 위하여 필요한 경우에는 대통령령으로 정하는 바에 따라 기간, 장소, 물품 등을 정하여 해당 보세공장 외에서 제185조 제1항에 따른 작업을 허가할 수 있다(법 제187조 제1항). 법 제187조 제1항에 따라 허가를 받아 지정된 장소(공장외작업장)에 반입된 외국물품은 지정된 기간이 만료될 때까지는 보세공장에 있는 것으로 본다(법 제187조 제4항).

④ 신고납부한 세액의 부족 등에 대하여 납세의무자에게 대통령령으로 정하는 정당한 사유가 있는 경우에는 관세법 제42조 제1항 제1호 및 제2호의 금액을 합한 금액(가산세 전액)을 감면한다(법 제42조의2 제1항 제8호). 여기에서 대통령령으로 정하는 정당한 사유가 있는 경우란 해당 물품이 다음에 해당하는 경우를 말한다(영 제39조 제3항, 영 제32조의4).

1. 국가 또는 지방자치단체(지방자치법에 따른 지방자치단체조합을 포함한다. 이하 같다)가 직접 수입하는 물품과 국가 또는 지방자치단체에 기증되는 물품
2. 우편물. 다만, 법 제241조에 따라 수입신고를 해야 하는 것은 제외한다.

33 관세법상 세율의 조정에 관한 설명으로 옳지 않은 것은?

2014 관세사

① 덤핑방지관세의 잠정조치는 특별한 경우를 제외하고 잠정조치일 이후 수입되는 물품에 대하여 적용된다.
② 상계관세의 잠정조치는 특별한 경우를 제외하고 잠정조치일 이후 수입되는 물품에 대하여 적용된다.
③ 보복관세의 부과 범위는 보복관세 부과대상 국가로부터 수입되는 물품에 대하여 피해상당액의 범위를 초과하여 부과할 수 있다.
④ 긴급관세 또는 잠정긴급관세를 부과하여야 하는 대상 물품, 세율 적용기간, 수량, 수입관리방안, 그 밖에 필요한 사항을 기획재정부령으로 정한다.
⑤ 농림축산물에 대한 특별긴급관세는 국내외 가격차에 상당한 율로 양허한 농림축산물의 수입물량이 급증하거나 수입가격이 하락하는 경우에 부과할 수 있다.

▌관련 법조문: 법 제63조　　　　　　　　　　　　　　　　　　　　　　　답 ③

교역상대국이 우리나라의 수출물품 등에 대하여 다음 각 호의 어느 하나에 해당하는 행위를 하여 우리나라의 무역이익이 침해되는 경우에는 그 나라로부터 수입되는 물품에 대하여 '피해상당액의 범위'에서 관세(보복관세)를 부과할 수 있다.

1. 관세 또는 무역에 관한 국제협정이나 양자 간의 협정 등에 규정된 우리나라의 권익을 부인하거나 제한하는 경우
2. 그 밖에 우리나라에 대하여 부당하거나 차별적인 조치를 하는 경우

34 다음 괄호에 해당하는 것은?

2005 국가직 9급

> 긴급관세의 부과 여부 및 그 내용은 무역위원회의 부과건의가 접수된 날부터 (　　) 이내에 결정하여야 한다.

① 1개월　　　　　　　　　　　　　　　② 2개월
③ 3개월　　　　　　　　　　　　　　　④ 4개월

▌관련 법조문: 영 제87조　　　　　　　　　　　　　　　　　　　　　　　답 ①

긴급관세의 부과 여부 및 그 내용은 무역위원회의 부과건의가 접수된 날부터 1개월 이내에 결정하여야 한다. 다만, 주요 이해당사국과 긴급관세 부과에 관한 협의 등을 위하여 소요된 기간은 이에 포함되지 아니한다(기간 연장 규정은 없음).

구분	긴급관세	잠정긴급관세
부과 여부 결정기간	건의 접수일부터 1개월 이내 (이해당사국과의 협의기간은 포함되지 않음)	건의 접수일부터 1개월 이내 (20일 범위에서 연장 가능)
부과기간	최대 4년	최대 200일

35 관세법령상 내용으로 옳지 않은 것은?

① 관세범에 관하여는 관세법에 특별한 규정이 있는 것을 제외하고는 형사소송법을 준용한다.

② 관세법에 따른 가산세는 관세의 세목으로 한다.

③ 관세법 제183조(보세창고) 제2항에 따른 내국물품으로서 장치기간이 지난 물품은 그 기간이 지난 후 10일 내에 그 운영인의 책임으로 반출하여야 한다.

④ 관세법 제65조(긴급관세의 부과대상 등) 제1항의 규정에 의한 긴급관세의 부과 여부 및 그 내용은 무역위원회의 부과건의가 접수된 날부터 10일 이내에 결정하여야 한다.

▌ **관련 법조문: 법 제184조, 제319조, 제320조, 영 제87조**　　　　답 ④

긴급관세의 부과 여부 및 그 내용은 무역위원회의 부과건의가 접수된 날부터 <u>1월 이내에</u> 결정하여야 한다. 다만, 주요 이해당사국과 긴급관세의 부과에 관한 협의 등을 하기 위하여 소요된 기간은 이에 포함되지 아니한다(영 제87조).

✓ 선지분석

① 법 제319조(준용)

② 법 제320조(가산세의 세목)

③ 법 제184조(장치기간이 지난 내국물품) 제1항

36 관세법령상 세율의 적용과 잠정조치 등에 대한 설명으로 옳지 않은 것은?

① 국내시장 개방과 함께 기본세율보다 높은 세율로 양허한 농림축산물 중 대통령령으로 정하는 물품에 대하여 양허한 세율(시장접근물량에 대한 양허세율을 포함)은 기본세율 및 잠정세율에 우선하여 적용한다.

② 관세법 제66조(잠정긴급관세의 부과 등) 제1항의 규정에 의한 잠정긴급관세의 부과 여부 및 그 내용은 관세청장의 부과건의가 접수된 날부터 1월 이내에 무역위원회가 결정하여야 한다.

③ 관세법 제53조(덤핑방지관세를 부과하기 전의 잠정조치) 제1항의 규정에 의한 잠정조치는 예비조사결과 덤핑사실 및 그로 인한 실질적 피해 등의 사실이 있다고 추정되는 충분한 증거가 있다고 판정된 경우로서 당해 조사의 개시 후 최소한 60일이 경과된 날 이후부터 적용할 수 있다.

④ 조약에 따라 우리나라가 양허한 품목에 대하여 그 양허를 철회한 경우에는 해당 조약에 따라 철회의 효력이 발생한 날부터 관세법에 따른 세율을 적용한다.

▌ **관련 법조문: 법 제50조, 제80조, 영 제66조, 제88조**　　　　답 ②

잠정긴급관세의 부과 여부 및 그 내용은 <u>무역위원회의 부과건의가 접수된 날부터 1월 이내에</u> 결정하여야 한다. 다만, 기획재정부장관은 필요하다고 인정하는 경우에는 20일의 범위 내에서 그 결정기간을 연장할 수 있다(영 제88조 제1항, 2009년 관세사). 단서 조항을 통해 유추해석해볼 때 '잠정긴급관세의 부과 여부 및 내용을 결정'하는 사람도 역시 '기획재정부장관'이다.

선지분석

① 법 제50조(세율 적용의 우선순위) 제3항
③ 영 제66조(잠정조치의 적용) 제1항
④ 법 제80조(양허 및 철회의 효력) 제1항

---

37 관세법상 긴급관세부과에 관한 설명으로 옳지 않은 것은?   2015 관세사, 2007 국가직 9급

□□□

① 긴급관세의 부과기간은 5년을 초과할 수 없으며, 잠정긴급관세는 200일을 초과하여 부과할 수 없다. 다만, 재심사의 결과에 따라 부과기간을 연장하는 경우에는 총 적용기간은 8년을 초과할 수 없다.

② 긴급관세는 해당 국내산업의 보호 필요성, 국제통상관계, 긴급관세 부과에 따른 보상 수준 및 국민경제 전반에 미치는 영향 등을 검토하여 부과 여부와 그 내용을 결정한다.

③ 특정 물품의 수입증가로 인하여 동종물품 또는 직접적인 경쟁관계에 있는 물품을 생산하는 국내산업이 심각한 피해를 받거나 받을 우려가 있음이 조사를 통하여 확인되고 해당 국내산업을 보호할 필요가 있다고 인정되는 경우에는 해당 물품에 대하여 심각한 피해 등을 방지하거나 치유하고 조정을 촉진하기 위하여 필요한 범위에서 관세를 추가하여 부과할 수 있다.

④ 긴급관세의 부과와 잠정긴급관세의 부과는 각각의 부과조치 결정 시행일 이후 수입되는 물품에 한정하여 적용한다.

⑤ 기획재정부장관은 긴급관세를 부과하는 경우에는 이해당사국과 긴급관세부과의 부정적 효과에 대한 적절한 무역보상방법에 관하여 협의를 할 수 있다.

│ 관련 법조문: 법 제65조   답 ①

긴급관세의 부과기간은 '4년'을 초과할 수 없으며, 잠정긴급관세는 '200일'을 초과하여 부과할 수 없다. 다만, 재심사의 결과에 따라 부과기간을 연장하는 경우에는 잠정긴급관세의 부과기간, 긴급관세의 부과기간, 대외무역법 제39조 제1항에 따른 수입수량제한 등의 적용기간 및 그 연장기간을 포함한 총 적용기간은 8년을 초과할 수 없다(법 제65조 제5항).

---

38 관세법상 긴급관세와 잠정긴급관세에 대한 설명으로 옳은 것은?   2013 국가직 7급

□□□

① 긴급관세의 부과기간은 4년을 초과할 수 없으며, 잠정긴급 관세는 300일을 초과하여 부과할 수 없다.

② 기획재정부장관은 긴급관세를 부과하는 경우에는 이해당사국과 긴급관세부과의 부정적 효과에 대한 적절한 무역보상방법에 관하여 협의를 할 수 있다.

③ 긴급관세의 부과와 잠정긴급관세의 부과는 각각의 조사시행일 이후 수입되는 물품에 한정하여 적용한다.

④ 긴급관세의 부과 또는 수입수량제한 등의 조치 여부를 결정한 때에는 해당 긴급관세액에 잠정긴급관세액을 추가하여 부과한다.

│ 관련 법조문: 법 제65조, 제66조   답 ②

선지분석

① 잠정긴급관세는 200일을 초과하여 부과할 수 없다.
③ 긴급관세의 부과와 잠정긴급관세의 부과는 각각의 '부과조치 결정 시행일 이후' 수입되는 물품에 한정하여 적용한다.

④ 원칙적으로 긴급관세의 부과 또는 수입수량제한 등의 조치 여부를 결정한 때에는 잠정긴급관세의 부과를 중단한다. 잠정긴급관세와 긴급관세의 부과는 그 부과시기가 겹치지 않으므로, 한 쪽에 다른 쪽을 '추가'하여 부과하는 방식도 아니다.

39 관세법상 긴급관세에 관한 설명으로 옳지 않은 것은?　　　　　　　　　　　　2016 관세사

① 긴급관세 또는 잠정긴급관세를 부과하여야 하는 대상 물품, 세율, 적용기간, 수량, 수입관리방안, 그 밖에 필요한 사항은 대통령령으로 정한다.
② 기획재정부장관은 긴급관세를 부과하는 경우에는 이해당사국과 긴급관세부과의 부정적 효과에 대한 적절한 무역보상방법에 관하여 협의를 할 수 있다.
③ 기획재정부장관은 특정국물품 긴급관세를 부과할 때에는 이해당사국과 해결책을 모색하기 위하여 사전 협의할 수 있다.
④ 기획재정부장관은 필요하다고 인정되는 때에는 긴급관세의 부과결정에 대하여 재심사를 할 수 있으며, 재심사결과에 따라 부과내용을 변경할 수 있다. 이 경우 변경된 내용은 최초의 조치내용보다 더 강화되어서는 아니 된다.
⑤ 긴급관세는 해당 국내산업의 보호 필요성, 국제통상관계, 긴급관세 부과에 따른 보상수준 및 국민경제 전반에 미치는 영향 등을 검토하여 부과 여부와 그 내용을 결정한다.

> **| 관련 법조문: 법 제65조, 제67조, 제67조의2**　　　　　　　　　　　　답 ①

긴급관세 또는 법 제66조 제1항에 따른 잠정긴급관세를 부과하여야 하는 대상 물품, 세율, 적용기간, 수량, 수입관리방안, 그 밖에 필요한 사항은 '기획재정부령'으로 정한다(법 제65조 제6항).

40 관세법상 긴급관세에 관한 설명으로 옳은 것을 모두 고른 것은?　　　　　　　　2023 관세사

> ㄱ. 긴급관세의 부과 또는 수입수량제한등의 조치 여부를 결정한 때에는 잠정긴급관세의 부과를 중단한다.
> ㄴ. 긴급관세의 부과는 부과조치 결정 시행일부터 3개월 이전에 수입된 물품에 소급하여 적용한다.
> ㄷ. 긴급관세에 대한 재심사 결과에 따라 부과내용이 변경될 수 있으며, 이 경우 변경된 내용은 최초의 조치내용보다 강화될 수 있다.

① ㄱ　　　　　　　　　　　　　　　　② ㄴ
③ ㄱ, ㄴ　　　　　　　　　　　　　　④ ㄴ, ㄷ
⑤ ㄱ, ㄴ, ㄷ

> **| 관련 법조문: 법 제65조, 제67조**　　　　　　　　　　　　답 ①

ㄱ. 긴급관세의 부과 또는 수입수량제한등의 조치 여부를 결정한 때에는 잠정긴급관세의 부과를 중단한다(법 제66조 제2항).

⊘ 선지분석

ㄴ. 긴급관세의 부과는 부과조치 결정 시행일 '이후 수입되는 물품에 한정하여' 적용한다(법 제65조 제4항).
ㄷ. 긴급관세에 대한 재심사 결과에 따라 부과내용이 변경될 수 있으며, 이 경우 변경된 내용은 최초의 조치내용보다 '더 강화되어서는 아니된다'(법 제67조).

41

관세법령상 긴급관세의 부과대상 등에 관한 설명으로 옳은 것은?　　　

① 관세청장은 긴급관세 또는 잠정긴급관세의 부과 여부를 결정하기 위하여 필요하다고 인정되는 경우에는 관계 행정기관의 장 및 이해관계인 등에게 관련 자료의 제출 등 필요한 협조를 요청할 수 있다.

② 관세청장은 긴급관세를 부과하는 경우에는 이해당사국과 긴급관세부과의 부정적 효과에 대한 적절한 무역보상방법에 관하여 협의를 하여야 한다.

③ 긴급관세의 부과와 잠정긴급관세의 부과는 각각의 부과조치 결정 시행일 이후 수입되는 물품에 한정하여 적용한다.

④ 긴급관세의 부과기간은 3년을 초과할 수 없으며, 잠정긴급관세는 300일을 초과하여 부과할 수 없다.

⑤ 잠정긴급관세를 부과하여야 하는 대상 물품은 대통령령으로 정한다.

▌관련 법조문: 법 제65조　　　답 ③

긴급관세의 부과와 잠정긴급관세의 부과는 각각의 부과조치 결정 시행일 이후 수입되는 물품에 한정하여 적용한다 (법 제65조 제4항).

◎ 선지분석

① '기획재정부장관'은 긴급관세 또는 법 제66조 제1항에 따른 잠정긴급관세의 부과 여부를 결정하기 위하여 필요하다고 인정되는 경우에는 관계 행정기관의 장 및 이해관계인 등에게 관련 자료의 제출 등 필요한 협조를 요청할 수 있다(법 제65조 제7항).

② '기획재정부장관'은 긴급관세를 부과하는 경우에는 이해당사국과 긴급관세부과의 부정적 효과에 대한 적절한 무역보상방법에 관하여 협의를 '할 수 있다'(법 제65조 제3항).

④ 긴급관세의 부과기간은 '4년'을 초과할 수 없으며, 법 제66조 제1항에 따른 잠정긴급관세는 '200일'을 초과하여 부과할 수 없다(법 제65조 제5항).

⑤ 긴급관세 또는 법 제66조 제1항에 따른 잠정긴급관세를 부과하여야 하는 대상 물품, 세율, 적용기간, 수량, 수입관리방안, 그 밖에 필요한 사항은 기획재정부령으로 정한다(법 제65조 제6항).

42

긴급관세 및 특정국물품 긴급관세부과에 관한 설명으로 옳지 않은 것은?　　　

① 긴급관세의 부과와 잠정긴급관세의 부과는 각각의 부과조치 결정 시행일 이후 수입되는 물품에 한정하여 적용한다.

② 긴급관세의 부과기간은 4년을 초과할 수 없으며, 연장기간을 포함하더라도 총 적용기간이 8년을 초과할 수 없다.

③ 국제조약 또는 일반적인 국제법규에 따라 허용되는 한도에서 특정 국가를 원산지로 하는 물품의 수입 증가로 국내시장 교란의 중대한 원인이 되는 것이 조사를 통해 확인된 경우에는 피해를 구제하거나 방지하기 위하여 특정국물품 긴급관세를 추가하여 부과할 수 있다.

④ 특정국물품 긴급관세부과의 원인이 된 세계무역기구 회원국의 조치가 종료된 때에는 그 종료일부터 30일 이내에 특정국물품 긴급관세부과를 중지하여야 한다.

⑤ 특정국물품에 대한 잠정긴급관세는 150일의 범위에서 부과할 수 있다.

▌관련 법조문: 법 제65조, 제67조의2　　　답 ⑤

특정국물품 긴급관세의 부과 여부를 결정하기 위한 조사가 시작된 물품에 대하여 조사기간 중에 발생하는 국내시장의 교란을 방지하지 아니하는 경우 회복하기 어려운 피해가 초래되거나 초래될 우려가 있다고 판단될 때에는 조사가 종결되기 전에 피해를 구제하거나 방지하기 위하여 필요한 범위에서 특정국물품에 대한 잠정긴급관세를 '200일'의 범위에서 부과할 수 있다. 이것은 잠정긴급관세와의 공통점이기도 하다.

43

특정국물품 긴급관세의 부과에 대한 설명으로 옳지 않은 것은?

2014 국가직 7급

① 특정국물품 긴급관세는 해당 물품의 수입 증가가 국내시장의 교란 또는 교란우려의 중대한 원인이 되는 경우에 부과한다.

② '국내시장의 교란 또는 교란우려'란 특정국물품의 수입증가로 인하여 동종물품 또는 직접적인 경쟁관계에 있는 물품을 생산하는 국내 산업이 실질적 피해를 받거나 받을 우려가 있는 경우를 말한다.

③ 특정국물품 긴급관세 부과의 원인이 된 세계무역기구 회원국의 조치가 종료된 때에는 그 종료일부터 30일 이내에 특정국물품 긴급관세 부과를 중지하여야 한다.

④ 특정국물품 긴급관세 또는 관세법 제67조의2 제5항에 따른 특정국물품 잠정긴급관세를 부과하여야 하는 대상 물품, 세율, 적용기간, 수량, 수입관리방안 등에 관하여 필요한 사항은 대통령령으로 정한다.

▌관련 법조문: 법 제67조의2 답 ④

특정국물품 긴급관세 또는 관세법 제67조의2 제5항에 따른 특정국물품 잠정긴급관세를 부과하여야 하는 대상 물품, 세율, 적용기간, 수량, 수입관리방안 등에 관하여 필요한 사항은 '기획재정부령'으로 정한다(법 제67조의2 제3항).

44

국내외 가격차에 상당한 율로 양허한 농림축산물의 수입물량이 급증하거나 수입가격이 하락하는 경우에는 대통령령으로 정하는 바에 따라 양허한 세율을 초과하여 관세를 부과할 수 있다. 이러한 관세를 무엇이라 하는가?

2013 관세사

① 긴급관세
② 특정국물품 긴급관세
③ 농림축산물에 대한 조정관세
④ 할당관세
⑤ 농림축산물에 대한 특별긴급관세

▌관련 법조문: 법 제68조 답 ⑤

관세법상 국제협력관세의 규정(관세법 제73조)에 따라 국내외 가격차에 상당한 율로 양허한 농림축산물의 수입물량이 급증하거나 수입가격이 하락하는 경우에는 '농림축산물에 대한 특별긴급관세'를 부과할 수 있다. 즉, 수입농산물 등이 너무 많이 들어오거나 너무 싸게 들어오면 부과할 수 있는 탄력관세이다.

2002년 관세사 시험에서는 농림축산물에 대한 특별긴급관세를 '국내외 가격차만큼 관세상당치(Tariff Equivalent: TE)로 양허되어 수입자유화된 품목에 대해 수입량이 급증하거나 수입가격이 급락한 경우 일정기준 충족시 관세상당치에 자동적으로 추가 관세를 부과할 수 있도록 한' 탄력관세로 규정하였다.

45 관세법 시행령상 농림축산물에 대한 특별긴급관세에 대한 설명으로 옳은 것은? 2017 국가직 7급

① 특별긴급관세는 당해 연도 수입량이 기준발동물량을 초과하는 경우 또는 원화로 환산한 운임 및 보험료를 포함한 해당 물품의 수입가격이 1988년부터 1990년까지의 평균수입가격의 100분의 5를 초과하여 하락하는 경우 부과할 수 있다.

② 특별긴급관세를 부과하는 경우 부패하기 쉬운 물품에 대하여는 기준발동물량을 산정함에 있어서는 3년보다 짧은 기간을 적용하거나 기준가격 산정시 다른 기간 동안의 가격을 적용하는 등 당해 물품의 특성을 고려할 수 있다.

③ 당해 연도 수입량이 기준발동물량을 초과하여 부과하는 특별긴급관세는 국내외가격차에 상당한 율인 당해 양허세율에 그 양허세율의 2분의 1까지를 추가한 세율로 부과할 수 있으며 당해 연도 말까지 수입되는 분에 대하여서만 이를 적용한다.

④ 당해 연도 수입량이 기준발동물량을 초과하여 특별긴급관세를 부과하는 경우 특별긴급관세가 부과되기 전에 계약이 체결되어 운송 중에 있는 물품도 특별긴급관세 부과대상에 포함된다.

▌관련 법조문: 법 제68조, 영 제90조　　　　　　　　　　　　　　　　답 ②

특별긴급관세를 부과하는 경우 부패하기 쉬운 물품에 대하여는 기준발동물량을 산정함에 있어서는 3년보다 짧은 기간을 적용하거나 기준가격 산정시 다른 기간 동안의 가격을 적용하는 등 당해 물품의 특성을 고려할 수 있다(영 제90조 제5항).

✅ 선지분석

① 관세법 제68조 제1항에 따라 특별긴급관세를 부과할 수 있는 경우는 다음 각 호의 어느 하나에 해당하는 경우로 한다(영 제90조 제1항).

> 1. 당해 연도 수입량이 제2항의 규정에 의한 기준발동물량을 초과하는 경우
> 2. 원화로 환산한 운임 및 보험료를 포함한 해당 물품의 수입가격이 1988년부터 1990년까지의 평균수입가격(별표 1에 해당하는 물품의 경우에는 1986년부터 1988년까지의 평균수입가격으로 하며, 이를 '기준가격'이라 한다)의 100분의 '10'을 초과하여 하락하는 경우

③ 당해 연도 수입량이 기준발동물량을 초과하여 부과하는 특별긴급관세는 국내외가격차에 상당한 율인 당해 양허세율에 그 '양허세율의 3분의 1까지'를 추가한 세율로 부과할 수 있으며 당해 연도 말까지 수입되는 분에 대하여서만 이를 적용한다(영 제90조 제3항).

④ 당해 연도 수입량이 기준발동물량을 초과하여 특별긴급관세를 부과하는 경우 특별긴급관세가 부과되기 전에 계약이 체결되어 운송 중에 있는 물품은 특별긴급관세 부과대상에서 '제외한다'(영 제90조 제7항).

---

46 관세법령상 농림축산물에 부과하는 특별긴급관세에 대한 설명으로 옳은 것은? 2020 국가직 7급

① 당해 연도 수입량이 기준발동물량을 초과하는 경우 국내외 가격차에 상당한 율인 당해 양허세율에서 그 양허세율의 3분의 1을 뺀 세율로 부과할 수 있다.

② 기준가격과 대비한 수입가격 하락률이 10% 초과 40% 이하인 때에는 국내외가격차에 상당한 율인 당해 양허세율에 의한 관세에 기준가격×(하락률-10퍼센트포인트)×40퍼센트에 해당하는 금액을 추가하여 부과한다.

③ 관세법 시행령 제90조 제1항의 규정을 적용함에 있어서 부패하기 쉽거나 계절성이 있는 물품에 대하여는 기준발동물량을 산정함에 있어서 3년보다 짧은 기간을 적용하거나 기준가격을 산정시 다른 기간 동안의 가격을 적용하는 등 당해 물품의 특성을 고려할 수 있다.

④ 관세법 제73조의 규정에 의하여 국제기구와 관세에 관한 협상에서 양허된 시장접근물량으로 수입되는 물품은 특별 긴급관세 부과대상에 포함하지만, 그 물품은 특별긴급관세의 부과를 위한 수입량을 산정하는 때에는 이를 제외한다.

관세법 시행령 제90조 제1항의 규정을 적용함에 있어서 부패하기 쉽거나 계절성이 있는 물품에 대하여는 기준발동물량을 산정함에 있어서 3년보다 짧은 기간을 적용하거나 기준가격을 산정시 다른 기간 동안의 가격을 적용하는 등 당해 물품의 특성을 고려할 수 있다(영 제90조 제5항).

☑ 선지분석

① 당해 연도 수입량이 기준발동물량을 초과하는 경우 국내외 가격차에 상당한 율인 당해 '양허세율에' 그 양허세율의 3분의 1까지를 '추가한' 세율로 부과할 수 있다(영 제90조 제3항). 수입을 억제하기 위한 것이므로 양허세율에 일정세율을 '추가'해야 할 것이다.

② 기준가격과 대비한 수입가격 하락률이 0% 초과 40% 이하인 때에는 국내외가격차에 상당한 율인 당해 양허세율에 의한 관세에 기준가격×(하락률－10퍼센트포인트)×'30퍼센트'에 해당하는 금액을 추가하여 부과한다(영 제90조 제4항 제1호).

가격기준 부과 시 양허세율에 추가하여 부과되는 금액(영 제90조 제4항)	
기준가격 대비 수입가격의 하락률	특별긴급관세액
10퍼센트 초과 40퍼센트 이하	기준가격 × (하락률 － 10퍼센트포인트) × 30퍼센트
40퍼센트 초과 60퍼센트 이하	기준가격 × [9퍼센트 + (하락률 － 40퍼센트포인트) × 50퍼센트]
60퍼센트 초과 75퍼센트 이하	기준가격 × [19퍼센트 + (하락률 － 60퍼센트포인트) × 70퍼센트]
75퍼센트 초과	기준가격 × [29.5퍼센트 + (하락률 － 75퍼센트포인트) × 90퍼센트]

④ 관세법 제73조의 규정에 의하여 국제기구와 관세에 관한 협상에서 양허된 시장접근물량으로 수입되는 물품은 특별긴급관세 부과대상에서 '제외'한다. 다만, 그 물품은 (물량 기준으로 부과하는 경우) 특별긴급관세의 부과를 위하여 수입량을 산정하는 때에는 이를 '산입'한다(영 제90조 제6항).

47 당해 연도 수입량이 기준발동물량을 초과하는 경우에는 농림축산물에 대한 특별긴급관세를 부과할 수 있다. 이때 기준발동물량은 자료입수가 가능한 최근 3년간의 평균수입량에 다음의 구분에 의한 계수(이하 '기준발동계수'라 한다)를 곱한 것과 자료입수가 가능한 최근 연도의 당해 품목 국내소비량의 그 전년도 대비 변화량을 합한 물량으로 한다. 다음 중 상기의 기준발동계수로 옳지 않은 것은? 2013 국가직 7급

① 자료입수가 가능한 최근 3년 동안의 당해 물품 국내소비량에 대한 수입량 비율(이하 '시장점유율'이라 한다)이 100분의 10 이하인 때: 100분의 125
② 시장점유율이 100분의 10 초과 100분의 30 이하인 때: 100분의 110
③ 시장점유율이 100분의 30을 초과하는 때: 100분의 105
④ 시장점유율을 산정할 수 없는 때: 100분의 105

시장점유율을 산정할 수 없는 때의 기준발동계수는 100분의 125이다. 기준발동물량이란 농림축산물에 대한 특별긴급관세가 발동되는(부과되는) 기준물량을 말하며, 기준발동계수란 농림축산물에 대한 특별긴급관세를 부과할 수 있는 민감도를 말한다. 시장점유율이 커서 해당 수입 농산물 등이 국내 시장에 큰 영향을 미칠 때, 기준발동계수는 낮아진다. 즉, 발동이 쉬워진다. 그러나 시장점유율을 산정할 수 없을 때에는 시장점유율이 10% 이하인 경우와 마찬가지로 취급한다.

> 기준발동물량 = (최근 3년간의 평균 수입량 × 기준발동계수) + 국내소비량의 전년도 대비 변화량

물량기준 부과를 위한 기준발동계수(영 제90조 제2항)	
시장점유율	기준발동계수
10% 이하	125%
10% 초과 30% 이하	110%
30% 초과	105%
시장점유율 산정 불가 시	125%

48 관세법상 조정관세의 부과범위를 가장 잘 설명한 것은?

2013 관세사, 2008 국가직 7급

① 100분의 40의 범위의 율을 기본세율에서 빼고 관세를 부과할 수 있다.
② 특정 물품의 수입을 억제할 필요가 있는 때에는 일정한 수량을 초과하여 수입되는 분에 대하여 100분의 40의 범위의 율을 기본세율에 가산하여 관세를 부과할 수 있다.
③ 100분의 100에서 해당 물품의 기본세율을 뺀 율을 기본세율에 가산한 율의 범위 안에서 관세를 부과할 수 있다.
④ 특정국가와의 협상을 수행함에 있어서는 기본관세율의 100분의 50의 범위를 초과하여 관세를 양허할 수 없다.

관련 법조문: 법 제69조, 제71조, 제73조　　　　답 ③

조정관세는 100분의 100에서 해당 물품의 기본세율을 뺀 율을 기본세율에 더한 율의 범위에서 관세를 부과할 수 있다. 다만, 농림축수산물 또는 이를 원재료로 하여 제조된 물품의 국내외 가격차가 해당 물품의 과세가격을 초과하는 경우에는 국내외 가격차에 상당하는 율의 범위에서 관세를 부과할 수 있다.

☑ 선지분석

① 할당관세 또는 계절관세
② 할당관세
④ 국제협력관세

49 관세법상 조정관세를 부과할 수 있는 경우를 모두 고른 것은?

2002 · 2017 관세사, 2017 국가직 9급

ㄱ. 산업구조의 변동 등으로 물품 간의 세율 불균형이 심하여 이를 시정할 필요가 있는 경우
ㄴ. 공중도덕 보호, 인간·동물·식물의 생명 및 건강 보호, 환경보전, 한정된 천연자원 보존 및 국제평화와 안전보장 등을 위하여 필요한 경우
ㄷ. 원활한 물자수급 또는 산업의 경쟁력 강화를 위하여 특정물품의 수입을 촉진할 필요가 있는 경우
ㄹ. 국내에서 개발된 물품을 일정 기간 보호할 필요가 있는 경우
ㅁ. 수입가격이 급등한 물품 또는 이를 원재료로 한 제품의 국내가격을 안정시키기 위하여 필요한 경우
ㅂ. 농림축수산물 등 국제경쟁력이 취약한 물품의 수입증가로 인하여 국내시장이 교란되거나 산업기반이 붕괴될 우려가 있어 이를 시정하거나 방지할 필요가 있는 경우

① ㄱ, ㄴ, ㄷ, ㄹ
② ㄱ, ㄴ, ㄷ, ㅁ
③ ㄱ, ㄴ, ㄹ, ㅂ
④ ㄴ, ㄷ, ㅁ, ㅂ
⑤ ㄷ, ㄹ, ㅁ, ㅂ

조정관세 부과대상과 할당 관세 부과대상을 비교하는 전형적인 문제이다. 다음의 표를 보면서 그 차이점을 명확히 인식하도록 한다.

구분		부과대상(사유)
조정관세		1. 산업구조의 변동 등으로 물품간의 세율이 불균형하여 이를 시정할 필요가 있는 경우
		2. 공중도덕 보호, 인간·동물·식물의 생명 및 건강 보호, 환경보전, 한정된 천연자원 보존 및 국제평화와 안전보장 등을 위하여 필요한 경우
		3. 국내에서 개발된 물품을 일정 기간 보호할 필요가 있는 경우
		4. 농림축수산물 등 국제경쟁력이 취약한 물품의 수입증가로 인하여 국내시장이 교란되거나 산업기반이 붕괴될 우려가 있어 이를 시정하거나 방지할 필요가 있는 경우
할당관세	인상	특정 물품의 수입을 억제할 필요가 있는 경우
	인하	1. 원활한 물자수급 또는 산업의 경쟁력 강화를 위하여 특정 물품의 수입을 촉진할 필요가 있는 경우
		2. 수입가격이 급등한 물품 또는 이를 원재료로 한 제품의 국내가격을 안정시키기 위하여 필요한 경우
		3. 유사물품간의 세율이 현저히 불균형하여 이를 시정할 필요가 있는 경우

50 관세법령상 조정관세의 부과대상으로 명시되어 있지 않은 것은?   2019 관세사, 2014 국가직 7급

□□□

① 산업구조의 변동 등으로 물품간의 세율 불균형이 심하여 이를 시정할 필요가 있는 경우

② 공중도덕 보호, 인간·동물·식물의 생명 및 건강 보호, 환경보전, 한정된 천연자원 보존 및 국제평화와 안전보장 등을 위하여 필요한 경우

③ 국내에서 개발된 물품을 일정 기간 보호할 필요가 있는 경우

④ 농림축수산물 등 국제경쟁력이 취약한 물품의 수입증가로 인하여 국내시장이 교란되거나 산업기반이 붕괴될 우려가 있어 이를 시정하거나 방지할 필요가 있는 경우

⑤ 원활한 물자수급 또는 산업의 경쟁력 강화를 위하여 특정물품의 수입을 촉진할 필요가 있는 경우

'원활한 물자수급 또는 산업의 경쟁력 강화를 위하여 특정물품의 수입을 촉진할 필요가 있는 경우'는 할당관세의 부과대상이다(법 제69조 및 제71조 비교).

산업구조의 변동 + 세율불균형의 경우	조정관세
유사물품 + 세율불균형의 경우	할당관세

51 관세법령상 관계부처의 장이 조정관세의 부과를 요청하려는 경우, 기획재정부장관에게 제출하여야 할 해당 물품과 관련된 사항에 관한 자료로 명시된 것만을 모두 고른 것은?   2018 관세사

□□□

> ㄱ. 해당 연도와 그 전후 1년간의 수급실적 및 계획
> ㄴ. 최근 2년간의 분기별 주요 수입국별 수입가격 및 수입실적
> ㄷ. 최근 2년간의 분기별 주요 국내제조업체별 공장도가격 및 출고실적
> ㄹ. 해당 물품의 제조용 투입원료 및 해당 물품을 원료로 하는 관련제품의 제조공정설명서 및 용도

① ㄱ, ㄴ   ② ㄱ, ㄹ

③ ㄴ, ㄷ   ④ ㄴ, ㄷ, ㄹ

⑤ ㄱ, ㄴ, ㄷ, ㄹ

> 영 제91조(조정관세) ① 관계부처의 장 또는 이해관계인이 법 제69조에 따른 조치를 요청하려는 경우에는 해당 물품과 관련된 다음 각 호의 사항에 관한 자료를 기획재정부장관에게 제출하여야 한다.
> 1. 해당 물품의 관세율표 번호·품명·규격·용도 및 대체물품
> 2. 해당 물품의 제조용 투입원료 및 해당 물품을 원료로 하는 관련제품의 제조공정설명서 및 용도
> 3. 해당 연도와 그 전후 1년간의 수급실적 및 계획
> 4. 최근 1년간의 월별 주요 수입국별 수입가격 및 수입실적
> 5. 최근 1년간의 월별 주요 국내제조업체별 공장도가격 및 출고실적
> 6. 인상하여야 하는 세율·인상이유 및 그 적용기간

52　할당관세에 대한 설명으로 옳은 것은?　　　　　　　　　　2011 국가직 7급

① 산업경쟁력 강화를 위해 특정 물품의 수입을 촉진할 필요가 있는 경우 100분의 40의 범위의 율을 기본세율에서 빼고 관세를 부과할 수 있다.

② 계절에 따라 해당 물품의 국내외 가격차에 상당하는 율의 범위에서 기본세율보다 높게 관세를 부과하거나 100분의 40의 범위의 율을 기본세율에서 빼고 관세를 부과할 수 있다.

③ 100분의 100에서 해당 물품의 기본세율을 뺀 율을 기본세율에 가산한 율로 부과한다.

④ 특정국가와 협상에 의해 부과하며 기본관세율의 100분의 50의 범위를 추가하여 관세를 부과할 수 없다.

> **관련 법조문: 법 제71조, 제72조, 제73조　　　　　　　　　　　　답 ①**

산업경쟁력 강화를 위해 특정 물품의 수입을 촉진할 필요가 있는 경우, 즉 관세율을 '인하'할 필요가 있는 경우 '기본세율 − 40% 범위 내 율'의 형식으로 관세를 부과할 수 있다.

⊘ 선지분석

② 계절관세
③ 조정관세
④ 국제협력관세

53　관세법령상 할당관세에 대한 내용으로 옳지 않은 것은?　　　2017 국가직 7급(하반기)

① 관세법 제71조의 규정에 의한 일정수량의 할당은 당해 수량의 범위 안에서 주무부장관 또는 그 위임을 받은 자의 추천으로 행한다. 다만, 기획재정부장관이 정하는 물품에 있어서는 수입신고 순위에 따르되, 일정수량에 달하는 날의 할당은 그날에 수입신고되는 분을 당해 수량에 비례하여 할당한다.

② 산업의 경쟁력 강화를 위하여 특정물품의 수입을 촉진할 필요가 있을 경우에는 100분의 40의 범위의 율을 기본세율에서 빼고 관세를 부과할 수 있다.

③ 특정물품의 수입을 억제할 필요가 있는 경우에는 전체 수입 수량분에 대하여 100분의 40의 범위의 율을 기본세율에 더하여 관세를 부과할 수 있다.

④ 관세법 제71조의 규정에 의한 일정수량까지의 수입통관실적의 확인은 관세청장이 이를 행한다.

특정물품의 수입을 억제할 필요가 있는 경우에는 일정한 수량을 초과하여 수입되는 분에 대하여 100분의 40의 범위의 율을 기본세율에 더하여 관세를 부과할 수 있다. 다만, 농림축수산물인 경우에는 기본세율에 동종물품·유사물품 또는 대체물품의 국내외 가격차에 상당하는 율을 더한 율의 범위에서 관세를 부과할 수 있다(법 제71조 제2항).

54
관세법령상 할당관세의 부과대상으로 명시되어 있지 않은 것은?
2020 관세사

① 수입가격이 급등한 물품의 국내가격을 안정시키기 위하여 필요한 경우
② 인간·동물·식물의 생명 및 건강 보호 등을 위하여 필요한 경우
③ 원활한 물자수급을 위하여 특정물품의 수입을 촉진할 필요가 있는 경우
④ 산업의 경쟁력 강화를 위하여 특정물품의 수입을 촉진할 필요가 있는 경우
⑤ 유사물품 간의 세율이 현저히 불균형하여 이를 시정할 필요가 있는 경우

할당관세는 다음과 같이 '인하' 사유와 '인상' 사유가 있다.

인하	1. 원활한 물자수급 또는 산업의 경쟁력 강화를 위하여 특정물품의 수입을 촉진할 필요가 있는 경우 2. 수입가격이 급등한 물품 또는 이를 원재료로 한 제품의 국내가격을 안정시키기 위하여 필요한 경우 3. 유사물품간의 세율이 현저히 불균형하여 이를 시정할 필요가 있는 경우
인상	특정물품의 수입을 억제할 필요가 있는 경우

55
관세법상 할당관세에 대한 설명으로 옳은 것은?
2021 국가직 7급

① 농림축산물의 수입을 억제할 필요가 있는 경우에는 일정한 수량을 초과하여 수입되는 분에 대하여 100분의 100의 범위의 율을 기본세율에 더하여 관세를 부과한다.
② 공중도덕 보호, 인간·동물·식물의 생명 및 건강 보호, 환경보전 등을 위하여 필요한 경우 100분의 90에서 해당 물품의 기본세율을 더한 율을 기본세율에 더한 율의 범위에서 할당관세를 부과할 수 있다.
③ 수입가격이 급등한 물품을 원재료로 한 제품의 국내가격을 안정시키기 위하여 필요한 경우 100분의 40의 범위의 율을 기본세율에서 빼고 관세를 부과할 수 있다.
④ 관세청장은 매 회계연도 종료 후 6개월 이내에 할당관세의 전년도 부과 실적 및 그 결과를 국회에 보고하여야 한다.

'수입가격이 급등한 물품을 원재료로 한 제품의 국내가격을 안정시키기 위하여 필요한 경우'는 할당관세 인하사유 중의 하나이다. 이 경우 100분의 40의 범위의 율을 기본세율에서 빼고 관세를 부과할 수 있다(법 제71조 제1항).

☑ 선지분석

① 특정물품의 수입을 억제할 필요가 있는 경우에는 일정한 수량을 초과하여 수입되는 분에 대하여 100분의 40의 범위의 율을 기본세율에 더하여 관세를 부과할 수 있다. 다만, 농림축수산물인 경우에는 기본세율에 동종물품·유사물품 또는 대체물품의 국내외 가격차에 상당하는 율을 더한 율의 범위에서 관세를 부과할 수 있다(법 제71조 제2항).

② '공중도덕 보호, 인간·동물·식물의 생명 및 건강 보호, 환경보전 등을 위하여 필요한 경우'는 조정관세 부과대상이다. 조정관세 부과대상에 해당하는 경우에는 100분의 100에서 해당 물품의 기본세율을 뺀 율을 기본세율에 더한 율의 범위에서 관세를 부과할 수 있다(법 제69조).

④ 기획재정부장관은 매 회계연도 종료 후 5개월 이내에 할당관세의 전년도 부과 실적 및 그 결과(관세 부과의 효과 등을 조사·분석한 보고서를 포함한다)를 국회 소관 상임위원회에 보고하여야 한다(법 제71조 제4항).

56 다음 ( ) 안에 가장 적합한 관세에 해당하는 것은?

2011 관세사

> 정부는 기상이변, 국제 원자재가격 급등으로 인한 물가 상승에 대응하기 위해 오는 6월 1일부터 버터, 치즈 등 24개 품목에 새로 ( )를 적용하기로 하였다.

① 할당관세   ② 긴급관세
③ 상계관세   ④ 편익관세
⑤ 조정관세

 관련 법조문: 법 제71조   답 ①

'원자재 가격 급등', '물가 상승에 대응'이라는 두 개의 키워드로 푸는 문제이다. 물가 상승이 심각한 경우 해당 물품의 수급을 조절하기 위해서 수입원가를 낮춰야 하고, 이때 할당관세의 형식을 통해 관세율을 인하한다.
수입가격이 급등한 물품 또는 이를 원재료로 한 제품의 국내가격을 안정시키기 위하여 필요한 경우, 100분의 40의 범위의 율을 기본세율에서 빼고 관세를 부과할 수 있다(법 제71조 제1항).

57 관세법령에 대한 설명으로 옳지 않은 것은?

2012 국가직 7급

① 세관장은 납세의무자가 관세·가산세 또는 강제징수비의 관세환급금의 환급을 청구할 때에는 대통령령으로 정하는 바에 따라 지체 없이 결정하고 30일내 환급하여야 한다.

② 유사물품간의 세율이 현저히 불균형하여 이를 시정할 필요가 있는 경우에는 100분의 40의 범위의 율을 기본세율에 더한 율의 범위에서 관세를 부과할 수 있다.

③ 우리나라에 있는 외국의 영사관 및 그 밖에 이에 준하는 기관의 업무용품이 수입될 때에는 그 관세를 면제한다.

④ 관세의 분할납부를 승인받은 자가 파산선고를 받은 경우에는 그 파산관재인이 관세를 납부하여야 한다.

관련 법조문: 법 제46조, 제71조, 제88조, 제107조   답 ②

유사물품간의 세율이 현저히 불균형하여 이를 시정할 필요가 있는 경우, 유사물품 중 세율이 과도하게 높은 쪽을 '인하'하여 세율의 균형을 맞춘다. 이 경우 100분의 40의 범위의 율을 기본세율에서 '빼고' 관세를 부과할 수 있다.

58 관세율을 인하하는 할당관세에 관한 설명으로 옳지 않은 것은?

① 100분의 50 범위의 율을 기본세율에서 빼고 관세를 부과할 수 있다.
② 수입가격이 급등한 물품의 국내가격의 안정을 위하여 필요한 경우 부과할 수 있다.
③ 산업의 경쟁력 강화를 위하여 특정 물품의 수입을 촉진시킬 필요가 있는 경우 부과할 수 있다.
④ 유사물품간의 세율이 현저히 불균형하여 이를 시정할 필요가 있는 경우 부과할 수 있다.
⑤ 기획재정부장관은 전년도 할당관세 부과실적 등을 국회 소관 상임위원회에 보고하여야 한다.

▌ 관련 법조문: 법 제71조   답 ①

관세율을 인상하는 경우 [기본세율 + (~40%)], 관세율을 인하하는 경우 [기본세율 − (~40%)]의 형식을 취한다.

59 관세법령상 관계행정기관의 장 또는 이해관계인이 계절관세의 부과를 요청하고자 하는 때에 제출하여야 하는 자료가 아닌 것은?

① 품명·규격·용도 및 대체물품
② 계절관세를 적용하고자 하는 이유 및 그 적용기간
③ 최근 1년간의 월별 수입가격 및 주요 국제상품시장의 가격동향
④ 최근 1년간의 월별 동종물품·유사물품 또는 대체물품별 국내외 가격동향
⑤ 변경하고자 하는 세율과 그 산출내역

▌ 관련 법조문: 영 제93조   답 ④

관계행정기관의 장 또는 이해관계인이 계절관세의 부과를 요청하고자 하는 때에는 당해 물품에 관련한 다음 각 호의 사항에 관한 자료를 기획재정부장관에게 제출하여야 한다(영 제93조 제1항).

1. 품명·규격·용도 및 대체물품
2. 최근 1년간의 월별 수입가격 및 주요 국제상품시장의 가격동향
3. 최근 1년간의 월별 주요국내제조업체별 공장도가격
4. 당해 물품 및 주요관련제품의 생산자물가지수·소비자물가지수 및 수입물가지수
5. 계절관세를 적용하고자 하는 이유 및 그 적용기간
6. 계절별 수급실적 및 전망
7. 변경하고자 하는 세율과 그 산출내역

60 관세법상 세율조정에 대한 설명으로 옳지 않은 것은? 2022 국가직 9급

① 계절에 따라 가격의 차이가 심한 물품으로서 동종물품·유사물품 또는 대체물품의 수입으로 인하여 국내시장이 교란되거나 생산기반이 붕괴될 우려가 있을 때에는 계절에 따라 해당 물품의 국내외 가격차에 상당하는 율의 범위에서 기본세율보다 높게 관세를 부과하거나 100분의 40의 범위의 율을 기본세율에 더해 관세를 부과할 수 있다.

② 기획재정부장관은 편익관세의 적용으로 국민경제에 중대한 영향이 초래되거나 초래될 우려가 있는 경우 국가, 물품 및 기간을 지정하여 편익관세의 적용을 정지시킬 수 있다.

③ 일반특혜관세를 부과할 때 해당 특혜대상물품의 수입이 국내산업에 미치는 영향 등을 고려하여 그 물품에 적용되는 세율에 차등을 두거나 특혜대상물품의 수입수량 등을 한정할 수 있다.

④ 국제협력관세를 부과하여야 하는 대상 물품, 세율 및 적용기간 등은 대통령령으로 정한다.

▌ **관련 법조문: 법 제72조, 제73조, 제75조, 제76조**　　　　　　　　답 ①

계절에 따라 가격의 차이가 심한 물품으로서 동종물품·유사물품 또는 대체물품의 수입으로 인하여 국내시장이 교란되거나 생산기반이 붕괴될 우려가 있을 때에는 계절에 따라 해당 물품의 국내외 가격차에 상당하는 율의 범위에서 기본세율보다 높게 관세를 부과하거나 100분의 40의 범위의 율을 기본세율에서 '빼고' 관세를 부과할 수 있다(법 제72조 제1항). 이것은 계절관세에 대한 설명이다. 계절관세는 할당관세와 마찬가지로 '이중 관세율' 구조를 갖추고 있어서 관세율의 인상과 인하가 모두 이루어진다. 제시된 문장의 앞 부분이 '인상'이라면, 뒷 부분은 '인하'이어야 한다.

✅ **선지분석**

② 법 제75조(편익관세의 적용 정지 등) 제1호
③ 법 제76조(일반특혜관세의 적용 기준) 제2항
④ 법 제73조(국제협력관세) 제3항

61 농림축산물에 대한 양허세율의 적용신청에 대한 설명이다. 빈칸에 들어갈 적합한 말은? 2002 국가직 9급

> 국제기구와 관세에 관한 협상에서 (　　　)에 상당한 율로 양허하거나 (　　　)과 함께 기본세율보다 높은 세율로 양허한 농림축산물을 (　　　) 이내로 수입하는 자로서 관련 기관의 추천을 받은 자는 해당 추천서를 수입신고수리전까지 세관장에게 제출해야 한다. 다만, 해당 농림축산물이 보세구역에서 반출되지 않은 경우에는 수입신고 수리일부터 15일이 되는 날까지 제출할 수 있다.

① 국내외 가격차, 국내시장 개방, 시장접근물량
② 국내시장 개방, 시장접근물량, 국내외 가격차
③ 국내시장 개방, 국내외 가격차, 시장접근물량
④ 국내외 가격차, 시장접근물량, 국내시장 개방

▌ **관련 법조문: 법 제73조, 영 제94조**　　　　　　　　답 ①

'농림축산물에 대한 양허세율의 적용신청'은 영 제94조의 제목이다. 관세법 제73조에 따라 국제기구와 관세에 관한 협상에서 (국내외 가격차)에 상당한 율로 양허하거나 (국내시장 개방)과 함께 기본세율보다 높은 세율로 양허한 농림축산물을 (시장접근물량) 이내로 수입하는 자로서 관련 기관의 추천을 받은 자는 해당 추천서를 수입신고 수리전까지 세관장에게 제출해야 한다. 다만, 해당 농림축산물이 보세구역에서 반출되지 않은 경우에는 수입신고 수리일부터 15일이 되는 날까지 제출할 수 있다.

62 관세법상 국제협력관세와 관련한 내용 중 옳지 않은 것은?

2003 국가직 9급

① 정부는 우리나라의 대외무역의 증진을 위하여 필요하다고 인정되는 때에는 특정국가 또는 국제기구와 관세에 관한 협상을 할 수 있다.
② 관세협상을 수행함에 있어서 필요하다고 인정되는 때에는 관세를 양허할 수 있다.
③ 특정 국가와의 협상을 수행함에 있어서는 기본관세율의 100분의 50의 범위를 초과하여 관세를 양허할 수 있다.
④ 국제협력관세를 부과하여야 하는 대상물품, 세율, 적용기간 등은 대통령령으로 정한다.

│ 관련 법조문: 법 제73조, 영 제94조　　　　　　　　　　　　　　　　　답 ③

정부는 우리나라의 대외무역 증진을 위하여 필요하다고 인정될 때에는 특정 국가 또는 국제기구와 관세에 관한 협상을 할 수 있다. 협상을 수행할 때 필요하다고 인정되면 관세를 양허할 수 있다. 다만, 특정 국가와 협상할 때에는 기본 관세율의 100분의 50의 범위를 초과하여 관세를 양허할 수 없다.

63 관세법령상 국제협력관세에 대한 설명으로 옳지 않은 것은?

2018 국가직 7급

① 정부는 우리나라의 대외무역 증진을 위하여 필요하다고 인정될 때에는 특정 국가 또는 국제기구와 관세에 관한 협상을 할 수 있다.
② 정부는 국제협력관세 협상을 수행할 때 필요하다고 인정되면 관세를 양허할 수 있다. 다만, 특정 국가와 협상할 때에는 기본 관세율의 100분의 50의 범위를 초과하여 관세를 양허할 수 없다.
③ 국제협력관세를 부과하여야 하는 대상 물품, 세율 및 적용기간 등은 대통령령으로 정한다.
④ 국제협력관세 협상에서 국내외 가격차에 상당한 율로 양허하거나 국내시장 개방과 함께 기본세율보다 높은 세율로 양허한 농림축산물을 시장접근물량 이내로 수입하는 자로서 관련 기관의 추천을 받은 자는 해당 추천서를 수입신고수리 후 5일 이내에 세관장에게 제출해야 한다.

│ 관련 법조문: 법 제73조, 영 제94조　　　　　　　　　　　　　　　　　답 ④

법 제73조(국제협력관세)에 따라 국제기구와 관세에 관한 협상에서 국내외 가격차에 상당한 율로 양허하거나 국내시장 개방과 함께 기본세율보다 높은 세율로 양허한 농림축산물을 시장접근물량 이내로 수입하는 자로서 관련 기관의 추천을 받은 자는 해당 추천서를 <u>수입신고수리전까지</u> 세관장에게 제출해야 한다. 다만, 해당 농림축산물이 보세구역에서 반출되지 않은 경우에는 수입신고 수리일부터 15일이 되는 날까지 제출할 수 있다(영 제94조).

⊘ 선지분석

① 법 제73조(국제협력관세) 제1항
② 법 제73조(국제협력관세) 제2항
③ 법 제73조(국제협력관세) 제3항

64 관세법상 국제협력관세에 관한 설명 중 옳지 않은 것은?

① 정부는 우리나라의 대외무역의 증진을 위하여 필요하다고 인정할 때에는 특정 국가 또는 국제기구와 관세에 관한 협상을 할 수 있다.

② 특정 국가와의 협상을 수행함에 있어서는 기본관세율의 80/100을 초과하여 양허할 수 없다.

③ 국제협력관세의 적용을 받는 물품·세율·적용기간 등은 대통령령으로 정한다.

④ 국제협력관세에 따라 국내시장 개방과 함께 기본세율보다 높은 세율로 양허한 농림축산물을 시장접근물량 이내로 수입하는 자로서 관련 기관의 추천을 받은 자는 해당 추천서를 수입신고수리전까지 세관장에게 제출해야 한다.

| 관련 법조문: 법 제73조, 영 제94조 | 답 ② |

'특정 국가'와 협상할 때에는 기본 관세율의 '100분의 50'의 범위를 초과하여 관세를 양허할 수 없다.

---

65 관세에 관한 조약에 따른 편익을 받지 아니하는 나라의 생산물로서 우리나라에 수입되는 물품에 대하여 이미 체결된 외국과의 조약에 따른 편익의 한도에서 관세에 관한 편익(편익관세)을 부여할 수 있는데, 이러한 관세에 관한 편익을 받을 수 있는 국가는?

① 스위스   ② 소말리아
③ 바누아투   ④ 라오스
⑤ 예멘

| 관련 법조문: 법 제74조, 영 제95조 | 답 ② |

스위스는 우리에게 편익을 받을 만한 '어렵게 사는 나라'가 아니다. 바누아투와 라오스는 2013년 시행령 개정으로 편익관세 적용대상 국가에서 삭제되었으며, 2015년에는 예멘이 삭제되었다. 제시된 국가 중에서 편익관세가 적용이 되는 나라는 '소말리아' 뿐이다. 관세법 제74조에 따라 관세에 관한 편익을 적용받을 수 있는 국가는 다음과 같다.

지역	국가
1. 아시아	부탄
2. 중동	이란·이라크·레바논·시리아
3. 대양주	나우루
4. 아프리카	코모로·에디오피아·소말리아
5. 유럽	안도라·모나코·산마리노·바티칸·덴마크(그린란드 및 페로 제도에 한정한다)

---

66 관세법상 관세에 관한 편익을 받을 수 있는 국가를 모두 고른 것은?

㉠ 시리아	㉡ 볼리비아
㉢ 부탄	㉣ 이란
㉤ 모나코	㉥ 아르헨티나
㉦ 브라질	

① ㉠, ㉡, ㉢, ㉦   ② ㉠, ㉡, ㉣, ㉥
③ ㉠, ㉢, ㉣, ㉤   ④ ㉠, ㉢, ㉤, ㉥
⑤ ㉠, ㉣, ㉤, ㉦

제시된 국가 중 편익관세를 적용받을 수 있는 나라는 ㉠ 시리아, ㉢ 부탄, ㉣ 이란, ㉤ 모나코이다.

67

관세법령상 편익관세를 부여할 수 있는 대상 국가는?   2018 관세사

① 바티칸   ② 아랍에미레이트
③ 에콰도르   ④ 코스타리카
⑤ 태국

제시된 국가 중 편익관세를 적용받을 수 있는 나라는 바티칸 뿐이다.

68

관세법령상 관세에 관한 편익을 받을 수 있는 지역과 국가의 연결이 옳은 것은?   2023 관세사

① 아시아 – 네팔
② 중동 – 시리아
③ 대양주 – 뉴질랜드
④ 아프리카 – 가나
⑤ 유럽 – 리히텐슈타인

네팔, 뉴질랜드, 가나, 리히텐슈타인은 편익관세 적용 대상 국가가 아니다. 오직 '중동-시리아'만 '지역과 국가'가 옳게 연결되어 있다(영 제95조 제1항). 이 문제를 통해 편익관세 적용 대상 국가를 대륙별로 구분하여 알아두는 것이 필요하다는 사실을 알게 된다.

69

「관세법 시행령」 제95조(편익관세)에 따라 편익을 받을 수 있는 국가만 나열한 것은?   2024 국가직 9급

① 부탄, 이라크, 수단
② 앙골라, 코모로, 에티오피아
③ 이란, 잠비아, 산마리노
④ 시리아, 소말리아, 바티칸

수단, 앙골라, 잠비아는 편익관세 적용 대상 국가가 아니다.

70

관세법령상 편익관세에 관한 설명으로 옳지 않은 것은?

① 모나코는 편익관세를 적용받을 수 있는 국가이다.

② 바티칸의 생산물 중 세계무역기구협정 등에 의한 양허관세 규정 별표 1의 가 및 나에 따른 물품은 편익관세를 적용받을 수 있다.

③ 기획재정부장관은 편익관세의 적용으로 국민경제에 중대한 영향이 초래된 때에는 국가·물품 및 기간을 지정하여 편익관세의 적용을 정지시킬 수 있다.

④ 기획재정부장관은 편익관세의 적용에 관하여 필요한 사항을 조사하기 위하여 필요하다고 인정되는 때에는 관계행정기관·수출자·수입자 기타 이해관계인에게 관계자료의 제출 기타 필요한 협조를 요청할 수 있다.

⑤ 관세에 관한 조약에 따른 편익을 받지 아니하는 나라의 생산물로서 우리나라에 수입되는 물품에 대하여 이미 체결된 외국과의 조약에 따른 편익을 초과하는 것으로 편익관세를 적용할 수 있다.

▌관련 법조문: 법 제74조, 제75조, 영 제95조　　　　　　　　　　　　　답 ⑤

관세에 관한 조약에 따른 편익을 받지 아니하는 나라의 생산물로서 우리나라에 수입되는 물품에 대하여 이미 체결된 외국과의 조약에 따른 <u>편익의 한도에서</u> 관세에 관한 편익(편익관세)을 부여할 수 있다(법 제74조 제1항).

✓ 선지분석

①② 안도라·모나코·산마리노·바티칸·덴마크(그린란드 및 페로제도에 한정한다)는 편익관세를 적용받을 수 있는 유럽 국가들이다(영 제95조 제1항). 이 국가의 생산물 중 세계무역기구협정 등에 의한 양허관세 규정 별표 1(양허표)의 가 및 나에 따른 물품은 편익관세를 적용받을 수 있다(영 제95조 제2항).

③ 기획재정부장관은 다음 중 어느 하나의 사유가 있는 때에는 국가·물품 및 기간을 지정하여 편익관세의 적용을 정지시킬 수 있다(법 제75조).

> 1. 편익관세의 적용으로 국민경제에 중대한 영향이 초래되거나 초래될 우려가 있는 때
> 2. 기타 편익관세의 적용을 정지시켜야 할 긴급한 사태가 있는 때

④ 영 제95조(편익관세) 제5항

71

편익관세에 관한 설명으로 옳지 않은 것은?

① 관세에 관한 조약에 따른 편익을 받지 아니하는 나라의 생산물로서 우리나라에 수입되는 물품에 대하여 이미 체결된 외국과의 조약에 따른 편익의 한도에서 관세에 관한 편익을 부여할 수 있다.

② 편익관세를 부여할 수 있는 대상 국가, 대상 물품, 적용 세율, 적용방법, 그 밖에 필요한 사항은 대통령령으로 정한다.

③ 관세에 관한 편익을 받을 수 있는 중동국가로는 이라크, 이란, 레바논, 시리아이다.

④ 기획재정부장관은 편익관세의 적용으로 국민경제에 중대한 영향이 초래되거나 초래될 우려가 있는 때는 편익관세의 적용을 정지시킬 수 있다.

⑤ 관세청장은 편익관세의 적용에 관하여 필요한 사항을 조사하기 위하여 필요하다고 인정되는 때에는 관계 행정기관·수출자·수입자 기타 이해관계인에게 관계자료의 제출 기타 필요한 협조를 요청할 수 있다.

▌관련 법조문: 법 제74조, 제75조, 영 제95조　　　　　　　　　　　　　답 ⑤

'기획재정부장관'은 편익관세의 적용에 관하여 필요한 사항을 조사하기 위하여 필요하다고 인정되는 때에는 관계 행정기관·수출자·수입자 기타 이해관계인에게 관계자료의 제출 기타 필요한 협조를 요청할 수 있다(영 제95조 제5항).

① 관세청장은 직권으로 또는 관계 중앙행정기관의 장이나 지방자치단체의 장, 그 밖에 종합보세구역을 운영하려는 자의 요청에 따라 무역진흥에의 기여 정도, 외국물품의 반입·반출 물량 등을 고려하여 일정한 지역을 종합보세구역으로 지정할 수 있다.

② 대통령령으로 정하는 개발도상국가를 원산지로 하는 물품 중 대통령령으로 정하는 물품(이하 '특혜대상물품'이라 한다)에 대하여는 기본세율보다 낮은 세율의 관세(이하 '편익관세'라 한다)를 부과할 수 있다. 편익관세를 부과할 때 해당 특혜대상물품의 수입이 국내산업에 미치는 영향 등을 고려하여 그 물품에 적용되는 세율에 차등을 두거나 특혜대상물품의 수입수량 등을 한정할 수 있다.

③ 수입신고가 수리된 개인의 자가사용물품이 수입한 상태 그대로 수입신고 수리일부터 6개월 이내에 보세구역에 반입하였다가 다시 수출하는 경우에는 수입할 때 납부한 관세를 환급한다.

④ 내국물품을 국제무역선이나 국제무역기로 운송하려는 자는 대통령령으로 정하는 바에 따라 세관장에게 내국운송의 신고를 하여야 한다.

> ▌ **관련 법조문: 법 제76조, 제106조의2, 제221조** 답 ②

대통령령으로 정하는 개발도상국가(이하 '특혜대상국'이라 한다)를 원산지로 하는 물품 중 대통령령으로 정하는 물품(이하 '특혜대상물품'이라 한다)에 대하여는 기본세율보다 낮은 세율의 관세(이하 '일반특혜관세'라 한다)를 부과할 수 있다(법 제76조 제1항). 일반특혜관세를 부과할 때 해당 특혜대상물품의 수입이 국내산업에 미치는 영향 등을 고려하여 그 물품에 적용되는 세율에 차등을 두거나 특혜대상물품의 수입수량 등을 한정할 수 있다(법 제76조 제2항).

✅ 선지분석

① 법 제197조(종합보세구역의 지정 등) 제1항

③ 수입신고가 수리된 개인의 자가사용물품이 수입한 상태 그대로 수출되는 경우로서 다음 각 호의 어느 하나에 해당하는 경우에는 수입할 때 납부한 관세를 환급한다. 이 경우 수입한 상태 그대로 수출되는 경우의 기준은 대통령령으로 정한다(법 제106조의2 제1항).

> 1. 수입신고 수리일부터 6개월 이내에 보세구역 또는 자유무역지역의 지정 및 운영에 관한 법률에 따른 자유무역지역 중 관세청장이 수출물품을 일정기간 보관하기 위하여 필요하다고 인정하여 고시하는 장소에 반입하였다가 다시 수출하는 경우
> 2. 수입신고 수리일부터 6개월 이내에 관세청장이 정하는 바에 따라 세관장의 확인을 받고 다시 수출하는 경우
> 3. 제241조 제2항에 따라 수출신고가 생략되는 탁송품 또는 우편물로서 기획재정부령으로 정하는 금액 이하인 물품을 수입신고 수리일부터 6개월 이내에 수출한 후 관세청장이 정하는 바에 따라 세관장의 확인을 받은 경우

④ 법 제221조(내국운송의 신고) 제1항

73 관세법상 일반특혜관세의 적용기준 및 적용 정지 등에 관한 설명으로 옳지 <u>않은</u> 것은? 2016 관세사

① 대통령령으로 정하는 개발도상국가를 원산지로 하는 물품 중 대통령령으로 정하는 물품에 대하여는 기본세율보다 낮은 세율의 관세를 부과할 수 있다.

② 일반특혜관세를 부과할 때 해당 특혜대상물품의 수입이 국내산업에 미치는 영향 등을 고려하여 그 물품에 적용되는 세율에 차등을 두거나 특혜대상물품의 수입수량 등을 한정할 수 있다.

③ 국제연합총회의 결의에 따른 최빈(最貧) 개발도상국 중 대통령령으로 정하는 국가를 원산지로 하는 물품에 대하여는 다른 특혜대상국보다 우대하여 일반특혜관세를 부과할 수 있다.

④ 특혜대상물품에 적용되는 세율 및 적용기간과 그 밖에 필요한 사항은 기획재정부령으로 정한다.

⑤ 기획재정부장관은 특정한 특혜대상 물품의 수입이 증가하여 이와 동종의 물품 또는 직접적인 경쟁관계에 있는 물품을 생산하는 국내산업에 중대한 피해를 주거나 줄 우려가 있는 등 일반특혜관세를 부과하는 것이 적당하지 아니하다고 판단될 때에는 대통령령으로 정하는 바에 따라 해당 물품과 그 물품의 원산지인 국가를 지정하여 일반특혜관세의 적용을 정지할 수 있다.

│ 관련 법조문: 법 제76조, 제77조 답 ④

특혜대상물품에 적용되는 세율 및 적용기간과 그 밖에 필요한 사항은 '대통령령'으로 정한다(법 제76조 제4항).

⊘ 선지분석

① 법 제76조(일반특혜관세의 적용기준) 제1항
'대통령령으로 정하는 개발도상국가'를 특혜대상국이라 하고, 그 나라를 원산지로 하는 물품 중 '대통령령으로 정하는 물품'을 특혜대상물품이라 한다. 이 물품에 대하여는 기본세율보다 낮은 세율의 관세, 즉 일반특혜관세를 부과할 수 있다. 2001년 국가직 9급에서는 일반특혜관세를 '개발도상국의 수출증대 및 공업화의 촉진을 위하여 개발도상국으로부터 수입하는 농수산물, 공산품, 반제품에 대하여 보상 없이 적용하는 관세(GSP; General System of Preferences)'라고 표현했었다.

② 법 제76조(일반특혜관세의 적용기준) 제2항

③ 법 제76조(일반특혜관세의 적용기준) 제3항

⑤ 법 제77조(일반특혜관세의 적용 정지 등) 제1항

74 기획재정부장관이 일반특혜관세 적용을 배제할 필요가 있다고 하는 경우에 고려해야 하는 사유로 옳지 <u>않은</u> 것은? 2003 국가직 9급

① 특정한 특혜대상국의 소득수준

② 우리나라의 총 수입액 중 특정한 특혜대상국으로부터의 수입액이 차지하는 비중

③ 특정한 특혜대상국의 특정한 특혜대상물품이 지니는 국제경쟁력의 정도

④ 특정한 특혜대상물품의 수입증가로 인한 국내산업의 피해 정도

│ 관련 법조문: 법 제77조 답 ④

기획재정부장관은 특정한 특혜대상국의 소득수준, 우리나라의 총 수입액 중 특정한 특혜대상국으로부터의 수입액이 차지하는 비중, 특정한 특혜대상국의 특정한 특혜대상물품이 지니는 국제경쟁력의 정도, 그 밖의 사정을 고려하여 일반특혜관세를 부과하는 것이 적당하지 아니하다고 판단될 때에는 대통령령으로 정하는 바에 따라 해당 국가를 지정하거나 해당 국가 및 물품을 지정하여 일반특혜관세의 적용을 배제할 수 있다.

75 관세법령상 일반특혜관세에 관한 내용으로 옳지 않은 것은? 2019 관세사

① 대통령령으로 정하는 개발도상국가를 원산지로 하는 물품 중 대통령령으로 정하는 물품에 대하여는 기본세율보다 낮은 세율의 관세를 부과할 수 있다.

② 일반특혜관세를 부과할 때 해당 특혜대상물품의 수입이 국내산업에 미치는 영향 등을 고려하여 그 물품에 적용되는 세율에 차등을 둘 수 있으나 특혜대상물품의 수입수량 등을 한정할 수 없다.

③ 국제연합총회의 결의에 따른 최빈(最貧) 개발도상국 중 대통령령으로 정하는 국가를 원산지로 하는 물품에 대하여는 다른 특혜대상국보다 우대하여 일반특혜관세를 부과할 수 있다.

④ 기획재정부장관은 특정한 특혜대상 물품의 수입이 증가하여 이와 동종의 물품 또는 직접적인 경쟁관계에 있는 물품을 생산하는 국내산업에 중대한 피해를 주거나 줄 우려가 있는 등 일반특혜관세를 부과하는 것이 적당하지 아니하다고 판단될 때에는 대통령령으로 정하는 바에 따라 해당 물품과 그 물품의 원산지인 국가를 지정하여 일반특혜관세의 적용을 정지할 수 있다.

⑤ 특혜대상물품에 적용되는 세율 및 적용기간과 그 밖에 필요한 사항은 대통령령으로 정한다.

관련 법조문: 법 제76조, 제77조 답 ②

일반특혜관세를 부과할 때 해당 특혜대상물품의 수입이 국내산업에 미치는 영향 등을 고려하여 그 물품에 적용되는 세율에 차등을 두거나 특혜대상물품의 수입수량 등을 한정할 수 있다(법 제76조 제2항).

선지분석
① 법 제76조(일반특혜관세의 적용기준) 제1항
③ 법 제76조(일반특혜관세의 적용기준) 제3항
④ 법 제77조(일반특혜관세의 적용 정지 등) 제1항
⑤ 법 제76조(일반특혜관세의 적용기준) 제4항

76 일반특혜관세의 적용기준 및 적용정지 등에 대한 설명으로 옳지 않은 것은? 2012 국가직 7급

① 대통령령으로 정하는 개발도상국가(특혜대상국)를 원산지로 하는 물품 중 기획재정부령으로 정하는 물품(특혜대상물품)에 대하여는 협정세율보다 낮은 세율의 관세(일반특혜관세)를 부과할 수 있다.

② 일반특혜관세를 부과할 때 해당 특혜대상물품의 수입이 국내산업에 미치는 영향 등을 고려하여 그 물품에 적용되는 세율에 차등을 두거나 특혜대상물품의 수입수량 등을 한정할 수 있다.

③ 국제연합총회의 결의에 따른 최빈 개발도상국 중 대통령령으로 정하는 국가를 원산지로 하는 물품에 대하여는 다른 특혜대상국보다 우대하여 일반특혜관세를 부과할 수 있다.

④ 기획재정부장관은 특정한 특혜대상 물품의 수입이 증가하여 이와 동종의 물품 또는 직접적인 경쟁관계에 있는 물품을 생산하는 국내산업에 중대한 피해를 주거나 줄 우려가 있는 등 일반특혜관세를 부과하는 것이 적당하지 아니하다고 판단될 때에는 대통령령으로 정하는 바에 따라 해당 물품과 그 물품의 원산지인 국가를 지정하여 일반특혜관세의 적용을 정지할 수 있다.

관련 법조문: 법 제76조, 제77조 답 ①

대통령령으로 정하는 개발도상국가(특혜대상국)를 원산지로 하는 물품 중 '대통령령으로 정하는 물품'(특혜대상물품)에 대해서는 기본세율보다 낮은 세율의 관세(일반특혜관세)를 부과할 수 있다.

해커스공무원 학원·인강 gosi.Hackers.com

77 관세법상 외국에서 특정 물품에 관한 관세 양허의 철회·수정 기타의 조치를 하고자 하거나 그 조치를 한 경우 조약에서 인정되는 때에 우리나라가 관세의 양허를 하고 있지 않는 특정 물품에 대하여 관세법에 의한 관세 외에 추가로 관세를 부과할 수 있는 범위에 해당하는 것은? 2007 국가직 9급

① 그 물품의 기본세율의 50% 범위에서
② 그 물품의 과세가격의 50% 범위에서
③ 그 물품의 양허세율의 50% 범위에서
④ 그 물품의 과세가격 상당액의 범위에서

> **관련 법조문: 법 제79조**　　　　　　　　　　　　　　　　　　　　　　　답 ④

정부는 외국이 특정 물품에 관한 양허의 철회, 수정 또는 그 밖의 조치를 하려고 하거나 그 조치를 한 경우 해당 조약에 따라 대항조치를 할 수 있다고 인정될 때에는 다음의 조치 중 하나를 할 수 있다.

> 1. 특정 물품에 대하여 관세법에 따른 관세 외에 그 물품의 '과세가격 상당액 범위에서' 관세를 부과하는 조치
> 2. 특정 물품에 대하여 관세의 양허를 하고 있는 경우에는 그 양허의 적용을 정지하고 관세법에 따른 세율의 범위에서 관세를 부과하는 조치

구분	보상조치	대항조치
조치를 하는 이유	우리가 양허를 철회 또는 수정하여(미안해서)	외국이 양허를 철회 또는 수정하여(화나서)
조치방법	1. 기존 양허물품의 관세율 수정 2. 새로운 양허	1. 과세가격 상당액 범위에서 관세 부과 2. 양허의 적용 정지

78 정부는 외국에서 특정 물품에 관한 양허의 철회·수정 기타의 조치를 하거나 그 조치를 한 경우, 특정 물품에 대하여 관세법에 의한 관세 외에 그 물품의 과세가격 상당액의 범위 안에서 관세를 부과하는 조치에 대하여 관세법상 용어는? 2002 국가직 7급

① 양허의 철회
② 양허의 수정
③ 관세보복
④ 대항조치

> **관련 법조문: 법 제79조**　　　　　　　　　　　　　　　　　　　　　　　답 ④

'외국'이 양허를 철회하거나 수정하면(약속을 깨거나 수정하면), 우리가 할 수 있는 조치는 '대항조치'이다. 정부는 외국이 특정물품에 관한 양허의 철회·수정 또는 그 밖의 조치를 하려고 하거나 그 조치를 한 경우 해당 조약에 따라 대항조치를 할 수 있다고 인정될 때에는 다음 각 호의 조치를 할 수 있다(법 제79조 제1항).

> 1. 특정물품에 대하여 이 법에 따른 관세 외에 그 물품의 과세가격 상당액의 범위에서 관세를 부과하는 조치
> 2. 특정물품에 대하여 관세의 양허를 하고 있는 경우에는 그 양허의 적용을 정지하고 이 법에 따른 세율의 범위에서 관세를 부과하는 조치

79 양허의 철회·수정에 대한 설명으로 옳지 않은 것은?

2002 국가직 7급

① 특정 물품의 수입이 증가됨으로써 동종물품을 수입하는 수입자에게 중대한 피해를 가져오는 때에는 양허를 철회할 수 있다.

② 양허를 철회한 때에는 양허품목을 추가하여 새로 관세의 양허를 하고, 수정 또는 양허한 후의 세율을 적용하는 조치를 할 수 있다.

③ 외국에서 특정 물품에 관한 양허의 철회조치를 한 때에는 대항조치로서 관세법에 의한 관세 외에 그 물품의 과세가격 상당액 범위 안에서 관세를 부과하는 조치를 할 수 있다.

④ 양허한 품목을 철회한 때에는 철회의 효력이 발생한 날부터 관세법에 의한 세율을 적용한다.

┃ 관련 법조문: 법 제78조, 제79조, 제80조 　　　　　　　　　　　　　　　　　　　답 ①

정부는 외국에서의 가격 하락이나 그 밖에 예상하지 못하였던 사정의 변화 또는 조약상의 의무이행으로 인하여 특정 물품의 수입이 증가됨으로써, 이와 동종의 물품 또는 직접 경쟁관계에 있는 물품을 생산하는 <u>국내생산자에게 중대한 피해를 가져오거나 가져올 우려가 있다고 인정되는 경우</u>에는 양허의 철회, 수정 및 보상조치를 할 수 있다.

80 관세양허에 대한 내용으로 옳은 것만을 모두 고른 것은?

2017 관세사, 2014 국가직 7급

㉠ 정부는 외국이 특정 물품에 관한 양허의 철회·수정 또는 그 밖의 조치를 하려고 하거나 그 조치를 한 경우 해당 조약에 따라 대항조치를 할 수 있다.

㉡ 외국이 행한 특정 물품에 관한 양허의 철회·수정 등에 대한 대항조치의 대상 국가, 시기, 내용 등은 관세청장이 정한다.

㉢ 조약에 따라 우리나라가 양허한 품목에 대하여 그 양허를 철회한 경우에는 해당 조약에 따라 철회의 효력이 발생한 날부터 관세법에 따른 세율을 적용한다.

㉣ 관세법 제80조 제1항에 따른 양허의 철회에 대한 보상으로 우리나라가 새로 양허한 품목에 대하여는 그 양허의 효력이 발생한 날부터 관세법에 따른 세율을 적용한다.

① ㉠, ㉡　　　　　　　　　　　　　　　　② ㉡, ㉢

③ ㉡, ㉣　　　　　　　　　　　　　　　　④ ㉠, ㉢

┃ 관련 법조문: 법 제79조, 제80조 　　　　　　　　　　　　　　　　　　　　　답 ④

✓ 선지분석

㉡ 외국이 행한 특정 물품에 관한 양허의 철회·수정 등에 대한 대항조치의 대상 국가, 시기, 내용 등은 '대통령령'으로 정한다(법 제79조 제3항). '관세청장'이 정한다, '기획재정부령'으로 정한다, '대통령령'으로 정한다, 이 세 표현을 구분해야 한다.

㉣ 관세법 제80조 제1항에 따른 양허의 철회에 대한 보상으로 우리나라가 새로 양허한 품목에 대하여는 그 양허의 효력이 발생한 날부터 관세법에 따른 세율을 '적용하지 아니한다'(법 제80조 제2항). 새로 양허한 품목이 있다면 '양허세율'이 있을 것이고, 양허세율은 '관세법에 따른 세율(기본세율 및 잠정세율)'보다 우선하여 적용되므로, '관세법에 따른 세율'은 더 이상 적용하지 않는다고 표현해야 한다.

81

외국이 특정물품에 관한 양허의 철회·수정 또는 그 밖의 조치를 하려고 하거나 그 조치를 한 경우 해당 조약에 따라 대항조치를 할 수 있다고 인정될 때 관세법상 정부가 할 수 있는 조치를 모두 고른 것은?

2021 관세사

ㄱ. 특정물품에 대하여 관세법에 따른 관세 외에 그 물품의 과세 가격 상당액의 범위에서 관세를 부과하는 조치

ㄴ. 특정물품에 대하여 관세의 양허를 하고 있는 경우에는 그 양허의 적용을 정지하고 관세법에 따른 세율의 범위에서 관세를 부과하는 조치

ㄷ. 특정물품에 대하여 관세 양허품목을 추가하여 새로이 관세의 양허를 하고 수정 후의 세율을 적용하는 조치

---

① ㄱ

② ㄴ

③ ㄱ, ㄴ

④ ㄴ, ㄷ

⑤ ㄱ, ㄴ, ㄷ

관련 법조문: 법 제79조   답 ③

정부는 외국이 특정물품에 관한 양허의 철회·수정 또는 그 밖의 조치를 하려고 하거나 그 조치를 한 경우 해당 조약에 따라 대항조치를 할 수 있다고 인정될 때에는 다음 각 호의 조치를 할 수 있다(법 제79조 제1항).

1. 특정물품에 대하여 이 법에 따른 관세 외에 그 물품의 과세가격 상당액의 범위에서 관세를 부과하는 조치
2. 특정물품에 대하여 관세의 양허를 하고 있는 경우에는 그 양허의 적용을 정지하고 이 법에 따른 세율의 범위에서 관세를 부과하는 조치

01 관세법상 세율의 적용에 관한 설명으로 옳은 것은?

2016 관세사

① 종량세가 적용되는 물품은 간이세율을 적용할 수 있다.

② 일괄하여 수입신고가 된 물품으로서 물품별 세율이 다른 물품에 대하여는 신고인의 신청에 따라 그 세율 중 가장 낮은 세율을 적용할 수 있다.

③ 여행자 또는 외국을 오가는 운송수단의 승무원이 휴대하여 수입하는 물품 중 대통령령으로 정하는 물품에 대하여는 다른 법령에도 불구하고 간이세율을 적용할 수 있다.

④ 용도세율이 적용된 물품은 그 수입신고일부터 5년의 범위에서 해당 용도 외의 다른 용도의 사용이나 양도를 할 수 없다.

관련 법조문: 법 제81조, 제82조, 제83조, 영 제96조　　　　답 ③

'세율의 적용'에 해당하는 제도는 간이세율, 합의세율, 용도세율이다.
다음 각 호의 어느 하나에 해당하는 물품 중 대통령령으로 정하는 물품에 대하여는 다른 법령에도 불구하고 간이세율을 적용할 수 있다(법 제81조 제1항).

> 1. 여행자 또는 외국을 오가는 운송수단의 승무원이 휴대하여 수입하는 물품
> 2. 우편물. 다만, 제258조 제2항에 따라 제241조 제1항에 따른 수입신고를 하여야 하는 우편물은 제외한다.
> 4. 탁송품 또는 별송품

 선지분석

① 종량세가 적용되는 물품은 간이세율을 '적용하지 아니 한다'(영 제96조 제2항 제4호).

② 일괄하여 수입신고가 된 물품으로서 물품별 세율이 다른 물품에 대하여는 신고인의 신청에 따라 그 세율 중 '가장 높은 세율'을 적용할 수 있다(법 제82조 제1항).

④ 용도세율이 적용된 물품은 그 '수입신고의 수리일부터 3년'의 범위에서 해당 용도 외의 다른 용도의 사용이나 양도를 할 수 없다(법 제83조 제2항).

---

02 세율의 적용에 관한 설명으로 옳은 것은?

2015 관세사

① 용도에 따라 세율을 다르게 정하는 물품을 세율이 낮은 용도에 사용하려는 자는 대통령령으로 정하는 바에 따라 관세청장의 승인을 받아야 한다.

② 일괄하여 수입신고가 된 물품으로서 물품별 세율이 다른 물품에 대하여는 신고인의 신청에 따라 그 세율 중 산술 중간치의 세율을 적용할 수 있다.

③ 간이세율은 수입물품에 대한 실효관세율을 기초로 하여 정한다.

④ 탁송품 또는 별송품 중 대통령령으로 정하는 물품에 대하여는 간이세율을 적용할 수 있다.

⑤ 기본세율과 잠정세율은 별표 관세율표에 따르되 기본세율을 잠정세율에 우선하여 적용한다.

관련 법조문: 법 제50조, 제81조, 제82조, 제83조　　　　답 ④

'탁송품 또는 별송품 중 대통령령으로 정하는 물품'은 간이세율 적용대상이 될 수 있다. 다음 각 호의 어느 하나에 해당하는 물품 중 '대통령령'으로 정하는 물품에 대하여는 다른 법령에도 불구하고 간이세율을 적용할 수 있다.

1. 여행자 또는 외국을 오가는 운송수단의 승무원이 휴대하여 수입하는 물품
2. 우편물. 다만, 제258조 제2항에 따라 제241조 제1항에 따른 수입신고를 하여야 하는 우편물은 제외한다.
4. 탁송품 또는 별송품

✅ 선지분석

① 용도에 따라 세율을 다르게 정하는 물품을 세율이 낮은 용도에 사용하여 해당 물품에 그 낮은 세율(이하 "용도세율"이라 한다)의 적용을 받으려는 자는 '대통령령'으로 정하는 바에 따라 세관장에게 신청하여야 한다. 다만, 대통령령으로 정하는 바에 따라 미리 세관장으로부터 해당 용도로만 사용할 것을 승인받은 경우에는 신청을 생략할 수 있다(법 제83조 제1항). 이것을 '용도세율'이라 한다.
② 일괄하여 수입신고가 된 물품으로서 물품별 세율이 다른 물품에 대하여는 신고인의 신청에 따라 그 세율 중 '가장 높은 세율'을 적용할 수 있다(법 제82조 제1항). 이것을 '합의세율'이라 한다.
③ 간이세율은 수입물품에 대한 '관세, 임시수입부가세 및 내국세의 세율'을 기초로 하여 대통령령으로 정한다(법 제81조 제3항).
⑤ 기본세율과 잠정세율은 별표 관세율표에 따르되, '잠정세율을 기본세율에 우선'하여 적용한다(법 제50조 제1항).

> #### 📖 명호쌤의 한마디
> 여행자 또는 승무원의 휴대품, 우편물, 탁송품, 별송품은 금액이 크지 않고, 수량도 많지 않아서 함께 언급되는 경우가 많다. '휴, 우, 탁, 별'은 다음의 경우에 모두 해당한다.
>
> 1. 과세가격 결정방법을 기획재정부령으로 정하는 물품(영 제29조 제3항)
> 2. 간이세율 적용 대상(법 제81조)
> 3. 신고를 생략하게 하거나 관세청장이 정하는 간소한 방법으로 신고하게 할 수 있는 물품(법 제241조 제2항)

03 **관세법령상 세율의 적용에 대한 설명으로 옳은 것은?**　　　　　　　2019 국가직 9급
☐☐☐

① 수입신고를 하여야 하는 우편물에 대하여는 다른 법령에도 불구하고 간이세율을 적용할 수 있다.
② 여행자가 휴대하여 수입하는 물품 중 관세가 감면되는 물품에 대하여는 간이세율을 적용한다.
③ 일괄하여 수입신고가 된 물품으로서 물품별 세율이 다른 물품에 대하여는 신고인의 신청에 따라 그 세율 중 가장 높은 세율을 적용할 수 있다.
④ 국내에서 개발된 물품을 보호하기 위하여 수입물품에 조정관세가 부과될 때 용도세율을 적용받고자 하는 자는 그 물품의 수입신고를 하기 전 미리 그 품명·용도·사용방법을 기재한 신청서를 제출하여야 한다.

▌ 관련 법조문: 법 제81조, 제82조, 제83조　　　　　　　　　　　　　　　　답 ③

일괄하여 수입신고가 된 물품으로서 물품별 세율이 다른 물품에 대하여는 신고인의 신청에 따라 그 세율 중 가장 높은 세율을 적용할 수 있다(법 제82조 제1항, 합의에 따른 세율 적용).

법 제81조(간이세율의 적용) ① 다음 각 호의 어느 하나에 해당하는 물품 중 대통령령으로 정하는 물품에 대하여는 다른 법령에도 불구하고 간이세율을 적용할 수 있다.
　1. 여행자 또는 외국을 오가는 운송수단의 승무원이 휴대하여 수입하는 물품 ⇨ ②
　2. 우편물. 다만, 제258조 제2항에 따라 제241조 제1항에 따른 수입신고를 하여야 하는 우편물은 제외한다. ⇨ ①
　4. 탁송품 또는 별송품
영 제96조(간이세율의 적용) ② 제1항의 규정에 불구하고 다음 각 호의 물품에 대하여는 간이세율을 적용하지 아니한다.
　1. 관세율이 무세인 물품과 관세가 감면되는 물품 ⇨ ②
영 제97조(용도세율 적용신청) ① 법 제83조 제1항에 따라 용도세율을 적용받으려는 자는 해당 물품을 수입신고하는 때부터 수입신고가 수리되기 전까지 그 품명·규격·수량·가격·용도·사용방법 및 사용장소를 기재한 신청서를 세관장에게 제출해야 한다. 다만, 해당 물품을 보세구역에서 반출하지 않은 경우에는 수입신고 수리일부터 15일이 되는 날까지 신청서를 제출할 수 있다. ⇨ ④

관세법령상 간이세율을 적용할 수 있는 물품에 해당하는 것은?

① 수출용 원재료

② 종량세가 적용되는 물품

③ 관세율이 무세인 물품과 관세가 감면되는 물품

④ 상업용으로 인정되는 수량의 물품으로서 관세청장이 정하는 물품

⑤ 외국을 오가는 운송수단의 승무원이 휴대하여 수입하는 물품으로서 개별소비세가 과세되는 고급 시계

▌ **관련 법조문: 법 제81조, 영 제96조**   답 ⑤

간이세율 적용대상은 다음과 같다.

간이세율 적용대상	다음 각 호의 어느 하나에 해당하는 물품 중 대통령령으로 정하는 물품 1. 여행자 또는 외국을 오가는 운송수단의 승무원이 휴대하여 수입하는 물품 2. 우편물. 다만, 제258조 제2항에 따라 제241조 제1항에 따른 수입신고를 하여야 하는 우편물은 제외한다. 4. 탁송품 또는 별송품
간이세율 적용 제외 대상	1. 관세율이 무세인 물품과 관세가 감면되는 물품 2. 수출용 원재료 3. 법 제11장의 범칙행위에 관련된 물품 4. 종량세가 적용되는 물품 5. 다음 각 목의 1에 해당하는 물품으로서 관세청장이 정하는 물품 　　가. 상업용으로 인정되는 수량의 물품 　　나. 고가품 　　다. 당해 물품의 수입이 국내산업을 저해할 우려가 있는 물품 　　라. 법 제81조 제4항의 규정에 의한 단일한 간이세율의 적용이 과세형평을 현저히 저해할 우려가 있는 물품 6. 화주가 수입신고를 할 때에 과세대상물품의 전부에 대하여 간이세율의 적용을 받지 아니할 것을 요청한 경우의 당해 물품

외국을 오가는 운송수단의 승무원이 휴대하여 수입하는 물품 중 대통령령으로 정하는 물품은 간이세율 적용대상이 될 수 있다. 대통령령에 따라 개별소비세가 과세되는 고급 시계도 간이세율 적용대상이 된다. <시행령 별표 2>에 따르면 고급 시계의 간이세율은 '288,450원+1,923,000원을 초과하는 금액의 45%'이다.

품명	세율(%)
1. 다음 각 목의 어느 하나에 해당하는 물품 중 개별소비세가 과세되는 물품	–
가. 투전기, 오락용 사행기구 그 밖의 오락용품	47
나. 보석·진주·별갑·산호·호박 및 상아와 이를 사용한 제품, 귀금속 제품	721,200원+4,808,000원을 초과하는 금액의 45
다. 고급 시계, 고급 가방	288,450원+1,923,000원을 초과하는 금액의 45

05 관세법령상 간이세율을 적용하는 물품과 그 세율이 옳은 것을 모두 고른 것은? (단, 간이세율을 적용하지
☐☐☐ 아니하는 경우에 해당하지 않으며, 기본관세율이 10퍼센트 이상인 것으로서 개별소비세가 과세되지 않음)

2023 관세사

> ㄱ. 모피의류: 19%
>
> ㄴ. 신발류: 18%
>
> ㄷ. 녹용: 21%

① ㄱ   ② ㄴ

③ ㄱ, ㄷ   ④ ㄴ, ㄷ

⑤ ㄱ, ㄴ, ㄷ

▌ 관련 법조문: 법 제81조, 영 제96조   답 ⑤

ㄱ. 모피의류(기본관세율이 10퍼센트 이상인 것으로서 개별소비세가 과세되지 아니하는 물품)의 간이세율은 19%
   이다.

ㄴ. 신발류(기본관세율이 10퍼센트 이상인 것으로서 개별소비세가 과세되지 아니하는 물품)의 간이세율은 18%
   이다.

ㄷ. 녹용(기본관세율이 10퍼센트 이상인 것으로서 개별소비세가 과세되지 아니하는 물품)의 간이세율은 21%이다.

품명	세율(%)
1. 다음 각 목의 어느 하나에 해당하는 물품 중 개별소비세가 과세되는 물품	-
가. 투전기, 오락용 사행기구 그 밖의 오락용품	47
나. 보석·진주·별갑·산호·호박 및 상아와 이를 사용한 제품, 귀금속 제품	721,200원 + 4,808,000원을 초과하는 금액의 45
다. 고급 시계, 고급 가방	288,450원 + 1,923,000원을 초과하는 금액의 45
3. 다음 각 목의 어느 하나에 해당하는 물품 중 기본관세율이 10퍼센트 이상인 것으로서 개별소비세가 과세되지 아니하는 물품	-
가. 모피류, 모피류의 부속품 그 밖의 모피제품	19
나. 가죽제 또는 콤포지션레더제의 의류와 그 부속품, 방직용 섬유와 방직용 섬유의 제품, 신발류	18
다. 녹용	21
4. 제1호부터 제3호까지에 해당하지 않는 물품. 다만, 고급모피와 그 제품, 고급융단, 고급가구, 승용자동차, 수렵용 총포류, 주류 및 담배는 제외한다.	15

06 관세법령상 여행자 휴대품임에도 불구하고 간이세율을 적용하지 않는 물품을 모두 고른 것은? (단, 제시되
☐☐☐ 지 않은 조건은 고려하지 않음)

2024 관세사

> ㄱ. 개별소비세가 과세되는 고급 시계
>
> ㄴ. 수출용원재료
>
> ㄷ. 관세율이 무세인 물품과 관세가 감면되는 물품
>
> ㄹ. 기본관세율이 10% 이상인 신발(개별소비세가 과세되지 않는 것)

① ㄱ   ② ㄱ, ㄹ

③ ㄴ, ㄷ   ④ ㄴ, ㄷ, ㄹ

⑤ ㄱ, ㄴ, ㄷ, ㄹ

'수출용 원재료'와 '관세율이 무세인 물품과 관세가 감면되는 물품'은 간이세율을 적용하지 않는다.

✅ **선지분석**

ㄱ. '개별소비세가 과세되는 고급 시계'는 '88,450원+1,923,000원을 초과하는 금액의 45%'의 간이세율이 적용된다.
ㄹ. '기본관세율이 10% 이상인 신발(개별소비세가 과세되지 않는 것)'은 18%의 간이세율이 적용된다.

07 관세법령상 간이세율을 적용할 수 있는 물품은?   2022 관세사

① 탁송품
② 종량세가 적용되는 물품
③ 수입신고를 하여야 하는 우편물
④ 관세가 감면되는 물품
⑤ 관세청장이 정한 고가품

| 관련 법조문: 법 제81조, 영 제96조 | 답 ① |

탁송품에는 간이세율을 적용할 수 있다. 정확하게 표현하자면 '탁송품 중 대통령령으로 정하는 물품에 대하여는 다른 법령에도 불구하고 간이세율을 적용할 수 있다(법 81조 제1항)'.

✅ **선지분석**

②④⑤ 간이세율이 적용되지 않는 물품이다.
③ 수입신고를 하여야 하는 우편물은 간이세율 적용 대상이 아니지만, 수입신고 대상을 제외한 우편물은 간이세율 적용 대상이 된다.

08 관세법상 간이세율에 관한 설명으로 옳지 않은 것은?   2017 관세사

① 간이세율은 수입물품에 대한 관세, 임시수입부가세 및 내국세의 세율을 기초로 하여 대통령령으로 정한다.
② 탁송품, 수입신고를 하여야 하는 우편물, 관세가 감면되는 물품에 대하여는 간이세율을 적용하지 아니한다.
③ 여행자 또는 외국을 오가는 운송수단의 승무원이 휴대하여 수입하는 물품으로서 그 총액이 대통령령으로 정하는 금액 이하인 물품에 대하여는 일반적으로 휴대하여 수입하는 물품의 관세, 임시수입부가세 및 내국세의 세율을 고려하여 단일한 세율로 할 수 있다.
④ 수출용원재료와 종량세가 적용되는 물품에 대하여는 간이세율을 적용하지 아니한다.

| 관련 법조문: 법 제81조, 영 제96조 | 답 ② |

'수입신고를 하여야 하는 우편물'과 '관세가 감면되는 물품'에 대하여는 간이세율을 적용하지 아니한다. 그러나 '탁송품'에 대하여는 간이세율을 적용할 수 있다.

✅ **선지분석**

① 법 제81조(간이세율의 적용) 제3항
③ 법 제81조(간이세율의 적용) 제4항
④ 영 제96조(간이세율의 적용) 제2항

📖 **명호쌤의 한마디**

간이세율은 '적용되는 물품'(법률)과 '적용되지 않는 물품'(시행령)이 명확하게 구분되어 있으므로, 객관식 시험에서 자주 출제된다. 이미 시험에 언급되었던 물품을 중심으로 다시 정리하자.

간이세율이 적용되는 물품	• 여행자 휴대품 중 대통령령으로 정하는 물품 (2016 기출) • 승무원 휴대품 중 대통령령으로 정하는 물품 (2016 기출) • 우편물(신고 대상 제외) 중 대통령령으로 정하는 물품 (2003, 2002 기출) • 탁송품 중 대통령령으로 정하는 물품 (2022, 2015 기출) • 별송품 중 대통령령으로 정하는 물품 (2015 기출)
간이세율이 적용되지 않는 물품	• 관세율이 무세인 물품 • 관세가 감면되는 물품 (2022 기출) • 수출용 원재료 (2017 기출) • 종량세가 적용되는 물품 (2022, 2017, 2002 기출) • 상업용으로 인정되는 수량의 물품으로서 관세청장이 정하는 물품 • 고가품으로서 관세청장이 정하는 물품 (2022 기출) • 당해 물품의 수입이 국내산업을 저해할 우려가 있는 물품으로서 관세청장이 정하는 물품 • 단일한 간이세율의 적용이 과세형평을 저해할 우려가 있는 물품으로서 관세청장이 정하는 물품 • 화주가 수입신고를 할 때에 과세대상물품의 전부에 대하여 간이세율의 적용을 받지 아니할 것을 요청한 경우의 당해 물품 • 수입신고를 하여야 하는 우편물 (2022, 2019 기출) • 여행자가 휴대하여 수입하는 물품 중 관세가 감면되는 물품 (2019 기출)

---

09 **합의에 따른 세율 적용에 대한 설명이다. 잘못된 것은?**   2002 관세사

① 세율이 가장 높은 물품의 세율을 일률적으로 적용한다.
② 화주의 신청이 없어도 화주의 편의를 위해 세관장이 직권으로 적용할 수 있다.
③ 모든 물품을 일괄수입신고할 때 적용된다.
④ 품목별 세율이 상이할 때 적용될 수 있다.
⑤ 특정 물품에 한정되지 않고 모든 물품에 적용한다.

▌관련 법조문: 법 제82조   답 ②

합의에 따른 세율을 적용하기 위해서는 '신고인의 신청'이 있어야 한다. 세관장이 직권으로 적용할 수는 없다.

01 관세법상 품목분류에 대한 설명으로 옳지 않은 것은?

2016 국가직 9급

☐☐☐

① 기획재정부장관은 통일상품명 및 부호체계에 관한 국제협약에 따른 관세협력이사회의 권고 또는 결정이나 새로운 상품의 개발 등으로 관세법 별표 관세율표 또는 관세법 제73조 및 제76조에 따라 대통령령으로 정한 품목분류를 수정할 필요가 있는 경우 그 세율이 변경되는 경우에는 대통령령으로 정하는 바에 따라 품목을 신설 또는 삭제하거나 다시 분류할 수 있다.

② 기획재정부장관은 대통령령으로 정하는 바에 따라 품목분류를 적용하는 데에 필요한 기준을 정할 수 있다.

③ 물품을 수출입하려는 자, 수출할 물품의 제조자 및 관세사법에 따른 관세사·관세법인 또는 통관취급법인은 관세법 제241조 제1항에 따른 수출입신고를 하기 전에 대통령령으로 정하는 서류를 갖추어 관세청장에게 해당 물품에 적용될 관세법 별표 관세율표상의 품목분류를 미리 심사하여 줄 것을 신청할 수 있다.

④ 관세청장은 관세법 제86조에 따라 사전심사 또는 재심사한 품목분류를 변경하여야 할 필요가 있거나 그 밖에 관세청장이 직권으로 한 품목분류를 변경하여야 할 부득이한 사유가 생겼을 경우 등 대통령령으로 정하는 경우에는 해당 물품에 적용할 품목분류를 변경할 수 있다.

> **관련 법조문: 법 제84조, 제85조, 제86조, 제87조**   답 ①

기획재정부장관은 통일상품명 및 부호체계에 관한 국제협약에 따른 관세협력이사회의 권고 또는 결정 등 대통령령으로 정하는 사유로 다음 각 호에 따른 표 또는 품목분류의 품목을 수정할 필요가 있는 경우 '그 세율이 변경되지 아니하는 경우'에는 대통령령으로 정하는 바에 따라 품목을 신설 또는 삭제하거나 다시 분류할 수 있다(법 제84조, 품목분류체계의 수정). 즉, '세율이 변경되는 경우'를 '세율이 변경되지 아니하는 경우'로 바꿔야 한다.

> 1. 별표 관세율표
> 2. 제73조 및 제76조에 따라 대통령령으로 정한 품목분류
> 3. 「통일상품명 및 부호체계에 관한 국제협약」 및 별표 관세율표를 기초로 기획재정부장관이 품목을 세분하여 고시하는 관세·통계통합품목분류표

✓ 선지분석

② 법 제85조(품목분류의 적용기준 등) 제1항
③ 법 제86조(특정물품에 적용될 품목분류의 사전심사) 제1항
④ 법 제87조(특정물품에 적용되는 품목분류의 변경 및 적용) 제1항

02 관세법령상 품목분류에 관한 내용으로 옳은 것은? (단, 권한의 위임·위탁은 고려하지 않음)

① 품목분류의 사전심사의 신청을 받은 관세청장은 신청을 받은 날부터 20일 이내에 해당 물품에 적용될 품목분류를 심사하여 이를 신청인에게 통지하여야 하며, 제출자료의 미비 등으로 품목분류를 심사하기 곤란한 경우에는 신청을 반려할 수 있다.

② 관세청장은 법원의 판결로 품목분류 변경이 필요한 경우에는 판결이 확정된 날의 다음 날부터 3개월 이내에 이를 관세품목분류위원회의 심의에 부쳐야 한다.

③ 관세품목분류위원회는 기획재정부령으로 정하는 바에 따라 품목분류를 적용하는 데에 필요한 기준을 정할 수 있다.

④ 관세청장은 관세법 제86조 제2항에 따라 품목분류를 심사하여 신청인에게 통지하는 경우에는 관할지 세무서장에게도 그 내용을 통지하여야 한다.

⑤ 관세청장은 관세법 제86조 제2항에 따라 품목분류를 심사할 때 신청인이 관세법 별표 관세율표에 따른 호 및 소호까지의 품목분류에 대한 심사를 요청하는 경우에는 해당 번호까지의 품목분류에 대해서만 심사하여 통지할 수 있다.

> **관련 법조문: 법 제85조, 제86조, 영 제106조, 제107조**　　　　　답 ⑤

관세청장은 품목분류를 심사할 때 신청인이 관세법 별표 관세율표에 따른 호 및 소호까지의 품목분류에 대한 심사를 요청하는 경우에는 해당 번호까지의 품목분류에 대해서만 심사하여 통지할 수 있다(영 제106조 제6항). 품목분류 사전심사에 호(4단위) 및 소호(6단위)까지만 심사하는 '간이 사전심사' 제도가 도입되었다(2019년 개정).

 선지분석

① 품목분류 사전심사의 신청을 받은 관세청장은 해당 물품에 적용될 품목분류를 심사하여 '사전심사의 신청을 받은 날부터 30일' 이내에 이를 신청인에게 통지하여야 한다. 다만, 제출자료의 미비 등으로 품목분류를 심사하기 곤란한 경우에는 '그 뜻을 통지하여야 한다'(법 제86조 제2항, 영 제106조 제4항). 신청 반려사유는 영 제106조 제3항에 구체적으로 명시되어 있으며, 여기에 '제출자료 미비 등'은 포함되어 있지 않다.

② 관세청장은 협약에 따른 관세협력이사회의 권고·결정이나 법원의 판결로 품목분류 변경이 필요한 경우에는 그 권고·결정이 있은 날 또는 판결이 확정된 날부터 3개월 이내에 이를 관세품목분류위원회의 심의에 부쳐야 한다(영 제107조 제2항). 즉, '다음 날'이 빠져야 한다.

③ '기획재정부장관'은 '대통령령'으로 정하는 바에 따라 품목분류를 적용하는 데에 필요한 기준을 정할 수 있다(법 제85조).

④ 관세청장은 관세법 제86조 제2항에 따라 품목분류를 심사하여 신청인에게 통지하는 경우에는 '통관예정세관장'에게도 그 내용을 통지하여야 한다(영 제106조 제5항).

03 품목분류사전심사와 재심사신청에 관한 설명으로 옳지 않은 것은?

① 수출할 물품의 제조자는 품목분류 사전심사를 신청할 수 있다.

② 품목분류 사전심사 및 재심사의 절차, 방법과 그 밖에 필요한 사항은 대통령령으로 정한다.

③ 관세청장으로부터 결정내용 통지를 받은 자는 그 통지를 받은 날부터 30일 이내에 법령이 정한 서류를 갖추어 통관지 세관장에게 재심사를 신청할 수 있다.

④ 관세청장으로부터 통지받은 품목분류 사전심사 또는 재심사 결과는 품목분류가 변경되기 전까지 유효하다.

⑤ 관세청의 관세품목분류위원회는 관세법 제86조(특정 물품에 적용될 품목분류의 사전심사)에 따른 특정 물품에 적용될 품목분류의 사전심사 및 재심사를 심의한다.

답 ③

관세청장으로부터 품목분류사전심사의 결정 통지를 받은 자는 통지받은 날부터 30일 이내에 대통령령으로 정하는 서류를 갖추어 '관세청장'에게 재심사를 신청할 수 있다(법 제86조 제3항).

✅ 선지분석

① 물품을 수출입하려는 자, 수출할 물품의 제조자 및 관세사법에 따른 관세사·관세법인 또는 통관취급법인은 수출입신고를 하기 전에 대통령령으로 정하는 서류를 갖추어 관세청장에게 해당 물품에 적용될 관세법 별표 관세율표 또는 품목분류표상의 품목분류를 미리 심사하여 줄 것을 신청할 수 있다(법 제86조 제1항).
② 품목분류 사전심사 및 재심사의 절차, 방법과 그 밖에 필요한 사항은 대통령령으로 정한다(법 제86조 제8항).
④ 관세청장으로부터 통지받은 품목분류 사전심사 또는 재심사 결과는 품목분류가 변경되기 전까지 유효하다(법 제86조 제7항).
⑤ 품목분류 적용기준의 신설 또는 변경과 관련하여 관세청장이 기획재정부장관에게 요청할 사항, 특정 물품에 적용될 품목분류의 사전심사 및 재심사, 특정 물품에 적용될 품목분류의 변경 및 재심사, 그 밖에 품목분류에 관하여 관세청장이 분류위원회에 부치는 사항을 심의하기 위하여 관세청에 관세품목분류위원회를 둔다(법 제85조 제2항).

---

04 □□□ **관세법령상 특정물품에 적용될 품목분류의 사전심사에 대한 설명으로 옳지 않은 것은?**　2018 국가직 9급

① 사전심사의 신청을 받은 관세청장은 해당 물품에 적용될 품목분류를 심사하여 사전심사의 신청을 받은 날부터 30일(보정기간은 제외한다) 이내에 이를 신청인에게 통지하여야 한다. 다만, 제출자료의 미비 등으로 품목분류를 심사하기 곤란한 경우에는 그 뜻을 통지하여야 한다.
② 사전심사를 위하여 제출된 신청서와 견본 및 그 밖의 설명 자료가 미비하여 품목분류를 심사하기가 곤란한 때에는 50일 이내의 기간을 정하여 보정을 요구할 수 있다.
③ 사전심사 결과의 통지를 받은 자는 통지받은 날부터 30일 이내에 대통령령으로 정하는 서류를 갖추어 관세청장에게 재심사를 신청할 수 있다.
④ 통지받은 품목분류 사전심사 결과는 품목분류가 변경되기 전까지 유효하다.

답 ②

이 문제는 품목분류 사전심사(법 제86조 및 영 제106조)의 절차에 관한 문제이며, 각 지문의 숫자에 유의하여야 한다. 관세청장은 사전심사를 위하여 제출된 신청서와 견본 및 그 밖의 설명 자료가 미비하여 품목분류를 심사하기가 곤란한 때에는 '20일 이내'의 기간을 정하여 보정을 요구할 수 있다(영 제106조 제2항).

✅ 선지분석

① 영 제106조(특정물품에 적용될 품목분류의 사전심사 등) 제4항
③ 법 제87조(특정물품에 적용되는 품목분류의 변경 및 적용) 제3항
④ 법 제86조(특정물품에 적용될 품목분류의 사전심사) 제7항

05 관세법상 특정 물품에 적용될 품목분류의 사전심사에 대한 설명으로 옳지 않은 것은? 2013 국가직 7급

① 물품을 수출입하려는 자, 수출할 물품의 제조자 및 관세사법에 따른 관세사 등은 수출입신고를 하기 전에 대통령령으로 정하는 서류를 갖추어 관세청장에게 해당 물품에 적용될 별표 관세율표 또는 품목 분류표상의 품목분류를 미리 심사하여 줄 것을 신청할 수 있다.

② 품목분류 사전심사 신청을 받은 관세청장은 해당 물품에 적용될 품목분류를 심사하여 이를 신청인에 게 통지하여야 한다. 다만, 제출자료의 미비 등으로 품목분류를 심사하기 곤란한 경우에는 그 뜻을 통지하여야 한다.

③ 관세청장은 수출입신고가 된 물품이 품목분류 사전심사에 따라 통지한 물품과 같을 때에는 그 통지 내용에 따라 품목분류를 적용하여야 한다.

④ 관세청장은 관세법 제86조 제2항에 따라 품목분류를 심사한 물품에 대하여는 해당 물품에 적용될 품 목분류와 품명, 용도, 규격, 그 밖에 필요한 사항을 고시 또는 공표하여야 한다. 다만, 해당 물품에 적 용될 품목분류를 고시 또는 공표하는 것이 적당하지 아니하다고 인정되는 물품에 대하여는 고시 또는 공표하지 아니할 수 있다.

▌ 관련 법조문: 법 제86조 답 ③

세관장은 수출입신고가 된 물품이 품목분류 사전심사에 따라 통지한 물품과 같을 때에는 그 통지내용에 따라 품목 분류를 적용하여야 한다. '관세청장'이 사전심사를 하여 '세관장'에게 통지하고, 세관장은 그에 따라 품목분류를 적 용하는 구조를 이해하여야 한다. 통관은 세관장이 하는 것임을 알아두어야 한다.

06 관세법령상 특정물품에 적용될 품목분류의 사전심사에 대한 설명으로 옳은 것은? 2019 국가직 7급

① 관세품목분류위원회에서 사전심사를 심의하는 경우 심사 결과의 통지기간은 그 심의에 소요되는 기 간을 포함하여 사전심사의 신청을 받은 날부터 30일이다.

② 사전심사의 결과를 통지받은 자는 통지받은 날부터 30일 이내에 기획재정부장관에게 재심사를 신청 할 수 있다.

③ 관세청장이 심사하여 통지한 사전심사 결과는 5년 동안 유효하다.

④ 세관장은 수출입신고가 된 물품이 사전심사 및 재심사하여 통지한 물품과 같을 때에는 그 통지내용에 따라 품목분류를 적용하여야 한다.

▌ 관련 법조문: 법 제86조, 영 제106조 답 ④

세관장은 수출입신고가 된 물품이 사전심사 및 재심사하여 통지한 물품과 같을 때에는 그 통지내용에 따라 품목분 류를 적용하여야 한다(법 제86조 제5항).

✓ 선지분석

① 품목분류 사전심사의 신청을 받은 관세청장은 해당 물품에 적용될 품목분류를 심사하여 대통령령으로 정하는 기간 이내에 이를 신청인에게 통지하여야 한다(법 제86조 제2항). 여기에서 '대통령령으로 정하는 기간'이란 사 전심사의 신청을 받은 날부터 30일(다음 각 호의 기간은 제외한다)을 말한다(영 제106조 제4항).

> 1. 법 제85조 제2항에 따라 관세품목분류위원회에서 사전심사를 심의하는 경우 해당 심의에 소요되는 기간
> 2. 보정기간
> 3. 해당 물품에 대한 구성재료의 물리적·화학적 분석이 필요한 경우로서 해당 분석에 소요되는 기간
> 4. 관세협력이사회에 질의하는 경우 해당 질의에 소요되는 기간
> 5. 전문기관에 기술 자문을 받는 경우 해당 자문에 걸리는 기간
> 6. 다른 기관의 의견을 들을 필요가 있는 경우 해당 의견을 듣는 데 걸리는 기간
> 7. 신청인의 의견 진술이 필요한 경우 관세청장이 정하는 절차를 거치는 데 걸리는 기간

즉, 심사 결과의 통지 기간이 30일 이내라는 것은 맞지만, '심의에 소요되는 기간'이 여기에 '포함'된다고 표현한 부분이 잘못되었다. 영 제106조 제4항 제1호의 기간(관세품목분류위원회에서 사전심사를 심의하는 경우 해당 심의에 소요되는 기간)은 '30일'을 계산할 때 '제외'한다.

② 사전심사의 결과를 통지받은 자는 통지받은 날부터 30일 이내에 '관세청장'에게 재심사를 신청할 수 있다(법 제86조 제3항).

③ 관세청장이 심사하여 통지한 품목분류 사전심사 결과는 품목분류가 변경되기 전까지 유효하다(법 제86조 제7항).

07 관세법 제86조 및 제87조에 따른 특정 물품에 적용되는 품목 분류에 대한 내용으로 옳지 않은 것은?

□□□
2014 국가직 7급

① 관세법 제86조 제1항에 따른 해당 물품에 적용될 관세율표상의 품목분류를 미리 심사해 줄 것을 신청할 수 있는 자는 관세법 제241조 제1항에 따른 수출입신고를 하기 전에 기획재정부령으로 정하는 서류를 갖추어 관세청장에게 해당 물품에 적용될 별표 관세율표상의 품목분류를 미리 심사하여 줄 것을 신청할 수 있다.

② 관세청장은 관세법 제86조에 따라 심사 또는 재심사한 품목분류를 변경하여야 할 필요가 있거나 그 밖에 관세청장이 직권으로 한 품목분류를 변경하여야 할 부득이한 사유가 생겼을 때에는 해당 물품에 적용할 품목분류를 변경할 수 있다.

③ 관세법 제86조 제1항에 따른 해당 물품에 적용될 관세율표상의 품목분류를 미리 심사해 줄 것을 신청할 수 있는 자는 물품을 수출입하려는 자, 수출할 물품의 제조자 및 관세사법에 따른 관세사·관세법인 또는 통관취급법인이다.

④ 관세법 제86조에 따른 사전심사신청인에게 자료제출 미비 등의 책임 있는 사유가 없는 경우로서 수출입신고인에게 유리한 경우, 변경일 전에 수출입신고가 수리된 물품에 대해서도 소급하여 변경된 품목분류를 적용할 수 있다.

▌관련 법조문: 법 제86조   답 ①

관세법 제86조 제1항에 따른 해당 물품에 적용될 관세율표상의 품목분류를 미리 심사해 줄 것을 신청할 수 있는 자는 관세법 제241조 제1항에 따른 수출입신고를 하기 전에 '대통령령'으로 정하는 서류를 갖추어 관세청장에게 해당 물품에 적용될 별표 관세율표 또는 품목분류표상의 품목분류를 미리 심사하여 줄 것을 신청할 수 있다(법 제86조 제1항).

08 관세법상 특정 물품에 적용되는 품목분류의 변경 및 적용에 의한 품목분류 변경일 전에 수출입신고가 수리된 물품에 대하여도 소급하여 변경된 품목분류를 적용할 수 있는 경우에 해당하는 것은?

□□□
2014 관세사

① 사전심사신청인이 아닌 자가 관세청장이 결정하여 고시하거나 공표한 품목분류에 따라 수출입신고를 한 경우로서 수출입신고인에게 유리한 경우

② 관계 법령의 개정에 따라 품목분류를 변경한 경우로서 수출입신고인에게 유리한 경우

③ 품목분류체계의 수정에 따라 품목분류를 변경한 경우로서 수출입신고인에게 유리한 경우

④ 과학기술 또는 생산방법의 발달 등에 따라 상품의 주 기능이 변하여 품목분류를 변경한 경우로서 수출입신고인에게 유리한 경우

품목분류 변경일 전에 수리된 물품에 대해서도 변경된 품목분류를 적용한다는 것은 '소급적용'을 말한다.

구분	사유	적용방법
원칙	신청인이 변경내용을 통지받은 날과 품목분류의 고시 또는 공표일 중 빠른 날부터 변경된 품목분류를 적용한다.	
연장 적용	1. 변경일부터 30일이 지나기 전에 우리나라에 수출하기 위하여 선적된 물품에 대하여 변경 전의 품목분류를 적용하는 것이 수입신고인에게 유리한 경우	변경 전의 품목분류를 적용한다.
소급 적용	2. 다음 각 목의 어느 하나에 해당하는 경우 (1) 품목분류 사전심사 또는 재심사 과정에서 거짓자료 제출 등 신청인에게 책임 있는 사유로 해당 물품의 품목분류가 결정되었으나 이를 이유로 품목분류가 변경된 경우 (2) 다음의 어느 하나에 해당하는 경우로서 수출입신고인에게 유리한 경우 ㉠ 품목분류 사전심사 또는 재심사 과정에서 신청인에게 자료제출 미비 등의 책임 있는 사유 없이 해당 물품의 품목분류가 결정되었으나 다른 이유로 품목분류가 변경된 경우 ㉡ 신청인이 아닌 자가 관세청장이 결정하여 고시하거나 공표한 품목분류에 따라 수출입신고를 하였으나 품목분류가 변경된 경우	품목분류가 결정된 이후 변경일 전까지 수출입신고가 수리된 물품에 대해서도 소급하여 변경된 품목분류 적용한다.

09
☐☐☐

관세청장이 관세사 등의 신청에 의하여 수출입신고 전에 미리 심사 또는 재심사한 품목분류를 변경할 수 있는 경우가 아닌 것은?

2006 관세사

① 협약에 따른 관세협력이사회의 권고 또는 결정 및 법원의 확정판결이 있는 경우
② 수출입신고인에게 유리하게 적용하기 위하여 품목분류를 변경할 필요가 생긴 경우
③ 동일 또는 유사한 물품에 대하여 서로 다른 품목분류가 있는 경우
④ 신청인의 허위자료 제출 등으로 품목분류에 중대한 착오가 생긴 경우

관련 법조문: 법 제87조, 영 제107조 답 ②

관세청장은 심사 또는 재심사한 품목분류를 변경하여야 할 필요가 있거나 그 밖에 관세청장이 직권으로 한 품목분류를 변경하여야 할 부득이한 사유가 생겼을 경우 등 대통령령으로 정하는 경우에는 해당 물품에 적용할 품목분류를 변경할 수 있다(법 제87조 제1항). 품목분류를 변경할 수 있는 경우는 다음 각 호와 같다(영 제107조 제1항).

1. 신청인의 허위자료 제출 등으로 품목분류에 중대한 착오가 생긴 경우
2. 협약에 따른 관세협력이사회의 권고 또는 결정 및 법원의 확정판결이 있는 경우
3. 동일 또는 유사한 물품에 대하여 서로 다른 품목분류가 있는 경우

✅ **선지분석**

② '수출입신고인에게 유리하게 적용하기 위하여 품목분류를 변경할 필요가 생긴 경우'라는 말은 법령에 없다. 다만 '변경 전의 품목분류를 적용하는 것이 수입신고인에게 유리한 경우 변경 전의 품목분류 적용'이라는 표현과 '품목분류가 결정된 이후 변경일 전까지 수출입신고가 수리된 물품에 대해서도 소급하여 변경된 품목분류 적용'이라는 표현이 변경된 품목분류를 언제 '적용'할 것인지를 규정한 부분에 있을 뿐이다(법 제87조 제4항).

10 관세법상 관세청장이 품목분류의 사전심사신청을 받아 적용될 품목분류를 사전심사신청인에게 통지한 다음 해당 물품에 적용한 품목분류를 변경할 수 있는 경우가 아닌 것은?   2010 관세사

① 신청인의 허위자료 제출 등으로 품목분류에 중대한 착오가 있는 경우
② 품목분류의 부적정을 이유로 세계무역기구(WTO)에 제소된 경우
③ 협약에 따른 관세협력이사회의 권고 또는 결정 및 법원의 확정판결이 있는 경우
④ 동일 또는 유사한 물품에 대하여 서로 다른 품목분류가 있는 경우

| 관련 법조문: 영 제107조   답 ②

'품목분류 부적정을 이유로 WTO에 제소된 경우'는 품목분류 변경사유가 아니다.

---

11 관세법령상 품목분류의 변경 사유에 해당하지 않는 것은?   2022 관세사

① 협약에 따른 관세협력이사회의 권고 또는 결정 및 법원의 확정판결이 있는 경우
② 동일 또는 유사한 물품에 대하여 서로 다른 품목분류가 있는 경우
③ 신청인의 허위자료 제출 등으로 품목분류에 중대한 착오가 생긴 경우
④ 이의신청 등 불복 또는 소송이 진행 중이어서 품목분류 재심사의 신청이 반려된 경우

| 관련 법조문: 영 제106조, 제107조   답 ④

④는 품목분류 변경 사유가 아니라, 신청 반려 사유에 해당한다. 관세청장은 사전심사 또는 재심사의 신청이 다음 각 호의 어느 하나에 해당하는 경우에는 해당 신청을 반려할 수 있다(영 제106조 제3항).

> 1. 보정기간 내에 보정하지 아니한 경우
> 2. 신청인이 사전심사 또는 재심사를 신청한 물품과 동일한 물품을 이미 수출입신고한 경우
> 3. 신청인이 반려를 요청하는 경우
> 4. 이의신청 등 불복 또는 소송이 진행 중인 경우
> 5. 그 밖에 사전심사 또는 재심사가 곤란한 경우로서 기획재정부령으로 정하는 경우
>   가. 농산물 혼합물로서 제조공정이 규격화되어 있지 않아 성분·조성의 일관성 확보가 곤란한 경우
>   나. 냉장·냉동 물품과 같이 운송수단 및 저장방법 등에 따라 상태가 달라질 수 있는 경우

---

12 관세법령상 특정 물품에 적용되는 품목분류의 변경 및 적용에 관한 설명으로 옳은 것은?   2021 관세사

① 무역위원회는 덤핑조사 결과 품목분류를 변경하여야 할 필요가 있다고 인정하는 경우에는 관세청장에게 해당 물품에 적용할 품목분류의 변경을 요청하여야 한다.
② 관세청장은 법원의 판결로 품목분류 변경이 필요한 경우에는 그 판결이 확정된 날부터 1개월 이내에 이를 관세품목분류위원회의 심의에 부쳐야 한다.
③ 관세청장이 사전심사한 품목분류를 변경하였을 때 그 변경내용이 신청인의 영업 비밀에 관한 사항을 포함하는 경우에는 관세품목분류위원회의 심의를 거쳐 고시하여야 한다.
④ 관세청장은 신청인의 허위자료 제출 등으로 품목분류에 중대한 착오가 생긴 경우에는 해당 물품에 적용할 품목분류를 변경할 수 있다.
⑤ 통일상품명 및 부호체계에 관한 국제협약에 따른 관세협력이사회의 결정이 있는 경우에는 별도의 절차 없이 품목분류가 변경된다.

관세청장은 <u>신청인의 허위자료 제출 등으로 품목분류에 중대한 착오가 생긴 경우</u>에는 해당 물품에 적용할 품목분류를 변경할 수 있다(법 제87조 제1항).

✅ 선지분석

① 관세청장은 품목분류 사전심사 또는 재심사한 품목분류를 변경하여야 할 필요가 있거나 그 밖에 관세청장이 직권으로 한 품목분류를 변경하여야 할 부득이한 사유가 생겼을 경우 등 대통령령으로 정하는 경우에는 해당 물품에 적용할 품목분류를 변경할 수 있다(법 제87조 제1항).

② 관세청장은 협약에 따른 관세협력이사회의 권고·결정이나 법원의 판결로 품목분류 변경이 필요한 경우에는 그 <u>권고·결정이 있은 날 또는 판결이 확정된 날부터 3개월 이내</u>에 이를 관세품목분류위원회의 심의에 부쳐야 한다(영 제107조 제2항).

③ 관세청장은 품목분류를 변경하였을 때에는 그 내용을 고시 또는 공표하고, 신청인에게 그 내용을 통지하여야 한다. 다만, 신청인의 영업 비밀을 포함하는 등 해당 물품에 적용될 품목분류를 고시 또는 공표하는 것이 적당하지 아니하다고 인정되는 물품에 대해서는 고시 또는 공표하지 아니할 수 있다(법 제87조 제2항).

⑤ 관세청장은 협약에 따른 관세협력이사회의 권고·결정이나 법원의 판결로 품목분류 변경이 필요한 경우에는 그 <u>권고·결정이 있은 날 또는 판결이 확정된 날부터 3개월 이내</u>에 이를 관세품목분류위원회의 심의에 부쳐야 한다(영 제107조 제2항).

13 관세협력이사회의 권고 또는 결정 등 대통령령으로 정하는 사유로 관세율표상의 품목분류의 품목을 수정할 필요가 있고, 그 세율이 변경되지 아니하는 경우 품목을 신설 또는 삭제하거나 다시 분류할 수 있는 권한이 있는 자는? 　　　　2012 관세사

① 관세청장
② 기획재정부장관
③ 산업통상자원부장관
④ 중앙관세분석소장
⑤ 관세평가분류원장

기획재정부장관은 통일상품명 및 부호체계에 관한 국제협약에 따른 관세협력이사회의 권고 또는 결정 등 대통령령으로 정하는 사유로 다음 각 호에 따른 표 또는 품목분류의 품목을 수정할 필요가 있는 경우 그 세율이 변경되지 아니하는 경우에는 대통령령으로 정하는 바에 따라 품목을 신설 또는 삭제하거나 다시 분류할 수 있다(법 제84조). 이것을 '품목분류체계의 수정'이라 한다.

1. 별표 관세율표
2. 제73조 및 제76조에 따라 대통령령으로 정한 품목분류
3. 「통일상품명 및 부호체계에 관한 국제협약」 및 별표 관세율표를 기초로 기획재정부장관이 품목을 세분하여 고시하는 관세·통계통합품목분류표

제4장

감면·환급 및 분할납부 등

제1절 감면(법 제88조 ~ 제105조)
제2절 환급 및 분할납부 등(법 제106조 ~ 제109조)

제4장 감면·환급 및 분할납부 등

제1절 | 감면(법 제88조 ~ 제105조)

01
□□□

관세법상 관세를 감면받은 물품은 수입신고 수리일부터 3년의 범위에서 대통령령으로 정하는 기준에 따라 관세청장이 정하는 기간에는 그 감면받은 용도 외의 다른 용도로 사용하거나 양도(임대를 포함한다)할 수 없다. 이에 해당하지 않는 물품은?

2013 국가직 9급

① 관세법 제89조에 따라 관세를 감면받은 반도체 제조용 장비
② 관세법 제90조에 따라 관세를 감면받은 학술연구용품
③ 관세법 제91조에 따라 관세를 면제받은 종교 용품·자선 용품·장애인 용품
④ 관세법 제92조에 따라 관세를 면제받은 정부가 직접 수입하는 간행물

▌관련 법조문: 법 제89조, 제90조, 제91조, 제92조, 제102조　　　　　　답 ④

관세감면의 종류에는 그 감면의 정도에 따라 면세, 감세, 감면세로 나눌 수 있다. 면세는 관세의 완전면제이며, 감세와 감면세는 관세의 일부 경감을 의미한다. '관세를 감면받은 물품은 수입신고 수리일부터 3년의 범위에서 대통령령으로 정하는 기준에 따라 관세청장이 정하는 기간에는 그 감면받은 용도 외의 다른 용도로 사용하거나 양도(임대를 포함한다)할 수 없다'는 것은 감면 후 사후관리가 뒤따르는 '조건부 감면'에 관련된 설명이다. ①②③은 조건부 감면이지만, ④는 무조건 감면에 해당한다.

법 제88조	외교관용 물품 등의 면세	무조건 감면	(양수제한 물품 사후관리)
법 제89조	세율 불균형 물품의 면세		조건부 감면
법 제90조	학술연구용품의 감면		조건부 감면
법 제91조	종교 용품·자선 용품·장애인 용품 등의 면세		조건부 감면
법 제92조	정부용품 등의 면세	무조건 감면	
법 제93조	특정물품의 면세 등		조건부 감면
법 제94조	소액물품 등의 면세	무조건 감면	
법 제95조	환경오염방지물품 등에 대한 감면		조건부 감면
법 제96조	여행자 휴대품·이사물품 등의 감면	무조건 감면	
법 제97조	재수출면세		조건부 감면
법 제98조	재수출 감면		조건부 감면
법 제99조	재수입면세	무조건 감면	
법 제100조	손상물품에 대한 감면	무조건 감면	
법 제101조	해외임가공물품 등의 감면	무조건 감면	

> **◉ 명호쌤의 한마디**
>
> 관세감면은 '면세(관세 완전 면제)'와 '감면(일부 경감)'을 구분해야 한다. 또 '무조건 감면(사후관리 없음)'과 '조건부 감면(사후관리 있음)'을 구분해야 한다.
>
> | 구분 | 해당 감면 |
> |---|---|
> | 감면(일부 경감) | 학, 환, 출, 휴, 손, 해 |
> | 무조건 감면 | 소, 정, 입, 휴, 손, 해 |

관세법령상 관세의 감면에 대한 설명으로 옳지 않은 것은?

① 법률에 의하여 관세를 면제하는 경우 면제되는 관세의 범위에 대하여 특별한 규정이 없는 때에는 상계관세의 세율은 면제되는 관세의 범위에 포함되지 아니한다.

② 특정연구기관 육성법에 의한 연구기관이 연구·개발 대상물품을 제조하기 위하여 사용할 물품이 수입될 때에는 그 관세를 면제한다.

③ 정부와 체결한 사업계약을 수행하기 위하여 외국계약자가 계약조건에 따라 수입하는 업무용품이 수입될 때에는 그 관세를 면제한다.

④ 우리나라 선박이 외국 정부의 허가를 받아 외국의 영해에서 포획한 수산물을 원료로 하여 우리나라 선박에서 제조한 물품이 수입될 때에는 그 관세를 면제할 수 있다.

▌ **관련 법조문: 법 제88조, 제90조, 제93조, 영 제111조, 규칙 제37조**　　　　답 ②

특정연구기관 육성법 제2조의 규정에 의한 연구기관에서 학술연구용·교육용·훈련용·실험실습용 및 과학기술연구용으로 사용할 물품 중 기획재정부령으로 정하는 물품이 수입될 때에는 그 관세를 감면할 수 있다(법 제90조 제1항, 규칙 제37조 제2항 제22호). 이때 적용될 수 있는 감면 규정은 '학술연구용품의 감면'인데, 이 감면에 따라 관세가 일부 경감되기는 하지만 '면제'되지는 않는다.

 선지분석

① 관세법 기타 법률 또는 조약에 의하여 관세를 면제하는 경우 면제되는 관세의 범위에 대하여 특별한 규정이 없는 때에는 법 제50조 제2항 제1호의 세율(상계관세 포함)은 면제되는 관세의 범위에 포함되지 아니한다(영 제111조 제2항).

③ 정부와 체결한 사업계약을 수행하기 위하여 외국계약자가 계약조건에 따라 수입하는 업무용품이 수입될 때에는 그 관세를 면제한다(법 제88조 제1항, 외교관용 물품 등의 면세).

④ 우리나라 선박이 외국 정부의 허가를 받아 외국의 영해에서 포획한 수산물을 원료로 하여 우리나라 선박에서 제조한 물품이 수입될 때에는 그 관세를 면제할 수 있다(법 제93조, 특정물품의 면세 등).

관세법상 외교관용 물품 등의 면세를 받은 물품으로서 양수가 제한되지 않는 것은?

① 엽총
② 피아노
③ 선박
④ 전자오르간
⑤ 골프채

▌ **관련 법조문: 법 제88조, 규칙 제34조**　　　　답 ⑤

법 제88조(외교관용 물품 등의 면세) 제1항에 따라 관세를 면제받은 물품 중 기획재정부령으로 정하는 물품은 수입신고 수리일부터 3년의 범위에서 대통령령으로 정하는 기준에 따라 관세청장이 정하는 기간에 제1항의 용도 외의 다른 용도로 사용하기 위하여 양수할 수 없다(법 제88조 제2항). 법 제88조 제2항의 규정에 의하여 양수가 제한되는 물품은 다음 각 호와 같다(규칙 제34조 제4항).

> 1. 자동차(삼륜자동차와 이륜자동차를 포함한다)
> 2. 선박
> 3. 피아노
> 4. 전자오르간 및 파이프오르간
> 5. 엽총

04 관세법 제88조(외교관용 물품 등의 면세)에서 관세가 면제되는 물품으로 명시되어 있지 않은 것은?

2019 관세사

① 우리나라에 있는 외국의 대사관·공사관 및 그 밖에 이에 준하는 기관의 업무용품
② 우리나라에 주재하는 외국의 대사·공사 및 그 밖에 이에 준하는 사절과 그 가족이 사용하는 물품
③ 우리나라에 있는 외국의 영사관 및 그 밖에 이에 준하는 기관의 업무용품
④ 정부와 체결한 사업계약을 수행하기 위하여 외국계약자와 그 가족이 사용하는 물품
⑤ 국제기구 또는 외국 정부로부터 우리나라 정부에 파견된 고문관·기술단원 및 그 밖에 기획재정부령으로 정하는 자가 사용하는 물품

┃ 관련 법조문: 법 제88조   답 ④

정부와 체결한 사업계약을 수행하기 위하여 외국계약자가 수입하는 물품은 '계약조건에 따라' 수입하는 '업무용품'에 한정하여 그 관세를 면제한다. 그 가족이 사용하는 물품까지 관세를 면제하지는 않는다(법 제88조, 외교관용 물품 등의 면세).

---

05 관세법상 관세의 면제에 대한 설명으로 옳지 않은 것은?

2023 국가직 9급

① 우리나라에 있는 외국의 대사관·공사관·영사관 및 그 밖에 이에 준하는 기관의 직원 중 기획재정부령으로 정하는 직원과 그 가족이 사용하는 물품이 수입될 때에는 그 관세를 면제한다.
② 우리나라로 거주를 이전하기 위하여 입국하는 자가 입국할 때 수입하는 이사물품으로서 거주 이전의 사유, 거주기간, 직업, 가족 수, 그 밖의 사정을 고려하여 기획재정부령으로 정하는 기준에 따라 세관장이 타당하다고 인정하는 물품이 수입될 때에는 그 관세를 면제할 수 있다.
③ 상수도 수질을 측정하거나 이를 보전·향상하기 위하여 국가나 지방자치단체가 수입하는 물품으로서 기획재정부령으로 정하는 물품이 수입될 때에는 그 관세를 면제할 수 있다.
④ 우리나라 수출물품의 품질, 규격, 안전도 등이 수입국의 권한 있는 기관이 정하는 조건에 적합한 것임을 표시하는 수출물품에 부착하는 증표로서 기획재정부령으로 정하는 물품이 수입될 때에는 그 관세를 면제할 수 있다.

┃ 관련 법조문: 법 제88조, 제92조, 제93조, 제96조   답 ①

우리나라에 있는 외국의 대사관·공사관·영사관 및 그 밖에 이에 준하는 기관의 직원 중 '대통령령으로' 정하는 직원과 그 가족이 사용하는 물품이 수입될 때에는 그 관세를 면제한다(법 제88조 제1항 제4호).

⊘ 선지분석

② 법 제96조(여행자 휴대품 및 이사물품 등의 감면) 제1항 제2호
③ 법 제92조(정부용품 등의 면세) 제7호
④ 법 제93조(특정물품의 면세 등) 제12호

06 관세법령상 세율불균형물품의 면세에 대한 설명으로 옳지 않은 것은?

① 세율불균형을 시정하기 위하여 조세특례제한법 제6조 제1항에 따른 중소기업이 대통령령으로 정하는 바에 따라 세관장이 지정하는 공장에서 항공기를 제조 또는 수리하기 위하여 사용하는 부분품과 원재료 중 기획재정부령으로 정하는 물품에 대하여는 그 관세를 면제할 수 있다.

② 장비 제조업자가 반도체 제조용 장비의 제조에 사용하기 위하여 수입하는 부분품 및 원재료 중 산업통상자원부장관 또는 그가 지정하는 자가 추천하는 물품은 관세가 감면되는 물품이다.

③ 관세법 시행령 제113조 제1항의 규정에 의한 제조ㆍ수리공장의 지정 신청을 받은 세관장은 그 감시ㆍ단속에 지장이 없다고 인정되는 때에는 3년의 범위 내에서 기간을 정하여 제조ㆍ수리공장의 지정을 하여야 한다.

④ 세관장은 관세법 제89조 제1항에 따라 제조ㆍ수리공장의 지정을 받은 자가 1년 이상 휴업하여 세관장이 지정된 공장의 설치목적을 달성하기 곤란하다고 인정하는 경우 그 지정을 취소하여야 한다.

▌관련 법조문: 법 제89조, 영 제113조, 규칙 제35조 답 ④

세관장은 제조ㆍ수리공장의 지정을 받은 자가 다음 중 어느 하나에 해당하는 경우에는 그 지정을 취소할 수 있다. 다만, 제1호 또는 제2호에 해당하는 경우에는 지정을 취소하여야 한다.

> 1. 지정의 결격사유(법 제89조 제2항 각 호)의 어느 하나에 해당하는 경우. 다만, 법인의 경우로서 법 제175조(운영인의 결격사유) 제2호 또는 제3호에 해당하는 사람을 임원으로 하는 법인이 3개월 이내에 해당 임원을 변경하는 경우에는 그러하지 아니하다.
> 2. 거짓이나 그 밖의 부정한 방법으로 지정을 받은 경우
> 3. <u>1년 이상 휴업하여 세관장이 지정된 공장의 설치목적을 달성하기 곤란하다고 인정하는 경우</u>

위 사유 중 제1호와 제2호는 반드시 지정을 취소하여야 하지만, 제3호의 경우 '지정을 취소할 수 있다'(법 제89조 제4항).

✅ **선지분석**

① 법 제89조(세율불균형물품의 면세) 제1항
② 규칙 제35조(세율불균형물품에 대한 관세의 감면) 제1항
③ 영 제113조(제조ㆍ수리공장의 지정) 제2항

07 관세법상 관세의 면제대상에 해당되지 않는 것은?

① 국제기구 또는 외국 정부로부터 우리나라 정부에 파견된 고문관ㆍ기술단원 및 그 밖에 기획재정부령으로 정하는 자가 사용하는 물품

② 우리나라의 선박 기타 운송수단이 조난으로 인하여 해체된 경우 그 해체재 및 장비

③ 우리나라와 외국간에 건설될 교량ㆍ통신시설ㆍ해저통로 기타 이에 준하는 시설의 건설 또는 수리에 소요되는 물품

④ 국가기관, 지방자치단체 및 기획재정부령으로 정하는 기관에서 사용할 학술연구용품ㆍ교육용품 및 실험실습용품으로서 기획재정부령으로 정하는 물품

▌관련 법조문: 법 제93조, 제95조 답 ④

①은 외교관용 물품 등의 면세, ②와 ③은 특정 물품의 면세 등에 해당한다. 즉, ①②③은 관세의 면제(면세)대상이지만, ④는 학술연구용품의 감면에 해당하므로 '면제'는 되지 않는다. 학술연구용품의 감면의 감면율은 80%(공공의료기관과 학교부설의료기관의 경우 50%)이다.

08 관세법령상 감면에 대한 설명으로 옳지 않은 것은?

① 세관장은 휴대품 등에 대한 관세를 면제받고자 하는 자가 통관명세서를 제출하지 아니한 경우로서 그 주요 물품의 통관명세를 입국지 관할 세관장으로부터 확인할 수 있는 경우에는 통관명세서를 제출하지 아니하게 할 수 있다.

② 관세법 제90조(학술연구용품의 감면) 제2항에 의한 관세의 감면율은 100분의 60으로 한다. 다만, 공공의료기관 및 학교부설 의료기관에서 사용할 물품에 대한 관세의 감면율은 100분의 80으로 한다.

③ 세관장은 관세법 제97조(재수출면세) 제1항에 따라 관세를 면제받은 물품 중 기획재정부령으로 정하는 물품이 같은 항에 규정된 기간 내에 수출되지 아니한 경우에는 500만원을 넘지 아니하는 범위에서 해당 물품에 부과될 관세의 100분의 20에 상당하는 금액을 가산세로 징수한다.

④ 여신전문금융업법에 따른 시설대여업자가 관세법에 따라 관세가 감면되거나 분할납부되는 물품을 수입할 때에는 대여시설 이용자를 납세의무자로 하여 수입신고를 할 수 있다.

│ 관련 법조문: 법 제37조, 제105조, 규칙 제37조, 제49조　　　　　　　　답 ②

학술연구용품의 감면의 관세의 감면율은 <u>100분의 80</u>으로 한다. 다만, 공공의료기관(국립암센터 및 국립중앙의료원은 제외한다) 및 학교부설의료기관에서 사용할 물품에 대한 관세의 감면율은 <u>100분의 50</u>으로 한다(규칙 제37조 제5항).

◎ 선지분석

① 규칙 제49조(휴대품 등에 대한 관세의 면제신청)
③ 법 제97조(재수출면세) 제4항
④ 법 제105조(시설대여업자에 대한 감면 등) 제1항

---

09 관세법 제93조(특정물품의 면세 등)와 관련하여 물품이 수입될 때에 관세를 면제받을 수 있는 것이 아닌 것은?

① 우리나라 선박이 외국 정부의 허가를 받아 외국의 영해에서 채집하거나 포획한 수산물

② 우리나라의 선박이나 항공기가 매매계약상의 하자보수 보증기간 중에 외국에서 발생한 고장에 대하여 우리나라 매수인의 부담으로 하는 수리 부분에 해당하는 물품

③ 피상속인이 사망하여 국내에 주소를 둔 자에게 상속되는 피상속인의 신변용품

④ 우리나라와 외국간에 건설될 교량, 통신시설, 해저통로, 그 밖에 이에 준하는 시설의 건설 또는 수리에 필요한 물품

⑤ 우리나라의 선박이나 그 밖의 운송수단이 조난으로 인하여 해체된 경우 그 해체재(解體材) 및 장비

│ 관련 법조문: 법 제93조　　　　　　　　답 ②

우리나라의 선박이나 항공기가 매매계약상의 하자보수 보증기간 중에 외국에서 발생한 고장에 대하여 '외국의 매도인의 부담'으로 하는 수리 부분에 해당하는 물품이 수입될 때에는 그 관세를 면제할 수 있다(법 제93조 제14호). '외국의 매도인 부담'이라는 것은 선박이나 항공기를 판매한 외국인이 무상으로 수리해주는 것을 말한다. 우리나라의 매수인이 수리 비용을 부담하는 경우에는 관세 면제가 되지 않는다.

10 관세법상 수입시 관세를 면제할 수 있는 물품으로 옳지 않은 것은?

2016 관세사

① 외국에 주둔하는 국군이나 재외공관으로부터 반환된 공용품

② 핵사고 또는 방사능 긴급사태 시 그 복구지원과 구호를 목적으로 외국으로부터 기증되는 물품으로서 대통령령으로 정하는 물품

③ 국가정보원장 또는 그 위임을 받은 자가 국가의 안전보장 목적의 수행상 긴요하다고 인정하여 수입하는 물품

④ 우리나라의 선박이나 항공기가 해외에서 사고로 발생한 피해를 복구하기 위하여 외국의 보험회사 또는 외국의 가해자의 부담으로 하는 수리 부분에 해당하는 물품

⑤ 피상속인이 사망하여 국내에 주소를 둔 자에게 상속되는 피상속인의 신변용품

> **┃ 관련 법조문: 법 제92조, 제93조** 　　　　　　　　　　　　　　　　답 ②

특정물품의 면세 등(법 제93조) 규정에 따라 핵사고 또는 방사능 긴급사태시 그 복구지원과 구호를 목적으로 외국으로부터 기증되는 물품으로서 '기획재정부령'으로 정하는 물품이 수입될 때에는 그 관세를 면제할 수 있다(법 제93조 제3호).

◎ 선지분석

① 법 제92조(정부용품 등의 면세) 제3호
③ 법 제92조(정부용품 등의 면세) 제8호
④ 법 제93조(특정물품의 면세 등) 제13호
⑤ 법 제93조(특정물품의 면세 등) 제17호

11 수입될 때 관세의 면제를 받을 수 있는 물품으로 옳지 않은 것은?

2014 국가직 7급

① 해외시험 및 연구를 목적으로 수출된 후 재수입되는 물품

② 가공 또는 수리할 목적으로 수출한 물품으로서 기획재정부령으로 정하는 기준에 적합한 물품

③ 우리나라의 선박이나 항공기가 매매계약상의 하자보수 보증기간 중에 외국에서 발생한 고장에 대하여 외국의 매도인의 부담으로 하는 수리 부분에 해당하는 물품

④ 정부와 체결한 사업계약을 수행하기 위하여 외국계약자가 계약조건에 따라 수입하는 업무용품

> **┃ 관련 법조문: 법 제92조, 제93조, 제99조, 제101조** 　　　　　　　답 ②

이 문제는 관세의 '면제'만 묻고 있다. '가공 또는 수리할 목적으로 수출한 물품으로서 기획재정부령으로 정하는 기준에 적합한 물품'은 수입될 때 해외임가공물품 등의 감면(법 제101조)이 적용될 수 있다. 이 경우 관세의 일부 경감은 가능하지만, 관세가 완전히 면제되지는 않는다.

◎ 선지분석

① '해외시험 및 연구를 목적으로 수출된 후 재수입되는 물품'은 재수입 면세대상이다(법 제99조).
③ '우리나라의 선박이나 항공기가 매매계약상의 하자보수 보증기간 중에 외국에서 발생한 고장에 대하여 외국의 매도인의 부담으로 하는 수리 부분에 해당하는 물품'은 특정 물품의 면세 등 대상이다(법 제93조).
④ '정부와 체결한 사업계약을 수행하기 위하여 외국계약자가 계약조건에 따라 수입하는 업무용품'은 외교관용 물품 등의 면세대상이다(법 제88조).

12 관세가 면제되는 외교관용 물품 등에 해당하지 않는 것은?

□□□

① 국제기구 또는 외국 정부로부터 우리나라 정부에 파견된 고문관·기술단원 및 그 밖에 기획재정부령으로 정하는 자가 사용하는 물품

② 우리나라에 주재하는 외국의 대사·공사 및 그 밖에 이에 준하는 사절과 그 가족이 사용하는 물품

③ 우리나라에 있는 외국의 영사관 및 그 밖에 이에 준하는 기관의 업무용품

④ 우리나라에 있는 외국의 대사관·공사관·영사관 및 그 밖에 이에 준하는 기관의 직원 중 관세청장이 정하는 직원과 그 가족이 사용하는 물품

⑤ 정부와 체결한 사업 계약을 수행하기 위하여 외국계약자가 계약조건에 따라 수입하는 업무용품

┃ 관련 법조문: 법 제88조 답 ④

법 제88조(외교관용 물품 등의 면세) 규정에 따라 다음의 물품이 수입될 때에는 그 관세를 면제한다. 아래의 제4호와 제6호의 '대통령령'과 '기획재정부령'을 주의 깊게 보아야 위와 같은 문제에 대응할 수가 있다.

1. 우리나라에 있는 외국의 대사관·공사관 및 그 밖에 이에 준하는 기관의 업무용품
2. 우리나라에 주재하는 외국의 대사·공사 및 그 밖에 이에 준하는 사절과 그 가족이 사용하는 물품
3. 우리나라에 있는 외국의 영사관 및 그 밖에 이에 준하는 기관의 업무용품
4. 우리나라에 있는 외국의 대사관·공사관·영사관 및 그 밖에 이에 준하는 기관의 직원 중 '대통령령'으로 정하는 직원과 그 가족이 사용하는 물품[여기에서 '대통령령'으로 정하는 직원이란, ㉠ 대사관 또는 공사관의 참사관·1등서기관·2등서기관·3등서기관 및 외교관보, ㉡ 총영사관 또는 영사관의 총영사·영사·부영사 및 영사관보(명예총영사 및 명예영사 제외), ㉢ 대사관·공사관·총영사관 또는 영사관의 외무공무원으로서 제1호 및 제2호에 해당하지 아니하는 사람을 말한다]
5. 정부와 체결한 사업계약을 수행하기 위하여 외국계약자가 계약조건에 따라 수입하는 업무용품
6. 국제기구 또는 외국 정부로부터 우리나라 정부에 파견된 고문관·기술단원 및 그 밖에 '기획재정부령'으로 정하는 자가 사용하는 물품(여기에서 '기획재정부령으로 정하는 자'란 면세업무와 관련된 조약 등에 의하여 외교관에 준하는 대우를 받는 자로서 해당 업무를 관장하는 중앙행정기관의 장이 확인한 자를 말한다)

13 관세법령상 관세가 면제되는 외교관용 물품 등에 해당하지 않는 것은?

□□□

① 우리나라에 주재하는 외국 대사의 가족이 사용하는 물품

② 우리나라에 있는 외국 공사관의 3등 서기관의 가족이 사용하는 물품

③ 우리나라에 있는 외국 영사관의 명예총영사가 사용하는 물품

④ 우리나라에 있는 외국 영사관의 업무용품

⑤ 정부와 체결한 사업계약을 수행하기 위하여 외국계약자가 계약조건에 따라 수입하는 업무용품

┃ 관련 법조문: 법 제88조, 영 제108조 답 ③

우리나라에 있는 외국 영사관의 명예총영사가 사용하는 물품은 관세가 면제되지 않는다. 즉, 명예총영사 및 명예영사를 제외한다(영 제108조 제2호).

14 한국의 A사는 러시아 정부의 허가를 받아 러시아 영해에서 A사 소유 선박으로 포획한 수산물을 해당 선박에서 1차 가공하여 우리나라에 반입한다. 동 물품은 우리나라에서 식품으로 추가 가공된 다음 그 중 일부가 수출될 예정이다. 만일 A사가 반입물품에 대해 관세를 면제받으려면 어떤 관세법 조항을 적용해야 하는가?

2015 관세사

① 관세법 제92조(정부용품 등의 면세)
② 관세법 제93조(특정물품의 면세 등)
③ 관세법 제97조(재수출면세)
④ 관세법 제99조(재수입면세)
⑤ 관세법 제101조(해외임가공물품 등의 감면)

｜ 관련 법조문: 법 제93조 답 ②

'한국의 A사 소유 선박'은 우리나라 선박이며, '러시아 정부의 허가'는 외국 정부의 허가를 말한다. 우리나라 선박이 외국 정부의 허가를 받아 외국의 영해에서 채집하거나 포획한 수산물이 수입될 때에는 법 제93조(특정 물품의 면세 등) 규정에 따라 그 관세를 면제할 수 있다.

15 관세법상 관세감면에 대한 설명 중 맞는 것은?

2008 관세사

① 교회, 사원 등 종교단체의 의식(儀式)에 사용되는 물품을 유상 수입하는 경우 관세가 면제된다.
② 시각장애인, 청각장애인, 언어장애인, 지체장애인 등을 위한 용도로 특수하게 제작 또는 제조된 물품 중 관세청장이 정하는 물품은 관세가 면제된다.
③ 사회복지법인이 운영하는 재활 병원·의원에서 장애인을 진단하고 치료하기 위하여 사용하는 의료용구는 물품대가를 지급하고 수입한 경우에도 관세가 면제된다.
④ 국가기관이나 지방자치단체가 물품대가를 지급하고 수입한 물품으로서 공용으로 사용하는 물품은 관세를 면제할 수 있다.
⑤ 정부가 외국으로부터 직접 수입하는 군수품은 관세를 면제할 수 있으나 정부의 위탁을 받아 정부 외의 자가 군수품을 수입하는 경우에는 관세가 면제되지 않는다.

｜ 관련 법조문: 법 제91조, 제92조 답 ③

종교용품·자선용품·장애인용품 등의 면세(법 제91조)에서 종교용품과 자선용품은 '기증'의 목적으로 수입되는 것이어야 관세 면제가 되지만, 장애인 용품의 경우에는 '기증'된 것이 아니어도 관세 면제가 가능하다.

⊘ 선지분석

① 종교단체의 의식에 사용되는 물품은 '외국으로부터 기증'되는 물품일 때에만 관세가 면제된다.
② 장애인용품으로서 '기획재정부령'으로 정하는 물품은 관세가 면제된다.
④ 국가기관이나 지방자치단체에 '기증'된 물품으로서 공용으로 사용하는 물품은 관세를 면제할 수 있다(정부용품 등의 면세).
⑤ 정부가 외국으로부터 직접 수입하는 군수품뿐만이 아니라 정부의 위탁을 받은 정부 외의 자가 군수품을 수입하는 경우에도 관세가 면제된다(정부용품 등의 면세).

16 관세법상 관세의 감면에 대한 설명으로 옳지 않은 것은?

① 과학기술정보통신부장관이 국가의 안전보장을 위하여 긴요하다고 인정하여 수입하는 비상통신용 물품 및 전파관리용 물품이 수입될 때에는 그 관세를 면제할 수 있다.

② 우리나라의 선박이나 항공기가 매매계약상의 하자보수 보증기간 중에 외국에서 발생한 고장에 대하여 외국의 매도인의 부담으로 하는 수리 부분에 해당하는 물품이 수입될 때에는 그 관세를 면제할 수 있다.

③ 오염물질의 배출 방지 또는 처리를 위하여 사용하는 기계·기구·시설·장비로서 기획재정부령으로 정하는 것에 해당하는 물품 중 국내에서 제작하기 곤란한 물품이 수입될 때에는 그 관세를 감면할 수 있다.

④ 원재료 또는 부분품을 수출하여 기획재정부령으로 정하는 물품으로 제조하거나 가공한 물품이 수입될 때에는 대통령령으로 정하는 바에 따라 그 관세를 면제할 수 있다.

> **관련 법조문: 법 제92조, 제93조, 제95조, 제101조**　　　　답 ④

다음 각 호의 어느 하나에 해당하는 물품이 수입될 때에는 대통령령으로 정하는 바에 따라 그 관세를 경감할 수 있다(법 제101조 제1항).

> 1. 원재료 또는 부분품을 수출하여 기획재정부령으로 정하는 물품으로 제조하거나 가공한 물품
> 2. 가공 또는 수리할 목적으로 수출한 물품으로서 기획재정부령으로 정하는 기준에 적합한 물품

'원재료 또는 부분품을 수출하여 기획재정부령으로 정하는 물품으로 제조하거나 가공한 물품이 수입될 때' 적용될 수 있는 관세감면제도는 법 제101조(해외임가공물품 등의 감면)이다. '감면'이므로 관세가 완전히 면제되는 것은 아니다. 따라서 '면제'를 '감면'으로 바꿔야 한다.

✅ 선지분석

① 법 제92조(정부용품 등의 면세)
② 법 제93조(특정물품의 면세 등)
③ 법 제95조(환경오염방지물품 등에 대한 감면)

17 관세법령상 관세를 면제할 수 있는 특정물품에 해당하지 않는 것은?

① 동식물의 번식·양식 및 종자개량을 위한 물품으로서 사료작물 재배용 종자인 호밀
② 우리나라 선박이 외국의 선박과 협력하여 기획재정부령으로 정하는 방법으로 채집하거나 포획한 수산물로서 해양수산부장관이 추천하는 것
③ 우리나라의 선박이나 그 밖의 운송수단이 조난으로 인하여 해체된 경우 그 해체재(解體材) 및 장비
④ 우리나라의 선박이 매매계약상의 하자보수 보증기간 중에 국내에서 발생한 고장에 대하여 외국의 매도인의 부담으로 하는 수리 부분에 해당하는 물품
⑤ 피상속인이 사망하여 국내에 주소를 둔 자에게 상속되는 피상속인의 신변용품

> **관련 법조문: 법 제93조, 규칙 제43조**　　　　답 ④

우리나라의 선박이 매매계약상의 하자보수 보증기간 중에 <u>외국에서 발생한 고장에 대하여</u> 외국의 매도인의 부담으로 하는 수리 부분에 해당하는 물품(법 제93조 제14호).

선지분석

① 법 제93조(특정물품의 면세 등) 제1호, 규칙 제43조(관세가 면제되는 특정물품) 제1항
② 법 제93조(특정물품의 면세 등) 제5호
③ 법 제93조(특정물품의 면세 등) 제10호
⑤ 법 제93조(특정물품의 면세 등) 제17호

18 관세의 감면에 관한 설명으로 옳지 않은 것은? 2013 관세사

□□□

① 외국에 주둔하는 국군으로부터 반환된 공용품이 수입될 때에는 그 관세를 면제할 수 있다.
② 국가정보원장의 위임을 받은 자가 국가의 안전보장 목적의 수행상 긴요하다고 인정하여 수입하는 물품은 그 관세를 면제할 수 있다.
③ 교회의 의식에 사용되는 물품을 구매하여 수입할 때에는 관세법 제91조의 종교용품 면세규정에 따라 그 관세를 면제할 수 있다.
④ 우리나라의 거주자에게 수여된 기장(紀章)이 수입될 때에는 그 관세를 면제할 수 있다.
⑤ 항공기를 제조 또는 수리하기 위하여 사용하는 부분품과 원재료 중 기획재정부령으로 정하는 물품에 대해서는 그 관세를 면제할 수 있다.

┃ **관련 법조문: 법 제89조, 제91조, 제92조, 제94조** 답 ③

교회, 사원 등 종교단체의 의식(儀式)에 사용되는 물품으로서 외국으로부터 '기증'되는 물품이 수입될 때에는 관세를 면제한다. 그러나 수입자가 외국에서 '구매'하여 수입하는 경우에는 관세가 면제되지 않는다.

19 관세감면대상 물품에 관한 설명으로 옳지 않은 것은? 2012 관세사

□□□

① 세율불균형을 시정하기 위하여 대통령령으로 정하는 바에 따라 세관장이 지정하는 공장에서 항공기 제조업자 또는 수리업자가 항공기와 그 부분품의 제조 또는 수리에 사용하기 위하여 수입하는 부분품 및 원재료는 관세법 제89조(세율불균형물품의 면세)의 면세대상이다.
② 관세율표 제92류에 해당하는 파이프오르간은 교회, 사원 등 종교단체의 의식에 사용되는 물품으로서 외국으로부터 기증되는 물품에 해당되어도 관세법 제91조(종교용품 등의 면세)의 면세대상이 아니다.
③ 관세율표 제8703호에 해당하는 승용자동차는 국가기관이나 지방자치단체에 기증된 물품으로서 공용으로 사용하는 물품이라도 관세법 제92조(정부용품 등의 면세)의 면세대상이 아니다.
④ 물품가격이 미화 150달러 이하의 물품으로서 자가 사용물품으로 인정되는 것이라 하더라도 반복 또는 분할하여 수입되는 물품으로서 관세청장이 정하는 기준에 해당하는 것은 관세법 제94조(소액물품 등의 면세)의 면세대상이 아니다.
⑤ 비거주자인 여행자가 반입하는 물품으로서 본인의 직업상 필요하다고 인정되는 직업용구로서 세관장이 타당하다고 인정하는 물품은 면세대상이다.

┃ **관련 법조문: 법 제91조, 규칙 제35조, 제39조, 제41조, 제45조, 제48조** 답 ②

종교용품(법 제91조 제1호)에 해당하더라도 관세율표 번호 제8518호, 제8531호, 제8519호·제8521호·제8522호·제8523호 및 제92류에 해당하는 물품에 대해서는 과세한다. 제8518호 등은 마이크, 음향기기, 영상기기, 악기 등으로서 이것들은 종교 용품으로 사용한다고 하더라도 역시나 일반용품으로 쓸 수도 있는 것이므로 관세를 면제하지 않는다. 다만, 파이프오르간은 종교 용품이 확실하므로 여기에서 제외한다(관세를 면제한다).

20 관세법에 의한 관세감면이 가능한 물품이 아닌 것은?

① 사료작물 재배용 귀리 종자
② 관세청이 수입하는 통관검색용 X-Ray 장비
③ 주한 독일영사관이 수입하는 업무용 컴퓨터
④ 문화체육관광부가 직접 수입하는 촬영된 필름
⑤ 외국에 거주하는 피상속인의 사망으로 인하여 국내에 주소를 둔 자에게 상속되는 피상속인의 신변용품

> **관련 법조문: 법 제88조, 제92조, 제93조, 규칙 제41조**　　　　　　답 ②

정부가 직접 수입하는 간행물, 음반, 녹음된 테이프, 녹화된 슬라이드, 촬영된 필름, 그 밖에 이와 유사한 물품 및 자료는 정부 용품 등의 면세(법 제92조) 규정에 따라 관세 면제가 가능하다. 그러므로 문화체육관광부(정부)가 직접 수입하는 촬영된 필름은 면세대상이 되지만, 관세청(정부)이 수입하는 통관 검색용 X-Ray 장비는 면세대상에 해당하지 않는다.

☑ 선지분석

① 사료작물 재배용 귀리종자는 법 제93조 제1호의 동식물의 번식·양식 및 종자개량을 위한 물품 중 기획재정부령으로 정하는 물품에 해당한다. 여기에서 기획재정부령으로 정하는 물품이란 사료작물 재배용 종자(호밀·귀리 및 수수에 한한다)이다. 즉, 사료작물 재배용 귀리종자는 특정 물품의 면세 규정에 따라 관세 면제가 가능하다.
③ 주한 독일 영사관이 수입하는 업무용 컴퓨터는 외교관용 물품 등의 면세(법 제88조) 규정에 따라 관세 면제가 가능하다.
④ 외국에 거주하는 피상속인이 사망하여 국내에 주소를 둔 자에게 상속되는 피상속인의 신변용품은 특정 물품의 면세 등(법 제93조) 규정에 따라 관세 면제가 가능하다.

---

21 국가기관에서 수입하는 다음 물품 중 관세가 면제되는 것은?

① 경찰청장이 국가의 안전보장을 위하여 긴요하다고 인정하여 수입하는 비상통신용 물품
② 정부가 외국으로부터 수입하는 군수물품 중 군수관리법 제3조 규정에 의한 통상품
③ 국가기관이 사용할 학술연구용품·교육용품 및 실험실습용품으로서 개당 또는 세트당 과세가격이 50만원인 기기
④ 국가가 환경오염(소음 및 진동 포함)을 측정하거나 분석하기 위하여 수입하는 개당 또는 세트당 과세가격이 50만원인 기계·기구
⑤ 정부가 직접 수입하는 간행물, 음반, 녹음된 테이프, 촬영된 필름

> **관련 법조문: 법 제90조, 제92조, 규칙 제41조**　　　　　　답 ⑤

정부가 직접 수입하는 간행물, 음반, 녹음된 테이프, 촬영된 필름은 정부 용품 등의 면세 규정에 따라 관세가 면제된다.

☑ 선지분석

① 과학기술정보통신부장관이 국가의 안전보장을 위하여 수입하는 전파관리용 물품과 비상통신용 물품은 관세가 면제된다.
② 정부가 외국으로부터 수입하는 군수품 중 군수품관리법 제3조에 따른 '통상품'은 면세대상에서 제외한다. 통상품이란 군수 용도뿐만이 아닌 통상의 생활에도 사용할 수 있는 품목을 말한다.
③ 국가기관이 사용할 학술연구용품 등으로서 개당 또는 세트당 과세가격이 100만원 이상인 기기는 관세가 감면된다.
④ 국가가 환경오염을 측정하거나 분석하기 위하여 수입하는 개당 또는 세트당 과세가격이 100만원 이상인 기계 등은 관세가 면제된다.

22 관세법령상 특정물품의 면세와 관련하여 동식물의 번식·양식 및 종자개량을 위한 물품으로 수입될 때 관세를 면제할 수 있는 물품이 아닌 것은?

2011 국가직 9급

① 호밀
② 귀리
③ 조
④ 수수

> **관련 법조문: 규칙 제43조**　　　　　　　　　　　　　　　답 ③

호밀, 귀리, 수수가 동식물의 번식, 양식 및 종자개량을 위한 물품으로 수입될 때 '특정물품의 면세 등(법 제93조)' 규정에 따라 관세가 면제된다.

---

23 특정물품의 면세 등의 대상에 해당하지 않는 것은?

2012 국가직 7급

① 국가정보원장 또는 그 위임을 받은 자가 국가의 안전보장 목적의 수행상 긴요하다고 인정하여 수입하는 물품
② 우리나라와 외국간에 건설될 교량, 통신시설, 해저통로, 그 밖에 이에 준하는 시설의 건설 또는 수리에 필요한 물품
③ 피상속인이 사망하여 국내에 주소를 둔 자에게 상속되는 피상속인의 신변용품
④ 핵사고 또는 방사능 긴급사태시 그 복구지원과 구호를 목적으로 외국으로부터 기증되는 물품으로서 기획재정부령으로 정하는 물품

> **관련 법조문: 법 제92조, 제93조**　　　　　　　　　　答 ①

②③④는 '특정물품의 면세 등'에 해당하지만, ①은 '정부용품 등의 면세'에 해당한다. 모두가 감면을 받을 수 있는 물품인 경우, 이 문제처럼 그 안에서 감면의 '종류'를 구분할 것이 요구되기도 한다.

---

24 관세법령상 정부용품 등의 면세대상으로 명시되어 있지 않은 것은?

2020 관세사

① 외국에 주둔하는 국군이나 재외공관으로부터 반환된 공용품
② 정부가 직접 수입하는 간행물과 녹화된 슬라이드
③ 상수도 수질을 측정하기 위하여 지방자치단체가 수입하는 물품으로서 기획재정부령으로 정하는 물품
④ 우리나라와 외국간에 건설될 교량, 해저통로, 그 밖에 이에 준하는 시설의 건설에 필요한 물품
⑤ 국가정보원장이 국가의 안전보장 목적의 수행상 긴요하다고 인정하여 수입하는 물품

> **관련 법조문: 법 제92조, 제93조**　　　　　　　　　　答 ④

'우리나라와 외국간에 건설될 교량, 해저통로, 그 밖에 이에 준하는 시설의 건설에 필요한 물품'이 수입될 때에는 법 제93조(특정물품의 면세 등)에 따라 관세를 면제할 수 있다.

25 관세법상 '정부용품 등의 면세'를 적용받을 수 있는 물품에 해당하지 않는 것은? 2021 국가직 9급

① 정보처리기술을 응용한 공장 자동화 기계·기구·설비 및 그 핵심부분품으로서 기획재정부령으로 정하는 물품
② 과학기술정보통신부장관이 국가의 안전보장을 위하여 긴요하다고 인정하여 수입하는 비상통신용 물품
③ 상수도 수질을 측정하기 위하여 지방자치단체가 수입하는 물품으로서 기획재정부령으로 정하는 물품
④ 국가정보원장이 국가의 안전보장 목적의 수행상 긴요하다고 인정하여 수입하는 물품

> **관련 법조문: 법 제92조, 제95조**　　　　　　　　　　　　　　　　　　　　답 ①

기계·전자기술 또는 정보처리기술을 응용한 공장 자동화 기계·기구·설비(그 구성기기를 포함한다) 및 그 핵심부분품으로서 기획재정부령으로 정하는 것으로서 국내에서 제작하기 곤란한 물품이 수입될 때에는 그 관세를 감면할 수 있다. 이것은 법 제95조(환경오염방지물품 등에 대한 감면)에 속한다.

26 관세법령상 정부용품과 특정물품의 면세에 관한 내용으로 옳지 않은 것은? 2021 관세사

① 국가기관에 기증된 물품으로서 공용으로 사용할 관세율표 번호 제8703호에 해당하는 승용자동차가 수입될 때에는 관세를 면제할 수 없다.
② 정부가 외국으로부터 수입하는 군수품으로서 군수품관리법에 의한 통상품이 수입될 때에는 관세를 면제할 수 있다.
③ 국가정보원장이 국가 안전보장 목적의 수행상 긴요하다고 인정하여 수입하는 물품에 대해서는 관세를 면제할 수 있다.
④ 우리나라 선박이 외국의 선박과 협력하여 기획재정부령으로 정하는 방법으로 채집하거나 포획한 수산물로서 해양수산부장관이 추천하는 것이 수입될 때에는 관세를 면제할 수 있다.
⑤ 우리나라 선박이 외국 정부의 허가를 받아 외국의 영해에서 포획한 수산물이 수입될 때에는 관세를 면제할 수 있다.

> **관련 법조문: 법 제92조, 제93조, 규칙 제41조**　　　　　　　　　　　　　답 ②

정부가 외국으로부터 수입하는 군수품(정부의 위탁을 받아 정부 외의 자가 수입하는 경우를 포함한다) 및 국가원수의 경호용으로 사용하는 물품이 수입될 때에는 그 관세를 면제할 수 있다. 다만, 기획재정부령으로 정하는 물품은 제외한다(법 제92조). 여기에서 '기획재정부령으로 정하는 물품'이란 군수품관리법 제3조의 규정에 의한 통상품으로 한다(규칙 제41조).

✅ **선지분석**

① 국가기관이나 지방자치단체에 기증된 물품으로서 공용으로 사용하는 물품이 수입될 때에는 그 관세를 면제할 수 있다. 다만, <u>기획재정부령으로 정하는 물품은 제외한다</u>(법 제92조). 여기에서 '기획재정부령으로 정하는 물품'이란 관세율표 번호 제8703호에 해당하는 승용자동차로 한다(규칙 제41조).
③ 법 제92조(정부용품 등의 면세) 제8호
④ 법 제93조(특정물품의 면세 등) 제5호
⑤ 법 제93조(특정물품의 면세 등) 제4호

27 관세법 제93조(특정물품의 면세 등)를 적용받을 수 있는 물품에 해당하지 않는 것은?

☐☐☐

① 우리나라의 거주자에게 수여된 훈장·기장 또는 이에 준하는 표창장 및 상패
② 우리나라와 외국간에 건설될 교량, 통신시설, 해저통로, 그 밖에 이에 준하는 시설의 건설 또는 수리에 필요한 물품
③ 국제올림픽·장애인올림픽 종목에 해당하는 운동용구로서 기획재정부령으로 정하는 물품
④ 핵사고 또는 방사능 긴급사태시 그 복구지원과 구호를 목적으로 외국으로부터 기증되는 물품으로서 기획재정부령으로 정하는 물품

┃ 관련 법조문: 법 제93조, 제94조   답 ①

'우리나라의 거주자에게 수여된 훈장·기장 또는 이에 준하는 표창장 및 상패'가 수입될 때에는 법 제94조(<u>소액물품 등의 면세</u>)에 따라 그 관세를 면제할 수 있다.

☑ 선지분석

② 법 제93조(특정물품의 면세 등) 제11호
③ 법 제93조(특정물품의 면세 등) 제15호
④ 법 제93조(특정물품의 면세 등) 제3호

---

28 관세법 제93조(특정물품의 면세 등)에서 관세를 면제할 수 있는 물품으로 명시되어 있지 않은 것은?

☐☐☐

① 국립묘지의 건설·유지 또는 장식을 위한 자재와 국립묘지에 안장되는 자의 관·유골함 및 장례용 물품
② 핵사고 또는 방사능 긴급사태시 그 복구지원과 구호를 목적으로 외국으로부터 기증되는 물품으로서 기획재정부령으로 정하는 물품
③ 동식물의 번식·양식 및 종자개량을 위한 물품 중 해양수산부장관이 정하는 물품
④ 피상속인이 사망하여 국내에 주소를 둔 자에게 상속되는 피상속인의 신변용품
⑤ 우리나라의 선박이나 항공기가 해외에서 사고로 발생한 피해를 복구하기 위하여 외국의 보험회사 또는 외국의 가해자의 부담으로 하는 수리 부분에 해당하는 물품

┃ 관련 법조문: 법 제93조   답 ③

동식물의 번식·양식 및 종자개량을 위한 물품 중 '기획재정부령'으로 정하는 물품이 수입될 때에는 그 관세를 면제할 수 있다(법 제93조 제1호, 특정물품의 면세 등).

☑ 선지분석

① 법 제93조(특정물품의 면세 등) 제16호
② 법 제93조(특정물품의 면세 등) 제3호
④ 법 제93조(특정물품의 면세 등) 제17호
⑤ 법 제93조(특정물품의 면세 등) 제13호

29 관세법령상 관세가 면제되는 특정물품에 붙이는 증표에 해당하지 않는 것은? 2014 국가직 9급

① 호주 공인검사기관에서 발행하는 에스·에이·에이(S.A.A)증표
② 미국 공인검사기관에서 발행하는 유·엘(U.L)증표
③ 일본 공인검사기관에서 발행하는 제이·에스·에이(J.S.A)증표
④ 유럽공동체 공인검사기관에서 발행하는 이·시(E.C)증표

> **관련 법조문: 법 제93조, 규칙 제43조**   답 ③

우리나라 수출물품의 품질, 규격, 안전도 등이 수입국의 권한 있는 기관이 정하는 조건에 적합한 것임을 표시하는 수출물품에 붙이는 증표로서 기획재정부령으로 정하는 물품(법 제93조 제12호)이 수입될 때에는 그 관세를 면제할 수 있다. 법 제93조 제12호에 따라 관세가 면제되는 증표는 다음 각 호와 같으며, '일본'은 포함되지 않는다.

1. 캐나다 공인검사기관에서 발행하는 시·에스·에이(C.S.A)증표
2. 호주 공인검사기관에서 발행하는 에스·에이·에이(S.A.A)증표
3. 독일 공인검사기관에서 발행하는 브이·디·이(V.D.E)증표
4. 영국 공인검사기관에서 발행하는 비·에스·아이(B.S.I)증표
5. 프랑스 공인검사기관에서 발행하는 엘·시·아이·이(L.C.I.E)증표
6. 미국 공인검사기관에서 발행하는 유·엘(U.L)증표
7. 유럽경제위원회 공인검사기관에서 발행하는 이·시·이(E.C.E)증표
8. 유럽공동시장 공인검사기관에서 발행하는 이·이·시(E.E.C)증표
9. 유럽공동체 공인검사기관에서 발행하는 이·시(E.C)증표

30 관세법상 국내소비자가 해외 온라인쇼핑몰에서 물품을 구매하였을 경우 과세면세 적용대상이 되는 것은? 2007 국가직 9급

① 물품가격이 미화 250달러인 핸드백
② 총 과세액이 9천원인 장난감
③ 물품 가격이 개당 미화 150달러 이하인 장난감 두 개
④ 물품 가격이 미화 250달러 상당인 기계

> **관련 법조문: 규칙 제45조**   답 ②

징수금액의 최저한이 '1만원'이므로, 총 과세액이 9천원인 장난감은 실제로는 관세 등이 부과되지 않는다. '면세'란 관세를 면제한다는 의미로 징수금액의 최저한에 해당하여 관세가 부과되지 않는 것과는 의미 차이가 있지만, 이 문제에서는 각각 해당하는 규정에 따라 과세가 되는지 비과세가 되는지를 묻고 있다.

⊘ 선지분석

①④ 과세가격이 미화 250달러 이하인 견본품일 때 관세가 면제된다. 일반적인 물품(핸드백)의 경우에는 미화 250달러 이하라고 해서 관세가 면제되지는 않는다.
③ 물품 가격이 미화 150달러 이하의 물품으로서 자가사용 물품으로 인정되는 것. 다만, 반복 또는 분할하여 수입되는 물품으로서 관세청장이 정하는 기준에 해당하는 것을 제외한다.

31 관세법상 면세대상인 소액물품 등에 해당하지 않는 것은?

① 과세가격이 미화 250달러 이하인 물품으로서 견본품으로 사용될 것으로 인정되는 물품
② 물품의 형상·성질 및 성능으로 보아 견본품으로 사용될 것으로 인정되는 물품
③ 물품가격이 미화 150달러 이하의 물품으로서 자가 사용물품으로 인정되는 것. 다만, 반복 또는 분할하여 수입되는 물품으로서 관세청장이 정하는 기준에 해당하는 것을 제외한다.
④ 박람회 기타 이에 준하는 행사에 참가하는 자가 행사장 안에서 관람자에게 무상으로 제공하기 위하여 수입하는 물품(전시할 기계의 성능을 보여주기 위한 원료는 제외). 다만, 관람자 1인당 제공량의 정상도착가격이 미화 5달러 상당액 이하의 것으로서 세관장이 타당하다고 인정하는 것에 한한다.

| 관련 법조문: 규칙 제45조   답 ④

박람회 기타 이에 준하는 행사에 참가하는 자가 행사장 안에서 관람자에게 무상으로 제공하기 위하여 수입하는 물품(전시할 기계의 성능을 보여주기 위한 원료를 '포함'한다)에 대해서는 관세를 면제한다. 다만, 관람자 1인당 제공량의 정상도착가격이 미화 5달러 상당액 이하의 것으로서 세관장이 타당하다고 인정하는 것에 한한다.

---

32 관세법령상 수입 시 관세가 면제될 수 있는 소액물품 등에 해당하지 않는 것은? (단, 상업용견본품 또는 광고용품임을 전제함)

① 판매를 위한 물품의 상품목록·가격표
② 과세가격이 미화 300달러인 물품으로서 견본품으로 사용될 것으로 인정되는 물품
③ 물품이 천공되어 견본품으로 사용될 것으로 인정되는 물품
④ 임대를 위한 물품의 교역안내서
⑤ 물품의 형상·성질 및 성능으로 보아 견본품으로 사용될 것으로 인정되는 물품

| 관련 법조문: 규칙 제45조   답 ②

과세가격이 '미화 250달러 이하'인 물품으로서 견본품으로 사용될 것으로 인정되는 물품은 관세가 면제될 수 있는 소액물품에 해당된다(규칙 제45조 제1항 제3호).

✓ **선지분석**

① 규칙 제45조(관세가 면제되는 소액물품) 제1항 제2호
③ 규칙 제45조(관세가 면제되는 소액물품) 제1항 제1호
④ 규칙 제45조(관세가 면제되는 소액물품) 제1항 제2호
⑤ 규칙 제45조(관세가 면제되는 소액물품) 제1항 제4호

33 관세법령상 소액물품 등의 면세대상으로 명시되어 있지 않은 것은?

① 우리나라의 거주자에게 수여된 훈장

② 박람회에 사용하기 위하여 그 행사에 참가하는 자가 수입하는 물품 중 기획재정부령으로 정하는 물품

③ 광고용품으로서 기획재정부령으로 정하는 물품

④ 우리나라 거주자가 받는 소액물품으로서 기획재정부령으로 정하는 물품

⑤ 기록문서 또는 그 밖의 서류

> **관련 법조문: 법 제93조, 제94조**   답 ②

'박람회, 국제경기대회, 그 밖에 이에 준하는 행사 중 기획재정부령으로 정하는 행사에 사용하기 위하여 그 행사에 참가하는 자가 수입하는 물품 중 기획재정부령으로 정하는 물품'이 수입될 때에는 '특정물품의 면세 등' 규정에 따라 그 관세를 면제할 수 있다(법 제93조 제2호).

---

34 다음 중 관세가 면제되는 물품이 아닌 것은?

① 물품의 형상·성질 및 성능으로 보아 견본품으로 사용될 것으로 인정되는 물품

② 물품가격이 미화 150달러 이하의 물품으로서 자가 사용물품으로 인정되는 것. 다만, 반복 또는 분할하여 수입되는 물품으로서 세관장이 정하는 것은 제외한다.

③ 박람회 기타 이에 준하는 행사에 참가하는 자가 행사장 안에서 관람객에게 무상으로 제공하기 위하여 수입하는 물품. 다만, 관람자 1인당 제공량의 정상도착가격이 미화 5달러 상당액 이하의 것으로서 세관장이 타당하다고 인정하는 것에 한한다.

④ 과세가격이 미화 250달러 이하인 물품으로서 견본품으로 사용될 것으로 인정되는 물품

⑤ 판매 또는 임대를 위한 물품의 상품목록·가격표 및 교역안내서 등

> **관련 법조문: 규칙 제45조**   답 ②

물품가격이 미화 150달러 이하의 물품으로서 자가 사용물품으로 인정되는 것에 대해서는 관세를 면제한다. 다만, 반복 또는 분할하여 수입되는 물품으로서 '관세청장'이 정하는 기준에 해당하는 것을 제외한다.

---

35 관세법령상 관세의 면제 또는 감면에 대한 설명으로 옳지 않은 것은?

① 정부와 체결한 사업계약을 수행하기 위하여 외국계약자가 계약조건에 따라 수입하는 업무용품이 수입될 때에는 외교관용 물품 등의 면세 규정에 따라 그 관세를 면제한다.

② 국가기관에서 사용할 학술연구용품으로서 기획재정부령으로 정하는 물품이 수입될 때에는 학술연구용품의 감면 규정에 따라 그 관세를 감면할 수 있다.

③ 해외시험 및 연구를 목적으로 수출된 후 재수입되는 물품이 수입될 때에는 재수입면세 규정에 따라 그 관세를 면제할 수 있다.

④ 박람회에 참가하는 자가 행사장 안에서 관람자에게 판매하기 위해 수입하는 물품으로서 물품가격이 미화 5달러 상당액 이하인 물품이 수입될 때에는 소액물품의 면세 규정에 따라 그 관세를 면제한다.

박람회 참가 물품이 면세가 되기 위해서는 '판매' 목적이어서는 안 되고 '무상 제공'이어야 한다. 또한, '물품가격'이 기준이 아니고 '정상도착가격'이 기준이며, '세관장이 타당하다고 인정하는 것'에 한한다.

> **규칙 제45조(관세가 면제되는 소액물품)** ② 법 제94조 제4호의 규정에 의하여 관세가 면제되는 물품은 다음 각 호와 같다.
> 1. 물품 가격이 미화 150달러 이하의 물품으로서 자가사용 물품으로 인정되는 것. 다만, 반복 또는 분할하여 수입되는 물품으로서 관세청장이 정하는 기준에 해당하는 것을 제외한다.
> 2. 박람회 기타 이에 준하는 행사에 참가하는 자가 행사장 안에서 관람자에게 무상으로 제공하기 위하여 수입하는 물품(전시할 기계의 성능을 보여주기 위한 원료를 포함한다). 다만, 관람자 1인당 제공량의 정상도착가격이 미화 5달러 상당액 이하의 것으로서 세관장이 타당하다고 인정하는 것에 한한다. ⇨ ④

✅ 선지분석

① 법 제88조(외교관용 물품 등의 면세) 제1항 제5호
② 법 제90조(학술연구용품의 감면) 제1항 제1호
③ 법 제99조(재수입면세) 제3호

36 □□□ 한국에 소재하는 A 교회는 미국 뉴욕시에 소재하는 종교단체로부터 의식에 사용되는 물품을 기증받았다. A 교회가 동 물품을 수입함에 있어 관세법 제91조(종교용품, 자선용품, 장애인용품 등의 면세)에 근거하여 관세를 면제받고자 할 때, 그 기증목적에 관해 누구의 확인을 받아야 하는가?　2015 관세사

① 주미 한국대사
② A 교회가 소재하는 지역의 시장 또는 도지사
③ 주한 미국대사
④ 문화체육관광부장관
⑤ 미국 뉴욕시장

관련 법조문: 법 제91조, 규칙 제40조　　　　　　　　　　답 ④

법 제91조(종교용품, 자선용품, 장애인용품 등의 면세)에 따라 다음의 물품이 수입될 때에는 그 관세를 면제한다.

면세대상	면세요건
1. 교회, 사원 등 종교단체의 의식(儀式)에 사용되는 물품으로서 외국으로부터 기증되는 물품. 다만, 기획재정령으로 정하는 물품은 제외한다.	관세를 면제받으려는 자는 해당 기증목적에 관하여 문화체육관광부장관의 확인을 받아야 한다(규칙 제40조 제2항).
2. 자선 또는 구호의 목적으로 기증되는 물품 및 기획재정부령으로 정하는 자선시설·구호시설 또는 사회복지시설에 기증되는 물품으로서 해당 용도로 직접 사용하는 물품. 다만, 기획재정부령으로 정하는 물품은 제외한다.	관세를 면제받고자 하는 자가 국가 또는 지방자치단체 외의 자인 때에는 해당 시설 및 사업에 관하여 보건복지가족부장관이나 시장 또는 군수가 발급한 증명서 또는 그 사본을 신청서에 첨부하여야 한다(규칙 제40조 제3항).
3. 국제적십자사·외국적십자사 및 기획재정부령으로 정하는 국제기구가 국제평화봉사활동 또는 국제친선활동을 위하여 기증하는 물품	관세를 면제받고자 하는 자가 국가·지방자치단체 또는 대한적십자사 외의 자인 때에는 당해 기증목적에 관하여 외교부장관의 확인을 받아야 한다(규칙 제40조 제4항).
4. 시각장애인, 청각장애인, 언어장애인, 지체장애인, 만성신부전증환자, 희귀난치성 질환자 등을 위한 용도로 특수하게 제작되거나 제조된 물품 중 기획재정부령으로 정하는 물품	-
5. 장애인복지법 제58조에 따른 장애인복지시설 및 장애인의 재활의료를 목적으로 국가·지방자치단체 또는 사회복지법인이 운영하는 재활 병원·의원에서 장애인을 진단하고 치료하기 위하여 사용하는 의료용구	-

37 관세법상 소액물품·상업용 견본품·광고용품 등이 수입되는 경우 관세가 면제될 수 있다. 다음 중 동 규정에 의한 관세 면제대상에 해당하는 것은?

① 매 품목당 과세가격이 15만원 상당액인 2개의 품목으로서 자가사용으로 인정되는 물품
② 물품가격이 미화 200달러, 운임·보험료가 100달러인 물품으로서 견본품으로 사용될 것으로 인정되는 물품
③ 물품의 형상·성질 및 성능으로 보아 견본품으로 사용될 것으로 인정되는 물품
④ 박람회에 참가하는 자가 행사장 안에서 관람자에게 개당 미화 5달러로 할인 판매하는 물품
⑤ 우리나라에 있는 비거주자에게 수여된 훈장·기장 또는 표창장 및 상패

┃ 관련 법조문: 법 제94조, 규칙 제45조 답 ③

✓ 선지분석

① 물품가격이 미화 150달러 이하의 물품으로서 자가 사용물품으로 인정되는 것이 수입되는 경우 관세의 면제가 가능하다. 다만, 반복 또는 분할하여 수입되는 물품으로서 관세청장이 정하는 기준에 해당하는 것을 제외한다. 여기에서 주의할 점은 소액물품 면세의 기준가격은 '물품가격'의 합이라는 것이다. 개별 물품의 가격이 면세범위에 있다 하더라도 전체 물품가격이 면세범위를 초과하면, 과세대상이 된다.
② 과세가격이 미화 250달러 이하인 물품으로서 견본품으로 사용될 것으로 인정되는 물품이 수입되는 경우 관세면제가 가능하다. 여기에서 견본품 면세의 기준가격은 '과세가격'이다. 과세가격이 300달러(물품가격과 운임·보험료를 합한 금액)이므로, 250달러를 초과하여 면세범위에 해당하지 않는다.
④ 박람회 기타 이에 준하는 행사에 참가하는 자가 행사장 안에서 관람자에게 무상으로 제공하기 위하여 수입하는 물품(전시할 기계의 성능을 보여주기 위한 원료를 포함한다). 다만, 관람자 1인당 제공량의 정상도착가격이 미화 5달러 상당액 이하의 것으로서 세관장이 타당하다고 인정하는 것에 한한다. 즉, '판매'대상은 해당하지 않으며 무상으로 제공하는 것이어야 한다. 2015년 관세사 시험에서는 '박람회·전시회·공진회·품평회 기타 이에 준하는 행사에 출품 또는 사용하기 위하여 그 주최자 또는 행사에 참가하는 자가 수입하는 물품'이 제시되었는데, 이 또한 박람회와 관련되어 있기는 하나 '행사장 안에서 관람자에게 무상으로 제공'하기 위하여 수입하는 물품은 아니므로 면세대상이 되지 않는다.
⑤ 우리나라의 거주자에게 수여된 훈장·기장 또는 이에 준하는 표창장 및 상패가 수입되는 때에는 그 관세를 면제할 수 있다(법 제94조). 즉, 비거주자가 아니라 '거주자'이어야 한다.

---

38 우리나라에 거주하는 갑(甲)은 소액물품 등을 수입하고자 한다. 관세법령상 이에 관한 설명으로 옳지 않은 것은?

① 갑(甲)이 수입하는 기록문서는 관세가 면제될 수 있다.
② 갑(甲)이 과세가격이 미화 300달러인 상업용 견본품으로 사용될 것으로 인정되는 물품을 수입할 때에는 그 관세가 면제될 수 있다.
③ 갑(甲)이 판매를 위한 물품의 상품목록을 수입할 때에는 관세를 면제할 수 있다.
④ 박람회에 참가하는 갑(甲)이 행사장 안에서 관람자에게 무상으로 제공하기 위하여 수입하는 1인당 제공량의 정상도착가격이 미화 3달러로서 세관장이 타당하다고 인정하는 물품인 경우에는 관세를 면제할 수 있다.
⑤ 갑(甲)에게 수여된 훈장이 수입될 때에는 관세를 면제할 수 있다.

276 해커스공무원 학원·인강 gosi.Hackers.com

과세가격이 <u>미화 250달러 이하</u>인 물품으로서 <u>견본품</u>으로 사용될 것으로 인정되는 물품을 수입할 때에는 그 관세를 면제할 수 있다(규칙 제45조 제1항 제3호).

✅ 선지분석

① 법 제94조(소액물품 등의 면세) 제2호
③ 규칙 제45조(관세가 면제되는 소액물품) 제1항 제2호
④ 규칙 제45조(관세가 면제되는 소액물품) 제2항 제2호
⑤ 법 제94조(소액물품 등의 면세) 제1호

39

관세법상 관세의 감면에 관한 설명으로 옳은 것은?　　　　　　　　　　2016 관세사

① 동식물의 번식·양식 및 종자개량을 위한 물품 중 대통령령으로 정하는 물품은 관세를 면제할 수 있다.
② 상업용 견본품 또는 광고용품으로서 기획재정부령으로 정하는 물품이 수입될 때에는 그 관세를 면제할 수 있다.
③ 수입신고한 물품이 수입신고 수리되기 전에 변질되거나 손상되었을 때에는 기획재정부령으로 정하는 바에 따라 관세를 경감할 수 있다.
④ 학술연구용품의 관세를 감면하는 경우 그 감면율은 대통령령으로 정한다.
⑤ 여행자가 휴대품 또는 별송품을 대통령령으로 정하는 방법으로 자진신고하는 경우에는 30만원을 넘지 아니하는 범위에서 해당 물품에 부과될 관세(법 제81조에 따라 간이세율을 적용하는 물품의 경우에는 간이세율을 적용하여 산출된 세액을 말한다)의 100분의 40에 상당하는 금액을 경감할 수 있다.

관련 법조문: 법 제90조, 제93조, 제94조, 제96조, 제100조　　　　　　답 ②

다음 각 호의 어느 하나에 해당하는 물품이 수입될 때에는 그 관세를 면제할 수 있다(법 제94조).

> 1. 우리나라의 거주자에게 수여된 훈장·기장(紀章) 또는 이에 준하는 표창장 및 상패
> 2. 기록문서 또는 그 밖의 서류
> 3. 상업용 견본품 또는 광고용품으로서 기획재정부령으로 정하는 물품
> 4. 우리나라 거주자가 받는 소액물품으로서 기획재정부령으로 정하는 물품

✅ 선지분석

① 동식물의 번식·양식 및 종자개량을 위한 물품 중 '기획재정부령'으로 정하는 물품은 관세를 면제할 수 있다(법 제93조 제1호).
③ 수입신고한 물품이 수입신고 수리되기 전에 변질되거나 손상되었을 때에는 '대통령령'으로 정하는 바에 따라 관세를 경감할 수 있다(법 제100조 제1항).
④ 학술연구용품의 관세를 감면하는 경우 그 감면율은 '기획재정부령'으로 정한다(법 제90조 제2항).
⑤ 여행자가 휴대품 또는 별송품을 '기획재정부령'으로 정하는 방법으로 자진신고하는 경우에는 '20만원'을 넘지 아니하는 범위에서 해당 물품에 부과될 관세(법 제81조에 따라 간이세율을 적용하는 물품의 경우에는 간이세율을 적용하여 산출된 세액을 말한다)의 '100분의 30'에 상당하는 금액을 경감할 수 있다(법 제96조 제2항).

관세법령상 물품이 수입될 때 관세의 면제 대상이 아닌 것은?

① 기록문서 또는 그 밖의 서류
② 우리나라 선박이 외국 정부의 허가를 받아 외국의 영해에서 채집하거나 포획한 수산물
③ 정부와 체결한 사업계약을 수행하기 위하여 외국계약자가 계약조건에 따라 수입하는 업무용품
④ 우리나라 거주자가 받는 소액물품 중 물품가격이 미화 250달러의 물품으로서 자가사용 물품으로 인정되는 것
⑤ 천재지변 등 부득이한 사유가 있는 경우를 제외하고 여행자가 입국한 날부터 6월 이내에 도착한 여행자의 별송품으로서 여행자의 입국 사유 등을 고려하여 세관장이 타당하다고 인정한 것

▌ **관련 법조문: 법 제88조, 제93조, 제94조, 제96조, 영 제45조, 규칙 제48조**   답 ④

우리나라 거주자가 받는 소액물품으로서 기획재정부령으로 정하는 물품이 수입될 때에는 그 관세를 면제할 수 있다 (법 제94조). 아래와 같이 자가사용 물품의 면세 기준은 미화 150달러 이하이다.

> 1. 물품 가격(법 제30조부터 제35조까지의 규정에 따른 방법으로 결정된 과세가격에서 법 제30조 제1항 제6호 본문에 따른 금액을 뺀 가격. 다만, 법 제30조 제1항 제6호 본문에 따른 금액을 명백히 구분할 수 없는 경우에는 이를 포함한 가격으로 한다)이 <u>미화 150달러 이하의 물품으로서 자가사용 물품으로 인정되는 것</u>. 다만, 반복 또는 분할하여 수입되는 물품으로서 관세청장이 정하는 기준에 해당하는 것을 제외한다.
> 2. 박람회 기타 이에 준하는 행사에 참가하는 자가 행사장 안에서 관람자에게 무상으로 제공하기 위하여 수입하는 물품(전시할 기계의 성능을 보여주기 위한 원료를 포함한다). 다만, 관람자 1인당 제공량의 정상도착가격이 미화 5달러 상당액 이하의 것으로서 세관장이 타당하다고 인정하는 것에 한한다.

 선지분석

① 법 제94조(소액물품 등의 면세) 제2호
② 법 제93조(특정물품의 면세 등) 제4호
③ 법 제88조(외교관용 물품 등의 면세) 제1항 제5호
⑤ 법 제96조(여행자 휴대품 및 이사물품 등의 감면) 제1항 제1호, 규칙 제48조(관세가 면제되는 여행자 휴대품 등) 제6항

관세법 제94조(소액물품 등의 면세)의 면세대상에 해당하지 않는 것은?

① 우리나라의 거주자에게 수여된 훈장·기장 또는 이에 준하는 표창장 및 상패
② 기록문서 또는 그 밖의 서류
③ 상업용견본품 또는 광고용품으로서 기획재정부령으로 정하는 물품
④ 우리나라 거주자가 받은 소액물품으로 물품가격이 미화 800달러 이하인 물품

▌ **관련 법조문: 법 제94조**   답 ④

우리나라 거주자가 받은 소액물품으로 물품가격이 미화 150달러 이하인 물품으로서 자가사용 물품으로 인정되는 것이 수입될 때에는 그 관세를 면제할 수 있다(법 제94조 제4호, 규칙 제45조 제2항 제1호). 미화 800달러는 여행자 휴대품의 기본면세범위이다.

42

관세법령상 수입될 때 관세를 면제할 수 있는 물품에 해당하지 않는 것은?

2017 국가직 9급

① 기록문서 또는 그 밖의 서류

② 우리나라 거주자가 받는 물품가격이 미화 200달러인 물품으로서 자가사용 물품으로 인정되는 것

③ 과세가격이 미화 200달러인 물품으로서 상업용견본품으로 사용될 것으로 인정되는 물품

④ 우리나라의 거주자에게 수여된 훈장·기장(紀章) 또는 이에 준하는 표창장 및 상패

> **관련 법조문: 법 제94조, 규칙 제45조**　　　　　　　　　　　　　　　　　　답 ②

'우리나라 거주자가 받는 소액물품으로서 기획재정부령으로 정하는 물품'이 수입될 때에는 관세법 제94조(소액물품 등의 면세)에 따라 그 관세를 면제할 수 있다. 여기에서 '우리나라 거주자가 받는 소액물품'은 기획재정부령에 따라 다음의 두 가지 중 하나에 해당되어야 한다(규칙 제45조 제2항). 즉, 물품 가격이 미화 200달러 이하가 아니라 '150달러' 이하이어야 한다.

43

관세법령상 관세가 면제되는 소액물품 등에 해당하는 것만을 모두 고른 것은?

2018 관세사

> ㄱ. 기록문서
> ㄴ. 우리나라의 거주자에게 수여된 훈장·기장(紀章)
> ㄷ. 우리나라 거주자가 받는 소액물품이고 그 물품가격이 미화 200달러인 물품으로서 자가사용 물품으로 인정되는 것
> ㄹ. 상업용견본품이며 과세가격이 미화 200달러인 물품으로서 견본품으로 사용될 것으로 인정되는 물품

① ㄱ, ㄴ　　　　　　　　　　　② ㄴ, ㄹ

③ ㄱ, ㄴ, ㄹ　　　　　　　　　④ ㄱ, ㄷ, ㄹ

⑤ ㄱ, ㄴ, ㄷ, ㄹ

> **관련 법조문: 법 제94조, 규칙 제45조**　　　　　　　　　　　　　　　　　　답 ③

✓ 선지분석

ㄷ. 우리나라 거주자가 받는 소액물품으로서 기획재정부령으로 정하는 물품이 수입될 때에는 그 관세를 면제할 수 있다(법 제94조). '기획재정부령'에 따라 물품 가격이 미화 150달러 이하의 물품으로서 자가사용 물품으로 인정되는 것은 그 관세를 면제할 수 있다. 다만, 반복 또는 분할하여 수입되는 물품으로서 관세청장이 정하는 기준에 해당하는 것을 제외한다(규칙 제45조 제2항).

44

「관세법」상 감면에 대한 설명으로 옳은 것만을 모두 고르면?

> ㄱ. 상수도 수질을 측정하거나 이를 보전·향상하기 위하여 지방자치단체가 수입하는 물품으로서 기획재정부령으로 정하는 물품이 수입될 때에는 「관세법」 제95조(환경오염방지물품 등에 대한 감면)에 따라 그 관세를 감면할 수 있다.
> ㄴ. 우리나라와 외국 간에 건설될 교량, 통신시설, 그 밖에 이에 준하는 시설의 건설 또는 수리에 필요한 물품이 수입될 때에는 「관세법」 제93조(특정물품의 면세 등)에 따라 그 관세를 면제할 수 있다.
> ㄷ. 여행자가 휴대품을 기획재정부령으로 정하는 방법으로 자진신고하는 경우에는 30만원을 넘지 아니하는 범위에서 해당 물품에 부과될 관세의 100분의 20에 상당하는 금액을 경감할 수 있다.
> ㄹ. 세관장은 「관세법」 제97조(재수출면세) 제1항에 따라 관세를 면제받은 물품 중 기획재정부령으로 정하는 물품이 같은 항에 규정된 기간 내에 수출되지 아니한 경우에는 500만원을 넘지 아니하는 범위에서 해당 물품에 부과될 관세의 100분의 20에 상당하는 금액을 가산세로 징수한다.

① ㄱ, ㄴ
② ㄱ, ㄷ
③ ㄴ, ㄹ
④ ㄷ, ㄹ

▌관련 법조문: 법 제92조, 제93조, 제96조, 제97조　　　　　　　　　　　　　　　　답 ③

ㄴ. 우리나라와 외국 간에 건설될 교량, 통신시설, 그 밖에 이에 준하는 시설의 건설 또는 수리에 필요한 물품이 수입될 때에는 「관세법」 제93조(특정물품의 면세 등)에 따라 그 관세를 면제할 수 있다(법 제93조 제11호).
ㄹ. 세관장은 「관세법」 제97조(재수출면세) 제1항에 따라 관세를 면제받은 물품 중 기획재정부령으로 정하는 물품이 같은 항에 규정된 기간 내에 수출되지 아니한 경우에는 500만원을 넘지 아니하는 범위에서 해당 물품에 부과될 관세의 100분의 20에 상당하는 금액을 가산세로 징수한다(법 제97조 제4항).

 선지분석

ㄱ. 상수도 수질을 측정하거나 이를 보전·향상하기 위하여 지방자치단체가 수입하는 물품으로서 기획재정부령으로 정하는 물품이 수입될 때에는 「관세법」 제92조(정부용품 등의 면세)에 따라 그 관세를 <u>면제할 수 있다</u>(법 제92조 제7호). 위 물품의 수입자가 '국가나 지방자치단체(이들이 설립하였거나 출연 또는 출자한 법인을 포함한다)'인 경우 '정부용품 등의 면세' 대상이 된다.
ㄷ. 여행자가 휴대품을 기획재정부령으로 정하는 방법으로 자진신고하는 경우에는 <u>20만원을 넘지 아니하는 범위</u>에서 해당 물품에 부과될 관세(간이세율을 적용하는 물품의 경우에는 간이세율을 적용하여 산출된 세액을 말한다)의 <u>100분의 30</u>에 상당하는 금액을 경감할 수 있다(법 제96조 제2항).

관세법 제95조 환경오염방지 물품 등에 대한 감면의 대상물품으로 옳지 않은 것은?

① 오염물질(소음 및 진동을 포함한다)의 배출 방지 또는 처리를 위하여 사용하는 기계·기구·시설·장비로서 기획재정부령으로 정하는 것
② 상수도 수질을 측정하거나 이를 보전·향상하기 위하여 국가나 지방자치단체(이들이 설립하였거나 출연 또는 출자한 법인을 포함한다)가 수입하는 물품으로서 기획재정부령으로 정하는 물품
③ 기계·전자기술 또는 정보처리기술을 응용한 공장 자동화 기계·기구·설비(그 구성기기를 포함한다) 및 그 핵심부분품으로서 기획재정부령으로 정하는 것
④ 폐기물 처리(재활용을 포함한다)를 위하여 사용하는 기계·기구로서 기획재정부령으로 정하는 것

관세법 제95조(환경오염방지물품 등에 대한 감면)의 감면대상에는 ㉠ 환경오염방지물품(오염물질의 배출방지를 위한 기계, 폐기물 처리를 위한 기계), ㉡ 공장자동화 기계가 있다.

☑️ **선지분석**

② '상수도 수질을 측정하거나 이를 보전·향상하기 위하여 국가나 지방자치단체(이들이 설립하였거나 출연 또는 출자한 법인을 포함한다)가 수입하는 물품으로서 기획재정부령으로 정하는 물품'이 수입될 때에는 관세법 제92조(정부용품 등의 면세)에 따라 그 관세를 면제할 수 있다.

46

「관세법」상 감면에 대한 설명으로 옳지 않은 것은? 2023 국가직 7급

□□□

① 지방자치단체에서 사용할 학술연구용품·교육용품으로서 기획재정부령으로 정하는 물품이 수입될 때에는 「관세법」 제90조(학술연구용품의 감면)에 따라 그 관세를 감면할 수 있다.

② 핵사고 시 그 복구지원과 구호를 목적으로 외국으로부터 기증되는 물품으로서 기획재정부령으로 정하는 물품이 수입될 때에는 「관세법」 제95조(환경오염방지물품 등에 대한 감면)에 따라 그 관세를 감면할 수 있다.

③ 상수도 수질을 측정하기 위하여 지방자치단체가 출연한 법인이 수입하는 물품으로서 기획재정부령으로 정하는 물품이 수입될 때에는 「관세법」 제92조(정부용품 등의 면세)에 따라 그 관세를 면제할 수 있다.

④ 우리나라의 거주자에게 수여된 훈장·기장 또는 이에 준하는 표창장 및 상패가 수입될 때에는 「관세법」 제94조(소액물품 등의 면세)에 따라 그 관세를 면제할 수 있다.

| 관련 법조문: 법 제90조, 제92조, 제93조, 제94조 | 답 ②

핵사고 시 그 복구지원과 구호를 목적으로 외국으로부터 기증되는 물품으로서 기획재정부령으로 정하는 물품이 수입될 때에는 <u>「관세법」 제93조(특정물품의 면세 등)</u>에 따라 그 관세를 감면할 수 있다(법 제93조 제3호).

☑️ **선지분석**

① 법 제90조(학술연구용품의 감면) 제1항 제1호
③ 법 제92조(정부용품 등의 면세) 제7호
④ 법 제94조(소액물품 등의 면세) 제1호

47

관세가 면제되는 여행자 휴대품의 범위에 해당되지 않는 것은? 2013 관세사

□□□

① 거주자인 여행자가 반입하는 물품으로서 대외무역법상 수입승인이 면제되는 미화 1천달러 상당액의 물품

② 비거주자인 여행자가 반입하는 물품으로서 본인의 직업상 필요하다고 인정되는 직업용구

③ 물품의 성질·수량·가격·용도 등으로 보아 통상적으로 여행자의 휴대품 또는 별송품인 것으로 인정되는 물품

④ 세관장이 반출 확인한 물품으로서 재반입되는 물품

⑤ 여행자가 휴대하는 것이 통상적으로 필요하다고 인정하는 신변용품 및 신변장식품

자유롭게 무역할 수 있는 시대이므로, 대부분의 품목은 대외무역법상 수입승인이 면제된다. 수입승인 면제 여부에 관계없이 관세의 면제 한도는 여행자 1명의 휴대품 또는 별송품으로서 각 물품(규칙 제48조 제1항 제1호에 따른 물품으로서 국내에서 반출된 물품과 제1항 제3호에 따른 물품은 제외한다)의 과세가격 합계 기준으로 '미화 800달러' 이하로 한다.

48

관세법령상 여행자 휴대품 중에서 관세가 면제되는 것이 아닌 것은?　　　2015 국가직 9급

① 19세 이상인 사람이 반입하는 술 2병(2병 합산하여 용량은 2리터 이하, 가격은 미화 400달러 이하인 경우로 한정한다)
② 19세 이상인 사람이 반입하는 전자담배 니코틴용액 25밀리리터
③ 비거주자인 여행자가 반입하는 물품으로서 본인의 직업상 필요하다고 인정되는 직업용구일 것
④ 물품의 성질·수량·가격·용도 등으로 보아 통상적으로 여행자의 휴대품 또는 별송품인 것으로 인정되는 물품일 것

| 관련 법조문: 법 제96조, 규칙 제48조 | 답 ② |

술·담배·향수에 대해서는 기본면세범위와 관계없이 다음 표에 따라 관세를 면제하되, 19세 미만인 사람(19세가 되는 해의 1월 1일을 맞이한 사람은 제외한다)이 반입하는 술·담배는 관세를 면제하지 아니한다. 이 경우 해당 물품이 다음 표의 면세한도를 초과하여 관세를 부과하는 경우에는 해당 물품의 가격을 과세가격으로 한다(규칙 제48조 제3항).

구분	면세한도		비고
술	2병		2병 합산하여 용량은 2리터(L) 이하, 가격은 미화 400달러 이하로 한다.
담배	궐련	200개비	2 이상의 담배 종류를 반입하는 경우에는 한 종류로 한정한다.
	엽궐련	50개비	
	전자담배 궐련형	200개비	
	전자담배 니코틴용액	20밀리리터(mL)	
	전자담배 기타유형	110그램	
	그 밖의 담배	250그램	
향수	100밀리리터(mL)		

19세 미만인 사람이 반입하는 담배는 관세가 면제되지 않는다. 19세 이상인 사람이 반입하더라도, 전자담배의 경우에는 20mL까지만 관세가 면제된다.

49 관세법 시행규칙 제48조에 따른, 20세인 여행자 1명의 휴대품 또는 별송품의 면세한도(농림축산물 등 관
세청장이 따로 정한 면세한도를 적용할 수 있는 경우를 제외)에 대한 설명으로 옳지 않은 것은?

2017 국가직 9급

① 기본면세범위는 각 물품(규칙 제48조 제1항 제3호에 따른 물품은 제외한다)의 과세가격 합계 기준으
로 미화 800달러 이하로 한다.

② 담배의 경우 궐련 200개비, 엽궐련 50개비, 전자담배 니코틴용액 20밀리리터(mL), 그 밖의 담배는
250그램으로 한다.

③ 술의 경우 2병으로 2리터(L) 이하이고, 미화 600달러 이하인 것으로 한정한다.

④ 향수의 경우 100밀리리터(mL)로 한정한다.

> **관련 법조문: 법 제96조, 규칙 제48조**   답 ③

여행자가 휴대하여 반입하는 술은 2병까지 면세가 된다. 면세기준은 2병 합산하여 용량은 2리터(L) 이하, 가격은
'미화 400달러 이하'로 한다(규칙 제48조 제3항).

---

50 관세법상 여행자 휴대품의 관세 면제에 관한 설명으로 옳은 것은?

2017 관세사

① 관세의 면제 한도는 여행자 1명의 휴대품 또는 별송품으로서 각 물품(규칙 제48조 제1항 제1호에 따른
물품으로서 국내에서 반출된 물품과 제1항 제3호에 따른 물품은 제외한다)의 과세가격 합계 기준으로
미화 600달러 이하로 한다.

② 20세 미만인 사람이 반입하는 술·담배는 관세를 면제하지 아니한다.

③ 100밀리리터(mL)를 초과하는 향수를 반입하여 관세를 부과하는 경우에는 향수의 가격을 과세가격으
로 한다.

④ 증류주는 1병, 포도주는 2병까지 관세를 면제한다.

⑤ 궐련의 경우 200개비까지 관세를 면제하지만, 전자담배 니코틴용액의 경우 관세 면제대상이 아니다.

> **관련 법조문: 법 제96조, 규칙 제48조**   답 ③

향수의 면세한도는 100밀리리터(mL)이다. 이 면세한도를 초과하여 반입되는 향수에 대해서는 관세를 부과한다. 이
때 해당 물품(향수)의 가격을 과세가격으로 한다(규칙 제48조 제3항).

⊘ 선지분석

① 관세의 면제 한도는 여행자 1명의 휴대품 또는 별송품으로서 각 물품(규칙 제48조 제1항 제1호에 따른 물품으
로서 국내에서 반출된 물품과 제1항 제3호에 따른 물품은 제외한다)의 과세가격 합계 기준으로 미화 '800달러'
이하로 한다(규칙 제48조 제2항).

② '19세' 미만인 사람이 반입하는 술·담배는 관세를 면제하지 아니한다(규칙 제48조 제3항).

④ 술은 2병까지 관세를 면제한다(다만 2병 합산하여 용량은 2리터(L) 이하, 가격은 '미화 400달러 이하'로 한다).
그러나 술의 종류는 따지지 않는다.

⑤ 궐련의 경우 200개비까지, 전자담배 니코틴용액의 경우 20밀리리터(mL)까지 관세를 면제한다.

51 관세법령상 관세가 면제되는 여행자 휴대품 등에 관한 내용으로 (   )에 들어갈 사항으로 옳은 것은?

2022 관세사

여행자의 별송품은 천재지변 등 부득이한 사유가 있는 경우를 제외하고는 여행자가 입국한 날부터 (   ) 이내에 도착한 것이어야 한다.

① 2월   ② 6월   ③ 10월
④ 1년   ⑤ 5년

| 관련 법조문: 규칙 제48조   답 ②

면세 대상 별송품은 천재지변 등 부득이한 사유가 있는 경우를 제외하고는 여행자가 입국한 날부터 '6월 이내'에 도착한 것이어야 한다(규칙 제48조 제6항).

물품	면세 기준
별송품(규칙 제48조)	여행자가 입국한 날부터 6월 이내에 도착한 것이어야 한다.
이사물품(규칙 제48조의2)	입국자가 입국한 날부터 6월 이내에 도착한 것이어야 한다.

52 관세법령상 「관세법」 제96조(여행자 휴대품 및 이사물품 등의 감면)에 대한 설명으로 옳은 것은?

2023 국가직 7급

① 세관장이 반출 확인한 물품으로서 재반입되는 물품은 「관세법」 제96조 제1항 제1호에 따라 관세가 면제되는 여행자의 휴대품 또는 별송품에 해당한다.
② 거주자인 여행자가 반입하는 물품으로서 본인의 직업상 필요하다고 인정되는 직업용구는 「관세법」 제96조 제1항 제1호에 따라 관세가 면제되는 여행자의 휴대품 또는 별송품에 해당한다.
③ 관세의 면제 한도는 여행자 1명의 휴대품 또는 별송품으로서 각 물품의 과세가격 합계 기준으로 미화 600달러 이하로 한다.
④ 관세가 면제되는 여행자의 별송품은 천재지변 등 부득이한 사유가 있는 경우를 제외하고는 여행자가 입국한 날부터 1년 이내에 도착한 것이어야 한다.

| 관련 법조문: 규칙 제48조   답 ①

세관장이 반출 확인한 물품으로서 재반입되는 물품은 「관세법」 제96조 제1항 제1호에 따라 관세가 면제되는 여행자의 휴대품 또는 별송품에 해당한다.

> **규칙 제48조(관세가 면제되는 여행자 휴대품 등)** ① 법 제96조 제1항 제1호에 따라 관세가 면제되는 물품은 다음 각 호의 어느 하나에 해당하는 것으로 한다.
> 1. 여행자가 통상적으로 몸에 착용하거나 휴대할 필요성이 있다고 인정되는 물품일 것
> 2. 비거주자인 여행자가 반입하는 물품으로서 본인의 직업상 필요하다고 인정되는 직업용구일 것
> 3. 세관장이 반출 확인한 물품으로서 재반입되는 물품일 것
> 4. 물품의 성질·수량·가격·용도 등으로 보아 통상적으로 여행자의 휴대품 또는 별송품인 것으로 인정되는 물품일 것

⊘ **선지분석**

② 비거주자인 여행자가 반입하는 물품으로서 본인의 직업상 필요하다고 인정되는 직업용구는 「관세법」 제96조 제1항 제1호에 따라 관세가 면제되는 여행자의 휴대품 또는 별송품에 해당한다(규칙 제48조 제1항 제2호).
③ 관세의 면제 한도는 여행자 1명의 휴대품 또는 별송품으로서 각 물품의 과세가격 합계 기준으로 미화 800달러 이하로 한다(규칙 제48조 제2항, 기본면세범위).
④ 관세가 면제되는 여행자의 별송품은 천재지변 등 부득이한 사유가 있는 경우를 제외하고는 여행자가 입국한 날부터 6월 이내에 도착한 것이어야 한다(규칙 제48조 제6항).

53 관세법령상 관세의 감면에 대한 설명으로 옳지 않은 것은?

□□□

① 국제기구 또는 외국 정부로부터 우리나라 정부에 파견된 고문관·기술단원 및 면세업무와 관련된 조약 등에 의하여 외교관에 준하는 대우를 받는 자로서 해당 업무를 관장하는 중앙행정기관의 장이 확인한 자가 사용하는 물품이 수입될 때에는 그 관세를 면제한다.

② 국제무역선 또는 국제무역기의 승무원이 휴대하여 수입하는 물품으로서 항행일수, 체재기간, 그 밖의 사정을 고려하여 기획재정부령으로 정하는 기준에 따라 세관장이 인정하는 물품이 수입될 때에는 그 관세를 면제할 수 있다.

③ 가공 또는 수리할 목적으로 수출한 물품으로서 기획재정부령으로 정하는 기준에 적합한 물품이 수입될 때에는 그 관세를 경감할 수 있다.

④ 여행자 휴대품 또는 별송품(여행자의 휴대품 또는 별송품으로 여행자의 입국 사유, 체재기간, 직업, 그 밖의 사정을 고려하여 기획재정부령으로 정하는 기준에 따라 세관장이 타당하다고 인정하는 물품은 제외)을 기획재정부령으로 정하는 방법으로 자진신고하는 경우에는 10만원을 넘지 아니하는 범위에서 해당 물품에 부과될 관세(법 제81조에 따라 간이세율을 적용하는 물품의 경우에는 간이세율을 적용하여 산출된 세액을 말한다)의 100분의 30에 상당하는 금액을 경감할 수 있다.

■ 관련 법조문: 법 제88조, 제96조, 제101조, 규칙 제34조, 제48조　　　답 ④

여행자가 휴대품 또는 별송품(여행자의 휴대품 또는 별송품으로 여행자의 입국 사유, 체재기간, 직업, 그 밖의 사정을 고려하여 기획재정부령으로 정하는 기준에 따라 세관장이 타당하다고 인정하는 물품은 제외)을 기획재정부령으로 정하는 방법으로 자진신고하는 경우에는 '20만원'을 넘지 아니하는 범위에서 해당 물품에 부과될 관세(법 제81조에 따라 간이세율을 적용하는 물품의 경우에는 간이세율을 적용하여 산출된 세액을 말한다)의 100분의 30에 상당하는 금액을 경감할 수 있다(법 제96조 제2항).

✅ 선지분석

① 법 제88조(외교관용 물품 등의 면세) 제1항, 규칙 제34조(외교관용 물품 등에 대한 면세 신청) 제2항
② 법 제96조(여행자 휴대품 및 이사물품 등의 감면) 제1항
③ 가공 또는 수리할 목적으로 수출한 물품으로서 기획재정부령으로 정하는 기준에 적합한 물품이 수입될 때에는 법 제101조(해외임가공물품 등의 감면)에 따라 그 관세를 경감할 수 있다.

---

54 관세가 면제되는 휴대품 등에 관한 설명으로 옳은 것은?　　　

□□□

① 우리나라 국민(재외영주권자 제외)으로서 외국에 주거를 설정하여 가족동반 없이 6개월 이상 거주한 사람이 반입하는 우리나라에서 수출된 국산 자동차는 면세된다.

② 우리나라 국민이 사망이나 질병 등 관세청장이 정하는 사유가 발생하여 반입하는 이사물품에 대해서는 3개월 이상의 외국 거주 조건을 갖출 경우 면세된다.

③ 1년 이상 외국에 거주하던 우리나라 국민이 다른 외국으로 주거를 이전하면서 우리나라로 반입하는 것으로서 통상 가정용으로 3개월 이상 사용하던 것으로 인정되는 물품은 면세된다.

④ 재외영주권자가 우리나라에 주거를 설정하여 1년 이상 거주하려는 사람이 반입하는 보석(개당 과세가격 700만원)은 면제된다.

⑤ 우리나라에 취재하기 위하여 수시로 입국하는 외국국적의 기자가 입국할 때마다 반입하는 취재용품은 면제된다.

이사물품으로서 관세가 면제되는 물품은 우리나라 국민(재외영주권자를 제외한다. 이하 같다)으로서 외국에 주거를 설정하여 1년(가족을 동반한 경우에는 6개월) 이상 거주했거나 외국인 또는 재외영주권자로서 우리나라에 주거를 설정하여 1년(가족을 동반한 경우에는 6개월) 이상 거주하려는 사람이 반입하는 다음 각 호의 어느 하나에 해당하는 것으로 한다. 다만, 자동차(아래의 제3호에 해당하는 것은 제외한다), 선박, 항공기와 개당 과세가격이 500만원 이상인 보석·진주·별갑·산호·호박·상아 및 이를 사용한 제품은 제외한다(규칙 제48조의2).

1. 해당 물품의 성질·수량·용도 등으로 보아 통상적으로 가정용으로 인정되는 것으로서 우리나라에 입국하기 전에 3개월 이상 사용했고 입국한 후에도 계속하여 사용할 것으로 인정되는 것
2. 우리나라에 상주하여 취재하기 위하여 입국하는 외국국적의 기자가 최초로 입국할 때에 반입하는 취재용품으로서 문화체육관광부장관이 취재용임을 확인하는 물품일 것
3. 우리나라에서 수출된 물품(조립되지 아니한 물품으로서 법 별표 관세율표상의 완성품에 해당하는 번호로 분류되어 수출된 것을 포함한다)이 반입된 경우로서 관세청장이 정하는 사용기준에 적합한 물품일 것
4. 외국에 거주하던 우리나라 국민이 다른 외국으로 주거를 이전하면서 우리나라로 반입(송부를 포함한다)하는 것으로서 통상 가정용으로 3개월 이상 사용하던 것으로 인정되는 물품일 것

✅ 선지분석

① 재외영주권자를 제외한 우리나라 국민이 외국에서 살다가(외국에 주거를 설정하여 살다가) 외국에서 타던 '우리나라에서 수출된 국산 자동차'를 반입한 경우 관세가 면제될 수 있다. 다만, 그 해외 거주기간이 1년 이상이어야 한다. 가족을 동반한 경우라면 6개월 이상이면 된다. '가족 동반 없이 6개월 이상'이면 관세를 면제받기에는 부족한 거주기간이다.
② 외국에서 우리나라 국민이 사망이나 질병 등 관세청장이 정하는 사유가 발생하여 이사물품을 반입하는 경우, '거주기간과 관계없이 관세를 면제'할 수 있다(규칙 제48조의2 제2항).
④ 재외영주권자가 우리나라에 주거를 설정하여 1년 이상 거주하려는 사람이 반입하는 이사물품은 관세가 면제된다. 단, 보석은 개당 과세가격이 500만원 미만이어야 한다.
⑤ 우리나라에 취재하기 위하여 수시로 입국하는 외국국적의 기자가 반입하는 취재용품은 관세가 면제된다. 다만 '입국할 때마다' 면제되는 것이 아니라, '최초로 입국할 때'에만 면제된다.

55

□□□

관세법령상 이사물품과 관련한 관세의 면제에 대한 설명으로 옳지 않은 것은?   2015 국가직 7급

① 대한민국 국적자(재외영주권자가 아님)가 가족을 동반하여 독일에 주거를 설정하여 1년 이상 거주한 후에 대한민국으로 이사하는 경우 이사물품 중 가정용으로 입국하기 전 5개월간 사용한 TV(과세가격 60만원)로서 입국한 후에도 계속하여 사용할 것으로 인정되면 관세가 면제된다.
② 가족을 동반하여 1년 동안 독일에 주거를 설정하여 거주하던 대한민국 국적자(재외영주권자가 아님)가 미국으로 주거를 이전하면서 대한민국으로 반입(송부를 포함함)하는 2개월 사용한 가정용 냉장고(과세가격 100만원)는 관세가 면제된다.
③ 대한민국 국적자(재외영주권자가 아님)가 가족과 동반하여 미국에 주거를 설정하여 7개월을 거주하였다가 대한민국으로 이사할 경우 이사물품 중 대한민국에서 수출된 자동차로서 관세청장이 정하는 사용기준에 적합하면 관세가 면제된다.
④ 대한민국에 주거를 설정하여 1년 이상 가족과 동반하여 상주하면서 취재하기 위하여 입국하는 프랑스 국적의 기자가 최초로 입국할 때에 반입하는 취재용 카메라(과세가격 120만원)로서 문화체육관광부장관이 취재용임을 확인하는 물품이면 관세가 면제된다.

│ 관련 법조문: 법 제96조, 규칙 제48조의2

이사물품 중 '외국에 거주하던 우리나라 국민이 다른 외국으로 주거를 이전하면서 우리나라로 반입(송부를 포함한다)하는 것으로서 통상 가정용으로 3개월 이상 사용하던 것으로 인정되는 물품'은 수입시 관세가 면제된다(규칙 제48조의2 제1항 제4호). 가족을 동반하여 1년 동안 독일에 주거를 설정하여 거주하던 대한민국 국적자(재외영주권자가 아님)가 미국으로 주거를 이전하는 경우, '이사자'로서의 자격은 충분히 갖추었다. 가족을 동반하는 경우에는 6개월 이상만 외국에 거주하여도 '이사자'가 되는데, 이 경우 1년 동안 거주하였으므로 그 거주 기간은 충분하다. 다만, 대한민국으로 반입되는 냉장고를 외국에서 사용한 기간이 '3개월 이상' 되어야 하는데, 이 경우 2개월 밖에 되지 않으므로, 해당 물품이 수입되는 경우 관세가 면제되지 않는다.

56 관세법령상 이사물품 등의 감면에 관한 내용으로 (   )에 들어갈 사항을 순서대로 옳게 나열한 것은?
□□□
2021 관세사

> 프랑스에 주거를 설정하여 (   ) 동안 거주하던 유학생인 우리나라 국민 甲[재외영주권자 아님]이 우리나라로 주거를 이전하면서 반입하는 통상 (   )으로 인정되는 냉장고는 입국하기 전 (   ) 동안 사용하였고 입국한 후에도 계속하여 사용할 것이라고 인정된다면 관세를 면제할 수 있다.

① 3개월, 가정용, 3개월　　　　　　② 6개월, 영업용, 6개월
③ 6개월, 가정용, 1개월　　　　　　④ 1년, 영업용, 1년
⑤ 1년, 가정용, 3개월

│ 관련 법조문: 규칙 제48조의2

법 제96조(여행자 휴대품 및 이사물품 등의 감면) 제1항 제2호에 따라 관세가 면제되는 물품은 우리나라 국민(재외영주권자를 제외한다)으로서 외국에 주거를 설정하여 1년(가족을 동반한 경우에는 6개월) 이상 거주했거나 외국인 또는 재외영주권자로서 우리나라에 주거를 설정하여 1년(가족을 동반한 경우에는 6개월) 이상 거주하려는 사람이 반입하는 '해당 물품의 성질·수량·용도 등으로 보아 통상적으로 가정용으로 인정되는 것으로서 우리나라에 입국하기 전에 3개월 이상 사용했고 입국한 후에도 계속하여 사용할 것으로 인정되는 것'이다(규칙 제48조의2 제1항).

57 관세법 제97조의 재수출면세제도 중 제1항 제1호에 따라 관세가 면제되는 물품이 아닌 것은?
□□□
2013 국가직 9급

① 수송기기의 하자를 보수하거나 이를 유지하기 위한 부분품
② 주문수집을 위한 물품, 시험용 물품 및 제작용 견본품
③ 수출물품 및 수입물품의 검사 또는 시험을 위한 기계·기구
④ 관세청장이 정하는 수출입물품·반송물품 및 환적물품을 운송하기 위한 차량

│ 관련 법조문: 법 제97조, 규칙 제50조

재수출면세(법 제97조)의 대상은 두 가지이다. 법 제97조 제1항 제1호와 제2호가 있다. 제1호는 1년의 범위에서 대통령령으로 정하는 기준에 따라 세관장이 정하는 기간에 다시 수출할 때 관세가 면제되는 대상이고, 제2호는 1년을 초과하여 수출하여야 할 부득이한 사유가 있는 물품으로서 기획재정부령으로 정하는 물품으로서 세관장이 정하는 기간에 다시 수출하면 관세가 면제되는 대상이다. 이 문제는 제1항 제1호와 제1항 제2호를 구분하는 문제로, ①은 제2호와 관련된 내용이다.

58 관세법령상 재수출면세 대상물품이 아닌 것은?

☐☐☐
① 국제적인 회의·회합 등에서 사용하기 위한 물품
② 수출물품 및 수입물품의 검사 또는 시험을 위한 기계·기구
③ 관세청장이 정하는 수출입물품·반송물품 및 환적물품을 운송하기 위한 차량
④ 항공 및 해상화물운송용 파렛트
⑤ 우리나라와 외국 간에 건설될 교량, 통신시설, 그 밖에 이에 준하는 시설의 건설에 필요한 물품

┃ 관련 법조문: 규칙 제50조   답 ⑤

특정물품 면세 등 대상(법 제93조 제11호)

◎ 명호샘의 한마디
관세 감면(경감, 면제) 대상이 다수 열거되어 있는 것은 '특정물품의 면세 등'과 '재수출 면세'이다. 그러므로 이 두 가지가 섞여 나올 가능성이 높다. 어렵더라도 두 감면 제도를 '비교'해야 한다.

구분	대상
특정물품의 면세 등 (법 제93조)	1. 동식물의 번식·양식 및 종자개량을 위한 물품 중 기획재정부령으로 정하는 물품 2. 박람회, 국제경기대회, 그 밖에 이에 준하는 행사 중 기획재정부령으로 정하는 행사에 사용하기 위하여 그 행사에 참가하는 자가 수입하는 물품 중 기획재정부령으로 정하는 물품 3. 핵사고 또는 방사능 긴급사태 시 그 복구지원과 구호를 목적으로 외국으로부터 기증되는 물품으로서 기획재정부령으로 정하는 물품 4. 우리나라 선박이 외국 정부의 허가를 받아 외국의 영해에서 채집하거나 포획한 수산물(이를 원료로 하여 우리나라 선박에서 제조하거나 가공한 것을 포함한다. 이하 이 조에서 같다) 5. 우리나라 선박이 외국의 선박과 협력하여 기획재정부령으로 정하는 방법으로 채집하거나 포획한 수산물로서 해양수산부장관이 추천하는 것 6. 해양수산부장관의 허가를 받은 자가 기획재정부령으로 정하는 요건에 적합하게 외국인과 합작하여 채집하거나 포획한 수산물 중 해양수산부장관이 기획재정부장관과 협의하여 추천하는 것 7. 우리나라 선박 등이 채집하거나 포획한 수산물과 제5호 및 제6호에 따른 수산물의 포장에 사용된 물품으로서 재사용이 불가능한 것 중 기획재정부령으로 정하는 물품 8. 「중소기업기본법」 제2조에 따른 중소기업이 해외구매자의 주문에 따라 제작한 기계·기구가 해당 구매자가 요구한 규격 및 성능에 일치하는지를 확인하기 위하여 하는 시험생산에 필요한 원재료로서 기획재정부령으로 정하는 요건에 적합한 물품 9. 우리나라를 방문하는 외국의 원수와 그 가족 및 수행원의 물품 10. 우리나라의 선박이나 그 밖의 운송수단이 조난으로 인하여 해체된 경우 그 해체재(解體材) 및 장비 11. 우리나라와 외국 간에 건설될 교량, 통신시설, 해저통로, 그 밖에 이에 준하는 시설의 건설 또는 수리에 필요한 물품 12. 우리나라 수출물품의 품질, 규격, 안전도 등이 수입국의 권한 있는 기관이 정하는 조건에 적합한 것임을 표시하는 수출물품에 붙이는 증표로서 기획재정부령으로 정하는 물품 13. 우리나라의 선박이나 항공기가 해외에서 사고로 발생한 피해를 복구하기 위하여 외국의 보험회사 또는 외국의 가해자의 부담으로 하는 수리 부분에 해당하는 물품 14. 우리나라의 선박이나 항공기가 매매계약상의 하자보수 보증기간 중에 외국에서 발생한 고장에 대하여 외국의 매도인의 부담으로 하는 수리 부분에 해당하는 물품 15. 국제올림픽·장애인올림픽·농아인올림픽 및 아시아운동경기·장애인아시아운동경기 종목에 해당하는 운동용구(부분품을 포함한다)로서 기획재정부령으로 정하는 물품 16. 국립묘지의 건설·유지 또는 장식을 위한 자재와 국립묘지에 안장되는 자의 관·유골함 및 장례용 물품 17. 피상속인이 사망하여 국내에 주소를 둔 자에게 상속되는 피상속인의 신변용품 18. 보석의 원석(原石) 및 나석(裸石)으로서 기획재정부령으로 정하는 것

재수출 면세 (규칙 제50조)	1. 수입물품의 포장용품. 다만, 관세청장이 지정하는 물품을 제외한다. 2. 수출물품의 포장용품. 다만, 관세청장이 지정하는 물품을 제외한다. 3. 우리나라에 일시입국하는 자가 본인이 사용하고 재수출할 목적으로 몸에 직접 착용 또는 휴대하여 반입하거나 별도로 반입하는 물품. 다만, 관세청장이 지정하는 물품을 제외한다. 4. 우리나라에 일시입국하는 자가 본인이 사용하고 재수출할 목적으로 직접 휴대하여 반입하거나 별도로 반입하는 직업용품 및 「신문 등의 진흥에 관한 법률」 제28조에 따라 지사 또는 지국의 설치등록을 한 자가 취재용으로 반입하는 방송용의 녹화되지 아니한 비디오테이프 5. 관세청장이 정하는 시설에서 국제해운에 종사하는 외국선박의 승무원의 후생을 위하여 반입하는 물품과 그 승무원이 숙박기간중 당해 시설에서 사용하기 위하여 선박에서 하역된 물품 6. 박람회·전시회·공진회·품평회나 그 밖에 이에 준하는 행사에 출품 또는 사용하기 위하여 그 주최자 또는 행사에 참가하는 자가 수입하는 물품 중 해당 행사의 성격·규모 등을 고려하여 세관장이 타당하다고 인정하는 물품 7. 국제적인 회의·회합 등에서 사용하기 위한 물품 8. 법 제90조 제1항 제2호에 따른 기관 및 「국방과학연구소법」에 따른 국방과학연구소에서 학술연구 및 교육훈련을 목적으로 사용하기 위한 학술연구용품 9. 법 제90조 제1항 제2호에 따른 기관 및 「국방과학연구소법」에 따른 국방과학연구소에서 과학기술연구 및 교육훈련을 위한 과학장비용품 10. 주문수집을 위한 물품, 시험용 물품 및 제작용 견본품 11. 수리를 위한 물품[수리를 위하여 수입되는 물품과 수리 후 수출하는 물품이 영 제98조 제1항에 따른 관세·통계통합품목분류표(이하 "품목분류표"라 한다)상 10단위의 품목번호가 일치할 것으로 인정되는 물품만 해당한다] 12. 수출물품 및 수입물품의 검사 또는 시험을 위한 기계·기구 13. 일시입국자가 입국할 때에 수송하여 온 본인이 사용할 승용자동차·이륜자동차·캠핑카·캬라반·트레일러·선박 및 항공기와 관세청장이 정하는 그 부분품 및 예비품 14. 관세청장이 정하는 수출입물품·반송물품 및 환적물품을 운송하기 위한 차량 15. 이미 수입된 국제운송을 위한 컨테이너의 수리를 위한 부분품 16. 수출인쇄물 제작원고용 필름(빛에 노출되어 현상된 것에 한한다) 17. 광메모리매체 제조용으로 정보가 수록된 마스터테이프 및 니켈판(생산제품을 수출할 목적으로 수입되는 것임을 당해 업무를 관장하는 중앙행정기관의 장이 확인한 것에 한한다) 18. 항공기 및 그 부분품의 수리·검사 또는 시험을 위한 기계·기구 19. 항공 및 해상화물운송용 파렛트 20. 수출물품 규격확인용 물품 21. 항공기의 수리를 위하여 일시 사용되는 엔진 및 부분품 22. 산업기계의 수리용 또는 정비용의 것으로서 무상으로 수입되는 기계 또는 장비 23. 외국인투자기업이 자체상표제품을 생산하기 위하여 일시적으로 수입하는 금형 및 그 부분품

✅ **선지분석**

①②③④ 재수출 면세 대상(법 제97조, 규칙 제50조)

59 관세법상 재수출면세기간에 관한 설명으로 옳지 않은 것은? 2017 관세사

☐☐☐

① 일시 입국하는 자가 본인이 사용하고 재수출할 목적으로 직접 휴대하여 수입하거나 별도로 수입하는 신변용품·취재용품 및 이와 유사한 물품의 경우에는 입국 후 처음 출국하는 날까지의 기간을 재수출면세기간으로 한다.

② 박람회·전시회·품평회 기타 이에 준하는 행사에 출품 또는 사용하기 위하여 수입하는 물품은 박람회 등의 행사기간 종료일에 당해 물품을 재수출하는데 필요한 기일을 더한 기간을 재수출면세기간으로 한다.

③ 수리를 위한 물품 및 그 재료는 수리에 소요되는 것으로 인정되는 기간을 재수출면세기간으로 한다.

④ 기타의 물품이 반입계약에 관한 증빙서류에 의하여 기간을 확인할 수 없는 때에는 당해 물품의 성질·용도·수입자·내용연수 등을 고려하여 당사자간의 합의로 정하는 기간을 재수출면세기간으로 한다.

⑤ 재수출면세물품이 행정당국에 의하여 압류된 경우에는 당해 압류기간은 재수출면세기간에 산입하지 아니한다.

해커스공무원 이명호 관세법 단원별 기출문제집

세관장은 법 제97조 제1항의 규정에 의하여 재수출면세기간을 정하고자 하는 때에는 다음 각 호의 기간을 재수출면세기간으로 한다. 이 경우 재수출면세물품이 행정당국에 의하여 압류된 경우에는 해당 압류기간은 재수출면세기간에 산입하지 않는다(영 제115조 제1항).

물품	재수출면세기간
일시 입국하는 자가 본인이 사용하고 재수출할 목적으로 직접 휴대하여 수입하거나 별도로 수입하는 신변용품·취재용품 및 이와 유사한 물품	입국 후 처음 출국하는 날까지의 기간
박람회·전시회·품평회 기타 이에 준하는 행사에 출품 또는 사용하기 위하여 수입하는 물품	박람회 등의 행사기간 종료일에 당해 물품을 재수출하는데 필요한 기일을 더한 기간
수리를 위한 물품 및 그 재료	수리에 소요되는 것으로 인정되는 기간
기타의 물품	당해 물품의 반입계약에 관한 증빙서류에 의하여 확인되는 기간으로 하되, 반입계약에 관한 증빙서류에 의하여 확인할 수 없는 때에는 당해 물품의 성질·용도·수입자·내용연수 등을 고려하여 '세관장이 정하는' 기간

60 관세법령상 재수출면세기간에 대한 설명으로 옳지 않은 것은?   2021 국가직 7급

□□□

① 일시 입국하는 자가 본인이 사용하고 재수출할 목적으로 직접 휴대하여 수입하거나 별도로 수입하는 신변용품의 경우에는 입국 후 처음 출국하는 날까지의 기간을 재수출면세기간으로 한다.

② 박람회에 출품 또는 사용하기 위하여 수입하는 물품은 박람회 등의 행사기간종료일에 당해 물품을 재수출하는데 필요한 기일을 더한 기간을 재수출면세기간으로 한다.

③ 수리를 위한 물품 및 그 재료는 수리에 소요되는 것으로 인정되는 기간을 재수출면세기간으로 한다.

④ 기타의 물품은 당해 물품의 반입계약에 관한 증빙서류에 의하여 확인되는 기간에 재수출하는데 필요한 기일을 더한 기간으로 하되, 반입계약에 관한 증빙서류에 의하여 확인할 수 없는 때에는 당해 물품의 성질·용도 등을 고려하여 세관장이 정하는 기간을 재수출면세기간으로 한다.

■ 관련 법조문: 영 제115조   답 ④

'재수출하는데 필요한 기일을 더한 기간'이라는 말은 박람회·전시회·품평회 기타 이에 준하는 행사에 출품 또는 사용하기 위하여 수입하는 물품에만 붙는다. '기타의 물품'의 재수출면세기간은 '당해 물품의 반입계약에 관한 증빙서류에 의하여 확인되는 기간'이다(영 제115조 제1항 제4호).

61

관세법상 ㉠, ㉡에 들어갈 내용으로 옳은 것은?

> 수입신고 수리일부터 1년을 초과하여 수출하여야 할 부득이한 사유가 있는 물품으로서 기획재정부령으로 정하는 물품으로 세관장이 정하는 기간에 다시 수출하는 물품에 대하여는 그 관세를 면제할 수 있다. 세관장은 관세를 면제받은 물품 중 기획재정부령으로 정하는 물품이 기간 내에 수출되지 아니한 경우에는 (㉠)을 넘지 아니하는 범위에서 해당 물품에 부과될 관세의 (㉡)에 상당하는 금액을 가산세로 징수한다.

	㉠	㉡		㉠	㉡
①	300만원	100분의 20	②	500만원	100분의 30
③	300만원	100분의 30	④	500만원	100분의 20

▌관련 법조문: 법 제97조   답 ④

이 문제는 재수출면세(법 제97조)를 적용받은 물품은 재수출기간 내에 재수출하지 않았을 때 부과되는 가산세의 크기와 그 상한금액을 묻고 있다. 즉, 재수출 불이행 가산세에 대한 문제이다. 수입신고 수리일부터 다음 각 호의 어느 하나의 기간에 다시 수출하는 물품에 대하여는 그 관세를 면제할 수 있다(법 제97조 제1항).

> 1. 기획재정부령으로 정하는 물품: 1년의 범위에서 대통령령으로 정하는 기준에 따라 세관장이 정하는 기간. 다만, 세관장은 부득이한 사유가 있다고 인정될 때에는 1년의 범위에서 그 기간을 연장할 수 있다.
> 2. 1년을 초과하여 수출하여야 할 부득이한 사유가 있는 물품으로서 기획재정부령으로 정하는 물품: 세관장이 정하는 기간

세관장은 제1항(법 제97조 제1항)에 따라 관세를 면제받은 물품 중 기획재정부령으로 정하는 물품이 같은 항에 규정된 기간 내에 수출되지 아니한 경우에는 (㉠ 500만원)을 넘지 아니하는 범위에서 해당 물품에 부과될 관세의 (㉡ 100분의 20)에 상당하는 금액을 가산세로 징수한다.

62

관세법상 관세의 감면에 관한 내용이다. ( )에 들어갈 사항을 옳게 나열한 것은?

> 세관장은 법 제97조(재수출면세) 제1항에 따라 관세를 면제받은 물품 중 (ㄱ)령으로 정하는 물품이 같은 항에 규정된 기간 내에 수출되지 아니한 경우에는 (ㄴ)만원을 넘지 아니하는 범위에서 해당 물품에 부과될 관세의 100분의 (ㄷ)에 상당하는 금액을 가산세로 징수한다.

	ㄱ	ㄴ	ㄷ
①	대통령	300	20
②	대통령	500	30
③	기획재정부	300	20
④	기획재정부	500	20
⑤	기획재정부	500	30

▌관련 법조문: 법 제97조   답 ④

> **법 제97조(재수출면세)** ④ 세관장은 제1항에 따라 관세를 면제받은 물품 중 기획재정부령으로 정하는 물품이 같은 항에 규정된 기간 내에 수출되지 아니한 경우에는 500만원을 넘지 아니하는 범위에서 해당 물품에 부과될 관세의 100분의 20에 상당하는 금액을 가산세로 징수한다.

63

재수출 감면대상 물품의 요건에 해당하지 않는 것은?

① 단기간에 걸쳐서 사용할 수 있는 물품일 것
② 그 수입이 임대차계약 또는 도급계약 또는 수출계약의 이행과 관련된 물품일 것
③ 국내에서 일시적으로 사용하기 위하여 수입하는 물품일 것
④ 수입신고 수리일부터 일정 기간 내에 재수출되는 물품일 것

관련 법조문: 법 제98조   답 ①

재수출감면(관세법 제98조)을 적용받기 위해서는 다음의 요건을 갖추어야 한다.

1. 장기간에 걸쳐 사용할 수 있는 물품이어야 한다[법인세법 시행규칙 규정에 따른 내용연수가 5년(금형의 경우 2년) 이상이어야 한다].
2. 수입이 임대차계약에 의거하거나 도급계약 또는 수출계약의 이행과 관련되어야 한다(국제적 리스 산업을 합리적으로 지원하기 위한 제도).
3. 국내에서 일시적으로 사용하기 위하여 수입되는 물품이어야 한다(일반적으로 수입신고 수리일부터 2년 이내에 재수출되어야 하며, 장기간의 사용이 부득이한 물품으로서 수입하기 전에 세관장의 승인을 받은 것은 4년의 범위에서 대통령령으로 정하는 기준에 따라 세관장이 정하는 기간 내에 재수출되어야 한다).
4. 외국과 체결한 조약·협정 등에 따라 수입되는 것에 대해서는 상호조건에 따라 그 관세를 면제한다.
5. 개당 또는 세트당의 관세액이 500만원 이상이어야 한다.
6. 국내제작이 곤란함을 해당 물품의 생산에 관한 업무를 관장하는 중앙행정기관의 장 또는 그 위임을 받은 자가 확인하고 추천하는 기관 또는 기업이 수입하는 물품이어야 한다.
7. 관세에 상당하는 담보를 제공하여야 한다.

64

재수출감면율에 대한 설명으로 가장 올바른 것은?

① 재수출기간이 6개월 이내인 경우에는 그 물품에 대한 관세액의 100분의 80
② 재수출기간이 6개월 초과 1년 이내인 경우: 해당 물품에 대한 관세액의 100분의 75
③ 재수출기간이 1년 초과 2년 이내인 경우: 해당 물품에 대한 관세액의 100분의 55
④ 재수출기간이 2년 초과 3년 이내인 경우: 해당 물품에 대한 관세액의 100분의 45
⑤ 재수출기간이 3년 초과 4년 이내인 경우: 해당 물품에 대한 관세액의 100분의 35

관련 법조문: 법 제98조   답 ③

재수출 감면의 감면율은 다음과 같다.

재수출기간	감면율
6개월 이내인 경우	관세액의 85%
6개월 초과 1년 이내	관세액의 70%
1년 초과 2년 이내	관세액의 55%
2년 초과 3년 이내	관세액의 40%
3년 초과 4년 이내	관세액의 30%

65

관세법령상 재수출감면 대상물품에 해당하기 위해 갖추어야 할 요건의 일부이다. (ㄱ), (ㄴ)에 들어갈 사항으로 옳은 것은?

2023 관세사

> • 법인세법 시행규칙 제15조의 규정에 의한 내용연수가 (ㄱ)년(금형의 경우에는 2년) 이상인 물품
> • 개당 또는 셋트당 관세액이 (ㄴ)만원 이상인 물품

	(ㄱ)	(ㄴ)
①	3	300
②	3	500
③	5	500
④	5	700
⑤	5	1,000

▌관련 법조문: 법 제98조, 규칙 제52조　　　　　　　　　　　　　　답 ③

법 제98조(재수출 감면) 제1항의 규정에 의하여 관세가 감면되거나 동조 제2항의 규정에 의하여 가산세가 징수되는 물품은 다음 각호의 요건을 갖춘 물품으로서 국내제작이 곤란함을 당해 물품의 생산에 관한 업무를 관장하는 중앙행정기관의 장 또는 그 위임을 받은 자가 확인하고 추천하는 기관 또는 기업이 수입하는 물품에 한한다(규칙 제52조).

> 1. 법인세법 시행규칙 제15조의 규정에 의한 내용연수가 5년(금형의 경우에는 2년) 이상인 물품
> 2. 개당 또는 셋트당 관세액이 500만원 이상인 물품

66

다음 질의에 대한 답변으로 적합하지 않은 것은?

2011 국가직 7급

> 당사에서 수출한 100,000달러 상당의 물품에 클레임이 걸려서 반품이 될 예정입니다. 관세법 제99조에서 정하고 있는 재수입면세에 대해 자세히 설명해 주십시오.

① 만일 반품되는 물품이 수출물품의 용기라면 면세를 위한 재수입기한이 적용되지 않습니다.

② 귀사가 수출한 물품이 외국에서 추가적으로 제조·가공된 다음 수입하는 경우에도 관세법 제99조 제1호에 의해 재수입면세가 가능합니다.

③ 해당 물품 또는 원자재에 대하여 관세의 감면을 받은 경우에는 관세법 제99조 제1호에 의한 재수입면세가 될 수 없습니다.

④ 재수입면세기한이 적용되는 물품은 수출신고 수리일로부터 2년 내에 재수입되어야 합니다.

▌관련 법조문: 법 제99조　　　　　　　　　　　　　　답 ②

수출물품이 외국에서 추가적으로 제조·가공된 후 다시 수입되는 경우, (요건을 갖춘다면) 관세법 제101조의 해외임가공물품 등의 감면은 적용될 수 있으나, 관세법 제99조의 재수입면세는 적용되지 못한다. 우리나라에서 수출(보세가공수출을 포함한다)된 물품으로서 해외에서 제조·가공·수리 또는 사용(장기간에 걸쳐 사용할 수 있는 물품으로서 임대차계약 또는 도급계약 등에 따라 해외에서 일시적으로 사용하기 위하여 수출된 물품이나 박람회, 전시회, 품평회, 국제경기대회, 그 밖에 이에 준하는 행사에 출품 또는 사용된 물품 등 기획재정부령으로 정하는 물품의 경우는 제외한다)되지 아니하고 수출신고 수리일부터 2년 내에 재수입되는 물품에 대해서는 관세가 면제된다.

67 다음 중 재수입면세에 대한 설명으로 올바르지 못한 것은?

① 해외시험 목적으로 수출된 후 다시 수입되는 물품은 재수입면세대상이다.

② 장치기간 경과물품을 재수출조건으로 매각함에 따라 관세가 부과되지 아니한 경우 수출신고 수리일부터 2년 내에 재수입되는 물품은 재수입면세대상이 아니다.

③ 연구목적으로 수출된 후 다시 수입되는 물품은 재수입면세대상이다.

④ 수출물품의 용기로서 다시 수입하는 물품은 재수입면세대상이다.

⑤ 원자재에 대하여 관세의 감면을 받은 경우로서 수출신고 수리일로부터 2년 내에 재수입되는 물품은 재수입면세대상이다.

▌ **관련 법조문: 법 제99조**   답 ⑤

재수입된 물품이나 그 물품을 제조하는데 사용된 원자재에 관세 감면이 적용된 경우, 재수입면세를 중복하여 적용하지 않는다.

📖 명호샘의 한마디

상황별로 재수입면세(법 제99조)가 적용 가능한지를 구분해 놓은 다음의 표를 완전히 암기하기 바란다.

재수입 상황	재수입면세 적용 여부
1. 수출신고 수리일부터 2년 이내 수입(제조, 가공, 수리, 사용하지 않고 수입)	가능
2. 수출신고 수리일부터 2년 이내 수입(제조, 가공, 수리, 사용 후 수입)	불가능
3. 수출신고 수리일부터 2년 이내 수입(임대차계약·도급계약에 따라 수출된 후 다시 수입)	가능
4. 수출신고 수리일부터 2년 이내 수입(박람회, 전시회, 품평회 등에 출품되거나 사용된 후 다시 수입)	가능
5. 수출신고 수리일부터 2년 이내 수입(감면을 받은 경우)	불가능
6. 수출신고 수리일부터 2년 이내 수입(환급을 받은 경우)	불가능
7. 수출신고 수리일부터 2년 이내 수입(환급을 받을 수 있는 자 외의 자가 해당 물품을 재수입하는 경우)	불가능
8. 수출신고 수리일부터 2년 이내 수입(재수입하는 물품에 대하여 환급을 받을 수 있는 자가 환급받을 권리를 포기하였음을 증명하는 서류를 재수입하는 자가 세관장에게 제출하는 경우)	가능
9. 수출신고 수리일부터 2년 이내 수입(재수출조건으로 매각함에 따라 관세가 부과되지 않은 경우)	불가능
10. 수출물품의 용기로서 다시 수입	가능
11. 해외시험 및 연구목적으로 수출된 후 다시 수입	가능

---

68 다음 중 재수입면세가 가능한 물품은?

① 해외에서 수리·가공을 하기 위해 수출되어 수출신고 수리일로부터 3년이 되는 시점에 수입되는 물품

② 해당 물품 또는 원자재에 대하여 관세의 감면을 받고 수출되었다가 수출신고 수리일로부터 1년이 되는 시점에 재수입되는 물품

③ 해외시험을 목적으로 수출하였다가 수출신고 수리일로부터 1년이 되는 시점에 재수입되는 물품

④ 수출용 원재료에 대한 관세 등 환급에 관한 특례법에 의한 환급을 받고 수출하였다가 수출신고 수리일로부터 2년 이내에 재수입되는 물품

⑤ 장치기간이 경과된 물품을 관세부과 없이 재수출조건으로 매각한 물품으로 수출신고 수리일로부터 1년이 되는 시점에 재수입되는 물품

해외시험, 연구목적으로 수출하였다가 다시 수입하는 물품에 대해서는 재수입기간에 관계없이 재수입면세가 가능하다.

⊘ 선지분석

① 해외에서 수리·가공을 하기 위하여 수출된 물품에 대해서는 일정 요건을 갖춘 경우 해외임가공물품 등의 감면 (법 제101조)가 적용될 수는 있으나, 재수입면세가 적용될 수는 없다.

②④⑤ 수출신고 수리일부터 2년 내에 재수입되는 물품이라 할지라도 다음에 해당하는 경우에는 관세를 면제하지 아니한다.

> 1. 해당 물품 또는 원자재에 대하여 관세를 감면받은 경우
> 2. 이 법 또는 수출용원재료에 대한 관세 등 환급에 관한 특례법에 따른 환급을 받은 경우
> 3. 이 법 또는 수출용 원재료에 대한 관세 등 환급에 관한 특례법에 따른 환급을 받을 수 있는 자 외의 자가 해당 물품을 재수입하는 경우. 다만, 재수입하는 물품에 대하여 환급을 받을 수 있는 자가 환급받을 권리를 포기하였음을 증명하는 서류를 재수입하는 자가 세관장에게 제출하는 경우는 제외한다.
> 4. 보세가공 또는 장치기간경과물품을 재수출조건으로 매각함에 따라 관세가 부과되지 아니한 경우

69
□□□

우리나라에서 수출된 물품으로서 해외에서 제조·가공·수리 또는 사용되지 아니하고 수출신고 수리일부터 2년 이내에 다시 수입되는 물품에 대해 재수입면세를 받을 수 있는 경우에 관한 설명으로 옳은 것은?

2014 관세사

① 해당 물품 또는 원자재에 대하여 관세를 감면받은 물품의 경우 재수입면세를 받을 수 있다.

② 보세가공 또는 장치기간경과물품을 재수출조건으로 매각함에 따라 관세가 부과되지 아니한 경우 재수입면세를 받을 수 있다.

③ 수출용 원재료에 대한 관세 등 환급에 관한 특례법에 따른 환급을 받은 물품의 경우 재수입면세를 받을 수 있다.

④ 재수입하는 물품에 대하여 관세법에 따른 환급을 받을 수 있는 자가 환급받을 권리를 포기하였음을 증명하는 서류를 재수입하는 자가 세관장에게 제출하는 경우 재수입면세를 받을 수 있다.

⑤ 관세법 또는 수출용 원재료에 대한 관세 등 환급에 관한 특례법에 따른 환급을 받을 수 있는 자 외의 자가 해당 물품을 재수입하는 경우 재수입면세를 받을 수 있는 것이 원칙이다.

| 관련 법조문: 법 제99조 | 답 ④ |

관세법 또는 수출용 원재료에 대한 관세 등 환급에 관한 특례법에 따른 환급을 받을 수 있는 자 외의 자가 해당 물품을 재수입하는 경우, 재수입면세를 받을 수 없다. 다만, 재수입하는 물품에 대하여 환급을 받을 수 있는 자가 환급받을 권리를 포기하였음을 증명하는 서류를 재수입하는 자가 세관장에게 제출하는 경우는 제외한다(법 제99조 제1호).

70 관세법상 관세감면에 관한 설명으로 옳은 것은?

① 관세법 기타 관세에 관한 법률 또는 조약에 따라 관세의 감면을 받고자 하는 자는 해당 물품의 수입신고와 함께 반드시 감면신청서를 제출하여야 한다.

② 국립 ○○대학교에서 학술연구용·교육용·실험실습용으로 수입하는 물품은 정부용품으로서 모두 관세가 면제될 수 있다.

③ ○○교회에서 의식에 사용되는 물품으로 수입하는 물품은 종교용품으로서 모두 관세가 면제될 수 있다.

④ 우리나라에 수입되어 사용·소비되지 아니하고 1년의 범위에서 외국으로 다시 수출되는 물품은 재수출면세대상용품으로서 모두 관세가 면제될 수 있다.

⑤ 해외시험 및 연구목적으로 수출된 후 3년 만에 다시 수입되는 물품은 재수입면세물품으로서 관세가 면제될 수 있다.

> **■ 관련 법조문: 법 제90조, 제91조, 제97조, 제99조, 영 제112조, 제134조** 　　답 ⑤

해외시험 및 연구목적으로 수출된 후 다시 수입되는 물품은 재수입기간에 관계없이 재수입면세 적용이 가능하다.

✅ 선지분석

① 감면 신청은 수입신고시부터 수입신고수리전까지 할 수 있다. 부과고지에 의한 경우에는 납부고지를 받은 날부터 5일 이내에 할 수 있으며, 물품이 보세구역에서 반출되지 않은 경우라면 수입신고 수리일부터 15일 이내에도 감면을 신청할 수 있다. 즉, 수입신고 시점에 반드시 신청하여야 하는 것은 아니다.

② 학교·공공의료기관·공공직업훈련원·박물관, 그 밖에 이에 준하는 기획재정부령으로 정하는 기관에서 학술연구용·교육용·훈련용·실험실습용 및 과학기술연구용으로 사용할 물품 중 기획재정부령으로 정하는 물품이 수입되는 때에는 관세를 경감할 수 있다. 이는 학술연구용품의 감면(법 제90조)에 해당하며, 그 '기관'과 '물품'은 시행규칙상에 따로 규정되어 있다.

③ 교회·사원 등 종교단체의 의식에 사용되는 물품으로서 외국으로부터 기증되는 물품이 수입되는 경우 관세가 면제될 수 있다. 즉, '기증'되는 물품이어야 하며, 기획재정부령이 정하는 일부 물품은 면제대상에서 제외한다. 여기에서 기획재정부령이 정하는 일부 물품이란 시행규칙 제39조에 규정한 다음의 물품을 말한다.

> 1. 법 별표 관세율표 번호 제8518호에 해당하는 물품
> 2. 법 별표 관세율표 번호 제8531호에 해당하는 물품
> 3. 파이프오르간 외의 법 별표 관세율표 번호 제8519호·제8521호·제8522호·제8523호 및 제92류에 해당하는 물품

④ 재수출면세대상은 열거주의를 취하고 있다. 시행규칙 제50조(재수출면세대상 물품 및 가산세징수대상 물품) 제1항과 제2항에 명시된 물품에 대해서만 관세가 면제된다. 그러므로 '모두'라는 말은 삭제되어야 한다.

71 다음 중 관세법에 규정된 손상물품에 대한 감면 규정에 대한 설명으로 맞지 않는 것은?

① 수입신고한 물품이 수입신고가 수리되기 전에 변질 또는 손상된 때에는 그 관세를 경감할 수 있다.

② 수입물품의 변질·손상 또는 사용으로 인한 가치 감소의 산정기준은 기획재정부령으로 정할 수 있다.

③ 수입신고가 수리된 물품이 그 수리 후 계속 지정보세구역에 장치되어 있는 중에 재해로 인하여 멸실·변질 또는 손상된 때에는 손상물품에 대한 감면을 받을 수 있다.

④ 관세의 감면을 받은 물품에 대하여 관세를 추징시 그 물품이 변질·손상된 경우 그 관세를 경감할 수 있다.

수입신고가 수리된 물품이 그 수리 후 계속 지정보세구역에 장치되어 있는 중에 재해로 인하여 멸실 또는 변질된 경우 납부한 관세가 있다면 법 제106조에 따라 관세를 환급할 수 있다.

✅ **선지분석**

①④ 손상물품에 대한 감면 대상은 다음과 같다(법 제100조).

> 1. 수입신고한 물품이 수입신고가 수리되기 전에 변질되거나 손상되었을 때
> 2. 관세법이나 그 밖의 법률 또는 조약·협정 등에 따라 관세를 감면받은 물품에 대하여 관세를 추징하는 경우 그 물품이 변질 또는 손상되거나 사용되어 그 가치가 떨어졌을 때

② 변질·손상 또는 사용으로 인한 가치감소의 산정기준은 기획재정부령으로 정할 수 있다(영 제118조 제2항).

72

해외직접투자(FDI)를 통해 다음과 같이 해외임가공을 하는 업체와 임가공물품이 있다. 이 가운데 해외임가공물품 감면제도에 따라 관세를 경감받을 수 있는 것은?   2006 관세사

> • A업체: 농산물을 수출하여 HS21류의 조제 식료품을 제조한 다음 수입
> • B업체: 직물을 수출하여 HS62류의 의류를 제조한 다음 수입
> • C업체: 전자부품을 수출하여 HS85류의 휴대폰을 제조한 다음 수입

① A업체가 수입한 조제 식료품만 가능
② B업체가 수입한 의류만 가능
③ C업체가 수입한 휴대폰만 가능
④ B업체의 의류와 C업체의 휴대폰만 가능
⑤ 3개 업체가 수입한 조제 식료품, 의류, 휴대폰 모두 가능

관련 법조문: 법 제101조, 규칙 제56조   답 ③

해외임가공물품 등의 감면(법 제101조) 대상은 두 가지가 있다.

> 1. 원재료 또는 부분품을 수출하여 제85류(전기기기), 제9006호(사진기)로 제조하거나 가공하여 다시 수입하는 경우 (이것이 해외임가공에 정확하게 부합하는 개념이다)
> 2. 가공 또는 수리를 목적으로 수출한 물품으로서, 수출물품의 HS코드와 수입물품의 HS코드가 일치하는 물품이 다시 수입되는 경우(이것은 '가공'이라는 말이 붙어 있음에도 불구하고 해외임가공보다는 '해외 수리'에 가깝다)

이 문제는 원재료 또는 부분품을 수출하여 완제품을 수입하는 '해외임가공'에 한정된 문제이므로, 제85류의 물품이 수입되는 경우만을 선택하여야 한다. 휴대폰은 전기기기류가 분류되는 제85류의 품목이므로 해외임가공 감세대상이 된다.

73 관세법상 관세를 경감할 수 있는 해외임가공물품을 모두 고른 것은?

2017 관세사

> ㄱ. 원재료 또는 부분품을 수출하여 기획재정부령으로 정하는 물품으로 제조하거나 가공한 물품
> ㄴ. 가공할 목적으로 수출한 물품으로서 기획재정부령으로 정하는 기준에 적합한 물품
> ㄷ. 보세가공 또는 장치기간경과물품을 재수출조건으로 매각함에 따라 관세가 부과되지 아니한 물품
> ㄹ. 관세법에 따른 환급을 받은 물품
> ㅁ. 수출용원재료에 대한 관세 등 환급에 관한 특례법에 따른 환급을 받은 물품
> ㅂ. 수리할 목적으로 수출한 물품으로서 기획재정부령으로 정하는 기준에 적합한 물품

① ㄱ, ㄴ, ㄹ ② ㄱ, ㄴ, ㅂ ③ ㄱ, ㄷ, ㅁ
④ ㄴ, ㄷ, ㄹ ⑤ ㄴ, ㄹ, ㅁ

▌관련 법조문: 법 제101조 답 ②

다음 각 호의 어느 하나에 해당하는 물품이 수입될 때에는 대통령령으로 정하는 바에 따라 그 관세를 경감할 수 있다(법 제101조 제1항).

> 1. 원재료 또는 부분품을 수출하여 기획재정부령으로 정하는 물품으로 제조하거나 가공한 물품 ⇨ ㄱ
> 2. 가공 또는 수리할 목적으로 수출한 물품으로서 기획재정부령으로 정하는 기준에 적합한 물품 ⇨ ㄴ, ㅂ

다만, 법 제101조 제1항의 물품이 다음 각 호의 어느 하나에 해당하는 경우에는 그 관세를 경감하지 아니한다(법 제101조 제2항).

> 1. 해당 물품 또는 원자재에 대하여 관세를 감면받은 경우. 다만, 제1항 제2호의 경우는 제외한다.
> 2. 관세법 또는 수출용원재료에 대한 관세 등 환급에 관한 특례법에 따른 환급을 받은 경우 ⇨ ㄹ, ㅁ
> 3. 보세가공 또는 장치기간경과물품을 재수출조건으로 매각함에 따라 관세가 부과되지 아니한 경우 ⇨ ㄷ

---

74 관세법령상 해외임가공물품의 관세 감면에 관한 내용으로 (   )에 들어갈 사항으로 옳은 것은?

2021 관세사

> 가공 또는 수리하기 위하여 수출된 물품과 가공 또는 수리 후 수입된 물품의 품목분류표상 (   )의 품목번호가 일치하는 물품이 수입될 때에는 대통령령으로 정하는 바에 따라 그 관세를 경감할 수 있다.

① 2단위 ② 4단위 ③ 6단위
④ 8단위 ⑤ 10단위

▌관련 법조문: 법 제101조, 규칙 제56조 답 ⑤

가공 또는 수리할 목적으로 수출한 물품으로서 기획재정부령으로 정하는 기준에 적합한 물품이 수입될 때에는 대통령령으로 정하는 바에 따라 그 관세를 경감할 수 있다(법 제101조 제1항). 여기에서 '기획재정부령으로 정하는 기준에 적합한 물품'이란 가공 또는 수리하기 위하여 수출된 물품과 가공 또는 수리 후 수입된 물품의 품목분류표상 10단위의 품목번호가 일치하는 물품을 말한다. 다만, 수율·성능 등이 저하되어 폐기된 물품을 수출하여 용융과정 등을 거쳐 재생한 후 다시 수입하는 경우와 제품의 제작일련번호 또는 제품의 특성으로 보아 수입물품이 우리나라에서 수출된 물품임을 세관장이 확인할 수 있는 물품인 경우에는 품목분류표상 10단위의 품목번호가 일치하지 아니하더라도 법 제101조(해외임가공물품 등의 감면) 제1항 제2호에 따라 관세를 경감할 수 있다.

75 관세감면대상물품에 대하여 과세표준·세율·감면규정 등의 적용 착오로 이미 징수한 금액에 부족이 있어 세관장이 부과·징수한 경우에 그 추징세액에 대한 감면신청을 할 수 있다. 이때의 감면신청시기로 올바른 것은?

2003 관세사

① 수입신고 수리일부터 5일 이내
② 부과고지한 날부터 5일 이내
③ 징수사유가 발생한 날부터 5일 이내
④ 납부고지를 받은 날부터 5일 이내
⑤ 수입신고를 한 날부터 5일 이내

▌관련 법조문: 영 제112조　　　　　　　　　　　　　　　　　　　　　　　　　　　　　　　　답 ④

'세관장은 과세표준, 세율, 관세의 감면 등에 관한 규정의 적용 착오 또는 그 밖의 사유로 이미 징수한 금액이 부족한 것을 알게 되었을 때에는 그 부족액을 징수한다.'는 관세법 제39조 제2항의 관세추징 규정이다. 이때의 추징세액에 대하여 감면신청을 하려는 경우에는 세관장이 발송한 납부고지를 받은 날부터 5일 이내에 감면 신청서를 제출하여야 한다.

감면 신청시기	1. 원칙	수입신고수리전
	2. 법 제39조(부과고지) 제2항에 해당하는 경우	납부고지를 받은 날부터 5일 이내
	3. 수입신고수리전까지 감면신청서를 제출하지 못한 경우	수입신고 수리일부터 15일 이내 (단, 해당 물품이 보세구역에서 반출되지 아니한 경우로 한정)

> **◎ 명호쌤의 한마디**
>
> 관세법에서 '5일'이 언급된 규정은 다음과 같다.
> 1. 경쟁입찰의 방법으로 매각하려는 경우 매각되지 아니하였을 때에는 5일 이상의 간격을 두어 다시 입찰에 부칠 수 있으며 그 예정가격은 최초 예정가격의 100분의 10 이내의 금액을 입찰에 부칠 때마다 줄일 수 있다(법 제210조 제2항).
> 2. 관세법 제39조(부과고지) 제2항에 따라 관세를 징수하는 경우 해당 납부고지를 받은 날부터 5일 이내에 감면신청 서를 제출할 수 있다(영 제112조 제2항).
> 3. 특허의 승계신고를 받은 세관장은 이를 심사하여 신고일부터 5일 이내에 그 결과를 신고인에게 통보하여야 한다(영 제194조 제2항).
> 4. 입항전수입신고는 당해 물품을 적재한 선박 또는 항공기가 그 물품을 적재한 항구 또는 공항에서 출항하여 우리나 라에 입항하기 5일 전(항공기의 경우 1일전)부터 할 수 있다(영 제249조 제1항).
> 5. 특허보세구역의 연면적이 수수료납부 후에 변경된 경우 납부하여야 하는 특허수수료의 금액이 증가한 때에는 변경 된 날부터 5일 내에 그 증가분을 납부하여야 한다(규칙 제68조 제5항).

---

76 관세법령상 관세감면물품의 사후관리에 대한 설명으로 옳은 것은?

2019 국가직 9급

① 종교용품은 수입신고 수리일부터 5년 동안 그 감면받은 용도 외의 다른 용도로 사용할 수 없다.
② 관세감면물품의 사후관리기간은 대통령령으로 정하는 기준에 따라 관세청장이 정한다.
③ 학술연구용품을 감면받은 용도 외의 다른 용도로 사용하거나 양도하려면 수입신고 수리일부터 3년 이내에 관세청장의 승인을 받아야 한다.
④ 관세감면물품이 재해로 멸실되면 멸실된 날부터 15일 이내에 감면된 관세를 징수한다.

> **법 제102조(관세감면물품의 사후관리)** ① 제89조부터 제91조까지와 제93조 및 제95조에 따라 관세를 감면받은 물품은 수입신고 수리일부터 3년의 범위에서 대통령령으로 정하는 기준에 따라 관세청장이 정하는 기간에는 그 감면받은 용도 외의 다른 용도로 사용하거나 양도(임대를 포함한다. 이하 같다)할 수 없다. 다만, 기획재정부령으로 정하는 물품과 대통령령으로 정하는 바에 따라 미리 세관장의 승인을 받은 물품의 경우에는 그러하지 아니하다.
>   ⇨ ①, ②, ③
> ② 다음 각 호의 어느 하나에 해당하면 그 용도 외의 다른 용도로 사용한 자나 그 양도인(임대인을 포함한다. 이하 같다)으로부터 감면된 관세를 즉시 징수하며, 양도인으로부터 해당 관세를 징수할 수 없을 때에는 양수인(임차인을 포함한다. 이하 같다)으로부터 감면된 관세를 징수한다. 다만, 재해나 그 밖의 부득이한 사유로 멸실되었거나 미리 세관장의 승인을 받아 폐기하였을 때에는 그러하지 아니하다.
>   1. 제1항에 따라 관세를 감면받은 물품을 제1항에 따른 기간에 감면받은 용도 외의 다른 용도로 사용한 경우
>   2. 제1항에 따라 관세를 감면받은 물품을 제1항에 따른 기간에 감면받은 용도 외의 다른 용도로 사용하려는 자에게 양도한 경우 ⇨ ④

77

☐☐☐

다음 중 감면물품의 용도 외 사용 금지기간에 대한 내용으로 잘못된 것은?   2008 관세사

① 장애인 등 특정인만이 사용하거나 금형과 같이 성격상 다른 용도로 사용될 수 없는 물품의 경우에는 1년 이내이다.

② 박람회·전시회 등 특정행사에 사용되는 물품의 경우에는 해당 용도 또는 행사가 소멸 또는 종료되는 때까지이다.

③ 관세감면 물품이 원재료·부분품인 경우 해당 기간이 경과될 때까지 감면받은 용도로 사용되지 않고 보관되는 경우에는 해당 물품이 모두 사용된 날까지이다.

④ 내용연수가 5년 이상인 물품으로서 학술연구용품 감면의 규정에 의해 관세의 감면을 받은 물품의 경우는 2년이다.

⑤ 내용연수가 4년인 물품의 사후관리기간은 2년이다.

관세감면물품이 다른 용도로 사용될 가능성이 적은 경우의 사후관리기간은 '1년 이내'이다. 다만, 장애인 등 특정인만이 사용하거나 금형과 같이 성격상 다른 용도로 사용될 수 없는 물품의 경우에는 수입신고 수리일까지로 하며, 박람회, 전시회 등 특정행사에 사용되는 물품의 경우에는 해당 용도 또는 행사가 소멸 또는 종료되는 때까지로 한다.

사후관리기간 지정의 구체적 기준		
1. 내용연수를 기준으로 하는 경우	내용연수 5년 이상	3년(학술연구용품 감면의 경우 2년)
	내용연수 4년	2년
	내용연수 3년 이하	1년 이내의 기간에서 관세청장이 정하여 고시하는 기간
2. 관세감면물품이 다른 용도로 사용될 가능성이 적은 경우	일반적인 경우	1년 이내의 기간에서 관세청장이 정하여 고시하는 기간
	장애인용품, 금형	수입신고 수리일까지
	박람회, 전시회 사용물품	해당 용도·행사가 소멸·종료되는 때까지
3. 관세감면물품이 원재료, 부분품, 견본품인 경우	일반적인 경우	1년 이내의 기간에서 관세청장이 정하여 고시하는 기간
	사실상 소모되는 경우	사용장소로 반입된 사실이 확인된 날까지
	해당 기간이 경과될 때까지 감면받은 용도로 사용되지 않고 보관되는 경우	모두 사용된 날까지
4. 실행세율에 감면율을 곱한 율을 기준으로 하는 경우	3% 이하인 경우	1년 이내의 기간에서 관세청장이 정하여 고시하는 기간
	3% 초과 7% 이하인 경우	2년 이내의 기간에서 관세청장이 정하여 고시하는 기간

78 관세법 제103조 제2항에 따르면 특정의 관세감면물품을 대·중소기업 상생협력 촉진에 관한 법률 제2조 제4호에 따른 수탁·위탁거래의 관계에 있는 기업에 양도할 수 있는데, 다음 중에서 이 감면 승계의 적용을 받을 수 없는 물품은?

① 학술연구용품 감면대상 물품(관세법 제90조)
② 특정물품의 면세대상 물품(관세법 제93조)
③ 환경오염 방지물품 등에 대한 감면대상 물품(관세법 제95조)
④ 재수출감면대상 물품(관세법 제98조)
⑤ 재수입면세대상 물품(관세법 제99조)

| **관련 법조문: 법 제103조** | 답 ⑤ |

감면 승계란 감면물품을 다른 용도에 사용하거나 다른 용도에 사용할 자에게 양도하더라도 용도 외 사용으로 보지 않아 관세추징을 하지 않는 것을 말한다. 중소기업 감면 승계는 수입물품이 수입시 '학술연구용품 감면, 특정물품의 면세, 환경오염방지물품 등에 대한 감면, 재수출감면' 중 하나를 적용받고 수입되었을 때에만 가능하다.

79 관세법상 관세감면에 관한 설명으로 옳은 것은?

① 관세를 감면받으려는 자는 해당 물품의 수입신고수리전에 신청서를 세관장에게 제출하여야 한다.
② 사후관리대상인 관세감면물품을 세관장의 승인 없이 감면받은 용도 외 사용하거나 양도하는 경우 1천만원 이하의 벌금에 처하고, 과실인 경우에는 500만원 이하의 벌금에 처한다.
③ 국제적인 회의에서 사용하기 위한 물품으로 재수출면세를 받은 물품이 기간 내에 재수출되지 아니한 경우에는 300만원을 넘지 아니하는 범위에서 해당 물품에 부과될 관세의 100분의 10에 상당하는 금액을 가산세로 징수한다.
④ 수입신고 수리일부터 1년을 초과하여 수출하여야 할 부득이한 사유가 있는 물품으로서 관세청장이 정하는 기간에 다시 수출하는 물품에 대하여는 그 관세를 면제할 수 있다.
⑤ 수입신고한 물품이 수입신고가 수리되기 전에 변질되거나 손상되더라도 그 관세를 경감할 수 없다.

| **관련 법조문: 법 제97조, 제100조, 제276조, 영 제112조, 규칙 제50조** | 답 ① |

관세법 기타 관세에 관한 법률 또는 조약에 따라 관세를 감면받으려는 자는 해당 물품의 수입신고수리전에 감면신청서를 세관장에게 제출하여야 한다. 이것이 원칙이다. 다만, 법 제39조 제2항에 따라 관세를 징수하는 경우에는 해당 납부고지를 받은 날부터 5일 이내, 그 밖에 수입신고수리전까지 감면신청서를 제출하지 못한 경우에는 해당 수입신고 수리일부터 15일 이내(해당 물품이 보세구역에서 반출되지 아니한 경우로 한정한다)에 신청서를 제출하여야 한다(영 제112조 제1항 및 제2항).

✓ 선지분석

② 관세를 감면받은 물품은 수입신고 수리일부터 3년의 범위에서 대통령령으로 정하는 기준에 따라 관세청장이 정하는 기간에는 그 감면받은 용도 외의 다른 용도로 사용하거나 양도(임대를 포함한다)할 수 없다. 다만, 기획재정부령으로 정하는 물품과 대통령령으로 정하는 바에 따라 미리 세관장의 승인을 받은 물품의 경우에는 그러하지 아니하다(법 제102조 제1항). 이때 세관장의 '승인'을 받지 않으면 '2천만원' 이하의 벌금에 처한다. 다만, 과실인 경우에는 '300만원' 이하의 벌금에 처한다(법 제276조 제3항).
③ 국제적인 회의·회합 등에서 사용하기 위한 물품을 기간 내에 다시 수출하는 경우 재수출면세를 적용받을 수 있다(규칙 제50조 제1항). 그러나 기간 내에 재수출되지 않은 경우 '500만원'을 넘지 아니하는 범위에서, 관세의 '100분의 20'에 상당하는 금액을 가산세로 징수한다(법 제97조 제4항).

④ 수입신고 수리일부터 1년을 초과하여 수출하여야 할 부득이한 사유가 있는 물품으로서 기획재정부령으로 정하는 물품을 '세관장'이 정하는 기간에 다시 수출하는 물품에 대하여는 그 관세를 면제할 수 있다(법 제97조 제1항). 여기에 해당하는 물품은 ① 수송기기의 하자를 보수하거나 이를 유지하기 위한 부분품, ② 외국인 여행자가 연 1회 이상 항해조건으로 반입한 후 지방자치단체에서 보관·관리하는 요트(모터보트를 포함한다)이다(규칙 제50조 제2항).

⑤ 수입신고한 물품이 수입신고가 수리되기 전에 변질되거나 손상되었을 때에는 대통령령으로 정하는 바에 따라 그 관세를 경감할 수 있다(법 제100조 제1항).

80 관세법상 관세의 감면·환급 및 분할납부 등에 대한 설명으로 옳지 않은 것은?

☐☐☐

① 관세법 제89조부터 제91조까지와 제93조 및 제95조에 따라 관세를 감면받은 물품은 수입신고 수리일부터 3년의 범위에서 대통령령으로 정하는 기준에 따라 관세청장이 정하는 기간에는 그 감면받은 용도 외의 다른 용도로 사용하거나 양도할 수 없다. 다만, 기획재정부령으로 정하는 물품과 대통령령으로 정하는 바에 따라 미리 세관장의 승인을 받은 물품의 경우에는 그러하지 아니하다.

② 여신전문금융업법에 따른 시설대여업을 하는 자가 관세법에 따라 관세가 감면되거나 분할납부되는 물품을 수입할 때에는 관세법 제19조에도 불구하고 대여시설 이용자를 납세의무자로 하여 수입신고를 할 수 있다. 이 경우 납세의무자는 대여시설 이용자가 된다.

③ 외국으로부터 수입되어 수입신고가 수리된 물품이 계약내용과 다르고 수입신고 당시의 성질이나 형태가 변경되지 아니한 경우 해당 물품이 수입신고 수리일부터 1년 이내에 보세구역에 반입되었을 때 그 관세를 환급한다.

④ 수입신고가 수리된 물품이 수입신고 수리 후에도 지정보세구역에 계속 장치되어 있는 중에 재해로 멸실되거나 변질 또는 손상되어 그 가치가 떨어졌을 때에는 대통령령으로 정하는 바에 따라 그 관세의 전부 또는 일부를 환급할 수 있다.

▌ 관련 법조문: 법 제102조, 제105조, 제106조   답 ③

수입신고가 수리된 물품이 계약 내용과 다르고 수입신고 당시의 성질이나 형태가 변경되지 아니한 경우로서 다음 각 호의 어느 하나에 해당하는 경우에는 그 관세를 환급한다(법 제106조 제1항).

> 1. 외국으로부터 수입된 물품: 보세구역(제156조 제1항에 따라 세관장의 허가를 받았을 때에는 그 허가받은 장소를 포함한다. 이하 이 조에서 같다) 또는 자유무역지역의 지정 및 운영에 관한 법률에 따른 자유무역지역 중 관세청장이 수출물품을 일정기간 보관하기 위하여 필요하다고 인정하여 고시하는 장소에 해당 물품을 반입(수입신고 수리일부터 1년 이내에 반입한 경우로 한정한다)하였다가 다시 수출한 경우
> 2. 보세공장에서 생산된 물품: 수입신고 수리일부터 1년 이내에 보세공장에 해당 물품을 다시 반입한 경우

계약 내용과 다른 물품을 수입신고수리일부터 1년 이내에 반입하였다가 수출하면 관세환급을 받을 수 있다. 이때 '1년 이내'에 반입만 하면 되고 '1년 이내'에 수출까지는 하지 않아도 되지만, 1년이 넘어가더라도 반드시 수출은 해야 한다. 즉, '반입되었을 때'를 '반입하였다가 다시 수출하였을 때'로 바꿔야 한다.

⊘ 선지분석
① 법 제102조(관세감면물품의 사후관리) 제1항
② 법 제105조(시설대여업자에 대한 감면 등) 제1항
④ 법 제106조(계약 내용과 다른 물품 등에 대한 관세 환급) 제4항

81 관세법령상 담보의 제공에 대한 설명으로 옳지 않은 것은?

① 세관장은 크기의 과다로 보세구역에 장치하기 부적당한 외국물품에 대하여 보세구역 외 장치를 허가하려는 때에는 그 물품의 관세에 상당하는 담보의 제공을 명할 수 있다.

② 세관장은 관세법 제213조에 따른 보세운송(간이 보세운송을 제외한다)의 신고를 하거나 승인을 받으려는 물품에 대하여 관세의 담보를 제공하게 할 수 있다.

③ 세관장은 필요하다고 인정할 경우 관세법 제95조에 따라 관세를 감면받은 환경오염방지물품에 대하여 그 물품을 수입할 때에 그 물품의 관세액에 상당하는 담보를 제공하게 할 수 있다.

④ 지방자치단체가 수입신고한 물품을 세관장의 수리 전에 그 물품이 장치된 장소로부터 반출하기 위하여 세관장의 승인을 받는 경우에는 납부하여야 할 관세에 상당하는 담보의 제공을 생략할 수 있다.

관련 법조문: 법 제108조, 제156조, 제218조, 영 제131조, 제256조 　　답 ③

세관장은 필요하다고 인정될 때에는 대통령령으로 정하는 범위에서 관세청장이 정하는 바에 따라 관세법이나 그 밖의 법령·조약·협정 등에 따라 관세를 감면받거나 분할납부를 승인받은 물품에 대하여 그 물품을 수입할 때에 감면받거나 분할납부하는 관세액(법 제97조 제4항 및 제98조 제2항에 따른 가산세는 제외한다)에 상당하는 담보를 제공하게 할 수 있다(법 제108조 제1항). 법 제108조 제1항의 규정에 의한 담보의 제공 여부는 물품의 성질 및 종류, 관세채권의 확보 가능성 등을 기준으로 하여 정하되, 법 제97조(재수출면세) 또는 법 제98조(재수출감면)의 규정에 의하여 관세를 감면받은 경우 또는 법 제107조의 규정에 의하여 분할납부승인을 받은 경우에 한하여야 한다(영 제131조 제1항). 즉, 관세감면 중 '재수출면세, 재수출감면'의 경우 담보를 제공하며, 환경오염방지물품 등의 감면(법 제95조)의 경우에는 담보를 제공하지 않는다.

☑ 선지분석

① 법 제156조(보세구역 외 장치의 허가) 제1항 및 제2항

② 법 제218조(보세운송의 담보)

④ 국가, 지방자치단체, 공공기관의 운영에 관한 법률 제4조에 따른 공공기관, 지방공기업법 제49조에 따라 설립된 지방공사 및 같은 법 제79조에 따라 설립된 지방공단이 수입하는 물품에 대해서는 관세법 제252조 단서에 따라 수입신고수리전 반출시 담보의 제공을 생략할 수 있다(영 제256조 제3항 제1호).

🔍 명호샘의 한마디

감면은 담보 제공 대상이다. 그러나 모든 감면이 담보 제공 대상은 아니고, 그 중 재수출면세와 재수출감면이 담보 제공 대상이다. 다음과 같이 판단하여야 한다.

- 감면(경감, 면제) → 담보 제공 대상이다.
- 재수출 면세 → 담보 제공 대상이다.
- 재수출 감면 → 담보 제공 대상이다.
- 세율불균형물품의 면세 → 담보 제공 대상이 아니다.

1 위약환급, 지정보세구역 환급

01 다음 사례에서 국내 수입자 A가 취해야 할 수출입 통관절차 등에 대한 설명으로 옳은 것은?

□□□

2011 국가직 7급

> 국내 수입자 A는 인쇄기 10대를 미국에서 반입하여 관세를 납부하고 수입통관을 완료하였다. 통관 후 확인 결과 그중 인쇄기 2대가 계약과 다른(위약) 물품임을 확인하고, 미국 수출자에게 클레임을 제기하였다. 이에 대해 미국 수출자가 자신의 실수를 인정하고 해당 인쇄기를 미국으로 보내주면 다른 인쇄기로 대체하여 주겠다고 약속하였다.

① 클레임이 제기된 인쇄기 2대를 '해외에서 수리'를 이유로 수출하고 미국에서 수입되는 새 인쇄기는 재수입면세를 받는 것으로 수입통관을 한다.

② 클레임이 제기된 인쇄기 2대를 위약물품으로 수출하여 관세법 제106조에 따른 환급을 받고, 이와는 별개로 미국에서 수입되는 새 인쇄기는 관세를 납부하고 수입통관을 진행한다.

③ 클레임이 제기된 인쇄기 2대를 위약물품으로 반송통관하여 관세법 제106조에 따른 환급을 받고, 미국에서 수입되는 새 인쇄기는 재수입면세를 받는 것으로 수입통관을 한다.

④ 클레임이 제기된 인쇄기 2대를 '클레임 발생'을 이유로 반송 통관하고, 이와는 별개로 미국에서 수입되는 새 인쇄기는 관세를 납부하고 수입통관을 진행한다.

▌관련 법조문: 법 제106조　　　　　　　　　　　　　　　　　　　　　　　답 ②

외국으로부터 수입된 물품에 하자가 있어 클레임을 제기하고 외국으로 다시 수출한 물품이 있다면, 그 물품에 대하여 납부한 관세를 환급받을 수 있다. 이 물품 대신 새로운 물품을 대체품으로 다시 수입하였다면, 그 수입은 이전의 하자물품 수입과 별개로 취급하여야 한다. 그러므로 첫번째 수입물품에 대해서는 수출 후 환급을 받고, 두번째 수입물품에 대해서는 따로 관세를 납부하여야 한다.

---

02 관세법상 계약내용과 다른 물품(이하 '위약물품'이라 한다) 등의 관세환급에 대한 설명으로 옳은 것은?

□□□

2009 관세사

① 위약물품 관세환급시 해당 물품이 보세공장에서 생산된 경우에는 최초 수입신고된 보세공장에 다시 반입하여야만 그 관세를 환급한다.

② 수입신고가 수리된 물품이 그 수리 후 계속 보세창고에 장치되어 있는 중에 재해로 인하여 멸실된 경우 그 관세를 환급할 수 있다.

③ 위약물품의 관세환급시 해당 물품이 외국으로부터 반입된 경우 반드시 수출하여야만 관세를 환급을 받을 수 있다.

④ 위약물품의 관세환급시 당초 계약내용과 상이하면 수입신고 당시의 성질 또는 형태가 변경된 경우에도 관세환급이 가능하다.

⑤ 위약물품의 관세환급시 관세 분할납부기간이 끝나지 아니하여 해당 물품에 대한 관세가 징수되지 아니한 경우에는 세관장은 해당 관세의 부과를 취소할 수 있다.

법 제106조 환급에서 '관세의 부과 취소' 사유는 다음의 세 가지이다(법 제106조 제5항).

> 1. 관세의 납부기한이 종료되기 전이어서 해당 물품에 대한 관세가 징수되지 아니한 경우
> 2. 징수유예 중이어서 해당 물품에 대한 관세가 징수되지 아니한 경우
> 3. 분할납부기간이 끝나지 아니하여 해당 물품에 대한 관세가 징수되지 아니한 경우

✓ 선지분석

① 보세공장에서 생산된 물품을 보세공장에 다시 반입한 경우 위약환급을 받을 수 있다. 여기에서 물품이 다시 반입되는 보세공장은 '최초 수입신고된' 보세공장일 필요는 없으며, 다른 보세공장이어도 무방하다.
② 보세창고가 아니라 지정보세구역이다.
③ 위약환급은 수출에 갈음하여 폐기를 하는 경우에도 환급이 가능하다.
④ 위약환급을 받기 위해서는 수입신고 당시의 성질 또는 형태가 변경되지 아니한 상태로 수출되어야 한다.

03 관세법령상 관세의 환급에 관한 설명이다. (   )에 들어갈 내용을 순서대로 바르게 나열한 것은?

2018 관세사

> 수입신고가 수리된 개인의 자가사용물품이 수입한 상태 그대로 수출되는 경우로서 (   )부터 (   )개월 이내에 관세청장이 정하는 바에 따라 세관장의 확인을 받고 다시 수출하는 경우에는 수입할 때 납부한 관세를 환급한다.

① 수입일, 6
② 수입신고 수리일, 3
③ 수입신고일, 3
④ 수입신고 수리일, 6
⑤ 수입신고일, 6

수입신고가 수리된 개인의 자가사용물품이 수입한 상태 그대로 수출되는 경우로서 다음 각 호의 어느 하나에 해당하는 경우에는 수입할 때 납부한 관세를 환급한다. 이 경우 수입한 상태 그대로 수출되는 경우의 기준은 대통령령으로 정한다(법 제106조의2 제1항).

> 1. 수입신고 수리일부터 6개월 이내에 보세구역 또는 자유무역지역의 지정 및 운영에 관한 법률에 따른 자유무역지역 중 관세청장이 수출물품을 일정기간 보관하기 위하여 필요하다고 인정하여 고시하는 장소에 반입하였다가 다시 수출하는 경우
> 2. 수입신고 수리일부터 6개월 이내에 관세청장이 정하는 바에 따라 세관장의 확인을 받고 다시 수출하는 경우
> 3. 제241조 제2항에 따라 수출신고가 생략되는 탁송품 또는 우편물로서 기획재정부령으로 정하는 금액 이하인 물품을 수입신고 수리일부터 6개월 이내에 수출한 후 관세청장이 정하는 바에 따라 세관장의 확인을 받은 경우

04

관세법상 수입한 상태 그대로 수출되는 자가사용물품에 대한 관세 환급에 관한 설명으로 옳은 것은?

① 수입신고가 수리된 개인의 자가사용물품이 수입한 상태 그대로 수출되는 경우로서 수입신고일부터 1년 이내에 보세구역에 반입하였다가 다시 수출하는 경우에는 수입할 때 납부한 관세를 환급한다.

② 수입신고가 수리된 개인의 자가사용물품이 수입한 상태 그대로 수출되는 경우로서 수입신고일부터 6개월 이내에 관세청장이 정하는 바에 따라 세관장의 확인을 받고 다시 수출하는 경우에는 수입할 때 납부한 관세를 환급한다.

③ 자가사용물품은 해당 물품이 국내에서 사용된 사실이 없다고 세관장이 인정하지 않아도 해당 물품이 수입신고 당시의 성질 또는 형태가 변경되지 아니한 상태로 수출되면 수입할 때 납부한 관세를 환급 한다.

④ 수입한 상태 그대로 수출되는 자가사용물품에 대한 관세 환급에 관하여는 관세법 제47조(과다환급관 세의 징수)를 준용한다.

⑤ 자가사용물품을 수입한 상태 그대로 전부 수출하는 경우에는 이미 납부한 관세액에서 내국세와 행정 비용을 제외한 금액을 환급한다.

■ 관련 법조문: 법 제106조의2, 영 제124조의2　　　　　　　　　　　　　답 ④

수입한 상태 그대로 수출되는 자가사용물품에 대한 관세 환급에 관하여는 관세법 제46조(관세환급금의 환급), 제 47조(과다환급관세의 징수) 및 제106조 제2항(계약내용과 다른 물품 등에 대한 관세환급 중 일부 수출 규정), 제 106조 제5항(계약내용과 다른 물품 등에 대한 관세환급 중 관세의 부과 취소 규정)을 준용한다.

✓ 선지분석

① 수입신고가 수리된 개인의 자가사용물품이 수입한 상태 그대로 수출되는 경우로서 '수입신고 수리일부터 6개월 이내'에 보세구역 또는 자유무역지역의 지정 및 운영에 관한 법률에 따른 자유무역지역 중 관세청장이 수출물품 을 일정기간 보관하기 위하여 필요하다고 인정하여 고시하는 장소에 반입하였다가 다시 수출하는 경우에는 수 입할 때 납부한 관세를 환급한다(법 제106조의2 제1항 제1호).

② 수입신고가 수리된 개인의 자가사용물품이 수입한 상태 그대로 수출되는 경우로서 '수입신고 수리일부터 6개월 이내'에 관세청장이 정하는 바에 따라 세관장의 확인을 받고 다시 수출하는 경우에는 수입할 때 납부한 관세를 환급한다(법 제106조의2 제1항 제2호).

③ 법 제106조의2 제1항 전단에 따른 수입한 상태 그대로 수출되는 자가사용물품은 다음 각 호의 요건을 모두 갖 춘 물품으로 한다(영 제124조의2 제1항).

> 1. 해당 물품이 수입신고 당시의 성질 또는 형태가 변경되지 아니한 상태로 수출될 것
> 2. 해당 물품이 국내에서 사용된 사실이 없다고 세관장이 인정할 것

⑤ 법 제106조의2 제1항에 따라 환급하는 관세액은 다음 각 호의 구분에 따른 금액으로 한다(영 제124조의2 제 3항).

> 1. 물품을 전부 수출하거나 환불하는 경우: 이미 납부한 관세의 전액
> 2. 물품의 일부를 수출하거나 환불하는 경우: 그 일부 물품에 해당하는 관세액

05 관세법에 의한 관세의 환급 및 분할납부에 관한 설명으로 옳지 않은 것은?

2011 관세사

□□□

① 수입신고가 수리된 물품이 수입신고 수리 후에도 지정보세구역에 계속 장치되어 있는 중에 재해로 멸실되거나 변질 또는 손상되어 그 가치가 떨어졌을 때에는 그 관세의 전부 또는 일부를 환급할 수 있다.

② 보세공장에서 생산된 물품으로 수입신고가 수리된 물품이 계약 내용과 다른 경우 수입신고 당시의 성질이나 형태가 변경되지 아니한 상태에서 수입신고 수리일부터 1년 이내에 보세공장에 이를 반입하였다가 재수출해야 그 관세가 환급될 수 있다.

③ 세관장이 관세의 분할납부를 승인한 때에는 납부기한 별로 납부고지를 하여야 한다.

④ 관세의 분할납부를 승인받은 자가 해당 물품의 용도를 변경하거나 그 물품을 양도하려는 경우에는 미리 세관장의 승인을 받아야 한다.

⑤ 관세의 분할납부를 승인받은 자가 파산선고를 받은 경우에는 그 파산관재인이 관세를 납부하여야 한다.

> **관련 법조문: 법 제106조, 제107조**   답 ②

보세공장에서 생산된 물품으로 수입신고가 수리된 물품이 계약 내용과 다른 경우 수입신고 당시의 성질이나 형태가 변경되지 아니한 상태에서 수입신고 수리일부터 1년 이내에 보세공장에 이를 다시 반입하면 관세가 환급될 수 있으며, '재수출'을 할 필요는 없다.

06 외국으로부터 살아 있는 소(牛) 100마리를 수입하였는데 이 중 10마리가 죽었을 경우 죽은 소 10마리에 대한 관세법상 상황별 올바른 조치는 무엇인가?

2008 관세사

□□□

> <상황 1> 수입신고 후 신고 수리 전에 10마리 죽음
> <상황 2> 수입신고 수리 후 계속 지정보세구역에서 장치 중 화재로 10마리 죽음
> <상황 3> 수입신고 수리되어 반출 후 일반 창고에서 장치 중 화재로 10마리 죽음

	<상황 1>	<상황 2>	<상황 3>
①	손상물품에 대한 감면신청	납부세액 환급신청	납부세액 환급신청 불가
②	수정신고	납부세액 환급신청	납부세액 환급신청 불가
③	정정신청	납부세액 환급신청	납부세액 환급신청 불가
④	손상물품에 대한 감면신청	납부세액 환급신청 불가	납부세액 환급신청 불가
⑤	정정신청	납부세액 환급신청	납부세액 환급신청

> **관련 법조문: 법 제100조, 제106조**   답 ①

수입신고한 물품이 수입신고가 수리되기 전에 변질 또는 손상된 때에는 대통령령으로 정하는 바에 따라 그 관세를 경감할 수 있다(법 제100조 제1항). 수입신고가 수리된 물품이 수입신고 수리 후에도 지정보세구역에 계속 장치되어 있는 중에 재해로 멸실되거나 변질 또는 손상되어 그 가치가 떨어졌을 때에는 대통령령으로 정하는 바에 따라 그 관세의 전부 또는 일부를 환급할 수 있다(법 제106조 제4항). 그러나 통관이 완료된 이후 일반 창고에서 멸실, 변질 또는 손상된 경우에는 관세환급신청 등 관세법상 규정이 적용될 여지가 없다.

07 관세법상 관세환급 및 분할납부에 대한 설명으로 옳지 않은 것은?

☐☐☐

① 수입신고가 수리된 물품이 수입신고 수리 후에도 지정보세 구역에 계속 장치되어 있는 중에 재해로 멸실되거나 변질 또는 손상되어 그 가치가 떨어졌을 때에는 대통령령으로 정하는 바에 따라 그 관세의 전부 또는 일부를 환급할 수 있다.

② 수입신고가 수리된 개인의 자가사용물품이 수입한 상태 그대로 수출되는 경우로서 수입신고 수리일부터 6개월 이내에 관세청장이 정하는 바에 따라 세관장의 확인을 받고 다시 수출하는 경우에는 수입할 때 납부한 관세를 환급한다.

③ 관세의 분할납부를 승인받은 물품을 해당 용도 외의 다른 용도로 사용하려는 자에게 양도한 경우에는 그 양도인이 관세를 납부하여야 하며, 양도인으로부터 해당 관세를 징수할 수 없을 때에는 그 양수인으로부터 징수한다.

④ 정부가 수입하는 물품으로서 기획재정부령으로 정하는 물품이 수입될 때에는 세관장은 대통령령으로 정하는 바에 따라 5년을 넘지 아니하는 기간을 정하여 관세의 분할납부를 승인할 수 있다.

┃ 관련 법조문: 법 제106조, 제106조의2, 제107조　　　　답 ④

다음 각 호의 어느 하나에 해당하는 물품이 수입될 때에는 세관장은 '기획재정부령으로 정하는 바에 따라' 5년을 넘지 아니하는 기간을 정하여 관세의 분할납부를 승인할 수 있다(법 제107조 제2항).

> 1. 시설기계류, 기초설비품, 건설용 재료 및 그 구조물과 공사용 장비로서 기획재정부장관이 고시하는 물품. 다만, 기획재정부령으로 정하는 업종에 소요되는 물품은 제외한다.
> 2. <u>정부나 지방자치단체가 수입하는 물품으로서 기획재정부령으로 정하는 물품</u>
> 3. 학교나 직업훈련원에서 수입하는 물품과 비영리법인이 공익사업을 위하여 수입하는 물품으로서 기획재정부령으로 정하는 물품
> 4. 의료기관 등 기획재정부령으로 정하는 사회복지기관 및 사회복지시설에서 수입하는 물품으로서 기획재정부장관이 고시하는 물품
> 5. 기획재정부령으로 정하는 기업부설연구소, 산업기술연구조합 및 비영리법인인 연구기관, 그 밖에 이와 유사한 연구기관에서 수입하는 기술개발연구용품 및 실험실습용품으로서 기획재정부장관이 고시하는 물품
> 6. 기획재정부령으로 정하는 중소제조업체가 직접 사용하려고 수입하는 물품. 다만, 기획재정부령으로 정하는 기준에 적합한 물품이어야 한다.
> 7. 기획재정부령으로 정하는 기업부설 직업훈련원에서 직업훈련에 직접 사용하려고 수입하는 교육용품 및 실험실습용품 중 국내에서 제작하기가 곤란한 물품으로서 기획재정부장관이 고시하는 물품

✅ 선지분석

① 수입신고가 수리된 물품이 수입신고 수리 후에도 지정보세구역에 계속 장치되어 있는 중에 재해로 멸실되거나 변질 또는 손상되어 그 가치가 떨어졌을 때에는 대통령령으로 정하는 바에 따라 그 관세의 전부 또는 일부를 환급할 수 있다(법 제106조 제4항).

② 수입신고가 수리된 개인의 자가사용물품이 수입한 상태 그대로 수출되는 경우로서 다음 각 호의 어느 하나에 해당하는 경우에는 수입할 때 납부한 관세를 환급한다. 이 경우 수입한 상태 그대로 수출되는 경우의 기준은 대통령령으로 정한다(법 제106조의2).

> 1. 수입신고 수리일부터 6개월 이내에 보세구역 또는 자유무역지역의 지정 및 운영에 관한 법률에 따른 자유무역지역 중 관세청장이 수출물품을 일정기간 보관하기 위하여 필요하다고 인정하여 고시하는 장소에 반입하였다가 다시 수출하는 경우
> 2. 수입신고 수리일부터 6개월 이내에 관세청장이 정하는 바에 따라 세관장의 확인을 받고 다시 수출하는 경우
> 3. 법 제241조 제2항에 따라 수출신고가 생략되는 탁송품 또는 우편물로서 기획재정부령으로 정하는 금액 이하인 물품을 수입신고 수리일부터 6개월 이내에 수출한 후 관세청장이 정하는 바에 따라 세관장의 확인을 받은 경우

③ 관세의 분할납부를 승인받은 물품을 동일한 용도로 사용하려는 자에게 양도한 경우에는 그 양수인이 관세를 납부하여야 하며, 해당 용도 외의 다른 용도로 사용하려는 자에게 양도한 경우에는 그 양도인이 관세를 납부하여야 한다. 이 경우 양도인으로부터 해당 관세를 징수할 수 없을 때에는 그 양수인으로부터 징수한다(법 제107조 제5항).

08 관세법상 환급 및 분할납부에 대한 설명 중 맞는 것은?

① 수입신고 수리된 물품이 계약내용과 상이하여 수출한 경우 신고 당시의 물품 성질이 변경되더라도 수입시 납부한 관세를 환급받을 수 있다.

② 관세의 분할납부를 승인받은 자가 해당 물품의 용도를 변경하거나 그 물품을 양도하려는 경우에는 용도 변경 후 또는 양도 후에 세관장의 승인을 받아야 한다.

③ 관세의 분할납부를 승인받은 자가 파산선고를 받은 때 파산관재인은 관세납부의무가 없다.

④ 관세 분할납부를 승인받은 법인이 해산한 때에는 세관장은 납부하지 아니한 관세의 전액을 즉시 징수한다.

⑤ 관세의 분할납부를 승인받은 물품을 동일한 용도로 사용하려는 자에게 양도한 경우 그 양도인이 관세를 납부하여야 한다.

관련 법조문: 법 제106조, 제107조   답 ④

분할납부를 승인받은 물품으로서, 다음에 해당하는 경우에는 납부하지 아니한 관세의 전액을 즉시 징수한다.

1. 관세의 분할납부를 승인받은 물품을 해당 용도 외의 다른 용도로 사용하거나 해당 용도 외의 다른 용도로 사용하려는 자에게 양도한 경우
2. 관세를 지정된 기한까지 납부하지 아니한 경우. 다만, 관세청장이 부득이한 사유가 있다고 인정하는 경우를 제외한다.
3. 파산선고를 받은 경우
4. 법인이 해산한 경우

✅ 선지분석

① 수입신고 수리된 물품이 계약내용과 상이하여 수출을 하였어도, 수입신고 당시의 물품의 성질이 변경된 경우에는 관세환급을 받을 수 없다.

② 관세의 분할납부를 승인받은 자가 해당 물품의 용도를 변경하거나 그 물품을 양도하려는 경우에는 용도 변경 또는 양도를 하기 전에 세관장의 승인을 받아야 한다.

③ 관세의 분할납부를 승인받은 자가 파산선고를 받은 경우 파산관재인이 납세의무를 진다.

⑤ 관세의 분할납부를 승인받은 물품을 동일한 용도로 사용하려는 자에게 양도한 경우에는 그 양수인이 관세를 납부하여야 한다.

09 관세법상 관세의 감면·환급 및 분할납부에 대한 설명으로 옳지 않은 것은?

① 관세의 분할납부를 승인받은 물품을 동일한 용도로 사용하려는 자에게 양도한 경우에는 그 양수인이 관세를 납부하여야 한다.

② 관세를 감면받은 물품을 해외시험 및 연구 목적으로 수출한 후 다시 수입할 때 '해외시험 및 연구 목적으로 수출된 후 재수입되는 물품'으로서 관세를 면제받은 경우에는 사후관리를 종결한다.

③ 수입신고가 수리된 개인의 자가사용물품을 수입신고 수리일부터 6개월 이내에 보세구역에 반입하였다가 수입한 상태 그대로 다시 수출하는 경우에는 수입할 때 납부한 관세를 환급한다.

④ 학교에서 수입하는 물품으로서 기획재정부령으로 정하는 물품이 수입될 때에는 세관장은 기획재정부령으로 정하는 바에 따라 5년을 넘지 아니하는 기간을 정하여 관세의 분할납부를 승인할 수 있다.

지문은 법 제99조(재수입면세)와 관련된 것이 아니라, 법 제108조(담보제공 및 사후관리)와 관련된 내용이다. 관세를 감면받은 물품을 세관장의 승인을 받아 수출한 경우에는 사후관리를 종결하지만, 이것이 '해외시험 및 연구 목적으로 수출된 후 재수입된 물품'으로서 재수입면세를 받게 된다면 (이전에 종결했던) 사후관리를 계속하게 된다. 용도세율을 적용받거나 관세를 감면받은 물품을 세관장의 승인을 받아 수출한 경우에는 이 법을 적용할 때 용도 외의 사용으로 보지 아니하고 사후관리를 종결한다. 다만, 용도세율을 적용받거나 관세를 감면받은 물품을 가공하거나 수리할 목적으로 수출한 후 다시 수입하거나 해외시험 및 연구를 목적으로 수출한 후 다시 수입하여 법 제99조 제3호(해외시험 및 연구를 목적으로 수출된 후 재수입되는 물품) 또는 법 제101조 제1항 제2호에 따른 감면을 받은 경우에는 사후관리를 계속한다(법 제108조 제4항).

☑ 선지분석

① 법 제107조(분할납부) 제5항
③ 법 제106조의2(수입한 상태 그대로 수출되는 자가사용물품 등에 대한 관세 환급) 제1항
④ 법 제107조(분할납부) 제2항

10

관세법령상 관세의 환급과 분할납부 등에 대한 설명으로 옳은 것은?　　　　2023 국가직 7급

☐☐☐

① 수입물품의 수출을 갈음하여 폐기하기 위해 수입신고 수리일부터 1년 내에 보세구역에 반입한 물품의 경우에는 세관장의 승인을 받지 않고 폐기하더라도 그 관세를 환급한다.

② 분할납부를 승인받은 법인이 파산선고를 받은 경우에는 그 관세를 납부하여야 하는 자는 파산선고를 받은 날부터 10일 이내에 그 사유를 세관장에게 신고하여야 한다.

③ 수입신고가 수리된 개인의 자가사용물품이 수입신고 수리일부터 6개월 이내에 관세청장이 정하는 바에 따라 세관장의 확인을 받고 다시 수입한 상태 그대로 수출되는 경우에는 수입할 때 납부한 관세를 환급한다.

④ 분할납부의 승인을 받은 자가 해당 물품의 분할납부기간 내에 그 사용 장소를 변경하려는 경우에는 변경 후의 관할지 세관장에게 사용장소변경신고서를 제출하고, 그 제출일부터 3개월 이내에 해당 물품을 변경된 장소에 반입해야 한다.

수입신고가 수리된 개인의 자가사용물품이 수입한 상태 그대로 수출되는 경우로서 다음 각 호의 어느 하나에 해당하는 경우에는 수입할 때 납부한 관세를 환급한다(법 제106조의2 제1항).

> 1. 수입신고 수리일부터 6개월 이내에 보세구역 또는 「자유무역지역의 지정 및 운영에 관한 법률」에 따른 자유무역지역 중 관세청장이 수출물품을 일정기간 보관하기 위하여 필요하다고 인정하여 고시하는 장소에 반입하였다가 다시 수출하는 경우
> 2. 수입신고 수리일부터 6개월 이내에 관세청장이 정하는 바에 따라 세관장의 확인을 받고 다시 수출하는 경우
> 3. 제241조 제2항에 따라 수출신고가 생략되는 탁송품 또는 우편물로서 기획재정부령으로 정하는 금액 이하인 물품을 수입신고 수리일부터 6개월 이내에 수출한 후 관세청장이 정하는 바에 따라 세관장의 확인을 받은 경우

☑ 선지분석

① 수입물품의 수출을 갈음하여 이를 폐기하는 것이 부득이하다고 인정하여 그 물품을 수입신고 수리일부터 1년 내에 보세구역에 반입하여 미리 세관장의 승인을 받아 폐기하였을 때에는 그 관세를 환급한다(법 제106조 제3항).
② 관세의 분할납부를 승인받은 법인이 합병·분할·분할합병 또는 해산을 하거나 파산선고를 받은 경우 또는 관세의 분할납부를 승인받은 자가 파산선고를 받은 경우에는 그 관세를 납부하여야 하는 자는 지체 없이 그 사유를 세관장에게 신고하여야 한다(법 제107조 제4항).

④ 용도세율의 적용, 관세의 감면 또는 분할납부의 승인을 받은 자는 해당 물품을 사후관리 기간 내에 그 설치 또는 는 사용 장소를 변경하려는 경우에는 **변경 전의 관할지 세관장**에게 설치 또는 사용장소변경신고서를 제출하고, **제출일부터 1개월 이내에** 해당 물품을 변경된 설치 또는 사용 장소에 반입해야 한다. 다만, 재해·노사분규 등의 긴급한 사유로 국내에 소재한 자기 소유의 다른 장소로 해당 물품의 설치 또는 사용 장소를 변경하려는 경우에는 관할지 세관장에게 신고하고, 변경된 설치 또는 사용 장소에 반입한 후 1개월 이내에 설치 또는 사용장소변경신고서를 제출해야 한다(법 제129조 제5항).

11

관세법령상 관세의 분할납부에 관한 설명으로 옳은 것은?

2020 관세사

① 세관장은 천재지변으로 관세납부 등을 정하여진 기한까지 할 수 없다고 인정될 때에는 5년을 넘지 아니하는 기간을 정하여 기획재정부령으로 정하는 바에 따라 관세를 분할하여 납부하게 할 수 있다.

② 지방자치단체가 수입하는 물품으로서 기획재정부령으로 정하는 물품이 수입될 때에는 세관장은 대통령령으로 정하는 바에 따라 1년을 넘지 아니하는 기간을 정하여 관세의 분할납부를 승인할 수 있다.

③ 관세의 분할납부를 승인받은 법인이 해산한 경우에는 그 청산인이 관세를 납부하여야 한다.

④ 관세의 분할납부를 승인받은 물품을 동일한 용도로 사용하려는 자에게 양도한 경우에는 그 양도인이 관세를 납부하여야 한다.

⑤ 분할납부를 승인받은 자는 기획재정부령으로 정하는 바에 따라 해당 조건의 이행 여부를 확인하는 데에 필요한 서류를 관세청장에게 제출하여야 한다.

▌관련 법조문: 법 제107조, 제108조　　　　　　　　　　　　　　　　　　　　　　　답 ③

관세의 분할납부를 승인받은 법인이 해산한 경우에는 그 청산인이 관세를 납부하여야 한다(법 제107조 제8항). 관세의 분할납부를 승인받은 자가 파산선고를 받은 경우에는 그 파산관재인이 관세를 납부하여야 한다(법 제107조 제7항).

✓ 선지분석

①② 천재지변 등으로 인한 분할납부와 특정물품이 수입될 때의 분할납부는 다음과 같이 다르다(법 제107조 제1항·제2항).

구분	천재지변 등으로 인한 분할납부	특정물품이 수입될 때의 분할납부
근거	법 제107조 제1항	법 제107조 제2항
사유(대상) 및 절차 규정	대통령령	기획재정부령
분할납부기간	1년	5년

④ 관세의 분할납부를 승인받은 물품을 동일한 용도로 사용하려는 자에게 양도한 경우에는 그 '양수인'이 관세를 납부하여야 하며, 해당 용도 외의 다른 용도로 사용하려는 자에게 양도한 경우에는 그 양도인이 관세를 납부하여야 한다. 이 경우 양도인으로부터 해당 관세를 징수할 수 없을 때에는 그 양수인으로부터 징수한다(법 제107조 제5항).

⑤ 관세법이나 그 밖의 법률·조약·협정 등에 따라 용도세율을 적용(제83조 제1항 단서에 해당하는 경우는 제외한다)받거나 관세의 감면 또는 분할납부를 승인받은 자는 '대통령령'으로 정하는 바에 따라 해당 조건의 이행 여부를 확인하는 데에 필요한 서류를 '세관장'에게 제출하여야 한다(법 제108조 제2항).

12 관세법상 물품이 수입될 때 세관장은 5년을 넘지 아니하는 기간을 정하여 관세의 분할납부를 승인할 수 있다. 이러한 물품에 해당하지 않는 것은?

2020 국가직 9급

① 정부나 지방자치단체가 수입하는 물품으로서 기획재정부령으로 정하는 물품

② 학교나 직업훈련원에서 수입하는 물품과 비영리법인이 공익사업을 위하여 수입하는 물품으로서 기획재정부령으로 정하는 물품

③ 의료기관 등 대통령령으로 정하는 사회복지기관 및 사회복지시설에서 수입하는 물품으로서 기획재정부장관이 고시하는 물품

④ 기획재정부령으로 정하는 중소제조업체가 직접 사용하려고 수입하는 물품. 다만, 기획재정부령으로 정하는 기준에 적합한 물품이어야 한다.

│ 관련 법조문: 법 제107조　　　　　　　　　　　　　　　　답 ③

의료기관 등 '기획재정부령'으로 정하는 사회복지기관 및 사회복지시설에서 수입하는 물품으로서 기획재정부장관이 고시하는 물품이 수입될 때에는 세관장은 기획재정부령으로 정하는 바에 따라 5년을 넘지 아니하는 기간을 정하여 관세의 분할납부를 승인할 수 있다(법 제107조 제2항).

13 관세법령상 분할납부에 대한 내용으로 옳지 않은 것은?

2014 국가직 9급

① 관세의 분할납부승인을 얻고자 하는 자는 당해 물품의 수입신고전까지 그 물품의 품명·규격·수량·가격·용도·사용·장소와 사업의 종류를 기재한 신청서를 세관장에게 제출하여야 한다.

② 관세의 분할납부를 승인받은 물품을 동일한 용도로 사용하려는 자에게 양도한 경우에는 그 양수인이 관세를 납부하여야 하며, 해당 용도 외의 다른 용도로 사용하려는 자에게 양도한 경우에는 그 양도인이 관세를 납부하여야 한다. 이 경우 양도인으로부터 해당 관세를 징수할 수 없을 때에는 그 양수인으로부터 징수한다.

③ 관세의 분할납부를 승인받은 법인이 합병·분할 또는 분할합병된 경우에는 합병·분할 또는 분할합병 후에 존속하거나 합병·분할 또는 분할합병으로 설립된 법인이 연대하여 관세를 납부하여야 한다.

④ 관세의 분할납부를 승인받은 자가 파산선고를 받은 경우에는 그 파산관재인이 관세를 납부하여야 한다.

│ 관련 법조문: 법 제107조, 제108조, 영 제126조　　　　　　답 ①

관세의 분할납부승인을 얻고자 하는 자는 당해 물품의 수입신고시부터 수입신고수리전까지 그 물품의 품명·규격·수량·가격·용도·사용장소와 사업의 종류를 기재한 신청서를 세관장에게 제출하여야 한다(영 제126조). 물론 이것은 '특정 물품 수입시의 분할납부'에만 적용되는 규정이다. '천재지변 등으로 인한 분할납부'의 경우에는 분할납부신청서를 납부기한 내에 세관장에게 제출하여야 한다(영 제125조).

14 관세법상 관세의 분할납부에 관한 설명으로 옳지 않은 것은?

① 관세의 분할납부를 승인받은 물품을 동일한 용도로 사용하려는 자에게 양도한 경우에는 그 양도인이 관세를 납부하여야 하며, 해당 용도 외의 다른 용도에 사용하려는 자에게 양도한 경우에는 그 양수인이 관세를 납부하여야 한다. 이 경우 양수인으로부터 해당 관세를 징수할 수 없을 때에는 그 양도인으로부터 이를 징수한다.

② 관세의 분할납부승인을 받은 법인이 합병·분할 또는 분할 합병된 경우에는 합병·분할·분할합병 후 존속하거나 합병·분할·분할합병으로 설립된 법인이 연대하여 관세를 납부하여야 한다.

③ 관세의 분할납부를 승인받은 자가 해당 물품의 용도를 변경하거나 그 물품을 양도하려는 경우에는 미리 세관장의 승인을 받아야 한다.

④ 관세의 분할납부승인을 받은 자가 파산선고를 받은 경우에는 그 파산관재인이 관세를 납부하여야 한다.

> **관련 법조문: 법 제107조**　　　　　　　　　　　　　　　답 ①

관세의 분할납부를 승인받은 물품을 동일한 용도로 사용하려는 자에게 양도한 경우에는 그 양수인이 관세를 납부하여야 하며, 해당 용도 외의 다른 용도로 사용하려는 자에게 양도한 경우에는 그 양도인이 관세를 납부하여야 한다. 이 경우 양도인으로부터 해당 관세를 징수할 수 없을 때에는 그 양수인으로부터 징수한다.

분할납부승인물품의 양도	납세의무자
동일 용도 양도	양수인
다른 용도 양도	1. 양도인 2. 양수인(납세의무의 확장)

15 관세의 분할납부에 관한 설명으로 옳은 것은?

① 세관장은 천재지변이나 그 밖에 대통령령으로 정하는 사유로 관세법에 따른 신고, 신청, 청구, 그 밖의 서류의 제출, 통지, 납부 또는 징수를 정하여진 기한까지 할 수 없다고 인정될 때에는 2년을 넘지 아니하는 기간을 정하여 대통령령으로 정하는 바에 따라 관세를 분할하여 납부하게 할 수 있다.

② 정부나 지방자치단체가 수입하는 물품으로서 기획재정부령으로 정하는 물품이 수입될 때에는 세관장은 관세청장이 정하는 바에 따라 4년을 넘지 아니하는 기간을 정하여 관세의 분할납부를 승인할 수 있다.

③ 관세의 분할납부를 승인받은 법인이 합병·분할 또는 분할합병된 경우에는 합병·분할 또는 분할합병 후에 존속하거나 합병·분할 또는 분할합병으로 설립된 법인이 연대하여 관세를 납부하여야 한다.

④ 관세의 분할납부를 승인받은 법인이 해산한 경우에는 그 분할납부승인을 받은 법인이 관세를 납부하여야 한다.

⑤ 관세의 분할납부를 승인받은 물품을 동일한 용도로 사용하려는 자에게 양도한 경우에는 그 양도인이 관세를 납부하여야 한다.

> **관련 법조문: 법 제107조**　　　　　　　　　　　　　　　답 ③

⊘ 선지분석

① 세관장은 천재지변이나 그 밖에 대통령령으로 정하는 사유로 관세법에 따른 신고, 신청, 청구, 그 밖의 서류의 제출, 통지, 납부 또는 징수를 정하여진 기한까지 할 수 없다고 인정될 때에는 '1년'을 넘지 아니하는 기간을 정하여 대통령령으로 정하는 바에 따라 관세를 분할하여 납부하게 할 수 있다(법 제107조 제1항).

② 정부나 지방자치단체가 수입하는 물품으로서 기획재정부령으로 정하는 물품이 수입될 때에는 세관장은 기획재정부령이 정하는 바에 따라 '5년'을 넘지 아니하는 기간을 정하여 관세의 분할납부를 승인할 수 있다(법 제107조 제2항 제2호).

④ 관세의 분할납부를 승인받은 법인이 해산한 경우에는 '청산인'이 관세를 납부하여야 한다(법 제107조 제8항).

⑤ 관세의 분할납부를 승인받은 물품을 동일한 용도로 사용하려는 자에게 양도한 경우에는 그 '양수인'이 관세를 납부하여야 한다(법 제107조 제5항).

16 관세법령상 관세의 분할납부에 대한 설명으로 옳지 않은 것은?

2023 국가직 9급

① 시설기계류, 기초설비품, 건설용 재료 및 그 구조물과 공사용 장비로서 기획재정부장관이 고시하는 물품이 수입될 때에는 세관장은 기획재정부령으로 정하는 바에 따라 5년을 넘지 아니하는 기간을 정하여 관세의 분할납부를 승인할 수 있다. 다만, 기획재정부령으로 정하는 업종에 소요되는 물품은 제외한다.

② 관세의 분할납부를 승인받은 법인이 합병·분할 또는 분할합병된 경우에는 합병·분할 또는 분할합병 후에 존속하거나 합병·분할 또는 분할합병으로 설립된 법인이 연대하여 관세를 납부하여야 한다.

③ 관세법 제107조 제2항의 규정에 의하여 관세의 분할납부승인을 얻고자 하는 자는 당해 물품의 수입신고를 하기 전까지 그 물품의 품명·규격·수량·가격·용도·사용장소와 사업의 종류를 기재한 신청서를 세관장에게 제출하여야 한다.

④ 관세의 분할납부를 승인받은 물품을 해당 용도 외의 다른 용도로 사용하려는 자에게 양도한 경우에는 그 양도인이 관세를 납부하여야 하며, 이 경우 양도인으로부터 해당 관세를 징수할 수 없을 때에는 그 양수인으로부터 징수한다.

▌관련 법조문: 법 제107조

답 ③

법 제107조 제2항(특정물품이 수입될 때의 분할납부)의 규정에 의하여 관세의 분할납부승인을 얻고자 하는 자는 당해 물품의 '수입신고시부터 수입신고수리전까지' 그 물품의 품명·규격·수량·가격·용도·사용장소와 사업의 종류를 기재한 신청서를 세관장에게 제출하여야 한다(영 제126조).

⊘ 선지분석

① 법 제107조(관세의 분할납부) 제2항 제1호
② 법 제107조(관세의 분할납부) 제6항
④ 법 제107조(관세의 분할납부) 제5항

17 관세법상 관세의 분할납부를 승인받은 자로부터 납부하지 아니한 관세의 전액을 즉시 징수하는 경우가 아닌 것은?

2017 관세사

① 관세의 분할납부를 승인받은 물품을 분할납부기간에 해당 용도 외의 다른 용도로 사용하거나 해당 용도 외의 다른 용도로 사용하려는 자에게 양도한 경우

② 관세를 지정된 기한까지 납부하지 아니한 경우(다만, 관세청장이 부득이한 사유가 있다고 인정하는 경우는 제외)

③ 파산선고를 받은 경우

④ 법인이 분할한 경우

⑤ 법인이 해산한 경우

다음 각 호의 어느 하나에 해당하는 경우에는 납부하지 아니한 관세의 전액을 즉시 징수한다(법 제107조 제9항).

> 1. 관세의 분할납부를 승인받은 물품을 법 제107조 제2항에서 정한 기간(분할납부기간)에 해당 용도 외의 다른 용도로 사용하거나 해당 용도 외의 다른 용도로 사용하려는 자에게 양도한 경우
> 2. 관세를 지정된 기한까지 납부하지 아니한 경우. 다만, 관세청장이 부득이한 사유가 있다고 인정하는 경우는 제외한다.
> 3. 파산선고를 받은 경우
> 4. 법인이 해산한 경우

'법인이 분할한 경우'는 '즉시징수'사유에 해당하지 않는다. 다만, 관세의 분할납부를 승인받은 법인이 합병·분할 또는 분할합병된 경우에는 합병·분할 또는 분할합병 후에 존속하거나 합병·분할 또는 분할합병으로 설립된 법인이 연대하여 관세를 납부하여야 한다(법 제107조 제6항). 2002년 관세사 시험에서는 '법인이 합병한 경우'를 '즉시징수'사유를 묻는 문제의 오답으로 출제하였다. 법 제107조 제6항의 '연대 납세의무'사유와 같은 조 제9항의 '즉시징수'사유를 구분하여야 한다.

18 관세법령상 세관장이 5년을 넘지 아니하는 기간을 정하여 관세의 분할납부를 승인할 수 있는 물품으로 명시되어 있지 않은 것은?   2018 관세사

① 지방자치단체가 수입하는 물품으로서 기획재정부령으로 정하는 물품
② 영리법인이 공익사업을 위하여 수입하는 물품으로서 기획재정부령으로 정하는 물품
③ 기획재정부령으로 정하는 기업부설 직업훈련원에서 직업훈련에 직접 사용하려고 수입하는 교육용품 중 국내에서 제작하기가 곤란한 물품으로서 기획재정부장관이 고시하는 물품
④ 기획재정부령으로 정하는 중소제조업체가 직접 사용하려고 수입하는 물품으로서 기획재정부령으로 정하는 기준에 적합한 물품
⑤ 의료기관 등 기획재정부령으로 정하는 사회복지기관 및 사회복지시설에서 수입하는 물품으로서 기획재정부장관이 고시하는 물품

│ 관련 법조문: 법 제107조   답 ②

'비영리법인'이 공익사업을 위하여 수입하는 물품으로서 기획재정부령으로 정하는 물품이 수입될 때에 세관장은 기획재정부령으로 정하는 바에 따라 5년을 넘지 아니하는 기간을 정하여 관세의 분할납부를 승인할 수 있다(법 제107조 제2항 제3호).

✓ 선지분석
----
① 법 제107조(관세의 분할납부) 제2항 제2호
③ 법 제107조(관세의 분할납부) 제2항 제7호
④ 법 제107조(관세의 분할납부) 제2항 제6호
⑤ 법 제107조(관세의 분할납부) 제2항 제4호

19 甲은 중소기업으로 공장설비 증설을 위하여 미국으로부터 기계장비를 도입하고자 한다. 甲은 납세로 인한 자금부담 완화를 위해 분할납부제도를 적용하고 싶다. 이 경우 분할납부에 대한 설명으로 가장 잘못된 것은?

2007 관세사

① 甲이 수입하는 물품에 대해 분할납부가 가능하려면 그 요건의 하나로 관세액이 적어도 100만원 이상이어야 한다.

② 甲이 관세법의 다른 조항에 의해 관세감면을 받았다면 감면 후 납부하여야 할 관세액이 얼마이냐를 불문하고 분할납부제도 적용이 불가능하다.

③ 甲이 수입하는 물품이 할당관세가 적용되는 물품이라 하더라도 이를 이유로 분할납부 적용대상에서 제외되는 것은 아니다.

④ 甲이 분할납부를 하고자 한다면 수입신고가 수리되기 전까지 세관장에게 분할납부 승인신청을 하여 세관장의 승인을 받아야 한다.

⑤ 甲이 분할납부 승인을 받은 경우 세관장이 납부기한별로 납부고지를 하게 된다.

관련 법조문: 규칙 제59조   답 ③

甲은 중소기업으로 공장설비 증설을 위하여 미국으로부터 기계장비를 도입하고자 한다. 甲이 수입한 물품은 관세법 제107조 제2항 제6호의 '기획재정부령으로 정하는 중소제조업체가 직접 사용하려고 수입하는 물품. 다만, 기획재정부령으로 정하는 기준에 적합한 물품이어야 한다.'에 해당한다. 그러므로 관세의 분할납부대상이 되기는 하지만 '기획재정부령으로 정하는 기준'에 적합하여야 한다.

중소제조업체가 직접 사용하려고 수입하는 물품의 분할납부요건

법 제107조 제2항 제6호의 규정에 의하여 관세를 분할납부할 수 있는 물품은 법 별표 관세율표 제84류(기계류)·제85류(전기기기류) 및 제90류(정밀기기류)에 해당하는 물품으로서 다음 각 호의 요건을 갖추어야 한다.
1. 법 기타 관세에 관한 법률 또는 조약에 의하여 관세의 감면을 받지 아니할 것
2. 당해 관세액이 100만원 이상일 것
3. 법 제51조 내지 제72조의 규정을 적용받는 물품이 아닐 것(= 덤핑방지관세부터 계절관세까지의 규정을 적용받는 물품이 아닐 것)
4. 국내에서 제작이 곤란한 물품으로서 당해 물품의 생산에 관한 사무를 관장하는 주무부처의 장 또는 그 위임을 받은 기관의 장이 확인한 것일 것

위 요건의 3.에 따라, 甲이 수입하는 물품이 할당관세품목이라면 분할납부 적용대상에서 제외된다.

---

20 관세법 제107조(관세의 분할납부) 제2항 제1호의 시설기계류·기초설비품·건설용 재료 및 그 구조물과 공사용 장비로서 기획재정부 장관이 고시하는 물품에 대한 관세분할납부의 요건 등에 관한 설명으로 옳지 않은 것은?

2009 관세사

① 세관장은 기획재정부령으로 정하는 바에 따라 5년을 초과하지 아니하는 기간을 정하여 관세의 분할납부를 승인할 수 있다.

② 관세법 별표 관세율표에서 부분품으로 분류되지 아니할 것

③ 관세법 기타 관세에 관한 법률 또는 조약에 의하여 관세를 감면받지 아니할 것

④ 해당 관세액이 300만원 이상일 것. 다만, 중소기업기본법 제2조 제1항의 규정에 의한 중소기업이 수입하는 경우에는 100만원 이상할 것

⑤ 관세법 제51조(덤핑방지관세의 부과대상) 내지 제72조(계절관세)의 규정을 적용받는 물품이 아닐 것

관련 법조문: 법 제107조, 규칙 제59조

답 ④

시설기계류, 기초설비품, 건설용 재료 및 그 구조물과 공사용 장비로서 기획재정부장관이 고시하는 물품이 수입될 때에는 세관장은 기획재정부령으로 정하는 바에 따라 5년을 넘지 아니하는 기간을 정하여 관세의 분할납부를 승인할 수 있다. 다만, 기획재정부령으로 정하는 업종에 소요되는 물품은 제외한다.

시설기계류, 기초설비품, 건설용 재료, 구조물, 공사용 장비의 분할납부요건

법 제107조 제2항 제1호의 규정에 의하여 관세를 분할납부할 수 있는 물품은 다음 각 호의 요건을 갖추어야 한다.
1. 법 별표 관세율표에서 부분품으로 분류되지 아니할 것
2. 법 기타 관세에 관한 법률 또는 조약에 의하여 관세를 감면받지 아니할 것
3. 당해 관세액이 500만원 이상일 것. 다만, 중소기업기본법 제2조 제1항의 규정에 의한 중소기업이 수입하는 경우에는 100만원 이상일 것
4. 법 제51조 내지 제72조의 규정을 적용받는 물품이 아닐 것(= 덤핑방지관세부터 계절관세까지의 규정을 적용받는 물품이 아닐 것)

위 요건의 3.에 따라 관세액은 '500만원' 이상일 때, 중소기업의 경우 '100만원' 이상일 때 관세의 분할납부가 가능하다.

---

21 □□□ 관세법상 세관장이 관세의 분할납부를 승인할 수 있는 시설기계류로 인정되기 위한 요건에 해당하지 않는 것은?　　　2014 관세사

① 관세법 별표 관세율표에서 부분품으로 분류되지 아니하여야 한다.
② 관세법 기타 관세에 관한 법류 또는 조약에 의하여 관세를 감면받지 아니하여야 한다.
③ 중소기업기본법에 의한 중소기업이 수입하는 경우에는 관세액이 100만원 이상이어야 한다.
④ 계절관세의 적용을 받는 물품이 아니어야 한다.
⑤ 편익관세의 적용을 받는 물품이 아니어야 한다.

관련 법조문: 법 제107조, 규칙 제59조

답 ⑤

시설기계류 등의 분할납부는 '관세법 제51조(덤핑방지관세의 부과대상) 내지 제72조(계절관세)의 규정을 적용받는 물품이 아닐 때' 가능하다. 법 제51조부터 제72조 사이에는 탄력관세가 규정되어 있다. 그러나 여기에서 편익관세(법 제74조)는 빠져 있다. 그러므로 편익관세의 적용을 받는 물품이 '아닐' 필요성은 없다.

---

22 □□□ 관세법령상 관세의 분할납부에 관한 설명으로 옳지 않은 것은?　　　2021 관세사

① 관세의 분할납부를 승인받은 자가 해당 물품의 용도를 변경하려는 경우에는 미리 세관장의 승인을 받아야 한다.
② 관세의 분할납부승인을 얻고자 하는 자는 당해 물품의 수입신고시부터 수입신고수리 전까지 그 물품의 품명·규격·수량·가격·용도·사용장소와 사업의 종류를 기재한 신청서를 세관장에게 제출하여야 한다.
③ 세관장이 관세의 분할납부를 승인한 때에는 납세의무자가 납부기한 별로 신고납부를 하여야 한다.
④ 세관장은 법인이 해산하여 관세를 징수하는 때에는 15일 이내의 납부기한을 정하여 관세법에 의한 납부고지를 하여야 한다.
⑤ 분할납부의 승인을 받은 자는 부득이한 반입 지연사유가 있는 경우에는 관세청장이 정하는 바에 따라 세관장에게 반입기한의 연장을 신청할 수 있다.

세관장은 관세의 분할납부를 승인한 때에는 납부기한 별로 법 제39조에 따른 납부고지를 해야 한다(영 제127조 제1항).

✅ **선지분석**

① 법 제107조(관세의 분할납부) 제3항
② 영 제126조(관세의 분할납부 승인신청)
④ 법 제107조(관세의 분할납부) 제9항
⑤ 영 제129조(관세감면 및 분할납부 승인물품의 반입 및 변경신고) 제2항

23

관세법령상 관세 환급 및 분할납부에 관한 설명으로 옳은 것은?　　　2022 관세사

① 수입신고가 수리된 개인의 자가사용물품이 수입한 상태 그대로 수입신고 수리일부터 6개월 이내에 보세구역에 반입하였다가 다시 수출하는 경우에는 수입할 때 납부한 관세를 환급한다.

② 세관장은 천재지변으로 관세법에 따른 신고, 신청, 청구를 정하여진 기한까지 할 수 없다고 인정될 때에는 2년을 넘지 아니하는 기간을 정하여 대통령령으로 정하는 바에 따라 관세를 분할하여 납부하게 할 수 있다.

③ 분할납부를 승인받은 자가 파산선고를 받은 경우에는 그 청산인이 관세를 납부하여야 한다.

④ 분할납부의 승인을 받은 자는 해당 물품을 수입신고 수리일부터 6개월 이내에 설치 또는 사용할 장소에 반입하여야 한다.

⑤ 분할납부의 승인을 받은 자가 물품의 반입 지연사유로 인하여 세관장에게 반입 기한의 연장을 신청한 경우 세관장은 수입신고 수리일부터 6개월의 범위에서 해당 기한을 연장할 수 있다.

■ 관련 법조문: 법 제106조의2, 제107조, 영 제129조　　　　답 ①

수입신고가 수리된 개인의 자가사용물품이 수입한 상태 그대로 수출되는 경우로서 다음 각 호의 어느 하나에 해당하는 경우에는 수입할 때 납부한 관세를 환급한다. 이 경우 수입한 상태 그대로 수출되는 경우의 기준은 대통령령으로 정한다(법 제106조의2 제1항).

> 1. 수입신고 수리일부터 6개월 이내에 보세구역 또는 자유무역지역의 지정 및 운영에 관한 법률에 따른 자유무역지역 중 관세청장이 수출물품을 일정기간 보관하기 위하여 필요하다고 인정하여 고시하는 장소에 반입하였다가 다시 수출하는 경우
> 2. 수입신고 수리일부터 6개월 이내에 관세청장이 정하는 바에 따라 세관장의 확인을 받고 다시 수출하는 경우
> 3. 제241조 제2항에 따라 수출신고가 생략되는 탁송품 또는 우편물로서 기획재정부령으로 정하는 금액 이하인 물품을 수입신고 수리일부터 6개월 이내에 수출한 후 관세청장이 정하는 바에 따라 세관장의 확인을 받은 경우

✅ **선지분석**

② 세관장은 천재지변으로 관세법에 따른 신고, 신청, 청구를 정하여진 기한까지 할 수 없다고 인정될 때에는 '1년'을 넘지 아니하는 기간을 정하여 대통령령으로 정하는 바에 따라 관세를 분할하여 납부하게 할 수 있다(법 제107조 제1항).

③ 분할납부를 승인받은 자가 파산선고를 받은 경우에는 그 '파산관재인'이 관세를 납부하여야 한다(법 제107조 제4항, 제7항).

④ 분할납부의 승인을 받은 자는 해당 물품을 수입신고 수리일부터 '1개월' 이내에 설치 또는 사용할 장소에 반입하여야 한다(영 제129조 제1항).

⑤ 분할납부의 승인을 받은 자가 물품의 반입 지연사유로 인하여 세관장에게 반입 기한의 연장을 신청한 경우 세관장은 수입신고 수리일부터 '3개월'의 범위에서 해당 기한을 연장할 수 있다(영 제129조 제3항).

제129조(관세감면 및 분할납부 승인물품의 반입 및 변경신고) … 분할납부의 승인을 받은 자는 다음 각 호의 물품을 해당 호에서 정한 기간 내에 그 설치 또는 사용 장소를 변경하려는 경우에는 변경 전의 (ㄱ)에게 설치 또는 사용장소변경신고서를 제출하고, 제출일부터 (ㄴ) 이내에 해당 물품을 변경된 설치 또는 사용 장소에 반입해야 한다. 다만, 재해·노사분규 등의 긴급한 사유로 국내에 소재한 자가 소유의 다른 장소로 해당 물품의 설치 또는 사용 장소를 변경하려는 경우에는 (ㄷ)에게 신고하고, 변경된 설치 또는 사용장소에 반입한 후 (ㄹ) 이내에 설치 또는 사용장소변경신고서를 제출하여야 한다.

<이하 생략>

	(ㄱ)	(ㄴ)	(ㄷ)	(ㄹ)
①	관할지 세관장	1개월	관할지 세관장	1개월
②	관할지 세관장	30일	관할지 세관장	30일
③	통관지 세관장	1개월	통관지 세관장	1개월
④	통관지 세관장	30일	통관지 세관장	30일
⑤	통관지 세관장	1개월	관할지 세관장	30일

관련 법조문: 영 제129조 답 ①

용도세율 적용을 승인받은 물품, 관세 감면을 받은 물품, 분할납부의 승인을 얻은 물품의 설치·사용장소를 변경할 때에는 '변경 전 관할지 세관장'에게 설치·사용장소 변경신고서를 제출하고, 제출일부터 '1개월' 내에 변경된 설치·사용장소에 이를 반입하여야 한다. 다만, 긴급한 사유로 국내에 소재한 자기 소유의 다른 장소로 설치·사용 장소를 변경하려는 경우에는 '관할지 세관장'에게 신고하고, 그 장소에 반입한 후 '1개월' 이내에 (늦게라도) 설치·사용장소 변경신고서를 제출해야 한다(영 제129조 제5항).

제 5 장

납세자의 권리 및 불복 절차

제1절 | 납세자의 권리(법 제110조 ~ 제118조)

01 관세법령상 세관공무원이 납세자권리헌장의 내용이 수록된 문서를 납세자에게 내주어야 하는 경우가 아닌 것은?

2022 국가직 9급

① 관세조사를 하는 경우
② 관세범에 관한 조사를 하는 경우
③ 징수권의 확보를 위하여 압류를 하는 경우
④ 보세창고에 대한 조사를 하는 경우

┃ 관련 법조문: 법 제110조, 영 제135조　　　　답 ④

세관공무원은 다음의 어느 하나에 해당하는 경우에는 납세자권리헌장의 내용이 수록된 문서를 납세자에게 내주어야 하며, 조사사유, 조사기간, 법 제118조의4 제1항에 따른 납세자보호위원회에 대한 심의요청사항·절차 및 권리구제 절차 등을 설명하여야 한다(법 제110조 제2항). '보세창고에 대한 조사를 하는 경우'는 포함되지 않는다.

> 1. 법 제283조에 따른 관세범(수출용 원재료에 대한 관세 등 환급에 관한 특례법 제23조 제1항부터 제4항까지의 규정에 따른 죄를 포함한다)에 관한 조사를 하는 경우
> 2. 관세조사를 하는 경우
> 3. 그 밖에 대통령령으로 정하는 경우(영 제135조)
>   가. 징수권의 확보를 위하여 압류를 하는 경우
>   나. 보세판매장에 대한 조사를 하는 경우

02 관세법상 세관공무원이 납세자권리헌장의 내용이 수록된 문서를 납세자에게 내주어야 하는 경우에 해당하는 것은?

2019 관세사, 2017 국가직 9급(하반기)

① 수출용 원재료에 대한 관세 등 환급에 관한 특례법 제23조 제1항부터 제4항까지의 규정에 따른 죄에 관하여 관세범에 관한 조사를 하는 경우
② 관세징수권의 확보를 위하여 납세의무자에게 담보제공을 요구하는 경우
③ 신고납부한 세액이 과다한 것을 알게 된 납세의무자가 신고한 세액의 경정을 세관장에게 청구하는 경우
④ 보세전시장에 대한 조사를 하는 경우

관련 법조문: 법 제110조, 영 제135조　　　　　　　　　　　　답 ①

관세법 제283조에 따른 관세범에 관한 조사를 하는 경우, 세관공무원은 납세자권리헌장의 내용이 수록된 문서를 납세자에게 내주어야 한다. 그런데 이 '관세범'은 관세법에 따른 죄를 지은 자 뿐만이 아니라, 「수출용 원재료에 대한 관세 등 환급에 관한 특례법」 제23조 제1항부터 제4항까지의 규정에 따른 죄를 포함한다(법 제110조 제2항).

✅ **선지분석**

② '징수권의 확보를 위해 압류를 하는 경우'는 해당하지만, 담보제공을 요구하는 경우는 해당하지 않는다.
③ 납세의무자가 경정을 청구하는 경우는 납세의무자가 어떤 행동을 하는 경우이므로, 세관공무원이 납세자권리헌장을 내줄 필요는 없다.
④ '보세판매장에 대한 조사를 하는 경우'는 해당하지만, 보세전시장에 대한 조사를 하는 경우는 해당하지 않는다.

03
□□□ **관세법령상 납세자권리헌장의 내용이 수록된 문서를 납세자에게 내주지 않아도 되는 경우는?** 2020 관세사

① 징수권의 확보를 위하여 압류를 하는 경우
② 보세판매장에 대한 조사를 하는 경우
③ 관세법 제283조에 따른 관세범에 관한 조사를 하는 경우
④ 관세의 과세표준과 세액의 결정을 위하여 납세자를 방문조사 하는 경우
⑤ 현행범인 납세자가 도주할 우려가 있는 등 조사목적을 달성할 수 없다고 인정되는 경우

관련 법조문: 법 제110조, 영 제135조　　　　　　　　　　　　답 ⑤

세관공무원은 납세자를 긴급히 체포·압수·수색하는 경우 또는 현행범인 납세자가 도주할 우려가 있는 등 조사목적을 달성할 수 없다고 인정되는 경우에는 납세자권리헌장을 내주지 아니할 수 있다(법 제110조 제3항).

🔍 **명호샘의 한마디**

납세자권리헌장의 내용이 수록된 문서를 납세자에게 내주는 경우와 내주지 않아도 되는 경우는 다음과 같이 세분할 수 있다.

납세자권리헌장을 내주는 경우	납세자권리헌장을 내주지 않아도 되는 경우
1. 관세법 제283조에 따른 관세범에 관한 조사를 하는 경우 2. 수출용원재료에 대한 관세등 환급에 관한 특례법 제23조 제1항부터 제4항까지의 규정에 따른 죄에 관하여 관세범에 관한 조사를 하는 경우 3. 관세조사를 하는 경우 4. 징수권의 확보를 위해 압류를 하는 경우 5. 보세판매장에 대한 조사를 하는 경우	1. 보세전시장에 대한 조사를 하는 경우 2. 보세창고에 대한 조사를 하는 경우 3. 특허보세구역에 대한 조사를 하는 경우 4. 납세의무자에게 담보 제공을 요구하는 경우 5. 납세자를 긴급히 체포·압수·수색하는 경우 6. 현행범인 납세자가 도주할 우려가 있는 등 조사목적을 달성할 수 없다고 인정되는 경우

04

□□□ 관세법상 납세자가 세관공무원에게 조사를 받는 때에 관세사로 하여금 조사에 참여하게 하거나 의견을 진술하게 할 수 있는 경우에 해당하는 것을 모두 고른 것은?

2021 관세사

> ㄱ. 관세범에 관한 조사를 하는 경우
> ㄴ. 관세의 과세표준과 세액의 결정을 위하여 납세자를 서면으로 조사하는 경우
> ㄷ. 징수권의 확보를 위하여 압류를 하는 경우
> ㄹ. 보세판매장에 대한 조사를 하는 경우

① ㄱ, ㄷ
② ㄴ, ㄹ
③ ㄱ, ㄴ, ㄹ
④ ㄴ, ㄷ, ㄹ
⑤ ㄱ, ㄴ, ㄷ, ㄹ

관련 법조문: 법 제110조, 제112조, 영 제135조   답 ⑤

납세자는 제110조 제2항 각 호의 어느 하나에 해당하여 세관공무원에게 조사를 받는 경우에 변호사, 관세사로 하여금 조사에 참여하게 하거나 의견을 진술하게 할 수 있다(법 제112조). 여기에서 '제110조 제2항 각 호의 어느 하나'란 납세자권리헌장의 내용이 수록된 문서를 납세자에게 내주어야 하는 경우를 말한다. 즉, '조력을 받을 권리'에 해당하는 사유와 '납세자권리헌장'을 교부하는 사유는 같다.

05

□□□ 관세법상 납세자의 권리에 대한 설명으로 옳지 않은 것은?

2019 국가직 9급

① 세관공무원은 현행범인 납세자가 도주할 우려가 있는 등 조사 목적을 달성할 수 없다고 인정되는 경우에는 납세자권리헌장을 내주지 아니할 수 있다.
② 세관장은 최근 3년 동안 조사를 받지 아니한 납세자에 대하여 신고내용이 적정한지를 검증할 필요가 있는 경우 정기선정에 의한 조사를 하여야 한다.
③ 세관공무원은 관세탈루 등의 혐의를 인정할 만한 명백한 자료가 있는 경우 해당 사안에 대하여 이미 조사받은 자를 다시 조사할 수 있다.
④ 세관공무원은 신고내용에 탈세나 오류의 혐의를 인정할 만한 자료가 있는 경우에는 조사목적에 필요한 최소한의 범위에서 보관자 등 정당한 권한이 있는 자가 임의로 제출한 장부 등을 납세자의 동의를 받아 세관관서에 일시 보관할 수 있다.

관련 법조문: 법 제110조, 제110조의3, 제111조, 제114조의2   답 ②

세관장은 '최근 4년 이상' 조사를 받지 아니한 납세자에 대하여 업종, 규모 등을 고려하여 대통령령으로 정하는 바에 따라 신고내용이 적정한지를 검증할 필요가 있는 경우 정기선정에 의한 조사를 할 수 있다(법 제110조의3 제1항).

☑ 선지분석
....
① 법 제110조(납세자권리헌장의 제정 및 교부) 제3항
② 법 제110조의3(관세조사대상자 선정) 제1항
④ 법 제114조의2(장부·서류 등의 보관 금지) 제2항

06 관세법령상 정기선정에 의한 관세조사대상에 해당하는 것은?

① 납세자가 관세법에서 정하는 신고·신청, 과세가격결정자료의 제출 등의 납세협력의무를 이행하지 아니한 경우
② 수출입업자에 대한 구체적인 탈세제보 등이 있는 경우
③ 신고내용에 탈세나 오류의 혐의를 인정할 만한 자료가 있는 경우
④ 납세자가 세관공무원에게 직무와 관련하여 금품을 제공하거나 금품제공을 알선한 경우
⑤ 무작위추출방식으로 표본조사를 하려는 경우

관련 법조문: 법 제110조의3	답 ⑤

정기선정 조사대상(법 제110조의3 제1항)	정기선정 조사 외 조사대상(법 제110조의3 제2항)
1. 관세청장이 수출입업자의 신고내용에 대하여 정기적으로 성실도를 분석한 결과 불성실 혐의가 있다고 인정하는 경우 2. 최근 4년 이상 조사를 받지 아니한 납세자에 대하여 업종, 규모 등을 고려하여 대통령령으로 정하는 바에 따라 신고내용이 적정한지를 검증할 필요가 있는 경우 3. 무작위추출방식으로 표본조사를 하려는 경우	1. 납세자가 이 법에서 정하는 신고·신청, 과세가격결정자료의 제출 등의 납세협력의무를 이행하지 아니한 경우 2. 수출입업자에 대한 구체적인 탈세제보 등이 있는 경우 3. 신고내용에 탈세나 오류의 혐의를 인정할 만한 자료가 있는 경우 4. 납세자가 세관공무원에게 직무와 관련하여 금품을 제공하거나 금품제공을 알선한 경우

07 관세법 제110조의3의 관세조사대상자 선정에 대한 설명으로 옳지 않은 것은?

① 세관장은 최근 4년 이상 조사를 받지 아니한 납세자에 대하여 업종, 규모 등을 고려하여 대통령령으로 정하는 바에 따라 신고내용이 적정한지를 검증할 필요가 있는 경우 관세조사대상자로 선정하여 조사할 수 있다.
② 세관장이 수출입업자의 신고내용에 대하여 정기적으로 성실도를 분석한 결과 불성실 혐의가 있다고 인정하는 경우 관세조사대상자로 선정하여 조사할 수 있다.
③ 세관장은 최근 2년간 수출입신고 실적이 일정금액 이하인 경우 등 대통령령으로 정하는 요건을 충족하는 자에 대해서는 관세법 제110조의3 제1항에 따른 조사를 하지 아니할 수 있다. 다만, 객관적인 증거자료에 의하여 과소 신고한 것이 명백한 경우에는 그러하지 아니하다.
④ 납세자가 세관공무원에게 직무와 관련하여 금품을 제공하거나 금품제공을 알선한 경우 세관장은 정기선정에 의한 조사 외에 조사를 할 수 있다.

관련 법조문: 법 제110조의3	답 ②

'관세청장'이 수출입업자의 신고내용에 대하여 정기적으로 성실도를 분석한 결과 불성실 혐의가 있다고 인정하는 경우, 세관장은 정기적으로 신고의 적정성을 검증하기 위하여 대상을 선정하여 조사를 할 수 있다(법 제110조의3 제1항).

08 관세법령상 관세조사에 대한 설명으로 옳지 않은 것은?

2016 국가직 9급

① 관세청장이 수출입업자의 신고내용에 대하여 정기적으로 성실도를 분석한 결과 불성실 혐의가 있다고 인정하는 경우 세관장은 정기적으로 신고의 적정성을 검증하기 위하여 대상을 선정하여 조사를 할 수 있다.

② 세관공무원은 관세포탈 등의 혐의를 인정할 만한 명백한 자료가 있는 경우에는 해당 사안에 대하여 이미 조사받은 자를 다시 조사할 수 있다.

③ 세관장은 관세법 제39조 제1항에 따라 부과고지를 하는 경우 과세표준과 세액을 결정하기 위한 조사를 할 수 있다.

④ 세관장은 최근 2년간 수출입신고 실적이 30억원 이하이거나 최근 4년 이내에 관세 및 내국세를 체납한 사실이 없는 사업자에 대하여는 정기선정에 의한 관세조사를 할 수 없다.

관련 법조문: 법 제110조의3, 영 제135조의4　　　　　　　　답 ④

세관장은 최근 2년간 수출입신고 실적이 일정금액 이하인 경우 등 대통령령으로 정하는 요건을 충족하는 자에 대해서는 제1항에 따른 조사를 하지 아니할 수 있다(법 제110조의3 제4항). 법 제110조의3 제4항 본문에 따라 다음 각 호의 요건을 모두 충족하는 자에 대해서는 같은 조 제1항에 따른 조사를 하지 아니할 수 있다(영 제135조의4). 이것을 '소규모 성실사업자에 대한 관세조사 면제'라고 한다.

> 1. 최근 2년간 수출입신고 실적이 30억원 이하일 것
> 2. 최근 4년 이내에 다음 각 목의 어느 하나에 해당하는 사실이 없을 것
>   가. 수출입 관련 법령을 위반하여 통고처분을 받거나 벌금형 이상의 형의 선고를 받은 사실
>   나. 관세 및 내국세를 체납한 사실
>   다. 법 제38조의3 제4항에 따라 신고납부한 세액이 부족하여 세관장으로부터 경정을 받은 사실

즉, 세관장은 최근 2년간 수출입신고 실적이 30억원 '이하이고' 최근 4년 이내에 관세 및 내국세를 체납한 사실이 없는 사업자에 대하여는 정기선정에 의한 관세조사를 '하지 아니할 수 있다'.

---

09 관세법령상 납세자의 권리에 대한 설명으로 옳은 것은?

2011 국가직 9급

① 관세법상 관세범에 관한 조사를 하는 경우 세관공무원은 납세자에게 납세자권리헌장의 내용이 수록된 문서를 내주거나 또는 헌장내용을 구두로 전달하여야 한다.

② 납세자가 법에서 정하는 과세자료 제출의 납세협력의무를 이행하지 아니한 경우는 납세자의 성실성 추정원칙의 배제사유에 해당된다.

③ 부정·불공정무역 등 경제 질서 교란 등을 통한 탈세혐의가 있는 자에 대하여 일제조사를 하는 경우라도 세관공무원은 해당 사안에 대하여 이미 조사를 받은 자에 대하여 재조사를 할 수 없다.

④ 관세조사의 사전통지를 받은 납세자는 장기출장 등으로 관세 조사가 곤란하다고 판단되는 경우라도 관세조사의 연기를 신청할 수 없다.

관련 법조문: 법 제110조, 제111조, 제113조, 영 제138조, 제140조　　　　답 ②

세관공무원은 납세자가 이 법에 따른 신고 등의 의무를 이행하지 아니한 경우 또는 납세자에게 구체적인 관세포탈 등의 혐의가 있는 경우 등 대통령령으로 정하는 경우를 제외하고는 납세자가 성실하며 납세자가 제출한 신고서 등이 진실한 것으로 추정하여야 한다. 여기에서 '대통령령으로 정하는 경우'란 다음을 말한다.

> 1. 납세자가 법에서 정하는 신고 및 신청, 과세자료의 제출 등의 납세협력의무를 이행하지 아니한 경우
> 2. 납세자에 대한 구체적인 탈세정보가 있는 경우
> 3. 신고내용에 탈루나 오류의 혐의를 인정할 만한 명백한 자료가 있는 경우
> 4. 납세자의 신고내용이 관세청장이 정한 기준과 비교하여 불성실하다고 인정되는 경우

① 세관공무원은 관세범에 관한 조사를 하는 경우 등에는 납세자권리헌장의 내용이 수록된 문서를 납세자에게 내주어야 하며, 조사사유, 조사기간, 법 제118조의4 제1항에 따른 납세자보호위원회에 대한 심의 요청사항·절차 및 권리구제 절차 등을 설명하여야 한다(법 제110조 제2항). '구두로 전달'하는 것은 허용되지 않는다.

③ 밀수출입, 부정·불공정무역 등 경제질서 교란 등을 통한 탈세혐의가 있는 자에 대하여 일제조사를 하는 경우, 세관공무원은 해당 사안에 대하여 이미 조사받은 자를 다시 조사할 수 있다(중복조사 금지의 예외)(법 제111조 제2항 제5호, 영 제136조).

④ 장기출장 등으로 관세조사가 곤란하다고 판단되는 경우 관세조사의 연기를 신청할 수 있다(법 제114조 제2항, 영 제140조 제1항 제2호).

---

10 관세법상 납세자의 권리보호에 대한 설명으로 옳지 않은 것은?　　　2017 국가직 7급(하반기)

☐☐☐

① 세관공무원은 납세자를 긴급히 체포·압수·수색하는 경우에 납세자권리헌장을 내주어야 한다.

② 세관공무원은 적정하고 공평한 과세를 실현하고 통관의 적법성을 보장하기 위하여 필요한 최소한의 범위에서 관세조사를 하여야 하며 다른 목적 등을 위하여 조사권을 남용하여서는 아니 된다.

③ 세관장은 납세자로부터 납세증명서의 발급신청을 받았을 때에는 그 사실을 확인하고 즉시 납세증명서를 발급하여야 한다.

④ 세관공무원은 납세자가 납세자의 권리행사에 필요한 정보를 요구하면 신속하게 제공하여야 한다.

┃ 관련 법조문: 법 제110조, 제116조의3, 제117조　　　답 ①

세관공무원은 법 제270조에 따라 관세포탈, 부정감면 또는 부정환급(수출용원재료에 대한 관세 등 환급에 관한 특례법 제23조 제1항에 따른 부정환급을 포함한다)에 대한 범칙사건을 조사하는 경우 등에는 납세자권리헌장의 내용이 수록된 문서를 납세자에게 내주어야 하며, 조사사유, 조사기간, 법 제118조의4 제1항에 따른 납세자보호위원회에 대한 심의요청사항·절차 및 권리구제절차 등을 설명하여야 한다(법 제110조 제2항). 그러나 세관공무원은 납세자를 긴급히 체포·압수·수색하는 경우 또는 현행범인 납세자가 도주할 우려가 있는 등 조사목적을 달성할 수 없다고 인정되는 경우에는 납세자권리헌장을 내주지 아니할 수 있다(법 제110조 제3항).

② 법 제110조(납세자권리헌장의 제정 및 교부) 제1항

③ 법 제116조의3(납세증명서의 제출 및 발급) 제2항

④ 법 제117조(정보의 제공) 제1항

---

11 관세법상 납세자의 권리에 대한 설명으로 옳지 않은 것은?　　　2018 국가직 7급

☐☐☐

① 세관공무원은 관세범에 관한 조사를 하는 경우에는 납세자권리헌장의 내용이 수록된 문서를 납세자에게 내주어야 한다.

② 세관공무원은 특정한 분야만을 조사할 필요가 있는 등 대통령령으로 정하는 경우를 제외하고는 신고납부세액과 관세법 및 다른 법령에서 정하는 수출입 관련 의무 이행과 관련하여 그 권한에 속하는 사항을 통합하여 조사하는 것을 원칙으로 한다.

③ 세관공무원은 납세자가 납세자의 권리행사에 필요한 정보를 요구하면 신속하게 제공하여야 한다. 이 경우 세관공무원은 납세자가 요구한 정보와 관련되어 있어 관세청장이 정하는 바에 따라 납세자가 반드시 알아야 한다고 판단되는 그 밖의 정보도 함께 제공하여야 한다.

④ 이미 조사받은 자의 거래상대방을 조사할 필요가 있는 경우 세관공무원은 해당 사안에 대하여 이미 조사받은 자를 다시 조사할 수 없다.

세관공무원은 다음 각 호의 어느 하나에 해당하는 경우를 제외하고는 해당 사안에 대하여 이미 조사받은 자를 다시 조사할 수 없다(법 제111조 제2항). 즉, '이미 조사받은 자의 거래상대방을 조사할 필요가 있는 경우'에는 이미 조사받은 자를 다시 조사할 수 '있다'.

1. 관세탈루 등의 혐의를 인정할 만한 명백한 자료가 있는 경우
2. 이미 조사받은 자의 거래상대방을 조사할 필요가 있는 경우
3. 법 제118조 제4항 제2호 후단 또는 제128조 제1항 제3호 후단(제132조 제4항 본문에서 준용하는 경우를 포함한다)에 따른 재조사 결정에 따라 재조사를 하는 경우(결정서 주문에 기재된 범위의 재조사에 한정한다)
4. 납세자가 세관공무원에게 직무와 관련하여 금품을 제공하거나 금품제공을 알선한 경우
5. 그 밖에 탈세혐의가 있는 자에 대한 일제조사 등 대통령령으로 정하는 경우(밀수출입, 부정·불공정무역 등 경제질서 교란 등을 통한 탈세혐의가 있는 자에 대하여 일제조사를 하는 경우)

✅ 선지분석

① 세관공무원은 다음 각 호의 어느 하나에 해당하는 경우에는 납세자권리헌장의 내용이 수록된 문서를 납세자에게 내주어야 하며, 조사사유, 조사기간, 법 제118조의4 제1항에 따른 납세자보호위원회에 대한 심의요청사항·절차 및 권리구제절차 등을 설명하여야 한다(법 제110조 제2항).

1. 제283조에 따른 관세범(수출용 원재료에 대한 관세 등 환급에 관한 특례법 제23조 제1항부터 제4항까지의 규정에 따른 죄를 포함한다)에 관한 조사를 하는 경우
2. 관세조사를 하는 경우
3. 그 밖에 대통령령으로 정하는 경우

② 법 제110조의2(통합조사의 원칙)
③ 법 제117조(정보의 제공)

---

12 관세법령상 관세조사에 대한 설명으로 옳은 것은?   2021 국가직 7급

① 세관공무원은 이미 조사받은 자의 거래상대방을 조사할 필요가 있는 경우 해당 사안에 대하여 이미 조사받은 자를 다시 조사할 수 있다.
② 최근 2년 이내에 관세 및 내국세를 체납한 사실이 없는 자에 대하여는 관세조사를 면제할 수 있다.
③ 조세채권의 확보 등을 위하여 긴급히 조사할 필요가 있는 경우에 세관공무원은 신고납부세액과 수출입관련 의무 이행과 관련하여 그 권한에 속하는 사항을 통합하여 조사하여야 한다.
④ 방문하여 관세조사를 실시하는 경우 그 조사기간은 30일 이내로 하되, 관세청장의 승인을 받아 1회에 한하여 20일 이내에서 그 기간을 연장할 수 있다.

| 관련 법조문: 법 제110조의2, 제110조의3, 제111조, 영 제135조의2, 제135조의4, 제139조의2 | 답 ① |

세관공무원은 '이미 조사받은 자의 거래상대방을 조사할 필요가 있는 경우' 해당 사안에 대하여 이미 조사받은 자를 다시 조사할 수 있다(법 제111조 제2항).

✅ 선지분석

② 관세조사를 면제하기 위해서는 영 제135조의4의 조건을 만족해야 한다.

영 제135조의4(소규모 성실사업자에 대한 관세조사 면제) 법 제110조의3 제4항 본문에 따라 다음 각 호의 요건을 모두 충족하는 자에 대해서는 같은 조 제1항에 따른 조사를 하지 아니할 수 있다.
1. 최근 2년간 수출입신고 실적이 30억원 이하일 것
2. 최근 4년 이내에 다음 각 목의 어느 하나에 해당하는 사실이 없을 것
   가. 수출입 관련 법령을 위반하여 통고처분을 받거나 벌금형 이상의 형의 선고를 받은 사실
   나. 관세 및 내국세를 체납한 사실
   다. 법 제38조의3 제6항에 따라 신고납부한 세액이 부족하여 세관장으로부터 경정을 받은 사실

③ '조세채권의 확보 등을 위하여 긴급히 조사할 필요가 있는 경우' 통합조사의 원칙이 적용되지 않는다(영 제135조의2). 통합조사의 원칙이 적용되지 않는 사유는 다음과 같다.

> 1. 세금탈루 혐의, 수출입 관련 의무위반 혐의, 수출입업자 등의 업종·규모 등을 고려하여 특정 사안만을 조사할 필요가 있는 경우
> 2. <u>조세채권의 확보 등을 위하여 긴급히 조사할 필요가 있는 경우</u>
> 3. 그 밖에 조사의 효율성, 납세자의 편의 등을 고려하여 특정 분야만을 조사할 필요가 있는 경우로서 기획재정부령으로 정하는 경우

④ 방문하여 관세조사를 실시하는 경우 그 조사기간은 '20일' 이내로 하되, '2회 이상 연장하는 경우'에는 관세청장의 승인을 받아 20일 이내에서 그 기간을 연장할 수 있다(영 제139조의2 제1항·제2항). '1회에 한하여'라는 말도 빼야 한다.

13
□□□

관세법령상 세관공무원이 해당 사안에 대하여 이미 조사받은 자를 다시 조사할 수 있는 경우에 해당하지 않는 것은?

2015 관세사, 2013 국가직 9급

① 관세포탈 등의 혐의를 인정할 만한 명백한 자료가 있는 경우
② 이미 조사받은 자의 거래상대방을 조사할 필요가 있는 경우
③ 관세법에 따른 이의신청·심사청구 또는 심판청구가 이유 없다고 인정되는 경우
④ 밀수출입, 부정·불공정무역 등 경제질서 교란 등을 통한 탈세혐의가 있는 자에 대하여 일제조사를 하는 경우

> **█ 관련 법조문: 법 제111조, 영 제136조**   답 ③

세관공무원은 다음 각 호의 어느 하나에 해당하는 경우를 제외하고는 해당 사안에 대하여 이미 조사받은 자를 다시 조사할 수 없다(법 제111조 제2항).

> 1. 관세탈루 등의 혐의를 인정할 만한 명백한 자료가 있는 경우
> 2. <u>이미 조사받은 자의 거래상대방을 조사할 필요가 있는 경우</u>
> 3. 법 제118조 제4항 제2호 후단 또는 법 제128조 제1항 제3호 후단(법 제132조 제4항 본문에서 준용하는 경우를 포함한다)에 따른 재조사 결정에 따라 재조사를 하는 경우(결정서 주문에 기재된 범위의 재조사에 한정한다)
> 4. <u>납세자가 세관공무원에게 직무와 관련하여 금품을 제공하거나 금품제공을 알선한 경우</u>
> 5. <u>그 밖에 탈세혐의가 있는 자에 대한 일제조사 등 대통령령으로 정하는 경우(밀수출입, 부정·불공정무역 등 경제질서 교란 등을 통한 탈세혐의가 있는 자에 대하여 일제조사를 하는 경우)</u>

14
□□□

관세법령상 세관공무원이 해당 사안에 대하여 이미 조사받은 자를 다시 조사할 수 있는 경우에 해당하지 않는 것은?

2015 관세사, 2013 국가직 9급

① 관세탈루 등의 혐의를 인정할 만한 명백한 자료가 있는 경우
② 이미 조사받은 자의 거래상대방을 조사할 필요가 있는 경우
③ 관세법에 따른 이의신청·심사청구 또는 심판청구가 이유 없다고 인정되는 경우
④ 밀수출입, 부정·불공정무역 등 경제질서 교란 등을 통한 탈세혐의가 있는 자에 대하여 일제조사를 하는 경우

관련 법조문: 법 제111조, 영 제136조 답 ③

관세법에 따른 이의신청·심사청구 또는 심판청구가 이유 없다고 인정되는 경우, 재결청은 '기각' 결정을 내리게 된다. 이미 조사받은 자를 다시 조사할 수 있는 경우(중복조사 금지의 예외)와는 관련이 없다.

15 관세법상 납세자의 권리 등에 대한 설명으로 옳은 것은?   2008 국가직 7급
☐☐☐
① 세관공무원은 납세자의 성실성 추정원칙에 따라 납세자가 제출한 신고서 등의 내용에 관하여 질문하거나 신고한 물품에 대한 확인 행위를 할 수 없다.
② 세관공무원은 어떠한 경우에도 납세자의 과세정보를 타인에게 제공 또는 누설하거나 사용목적 외의 용도로 사용하여서는 아니 된다.
③ 관세법상의 심사청구는 해당 처분이 있는 것을 안 날(처분의 통지를 받은 때에는 통지를 받은 날)부터 90일 이내에 제기하여야 한다.
④ 관세법상의 이의신청인·심사청구인 또는 심판청구인은 변호사를 대리인으로 선임할 수 없다.

관련 법조문: 법 제113조, 제116조, 제121조, 제126조 답 ③

✅ **선지분석**

① '성실성 추정원칙'에도 불구하고, 세관공무원이 납세자가 제출한 신고서 등의 내용에 관하여 질문을 하거나 신고한 물품에 대하여 확인을 하는 행위 등 대통령령으로 정하는 행위를 하는 것은 제한하지 아니한다.

성실성 추정에도 불구하고 세관공무원이 제한받지 않고 할 수 있는 행위들
1. 법 제38조 제2항에 따른 세액심사를 위한 질문이나 자료제출의 요구
2. 법 제246조에 따른 물품의 검사
3. 법 제266조 제1항에 따른 장부 또는 자료의 제출
4. 그 밖의 법(수출용 원재료에 대한 관세 등 환급에 관한 특례법을 포함한다)에 따른 자료조사나 자료제출의 요구

② 세관공무원은 납세자가 관세법에서 정한 납세의무를 이행하기 위하여 제출한 자료나 관세의 부과·징수 또는 통관을 목적으로 업무상 취득한 자료 등(과세정보)을 타인에게 제공하거나 누설하여서는 아니 되며, 사용 목적 외의 용도로 사용하여서도 아니 된다. 다만, 국가기관이 관세에 관한 쟁송이나 관세범에 대한 소추(訴追)를 목적으로 과세정보를 요구하는 경우 등에는 그 사용 목적에 맞는 범위에서 납세자의 과세정보를 제공할 수 있으므로 '어떠한 경우에도' 과세정보를 제공할 수 없다는 말은 옳지 않다.

④ 심사청구 등의 대리인으로 변호사 또는 관세사를 선임할 수 있다. 다만, 이의신청인, 심사청구인 또는 심판청구인은 신청 또는 청구의 대상이 대통령령으로 정하는 금액 미만인 경우에는 배우자, 4촌 이내의 혈족 또는 배우자의 4촌 이내의 혈족을 대리인으로 선임할 수 있다.

16

관세법상 납세자의 권리에 대한 내용으로 옳은 것은?

① 납세자는 세관공무원에게 조사를 받는 경우에 관세사 이외의 자로 하여금 조사에 참여하게 하거나 의견을 진술하게 할 수 없다.

② 세관공무원은 납세자를 긴급히 체포·압수·수색하는 경우 또는 현행범인 납세자가 도주할 우려가 있는 등 조사목적을 달성할 수 없다고 인정되는 경우에는 납세자권리헌장 교부의무를 준수해야 한다.

③ 세관공무원은 납세자가 관세법에 따른 신고 등의 의무를 이행하지 아니한 경우 또는 납세자에게 구체적인 관세포탈 등의 혐의가 있는 경우 등 대통령령으로 정하는 경우를 제외하고는 납세자가 성실하며 납세자가 제출한 신고서 등이 진실한 것으로 추정하여야 한다.

④ 과세전적부심사제도에 의해 세관장은 제270조에 따른 관세 포탈죄로 고발되어 포탈세액을 징수하는 경우에는 미리 납세의무자에게 그 내용을 서면으로 통지하여야 한다.

> **관련 법조문: 법 제110조, 제112조, 제113조, 제118조**　　　　　　　　답 ③

✓ **선지분석**

① 납세자는 세관공무원에게 조사를 받는 경우에 관세사 이외의 자로 하여금 조사에 참여하게 하거나 의견을 진술하게 할 수 '있다.' 변호사로 하여금 조사에 참여하게 하거나 의견을 진술하게 할 수 있기 때문이다(법 제112조).

② 세관공무원은 납세자를 긴급히 체포·압수·수색하는 경우 또는 현행범인 납세자가 도주할 우려가 있는 등 조사목적을 달성할 수 없다고 인정되는 경우에는 납세자권리헌장을 내주지 않을 수 있다(법 제110조 제3항).

④ 법 제270조에 따른 관세포탈죄로 고발되어 포탈세액을 징수하는 경우에는 과세 전 통지가 생략된다(법 제118조 제1항 제5호).

17

관세법령상 납세자의 권리에 대한 설명으로 옳지 않은 것은?

① 관세조사의 통지를 받은 납세자는 권한 있는 기관에 의하여 장부 및 증빙서류가 압수 또는 영치되어 조사를 받기가 곤란한 경우에는 대통령령으로 정하는 바에 따라 해당 세관장에게 조사를 연기하여 줄 것을 신청할 수 있다.

② 세관공무원은 현행범인 납세자가 도주할 우려가 있는 등 조사목적을 달성할 수 없다고 인정되는 경우에는 납세자권리 헌장을 내주지 아니할 수 있다.

③ 체납발생일부터 1년이 지난 관세로서 체납액이 2억원 이상인 경우에는 체납관세에 대한 체납자의 심사청구 등 불복절차가 진행되어도 관세청장은 체납자의 인적사항과 체납액을 공개할 수 있다.

④ 국가기관이 관세범에 대한 소추를 목적으로 업무상 취득한 자료를 요구하는 경우 세관공무원은 그 사용 목적에 맞는 범위에서 그 자료를 제공할 수 있다.

> **관련 법조문: 법 제110조, 제114조, 제116조, 제116조의2**　　　　　　　　답 ③

법 제116조(비밀유지)에도 불구하고 관세청장은 체납발생일부터 1년이 지난 '관세 및 내국세등'(체납관세등)이 2억원 이상인 체납자에 대하여는 그 인적사항과 체납액 등을 공개할 수 있다. 다만, 체납관세등에 대하여 이의신청·심사청구 등 불복청구가 진행 중이거나 체납액의 일정금액 이상을 납부한 경우 등 대통령령으로 정하는 사유에 해당하는 경우에는 그러하지 아니하다(법 제116조의2 제1항 제1호). 법 제116조의2 제1항 제1호 단서에서 '체납관세등에 대하여 이의신청·심사청구 등 불복청구가 진행 중이거나 체납액의 일정금액 이상을 납부한 경우 등 대통령령으로 정하는 사유'란 다음 각 호의 어느 하나에 해당하는 경우를 말한다(영 제141조의5 제1항).

1. 다음 계산식에 따라 계산한 최근 2년간의 체납액 납부비율이 100분의 50 이상인 경우

$$최근 \ 2년간의 \ 체납액 \ 납부비율 = \frac{B}{A + B}$$

   • A: 명단 공개 예정일이 속하는 연도의 직전 연도 12월 31일 당시 명단 공개대상 예정자의 체납액
   • B: 명단 공개 예정일이 속하는 연도의 직전 2개 연도 동안 명단 공개대상 예정자가 납부한 금액

2. 채무자 회생 및 파산에 관한 법률 제243조에 따른 회생계획인가의 결정에 따라 체납된 세금의 징수를 유예받고 그 유예기간 중에 있거나 체납된 세금을 회생계획의 납부일정에 따라 납부하고 있는 경우

3. 재산상황, 미성년자 해당 여부 및 그 밖의 사정 등을 고려할 때 법 제116조의2 제2항에 따른 관세정보위원회가 공개할 실익이 없거나 공개하는 것이 부적절하다고 인정하는 경우

✅ 선지분석

① 관세조사의 통지를 받은 납세자는 '권한 있는 기관에 의하여 장부 및 증빙서류가 압수 또는 영치되어(영 제140조 제1항)' 조사를 받기가 곤란한 경우에는 대통령령으로 정하는 바에 따라 해당 세관장에게 조사를 연기하여 줄 것을 신청할 수 있다(법 제114조 제2항).

② 세관공무원은 납세자를 긴급히 체포·압수·수색하는 경우 또는 현행범인 납세자가 도주할 우려가 있는 등 조사목적을 달성할 수 없다고 인정되는 경우에는 납세자권리헌장을 내주지 아니할 수 있다(법 제110조 제3항).

④ 세관공무원은 납세자가 관세법에서 정한 납세의무를 이행하기 위하여 제출한 자료나 관세의 부과·징수 또는 통관을 목적으로 업무상 취득한 자료 등(과세정보)을 타인에게 제공하거나 누설하여서는 아니 되며, 사용 목적 외의 용도로 사용하여서도 아니 된다. 다만, '국가기관이 관세에 관한 쟁송이나 관세범에 대한 소추(訴追)를 목적으로 과세정보를 요구하는 경우' 등에는 그 사용 목적에 맞는 범위에서 납세자의 과세정보를 제공할 수 있다(법 제116조 제1항).

18

관세법상 납세자의 권리 및 불복절차에 대한 설명으로 옳지 않은 것은? 2011 국가직 7급

□□□

① 세관공무원은 이미 조사를 받은 자의 거래상대방을 조사할 필요가 있는 경우에는 해당 사안에 대하여 이미 조사 받은 자에 대하여도 재조사를 할 수 있다.

② 과세전적부심사를 청구받은 세관장이나 관세청장은 그 청구를 받은 날부터 30일 이내에 관세법 제118조의4 제9항 전단에 따른 관세심사위원회의 심사를 거쳐 결정을 하고, 그 결과를 청구인에게 통지하여야 한다.

③ 세관공무원은 납세자가 관세법에서 정한 납세의무를 이행하기 위하여 제출한 자료나 관세의 부과·징수 또는 통관을 목적으로 업무상 취득한 자료 등을 타인에게 제공하거나 누설하여서는 아니 되며, 사용 목적 외의 용도로 사용하여서도 아니 된다.

④ 이의신청을 거친 후 심사청구를 하려는 경우에는 이의신청에 대한 결정을 통지받은 날부터 30일 이내에 하여야 한다.

┃ 관련 법조문: 법 제111조, 제116조, 제118조, 제121조 답 ④

이의신청을 거친 후 심사청구를 하려는 경우에는 이의신청에 대한 결정을 통지받은 날부터 '90일' 이내에 하여야 한다.

19 ☐☐☐ 관세의 결정 또는 경정을 위한 조사 등 부과처분을 위하여 납세자를 방문하여 조사하는 '관세조사'에 대한 설명이다. 가장 잘못된 설명은? 2007 관세사

① 세관공무원이 관세조사를 할 때는 납세자권리헌장이 수록된 문서를 납세자에게 교부하여야 함이 원칙이다.

② 세관공무원으로부터 관세조사를 받을 경우 납세자는 자신이 거래하는 관세사로 하여금 의견을 진술하게 할 수 있다.

③ 세관공무원은 납세자의 장부나 서류 등을 조사하는 경우 반드시 조사를 받을 납세자에게 15일 전에 조사대상 및 조사사유 등을 통지하여야 한다.

④ 관세조사의 사전통지를 받은 납세자는 장기출장을 이유로 해당 세관장에게 조사를 연기하여 줄 것을 신청할 수 있다.

⑤ 세관공무원이 조사를 종료하였을 때에는 종료 후 20일 이내에 그 조사 결과를 서면으로 납세자에게 통지하여야 한다.

┃ 관련 법조문: 법 제110조, 제112조, 제114조, 제115조, 영 제140조   답 ③

세관공무원은 납세자의 장부나 서류 등을 조사하는 경우 '반드시' 조사를 받을 납세자에게 15일 전에 조사대상 및 조사사유 등을 통지하여야 하는 것은 아니다.

조사 시작 15일 전에 조사대상, 조사사유 등을 통지하지 않아도 되는 경우

1. 범칙사건에 대하여 조사하는 경우
2. 사전에 통지하면 증거인멸 등으로 조사 목적을 달성할 수 없는 경우

---

20 ☐☐☐ 관세법령상 관세조사와 납세자의 권리 등에 대한 설명으로 옳지 않은 것은? 2017 국가직 7급

① 세관장은 최근 4년 이상 조사를 받지 않은 납세자에 대하여 업종, 규모 등을 고려하여 대통령령으로 정하는 바에 따라 신고내용이 적정한지를 검증할 필요가 있는 경우 정기선정에 의한 조사를 할 수 있다.

② 세관장은 납세자가 관세법에서 정하는 신고·신청, 과세가격결정자료의 제출 등의 납세협력의무를 이행하지 않은 경우에는 조사를 할 수 있다.

③ 세관공무원은 밀수출입, 부정·불공정무역 등 경제질서 교란 등을 통한 탈세혐의가 있는 자에 대하여 일제조사를 하는 경우 해당 사안에 대하여 이미 조사받은 자라도 다시 조사할 수 있다.

④ 세관공무원은 범칙사건에 대한 조사를 하기 위하여 해당 장부, 서류 등을 조사하는 경우에는 조사를 받게 될 납세자에게 조사 시작 15일 전에 조사대상, 조사사유, 그 밖에 대통령령으로 정하는 사항을 통지하여야 한다.

┃ 관련 법조문: 법 제110조의3, 제114조, 영 제136조   답 ④

세관공무원은 관세조사를 하기 위하여 해당 장부, 서류, 전산처리장치 또는 그 밖의 물품 등을 조사하는 경우에는 조사를 받게 될 납세자(그 위임을 받은 자를 포함한다)에게 조사 시작 15일 전에 조사대상, 조사사유, 그 밖에 대통령령으로 정하는 사항을 통지하여야 한다. 다만, 범칙사건에 대하여 조사하는 경우 및 사전에 통지하면 증거인멸 등으로 조사 목적을 달성할 수 없는 경우에는 통지를 생략한다(법 제114조). 문제에서 '범칙사건에 대한 조사'를 하기 위한 경우라고 하였으므로, 이런 경우 사전 통지는 생략된다.

✓ 선지분석

① 법 제110조의3(관세조사대상자 선정) 제1항 제2호
② 법 제110조의3(관세조사대상자 선정) 제2항 제1호
③ 영 제136조(중복조사의 금지)

21 관세법상 납세자의 권리에 대한 설명 중 맞는 것은?

① 세관공무원은 관세범에 관한 조사를 하는 경우, 또는 긴급히 납세자를 체포, 압수, 수색하는 경우에는 납세자 권리헌장의 내용이 수록된 문서를 납세자에게 내주어야 한다.

② 납세자가 세관공무원으로부터 범칙사건 조사를 받는 경우 관세사로 하여금 조사에 참여하게 하거나 의견을 진술하게 할 수 있다.

③ 납세신고내용에 탈루나 오류의 혐의를 인정할 만한 명백한 자료가 있는 경우 납세자의 성실성이 추정된다.

④ 납세자가 납세자의 권리행사에 필요한 정보를 요구하는 경우 반드시 관세정보위원회의 심의를 거쳐야 한다.

⑤ 수입신고수리전에 세액심사를 하여 그 결과에 따라 부족세액을 징수하는 경우 과세 전 통지를 하여야 한다.

│ 관련 법조문: 법 제110조, 제112조, 제113조, 제117조, 제118조, 영 제138조　　　　답 ②

납세자는 제110조 제2항 각 호(납세자권리헌장 교부사유)의 어느 하나에 해당하여 세관공무원으로부터 조사를 받는 경우에 변호사·관세사로 하여금 조사에 참여하게 하거나 의견을 진술하게 할 수 있다.

✅ 선지분석

① 세관공무원은 긴급히 납세자를 체포·압수·수색하거나 현행범인 납세자가 도주할 우려가 있는 등 조사목적을 달성할 수 없다고 인정될 때에는 납세자권리헌장을 내주지 아니할 수 있다(법 제110조 제3항).

③ '신고내용에 탈루나 오류의 혐의를 인정할 만한 명백한 자료가 있는 경우' 오히려 성실성 추정을 배제한다(영 제138조 제1항).

④ 세관공무원은 납세자가 납세자의 권리행사에 필요한 정보를 요구하는 경우 이를 신속하게 제공하여야 한다. 이 경우 세관공무원은 납세자가 요구한 정보와 관련되어 관세청장이 정하는 바에 따라 납세자가 반드시 알아야 된다고 판단되는 그 밖의 정보도 함께 제공하여야 한다(법 제117조).

⑤ '수입신고수리전에 세액을 심사하는 경우로서 그 결과에 따라 부족세액을 징수하는 경우'에는 과세 전 통지를 하지 않는다(법 제118조 제1항).

---

22 관세법령상 '납세자의 성실성 추정 등의 배제사유'로 명시되어 있지 않은 경우는?

① 납세자가 관세법에서 정하는 신고 및 신청 등의 납세협력의무를 이행하지 아니한 경우

② 신고내용에 탈루의 혐의를 인정할 만한 명백한 자료가 있는 경우

③ 신고내용에 오류의 혐의를 인정할 만한 명백한 자료가 있는 경우

④ 납세자 또는 이해관계자에 대한 일반적인 탈세혐의가 제시되는 경우

⑤ 납세자의 신고내용이 관세청장이 정한 기준과 비교하여 불성실하다고 인정되는 경우

│ 관련 법조문: 영 제138조　　　　답 ④

다음의 경우를 '제외'하고는 납세자가 성실하며 납세자가 제출한 신고서 등이 진실한 것으로 추정하여야 한다(영 제138조 제1항).

> 1. 납세자가 법에서 정하는 신고 및 신청, 과세자료의 제출 등의 납세협력의무를 이행하지 아니한 경우
> 2. 납세자에 대한 구체적인 탈세정보가 있는 경우
> 3. 신고내용에 탈루나 오류의 혐의를 인정할 만한 명백한 자료가 있는 경우
> 4. 납세자의 신고내용이 관세청장이 정한 기준과 비교하여 불성실하다고 인정되는 경우

23 관세조사에 대한 설명으로 옳지 않은 것은?

① 세관장은 무작위추출방식으로 표본조사를 하려는 경우에 정기적으로 신고의 적정성을 검증하기 위하여 대상을 선정(정기선정)하여 조사를 할 수 있다.

② 세관장은 정기선정에 의한 조사 외에 수출입업자에 대한 구체적인 탈세제보 등이 있는 경우에는 조사를 할 수 있다.

③ 세관장은 부과고지를 하는 경우 과세표준과 세액을 결정하기 위한 조사를 할 수 있다.

④ 세관장은 최근 2년간 수출입신고 실적이 일정금액 이상인 경우 등 대통령령으로 정하는 요건을 충족하는 자에 대해서는 정기선정에 따른 조사를 하지 아니할 수 있다.

> ▍ **관련 법조문: 법 제110조의3** 답 ④

세관장은 최근 2년간 수출입신고 실적이 일정금액 '이하'인 경우 등 대통령령으로 정하는 요건을 충족하는 자에 대해서는 정기선정에 따른 조사를 하지 아니할 수 있다.

24 관세법령상 관세조사에 대한 설명으로 옳은 것은?

① 세관공무원은 부정·불공정무역 등 경제질서 교란 등을 통한 탈세혐의가 있는 자에 대하여 일제조사를 하는 경우 해당 사안에 대하여 이미 조사받은 자를 다시 조사할 수 있다.

② 최근 2년간 수출입신고 실적이 30억원 이하인 자에 대해서는 관세를 체납한 사실이 있더라도 과소신고한 것이 명백하지 아니하면 정기선정에 의한 관세조사를 하지 아니한다.

③ 세관공무원은 수입업자에 대한 탈세제보가 있는 경우 보관자 등 정당한 권한이 있는 자가 제출한 장부를 납세자의 동의 여부에 관계없이 세관관서에 일시 보관할 수 있다.

④ 세관공무원은 정기선정에 의한 관세조사의 목적으로 납세자의 장부·서류 또는 그 밖의 물건을 세관관서에 임의로 보관할 수 있다.

> ▍ **관련 법조문: 법 제110조의3, 제111조, 제114조의2, 영 제136조** 답 ①

세관공무원은 부정·불공정무역 등 경제질서 교란 등을 통한 탈세혐의가 있는 자에 대하여 일제조사를 하는 경우 해당 사안에 대하여 이미 조사받은 자를 다시 조사할 수 있다(법 제111조 제2항 제5호, 영 제136조).

☑ 선지분석

② '소규모 성실사업자'는 관세조사가 면제된다. 최근 2년간 수출입신고 실적이 30억원 이하인 자는 '소규모' 사업자이다. 그러나 관세를 체납한 사실이 있다면 '성실' 사업자는 아니다. 그러므로 관세조사가 면제되지 않는다(법 제110조의3 제4항, 영 제135조의4).

> **법 제110조의3(관세조사 대상자 선정)** ④ 세관장은 최근 2년간 수출입신고 실적이 일정금액 이하인 경우 등 대통령령으로 정하는 요건을 충족하는 자에 대해서는 제1항에 따른 조사를 하지 아니할 수 있다. 다만, 객관적인 증거자료에 의하여 과소 신고한 것이 명백한 경우에는 그러하지 아니하다.
>
> **영 제135조의4(소규모 성실사업자에 대한 관세조사 면제)** 법 제110조의3 제4항 본문에 따라 <u>다음 각 호의 요건을 모두 충족하는</u> 자에 대해서는 같은 조 제1항에 따른 조사를 하지 아니할 수 있다.
> 1. 최근 2년간 수출입신고 실적이 30억원 이하일 것
> 2. 최근 4년 이내에 다음 각 목의 어느 하나에 해당하는 사실이 없을 것
>   가. 수출입 관련 법령을 위반하여 통고처분을 받거나 벌금형 이상의 형의 선고를 받은 사
>   나. 관세 및 내국세를 체납한 사실
>   다. 법 제38조의3 제6항에 따라 신고납부한 세액이 부족하여 세관장으로부터 경정을 받은 사실

③ 세관공무원은 수입업자에 대한 탈세제보가 있는 경우 보관자 등 정당한 권한이 있는 자가 제출한 장부를 <u>납세자의 '동의를 받아'</u> 세관관서에 일시 보관할 수 있다(법 제114조의2 제2항).

④ 세관공무원은 정기선정에 의한 관세조사의 목적으로 납세자의 장부·서류 또는 그 밖의 물건을 세관관서에 임의로 보관할 수 <u>없다</u>(법 제114조의2 제1항).

25

관세법 시행령상 소규모 성실사업자에 대한 관세조사 면제대상이 되기 위하여 충족해야 하는 요건에 해당하지 않는 것은?

2017 국가직 9급(하반기)

① 최근 4년 이내에 파산선고를 받고 복권되지 아니한 사실이 없을 것
② 최근 4년 이내에 수출입 관련 법령을 위반하여 통고처분을 받거나 벌금형 이상의 형의 선고를 받은 사실이 없을 것
③ 최근 4년 이내에 관세 및 내국세를 체납한 사실이 없을 것
④ 최근 4년 이내에 관세법 제38조의3 제6항에 따라 신고납부한 세액이 부족하여 세관장으로부터 경정을 받은 사실이 없을 것

❘ 관련 법조문: 영 제135조의4   답 ①

'최근 4년 이내에 파산선고를 받고 복권되지 아니한 사실이 없을 것'는 '성실'의 개념에 포함되지 않는다.

26

관세법령에 규정된 관세조사기간에 대한 설명으로 옳은 것은?

2017 국가직 7급(하반기)

① 관세조사기간은 조사대상자의 수출입 규모, 조사 인원·방법·범위 및 난이도 등을 종합적으로 고려하여 최소한이 되도록 하되, 방문하여 조사하는 경우에 그 조사기간은 20일 이내로 한다. 그럼에도 불구하고 대통령령에서 정한 경우에 해당하면 20일 이내의 범위에서 그 기간을 연장할 수 있고, 2회 이상 연장하는 경우에는 관세청장의 허가를 받아 20일 이내에서 연장할 수 있다.
② 세관공무원은 관세조사를 중지하여야 할 특별한 사유가 있는 경우로서 세관장이 정하는 경우에 조사를 중지할 수 있다.
③ 세관공무원은 관세조사를 중지한 경우에는 그 중지사유가 소멸하면 그 사유가 소멸한 날부터 30일 이내에 조사를 재개하여야 한다. 다만, 관세채권의 확보 등 긴급히 조사를 재개하여야 할 필요가 있는 경우에는 그 중지사유가 소멸하기 전이라도 관세조사를 재개할 수 있다.
④ 관세조사의 사전통지를 받은 납세자가 권한 있는 기관에 의하여 장부 및 증빙서류가 압수 또는 영치되어 조사를 받기가 곤란한 경우에는 대통령령으로 정하는 바에 따라 해당 세관장에게 조사를 연기하여 줄 것을 신청할 수 있다.

❘ 관련 법조문: 법 제114조, 영 제139조의2, 제140조   답 ④

권한 있는 기관에 의하여 장부 및 증빙서류가 압수 또는 영치된 경우(영 제140조 제1항 제3호), 대통령령으로 정하는 바에 따라 해당 세관장에게 조사를 연기하여 줄 것을 신청할 수 있다(법 제114조 제2항).

⊘ 선지분석

① 관세조사기간은 조사대상자의 수출입 규모, 조사 인원·방법·범위 및 난이도 등을 종합적으로 고려하여 최소한이 되도록 하되, 방문하여 조사하는 경우에 그 조사기간은 20일 이내로 한다(영 제139조의2 제1항). 그럼에도 불구하고 대통령령에서 정한 경우에 해당하면 20일 이내의 범위에서 그 기간을 연장할 수 있고, 2회 이상 연장하는 경우에는 <u>관세청장의 승인</u>을 받아 20일 이내에서 연장할 수 있다.

② 세관공무원은 관세조사를 중지하여야 할 특별한 사유가 있는 경우로서 관세청장이 정하는 경우에 조사를 중지할 수 있다(영 제139조의2 제3항 제4호).

③ 세관공무원은 관세조사를 중지한 경우에는 그 중지사유가 소멸하면 즉시 조사를 재개하여야 한다. 다만, 관세채권의 확보 등 긴급히 조사를 재개하여야 할 필요가 있는 경우에는 그 중지사유가 소멸하기 전이라도 관세조사를 재개할 수 있다(영 제139조의2 제4항).

---

27 관세조사의 사전통지와 연기신청에 대한 내용으로 옳지 않은 것은?　　　　2011 국가직 7급
□□□

① 범칙사건에 대한 조사를 하는 경우에는 미리 통지를 해야 한다.
② 사전통지를 하는 경우 증거인멸 등으로 조사목적을 달성할 수 없는 경우에는 통지하지 아니한다.
③ 화재가 발생하여 사업상 심한 어려움이 있는 경우에 관세 조사의 연기를 신청할 수 있다.
④ 권한있는 기관에 의하여 장부 및 증빙서류가 압수 또는 영치된 경우에 관세조사의 연기를 신청할 수 있다.

| **관련 법조문: 법 제114조, 영 제140조**　　　　　　　　　　　　　　　　답 ①

범칙사건에 대한 조사를 하는 경우 및 증거인멸 등으로 조사 목적을 달성할 수 없는 경우, 사전통지가 생략된다.

---

28 관세법상 관세조사의 사전통지와 연기신청에서 조사기간은 조사대상자의 수출입 규모 등을 종합적으로 고려하여 최소한이 되도록 하되, 방문하여 조사하는 경우에 그 조사기간을 20일 이내로 한다. 그럼에도 불구하고 20일 이내의 범위에서 조사기간을 연장할 수 있는 사유가 있다. 그 연장사유에 해당하지 않는 것은?
□□□　　　　　　　　　　　　　　　　　　　　　　　　　　　　　　　2015 국가직 9급

① 화재나 그 밖의 재해로 사업상 심한 어려움이 있는 경우
② 조사대상자가 장부·서류 등을 은닉하거나 그 제출을 지연 또는 거부하는 등 조사를 기피하는 행위가 명백한 경우
③ 조사범위를 다른 품목이나 거래상대방 등으로 확대할 필요가 있는 경우
④ 천재지변이나 노동쟁의로 조사가 중단되는 경우

| **관련 법조문: 법 제114조, 영 제139조의2**　　　　　　　　　　　　　답 ①

납세자는 '조사연기신청'(영 제140조)을 할 수 있고, 세관공무원은 '조사기간연장'(영 제139조의2)을 할 수 있다. 두 가지를 구분해야 한다. '화재나 그 밖의 재해로 사업상 심한 어려움이 있는 경우'는 조사기간연장사유가 아니라, 조사연기신청사유이다.

조사연기신청사유	조사기간연장사유
1. 천재지변 2. 화재나 그 밖의 재해로 사업상 심한 어려움이 있는 경우 3. 납세자 또는 그 위임을 받은 자의 질병, 장기출장 등으로 관세조사가 곤란하다고 판단되는 경우 4. 권한 있는 기관에 의하여 장부 및 증빙서류가 압수 또는 영치된 경우 5. 그 밖에 제2호부터 제4호까지의 규정에 준하는 사유가 있는 경우	1. 조사대상자가 장부·서류 등을 은닉하거나 그 제출을 지연 또는 거부하는 등 조사를 기피하는 행위가 명백한 경우 2. 조사범위를 다른 품목이나 거래상대방 등으로 확대할 필요가 있는 경우 3. 천재지변이나 노동쟁의로 조사가 중단되는 경우 4. 제1호부터 제3호까지에 준하는 사유로 사실관계의 확인이나 증거 확보 등을 위하여 조사기간을 연장할 필요가 있는 경우 5. 법 제118조의2 제2항에 따른 납세자보호관 또는 담당관(이하 이 조에서 '납세자보호관 등'이라 한다)이 세금탈루 혐의와 관련하여 추가적인 사실 확인이 필요하다고 인정하는 경우 6. 관세조사대상자가 세금탈루 혐의에 대한 해명 등을 위하여 관세조사기간의 연장을 신청한 경우로서 납세자보호관 등이 이를 인정하는 경우

29 관세법령상 납세자의 권리 등에 대한 설명으로 옳지 않은 것은?

① 세관공무원은 납세자를 긴급히 체포·압수·수색하는 경우 또는 현행범인 납세자가 도주할 우려가 있는 등 조사목적을 달성할 수 없다고 인정되는 경우에는 납세자권리헌장을 내주지 아니할 수 있다.

② 세관공무원은 특정한 분야만을 조사할 필요가 있는 등 대통령령으로 정하는 경우를 제외하고는 신고납부세액과 관세법 및 다른 법령에서 정하는 수출입 관련 의무 이행과 관련하여 그 권한에 속하는 사항을 통합하여 조사하는 것을 원칙으로 한다.

③ 관세청장이 수출입업자의 신고내용에 대하여 정기적으로 성실도를 분석한 결과 불성실 혐의가 있다고 인정하는 경우 세관장은 정기적으로 신고의 적정성을 검증하기 위하여 대상을 선정하여 조사를 할 수 있다.

④ 세관공무원이 관세법 제270조에 따른 관세포탈에 대한 범칙 사건의 조사를 종료한 후 납세자에게 통고처분을 하는 경우에는 그 조사결과를 서면으로 납세자에게 통지하여야 한다.

▌ 관련 법조문: 법 제115조, 영 제141조
답 ④

세관공무원은 제110조 제2항 각 호의 어느 하나에 해당하는 조사를 종료하였을 때에는 종료 후 20일 이내에 그 조사 결과를 서면으로 납세자에게 통지하여야 한다. 다만, 납세자가 폐업한 경우 등 대통령령으로 정하는 경우에는 그러하지 아니하다(법 제115조). 법 제115조 단서에서 '대통령령으로 정하는 경우'란 다음 각 호의 어느 하나에 해당하는 경우를 말한다(영 제141조). 즉, '관세포탈에 대한 범칙 사건의 조사를 종료한 후 납세자에게 통고처분을 하는 경우'에는 그 조사 결과를 통지하지 않는다.

> 1. 납세자에게 통고처분을 하는 경우
> 2. 범칙사건을 고발하는 경우
> 3. 폐업한 경우
> 4. 납세자의 주소 및 거소가 불명거나 그 밖의 사유로 통지를 하기 곤란하다고 인정되는 경우

30 관세법령상 납세자의 권리에 관한 설명으로 옳지 않은 것은?

① 세관공무원은 특정한 분야만을 조사할 필요가 있는 등 대통령령으로 정하는 경우를 제외하고는 신고납부세액과 관세법 및 다른 법령에서 정하는 수출입 관련 의무 이행과 관련하여 그 권한에 속하는 사항을 통합하여 조사하는 것을 원칙으로 한다.

② 세관공무원은 납세자를 긴급히 체포·압수·수색하는 경우 또는 현행범인 납세자가 도주할 우려가 있는 등 조사목적을 달성할 수 없다고 인정되는 경우에는 납세자권리헌장을 내주지 아니할 수 있다.

③ 납세자가 폐업한 경우, 세관공무원이 관세조사를 종료하였을 때에는 종료 후 30일 이내에 그 조사 결과를 서면 또는 유선상으로 납세자에게 통지하여야 한다.

④ 세관공무원은 적정하고 공평한 과세를 실현하고 통관의 적법성을 보장하기 위하여 필요한 최소한의 범위에서 관세조사를 하여야 하며 다른 목적 등을 위하여 조사권을 남용하여서는 아니 된다.

⑤ 세관공무원은 납세자가 관세법에 따른 신고 등의 의무를 이행하지 아니한 경우 또는 납세자에게 구체적인 관세포탈 등의 혐의가 있는 경우 등 대통령령으로 정하는 경우를 제외하고는 납세자가 성실하며 납세자가 제출한 신고서 등이 진실한 것으로 추정하여야 한다.

세관공무원이 관세조사를 종료하였을 때에는 종료 후 20일 이내에 그 조사 결과를 서면으로 납세자에게 통지하여야 한다. 다만, 납세자가 폐업한 경우 등 대통령령으로 정하는 경우에는 그러하지 아니하다(법 제115조).

✅ 선지분석

① 법 제110조의2(통합조사의 원칙)
② 법 제110조(납세자권리헌장의 제정 및 교부) 제3항
④ 법 제111조(관세조사권 남용 금지) 제1항
⑤ 법 제113조(납세자의 성실성 추정 등) 제1항

31

관세법령상 납세자의 권리에 대한 설명으로 옳지 않은 것은?   2023 국가직 9급

① 세관공무원은 적정하고 공평한 과세를 실현하고 통관의 적법성을 보장하기 위하여 필요한 최소한의 범위에서 관세조사를 하여야 한다.
② 세관공무원은 관세탈루 등의 혐의를 인정할 만한 명백한 자료가 있는 경우 해당 사안에 대하여 이미 조사받은 자를 다시 조사할 수 있다.
③ 세관공무원은 조세채권의 확보 등을 위하여 긴급히 조사할 필요가 있는 경우에 신고납부세액과 관세법 및 다른 법령에서 정하는 수출입 관련 의무 이행과 관련하여 그 권한에 속하는 사항을 통합하여 조사하는 것을 원칙으로 한다.
④ 세관공무원 상호간에 관세를 부과·징수, 통관 또는 질문·검사하는 데에 필요하여 과세정보를 요구하는 경우 세관공무원은 그 사용 목적에 맞는 범위에서 납세자의 과세정보를 제공할 수 있다.

관련 법조문: 법 제110조의2, 제111조, 제116조, 영 제135조의2   답 ③

세관공무원은 특정한 분야만을 조사할 필요가 있는 등 대통령령으로 정하는 경우를 제외하고는 신고납부세액과 이 법 및 다른 법령에서 정하는 수출입 관련 의무 이행과 관련하여 그 권한에 속하는 사항을 통합하여 조사하는 것을 원칙으로 한다(법 제110조의2). 여기에서 "특정한 분야만을 조사할 필요가 있는 등 대통령령으로 정하는 경우"란 다음 각 호의 어느 하나에 해당하는 경우를 말한다(영 제135조의2).

> 1. 세금탈루 혐의, 수출입 관련 의무위반 혐의, 수출입업자 등의 업종·규모 등을 고려하여 특정 사안만을 조사할 필요가 있는 경우
> 2. 조세채권의 확보 등을 위하여 긴급히 조사할 필요가 있는 경우
> 3. 그 밖에 조사의 효율성, 납세자의 편의 등을 고려하여 특정 분야만을 조사할 필요가 있는 경우로서 기획재정부령으로 정하는 경우

✅ 선지분석

① 법 제111조(관세조사권 남용 금지) 제1항
② 법 제111조(관세조사권 남용 금지) 제2항 제1호
④ 법 제116조(비밀유지) 제1항 제3호

32

□□□ 다음은 세관공무원이 일정 범위에서 납세자의 과세정보를 제공할 수 있는 경우이다. 관세법에 직접 규정되어 있지 아니한 것은?

2004 관세사

① 국가기관이 관세에 관한 쟁송이나 관세범에 대한 소추를 목적으로 과세정보를 요구하는 경우
② 감사원법에 따라 심사청구를 한 처분이나 그 심사청구에 대한 처분을 위하여 과세정보를 요구하는 경우
③ 법원의 제출명령이나 법관이 발부한 영장에 따라 과세정보를 요구하는 경우
④ 세관공무원 상호간에 관세의 부과·징수·통관 또는 질문·검사하는 데에 필요하여 과세정보를 요구하는 경우
⑤ 다른 법률에 따라 과세정보를 요구하는 경우

▌관련 법조문: 법 제116조   답 ②

납세자의 과세정보를 제공하는 것은 매우 신중하게 이루어져야 한다. 법령에 열거된 사유 이외에는 과세정보를 제공해서는 안 된다. 세관공무원이 사용 목적에 맞는 범위에서 납세자의 과세정보를 제공할 수 있는 경우는 다음의 경우로 한정한다.

1. 국가기관이 관세에 관한 쟁송이나 관세범에 대한 소추(訴追)를 목적으로 과세정보를 요구하는 경우
2. 법원의 제출명령이나 법관이 발부한 영장에 따라 과세정보를 요구하는 경우
3. 세관공무원 상호간에 관세를 부과·징수, 통관 또는 질문·검사하는 데에 필요하여 과세정보를 요구하는 경우
4. 통계청장이 국가통계작성 목적으로 과세정보를 요구하는 경우
5. 다음 각 목에 해당하는 자가 급부·지원 등의 대상자 선정 및 그 자격을 조사·심사하는데 필요한 과세정보를 당사자의 동의를 받아 요구하는 경우
   가. 국가행정기관 및 지방자치단체
   나. 공공기관의 운영에 관한 법률에 따른 공공기관 중 대통령령으로 정하는 공공기관
   다. 은행법에 따른 은행
   라. 그 밖에 급부·지원 등의 업무와 관련된 자로서 대통령령으로 정하는 자
6. 제5호 나목 또는 다목에 해당하는 자가 대외무역법 제2조 제3호에 따른 무역거래자의 거래, 지급, 수령 등을 확인하는데 필요한 과세정보를 당사자의 동의를 받아 요구하는 경우
7. 다른 법률에 따라 과세정보를 요구하는 경우

33

□□□ 관세법령상 과세정보의 제공을 요구할 때 당사자의 동의를 받지 않더라도 그 사용 목적에 맞는 범위에서 납세자의 과세정보를 제공할 수 있는 경우만을 모두 고르면?

2023 국가직 7급

ㄱ. 세관공무원 상호간에 관세를 부과·징수, 통관 또는 질문·검사하는 데에 필요하여 과세정보를 요구하는 경우
ㄴ. 「대한무역투자진흥공사법」에 따른 대한무역투자진흥공사가 급부·지원 등의 대상자 선정 및 그 자격을 조사·심사하는데 필요한 과세정보를 요구하는 경우
ㄷ. 법원의 제출명령에 따라 과세정보를 요구하는 경우
ㄹ. 「은행법」에 따른 은행이 「대외무역법」 제2조 제3호에 따른 무역거래자의 거래, 지급, 수령 등을 확인하는데 필요한 과세정보를 요구하는 경우

① ㄱ, ㄷ   ② ㄴ, ㄹ
③ ㄱ, ㄷ, ㄹ   ④ ㄴ, ㄷ, ㄹ

▌관련 법조문: 법 제116조   답 ①

이 문제의 키워드는 '당사자의 동의'이다. 제시된 모든 '경우'가 납세자의 과세정보를 제공할 수 있는 경우이지만, 이 중 ㄴ과 ㄹ만 당사자의 동의를 받아 과세정보를 요구할 수 있는 경우이다(법 제116조 제1항).

34

관세법령상 납세자의 권리에 관한 설명으로 옳지 않은 것은?

① 은행이 급부·지원 등의 대상자 선정 및 그 자격을 조사·심사하는데 필요한 과세정보를 요구하는 때에는 은행이 당사자의 동의를 받지 않은 경우라도 세관공무원은 과세정보를 제공할 수 있다.

② 세관공무원이 납세자의 장부등을 세관관서에 일시 보관하는 경우에는 납세자로부터 일시 보관 동의서를 받아야 하며, 일시 보관증을 교부하여야 한다.

③ 세관공무원은 부정·불공정무역 등 경제질서 교란 등을 통한 탈세혐의가 있는 자에 대하여 일제조사를 하는 경우에는 해당 사안에 대하여 이미 조사를 받은 자를 다시 조사할 수 있다.

④ 납세자는 세관공무원에게 관세조사를 받는 경우에 관세사로 하여금 조사에 참여하게 할 수 있다.

⑤ 관세청장은 체납액의 부과결정의 취소에 따라 체납된 관세(세관장이 부과·징수하는 내국세등을 포함)가 5천만원 미만이 된 경우 즉시 법무부장관에게 해당 체납자의 출국금지 또는 출 국정지의 해제를 요청하여야 한다.

> **관련 법조문: 법 제111조, 제112조, 제114조의2, 제116조, 제116조의5, 영 제136조, 영 제141조의12**　　답 ①

은행이 급부·지원 등의 대상자 선정 및 그 자격을 조사·심사하는데 필요한 과세정보를 요구하는 때에는 은행은 당사자의 동의를 받아 과세정보를 요구하여야 하고, 이런 경우 세관공무원은 과세정보를 제공할 수 있다(법 제116조 제1항 제5호).

✅ 선지분석

② 법 제114조의2(장부·서류 등의 보관 금지) 제3항
③ 법 제111조(관세조사권 남용 금지) 제2항, 영 제136조(중복조사의 금지)
④ 법 제112조(관세조사의 경우 조력을 받을 권리)
⑤ 법 제116조의5(출국금지 요청 등) 제3항 제4호, 영 제141조의12(출국금지 등의 해제 요청) 제1항 제1호

35

고액·상습체납자 명단공개에 대한 내용 중 옳지 않은 것은?

① 체납발생일로부터 1년이 지난 관세 및 내국세등이 2억원 이상인 체납자에 대하여는 그 인적사항과 체납액 등을 공개할 수 있다.

② 체납관세 등에 대하여 이의신청·심사청구 등 불복청구가 진행 중이거나 체납액의 일정 금액 이상을 납부한 경우 등 대통령령으로 정하는 사유에 해당하는 경우에는 체납자의 인적사항과 체납액 등을 공개할 수 없다.

③ 관세청장은 관세정보위원회의 심의를 거친 공개대상 예정자에게 체납자 명단공개대상 예정자임을 통지한 날부터 3개월이 지나면 동 심의위원회로 하여금 체납액의 납부이행 등을 고려하여 체납자의 명단공개 여부를 재심의하게 한다.

④ 체납자의 인적사항·체납액 등의 공개는 관보에 게재하거나 관세청장이 지정하는 정보통신망 또는 관할 세관의 게시판에 게시하는 방법으로 한다.

> **관련 법조문: 법 제116조의2**　　답 ③

관세청장은 관세정보위원회의 심의를 거친 공개대상 예정자에게 체납자 명단공개대상 예정자임을 통지한 날부터 '6개월'이 지나면 동 심의위원회로 하여금 체납액의 납부이행 등을 고려하여 체납자의 명단공개 여부를 재심의하게 한다(법 제116조의2 제4항).

36 관세법상 고액 · 상습체납자의 명단을 공개할 수 있는 경우는?

① 체납관세 등에 대하여 이의신청 · 심사청구 등 불복청구가 진행 중인 경우
② 재산상황, 미성년자 해당 여부 및 그 밖의 사정 등을 고려할 때 관세정보위원회가 공개하는 것이 부적절하다고 인정하는 경우
③ 채무자 회생 및 파산에 관한 법률에 따른 회생계획인가의 결정에 따라 체납된 세금의 징수를 유예받고 그 유예기간 중에 있는 경우
④ 재산상황, 미성년자 해당 여부 및 그 밖의 사정 등을 고려할 때 관세정보위원회가 공개할 실익이 없다고 인정하는 경우
⑤ 체납발생일부터 1년이 지난 관세가 3억원 이상인 체납자가 체납액의 100분의 20을 납부한 경우

| **관련 법조문: 법 제116조의2, 영 제141조의5** | 답 ⑤ |

체납발생일부터 1년이 지난 관세가 2억원 이상인 체납자는 고액 · 상습 체납자 명단공개대상이다(법 제116조의2 제1항). '2억원'의 기준은 '관세 및 내국세등'이므로, 관세만으로도 2억원 이상이라면 '무난하게' 고액 체납자에 등극할 수 있기 때문이다. 다만, '최근 2년간의 체납액 납부비율이 100분의 50 이상인 경우'에는 명단공개를 할 수 없다(영 제141조의5 제1항 제1호). 그런데 만약 '체납자가 체납액의 100분의 20을 납부한 경우'라면 '명단공개 제외 대상'이 되기에는 부족하다. 즉, 이런 경우 명단을 공개할 수 있다.

---

37 관세법상 고액 · 상습체납자의 감치에 대한 조문의 일부이다. (가)~(다)에 들어갈 숫자로 옳은 것은?

> 법원은 검사의 청구에 따라 체납자가 다음 각 호의 사유에 모두 해당하는 경우 결정으로 30일의 범위에서 체납된 관세(세관장이 부과 · 징수하는 내국세등을 포함한다. 이하 이 조에서 같다)가 납부될 때까지 그 체납자를 감치(監置)에 처할 수 있다.
> 1. 관세를 __(가)__ 회 이상 체납하고 있고, 체납발생일부터 각 __(나)__ 년이 경과하였으며, 체납금액의 합계가 __(다)__ 억원 이상인 경우
> 2. 체납된 관세의 납부능력이 있음에도 불구하고 정당한 사유 없이 체납한 경우
> 3. 제116조의2 제2항에 따른 관세정보위원회의 의결에 따라 해당 체납자에 대한 감치 필요성이 인정되는 경우

	(가)	(나)	(다)
①	2	1	3
②	2	2	2
③	3	1	2
④	3	2	3

| **관련 법조문: 법 제116조의4** | 답 ③ |

법 제116조의4(고액 · 상습체납자의 감치) ① 법원은 검사의 청구에 따라 체납자가 다음 각 호의 사유에 모두 해당하는 경우 결정으로 30일의 범위에서 체납된 관세(세관장이 부과 · 징수하는 내국세등을 포함한다. 이하 이 조에서 같다)가 납부될 때까지 그 체납자를 감치(監置)에 처할 수 있다.
1. 관세를 <u>3회</u> 이상 체납하고 있고, 체납발생일부터 각 <u>1년</u>이 경과하였으며, 체납금액의 합계가 <u>2억원</u> 이상인 경우
2. 체납된 관세의 납부능력이 있음에도 불구하고 정당한 사유 없이 체납한 경우
3. 제116조의2 제2항에 따른 관세정보위원회의 의결에 따라 해당 체납자에 대한 감치 필요성이 인정되는 경우

38

관세법상 고액·상습체납자의 감치(監置)에 관한 설명으로 옳지 않은 것은?

① 법원은 체납자를 30일의 범위에서 감치할 수 있다.

② 세관장이 부과·징수하는 내국세는 감치의 대상이 되는 체납 관세에 포함되지 않는다.

③ 법원의 감치 결정에 대해서는 즉시항고를 할 수 있다.

④ 관세를 5회 체납하고 있고 체납금액의 합계가 1억원인 경우는 감치의 대상이 아니다.

⑤ 관세청장은 체납자의 감치를 신청하기 전에 체납자에게 소명자료를 제출하거나 의견을 진술할 수 있는 기회를 주어야 한다.

관련 법조문: 법 제116조, 제116조의4

답 ②

세관장이 부과·징수하는 내국세는 감치의 대상이 되는 체납 관세에 '포함된다'(법 제116조의4 제1항).

✓ 선지분석

① 법 제116조의4(고액·상습체납자의 감치) 제1항

③ 법 제116조의4(고액·상습체납자의 감치) 제4항

④ '관세를 3회 이상 체납하고 있고, 체납발생일부터 각 1년이 경과하였으며, 체납금액의 합계가 2억원 이상인 경우' 감치의 대상이 된다(법 제116조의4 제1항 제1호). 관세를 5회 체납하고 있어도, 체납금액의 합계가 '1억원'인 경우는 감치의 대상이 아니다.

⑤ 법 제116조의4(고액·상습체납자의 감치) 제3항

39

「관세법」상 고액·상습체납자의 감치 및 출국금지에 대한 설명으로 옳은 것은?

① 체납금액의 합계가 1억원인 체납자가 체납된 관세의 납부능력이 있음에도 불구하고 정당한 사유 없이 체납한 경우 관세청장은 체납자의 주소를 관할하는 지방검찰청에 체납자의 감치를 신청할 수 있다.

② 체납자는 관세정보위원회의 의결에 따른 관세청장의 감치 신청 및 검사의 감치 청구 결정에 대하여 즉시항고할 수 있다.

③ 관세청장은 체납자의 감치를 신청하기 전에 체납자에게 대통령령으로 정하는 바에 따라 소명자료를 제출하거나 의견을 진술할 수 있는 기회를 주어야 한다.

④ 관세청장은 5천만원 이상의 관세를 체납하여 출국금지된 자에 대하여는 관세징수권의 소멸시효가 완성된 경우에도 법무부장관에게 즉시 출국금지의 해제를 요청할 수 없다.

관련 법조문: 법 제116조의4, 제116조의5

답 ③

관세청장은 체납자의 감치를 신청하기 전에 체납자에게 대통령령으로 정하는 바에 따라 소명자료를 제출하거나 의견을 진술할 수 있는 기회를 주어야 한다(법 제116조의4 제3항).

✓ 선지분석

① 관세청장이 감치 신청을 할 수 있는 사유는(법 제116조의4 제2항), 감치사유와 같다(법 제116조의4 제1항).

② 체납자는 (법원의) 감치 '결정'에 대하여는 즉시 항고를 할 수 있다(법 제116조의4 제4항). '관세청장의 감치 신청 및 검사의 청구 결정'에 대하여 즉시 항고를 할 수 있는 것이 아니다.

④ 관세청장은 5천만원 이상의 관세를 체납하여 출국금지 또는 출국정지된 자에 대하여 관세징수권의 소멸시효가 완성된 경우에 법무부장관에게 즉시 출국금지 또는 출국정지의 해제를 요청하여야 한다(법 제116조의5 제3항 제3호).

40 관세법상 납세자의 권리에 대한 설명으로 옳지 않은 것은?

① 세관공무원은 제283조(관세범)에 따른 관세범 조사를 하는 경우에는 납세자권리헌장의 내용이 수록된 문서를 납세자에게 내주어야 하며, 조사사유, 조사기간, 납세자보호위원회에 대한 심의요청사항·절차 및 권리구제절차 등을 설명하여야 한다.

② 세관공무원은 관세조사 목적으로 납세자의 동의를 받아 일시 보관하고 있는 장부등에 대하여 납세자가 반환을 요청한 경우라도 조사목적을 달성하기 위하여 필요한 경우에는 납세자보호위원회의 심의를 거쳐 한 차례만 14일 이내의 범위에서 보관기간을 연장할 수 있다.

③ 관세청장은 정당한 사유 없이 3천만원 이상의 관세 및 내국세를 체납한 자 중 대통령령으로 정하는 자에 대하여 법무부장관에게 출입국관리법에 따라 출국금지 또는 출국정지를 즉시 요청하여야 한다.

④ 납세자의 권리보호를 위하여 관세청에 납세자 권리보호업무를 총괄하는 납세자보호관을 두고, 대통령령으로 정하는 세관에 납세자 권리보호업무를 수행하는 담당관을 각각 1명을 둔다.

> **관련 법조문: 법 제110조, 제114조의2, 제116조의5, 제118조의2**　　　답 ③

관세청장은 정당한 사유 없이 <u>5천만원 이상의 관세</u>(세관장이 부과·징수하는 내국세등을 포함한다)를 체납한 자 중 대통령령으로 정하는 자에 대하여 법무부장관에게 출입국관리법 제4조 제3항 및 같은 법 제29조 제2항에 따라 출국금지 또는 출국정지를 즉시 요청하여야 한다(법 제116조의5 제1항).

✅ 선지분석

① 법 제110조(납세자권리헌장의 제정 및 교부) 제2항
② 법 제114조의2(장부·서류 등의 보관 금지) 제4항
④ 법 제118조의2(관세청장의 납세자 권리보호) 제2항

41 「관세법」상 납세자의 권리에 대한 설명으로 옳은 것은?

① 법원은 관세정보위원회의 의결에 따라 해당 체납자에 대한 감치 필요성이 인정되는 경우 관세청장의 신청에 따라 체납된 관세가 납부될 때까지 그 체납자를 감치에 처할 수 있다.

② 관세청장은 관세·법률·재정 분야의 전문지식과 경험을 갖춘 자이면 세관공무원으로 퇴직한 지 3년이 지나지 아니한 사람이라도 납세자보호관으로 임명할 수 있다.

③ 세관장은 출국금지된 관세의 체납자가 체납액을 일부 납부하여 체납된 관세가 5천만원이 된 경우에는 즉시 법무부장관에게 출국금지의 해제를 요청하여야 한다.

④ 관세청장은 관세정보위원회의 심의를 거친 공개대상예정자에게 체납자 명단 공개대상예정자임을 통지한 날부터 6개월이 지나면 관세정보위원회로 하여금 체납액의 납부이행 등을 고려하여 체납자의 명단 공개 여부를 재심의하게 한다.

> **관련 법조문: 법 제116조의2, 제116조의4, 제116조의5, 제118조의2**　　　답 ④

관세청장은 심의위원회의 심의를 거친 공개대상예정자에게 체납자 또는 관세포탈범 명단 공개대상예정자임을 통지하여 소명할 기회를 주어야 한다(법 제116조의2 제3항). 관세청장은 명단 공개대상예정자임을 통지한 날부터 6개월이 지나면 심의위원회로 하여금 체납액 또는 포탈관세액의 납부이행 등을 고려하여 체납자 또는 관세포탈범의 명단 공개 여부를 재심의하게 한다(법 제116조의2 제4항).

✅ 선지분석

① '관세정보위원회의 의결'만으로는 관세청장의 감치 신청도, 법원의 감치 결정도 모두 불가능하다. 감치의 요건과 '관세청장의 감치 신청'의 요건은 같으며, '정보, 능력, 3, 1, 2'가 모두 갖추어져야 한다.

② 납세자보호관은 관세·법률·재정 분야의 전문지식과 경험을 갖춘 사람으로서 다음 각 호의 어느 하나에 해당하지 아니하는 사람을 대상으로 공개모집한다(법 제118조의2 제3항).

> 1. 세관공무원
> 2. 세관공무원으로 퇴직한 지 3년이 지나지 아니한 사람

③ '관세청장'은 출국금지된 관세의 체납자가 체납액을 일부 납부하여 체납된 관세가 '5천만원 미만'이 된 경우에는 즉시 법무부장관에게 출국금지의 해제를 요청하여야 한다(법 제116조의5 제3항).

42 관세법상 과세전적부심사에 대한 설명으로 옳은 것은?

2019 국가직 9급

① 과세전적부심사를 청구받은 세관장이나 관세청장은 그 청구를 받은 날부터 1월 이내에 관세심사위원회의 심사 결과에 따른 결정을 하고, 그 결과를 청구인에게 통지하여야 한다.
② 세관장은 잠정가격으로 가격신고를 한 납세의무자가 대통령령으로 정하는 기간 내에 해당 물품의 확정된 가격을 세관장에게 신고함에 따라 납부하여야 하는 세액에 미치지 못한 금액을 징수하려는 경우에는 미리 납세의무자에게 그 내용을 서면으로 통지하여야 한다.
③ 과세전적부심사 청구기간이 지난 후 과세전적부심사청구가 제기된 경우 그 심사를 청구받은 세관장이나 관세청장은 심사하지 아니한다는 결정을 한다.
④ 납부세액에 미치지 못한 금액의 징수에 대한 통지를 받은 납세의무자는 통지한 세관장에게 과세전적부심사를 청구하지 아니하면 그 세관장에게 통지받은 내용의 전부 또는 일부에 대하여 조기에 경정해 줄 것을 신청할 수 없다.

▌ 관련 법조문: 법 제118조

답 ③

과세전적부심사청구기간이 지났거나 보정기간 내에 보정하지 아니하는 경우 또는 적법하지 아니한 청구를 하는 경우 심사하지 아니한다는 결정을 한다(법 제118조 제4항).

✅ 선지분석

① 과세전적부심사를 청구받은 세관장이나 관세청장은 그 청구를 받은 날부터 30일 이내에 법 제118조의4 제9항 전단에 따른 관세심사위원회의 심사를 거쳐 결정을 하고, 그 결과를 청구인에게 통지하여야 한다(법 제118조 제3항). '30일 이내'를 '1월 이내'로 바꾼 것은 의미상 큰 차이가 없어 다소 '무리한' 오답이지만, 그럼에도 불구하고 '30일'과 '1월'은 엄연히 다른 것이므로 문제에 오류가 있다고 할 수는 없다.
② 세관장은 경정 또는 관세추징 규정에 따라 납부세액이나 납부하여야 하는 세액에 미치지 못한 금액을 징수하려는 경우에는 미리 납세의무자에게 그 내용을 서면으로 통지하여야 한다. 다만, '제28조 제2항에 따라 납세의무자가 확정가격을 신고한 경우'에는 통지를 생략할 수 있다(법 제118조 제1항 제2호).
④ 과세 전 통지를 받은 자는 과세전적부심사를 청구하지 아니하고 통지를 한 세관장에게 통지받은 내용의 전부 또는 일부에 대하여 조기에 경정해 줄 것을 신청할 수 있다. 이 경우 해당 세관장은 즉시 신청받은 대로 세액을 경정하여야 한다(법 제118조 제5항).

43 관세법령상 과세전적부심사에 대한 설명으로 옳지 않은 것은?

① 세관장이나 관세청장은 과세전적부심사청구기간이 지난 후 그 청구가 제기된 경우에는 관세심사위원회의 심사를 거치지 아니하고 결정할 수 있다.

② 동일 납세의무자가 동일한 사안에 대하여 둘 이상의 세관장에게 과세전적부심사를 청구하여야 하는 경우에는 관세청장에게 심사를 청구할 수 있다.

③ 청구가 이유 있다고 인정되는 경우 청구의 전부를 채택하는 결정을 하여야 하고 일부를 채택하는 결정이나 재조사 결정은 할 수 없다.

④ 청구기간이 지났거나 보정기간 내에 보정하지 아니하는 경우 또는 적법하지 아니한 청구를 하는 경우 그 청구에 대하여는 심사하지 아니한다는 결정을 한다.

▌관련 법조문: 법 제118조　　　답 ③

과세전적부심사청구에 대한 결정은 다음 각 호의 구분에 따른다(법 제118조 제4항).

상황	결정내용
1. 청구가 이유 없다고 인정되는 경우	채택하지 아니한다는 결정
2. 청구가 이유 있다고 인정되는 경우	청구의 전부 또는 일부를 채택하는 결정. 이 경우 구체적인 채택의 범위를 정하기 위하여 사실관계 확인 등 추가적으로 조사가 필요한 경우에는 과세전 통지를 한 세관장으로 하여금 이를 재조사하여 그 결과에 따라 당초 통지 내용을 수정하여 통지하도록 하는 재조사 결정을 할 수 있다.
3. 청구기간이 지났거나 보정기간 내에 보정하지 아니하는 경우 또는 적법하지 아니한 청구를 하는 경우	심사하지 아니한다는 결정

44 관세법령상 납세자의 권리 및 불복절차에 대한 설명으로 옳지 않은 것은?

① 우편물에 대하여 수입할 수 없다고 한 세관장의 결정에 따라 통관우체국의 장이 그 우편물을 수취인에게 내어 주지 아니한 경우, 그 결정사항에 관한 이의신청은 결정사항에 관한 통지를 직접 우송한 우체국의 장에게 이의신청서를 제출함으로써 할 수 있다.

② 처분에 대한 이의신청이 있는 경우 해당 재결청이 처분의 집행 또는 절차의 속행 때문에 이의신청인에게 중대한 손해가 생기는 것을 예방할 긴급한 필요성이 있다고 인정할 때에는 처분의 집행 또는 절차 속행의 전부 또는 일부의 정지를 결정할 수 있다.

③ 과세전적부심사청구기간이 지난 후 과세전적부심사청구가 제기된 경우 그 심사를 청구받은 관세청장은 관세심사위원회의 심사를 거쳐 결정을 하여야 하고, 청구를 받은 날부터 30일 이내에 그 결과를 청구인에게 통지하여야 한다.

④ 관세청장은 심사청구의 내용이나 절차가 관세법상 관련 규정에 적합하지 아니하지만 보정할 수 있다고 인정되는 경우에는 20일 이내의 기간을 정하여 해당 사항을 보정할 것을 요구할 수 있다. 다만, 보정할 사항이 경미한 경우에는 직권으로 보정할 수 있다.

▌관련 법조문: 법 제118조, 제123조, 제125조, 제132조, 제258조, 제259조, 영 제144조　　　답 ③

과세전적부심사를 청구받은 세관장이나 관세청장은 그 청구를 받은 날부터 30일 이내에 관세심사위원회의 심사를 거쳐 결정을 하고, 그 결과를 청구인에게 통지하여야 한다. 다만, 과세전적부심사청구기간이 지난 후 과세전적부심사청구가 제기된 경우 등 '대통령령으로 정하는 사유'에 해당하는 경우에는 관세심사위원회의 심사를 거치지 아니하고 결정할 수 있다(법 제118조). 여기에서 '대통령령으로 정하는 사유'에 해당하여 관세심사위원회의 심사를 생략할 수 있는 사유는 다음 각 호의 어느 하나에 해당하는 사유를 말한다(영 제144조).

1. 과세전적부심사청구기간이 지난 후 과세전적부심사청구가 제기된 경우
2. 과세전통지가 없는 경우
3. 과세전통지가 청구인에게 한 것이 아닌 경우
4. 보정기간 내에 보정을 하지 아니한 경우
5. 과세전적부심사청구의 대상이 되는 통지의 내용이나 쟁점 등이 이미 법 제118조의4 제9항 전단에 따른 관세심사위원회의 심의를 거쳐 결정된 사항과 동일한 경우

⊘ 선지분석

① 통관우체국의 장은 세관장이 우편물에 대하여 수출·수입 또는 반송을 할 수 없다고 결정하였을 때에는 그 우편물을 발송하거나 수취인에게 내줄 수 없다(법 제258조). 세관장은 법 제258조에 따른 결정을 한 경우에는 그 결정사항을, 관세를 징수하려는 경우에는 그 세액을 통관우체국의 장에게 통지하여야 한다(법 제259조 제1항). 법 제258조에 따른 결정사항 또는 법 제259조 제1항에 따른 세액에 관한 이의신청은 해당 결정사항 또는 세액에 관한 통지를 직접 우송한 우체국의 장에게 이의신청서를 제출함으로써 할 수 있고, 우체국의 장이 이의신청서를 접수한 때에 세관장이 접수한 것으로 본다(법 제132조 제1항).

② 이의신청·심사청구 또는 심판청구는 법령에 특별한 규정이 있는 경우를 제외하고는 해당 처분의 집행에 효력을 미치지 아니한다. 처분의 집행 또는 절차의 속행 때문에 이의신청인, 심사청구인 또는 심판청구인에게 중대한 손해가 생기는 것을 예방할 긴급한 필요성이 있다고 인정할 때에는 처분의 집행 또는 절차 속행의 전부 또는 일부의 정지를 결정할 수 있다(법 제125조).

④ 관세청장은 심사청구의 내용이나 절차가 이 절(법 제5장 제2절 심사와 심판)에 적합하지 아니하지만 보정할 수 있다고 인정되는 경우에는 20일 이내의 기간을 정하여 해당 사항을 보정할 것을 요구할 수 있다. 다만, 보정할 사항이 경미한 경우에는 직권으로 보정할 수 있다(법 제123조 제1항).

---

45 관세법상 불복절차에 대한 설명으로 옳지 않은 것은? 2018 국가직 7급

□□□

① 수입물품에 부과하는 내국세등의 부과, 징수, 감면, 환급 등에 관한 세관장의 처분에 불복하는 자는 이의신청·심사청구 및 심판청구를 할 수 있다.

② 심사청구를 할 수 있는 기한 내에 우편으로 제출(국세기본법 제5조의2에서 정한 날을 기준으로 한다)한 심사청구서가 청구기간이 지나 세관장 또는 관세청장에게 도달한 경우에는 그 기간의 만료일에 적법하게 청구된 것으로 본다.

③ 심사청구서를 제출받은 세관장은 이를 받은 날부터 7일 내에 그 심사청구서에 의견서를 첨부하여 관세청장에게 보내야 한다.

④ 관세청장은 심사청구의 내용이나 절차가 적합하지 아니하지만 보정할 수 있다고 인정되는 경우와 보정할 사항이 경미한 경우에는 직권으로 보정할 수 있다.

| 관련 법조문: 법 제119조, 제121조, 제122조, 제123조 | 답 ④ |

관세청장은 심사청구의 내용이나 절차가 관세법 제5장 제2절(심사와 심판)에 적합하지 아니하지만 보정할 수 있다고 인정되는 경우에는 20일 이내의 기간을 정하여 해당 사항을 보정할 것을 요구할 수 있다. 다만, 보정할 사항이 경미한 경우에는 직권으로 보정할 수 있다(법 제123조 제1항).

'심사청구의 내용이나 절차가 적합하지 아니하지만 보정할 수 있다고 인정되는 경우'는 관세청장이 '보정을 요구'할 수 있는 경우이고, '보정할 사항이 경미한 경우'만 관세청장이 '직권으로 보정'할 수 있는 경우이다.

⊘ 선지분석

① 법 제119조(불복의 신청) 제8항
② 법 제121조(심사청구기간) 제3항
③ 법 제122조(심사청구절차) 제3항

46 관세법령상 불복절차에 관한 내용으로 옳은 것은?

2019 관세사

① 동일한 처분에 대하여는 심사청구와 심판청구를 중복하여 제기할 수 없다.

② 이의신청을 거친 후 심사청구를 하려는 경우에는 해당 처분을 한 것을 안 날부터 100일 이내에 하여야 한다.

③ 심사청구 또는 심판청구를 하면 즉시 해당 처분의 집행을 중지하는 효력이 발생한다.

④ 심사청구인 또는 심판청구인은 변호사 또는 세무사를 대리인으로 선임할 수 있다.

⑤ 심사청구 또는 심판청구의 대상이 되는 것은 관세법령에 따른 처분으로서 위법한 처분에 한한다.

▌ 관련 법조문: 법 제119조, 제121조, 제125조, 제126조　　답 ①

동일한 처분에 대하여는 심사청구와 심판청구를 중복하여 제기할 수 없다(법 제119조 제10항).

⊘ 선지분석

② 이의신청을 거친 후 심사청구를 하려는 경우에는 이의신청에 대한 결정을 통지받은 날부터 90일 이내에 하여야 한다(법 제121조 제2항, 심사청구기간).

③ 이의신청·심사청구 또는 심판청구는 법령에 특별한 규정이 있는 경우를 제외하고는 해당 처분의 집행에 효력을 미치지 아니한다. 다만, 해당 재결청이 처분의 집행 또는 절차의 속행 때문에 이의신청인, 심사청구인 또는 심판청구인에게 중대한 손해가 생기는 것을 예방할 긴급한 필요성이 있다고 인정할 때에는 처분의 집행 또는 절차 속행의 전부 또는 일부의 정지를 결정할 수 있다(법 제125조, 심사청구 등이 집행에 미치는 효력).

④ 이의신청인, 심사청구인 또는 심판청구인은 변호사나 관세사를 대리인으로 선임할 수 있다(법 제126조 제1항, 대리인). 세무사는 대리인으로 선임할 수 없다.

⑤ 관세법이나 그 밖의 관세에 관한 법률 또는 조약에 따른 처분으로서 위법한 처분 또는 부당한 처분을 받거나 필요한 처분을 받지 못하여 권리나 이익을 침해당한 자는 그 처분의 취소 또는 변경을 청구하거나 필요한 처분을 청구할 수 있다(법 제119조, 불복의 신청). 위법한 처분 뿐만이 아니라, 부당한 처분, 부작위(필요한 처분을 받지 못함)도 불복청구의 대상이 된다.

47 다음 보기 중 관세청장에게 청구하는 과세전적부심사의 범위가 아닌 것은?

2003 국가직 9급

① 감사원장의 시정요구가 있는 경우

② 관세청장의 훈령, 예규, 고시 등과 관련하여 새로운 해석이 필요한 경우

③ 관세청장의 업무감사결과 또는 업무지시에 따라 세액을 경정하거나 부족한 세액을 징수하는 경우

④ 동일 납세의무자가 동일한 사안에 대하여 둘 이상의 세관장에게 과세전적부심사를 청구하여야 하는 경우

▌ 관련 법조문: 영 제143조　　답 ①

'감사원의 시정요구에 따라 징수하는 경우' 과세 전 통지가 생략된다. 관세청장에게 과세전적부심사를 청구하는 경우와 과세 전 통지 생략대상을 구분하여야 한다.

관세청장에게 과세전적부심사를 청구하는 경우
1. 관세청장의 훈령·예규·고시 등과 관련하여 새로운 해석이 필요한 경우
2. 관세청장의 업무감사결과 또는 업무지시에 따라 세액을 경정하거나 부족한 세액을 징수하는 경우
3. 관세평가분류원장의 품목분류 및 유권해석에 따라 수출입물품에 적용할 세율이나 물품분류의 관세율표 번호가 변경되어 세액을 경정하거나 부족한 세액을 징수하는 경우
4. 동일 납세의무자가 동일한 사안에 대하여 둘 이상의 세관장에게 과세전적부심사를 청구하여야 하는 경우
5. 제1호부터 제4호까지의 규정에 해당하지 아니하는 경우로서 과세전적부심사청구금액이 5억원 이상인 것

48
관세법상 납세자의 불복절차에 대한 설명으로 옳지 않은 것은?

□□□

① 수입물품에 부과하는 내국세등의 부과, 징수, 감면, 환급 등에 관한 세관장의 처분에 불복하는 자는 이의신청·심사청구 및 심판청구를 할 수 있다.

② 심사청구는 대통령령으로 정하는 바에 따라 불복하는 사유를 심사청구서에 적어 해당 처분을 하였거나 하였어야 하는 세관장을 거쳐 관세청장에게 하여야 한다.

③ 부족한 세액의 징수에 대한 세관장의 통지를 받은 납세의무자는 법령에 대한 관세청장의 유권해석이 변경된 경우에는 그 통지를 받은 날부터 30일 이내에 과세전적부심사를 관세청장에게 청구하여야 한다.

④ 심사청구나 심판청구에 따른 결정을 그 결정기간 내에 통지받지 못한 경우에는 결정을 통지받기 전이라도 그 결정기간이 지난 날부터 행정소송을 제기할 수 있다.

▌관련 법조문: 영 제143조　　　　　　　　　　　　　　　답 ③

세관장은 법 제38조의3 제4항(경정) 또는 제39조 제2항(관세추징)에 따라 납부세액이나 납부하여야 하는 세액에 미치지 못한 금액을 징수하려는 경우에는 미리 납세의무자에게 그 내용을 서면으로 통지하여야 한다(법 제118조 제1항). 이 통지를 받은 납세의무자는 그 통지를 받은 날부터 30일 이내에 기획재정부령으로 정하는 세관장에게 통지내용이 적법한지에 대한 심사, 즉 과세전적부심사를 청구할 수 있다. 다만, 법령에 대한 관세청장의 유권해석을 변경하여야 하거나 새로운 해석이 필요한 경우 등 대통령령으로 정하는 경우에는 관세청장에게 이를 청구할 수 있다(법 제118조 제2항). '관세청장의 유권해석 변경'은 관세청장에게 과세전적부심사청구사유에 포함될 수 있다. 그러나 이 사유에 해당된다고 해서 반드시 '청구하여야 하는' 것은 아니다. 다만, '청구할 수 있는' 권리가 주어지는 것이다.

✓ 선지분석

① 수입물품에 부과하는 내국세등의 부과, 징수, 감면, 환급 등에 관한 세관장의 처분에 불복하는 자는 이 절(제5장 제2절 심사와 심판)에 따른 이의신청·심사청구 및 심판청구를 할 수 있다(법 제119조 제6항).

② 심사청구는 대통령령으로 정하는 바에 따라 불복하는 사유를 심사청구서에 적어 해당 처분을 하였거나 하였어야 하는 세관장을 거쳐 관세청장에게 하여야 한다(법 제122조 제1항).

④ 행정소송은 행정소송법 제20조에도 불구하고 심사청구나 심판청구에 따른 결정을 통지받은 날부터 90일 이내에 제기하여야 한다. 다만, 제128조 제2항 본문(심사청구) 또는 제131조(심판청구)에 따른 결정기간 내에 결정을 통지받지 못한 경우에는 결정을 통지받기 전이라도 그 결정기간이 지난 날부터 행정소송을 제기할 수 있다(법 제120조 제3항).

49
과세전적부심사제도에 대한 설명으로 옳은 것은?

□□□

① 과세전적부심사청구는 과세전 통지를 받은 날부터 20일 이내에 하여야 한다.

② 관세청장의 훈령·예규·고시 등과 관련하여 새로운 해석이 필요한 경우에는 기획재정부장관에게 심사를 청구할 수 있다.

③ 동일 납세의무자가 동일한 사안에 대하여 과세전적부심사를 청구하고자 하는 세관장이 둘 이상인 경우에는 관세청장에게 심사를 청구할 수 있다.

④ 청구기간이 지났거나 보정기간 내에 보정하지 아니하는 경우에는 채택하지 아니한다는 결정을 내린다.

동일 납세의무자가 동일한 사안에 대하여 둘 이상의 세관장에게 과세전적부심사를 청구하여야 하는 경우, 관세청장에게 심사를 청구할 수 있다.

⊘ 선지분석

① 과세전적부심사청구는 과세 전 통지를 받은 날부터 '30일' 이내에 하여야 한다.
② 관세청장의 훈령·예규·고시 등과 관련하여 새로운 해석이 필요한 경우, '관세청장'에게 과세전적부심사를 청구할 수 있다.
④ 청구기간이 지났거나 보정기간 내에 보정하지 아니하는 경우에는 '심사하지 아니한다'는 결정을 내린다.

50

과세전적부심사제도에 관한 설명 중 가장 옳지 않은 것은?   2009 국가직 9급

① 과세전적부심사의 청구는 납세의무자가 과세전 통지를 받은 때에, 통지를 받은 날부터 30일 이내에, 통지내용에 대한 적법성 여부를 심사해 줄 것을 청구하는 것이다.
② 안산세관장의 과세전 통지에 대한 과세전적부심사청구는 서울세관장에게 하여야 한다.
③ 과세전적부심사 결과청구가 이유 없다고 인정되어 채택하지 아니한다는 결정이 내려진 경우 세관장은 과세처분을 할 수 있다.
④ 과세전적부심사의 청구를 받은 세관장 또는 관세청장은 그 청구를 받은 날부터 30일 이내에 관세심사위원회의 심사를 거쳐 결정을 하고, 그 결과를 청구인에게 통지해야 한다.

| 관련 법조문: 법 제118조, 규칙 제61조 | 답 ② |

안산세관장이 과세 전 통지를 한 경우, 이에 대한 과세전적부심사청구는 안산세관이 속해 있는 본부세관인 인천세관의 세관장에게 하여야 한다. 과세전적부심사를 청구하는 세관장은 다음 각 호의 구분에 의한다(규칙 제61조).

1. 인천공항세관장 및 김포공항세관장의 통지에 대한 과세전적부심사인 경우: 인천공항세관장
2. 서울세관장·안양세관장·천안세관장·청주세관장·성남세관장·파주세관장·속초세관장·동해세관장 및 대전세관장의 통지에 대한 과세전적부심사인 경우: 서울세관장
3. 부산세관장·김해공항세관장·용당세관장·양산세관장·창원세관장·마산세관장·경남남부세관장 및 경남서부세관장의 통지에 대한 과세전적부심사인 경우: 부산세관장
4. 인천세관장·평택세관장·수원세관장 및 안산세관장의 통지에 대한 과세전적부심사인 경우: 인천세관장
5. 대구세관장·울산세관장·구미세관장 및 포항세관장의 통지에 대한 과세전적부심사인 경우: 대구세관장
6. 광주세관장·광양세관장·목포세관장·여수세관장·군산세관장·제주세관장 및 전주세관장의 통지에 대한 과세전적부심사인 경우: 광주세관장

51 관세법상 과세전적부심사에서 과세전 통지를 생략할 수 있는 경우가 아닌 것은? 2017 관세사, 2009 국가직 7급

① 통지하려는 날부터 6개월 이내에 관세부과의 제척기간이 만료되는 경우
② 잠정가격으로 가격신고를 한 후 납세의무자가 확정가격을 신고한 경우
③ 관세법 제38조(신고납부) 제2항 단서에 따라 수입신고수리전에 세액을 심사하는 경우로서 그 결과에 따라 부족세액을 징수하는 경우
④ 관세포탈죄로 고발되어 포탈세액을 징수하는 경우
⑤ 관세품목분류위원회의 의결에 따라 결정한 품목분류에 의하여 수출입물품에 적용할 세율이나 품목분류의 세번이 변경되어 부족한 세액을 징수하는 경우

┃ 관련 법조문: 법 제118조   답 ①

통지하려는 날부터 3개월 이내에 관세부과의 제척기간이 만료되는 경우, 과세 전 통지를 생략할 수 있다.

> **'세관장이 미리 납세의무자에게 그 내용을 서면으로 통지'하지 않아도 되는 경우(과세전 통지 생략대상)**
> 1. 통지하려는 날부터 3개월 이내에 법 제21조에 따른 관세부과의 제척기간이 만료되는 경우
> 2. 법 제28조 제2항에 따라 납세의무자가 확정가격을 신고한 경우
> 3. 법 제38조 제2항 단서에 따라 수입신고수리전에 세액을 심사하는 경우로서 그 결과에 따라 부족세액을 징수하는 경우
> 4. 법 제97조 제3항(제98조 제2항에 따라 준용되는 경우를 포함한다)에 따라 면제된 관세를 징수하거나 제102조 제2항에 따라 감면된 관세를 징수하는 경우
> 5. 법 제270조에 따른 관세포탈죄로 고발되어 포탈세액을 징수하는 경우
> 6. 그 밖에 관세의 징수가 곤란하게 되는 등 사전통지가 적당하지 아니한 경우로서 대통령령으로 정하는 경우
> 7. 납부세액의 계산착오 등 명백한 오류에 의하여 부족하게 된 세액을 징수하는 경우
> 8. 감사원법 제33조에 따른 감사원의 시정요구에 따라 징수하는 경우
> 9. 납세의무자가 부도·휴업·폐업 또는 파산한 경우
> 10. 법 제85조에 따른 관세품목분류위원회의 의결에 따라 결정한 품목분류에 의하여 수출입물품에 적용할 세율이나 품목분류의 세번이 변경되어 부족한 세액을 징수하는 경우
> 11. 법 제118조 제4항 제2호 후단 및 제128조 제1항 제3호 후단(법 제132조 제4항에서 준용하는 경우를 포함한다)에 따른 재조사 결과에 따라 해당 처분의 취소·경정을 하거나 필요한 처분을 하는 경우

52 다음 관세법 조항에서 밑줄 친 경우에 해당하지 않는 것은? 2023 국가직 9급

> 세관장은 관세법 제38조의3 제6항 또는 제39조 제2항에 따라 납부세액이나 납부하여야 하는 세액에 미치지 못한 금액을 징수하려는 경우에는 미리 납세의무자에게 그 내용을 서면으로 통지하여야 한다. 다만, 다음 각 호의 어느 하나에 해당하는 경우에는 통지를 생략할 수 있다.

① 관세법 제28조 제2항에 따라 납세의무자가 확정가격을 신고한 경우
② 통지하려는 날부터 1년 이내에 관세법 제21조에 따른 관세부과의 제척기간이 만료되는 경우
③ 관세법 제38조 제2항 단서에 따라 수입신고 수리 전에 세액을 심사하는 경우로서 그 결과에 따라 부족세액을 징수하는 경우
④ 관세법 제270조에 따른 관세포탈죄로 고발되어 포탈세액을 징수하는 경우

┃ 관련 법조문: 법 제118조   답 ②

통지하려는 날부터 '3개월' 이내에 관세법 제21조에 따른 관세부과의 제척기간이 만료되는 경우, 과세전통지를 생략할 수 있다.

53 □□□ 관세법상 납부세액이나 납부하여야 하는 세액에 부족한 금액을 징수하고자 할 때 미리 납세의무자에게 그 내용을 서면으로 통지하지 않아도 되는 경우에 해당하지 않는 것은?

2008 국가직 7급

① 통지하고자 하는 날부터 3개월 이내에 관세부과의 제척기간이 만료되는 경우
② 납세의무자가 관세법 제28조 제2항에 따라 확정가격의 신고를 한 경우
③ 수입신고수리전에 세액심사를 하는 경우로서 그 결과에 따라 부족세액을 징수하는 경우
④ 납세의무자가 관세청장이 정하는 사유로 과세가격·관세율 등을 결정하기 곤란하여 부과고지를 요청하는 경우

▎관련 법조문: 법 제39조, 제118조   답 ④

'납세의무자가 관세청장이 정하는 사유로 과세가격·관세율 등을 결정하기 곤란하여 부과고지를 요청하는 경우'는 과세전 통지 생략대상이 아니라 부과고지대상이다.

---

54 □□□ 관세법 제118조 제1항에서 세관장은 관세법 제38조의3 제6항 또는 관세법 제39조 제2항에 따라 납부세액이나 납부하여야 하는 세액에 미치지 못한 금액을 징수하려는 경우에 미리 납세의무자에게 그 내용을 서면으로 통지하여야 하는데, 과세 전 서면통지를 생략하는 경우가 있다. 이에 해당하지 않는 것은?

2018 국가직 9급

① 관세법 제28조 제2항에 따라 납세의무자가 확정가격을 신고한 경우
② 관세법 제270조에 따른 관세포탈죄로 고발되어 포탈세액을 징수하는 경우
③ 통지하려는 날부터 3개월 이내에 관세법 제22조에 따른 관세징수의 소멸시효가 완성되는 경우
④ 관세법 제38조 제2항 단서에 따라 수입신고수리전에 세액을 심사하는 경우로서 그 결과에 따라 부족세액을 징수하는 경우

▎관련 법조문: 법 제118조   답 ③

'관세법 제118조 제1항에서 세관장은 관세법 제38조의3 제6항 또는 관세법 제39조 제2항에 따라 납부세액이나 납부하여야 하는 세액에 미치지 못한 금액을 징수하려는 경우에 미리 납세의무자에게 그 내용을 서면으로 통지하여야' 한다는 문장 전체는 관세법 제118조 제1항에 규정된 '과세전적부심사'의 정의이다. 이때 과세 전 통지를 생략하는 경우는 다음과 같다.

1. 통지하려는 날부터 3개월 이내에 법 제21조에 따른 관세부과의 제척기간이 만료되는 경우
2. 법 제28조 제2항에 따라 납세의무자가 확정가격을 신고한 경우
3. 법 제38조 제2항 단서에 따라 수입신고수리전에 세액을 심사하는 경우로서 그 결과에 따라 부족세액을 징수하는 경우
4. 법 제97조 제3항(제98조 제2항에 따라 준용되는 경우를 포함한다)에 따라 면제된 관세를 징수하거나 제102조 제2항에 따라 감면된 관세를 징수하는 경우
5. 법 제270조에 따른 관세포탈죄로 고발되어 포탈세액을 징수하는 경우
6. 그 밖에 관세의 징수가 곤란하게 되는 등 사전통지가 적당하지 아니한 경우로서 대통령령으로 정하는 경우

'관세법 제22조에 따른 관세징수의 소멸시효가 완성되는 경우'가 아니라, '관세법 제21조에 따른 관세부과의 제척기간이 만료되는 경우'이다. 관세 추징은 '징수'와 관련된 개념이 아니라, '부과'와 관련된 개념이다.

55 '甲'은 관할 세관장으로부터 이미 납부한 세액이 부족하다고 하여 그 부족세액 10억원 상당을 징수하겠다는 통지를 받았다. 이때 '甲'이 이에 불복하여 제기할 수 있는 것은?　2006 관세사

□□□

① 이의신청
② 심사청구
③ 심판청구
④ 과세전적부심사청구
⑤ 이상 가운데 선택하여 1개를 제기

| 관련 법조문: 법 제118조 　　　　　　　　　　　　　　　　　　　　　　　　　　　　　　　답 ④

'이미 납부한 세액이 부족하다'는 것은 부족세액이 발생하였다는 것이고, '부족세액 10억원 상당을 징수하겠다는 통지'를 받았다는 것은 과세전 통지를 받았다는 의미이다. 과세전 통지에 불복하여 제기할 수 있는 것은 과세전적부심사이다. 이의신청, 심사청구, 심판청구 등은 세관장의 납부고지에 불복하여 제기하는 사후적 구제제도이다.

56 관세청장에게 청구할 수 있는 과세전적부심사의 범위에 해당하지 않는 것은?　2011 관세사

□□□

① 관세청장의 업무감사 결과 또는 업무지시에 따라 세액을 경정하거나 부족한 세액을 징수하는 경우
② 동일 납세의무자가 동일한 사안에 대하여 둘 이상의 세관장에게 과세전적부심사를 청구하여야 하는 경우
③ 과세전적부심사 청구금액이 5억원 이상인 경우
④ 납세의무자가 과세가격 결정에 의문이 있어 세관장에게 미리 과세가격을 확인한 경우
⑤ 관세평가분류원장의 품목분류 및 유권해석에 따라 수출입물품에 적용할 세율이나 물품분류의 관세율표번호가 변경되어 세액을 경정하거나 부족한 세액을 징수하는 경우

| 관련 법조문: 법 제118조, 영 제143조 　　　　　　　　　　　　　　　　　　　　　　　　　답 ④

지문은 납세의무자가 세관장에게 과세가격 결정과 관련한 단순한 문의를 한 것이고, 공식적인 사전심사는 관세청장에게 하여야 한다. 어떠한 경우에도 관세청장에게 과세전적부심사를 청구하는 사유에는 해당하지 않는다.

57
□□□

세관장은 납부세액이나 납부하여야 하는 세액에 미치지 못한 금액을 징수하는 경우에는 미리 납세의무자에게 그 내용을 서면으로 통지하여야 하나 법령상 통지를 생략할 수 있는 경우가 있다. 세관장이 통지를 생략할 수 있는 경우가 아닌 것은?

2012 관세사

① 납부세액의 계산착오 등 명백한 오류에 의하여 부족하게 된 세액을 징수하는 경우
② 관세품목분류위원회의 의결에 따라 결정한 품목분류에 의하여 수출입물품에 적용할 세율이나 품목분류의 세번이 변경되어 부족한 세액을 징수하는 경우
③ 법률에 의하여 관세를 감면받은 물품에 대하여 감면규정의 해석 차이로 인한 부족세액을 신고 수리 후에 발견하여 감면된 관세를 징수하는 경우
④ 관세법 제270조에 따른 관세포탈죄로 고발되어 포탈세액을 징수하는 경우
⑤ 관세법 제28조 제2항에 따라 잠정가격으로 가격신고 후 납세의무자가 확정가격을 신고함에 따라 징수하는 경우

┃ 관련 법조문: 법 제118조 답 ③

'법 제97조 제3항(제98조 제2항에 따라 준용되는 경우를 포함한다)에 따라 면제된 관세를 징수하거나 제102조 제2항에 따라 감면된 관세를 징수하는 경우'에만 과세 전 통지가 생략된다. 감면 규정의 해석 차이로 인한 추징은 과세 전 통지를 생략하는 대상에 들어가지 않는다.

법 제97조 제3항	다음 각 호의 어느 하나에 해당하는 경우에는 수출하지 아니한 자, 용도 외로 사용한 자 또는 양도를 한 자로부터 면제된 관세를 즉시 징수하며, 양도인으로부터 해당 관세를 징수할 수 없을 때에는 양수인으로부터 면제된 관세를 즉시 징수한다. 다만, 재해나 그 밖의 부득이한 사유로 멸실되었거나 미리 세관장의 승인을 받아 폐기하였을 때에는 그러하지 아니하다. 1. 제1항에 따라 관세를 면제받은 물품을 같은 항에 규정된 기간 내에 수출하지 아니한 경우 2. 제1항에서 정한 용도 외의 다른 용도로 사용하거나 해당 용도 외의 다른 용도로 사용하려는 자에게 양도한 경우
법 제102조 제2항	다음 각 호의 어느 하나에 해당하면 그 용도 외의 다른 용도로 사용한 자나 그 양도인(임대인을 포함한다. 이하 같다)으로부터 감면된 관세를 즉시 징수하며, 양도인으로부터 해당 관세를 징수할 수 없을 때에는 양수인(임차인을 포함한다. 이하 같다)으로부터 감면된 관세를 징수한다. 다만, 재해나 그 밖의 부득이한 사유로 멸실되었거나 미리 세관장의 승인을 받아 폐기하였을 때에는 그러하지 아니하다. 1. 제1항에 따라 관세를 감면받은 물품을 제1항에 따른 기간에 감면받은 용도 외의 다른 용도로 사용한 경우 2. 제1항에 따라 관세를 감면받은 물품을 제1항에 따른 기간에 감면받은 용도 외의 다른 용도로 사용하려는 자에게 양도한 경우

58

관세법령상 과세전적부심사와 관련된 설명으로 옳지 않은 것은?

① 세관장은 관세법 제38조의3 제6항의 경정 또는 제39조 제2항의 부족세액 징수규정에 따라 납부세액이나 납부하여야 하는 세액에 미치지 못한 금액을 징수하려는 경우에는 미리 납세의무자에게 그 내용을 서면으로 통지하여야 한다. 다만, 제97조 제3항 또는 제102조 제2항에 따라 감면된 관세를 징수하는 경우에는 통지를 생략할 수 있다.

② 납세의무자는 관세법 제118조 제1항에 따른 통지를 받았을 때에는 그 통지를 받은 날부터 30일 이내에 기획재정부령으로 정하는 세관장에게 통지내용이 적법한지에 대한 과세전적부심사를 청구할 수 있다. 다만, 법령에 대한 관세청장의 유권 해석을 변경하여야 하거나 새로운 해석이 필요한 경우 등 대통령령으로 정하는 경우에는 관세청장에게 이를 청구할 수 있다.

③ 과세전적부심사를 청구받은 세관장이나 관세청장은 과세전적부심사청구의 대상이 되는 통지의 내용이나 쟁점 등이 이미 관세심사위원회의 심의를 거쳐 결정된 사항과 동일한 경우 해당 세관의 심사를 거쳐 결정하여야 한다.

④ 과세전적부심사의 방법과 그 밖에 필요한 사항은 대통령령으로 정한다.

▌관련 법조문: 법 제118조, 영 제144조 답 ③

과세전적부심사청구의 대상이 되는 통지의 내용이나 쟁점 등이 이미 관세심사위원회의 심의를 거쳐 결정된 사항과 동일한 경우(영 제144조 제5호), 관세심사위원회의 심사를 거치지 아니하고 결정할 수 있다(법 제118조 제3항). 과세전적부심사를 청구받은 세관장이나 관세청장은 그 청구를 받은 날부터 30일 이내에 제118조의4 제9항 전단에 따른 관세심사위원회의 심사를 거쳐 결정을 하고, 그 결과를 청구인에게 통지하여야 한다. 다만, 과세전적부심사청구기간이 지난 후 과세전적부심사청구가 제기된 경우 등 대통령령으로 정하는 사유에 해당하는 경우에는 관세심사위원회의 심사를 거치지 아니하고 결정할 수 있다(법 제118조 제3항). 법 제118조 제3항 단서에서 '과세전적부심사청구기간이 지난 후 과세전적부심사청구가 제기된 경우 등 대통령령으로 정하는 사유'란 다음 각 호의 어느 하나에 해당하는 사유를 말한다(영 제144조). 이 사유를 '관세심사위원회의 심사를 생략할 수 있는 사유'라고 한다.

1. 과세전적부심사청구기간이 지난 후 과세전적부심사청구가 제기된 경우
2. 법 제118조 제1항 각 호 외의 부분 본문에 따른 통지가 없는 경우
3. 법 제118조 제1항 각 호 외의 부분 본문에 따른 통지가 청구인에게 한 것이 아닌 경우
4. 법 제118조 제6항에 따라 준용되는 법 제123조 제1항 본문에 따른 보정기간 내에 보정을 하지 아니한 경우
5. 과세전적부심사청구의 대상이 되는 통지의 내용이나 쟁점 등이 이미 법 제118조의4 제9항 전단에 따른 관세심사위원회의 심의를 거쳐 결정된 사항과 동일한 경우

01 관세법령상 심사와 심판에 관한 설명으로 옳은 것은?

2018 관세사

① 심사청구는 대통령령으로 정하는 바에 따라 불복하는 사유를 심사청구서에 적어 해당 처분을 하였거나 하였어야 하는 세관장을 거쳐 관세청장에게 하여야 한다.

② 심사청구서를 제출받은 세관장은 이를 받은 날부터 10일 내에 그 심사청구서에 의견서를 첨부하여 관세청장에게 보내야 한다.

③ 관세청장은 세관장의 의견서를 받은 때에는 이를 받은 날부터 10일 내에 해당 의견서의 원본을 심사청구인에게 송부하여야 한다.

④ 이의신청인, 심사청구인 또는 심판청구인은 신청 또는 청구의 대상이 대통령령으로 정하는 금액 미만인 경우에는 배우자, 4촌 이내의 혈족 또는 배우자의 4촌 이내의 혈족을 대리인으로 선임할 수 없다.

⑤ 이의신청을 받은 세관장은 이의신청을 받은 날부터 14일 이내에 이의신청의 대상이 된 처분에 대한 의견서를 이의신청인에게 송부하여야 한다.

> **관련 법조문: 법 제122조, 제126조, 제132조** 답 ①

심사청구는 대통령령으로 정하는 바에 따라 불복하는 사유를 심사청구서에 적어 해당 처분을 하였거나 하였어야 하는 세관장을 거쳐 관세청장에게 하여야 한다(법 제122조 제1항).

⊘ 선지분석

② 심사청구서를 제출받은 세관장은 <u>이를 받은 날부터 7일 내에</u> 그 심사청구서에 의견서를 첨부하여 관세청장에게 보내야 한다(법 제122조 제3항).

③ 관세청장은 세관장의 의견서를 받은 때에는 <u>지체 없이 해당 의견서의 부본을</u> 심사청구인에게 송부하여야 한다(법 제122조 제3항).

④ 이의신청인, 심사청구인 또는 심판청구인은 신청 또는 청구의 대상이 대통령령으로 정하는 금액 미만인 경우에는 배우자, 4촌 이내의 혈족 또는 배우자의 4촌 이내의 혈족을 <u>대리인으로 선임할 수 있다</u>(법 제126조 제2항).

⑤ 이의신청을 받은 세관장은 <u>이의신청을 받은 날부터 7일 이내에</u> 이의신청의 대상이 된 처분에 대한 의견서를 이의신청인에게 송부하여야 한다(법 제132조 제5항).

> **◎ 명호샘의 한마디**
> 관세법상 행정심판이란 '이의신청, 심사청구, 심판청구'를 말한다. 심사청구와 심판청구 대신 '감사원 심사청구'를 할 수도 있다.
>
> | 구분 | 재결청 | 근거법령 |
> | --- | --- | --- |
> | 이의신청 | 세관장 | 관세법 |
> | 심사청구 | 관세청장 | 관세법 |
> | 심판청구 | 조세심판원장 | 관세법, 국세기본법 |
> | 감사원 심사청구 | 감사원장 | 감사원법 |

02 관세법령상 심사청구에 관한 설명으로 옳은 것은? 2019 관세사

① 심판청구를 제기한 날과 같은 날에 심사청구를 제기한 경우에는 심사청구를 기각한다.
② 심사청구가 이유 없다고 인정되는 경우에는 그 청구를 각하한다.
③ 심사청구의 재결청은 결정서를 받은 날부터 120일 이내에 행정소송을 제기할 수 있다는 뜻을 통지하여야 한다.
④ 심사청구의 대리인은 본인을 위하여 청구에 관한 모든 행위를 할 수 있다. 다만, 청구의 취하는 특별한 위임을 받은 경우에만 할 수 있다.
⑤ 관세청장은 관세심사위원회의 의결에 따라 심사청구에 대한 결정을 하여야 하며, 관세심사위원회의 회의는 공개를 원칙으로 한다.

| 관련 법조문: 법 제126조, 제127조, 제128조, 제129조 답 ④

대리인은 본인을 위하여 청구에 관한 모든 행위를 할 수 있다. 다만, 청구의 취하는 특별한 위임을 받은 경우에만 할 수 있다(법 제126조 제4항).

⊘ 선지분석

① 심판청구를 제기한 후 심사청구를 제기(같은 날 제기한 경우도 포함한다)한 경우 그 청구를 각하한다(법 제128조 제1항 제1호).
② 심사청구가 이유 없다고 인정되는 경우에는 그 청구를 기각한다(법 제128조 제1항 제2호).
③ 심사청구의 재결청은 결정서를 받은 날부터 90일 이내에 행정소송을 제기할 수 있다는 뜻을 통지하여야 한다(법 제129조 제1항).
⑤ 심사청구가 있으면 관세청장은 관세심사위원회의 의결에 따라 이를 결정하여야 한다(법 제127조 제1항). 관세심사위원회의 회의는 공개하지 아니한다. 다만, 관세심사위원회의 위원장이 필요하다고 인정할 때에는 공개할 수 있다(법 제127조 제3항).

03 관세법령상 심사청구에 관한 설명으로 옳은 것은? 2024 관세사

① 심사청구서를 제출받은 세관장은 이를 받은 날부터 7일 내에 그 심사청구서에 의견서를 첨부하여 관세청장에게 보내야 한다.
② 관세청장은 심사청구의 내용이나 절차가 보정할 수 있다고 인정되는 경우에는 30일 이내의 기간을 정하여 해당 사항을 보정할 것을 요구할 수 있다.
③ 심사청구인은 청구의 대상이 3천만원 미만인 경우라도 배우자를 대리인으로 선임할 수 없다.
④ 관세심사위원회의 위원장은 위원회의 의결에 따라 심사청구에 대한 결정을 하여야 한다.
⑤ 심사청구는 해당 처분이 내려진 날부터 90일 이내에 제기하여야 한다.

| 관련 법조문: 법 제122조, 제123조, 제126조, 제127조 답 ①

심사청구서를 제출받은 세관장은 이를 받은 날부터 7일 내에 그 심사청구서에 의견서를 첨부하여 관세청장에게 보내야 한다(법 제122조 제3항). 관세청장은 세관장의 의견서를 받은 때에는 지체 없이 해당 의견서의 부본을 심사청구인에게 송부하여야 한다(법 제122조 제4항). 심사청구인은 송부받은 의견서에 대하여 반대되는 증거서류 또는 증거물을 관세청장에게 제출할 수 있다(법 제122조 제5항).

⊘ 선지분석

② 관세청장은 심사청구의 내용이나 절차가 보정할 수 있다고 인정되는 경우에는 <u>20일 이내의 기간</u>을 정하여 해당 사항을 보정할 것을 요구할 수 있다. 다만, 보정할 사항이 경미한 경우에는 직권으로 보정할 수 있다(법 제123조 제1항).

③ 이의신청인, 심사청구인 또는 심판청구인은 신청 또는 청구의 대상이 대통령령으로 정하는 금액 미만인 경우에는 배우자, 4촌 이내의 혈족 또는 배우자의 4촌 이내의 혈족을 대리인으로 선임할 수 있다(법 제126조 제2항). 여기에서 '대통령령으로 정하는 금액'이란 3천만원을 말한다(영 제149조의2, 소액사건).

④ 심사청구가 있으면 관세청장은 관세심사위원회의 의결에 따라 결정하여야 한다(법 제127조 제1항). 관세청 납세자보호위원회에 두는 관세심사위원회의 위원장은 위원 중 관세청장이 임명하는 사람이다(영 제144조의6). 그러므로 '관세청장'을 '관세심사위원회의 위원장'으로 바꾼 위 문장은 옳지 않다.

⑤ 심사청구는 해당 처분을 한 것을 안 날(처분하였다는 통지를 받았을 때에는 통지를 받은 날을 말한다)부터 90일 이내에 제기하여야 한다(법 제121조 제1항).

04 다음 문장의 (   )에 들어갈 내용을 바르게 연결한 것은? 2008 국가직 9급

> 관세법상 심사청구에 대한 결정은 심사청구를 받은 날부터 (㉠   )일 이내에 하여야 하며, 이의신청에 대한 결정은 이의신청을 받은 날부터 (㉡   )일 이내에 하여야 한다. 다만, 부득이한 사유가 있는 때에는 그러하지 아니한다.

	㉠	㉡			㉠	㉡
①	90	30		②	30	60
③	60	90		④	30	90

▌관련 법조문: 법 제128조, 제132조   답 ①

심사청구의 '결정기간'은 심사청구를 받은 날부터 '90일' 이내이며, 이의신청의 '결정기간'은 이의신청을 받은 날부터 '30일' 이내이다.

05 관세법상 이의신청과 심사청구에 대한 설명으로 옳은 것은? 2018 국가직 9급

① 이의신청은 처분을 한 것을 안 날(처분하였다는 통지를 받았을 때에는 처분을 한 날을 말한다)부터 30일 이내에 제기하여야 한다.

② 이의신청에 대한 결정은 이의신청을 받은 날부터 60일 이내(부득이한 사유가 있을 때에는 그러하지 아니하다)에 하여야 한다.

③ 심사청구는 처분을 한 것을 안 날(처분하였다는 통지를 받았을 때에는 통지를 받은 날을 말한다)부터 90일 이내에 제기하여야 한다.

④ 심사청구에 대한 결정은 특별한 사유가 없으면 그 청구를 접수한 날부터 3개월 이내(부득이한 사유가 있을 때에는 그러하지 아니하다)에 하여야 한다.

▌관련 법조문: 법 제121조, 제128조, 제132조   답 ③

심사청구는 처분을 한 것을 안 날(처분하였다는 통지를 받았을 때에는 통지를 받은 날을 말한다)부터 90일 이내에 제기하여야 한다(법 제121조 제1항).

① 이의신청은 대통령령으로 정하는 바에 따라 불복의 사유를 갖추어 해당 처분을 하였거나 하였어야 할 세관장에게 하여야 한다(법 제132조). 이의신청에 관하여는 법 제121조, 제122조 제2항, 제123조, 제127조 제1항 단서, 같은 조 제3항, 제128조 및 제128조의2를 준용한다. 다만, 법 제128조 제2항 중 '90일'은 '30일'(제6항에 따라 증거서류 또는 증거물을 제출한 경우에는 '60일')로 본다(법 제132조 제4항). 즉, 이의신청에 관하여 '심사청구는 처분을 한 것을 안 날(처분하였다는 통지를 받았을 때에는 통지를 받은 날을 말한다)부터 90일 이내에 제기하여야 한다(법 제121조 제1항)'는 규정을 준용하므로, '이의신청은 처분을 한 것을 안 날(<u>처분하였다는 통지를 받았을 때에는 통지를 받은 날을 말한다</u>)부터 <u>90일</u> 이내에 제기하여야 <u>한다</u>'고 하여야 한다.

② 심사청구에 대한 결정은 심사청구를 받은 날부터 90일 이내에 하여야 한다. 다만, 부득이한 사유가 있을 때에는 그러하지 아니하다(법 제128조 제2항). 이의신청에 관하여 이 규정을 적용하므로 '<u>이의신청에 대한 결정은 이의신청을 받은 날부터 30일 이내</u>(부득이한 사유가 있을 때에는 그러하지 아니하다)<u>에 하여야 한다</u>'고 하여야 한다.

④ '특별한 사유가 없으면'이라는 표현을 삭제하여야 한다. '그 청구를 접수한 날부터 3개월 이내'를 '심사청구를 받은 날부터 90일 이내'로 바꿔야 한다(법 제128조 제2항).

---

06 「관세법」상 다음 사례에 대한 설명으로 옳은 것만을 모두 고르면? (단, 사례의 처분은 심사청구의 대상임)
□□□
2023 국가직 7급

> 세관장 A는 甲에게 「관세법」에 따른 처분을 하였고, 甲은 처분을 하였다는 A의 통지를 2023.6.7. 받았다. 이에 甲은 그 처분이 위법하여 자신의 권리나 이익을 침해당한 것으로 생각하고 관세청장 B에게 심사청구를 하고자 관세법령에 정한 바에 따라 심사청구서를 작성한 후 그 심사청구서를 2023.8.10. A에게 제출하였다.

> ㄱ. 甲의 심사청구서는 심사청구기간 내에 제출된 것으로 볼 수 있다.
> ㄴ. 만약 甲이 A가 아닌 다른 세관장에게 심사청구서를 제출한 경우라면 심사청구기간을 계산할 때 그 심사청구서가 제출된 때에 심사청구가 된 것으로 볼 수 없다.
> ㄷ. A는 심사청구서를 받은 날부터 7일 내에 그 심사청구서를 B에게 보내야 하며, 필요하다고 인정하면 심사청구서에 의견서를 첨부할 수 있다.
> ㄹ. B는 심사청구서에 첨부된 A의 의견서를 받은 때에는 지체 없이 그 의견서의 부본을 甲에게 송부하여야 한다.

① ㄱ, ㄷ   ② ㄱ, ㄹ
③ ㄴ, ㄷ   ④ ㄴ, ㄹ

│ 관련 법조문: 법 제121조, 제122조   답 ②

ㄱ. 심사청구기간을 계산할 때에는 해당 심사청구서가 세관장에게 제출된 때에 심사청구가 된 것으로 본다(법 제122조 제2항). 甲이 처분의 통지를 받은 날이 6월 7일이고, 심사청구서를 세관장 A에게 제출한 날이 같은 해 8월 10일이므로, 처분하였다는 통지를 받은 날부터 90일 이내에 제기한 것이다(법 제121조 제1항). 즉 심사청구기간 내에 제출된 것으로 볼 수 있다.

ㄹ. 관세청장은 세관장의 의견서를 받은 때에는 지체 없이 해당 의견서의 부본을 심사청구인에게 송부하여야 한다(법 제122조 제4항).

ㄴ. 심사청구기간을 계산할 때에는 해당 심사청구서가 세관장에게 제출된 때에 심사청구가 된 것으로 본다. 해당 심사청구서가 처분청인 세관장 외의 세관장이나 관세청장에게 제출된 경우에도 또한 같다(법 제122조 제2항).

ㄷ. 해당 심사청구서를 제출받은 세관장은 이를 받은 날부터 7일 내에 그 심사청구서에 의견서를 첨부하여 관세청장에게 보내야 한다(법 제122조 제3항). '할 수 있다'가 아니고 반드시 '보내야 한다'.

07 관세법상 납세자의 권리 및 불복절차에 관한 설명으로 옳은 것은? 2014 관세사

① 이의신청인·심사청구인 또는 심판청구인은 변호사, 관세사, 공인회계사를 대리인으로 선임할 수 있다.

② 이의신청·심사청구 또는 심판청구는 법령에 특별한 규정이 있는 경우를 제외하고는 해당 처분의 집행에 효력을 미치지 않는 것이 원칙이다.

③ 용도 외 사용으로 인하여 감면된 관세를 징수하는 경우, 세관장은 과세하기 전에 미리 납세의무자에게 그 내용을 서면으로 통지하여야 한다.

④ 관세법이나 그 밖의 관세에 관한 법률 또는 조약에 따른 처분으로서 위법한 처분을 받아 권리 또는 이익을 침해당한 경우 행정심판법을 적용한다.

⑤ 관세법에 따른 처분으로서 위법한 처분을 받아서 권리를 침해당한 자가 심판청구를 하기 위해서는 관세청에 심사청구를 먼저 하여야 한다.

> **■ 관련 법조문: 법 제118조, 제119조, 제120조, 제125조, 제126조**　　　　답 ②

이의신청·심사청구 또는 심판청구는 법령에 특별한 규정이 있는 경우를 제외하고는 해당 처분의 집행에 효력을 미치지 않는다. 이것을 '원칙'이라 표현한 이유는 해당 재결청이 처분의 집행 또는 절차의 속행 때문에 이의신청인, 심사청구인 또는 심판청구인에게 중대한 손해가 생기는 것을 예방할 긴급한 필요성이 있다고 인정할 때에는 처분의 집행 또는 절차 속행의 전부 또는 일부의 정지를 결정할 수 있기 때문이다(법 제125조).

 선지분석

① 이의신청인·심사청구인 또는 심판청구인은 변호사나 관세사를 대리인으로 선임할 수 있다. 공인회계사는 대리인이 될 수 없다(법 제126조).

③ 세관장은 과세하기 전에 미리 납세의무자에게 그 내용을 서면으로 통지하여야 한다. 이것을 '과세전 통지'라 한다. 그러나 감면 물품의 용도 외 사용(법 제97조 제3항 또는 제102조 제2항)으로 인하여 감면된 관세를 징수하는 경우에는 과세전 통지를 하지 않는다(법 제118조).

④ 관세법이나 그 밖의 관세에 관한 법률 또는 조약에 따른 처분으로서 위법한 처분 또는 부당한 처분을 받거나 필요한 처분을 받지 못하여 권리나 이익을 침해당한 자는 법 제5장 제2절(심사와 심판)에 따라 그 처분의 취소 또는 변경을 청구하거나 필요한 처분을 청구할 수 있다(법 제119조 제1항). 이런 '처분'에 대하여는 행정심판법을 적용하지 아니한다(법 제120조). 즉, 이의신청, 심사청구, 심판청구에 대하여는 행정심판법을 적용하지 않는다.

⑤ 위법·부당한 처분 및 부작위로 인하여 권리를 침해당한 자는 '심사청구 또는 심판청구'를 할 수 있다. 즉, 심사청구와 심판청구는 무엇을 '먼저' 적용해야 하는 것이 아니다. 적용 순위가 같기 때문이다(법 제119조 제1항). 동일한 처분에 대하여는 심사청구와 심판청구를 중복하여 제기할 수 없다(법 제119조 제9항).

08 관세법에 의한 처분의 심사청구, 심판청구, 이의신청에 관한 설명으로 옳은 것은? 2013 관세사

① 이의신청에 대한 결정은 이의신청을 받은 날부터 90일 이내에 하여야 한다. 단, 부득이한 사유가 있을 때에는 그러하지 아니하다.

② 심사청구는 대통령령으로 정하는 바에 따라 불복하는 사유를 심사청구서에 적어 해당 처분을 하였거나 하였어야 하는 세관장을 거쳐 관세청장에게 하여야 한다.

③ 심사청구서를 제출받은 세관장은 이를 받은 날로부터 10일 내에 그 심사청구서에 의견서를 첨부하여 관세청장에게 보내야 한다.

④ 관세청장은 심사청구의 내용이나 절차가 '관세법 제5장 제2절 심사와 심판 규정'에 적합하지 아니하지만 보정할 수 있다고 인정되는 경우에는 30일 이내의 기간을 정하여 해당 사항을 보정할 것을 요구할 수 있다. 다만, 보정할 사항이 경미한 경우에는 직권으로 보정할 수 있다.

⑤ 이의신청인·심사청구인 또는 심판청구인은 관세사나 세무사를 대리인으로 선임할 수 있다.

심사청구는 관세청장에게 하는 것이지만, 세관장의 의견서가 첨부되어야 하므로 반드시 '세관장을 거쳐' 관세청장에게 청구하여야 한다.

☑ **선지분석**
① 이의신청에 대한 결정은 이의신청을 받은 날부터 '30일' 이내에 하여야 한다. 단, 부득이한 사유가 있을 때에는 그러하지 아니하다.
③ 심사청구서를 제출받은 세관장은 이를 받은 날로부터 '7일' 내에 그 심사청구서에 의견서를 첨부하여 관세청장에게 보내야 한다.
④ 관세청장은 심사청구의 내용이나 절차가 '관세법 제5장 제2절 심사와 심판 규정'에 적합하지 아니하지만 보정할 수 있다고 인정되는 경우에는 '20일' 이내의 기간을 정하여 해당 사항을 보정할 것을 요구할 수 있다. 다만, 보정할 사항이 경미한 경우에는 직권으로 보정할 수 있다.
⑤ 이의신청인·심사청구인 또는 심판청구인은 관세사나 '변호사'를 대리인으로 선임할 수 있다.

09 관세법상 심사와 심판에 관한 설명으로 옳지 않은 것은?

① 이의신청·심사청구 또는 심판청구는 법령에 특별한 규정이 있는 경우를 제외하고는 해당 처분의 집행에 효력을 미치지 아니한다. 다만, 해당 재결청이 처분의 집행 또는 절차의 속행 때문에 이의신청인, 심사청구인 또는 심판청구인에게 중대한 손해가 생기는 것을 예방할 긴급한 필요성이 있다고 인정할 때에는 처분의 집행 또는 절차 속행의 전부 또는 일부의 정지를 결정할 수 있다.
② 심사청구는 대통령령으로 정하는 바에 따라 불복하는 사유를 심사청구서에 적어 해당 처분을 하였거나 하였어야 하는 세관장을 거쳐 관세청장에게 하여야 한다.
③ 관세청장은 심사청구의 내용이나 절차가 심사와 심판에 적합하지 아니하지만 보정할 수 있다고 인정되는 경우에는 20일 이내의 기간을 정하여 해당 사항을 보정할 것을 요구할 수 있다. 다만, 보정할 사항이 경미한 경우에는 직권으로 보정할 수 있다.
④ 심사청구는 해당 처분을 한 것을 안 날(처분하였다는 통지를 받았을 때에는 통지를 받은 날을 말한다)부터 120일 이내에 제기하여야 한다.

| 관련 법조문: 법 제121조, 제122조, 제123조, 제125조 | 답 ④ |

심사청구는 해당 처분을 한 것을 안 날(처분하였다는 통지를 받았을 때에는 통지를 받은 날을 말한다)부터 '90일 이내'에 제기하여야 한다(법 제121조 제1항).

☑ **선지분석**
① 법 제125조(심사청구 등이 집행에 미치는 효력)
② 법 제122조(심사청구절차) 제1항
③ 법 제123조(심사청구서의 보정) 제1항

10 심사청구기간에 대한 내용으로 옳은 것은?

① 심사청구는 해당 처분을 한 것을 안 날부터 120일 이내에 제기하여야 한다.
② 이의신청을 거친 후 심사청구를 하려는 경우에는 이의신청에 대한 결정을 통지받은 날부터 90일 이내에 하여야 한다.
③ 심사청구가 있으면 기획재정부령으로 정하는 바에 따라 세관장은 관세심사위원회의 의결에 따라 이를 결정하여야 한다.
④ 심사청구는 기획재정부령으로 정하는 바에 따라 불복하는 사유를 심사청구서에 적어 세관장에게 하여야 한다.

▌관련 법조문: 법 제119조, 제121조, 제122조, 제127조　　　　　　　　답 ②

이의신청을 거친 후 심사청구를 하려는 경우에는 이의신청에 대한 결정을 통지받은 날부터 90일 이내에 하여야 한다. 다만, 이의신청 결정기간 내에 결정을 통지받지 못한 경우에는 결정을 통지받기 전이라도 그 결정기간이 지난 날부터 심사청구를 할 수 있다(법 제121조 제2항).

✓ 선지분석

① 심사청구는 해당 처분을 한 것을 안 날부터 '90일' 이내에 제기하여야 한다(법 제119조 제5항).
③ 심사청구가 있으면 '관세청장'은 관세심사위원회의 의결에 따라 이를 결정하여야 한다(법 제127조 제1항). '기획재정부령으로 정하는 바에 따라'는 쓸데없이 들어간 부분이므로, 삭제하여야 한다.
④ 심사청구는 '대통령령'으로 정하는 바에 따라 불복하는 사유를 심사청구서에 적어 '해당 처분을 하였거나 하였어야 하는 세관장을 거쳐 관세청장에게' 하여야 한다(법 제122조 제1항).

11 관세법령상 심사청구와 심판청구에 대한 설명으로 옳지 않은 것은?

① 납세보증인은 관세법이 아닌 조약에 따른 처분으로 권리나 이익을 침해받게 되더라도 그 처분에 대하여 심사청구 또는 심판청구를 할 수 없다.
② 관세청장은 심사청구의 내용이나 절차가 관세법령의 규정에 적합하지 아니하지만 보정할 수 있다고 인정되는 경우에는 20일 이내의 기간을 정하여 해당 사항을 보정할 것을 요구할 수 있고, 보정사항이 경미한 경우에는 직권으로 보정할 수 있다.
③ 심사청구는 해당 처분을 한 것을 안 날(처분하였다는 통지를 받았을 때에는 통지를 받은 날)부터 90일 이내에 제기하여야 함이 원칙이다.
④ 심사청구서를 제출받은 세관장은 이를 받은 날부터 7일 내에 그 심사청구서에 의견서를 첨부하여 관세청장에게 보내야 한다.

▌관련 법조문: 법 제119조　　　　　　　　답 ①

관세법이나 그 밖의 관세에 관한 법률 또는 조약에 따른 처분으로 권리나 이익을 침해받게 되는 제2차 납세의무자 등 대통령령으로 정하는 이해관계인은 그 처분에 대하여 심사청구 또는 심판청구를 하여 그 처분의 취소 또는 변경이나 그 밖에 필요한 처분을 청구할 수 있다(법 제119조 제9항). 여기에서 '이 법이나 그 밖의 관세에 관한 법률 또는 조약에 따른 처분으로 권리나 이익을 침해받게 되는 제2차 납세의무자 등 대통령령으로 정하는 이해관계인'이란 다음 각 호의 어느 하나에 해당하는 자를 말한다(영 제145조 제3항).

> 1. 제2차 납세의무자로서 납부고지서를 받은 자
> 2. 법 제19조 제10항에 따라 물적 납세의무를 지는 자로서 납부고지서를 받은 자
> 3. 납세보증인
> 4. 그 밖에 기획재정부령으로 정하는 자

12 관세법령상 심사청구와 심판청구 등에 대한 설명으로 옳지 <u>않은</u> 것은?

① 심사청구는 해당 처분을 한 날(처분하였다는 통지를 받았을 때에는 통지를 한 날을 말한다)부터 90일 이내에 제기하여야 한다.

② 심판청구인은 청구의 대상이 대통령령으로 정하는 금액 미만인 경우에는 4촌 이내의 혈족을 대리인으로 선임할 수 있다.

③ 심사청구는 대통령령으로 정하는 바에 따라 불복하는 사유를 심사청구서에 적어 해당 처분을 하였거나 하였어야 하는 세관장을 거쳐 관세청장에게 하여야 한다.

④ 수입물품에 부과하는 내국세등의 부과, 징수, 감면, 환급 등에 관한 세관장의 처분에 불복하는 자는 이의신청·심사청구 및 심판청구를 할 수 있다.

> ▍ 관련 법조문: 법 제119조, 제121조, 제122조, 제126조   답 ①

심사청구는 해당 '처분을 한 것을 안 날'(처분하였다는 통지를 받았을 때에는 '통지를 받은 날'을 말한다)부터 90일 이내에 제기하여야 한다(법 제121조 제1항).

13 관세법상 심사와 심판에 관한 설명으로 옳은 것은?

① 심사청구나 심판청구에 따른 결정을 결정기간 내에 통지받지 못한 경우에는 결정기간이 경과하더라도 행정소송을 제기할 수 없다.

② 세관장이 수입물품에 부과하는 내국세등의 부과, 징수, 감면, 환급 등에 관한 불복청구는 국세청장에게 하여야 한다.

③ 심사청구는 대통령령으로 정하는 바에 따라 불복하는 사유를 심사청구서에 적어 해당 처분을 하였거나 하였어야 하는 세관장을 거쳐 관세청장에게 하여야 한다.

④ 행정소송은 심사청구나 심판청구에 따른 결정을 통지받은 날부터 60일 이내에 제기하여야 하며, 이는 불변기간이다.

⑤ 심사청구를 청구기한 내에 우편으로 제출하는 경우라도 청구기간 내에 심사청구서가 세관장 또는 관세청장에게 반드시 도달하여야 효력이 있다.

> ▍ 관련 법조문: 법 제119조, 제120조, 제121조   답 ③

✅ **선지분석**

① 심사청구나 심판청구에 따른 결정기간 내에 결정을 통지받지 못한 경우에는 결정을 통지받기 전이라도 '그 결정기간이 지난 날부터 행정소송을 제기할 수 있다'(법 제120조 제3항).

② 수입물품에 부과하는 내국세등의 부과, 징수, 감면, 환급 등에 관한 세관장의 처분에 불복하는 자는 관세법 규정에 따라 이의신청·심사청구 및 심판청구를 할 수 있다(법 제119조 제8항). 이의신청은 세관장, 심사청구는 관세청장, 심판청구는 조세심판원장에게 한다. '국세청장'에게 하여야 하는 경우는 없다.

④ 행정소송은 심사청구나 심판청구에 따른 결정을 통지받은 날부터 '90일' 이내에 제기하여야 하며(법 제120조 제3항), 이는 불변기간이다(법 제120조 제6항).

⑤ 우편으로 제출(국세기본법 제5조의2에서 정한 날을 기준으로 한다)한 심사청구서가 청구기간이 지나 세관장 또는 관세청장에게 도달한 경우에는 그 기간의 만료일에 청구된 것으로 본다(법 제121조 제3항).

14 관세법 시행령상 심사청구에 있어서 '대통령령으로 정하는 이해관계인'이 아닌 것은? 2014 국가직 9급

□□□

① 양도담보권자의 물적 납세의무를 지는 자로서 납부고지서를 받은 자
② 지정관세사
③ 제2차 납세의무자로서 납부고지서를 받은 자
④ 납세보증인

> **관련 법조문: 법 제119조, 제126조, 영 제145조**　　　　답 ②

관세법이나 그 밖의 관세에 관한 법률 또는 조약에 따른 처분으로 권리나 이익을 침해받게 되는 제2차 납세의무자 등 대통령령으로 정하는 이해관계인은 그 처분에 대하여 이 절에 따른 심사청구 또는 심판청구를 하여 그 처분의 취소 또는 변경이나 그 밖에 필요한 처분을 청구할 수 있다(법 제119조 제9항). 여기에서 '이 법이나 그 밖의 관세에 관한 법률 또는 조약에 따른 처분으로 권리나 이익을 침해받게 되는 제2차 납세의무자 등 대통령령으로 정하는 이해관계인'이란 다음의 어느 하나에 해당하는 자를 말한다(영 제145조). 관세사는 '이해관계인'이 아니라 '대리인'이다.

1. 제2차 납세의무자로서 납부고지서를 받은 자
2. 법 제19조 제10항에 따라 물적 납세의무를 지는 자로서 납부고지서를 받은 자
3. 납세보증인
4. 그 밖에 기획재정부령으로 정하는 자

15 관세법상 이의신청인·심사청구인 또는 심판청구인의 대리인에 관한 설명으로 옳지 않은 것은?

□□□
　　　　　　　　　　　　　　　　　　　　　　　　　　　　　　　2010 국가직 9급

① 변호사 또는 관세사를 대리인으로 선임할 수 있다. 다만, 신청 또는 청구의 대상이 대통령령으로 정하는 금액 미만인 경우에는 배우자, 4촌 이내의 혈족 또는 배우자의 4촌 이내의 혈족을 대리인으로 선임할 수 있다.
② 대리인의 권한은 서면으로 증명하여야 한다.
③ 대리인을 해임한 때에는 그 뜻을 서면으로 해당 재결청에 신고하여야 한다.
④ 대리인은 본인을 위하여 청구에 관한 모든 행위를 할 수 있다. 다만, 청구의 취하는 본인만이 가능하다.

> **관련 법조문: 법 제126조**　　　　답 ④

대리인은 본인을 위하여 청구에 관한 모든 행위를 할 수 있다. 다만, 청구의 취하는 '특별한 위임을 받은 경우에만 할 수 있다.'

16 관세법상 대리인에 대한 설명으로 옳은 것은?

2014 국가직 9급

□□□

① 대리인은 본인을 위하여 청구에 관한 모든 행위를 할 수 있으며, 청구의 취하는 특별한 위임을 받은 경우에만 할 수 있다.
② 대리인의 권한은 구두 그리고 서면으로 증명하여야 한다.
③ 이의신청인·심사청구인 그리고 심판청구인은 변호사, 관세사, 공인회계사를 대리인으로 선임할 수 있다.
④ 대리인을 해임하였을 때에는 그 뜻을 구두 그리고 서면으로 해당 재결청에 신고하여야 한다.

| 관련 법조문: 법 제126조 | 답 ① |

⊘ **선지분석**

② 대리인의 권한은 '서면'으로만 증명하여야 한다. '구두'로는 증명할 수 없다.
③ 공인회계사는 대리인이 되지 못한다.
④ 대리인을 해임하였을 때에는 그 뜻을 '서면'으로 재결청에 신고하여야 한다. '구두'신고까지 할 필요는 없다.

17 관세법령상 불복절차의 대리인에 대한 설명으로 옳지 않은 것은?

2020 국가직 7급

□□□

① 심판청구인은 청구의 대상이 3천만원 미만인 경우에 배우자, 4촌 이내의 혈족 또는 배우자의 4촌 이내의 혈족을 대리인으로 선임할 수 있다.
② 심사청구인의 대리인은 특별한 위임을 받은 경우에만 심사청구를 취하할 수 있다.
③ 심판청구인이 대리인을 선임할 때에는 그 뜻을 재결청에 신고하여야 하지만, 대리인을 해임한 때에는 신고할 의무가 없다.
④ 이의신청인은 변호사나 관세사를 대리인으로 선임할 수 있다.

| 관련 법조문: 법 제126조 | 답 ③ |

대리인을 해임하였을 때에는 그 뜻을 서면으로 해당 재결청에 신고하여야 한다(법 제126조 제4항).

18 관세법령상 심사청구인의 대리인에 관한 설명으로 옳지 않은 것은?

2023 관세사

□□□

① 심사청구인은 관세사를 대리인으로 선임할 수 있다.
② 심사청구인은 청구의 대상이 3천만원인 경우 배우자를 대리인으로 선임할 수 있다.
③ 대리인은 본인을 위해 청구에 관한 모든 행위를 할 수 있으나, 청구의 취하는 특별한 위임을 받은 경우에만 할 수 있다.
④ 대리인을 해임하였을 때에는 그 뜻을 서면으로 해당 재결청에 신고하여야 한다.
⑤ 대리인의 권한은 서면으로 증명하여야 한다.

| 관련 법조문: 법 제126조, 영 제149조의2 | 답 ② |

심사청구인은 청구의 대상이 '3천만원 미만인' 경우 배우자를 대리인으로 선임할 수 있다(법 제126조 제2항, 영 제149조의2). 청구의 대상이 3천만원인 경우, '소액사건(영 제149조의2)'으로 보지 않는다.

19 관세법령에 대한 설명으로 옳은 것은?

① 보세구역에 장치된 외국물품의 전부 또는 일부를 견본품으로 반출하려는 자는 세관장에게 신고하여야 하고, 세관공무원은 보세구역에 반입된 물품에 대하여 검사상 필요하면 그 물품의 일부를 견본품으로 채취할 수 있다.

② 이의신청인, 심사청구인 또는 심판청구인은 신청 또는 청구의 대상이 3천만원 미만인 경우에는 배우자, 4촌 이내의 혈족 또는 배우자의 4촌 이내의 혈족을 대리인으로 선임할 수 있다.

③ 세관장은 특허보세구역의 운영인이 거짓이나 그 밖의 부정한 방법으로 특허를 받은 경우에는 그 특허를 취소할 수 있다.

④ 세관장은 관세 보전을 위하여 필요하다고 인정할 때에는 기획재정부령으로 정하는 바에 따라 수입하는 물품에 통관표지를 첨부할 것을 명할 수 있다.

관련 법조문: 법 제126조, 제161조, 제178조, 제228조, 영 제149조의2   답 ②

이의신청인, 심사청구인 또는 심판청구인은 신청 또는 청구의 대상이 대통령령으로 정하는 금액 미만인 경우에는 배우자, 4촌 이내의 혈족 또는 배우자의 4촌 이내의 혈족을 대리인으로 선임할 수 있다(법 제126조 제2항). 법 제126조 제2항에서 '대통령령으로 정하는 금액'이란 3천만원을 말한다(영 제149조의2). 즉, 이의신청인, 심사청구인 또는 심판청구인은 신청 또는 청구의 대상이 3천만원 미만인 경우에는 배우자, 4촌 이내의 혈족 또는 배우자의 4촌 이내의 혈족을 대리인으로 선임할 수 있다.

✅ 선지분석

① 보세구역에 장치된 외국물품의 전부 또는 일부를 견본품으로 반출하려는 자는 '세관장의 허가'를 받아야 한다. 국제무역선에서 물품을 하역하기 전에 외국물품의 일부를 견본품으로 반출하려는 경우에도 또한 같다(법 제161조 제1항). 세관공무원은 보세구역에 반입된 물품 또는 국제무역선에 적재되어 있는 물품에 대하여 검사상 필요하면 그 물품의 일부를 견본품으로 채취할 수 있다(법 제161조 제4항). 즉, '세관장에게 신고하여야 하고'를 '세관장의 허가를 받아야 하고'로 바꿔야 한다.

③ 세관장은 특허보세구역의 운영인이 다음 각 호의 어느 하나에 해당하는 경우에는 그 특허를 취소할 수 있다. 다만, 제1호, 제2호 및 제5호에 해당하는 경우에는 특허를 취소하여야 한다(법 제178조 제2항). 즉, 세관장은 특허보세구역의 운영인이 거짓이나 그 밖의 부정한 방법으로 특허를 받은 경우에는 (반드시) 그 특허를 취소하여야 한다.

> 1. 거짓이나 그 밖의 부정한 방법으로 특허를 받은 경우
> 2. 제175조 각 호의 어느 하나에 해당하게 된 경우
> 3. 1년 이내에 3회 이상 물품반입 등의 정지처분(제3항에 따른 과징금 부과처분을 포함한다)을 받은 경우
> 4. 2년 이상 물품의 반입실적이 없어서 세관장이 특허보세구역의 설치 목적을 달성하기 곤란하다고 인정하는 경우
> 5. 제177조의2를 위반하여 명의를 대여한 경우

④ 세관장은 관세 보전을 위하여 필요하다고 인정할 때에는 '대통령령'으로 정하는 바에 따라 수입하는 물품에 통관표지를 첨부할 것을 명할 수 있다(법 제228조).

20 관세법령상 심사와 심판에 대한 설명으로 옳지 않은 것은?

① 「감사원법」에 따라 심사청구를 한 처분이나 그 심사청구에 대한 처분으로 부당한 처분을 받거나 필요한 처분을 받지 못하여 권리나 이익을 침해당한 자는 그 처분의 취소 또는 변경을 청구하거나 필요한 처분을 청구할 수 없다.

② 관세청장은 심사청구의 내용이나 절차가 적합하지 아니하지만 보정할 수 있다고 인정되는 경우에는 20일 이내의 기간을 정하여 해당 사항을 보정할 것을 요구할 수 있지만, 보정할 사항이 경미한 경우에는 직권으로 보정할 수 있다.

③ 심사청구는 대통령령이 정하는 바에 따라 불복하는 사유를 심사청구서에 적어 해당 처분을 하였거나 하였어야 하는 세관장을 거쳐 관세청장에게 하여야 한다.

④ 이의신청인, 심사청구인 또는 심판청구인은 신청 또는 청구의 대상이 4,000만원인 경우에는 배우자, 4촌 이내의 혈족 또는 배우자의 4촌 이내의 혈족을 대리인으로 선임할 수 있다.

> **관련 법조문:** 법 제119조, 제122조, 제123조, 제126조, 영 제149조의2   답 ④

이의신청인, 심사청구인 또는 심판청구인은 신청 또는 청구의 대상이 '3,000만원'인 경우에는 배우자, 4촌 이내의 혈족 또는 배우자의 4촌 이내의 혈족을 대리인으로 선임할 수 있다(법 제126조 제2항, 영 제149조의2).

☑ 선지분석

① 법 제119조(불복의 신청) 제1항 제2호
② 법 제123조(심사청구서의 보정) 제1항
③ 법 제122조(심사청구절차) 제1항

---

21 관세법상 심사와 심판에 관한 규정으로 옳지 않은 것은?

① 수입물품에 부과하는 내국세등의 부과·징수·감면·환급 등에 관한 세관장의 처분에 대하여 불복이 있는 자는 관세법에 따른 이의신청·심사청구 및 심판청구를 할 수 있다.

② 이의신청은 관세청장이 정하는 바에 따라 불복의 사유를 갖추어 해당 처분을 하였거나 하였어야 할 세관장에게 하여야 한다.

③ 관세심사위원회의 회의는 공개하지 아니한다. 다만, 관세심사위원회의 위원장이 필요하다고 인정하는 때에는 이를 공개할 수 있다.

④ 관세청장은 심사청구의 내용이나 절차가 규정에 적합하지 아니하지만 보정할 수 있다고 인정되는 때에는 20일 이내의 기간을 정하여 보정할 것을 요구할 수 있다. 다만, 보정할 사항이 경미한 때에는 직권으로 이를 보정할 수 있다.

> **관련 법조문:** 법 제119조, 제123조, 제127조, 제132조   답 ②

이의신청은 '대통령령으로' 정하는 바에 따라 불복의 사유를 갖추어 당해 처분을 하였거나 하였어야 할 세관장에게 하여야 한다.

22 관세법상 심사와 심판에 대한 설명으로 옳은 것은?

□□□

① 관세법에 따른 통고처분은 이의신청, 심사청구 또는 심판청구의 대상이 되는 처분에 포함된다.
② 수입물품에 부과하는 내국세등의 징수에 관한 세관장의 처분에 대하여 불복하는 자는 관세법의 규정에 의한 이의신청을 할 수 없다.
③ 이의신청을 거치지 않은 심사청구는 해당 처분을 한 것을 안 날(처분의 통지를 받았을 때에는 그 통지를 받은 날)부터 90일 이내에 제기하여야 한다.
④ 천재지변 등의 사유로 관세법상 규정된 심사청구기간 내에 심사청구를 할 수 없을 때에는 그 사유가 소멸된 날부터 10일 이내에 심사청구할 수 있다.

┃ **관련 법조문: 법 제119조, 제121조**

답 ③

 선지분석

① 관세법에 따른 통고처분은 이의신청, 심사청구 또는 심판청구의 대상이 되는 처분에 '포함되지 아니한다.'
② 수입물품에 부과하는 내국세등의 징수에 관한 세관장의 처분에 대하여 불복하는 자는 관세법의 규정에 의한 이의신청을 할 수 '있다.'
④ 천재지변 등의 사유로 관세법상 규정된 심사청구기간 내에 심사청구를 할 수 없을 때에는 그 사유가 소멸된 날부터 '14일' 이내에 심사청구할 수 있다.

23 관세법상 심사청구에 대한 설명으로 옳지 않은 것은?

□□□

① 심사청구인이 신고, 신청, 청구, 그 밖의 서류의 제출 및 통지에 관한 기한연장의 사유로 기간 내에 심사청구를 할 수 없을 때에는 그 사유가 소멸한 날부터 14일 이내에 심사청구를 할 수 있다.
② 심사청구기한 내에 우편으로 제출한 심사청구서가 청구기간이 지나 세관장 또는 관세청장에게 도달한 경우에는 그 기간의 만료일에 적법하게 청구된 것으로 본다.
③ 관세청장은 심사청구의 내용이나 절차가 규정에 적합하지 아니하지만 보정할 수 있다고 인정되는 경우에는 20일 이내의 기간을 정하여 해당 사항을 보정할 것을 요구할 수 있다.
④ 심사청구는 법령에 특별한 규정이 있는 경우를 제외하고는 해당 처분의 집행에 효력을 미친다. 다만, 해당 재결청이 처분의 집행 또는 절차의 속행 때문에 이의신청인, 심사청구인 또는 심판청구인에게 중대한 손해가 생기는 것을 예방할 긴급한 필요성이 있다고 인정할 때에는 처분의 집행 또는 절차 속행의 전부 또는 일부의 정지를 결정할 수 있다.

┃ **관련 법조문: 법 제121조, 제123조, 제125조**

답 ④

이의신청, 심사청구 또는 심판청구는 법령에 특별한 규정이 있는 경우를 제외하고는 해당 처분의 집행에 효력을 미치지 아니한다. 이를 '집행부정지원칙'이라 한다. 다만, 해당 재결청이 처분의 집행 또는 절차의 속행 때문에 이의신청인, 심사청구인 또는 심판청구인에게 중대한 손해가 생기는 것을 예방할 긴급한 필요성이 있다고 인정할 때에는 처분의 집행 또는 절차 속행의 전부 또는 일부의 정지를 결정할 수 있다.

24 관세법상 관세부과 처분과 관련하여 그 청구인 또는 신청인의 주장이 채택되지 않거나 기각되었을 때, 행정소송을 제기할 수 있는 단계를 모두 고른 것은?

2012 국가직 9급

> 가. 세관장에게 제기한 이의신청
> 나. 관세청장에게 제기한 과세전적부심사청구
> 다. 관세청장에게 제기한 심사청구
> 라. 조세심판원장에게 제기한 심판청구
> 마. 감사원장에게 제기한 심사청구

① 가, 나, 다   ② 가, 나, 마
③ 나, 다, 라   ④ 다, 라, 마

| 관련 법조문: 법 제129조   답 ④

위법한 처분에 대한 행정소송은 행정소송법 제18조 제1항 본문, 제2항 및 제3항에도 불구하고 관세법에 따른 심사청구 또는 심판청구와 그에 대한 결정을 거치지 아니하면 제기할 수 없다. 다만, 감사원 심사청구(관세법 제119조 제2항 제3호에 따른 심사청구)를 거친 경우에는 관세법에 따른 심사청구나 심판청구를 거친 것으로 위 규정을 준용한다. 즉, 관세법상의 심사청구, 심판청구 또는 감사원법상의 심사청구를 거친 경우에만 행정소송을 제기할 수 있다. 과세전적부심사를 청구하거나 이의신청을 제기한 경우, 그것에 대한 결정이 있더라도 행정소송을 제기할 수 없다.

---

25 관세법상 심사청구에 대한 설명으로 옳지 않은 것은?

2017 국가직 7급

① 관세법에 따른 통고처분은 심사청구를 할 수 있는 처분에 포함되지 아니한다.
② 심사청구기간을 계산할 때에는 대통령령으로 정하는 바에 따라 불복하는 사유를 심사청구서에 적어 해당 처분을 하였어야 하는 세관장 외의 세관장에게 제출한 경우에도 심사청구가 된 것으로 본다.
③ 관세청장은 심사청구의 내용이나 절차가 관세법 제5장 제2절(심사와 심판)에 적합하지 아니하지만 그 보정할 사항이 경미하고 보정이 가능한 경우에는 직권으로 보정할 수 있다.
④ 청구기한 내에 우편으로 제출한 심사청구서가 청구기간이 지나 세관장 또는 관세청장에게 도달한 경우에는 우편을 발송한 날에 청구된 것으로 본다.

| 관련 법조문: 법 제119조, 제121조, 제122조, 제123조   답 ④

청구기한 내에 우편으로 제출(국세기본법 제5조의2에서 정한 날을 기준으로 한다)한 심사청구서가 청구기간이 지나 세관장 또는 관세청장에게 도달한 경우에는 그 기간의 '만료일'에 청구된 것으로 본다(법 제121조 제3항).

✓ 선지분석

① 법 제119조(불복의 신청) 제1항 제1호
② 법 제122조(심사청구절차) 제1항·제2항
③ 법 제123조(심사청구서의 보정) 제1항

26 다음 (　　) 안에 들어갈 내용이 순서대로 옳은 것은?

> 관세 부과처분과 관련한 심사청구는 해당 처분을 안 날부터 (　　)일 이내에 제기하여야 한다. 이때 관세청장은 심사청구의 내용이나 절차가 적합하지 아니하지만 보정할 수 있다고 인정되는 경우에는 (　　)일 이내의 기간을 정하여 해당 사항을 보정할 것을 요구할 수 있다.

① 30, 15

② 60, 20

③ 60, 30

④ 90, 20

⑤ 90, 30

▌ 관련 법조문: 법 제121조, 제123조　　　　　　　　　　　　　　　　　　답 ④

심사청구는 해당 처분을 안 날부터 '90일 이내'에 제기하여야 한다. 보정기간은 '20일 이내'이다.

27 관세법상 심사와 심판에 대한 설명으로 옳지 않은 것은?

① 심사청구는 대통령령으로 정하는 바에 따라 불복하는 사유를 심사청구서에 적어 해당 처분을 하였거나 하였어야 하는 세관장을 거쳐 관세청장에게 하여야 한다.

② 심사청구가 이유 없다고 인정되는 경우 부득이한 사유가 있는 경우를 제외하면 심사청구를 받은 날부터 90일 이내에 그 청구를 각하하는 결정을 하여야 한다.

③ 이의신청의 재결청은 결정서에 '결정서를 받은 날부터 90일 이내에 심사청구 또는 심판청구를 제기할 수 있다는 뜻'을 함께 적어야 한다.

④ 심사청구는 해당 처분을 한 것을 안 날(처분하였다는 통지를 받았을 때에는 통지를 받은 날을 말한다)부터 90일 이내에 제기하여야 한다.

▌ 관련 법조문: 법 제119조, 제122조, 제128조　　　　　　　　　　　　　　답 ②

심사청구에 대한 결정은 다음 각 호의 구분에 따른다(법 제128조 제1항).

> 1. 심사청구가 청구기간이 지난 후 제기되었거나 심사청구를 제기한 후 보정기간 내에 필요한 보정을 하지 아니한 경우: 그 청구를 각하하는 결정
> 2. 심사청구가 이유 없다고 인정되는 경우: 그 청구를 기각하는 결정
> 3. 심사청구가 이유 있다고 인정되는 경우: 그 청구의 대상이 된 처분의 취소·경정 또는 필요한 처분의 결정(이 경우 취소·경정 또는 필요한 처분을 하기 위하여 사실 관계 확인 등 추가적으로 조사가 필요한 경우에는 처분청으로 하여금 이를 재조사하여 그 결과에 따라 취소·경정하거나 필요한 처분을 하도록 하는 재조사 결정을 할 수 있다)

심사청구에 대한 결정은 심사청구를 받은 날부터 90일 이내에 하여야 한다. 다만, 부득이한 사유가 있을 때에는 그러하지 아니하다(법 제128조 제2항). 그러므로 '각하'를 '기각'으로 바꿔야 한다.

28 관세법령상 불복신청에 관한 설명으로 옳은 것은?

① 관세법에 따른 부당한 과태료 부과처분을 받아 권리나 이익을 침해당한 자는 그 처분의 변경을 청구할 수 있다.

② 심사청구에 대한 재조사 결정에 따른 처분청의 처분에 대해서는 해당 재조사 결정을 한 재결청에 심사청구를 제기할 수 있다.

③ 관세청장이 심사청구의 내용이나 절차의 보정을 요구하는 때에는 구두 또는 문서에 의하여야 한다.

④ 심판청구인은 청구의 대상이 3천만원인 경우에는 배우자를 대리인으로 선임할 수 있다.

⑤ 관세청장은 심사청구에 따른 결정을 할 때 공익상의 이유로 심사청구를 한 처분보다 청구인에게 불리한 결정을 할 수 있다.

█ 관련 법조문: 법 제119조, 제126조, 제128조의2, 영 제146조, 제149조의2   답 ②

관세법상 심사청구 또는 심판청구에 대한 처분에 대해서는 이의신청, 심사청구 또는 심판청구를 제기할 수 없다. 다만, 제128조 제1항 제3호 후단(제131조에서 국세기본법을 준용하는 경우를 포함한다)의 재조사 결정에 따른 처분청의 처분에 대해서는 해당 재조사 결정을 한 재결청에 심사청구 또는 심판청구를 제기할 수 있다(법 제119조 제3항).

⊘ 선지분석

① 관세법이나 그 밖의 관세에 관한 법률 또는 조약에 따른 처분으로서 위법한 처분 또는 부당한 처분을 받거나 필요한 처분을 받지 못하여 권리나 이익을 침해당한 자는 이 절의 규정에 따라 그 처분의 취소 또는 변경을 청구하거나 필요한 처분을 청구할 수 있다. 다만, 다음 각 호의 처분에 대해서는 그러하지 아니하다(법 제119조 제1항).

> 1. 이 법에 따른 통고처분
> 2. 감사원법에 따라 심사청구를 한 처분이나 그 심사청구에 대한 처분
> 3. 이 법이나 그 밖의 관세에 관한 법률에 따른 과태료 부과처분

③ 법 제123조의 규정에 의하여 심사청구의 내용이나 절차의 보정을 요구하는 때에는 다음 각 호의 사항을 기재한 문서에 의하여야 한다(영 제146조).

> 1. 보정할 사항
> 2. 보정을 요구하는 이유
> 3. 보정할 기간
> 4. 기타 필요한 사항

④ 이의신청인, 심사청구인 또는 심판청구인은 신청 또는 청구의 대상이 대통령령으로 정하는 금액 미만인 경우에는 배우자, 4촌 이내의 혈족 또는 배우자의 4촌 이내의 혈족을 대리인으로 선임할 수 있다(법 제126조 제2항).

> **영 제149조의2(소액사건)** 법 제126조 제2항에서 '대통령령으로 정하는 금액'이란 3천만원을 말한다.

⑤ 관세청장은 제128조에 따른 결정을 할 때 심사청구를 한 처분보다 청구인에게 불리한 결정을 하지 못한다(법 제128조의2 제2항).

29 관세법상 심사와 심판에 대한 설명으로 옳지 않은 것은?

① 관세청장은 심사청구의 내용이나 절차가 적합하지 아니하지만 보정할 수 있다고 인정되는 경우에는 10일 이내의 기간을 정하여 해당 사항을 보정할 것을 요구하여야 한다.
② 관세청장은 심사청구에 대한 결정을 할 때 심사청구를 한 처분보다 청구인에게 불리한 결정을 하지 못한다.
③ 이의신청인, 심사청구인 또는 심판청구인은 관세청장 또는 조세심판원장이 운영하는 정보통신망을 이용하여 이의신청서, 심사청구서 또는 심판청구서를 제출할 수 있다.
④ 해당 재결청이 처분의 집행 또는 절차의 속행 때문에 이의신청인, 심사청구인 또는 심판청구인에게 중대한 손해가 생기는 것을 예방할 긴급한 필요성이 있다고 인정할 때에는 처분의 집행 또는 절차 속행의 전부 또는 일부의 정지를 결정할 수 있다.

■ 관련 법조문: 법 제123조, 제125조, 제128조의2, 제129조의2 답 ①

관세청장은 심사청구의 내용이나 절차가 이 절에 적합하지 아니하지만 보정할 수 있다고 인정되는 경우에는 <u>20일 이내의 기간을 정하여 해당 사항을 보정할 것을 요구할 수 있다.</u> 다만, 보정할 사항이 경미한 경우에는 직권으로 보정할 수 있다(법 제123조 제1항).

☑ 선지분석
② 법 제128조의2(불고불리·불이익변경 금지) 제2항
③ 법 제129조의2(정보통신망을 이용한 불복청구) 제1항
④ 법 제125조(심사청구 등이 집행에 미치는 효력) 제1항

30 관세법령상 심사청구 등에 관한 설명으로 옳지 않은 것은?

① 재결청이 처분의 집행 또는 절차의 속행 때문에 심사청구인에게 중대한 손해가 생기는 것을 예방할 긴급한 필요성이 있다고 인정할 때에는 처분의 집행 또는 절차 속행의 전부 또는 일부의 정지를 결정할 수 있다.
② 심사청구인의 주소 또는 거소가 불명하여 결정 등을 통지할 수 없어 그 요지를 당해 재결관서의 게시판에 공고를 한 때에는 그 공고가 있은 날부터 15일을 경과한 날에 결정 등의 통지를 받은 것으로 본다.
③ 관세심사위원회의 위원장이 필요하다고 인정하는 경우를 제외하고 관세심사위원회의 회의는 공개하지 아니한다.
④ 심사청구가 있으면 관세청장은 관세심사위원회의 의결에 따라 결정하여야 하나 심사청구의 대상이 되는 처분이 존재하지 아니하는 경우에는 그러하지 아니하다.
⑤ 관세청장은 관세심사위원회의 의결이 법령에 명백히 위반된다고 판단하는 경우 구체적인 사유를 적어 서면으로 관세심사위원회에 한 차례에 한정하여 다시 심의할 것을 요청할 수 있다.

심사청구인의 주소 또는 거소가 불명하거나 기타의 사유로 인하여 인편 또는 등기우편으로 결정 등을 통지할 수 없는 때에는 그 요지를 당해 재결관서의 게시판 기타 적절한 장소에 공고하여야 한다(영 제151조 제2항). 제2항의 규정에 의하여 공고를 한 때에는 그 공고가 있는 날부터 '10일'을 경과한 날에 결정 등의 통지를 받은 것으로 본다(영 제151조 제3항).

⊘ 선지분석

① 법 제125조(심사청구 등이 집행에 미치는 효력) 제1항

③ 법 제127조(결정절차) 제3항

④ 법 제122조에 따른 심사청구가 있으면 관세청장은 관세심사위원회의 의결에 따라 결정하여야 한다. 다만, 심사청구기간이 지난 후 심사청구가 제기된 경우 등 대통령령으로 정하는 사유에 해당하는 경우에는 그러하지 아니하다(법 제127조 제1항). "대통령령으로 정하는 사유에 해당하는 경우"란 다음 각 호의 어느 하나에 해당하는 경우를 말한다(영 제150조, 경미한 사항).

> 1. 심사청구기간이 지난 경우
> 2. 심사청구의 대상이 되는 처분이 존재하지 아니하는 경우
> 3. 해당 처분으로 권리 또는 이익을 침해당하지 아니한 자가 심사청구를 제기한 경우
> 4. 심사청구의 대상이 되지 아니하는 처분에 대하여 심사청구가 제기된 경우
> 5. 법 제123조 제1항에 따른 보정기간 내에 필요한 보정을 하지 아니한 경우
> 6. 심사청구의 대상이 되는 처분의 내용·쟁점·적용법령 등이 이미 관세심사위원회의 심의를 거쳐 결정된 사항과 동일한 경우
> 7. 그 밖에 신속히 결정하여 상급심에서 심의를 받도록 하는 것이 권리구제에 도움이 된다고 판단되는 경우

⑤ 법 제127조(결정절차) 제2항

제6장

운송수단

제6장 운송수단

제1절 | 국제항(법 제133조 ~ 제134조)

01 관세법령상 지정된 국제항에 해당하지 않는 것은?

2020 관세사

① 옥포항
② 대산항
③ 고현항
④ 양양항
⑤ 무안공항

관련 법조문: 영 제155조 답 ④

국제항이란 관세법의 규정에 따라 대통령령으로 지정한 항구 또는 공항으로, 국제무역선이나 국제무역기는 국제항에 한정하여 운항할 수 있다. 양양공항은 국제항에 포함되지만, 양양항은 국제항에 포함되지 않는다.

항구	인천항, 부산항, 마산항, 여수항, 목포항, 군산항, 제주항, 동해묵호항, 울산항, 통영항, 삼천포항, 장승포항, 포항항, 장항항, 옥포항, 광양항, 평택당진항, 대산항, 삼척항, 진해항, 완도항, 속초항, 고현항, 경인항, 보령항
공항	인천공항, 김포공항, 김해공항, 제주공항, 청주공항, 대구공항, 무안공항, 양양공항

> **명호샘의 한마디**
> 시험에 출제되었던 '국제항'이 아닌 대표적인 공항 또는 항구는 다음과 같다. (국제항 문제의 오답들)
>
> - 양양항 (×)   - 고성항 (×)
> - 옥계항 (×)   - 태안항 (×)
> - 서귀포항 (×)   - 주문진항 (×)
> - 광주공항 (×)

---

02 관세법령상 국제항으로만 묶인 것이 아닌 것은?

2013 국가직 9급

① 제주공항 – 동해묵호항 – 삼천포항
② 청주공항 – 주문진항 – 평택당진항
③ 무안공항 – 옥포항 – 광양항
④ 대구공항 – 삼척항 – 진해항

관련 법조문: 영 제155조 답 ②

주문진항은 국제항에 포함되지 않는다.

03 관세법령에 규정된 국제항으로만 묶은 것이 아닌 것은?

① 고성항, 경인항, 인천공항
② 통영항, 삼천포항, 김포공항
③ 완도항, 장항항, 청주공항
④ 고현항, 묵호항, 무안공항

| 관련 법조문: 영 제155조 | 답 ①

고성항은 국제항에 포함되지 않는다.

04 관세법령상 국제항의 지정요건으로 옳지 않은 것은?

① 항구의 경우에는 정기여객선인 5천톤급 이상의 선박이 연간 50회 이상 입항하거나 입항할 것으로 예상될 것
② 공항의 경우에는 정기여객기가 주 6회 이상 입항하거나 입항할 것으로 예상될 것, 또는 여객기로 입국하는 여객수가 연간 4만명 이상일 것
③ 선박의 입항 및 출항 등에 관한 법률 또는 공항시설법에 따라 국제무역선(기)이 항상 입출항할 수 있을 것
④ 국내선과 구분되는 국제선 전용통로 및 그 밖에 출입국업무를 처리하는 행정기관의 업무수행에 필요한 인력·시설·장비를 확보할 수 있을 것

| 관련 법조문: 영 제155조의2 | 답 ①

국제항의 지정요건은 다음 각 호와 같다.

> 1. 선박의 입항 및 출항 등에 관한 법률 또는 공항시설법에 의하여 국제무역선(기)이 항상 입출항할 수 있을 것
> 2. 국내선과 구분되는 국제선 전용통로 및 그 밖에 출입국업무를 처리하는 행정기관의 업무수행에 필요한 인력·시설·장비를 확보할 수 있을 것
> 3. 공항 및 항구의 여객수 또는 화물량 등에 관한 다음 각 목의 구분에 따른 기준을 갖출 것
>   가. 공항의 경우: 다음의 어느 하나의 요건을 갖출 것
>   1) 정기여객기가 주 6회 이상 입항하거나 입항할 것으로 예상될 것
>   2) 여객기로 입국하는 여객수가 연간 4만명 이상일 것
>   나. 항구의 경우: '국제무역선'인 5천톤급 이상의 선박이 연간 50회 이상 입항하거나 입항할 것으로 예상될 것

05 관세법 시행령상 국제항의 지정요건에 대한 설명으로 옳지 않은 것은?

① 선박의 입항 및 출항 등에 관한 법률 또는 공항시설법에 의하여 국제무역선(기)이 항상 입출항할 수 있을 것

② 국내선과 구분되는 국제선 전용통로 및 그 밖에 출입국업무를 처리하는 행정기관의 업무수행에 필요한 인력·시설·장비를 확보할 수 있을 것

③ 공항의 경우, 정기여객기가 주 6회 이상 입항하거나 입항할 것으로 예상될 것 또는 여객기로 입국하는 여객수가 연간 3만명 이상일 것 중 어느 하나의 기준을 갖출 것

④ 항구의 경우, 국제무역선인 5천톤급 이상의 선박이 연간 50회 이상 입항하거나 입항할 것으로 예상될 것

| 관련 법조문: 영 제155조의2 | 답 ③ |

공항이 국제항으로 지정되기 위해서는 다음 중 어느 하나의 요건을 갖추어야 한다(영 제155조의2).

1. 정기여객기가 주 6회 이상 입항하거나 입항할 것으로 예상될 것
2. 여객기로 입국하는 여객수가 연간 4만명 이상일 것

06 관세법령상 국제항의 지정요건으로 옳은 것만을 모두 고르면?

ㄱ. 국내선과 구분되는 국제선 전용통로 및 그 밖에 출입국업무를 처리하는 행정기관의 업무수행에 필요한 인력·시설·장비를 확보할 수 있을 것

ㄴ. 「선박의 입항 및 출항 등에 관한 법률」 또는 「공항시설법」에 따라 국제무역선(기)이 항상 입출항할 수 있을 것

ㄷ. 항구의 경우 5백톤급 이상의 선박이 연간 50회 이상 입항할 것

ㄹ. 공항의 경우 정기여객기가 월 6회 이상 입항하고, 입국하는 여객수가 연간 4만명 이상으로 예상될 것

① ㄱ, ㄴ

② ㄱ, ㄷ

③ ㄷ, ㄹ

④ ㄱ, ㄴ, ㄹ

| 관련 법조문: 영 제155조의2 | 답 ① |

☑ **선지분석**

ㄷ. 항구의 경우 '5천톤급 이상'의 선박이 연간 50회 이상 입항할 것(영 제155조의2 제1항 제3호 나목)

ㄹ. 공항의 경우 정기여객기가 '주 6회 이상 입항하거나', 입국하는 여객수가 연간 4만명 '이상일 것'(영 제155조의2 제1항 제3호 가목)

제1관 입출항절차(법 제135조 ~ 제137조)

01 관세법상의 입출항절차에 대한 내용으로 옳지 않은 것은?   2011 국가직 9급

□□□

① 국제무역선의 선장이 관세법에 따라 세관장에게 입항보고를 할 때 세관장은 감시·단속에 지장이 없다고 인정되는 때에는 선박용품의 목록이나 승무원 휴대품 목록의 첨부를 생략하게 할 수 있다.

② 국제무역선이 국제항을 출항하려면 선장은 사전에 세관장에게 출항신고를 하고 출항하여야 한다.

③ 세관장은 국제무역선이 국제항에 입항하여 관세법에 따른 입항절차를 마친 후 다시 우리나라의 다른 국제항에 입항할 때에는 서류제출의 생략 등 간소한 절차로 입출항하게 할 수 있다.

④ 세관장은 신속한 입항 및 통관절차의 이행을 위하여 필요한 때에는 관세청장이 정하는 바에 따라 입항하는 해당 선박이 소속된 선박회사나 그 업무 대행자로 하여금 입항보고를 위한 여객명부·적재화물목록 등을 입항하기 전에 제출하게 할 수 있다.

> **관련 법조문: 법 제135조, 제136조, 제137조**   답 ②

국제무역선이나 국제무역기가 국제항을 출항하려면 선장이나 기장은 출항하기 전에 세관장에게 출항허가를 받아야 한다.

02 관세법령상 국제항 및 입출항절차에 관한 설명으로 옳지 않은 것은?   2018 관세사

□□□

① 국제무역선이나 국제무역기가 국제항을 출항하려면 선장이나 기장은 출항하기 전에 세관장에게 출항허가를 받아야 한다.

② 국제항은 대통령령으로 지정한다.

③ 국제항의 시설기준 등에 관하여 필요한 사항은 대통령령으로 정한다.

④ 국제무역선이나 국제무역기는 국제항에 한정하여 운항할 수 있다. 다만, 대통령령으로 정하는 바에 따라 국제항이 아닌 지역에 대한 출입의 허가를 받은 경우에는 그러하지 아니하다.

⑤ 승객예약자료를 열람할 수 있는 사람은 선장과 관세청장이 지정하는 선원 및 항공사 담당직원으로 한정한다.

> **관련 법조문: 법 제133조, 제134조, 제136조, 제137조의2**   답 ⑤

승객예약자료를 열람할 수 있는 사람은 <u>관세청장이 지정하는 세관공무원으로 한정한다</u>(법 제137조의2 제3항).

 선지분석

① 법 제136조(출항절차) 제1항

② 법 제133조(국제항의 지정 등) 제1항

③ 법 제133조(국제항의 지정 등) 제2항

④ 법 제134조(국제항 등에의 출입) 제1항

03 관세법령상 항공기의 입항보고서에 기재되어야 하는 사항으로 명시되어 있지 않은 것은? 2020 관세사

☐☐☐

① 항공기의 출항지 및 입항일시
② 적재물품의 적재지·개수 및 톤수
③ 항공기의 종류
④ 항공기의 등록기호
⑤ 항공기의 총톤수 및 순톤수

┃ 관련 법조문: 영 제157조 답 ⑤

법 제135조(입항절차)의 규정에 의한 항공기의 입항보고서에는 다음 각 호의 사항을 기재해야 한다.

> 1. 항공기의 종류·등록기호·명칭·국적·출항지 및 입항일시
> 2. 적재물품의 적재지·개수 및 톤수
> 3. 여객·승무원·통과여객의 수

04 관세법령상 국제무역선이나 국제무역기의 입출항에 대한 설명으로 옳지 않은 것은? 2019 국가직 9급

☐☐☐

① 국제무역선이나 국제무역기가 국제항에 입항하였을 때에는 선장이나 기장은 대통령령으로 정하는 사항이 적힌 선박용품 또는 항공기용품의 목록, 여객명부, 승무원명부, 승무원 휴대품목록과 적재화물목록을 첨부하여 지체 없이 세관장에게 입항보고를 하여야 하며, 국제무역선은 선박국적증서와 최종 출발항의 출항허가증이나 이를 갈음할 서류를 제시하여야 한다. 다만, 세관장은 감시·단속에 지장이 없다고 인정될 때에는 선박용품 또는 항공기용품의 목록 및 승무원명부의 첨부를 생략하게 할 수 있다.
② 선장이 세관장의 출항허가를 받아 국제항을 출항하고자 하는 때에는 선박의 종류·등록기호·명칭·국적·총톤수 및 순톤수, 여객·승무원·통과여객의 수, 적재물품의 개수 및 톤수, 선적지·목적지 및 출항일시 사항을 기재한 신청서를 세관장에게 제출하여야 한다.
③ 국제무역기는 국제항에 한정하여 운항할 수 있다. 다만, 대통령령으로 정하는 바에 따라 국제항이 아닌 지역에 대한 출입의 허가를 받은 경우에는 그러하지 아니하다.
④ 국제항의 출항허가신청을 받은 세관장은 신청을 받은 날부터 10일 이내에 허가 여부를 신청인에게 통지하여야 한다.

┃ 관련 법조문: 법 제134조, 제135조, 제136조, 영 제158조 답 ①

국제무역선이나 국제무역기가 국제항에 입항하였을 때에는 선장이나 기장은 대통령령으로 정하는 사항이 적힌 선박용품 또는 항공기용품의 목록, 여객명부, 승무원명부, 승무원 휴대품목록과 적재화물목록을 첨부하여 지체 없이 세관장에게 입항보고를 하여야 하며, 국제무역선은 선박국적증서와 최종 출발항의 출항허가증이나 이를 갈음할 서류를 제시하여야 한다. 다만, 세관장은 감시·단속에 지장이 없다고 인정될 때에는 선박용품 또는 항공기용품의 목록이나 '승무원 휴대품목록'의 첨부를 생략하게 할 수 있다(법 제135조 제1항).

⊘ 선지분석
② 영 제158조(출항허가의 신청) 제1항
③ 법 제134조(국제항 등에의 출입) 제1항
④ 법 제136조(출항절차) 제4항

관세법상 운송수단에 대한 설명으로 옳지 않은 것은?

① 국제항이 대통령령으로 정한 시설기준 등에 미치지 못하게 된 경우 기획재정부장관은 그 시설 등의 개선을 명할 수 있다.

② 국제무역선이 국제항에 입항할 때에는 선박국적증서와 최초 출발항의 출항허가증이나 이를 갈음할 서류를 제시하여야 한다.

③ 재해로 국내운항선이 외국에 임시 정박하고 우리나라로 되돌아왔을 때에는 선장은 지체 없이 그 사실을 세관장에게 보고하여야 하며, 외국에서 적재한 물품이 있을 때에는 그 목록을 제출하여야 한다.

④ 통관장에서 외국물품을 차량에 하역하려는 자는 세관장에게 신고를 하고, 현장에서 세관공무원의 확인을 받아야 한다. 다만, 세관공무원이 확인할 필요가 없다고 인정할 때에는 그러하지 아니하다.

> **관련 법조문: 법 제133조, 제135조, 제139조, 제151조**　　　　　　　　답 ②

국제무역선이나 국제무역기가 국제항(국제항이 아닌 지역에 대한 출입허가를 받은 지역을 포함한다)에 입항하였을 때에는 선장이나 기장은 대통령령으로 정하는 사항이 적힌 선박용품 또는 항공기용품의 목록, 여객명부, 승무원명부, 승무원 휴대품목록과 적재화물목록을 첨부하여 지체 없이 세관장에게 입항보고를 하여야 하며, 국제무역선은 선박국적증서와 '최종' 출발항의 출항허가증이나 이를 갈음할 서류를 제시하여야 한다. 다만, 세관장은 감시·단속에 지장이 없다고 인정될 때에는 선박용품 또는 항공기용품의 목록이나 승무원 휴대품목록의 첨부를 생략하게 할 수 있다(법 제135조 제1항).

✓ 선지분석

① 국제항의 시설기준 등에 관하여 필요한 사항은 대통령령으로 정한다. 국제항의 운영자는 국제항이 이 시설기준 등에 미치지 못하게 된 경우 그 시설 등을 신속하게 개선하여야 하며, 기획재정부장관은 대통령령으로 정하는 바에 따라 그 시설 등의 개선을 명할 수 있다(법 제133조 제2항 및 제3항).

③ 재해나 그 밖의 부득이한 사유로 국내운항선이나 국내운항기가 외국에 임시 정박 또는 착륙하고 우리나라로 되돌아왔을 때에는 선장이나 기장은 지체 없이 그 사실을 세관장에게 보고하여야 하며, 외국에서 적재한 물품이 있을 때에는 그 목록을 제출하여야 한다(법 제139조).

④ 통관역이나 통관장에서 외국물품을 차량에 하역하려는 자는 세관장에게 신고를 하고, 현장에서 세관공무원의 확인을 받아야 한다. 다만, 세관공무원이 확인할 필요가 없다고 인정할 때에는 그러하지 아니하다(법 제151조 제1항).

관세법령상 운송수단에 관한 설명으로 옳은 것은?

① 국제무역선이 국제항이 아닌 지역에 출입하기 위하여 내야 하는 수수료의 총액은 50만원을 초과하지 못한다.

② 통관역은 국외와 연결되고 국경에 근접한 철도역 중에서 세관장이 지정하고, 통관장은 관세통로에 접속한 장소 중에서 관세청장이 지정한다.

③ 관세청장이 출항절차를 신속하게 진행하기 위하여 필요하다고 인정하여 출항허가 후 10일의 범위에서 따로 기간을 정하는 경우 국제무역선의 선장은 그 기간 내에 적재화물목록을 제출할 수 있다.

④ 국제무역선인 5천톤급 이상의 선박이 연간 40회 이상 입항하거나 입항할 것으로 예상되어야 국제항으로 지정될 수 있다.

⑤ 국제무역선이 국제항의 바깥에서 물품을 하역하거나 환적하려는 경우 납부하여야 하는 항외하역에 관한 허가수수료는 하역 1일마다 3만원으로 한다.

국제항이 아닌 지역에 출입하기 위하여 내야 하는 수수료는 다음 표에 따라 계산하되, 산정된 금액이 1만원에 미달하는 경우에는 1만원으로 한다. 이 경우 수수료의 총액은 50만원을 초과하지 못한다(규칙 제62조 제1항).

구분	출입 횟수 기준	적용 무게 기준	수수료
국제무역선	1회	해당 선박의 순톤수 1톤	100원
국제무역기	1회	해당 항공기의 자체무게 1톤	1천2백원

✅ 선지분석

② 통관역은 국외와 연결되고 국경에 근접한 철도역 중에서 <u>관세청장</u>이 지정한다(법 제148조 제3항). 통관장은 관세통로에 접속한 장소 중에서 <u>세관장</u>이 지정한다(법 제148조 제4항).

③ 선장이나 기장은 출항허가를 받으려면 그 국제항에서 적재화물목록을 제출하여야 한다. 다만, <u>세관장</u>이 출항절차를 신속하게 진행하기 위하여 필요하다고 인정하여 <u>출항허가 후 7일</u>의 범위에서 따로 기간을 정하는 경우에는 그 기간 내에 그 목록을 제출할 수 있다(법 제136조 제2항).

④ 국제무역선인 5천톤급 이상의 선박이 연간 <u>50회</u> 이상 입항하거나 입항할 것으로 예상되어야 국제항으로 지정될 수 있다(영 제155조의2 제1항 제3호 나목).

⑤ 국제무역선이 국제항의 바깥에서 물품을 하역하거나 환적하려는 경우 납부하여야 하는 항외하역에 관한 허가수수료는 <u>하역 1일마다 4만원</u>으로 한다. 다만, 수출물품(보세판매장에서 판매하는 물품과 보세공장, 「자유무역지역의 지정 및 운영에 관한 법률」에 의한 자유무역지역에서 제조·가공하여 외국으로 반출하는 물품을 포함한다)에 대한 하역인 경우에는 하역 1일마다 1만원으로 한다(규칙 제63조).

---

07 관세법령상 운송수단에 대한 설명으로 옳지 않은 것은?　　　2021 국가직 9급

① 국제무역선이나 국제무역기는 국제항에 한정하여 운항할 수 있다. 다만, 대통령령으로 정하는 바에 따라 국제항이 아닌 지역에 대한 출입의 허가를 받은 경우에는 그러하지 아니하다.

② 국제무역선이나 국제무역기가 국제항을 출항하려면 선장이나 기장은 출항하기 전에 세관장에게 출항허가를 받아야 한다.

③ 출항하는 선박의 승객예약자료 제출시한은 출항 30분 전까지이다.

④ 세관공무원은 보존승객예약자료를 열람하려는 때에는 관세청장이 정하는 바에 따라 미리 세관장의 승인을 얻어야 한다.

법 제137조의2 제1항에 따른 승객예약자료의 제출시한은 다음 각 호의 구분에 의한다(규칙 제62조의3).

> 1. 출항하는 선박 또는 항공기의 경우: 출항 후 3시간 이내
> 2. 입항하는 선박 또는 항공기의 경우: 입항 1시간 전까지. 다만, 운항예정시간이 3시간 이내인 경우에는 입항 30분 전까지 할 수 있다.

✅ 선지분석

① 법 제134조(국제항 등에의 출입) 제1항
② 법 제136조(출항절차) 제1항
④ 영 제158조의2(승객예약자료의 열람 등) 제4항

08 관세법령상 세관장이 승객예약자료를 요청한 경우 해당 선박회사 또는 항공사가 제출해야 할 시한으로 옳지 않은 것은?

2023 관세사

① 출항하는 선박은 출항 후 3시간 이내
② 출항하는 항공기는 출항 후 3시간 이내
③ 입항하는 선박은 운항예정시간이 2시간인 경우 입항 30분 전까지
④ 입항하는 항공기는 운항예정시간이 5시간인 경우 입항 30분 전까지
⑤ 입항하는 항공기는 운항예정시간이 7시간인 경우 입항 1시간 전까지

> **관련 법조문: 규칙 제62조의3**   답 ④

입항하는 항공기는 운항예정시간이 5시간인 경우에는 '입항 1시간 전까지' 승객예약자료를 제출해야 한다(규칙 제62조의3 제2호).

09 수출입금지 물품을 수출입한 자(하려는 자)에 대하여 항공사에 승객예약자료의 열람 및 제출을 요청하는 것과 관련된 설명으로 옳지 않은 것은?

2012 국가직 9급

① 세관장은 승객이 입항 또는 출항한 날부터 1개월이 경과한 때에는 해당 승객의 승객예약자료를 다른 승객의 승객예약자료와 구분하여 관리하여야 한다.
② 승객예약자료에는 여행경로 및 여행사에 대한 자료도 포함된다.
③ 검사업무대상자 본인 이외의 동반탑승자에 관한 정보는 요청할 수 없다.
④ 제공받은 승객예약자료를 열람할 수 있는 사람은 관세청장이 지정하는 세관공무원으로 한다.

> **관련 법조문: 법 제137조의2, 영 제158조의2**   답 ③

세관장은 동반탑승자에 대한 정보도 요청할 수 있다. 세관장이 선박회사나 항공사에 열람이나 제출을 요청할 수 있는 승객예약자료에는 '동반탑승자'에 대한 정보가 포함된다(법 제137조의2 제2항).

10 관세법상 세관장이 열람이나 제출을 요청할 수 있는 승객예약자료를 모두 고른 것은?

2016 관세사

> ㉠ 주소 및 전화번호
> ㉡ 직업 및 종교
> ㉢ 수하물 자료
> ㉣ 여행경로 및 여행사
> ㉤ 예약 및 탑승수속 시점

① ㉠, ㉡
② ㉡, ㉢
③ ㉠, ㉢, ㉣
④ ㉠, ㉡, ㉢, ㉤
⑤ ㉠, ㉢, ㉣, ㉤

답 ⑤

세관장이 열람이나 제출을 요청할 수 있는 승객예약자료는 다음 각 호의 자료로 한정한다(법 제137조의2 제2항).

1. 국적, 성명, 생년월일, 여권번호 및 예약번호
2. 주소 및 전화번호
3. 예약 및 탑승수속 시점
4. 항공권 또는 승선표의 번호·발권일·발권도시 및 대금결제방법
5. 여행경로 및 여행사
6. 동반탑승자 및 좌석번호
7. 수하물 자료
8. 항공사 또는 선박회사의 회원으로 가입한 경우 그 회원번호 및 등급과 승객주문정보

11 관세법상 운송수단의 입출항절차에 관한 설명으로 옳지 않은 것은? 　　　2014 국가직 9급, 2009 국가직 7급

① 세관장은 신속한 입항 및 통관절차의 이행을 위하여 필요한 때에는 입항하는 선박이 소속된 선박회사로 하여금 여객명부·적재화물목록을 입항하기 전에 제출하게 할 수 있다.
② 국제무역선이 국제항을 출항하고자 하는 때에는 선장은 출항하기 전에 세관장의 출항허가를 받아야 한다.
③ 세관장은 국제무역선이 국제항에 입항하여 물품을 하역하지 아니하고 입항한 때부터 48시간 이내에 출항하는 경우 간이입출항절차를 적용할 수 있다.
④ 세관장은 국제무역선이 국제항에 입항하여 입항절차를 완료한 후 다시 우리나라의 다른 국제항에 입항하는 때에는 간이입출항절차를 적용할 수 있다.

답 ③

세관장은 국제무역선이 국제항에 입항하여 물품을 하역하지 아니하고 입항한 때부터 '24시간' 이내에 출항하는 경우 간이입출항절차를 적용할 수 있다.

12 관세법령에 규정된 운송수단에 대한 설명으로 옳지 않은 것은? 　　　2010 국가직 7급

① 국제무역선이나 국제무역기는 국제항에 한정하여 운항할 수 있다. 다만, 국제무역선의 선장이나 국제무역기의 기장이 기획재정부령으로 정하는 바에 따라 허가수수료를 납부하고 대통령령으로 정하는 바에 따라 국제항이 아닌 지역에 대한 출입의 허가를 받은 때에는 그러하지 아니하다.
② 국제무역선이나 국제무역기가 국제항을 출항하려면 선장이나 기장은 출항하기 전에 세관장에게 출항허가를 받아야 한다.
③ 재해나 그 밖의 부득이한 사유로 국내운항선이나 국내운항기가 외국에 임시 정박 또는 착륙하고 우리나라로 되돌아왔을 때에는 선장이나 기장은 지체 없이 그 사실을 세관장에게 보고하여야 하며, 외국에서 적재한 물품이 있을 때에는 그 목록을 제출하여야 한다.
④ 국제무역선 또는 국제무역기에 물품을 하역하거나 환적하고자 하는 때에는 세관장의 허가를 받고 현장에서 세관공무원의 확인을 받아야 한다. 다만, 세관공무원이 확인할 필요가 없다고 인정하는 때에는 그러하지 아니하다.

국제무역선 또는 국제무역기에 물품을 하역하려면 '세관장에게 신고를 하고' 현장에서 세관공무원의 확인을 받아야 한다. 다만, 세관공무원이 확인할 필요가 없다고 인정하는 때에는 그러하지 아니하다.

13 관세법상 입출항절차 등에 대한 설명으로 옳지 않은 것은? 2017 국가직 9급, 2002 관세사

① 국제무역기가 국제항에 입항하였을 때에는 기장은 대통령령으로 정하는 사항이 적힌 항공기용품의 목록, 여객명부, 여객 휴대품목록, 승무원명부, 승무원 휴대품목록과 적재화물목록을 첨부하여 지체 없이 세관장에게 입항보고를 하여야 한다.

② 국제무역선은 국제항에 입항하였을 때 관세법이 정한 서류를 첨부하여 지체 없이 세관장에게 입항보고를 하여야 하며 선박국적증서와 최종 출발항의 출항허가증이나 이를 갈음할 서류를 제시하여야 한다.

③ 국제무역선이나 국제무역기가 국제항을 출항하려면 선장이나 기장은 출항하기 전에 세관장에게 출항 허가를 받아야 한다.

④ 국제무역선이나 국제무역기가 국제항이 아닌 지역에 출입하려는 경우 대통령령으로 정하는 바에 따라 허가를 받아야 한다.

국제무역선이나 국제무역기가 국제항(법 제134조 제1항 단서에 따라 출입허가를 받은 지역을 포함한다)에 입항하였을 때에는 선장이나 기장은 대통령령으로 정하는 사항이 적힌 선박용품 또는 항공기용품의 목록, 여객명부, 승무원명부, 승무원 휴대품목록과 적재화물목록을 첨부하여 지체 없이 세관장에게 입항보고를 하여야 하며, 국제무역선은 선박국적증서와 최종 출발항의 출항허가증이나 이를 갈음할 서류를 제시하여야 한다(법 제135조 제1항). '여객 휴대품목록'은 입항보고시 제출하여야 하는 서류에 해당하지 않는다.

☑ 선지분석

③ 국제무역선이나 국제무역기가 국제항을 출항하려면 선장이나 기장은 출항하기 전에 세관장에게 출항허가를 받아야 한다(법 제136조 제1항).

④ 국제무역선이나 국제무역기는 국제항에 한정하여 운항할 수 있다. 다만, 대통령령으로 정하는 바에 따라 국제항이 아닌 지역에 대한 출입의 허가를 받은 경우에는 그러하지 아니하다(법 제134조). 즉, '국제무역선이나 국제무역기가 국제항이 아닌 지역에 출입하려는 경우 대통령령으로 정하는 바에 따라 허가를 받아야 한다.'

14 관세법상 운송수단에 대한 설명으로 옳지 않은 것은? 2018 국가직 9급

① 국제무역선이나 국제무역기는 국제항에 한정하여 운항할 수 있다. 다만, 대통령령으로 정하는 바에 따라 국제항이 아닌 지역에 대한 출입의 허가를 받은 경우에는 그러하지 아니하다.

② 세관장은 신속한 입항 및 통관절차의 이행과 효율적인 감시·단속을 위하여 필요할 때에는 관세청장이 정하는 바에 따라 입항하는 해당 선박 또는 항공기가 소속된 선박회사 또는 항공사(그 업무를 대행하는 자를 포함한다)로 하여금 여객명부·적재화물목록 등을 입항하기 전에 제출하게 할 수 있다. 다만, 관세법 제222조 제1항 제2호에 따른 화물운송주선업자(관세법 제254조의2 제1항에 따른 탁송품 운송업자는 제외한다)로서 대통령령으로 정하는 요건을 갖춘 자가 작성한 적재화물목록은 관세청장이 정하는 바에 따라 해당 화물운송주선업자로 하여금 제출하게 할 수 있다.

③ 선장이나 기장은 출항허가를 받으려면 그 국제항에서 적재한 물품의 목록을 제출하여야 한다. 다만, 세관장이 출항절차를 신속하게 진행하기 위하여 필요하다고 인정하여 출항허가 후 7일의 범위에서 따로 기간을 정하는 경우에는 그 기간 내에 그 목록을 제출할 수 있다.

④ 국제무역선이나 국제무역기가 국제항에 입항하여 물품(선박용품 또는 항공기용품과 승무원의 휴대품은 제외한다)을 하역하지 아니하고 입항한 때부터 24시간 이내에 출항하는 경우 세관장은 관세법 제135조에 따른 적재화물목록, 선박용품 또는 항공기용품의 목록, 여객명부, 승무원명부, 승무원 휴대품목록 또는 관세법 제136조에 따른 적재물품의 목록의 제출을 생략하게 할 수 있다.

▎ 관련 법조문: 법 제134조, 제135조, 제136조, 제137조　　　　　　　　　　답 ②

세관장은 신속한 입항 및 통관절차의 이행과 효율적인 감시·단속을 위하여 필요할 때에는 관세청장이 정하는 바에 따라 입항하는 해당 선박 또는 항공기가 소속된 선박회사 또는 항공사(그 업무를 대행하는 자를 포함한다)로 하여금 여객명부·적재화물목록 등을 입항하기 전에 제출하게 할 수 있다. 다만, 관세법 제222조 제1항 제2호에 따른 화물운송주선업자(관세법 제254조의2 제1항에 따른 '<u>탁송품 운송업자로 한정</u>'한다)로서 대통령령으로 정하는 요건을 갖춘 자가 작성한 적재화물목록은 관세청장이 정하는 바에 따라 해당 화물운송주선업자로 하여금 제출하게 할 수 있다(법 제135조 제2항).

☑ 선지분석
....
① 법 제134조(국제항 등에의 출입) 제1항
③ 법 제136조(출항절차) 제2항
④ 법 제137조(간이입출항절차) 제1항

---

15 관세법령상 국제항과 입출항절차 등에 대한 설명으로 옳지 않은 것은? 2015 국가직 7급

① 국제무역기가 국제항이 아닌 지역에 출입하기 위하여 내야 하는 수수료는 출입횟수 1회 기준으로 해당 항공기의 자체 무게 1톤 기준으로 1천원을 납부하며, 이 경우 수수료의 총액은 100만원을 초과하지 못한다.

② 선장이나 기장이 세관장에게 출항허가를 받으려면 그 국제항에서 적재한 물품의 목록을 제출하여야 하나, 세관장이 출항절차를 신속하게 진행하기 위하여 필요하다고 인정하여 출항허가 후 7일의 범위에서 따로 기간을 정하는 경우에는 그 기간 내에 그 목록을 제출할 수 있다.

③ 세관공무원은 보존승객예약자료를 열람하려는 때에는 관세청장이 정하는 바에 따라 미리 세관장의 승인을 얻어야 한다.

④ 세관장은 신속한 입항 및 통관절차의 이행과 효율적인 감시·단속을 위하여 필요할 때에는 관세청장이 정하는 바에 따라 입항하는 해당 선박 또는 항공기가 소속된 선박회사 또는 항공사(그 업무를 대행하는 자를 포함한다)로 하여금 여객명부·적재화물목록 등을 입항하기 전에 제출하게 할 수 있다.

관련 법조문: 법 제134조, 제135조, 제136조, 제137조, 규칙 제62조　　　　　　　답 ①

국제무역선이나 국제무역기는 국제항에 한정하여 운항할 수 있다. 국제항이 아닌 지역에 출입하기 위해서는 세관장의 허가를 받아야 하며, 이때 기획재정부령으로 정하는 바에 따라 허가수수료를 납부하여야 한다. 국제항이 아닌 지역에 출입하기 위하여 내야 하는 수수료는 다음 표에 따라 계산하되, 산정된 금액이 1만원에 미달하는 경우에는 1만원으로 한다. 이 경우 수수료의 총액은 '50만원'을 초과하지 못한다.

구분	출입 횟수기준	적용 무게기준	수수료
국제무역선	1회	해당 선박의 순톤수 1톤	100원
국제무역기	1회	해당 항공기의 자체 무게 1톤	1천2백원

16

관세법령상 국제무역선이 국제항이 아닌 지역에 출입하는 경우 받아야 할 허가에 관한 설명으로 옳지 않은 것은?　　　　2023 관세사

① 출입허가 수수료의 산정 금액이 3만원에 미달하는 경우에는 3만원으로 한다.

② 출입허가 신청서는 국제무역선 항행의 편의도모나 그 밖의 특별한 사정이 있는 경우에는 관할 세관장이 아닌 다른 세관장에게 제출할 수 있다.

③ 세관장은 출입허가의 신청을 받은 날부터 10일 이내에 허가 여부를 신청인에게 통지하여야 한다.

④ 출입허가 수수료의 총액은 50만원을 초과하지 못한다.

⑤ 국제항의 협소 등 입항여건을 고려하여 관세청장이 정하는 일정한 장소에 입항하는 경우에는 출입허가 수수료를 징수하지 않는다.

관련 법조문: 법 제134조, 영 제156조, 규칙 제62조　　　　　　　답 ①

국제항이 아닌 지역에 출입하기 위하여 내야 하는 수수료의 산정 금액이 '1만원'에 미달하는 경우에는 '1만원'으로 한다(규칙 제62조 제1항).

✅ 선지분석

② 영 제156조(국제항이 아닌 지역에 대한 출입허가) 제1항

③ 법 제134조(국제항 등에의 출입) 제3항

④ 규칙 제62조(국제항이 아닌 지역에 대한 출입허가수수료) 제1항

⑤ 규칙 제62조(국제항이 아닌 지역에 대한 출입허가수수료) 제2항 제4호

17

관세법의 내용으로 옳지 않은 것은?　　　　2013 국가직 7급

① 통관역은 국외와 연결되고 국경에 근접한 철도역 중에서 관세청장이 지정한다.

② 관세징수권의 소멸시효는 경정처분으로 중단되며 환급청구권의 소멸시효는 환급청구권의 행사로 중단된다.

③ 세관공무원은 관세범 조사에 필요하다고 인정할 때에는 피의자·증인 또는 참고인을 조사할 수 있다.

④ 국제무역선이나 국제무역기가 국제항에 입항하여 물품(선박용품 또는 항공기용품을 포함한다)을 하역하지 아니하고 입항한 때부터 24시간 이내에 출항하는 경우 세관장은 관세법 제136조에 따른 적재물품의 목록의 제출을 생략하게 할 수 있다.

국제무역선이나 국제무역기가 국제항에 입항하여 물품(선박용품 또는 항공기용품과 승무원의 휴대품은 '제외'한다)을 하역하지 아니하고 입항한 때부터 24시간 이내에 출항하는 경우 세관장은 관세법 제136조에 따른 적재물품의 목록의 제출을 생략하게 할 수 있다.

18 다음 중 세관장의 허가가 필요한 것은?

① 국제무역선의 출항
② 부패, 손상으로 인한 보세구역 장치물품의 폐기
③ 보세구역에 장치된 외국물품의 도난 또는 분실
④ 보세창고의 설치 · 운영
⑤ 검역을 요하는 물품의 보세운송

국제무역선 또는 국제무역기가 국제항을 출항하려면 선장이나 기장은 출항하기 전에 세관장에게 출항허가를 받아야 한다.

✅ 선지분석

② 부패·손상으로 인한 보세구역 장치물품의 폐기: 세관장의 승인을 받아야 한다.
③ 보세구역에 장치된 외국물품의 도난 또는 분실: 도난 또는 분실을 위하여 허가 등을 받으러 다니는 사람은 세상에 없다.
④ 보세창고의 설치 · 운영: 특허보세구역(보세창고 포함)을 설치 · 운영하려는 세관장의 특허를 받아야 한다.
⑤ 검역을 요하는 물품의 보세운송: 세관장의 승인을 받아야 한다.

19 관세법상 관세청장이 할 수 있거나 해야 하는 것으로 규정된 것만을 모두 고른 것은?

ㄱ. 국제무역선의 국내운항선으로의 전환에 대한 승인
ㄴ. 전산처리설비와 데이터베이스에 관한 국가관세종합정보시스템의 구축
ㄷ. 통관장의 지정
ㄹ. 납세자의 납세증명서 발급신청에 따라 납세증명서를 발급하는 것
ㅁ. 수출하거나 수입한 화물에 관한 사항에 관한 통계 작성
ㅂ. 전자문서중계사업자의 지정

① ㄴ, ㅂ
② ㄱ, ㄷ, ㄹ
③ ㄴ, ㅁ, ㅂ
④ ㄱ, ㄴ, ㄷ, ㄹ, ㅁ, ㅂ

ㄴ. 전산처리설비와 데이터베이스에 관한 국가관세종합정보시스템의 구축

법 제327조(국가관세종합정보시스템의 구축 및 운영) ① 관세청장은 전자통관의 편의를 증진하고, 외국세관과의 세관정보 교환을 통하여 수출입의 원활화와 교역안전을 도모하기 위하여 전산처리설비와 데이터베이스에 관한 국가관세종합정보시스템(이하 '관세정보시스템'이라 한다)을 구축 · 운영할 수 있다.

ㅁ. 수출하거나 수입한 화물에 관한 사항에 관한 통계 작성

> **법 제322조(통계 및 증명서의 작성 및 교부 등)** ① 관세청장은 다음 각 호의 사항에 관한 통계를 작성하고 그 열람이나 교부를 신청하는 자가 있으면 이를 열람하게 하거나 교부하여야 한다.
> 1. 수출하거나 수입한 화물에 관한 사항

ㅂ. 전자문서중계사업자의 지정

> **법 제327조의3(전자문서중계사업자의 지정 등)** ① 전기통신사업법 제2조 제8호에 따른 전기통신사업자로서 전자신고등 및 전자송달을 중계하는 업무(이하 '전자문서중계업무'라 한다)를 수행하려는 자는 대통령령으로 정하는 기준과 절차에 따라 관세청장의 지정을 받아야 한다.

✓ 선지분석

ㄱ. 국제무역선의 국내운항선으로의 전환에 대한 승인

> **법 제144조(국제무역선의 국내운항선으로의 전환 등)** 국제무역선 또는 국제무역기를 국내운항선 또는 국내운항기로 전환하거나, 국내운항선 또는 국내운항기를 국제무역선 또는 국제무역기로 전환하려면 선장이나 기장은 세관장의 승인을 받아야 한다.

ㄷ. 통관장의 지정

> **법 제148조(관세통로)** ④ 통관장은 관세통로에 접속한 장소 중에서 세관장이 지정한다.

ㄹ. 납세자의 납세증명서 발급신청에 따라 납세증명서를 발급하는 것

> **법 제116조의3(납세증명서의 제출 및 발급)** ② 세관장은 납세자로부터 납세증명서의 발급신청을 받았을 때에는 그 사실을 확인하고 즉시 납세증명서를 발급하여야 한다.

20

「관세법」상 관세청장이 할 수 있는 것만을 모두 고르면?

> ㄱ. 「관세법」 제133조(국제항의 지정 등)에 따른 국제항의 시설 개선 명령
> ㄴ. 「관세법」 제240조의6(국가 간 세관정보의 상호 교환 등)에 따른 수출입 신고항목 및 화물식별번호의 발급
> ㄷ. 「관세법」 제84조(품목분류체계의 수정)에 따른 품목분류의 수정·변경
> ㄹ. 「관세법」 제116조의2(고액·상습체납자 등의 명단 공개)에 따른 고액·상습체납자의 인적사항과 체납액 등 공개
> ㅁ. 「관세법」 제255조의2(수출입 안전관리 우수업체의 공인)에 따른 수출입 안전관리 우수업체의 공인

① ㄴ, ㅁ
② ㄱ, ㄷ, ㄹ
③ ㄴ, ㄹ, ㅁ
④ ㄱ, ㄴ, ㄹ, ㅁ

관련 법조문: 법 제84조, 제116조의2, 제133조, 제240조의6, 제255조의2   답 ③

ㄴ. 관세청장은 물품의 신속한 통관과 이 법을 위반한 물품의 반입을 방지하기 위하여 세계관세기구에서 정하는 수출입 신고항목 및 화물식별번호를 발급하거나 사용하게 할 수 있다(관세법 제240조의6 제1항, 국가 간 세관정보의 상호 교환 등).

ㄹ. 관세청장은 제116조에도 불구하고 다음 각 호의 구분에 따라 해당 사항을 공개할 수 있다(법 제116조의2, 고액·상습체납자의 명단 공개).

1. 체납발생일부터 1년이 지난 관세 및 내국세등(체납관세등)이 2억원 이상인 체납자: 해당 체납자의 인적사항과 체납액 등. 다만, 체납관세등에 대하여 이의신청·심사청구 등 불복청구가 진행 중이거나 체납액의 일정금액 이상을 납부한 경우 등 대통령령으로 정하는 사유에 해당하는 경우에는 그러하지 아니하다.
2. 법 제270조 제1항·제4항 및 제5항에 따른 범죄로 유죄판결이 확정된 자로서 같은 조에 따른 포탈, 감면, 면탈 또는 환급받은 관세 및 내국세등의 금액(포탈관세액)이 연간 2억원 이상인 자(관세포탈범): 해당 관세포탈범의 인적사항과 포탈관세액 등. 다만, 관세정보위원회가 공개할 실익이 없거나 공개하는 것이 부적절하다고 인정하는 경우 등 대통령령으로 정하는 사유에 해당하는 경우에는 그러하지 아니하다.

ㅁ. 관세청장은 수출입물품의 제조·운송·보관 또는 통관 등 무역과 관련된 자가 시설, 서류 관리, 직원 교육 등에서 이 법 또는 「자유무역협정의 이행을 위한 관세법의 특례에 관한 법률」 등 수출입에 관련된 법령의 준수 여부, 재무 건전성 등 대통령령으로 정하는 안전관리 기준을 충족하는 경우 수출입 안전관리 우수업체로 공인할 수 있다(법 제255조의2 제1항, 수출입 안전관리 우수업체의 공인).

✅ 선지분석

ㄱ. 국제항의 운영자는 국제항이 제2항에 따른 시설기준 등에 미치지 못하게 된 경우 그 시설 등을 신속하게 개선하여야 하며, 기획재정부장관은 대통령령으로 정하는 바에 따라 그 시설 등의 개선을 명할 수 있다(법 제133조 제3항, 국제항의 지정 등).

ㄷ. 기획재정부장관은 「통일상품명 및 부호체계에 관한 국제협약」에 따른 관세협력이사회의 권고 또는 결정 등 대통령령으로 정하는 사유로 다음 각 호에 따른 표 또는 품목분류의 품목을 수정할 필요가 있는 경우 그 세율이 변경되지 아니하는 경우에는 대통령령으로 정하는 바에 따라 품목을 신설 또는 삭제하거나 다시 분류할 수 있다(법 제84조, 품목분류체계의 수정).

1. 별표 관세율표
2. 법 제73조 및 제76조에 따라 대통령령으로 정한 품목분류
3. 「통일상품명 및 부호체계에 관한 국제협약」 및 별표 관세율표를 기초로 기획재정부장관이 품목을 세분하여 고시하는 관세·통계통합품목분류표(품목분류표)

제2관 재해나 그 밖의 부득이한 사유로 인한 면책 등(법 제138조 ~ 제139조)

21
□□□

관세법상 선박과 항공기의 입출항 및 물품하역과 관련하여 세관장에게 보고만 하면 되는 것은 무엇인가?

2008 관세사

① 국제항이 아닌 지역의 출입
② 국제항에서의 출항
③ 국내운항선 또는 국내운항기의 외국 임시 정박 또는 착륙 후 국내 입항
④ 입항절차 종료 전 물품의 하역 또는 환적
⑤ 국내운항선 또는 국내운항기에 외국물품의 적재

| 관련 법조문: 법 제136조, 제139조, 제140조 | 답 ③ |

재해나 그 밖의 부득이한 사유로 인하여 국내운항선이나 국내운항기가 외국에 임시 정박 또는 착륙하고 우리나라로 되돌아 온 때에는 선장이나 기장은 지체 없이 그 사실을 세관장에게 보고하여야 하며 외국에서 적재한 물품이 있는 때에는 그 목록을 제출하여야 한다.

① 국제항이 아닌 지역의 출입에 출입하려는 경우 세관장의 허가를 받아야 한다.
② 국제무역선 또는 국제무역기가 국제항을 출항하려면 선장이나 기장은 출항하기 전에 세관장에게 출항허가를 받아야 한다.
④ 국제무역선 또는 국제무역기는 입항절차를 마친 후가 아니면 물품을 하역하거나 환적할 수 없다. 다만, 세관장의 허가를 받은 경우에는 그러하지 아니하다.
⑤ 국제무역선 또는 국제무역기에는 내국물품을 적재할 수 없으며, 국내운항선 또는 국내운항기에는 외국물품을 적재할 수 없다. 다만, 세관장의 허가를 받은 때에는 그러하지 아니하다.

제3관 물품의 하역(법 제140조 ~ 제143조)

22

□□□

다음 사례와 관련하여 관세법령상 옳지 않은 것은?

2022 국가직 9급

> 수입판매업자 甲은 유럽의 A국에서 제조된 B물품을 수입하여 우리나라에서 판매하기 위해 국제화물 운송업자에게 그 물품의 운송을 의뢰하였다. 국제무역선 C호의 선장 乙은 2022년 2월 3일 그 물품을 선적하고 A국의 항구를 출항하였다. C호는 같은 해 3월 4일 울산항에 입항하였다.

① 선장 乙이 적재화물목록 등 필요 서류를 첨부하여 C호의 입항보고를 하는 등 입항절차를 마치기 전에 하역의 허가를 신청한 경우 관할 세관장은 그 신청에 대하여는 허가를 할 수 없다.
② 국제무역선인 C호가 울산항을 출항하려면 선장 乙은 출항하기 전에 세관장에게 출항허가를 받아야 한다.
③ 화주 甲은 수입신고를 하려는 B물품에 대하여 수입신고 전에 관세청장이 정하는 바에 따라 확인을 할 수 있다.
④ B물품이 관세청장이 정하는 보세구역에 반입되어 수입신고가 수리된 경우, 화주 甲 또는 반입자는 반출기간의 연장승인을 받지 않았다면 그 수입신고 수리일부터 15일 이내에 그 물품을 보세구역으로부터 반출하여야 한다.

| ▎ 관련 법조문: 법 제136조, 제140조, 제157조의2, 제246조 | 답 ① |

국제무역선이나 국제무역기는 법 제135조(입항절차)에 따른 입항절차를 마친 후가 아니면 물품을 하역하거나 환적할 수 없다. 다만, 세관장의 허가를 받은 경우에는 그러하지 아니하다(법 제140조 제1항). 선장 乙이 입항절차를 마치기 전에 하역허가를 신청했다면, 세관장은 그 신청에 대하여 허가를 할 수 있다.

② 국제무역선이나 국제무역기가 국제항을 출항하려면 선장이나 기장은 출항하기 전에 세관장에게 출항허가를 받아야 한다(법 제136조 제1항).
③ 화주는 수입신고를 하려는 물품에 대하여 수입신고 전에 관세청장이 정하는 바에 따라 확인을 할 수 있다(법 제246조 제3항).
④ 관세청장이 정하는 보세구역에 반입되어 수입신고가 수리된 물품의 화주 또는 반입자는 법 제177조(장치기간)에도 불구하고 그 수입신고 수리일부터 15일 이내에 해당 물품을 보세구역으로부터 반출하여야 한다. 다만, 외국물품을 장치하는 데에 방해가 되지 아니하는 것으로 인정되어 세관장으로부터 해당 반출기간의 연장승인을 받았을 때에는 그러하지 아니하다(법 제157조의2).

23 관세법상 외국물품의 환적 등 물품의 하역과 관련된 규정과 일치하지 않는 것은? 2011 국가직 7급

① 운송수단의 여객·승무원 또는 운전자가 아닌 자가 해당 운송수단에 타려는 경우 세관장의 허가를 받고, 현장에서 세관공무원의 확인을 받아야 한다.

② 국제무역선이 국제항의 바깥에서 물품을 하역하거나 환적하려는 경우에는 선장은 세관장의 허가를 받아야 한다.

③ 국제무역선 또는 국제무역기 안에서 판매하는 물품을 국제무역선 또는 국제무역기에 하역하려면 세관장의 허가를 받아야 한다.

④ 국제무역선 또는 국제무역기 안에서 판매하는 물품이 외국으로부터 우리나라에 도착한 외국물품일 때에는 보세구역으로부터 국제무역선·국제무역기 또는 원양어선에 적재하는 경우에만 그 외국물품을 그대로 적재할 수 있다.

> **관련 법조문: 법 제141조, 제142조, 제143조**　　　　　　　　　　　　　　　　답 ①

운송수단의 여객·승무원 또는 운전자가 아닌 자가 해당 운송수단에 타려는 경우 '세관장에게 신고를 하고' 현장에서 세관공무원의 확인을 받아야 한다.

24 관세법령상 물품의 하역에 대한 설명으로 옳은 것은? 2018 국가직 7급

① 내국물품은 세관장에게 신고하고 국제무역선에 적재할 수 있으나, 외국물품은 세관장의 허가와 무관하게 국내운항선에는 적재할 수 없다.

② 국제무역기에 물품을 하역하거나 환적하려면 세관장에게 신고하고 현장에서 세관공무원의 확인을 받아야 하지만, 관세청장이 감시에 지장이 없다고 인정하는 경우 세관장에 대한 신고를 생략할 수 있다.

③ 국제무역선이 국제항의 바깥에서 물품을 하역하거나 환적하려는 경우에는 선장은 세관장의 허가를 받아야 하고, 그 허가를 받으려면 선장은 기획재정부령이 정하는 바에 따라 허가수수료를 납부하여야 한다.

④ 국제무역기 안에서 판매하는 물품이 외국으로부터 우리나라에 도착한 외국물품일 때에는 보세구역 외의 장소로부터 국제무역기에 적재하는 경우에만 그 물품을 그대로 적재할 수 있다.

> **관련 법조문: 법 제140조, 제142조, 제143조**　　　　　　　　　　　　　　　　답 ③

국제무역선이 국제항의 바깥에서 물품을 하역하거나 환적하려는 경우에는 선장은 세관장의 허가를 받아야 한다(법 제142조 제1항). 선장은 이 허가를 받으려면 기획재정부령으로 정하는 바에 따라 허가수수료를 납부하여야 한다(법 제142조 제2항).

 선지분석

① 국제무역선이나 국제무역기에는 내국물품을 적재할 수 없으며, 국내운항선이나 국내운항기에는 외국물품을 적재할 수 없다. 다만, 세관장의 허가를 받았을 때에는 그러하지 아니하다(법 제140조 제6항). 즉, 내국물품은 '세관장의 허가'를 받아 국제무역선에 적재할 수 있고, 외국물품도 마찬가지로 '세관장의 허가'를 받아 국내운항선에 적재할 수 있다.

② 국제무역선이나 국제무역기에 물품을 하역하려면 세관장에게 신고하고 현장에서 세관공무원의 확인을 받아야 한다. 다만, 세관공무원이 확인할 필요가 없다고 인정하는 경우에는 그러하지 아니하다(법 제140조 제4항). 관세청장이 감시에 지장이 없다고 인정하는 경우 세관장에 대한 신고를 생략하는 것이 아니라, 세관공무원이 확인할 필요가 없다고 인정하는 경우 '세관공무원의 확인'을 받지 않아도 될 뿐이다.

④ 다음 각 호의 어느 하나에 해당하는 물품을 국제무역선·국제무역기 또는 「원양산업발전법」 제2조 제6호에 따른 조업에 사용되는 선박(이하 이 조에서 "원양어선"이라 한다)에 하역하거나 환적하려면 세관장의 허가를 받아야 하며, 하역 또는 환적허가의 내용대로 하역하거나 환적하여야 한다(법 제143조 제1항).

> 1. 선박용품 또는 항공기용품
> 2. 국제무역선 또는 국제무역기 안에서 판매하는 물품
> 3. 「원양산업발전법」 제6조 제1항, 제17조 제1항 및 제3항에 따라 해양수산부장관의 허가·승인 또는 지정을 받은 자가 조업하는 원양어선에 무상으로 송부하기 위하여 반출하는 물품으로서 해양수산부장관이 확인한 물품

위 물품이 외국으로부터 우리나라에 도착한 외국물품일 때에는 '보세구역'으로부터 국제무역선·국제무역기 또는 원양어선에 적재하는 경우에만 그 외국물품을 그대로 적재할 수 있다(법 제143조 제2항).

---

25 관세청장이 감시·단속에 지장이 없다고 인정하여 따로 정하는 경우에는 간소한 방법으로 신고 또는 확인하거나 이를 생략하게 할 수 있지만, 세관장에게 신고를 하고 현장에서 세관공무원의 확인을 받아야 하는 외국물품의 일시양륙 등의 행위에 해당하지 않는 것은? 2012 국가직 7급

① 외국물품을 운송수단으로부터 일시적으로 육지에 내려 놓으려는 경우
② 해당 운송수단의 여객·승무원 또는 운전자가 아닌 자가 타려는 경우
③ 외국물품을 적재한 운송수단에서 다른 운송수단으로 물품을 환적 또는 복합환적하거나 사람을 이동시키는 경우
④ 외국물품으로서 통관이 보류되거나 수입신고 수리가 지연되고 있는 경우

▌관련 법조문: 법 제141조 답 ④

세관장에게 신고를 하고 세관공무원의 확인을 받아야 하는 '일시양륙 등'은 다음의 세 가지를 말한다.

> 1. 외국물품을 운송수단으로부터 일시적으로 육지에 내려 놓으려는 경우
> 2. 해당 운송수단의 여객·승무원 또는 운전자가 아닌 자가 타려는 경우
> 3. 외국물품을 적재한 운송수단에서 다른 운송수단으로 물품을 환적 또는 복합환적하거나 사람을 이동시키는 경우

---

26 관세법상 물품의 하역 등에 대한 설명으로 옳지 않은 것은? 2017 국가직 9급

① 국제무역선이나 국제무역기는 관세법 제135조에 따른 입항절차를 마친 후가 아니면 물품을 하역하거나 환적할 수 없다. 다만, 세관장의 허가를 받은 경우에는 그러하지 아니하다.
② 외국물품을 운송수단으로부터 일시적으로 육지에 내려 놓으려는 경우 세관장에게 신고를 하고 현장에서 세관공무원의 확인을 받아야 한다. 다만, 관세청장이 감시·단속에 지장이 없다고 인정하여 따로 정하는 경우에는 간소한 방법으로 신고 또는 확인하거나 이를 생략하게 할 수 있다.
③ 국제무역선이 국제항의 바깥에서 물품을 하역하거나 환적하려는 경우에는 선장은 세관장에게 신고하고 현장에서 세관공무원의 확인을 받아야 한다.
④ 관세법 제143조 제1항의 선박용품 또는 항공기용품이 외국으로부터 우리나라에 도착한 외국물품일 때에는 보세구역으로부터 국제무역선·국제무역기 또는 원양어선에 적재하는 경우에만 그 외국물품을 그대로 적재할 수 있다.

국제무역선이 국제항의 바깥에서 물품을 하역하거나 환적하려는 경우에는 선장은 '세관장의 허가'를 받아야 한다(법 제142조 제1항).

☑ 선지분석

① 법 제140조(물품의 하역) 제1항
② 법 제141조(외국물품의 일시양륙 등)
④ 법 제143조(선박용품 및 항공기용품 등의 하역 등) 제2항

---

27 관세법상의 물품의 하역에 관한 설명으로 옳은 것은? 2013·2011 관세사

① 국제무역선 안에서 판매하는 물품을 국제무역선에 하역하려면 세관장에게 신고하고 현장에서 세관공무원의 확인을 받아야 한다.
② 국제무역선이 국제항의 바깥에서 물품을 하역하거나 환적하려는 경우에는 선장은 세관장에게 신고하여야 한다.
③ 국제무역선에 선박용품을 하역하려면 선장은 세관장에게 신고하고 현장에서 세관공무원의 확인을 받아야 한다.
④ 세관장의 허가 없이 국제무역선이나 국제무역기에는 내국물품을 적재할 수 없으며, 마찬가지로 국내운항선이나 국내운항기에 외국물품을 적재할 수도 없다.
⑤ 국제무역선에 물품을 하역하려면 세관장에게 허가를 받고, 원칙적으로 현장에서 세관공무원의 확인을 받아야 한다.

☑ 선지분석

① 국제무역선 안에서 판매하는 물품을 국제무역선에 하역하려면 '세관장의 허가'를 받아야 한다. 국제무역선 안에서 판매하는 물품은 '선박용품'과 동일하게 취급한다.
② 국제무역선이 국제항의 바깥에서 물품을 하역하거나 환적하려는 경우에는 선장은 '세관장의 허가'를 받아야 한다.
③ 국제무역선에 선박용품을 하역하려면 선장은 '세관장의 허가'를 받아야 한다.
⑤ 국제무역선에 물품을 하역하거나 환적하려면 '세관장에게 신고를 하고', 원칙적으로 현장에서 세관공무원의 확인을 받아야 한다.

28 관세법상 물품의 하역에 관한 설명으로 옳은 것을 모두 고른 것은?

> ㄱ. 국제무역선에 물품을 하역하려면 관세청장에게 신고해야 한다.
> ㄴ. 세관장의 허가를 받았을 때에는 국제무역선에 내국물품을 적재할 수 있다.
> ㄷ. 국제무역선이 국제항의 바깥에서 물품을 하역하거나 환적하려는 경우에는 선장은 세관장의 허가를 받아야 한다.
> ㄹ. 세관장은 항외하역 허가의 신청을 받은 날부터 20일 이내에 허가 여부를 신청인에게 통지하여야 한다.

① ㄱ
② ㄱ, ㄴ
③ ㄴ, ㄷ
④ ㄷ, ㄹ
⑤ ㄱ, ㄷ, ㄹ

관련 법조문: 법 제140조, 제142조 답 ③

ㄴ. 세관장의 허가를 받았을 때에는 국제무역선에 내국물품을 적재할 수 있다(법 제140조 제6항).
ㄷ. 국제무역선이 국제항의 바깥에서 물품을 하역하거나 환적하려는 경우에는 선장은 세관장의 허가를 받아야 한다(법 제142조 제1항).

✓ **선지분석**

ㄱ. 국제무역선에 물품을 하역하려면 '세관장에게 신고'하고 '현장에서 세관공무원의 확인'을 받아야 한다(법 제140조 제4항).
ㄹ. 세관장은 항외하역 허가의 신청을 받은 날부터 '10일' 이내에 허가 여부를 신청인에게 통지하여야 한다(법 제142조 제3항).

---

29 관세법상 선박용품 및 항공기용품 등의 하역 등에 관한 설명으로 옳지 않은 것은?

① 선박용품을 국제무역선에 하역하거나 환적하려면 세관장의 승인을 받아야 한다.
② 항공기용품을 국제무역기에 하역하거나 환적하려고 세관장의 허가를 받아야 하는 경우, 허가를 받아야 하는 물품의 종류와 수량, 사용 또는 판매내역관리, 하역 또는 환적절차 등에 관하여 필요한 사항은 관세청장이 정하여 고시한다.
③ 항공기용품을 국제무역기에 하역하는 경우 물품의 종류와 수량은 항공기의 종류, 무게, 운행일수, 여객과 승무원의 수 등을 고려하여 세관장이 타당하다고 인정하는 범위이어야 한다.
④ 선박용품이 외국으로부터 우리나라에 도착한 외국물품일 때에는 보세구역으로부터 국제무역선에 적재하는 경우에만 그 외국물품을 그대로 적재할 수 있다.
⑤ 외국물품인 항공기용품이 하역 또는 환적허가의 내용대로 운송수단에 적재되지 아니한 경우라도 세관장이 지정한 기간 내에 그 물품이 다시 보세구역에 반입된 때에는 해당 허가를 받은 자로부터 즉시 그 관세를 징수하지 아니한다.

관련 법조문: 법 제143조 답 ①

다른 '하역' 문제와 비슷해 보이지만, 이 문제에는 독특함이 있다. '선박용품 및 항공기용품 등의 하역 등'을 다룬 관세법 제143조의 5개 항을 '그대로' 사용한 문제이다.
다음 각 호의 어느 하나에 해당하는 물품을 국제무역선 또는 국제무역기에 하역하거나 환적하려면 세관장의 허가를 받아야 하며, 하역 또는 환적허가의 내용대로 하역하거나 환적하여야 한다(법 제143조 제1항).

1. 선박용품 또는 항공기용품
2. 국제무역선 또는 국제무역기 안에서 판매하는 물품

✅ **선지분석**

② 법 제143조(선박용품 및 항공기용품 등의 하역 등) 제7항
③ 법 제143조(선박용품 및 항공기용품 등의 하역 등) 제3항
④ 법 제143조(선박용품 및 항공기용품 등의 하역 등) 제2항
⑤ 법 제143조(선박용품 및 항공기용품 등의 하역 등) 제6항

30

□□□ 국제무역선의 선장 갑(甲)은 국제항의 바깥에서 물품을 하역하려고 한다. 관세법령상 이에 관한 설명으로 옳은 것은?

2021 관세사

① 세관공무원이 확인할 필요가 없다고 인정하는 경우, 갑(甲)은 세관장의 허가 없이 물품을 하역할 수 있다.
② 갑(甲)이 하역하려는 물품이 수입물품인 경우, 갑(甲)이 납부해야 하는 하역에 대한 허가수수료는 1일마다 1만원이다.
③ 갑(甲)이 물품의 하역 허가를 신청한 경우, 세관장은 허가의 신청을 받은 날부터 20일 이내에 허가 여부를 甲에게 통지하여야 한다.
④ 갑(甲)이 물품의 하역 허가를 받기 위해서는 당해 물품의 포장의 종류·기호·번호 및 개수 등을 기재한 신청서를 세관장에게 제출해야 한다.
⑤ 갑(甲)이 과실로 하역 허가를 받지 않고 물품을 하역하였다면, 갑(甲)의 행위는 과태료 부과대상이다.

▌**관련 법조문**: 법 제140조, 제142조, 제276조, 영 제165조, 규칙 제63조   답 ④

국제항의 바깥에서 하역 또는 환적하기 위하여 허가를 받으려는 자는 다음 각 호의 사항을 기재한 신청서를 세관장에게 제출해야 한다(영 제165조).

1. 국제항의 바깥에서 하역 또는 환적하려는 장소 및 일시
2. 선박의 종류·명칭·국적·총톤수 및 순톤수
3. 당해 물품의 내외국물품별 구분과 품명·수량 및 가격
4. 당해 물품의 포장의 종류·기호·번호 및 개수
5. 신청사유

✅ **선지분석**

① 국제무역선이나 국제무역기에 물품을 하역하려면 세관장에게 신고하고 현장에서 세관공무원의 확인을 받아야 한다. 다만, 세관공무원이 확인할 필요가 없다고 인정하는 경우에는 그러하지 아니하다(법 제140조 제4항). '세관공무원이 확인할 필요가 없다고 인정하는 경우'라는 표현은 항외 하역 허가에는 등장하지 않는다.
② 항외하역에 관한 허가수수료는 하역 1일마다 4만원으로 한다. 다만, 수출물품(보세판매장에서 판매하는 물품과 보세공장, 자유무역지역의 지정 및 운영에 관한 법률에 의한 자유무역지역에서 제조·가공하여 외국으로 반출하는 물품을 포함한다)에 대한 하역인 경우에는 하역 1일마다 1만원으로 한다(규칙 제63조).
③ 세관장은 국제항의 바깥에서 하역을 하기 위한 허가의 신청을 받은 날부터 10일 이내에 허가 여부를 신청인에게 통지하여야 한다(법 제142조 제3항).
⑤ 다음의 어느 하나에 해당하는 자는 1천만원 이하의 벌금에 처한다(법 제276조 제4항 제3호). 다만, 과실이므로 2백만원 이하의 벌금에 처한다(법 제276조 제4항 본문).

> 제135조 제1항(제146조 제1항에서 준용하는 경우를 포함하며 제277조 제6항 제4호에 해당하는 자는 제외한다), 제136조 제1항(제146조 제1항에서 준용하는 경우를 포함한다), 제137조의2 제1항 각 호 외의 부분 후단(제277조 제6항 제4호에 해당하는 자는 제외한다), 제140조 제1항·제4항·제6항(제146조 제1항에서 준용하는 경우를 포함한다), 제142조 제1항(제146조 제1항에서 준용하는 경우를 포함한다), 제144조(제146조 제1항에서 준용하는 경우를 포함한다), 제150조, 제151조, 제213조 제2항 또는 제223조의2를 위반한 자

31 관세법령상 물품의 하역에 대한 설명으로 옳은 것은?

① 세관장이 물품의 하역 허가 신청을 받은 날부터 10일 이내에 허가 여부를 신청인에게 통지하지 아니하면 그 기간이 끝난 날에 허가한 것으로 본다.

② 외국물품을 운송수단으로부터 일시적으로 육지에 내려 놓고자 하는 경우에는 선박 또는 항공기의 종류·명칭·국적, 육지에 내려 놓고자 하는 물품의 최종도착지 등을 기재한 신고서를 세관장에게 제출하고 그 신고필증을 현장세관공무원에게 제시하여야 한다.

③ 국제무역선에 환적하는 선박용품의 종류와 수량, 사용 또는 판매내역관리, 환적절차 등에 관하여 필요한 사항은 기획재정부령으로 정한다.

④ 일시적으로 양륙하는 외국물품을 장치할 수 있는 장소의 범위 등에 관한 사항은 대통령령으로 정한다.

│ 관련 법조문: 법 제140조, 제143조, 영 제162조　　　　　　　　　　　　　답 ②

외국물품을 일시적으로 육지에 내려 놓고자 하는 경우에는 다음 각 호의 사항을 기재한 신고서를 세관장에게 제출하고 그 신고필증을 현장세관공무원에게 제시하여야 한다(영 제162조 제1항).

1. 선박 또는 항공기의 종류·명칭·국적
2. 입항연월일
3. 육지에 내려 놓고자 하는 일시 및 기간
4. 육지에 내려 놓고자 하는 물품의 품명·수량 및 가격과 그 포장의 종류·기호·번호·개수
5. 육지에 내려 놓고자 하는 물품의 최종도착지
6. 육지에 내려 놓고자 하는 장소

◎ 선지분석

① 세관장이 물품의 하역 허가 신청을 받은 날부터 10일 이내에 허가 여부를 신청인에게 통지하지 아니하면 그 기간(민원 처리 관련 법령에 따라 처리기간이 연장 또는 재연장된 경우에는 해당 처리기간을 말한다)이 끝난 날의 다음 날에 허가를 한 것으로 본다(법 제140조 제3항).

③ 국제무역선에 환적하는 선박용품의 종류와 수량, 사용 또는 판매내역관리, 환적절차 등에 관하여 필요한 사항은 관세청장이 정하여 고시한다(법 제143조 제7항).

④ 일시적으로 양륙하는 외국물품을 장치할 수 있는 장소의 범위 등에 관한 사항은 관세청장이 정한다(영 제162조 제2항).

32 관세법상의 내용으로 옳은 것은?

① 세관장은 항공기용품을 국제무역기에 하역하려는 자로부터 하역 허가의 신청을 받은 경우 그 신청을 받은 날부터 10일 이내에 허가 여부를 신청인에게 통지하여야 한다.

② 국제무역선 안에서 판매하는 물품을 국제무역선에 환적하려면 세관장의 승인을 받아야 하며, 승인의 내용대로 환적하여야 한다.

③ 국제무역기의 여객이 아닌 자가 그 국제무역기에 타려는 경우 세관장의 허가를 받아야 한다.

④ 국제무역선이 국제항의 바깥에서 물품을 하역하려는 경우 선장은 세관장에게 신고하고, 세관공무원의 확인을 받아야 한다.

│ 관련 법조문: 법 제140조, 제141조, 제142조, 제143조　　　　　　답 ①

다음 각 호의 어느 하나에 해당하는 물품을 국제무역선·국제무역기 또는 「원양산업발전법」 제2조 제6호에 따른 조업에 사용되는 선박(원양어선)에 하역하거나 환적하려면 세관장의 허가를 받아야 하며, 하역 또는 환적허가의 내용대로 하역하거나 환적하여야 한다(법 제143조 제1항). 세관장은 해당 허가의 신청을 받은 날부터 10일 이내에 허가 여부를 신청인에게 통지하여야 한다(법 제143조 제4항).

1. 선박용품 또는 항공기용품
2. 국제무역선 또는 국제무역기 안에서 판매하는 물품
3. 「원양산업발전법」 제6조 제1항, 제17조 제1항 및 제3항에 따라 해양수산부장관의 허가·승인 또는 지정을 받은 자가 조업하는 원양어선에 무상으로 송부하기 위하여 반출하는 물품으로서 해양수산부장관이 확인한 물품

⊘ **선지분석**

② 국제무역선 안에서 판매하는 물품을 국제무역선에 환적하려면 <u>세관장의 허가를 받아야</u> 하며, 하역 또는 환적허가의 내용대로 하역하거나 환적하여야 한다(법 제143조 제1항 제2호).

③ 다음 각 호의 어느 하나에 해당하는 행위를 하려면 세관장에게 신고를 하고, 현장에서 세관공무원의 확인을 받아야 한다. 다만, 관세청장이 감시·단속에 지장이 없다고 인정하여 따로 정하는 경우에는 간소한 방법으로 신고 또는 확인하거나 이를 생략하게 할 수 있다(법 제141조, 외국물품의 일시양륙 등).

1. 외국물품을 운송수단으로부터 일시적으로 육지에 내려 놓으려는 경우
2. 해당 운송수단의 여객·승무원 또는 운전자가 아닌 자가 타려는 경우
3. 외국물품을 적재한 운송수단에서 다른 운송수단으로 물품을 환적 또는 복합환적하거나 사람을 이동시키는 경우

④ 국제무역선이 국제항의 바깥에서 물품을 하역하려는 경우 선장은 <u>세관장의 허가를 받아야</u> 한다(법 제142조 제1항, 항외하역).

33

□□□

세관장이 국제무역선 또는 국제무역기에 내국물품을 적재하거나 국내운항선 또는 국내운항기에 외국물품을 적재하게 할 수 있는 경우가 아닌 것은?

2006 관세사

① 선박용품을 국제무역선에 하역하도록 허가를 받은 경우
② 국제항에서 보세구역 간에 외국물품을 그대로 운송할 수 있도록 보세운송신고를 한 경우
③ 내국물품을 국제무역선에 의하여 운송하기 위하여 세관장에게 내국운송신고를 한 경우
④ 수입신고가 수리된 경우
⑤ 항공기용품을 국제무역기에 하역하도록 허가를 받은 경우

┃ 관련 법조문: 영 제161조   답 ④

'수입신고가 수리된 경우'가 아니라 '수출신고가 수리된 경우'이다. 예외적으로 국제무역선(기)에 내국물품, 국내운항선(기)에 외국물품을 적재할 수 있는 경우는 다음과 같다.

1. 법 제143조(선박용품 및 항공기용품 등의 하역 등)의 규정에 의하여 하역허가를 받은 경우
2. 법 제213조(보세운송의 신고)의 규정에 의하여 보세운송신고를 하거나 보세운송승인을 받은 경우
3. 법 제221조(내국운송의 신고)의 규정에 의하여 내국운송신고를 하는 경우
4. 법 제248조(신고의 수리)의 규정에 의하여 수출신고가 수리된 경우

34 관세법상 운송수단 등에 대한 설명으로 옳지 않은 것은?   2011 국가직 7급

□□□

① 정부를 대표하는 외교사절이 전용하는 외국 운항 선박 또는 항공기에 대하여는 관세법상의 국제무역선이나 국제무역기에 관한 규정이 준용되지 아니한다.

② 국내운항기를 국제무역기로 전환하려면 기장은 관세청장의 승인을 받아야 한다.

③ 항공기용품을 국제무역기에 하역하려면 세관장의 허가를 받아야 한다.

④ 세관장이 관세법에 따라 열람이나 제출을 요청할 수 있는 승객예약자료에는 탑승수속 시점도 포함한다.

| 관련 법조문: 법 제137조의2, 제143조, 제144조, 제146조, 영 제168조   답 ②

국제무역선 또는 국제무역기를 국내운항선 또는 국내운항기로 전환하거나, 국내운항선 또는 국내운항기를 국제무역선 또는 국제무역기로 전환하려면 선장이나 기장은 '세관장'의 승인을 받아야 한다.

35 관세법상 내용으로 옳지 않은 것은?   2017 국가직 7급(하반기)

□□□

① 세관장은 관세의 납세의무자의 주소, 거소, 영업소 또는 사무소가 모두 분명하지 아니하여 관세의 납부고지서를 송달할 수 없을 때에는 해당 세관의 게시판이나 그 밖의 적당한 장소에 납부고지사항을 공시할 수 있다.

② 세관장은 관세의 납세의무자가 아닌 자가 관세의 납부를 보증한 경우 그 담보로 관세에 충당하고 남은 금액이 있을 때에는 그 보증인에게 이를 직접 돌려주어야 한다.

③ 수입신고가 수리된 개인의 자가사용물품이 수입한 상태 그대로 수출되는 경우로서 수입신고 수리일부터 6개월 이내에 보세구역에 반입하였다가 다시 수출하는 경우 수입할 때 납부한 관세를 환급한다.

④ 국제무역선 또는 국제무역기를 국내운항선 또는 국내운항기로 전환하거나, 국내운항선 또는 국내운항기를 국제무역선 또는 국제무역기로 전환하려면 선장이나 기장은 세관장의 허가를 받아야 한다.

| 관련 법조문: 법 제11조, 제25조, 제106조의2, 제144조   답 ④

국제무역선 또는 국제무역기를 국내운항선 또는 국내운항기로 전환하거나, 국내운항선 또는 국내운항기를 국제무역선 또는 국제무역기로 전환하려면 선장이나 기장은 세관장의 '승인'을 받아야 한다(법 제144조).

☑ **선지분석**

① 법 제11조(납부고지서의 송달) 제2항
② 법 제25조(담보의 관세충당) 제3항
③ 법 제106조의2(수입한 상태 그대로 수출되는 자가사용물품에 대한 관세 환급) 제1항

36

관세법령상 물품의 하역 등에 대한 설명으로 옳지 않은 것은?

① 세관장의 허가를 받았을 때에는 국내운항선이나 국내운항기에 외국물품을 적재할 수 있다.

② 내국물품을 국제무역선이나 국제무역기로 운송하려는 자는 대통령령으로 정하는 바에 따라 세관장에게 내국운송의 신고를 하여야 한다.

③ 환승전용국내운항기에서 환적하려는 항공기용품이 우리나라에 도착한 외국물품일 때에는 보세구역으로부터 환승전용국내운항기에 적재하는 경우에만 그 외국물품을 그대로 적재할 수 있다.

④ 수출물품에 대한 하역인 경우에는 납부하여야 하는 항외하역에 관한 허가수수료는 하역 1일마다 1만원으로 한다.

관련 법조문: 법 제140조, 제143조, 제146조, 제221조, 규칙 제63조   답 ③

환승전용국내운항기에 대해서는 법 제143조 제2항은 적용하지 아니한다(법 제146조 제2항).

> **법 제143조(선박용품 및 항공기용품 등의 하역 등)** ② 제1항 각 호의 어느 하나에 해당하는 물품이 외국으로부터 우리나라에 도착한 외국물품일 때에는 보세구역으로부터 국제무역선·국제무역기 또는 원양어선에 적재하는 경우에만 그 외국물품을 그대로 적재할 수 있다.

☑ **선지분석**

① 법 제140조(물품의 하역) 제6항
② 법 제221조(내국운송의 신고) 제1항
④ 규칙 제63조(항외하역에 관한 허가수수료)

01 관세법상 국경을 출입하는 차량(국경출입차량)에 대한 설명 중 옳은 것은?

2008 관세사

□□□

① 국경출입차량은 관세통로를 경유하지 아니하고 통관역이나 통관장에 정차할 수 있다.

② 관세통로는 육상국경으로부터 통관역에 이르는 철도와 육상국경으로부터 통관장에 이르는 육로 또는 수로 중에서 관세청장이 정한다.

③ 통관역은 국외와 연결되고 국경에 근접한 철도역 중 세관장이 정한다.

④ 통관장은 관세통로에 접속한 장소 중에서 세관장이 지정한다.

⑤ 국경출입차량이 통관역 또는 통관장을 출발하려는 때에는 하역업자는 세관장에게 출발보고를 하고 출발허가를 받아야 한다.

█ 관련 법조문: 법 제148조, 제150조   답 ④

통관장은 관세통로에 접속한 장소 중에서 세관장이 지정한다(법 제148조 제4항).

☑ 선지분석

① 국경출입차량은 관세통로를 '경유하여야 하며', 통관역이나 통관장에 '정차하여야 한다'(법 제148조 제1항).

② 관세통로는 육상국경으로부터 통관역에 이르는 철도와 육상국경으로부터 통관장에 이르는 육로 또는 수로 중에서 '세관장'이 지정한다(법 제148조 제2항).

③ 통관역은 국외와 연결되고 국경에 근접한 철도역 중에서 '관세청장'이 지정한다(법 제148조 제3항).

⑤ 국경출입차량이 통관역 또는 통관장을 출발하려는 때에는 '통관역장 또는 도로차량의 운전자'는 출발하기 전에 세관장에게 출발보고를 하고 출발허가를 받아야 한다(법 제150조 제1항).

> **◎ 명호샘의 한마디**
>
> 관세법(법률)에서 '통관장'은 다음과 같이 등장한다.
>
> - 국경출입차량은 통관장에 정차하여야 한다(법 제148조 제1항).
> - 관세통로는 육상국경으로부터 통관역에 이르는 철도와 육상국경으로부터 통관장에 이르는 육로 또는 수로 중에서 세관장이 지정한다(법 제148조 제2항).
> - 통관장은 관세통로에 접속한 장소 중에서 세관장이 지정한다(법 제148조 제4항).
> - 국경출입차량이 통관장에 도착하면 도로차량의 운전자는 차량용품목록·여객명부·승무원명부 및 승무원 휴대품목록과 관세청장이 정하는 적재화물목록을 첨부하여 지체 없이 세관장에게 도착보고를 하여야 한다(법 제149조 제1항).
> - 국경출입차량이 통관장을 출발하려면 도로차량의 운전자는 출발하기 전에 세관장에게 출발보고를 하고 출발허가를 받아야 한다(법 제150조 제1항).
> - 도로차량의 운전자는 출발 허가를 받으려면 통관장에서 적재한 물품의 목록을 제출하여야 한다(법 제150조 제2항).
> - 통관장에서 외국물품을 차량에 하역하려는 자는 세관장에게 신고를 하고, 현장에서 세관공무원의 확인을 받아야 한다. 다만, 세관공무원이 확인할 필요가 없다고 인정할 때에는 그러하지 아니하다(법 제151조 제1항).
> - 외국물품은 국제항, 보세구역, 보세구역 외 장치허가에 따라 허가된 장소, 세관관서, 통관역, 통관장, 통관우체국 간에 한정하여 외국물품 그대로 운송할 수 있다(법 제213조 제1항).
> - 관세청장이나 세관장은 감시에 필요하다고 인정될 때에는 통관역·통관장 또는 특정한 세관에서 통관할 수 있는 물품을 제한할 수 있다(법 제236조).

02 관세법상 차량에 대한 설명으로 옳은 것은?

① 국경을 출입하는 철도차량이 통관역에 도착하면 그 철도차량의 운전자는 최종 출발지의 출발허가서 또는 이를 갈음하는 서류를 제시하여 지체 없이 세관장에게 도착보고를 하여야 한다.

② 세관장은 신속한 입국 및 통관절차의 이행과 효율적인 감시·단속을 위하여 필요한 경우에는 관세청장이 정하는 바에 따라 도착하는 해당 차량이 소속된 회사로 하여금 여객명부·적재화물목록 등을 도착하기 전에 제출하게 할 수 있다.

③ 모래·자갈 등 골재를 일정 기간에 일정량으로 나누어 반복적으로 운송하는 데에 사용되는 도로차량의 운전자는 관세법에 따라 사증을 받는 것으로 최초 출발보고 및 최초 출발허가를 대신할 수 있다.

④ 통관장에서 외국으로부터 우리나라에 도착한 외국물품인 차량용품을 해당 차량에 하역하려는 자는 세관장에게 신고를 하고, 사후에 세관공무원의 확인을 받아야 한다.

> **관련 법조문: 법 제149조, 제150조, 제151조, 영 제170조**　　　　　답 ②

세관장은 신속한 입국 및 통관절차의 이행과 효율적인 감시·단속을 위하여 필요한 경우에는 관세청장이 정하는 바에 따라 도착하는 해당 차량이 소속된 회사(그 업무를 대행하는 자를 포함한다)로 하여금 여객명부·적재화물목록 등을 도착하기 전에 제출하게 할 수 있다(법 제149조 제2항).

✅ 선지분석

① 국경출입차량이 통관역이나 통관장에 도착하면 통관역장이나 도로차량(선박·철도차량 또는 항공기가 아닌 운송수단을 말한다)의 운전자는 차량용품목록·여객명부·승무원명부 및 승무원 휴대품목록과 관세청장이 정하는 적재화물목록을 첨부하여 지체 없이 세관장에게 도착보고를 하여야 하며, 최종 출발지의 출발허가서 또는 이를 갈음하는 서류를 제시하여야 한다(법 제149조 제1항).

③ 대통령령으로 정하는 물품(모래·자갈 등 골재, 석탄·흑연 등 광물)을 일정 기간에 일정량으로 나누어 반복적으로 운송하는 데에 사용되는 도로차량의 운전자는 사증을 받는 것으로 출발보고 및 출발허가를 대신할 수 있다. 다만, 최초 출발보고와 최초 출발허가의 경우는 제외한다(법 제150조 제3항, 영 제170조 제3항).

④ 차량용품과 국경출입차량 안에서 판매할 물품을 해당 차량에 하역하거나 환적하는 경우에는 법 제143조를 준용한다(법 제151조 제2항). 즉 차량용품을 해당 차량에 하역하려면 세관장의 허가를 받아야 한다(법 제143조 제1항).

---

03 관세법령상 차량에 대한 설명으로 옳지 않은 것은?

① 관세통로는 육상국경으로부터 통관역에 이르는 철도와 육상국경으로부터 통관장에 이르는 육로 또는 수로 중에서 세관장이 지정한다.

② 모래·자갈 등 골재를 일정 기간에 일정량으로 나누어 반복적으로 운송하는 데에 사용되는 도로차량의 운전자는 「관세법」 제152조(도로차량의 국경출입) 제2항에 따라 사증(査證)을 받는 것으로 최종 도착보고를 대신할 수는 없다.

③ 세관장은 국외와 연결되고 국경에 근접한 철도역 중에서 통관역을 지정하고, 관세통로에 접속한 장소 중에서 통관장을 지정한다.

④ 국경을 출입하려는 도로차량의 운전자는 해당 도로차량이 국경을 출입할 수 있음을 증명하는 서류를 세관장으로부터 발급받아야 한다.

> **관련 법조문: 법 제148조, 제149조, 제152조, 영 제169조**　　　　　답 ③

통관역은 국외와 연결되고 국경에 근접한 철도역 중에서 관세청장이 지정한다(법 제148조 제3항). 통관장은 관세통로에 접속한 장소 중에서 세관장이 지정한다(법 제148조 제4항).

① 법 제148조(관세통로) 제2항
② 법 제149조(국경출입차량의 도착절차) 제3항, 영 제169조(국경출입차량의 도착보고 등) 제3항
④ 법 제152조(도로차량의 국경출입) 제1항

04 관세법상 관세통로에 대한 설명으로 옳지 않은 것은? 2016 국가직 9급

① 국경을 출입하는 차량은 관세통로를 경유하여야 하며, 통관역이나 통관장에 정차하여야 한다.
② 관세법 제148조 제1항에 따른 관세통로는 육상국경으로부터 통관역에 이르는 철도와 육상국경으로부터 통관장에 이르는 육로 또는 수로 중에서 관세청장이 지정한다.
③ 통관역은 국외와 연결되고 국경에 근접한 철도역 중에서 관세청장이 지정한다.
④ 통관장은 관세통로에 접속한 장소 중에서 세관장이 지정한다.

| 관련 법조문: 법 제148조 | 답 ②

관세통로는 육상국경(陸上國境)으로부터 통관역에 이르는 철도와 육상국경으로부터 통관장에 이르는 육로 또는 수로 중에서 '세관장'이 지정한다(법 제148조 제2항).

05 국경출입차량의 도착 및 출발절차에 대한 설명으로 옳지 않은 것은? 2010 국가직 7급

① 골재 또는 광물 등을 일정 기간에 일정량으로 나누어 반복적으로 운송하는 데 사용되는 도로차량의 운전자는 검사증을 받는 것으로 도착보고를 대신할 수 있다.
② 국경출입차량이 통관역이나 통관장에 도착한 경우에는 통관역장 또는 도로차량의 운전자가 차량용품목록 등과 적재화물목록을 첨부하여 지체 없이 세관장에게 도착보고를 하여야 하며, 최종출발지의 출발허가서 등을 제시하여야 한다.
③ 국경출입차량이 통관역이나 통관장을 출발하려는 경우에는 통관역장 또는 도로차량의 운전자가 출발하기 전에 세관장에게 출발보고를 하고 출발허가를 받아야 한다.
④ 통관역장 또는 도로차량의 운전자가 출발허가를 받으려는 경우에는 그 통관역 또는 통관장에서 적재한 물품의 목록을 제출하여야 한다.

| 관련 법조문: 법 제149조, 제150조, 영 제169조 | 답 ①

대통령령으로 정하는 물품(모래·자갈 등 골재, 석탄·흑연 등 광물)을 일정 기간에 일정량으로 나누어 반복적으로 운송하는 데에 사용되는 도로차량의 운전자는 '사증(査證)'을 받는 것으로 도착보고를 대신할 수 있다. '사증'은 비자를 말하는 것으로 '검사증'과는 다르다.

06 관세법상 관세통로에 대한 설명으로 옳지 않은 것은? 2011 국가직 7급

① 국경을 출입하는 차량은 관세통로를 경유하여야 하며, 통관역이나 통관장에 정차하여야 한다.
② 관세통로는 육상국경으로부터 통관역에 이르는 철도와 육상국경으로부터 통관장에 이르는 육로 또는 수로 중에서 세관장이 지정한다.
③ 통관역은 국외와 연결되고 국경에 근접한 철도역 중에서 세관장이 지정한다.
④ 통관장은 관세통로에 접속한 장소 중에서 세관장이 지정한다.

> **관련 법조문: 법 제148조** 답 ③

통관역은 국외와 연결되고 국경에 근접한 철도역 중에서 '관세청장'이 지정한다.

07 관세법 관세통로에 대한 설명으로 옳지 않은 것은? 2022 국가직 9급

① 국경을 출입하는 차량은 관세통로를 경유하여야 하며, 통관역이나 통관장에 정차하여야 한다.
② 관세통로는 육상국경으로부터 통관역에 이른 철도와 육상국경으로부터 통관장에 이른 육로 또는 수로 중에서 세관장이 지정한다.
③ 통관역은 국경에 근접한 철도역 중에서 세관장이 지정한다.
④ 통관장은 관세통로에 접속한 장소 중에서 세관장이 지정한다.

> **관련 법조문: 법 제148조** 답 ③

통관역은 '국외와 연결되고' 국경에 근접한 철도역 중에서 '관세청장'이 지정한다(법 제148조 제3항).

✅ **선지분석**
⋯⋯⋯⋯⋯⋯⋯⋯⋯⋯⋯⋯⋯⋯⋯⋯⋯⋯⋯⋯⋯⋯⋯⋯⋯⋯
① 법 제148조(관세통로) 제1항
② 법 제148조(관세통로) 제2항
④ 법 제148조(관세통로) 제4항

08 관세법령상 관세통로에 관한 설명으로 옳지 않은 것은? 2018 관세사

① 국경을 출입하는 차량은 관세통로를 경유하여야 한다.
② 국경을 출입하는 차량은 통관역이나 통관장에 정차하여야 한다.
③ 통관역은 국외와 연결되고 국경에 근접한 철도역 중에서 관세청장이 지정한다.
④ 통관장은 관세통로에 접속한 장소 중에서 세관장이 지정한다.
⑤ 관세통로는 육상국경으로부터 통관장에 이르는 철도와 육상국경으로부터 통관역에 이르는 육로 또는 항로 중에서 관세청장이 지정한다.

> **관련 법조문: 법 제148조** 답 ⑤

관세통로는 육상국경으로부터 통관역에 이르는 철도와 육상국경으로부터 통관장에 이르는 육로 또는 수로 중에서 세관장이 지정한다(법 제148조 제2항).

09 관세법상 관세통로 등에 관한 내용으로 (   )에 들어갈 사항을 순서대로 옳게 나열한 것은? 2021 관세사

☐☐☐

> • 통관역은 국외와 연결되고 국경에 근접한 철도역 중에서 (   )이 지정한다.
> • 국경출입차량이 통관역이나 통관장을 출발하려면 통관역장이나 도로차량의 운전자는 출발하기 전에
>   (   )에게 출발보고를 하고 출발(   )을/를 받아야 한다.

① 관세청장, 세관장, 허가
② 관세청장, 세관장, 승인
③ 관세청장, 관세청장, 허가
④ 세관장, 세관장, 허가
⑤ 세관장, 관세청장, 승인

┃ 관련 법조문: 법 제148조, 제150조   답 ①

통관역은 국외와 연결되고 국경에 근접한 철도역 중에서 <u>관세청장</u>이 지정한다(법 제148조 제3항). 국경출입차량이
통관역이나 통관장을 출발하려면 통관역장이나 도로차량의 운전자는 출발하기 전에 <u>세관장</u>에게 출발보고를 하고 출
발<u>허가</u>를 받아야 한다(법 제150조 제1항).

제7장

보세구역

제7장 보세구역

제1절 | 통칙(법 제154조 ~ 제165조)

01 관세법상 특허보세구역에 해당하는 것을 모두 고른 것은?

2014 관세사

㉠ 경제자유구역	㉡ 종합보세구역
㉢ 보세건설장	㉣ 세관검사장
㉤ 보세전시장	㉥ 지정장치장

① ㉠, ㉡

② ㉢, ㉤

③ ㉣, ㉥

④ ㉡, ㉢, ㉤

⑤ ㉢, ㉤, ㉥

관련 법조문: 법 제154조   답 ②

특허보세구역에는 보세창고, 보세공장, 보세건설장, 보세전시장, 보세판매장이 있다. 경제자유구역은 보세구역이 아니며, 종합보세구역은 말 그대로 종합보세구역이고, 세관검사장과 지정장치장은 지정보세구역이다.

02 관세법상 보세구역에 반드시 장치하여야 하는 물품으로 옳은 것은?

2006 국가직 9급

① 검역물품 및 압수물품

② 국제무역선에 의한 내국운송의 신고를 하고자 하는 물품

③ 수출신고가 수리된 물품

④ 재해나 그 밖의 부득이한 사유로 임시로 장치한 물품

관련 법조문: 법 제155조   답 ②

외국물품과 '내국운송의 신고를 하려는 내국물품'은 보세구역이 아닌 장소에 장치할 수 없다. 다만, 다음 각 호의 어느 하나에 해당하는 물품은 그러하지 아니하다.

1. 수출신고가 수리된 물품
2. 크기 또는 무게의 과다나 그 밖의 사유로 보세구역에 장치하기 곤란하거나 부적당한 물품
3. 재해나 그 밖의 부득이한 사유로 임시로 장치한 물품
4. 검역물품
5. 압수물품
6. 우편물품

03 관세법상 보세구역에 대한 설명으로 옳지 않은 것은?

① 검역물품인 외국물품과 내국운송의 신고를 하려는 내국물품은 보세구역이 아닌 장소에 장치할 수 없다.

② 보세구역에 장치된 외국물품이 멸실되거나 폐기되었을 때에는 그 운영인이나 보관인으로부터 즉시 그 관세를 징수한다. 다만, 재해나 그 밖의 부득이한 사유로 멸실된 때와 미리 세관장의 승인을 받아 폐기한 때에는 예외로 한다.

③ 보세구역에 장치된 물품 중 부패·손상되거나 그 밖의 사유로 승인을 받아 폐기한 외국물품 중 폐기 후에 남아 있는 부분에 대하여는 폐기 후의 성질과 수량에 따라 관세를 부과한다.

④ 보세구역에 장치된 물품에 대하여는 그 원형을 변경하거나 해체·절단 등의 작업을 할 수 있으며, 그러한 작업을 할 수 있는 물품의 종류는 관세청장이 정한다.

┃ 관련 법조문: 법 제159조, 제160조　　　　　　　　　　　　　답 ①

외국물품과 내국운송의 신고를 하려는 내국물품은 보세구역이 아닌 장소에 장치할 수 없다(법 제155조 제1항). 다만, '수, 크, 재, 검, 압, 우'는 그러하지 아니하다. 즉, 검역물품은 보세구역이 아닌 장소에 장치할 수 있다(법 제155조 제1항 제5호).

⊘ 선지분석

② 법 제160조(장치물품의 폐기) 제2항
③ 법 제160조(장치물품의 폐기) 제3항
④ 법 제159조(해체·절단 등의 작업) 제1항·제5항

---

04 보세구역에 관한 설명으로 옳지 않은 것은?

① 내국운송의 신고를 하고자 하는 내국물품은 보세구역이 아닌 장소에 장치할 수 없다.

② 크기나 무게의 과다 기타의 사유로 보세구역에 장치하기 곤란하거나 부적당한 물품은 세관장에게 미리 신고하면 보세구역이 아닌 장소에 장치할 수 있다.

③ 세관장은 보세구역에 반입할 수 있는 물품의 종류를 제한할 수 있다.

④ 종합보세구역에서는 보세창고·보세공장·보세전시장·보세건설장 또는 보세판매장의 기능 중 둘 이상의 기능을 종합적으로 수행할 수 있다.

┃ 관련 법조문: 법 제155조, 제156조, 제157조, 제197조, 영 제174조　　　　답 ②

크기 또는 무게의 과다나 그 밖의 사유로 보세구역에 장치하기 곤란하거나 부적당한 물품을 보세구역이 아닌 장소에 장치하기 위해서는 세관장의 허가를 받아야 한다.

05 관세법상 보세구역에 대한 설명으로 옳지 않은 것은?

① 외국물품과 관세법 제221조 제1항에 따른 내국운송의 신고를 하려는 내국물품은 보세구역이 아닌 장소에 장치할 수 없다. 다만, 관세법 제241조 제1항에 따른 수출신고가 수리된 물품, 크기 또는 무게의 과다나 그 밖의 사유로 보세구역에 장치하기 곤란하거나 부적당한 물품, 우편물품은 그러하지 아니하다.

② 부패·손상되거나 그 밖의 사유로 보세구역에 장치된 물품을 폐기하려는 자는 세관장의 승인을 받아야 한다.

③ 보세구역에 물품을 반입하거나 반출하려는 자는 대통령령으로 정하는 바에 따라 세관장에게 신고하여야 한다.

④ 보세구역에 장치된 물품은 그 현상을 유지하기 위하여 필요한 보수작업과 그 성질을 변하지 아니하게 하는 범위에서 포장을 바꾸거나 구분·분할·합병을 할 수 있다. 이 경우 보수작업을 하려는 자는 세관장에게 신고하여야 한다.

▌**관련 법조문: 법 제155조, 제157조, 제158조, 제160조**　　　　　　답 ④

보세구역에 장치된 물품은 그 현상을 유지하기 위하여 필요한 보수작업과 그 성질을 변하지 아니하게 하는 범위에서 포장을 바꾸거나 구분·분할·합병을 하거나 그 밖의 비슷한 보수작업을 할 수 있다(법 제158조 제1항). 보수작업을 하려는 자는 <u>세관장의 승인을 받아야 한다</u>(법 제158조 제2항).

 선지분석

① 법 제155조(물품의 장치) 제1항 제1호·제2호
② 법 제160조(장치물품의 폐기) 제1항
③ 법 제157조(물품의 반입·반출) 제1항

06 관세법상 보세구역의 통칙에 대한 설명으로 옳지 않은 것은?

① 관세청장은 부정한 방법으로 보세사 시험에 응시한 사람에 대하여는 해당 시험을 정지시키거나 무효로 하고, 그 처분이 있는 날부터 5년간 시험 응시자격을 정지한다.

② 세관장은 보세구역에 장치된 물품에 대한 해체·절단 작업의 허가신청을 받은 경우 지체 없이 허가 여부를 신청인에게 통지하여야 한다.

③ 다른 법률에 따라 실시하는 검사 등을 위하여 견본품으로 채취된 물품으로서 세관장의 확인을 받은 물품이 사용·소비된 경우에는 수입신고를 하여 관세를 납부하고 수리된 것으로 본다.

④ 보세구역에 출입하는 자는 물품 및 보세구역감시에 관한 세관장의 명령을 준수하고 세관공무원의 지휘를 받아야 한다.

▌**관련 법조문: 법 제159조, 제161조, 제162조, 제165조**　　　　　　답 ②

세관장은 보세구역에 장치된 물품에 대한 해체·절단 작업의 허가신청을 받은 경우 '허가의 신청을 받은 날부터 10일 이내에' 허가 여부를 신청인에게 통지하여야 한다(법 제159조 제3항).

 선지분석

① 법 제165조(보세사의 자격 등) 제6항
③ 법 제161조(견본품 반출) 제5항
④ 법 제162조(물품취급자에 대한 단속)

07 관세법령상 보세구역에 장치된 물품의 보수작업에 관한 설명으로 옳은 것은? 2018 관세사

□□□

① 보세구역에 장치된 물품은 그 현상을 변경하기 위하여 필요한 보수작업과 그 성질을 일정부분 변하게 하는 범위에서 포장을 바꾸거나 구분·분할·합병을 하거나 그 밖의 비슷한 보수작업을 할 수 있다.

② 보세구역에서의 보수작업이 곤란하다고 세관장이 인정할 때에는 기간과 장소를 지정받아 보세구역 밖에서 보수작업을 할 수 있다.

③ 보수작업을 하려는 자는 세관장의 승인 없이 보수작업을 할 수 있다.

④ 보수작업으로 외국물품에 부가된 내국물품은 외국물품으로 보지 않는다.

⑤ 외국물품은 수입될 물품의 보수작업의 재료로 사용할 수 있다.

┃ 관련 법조문: 법 제158조 답 ②

보세구역에서의 보수작업이 곤란하다고 세관장이 인정할 때에는 기간과 장소를 지정받아 보세구역 밖에서 보수작업을 할 수 있다(법 제158조 제1항).

⊘ 선지분석

① 보세구역에 장치된 물품은 <u>그 현상을 유지하기 위하여</u> 필요한 보수작업과 그 성질을 <u>변하지 아니하게 하는 범위에서</u> 포장을 바꾸거나 구분·분할·합병을 하거나 그 밖의 비슷한 보수작업을 할 수 있다(법 제158조 제1항).

③ 보수작업을 하려는 자는 세관장의 <u>승인을 받아야 한다</u>(법 제158조 제2항).

④ 보수작업으로 외국물품에 부가된 내국물품은 <u>외국물품으로 본다</u>(법 제158조 제5항).

⑤ 외국물품은 수입될 물품의 보수작업의 재료로 <u>사용할 수 없다</u>(법 제158조 제6항).

---

08 보세구역에 장치되어 있는 물품에 관한 설명으로 옳지 않은 것은? 2009 관세사

□□□

① 보세구역에 장치된 외국물품이 폐기된 때에는 그 운영인 또는 보관인으로부터 즉시 그 관세를 징수한다.

② 세관장의 폐기승인을 받은 외국물품 중 폐기 후에 남아 있는 부분에 대하여는 관세를 부과하지 않는다.

③ 보세구역에 장치된 물품에 대한 해체 및 절단 등의 작업을 할 수 있는 물품의 종류는 관세청장이 정한다.

④ 외국물품과 국제무역선으로 내국운송의 신고를 하고자 하는 내국물품은 원칙적으로 보세구역이 아닌 장소에 장치할 수 없다.

⑤ 보세구역에 장치된 외국물품에 대한 보수작업을 위하여 외국물품에 부가된 내국물품은 외국물품으로 본다.

┃ 관련 법조문: 법 제155조, 제158조, 제159조, 제160조 답 ②

보세구역 장치물품으로서 폐기 승인을 받은 외국물품 중 폐기 후에 남아 있는 부분에 대하여는 폐기 후의 성질과 수량에 따라 관세를 부과한다.

09 관세법상 보세구역에 장치된 물품의 폐기에 대한 내용으로 옳지 않은 것은?

2013 국가직 9급

① 부패·손상되거나 그 밖의 사유로 보세구역에 장치된 물품을 폐기하려는 자는 세관장의 승인을 받아야 한다.

② 보세구역에 장치된 외국물품이 멸실되거나 폐기되었을 때에는 그 운영인이나 보관인으로부터 즉시 그 관세를 징수한다. 다만, 재해나 그 밖의 부득이한 사유로 멸실된 때와 미리 세관장의 승인을 받아 폐기한 때에는 예외로 한다.

③ 보세구역 운영인은 보세구역에 장치된 물품 중 사람의 생명이나 재산에 해를 끼칠 우려가 있는 물품은 화주 등에게 통고한 후 이를 폐기할 수 있다. 다만, 급박하여 통고할 여유가 없는 경우에는 폐기한 후 즉시 통고하여야 한다.

④ 세관장이 물품을 폐기하거나 화주 등이 물품을 폐기 또는 반송한 경우 그 비용은 화주 등이 부담한다.

▌관련 법조문: 법 제160조 답 ③

'세관장'은 보세구역에 장치된 물품 중 다음 각 호의 어느 하나에 해당하는 것은 화주, 반입자, 화주 또는 반입자의 위임을 받은 자나 제2차 납세의무자에게 이를 반송 또는 폐기할 것을 명하거나 화주 등에게 통고한 후 폐기할 수 있다. 다만, 급박하여 통고할 여유가 없는 경우에는 폐기한 후 즉시 통고하여야 한다(법 제16조 제4항).

1. 사람의 생명이나 재산에 해를 끼칠 우려가 있는 물품
2. 부패하거나 변질된 물품
3. 유효기간이 지난 물품
4. 상품가치가 없어진 물품
5. 제1호부터 제4호까지에 준하는 물품으로서 관세청장이 정하는 물품

10 관세법상 보세구역에 장치된 물품의 폐기에 대한 설명으로 옳지 않은 것은?

2023 국가직 9급

① 세관장이 물품을 폐기하거나 화주등이 물품을 폐기 또는 반송한 경우 그 비용은 화주등이 부담한다.

② 보세구역에 장치된 물품으로 폐기승인을 받은 외국물품 중 폐기 후 남아 있는 부분에 대하여는 관세를 부과하지 않는다.

③ 세관장은 보세구역에 장치된 물품 중 유효기간이 지난 물품의 경우 화주등에게 이를 반송 또는 폐기할 것을 명하거나 화주등에게 통고한 후 폐기할 수 있다. 다만, 급박하여 통고할 여유가 없는 경우에는 폐기한 후 즉시 통고하여야 한다.

④ 세관장은 관세법령에 따라 보세구역에 장치된 물품의 폐기를 통고할 때 화주등의 주소나 거소를 알 수 없거나 그 밖의 사유로 통고할 수 없는 경우에는 공고로써 이를 갈음할 수 있다.

▌관련 법조문: 법 제160조 답 ②

보세구역에 장치된 물품으로 폐기승인을 받은 외국물품 중 폐기 후 남아 있는 부분에 대하여는 '폐기 후의 성질과 수량에 따라 관세를 부과한다'(법 제160조 제3항).

☑ 선지분석

① 법 제160조(장치물품의 폐기) 제6항
③ 법 제160조(장치물품의 폐기) 제4항 제3호
④ 법 제160조(장치물품의 폐기) 제5항

11 관세법상 장치물품의 폐기에 관한 설명으로 옳지 않은 것은?

① 부패·손상되었거나 그 밖의 사유로 보세구역에 장치된 물품을 폐기하려는 자는 관세청장의 승인을 받아야 한다.

② 보세구역에 장치된 외국물품이 멸실되거나 폐기되었을 때에는 그 운영인이나 보관인으로부터 즉시 그 관세를 징수한다. 다만, 재해나 그 밖의 부득이한 사유로 멸실된 때와 미리 세관장의 승인을 받아 폐기한 때에는 예외로 한다.

③ 장치물품의 폐기 승인을 받은 외국물품 중 폐기 후에 남아 있는 부분에 대하여는 폐기 후의 성질과 수량에 따라 관세를 부과한다.

④ 세관장이 물품을 폐기하거나 화주 등이 물품을 폐기 또는 반송한 경우 그 비용은 화주 등이 부담한다.

⑤ 장치물품의 폐기승인신청의 승인을 얻은 자는 폐기작업을 종료한 때에는 잔존하는 물품의 품명·규격·수량 및 가격을 세관장에게 보고하여야 한다.

> **┃ 관련 법조문: 법 제169조, 영 제179조**　　　　　　　　　　　　　　　답 ①

부패·손상되었거나 그 밖의 사유로 보세구역에 장치된 물품을 폐기하려는 자는 '세관장'의 승인을 받아야 한다(법 제160조 제1항).

◇ 선지분석

② 법 제160조(장치물품의 폐기) 제2항
③ 법 제160조(장치물품의 폐기) 제3항
④ 법 제160조(장치물품의 폐기) 제6항
⑤ 영 제179조(장치물품의 폐기승인신청) 제2항

---

12 관세법상 보세제도와 관련된 설명으로 옳은 것은?

① 내국물품을 국제무역선으로 운송하고자 하는 경우 운송목적물은 외국물품이 아니므로 원칙적으로 보세구역이 아닌 장소에 장치하여도 무방하다.

② 보세구역에 장치된 물품에 대하여는 그 성질을 변하지 아니하는 범위에서 구분·분할·합병 기타 이와 비슷한 보수작업을 할 수 있으며, 보수작업 원재료로 내국물품이 사용되었더라도 외국물품에 부가된 해당 내국물품은 외국물품으로 보지 않는다.

③ 보세창고 운영인과 보세화물의 화주가 서로 다른 물품을 보세창고에 장치 중 외국물품이 멸실되거나 폐기된 때에는 해당 물품의 화주로부터 즉시 그 관세를 징수한다.

④ 보세구역에 장치된 외국물품 중 세관검사상 필요하여 채취한 견본품이 사용·소비된 경우에는 비록 수입신고를 한 사실이 없더라도 수입신고를 하여 관세를 납부하고 수리된 것으로 본다.

⑤ 지정장치장은 통관을 하고자 하는 물품을 검사하기 위한 장소로서 세관장이 지정하는 장소를 말한다.

> **┃ 관련 법조문: 법 제19조, 제155조, 제158조, 제161조, 제169조, 제221조**　　　　답 ④

◇ 선지분석

① 내국물품을 국제무역선 또는 국제무역기로 운송하고자 하는 때에는 대통령령이 정하는 바에 따라 세관장에게 내국운송의 신고를 하여야 한다. 외국물품과 내국운송의 신고를 하고자 하는 내국물품은 보세구역이 아닌 장소에 장치할 수 없다.

② 보수작업으로 외국물품에 부가된 내국물품은 외국물품으로 본다(법 제158조 제5항).

③ 보세창고 운영인과 보세화물의 화주가 서로 다른 물품을 보세창고에 장치 중 외국물품이 멸실되거나 폐기된 때에는 화주가 아닌 '운영인 또는 보관인'으로부터 관세를 징수한다.

⑤ 지정장치장은 통관을 하고자 하는 물품을 일시 장치하기 위한 장소로서 세관장이 지정하는 구역으로 한다. 한편, 세관검사장은 통관을 하고자 하는 물품을 검사하기 위한 장소로서 세관장이 지정하는 구역으로 한다.

13 다음과 같이 보세구역에서 발생한 화재사건을 수습하기 위한 후속조치에 관한 설명으로 옳지 않은 것은?

2011 관세사

> 2011.1.25. 인천소재의 ○○○ 물류센터에 화재가 발생하여 동 물류센터 내의 보세창고가 전소되었고, 이로 인해 보세창고에 보관 중이던 외국물품인 기계류의 상당량이 소실되었다.

① 소실된 물품에 대해 과세하는 경우, 과세물건의 확정시기는 해당 물품이 소실된 때이다.
② 소실된 물품에 대해 과세하는 경우, 납세의무자는 보세창고 운영인이 된다.
③ 소실원인이 재해 기타 부득이한 사유로 인한 화재 때문이라면 소실된 물품에 대해서는 관세를 징수하지 아니한다.
④ 화재 후에 온전하게 남아있는 물품을 수입신고하는 경우, 납세의무자는 보세창고 운영인이다.

▌관련 법조문: 법 제16조, 제19조, 제100조, 제160조   답 ④

화재 후에 온전하게 남아있는 물품을 수입신고하는 경우, 그 남아있는 물품에 대한 납세의무자는 '화주'이다.

14 관세법 제156조(보세구역 외 장치의 허가)에 관한 설명으로 옳지 않은 것은?

2015 관세사

① 크기나 무게의 과다 기타의 사유로 보세구역에 장치하기 곤란하거나 부적당한 외국물품을 보세구역이 아닌 장소에 장치하고자 하는 자는 세관장에게 보세구역 외 장치허가를 받아야 한다.
② 세관장은 외국물품에 대하여 보세구역 외 장치허가를 하고자 하는 때에는 그 물품의 관세에 상당하는 담보의 제공, 필요한 시설의 설치 등을 명할 수 있다.
③ 보세구역 외 장치허가를 받고자 하는 자는 보세구역 외 장치허가 수수료로 1만 8천원을 납부하여야 하고, 이 경우 동일한 선박으로 수입된 동일한 화주의 화물을 동일한 장소에 반입한 때에는 1건의 보세구역 외 장치허가신청으로 보아 허가수수료를 징수한다.
④ 보세구역 외 장치허가를 받고자 하는 자는 허가 신청서에 송품장과 선하증권, 항공화물운송장 또는 이에 갈음하는 서류를 첨부하여 세관장에게 제출하여야 한다.
⑤ 국가 또는 지방자치단체가 수입하거나 협정에 의하여 관세가 면제되는 물품을 수입하는 때에는 보세구역 외 장치허가 수수료를 납부해야 한다.

▌관련 법조문: 법 제156조, 영 제175조, 규칙 제65조   답 ⑤

보세구역 외 장치허가를 받고자 하는 자는 기획재정부령으로 정하는 금액·방법 등에 의하여 수수료를 납부하여야 한다.

15 관세법령상 보세구역에 대한 설명으로 옳지 않은 것은?

2023 국가직 9급

① 보세구역에 물품을 반입하거나 반출하려는 자는 대통령령으로 정하는 바에 따라 세관장에게 신고하여야 한다.

② 보세구역에 장치된 외국물품의 전부 또는 일부를 견본품으로 반출하려는 자는 세관장의 허가를 받아야 한다.

③ 종합보세구역에서 종합보세기능을 수행하려는 자는 그 기능을 정하여 세관장에게 종합보세사업장의 설치·운영에 관한 신고를 하여야 한다.

④ 물품을 보세구역이 아닌 장소에 장치 허가를 받으려는 자는 보세구역외 장치허가수수료 2만 8천원을 납부하여야 한다.

| 관련 법조문: 법 제157조, 제161조, 제198조, 규칙 제65조 | 답 ④ |

물품을 보세구역이 아닌 장소에 장치 허가를 받으려는 자는 보세구역외 장치허가수수료 '1만 8천원'을 납부하여야 한다(규칙 제65조 제1항).

✅ 선지분석
① 법 제157조(물품의 반입·반출) 제1항
② 법 제161조(견본품 반출) 제1항
③ 법 제198조(종합보세사업장의 설치·운영에 관한 신고 등) 제1항

16 관세법상 보세구역에 관한 내용이다. (　　)에 들어갈 사항을 옳게 나열한 것은?

2024 관세사

> • (　ㄱ　)이 정하는 보세구역에 반입되어 수입신고가 수리된 물품의 화주 또는 반입자는 그 (　ㄴ　)부터 15일 이내에 해당 물품을 보세구역으로부터 반출하여야 한다.
> • 보세구역의 화물관리인이나 운영인은 자율관리보세구역의 지정을 받으려면 (　ㄷ　)에게 지정을 신청하여야 한다.

	ㄱ	ㄴ	ㄷ
①	관세청장	수입신고일	세관장
②	관세청장	수입신고 수리일	관세청장
③	관세청장	수입신고 수리일	세관장
④	세관장	수입신고 수리일	세관장
⑤	세관장	수입신고일	관세청장

법 제157조의2(수입신고수리물품의 반출) 관세청장이 정하는 보세구역에 반입되어 수입신고가 수리된 물품의 화주 또는 반입자는 제177조에도 불구하고 그 수입신고 수리일부터 15일 이내에 해당 물품을 보세구역으로부터 반출하여야 한다. 다만, 외국물품을 장치하는 데에 방해가 되지 아니하는 것으로 인정되어 세관장으로부터 해당 반출기간의 연장승인을 받았을 때에는 그러하지 아니하다.
법 제164조(보세구역의 자율관리) ② 보세구역의 화물관리인이나 운영인은 자율관리보세구역의 지정을 받으려면 세관장에게 지정을 신청하여야 한다.

17 관세법상 보세구역에 장치된 물품의 보수작업과 해체, 절단 등의 작업에 관한 내용 중 옳은 것은?

□□□ 2009 국가직 9급

① 보세구역에 장치된 물품의 현상유지를 위해 필요한 보수작업을 하려는 자는 세관장에게 신고하여야 한다.
② 보세구역에 장치된 물품의 현상유지를 위해 수행한 보수작업으로 내국물품이 외국물품에 부가되더라도 이는 내국물품으로 본다.
③ 외국물품은 무세율의 품목일지라도 수입될 물품의 보수작업의 재료로 사용할 수 없다.
④ 보세구역에 장치된 물품의 원형을 변경하거나 해체, 절단 등의 작업을 하려는 자는 관세청장의 승인을 받아야 한다.

관련 법조문: 법 제158조, 제159조 답 ③

외국물품은 수입될 물품의 보수작업의 재료로 사용할 수 없다. 이것은 무세율의 품목인 경우에도 마찬가지이다.

✓ 선지분석
① 보세구역에 장치된 물품의 현상유지를 위해 필요한 보수작업을 하려는 자는 '세관장의 승인'을 받아야 한다.
② 보세구역에 장치된 물품의 현상유지를 위해 수행한 보수작업으로 내국물품이 외국물품에 부가된 경우 '외국물품'으로 본다.
④ 보세구역에 장치된 물품의 원형을 변경하거나 해체, 절단 등의 작업을 하고자 하는 자는 '세관장의 허가'를 받아야 한다.

18 관세법상 보세구역에 장치된 물품에 대한 보수작업과 관련된 설명으로 옳지 않은 것은? 2012 국가직 9급

□□□
① 외국물품은 수입될 물품의 보수작업의 재료로 사용할 수 있다.
② 보세구역에 장치된 물품에 대한 보수작업을 하려는 자는 세관장의 승인을 받아야 한다.
③ 보세구역에 장치된 물품에 대한 보수작업으로 외국물품에 부가된 내국물품은 외국물품으로 본다.
④ 보세구역에 장치된 물품은 그 현상을 유지하기 위하여 필요한 보수작업과 그 성질을 변하지 아니하게 하는 범위에서 포장을 바꾸거나 구분·분할·합병을 하거나 그 밖의 비슷한 보수작업을 할 수 있다.

관련 법조문: 법 제158조 답 ①

외국물품은 수입될 물품의 보수작업의 재료로 사용할 수 없다. 이 규정을 위반한 경우 세관장은 2백만원 이하의 과태료를 부과할 수 있다. 다만, '수입될 물품'이 아닌 우리나라를 거쳐 다시 외국으로 나가는 중계무역 거래물품 등의 경우에는 보수작업을 할 때 재료의 제한이 없다. 즉, 외국물품 재료와 내국물품 재료를 모두 사용할 수 있다.

19
☐☐☐
중계무역업자 '甲'은 중국으로부터 물품을 구매하여 우리나라 보세구역에서 보수작업을 한 다음 유럽으로 수출하고자 한다. 이때 '甲'이 할 수 있는 보수작업에 대한 설명으로 옳지 않은 것은? 2006 관세사

① 보세구역에 반입된 외국물품은 보수작업의 재료로 사용할 수 없다.

② 유럽의 구매자가 여럿일 경우 구매자별로 상품을 분할하여 포장하는 작업을 할 수 있다.

③ 국내에서 구매한 내국물품을 보수작업의 재료로 사용할 수 있다.

④ 포장을 변경하고, 라벨을 '甲'의 것으로 표시하는 작업을 할 수 있다.

⑤ 세관장의 승인을 받아 작업을 하여야 하며, 세관장이 인정하는 때에는 보세구역 밖으로 물품을 반출하여 보수작업을 할 수도 있다.

▌ **관련 법조문: 법 제158조**   답 ①

외국물품은 '수입될 물품'의 보수작업의 재료로 사용할 수 없다. 그러나 이 문제에서는 보세구역에서 보수작업을 한 후 '유럽으로 수출'(실제로는 반송)하려고 하므로, 이 경우 재료의 제한이 없다.

20
☐☐☐
보세구역에 장치된 물품에 대해 화주는 장치기간 동안 해당 물품의 보관상태를 검사하고 부패·손상 등을 방지하기 위한 보존작업을 할 수 있다. 보세구역에 장치된 물품에 대한 보수작업과 절단작업 등에 관한 설명으로 옳지 않은 것은? 2010 관세사

① 외국물품은 수입될 물품의 보수작업 재료로 사용할 수 없다. 이를 위반하면 200만원 이하의 과태료 부과대상이 된다.

② 보수작업은 세관의 엄격한 통제를 받는다. 즉, 보수작업을 하고자 하는 자는 세관장의 승인을 받아야 하며, 이를 위반하면 200만원 이하의 과태료 부과대상이 된다.

③ 세관장은 수입신고한 물품에 대하여 필요하다고 인정되는 때에는 화주 또는 그 위임을 받은 자에게 그 원형을 변경하거나 해체·절단작업을 명할 수 있다.

④ 보세구역에 장치된 물품은 수입신고전에 그 원형을 변경하거나 해체·절단 등의 작업을 할 수 있으며, 이러한 작업을 할 수 있는 물품의 종류는 세관장이 정한다.

▌ **관련 법조문: 제158조, 제159조, 제277조**   답 ④

보세구역에 장치된 물품에 대하여는 그 원형을 변경하거나 해체·절단 등의 작업을 할 수 있다. 규정에 의한 작업을 하고자 하는 자는 세관장의 허가를 받아야 한다. 작업을 할 수 있는 물품의 종류는 관세청장이 정한다.

21 관세법상 보세구역 및 물품의 하역에 대한 내용으로 옳은 것은?

① 관세청장이 정하는 보세구역에 반입되어 수입신고가 수리된 물품의 화주 또는 반입자는 관세법 제177조에도 불구하고 그 수입신고 수리일부터 15일 이내에 해당 물품을 보세구역으로부터 반출하여야 한다. 다만, 외국물품을 장치하는 데에 방해가 되지 아니하는 것으로 인정되어 세관장으로부터 해당 반출기간의 연장승인을 받았을 때에는 그러하지 아니하다.

② 통관역이나 통관장에서 외국물품을 차량에 하역하려는 자는 세관장에게 신고를 하고, 현장에서 세관공무원의 승인을 받아야 한다. 다만, 세관공무원이 승인할 필요가 없다고 인정할 때에는 그러하지 아니하다.

③ 보세구역에 장치된 물품에 대하여 그 원형을 변경하거나 해체·절단 등의 작업을 하려는 자는 세관장의 허가를 받아야 한다. 이러한 작업을 할 수 있는 물품의 종류는 세관장이 정한다.

④ 보세구역에 장치된 외국물품의 전부 또는 일부를 견본품으로 반출하려는 자는 세관장의 확인을 받아야 한다.

| 관련 법조문: 법 제140조, 제157조의2, 제159조, 제161조 | 답 ① |

관세청장이 정하는 보세구역에 반입되어 수입신고가 수리된 물품의 화주 또는 반입자는 관세법 제177조에도 불구하고 그 수입신고 수리일부터 15일 이내에 해당 물품을 보세구역으로부터 반출하여야 한다. 다만, 외국물품을 장치하는 데에 방해가 되지 아니하는 것으로 인정되어 세관장으로부터 해당 반출기간의 연장승인을 받았을 때에는 그러하지 아니하다(법 제157조의2 전문).

☑ 선지분석

② 통관역이나 통관장에서 외국물품을 차량에 하역하려는 자는 세관장에게 신고를 하고, 현장에서 '세관공무원의 확인'을 받아야 한다. 다만, '세관공무원이 확인'할 필요가 없다고 인정할 때에는 그러하지 아니하다(법 제151조 제1항, 물품의 하역 등).

③ 보세구역에 장치된 물품에 대하여는 그 원형을 변경하거나 해체·절단 등의 작업을 할 수 있다(법 제159조 제1항). 이 작업을 하려는 자는 세관장의 허가를 받아야 한다(법 제159조 제2항). 이 작업을 할 수 있는 물품의 종류는 '관세청장'이 정한다(법 제159조 제5항).

④ 보세구역에 장치된 외국물품의 전부 또는 일부를 견본품으로 반출하려는 자는 '세관장의 허가'를 받아야 한다(법 제161조 제1항).

---

22 보세구역 장치물품의 폐기에 관한 설명으로 옳지 않은 것은?

① 세관장은 유효기간이 지난 물품, 상품가치가 없어진 물품은 폐기할 수 있다.

② 보세구역에 장치된 외국물품이 멸실되거나 폐기되었을 때에는 화주로부터 즉시 그 관세를 징수한다.

③ 보세구역장치물품이 부패되어 세관장이 이를 폐기한 경우 그 비용은 화주 등이 부담한다.

④ 세관장은 사람의 생명이나 재산에 해를 끼칠 우려가 있는 물품인 경우 폐기할 수 있다.

⑤ 부패·손상되거나 그 밖의 사유로 보세구역에 장치된 물품을 폐기하려는 자는 세관장의 승인을 받아야 한다.

| 관련 법조문: 법 제160조 | 답 ② |

보세구역에 장치된 외국물품이 멸실되거나 폐기된 때에는 '운영인 또는 보관인'으로부터 즉시 그 관세를 징수한다. 다만, 재해 그 밖의 부득이한 사유로 인하여 멸실된 때와 미리 세관장의 승인을 얻어 폐기한 때는 예외로 한다.

선지분석

① 세관장은 보세구역에 장치된 물품 중 다음 각 호의 어느 하나에 해당하는 것은 화주, 반입자, 화주 또는 반입자의 위임을 받은 자나 국세기본법 제38조부터 제41조까지의 규정에 따른 제2차 납세의무자에게 이를 반송 또는 폐기할 것을 명하거나 화주 등에게 통고한 후 폐기할 수 있다. 다만, 급박하여 통고할 여유가 없는 경우에는 폐기한 후 즉시 통고하여야 한다.

> 1. 사람의 생명이나 재산에 해를 끼칠 우려가 있는 물품
> 2. 부패하거나 변질된 물품
> 3. 유효기간이 지난 물품
> 4. 상품가치가 없어진 물품
> 5. 제1호부터 제4호까지에 준하는 물품으로서 관세청장이 정하는 물품

23 관세법상 보세구역과 관련하여 세관장의 승인과 허가에 대한 설명으로 옳지 않은 것은? 2016 국가직 9급

① 부패·손상되거나 그 밖의 사유로 보세구역에 장치된 물품을 폐기하려는 자는 세관장의 승인을 받아야 한다.

② 보세구역에 장치된 외국물품의 전부 또는 일부를 견본품으로 반출하려는 자는 세관장의 승인을 받아야 한다.

③ 보세구역에 장치된 물품의 원형을 변경하거나 해체·절단 등의 작업을 하려는 자는 세관장의 허가를 받아야 한다.

④ 크기 또는 무게의 과다나 그 밖의 사유로 보세구역에 장치하기 곤란하거나 부적당한 외국물품을 보세구역이 아닌 장소에 장치하려는 자는 세관장의 허가를 받아야 한다.

│ 관련 법조문: 법 제161조 답 ②

보세구역에 장치된 외국물품의 전부 또는 일부를 견본품으로 반출하려는 자는 세관장의 '허가'를 받아야 한다(법 제161조 제1항).

24 관세법상 세관장의 허가 또는 승인을 받아야 하는 것만을 모두 고르면? 2020 국가직 7급

> ㄱ. 크기 또는 무게의 과다나 그 밖의 사유로 보세구역에 장치하기 곤란하거나 부적당한 외국물품을 보세구역이 아닌 장소에 장치하려는 경우
> ㄴ. 보세구역에 장치된 물품의 현상을 유지하기 위하여 필요한 보수작업을 보세구역 밖에서 하려는 경우
> ㄷ. 보세공장 외에서 외국물품을 원료 또는 재료로 하거나 외국물품과 내국물품을 원료 또는 재료로 하여 제조·가공하거나 그 밖에 이와 비슷한 작업을 하려는 경우
> ㄹ. 종합보세구역에 장치된 물품에 대하여 보수작업을 하거나 종합보세구역 밖에서 보세작업을 하려는 경우

① ㄱ, ㄹ   ② ㄴ, ㄹ

③ ㄱ, ㄴ, ㄷ   ④ ㄴ, ㄷ, ㄹ

관련 법조문: 법 제156조, 제158조, 제187조, 제202조　　　　　　　　　답 ③

ㄱ. 보세구역 외 장치 허가(법 제156조 제1항)
ㄴ. 보세구역 외 보수작업 승인(법 제158조 제2항)
ㄷ. 보세공장 외 작업 허가(법 제187조 제1항)

✓ **선지분석**

ㄹ. 종합보세구역에 장치된 물품에 대하여 보수작업을 하거나 종합보세구역 밖에서 보세작업을 하려는 자는 대통령령으로 정하는 바에 따라 세관장에게 신고하여야 한다(법 제202조 제2항).

---

25 관세법상 세관장의 승인 사항에 해당되는 경우는?　　　　　2008 국가직 9급

① 보세구역에 물품을 반입하고자 하는 경우
② 보세구역에 장치된 물품이 부패하여 폐기하고자 하는 경우
③ 외국물품을 보세구역이 아닌 장소에 장치하고자 하는 경우
④ 보세구역에 장치된 외국물품의 일부를 견본품으로 반출하고자 하는 경우

관련 법조문: 법 제156조, 제157조, 제160조, 제161조　　　　　　　답 ②

보세구역 장치물품을 폐기하려는 경우 세관장의 승인을 받아야 한다.

✓ **선지분석**

① 보세구역에 물품을 반입하고자 하는 경우: 세관장에게 신고하여야 한다.
③ 외국물품을 보세구역이 아닌 장소에 장치하고자 하는 경우: (크기 또는 무게 과다 그밖의 사유인 경우) 세관장의 허가를 받아야 한다.
④ 보세구역에 장치된 외국물품의 일부를 견본품으로 반출하고자 하는 경우: 세관장의 허가를 받아야 한다.

---

26 관세법상 세관장의 허가를 받아야 하는 경우만을 모두 고르면?　　　2022 국가직 9급

> ㄱ. 무게의 과다로 보세구역에 장치하기 곤란한 물품을 보세구역이 아닌 장소에 장치하려는 경우
> ㄴ. 부패·손상되거나 그 밖의 사유로 보세구역에 장치된 물품을 폐기하려는 경우
> ㄷ. 보세구역에 물품을 반입하거나 반출하려는 경우
> ㄹ. 보세구역에 장치된 물품에 대하여 원형을 변경하거나 해체·절단 등의 작업을 하려는 경우

① ㄱ, ㄷ　　　　　　　　　　　　　② ㄱ, ㄹ
③ ㄴ, ㄷ　　　　　　　　　　　　　④ ㄴ, ㄹ

관련 법조문: 법 제156조, 제157조, 제159조, 제160조　　　　　　　답 ②

ㄱ. 크기 또는 무게의 과다나 그 밖의 사유로 보세구역에 장치하기 곤란하거나 부적당한 물품을 보세구역이 아닌 장소에 장치하려는 자는 세관장의 허가를 받아야 한다(법 제156조 제1항)
ㄹ. 보세구역에 장치된 물품에 대하여는 그 원형을 변경하거나 해체·절단 등의 작업을 할 수 있다(법 제159조 제1항). 이 작업을 하려는 자는 세관장의 허가를 받아야 한다(법 제159조 제2항).

ㄴ. 부패·손상되거나 그 밖의 사유로 보세구역에 장치된 물품을 폐기하려는 자는 '세관장의 승인'을 받아야 한다(법 제160조 제1항).

ㄷ. 보세구역에 물품을 반입하거나 반출하려는 자는 대통령령으로 정하는 바에 따라 세관장에게 신고하여야 한다 (법 제157조 제1항).

27 관세법상 보세구역의 외국물품 장치 및 반입·반출에 대한 설명 중 맞는 것은? 2008 관세사

① 인화질 또는 폭발성의 물품은 특수한 설비를 한 보세구역에 장치하여야 한다.

② 검역물품은 보세구역이 아닌 장소에 장치할 수 없다.

③ 수입신고가 수리된 물품은 내국물품이므로 보세구역에 장치할 수 없으며 신고 수리 즉시 보세구역으로부터 반출하여야 한다.

④ 보세구역에 장치된 물품은 해체, 절단 등 원형을 변경하는 작업은 할 수 없다.

⑤ 세관공무원이 검사상 필요하여 채취한 견본품이 사용·소비된 때에는 관세를 납부하여야 한다.

관련 법조문: 법 제159조, 제161조, 제174조, 제183조 답 ①

보세구역에는 인화질 또는 폭발성의 물품을 장치하지 못한다. 다만, 해당 물품을 장치하기 위하여 특수한 설비를 한 보세구역에 관하여는 이를 적용하지 아니한다.

② 검역물품은 보세구역 밖에 장치할 수 있는 물품 중의 하나이다(법 제155조 제1항 제4호).

③ 보세창고의 경우, 운영인은 미리 세관장에게 신고를 하고 물품의 장치에 방해되지 아니하는 범위에서 보세창고에 내국물품을 장치할 수 있다. 다만, 동일한 보세창고에 장치되어 있는 동안 수입신고가 수리된 물품은 신고 없이 계속하여 장치할 수 있다(법 제183조 제2항).

④ 보세구역에 장치된 물품에 대해서는 그 원형을 변경하거나 해체·절단 등의 작업을 할 수 있다(법 제159조 제1항).

⑤ 세관공무원은 보세구역에 반입된 물품 또는 국제무역선에 적재되어 있는 물품에 대하여 검사상 필요가 있을 때에는 그 물품의 일부를 견본품으로 채취할 수 있다. 이 규정에 의하여 채취된 물품이 사용·소비된 때에는 수입신고를 하여 관세를 납부하고 수리된 것으로 본다. 즉, 별도로 관세를 납부할 필요는 없다(법 제161조 제4항·제5항).

28 관세법상 보세구역의 자율관리에 대한 설명으로 옳은 것은? 2017 국가직 7급(하반기)

① 자율관리보세구역에 장치한 물품은 관세법 제157조에 따른 세무공무원의 참여와 세관장이 정하는 절차를 생략한다.

② 자율관리보세구역의 지정신청은 보세구역의 운영인이 하여야 하므로 보세구역의 화물관리인은 보세구역의 운영인을 통해서만 그 지정을 신청할 수 있다.

③ 자율관리보세구역의 지정을 받은 자는 그 지정 후 5년 이상 관세행정 경력이 있는 사람을 보세사로 채용할 수 있지만, 징역형의 집행유예기간 중에 있는 자를 보세사로 채용하여서는 아니 된다.

④ 세관장은 자율관리보세구역의 지정을 받은 자의 의무위반이 없더라도 세관감시에 지장이 있다고 인정되는 사유가 발생한 경우에는 자율관리보세구역의 지정을 취소할 수 있다.

세관장은 자율관리보세구역의 지정을 받은 자가 관세법에 따른 의무를 위반하거나 세관감시에 지장이 있다고 인정되는 사유가 발생한 경우에는 자율관리보세구역의 지정을 취소할 수 있다(법 제164조 제6항). 즉, 의무 위반이라는 사유나 세관감시 지장이라는 두 가지 사유 중 하나만 발생하더라도 자율관리보세구역의 지정은 취소할 수 있다.

⊘ 선지분석

① 보세구역 중 물품의 관리 및 세관감시에 지장이 없다고 인정하여 관세청장이 정하는 바에 따라 세관장이 지정하는 보세구역(자율관리보세구역)에 장치한 물품은 법 제157조에 따른 '세관공무원'의 참여와 '관세법에 따른 절차 중 관세청장이 정하는 절차'를 생략한다(법 제164조 제1항).

② 보세구역의 화물관리인이나 운영인은 자율관리보세구역의 지정을 받으려면 세관장에게 지정을 신청하여야 한다 (법 제164조 제2항). 즉 운영인뿐만이 아니라 화물관리인도 직접 자율관리보세구역 지정을 신청할 수 있다.

③ 자율관리보세구역의 지정을 신청하려는 자는 해당 보세구역에 장치된 물품을 관리하는 사람(보세사)을 채용하여야 한다(법 제164조 제3항). 일반직공무원으로 5년 이상 관세행정에 종사한 경력이 있는 사람이 보세사 시험에 응시하는 경우에는 시험 과목 수의 2분의 1을 넘지 아니하는 범위에서 대통령령으로 정하는 과목을 면제한다(법 제165조 제2항).

29

관세법상 보세사에 대한 설명으로 옳지 않은 것은? 2016 국가직 7급

① 보세사의 자격을 갖춘 사람이 보세사로 근무하려면 해당 보세구역을 관할하는 세관장에게 등록하여야 한다.

② 세관장은 보세사 등록을 한 사람이 파산선고를 받고 복권되지 아니한 자인 경우 등록의 취소, 6개월 이내의 업무정지, 견책 또는 그 밖에 필요한 조치를 할 수 있다.

③ 관세청장은 부정한 방법으로 전형에 응시한 사람에 대하여는 해당 전형을 정지시키거나 무효로 하고, 그 처분이 있는 날부터 5년간 전형 응시자격을 정지한다.

④ 보세사의 직무, 보세사의 전형 및 등록절차와 그 밖에 필요한 사항은 대통령령으로 정한다.

세관장은 보세사 등록을 한 사람이 다음 각 호의 어느 하나에 해당하는 경우에는 등록의 취소, 6개월 이내의 업무정지, 견책 또는 그 밖에 필요한 조치를 할 수 있다. 다만, 제1호 및 제2호에 해당하면 등록을 취소하여야 한다(법 제165조 제5항). 즉, 파산선고를 받고 복권되지 아니한 자(법 제175조 제3호)의 등록은 반드시 취소하여야 한다.

> 1. 법 제175조(운영인의 결격사유) 제1호부터 제7호까지의 어느 하나에 해당하게 된 경우
> 2. 사망한 경우
> 3. 이 법이나 이 법에 따른 명령을 위반한 경우

⊘ 선지분석

① 보세사의 자격을 갖춘 사람이 보세사로 근무하려면 해당 보세구역을 관할하는 세관장에게 등록하여야 한다(법 제165조 제3항). 법 제165조 제2항을 위반한 자는 500만원 이하의 벌금에 처한다(법 제276조 제5항).

③ 관세청장은 다음 각 호의 어느 하나에 해당하는 사람에 대하여는 해당 시험을 정지시키거나 무효로 하고, 그 처분이 있는 날부터 5년간 시험 응시자격을 정지한다(법 제165조 제6항).

> 1. 부정한 방법으로 시험에 응시한 사람
> 2. 시험에서 부정한 행위를 한 사람

④ 보세사의 직무, 보세사의 시험 및 등록절차와 그 밖에 필요한 사항은 대통령령으로 정한다(법 제165조 제7항). 여기에서 '대통령령'은 영 제185조(보세사의 직무 등)를 말한다.

30 보세구역 중 물품의 관리 및 세관감시에 지장이 없다고 인정하여 관세청장이 정하는 바에 따라 세관장이 지정하는 보세구역에 장치된 물품을 관리하는 사람에 대하여 대통령령으로 정하는 직무에 해당하지 않는 것은?

2007 국가직 7급

① 보세화물 및 내국물품을 반입 또는 반출에 대한 참관 및 확인
② 보세구역 밖에 장치된 물품의 관리 및 취급에 대한 참관 및 확인
③ 보세구역출입문의 개폐 및 열쇠관리의 감독
④ 보세구역의 출입자 관리에 대한 감독

| 관련 법조문: 영 제185조   답 ②

보세구역 '밖'에 장치된 물품의 관리 및 취급에 대한 참관 및 확인이 아니라 보세구역 '안'에 장치된 물품의 관리 및 취급에 대한 참관 및 확인이다. 보세사의 직무는 다음과 같다.

> 1. 보세화물 및 내국물품을 반입 또는 반출에 대한 참관 및 확인
> 2. 보세구역 안에 장치된 물품의 관리 및 취급에 대한 참관 및 확인
> 3. 보세구역출입문의 개폐 및 열쇠관리의 감독
> 4. 보세구역의 출입자 관리에 대한 감독
> 5. 견본품의 반출 및 회수
> 6. 기타 보세화물의 관리를 위하여 필요한 업무로서 관세청장이 정하는 업무

31 A직원은 자율관리보세구역에서 근무하는 경력 7년의 보세사이다. A직원이 수행하는 보세사의 직무에 해당하지 않는 것은?

2013 관세사

① 견본품의 반출 및 회수
② 보세구역 출입문의 개폐 및 열쇠관리의 감독
③ 해당 보세구역을 오염시킬 우려가 있는 부패하거나 변질된 보세화물의 폐기 명령
④ 보세구역 출입자 관리에 대한 감독
⑤ 보세구역 내 장치물품의 취급에 대한 참관 및 확인

| 관련 법조문: 영 제185조   답 ③

보세화물의 폐기 명령은 '세관장'이 하는 것이며, 보세사의 직무범위에 포함되지 않는다.

32 관세법상 보세사의 직무에 해당하지 않는 것은?

2014 관세사

① 견본품의 반출 및 회수
② 보세구역의 출입자 관리에 대한 감독
③ 보세구역 출입문의 개폐 및 열쇠관리의 감독
④ 보세구역 외 장치의 허가
⑤ 보세구역 안에 장치된 물품의 관리 및 취급에 대한 참관 및 확인

| 관련 법조문: 영 제185조   답 ④

보세구역 외 장치의 허가는 '세관장'이 하는 것이며, 보세사의 직무범위에 포함되지 않는다.

33 관세법령상 보세사의 직무에 대한 설명으로 옳지 않은 것은?

① 보세구역출입문의 개폐 및 열쇠관리의 감독과 보세구역의 출입자 관리의 감독은 보세사의 직무에 해당한다.

② 견본품의 반출 및 회수는 보세사의 직무에 해당한다.

③ 보세사는 관세청장이 정하는 바에 따라 그 업무수행에 필요한 교육을 받아야 한다.

④ 관세청장은 보세화물의 관리업무에 관한 시험을 실시할 때에는 그 시험의 일시, 장소, 방법 및 그 밖에 필요한 사항을 시험 시행일 60일 전까지 공고하여야 한다.

▎ **관련 법조문: 법 제165조, 영 제185조**   답 ④

관세청장은 보세화물의 관리업무에 관한 시험을 실시할 때에는 그 시험의 일시, 장소, 방법 및 그 밖에 필요한 사항을 시험 시행일 '90일 전'까지 공고하여야 한다(영 제185조 제8항).

34 관세법령상 보세사에 대한 설명으로 옳은 것은?

① 관세청장은 보세화물의 관리업무에 관한 시험에서 부정한 행위를 한 사람에 대하여는 해당 시험을 정지시키거나 무효로 하고, 그 처분이 있는 날부터 3년간 시험 응시자격을 정지한다.

② 보세사징계위원회는 위원장 1명을 포함하여 10명 이상 20명 이하의 위원으로 구성하며, 위원장은 세관장 또는 해당 세관 소속 4급 이상 공무원으로서 세관장이 지명하는 사람이 된다.

③ 보세사징계위원회의 위원장이 보세사징계위원회의 회의를 소집하려는 경우에는 회의 개최일 7일 전까지 각 위원과 해당 보세사에게 회의의 소집을 구두나 서면으로 통지해야 한다.

④ 보세화물의 관리업무에 관한 시험 과목은 수출입통관절차, 보세구역관리, 화물관리, 수출입안전관리, 자율관리 및 관세벌칙이고, 해당 시험의 합격자는 매과목 100점을 만점으로 하여 매과목 40점 이상, 전과목 평균 60점 이상을 득점한 사람으로 결정한다.

▎ **관련 법조문: 법 제165조, 영 제185조, 제185조의3, 제185조의4**   답 ④

보세화물의 관리업무에 관한 시험의 과목은 다음 각 호와 같고, 해당 시험의 합격자는 매과목 100점을 만점으로 하여 매과목 40점 이상, 전과목 평균 60점 이상을 득점한 사람으로 결정한다(영 제185조 제5항).

1. 수출입통관절차
2. 보세구역관리
3. 화물관리
4. 수출입안전관리
5. 자율관리 및 관세벌칙

✓ **선지분석**

① 관세청장은 보세화물의 관리업무에 관한 시험에서 부정한 행위를 한 사람에 대하여는 해당 시험을 정지시키거나 무효로 하고, 그 처분이 있는 날부터 '5년간' 시험 응시자격을 정지한다(법 제165조 제6항 제2호).

② 보세사징계위원회는 위원장 1명을 포함하여 '5명 이상 10명 이하'의 위원으로 구성하며, 위원장은 세관장 또는 해당 세관 소속 4급 이상 공무원으로서 세관장이 지명하는 사람이 된다(영 제185조의3 제2항, 제3항).

③ 보세사징계위원회의 위원장이 보세사징계위원회의 회의를 소집하려는 경우에는 회의 개최일 7일 전까지 각 위원과 해당 보세사에게 회의의 소집을 '서면'으로 통지해야 한다(영 제185조의4 제4항).

01 관세법상 지정보세구역에 관한 설명으로 옳지 않은 것은?　　　2016 관세사

☐☐☐

① 지정장치장에 물품을 장치하는 기간은 3개월의 범위에서 세관장이 정한다. 다만, 관세청장이 정하는 기준에 따라 세관장은 6개월의 범위에서 그 기간을 연장할 수 있다.

② 세관검사장은 통관하려는 물품을 검사하기 위한 장소로서 세관장이 지정하는 지역으로 한다.

③ 세관장은 수출입물량이 감소하거나 그 밖의 사유로 지정보세구역의 전부 또는 일부를 보세구역으로 존속시킬 필요가 없어졌다고 인정되는 때에는 그 지정을 취소하여야 한다.

④ 세관장은 해당 세관장이 관리하지 아니하는 토지등을 지정보세구역으로 지정하려면 해당 토지등의 소유자나 관리자의 동의를 받아야 한다. 이 경우 세관장은 임차료 등을 지급할 수 있다.

⑤ 지정장치장은 통관을 하려는 물품을 일시 장치하기 위한 장소로서 세관장이 지정하는 구역으로 한다.

> **관련 법조문: 법 제166조, 제167조, 제169조, 제170조, 제173조**　　답 ①

지정장치장에 물품을 장치하는 기간은 '6개월'의 범위에서 관세청장이 정한다. 다만, '관세청장'이 정하는 기준에 따라 세관장은 '3개월'의 범위에서 그 기간을 연장할 수 있다(법 제170조).

✓ 선지분석

② 법 제173조(세관검사장) 제1항
③ 법 제167조(지정보세구역 지정의 취소)
④ 법 제166조(지정보세구역의 지정) 제2항
⑤ 법 제169조(지정장치장)

> **◎ 명호샘의 한마디**
> 지정보세구역의 핵심은 다음의 세 가지이다.
>
> 1. 지정장치장의 장치기간
> 2. 지정장치장 물품의 보관 책임(원칙과 예외)
> 3. 화물관리인 지정의 유효기간

02 관세법상 지정보세구역의 지정을 받은 토지·건물 또는 그 밖의 시설의 소유자나 관리자가 행위를 하려면 미리 세관장과 협의(해당 행위가 지정보세구역으로서의 사용에 지장을 주지 아니하거나 지정보세구역으로 지정된 토지·건물 또는 그 밖의 시설의 소유자가 국가 또는 지방자치단체인 경우에는 그러하지 아니하다) 하여야 하는 것으로만 묶은 것은?　　　2020 국가직 7급

☐☐☐

> ㄱ. 해당 토지·건물 또는 그 밖의 시설의 양도, 교환, 임대 또는 그 밖의 처분이나 그 용도의 변경
> ㄴ. 해당 토지에 통관하려는 물품의 일시 장치
> ㄷ. 해당 지정보세구역에 있는 토지에 물품을 6개월 범위에서 장치
> ㄹ. 해당 건물 또는 그 밖의 시설의 개축·이전·철거나 그 밖의 공사

① ㄱ, ㄴ　　　　② ㄱ, ㄹ
③ ㄴ, ㄷ　　　　④ ㄷ, ㄹ

지정보세구역의 지정을 받은 토지 등의 소유자나 관리자는 다음 각 호의 어느 하나에 해당하는 행위를 하려면 미리 세관장과 협의하여야 한다(법 제168조, 지정보세구역의 처분).

1. 해당 토지 등의 양도, 교환, 임대 또는 그 밖의 처분이나 그 용도의 변경 ⇨ ㄱ
2. 해당 토지에 대한 공사나 해당 토지 안에 건물 또는 그 밖의 시설의 신축
3. 해당 건물 또는 그 밖의 시설의 개축·이전·철거나 그 밖의 공사 ⇨ ㄹ

☑ 선지분석

ㄴ. '통관을 하려는 물품을 일시장치'하는 것은 지정장치장의 기본적인 기능이다. 일시장치를 위하여 '반입하거나 반출하려는 자는 세관장에게 신고'하여야 한다(법 제157조 제1항).
ㄷ. '6개월 범위에서 장치'하는 것은 지정보세구역의 기본적인 '장치기간'이다. 여기에는 어떤 행정조치가 필요하지 않다.

03 관세법령상 지정보세구역에 대한 설명으로 옳은 것은?

2021 국가직 7급

① 지방자치단체가 소유하고 있는 토지에 지정된 지정보세구역에 건물을 신축하기 위해서는 세관장과 사전에 협의하여야 한다.
② 지정장치장에 물품을 장치하는 기간은 3개월의 범위에서 관세청장이 정한다. 다만, 관세청장이 정하는 기준에 따라 세관장은 6개월의 범위에서 그 기간을 연장할 수 있다.
③ 지정장치장의 화물관리인은 화물관리에 필요한 비용(법 제323조에 따른 세관설비 사용료를 포함)을 화주로부터 징수할 수 있다. 다만, 그 요율에 대하여는 세관장의 승인을 받아야 한다.
④ 세관장은 지정장치장의 질서유지와 화물의 안전관리를 위하여 필요하다고 인정할 때에는 화주를 갈음하여 보관의 책임을 지는 화물관리인을 10년의 범위 내에서 지정할 수 있다.

| 관련 법조문: 법 제168조, 제170조, 제172조, 영 제187조 | 답 ③ |

지정장치장의 화물관리인은 화물관리에 필요한 비용(법 제323조에 따른 세관설비 사용료를 포함한다)을 화주로부터 징수할 수 있다. 다만, 그 요율에 대하여는 세관장의 승인을 받아야 한다(법 제172조 제3항).

☑ 선지분석

① 지정보세구역의 지정을 받은 토지 등의 소유자나 관리자는 다음 각 호의 어느 하나에 해당하는 행위를 하려면 미리 세관장과 협의하여야 한다. 다만, 해당 행위가 지정보세구역으로서의 사용에 지장을 주지 아니하거나 지정보세구역으로 지정된 토지등의 소유자가 국가 또는 지방자치단체인 경우에는 그러하지 아니하다(법 제168조 제1항).

1. 해당 토지 등의 양도, 교환, 임대 또는 그 밖의 처분이나 그 용도의 변경
2. 해당 토지에 대한 공사나 해당 토지 안에 건물 또는 그 밖의 시설의 신축
3. 해당 건물 또는 그 밖의 시설의 개축·이전·철거나 그 밖의 공사

② 지정장치장에 물품을 장치하는 기간은 6개월의 범위에서 관세청장이 정한다. 다만, 관세청장이 정하는 기준에 따라 세관장은 3개월의 범위에서 그 기간을 연장할 수 있다(법 제170조).
④ 화물관리인 지정의 유효기간은 5년 이내로 한다(영 제187조 제4항).

04 관세법상 지정장치장에 대한 설명으로 옳지 않은 것은? 2011 국가직 7급

□□□ ① 지정장치장은 세관장이 지정하는 구역으로 한다.

② 세관청사 내에 소재하는 지정장치장에 반입한 물품에 대해서는 관할 세관이 그 보관의 책임을 진다.

③ 지정장치장에 물품을 장치하는 기간은 6개월의 범위에서 관세청장이 정한다.

④ 지정장치장에 장치된 물품에 대해 관세청장이 정하는 기준에 따라 세관장은 3개월의 범위에서 그 기간을 연장할 수 있다.

▌관련 법조문: 법 제169조, 제170조, 제172조   답 ②

지정장치장은 대부분 세관청사 내에 소재하므로 '구내장치장'이라고 부르기도 한다. 지정장치장에 반입한 물품은 '화주 또는 반입자'가 그 보관의 책임을 진다.

지정장치장 보관의 책임	원칙	화주 또는 반입자
	예외	화물관리인
		세관장(직접 화물 관리)

05 관세법상 지정장치장에 대한 설명으로 옳지 않은 것은? 2020 국가직 9급

□□□ ① 세관장은 지정장치장이 세관장이 관리하는 시설이 아닌 경우에는 해당시설의 소유자나 관리자와 협의하여 화물관리인을 지정할 수 있으며 화물관리인의 지정기준은 관세청장이 정한다.

② 지정장치장의 화물관리인은 화물관리에 필요한 비용을 화주로부터 징수할 수 있다. 다만, 그 요율은 세관장의 승인을 받아야 한다.

③ 지정장치장에 물품을 장치하는 기간은 6개월의 범위 내에서 관세청장이 정한다. 다만, 관세청장이 정하는 기준에 따라 세관장은 3개월의 범위에서 그 기간을 연장할 수 있다.

④ 지정장치장에 반입한 물품은 화주 또는 반입자가 그 보관의 책임을 진다.

▌관련 법조문: 법 제170조, 제172조   답 ①

세관장은 지정장치장의 질서유지와 화물의 안전관리를 위하여 필요하다고 인정할 때에는 화주를 갈음하여 보관의 책임을 지는 화물관리인을 지정할 수 있다. 다만, 세관장이 관리하는 시설이 아닌 경우에는 세관장은 해당 시설의 소유자나 관리자와 협의하여 화물관리인을 지정하여야 한다(법 제172조 제2항). 화물관리인의 지정기준, 지정절차, 지정의 유효기간, 재지정 및 지정 취소 등에 필요한 사항은 '대통령령'으로 정한다(법 제172조 제6항).

06 관세법령에 규정된 내용과 일치하지 않는 것은? 2011 국가직 7급

□□□ ① 유사물품간의 세율이 현저히 불균형하여 이를 시정할 필요가 있는 경우에는 100분의 40의 범위의 율을 기본세율에서 빼고 관세를 부과할 수 있다. 이 경우 필요하다고 인정될 때에는 그 수량을 제한할 수 있다.

② 지정장치장에서는 세관장에게 신고하고 외국물품을 사용하여 제조·가공 작업을 할 수 있다.

③ 관세체납정리위원회의 위원장은 체납세액이 관세청장이 정하는 금액 이상인 경우로서 관세법 제26조 제1항에 따라 국세징수법 제57조 제1항 제4호 본문에 따른 사유로 압류를 해제하려는 경우 회의를 소집하고 그 의장이 된다.

④ 관세법 제67조 제1항에 따른 긴급관세의 부과 여부 및 그 내용은 무역위원회의 부과건의가 접수된 날부터 1개월 이내에 결정하여야 한다. 다만, 주요 이해당사국과 긴급관세의 부과에 관한 협의 등을 하기 위하여 소요된 기간은 이에 포함되지 아니한다.

지정장치장은 통관을 하려는 물품을 '일시 장치'하기 위한 장소로서 세관장이 지정하는 구역으로 한다. 지정장치장에서는 제조 또는 가공 작업을 할 수 없다.

07 지정보세구역에 관한 설명으로 옳은 것은?　2013 관세사

① 세관장은 관세청장이 정하는 바에 따라 검사를 받을 물품의 전부 또는 일부를 세관검사장에 반입하여 검사할 수 있으며, 이때 세관검사장에 반입되는 물품의 채취·운반 등에 필요한 비용은 화주가 부담한다.
② 지정장치장은 통관을 하려는 물품을 일시 장치하기 위한 장소로서 관세청장이 지정하는 구역으로 한다.
③ 지정장치장에 물품을 장치하는 기간은 3개월의 범위에서 관세청장이 정한다. 다만, 관세청장이 정하는 기준에 따라 세관장은 1개월의 범위에서 그 기간을 연장할 수 있다.
④ 지정장치장에 반입한 물품은 화물관리인이 그 보관의 책임을 진다.
⑤ 관세청장은 특허보세구역을 설치·운영하는 자가 소유하거나 관리하는 토지·건물 또는 그 밖의 시설을 지정보세구역으로 지정할 수 있다.

관련 법조문: 법 제166조, 제169조, 제170조, 제172조, 제173조　답 ①

선지분석
② 지정장치장은 통관을 하려는 물품을 일시 장치하기 위한 장소로서 '세관장'이 지정하는 구역으로 한다(법 제169조).
③ 지정장치장에 물품을 장치하는 기간은 '6개월'의 범위에서 관세청장이 정한다. 다만, 관세청장이 정하는 기준에 따라 세관장은 '3개월'의 범위에서 그 기간을 연장할 수 있다(법 제170조).
④ 지정장치장에 반입한 물품은 화물관리인이 그 보관의 책임을 질 수 있다. 그러나 이것은 예외이며, 원칙적으로 지정장치장에 반입한 물품은 화주 또는 반입자가 그 보관의 책임을 진다(법 제172조 제1항·제2항).
⑤ 세관장은 '국가, 지방자치단체, 공항시설 또는 항만시설을 관리하는 법인'이 소유하거나 관리하는 토지·건물 또는 그 밖의 시설을 지정보세구역으로 지정할 수 있다(법 제166조 제1항).

08 관세법상 지정보세구역에 대한 설명으로 옳지 않은 것은?　2017 국가직 7급

① 세관장은 국가, 지방자치단체, 공항시설 또는 항만시설을 관리하는 법인이 소유하거나 관리하는 토지·건물 또는 그 밖의 시설을 지정보세구역으로 지정할 수 있다.
② 지정장치장에 물품을 장치하는 기간은 6개월의 범위에서 세관장이 정한다. 다만, 관세청장은 3개월의 범위에서 그 기간을 연장할 수 있다.
③ 세관장이 관리하는 시설인 지정장치장의 질서유지와 화물의 안전관리를 위하여 필요하다고 인정할 때에는 세관장은 화주를 갈음하여 보관의 책임을 지는 화물관리인을 지정할 수 있다.
④ 세관장은 관세청장이 정하는 바에 따라 검사를 받을 물품의 전부 또는 일부를 세관검사장에 반입하여 검사할 수 있으며, 이 경우 세관검사장에 반입되는 물품의 채취·운반 등에 필요한 비용은 화주가 부담한다.

관련 법조문: 법 제166조, 제170조, 제172조, 제173조　답 ②

지정장치장에 물품을 장치하는 기간은 6개월의 범위에서 '관세청장'이 정한다. 다만, 관세청장이 정하는 기준에 따라 '세관장'은 3개월의 범위에서 그 기간을 연장할 수 있다(법 제170조).

① 법 제166조(지정보세구역의 지정) 제1항
③ 법 제172조(물품에 대한 보관책임) 제2항
④ 법 제173조(세관검사장) 제2항 및 제3항

09 관세법령상 지정보세구역에 대한 설명으로 옳지 않은 것은? 2017 국가직 7급(하반기)

① 지정장치장에 물품을 장치하는 기간은 6개월의 범위에서 관세청장이 정한다. 다만, 관세청장이 정하는 기준에 따라 세관장은 3개월의 범위에서 그 기간을 연장할 수 있다.
② 보세화물의 관리와 관련 있는 비영리법인은 지정장치장의 화물관리인으로 지정받을 수 있다.
③ 세관장은 관세청장이 정하는 바에 따라 검사를 받을 물품의 전부 또는 일부를 세관검사장에 반입하여 검사할 수 있는데, 반입되는 물품의 채취·운반 등에 필요한 비용은 화주가 부담한다.
④ 지정장치장의 화물관리인 지정의 유효기간은 7년 이내로 한다.

> **관련 법조문: 법 제170조, 제173조, 영 제187조** 답 ④

화물관리인 지정의 유효기간은 5년 이내로 한다(영 제187조 제4항).

① 법 제170조(장치기간)
② 관세행정 또는 보세화물의 관리와 관련 있는 비영리법인 뿐만이 아니라, 직접 물품관리를 하는 국가기관의 장 및 해당 시설의 소유자 또는 관리자가 요청한 자도 화물관리인으로 지정받을 수 있다(영 제187조 제1항).
③ 법 제173조(세관검사장) 제2항·제3항

10 관세법 시행령상 지정장치장의 화물관리인에 대한 설명으로 옳지 않은 것은? 2020 국가직 7급

① 직접 물품관리를 하는 국가기관의 장은 화물관리인으로 지정받을 수 있다.
② 세관장은 거짓이나 그 밖의 부정한 방법으로 지정을 받은 경우 화물관리인의 지정을 취소할 수 있다.
③ 화물관리인으로 재지정을 받으려는 자는 화물관리인 지정의 유효기간이 끝나기 1개월 전까지 세관장에게 재지정을 신청하여야 한다.
④ 세관장은 화물관리인의 취소요청에 따라 그 지정을 취소하려는 경우에 청문을 하여야 한다.

> **관련 법조문: 영 제187조, 제187조의2** 답 ④

세관장은 다음 중 어느 하나에 해당하는 사유가 발생한 경우에는 화물관리인의 지정을 취소할 수 있다(영 제187조의2 제1항). 다음 중 1.~3.의 사유에 따라 화물관리인의 지정을 취소하려는 경우에는 청문을 하여야 한다(영 제187조의2 제2항). 즉, '화물관리인이 그 지정의 취소를 요청하는 경우'에는 지정을 취소하지만, 청문을 하지는 않는다.

1. 거짓이나 그 밖의 부정한 방법으로 지정을 받은 경우
2. 화물관리인이 법 제175조 각 호의 어느 하나에 해당하는 경우
3. 화물관리인이 세관장 또는 해당 시설의 소유자·관리자와 맺은 화물관리업무에 관한 약정을 위반하여 해당 지정장치장의 질서유지 및 화물의 안전관리에 중대한 지장을 초래하는 경우
4. 화물관리인이 그 지정의 취소를 요청하는 경우

① 영 제187조(화물관리인의 지정) 제1항

화물관리인으로 지정받을 수 있는 자
1. 직접 물품관리를 하는 국가기관의 장 2. 관세행정 또는 보세화물의 관리와 관련 있는 비영리법인 3. 해당 시설의 소유자 또는 관리자가 요청한 자(법 제172조 제2항 단서에 따라 화물관리인을 지정하는 경우로 한정한다)

② 영 제187조의2(화물관리인의 지정 취소) 제1항

③ 영 제187조(화물관리인의 지정) 제5항

---

11 관세법령상 화물관리인에 관한 설명으로 옳지 않은 것은?   2023 관세사

□□□

① 세관장이 관리하는 시설이 아닌 경우에는 세관장은 해당 시설의 소유자나 관리자와 협의하여 화물관리인을 지정하여야 한다.

② 세관장은 불가피한 사유로 화물관리인을 지정할 수 없을 때에는 화주를 대신하여 직접 화물관리를 할 수 있다.

③ 관세행정 또는 보세화물의 관리와 관련 있는 비영리법인은 화물관리인으로 지정받을 수 있다.

④ 세관장은 직접 물품관리를 하는 국가기관의 장이 세관장의 화물관리인 지정 요청을 승낙하면 그를 화물관리인으로 지정한다.

⑤ 세관장은 화물관리인이 그 지정의 취소를 요청하여 지정을 취소하는 경우 청문을 하여야 한다.

▌ **관련 법조문: 법 제172조, 영 제187조, 제187조의2**   답 ⑤

세관장은 다음 각 호의 어느 하나에 해당하는 사유가 발생한 경우에는 화물관리인의 지정을 취소할 수 있다. 이 경우 제1항 제3호에 해당하는 자에 대한 지정을 취소할 때에는 해당 시설의 소유자 또는 관리자에게 미리 그 사실을 통보하여야 한다(영 제187조의2 제1항). <u>세관장은 제1항 제1호부터 제3호까지의 규정에 따라 화물관리인의 지정을 취소하려는 경우에는 청문을 하여야 한다</u>(영 제187조의2 제2항).

> 1. 거짓이나 그 밖의 부정한 방법으로 지정을 받은 경우
> 2. 화물관리인이 법 제175조 각 호의 어느 하나에 해당하는 경우
> 3. 화물관리인이 세관장 또는 해당 시설의 소유자·관리자와 맺은 화물관리업무에 관한 약정을 위반하여 해당 지정장치장의 질서유지 및 화물의 안전관리에 중대한 지장을 초래하는 경우
> 4. 화물관리인이 그 지정의 취소를 요청하는 경우

✅ **선지분석**

① 세관장이 관리하는 시설이 아닌 경우에는 세관장은 해당 시설의 소유자나 관리자와 협의하여 화물관리인을 지정하여야 한다(법 제172조 제2항).

② 세관장은 불가피한 사유로 화물관리인을 지정할 수 없을 때에는 화주를 대신하여 직접 화물관리를 할 수 있다(법 제172조 제5항).

③ 관세행정 또는 보세화물의 관리와 관련 있는 비영리법인은 화물관리인으로 지정받을 수 있다(영 제187조 제1항 제2호).

④ 세관장은 직접 물품관리를 하는 국가기관의 장이 <u>세관장의 화물관리인 지정 요청을 승낙하면 그를 화물관리인으로 지정한다</u>(영 제187조 제2항 제1호).

12 관세법상 지정보세구역에 관한 설명으로 옳지 않은 것은?　　　　　2021 관세사

☐☐☐

① 세관장이 관리하지 아니하는 토지를 지정보세구역으로 지정한 경우 임차료 등을 지급할 수 있다.
② 지정보세구역을 보세구역으로 존속시킬 필요가 없어졌다는 이유로 세관장이 지정보세구역의 지정을 취소하려면 해당 토지소유자의 동의를 받아야 한다.
③ 지정장치장은 통관을 하려는 물품을 일시 장치하기 위한 장소로서 세관장이 지정하는 구역으로 한다.
④ 지정장치장에 반입한 물품은 화주 또는 반입자가 그 보관의 책임을 진다.
⑤ 세관장은 관세청장이 정하는 바에 따라 검사를 받을 물품의 전부 또는 일부를 세관검사장에 반입하여 검사할 수 있다.

▌관련 법조문: 법 제166조, 제167조, 제169조, 제172조, 제173조　　　　　답 ②

세관장은 수출입물량이 감소하거나 그 밖의 사유로 지정보세구역의 전부 또는 일부를 보세구역으로 존속시킬 필요가 없어졌다고 인정될 때에는 그 지정을 취소하여야 한다(법 제167조).

(세관장이 관리하지 아니하는 토지 등) 지정보세구역 지정(법 제166조)	소유자나 관리자의 동의
(세관장이 관리하지 아니하는 시설) 화물관리인의 지정(법 제172조)	소유자나 관리자와 협의

☑ **선지분석**
① 법 제166조(지정보세구역의 지정) 제2항
③ 법 제169조(지정장치장)
④ 법 제172조(물품에 대한 보관책임) 제1항
⑤ 법 제173조(세관검사장) 제2항

13 관세법령상 물품의 보관책임에 대한 설명으로 옳지 않은 것은?　　　　　2023 국가직 7급

☐☐☐

① 세관장은 지정장치장의 질서유지와 화물의 안전관리를 위하여 필요하다고 인정할 때에는 화주를 갈음하여 보관의 책임을 지는 화물관리인을 지정할 수 있다. 다만, 세관장이 관리하는 시설이 아닌 경우에는 해당 시설의 소유자나 관리자가 화물관리인을 지정할 수 있다.
② 지정장치장의 화물관리인은 화물관리에 필요한 비용을 화주로부터 징수할 수 있다. 다만, 그 요율에 대하여는 세관장의 승인을 받아야 한다.
③ 보세화물의 관리와 관련 있는 비영리법인은 지정장치장의 화물관리인으로 지정받을 수 있는 자에 해당한다.
④ 세관장은 불가피한 사유로 지정장치장의 화물관리인을 지정할 수 없을 때에는 화주를 대신하여 직접 화물관리를 할 수 있고, 이 경우 화물관리에 필요한 비용을 화주로부터 징수할 수 있다.

▌관련 법조문: 법 제172조, 영 제187조　　　　　답 ①

세관장은 지정장치장의 질서유지와 화물의 안전관리를 위하여 필요하다고 인정할 때에는 화주를 갈음하여 보관의 책임을 지는 화물관리인을 지정할 수 있다. 다만, 세관장이 관리하는 시설이 아닌 경우에는 <u>세관장은 해당 시설의 소유자나 관리자와 협의하여 화물관리인을 지정하여야 한다</u>(법 제172조 제2항).

☑ **선지분석**
② 법 제172조(물품에 대한 보관책임) 제3항
③ 화물관리인으로 지정받을 수 있는 자는 다음 각 호의 어느 하나에 해당하는 자로 한다(영 제187조 제1항).

　　1. 직접 물품관리를 하는 국가기관의 장
　　2. 관세행정 또는 보세화물의 관리와 관련 있는 비영리법인
　　3. 해당 시설의 소유자 또는 관리자가 요청한 자(법 제172조 제2항 단서에 따라 화물관리인을 지정하는 경우로 한정한다)

④ 법 제172조(물품에 대한 보관책임) 제5항

제1관 통칙(법 제174조 ~ 제182조)

01 관세법상 보세구역에 대한 설명으로 옳은 것은?

2016 국가직 7급

□□□
① 세관장은 특허보세구역의 운영인이 장치물품에 대한 관세를 납부할 자금능력이 없다고 인정되는 경우에는 기획재정부령으로 정하는 바에 따라 6개월의 범위에서 해당 특허보세구역에의 물품반입 등을 정지시킬 수 있다.
② 특허보세구역의 설치·운영에 관한 특허를 받으려는 자, 특허 보세구역을 설치·운영하는 자, 이미 받은 특허를 갱신하려는 자는 기획재정부령으로 정하는 바에 따라 수수료를 납부하여야 한다.
③ 세관장은 수입통관 후 보세공장에서 사용하게 될 물품에 대하여는 보세공장에 직접 반입하여 사용신고를 하게 할 수 있으며, 보세공장에서는 세관장의 허가를 받지 아니하고는 외국물품만을 원료로 하거나 재료로 하여 제조·가공하거나 그 밖에 이와 비슷한 작업을 할 수 없다.
④ 지정장치장의 화물관리인은 화물관리에 필요한 비용을 화주로부터 징수할 수 있다. 다만, 그 요율에 대하여는 화주와 협의하여 세관장의 허가를 받아야 한다.

▌관련 법조문: 법 제174조, 제178조, 제185조   답 ②

특허보세구역의 설치·운영에 관한 특허를 받으려는 자, 특허보세구역을 설치·운영하는 자, 이미 받은 특허를 갱신하려는 자는 기획재정부령으로 정하는 바에 따라 수수료를 납부하여야 한다(법 제174조 제2항). 이 규정에 따라 납부하여야 하는 특허신청의 수수료는 4만 5천원으로 한다(규칙 제68조 제1항). 특허수수료는 '특허보세구역의 연면적이 1천제곱미터 미만인 경우: 매 분기당 7만 2천원, 특허보세구역의 연면적이 1천제곱미터 이상 2천제곱미터 미만인 경우: 매 분기당 10만 8천원' 등 그 연면적에 따라 매 분기당 수수료를 납부하여야 한다(규칙 제68조 제2항).

⊘ **선지분석**

① 세관장은 특허보세구역의 운영인이 다음 각 호의 어느 하나에 해당하는 경우에는 '관세청장이 정하는 바에 따라' 6개월의 범위에서 해당 특허보세구역에의 물품반입 또는 보세건설·보세판매·보세전시 등(물품반입등)을 정지시킬 수 있다(법 제178조 제1항).

> 1. 장치물품에 대한 관세를 납부할 자금능력이 없다고 인정되는 경우
> 2. 본인이나 그 사용인이 이 법 또는 이 법에 따른 명령을 위반한 경우
> 3. 해당 시설의 미비 등으로 특허보세구역의 설치 목적을 달성하기 곤란하다고 인정되는 경우
> 4. 그 밖에 제1호부터 제3호까지의 규정에 준하는 것으로서 대통령령으로 정하는 사유에 해당하는 경우

③ 세관장은 수입통관 후 보세공장에서 사용하게 될 물품에 대하여는 보세공장에 직접 반입하여 수입신고를 하게 할 수 있다(법 제185조 제4항). 보세공장에서는 세관장의 허가를 받지 아니하고는 '내국물품'만을 원료로 하거나 재료로 하여 제조·가공하거나 그 밖에 이와 비슷한 작업을 할 수 없다(법 제185조 제6항).
④ 지정장치장의 화물관리인은 화물관리에 필요한 비용(법 제323조에 따른 세관설비 사용료를 포함한다)을 화주로부터 징수할 수 있다. 다만, 그 요율에 대하여는 '세관장의 승인'을 받아야 한다(법 제172조 제3항).

02 관세법령상 특허보세구역(보세판매장과 우리나라에 있는 외국공관이 직접 운영하는 보세전시장은 제외)의
□□□ 설치·운영에 관한 특허수수료에 대한 설명으로 옳지 않은 것은? 2023 국가직 7급

① 특허수수료는 분기단위로 매분기말까지 다음 분기분을 납부하되, 운영인이 원하는 때에는 1년 단위로
일괄하여 미리 납부할 수 있다.

② 특허수수료를 계산함에 있어서 특허보세구역의 연면적은 특허보세구역의 설치·운영에 관한 특허가
있은 날의 상태에 의하되, 특허보세구역의 연면적이 변경된 때에는 그 변경된 날이 속하는 분기의 다
음 분기 첫째 달 1일의 상태에 의한다.

③ 특허보세구역의 연면적이 수수료납부후에 변경된 경우 납부하여야 하는 특허수수료의 금액이 증가한
때에는 변경된 날부터 5일내에 그 증가분을 납부하여야 하고, 납부하여야 하는 특허수수료의 금액이
감소한 때에는 그 감소분을 다음 분기 이후에 납부하는 수수료의 금액에서 공제한다.

④ 특허보세구역의 휴지 또는 폐지의 경우에는 당해 특허보세구역 안에 외국물품이 있더라도 그 다음
분기의 특허수수료를 면제한다.

┃ 관련 법조문: 규칙 제68조 답 ④

특허보세구역의 휴지 또는 폐지의 경우에는 당해 특허보세구역안에 <u>외국물품이 없는 때에 한하여</u> 그 다음 분기의
특허수수료를 면제한다. 다만, 휴지 또는 폐지를 한 날이 속하는 분기분의 특허수수료는 이를 환급하지 아니한다(규
칙 제68조 제6항). 한편 우리나라에 있는 외국공관이 직접 운영하는 보세전시장에 대하여는 특허수수료를 면제한다
(규칙 제68조 제7항).

⊘ 선지분석

① 규칙 제68조(특허수수료) 제3항
② 규칙 제68조(특허수수료) 제4항
③ 규칙 제68조(특허수수료) 제5항

---

03 관세법상 특허보세구역 운영인의 결격사유에 해당하지 않는 자는? 2021 국가직 9급
□□□
① 파산선고를 받고 복권되지 아니한 자
② 관세법을 위반하여 징역형의 실형을 선고받고 그 집행이 끝난 후 1년 6개월이 된 자
③ 관세법을 위반하여 징역형의 집행유예를 선고받고 그 유예기간이 끝난 후 1년이 된 자
④ 미성년자

┃ 관련 법조문: 법 제175조 답 ③

다음 중 어느 하나에 해당하는 자는 특허보세구역을 설치·운영할 수 없다(법 제175조, 운영인의 결격사유).

1. 미성년자
2. 피성년후견인과 피한정후견인
3. 파산선고를 받고 복권되지 아니한 자
4. 이 법을 위반하여 징역형의 실형을 선고받고 그 집행이 끝나거나(집행이 끝난 것으로 보는 경우를 포함한다) 면제된
   후 2년이 지나지 아니한 자
5. 이 법을 위반하여 징역형의 집행유예를 선고받고 그 유예기간 중에 있는 자
6. 다음 각 목의 어느 하나에 해당하는 경우에는 해당 목에서 정한 날부터 2년이 지나지 아니한 자. 이 경우 동일한
   사유로 다음 각 목 모두에 해당하는 경우에는 그중 빠른 날을 기준으로 한다.
   가. 제178조 제2항에 따라 특허보세구역의 설치·운영에 관한 특허가 취소(이 조 제1호부터 제3호까지의 규정 중
       어느 하나에 해당하여 특허가 취소된 경우는 제외한다)된 경우: 해당 특허가 취소된 날

04 관세법상 보세판매장에 대한 설명으로 옳지 않은 것은?

2020 국가직 9급

① 보세판매장의 특허수수료는 관세법 제174조 제2항에도 불구하고 운영인의 보세판매장별 매출액(기업 회계기준에 따라 계산한 매출액을 말한다)을 기준으로 기획재정부령으로 정하는 바에 따라 다른 종류 의 보세구역 특허수수료와 달리 정할 수 있다.
② 관세법 제176조의2에 따른 보세판매장의 특허 수 등 보세판매장 제도의 중요 사항을 심의하기 위하여 기획재정부에 보세판매장 제도운영위원회를 둔다.
③ 관세법 제176조의2 제3항에 따른 보세판매장 특허 신청자의 평가 및 선정 등을 심의하기 위하여 관세 청에 보세판매장 특허심사위원회를 둔다.
④ 관세법 제176조의2 제1항에 따라 특허를 받은 자는 2회(다만, 중소기업 등은 4회)에 한정하여 대통령 령으로 정하는 바에 따라 특허를 갱신할 수 있다.

| **관련 법조문:** 법 제176조의2, 제176조의3, 제176조의4 답 ④

보세판매장의 특허를 받은 자는 두 차례에 한정하여 특허를 갱신할 수 있다. 이 경우 갱신기간은 한 차례당 5년 이내로 한다(법 제176조의2 제6항).

◈ **선지분석**
① 법 제176조의2(특허보세구역의 특례) 제4항
② 법 제176조의4(보세판매장 제도운영위원회) 제1항
③ 법 제176조의3(보세판매장 특허심사위원회) 제1항

05 관세법령상 관세청장이 보세판매장에 대한 특허 심사 평가기준을 정할 때 고려 요소가 아닌 것은?

2024 관세사

① 중소기업제품의 판매 실적 등 경제·사회 발전을 위한 공헌도
② 관세 관계 법령에 따른 의무·명령 등의 위반 여부
③ 관광 인프라 등 주변 환경요소
④ 「자본시장과 금융투자업에 관한 법률」에 따른 상호출자제한기업집단에 속한 기업의 주주 및 임원 구성
⑤ 재무건전성 등 보세판매장 운영인의 경영 능력

| **관련 법조문:** 법 제176조의2, 영 제192조의3 답 ④

보세판매장의 특허는 대통령령으로 정하는 일정한 자격을 갖춘 자의 신청을 받아 대통령령으로 정하는 평가기준에 따라 심사하여 부여한다. 기존 특허가 만료되는 경우(특허가 갱신되는 경우는 제외한다)에도 또한 같다(법 제176조 의2 제3항). 여기에서 '대통령령으로 정하는 평가기준'이란 다음 각 호의 평가요소를 고려하여 관세청장이 정하는 평가기준을 말한다(영 제192조의3 제2항).

1. 제189조에 따른 특허보세구역의 설치·운영에 관한 특허를 받을 수 있는 요건의 충족 여부
2. 관세 관계 법령에 따른 의무·명령 등의 위반 여부
3. 재무건전성 등 보세판매장 운영인의 경영 능력
4. 중소기업제품의 판매 실적 등 경제·사회 발전을 위한 공헌도
5. 관광 인프라 등 주변 환경요소
6. 기업이익의 사회 환원 정도
7. 「독점규제 및 공정거래에 관한 법률」 제31조 제1항에 따른 상호출자제한기업집단에 속한 기업과 「중소기업기본법」 제2조에 따른 중소기업 및 중견기업 간의 상생협력을 위한 노력 정도

06 관세법령상 보세판매장 제도운영위원회에 대한 설명으로 옳은 것만을 모두 고르면?

2023 국가직 7급

> ㄱ. 보세판매장 제도운영위원회는 특허 신청자의 평가 및 선정, 특허 갱신에 관한 사항을 심의·의결한다.
> ㄴ. 보세판매장 제도운영위원회의 설치·구성 및 운영 등에 필요한 사항은 대통령령으로 정한다.
> ㄷ. 보세판매장 제도운영위원회는 중소기업등이 광역자치단체에 시내보세판매장을 설치하려는 경우에 해당하면 해당 광역자치단체에 설치되는 시내보세판매장의 신규 특허 수를 심의·의결할 수 있다.
> ㄹ. 관세청장은 보세판매장 제도운영위원회의 심의·의결 결과를 기획재정부장관에게 보고해야 한다.

① ㄱ, ㄷ
② ㄱ, ㄹ
③ ㄴ, ㄷ
④ ㄴ, ㄹ

관련 법조문: 법 제176조의3, 제176조의4, 영 제189조의2   답 ③

- ㄴ. 보세판매장 제도운영위원회의 설치·구성 및 운영 등에 필요한 사항은 대통령령으로 정한다(법 제176조의4 제2항).
- ㄷ. 보세판매장 제도운영위원회는 중소기업등이 광역자치단체에 시내보세판매장을 설치하려는 경우에 해당하면 해당 광역자치단체에 설치되는 시내보세판매장의 신규 특허 수를 심의·의결할 수 있다(영 제189조의2 제3항 제4호).

⊘ 선지분석

- ㄱ. 세판매장의 특허에 관한 다음 각 호의 사항을 심의하기 위하여 관세청에 '보세판매장 특허심사위원회'를 둔다(법 제176조의3 제1항).

  > 1. 보세판매장 특허 신청자의 평가 및 선정
  > 2. 특허 갱신의 심사
  > 3. 그 밖에 보세판매장 운영에 관한 중요 사항

- ㄹ. 관세청장이 보세판매장 제도운영위원회의 심의·의결 결과를 기획재정부장관에게 보고하는 규정은 없다. 다만 관세청장은 기획재정부장관의 국회 소관 상임위원회에 대한 보고를 위하여 매 회계연도 종료 후 3월 말일까지 전국 보세판매장의 매장별 매출액을 기획재정부장관에게 보고해야 한다(영 제192조의7).

07 관세법령상 위원회에 대한 설명으로 옳지 않은 것은?

① 보세판매장 제도의 중요 사항을 심의하기 위하여 관세청에 보세판매장 제도운영위원회를 둔다.

② 통관 등 수출입 절차의 원활화 및 이와 관련된 국제협력의 원활화의 촉진에 관한 사항을 심의하기 위하여 기획재정부장관 소속으로 무역원활화위원회를 둔다.

③ 범칙사건에 관한 사항을 심의하기 위하여 관세청 또는 대통령령으로 정하는 세관에 관세범칙조사심의위원회를 둘 수 있다.

④ 납세자 권리보호에 관한 사항을 심의하기 위하여 관세법 제118조의2 제2항의 세관 및 관세청에 납세자보호위원회를 둔다.

관련 법조문: 법 제118조의4, 제176조의4, 제284조의2, 영 제245조의2 답 ①

보세판매장 제도의 중요 사항을 심의하기 위하여 '기획재정부'에 보세판매장 제도운영위원회를 둔다(법 제176조의4 제1항).

⊘ 선지분석

② 영 제245조의2(무역원활화위원회의 구성) 제1항
③ 법 제284조의2(관세범칙조사심의위원회) 제1항
④ 법 제118조의4(납세자보호위원회) 제1항 제1호

---

08 보세창고에 대한 물품의 장치기간과 관련하여 '비축에 필요한 기간'을 장치기간으로 하는 물품이 아닌 것은?

① 정부비축용 물품
② 장기간 비축이 필요한 수출용 원재료로서 세관장이 인정하는 물품
③ 정부와의 계약이행을 위하여 비축하는 방위산업용 물품
④ 장기간 비축이 필요한 수출품 보수용 물품으로서 세관장이 인정하는 물품
⑤ 장기간 비축이 필요한 분할납부대상 물품

관련 법조문: 법 제177조 답 ⑤

장기간 비축이 필요한 '수출용 원재료'와 '수출품 보수용 물품'으로서 세관장이 인정하는 물품의 경우, 장치기간은 '비축에 필요한 기간'으로 한다. 분할납부대상 물품은 포함되지 않는다.

⊜ 명호쌤의 한마디

특허보세구역의 장치기간은 다음과 같이 보세창고의 장치기간과 그 밖의 특허보세구역의 장치기간으로 구분해야 한다. 보세창고의 장치기간은 비축물품인 것과 비축물품이 아닌 것으로 구분해야 한다.

보세창고	비축물품이 아닌	외국물품	1년의 범위에서 관세청장이 정하는 기간 (다만, 세관장이 필요하다고 인정하는 경우에는 1년의 범위에서 그 기간을 연장할 수 있다)
		내국물품	1년의 범위에서 관세청장이 정하는 기간
	① 비축물품 ② 국제물류의 촉진을 위하여 관세청장이 정하는 물품		비축에 필요한 기간
그 밖의 특허보세구역			해당 특허보세구역의 특허기간

09 다음 ( )에 들어갈 내용으로 순서대로 나열된 것을 고르면? 2008 관세사

> 보세창고에서 외국물품의 장치기간은 (   )의 범위에서 관세청장이 정하는 기간으로 하되, (   )이 필요하다고 인정하는 경우에는 (   )의 범위에서 그 기간을 연장할 수 있으며, 내국물품의 장치기간은 (   )의 범위에서 관세청장이 정하는 기간으로 한다.

① 1년, 세관장, 1년, 1년
② 2년, 관세청장, 2년, 2년
③ 1년, 관세청장, 1년, 1년
④ 2년, 세관장, 2년, 2년
⑤ 2년, 세관장, 1년, 1년

┃ 관련 법조문: 법 제177조 답 ①

보세창고에서 외국물품의 장치기간은 (1년)의 범위에서 관세청장이 정하는 기간으로 하되, (세관장)이 필요하다고 인정하는 경우에는 (1년)의 범위에서 그 기간을 연장할 수 있으며, 내국물품의 장치기간은 (1년)의 범위에서 관세청장이 정하는 기간으로 한다.

---

10 관세법령상 특허보세구역에 대한 설명으로 옳지 않은 것은? 2017 국가직 9급

① 관세법을 위반하여 징역형의 실형을 선고받고 그 집행이 끝나거나(집행이 끝난 것으로 보는 경우를 포함) 면제된 후 2년이 지나지 아니한 자는 특허보세구역을 설치·운영할 수 없다.
② 보세전시장의 특허기간은 10년의 범위 내에서 신청인이 신청한 기간으로 한다. 다만, 관세청장은 보세구역의 합리적 운영을 위하여 필요한 경우에는 신청인이 신청한 기간과 달리 특허기간을 정할 수 있다.
③ 특허보세구역의 운영인은 다른 사람에게 자신의 성명·상호를 사용하여 특허보세구역을 운영하게 해서는 아니 된다.
④ 운영인이 특허보세구역을 운영하지 아니하게 된 경우 특허보세구역의 설치·운영에 관한 특허는 그 효력을 상실한다.

┃ 관련 법조문: 법 제176조, 영 제192조 답 ②

특허보세구역(보세전시장과 보세건설장은 제외한다)의 특허기간은 10년의 범위 내에서 신청인이 신청한 기간으로 한다. 다만, 관세청장은 보세구역의 합리적 운영을 위하여 필요한 경우에는 신청인이 신청한 기간과 달리 특허기간을 정할 수 있다(영 제192조). '보세전시장'과 '보세건설장'의 특허기간은 다음 각 호의 구분에 따른다. 다만, 세관장은 전시목적을 달성하거나 공사를 진척하기 위하여 부득이하다고 인정할 만한 사유가 있을 때에는 그 기간을 연장할 수 있다(법 제176조).

  1. 보세전시장: 해당 박람회 등의 기간을 고려하여 세관장이 정하는 기간
  2. 보세건설장: 해당 건설공사의 기간을 고려하여 세관장이 정하는 기간

11 관세법 시행령상 특허보세구역에 대한 설명으로 옳은 것은?

① 특허보세구역의 운영인은 30일 이상 특허보세구역의 운영을 휴지하고자 하는 때에는 휴지사유 및 휴지기간을 관세청장에게 통보하여야 한다.

② 관세청장은 연 2회 이상 보세화물의 반출입량·판매량 등을 파악하기 위하여 보세판매장에 대한 조사를 실시할 수 있다.

③ 관세청장은 기획재정부장관의 국회 소관 상임위원회에 대한 보세판매장 별 매출액 보고를 위하여 매 회계연도 종료 후 3월 말일까지 전국 보세판매장의 매장별 매출액을 기획재정부장관에게 보고해야 한다.

④ 특허보세구역의 운영인이 법인인 경우에 그 본점의 소재지를 변경한 때에는 지체 없이 그 요지를 관세청장에게 통보하여야 한다.

▎관련 법조문: 영 제190조, 제192조의7, 제193조, 제213조　　　　　　　　　답 ③

관세청장은 법 제176조의2 제7항(기획재정부장관은 매 회계연도 종료 후 4개월 이내에 보세판매장별 매출액을 대통령령으로 정하는 바에 따라 국회 소관 상임위원회에 보고하여야 한다)에 따른 기획재정부장관의 국회 소관 상임위원회에 대한 보고를 위하여 매 회계연도 종료 후 3월 말일까지 전국 보세판매장의 매장별 매출액을 기획재정부장관에게 보고해야 한다(영 제192조의7).

 선지분석

① 특허보세구역의 운영인은 30일 이상 계속하여 특허보세구역의 운영을 휴지하고자 하는 때에는 다음 각 호의 사항을 세관장에게 통보하여야 하며, 특허보세구역의 운영을 다시 개시하고자 하는 때에는 그 사실을 '세관장'에게 통보하여야 한다(영 제193조 제2항).

> 1. 당해 특허보세구역의 종류·명칭 및 소재지
> 2. 휴지사유 및 휴지기간

② '세관장'은 연 2회 이상 보세화물의 반출입량·판매량·외국반출현황·재고량 등을 파악하기 위하여 보세판매장에 대한 조사를 실시할 수 있다(영 제213조 제4항).

④ 특허보세구역의 운영인이 법인인 경우에 그 등기사항을 변경한 때에는 지체 없이 그 요지를 '세관장'에게 통보하여야 한다(영 제190조 제2항).

---

12 관세법령상 보세구역에 관한 설명으로 옳은 것은?

① 보세공장에서는 세관장의 승인을 받지 아니하고는 내국물품만을 원료로 하거나 재료로 하여 제조·가공하거나 그 밖에 이와 비슷한 작업을 할 수 없다.

② 세관장은 보세공장 외 작업 허가의 신청을 받은 날부터 7일 이내에 허가 여부를 신청인에게 통지하여야 한다.

③ 보세건설장 운영인은 보세건설장에 반입한 외국물품을 사용한 건설공사가 완료된 때에 해당 물품에 대하여 수입신고를 하여야 한다.

④ 특허보세구역의 운영인이 그 장치물품의 종류를 변경하거나 그 특허작업의 종류 또는 작업의 원재료를 변경하고자 하는 때에는 그 사유를 기재한 신청서를 세관장에게 제출하여 그 승인을 얻어야 한다.

⑤ 보세공장 외 작업허가를 받은 자는 허가받은 기간이 끝나는 날부터 10일 이내에 세관장에게 보세공장 외 작업완료 결과를 통보해야 한다.

특허보세구역의 운영인이 그 장치물품의 종류를 변경하거나 그 특허작업의 종류 또는 작업의 원재료를 변경하고자 하는 때에는 그 사유를 기재한 신청서를 세관장에게 제출하여 그 승인을 얻어야 한다(영 제190조 제1항). 특허보세 구역의 운영인이 법인인 경우에 그 등기사항을 변경한 때에는 지체없이 그 요지를 세관장에게 통보하여야 한다(영 제190조 제2항).

✅ 선지분석

① 보세공장에서는 외국물품을 원료 또는 재료로 하거나 외국물품과 내국물품을 원료 또는 재료로 하여 제조·가공 하거나 그 밖에 이와 비슷한 작업을 할 수 있다(법 제185조 제1항). 보세공장에서는 '세관장의 허가'를 받지 아니하고는 내국물품만을 원료로 하거나 재료로 하여 제조·가공하거나 그 밖에 이와 비슷한 작업을 할 수 없다 (법 제185조 제2항).

② 세관장은 보세공장 외 작업 허가의 신청을 받은 날부터 '10일' 이내에 허가 여부를 신청인에게 통지하여야 한다 (법 제187조 제2항).

③ 운영인은 보세건설장에 외국물품을 반입하였을 때에는 사용 전에 해당 물품에 대하여 수입신고를 하고 세관공 무원의 검사를 받아야 한다. 다만, 세관공무원이 검사가 필요 없다고 인정하는 경우에는 검사를 하지 아니할 수 있다(법 192조). 보세건설장의 운영인은 법 제192조의 규정에 의한 수입신고를 한 물품을 사용한 건설공사가 완료된 때에는 지체없이 이를 세관장에게 보고하여야 한다(영 제211조).

⑤ 보세공장 외 작업허가를 받은 자는 허가받은 기간이 끝나는 날부터 '5일' 이내에 세관장에게 보세공장 외 작업 완료 결과를 통보해야 한다(영 제203조 제5항).

---

13 보세구역의 특허기간 또는 보세구역 반입물품의 장치기간에 관한 설명으로 옳은 것은?　　2013 관세사

☐☐☐
① 보세창고에 외국물품을 장치하는 경우의 장치기간은 3년의 범위에서 관세청장이 정하는 기간(세관장 이 필요하다고 인정할 경우 1년의 범위에서 연장 가능)

② 보세건설장의 특허기간은 해당 건설공사기간을 고려하여 세관장이 정하는 기간

③ 보세전시장의 특허기간은 해당 박람회 등의 기간을 고려하여 관세청장이 정하는 기간

④ 보세창고에 내국물품을 장치하는 경우의 장치기간은 1년의 범위에서 관세청장이 정하는 기간(세관장 이 필요하다고 인정할 경우 1년의 범위에서 연장 가능)

⑤ 보세판매장의 특허기간은 20년의 범위 내에서 관세청장이 정하는 기간

관련 법조문: 법 제176조, 제176조의2, 제177조　　　　　답 ②

✅ 선지분석

① 보세창고에 외국물품을 장치하는 경우의 장치기간은 '1년'의 범위에서 관세청장이 정하는 기간(세관장이 필요하 다고 인정할 경우 1년의 범위에서 연장 가능)

③ 보세전시장의 특허기간은 해당 박람회 등의 기간을 고려하여 '세관장'이 정하는 기간

④ 보세창고에 내국물품을 장치하는 경우의 장치기간은 1년의 범위에서 관세청장이 정하는 기간(연장 규정 없음)

⑤ 특허보세구역(보세전시장과 보세건설장은 제외한다)의 특허기간은 10년의 범위내에서 신청인이 신청한 기간으 로 한다. 다만, 관세청장은 보세구역의 합리적 운영을 위하여 필요한 경우에는 신청인이 신청한 기간과 달리 특 허기간을 정할 수 있다(영 제192조). 즉, 보세판매장의 특허기간은 '10년 이내' 또는 '10년의 범위내에서 신청 인이 신청한 기간'이라고 표현하여야 한다.

14 관세법상 특허보세구역에 관한 설명으로 옳은 것은?

2017 관세사

① 세관장은 특허보세구역의 운영인이 장치물품에 대한 관세를 납부할 자금능력이 없다고 인정되는 경우에는 관세청장이 정하는 바에 따라 1년의 범위에서 해당 특허보세구역에의 물품반입을 정지시킬 수 있다.

② 세관장은 특허보세구역 운영인이 1년 이내에 3회 이상 물품반입 등의 정지처분(과징금 부과처분 포함)을 받은 경우 그 특허를 취소하여야 한다.

③ 세관장은 물품반입 등의 정지처분이 그 이용자에게 심한 불편을 주거나 공익을 해칠 우려가 있는 경우에는 특허보세구역의 운영인에게 물품반입 등의 정지처분을 갈음하여 해당 특허보세구역 운영에 따른 매출액의 100분의 3 이상의 과징금을 부과할 수 있다.

④ 과징금 부과통지를 받은 특허보세구역 운영자는 납부통지일부터 15일 이내에 과징금을 관세청장이 지정하는 수납기관에 납부하여야 한다.

⑤ 과징금을 납부하여야 할 특허보세구역 운영자가 납부기한까지 납부하지 아니한 경우 과징금의 징수에 관하여는 관세법 제26조(담보 등이 없는 경우의 관세징수)를 준용한다.

▌관련 법조문: 법 제178조　　　　　　　　　　　　　답 ⑤

세관장은 특허보세구역 물품반입 등의 정지처분이 그 이용자에게 심한 불편을 주거나 공익을 해칠 우려가 있는 경우에는 특허보세구역의 운영인에게 물품반입 등의 정지처분을 갈음하여 해당 특허보세구역 운영에 따른 매출액의 100분의 3 '이하'의 과징금을 부과할 수 있다. 이 경우 매출액 산정, 과징금의 금액, 과징금의 납부기한 등에 관하여 필요한 사항은 대통령령으로 정한다(법 제178조 제3항). 과징금을 납부하여야 할 자가 납부기한까지 납부하지 아니한 경우 과징금의 징수에 관하여는 관세법 제26조(담보 등이 없는 경우의 관세 징수)를 준용한다(법 제178조 제4항).

✓ 선지분석

① 세관장은 특허보세구역의 운영인이 장치물품에 대한 관세를 납부할 자금능력이 없다고 인정되는 경우에는 관세청장이 정하는 바에 따라 '6개월'의 범위에서 해당 특허보세구역에의 물품반입을 정지시킬 수 있다(법 제178조 제1항).

② 세관장은 특허보세구역 운영인이 1년 이내에 3회 이상 물품반입 등의 정지처분(과징금 부과처분 포함)을 받은 경우 그 특허를 '취소할 수 있다'(법 제178조 제2항). '특허를 취소하여야 하는 경우'는 다음과 같다(법 제178조 제2항 단서 및 본문 외 제1호·제2호 및 제5호).

> 1. 거짓이나 그 밖의 부정한 방법으로 특허를 받은 경우
> 2. 법 제175조 각 호(운영인의 결격사유)의 어느 하나에 해당하게 된 경우
> 5. 법 제177조의2(특허보세구역 운영인의 명의대여 금지)를 위반하여 명의를 대여한 경우

④ 과징금 부과통지를 받은 특허보세구역 운영자는 납부통지일부터 '20일' 이내에 과징금을 관세청장이 지정하는 수납기관에 납부하여야 한다(영 제285조의7 제2항을 준용하는 영 제193조의3 제4항).

15 관세법 규정에 의한 특허보세구역에의 물품반입 정지사유와 특허취소사유의 설명으로 옳지 않은 것은?

2010 · 2005 관세사

① 장치물품에 대한 관세를 납부할 자금능력이 없다고 인정되는 경우: 반입정지

② 본인 또는 그 사용인이 관세법 또는 관세법에 의한 명령에 위반한 경우: 특허취소

③ 해당 시설의 미비 등으로 특허보세구역의 설치 목적을 달성하기 곤란하다고 인정되는 경우: 반입정지

④ 2년 이상 물품의 반입실적이 없어서 세관장이 특허보세구역의 설치 목적을 달성하기 곤란하다고 인정하는 경우: 특허취소

⑤ 1년 이내에 3회 이상 물품반입의 정지처분을 받은 경우: 특허취소

세관장은 특허보세구역의 운영인이 다음 각 호의 어느 하나에 해당하는 경우에는 관세청장이 정하는 바에 따라 6개월의 범위에서 해당 특허보세구역에의 물품반입 또는 보세건설·보세판매·보세전시 등을 정지시킬 수 있다.

> 1. 장치물품에 대한 관세를 납부할 자금능력이 없다고 인정되는 경우
> 2. 본인이나 그 사용인이 이 법 또는 이 법에 따른 명령을 위반한 경우
> 3. 해당 시설의 미비 등으로 특허보세구역의 설치 목적을 달성하기 곤란하다고 인정되는 경우
> 4. 그 밖에 제1호부터 제3호까지의 규정에 준하는 것으로서 대통령령으로 정하는 사유에 해당하는 경우
>   1) 재고조사 결과 원자재 소요량 관리가 적정하지 않은 경우
>   2) 1년 동안 계속하여 물품의 반입·반출 실적이 없거나, 6개월 이상 보세작업을 하지 않은 경우
>   3) 운영인이 최근 1년 이내에 법에 따른 절차 등을 위반한 경우 등 관세청장이 정하는 사유에 해당하는 경우

세관장은 특허보세구역의 운영인이 다음 각 호의 어느 하나에 해당하는 경우에는 그 특허를 취소할 수 있다. 다만, 제1호·제2호 및 제5호에 해당하는 경우에는 특허를 취소하여야 한다.

> 1. 거짓이나 그 밖의 부정한 방법으로 특허를 받은 경우
> 2. 법 제175조 각 호(운영인의 결격사유)의 어느 하나에 해당하게 된 경우
> 3. 1년 이내에 3회 이상 물품반입 등의 정지처분(과징금 부과처분을 포함한다)을 받은 경우
> 4. 2년 이상 물품의 반입실적이 없어서 세관장이 특허보세구역의 설치 목적을 달성하기 곤란하다고 인정하는 경우
> 5. 법 제177조의2(특허보세구역 운영인의 명의대여 금지)를 위반하여 명의를 대여한 경우

16 관세법령상 세관장이 특허보세구역에 물품반입을 정지할 수 있는 경우가 아닌 것은? 2022 관세사

① 1년 동안 계속하여 물품의 반입·반출 실적이 없는 경우
② 3개월 이상 보세작업을 하지 않은 경우
③ 관세법 시행령 제207조에 따른 재고조사 결과 원자재소요량 관리가 적정하지 않은 경우
④ 특허보세구역의 운영인이 최근 1년 이내에 법에 따른 절차 등을 위반한 경우 등 관세청장이 정하는 사유에 해당하는 경우
⑤ 특허보세구역의 운영인이나 그 사용인이 관세법 또는 관세법에 따른 명령을 위반한 경우

| 관련 법조문: 법 제178조, 영 제193조의2 | 답 ② |

'6개월 이상' 보세작업을 하지 않은 경우 물품반입 등을 정지시킬 수 있다(영 제193조의2).

17 관세법상 세관장은 특허보세구역의 운영인이 특정 사유에 해당하는 경우 관세청장이 정하는 바에 따라 6개월의 범위에서 해당 특허보세구역의 물품반입 등을 정지시킬 수 있다. 이에 해당하지 않는 것은?
2013 국가직 9급

① 장치물품에 대한 관세를 납부할 자금능력이 없다고 인정되는 경우
② 본인이나 그 사용인이 관세법 또는 관세법에 따른 명령을 위반한 경우
③ 거짓이나 그 밖의 부정한 방법으로 특허를 받은 경우
④ 해당 시설의 미비 등으로 특허보세구역의 설치 목적을 달성하기 곤란하다고 인정되는 경우

| 관련 법조문: 법 제178조 | 답 ③ |

거짓이나 그 밖의 부정한 방법으로 특허를 받은 경우에는 '업무정지 성격'의 반입정지 등으로 끝나서는 안 되고, 특허를 취소하여야 한다.

18 관세법상 특허보세구역에 대한 설명으로 옳지 않은 것은?

① 특허보세구역의 설치·운영에 관한 특허는 운영인이 해산하거나 사망한 경우에 해당하면 그 효력을 상실한다.

② 세관장은 특허보세구역의 운영인이 장치물품에 대한 관세를 납부할 자금능력이 없다고 인정되는 경우에는 관세청장이 정하는 바에 따라 6개월의 범위에서 해당 특허보세구역에의 물품반입 등을 정지시킬 수 있다.

③ 운영인이 보세창고에 물품을 장치하는 경우 세관장은 그 운영인으로 하여금 장치물품에 대한 관세에 상당하는 담보를 제공하게 할 수 있다.

④ 특허보세구역의 설치·운영에 관한 특허의 효력이 상실되었을 때에는 해당 특허보세구역에 있는 외국물품의 종류와 수량 등을 고려하여 6개월의 범위에서 세관장이 지정하는 기간 동안 그 구역은 특허보세구역으로 본다.

▌ 관련 법조문: 법 제178조, 제179조, 제182조　　　　　　　　　　　　　　　　　　답 ③

운영인이 보세창고에 물품을 장치하는 경우에는 담보를 제공할 필요가 없다. 개정 이전의 법령에서는 이 또한 담보제공사유에 포함되어 있었으나, 법령 개정으로 운영인의 담보제공 규정은 삭제되었다.

⊘ 선지분석

① 특허보세구역의 설치·운영에 관한 특허는 다음 각 호의 어느 하나에 해당하면 그 효력을 상실한다(법 제179조 제1항).

> 1. 운영인이 특허보세구역을 운영하지 아니하게 된 경우
> 2. 운영인이 해산하거나 사망한 경우
> 3. 특허기간이 만료한 경우
> 4. 특허가 취소된 경우

② 법 제178조(반입정지 등과 특허의 취소) 제1항

④ 특허보세구역의 설치·운영에 관한 특허의 효력이 상실되었을 때에는 해당 특허보세구역에 있는 외국물품의 종류와 수량 등을 고려하여 6개월의 범위에서 세관장이 지정하는 기간 동안 그 구역은 특허보세구역으로 보며, 운영인이나 그 상속인 또는 승계법인에 대해서는 해당 구역과 장치물품에 관하여 특허보세구역의 설치·운영에 관한 특허가 있는 것으로 본다(법 제182조 제2항).

---

19 관세법상 특허보세구역에 대한 설명으로 옳지 않은 것은?

① 특허보세구역을 설치·운영하려는 자는 세관장의 특허를 받아야 하며, 기존의 특허를 갱신하려는 경우에도 또한 같다.

② 특허보세구역의 특허기간은 10년 이내로 한다. 다만, 보세전시장의 특허기간은 해당 박람회 등의 기간을 고려하여 세관장이 정하는 기간으로 하되 세관장은 전시목적을 달성하기 위하여 부득이하다고 인정할 만한 사유가 있을 때에는 그 기간을 연장할 수 있다.

③ 보세공장에서는 세관장의 허가를 받지 아니하고는 내국물품만을 원료로 하거나 재료로 하여 제조·가공하거나 그 밖에 이와 비슷한 작업을 할 수 없다.

④ 보세창고에는 외국물품이나 통관을 하려는 물품을 장치하고, 운영인은 미리 세관장의 허가를 받아 외국물품이나 통관을 하려는 물품의 장치에 방해되지 아니하는 범위에서 보세창고에 내국물품을 장치할 수 있다.

관련 법조문: 법 제174조, 제176조, 제183조, 제185조   답 ④

보세창고에는 외국물품이나 통관을 하려는 물품을 장치한다(법 제183조 제1항). 운영인은 미리 세관장에게 신고를 하고 외국물품이나 통관을 하려는 물품의 장치에 방해되지 아니하는 범위에서 보세창고에 내국물품을 장치할 수 있다(법 제183조 제2항).

✅ 선지분석

① 법 제174조(특허보세구역의 설치·운영에 관한 특허) 제1항
② 법 제176조(특허기간) 제1항·제2항
③ 법 제185조(보세공장) 제2항

---

20 관세법령상 특허보세구역에 대한 설명으로 옳지 않은 것은?   2019 국가직 9급

① 보세창고 운영인은 미리 세관장에게 신고를 하고 외국물품이나 통관을 하려는 물품의 장치에 방해되지 아니하는 범위에서 보세창고에 내국물품을 장치할 수 있다. 다만, 동일한 보세창고에 장치되어 있는 동안 수입신고가 수리된 물품은 신고 없이 계속하여 장치할 수 있다.
② 세관장은 관세법에 따른 허가를 받은 보세공장외 작업에 사용될 물품을 관세청장이 정하는 바에 따라 공장외작업장에 직접 반입하게 할 수 있다.
③ 세관장은 최근 2년간 생산되어 판매된 물품 중 수출된 물품의 가격 비율이 100분의 50 이상인 보세공장에 대하여는 2년의 범위에서 원료별, 제품별 또는 보세공장 전체에 대하여 원료 과세 적용신청을 하게 할 수 있다.
④ 보세건설장 운영인은 보세건설장에 외국물품을 반입하였을 때에는 사용 전에 해당 물품에 대하여 수입신고를 하고 세관공무원의 검사를 받아야 한다. 다만, 세관공무원이 검사가 필요 없다고 인정하는 경우에는 검사를 하지 아니할 수 있다.

관련 법조문: 법 제183조, 제187조, 제189조, 제192조, 영 제205조   답 ③

법 제189조 제2항과 같이 원료과세를 신청하려면 영 제205조 제3항의 두 가지 요건을 모두 갖추어야 하므로, 지문을 정확한 표현으로 바꾸면 이렇게 된다. "세관장은 최근 2년간 생산되어 판매된 물품 중 수출된 물품의 가격 비율이 100분의 50 이상이고, 수출입 안전관리 우수업체로 공인된 업체가 운영하는 보세공장에 대하여는 1년의 범위에서 원료별, 제품별 또는 보세공장 전체에 대하여 원료과세 적용신청을 하게 할 수 있다."

> **법 제189조(원료과세)** ② 세관장은 대통령령으로 정하는 기준에 해당하는 보세공장에 대하여는 1년의 범위에서 원료별, 제품별 또는 보세공장 전체에 대하여 제1항에 따른 신청을 하게 할 수 있다.
>
> **영 제205조(원료과세 적용신청 방법 등)** ③ 법 제189조 제2항에서 '대통령령으로 정하는 기준'이란 다음 각 호의 기준을 말한다.
> 1. 최근 2년간 생산되어 판매된 물품 중 수출된 물품의 가격 비율이 100분의 50 이상일 것
> 2. 법 제255조의2 제1항에 따라 수출입 안전관리 우수업체로 공인된 업체가 운영할 것

✅ 선지분석

① 법 제183조(보세창고) 제2항
② 법 제187조(보세공장 외 작업 허가) 제6항
④ 법 제192조(사용 전 수입신고)

제2관 보세창고(법 제183조 ~ 제184조)

21 관세법령상 보세창고에 대한 내용으로 옳지 않은 것은?

2011 국가직 9급

① 내국물품의 장치신고를 하고자 하는 자는 생산지 또는 제조지 등을 기재한 신고서를 세관장에게 제출하여야 한다.

② 운영인은 미리 세관장에게 신고를 하고 보세창고에 내국물품을 장치할 수 있으며, 다만 동일한 보세창고에 장치되어 있는 동안 수입신고가 수리된 물품은 신고하고 계속하여 장치할 수 있다.

③ 내국물품으로서 장치기간이 지난 물품은 그 기간이 지난 후 10일 이내에 그 운영인의 책임으로 반출하여야 한다.

④ 내국물품만을 장치하기 위해 세관장의 승인을 받아 장치하는 물품에 대하여는 반출입신고를 생략하게 할 수 있다.

> **관련 법조문: 법 제183조, 제184조, 영 제197조**　　　　　　　　　　　　　답 ②

운영인은 미리 세관장에게 신고를 하고 외국물품이나 통관을 하려는 물품의 장치에 방해되지 아니하는 범위에서 보세창고에 내국물품을 장치할 수 있다. 다만, 동일한 보세창고에 장치되어 있는 동안 수입신고가 수리된 물품은 신고 없이 계속하여 장치할 수 있다.

22 (　　)에 들어갈 내용이 순서대로 옳은 것은?

2016 관세사

> 특허보세구역의 설치·운영에 관한 특허의 효력이 상실되었을 때에는 해당 특허보세구역에 있는 외국물품의 종류와 수량 등을 고려하여 (　　)개월의 범위에서 (　　)이 지정하는 기간 동안 그 구역은 특허보세구역으로 보며, 운영인이나 그 상속인 또는 승계법인에 대해서는 해당 구역과 장치물품에 관하여 특허보세구역의 설치·운영에 관한 특허가 있는 것으로 본다.

① 1, 관세청장
② 3, 세관장
③ 3, 관세청장
④ 6, 세관장
⑤ 6, 관세청장

> **관련 법조문: 법 제182조**　　　　　　　　　　　　　답 ④

특허보세구역의 설치·운영에 관한 특허의 효력이 상실되었을 때에는 운영인이나 그 상속인 또는 승계법인은 해당 특허보세구역에 있는 외국물품을 지체 없이 다른 보세구역으로 반출하여야 한다(법 제182조 제1항). 특허보세구역의 설치·운영에 관한 특허의 효력이 상실되었을 때에는 해당 특허보세구역에 있는 외국물품의 종류와 수량 등을 고려하여 '6개월'의 범위에서 '세관장'이 지정하는 기간 동안 그 구역은 특허보세구역으로 보며, 운영인이나 그 상속인 또는 승계법인에 대해서는 해당 구역과 장치물품에 관하여 특허보세구역의 설치·운영에 관한 특허가 있는 것으로 본다(법 제182조 제2항).

23

관세법상 보세창고와 보세공장에 대한 설명으로 옳은 것은?

① 동일한 보세창고에 장치되어 있는 동안 수입신고가 수리된 물품은 신고 없이 계속하여 장치할 수 있다.
② 운영인은 보세창고에 6개월 이상 계속하여 내국물품만을 장치하려면 세관장의 허가를 받아야 한다.
③ 세관장은 보세공장 작업 허가의 신청을 받은 날부터 5일 이내에 허가 여부를 신청인에게 통지하여야 한다.
④ 보세공장 중 수입하는 물품을 제조·가공하는 것을 목적으로 하는 보세공장의 업종은 대통령령으로 정하는 바에 따라 제한할 수 있다.

▌**관련 법조문: 법 제183조, 제185조**   답 ①

운영인은 미리 세관장에게 신고를 하고 외국물품이나 통관을 하려는 물품의 장치에 방해되지 아니하는 범위에서 보세창고에 내국물품을 장치할 수 있다. 다만, 동일한 보세창고에 장치되어 있는 동안 수입신고가 수리된 물품은 신고 없이 계속하여 장치할 수 있다(법 제183조 제2항).

☑ **선지분석**

② 운영인은 보세창고에 1년(수입신고가 수리된 물품은 6개월) 이상 계속하여 내국물품만을 장치하려면 세관장의 승인을 받아야 한다(법 제183조 제2항).
③ 보세공장에서는 세관장의 허가를 받지 아니하고는 내국물품만을 원료로 하거나 재료로 하여 제조·가공하거나 그 밖에 이와 비슷한 작업을 할 수 없다(법 제185조 제2항). 세관장은 해당 허가의 신청을 받은 날부터 10일 이내에 허가 여부를 신청인에게 통지하여야 한다(법 제185조 제3항). '보세공장 작업 허가신청'은 필요 없고, 내국물품만으로 가공하려고 할 때 세관장의 허가를 받으면 된다.
④ 보세공장 중 수입하는 물품을 제조·가공하는 것을 목적으로 하는 보세공장의 업종은 기획재정부령으로 정하는 바에 따라 제한할 수 있다(법 제185조 제5항).

제3관 보세공장(법 제185조 ~ 제189조)

24

관세법 제185조에 따라 보세공장에서 보세작업을 하기 위하여 반입되는 원료 또는 재료에 해당하지 않는 것은?

① 해당 보세공장에서 생산하는 제품에 물리적 또는 화학적으로 결합되는 물품
② 기계·기구 등의 작동 및 유지를 위한 연료, 윤활유 등 제품의 생산·수리·조립·검사·포장 및 이와 유사한 작업에 간접적으로 투입되어 소모되는 물품
③ 해당 보세공장에서 생산하는 제품을 제조·가공하는 공정에 투입되어 소모되는 물품
④ 해당 보세공장에서 수리·조립·검사·포장 및 이와 유사한 작업에 직접적으로 투입되는 물품

▌**관련 법조문: 영 제199조**   답 ②

보세공장에서 보세작업을 하기 위하여 반입되는 원료 또는 재료(보세공장원재료)는 다음 각 호의 어느 하나에 해당하는 것을 말한다. 다만, 기계·기구 등의 작동 및 유지를 위한 연료, 윤활유 등 제품의 생산·수리·조립·검사·포장 및 이와 유사한 작업에 간접적으로 투입되어 소모되는 물품은 제외한다.

> 1. 당해 보세공장에서 생산하는 제품에 물리적 또는 화학적으로 결합되는 물품
> 2. 해당 보세공장에서 생산하는 제품을 제조·가공하거나 이와 비슷한 공정에 투입되어 소모되는 물품
> 3. 해당 보세공장에서 수리·조립·검사·포장 및 이와 유사한 작업에 직접적으로 투입되는 물품

25 관세법상 보세공장에서 보세작업을 하기 위하여 반입되는 원료 또는 재료(이하 '보세공장원재료'라 함)에 관한 설명으로 옳은 것은?

2014 관세사

① 해당 보세공장에서 수리·조립·검사·포장 및 이와 유사한 작업에 직접적으로 투입되는 물품은 보세공장원재료에 포함되지 않는다.

② 당해 보세공장에서 생산하는 제품에 물리적으로 결합되는 물품은 보세공장원재료에 포함되지 않는다.

③ 당해 보세공장에서 생산하는 제품의 제조·가공 공정에 투입되어 소모되는 물품은 보세공장원재료에 포함되지 않는다.

④ 기계·기구 등의 작동 및 유지를 위한 연료, 윤활유 등 제품의 생산·수리·조립·검사·포장 및 이와 유사한 작업에 간접적으로 투입되어 소모되는 물품은 보세공장원재료에 포함된다.

⑤ 당해 보세공장에서 생산하는 제품에 소요되는 수량을 객관적으로 계산할 수 있는 물품이어야 보세공장원재료로 인정받을 수 있다.

> **관련 법조문: 영 제199조** 답 ⑤

보세공장원재료는 당해 보세공장에서 생산하는 제품에 소요되는 수량, 즉 원자재소요량을 객관적으로 계산할 수 있는 물품이어야 한다(영 제199조 제2항).

☑️ **선지분석**

① 해당 보세공장에서 수리·조립·검사·포장 및 이와 유사한 작업에 직접적으로 투입되는 물품도 보세공장원재료에 포함된다.

② 물리적으로 결합되는 물품도 보세공장원재료에 포함된다.

③ '제조가공 공정에 투입되어 소모되는 물품'은 보세공장원재료에 포함된다.

④ '간접적으로 투입되어 소모되는 물품'은 보세공장원재료에 포함되지 않는다.

---

26 관세법상 보세공장에 대한 설명으로 옳은 것은?

2017 국가직 7급

① 보세공장에서는 세관장에게 신고하지 아니하고는 내국물품만을 원료로 하여 제조·가공하거나 그 밖에 이와 비슷한 작업을 할 수 없다.

② 화주는 보세공장에 반입된 물품을 그 사용 전에 세관장에게 사용신고를 하여야 하며, 이 경우 세관공무원은 그 물품을 검사할 수 있다.

③ 대통령령으로 정하는 바에 따라 세관장의 승인을 받고 외국물품과 내국물품을 혼용하는 경우에는 그로써 생긴 제품 중 해당 외국물품의 수량 또는 가격에 상응하는 것은 외국으로부터 우리나라에 도착한 물품으로 본다.

④ 보세공장에서 제조된 물품을 수입하는 경우 세관장은 대통령령으로 정하는 기준에 해당하는 보세공장에 대하여는 2년의 범위에서 원료별, 제품별 또는 보세공장 전체에 대하여 원료과세신청을 하게 할 수 있다.

> **관련 법조문: 법 제185조, 제186조, 제188조, 제189조** 답 ③

외국물품이나 외국물품과 내국물품을 원료로 하거나 재료로 하여 작업을 하는 경우 그로써 생긴 물품은 외국으로부터 우리나라에 도착한 물품으로 본다. 다만, 대통령령으로 정하는 바에 따라 세관장의 승인을 받고 외국물품과 내국물품을 혼용하는 경우에는 그로써 생긴 제품 중 해당 외국물품의 수량 또는 가격에 상응하는 것은 외국으로부터 우리나라에 도착한 물품으로 본다(법 제188조).

✅ **선지분석**

① 보세공장에서는 세관장의 '허가'를 받지 아니하고는 내국물품만을 원료로 하거나 재료로 하여 제조·가공하거나 그 밖에 이와 비슷한 작업을 할 수 없다(법 제185조 제2항).

② '운영인'은 보세공장에 반입된 물품을 그 사용 전에 세관장에게 사용신고를 하여야 한다. 이 경우 세관공무원은 그 물품을 검사할 수 있다(법 제186조 제1항).

④ 세관장은 대통령령으로 정하는 기준에 해당하는 보세공장에 대하여는 '1년'의 범위에서 원료별, 제품별 또는 보세공장 전체에 대하여 원료과세신청을 하게 할 수 있다(법 제189조 제2항).

---

27 보세공장에 대한 다음 설명 중 바르지 못한 것은?   2004 관세사

□□□ ① 보세공장에서는 외국물품을 원료 또는 재료로 하거나 외국물품과 내국물품을 원료 또는 재료로 하여 제조·가공하거나 그 밖에 이와 비슷한 작업을 할 수 있다.

② 보세공장에서는 세관장의 허가를 받지 아니하고는 내국물품만을 원료로 하거나 재료로 하여 제조·가공하거나 그 밖에 이와 비슷한 작업을 할 수 없다.

③ 세관장은 수입통관 후 보세공장에서 사용하게 될 물품에 대하여는 보세공장에 직접 반입하여 수입신고를 하게 할 수 있다.

④ 세관장은 가공무역 또는 국내산업의 진흥에 필요한 때에는 대통령령으로 정하는 바에 따라 기간, 장소, 물품 등을 정하여 해당 보세공장 외에서의 작업을 허가할 수 있다.

⑤ 대통령령으로 정하는 바에 따라 세관장의 승인을 받고 외국물품과 내국물품을 혼용하는 경우에는 그로써 생긴 물품은 외국으로부터 우리나라에 도착된 물품으로 본다.

| 관련 법조문: 법 제185조, 제187조, 제188조 | 답 ⑤ |

세관장의 혼용 승인을 받은 경우 '그로써 생긴 물품' 전체가 아니라 '그로써 생긴 제품 중에서 외국물품의 가격 또는 수량이 차지하는 비율에 상응하는 분'만 우리나라에 도착된 물품으로 본다.

---

28 보세공장에서 세관장의 승인을 받은 후 다음과 같이 외국물품과 내국물품을 혼용하여 제품을 생산하였다. 제품과세를 한다면 과세가격은 얼마인가?   2011 관세사

□□□
- 내국원재료 가격: US $100
- 외국원재료 가격: US $400
- 제품가격: US $1,000

① US $100   ② US $400
③ US $500   ④ US $800
⑤ US $1,000

| 관련 법조문: 법 제188조 | 답 ④ |

세관장의 (혼용) 승인을 받은 경우 $\dfrac{\text{외국원재료 가격}}{\text{외국원재료 가격 + 내국원재료 가격}}$ 의 비율만큼만 과세한다.

1,000$의 400 / 500만큼만 과세하므로, 과세가격은 800$이다.

29

관세법상 보세구역과 관련한 관세의 부과, 비용의 부담 등에 대한 설명으로 옳지 않은 것은?

① 보세구역에 장치된 외국물품을 미리 세관장의 승인을 받아 폐기한 때에는 폐기 후에 남아 있는 부분에 대하여 폐기 후의 성질과 수량에 따라 관세를 부과한다.

② 세관공무원이 보세구역에 반입된 물품에 대하여 검사상 필요하여 그 일부를 견본품으로 채취한 물품이 사용·소비된 경우 수입신고를 하여 관세를 납부하고 수리된 것으로 본다.

③ 보세공장 외에서의 외국물품 가공 허가기간이 지난 경우 해당 공장외작업장에 허가된 외국물품이 있을 때에는 해당 물품의 허가를 받은 보세공장의 운영인으로부터 그 관세를 즉시 징수한다.

④ 보세공장에서 제조된 물품을 수입하는 경우 관세법 제186조(사용신고 등)에 따른 사용신고 전에 미리 세관장에게 해당 물품의 원료인 외국물품에 대한 과세의 적용을 신청한 경우에는 수입신고를 할 때의 그 원료의 성질 및 수량에 따라 관세를 부과한다.

> **│ 관련 법조문: 법 제160조, 제161조, 제187조, 제189조**　　　　　　　　　　　답 ④

보세공장에서 제조된 물품을 수입하는 경우 사용신고 전에 미리 세관장에게 해당 물품의 원료인 외국물품에 대한 과세의 적용을 신청한 경우에는 제16조에도 불구하고 제186조에 따른 <u>사용신고를 할 때의 그 원료의 성질 및 수량에 따라</u> 관세를 부과한다(법 제189조 제1항).

✅ 선지분석

① 법 제160조(장치물품의 폐기) 제1항·제2항
② 법 제161조(견본품 반출) 제4항·제5항
③ 법 제187조(보세공장 외 작업 허가) 제1항·제7항

30

관세법상 지정보세구역과 특허보세구역에 대한 설명으로 옳지 않은 것은?

① 세관장은 수출입물량이 감소하거나 그 밖의 사유로 지정보세구역의 전부 또는 일부를 보세구역으로 존속시킬 필요가 없어졌다고 인정될 때에는 그 지정을 취소하여야 한다.

② 지정장치장에 물품을 장치하는 기간은 6개월의 범위에서 관세청장이 정한다. 다만, 관세청장이 정하는 기준에 따라 세관장은 3개월의 범위에서 그 기간을 연장할 수 있다.

③ 세관장은 특허보세구역의 운영인이 장치물품에 대한 관세를 납부할 자금능력이 없다고 인정되는 경우에는 관세청장이 정하는 바에 따라 6개월의 범위에서 해당 특허보세구역에의 물품반입 또는 보세건설·보세판매·보세전시 등을 정지시킬 수 있다.

④ 보세공장 중 수입하는 물품을 제조·가공하는 것을 목적으로 하는 보세공장의 업종은 대통령령으로 정하는 바에 따라 제한할 수 있다.

> **│ 관련 법조문: 법 제167조, 제170조, 제178조, 제185조**　　　　　　　　　　　답 ④

보세공장 중 수입하는 물품을 제조·가공하는 것을 목적으로 하는 보세공장의 업종은 '기획재정부령'으로 정하는 바에 따라 제한할 수 있다(법 제185조 제5항). 법 제185조 제5항의 규정에 의한 수입물품을 제조·가공하는 것을 목적으로 하는 보세공장의 업종은 다음 각 호에 규정된 업종을 제외한 업종으로 한다(규칙 제69조).

> 1. 법 제73조의 규정에 의하여 국내외 가격차에 상당하는 율로 양허한 농·임·축산물을 원재료로 하는 물품을 제조·가공하는 업종
> 2. 국민보건 또는 환경보전에 지장을 초래하거나 풍속을 해하는 물품을 제조·가공하는 업종으로 세관장이 인정하는 업종

① 법 제167조(지정보세구역 지정의 취소)
② 법 제170조(장치기간)
③ 세관장은 특허보세구역의 운영인이 다음 각 호의 어느 하나에 해당하는 경우에는 관세청장이 정하는 바에 따라 6개월의 범위에서 해당 특허보세구역에의 물품반입 또는 보세건설·보세판매·보세전시 등(물품반입 등)을 정지시킬 수 있다(법 제178조 제1항).

> 1. 장치물품에 대한 관세를 납부할 자금능력이 없다고 인정되는 경우
> 2. 본인이나 그 사용인이 이 법 또는 이 법에 따른 명령을 위반한 경우
> 3. 해당 시설의 미비 등으로 특허보세구역의 설치 목적을 달성하기 곤란하다고 인정되는 경우
> 4. 그 밖에 제1호부터 제3호까지의 규정에 준하는 것으로서 대통령령으로 정하는 사유에 해당하는 경우

31 관세법령상 수입물품을 제조·가공하는 것을 목적으로 하는 보세공장의 업종에서 제외되는 것을 모두 고른 것은?

> ㄱ. 외국원료만을 원재료로 하여 물품을 제조·가공하는 업종
> ㄴ. 관세법 제73조의 규정에 의하여 국내외 가격차에 상당하는 율로 양허한 농·임·축산물을 원재료로 하는 물품을 제조·가공하는 업종
> ㄷ. 보세공장의 운영인으로 하여금 보세작업으로 생산된 제품에 소요된 원자재소요량을 계산하여야 하는 업종
> ㄹ. 국민보건 또는 환경보전에 지장을 초래하거나 풍속을 해하는 물품을 제조·가공하는 업종으로 세관장이 인정하는 업종

① ㄱ, ㄴ
② ㄴ, ㄹ
③ ㄱ, ㄴ, ㄹ
④ ㄱ, ㄷ, ㄹ
⑤ ㄱ, ㄴ, ㄷ, ㄹ

관련 법조문: 규칙 제69조

답 ②

수입물품을 제조·가공하는 것을 목적으로 하는 보세공장의 업종은 다음 각호에 규정된 업종을 제외한 업종으로 한다(규칙 제69조).

> 1. 법 제73조의 규정에 의하여 국내외 가격차에 상당하는 율로 양허한 농·임·축산물을 원재료로 하는 물품을 제조·가공하는 업종
> 2. 국민보건 또는 환경보전에 지장을 초래하거나 풍속을 해하는 물품을 제조·가공하는 업종으로 세관장이 인정하는 업종

제4관 보세전시장(법 제190조)

제5관 보세건설장(법 제191조 ~ 제195조)

32
□□□

A사는 충남 천안에 대단위 전자부품 생산 공장을 건설하기로 하고, 다수의 수입 기자재가 투입되는 점을 감안하여 원활한 공장건설을 위해 보세건설장제도를 이용하기로 하였다. A사가 보세건설장제도를 이용할 때의 설명으로서 올바른 것은?

2006 관세사

① 공장건설에 직접 투입되는 기계류·설비품은 보세상태로 반입될 수 있으나 외국물품인 공사용 장비는 수입통관을 한 후 보세건설장에 반입되어야 한다.

② 보세건설장에 반입한 외국물품은 필요에 따라 건설에 먼저 사용한 후 사용일로부터 10일 이내에 수입신고를 하여야 한다.

③ 기계·장비류의 조립작업이 보세건설장 내에서 이루어지기 어려운 경우에는 보세건설장 밖 다른 공장에서 조립한 다음 다시 보세건설장으로 반입할 수도 있다. 이때 세관장의 별도 허가 등은 필요하지 않다.

④ 세관장은 보세건설장 안에서 반입된 외국물품을 장치할 장소를 제한할 수 있다.

⑤ 보세건설장에서 일단 건설된 시설은 수입신고의 수리 여부와 관계없이 가동할 수 있다.

▌ 관련 법조문: 법 제191조, 제192조, 제193조, 제194조, 제195조   답 ④

세관장은 보세건설장에 반입된 외국물품에 대하여 필요하다고 인정될 때에는 보세건설장 안에서 그 물품을 장치할 장소를 제한하거나 그 사용상황에 관하여 운영인으로 하여금 보고하게 할 수 있다.

✅ 선지분석

① 공장건설에 직접 투입되는 기계류·설비품은 보세상태로 반입될 수 있으며, 외국물품인 '공사용 장비'도 보세상태로 반입될 수 있다.

② 운영인은 보세건설장에 외국물품을 반입하였을 때에는 사용 전에 해당 물품에 대하여 수입신고를 하고 세관공무원의 검사를 받아야 한다. 다만, 세관공무원이 검사가 필요 없다고 인정하는 경우에는 검사를 하지 아니할 수 있다.

③ 기계·장비류의 조립작업이 보세건설장 내에서 이루어지기 어려운 때에는 보세건설장 밖 다른 공장에서 조립한 다음 다시 보세건설장으로 반입할 수도 있다. 이때 '보세공장 외 작업허가' 규정을 준용하므로, 세관장의 허가가 필요하다.

⑤ 보세건설장에서 일단 건설된 시설은 수입신고가 수리된 후 가동할 수 있다.

🔍 명호샘의 한마디

관세법에서는 여러 가지 '제한'을 한다. 세관장 또는 관세청장이 '제한'을 하는데, 그 제한의 주체를 구분하여야 한다. '제한할 수 없다' 또는 '제한하여야 한다'는 표현은 없다.

제한하는 사람	내용
세관장	• 하역 장소, 통로, 기간을 제한할 수 있다. • 보세구역에 반입할 수 있는 물품의 종류를 제한할 수 있다. • 보세건설장 안에서 그 물품을 장치할 장소를 제한할 수 있다. • 보세판매장에서 판매할 수 있는 물품의 수량, 장치장소 등을 제한할 수 있다. • 물품 구매자의 출입국관리기록 등을 확인하여 인도를 제한할 수 있다. • 종합보세구역에 물품의 반입·반출을 제한할 수 있다. • 보세운송통로를 제한할 수 있다.
관세청장	• 내수용 보세공장에 대해서는 외국물품의 반입을 제한할 수 있다. • 종합보세구역의 위치 및 규모 등을 고려하여 판매할 수 있는 물품의 종류 및 수량 등을 제한할 수 있다. • 상호주의원칙에 따라 상대국에 수출입신고자료 등을 제공하는 것을 제한할 수 있다.
관세청장이나 세관장	통관역, 통관장 또는 특정한 세관에서 통관할 수 있는 물품을 제한할 수 있다.

33 관세법 제191조(보세건설장)에 관한 설명으로 옳지 않은 것은?

2009 관세사

① 운영인은 보세건설장에 외국물품을 반입하였을 때에는 사용 전에 해당 물품에 대하여 수입신고를 하고 세관공무원의 검사를 받아야 한다. 다만, 세관공무원이 검사가 필요 없다고 인정하는 경우에는 검사를 하지 아니할 수 있다.

② 보세건설장에 반입된 외국물품의 경우에는 사용 전 수입신고가 수리된 날의 법령을 적용한다.

③ 보세건설장에 반입된 외국물품의 과세환율 적용시점은 사용 전 수입신고가 수리된 날이다.

④ 보세건설장의 운영인은 사용 전 수입신고를 한 물품을 사용한 건설공사가 완료된 때에는 지체 없이 이를 세관장에게 보고하여야 한다.

⑤ 세관장은 보세작업을 위하여 필요하다고 인정하는 때에는 대통령령으로 정하는 바에 따라 기간, 장소, 물품 등을 정하여 해당 보세건설장 외에서의 보세작업을 허가할 수 있다.

▎관련 법조문: 법 제17조, 제18조, 제192조, 제195조, 영 제211조　　　　　　　　답 ③

보세건설장에 반입된 외국물품의 과세환율 적용시점은 사용 전 수입신고를 한 날이다. 수입신고 수리일이 기준이 되는 것은 법령적용 기준시점이다.

34 관세법상 보세건설장 외 작업허가에 대한 설명으로 옳지 않은 것은?

2013 국가직 7급

① 세관장은 보세작업을 위하여 필요하다고 인정될 때에는 대통령령으로 정하는 바에 따라 기간, 장소, 물품 등을 정하여 해당 보세건설장 외에서의 보세작업을 허가할 수 있다.

② 관세법 제195조(보세건설장 외 작업허가) 제1항에 따라 허가를 한 경우 세관공무원은 해당 물품이 보세건설장에서 반출될 때에 이를 검사할 수 있다.

③ 관세법 제195조 제1항에 따라 허가를 받아 지정된 장소에 반입된 외국물품은 지정된 기간이 경과되더라도 보세건설장에 있는 것으로 본다.

④ 세관장은 관세법 제195조 제1항에 따라 허가를 받은 보세작업에 사용될 물품을 관세청장이 정하는 바에 따라 보세건설장 외 작업장에 직접 반입하게 할 수 있다.

▎관련 법조문: 법 제187조, 제195조　　　　　　　　답 ③

보세건설장 외 작업허가(법 제195조)는 보세공장 외 작업허가(법 제187조) 규정을 준용한다. 그러므로 다음의 규정이 그대로 준용되어, 보세건설장 외 작업허가를 받아 지정된 장소에 반입된 외국물품은 '지정된 기간이 만료될 때까지' 보세건설장에 있는 것으로 본다. 그 기간이 경과되면 더 이상 보세건설장에 있는 것으로 보지 않는다.

> 법 제187조(보세공장 외 작업 허가) ① 세관장은 가공무역이나 국내산업의 진흥을 위하여 필요한 경우에는 대통령령으로 정하는 바에 따라 기간, 장소, 물품 등을 정하여 해당 보세공장 외에서 제185조 제1항에 따른 작업을 허가할 수 있다.
> ② 세관장은 제1항에 따른 허가의 신청을 받은 날부터 10일 이내에 허가 여부를 신청인에게 통지하여야 한다.
> ③ 세관장이 제2항에서 정한 기간 내에 허가 여부 또는 민원 처리 관련 법령에 따른 처리기간의 연장을 신청인에게 통지하지 아니하면 그 기간(민원 처리 관련 법령에 따라 처리기간이 연장 또는 재연장된 경우에는 해당 처리기간을 말한다)이 끝난 날의 다음 날에 허가를 한 것으로 본다.
> ④ 제1항에 따른 허가를 한 경우 세관공무원은 해당 물품이 보세공장에서 반출될 때에 이를 검사할 수 있다.
> ⑤ 제1항에 따라 허가를 받아 지정된 장소(이하 '공장외작업장'이라 한다)에 반입된 외국물품은 지정된 기간이 만료될 때까지는 보세공장에 있는 것으로 본다.
> ⑥ 세관장은 제1항에 따라 허가를 받은 보세작업에 사용될 물품을 관세청장이 정하는 바에 따라 공장외작업장에 직접 반입하게 할 수 있다.
> ⑦ 제1항에 따라 지정된 기간이 지난 경우 해당 공장외작업장에 허가된 외국물품이나 그 제품이 있을 때에는 해당 물품의 허가를 받은 보세공장의 운영인으로부터 그 관세를 즉시 징수한다.

제6관 보세판매장(법 제196조)

35 보세판매장의 관리에 대한 설명으로 옳은 것은? 2012 국가직 7급

□□□
① 공항 및 항만 등의 입국경로에 설치된 보세판매장의 운영인이 외국에서 국내로 입국하는 사람에게 물품(술·담배·향수는 제외한다)을 판매하는 때에는 미화 5천달러의 한도에서 판매해야 한다.
② 세관장은 보세화물이 보세판매장에서 불법적으로 반출되지 아니하도록 하기 위하여 반입·반출의 절차 그 밖에 필요한 사항을 정할 수 있다.
③ 관세청장은 연 2회 이상 보세화물의 반출입량·판매량·외국반출현황·재고량 등을 파악하기 위하여 보세판매장에 대한 조사를 실시할 수 있다.
④ 관세청장은 보세판매장에서의 판매방법, 구매자에 대한 인도방법 등을 정할 수 있다.

> **관련 법조문: 영 제213조, 규칙 제69조의3** 답 ④

'관세청장'은 보세판매장에서의 판매방법, 구매자에 대한 인도방법 등을 정할 수 있다(영 제213조 제2항).

✅ 선지분석
① 공항 및 항만 등의 입국경로에 설치된 보세판매장의 운영인이 외국에서 국내로 입국하는 사람에게 물품(술·담배·향수는 제외한다)을 판매하는 때에는 미화 '800달러'의 한도에서 판매해야 한다(규칙 제69조의4 제1항).
② '관세청장'은 보세화물이 보세판매장에서 불법적으로 반출되지 아니하도록 하기 위하여 반입·반출의 절차 기타 필요한 사항을 정할 수 있다(영 제213조 제5항).
③ '세관장'은 연 2회 이상 보세화물의 반출입량·판매량·외국반출현황·재고량 등을 파악하기 위하여 보세판매장에 대한 조사를 실시할 수 있다(영 제213조 제4항).

36 밑줄 친 범위에 해당하지 않아 관세의 면제를 받을 수 없는 자는? 2015 국가직 7급

□□□
> 관세법 제196조(보세판매장) ① 보세판매장에서는 다음 각 호의 어느 하나에 해당하는 조건으로 물품을 판매할 수 있다.
> 1. 해당 물품을 외국으로 반출할 것. 다만, 외국으로 반출하지 아니하더라도 대통령령으로 정하는 바에 따라 외국에서 국내로 입국하는 자에게 물품을 인도하는 경우에는 해당 물품을 판매할 수 있다.
> 2. <u>제88조 제1항 제1호부터 제4호까지</u>의 규정에 따라 관세의 면제를 받을 수 있는 자가 해당 물품을 사용할 것

① 우리나라에 있는 중국 대사관
② 국제연합(UN)으로부터 우리나라 정부에 파견된 기술단원
③ 우리나라에 주재하는 미국 공사의 아들
④ 우리나라에 있는 독일 영사관

> **관련 법조문: 법 제88조, 제196조** 답 ②

국제연합(UN)으로부터 우리나라 정부에 파견된 기술단원(국제기구 또는 외국 정부로부터 우리나라 정부에 파견된 고문관·기술단원 및 그 밖에 기획재정부령으로 정하는 자)은 법 제88조(외교관용 물품 등의 면세) 대상은 될 수 있으나, 보세판매장의 판매대상은 되지 않는다. 외교관용 물품 등의 면세는 법 제88조 제1항 제1호부터 제6호까지이지만, 보세판매장의 판매대상은 법 제88조 제1항 제1호부터 제4호까지만 해당된다는 것에 주의하여야 한다.

법 제88조(외교관용 물품 등의 면세) ① 다음 각 호의 어느 하나에 해당하는 물품이 수입될 때에는 그 관세를 면제한다.

1. 우리나라에 있는 외국의 대사관·공사관 및 그 밖에 이에 준하는 기관의 업무용품
2. 우리나라에 주재하는 외국의 대사·공사 및 그 밖에 이에 준하는 사절과 그 가족이 사용하는 물품
3. 우리나라에 있는 외국의 영사관 및 그 밖에 이에 준하는 기관의 업무용품
4. 우리나라에 있는 외국의 대사관·공사관·영사관 및 그 밖에 이에 준하는 기관의 직원 중 대통령령으로 정하는 직원과 그 가족이 사용하는 물품
5. 정부와 체결한 사업계약을 수행하기 위하여 외국계약자가 계약조건에 따라 수입하는 업무용품
6. 국제기구 또는 외국 정부로부터 우리나라 정부에 파견된 고문관·기술단원 및 그 밖에 기획재정부령으로 정하는 자가 사용하는 물품

✓ 선지분석

① 우리나라에 있는 중국 대사관(우리나라에 있는 외국의 대사관), ③ 우리나라에 주재하는 미국 공사의 아들(우리나라에 주재하는 외국의 대사의 가족), ④ 우리나라에 있는 독일 영사관(우리나라에 있는 외국의 영사관)에서 사용할 물품은 법 제88조(외교관용 물품 등의 면세) 규정에 따라 관세가 면제되고, 법 제196조(보세판매장) 규정에 따라 보세판매도 가능하다.

37 관세법령상 설명으로 옳은 것은?

2020 국가직 9급

① 입국장 면세점과 입국장 인도장이 동일한 입국경로에 함께 설치된 경우 보세판매장의 운영인은 입국장 면세점에서 판매하는 물품(술·담배·향수는 제외한다)과 입국장 인도장에서 인도하는 것을 조건으로 판매하는 물품(술·담배·향수는 제외한다)을 합하여 미화 1,600달러의 한도에서 판매해야 하며, 술·담배·향수는 관세법 시행규칙 제48조 제3항에 따른 별도면세범위에서 판매할 수 있다.

② 장기간에 걸쳐 사용할 수 있는 물품으로서 임대차계약 또는 도급계약 등에 따라 해외에서 일시적으로 사용하기 위하여 수출된 물품 중 법인세법 시행규칙 제15조에 따른 내용연수가 4년(금형의 경우에는 3년) 이상인 물품이 수입될 때에는 그 관세를 면제할 수 있다.

③ 공항 및 항만 등의 입국경로에 설치된 보세판매장에서는 외국에서 국내로 입국하는 자에게 물품을 판매할 수 있다.

④ 관세청장은 특정물품에 적용될 품목분류의 사전심사 또는 재심사의 신청이 농산물 혼합물로서 제조공정이 규격화되어 있어 성분·조성의 일관성 확보가 용이한 경우에는 해당 신청을 반려할 수 있다.

| 관련 법조문: 법 제196조, 영 제106조, 규칙 제33조의2, 제54조, 제69조의4 | 답 ③ |

공항 및 항만 등의 입국경로에 설치된 보세판매장에서는 외국에서 국내로 입국하는 자에게 물품을 판매할 수 있다(법 제196조 제2항). 이것을 입국장 면세점이라 한다.

✓ 선지분석

① 입국장 면세점에서 판매하는 물품의 한도는 '미화 800달러'이고, 입국장 인도장에서 인도하는 조건의 판매하는 물품의 한도도 '미화 800달러'이며, 입국장 면세점과 입국장 인도장이 동일한 입국경로에 함께 설치된 경우 이 둘을 합하여도 '미화 800달러' 이내이어야 한다(규칙 제69조의4 제3항).

② 장기간에 걸쳐 사용할 수 있는 물품으로서 임대차계약 또는 도급계약 등에 따라 해외에서 일시적으로 사용하기 위하여 수출된 물품 중 내용연수가 '3년'(금형의 경우에는 '2년') 이상인 물품이 수입될 때에는 그 관세를 면제할 수 있다(규칙 제54조).

④ 관세청장은 사전심사 또는 재심사의 신청이 농산물 혼합물로서 제조공정이 규격화되어 있지 않아 성분·조성의 일관성 확보가 '곤란한 경우'에 해당하면 그 신청을 반려할 수 있다(영 제106조, 규칙 제33조의2).

01 관세법령상 종합보세구역에 대한 설명으로 옳은 것은? 2016 국가직 7급

① 관세청장은 종합보세구역에 반입·반출되는 물품으로 인하여 국가안전, 국민보건 또는 환경보전 등에 지장이 초래된다고 인정될 때에는 해당 물품의 반입·반출을 제한하여야 한다.

② 종합보세구역에서 소비하거나 사용되는 물품으로서 기획재정부령으로 정하는 물품은 수입신고 후 이를 소비하거나 사용하여야 한다.

③ 종합보세구역에 장치된 물품에 대하여 보수작업을 하거나 종합보세구역 밖에서 보세작업을 하려는 자는 대통령령으로 정하는 바에 따라 세관장에게 신고하여야 한다.

④ 세관장은 종합보세사업장의 운영인이 수행하는 종합보세기능과 관련하여 반입·반출되는 물량이 감소하거나 6개월 동안 계속하여 외국물품의 반입·반출실적이 없는 경우에는 3개월의 범위에서 운영인의 종합보세기능의 수행을 중지시킬 수 있다.

> **관련 법조문: 법 제200조, 제202조, 제204조, 영 제218조** 답 ③

종합보세구역에 장치된 물품에 대하여 보수작업을 하거나 종합보세구역 밖에서 보세작업을 하려는 자는 대통령령으로 정하는 바에 따라 세관장에게 신고하여야 한다(법 제202조 제2항).

✅ **선지분석**

① '세관장'은 종합보세구역에 반입·반출되는 물품으로 인하여 국가안전, 공공질서, 국민보건 또는 환경보전 등에 지장이 초래되거나 종합보세구역의 지정 목적에 부합되지 아니하는 물품이 반입·반출되고 있다고 인정될 때에는 해당 물품의 반입·반출을 '제한할 수 있다'(법 제200조 제3항).

② 종합보세구역에서 소비하거나 사용되는 물품으로서 기획재정부령으로 정하는 물품은 '수입통관 후' 이를 소비하거나 사용하여야 한다(법 제200조 제1항). '수입통관'이란 수입신고된 물품이 수리되는 전 과정을 말하는 것으로, '수입통관 후'란 수입신고가 수리된 후를 말한다. 그러므로 법령의 표현인 '수입신고 후'와는 그 의미가 다르다.

④ 세관장은 종합보세사업장의 운영인이 수행하는 종합보세기능과 관련하여 반입·반출되는 물량이 감소하거나 '1년' 동안 계속하여 외국물품의 반입·반출실적이 없는 경우에는 '6개월'의 범위에서 운영인의 종합보세기능의 수행을 중지시킬 수 있다(법 제204조, 영 제218조).

02 종합보세구역에 대한 설명으로 옳지 않은 것은? 2012 국가직 7급

① 종합보세구역에서는 보세창고·보세공장·보세전시장·보세건설장 또는 보세판매장의 기능 중 둘 이상의 기능을 수행할 수 있다.

② 종합보세구역 예정지역의 지정기간은 3년 이내로 한다. 다만, 세관장은 해당 예정지역에 대한 개발계획의 변경 등으로 인하여 지정기간의 연장이 불가피하다고 인정되는 때에는 2년의 범위에서 연장할 수 있다.

③ 종합보세사업장의 운영인은 그가 수행하는 종합보세기능을 변경하려면 세관장에게 이를 신고하여야 한다.

④ 관세청장은 직권으로 종합보세구역을 지정하고자 하는 때에는 관계 중앙행정기관의 장 또는 지방자치단체의 장과 협의하여야 한다.

> **관련 법조문: 법 제197조, 제198조, 영 제214조, 제214조의2** 답 ②

종합보세구역 예정지역의 지정기간은 3년 이내로 한다. 다만, '관세청장'은 당해 예정지역에 대한 개발계획의 변경 등으로 인하여 지정기간의 연장이 불가피하다고 인정되는 때에는 '3년'의 범위 내에서 연장할 수 있다.

03 관세법 시행령상 관세청장이 종합보세구역으로 지정할 수 있는 대상에 해당하지 않는 것은?

2017 관세직 9급, 2013 관세사

① 유통산업발전법에 의한 전문상가단지
② 산업입지 및 개발에 관한 법률에 의한 산업단지
③ 외국인투자촉진법에 의한 외국인투자지역
④ 물류시설의 개발 및 운영에 관한 법률에 따른 물류단지

┃ 관련 법조문: 영 제214조　　　　　　　　　　　　　　　　　　　　답 ①

종합보세구역은 다음 각 호의 어느 하나에 해당하는 지역으로서 관세청장이 종합보세구역으로 지정할 필요가 있다고 인정하는 지역을 그 지정대상으로 한다(영 제214조 제1항).

> 1. 외국인투자촉진법에 의한 외국인투자지역
> 2. 산업입지 및 개발에 관한 법률에 의한 산업단지
> 4. 유통산업발전법에 의한 '공동집배송센터'
> 5. 물류시설의 개발 및 운영에 관한 법률에 따른 물류단지
> 6. 기타 종합보세구역으로 지정됨으로써 외국인투자촉진·수출증대 또는 물류촉진 등의 효과가 있을 것으로 예상되는 지역

04 종합보세구역에 대한 설명으로 잘못된 것은?

2006 관세사

① 종합보세구역에서 소비 또는 사용되는 물품으로서 제조·가공에 사용되는 시설기계류 및 그 수리용 물품은 수입통관 후 이를 소비 또는 사용하여야 한다.
② 종합보세구역에 반입·반출되는 물품이 내국물품인 때에는 기획재정부령으로 정하는 바에 따라 반출입신고를 생략하거나 간이한 방법으로 반입·반출하게 할 수 있다.
③ 외국인관광객 등 대통령령으로 정하는 자가 종합보세구역에서 구입한 물품을 국외로 반출하는 경우에는 해당 물품을 구입할 때 납부한 관세 및 내국세등을 환급받을 수 없다.
④ 종합보세구역에서 외국인관광객 등에게 물품을 판매하는 자는 관세청장이 정하는 바에 따라 판매물품에 대한 수입신고 및 신고납부를 하여야 한다.
⑤ 외국인관광객 등이 종합보세구역에서 물품을 구매할 때에 부담한 관세 등을 환급 또는 송금받고자 하는 경우에는 출국하는 때에 출국항을 관할하는 세관장에게 판매확인서와 구매물품을 함께 제시하여 확인을 받아야 한다.

┃ 관련 법조문: 법 제199조, 제199조의2, 제200조, 영 제216조의3, 제216조의4, 규칙 제71조　　답 ③

외국인 관광객 등 대통령령으로 정하는 자가 종합보세구역에서 구입한 물품을 국외로 반출하는 경우에는 해당 물품을 구입할 때 납부한 관세 및 내국세등을 환급받을 수 있다. 여기에서 '외국인 관광객 등 대통령령으로 정하는 자'란 외국환거래법 제3조에 따른 비거주자를 말한다. 다만, 다음 각 호의 자를 제외한다.

> 1. 법인
> 2. 국내에 주재하는 외교관(이에 준하는 외국공관원을 포함한다)
> 3. 국내에 주재하는 국제연합군과 미국군의 장병 및 군무원

관세법령상 종합보세구역에 대한 설명으로 옳지 않은 것은?

① 종합보세구역에서는 보세창고·보세공장·보세전시장·보세건설장 또는 보세판매장의 기능 중 둘 이상의 기능을 수행할 수 있다.

② 관세청장은 당해 종합보세구역예정지역에 대한 개발계획의 변경 등으로 인하여 지정기간의 연장이 불가피하다고 인정되는 때에는 3년의 범위 내에서 연장할 수 있다.

③ 외국인 관광객, 국내에 주재하는 외교관이 종합보세구역에서 구입한 물품을 국외로 반출하는 경우에는 해당 물품을 구입할 때 납부한 관세 및 내국세등을 환급받을 수 있다.

④ 외국인투자촉진법에 의한 외국인투자지역에 해당하는 지역으로서 관세청장이 종합보세구역으로 지정할 필요가 있다고 인정하는 지역은 종합보세구역의 지정대상이 된다.

▌관련 법조문: 법 제197조, 제199조, 영 제214조, 제214조의2, 제216조의2   답 ③

외국인 관광객 등 대통령령으로 정하는 자가 종합보세구역에서 구입한 물품을 국외로 반출하는 경우에는 해당 물품을 구입할 때 납부한 관세 및 내국세등을 환급받을 수 있다(법 제199조의2 제1항). 법 제199조의2 제1항에서 '외국인 관광객 등 대통령령으로 정하는 자'란 외국환거래법 제3조에 따른 비거주자(이하 '외국인관광객 등'이라 한다)를 말한다. 다만, '국내에 주재하는 외교관'은 환급대상에서 제외된다(영 제216조의2).

⊘ 선지분석

① 법 제197조(종합보세구역의 지정 등) 제2항

② 관세청장은 지정요청자의 요청에 의하여 종합보세기능의 수행이 예정되는 지역을 종합보세구역예정지역으로 지정할 수 있다(영 제214조의2 제1항). 예정지역의 지정기간은 3년 이내로 한다. 다만, 관세청장은 당해 예정지역에 대한 개발계획의 변경 등으로 인하여 지정기간의 연장이 불가피하다고 인정되는 때에는 3년의 범위 내에서 연장할 수 있다(영 제214조의2 제2항).

④ 종합보세구역은 다음 각 호의 어느 하나에 해당하는 지역으로서 관세청장이 종합보세구역으로 지정할 필요가 있다고 인정하는 지역을 그 지정대상으로 한다(영 제214조 제1항).

> 1. 외국인투자촉진법에 의한 외국인투자지역
> 2. 산업입지 및 개발에 관한 법률에 의한 산업단지
> 4. 유통산업발전법에 의한 공동집배송센터
> 5. 물류시설의 개발 및 운영에 관한 법률에 따른 물류단지
> 6. 기타 종합보세구역으로 지정됨으로써 외국인투자촉진·수출증대 또는 물류촉진 등의 효과가 있을 것으로 예상되는 지역

ⓒ 명호샘의 한마디

종합보세구역 판매물품 환급 대상은 다음과 같다.

환급 대상	환급을 받지 못하는 대상
• 외국인관광객 • 비거주자	• 법인 • 국내에 주재하는 외교관 • 국내에 주재하는 국제연합군과 미국군의 장병 및 군무원

06 관세법령상 종합보세구역에서 소비하거나 사용되는 물품 가운데 수입통관 후 소비·사용하여야 하는 것을 모두 고른 것은?

□□□

> ㄱ. 제조·가공에 사용되는 시설기계류 및 그 수리용 물품
> ㄴ. 연료·윤활유·사무용품 등 제조·가공에 직접적으로 사용되지 아니하는 물품
> ㄷ. 세관장의 허가를 받고 내국물품만을 원료로 하여 제조·가공 등을 하는 경우 그 원료 또는 재료

① ㄱ
② ㄴ
③ ㄱ, ㄴ
④ ㄴ, ㄷ
⑤ ㄱ, ㄴ, ㄷ

▌ **관련 법조문: 규칙 제71조**　　　　　　　　　　　　　　　　　　　답 ③

종합보세구역에서 수입통관후 소비 또는 사용하여야 하는 물품은 다음 각호의 것으로 한다(규칙 제71조).

> 1. 제조·가공에 사용되는 시설기계류 및 그 수리용 물품
> 2. 연료·윤활유·사무용품 등 제조·가공에 직접적으로 사용되지 아니하는 물품

---

07 관세법령상 종합보세구역에 대한 설명으로 옳은 것은?

□□□

① 종합보세구역에 반입·반출되는 물품이 내국물품인 경우에는 대통령령으로 정하는 바에 따라 세관장에게 신고를 생략하거나 간소한 방법으로 반입·반출하게 할 수 있다.

② 종합보세구역에서 외국인관광객 등에게 물품을 판매하는 자는 관세청장이 정하는 바에 따라 판매물품에 대한 수입신고 및 신고납부를 하여야 한다.

③ 관세청장은 관세채권의 확보, 감시·단속 등 종합보세구역을 효율적으로 운영하기 위하여 종합보세구역에 출입하는 인원과 차량 등의 출입을 통제하거나 휴대 또는 운송하는 물품을 검사할 수 있다.

④ 세관장은 종합보세구역 안에 있는 외국물품의 감시·단속에 필요하다고 인정될 때에는 종합보세구역의 지정요청자에게 보세화물의 불법유출, 분실, 도난방지 등을 위한 시설을 설치할 것을 요구할 수 있다.

▌ **관련 법조문: 법 제199조, 제203조, 영 제216조의3**　　　　　　　　　답 ②

종합보세구역에서 외국인관광객 등에게 물품을 판매하는 자는 관세청장이 정하는 바에 따라 판매물품에 대한 수입신고 및 신고납부를 하여야 한다(영 제216조의3 제1항).

✓ **선지분석**

① 종합보세구역에 반입·반출되는 물품이 내국물품인 경우에는 '기획재정부령'으로 정하는 바에 따라 세관장에게 신고를 생략하거나 간소한 방법으로 반입·반출하게 할 수 있다(법 제199조 제2항).

③ '세관장'은 관세채권의 확보, 감시·단속 등 종합보세구역을 효율적으로 운영하기 위하여 종합보세구역에 출입하는 인원과 차량 등의 출입을 통제하거나 휴대 또는 운송하는 물품을 검사할 수 있다(법 제203조 제1항).

④ '관세청장'은 종합보세구역 안에 있는 외국물품의 감시·단속에 필요하다고 인정될 때에는 종합보세구역의 지정요청자에게 보세화물의 불법유출, 분실, 도난방지 등을 위한 시설을 설치할 것을 요구할 수 있다(법 제203조 제3항).

08 세관장이 종합보세사업장 운영인의 종합보세기능의 수행을 중지시킬 수 있는 사유가 아닌 것은?

2009 관세사

① 운영인이 관세법 제202조 제1항에 따른 설비의 유지의무를 위반한 경우
② 거짓이나 그 밖의 부정한 방법으로 종합보세사업장의 설치·운영에 관한 신고를 한 경우
③ 운영인이 수행하는 종합보세기능과 관련하여 반입·반출되는 물량이 감소하는 경우
④ 1년 동안 계속하여 외국물품의 반입·반출 실적이 없는 경우

▌관련 법조문: 법 제204조   답 ②

세관장은 종합보세사업장의 운영인이 다음 각 호의 어느 하나에 해당하는 경우에는 6개월의 범위에서 운영인의 종합보세기능의 수행을 중지시킬 수 있다(법 제204조 제2항). '거짓이나 그 밖의 부정한 방법으로 종합보세사업장의 설치·운영에 관한 신고를 한 경우'는 종합보세사업장의 폐쇄를 명하여야 하는 사유 중 하나이다(법 제204조 제3항).

> 1. 운영인이 제202조 제1항에 따른 설비의 유지의무를 위반한 경우
> 2. 운영인이 수행하는 종합보세기능과 관련하여 반입·반출되는 물량이 감소하는 경우
> 3. 1년 동안 계속하여 외국물품의 반입·반출 실적이 없는 경우

---

09 「관세법」상 세관장이 종합보세사업장의 폐쇄를 명하여야 하는 경우만을 모두 고르면?

2024 국가직 9급

> ㄱ. 운영인이 「관세법」을 위반하여 징역형의 집행유예를 선고받고 그 유예기간이 끝난 후 2년이 지나지 아니한 자인 경우
> ㄴ. 운영인이 다른 사람에게 자신의 성명·상호를 사용하여 종합보세사업장을 운영하게 한 경우
> ㄷ. 운영인이 1년 동안 계속하여 외국물품의 반입·반출 실적이 없는 경우
> ㄹ. 운영인이 거짓이나 그 밖의 부정한 방법으로 종합보세사업장의 설치·운영에 관한 신고를 한 경우

① ㄱ, ㄷ
② ㄱ, ㄹ
③ ㄴ, ㄷ
④ ㄴ, ㄹ

▌관련 법조문: 법 제204조   답 ④

세관장은 종합보세사업장의 운영인이 다음 각 호의 어느 하나에 해당하는 경우에는 그 종합보세사업장의 폐쇄를 명하여야 한다(법 제204조 제3항).

> 1. 거짓이나 그 밖의 부정한 방법으로 종합보세사업장의 설치·운영에 관한 신고를 한 경우
> 2. 제175조 각 호의 어느 하나에 해당하게 된 경우. 다만, 제175조 제8호에 해당하는 경우로서 같은 조 제2호 또는 제3호에 해당하는 사람을 임원으로 하는 법인이 3개월 이내에 해당 임원을 변경한 경우에는 그러하지 아니하다.
> 3. 다른 사람에게 자신의 성명·상호를 사용하여 종합보세사업장을 운영하게 한 경우

관세법상 종합보세구역에 관한 설명으로 옳지 않은 것은?

① 종합보세구역에서 종합보세기능을 수행하려는 자는 그 기능을 정하여 세관장에게 종합보세사업장의 설치·운영에 관한 신고를 하여야 한다.

② 종합보세사업장의 운영인은 그가 수행하는 종합보세기능을 변경하려면 세관장에게 이를 신고하여야 한다.

③ 종합보세구역에 반입·반출되는 물품이 내국물품인 경우에는 기획재정부령으로 정하는 바에 따라 반입·반출 신고를 생략하거나 간소한 방법으로 반입·반출하게 할 수 있다.

④ 종합보세구역에 장치된 물품에 대하여 보수작업을 하거나 종합보세구역 밖에서 보세작업을 하려는 자는 세관장에게 신고하여야 한다.

⑤ 세관장은 종합보세구역에 반입·반출되는 물량이 감소하여 종합보세구역을 존속시킬 필요가 없다고 인정될 때에는 종합보세구역의 지정을 취소할 수 있다.

▌ **관련 법조문: 법 제198조, 제199조, 제202조, 제204조**　　　　　　　　답 ⑤

'관세청장'은 종합보세구역에 반입·반출되는 물량이 감소하여 종합보세구역을 존속시킬 필요가 없다고 인정될 때에는 종합보세구역의 지정을 취소할 수 있다(법 제204조 제1항).

✅ 선지분석

① 법 제198조(종합보세사업장의 설치·운영에 관한 신고 등) 제1항
② 법 제198조(종합보세사업장의 설치·운영에 관한 신고 등) 제3항
③ 법 제199조(종합보세구역에의 물품의 반입·반출 등) 제2항
④ 법 제202조(설비의 유지의무 등) 제2항

제1관 유치 및 예치(법 제206조 ~ 제207조)

제2관 장치기관 경과물품의 매각(법 제208조 ~ 제212조)

01

관세법상 장치기간경과물품 매각에 관한 설명으로 옳은 것은?   2024 관세사

① 매각하는 장치기간경과물품의 질권자나 유치권자는 해당 물품을 매각한 날부터 3개월 이내에 그 권리를 증명하는 서류를 세관장에게 제출하여야 한다.

② 경쟁입찰의 방법으로 매각하려는 경우 매각되지 아니하였을 때에는 3일 이상의 간격을 두어 다시 입찰에 부칠 수 있다.

③ 세관장은 매각대금을 관세, 그 매각 비용, 각종 세금의 순으로 충당한다.

④ 세관장은 장치기간경과물품을 매각할 때에는 매각 물건, 매각 수량, 매각 예정가격 등을 매각 시작 15일 전에 공고하여야 한다.

⑤ 장치기간경과물품의 매각은 일반경쟁입찰·지명경쟁입찰·수의계약·경매 및 위탁판매의 방법으로 하여야 한다.

> **관련 법조문: 법 제210조, 제211조**   답 ⑤

장치기간경과물품의 매각은 일반경쟁입찰·지명경쟁입찰·수의계약·경매 및 위탁판매의 방법으로 하여야 한다(법 제210조 제1항).

✅ 선지분석

① 매각하는 장치기간경과물품의 질권자나 유치권자는 해당 물품을 매각한 날부터 <u>1개월 이내에</u> 그 권리를 증명하는 서류를 세관장에게 제출하여야 한다(법 제211조 제2항).

② 경쟁입찰의 방법으로 매각하려는 경우 매각되지 아니하였을 때에는 <u>5일 이상의 간격</u>을 두어 다시 입찰에 부칠 수 있으며 그 예정가격은 최초 예정가격의 100분의 10 이내의 금액을 입찰에 부칠 때마다 줄일 수 있다. 이 경우에 줄어들 예정가격 이상의 금액을 제시하는 응찰자가 있을 때에는 대통령령으로 정하는 바에 따라 그 응찰자가 제시하는 금액으로 수의계약을 할 수 있다(법 제210조 제2항).

③ 세관장은 매각대금을 <u>그 매각비용, 관세, 각종 세금의 순으로 충당한다(법 제211조 제1항).</u>

④ 세관장은 장치기간경과물품을 매각할 때에는 매각 물건, 매각 수량, 매각 예정가격 등을 <u>매각 시작 10일 전에</u> 공고하여야 한다(법 제211조 제7항).

02

관세법령상 보세구역에 반입한 외국물품의 장치기간이 지나기 전이라도 세관장이 공고한 후 매각할 수 있는 물품으로 명시되어 있지 않은 것은?   2019 관세사

① 살아 있는 동식물

② 부패하거나 부패할 우려가 있는 것

③ 창고나 다른 외국물품에 해를 끼칠 우려가 있는 것

④ 기간이 지나면 사용할 수 없게 되거나 상품가치가 현저히 떨어질 우려가 있는 것

⑤ 화주가 분명하지 아니한 것

> **관련 법조문: 법 제208조**   답 ⑤

'화주가 분명하지 아니한 것'이 아니라, '관세청장이 정하는 물품 중 화주가 요청하는 것'이다.

> 법 제208조(매각대상 및 매각절차) ① 세관장은 보세구역에 반입한 외국물품의 장치기간이 지나면 그 사실을 공고한 후 해당 물품을 매각할 수 있다. 다만, 다음 각 호의 어느 하나에 해당하는 물품은 기간이 지나기 전이라도 공고한 후 매각할 수 있다.
> 1. 살아 있는 동식물 ⇨ ①
> 2. 부패하거나 부패할 우려가 있는 것 ⇨ ②
> 3. 창고나 다른 외국물품에 해를 끼칠 우려가 있는 것 ⇨ ③
> 4. 기간이 지나면 사용할 수 없게 되거나 상품가치가 현저히 떨어질 우려가 있는 것 ⇨ ④
> 5. 관세청장이 정하는 물품 중 화주가 요청하는 것
> 6. 제26조에 따른 강제징수, 국세징수법 제30조에 따른 강제징수 및 지방세징수법 제39조의2에 따른 체납처분을 위하여 세관장이 압류한 수입물품(제2조 제4호 가목의 외국물품으로 한정한다)

03 □□□ 관세법상 보세구역에 반입한 외국물품 중 장치기간이 경과된 물품의 매각에 대한 설명으로 옳지 않은 것은?

2019 국가직 9급

① 세관장은 경쟁입찰의 방법으로 장치기간경과물품을 매각하려는 경우 매각되지 아니하였을 때에는 5일 이상의 간격을 두어 다시 입찰에 부칠 수 있으며 그 예정가격은 최초 예정가격의 100분의 10 이내의 금액을 입찰에 부칠 때마다 줄일 수 있다.

② 세관장은 외국물품을 매각하려면 그 화주 등에게 통고일부터 1개월 내에 해당 물품을 수출·수입 또는 반송할 것을 통고하여야 하며, 화주 등이 분명하지 아니하거나 그 소재가 분명하지 아니하여 통고할 수 없을 때에는 공고로 이를 갈음할 수 있다.

③ 세관장은 보세구역에 반입한 외국물품의 장치기간이 지나면 그 사실을 공고한 후 해당 물품을 매각할 수 있고, 살아 있는 동식물 또는 부패하거나 부패할 우려가 있는 물품은 장치기간이 지나기 전이라도 매각 후 공고할 수 있다.

④ 세관장은 매각된 물품의 질권자나 유치권자가 있을 때에는 그 잔금을 화주에게 교부하기 전에 그 질권이나 유치권에 의하여 담보된 채권의 금액을 질권자나 유치권자에게 교부한다.

▌관련 법조문: 법 제208조, 제209조, 제210조, 제211조　　　　　　　　　답 ③

세관장은 보세구역에 반입한 외국물품의 장치기간이 지나면 그 사실을 공고한 후 해당 물품을 매각할 수 있다. 다만, 다음 각 호의 어느 하나에 해당하는 물품은 기간이 지나기 전이라도 공고한 후 매각할 수 있다(법 제208조 제1항).

> 1. 살아 있는 동식물
> 2. 부패하거나 부패할 우려가 있는 것
> 3. 창고나 다른 외국물품에 해를 끼칠 우려가 있는 것
> 4. 기간이 지나면 사용할 수 없게 되거나 상품가치가 현저히 떨어질 우려가 있는 것
> 5. 관세청장이 정하는 물품 중 화주가 요청하는 것
> 6. 제26조에 따른 강제징수, 국세징수법 제30조에 따른 강제징수 및 지방세징수법 제39조의2에 따른 체납처분을 위하여 세관장이 압류한 수입물품(제2조 제4호 가목의 외국물품으로 한정한다)

✅ **선지분석**
···
① 법 제210조(매각방법) 제2항
② 법 제209조(통고) 제1항·제2항
④ 법 제211조(잔금처리) 제3항

04 관세법상 장치기간 경과물품의 매각방법에 대한 설명 중 옳지 <u>않은</u> 것은?

☐☐☐

① 경쟁입찰에 의하여 매각하려는 경우 매각되지 아니하였을 때에는 5일 이상의 간격을 두어 다시 입찰에 부칠 수 있으며 그 예정가격은 최초 예정가격의 100분의 10 이내의 금액을 입찰에 부칠 때마다 줄일 수 있다. 이 경우에 줄어들 예정가격 이상의 응찰자가 있을 때에는 대통령령으로 정하는 바에 따라 그 응찰자가 제시하는 금액으로 수의계약을 할 수 있다.

② 2회 이상 경쟁입찰에 부쳐도 매각되지 아니한 경우 경매 또는 수의계약에 의하여 매각할 수 있다.

③ 일반경쟁입찰·지명경쟁입찰·수의계약·경매 및 위탁판매에 의하여 매각된 물품의 과세가격은 낙찰가격을 기초로 하여 과세가격을 산출한다.

④ 세관장은 장치기간 경과물품을 매각하는 때에는 매각물건·매각수량·매각예정가격 등을 매각 시작 10일 전에 공고하여야 한다.

▌관련 법조문: 법 제210조   답 ③

장치기간이 경과되어 매각된 물품에 대한 과세가격은 관세법 제30조부터 제35조까지(제1방법부터 제6방법까지)의 규정에도 불구하고 '최초 예정가격'을 기초로 하여 과세가격을 산출한다.

05 관세법령상 위탁판매의 방법으로 매각될 수 있는 대상이 <u>아닌</u> 것은?

☐☐☐

① 부패하거나 부패의 우려가 있는 물품

② 기간경과로 사용할 수 없게 되거나 상품가치가 현저히 감소할 우려가 있는 물품

③ 1회 이상 경쟁입찰에 부쳐도 매각되지 아니한 물품

④ 공매하는 경우 공매에 전문지식이 필요하여 직접 공매하기에 부적합한 물품

⑤ 경매나 수의계약으로도 매각되지 아니한 물품

▌관련 법조문: 법 제210조, 영 제222조   답 ③

경매나 수의계약의 방법으로도 매각되지 아니한 물품과 대통령령으로 정하는 물품은 위탁판매의 방법으로 매각할 수 있다(법 제210조 제4항).

> 영 제222조(매각방법 등) ⑤ 법 제210조 제4항에서 "대통령령으로 정하는 물품"이란 다음 각 호의 어느 하나에 해당하는 물품중에서 관세청장이 신속한 매각이 필요하다고 인정하여 위탁판매대상으로 지정한 물품을 말한다.
> 1. 부패하거나 부패의 우려가 있는 물품
> 2. 기간경과로 사용할 수 없게 되거나 상품가치가 현저히 감소할 우려가 있는 물품
> 3. 공매하는 경우 매각의 효율성이 저하되거나 공매에 전문지식이 필요하여 직접 공매하기에 부적합한 물품

✓ **선지분석**

③ '2회' 이상 경쟁입찰에 부쳐도 매각되지 아니한 경우 경매나 수의계약으로 매각할 수 있다(법 제210조 제3항).

06 관세법상 장치기간이 경과한 외국물품의 매각대금 충당시 잔금이 있는 경우 매각대금을 충당하는 순서로 옳은 것은? 2007 국가직 9급

① 관세 - 매각비용 - 각종 세금 - 화주에게 교부
② 매각비용 - 관세 - 각종 세금 - 화주에게 교부
③ 각종 세금 - 매각비용 - 관세 - 화주에게 교부
④ 관세 - 각종 세금 - 매각비용 - 화주에게 교부

| 관련 법조문: 법 제211조 답 ②

세관장은 매각대금을 그 매각비용, 관세, 각종 세금의 순으로 충당하고, 잔금이 있을 때에는 이를 화주에게 교부한다.

---

07 관세법규상 장치기간 경과물품의 매각에 대한 설명으로 옳지 않은 것은? 2007 국가직 7급

① 장치기간이 경과되어 매각되는 물품에 대한 과세가격은 매각된 가격을 기초로 하여 과세가격을 산출한다.
② 세관장은 외국물품을 매각하려면 그 화주 등에 대하여 통고일부터 1개월 내에 해당 물품을 수출·수입 또는 반송할 것을 통고하여야 한다.
③ 경쟁입찰에 의하여 매각하려는 경우 매각되지 아니하였을 때에는 5일 이상의 간격을 두어 다시 입찰에 부칠 수 있으며, 그 예정가격은 최초 예정가격의 100분의 10 이내의 금액을 입찰에 부칠 때마다 줄일 수 있다.
④ 매각된 물품의 질권자나 유치권자는 다른 법령에도 불구하고 그 물품을 매수인에게 인도하여야 한다.

| 관련 법조문: 법 제208조, 제209조, 제210조 답 ①

장치기간이 경과되어 매각된 물품에 대한 과세가격은 관세법 제30조부터 제35조까지(제1방법부터 제6방법까지)의 규정에도 불구하고 '최초 예정가격'을 기초로 하여 과세가격을 산출한다.

---

08 장치기간 경과물품(체화물품) 매각시 경쟁입찰의 방법으로 매각하는 경우 최초예정가격의 체감한도는 얼마인가? 2002 관세사

① 최초예정가격의 100분의 30 및 최초예정가격을 기초로 하여 산출한 세액
② 최초예정가격의 100분의 50 및 최초예정가격을 기초로 하여 산출한 세액
③ 최초예정가격의 100분의 70 및 최초예정가격을 기초로 하여 산출한 세액
④ 최초예정가격의 100분의 80 및 최초예정가격을 기초로 하여 산출한 세액
⑤ 최초예정가격의 100분의 90 및 최초예정가격을 기초로 하여 산출한 세액

| 관련 법조문: 영 제222조 답 ②

경쟁입찰의 방법으로 매각하려는 경우 매각되지 아니하였을 때에는 5일 이상의 간격을 두어 다시 입찰에 부칠 수 있으며 그 예정가격은 최초 예정가격의 100분의 10 이내의 금액을 입찰에 부칠 때마다 줄일 수 있다. 예정가격의 체감은 제2회 경쟁입찰 때부터 하되, 그 체감한도액은 최초예정가격의 '100분의 50'으로 한다. 다만, 관세청장이 정하는 물품을 제외하고는 '최초예정가격을 기초로 하여 산출한 세액' 이하의 금액으로 체감할 수 없다.

09 장치기간경과물품의 매각에 관한 설명으로 옳은 것은?

① 매각대행기관이 매각을 대행하는 경우(매각대금의 잔금처리를 대행하는 경우를 포함)에는 매각대행기관의 장을 세관장으로 본다.

② 세관장은 매각 전에 화주 등에게 통고일부터 2개월 내에 해당, 물품을 수출·수입 또는 반송할 것을 통고하여야 한다.

③ 매각물품의 예정가격의 산출방법과 위탁판매에 관한 사항은 기획재정부령으로 정하고, 경매절차에 관하여는 국세징수법을 준용한다.

④ 세관장은 매각할 때에는 매각 물건, 매각 수량, 매각 예정가격 등을 매각 시작 2주일 전에 공고하여야 한다.

⑤ 매각하는 물품의 질권자나 유치권자는 해당 물품을 매각한 날부터 2주일 이내에 그 권리를 증명하는 서류를 세관장에게 제출하여야 한다.

> **관련 법조문: 법 제208조, 제209조, 제210조, 제211조**   답 ①

매각대행기관이 매각을 대행하는 경우(매각대금의 잔금처리를 대행하는 경우를 포함한다)에는 매각대행기관의 장을 세관장으로 본다(법 제208조 제5항 및 제7항).

⊘ 선지분석

② 세관장은 매각 전에 화주 등에게 통고일부터 '1개월' 내에 해당, 물품을 수출·수입 또는 반송할 것을 통고하여야 한다(법 제209조 제1항).

③ 매각물품의 예정가격의 산출방법과 위탁판매에 관한 사항은 '대통령령'으로 정하고, 경매절차에 관하여는 국세징수법을 준용한다(법 제210조 제6항).

④ 세관장은 매각할 때에는 매각 물건, 매각 수량, 매각 예정가격 등을 매각 시작 '10일' 전에 공고하여야 한다(법 제210조 제7항).

⑤ 매각하는 물품의 질권자나 유치권자는 해당 물품을 매각한 날부터 '1개월' 이내에 그 권리를 증명하는 서류를 세관장에게 제출하여야 한다(법 제211조 제2항).

---

10 관세법상 보세구역에 반입한 외국물품이 장치기간이 경과되어 매각하는 경우 매각 절차에 대한 설명 중 맞는 것은?

① 관세청장이 정하는 물품 중 화주가 요청하는 것은 장치기간이 지나기 전이라도 공고한 후 매각할 수 있다.

② 세관장은 외국물품을 매각할 때, 그 화주에게 매각 사실을 통고할 의무는 없다.

③ 장치기간이 지난 물품은 긴급한 사정이 있는 경우에도 공고절차를 거친 후 매각하여야 한다.

④ 세관장은 매각에 전문지식이 필요한 경우 대행기관으로 하여금 이를 대행하게 할 수 없다.

> **관련 법조문: 법 제208조, 제209조**   답 ①

② 세관장은 외국물품을 매각하려면 그 화주 등에 대하여 통고일부터 1개월 내에 해당 물품을 수출·수입 또는 반송할 것을 통고하여야 한다. 다만, 화주 등이 분명하지 아니하거나 그 소재가 불명하여 통고를 할 수 없는 때에는 공고로써 이에 갈음할 수 있다(법 제209조).

③ 장치기간이 지난 물품이 부패하거나 부패할 우려가 있는 등 급박하여 공고할 여유가 없을 때에는 매각한 후 공고할 수 있다(법 제208조 제2항).

④ 세관장은 매각을 함에 있어 매각에 전문지식이 필요한 경우 매각대행기관으로 하여금 이를 대행하게 할 수 있다(법 제208조 제4항 제2호).

11 ☐☐☐
관세법상 관세법에 규정되어 있는 것을 제외하고는 민법을 따르거나 민법의 관련 규정을 준용하는 경우가 아닌 것은?
2017 국가직 7급

① 관세법에 따른 기간의 계산
② 보세구역에 반입한 후 장치기간이 경과한 외국물품의 경매절차
③ 관세징수권과 환급청구권의 소멸시효
④ 관세법에 따라 관세 · 가산세 및 강제징수비를 연대하여 납부할 의무

| 관련 법조문: 법 제8조, 제19조, 제23조, 제210조   답 ②

매각할 물품의 예정가격의 산출방법과 위탁판매에 관한 사항은 대통령령으로 정하고, 경매절차에 관하여는 국세징수법을 준용한다(법 제210조 제6항).

✓ 선지분석
① 관세법에 따른 기간의 계산은 이 법에 특별한 규정이 있는 것을 제외하고는 민법에 따른다(법 제8조 제2항).
③ 관세징수권과 환급청구권의 소멸시효에 관하여 이 법에서 규정한 것을 제외하고는 민법을 준용한다(법 제23조 제5항).
④ 관세법에 따라 관세 · 가산세 및 강제징수비를 연대하여 납부할 의무에 관하여는 민법 제413조부터 제416조까지, 제419조, 제421조, 제423조 및 제425조부터 제427조까지의 규정을 준용한다(법 제19조 제7항).

12 ☐☐☐
관세법상 장치기간경과물품의 매각에 관한 설명으로 옳지 않은 것은?
2017 · 2012 관세사

① 살아 있는 동식물이나 부패할 우려가 있는 물품은 장치기간이 지나기 전이라도 공고한 후 매각할 수 있다.
② 장치기간이 지난 물품이 창고나 다른 외국물품에 해를 끼칠 우려가 있는 것으로서 급박하여 공고할 여유가 없을 때에는 매각한 후 공고할 수 있다.
③ 매각된 물품의 질권자나 유치권자는 다른 법령의 규정에 따라 자신의 권리를 주장할 수 있고 매수인에게 물품인도를 거부할 수 있다.
④ 세관장은 장치기간경과물품의 신속한 매각을 위하여 사이버몰 등에서 전자문서를 통하여 매각하려는 경우 매각대행기관에 이를 대행하게 할 수 있다.
⑤ 법률에 의하여 수입이 금지된 물품은 수출하거나 외화를 받고 판매하는 조건으로 매각한다.

| 관련 법조문: 법 제208조, 영 제222조   답 ③

매각된 물품의 질권자나 유치권자는 다른 법령에도 불구하고 그 물품을 매수인에게 인도하여야 한다(법 제208조 제3항). 다른 법령에 따른 권리 주장이나 물품 인도 거부를 할 수 없다.

✓ 선지분석
①② '관세청장-화, 세관장-외, 압, 창, 살, 기, 부'에 해당하는 물품은 기간이 지나기 전이라도 공고한 후 매각할 수 있다(법 제208조 제1항). 장치기간이 지난 물품이 '관세청장-화, 세관장-외, 압, 창, 살, 기, 부'에 해당하는 물품으로서 급박하여 공고할 여유가 없을 때에는 매각한 후 공고할 수 있다(법 제208조 제2항).
④ 신속한 매각을 위하여 사이버몰 등에서 전자문서를 통하여 매각하려는 경우, 세관장은 대통령령으로 정하는 기관(매각대행기관)에 매각을 대행하게 할 수 있다(법 제208조 제4항).
⑤ 법 제210조(매각방법)의 규정에 의하여 매각한 물품으로 다음 각 호의 어느 하나에 해당하는 물품은 수출하거나 외화를 받고 판매하는 것을 조건으로 매각한다. 다만, 제2호의 물품으로서 관세청장이 필요하다고 인정하는 물품은 주무부장관 또는 주무부장관이 지정하는 기관의 장과 협의하여 수입하는 것을 조건으로 판매할 수 있다(영 제222조 제8항).

1. 법률에 의하여 수입이 금지된 물품
2. 기타 관세청장이 지정하는 물품

13 관세법상 장치기간경과물품의 매각에 대한 설명으로 옳지 않은 것은?

2016 국가직 7급

① 세관장은 관세법 제208조에 따라 매각된 물품의 질권자나 유치권자가 있을 때에는 그 잔금을 화주에게 교부하기 전에 그 질권이나 유치권에 의하여 담보된 채권의 금액을 질권자나 유치권자에게 교부한다.

② 경쟁입찰의 방법으로 매각하려는 경우 매각되지 아니하였을 때에는 5일 이상의 간격을 두어 다시 입찰에 부칠 수 있으며 그 예정가격은 최초 예정가격의 100분의 10 이내의 금액을 입찰에 부칠 때마다 줄일 수 있다.

③ 세관장은 관세법 제210조에 따른 매각대금을 관세, 매각비용, 각종 세금의 순으로 충당하고, 잔금이 있을 때에는 이를 화주에게 교부한다.

④ 세관장은 관세법 제210조에 따른 방법으로도 매각되지 아니한 물품에 대하여는 그 물품의 화주 등에게 장치 장소로부터 지체 없이 반출할 것을 통고하여야 한다.

▌ **관련 법조문: 법 제211조, 제212조**　　　　　　　　　　　　　　　답 ③

세관장은 법 제210조에 따른 매각대금을 그 매각비용, 관세, 각종 세금의 순으로 충당하고, 잔금이 있을 때에는 이를 화주에게 교부한다(법 제211조 제1항).

14 관세법상 보세구역에 반입한 장치기간이 지난 외국물품의 매각에 대한 설명으로 옳지 않은 것은?

2020 국가직 7급

① 세관장은 장치기간이 지난 외국물품을 매각한 때에는 매각 물건, 매각 수량, 매각 예정가격 등을 매각 후 10일 내에 공고하여야 한다.

② 매각된 물품의 질권자나 유치권자는 다른 법령에도 불구하고 그 물품을 매수인에게 인도하여야 한다.

③ 세관장은 보세구역에 반입한 외국물품이 창고나 다른 외국물품에 해를 끼칠 우려가 있는 경우 장치기간이 지나기 전이라도 공고한 후 매각할 수 있다.

④ 세관장은 관세법 제210조에 따른 방법으로도 매각되지 아니한 물품에 대하여는 그 물품의 화주 등에게 장치 장소로부터 지체 없이 반출할 것을 통고하여야 하며, 반출통고일부터 1개월 내에 해당 물품이 반출되지 아니하는 경우에는 소유권을 포기한 것으로 보고 이를 국고에 귀속시킬 수 있다.

▌ **관련 법조문: 법 제208조, 제210조, 제212조**　　　　　　　　　답 ①

세관장은 일반경쟁입찰 등으로 매각할 때에는 매각 물건, 매각 수량, 매각 예정가격 등을 매각 시작 10일 전에 공고하여야 한다(법 제210조 제7항). '매각 후 공고'는 살아 있는 동식물 등의 장치기간이 지났고 급박하여 공고할 여유가 없을 때에만 취할 수 있는 조치이다.

☑ 선지분석
---
② 법 제208조(매각대상 및 매각절차) 제3항
③ 법 제208조(매각대상 및 매각절차) 제1항
④ 법 제212조(국고귀속) 제1항·제2항

15

관세법령상 장치기간경과물품의 매각에 대한 설명으로 옳은 것은?

① 제3자가 보관하고 있는 매각대상물품을 매각대행기관에 인도하려는 경우, 그 물품의 인도는 그 제3자가 발행하는 당해 물품의 보관증을 매각대행기관에 인도함으로써 이에 갈음할 수 있다.

② 세관장은 물품을 매각할 때 개인이 전자문서를 통한 매각을 수행할 수 있는 시스템 등을 갖춘 경우 그 개인을 매각대행기관으로 하여 물품 매각을 대행하게 할 수 있다.

③ 매각된 물품의 질권자는 그 물품을 매수인에게 인도하여야 하지만, 매각된 물품의 유치권자는 다른 법령이 정하는 바에 따라 그 물품의 인도를 거절하고 계속 유치할 수 있다.

④ 부패·손상 등의 우려가 현저하여 즉시 매각하지 아니하면 상품가치가 저하할 우려가 있는 물품은 위탁판매의 방법으로만 매각할 수 있다.

관련 법조문: 영 제223조

답 ①

세관장이 점유하고 있거나 제3자가 보관하고 있는 매각대상물품은 이를 매각대행기관에 인도할 수 있다. 이 경우 제3자가 보관하고 있는 물품에 대하여는 그 제3자가 발행하는 당해 물품의 보관증을 인도함으로써 이에 갈음할 수 있다(영 제223조 제1항).

✅ 선지분석

② 세관장이 매각을 대행하게 할 수 있는 기관은 다음 각 호의 기관 또는 법인·단체 중에서 관세청장이 지정하는 기관·법인 또는 단체(매각대행기관)로 한다(영 제220조). '개인'은 매각을 대행할 수 없다.

> 1. 「한국자산관리공사 설립 등에 관한 법률」에 따른 한국자산관리공사
> 2. 「한국보훈복지의료공단법」에 의하여 설립된 한국보훈복지의료공단
> 3. 관세청장이 정하는 기준에 따라 전자문서를 통한 매각을 수행할 수 있는 시설 및 시스템 등을 갖춘 것으로 인정되는 법인 또는 단체

③ 매각된 물품의 질권자나 유치권자는 다른 법령에도 불구하고 그 물품을 매수인에게 인도하여야 한다(법 제208조 제3항).

④ 다음의 물품은 위탁판매의 방법으로 매각할 수 있다(법 제210조 제4항). 즉 바로 위탁판매 방법으로 매각할 수도 있지만, 경매나 수의계약의 방법으로 매각하려고 하였으나 매각되지 아니한 물품도 위탁판매의 방법으로 매각할 수 있다.

> 1. 경매나 수의계약의 방법으로 매각되지 아니한 물품
> 2. 다음 각 호의 어느 하나에 해당하는 물품 중에서 관세청장이 신속한 매각이 필요하다고 인정하여 위탁판매대상으로 지정한 물품
>   1) 부패하거나 부패의 우려가 있는 물품
>   2) 기간경과로 사용할 수 없게 되거나 상품가치가 현저히 감소할 우려가 있는 물품
>   3) 공매하는 경우 매각의 효율성이 저하되거나 공매에 전문지식이 필요하여 직접 공매하기에 부적합한 물품

제 8 장

운송

제8장 운송

제1절 | 보세운송(법 제213조 ~ 제220조)

01 보세운송제도에 관한 설명으로 옳은 것은?
2014 관세사

☐☐☐

① 외국물품은 보세구역간에 외국물품 그대로 운송할 수 있다.

② 보세운송을 하려는 자는 관세청장에게 신고를 하거나 승인을 받아야 한다.

③ 수출신고가 수리된 물품은 세관장이 정하는 것을 제외하고는 보세운송절차를 생략한다.

④ 보세운송은 세관장이 정하는 기간 내에 끝내야 한다.

⑤ 세관장은 보세운송의 신고를 하거나 승인을 받으려는 물품에 대하여 관세의 담보를 반드시 제공하게 하여야 한다.

▌관련 법조문: 법 제213조, 제216조, 제218조 답 ①

외국물품은 '국제항, 보세구역, 보세구역 외 장치허가를 받은 장소, 세관관서, 통관역, 통관장, 통관 우체국'간에 한정하여 외국물품 그대로 운송할 수 있다. 그러므로 '보세구역간에'도 외국물품 그대로 운송할 수 있다. 여기에서 '외국물품 그대로 운송'이란 '보세운송'을 말한다(법 제213조 제1항).

☑ 선지분석

② 보세운송을 하려는 자는 '세관장'에게 신고를 하거나 승인을 받아야 한다(법 제213조 제2항).

③ 수출신고가 수리된 물품은 '관세청장'이 따로 정하는 것을 제외하고는 보세운송절차를 생략한다(법 제213조 제4항).

④ 보세운송은 '관세청장'이 정하는 기간 내에 끝내야 한다(법 제216조 제2항).

⑤ 세관장은 보세운송의 신고를 하거나 승인을 받으려는 물품에 대하여 관세의 담보를 '제공하게 할 수 있다(법 제218조)' 즉, 반드시 담보를 제공하여야 하는 것은 아니다.

---

02 관세법상 보세운송에 대한 설명으로 옳지 않은 것은?
2021 국가직 9급

☐☐☐

① 수출신고가 수리된 물품은 관세청장이 따로 정하는 것을 제외하고는 보세운송절차를 생략한다.

② 세관장은 보세운송물품의 감시·단속을 위하여 필요하다고 인정될 때에는 관세청장이 정하는 바에 따라 운송통로를 제한할 수 있다.

③ 세관장은 제213조(보세운송의 신고)에 따른 보세운송의 신고를 하거나 승인을 받으려는 물품에 대하여 관세의 담보를 제공하게 할 수 있다.

④ 제213조(보세운송의 신고) 제2항에 따른 보세운송의 신고를 하는 경우, 화주의 명의로 보세운송신고를 할 수 없다.

보세운송의 신고 또는 승인신청은 다음 각 호의 어느 하나에 해당하는 자의 명의로 하여야 한다(법 제214조).

> 1. 화주
> 2. 관세사 등
> 3. 보세운송을 업(業)으로 하는 자(보세운송업자)

⊘ 선지분석

① 법 제213조(보세운송의 신고) 제4항
② 법 제216조(보세운송통로) 제1항
③ 법 제218조(보세운송의 담보)

03 관세법령상 보세운송의 승인을 얻어야 하는 물품에 해당하는 것을 모두 고른 것은?　　2019 관세사

□□□

> ㄱ. 보세운송된 물품 중 다른 보세구역 등으로 재보세운송하고자 하는 물품
> ㄴ. 귀금속, 한약재 등과 같이 부피가 작고 고가인 물품
> ㄷ. 화물이 국내에 도착된 후 최초로 보세구역에 반입된 날부터 20일이 경과한 물품
> ㄹ. 화주 또는 화물에 대한 권리를 가진 자가 직접 보세운송하는 물품
> ㅁ. 불법 수출입의 방지 등을 위하여 세관장이 지정한 물품

① ㄱ, ㄴ
② ㄱ, ㄷ, ㅁ
③ ㄷ, ㄹ, ㅁ
④ ㄱ, ㄴ, ㄹ, ㅁ
⑤ ㄱ, ㄴ, ㄷ, ㄹ, ㅁ

관련 법조문: 영 제226조　　　　답 ④

'화물이 국내에 도착된 후 최초로 보세구역에 반입된 날부터 30일이 경과한 물품'은 보세운송 승인 대상이다(영 제226조 제3항).

04 관세법령상 세관장에게 보세운송의 승인을 받아야 하는 경우가 아닌 것은?　　2010 국가직 9급

□□□

① 보세운송된 물품 중 다른 보세구역 등으로 재보세운송하고자 하는 물품
② 화물이 국내에 도착된 후 최초로 보세구역에 반입된 날부터 30일이 경과한 물품
③ 위험물안전관리법에 따른 위험물로서 수입신고 수리가 가능한 물품
④ 도로교통법 위반으로 조사를 받고 있거나 기소되어 확정판결을 기다리고 있는 보세운송업자 등이 운송하는 물품

관련 법조문: 영 제226조　　　　답 ④

보세운송의 승인을 얻어야 하는 경우는 다음 각 호의 어느 하나에 해당하는 물품을 운송하고자 하는 경우를 말한다. '관세법' 및 '관세법'에 의한 세관장의 명령을 위반하여 관세범으로 조사를 받고 있거나 기소되어 확정판결을 기다리고 있는 보세운송업자 등이 운송하는 물품은 보세운송 '승인'대상이다. 그러나 '도로교통법' 위반은 보세운송 승인대상과 거리가 멀다.

1. 보세운송된 물품 중 다른 보세구역 등으로 재보세운송하고자 하는 물품
2. 검역법·식물방역법·가축전염병예방법 등에 따라 검역을 요하는 물품
3. 위험물안전관리법에 따른 위험물, 화학물질관리법에 따른 유해화학물질
4. 비금속설
5. 화물이 국내에 도착된 후 최초로 보세구역에 반입된 날부터 30일이 경과한 물품
6. 통관이 보류되거나 수입신고 수리가 불가능한 물품
7. 보세구역 외 장치허가를 받은 장소로 운송하는 물품
8. 귀석·반귀석·귀금속·한약재·의약품·향료 등과 같이 부피가 작고 고가인 물품
9. 화주 또는 화물에 대한 권리를 가진 자가 직접 보세운송하는 물품
10. 통관지가 제한되는 물품
11. 적재화물목록상 동일한 화주의 선하증권 단위의 물품을 분할하여 보세운송하는 경우 그 물품
12. 불법 수출입의 방지 등을 위하여 세관장이 지정한 물품
13. 법 및 법에 의한 세관장의 명령을 위반하여 관세범으로 조사를 받고 있거나 기소되어 확정판결을 기다리고 있는 보세운송업자 등이 운송하는 물품

05 관세법령상 세관장의 보세운송 승인을 받아 운송해야 하는 물품이 아닌 것은? (단, 관세청장이 보세운송승인대상으로 하지 않아도 화물관리 및 불법 수출입의 방지에 지장이 없다고 판단하여 정하는 물품은 제외함)

2017 국가직 7급

① 보세운송된 물품 중 다른 보세구역 등으로 재보세운송하고자 하는 물품
② 통관이 보류되거나 수입신고수리가 불가능한 물품
③ 화주 또는 화물에 대한 권리를 가진 자가 직접 보세운송하는 물품
④ 화물이 국내에 도착된 후 최초로 보세구역에 반입된 날부터 20일이 경과한 물품

| 관련 법조문: 영 제226조   답 ④

세관장의 보세운송 승인을 받아 운송해야 하는 물품은 화물이 국내에 도착된 후 최초로 보세구역에 반입된 날부터 '30일'이 경과한 물품이다(영 제226조 제3항 제5호).

06 보세운송을 할 때 세관장의 승인을 얻어야 하는 물품이 아닌 것은?

2013 관세사

① 통관이 보류되거나 수입신고 수리가 불가능한 물품
② 관세법에 따른 즉시반출신고대상 물품
③ 화주 또는 화물에 대한 권리를 가진 자가 직접 보세운송하는 물품
④ 화학물질관리법에 따른 유해화학물질
⑤ 화물이 국내에 도착된 후 최초로 보세구역에 반입된 날부터 30일이 경과한 물품

| 관련 법조문: 영 제226조   답 ②

즉시반출신고대상 물품이라고 해서 보세운송 승인대상이 되는 것은 아니다.

07 관세법상 운송에 대한 설명으로 옳은 것은?

① 수출신고가 수리된 물품은 세관장이 따로 정하는 것을 제외하고는 보세운송절차를 생략한다.
② 보세운송의 신고 또는 승인신청은 화주, 관세사 등, 보세운송업자의 명의로 하여야 한다.
③ 내국물품을 국제무역선이나 국제무역기로 운송하려는 자는 대통령령으로 정하는 바에 따라 관세청장에게 내국운송의 신고를 하여야 한다.
④ 보세화물을 취급하려는 자로서 다른 법령에 따라 화물운송의 주선을 업으로 하는 자는 세관장에게 신고하여야 한다.

관련 법조문: 법 제213조, 제214조, 제221조, 제222조　　　　　　　　　　답 ②

보세운송의 신고 또는 승인신청은 다음 각 호의 어느 하나에 해당하는 자의 명의로 하여야 한다.

> 1. 화주
> 2. 관세사 등
> 3. 보세운송을 업(業)으로 하는 자(보세운송업자)

⊘ 선지분석

① 수출신고가 수리된 물품은 '관세청장'이 따로 정하는 것을 제외하고는 보세운송절차를 생략한다(법 제213조 제4항).
③ 내국물품을 국제무역선이나 국제무역기로 운송하려는 자는 대통령령으로 정하는 바에 따라 '세관장'에게 내국운송의 신고를 하여야 한다(법 제221조 제1항).
④ 보세화물을 취급하려는 자로서 다른 법령에 따라 화물운송의 주선을 업으로 하는 자는 관세청장이나 세관장에게 '등록'하여야 한다(법 제222조 제1항 제2호).

---

08 현행 관세법상의 내용으로 옳지 않은 것은?

① 세관공무원이 관세범에 관한 조사·처분을 행한다.
② 체신관서가 수취인에게 교부한 우편물이라도 사후적으로 관세의 징수가 필요한 사유가 발생하면 관세법에 따라서 관세 등을 따로 징수할 수 있다.
③ 보세운송업자의 등록 요건의 하나로 보세운송업자 등의 등록이 취소된 경우가 있는 경우 그 취소 후 2년이 지나야 한다.
④ 세관장은 보세운송의 신고를 하거나 승인을 받고자 하는 물품에 대한 관세의 담보를 제공하게 할 수 있다.

관련 법조문: 법 제218조, 제223조, 제283조　　　　　　　　　　답 ②

'체신관서가 수취인에게 교부한 우편물'은 수입의 의제대상에 해당한다. 수입 의제대상은 관세법에 따라 적법하게 수입된 것으로 보고 관세 등을 따로 징수하지 아니한다.

09 보세운송에 대한 설명으로 옳지 않은 것은?

① 관세법 제213조 제2항에 따른 신고 또는 승인신청은 화주, 관세사 등, 보세운송업자의 어느 하나에 해당하는 자의 명의로 하여야 한다.

② 관세청장은 관세법 제213조에 따라 보세운송의 신고를 하거나 승인을 받으려는 물품에 대하여 관세의 담보를 제공하게 할 수 있다.

③ 관세법 제213조 제2항에 따라 보세운송의 신고를 하거나 승인을 받은 자는 해당 물품이 운송 목적지에 도착하였을 때에는 관세청장이 정하는 바에 따라 도착지의 세관장에게 보고하여야 한다.

④ 세관장은 보세운송물품의 감시·단속을 위하여 필요하다고 인정될 때에는 관세청장이 정하는 바에 따라 운송통로를 제한할 수 있다.

> **관련 법조문: 법 제218조**　　　　　　　　　　　　　　　　　　　　　　　　　　　답 ②

'세관장'은 보세운송의 신고를 하거나 승인을 받으려는 물품에 대하여 관세의 담보를 제공하게 할 수 있다(법 제218조). '담보제공'은 통관 단계에서 행하는 세관 단위의 행정이다.

10 관세법령상 외국물품을 외국물품 그대로 운송할 수 있는 장소에 해당하지 않는 것은?

① 광양항

② 대전세관장이 허가한 보세구역 외 장치장소

③ 서울세관 지정장치장

④ 통관우체국을 제외한 체신관서

> **관련 법조문: 법 제213조**　　　　　　　　　　　　　　　　　　　　　　　　　　　답 ④

외국물품은 다음 각 호의 장소 간에 한정하여 외국물품 그대로 운송할 수 있다. 다만, 법 제248조에 따라 수출신고가 수리된 물품은 해당 물품이 장치된 장소에서 다음 각 호의 장소로 운송할 수 있다(법 제213조 제1항).

> 1. 국제항
> 2. 보세구역
> 3. 법 제156조에 따라 허가된 장소
> 4. 세관관서
> 5. 통관역
> 6. 통관장
> 7. 통관우체국

☑ 선지분석

① 광양항은 국제항에 포함된다.

② 대전세관장이 허가한 보세구역외장치장소는 법 제156조에 따라 허가된 장소에 포함된다.

③ 서울세관 지정장치장은 보세구역에 포함된다.

④ 체신관서는 보세운송 구간에 포함되지 않는다. 통관우체국만 보세운송 구간에 포함된다.

11 보세운송에 관한 설명으로 옳은 것은?

① 수출신고가 수리된 물품은 외국물품이므로 수입물품의 보세운송절차에 따라 운송하여야 한다.

② 보세운송신고는 보세운송 주선업자의 명의로 할 수 있다.

③ 세관관서에서 통관역까지 외국물품 상태로 보세운송할 수 있다.

④ 보세운송은 관세청장이 정한 기간 내에 끝내야 하며, 그 기간은 연장할 수 없다.

⑤ 보세운송하는 외국물품을 미리 세관장의 승인을 받아 폐기하는 경우 관세를 징수한다.

│ 관련 법조문: 법 제213조, 제214조, 제216조, 제217조   답 ③

세관관서와 통관역은 모두 보세운송 구간에 해당하므로, 이들 장소간에는 외국물품 상태로 보세운송을 할 수 있다.

☑ **선지분석**

① 수출신고가 수리된 물품에 대해서는 관세청장이 따로 정하는 것을 제외하고는 보세운송절차를 생략한다(법 제 213조 제4항). 외국물품임에도 불구하고 국내운송시 보세운송을 하지 않아도 된다.

② 보세운송의 신고 또는 승인신청은 화주, 관세사 등, 보세운송을 업으로 하는 자(보세운송업자)의 명의로 하여야 한다(법 제214조). 보세운송주선업자의 명의로는 보세운송의 신고 등을 할 수 없다.

④ 보세운송은 관세청장이 정한 기간에 종료하여야 한다. 다만, 세관장은 재해나 그 밖의 부득이한 사유로 인하여 필요하다고 인정될 때에는 그 기간을 연장할 수 있다(법 제216조 제2항).

⑤ 보세운송하는 외국물품이 지정된 기간 내에 목적지에 도착하지 아니한 때에는 즉시 그 관세를 징수한다. 다만, 해당 물품이 재해나 그 밖의 부득이한 사유로 인하여 망실되었거나 미리 세관장의 승인을 받아 폐기한 때에는 그러하지 아니하다(법 제217조).

---

12 관세법령상 보세운송에 대한 설명으로 옳지 않은 것은?

① 승인을 받아 보세운송하는 외국물품이 부득이한 사유로 망실되어 지정된 기간 내에 목적지에 도착하지 아니한 경우 즉시 그 관세를 징수한다.

② 화물이 국내에 도착된 후 최초로 보세구역에 반입된 날부터 30일이 경과한 물품을 보세운송하려는 자는 세관장의 승인을 받아야 한다.

③ 보세운송은 관세청장이 정하는 기간 내에 끝내야 하지만, 세관장은 재해나 그 밖의 부득이한 사유로 필요하다고 인정될 때에는 그 기간을 연장할 수 있다.

④ 수출신고가 수리된 물품은 관세청장이 따로 정하는 것을 제외하고는 보세운송절차를 생략한다.

│ 관련 법조문: 법 제213조, 제216조, 제217조, 영 제226조   답 ①

법 제213조(보세운송의 신고) 제2항에 따라 신고를 하거나 승인을 받아 보세운송하는 외국물품이 지정된 기간 내에 목적지에 도착하지 아니한 경우에는 즉시 그 관세를 징수한다. 다만, 해당 물품이 재해나 그 밖의 부득이한 사유로 망실되었거나 미리 세관장의 승인을 받아 그 물품을 폐기하였을 때에는 그러하지 아니하다(법 제217조). 즉, 보세운송하는 물품이 '부득이한 사유로 망실'된 경우에는 관세를 징수하지 아니한다.

☑ **선지분석**

② 영 제226조(보세운송의 신고 등) 제3항 제5호

③ 보세운송은 관세청장이 정하는 기간 내에 끝내야 한다. 다만, 세관장은 재해나 그 밖의 부득이한 사유로 필요하다고 인정될 때에는 그 기간을 연장할 수 있다(법 제216조 제2항).

④ 법 제213조(보세운송의 신고) 제4항

13 보세운송 등에 관한 설명으로 옳은 것은?

① 세관장은 보세운송물품의 감시·단속을 이유로 그 운송통로를 제한할 수 없다.

② 내국물품을 국제무역선이나 국제무역기로 운송하려는 자는 세관장에게 내국운송의 승인을 받아야 한다.

③ 국제무역선 등을 이용하여 상업서류나 그 밖의 견본품 등을 송달하는 것을 업으로 하는 자는 관세청장이나 세관장에게 등록하여야 한다.

④ 보세운송의 신고를 하거나 승인을 받은 자는 해당 물품이 운송 목적지에 도착하였을 때에는 보세운송을 승인한 세관장에게 보고하여야 한다.

⑤ 보세운송업자 등의 등록이 취소되었다면 그 등록이 취소된 후 3년이 지나야 보세운송업자로 다시 등록할 수 있다.

관련 법조문: 법 제215조, 제216조, 제221조, 제222조, 제223조   답 ③

✓ 선지분석

① 세관장은 보세운송물품의 감시·단속을 이유로 그 운송통로를 제한할 수 '있다'(법 제216조 제1항).

② 내국물품을 국제무역선이나 국제무역기로 운송하려는 자는 세관장에게 내국운송의 '신고'를 하여야 한다(법 제221조 제1항).

④ 보세운송의 신고를 하거나 승인을 받은 자는 해당 물품이 운송 목적지에 도착하였을 때에는 '도착지' 세관장에게 보고하여야 한다(법 제215조).

⑤ 보세운송업자 등의 등록이 취소되었다면 그 등록이 취소된 후 '2년'이 지나야 보세운송업자로 다시 등록할 수 있다(법 제223조 제4호).

14

☐☐☐

관세법상 보세운송에 관한 설명으로 옳지 않은 것은?

① 보세운송을 하려는 자는 관세청장이 정하는 바에 따라 세관장에게 보세운송의 신고를 하여야 한다. 다만, 물품의 감시 등을 위하여 필요하다고 인정하여 대통령령으로 정하는 경우에는 세관장의 승인을 받아야 한다.

② 세관공무원은 감시·단속을 위하여 필요하다고 인정될 때에는 관세청장이 정하는 바에 따라 보세운송을 하려는 물품을 검사할 수 있다.

③ 수출신고가 수리된 물품은 관세청장이 따로 정하는 것을 제외하고는 보세운송절차를 생략한다.

④ 세관장은 보세운송물품의 감시·단속을 위하여 필요하다고 인정될 때에는 관세청장이 정하는 바에 따라 운송통로를 제한할 수 있다.

⑤ 보세운송은 세관장이 정하는 기간 내에 끝내야 한다. 다만, 세관장은 재해나 그 밖의 부득이한 사유로 필요하다고 인정되더라도 그 기간을 연장할 수 없다.

┃ **관련 법조문: 법 제213조, 제216조**　　　　　　　　　　　　　　　　　　　답 ⑤

세관장은 보세운송물품의 감시·단속을 위하여 필요하다고 인정될 때에는 관세청장이 정하는 바에 따라 운송통로를 제한할 수 있다(법 제216조 제1항). 보세운송은 '관세청장'이 정하는 기간 내에 끝내야 한다. 다만, 세관장은 재해나 그 밖의 부득이한 사유로 '필요하다고 인정될 때에는 그 기간을 연장할 수 있다'(법 제216조 제2항).

⊘ **선지분석**

①②③ 보세운송을 하려는 자는 관세청장이 정하는 바에 따라 세관장에게 보세운송의 신고를 하여야 한다. 다만, 물품의 감시 등을 위하여 필요하다고 인정하여 대통령령으로 정하는 경우에는 세관장의 승인을 받아야 한다(법 제213조 제2항). 세관공무원은 감시·단속을 위하여 필요하다고 인정될 때에는 관세청장이 정하는 바에 따라 보세운송을 하려는 물품을 검사할 수 있다(법 제213조 제3항). 수출신고가 수리된 물품은 관세청장이 따로 정하는 것을 제외하고는 보세운송절차를 생략한다(법 제213조 제4항).

15

☐☐☐

외국물품의 보세운송에 관한 설명으로 옳은 것은?

① 여러 세관의 관할구역을 통과하는 외국물품을 운송할 때에는 관세청장에게 보세운송의 신고를 하여야 한다.

② 세관공무원은 필요시 보세운송물품을 검사할 수 있다. 단, 수입신고를 할 때 사전심사 및 검사 대상물품을 보세운송하는 경우에는 검사대상에서 제외된다.

③ 위험물안전관리법에 의한 위험물을 보세운송하고자 할 때에는 세관장의 승인이 있어야 한다.

④ 보세운송의 도착보고는 보세운송신고를 한 출발지 관할세관장에게 하여야 한다.

⑤ 보세운송통로는 보세운송인이 결정하며, 세관장은 그 운송통로를 제한할 수 없다.

┃ **관련 법조문: 법 제213조, 제215조, 제216조, 영 제226조**　　　　　　　답 ③

⊘ **선지분석**

① 보세운송의 신고는 '세관장'에게 한다(법 제213조 제2항).

② 세관공무원은 감시·단속을 위하여 필요하다고 인정될 때에는 관세청장이 정하는 바에 따라 보세운송을 하려는 물품을 검사할 수 있다(검사 제외대상에 대한 규정은 없다)(법 제213조 제3항).

④ 보세운송 도착 보고는 '도착지의 세관장'에게 한다(법 제215조).

⑤ '세관장'은 보세운송물품의 감시·단속을 위하여 필요하다고 인정할 때에는 관세청장이 정하는 바에 따라 운송통로를 제한할 수 있다(법 제216조 제1항).

16 관세법상 운송에 관한 설명으로 옳지 않은 것은?

① 수출신고가 수리된 물품은 관세청장이 따로 정하는 것을 제외하고는 보세운송절차를 생략한다.

② 보세운송된 물품은 다른 보세구역으로 재보세운송하고자 하는 경우에는 세관장의 승인을 받아야 한다.

③ 보세운송 중인 물품이 재해나 그 밖의 부득이한 사유로 망실되어 지정된 기간 내에 목적지에 도착하지 아니한 경우에는 보세운송신고인으로부터 그 관세를 징수한다.

④ 내국물품을 국제무역선이나 국제무역기로 운송하려는 경우 세관장에게 내국운송신고를 하여야 한다.

⑤ 세관장은 보세운송물품의 감시·단속을 위하여 필요하다고 인정될 때에는 관세청장이 정하는 바에 따라 운송통로를 제한할 수 있다.

> **관련 법조문: 법 제19조, 제213조, 제216조, 제221조, 영 제226조**　　　　　　답 ③

보세운송 신고를 하거나 승인을 받아 보세운송하는 외국물품이 지정된 기간 내에 목적지에 도착하지 아니한 경우에는 즉시 그 관세를 징수한다. 다만, 해당 물품이 재해나 그 밖의 부득이한 사유로 망실되었거나 미리 세관장의 승인을 받아 그 물품을 폐기하였을 때에는 그러하지 아니하다.

17 관세법령상 운송에 대한 설명으로 옳은 것은?

① 보세운송의 신고인은 화주, 국제운송물류업자, 제조업자, 관세사로서 세관장의 승인 없이 보세운송절차를 생략하고 보세운송을 할 수 있다.

② 보세운송업자 등의 등록의 유효기간은 2년으로 하고 관세청장이 정하는 바에 따라 갱신할 수 있다.

③ 세관장은 보세운송업자 등의 등록자에게 등록유효기간을 갱신하려면 등록의 유효기간이 끝나는 날의 1개월 전까지 등록갱신을 신청해야 한다는 사실과 갱신절차를 유효기간이 끝나는 날의 2개월 전까지 휴대폰 문자전송 등으로 미리 알려야 한다.

④ 보세운송업자가 특허보세구역의 설치·운영에 관한 특허가 취소된 후 3년이 지나지 아니한 경우 12개월의 범위 내에서 업무정지조치를 할 수 있다.

> **관련 법조문: 법 제214조, 제222조, 영 제231조**　　　　　　답 ③

세관장은 보세운송업자 등으로 등록을 한 자에게 등록의 유효기간을 갱신하려면 등록의 유효기간이 끝나는 날의 1개월 전까지 등록 갱신을 신청해야 한다는 사실과 갱신절차를 등록의 유효기간이 끝나는 날의 2개월 전까지 휴대폰에 의한 문자전송, 전자메일, 팩스, 전화, 문서 등으로 미리 알려야 한다(영 제231조 제5항).

☑ 선지분석

① 보세운송의 신고 또는 승인신청은 화주, 관세사 등, 보세운송업자의 명의로만 할 수 있다. 국제운송물류업자와 제조업자는 보세운송의 신고인이 될 수 없다. 그리고 세관장의 승인이 없다고 해도 보세운송절차는 있는 것이므로, 세관장의 승인 없이 보세운송절차를 생략한다는 말은 성립이 되지 않는다. '보세운송절차 생략'이라는 말은 '수출신고가 수리된 물품'에 붙일 수 있는 표현이다.

② 보세운송업자 등의 등록의 유효기간은 '3년'이며, '대통령령으로 정하는 바에 따라' 갱신할 수 있다.

④ 보세운송업자는 특허보세구역의 특허 취소와 관련이 없으므로, 문장 자체의 옳고 그름을 따질 실익이 없다.

18

□□□

관세법상 운송에 대한 설명으로 옳지 않은 것은?

① 국내에 도착된 후 최초로 보세구역에 반입된 날부터 30일이 경과한 외국물품을 보세운송하려는 자는 관세청장이 달리 정하지 않는 한 세관장의 승인을 받아야 한다.

② 외국물품의 수입과 관련하여 국제항에서 보세구역으로의 보세운송을 하고자 세관장에게 보세운송신고를 한 자가 하역통로에서 당해 물품을 반출한 경우 정당한 이유가 있는 경우에는 세관장의 승인을 받아 그 신고를 취하할 수 있다.

③ 재해나 그 밖의 부득이한 사유로 선박 또는 항공기로부터 내려진 외국물품을 그 물품이 있는 장소로부터 통관장으로 운송하려는 자는 긴급한 경우에 세관공무원이나 경찰공무원(세관공무원이 없는 경우로 한정한다)에게 신고하여야 한다.

④ 내국물품을 국제무역기로 운송하는 경우 세관장은 내국운송 물품의 감시·단속을 위하여 필요하다고 인정될 때에는 관세청장이 정하는 바에 따라 운송통로를 제한할 수 있다.

▌관련 법조문: 법 제216조, 제219조, 제221조, 제250조, 영 제226조　　　　　답 ②

신고는 정당한 이유가 있는 경우에만 세관장의 승인을 받아 취하할 수 있다. 다만, 수입 및 반송의 신고는 운송수단, 관세통로, 하역통로 또는 관세법에 규정된 장치 장소에서 물품을 반출한 후에는 취하할 수 없다(법 제250조 제1항). 지문에 제시된 것처럼 보세운송신고를 하였다 하더라도 '하역통로에서 당해 물품을 반출한 경우'에는 수입신고를 취하할 수 없다.

☑ 선지분석

① 영 제226조(보세운송의 신고 등) 제3항 제5호

③ 법 제219조(조난물품의 운송) 제1항·제2항

④ 세관장은 보세운송물품의 감시·단속을 위하여 필요하다고 인정될 때에는 관세청장이 정하는 바에 따라 운송통로를 제한할 수 있다(법 제216조 제1항). 내국운송에 관하여는 법 제216조를 준용한다(법 제221조 제2항). 즉, 내국운송(내국물품을 국제무역선이나 국제무역기로 운송)하는 경우에도 역시 해당 조건이 만족하면 운송통로를 제한할 수 있다.

19

□□□

관세법 제220조(간이 보세운송)의 조치에 해당하지 않는 것은?

① 제218조(보세운송의 담보)에 따른 담보제공의 면제

② 제215조(보세운송 보고)에 따른 보세운송 보고의 생략

③ 제213조(보세운송의 신고)제3항에 따른 검사의 생략

④ 제213조(보세운송의 신고)제2항에 따른 신고절차의 간소화

▌관련 법조문: 법 제220조　　　　　답 ②

세관장은 보세운송을 하려는 물품의 성질과 형태, 보세운송업자의 신용도 등을 고려하여 관세청장이 정하는 바에 따라 보세운송업자나 물품을 지정하여 다음 각 호의 조치를 할 수 있다(법 제220조).

> 1. 법 제213조 제2항에 따른 신고절차의 간소화
> 2. 법 제213조 제3항에 따른 검사의 생략
> 3. 법 제218조에 따른 담보제공의 면제

01
□□□

관세법상에 규정된 내용에 대한 설명 중 옳지 않은 것은?

① 국제적십자사·외국적십자사 및 기획재정부령으로 정하는 국제기구가 국제평화봉사활동 또는 국제친선활동을 위하여 기증하는 물품이 수입될 때에는 그 관세를 면제한다.

② 내국물품을 국제무역선이나 국제무역기로 운송하려는 경우에는 기획재정부령으로 정하는 바에 따라 관세청장에게 내국운송의 신고를 하여야 한다.

③ 관세청장이나 세관장은 압수물품을 몰수하지 아니할 경우에는 그 압수물품 또는 그 물품의 환가대금을 환부하여야 한다.

④ 세관장은 관세징수 또는 공익목적을 위하여 필요한 경우로서 신용정보의 이용 및 보호에 관한 법률 제2조 제5호에 따른 신용정보회사 또는 같은 조 제6호에 따른 신용정보집중기관, 그 밖에 대통령령으로 정하는 자가 다음 각 호의 어느 하나에 해당하는 체납자의 인적사항 및 체납액에 관한 자료를 요구한 경우에는 이를 제공할 수 있다.

> **│ 관련 법조문: 법 제44조, 제91조, 제221조, 제313조** 　　　　　　　　　　　　　　　　답 ②

내국물품을 국제무역선이나 국제무역기로 운송하려는 자는 '대통령령'으로 정하는 바에 따라 '세관장'에게 내국운송의 신고를 하여야 한다(법 제221조).

> **영 제230조(내국운송의 신고)** 제226조의 규정은 법 제221조의 규정에 의한 신고에 관하여 이를 준용한다.

 선지분석

① 법 제91조(종교용품, 자선용품, 장애인용품 등의 면세)
③ 법 제313조(압수물품의 반환) 제4항
④ 법 제44조(체납자료의 제공) 제1항

02
□□□

관세법령상 내용으로 옳지 않은 것은?

① 국제무역선이 국제항의 바깥에서 물품을 하역하거나 환적하려는 경우에는 선장은 세관장의 허가를 받아야 한다.

② 관세의 담보를 제공하고자 하는 자는 담보의 종류·수량·금액 및 담보사유를 기재한 담보제공서를 세관장에게 제출하여야 한다.

③ 내국물품을 국제무역선이나 국제무역기로 운송하려는 자는 대통령령으로 정하는 바에 따라 세관장의 내국운송 승인을 받아야 한다.

④ 보세공장에서는 세관장의 허가를 받지 아니하고는 내국물품만을 원료로 하거나 재료로 하여 제조·가공하거나 그 밖에 이와 비슷한 작업을 할 수 없다.

> **│ 관련 법조문: 법 제142조, 제185조, 제221조, 영 제10조** 　　　　　　　　　　　　　답 ③

내국물품을 국제무역선이나 국제무역기로 운송하려는 자는 대통령령으로 정하는 바에 따라 '세관장에게 내국운송의 신고를 하여야 한다'(법 제221조 제1항).

선지분석

① 법 제142조(항외 하역) 제1항
② 영 제10조(담보의 제공절차 등) 제1항
④ 법 제185조(보세공장) 제2항

01 관세법상 보세운송업자의 등록요건에 대한 설명으로 옳지 않은 것은?　　　2015 국가직 9급

☐☐☐

① 미성년자 또는 파산선고를 받고 복권되지 아니한 자 등 운영인의 결격사유에 해당하지 아니할 것
② 항만운송사업법 등 관련 법령에 따른 면허·허가·지정 등을 받거나 등록을 하였을 것
③ 관세법을 위반하여 징역형의 집행유예를 선고받고 그 유예기간 중에 있는 자에 해당하여 보세운송업자의 등록이 취소된 경우에는 등록이 취소된 후 1년이 지났을 것
④ 관세 및 국세의 체납이 없을 것

┃ 관련 법조문: 법 제223조　　　　　　　　　　　　　　　　　　　　　답 ③

보세운송업자 등은 다음 각 호의 요건을 갖춘 자이어야 한다.

> 1. 법 제175조 각 호(운영인의 결격사유)의 어느 하나에 해당하지 아니할 것
> 2. 항만운송사업법 등 관련 법령에 따른 면허·허가·지정 등을 받거나 등록을 하였을 것
> 3. 관세 및 국세의 체납이 없을 것
> 4. 보세운송업자 등의 등록이 취소(법 제175조 제1호부터 제3호까지의 어느 하나에 해당하여 등록이 취소된 경우는 제외한다)된 후 2년이 지났을 것

위의 4번째 등록 요건을 보면, 등록 취소 후 2년이 경과하여야 하는데, 여기에서 법 제175조(운영인의 결격사유) 제1호부터 제3호까지에 해당되어 등록이 취소된 경우는 제외된다. 법 제175조 제1부터 제3호까지는 다음과 같다.

> 1. 미성년자
> 2. 피성년후견인과 피한정후견인
> 3. 파산선고를 받고 복권되지 아니한 자

'관세법을 위반하여 징역형의 집행유예를 선고받고 그 유예기간 중에 있는 자'는 법 제175조 '제5호'이므로 위의 예외에 포함되지 않는다. 즉, 이 경우에는 등록이 취소된 후 '2년'이 지나면 보세운송업자 등으로 등록할 수 있다.

---

02 보세운송업자 등에 대한 등록요건 및 행정제재의 내용으로 옳지 않은 것은?　　　2007 국가직 7급

☐☐☐

① 보세운송업자 등의 등록이 취소(관세법 제175조 제1호부터 제3호까지의 어느 하나에 해당하여 등록이 취소된 경우는 제외한다)된 후 2년이 지나야 등록할 수 있다.
② 보세운송업자 등이 항만운송사업법에 의하여 면허가 취소된 경우 세관장은 등록을 취소할 수 있다.
③ 보세운송업자 등이 관련 법령에 따라 사업정지처분을 받은 경우에 세관장은 1년의 범위에서 업무의 정지조치를 취할 수 있다.
④ 보세운송업자 등이 그의 업무와 관련하여 관세법 또는 관세법에 의한 명령을 위반한 경우 세관장은 등록을 취소할 수 있다.

세관장은 관세청장이 정하는 바에 따라 보세운송업자 등이 다음 각 호의 어느 하나에 해당하는 경우에는 등록의 취소, '6개월'의 범위에서의 업무정지 또는 그 밖에 필요한 조치를 할 수 있다. 다만, 제1호·제2호에 해당하는 경우에는 등록을 취소하여야 한다.

1. 거짓이나 그 밖의 부정한 방법으로 등록을 한 경우
2. 관세법 제175조(운영인의 결격사유) 각 호의 어느 하나에 해당하는 경우
3. 항만운송사업법 등 관련 법령에 따라 면허·허가·지정·등록 등이 취소되거나 사업정지처분을 받은 경우
4. 보세운송업자 등(그 임직원 및 사용인을 포함한다)이 보세운송업자 등의 업무와 관련하여 이 법이나 이 법에 따른 명령을 위반한 경우
4의2. 법 제223조의2(보세운송업자 등 명의대여 금지)를 위반한 경우
5. 보세운송업자 등(그 임직원 및 사용인을 포함한다)이 보세운송업자 등의 업무와 관련하여 개별소비세법 제29조 제1항 또는 교통·에너지·환경세법 제25조 제1항에 따른 과태료를 부과받은 경우

---

03 세관장이 보세운송업자 등에 대해 등록의 취소, 6개월의 범위에서의 업무정지 또는 그 밖에 필요한 조치를 할 수 있는 사유로 옳지 않은 것은?

2013 국가직 7급

① 거짓이나 그 밖의 부정한 방법으로 등록을 한 경우
② 운영인이 관세법을 위반하여 징역형의 실형을 선고받고 그 집행이 끝나거나 면제된 후 3년이 지나지 아니한 경우
③ 항만운송사업법 등 관련 법령에 따라 면허·허가·지정·등록 등이 취소되거나 사업정지처분을 받은 경우
④ 보세운송업자 등이 보세운송업자 등의 업무와 관련하여 관세법이나 관세법에 따른 명령을 위반한 경우

관련 법조문: 법 제224조 답 ②

보세운송업자 등이 법 제175조(운영인의 결격사유)에 해당하는 경우 등록의 취소, 업무정지 등의 조치를 할 수 있다. 그러므로 운영인의 결격사유 중 하나인 '관세법을 위반하여 징역형의 실형을 선고받고 그 집행이 끝나거나(집행이 끝난 것으로 보는 경우를 포함한다) 면제된 후 2년이 지나지 아니한 자'도 등록 취소 등의 사유에 포함된다.

---

04 관세법령에 따른 설명으로 옳지 않은 것은?

2016 국가직 7급

① 세관장은 보세운송업자의 업무정지가 공익을 해칠 것이 명백한 경우에 업무정지처분을 갈음하여 그 업무 유지에 따른 영업이익의 100분의 3 이하의 과징금을 부과할 수 있다.
② 부정한 방법으로 관세를 감면받거나 관세를 감면받은 물품에 대한 관세의 징수를 면탈한 자는 3년 이하의 징역에 처하거나, 감면받거나 면탈한 관세액의 5배 이하에 상당하는 벌금에 처한다.
③ 관세환급금을 환급받을 자가 환급통지서발행일부터 1년 내에 환급금을 지급받지 못한 때에는 세관장에게 다시 환급절차를 밟을 것을 요구할 수 있다.
④ 정부는 대외무역 증진을 위하여 필요하다고 인정되어 특정 국가와 관세에 관한 협상을 수행할 때 필요하다고 인정되면 관세를 양허할 수 있다. 다만, 특정 국가와 협상할 때에는 기본 관세율의 100분의 50의 범위를 초과하여 관세를 양허할 수 없다.

세관장은 보세운송업자의 업무정지가 그 이용자에게 심한 불편을 주거나 '공익을 해칠 우려가 있을 경우'에는 보세운송업자 등에게 업무정지처분을 갈음하여 해당 업무 유지에 따른 '매출액의 100분의 3 이하'의 과징금을 부과할 수 있다. 이 경우 매출액 산정, 과징금의 금액 및 과징금의 납부기한 등에 관하여 필요한 사항은 대통령령으로 정한다(법 제224조 제2항).

✓ 선지분석

② 부정한 방법으로 관세를 감면받거나 관세를 감면받은 물품에 대한 관세의 징수를 면탈한 자는 3년 이하의 징역에 처하거나, 감면받거나 면탈한 관세액의 5배 이하에 상당하는 벌금에 처한다(법 제270조 제4항).
③ 관세환급금을 환급받을 자가 환급통지서발행일부터 1년 내에 환급금을 지급받지 못한 때에는 세관장에게 다시 환급절차를 밟을 것을 요구할 수 있으며, 세관장은 이를 조사·확인하여 그 지급에 필요한 조치를 하여야 한다(영 제55조 제3항).
④ 정부는 우리나라의 대외무역 증진을 위하여 필요하다고 인정될 때에는 특정 국가 또는 국제기구와 관세에 관한 협상을 할 수 있다(법 제73조 제1항). 해당 협상을 수행할 때 필요하다고 인정되면 관세를 양허할 수 있다. 다만, 특정 국가와 협상할 때에는 기본 관세율의 100분의 50의 범위를 초과하여 관세를 양허할 수 없다(법 제73조 제2항).

05

관세법상 보세운송업자에 관한 내용으로 (   )에 들어갈 사항을 순서대로 올바르게 나열한 것은?

2022 관세사

> 세관장은 보세운송업자등이 보세운송업자등의 업무와 관련하여 관세법에 따른 명령을 위반한 경우에는 (   )의 범위에서 업무정지 또는 그 밖에 필요한 조치를 할 수 있다. 그러나 세관장은 업무정지가 그 이용자에게 심한 불편을 주거나 공익을 해칠 우려가 있을 경우에는 보세운송업자등에게 업무정지처분을 갈음하여 해당 업무 유지에 따른 매출액의 (   ) 이하의 과징금을 부과할 수 있다.

① 6개월, 100분의 3
② 6개월, 100분의 5
③ 6개월, 100분의 7
④ 1년, 100분의 3
⑤ 1년, 100분의 5

세관장은 관세청장이 정하는 바에 따라 보세운송업자등이 보세운송업자등의 업무와 관련하여 관세법에 따른 명령을 위반한 경우에는 (6개월)의 범위에서 업무정지 또는 그 밖에 필요한 조치를 할 수 있다(법 제224조 제1항). 그러나 세관장은 업무정지가 그 이용자에게 심한 불편을 주거나 공익을 해칠 우려가 있을 경우에는 보세운송업자등에게 업무정지처분을 갈음하여 해당 업무 유지에 따른 매출액의 (100분의 3) 이하의 과징금을 부과할 수 있다(법 제224조 제2항).

06 사업을 하고자 할 때 관세법의 규정에 따라 관세청장 또는 세관장에게 등록할 의무가 있는 자로 볼 수 없는
□□□ 사업자는?

2009 관세사

① 보세운송업자
② 우리나라와 외국을 오가는 물품의 운송을 업으로 하는 자
③ 국제무역선에 선박용품을 공급하는 것을 업으로 하는 자
④ 국제무역선으로부터 물품을 하역하는 것을 업으로 하는 자
⑤ 국제항 안에 있는 보세창고에서 용역제공을 업으로 하는 자

▌관련 법조문: 법 제222조   답 ②

'우리나라와 외국을 오가는 물품의 운송을 업으로 하는 자'는 관세청장이나 세관장에게 등록할 의무가 없다. 다만,
이 자가 보세운송을 하는 경우 등록의 의무가 발생한다. 다음 각 호의 어느 하나에 해당하는 자 관세청장이나 세관
장에게 등록하여야 한다.

1. 보세운송업자
2. 보세화물을 취급하려는 자로서 다른 법령에 따라 화물운송의 주선을 업으로 하는 자(화물운송주선업자)
3. 국제무역선·국제무역기 또는 국경출입차량에 물품을 하역하는 것을 업으로 하는 자
4. 국제무역선·국제무역기 또는 국경출입차량에 다음 각 목의 어느 하나에 해당하는 물품 등을 공급하는 것을 업으로
   하는 자
   가. 선박용품
   나. 항공기용품
   다. 차량용품
   라. 선박·항공기 또는 철도차량 안에서 판매할 물품
   마. 용역
5. 국제항 안에 있는 보세구역에서 물품이나 용역을 제공하는 것을 업으로 하는 자
6. 국제무역선·국제무역기 또는 국경출입차량을 이용하여 상업서류나 그 밖의 견본품 등을 송달하는 것을 업으로 하는 자
7. 구매대행업자 중 대통령령으로 정하는 자(직전 연도 구매대행한 수입물품의 총 물품가격이 10억원 이상인 자)

---

07 관세법에 따라 보세운송업자 등이 관세청장 또는 세관장에게 등록하는 것과 관련한 설명이다. 관세법상 등
□□□ 록대상자가 아닌 것은?

2013 관세사

① 보세화물을 취급하려는 자로서 다른 법령에 따라 화물운송의 주선을 업으로 하는 자
② 국제무역기에 물품을 하역하는 것을 업으로 하는 자
③ 국제무역기에 항공기용품을 공급하는 것을 업으로 하는 자
④ 국제항 인근에서 외국인에게 물품이나 용역을 제공하는 것을 업으로 하는 자
⑤ 국제무역기를 이용하여 상업서류 등을 송달하는 것을 업으로 하는 자

▌관련 법조문: 법 제222조   답 ④

'국제항 안에 있는 보세구역'에서 물품이나 용역을 제공하는 것을 업으로 하는 자는 관세청장이나 세관장에게 등록
하여야 한다. 그러나 국제항 인근에서 외국인에게 물품이나 용역을 제공하는 것은 관세법상 제한이 없다. 외국인과
말이 통하느냐의 문제만 있을 뿐이다.

08 관세법령상 등록해야 하는 보세운송업자등에 해당하지 않는 자는? 2024 관세사

□□□

① 국제무역선에 물품을 하역하는 것을 업으로 하는 자

② 「전자상거래 등에서의 소비자보호에 관한 법률」에 따라 통신판매업자로 신고한 자로서 직전 연도 구매대행한 수입물품의 총 물품가격이 10억원 이상인 구매대행업자

③ 국제항 안에 있는 보세구역에서 물품을 제조하는 것을 업으로 하는 자

④ 국제무역선을 이용하여 상업서류나 그 밖의 견본품 등을 송달하는 것을 업으로 하는 자

⑤ 국제무역기에 항공기 안에서 판매할 물품을 공급하는 것을 업으로 하는자

| 관련 법조문: 법 제222조 | 답 ③

'국제항 안에 있는 보세구역에서 물품이나 용역을 제공하는 것을 업으로 하는 자'는 등록대상이지만, 제조하는 것을 업으로 하는 자는 등록 대상이 아니다(법 제222조 제1항).

09 관세법령상 법인인 보세운송업자 등의 등록의 효력이 상실되는 경우는? 2020 관세사

□□□

① 보세운송업자 등이 휴업한 경우

② 대표자가 사망한 경우

③ 관세법 제222조 제5항에 따른 등록의 유효기간이 만료된 경우

④ 관세법 제224조 제1항에 따라 업무정지를 받은 경우

⑤ 관세 및 국세의 체납이 있는 경우

| 관련 법조문: 법 제224조의2 | 답 ③

다음 중 어느 하나에 해당하면 보세운송업자등의 등록은 그 효력을 상실한다(법 제224조의2).

> 1. 보세운송업자 등이 폐업한 경우
> 2. 보세운송업자 등이 사망한 경우(법인인 경우에는 해산된 경우)
> 3. 제222조 제5항에 따른 등록의 유효기간이 만료된 경우
> 4. 제224조 제1항에 따라 등록이 취소된 경우

10 관세법상 보세운송업자등의 등록의 효력상실 사유를 모두 고른 것은?

2024 관세사

> ㄱ. 법인인 보세운송업자등이 해산된 경우
> ㄴ. 거짓이나 그 밖의 부정한 방법으로 등록을 하여 그 등록이 취소된 경우
> ㄷ. 「관세법」을 위반하여 징역형의 집행유예를 선고받고 그 유예기간 중에 있는 자가 보세운송업자등으로 등록하여 그 등록이 취소된 경우

① ㄱ
② ㄷ
③ ㄱ, ㄴ
④ ㄴ, ㄷ
⑤ ㄱ, ㄴ, ㄷ

│ 관련 법조문: 법 제224조, 제224조의2　　　　　　　　　　　　　답 ⑤

ㄱ. 법인인 보세운송업자 등이 해산하거나, 개인인 보세운송업자 등이 사망한 경우 그 등록은 효력을 상실한다(법 제224조의2).
ㄴ. 거짓이나 그 밖의 부정한 방법으로 등록을 한 경우, 세관장은 그 등록을 취소하여야 한다(법 제224조 제1항). 등록이 취소된 경우 그 등록은 효력을 상실한다(법 제224조의2).
ㄷ. 관세법 제175조(운영인의 결격사유) 각 호의 어느 하나에 해당하는 경우, 등록이 취소된다(법 제224조 제1항). '「관세법」을 위반하여 징역형의 집행유예를 선고받고 그 유예기간 중에 있는 자'는 '운영인의 결격사유'에 해당하므로, 이 사람은 등록이 취소되고, 등록의 효력도 상실된다(법 제224조의2).

---

11 관세법상 보세운송 및 보세운송업자에 관한 설명으로 옳지 않은 것을 모두 고른 것은?

2021 관세사

> ㄱ. 보세운송업자가 그 등록을 갱신하는 경우 유효기간을 3년의 범위에서 연장하여 정할 수 있다.
> ㄴ. 보세운송을 하려는 자는 관세청장의 승인을 받아야 한다.
> ㄷ. 보세운송업자가 사망하더라도 보세운송업자의 등록은 그 효력을 상실하지 않는다.

① ㄱ
② ㄴ
③ ㄱ, ㄴ
④ ㄴ, ㄷ
⑤ ㄱ, ㄴ, ㄷ

│ 관련 법조문: 법 제213조, 제222조, 제224조의2　　　　　　　　　　　　　답 ⑤

ㄱ. 보세운송업자 등의 등록의 유효기간은 3년으로 하되, 대통령령으로 정하는 바에 따라 갱신할 수 있다. 다만, 관세청장이나 세관장은 수출입 안전관리기준의 준수 정도 측정·평가 결과가 우수한 자가 등록을 갱신하는 경우에는 유효기간을 2년의 범위에서 연장하여 정할 수 있다(법 제222조 제5항).
ㄴ. 보세운송을 하려는 자는 관세청장이 정하는 바에 따라 세관장에게 보세운송의 신고를 하여야 한다. 다만, 물품의 감시 등을 위하여 필요하다고 인정하여 대통령령으로 정하는 경우에는 세관장의 승인을 받아야 한다(법 제213조 제2항).
ㄷ. 보세운송업자 등이 사망하면 보세운송업자 등의 등록은 그 효력을 상실한다(법 제224조의2).

12 관세법령상 보세운송업자 등에 대한 설명으로 옳지 않은 것은?

① 국제항 안에 있는 보세구역에서 물품이나 용역을 제공하는 것을 업으로 하는 자는 대통령령으로 정하는 바에 따라 관세청장이나 세관장에게 등록하여야 한다.

② 세관장은 보세운송업자등의 등록을 한 자에게 등록의 유효기간을 갱신하려면 등록의 유효기간이 끝나는 날의 1개월 전까지 등록 갱신을 신청해야 한다는 사실과 갱신절차를 등록의 유효기간이 끝나는 날의 2개월 전까지 휴대폰에 의한 문자전송, 전자메일 등으로 미리 알려야 한다.

③ 세관장은 보세운송업자등에 대한 과징금의 부과기준에 따라 산정된 과징금 금액의 3분의 1 범위에서 사업규모, 위반행위의 정도 등을 고려하여 그 금액을 가중하거나 감경할 수 있다.

④ 세관장은 보세운송업자등이 「항만운송사업법」 등 관련 법령에 따라 면허·허가·지정·등록 등이 취소되거나 사업정지처분을 받은 경우에는 등록의 취소, 6개월의 범위에서의 업무정지 또는 그 밖에 필요한 조치를 할 수 있다.

| 관련 법조문: 법 제222조, 제224조, 영 제231조, 제231조의2 | 답 ③

세관장은 보세운송업자등에 대한 과징금의 부과기준에 따라 <u>산정된 과징금 금액의 4분의 1 범위에서</u> 사업규모, 위반행위의 정도 및 위반횟수 등을 고려하여 그 금액을 가중하거나 감경할 수 있다. 이 경우 과징금을 가중하는 때에는 과징금 총액이 산정된 연간매출액의 100분의 3을 초과할 수 없다(영 제231조의2 제3항).

✅ 선지분석

① 법 제222조(보세운송업자등의 등록 및 보고) 제1항 제5호
② 영 제231조(보세운송업자 등의 등록) 제5항
④ 법 제224조(보세운송업자등의 행정제재) 제1항 제3호

---

13 선박회사 또는 항공사가 보세화물을 취급하려고 할 때 관세법상 절차로 옳은 것은?

① 관세청장에게 승인받는다.
② 세관장에게 등록한다.
③ 세관장에게 신고한다.
④ 관세청장에게 지정받는다.

| 관련 법조문: 법 제225조 | 답 ③

보세화물을 취급하는 선박회사 또는 항공사(그 업무를 대행하는 자를 포함한다)는 대통령령으로 정하는 바에 따라 세관장에게 신고하여야 한다. 신고인의 주소 등 대통령령으로 정하는 중요한 사항을 변경한 때에도 또한 같다.

@ 명호샘의 한마디

보세화물을 취급하는 자가 누구냐에 따라서 관세법상 통제 수준도 달라진다.

구분	통제 수준
화물운송주선업자가 보세화물 취급	관세청장이나 세관장에게 등록
선박회사 또는 항공사가 보세화물 취급	세관장에게 신고

14
□□□

관세법령상 보세운송업자 등에 대한 과징금 부과기준에 관한 내용이다. (ㄱ), (ㄴ)에 들어갈 사항으로 옳은 것은?

2023 관세사

> 세관장은 관세법 시행령 제231조의2 제1항에 따라 산정된 과징금 금액의 (ㄱ) 범위에서 사업규모, 위반행위의 정도 및 위반횟수 등을 고려하여 그 금액을 가중하거나 감경할 수 있다. 이 경우 과징금을 가중하는 때에는 과징금 총액이 관세법 시행령 제231조의2 제2항에 따라 산정된 (ㄴ)의 100분의 3을 초과할 수 없다.

	(ㄱ)	(ㄴ)
①	3분의 1	월간매출액
②	3분의 1	연간매출액
③	4분의 1	연간매출액
④	4분의 1	월간매출액
⑤	5분의 1	연간매출액

│ 관련 법조문: 영 제231조의2　　　　　　　　　　　　　　　　　　　　　　　答 ③

영 제231조의2(보세운송업자 등에 대한 과징금의 부과기준 등) ① 법 제224조 제2항에 따라 부과하는 과징금의 금액은 제1호의 기간에 제2호의 금액을 곱하여 산정한다.
 1. 기간: 법 제224조 제1항에 따라 산정된 업무정지 일수(1개월은 30일을 기준으로 한다)
 2. 1일당 과징금 금액: 해당 사업의 수행에 따른 연간매출액의 6천분의 1
 ③ 세관장은 제1항에 따라 산정된 과징금 금액의 <u>4분의 1</u> 범위에서 사업규모, 위반행위의 정도 및 위반횟수 등을 고려하여 그 금액을 가중하거나 감경할 수 있다. 이 경우 과징금을 가중하는 때에는 과징금 총액이 제2항에 따라 산정된 <u>연간매출액</u>의 100분의 3을 초과할 수 없다.

제 9 장

통관

제9장 통관

제1절 | 통칙(법 제226조 ~ 제240조의6)

제1관 통관요건(법 제226조 ~ 제228조)

01 관세법상 통관에 대한 설명으로 옳지 않은 것은?

① 세관장은 다른 법령에 따라 수입 후 특정한 용도로 사용하여야 하는 등의 의무가 부가되어 있는 물품에 대하여는 문서로써 해당 의무를 이행할 것을 요구할 수 있다.

② 세관장은 법령에 따라 원산지를 표시하여야 하는 물품의 원산지 표시가 법령에서 정하는 기준과 방법에 부합되지 아니하게 표시된 경우에는 해당 물품의 통관 후 이를 보완·정정하도록 할 수 있다.

③ 관세청장이나 세관장은 수출신고가 수리되어 외국으로 반출되기 전에 있는 물품으로서 관세법에 따른 의무사항을 위반하거나 국민보건 등을 해칠 우려가 있는 물품은 대통령령으로 정하는 바에 따라 화주(화주의 위임을 받은 자를 포함한다) 또는 수출입 신고인에게 보세구역으로 반입할 것을 명할 수 있다.

④ 관세법 제241조에 따른 수출신고는 화주에게 해당 수출물품을 제조하여 공급한 자의 명의로 할 수 있다.

> **│ 관련 법조문: 법 제227조, 제230조, 제238조, 제242조**   답 ②

세관장은 법령에 따라 원산지를 표시하여야 하는 물품이 다음 각 호의 어느 하나에 해당하는 경우에는 해당 물품의 통관을 허용하여서는 아니 된다. 다만, 그 위반사항이 경미한 경우에는 이를 보완·정정하도록 한 후 통관을 허용할 수 있다(법 제230조).

> 1. 원산지 표시가 법령에서 정하는 기준과 방법에 부합되지 아니하게 표시된 경우
> 2. 원산지 표시가 부정한 방법으로 사실과 다르게 표시된 경우
> 3. 원산지 표시가 되어 있지 아니한 경우

'법령에 따라 원산지를 표시하여야 하는 물품의 원산지 표시가 법령에서 정하는 기준과 방법에 부합되지 아니하게 표시된 경우'는 원산지 허위 표시의 범위에 들어가며, 이 경우 원칙적인 조치는 '통관을 허용하여서는 아니 된다'이다. 단지 '위반사항이 경미한 경우'에는 '보완·정정하도록 한 후' 통관을 허용할 수 있다. 보완·정정 후 통관을 원칙적인 조치처럼 표현한 것도 잘못이고, '통관 후'에 보완·정정한다는 표현도 잘못이다.

✅ 선지분석

① 법 제227조(의무 이행의 요구 및 조사) 제1항

③ 법 제238조(보세구역 반입명령) 제1항

④ 법 제241조(수출·수입 또는 반송의 신고), 제244조(입항전 수입신고) 또는 제253조(수입신고전의 물품 반출)에 따른 신고는 화주 또는 관세사 등의 명의로 하여야 한다. 다만, 수출신고의 경우에는 화주에게 해당 수출물품을 제조하여 공급한 자의 명의로 할 수 있다(법 제242조).

02 관세법상 통관에 대한 설명으로 옳지 않은 것은?

① 세관장은 관세보전을 위하여 필요하다고 인정할 때에는 대통령령으로 정하는 바에 따라 수입하는 물품에 통관표지를 첨부할 것을 명할 수 있다.

② 원산지 표시가 부정한 방법으로 사실과 다르게 표시되어 있는 경우 통관을 허용하여서는 아니 되나 그 위반사항이 경미한 경우에는 이를 보완·정정하도록 한 후 통관을 허용할 수 있다.

③ 외국물품을 수입하는 자와 수입물품을 국내에서 거래하는 자는 관세법상 유통이력 신고물품에 대한 유통이력을 세관장에게 신고하여야 한다.

④ 관세청장이나 세관장은 수입신고가 수리되어 반출된 물품으로서 관세법에 따른 의무사항을 위반하거나 국민보건 등을 해칠 우려가 있는 물품에 대해서는 대통령령으로 정하는 바에 따라 화주(화주의 위임을 받은 자를 포함한다) 또는 수출입 신고인에게 보세구역으로 반입할 것을 명할 수 있다.

> **관련 법조문: 법 제228조, 제230조, 제238조, 제240조의2**   답 ③

외국물품을 수입하는 자와 수입물품을 국내에서 거래하는 자는 관세법상 유통이력을 '관세청장'에게 신고하여야 한다.

03 관세법상 통관에 대한 설명으로 옳지 않은 것은?

① 수출입을 할 때 법령에서 정하는 바에 따라 허가·승인·표시 또는 그 밖의 조건을 갖출 필요가 있는 물품은 세관장에게 그 허가·승인·표시 또는 그 밖의 조건을 갖춘 것임을 증명하여야 한다.

② 세관장은 다른 법령에 따라 수입 후 특정한 용도로 사용하여야 하는 등의 의무가 부가되어 있는 물품에 대하여는 문서로써 해당 의무를 이행할 것을 요구할 수 있다.

③ 헌법질서를 문란하게 하거나 공공의 안녕질서 또는 풍속을 해치는 서적·간행물·도화, 영화·음반·비디오물·조각물 또는 그 밖에 이에 준하는 물품은 수출하거나 수입할 수 없다.

④ 관세법에 따른 의무사항을 위반할 우려가 있는 물품은 수출하거나 수입할 수 없다.

> **관련 법조문: 법 제226조, 제227조, 제234조, 제237조, 제238조**   답 ④

'관세법에 따른 의무사항을 위반할 우려가 있는 물품'은 '통관보류'대상이거나(법 제237조), '보세구역 반입명령' 대상이다(법 제238조).

04 관세법상 통관의 통칙에 대한 설명으로 옳지 않은 것은?

① 세관장은 다른 법령에 따라 수입 후 특정한 용도로 사용하여야 하는 등의 의무가 부가되어 있는 물품에 대하여는 문서로써 해당 의무를 이행할 것을 요구할 수 있다.

② 세관장은 관세 보전을 위하여 필요하다고 인정할 때에는 대통령령으로 정하는 바에 따라 수입하는 물품에 통관표지를 첨부할 것을 명할 수 있다.

③ 관세청장이나 세관장은 감시에 필요하다고 인정될 때에는 통관역·통관장 또는 특정한 세관에서 통관할 수 있는 물품을 제한할 수 있다.

④ 세관장은 외국물품의 일시양륙에 따라 일시적으로 육지에 내려진 외국물품의 원산지가 우리나라로 허위 표시된 물품이더라도 유치할 수 없다.

관련 법조문: 법 제227조, 제228조, 제231조, 제236조 답 ④

세관장은 제141조에 따라 일시적으로 육지에 내려지거나 다른 운송수단으로 환적 또는 복합환적되는 외국물품 중 원산지를 우리나라로 허위 표시한 물품은 <u>유치할 수 있다</u>(법 제231조 제1항).

✅ **선지분석**

① 법 제227조(의무 이행의 요구 및 조사) 제1항
② 법 제228조(통관표지)
③ 법 제236조(통관물품 및 통관절차의 제한)

05 관세법령상 통관표지에 대한 설명으로 옳지 않은 것은? 2020 국가직 9급

□□□

① 세관장은 관세보전을 위하여 필요하다고 인정할 때에는 대통령령으로 정하는 바에 따라 수입하는 물품에 통관표지를 첨부할 것을 명할 수 있다.

② 세관장은 법에 의하여 관세의 감면 또는 용도세율의 적용을 받은 물품에 대해 관세보전을 위하여 관세법 제228조의 규정에 의한 통관표지의 첨부를 명할 수 있다.

③ 세관장은 부정수입물품과 구별하기 위하여 관세청장이 지정하는 물품에 대해 관세보전을 위하여 관세법 제228조의 규정에 의한 통관표지의 첨부를 명할 수 있다.

④ 통관표지첨부대상, 통관표지의 종류, 첨부방법 등에 관하여 필요한 사항은 기획재정부령으로 정한다.

관련 법조문: 법 제228조, 영 제235조 답 ④

세관장은 관세보전을 위하여 필요하다고 인정할 때에는 대통령령으로 정하는 바에 따라 수입하는 물품에 통관표지를 첨부할 것을 명할 수 있다(법 제228조). 세관장은 다음 각 호의 어느 하나에 해당하는 물품에 대하여는 관세보전을 위하여 법 제228조의 규정에 의한 통관표지의 첨부를 명할 수 있다(영 제235조 제1항).

1. 법에 의하여 관세의 감면 또는 용도세율의 적용을 받은 물품
2. 법 제107조 제2항의 규정에 의하여 관세의 분할납부 승인을 얻은 물품
3. 부정수입물품과 구별하기 위하여 관세청장이 지정하는 물품

✅ **선지분석**

④ 통관표지첨부대상, 통관표지의 종류, 첨부방법 등에 관하여 필요한 사항은 '관세청장'이 정한다(영 제235조 제2항).

06 관세법에 규정된 통관요건에 대한 설명으로 옳지 않은 것은? 2010 국가직 7급

□□□

① 관세법에 따른 허가·승인·표시 또는 그 밖의 조건을 갖출 필요가 있는 물품은 세관장에게 그 허가·승인·표시 그 밖의 조건을 갖춘 것임을 증명하여야 한다.

② 세관장은 다른 법령에 따라 수입 후 특정한 용도로 사용하여야 하는 등의 의무가 부가되어 있는 물품에 대하여는 문서로써 해당 의무를 이행할 것을 요구할 수 있다.

③ 관세법, 조약·협정 등에 따라 원산지 확인이 필요한 물품을 수입하는 경우에는 모두 해당 물품의 원산지를 증명하는 원산지증명서를 제출하여야 한다.

④ 관세법에 따라 세관장은 관세보전을 위하여 필요하다고 인정할 때에는 대통령령으로 정하는 바에 따라 수입하는 물품에 통관표지를 첨부할 것을 명할 수 있다.

관세법, 조약, 협정 등에 따라 원산지 확인이 필요한 물품을 수입하는 자는 해당 물품의 원산지를 증명하는 서류(원산지증명서)를 제출하여야 한다. 다만, 대통령령으로 정하는 물품의 경우에는 그러하지 아니하다. 즉, '모두' 제출하여야 하는 것은 아니다.

07 관세법상 수출입통관에 관한 설명으로 옳지 않은 것은?   2009 관세사

① 수출입을 할 때 법령에서 정하는 바에 따라 허가·승인·표시 또는 그 밖의 조건을 갖춘 것임을 증명하여야 한다.

② 세관장은 관세법 제141조(외국물품의 일시 양륙 등)의 규정에 의하여 일시적으로 육지에 내려지거나 다른 운송수단으로 환적 또는 복합환적되는 외국물품 중 원산지가 우리나라로 허위표시된 물품은 이를 압수할 수 있다.

③ 상표법에 따라 등록된 상표권을 침해하거나 저작권법에 따른 저작권과 저작인접권을 침해하는 물품은 수출 또는 수입할 수 없다.

④ 관세청장 또는 세관장은 수입신고가 수리되어 반출된 물품으로서 관세법의 규정에 의한 의무사항을 위반하거나 국민보건 등을 해칠 우려가 있는 물품에 대해서는 대통령령으로 정하는 바에 따라 화주(화주의 위임을 받은 자를 포함한다) 또는 수출입 신고인에게 보세구역으로 반입할 것을 명할 수 있다.

⑤ 관세법 제253조(수입신고전의 물품 반출)에 따른 즉시 반출신고를 하고 반출을 하는 자는 즉시 반출신고를 한 날부터 10일 이내에 관세법 제241조(수출·수입 또는 반송의 신고)에 따른 수입신고를 하여야 한다.

세관장은 관세법 제141조(외국물품의 일시 양륙 등)의 규정에 따라 일시적으로 육지에 내려지거나 다른 운송수단으로 환적 또는 복합환적되는 외국물품 중 원산지를 우리나라로 허위표시한 물품은 이를 '유치'할 수 있다.

08 관세법상 통관에 관한 설명으로 옳은 것은?   2010 관세사

① 세관장은 관세보전을 위하여 용도세율의 적용을 받는 물품에 통관표지를 첨부할 것을 명할 수 있다.

② 세관장이 수입신고 수리시 특정한 의무이행 요구를 하였으나 그 요구를 받은 수입자가 파산하였다면 그 의무는 당초 해당 물품의 수출자에게 이전된다.

③ 세관장은 다른 법령의 규정에 의하여 수입 후 특정한 용도에의 사용 등 의무를 이행하도록 되어 있는 물품에 대하여는 문서뿐 아니라 구두로도 해당 의무를 이행할 것을 요구할 수 있다.

④ 통관에 필요한 구비조건을 증명함에 있어 증빙서류를 제출하여야 하는 자는 해당 증명서류를 수입신고시 일괄하여 제출해야 한다.

⑤ 통관에 필요한 구비조건에 대해 세관장의 확인이 필요한 물품인지 여부는 대외무역법의 규정에 의한 통합공고에 의해 결정된다.

세관장은 관세보전을 위하여 용도세율, 감면, 분할납부 적용물품에 대하여 통관표지의 첨부를 명할 수 있다. 또한 부정수입물품과 구별하기 위하여 관세청장이 정하는 물품에 대해서도 통관표지의 첨부를 명할 수 있다.

✅ 선지분석

② 세관장은 다른 법령의 규정에 의하여 수입 후 특정한 용도에의 사용 등 의무를 이행하도록 되어 있는 물품에 대하여는 문서로서 당해 의무를 이행할 것을 요구할 수 있다. 이 규정에 의하여 의무의 이행을 요구받은 자는 대통령령이 정하는 특별한 사유가 없는 한 당해 물품에 대하여 부가된 의무를 이행하여야 한다(법 제227조). 만약 그 의무 이행을 요구받은 자가 파산을 하였다면, 더 이상 특정 용도에의 사용 등의 의무를 이행하지 못하는 처지가 된 것이므로, 특정 용도에의 사용 등의 의무는 면제되지만 그로 인한 납세의무는 부담하여야 한다. 만약 파산관재인이 있다면 납세의무는 파산관재인이 부담하게 된다. 의무가 외국에 소재하는 수출자에게 이전될 수는 없다.

③ 세관장은 다른 법령의 규정에 의하여 수입 후 특정한 용도에의 사용 등 의무를 이행하도록 되어 있는 물품에 대하여는 문서로서 당해 의무를 이행할 것을 요구할 수 있다. 구두로 요구하는 것은 허용되지 않는다.

④ 수출·수입 또는 반송의 신고를 하는 자는 과세자료 외에 대통령령이 정하는 서류를 제출하여야 한다. 이 규정에 의하여 서류를 제출하여야 하는 자가 당해 서류를 관세사 등에게 제출하고, 관세사 등이 당해 서류를 확인한 후 수출·수입 또는 반송에 관한 신고를 하는 때에는 당해 서류의 제출을 생략하게 하거나 당해 서류를 수입신고 수리 후에 제출하게 할 수 있다(법 제245조). 수출입을 할 때 법령에서 정하는 바에 따라 허가·승인·표시 또는 그 밖의 조건을 갖춘 것임을 증명하여야 한다(법 제226조 제1항).

⑤ 법 제226조 제2항의 규정에 의한 허가·승인·표시 기타 조건(구비조건)의 구비를 요하는 물품에 대하여 관세청장은 주무부장관의 요청을 받아 세관공무원에 의하여 확인이 가능한 사항인지 여부, 물품의 특성 기타 수출입 물품의 통관여건 등을 고려하여 세관장의 확인대상물품, 확인방법, 확인절차(관세청장이 지정·고시하는 정보통신망을 이용한 확인신청 등의 절차를 포함한다), 그 밖에 확인에 필요한 사항을 공고하여야 한다(영 제233조). 이를 실무상 '세관장 확인대상'이라 하며, 이는 관세청 고시에 해당한다.

---

09 관세법령상 통관에 대한 설명으로 옳지 않은 것은?　　　2022 국가직 9급
□□□

① 세관장은 원산지를 표시하여야 하는 물품의 원산지 표시가 부정한 방법으로 사실과 다르게 표시된 경우 그 위반사항이 경미하면 해당 물품의 통관을 허용한 후 사후에 이를 보완·정정하도록 할 수 있다.

② 세관장은 관세 보전을 위하여 필요하다고 인정할 때에는 용도세율의 적용을 받는 수입물품에 통관표지를 첨부할 것을 명할 수 있다.

③ 수출입을 할 때 법령에서 정하는 바에 따라 허가·승인·표시 또는 그 밖의 조건을 갖출 필요가 있는 물품은 세관장에게 그 허가·승인·표시 또는 그 밖의 조건을 갖춘 것임을 증명하여야 한다.

④ 세관장은 운송수단으로부터 일시적으로 육지에 내려지는 외국물품 중 원산지를 우리나라로 허위표시한 물품은 유치할 수 있다.

세관장은 원산지를 표시하여야 하는 물품의 원산지 표시가 부정한 방법으로 사실과 다르게 표시된 경우 그 위반사항이 경미한 경우에는 이를 보완·정정하도록 한 후 통관을 허용할 수 있다(법 제230조 제2호). 아무리 위반사항이 경미하다고 해도 '보완·정정'이 먼저이고 나중에 통관을 한다.

✅ 선지분석

② 법 제228조(통관표지)
③ 법 제226조(허가·승인 등의 증명 및 확인) 제1항
④ 법 제231조(환적물품 등에 대한 유치 등) 제1항

10 관세법령상 통관에 대한 설명으로 옳지 않은 것은?

① 포장의 종류·번호 및 개수, 상표, 물품의 장치장소는 대통령령으로 정하는 바에 따라 그 신고를 생략하게 하거나 관세청장이 정하는 간소한 방법으로 신고하게 한 물품이 아니면 물품을 수입하려고 할 때 세관장에게 신고하여야 하는 사항에 해당한다.

② 수입할 때 허가·승인·표시 기타 조건의 구비를 요하는 물품에 대하여 세관장은 주무부장관의 요청을 받아 물품의 특성과 통관여건을 고려하여 확인대상물품 및 확인방법을 공고하여야 한다.

③ 수출입을 할 때 법령에서 정하는 바에 따라 허가·승인·표시 또는 그 밖의 조건을 갖출 필요가 있는 물품은 세관장에게 그 허가·승인·표시 또는 그 밖의 조건을 갖춘 것임을 증명하여야 한다.

④ 관세청장은 세계관세기구에서 정하는 수출입 신고항목 및 화물식별번호 정보를 다른 국가와 상호 조건에 따라 교환할 수 있다.

> **관련 법조문: 법 제226조, 제240조의6, 제241조, 영 제233조, 영 제246조**   답 ②

수입할 때 허가·승인·표시 기타 조건(구비조건)의 구비를 요하는 물품에 대하여 관세청장은 주무부장관의 요청을 받아 세관공무원에 의하여 확인이 가능한 사항인지 여부, 물품의 특성 기타 수출입물품의 통관여건 등을 고려하여 세관장의 확인대상물품, 확인방법, 확인절차(관세청장이 지정·고시하는 정보통신망을 이용한 확인신청 등의 절차를 포함한다), 그 밖에 확인에 필요한 사항을 공고하여야 한다(영 제233조, 구비조건의 확인).

✅ 선지분석

① 법 제241조(수출·수입 또는 반송의 신고) 제2항
③ 법 제226조(허가·승인 등의 증명 및 확인) 제1항
④ 법 제240조의6(국가 간 세관정보의 상호 교환 등) 제2항

제2관 원산지의 확인 등(법 제229조 ~ 제233조의3)

1 원산지 확인기준

11 관세법 시행규칙상 해당 물품의 전부를 생산·가공·제조한 나라를 원산지로 인정하는 관세법 제229조의 규정에 따라 원산지가 인정될 수 있는 물품에 해당하지 않는 것은?

① 당해 국가의 영해에서 외국적 선박에 의해 채집한 물품
② 당해 국가의 영역에서 도축된 동물로부터 채취한 물품
③ 당해 국가의 영해가 아닌 공해에서 당해 국가의 선박에 의해 포획한 물품
④ 당해 국가에서의 외국산 물품을 원재료로 하여 제조·가공 공정 중에 발생한 부스러기

> **관련 법조문: 규칙 제74조**   답 ②

법 제229조 제1항 제1호(완전생산기준)에 의하여 원산지를 인정하는 물품은 다음과 같다(규칙 제74조). 도축은 완전생산기준에 포함되지 않는다.

> 1. 당해 국가의 영역에서 생산된 광산물과 식물성 생산물
> 2. 당해 국가의 영역에서 번식 또는 사육된 산 동물과 이들로부터 채취한 물품
> 3. 당해 국가의 영역에서의 수렵 또는 어로로 채집 또는 포획한 물품
> 4. 당해 국가의 선박에 의하여 채집 또는 포획한 어획물 기타의 물품
> 5. 당해 국가에서의 제조·가공의 공정 중에 발생한 부스러기
> 6. 당해 국가 또는 그 선박에서 제1호 내지 제5호의 물품을 원재료로 하여 제조·가공한 물품

12 관세법령상 일반물품의 원산지결정기준에 관한 내용이다. (ㄱ), (ㄴ)에 들어갈 사항으로 옳은 것은?

2023 관세사

□□□

> 관세청장은 6단위 품목번호의 변경만으로 관세법 제229조 제1항 제2호의 규정에 의한 본질적 특성을 부여하기에 충분한 정도의 실질적인 생산과정을 거친 것으로 인정하기 곤란한 품목에 대하여는 (ㄱ)·(ㄴ) 등을 고려하여 품목별로 원산지기준을 따로 정할 수 있다.

① ㄱ: 생산국가, ㄴ: 수출국사정
② ㄱ: 생산국가, ㄴ: 수입국사정
③ ㄱ: 생산공정, ㄴ: 소득수준
④ ㄱ: 주요공정, ㄴ: 부가가치
⑤ ㄱ: 가공공정, ㄴ: 생산가치

▌관련 법조문: 규칙 제74조 답 ④

규칙 제74조(일반물품의 원산지결정기준) ③ 관세청장은 제2항의 규정에 의하여 6단위 품목번호의 변경만으로 법 제229조 제1항 제2호의 규정에 의한 본질적 특성을 부여하기에 충분한 정도의 실질적인 생산과정을 거친 것으로 인정하기 곤란한 품목에 대하여는 <u>주요공정·부가가치</u> 등을 고려하여 품목별로 원산지기준을 따로 정할 수 있다.

13 관세법령상 물품의 원산지 결정기준에 관련된 내용으로 옳지 않은 것은?

2013 국가직 9급

□□□

① 촬영된 영화용 필름은 그 필름을 제조한 국가를 원산지로 인정한다.
② 기계에 사용되는 예비부분품으로서 기계와 함께 수입되어 동시에 판매되고 그 종류 및 수량으로 보아 통상 예비부분품이라고 인정되는 물품은 당해 기계의 원산지를 원산지로 인정한다.
③ 포장용품은 그 내용물품의 원산지를 원산지로 인정한다. 다만, 관세법 시행령 제98조에 따른 관세·통계통합품목분류표상 포장용품과 내용품을 각각 별개의 품목번호로 하고 있는 경우에는 그러하지 아니한다.
④ 당해 국가에서의 제조·가공의 공정 중에 발생한 부스러기는 해당 물품의 전부를 생산·가공·제조한 나라를 원산지로 인정한다.

▌관련 법조문: 규칙 제74조, 제75조 답 ①

촬영된 영화용 필름의 원산지는 '영화 제작자'가 속하는 나라로 한다. 영화용 필름 등을 '특수물품'이라 하며, 그 원산지 규정은 다음과 같이 따로 정한다.

촬영된 영화용 필름	영화 제작자가 속하는 나라
기계·기구·장치 또는 차량에 사용되는 부속품·예비부분품 및 공구	해당 기계·기구 또는 차량의 원산지 (다만, 기계 등과 함께 수입되어 동시에 판매되고 그 종류·수량으로 보아 통상부속품·예비부분품·공구라고 인정되어야 한다)
포장용품	내용물품의 원산지 (다만, 품목분류표상 포장용품과 내용품을 각각 별개의 품목번호로 하고 있는 경우에는 그러하지 아니하다)

14 관세법상 일반물품의 원산지 결정기준에 따라 원산지로 인정되는 물품으로 옳지 않은 것은?

☐☐☐

2009 국가직 7급

① 촬영된 영화용 필름
② 해당 국가에서의 제조·가공의 공정 중에 발생한 부스러기
③ 해당 국가의 영역에서 생산된 광산물과 식물성 생산물
④ 해당 국가의 선박에 의하여 채집 또는 포획한 어획물 기타의 물품

▌ 관련 법조문: 규칙 제74조, 제75조　　　　　　　　　　　　　　　　　　　　답 ①

원산지 결정기준은 '일반물품의 원산지 결정기준'과 '특수물품의 원산지 결정기준'으로 나뉜다. 여기에서 특수물품이란 관세법 시행규칙 제75조의 ㉠ 촬영된 영화용 필름, ㉡ 기계·기구·장치 또는 차량에 사용되는 부속품·예비부분품 및 공구, ㉢ 포장용품을 말한다.

15 관세법상 원산지 확인에 관한 설명으로 옳은 것은?

☐☐☐

2010 관세사

① 2개국 이상에 걸쳐 생산·가공 또는 제조된 물품의 원산지는 해당 물품의 생산과정에 사용되는 물품의 관세통계통합품목분류표상 6단위 품목번호와 다른 6단위 품목번호의 물품을 최초에 생산한 국가로 한다.
② 법령의 규정에 의하여 원산지를 표시하여야 하는 물품의 원산지 표시가 잘못된 경우 해당 물품은 몰수된다.
③ 우리나라에 수입되지 않고 우리나라에서 다른 운송수단으로 환적 또는 복합환적되는 외국물품이 그 화주가 외국인일 경우 원산지가 우리나라로 허위표시되었더라도 이를 유치할 수 없다.
④ 프랑스에서 한국인 제작자가 촬영한 영화필름을 수입할 때 그 원산지는 영화가 촬영된 프랑스이다.
⑤ 관세법·조약·협정 등에 의해 원산지 확인이 필요한 물품이라 할지라도 세관장이 물품의 종류·성질·형상에 의하여 원산지를 확인할 수 있는 물품이라면 수입신고시 원산지증명서 제출을 생략한다.

▌ 관련 법조문: 법 제229조, 제230조, 제231조, 영 제236조, 규칙 제75조　　　　　　답 ⑤

◎ 선지분석

① '최초에'가 아니라 '최종적으로'이다. 당해 물품이 2개국 이상에 걸쳐 생산·가공 또는 제조된 경우에는 그 물품의 본질적 특성을 부여하기에 충분한 정도의 실질적인 생산·가공·제조과정이 최종적으로 수행된 나라를 원산지로 한다(법 제229조 제1항 제2호).
② '몰수된다'가 아니라 '통관을 허용하여서는 아니 된다'로 바꾸어야 한다. 세관장은 법령의 규정에 의하여 원산지를 표시하여야 하는 물품이 다음 각 호의 어느 하나에 해당하는 때에는 당해 물품의 통관을 허용하여서는 아니된다. 다만, 그 위반사항이 경미한 때에는 이를 보완·정정하도록 한 후 통관을 허용할 수 있다(법 제230조).

> 1. 원산지 표시가 법령에서 정하는 기준과 방법에 부합되지 아니하게 표시된 경우
> 2. 부정한 방법으로 원산지 표시가 사실과 다르게 표시된 경우
> 3. 원산지 표시가 되어 있지 아니한 경우

③ 세관장은 법 제141조의 규정에 의하여 일시적으로 육지에 내려지거나 다른 운송수단으로 환적 또는 복합환적되는 외국물품 중 원산지가 우리나라로 허위표시된 물품은 이를 유치할 수 있다(법 제231조). 화주가 외국인인지 여부에 관계없이 원산지가 우리나라로 허위표시되면 유치할 수 있다.
④ 촬영된 영화용 필름은 그 제작자가 속하는 국가를 원산지로 하므로(규칙 제75조), 프랑스에서 한국인 제작자가 촬영한 영화필름의 원산지는 한국이 된다.

16 관세법령상 원산지결정기준 등에 대한 설명으로 옳지 않은 것은? 2017 국가직 9급

① 차량에 사용되는 공구로서 차량과 함께 수입되어 동시에 판매되고 그 종류 및 수량으로 보아 통상의 공구라고 인정되는 물품은 당해 공구를 생산·제조·가공한 나라를 원산지로 인정한다.
② 촬영된 영화용 필름은 그 제작자가 속한 국가를 원산지로 인정한다.
③ 당해 국가에서의 제조의 공정 중에 발생한 부스러기는 해당 물품의 전부를 제조한 나라를 원산지로 한다.
④ 해당 물품이 2개국 이상에 걸쳐 생산·가공 또는 제조된 경우에는 그 물품의 본질적 특성을 부여하기에 충분한 정도의 실질적인 생산·가공·제조 과정이 최종적으로 수행된 나라를 원산지로 한다.

▎ **관련 법조문: 법 제229조, 규칙 제75조**   답 ①

'차량에 사용되는 공구로서 차량과 함께 수입되어 동시에 판매되고 그 종류 및 수량으로 보아 통상의 공구라고 인정되는 물품'은 당해 '차량의 원산지'를 공구의 원산지로 인정한다.

17 관세법상 원산지의 확인 등에 관한 설명으로 옳지 않은 것은? 2017 관세사

① 해당 물품이 2개국 이상에 걸쳐 생산·가공 또는 제조된 경우에는 그 물품의 본질적 특성을 부여하기에 충분한 정도의 실질적인 생산·가공·제조 과정이 최종적으로 수행된 나라를 원산지로 한다.
② 해당 물품이 2개국 이상에 걸쳐 생산·가공 또는 제조된 물품의 원산지는 당해 물품의 생산과정에 사용되는 물품의 품목분류표상 6단위 품목번호와 다른 6단위 품목번호의 물품을 최종적으로 생산한 국가로 한다.
③ 법령에 따라 원산지를 표시하여야 하는 물품의 원산지 표시가 부정한 방법으로 사실과 다르게 표시된 경우 세관장은 해당 물품의 통관을 허용하여서는 아니 된다.
④ 세관장은 품질 등을 오인할 수 있도록 표시하거나 오인할 수 있는 표지를 붙인 물품으로서 식품위생법 등 품질 등의 표시에 관한 법령을 위반한 물품에 대하여는 통관을 허용하여서는 아니 된다.
⑤ 판매를 위한 물품의 포장개선 또는 상표표시 등 상품성 향상을 위한 개수작업이나 재포장 또는 단순한 조립작업이 수행된 국가를 원산지로 인정한다.

▎ **관련 법조문: 법 제229조, 제230조, 제230조의2, 규칙 제74조**   답 ⑤

'원산지의 확인 등'이란 제9장(통관)의 제1절(통칙) 제2관(원산지의 확인 등)의 제목이다. 여기에는 법 제229조부터 제233조의3이 포함된다.
'판매를 위한 물품의 포장개선 또는 상표표시 등 상품성 향상을 위한 개수작업'이나 '재포장 또는 단순한 조립작업'이 수행된 국가는 원산지로 인정하지 아니한다(규칙 제74조 제4항 제2호 및 제4호).

✅ **선지분석**
① 법 제229조(원산지 확인 기준) 제1항 제2호
② 규칙 제74조(일반물품의 원산지결정기준) 제3항
③ 법 제230조(원산지 허위표시물품 등의 통관 제한)
④ 법 제230조의2(품질등 허위·오인 표시물품의 통관 제한)

18 다음은 관세법 제229조에 따라 원산지를 결정할 때 해당 물품이 원산지가 아닌 국가를 경유하고 우리나라에 운송·반입된 물품인 경우에도 우리나라에 직접 반입한 것으로 보는 경우이다. ㉠ ~ ㉢에 들어갈 내용으로 옳은 것은?

2020 국가직 9급

> • 다음 요건을 (㉠) 충족하는 물품일 것
>   - 지리적 또는 운송상의 이유로 (㉡)한 것
>   - 원산지가 아닌 국가에서 관세당국의 통제하에 보세구역에 장치된 것
>   - 원산지가 아닌 국가에서 하역, 재선적 또는 그 밖에 정상 상태를 유지하기 위하여 요구되는 작업 외의 추가적인 작업을 하지 아니한 것
> • 박람회·전시회 및 그 밖에 이에 준하는 행사에 전시하기 위하여 원산지가 아닌 국가로 수출되어 해당 국가 관세 당국의 통제하에 전시목적에 사용된 후 우리나라로 (㉢)된 물품일 것

	㉠	㉡	㉢
①	모두	환적	수입
②	어느 하나	환적	수입
③	모두	단순 경유	수출
④	어느 하나	단순 경유	수출

│ 관련 법조문: 규칙 제76조   답 ③

제시된 규정은 시행규칙 제76조(직접운송원칙)이다. 지리적 또는 운송상의 이유로 '단순경유'하거나, 전시목적에 사용된 후 우리나라로 '수출'된 물품일 때 우리나라로 직접 반입한 것으로 본다.

19 관세법상 원산지의 확인 등에 대한 설명으로 옳지 않은 것은?

2019 국가직 9급

① 세관장은 관세법 제232조 제3항에 따라 원산지증명서확인 자료를 제출한 자가 정당한 사유를 제시하여 그 자료를 공개하지 아니할 것을 요청한 경우에는 그 제출인의 명시적 동의 없이는 해당 자료를 공개하여서는 아니 된다.

② 세관장은 환적 또는 복합환적되는 외국물품 중 원산지를 우리나라로 허위 표시한 물품을 유치하는 경우 세관장이 관리하는 장소에 보관하여야 한다. 다만, 세관장이 필요하다고 인정할 때에는 그러하지 아니하다.

③ 세관장은 법령에 따라 원산지를 표시하여야 하는 물품의 원산지 표시가 부정한 방법으로 사실과 다르게 표시된 경우에는 해당 물품의 통관을 허용하여서는 아니 된다. 다만, 그 위반사항이 경미한 경우에는 이를 보완·정정하도록 한 후 통관을 허용할 수 있다.

④ 세관장은 복합환적되는 외국물품 중 원산지를 우리나라로 허위표시한 물품의 유치 사실을 그 물품의 화주에게 통지할 때 이행기간을 정하여 원산지 표시의 수정 등 필요한 조치를 명할 수 있고 그 명령이 이행되지 아니하면 유치한 물품을 몰수할 수 있다.

관련 법조문: 법 제230조, 제231조, 제232조 답 ④

세관장은 복합환적되는 외국물품 중 원산지를 우리나라로 허위표시한 물품의 유치 사실을 그 물품의 화주에게 통지할 때 이행기간을 정하여 원산지 표시의 수정 등 필요한 조치를 명할 수 있고 그 명령이 이행되지 아니하면 매각한다는 뜻을 함께 통지하여야 한다(법 제231조 제4항).

⊘ 선지분석

① 법 제232조(원산지증명서 등) 제4항
② 법 제231조(환적물품 등에 대한 유치 등) 제1항·제2항
③ 법 제230조(원산지 허위표시물품 등의 통관 제한)

---

20 관세법 제229조 제1항 제2호에 따르면, 해당 물품이 2개국 이상에 걸쳐 생산·가공 또는 제조된 경우 그 물품의 본질적 특성을 부여하기에 충분한 정도의 실질적인 생산·가공·제조 과정이 최종적으로 수행된 나라를 원산지로 한다. 이 규정에 근거하여 어느 국가에서 행하여진 다음 작업 중 그 국가가 원산지로 인정될 수 없는 것을 모두 고른 것은?   2015 국가직 7급

> ㉠ 운송 또는 보세구역장치 중에 있는 물품의 보존을 위하여 필요한 작업
> ㉡ 단순한 선별·구분·절단 또는 세척작업
> ㉢ 판매를 위한 물품의 포장개선 또는 상표표시 등 상품성 향상을 위한 개수작업
> ㉣ 원산지가 다른 물품과의 혼합으로 물품의 특성이 변한 작업

① ㉠, ㉢
② ㉡, ㉣
③ ㉠, ㉡, ㉢
④ ㉡, ㉢, ㉣

관련 법조문: 법 제229조, 규칙 제74조 답 ③

원산지가 다른 물품과의 혼합으로 물품의 특성이 변한 작업은 원산지로 인정될 수 있다. 다만, 다음의 작업(불인정공정)이 수행된 국가는 원산지로 인정하지 아니한다.

> 1. 운송 또는 보세구역장치 중에 있는 물품의 보존을 위하여 필요한 작업
> 2. 판매를 위한 물품의 포장개선 또는 상표표시 등 상품성 향상을 위한 개수작업
> 3. 단순한 선별·구분·절단 또는 세척작업
> 4. 재포장 또는 단순한 조립작업
> 5. 물품의 특성이 변하지 아니하는 범위 안에서의 원산지가 다른 물품과의 혼합작업
> 6. 가축의 도축작업

---

21 관세법령상 일반물품의 원산지결정과 관련하여 해당 물품이 2개국 이상에 걸쳐 생산·가공 또는 제조된 경우에 원산지로 인정될 수 있는 작업은?   2022 관세사

① 단순한 조립작업
② 가축의 도축작업
③ 판매를 위한 물품의 포장개선작업
④ 보세구역장치중에 있는 물품의 보존을 위하여 필요한 작업
⑤ 원산지가 다른 물품과 혼합하여 그 물품의 본질적 특성을 부여하기에 충분한 정도의 실질적 생산작업

| 관련 법조문: 규칙 제74조 | 답 ⑤ |

'일반물품의 원산지결정기준'(규칙 제74조)에 포함되는 것은 완전생산기준, 세번변경기준, 주요공정기준, 부가가치기준이다. 이 중 '2개국 이상'에 걸쳐 생산된 경우 적용되는 원산지 기준은 세번변경기준, 주요공정기준, 부가가치기준이다. 다만, 불인정공정기준(규칙 제74조 제4항)에 해당하는 경우 세번변경기준을 충족하더라도 원산지로 인정하지 아니한다. ①②③④는 모두 불인정공정기준에 해당한다.

⊘ 선지분석

⑤ '혼합'에는 물품의 특성이 변하는 혼합과 물품의 특성이 변하지 아니하는 혼합이 있다. 혼합을 통하여 본질적 특성을 부여하기에 충분한 정도의 생산 작업이 이루어졌다면, 이것은 물품의 특성이 변하는 혼합으로 봐야 한다. 그러므로 이 혼합은 '실질적인 생산'에 해당하는 공정이며, 불인정공정이 아니다.

22 관세법령상 원산지 확인 등에 관한 설명으로 옳지 않은 것은?   2021 관세사

□□□

① 조약·협정 등의 시행을 위하여 원산지 확인기준 등을 따로 정할 필요가 있을 때에는 기획재정부령으로 원산지 확인기준 등을 따로 정한다.

② 세관장은 원산지표시에 관하여 위반사항이 경미한 경우에는 이를 보완·정정하도록 한 후 통관을 허용할 수 있다.

③ 과세가격이 10만원인 물품을 수입하는 자는 원산지 증명서를 제출하여야 한다.

④ 세관장은 일시적으로 육지에 내려지는 외국물품 중 원산지를 우리나라로 허위 표시한 물품은 유치할 수 있다.

⑤ 세관장은 물품의 품질 등을 오인할 수 있는 표지를 붙인 물품으로서 산업표준화법 등 품질 등의 표시에 관한 법령을 위반한 물품에 대하여는 통관을 허용하여서는 아니 된다.

| 관련 법조문: 법 제230조, 제230조의2, 제231조, 제232조, 제233조, 영 제236조 | 답 ③ |

관세법, 조약, 협정 등에 따라 원산지 확인이 필요한 물품을 수입하는 자는 원산지증명서를 제출하여야 한다. 다만, 과세가격(종량세의 경우에는 이를 법 제15조의 규정에 준하여 산출한 가격을 말한다)이 15만원 이하인 물품의 경우에는 그러하지 아니하다(법 제232조 제1항).

⊘ 선지분석

① 법 제233조(원산지증명서 등의 확인요청 및 조사) 제5항
② 법 제230조(원산지 허위표시물품 등의 통관 제한)
④ 법 제231조(환적물품 등에 대한 유치 등) 제1항
⑤ 법 제230조의2(품질등 허위·오인 표시물품의 통관 제한)

23 관세법령상 우리나라가 원산지로 인정될 수 있는 경우에 해당하는 것은?   2021 국가직 7급

□□□

① 중국의 영역에서 사육된 산 동물을 우리나라에 수입하여 도축작업의 전부를 수행한 경우

② 러시아 선박이 공해에서 포획한 어획물의 단순한 절단과 재포장 작업이 우리나라에서 이루어진 경우

③ 우리나라의 제작자와 감독이 미국의 배우들을 채용하여 미국에서 영화용 필름의 대부분을 촬영한 경우

④ 독일에서 제작된 물품이 박람회에 전시되기 위하여 우리나라로 수입되어 우리 관세당국의 통제하에 전시목적에 사용된 후 일본으로 수출된 경우

'우리나라의 제작자와 감독이 미국의 배우들을 채용하여 미국에서 영화용 필름의 대부분을 촬영한 경우' 우리나라가 원산지로 인정되는 이유는 우리나라가 '제작자가 속하는 국가'이기 때문이다(규칙 제75조 제1항).

⊘ **선지분석**

① '중국의 영역에서 사육된 산 동물'의 원산지는 중국이다. 이 물품을 우리나라에 수입하여 도축작업을 수행했어도 여전히 원산지는 중국이다. '도축작업'은 불인정공정기준에 해당하기 때문이다.

② '러시아 선박이 공해에서 포획한 어획물'의 원산지는 러시아이다. 이 물품의 단순한 절단과 재포장 작업이 우리나라에서 이루어졌다고 해도 여전히 원산지는 러시아이다. '단순한 절단과 재포장 작업'은 불인정공정기준에 해당하기 때문이다.

④ 독일에서 제작된 물품이 박람회에 전시되기 위하여 우리나라로 수입되어 우리 관세당국의 통제하에 전시목적에 사용된 후 일본으로 수출된 경우 원산지는 변경되지 않는다. 원산지는 여전히 '독일'이다.

---

24 다음 설명이 직접적으로 지칭하는 서류에 해당하는 것은?　　2008 국가직 9급

□□□

> 관세법, 조약·협정 등에 의한 관세율을 적용함에 있어서 일반특혜관세, 국제협력관세, 편익관세 등과 같은 관세상의 편익을 적용받기 위해서는 세관장에게 이 서류를 제출해야 하는 것이 원칙이다.

① 선하증권 사본　　　　　　　　　② 송품장
③ 원산지증명서　　　　　　　　　④ 포장명세서

관세율을 적용할 때 관세상의 편익을 받기 위해서는 그 물품이 '특혜 대상국'에서 '생산'되었다는 것을 증명하여야 한다. 즉, 원산지를 증명하여야 한다.

---

25 원산지 등에 대한 사전확인에 관한 설명으로 옳지 않은 것은?　　2014 국가직 7급

□□□

① 원산지 확인이 필요한 물품을 수입하는 자는 세관장에게 당해 물품의 수입신고를 거친 후 확인 또는 심사하여 줄 것을 신청할 수 있다.

② 세관장은 수입신고된 물품 및 원산지증명서의 내용이 사전 확인서상의 내용과 동일하다고 인정되는 때에는 특별한 사유가 없는 한 사전확인서의 내용에 따라 관세의 경감 등을 적용하여야 한다.

③ 사전확인의 신청을 받은 경우 관세청장은 60일 이내에 이를 확인하여 그 결과를 기재한 서류를 신청인에게 교부하여야 한다.

④ 관세청장은 이의제기의 내용이나 절차가 적합하지 아니하거나 보정할 수 있다고 인정되는 때에는 20일 이내의 기간을 정하여 보정하여 줄 것을 요구할 수 있다.

원산지 확인이 필요한 물품을 수입하는 자는 '관세청장'에게 당해 물품의 '수입신고를 하기 전에 미리' 확인 또는 심사하여 줄 것을 신청할 수 있다(영 제236조의2). 이를 '원산지 사전확인'이라고 한다.

26 관세법상 환적물품 등에 대한 유치와 관련된 설명으로 옳지 않은 것은?　　　　2012 국가직 9급

☐☐☐

① 세관장은 일시적으로 육지에 내려지거나 다른 운송수단으로 환적 또는 복합환적되는 외국물품 중 원산지를 우리나라로 허위 표시한 물품은 유치할 수 있다.

② 세관장은 원산지 표시의 수정 등 필요한 조치의 명령이 이행되지 아니한 경우에는 이를 매각할 수 없다.

③ 세관장은 외국물품을 유치할 때에는 그 사실을 그 물품의 화주나 그 위임을 받은 자에게 통지하여야 한다.

④ 세관장이 필요하다고 인정할 때를 제외하고, 유치하는 외국물품은 세관장이 관리하는 장소에 보관하여야 한다.

▌ 관련 법조문: 법 제231조　　　　　　　　　　　　　　　　　　　　　　　　　답 ②

우리나라에 일시 양륙되는 물품이나 환적 또는 복합환적되는 물품의 원산지가 우리나라로 허위표시된 경우 해당 물품을 '유치'할 수 있다. 예를 들어 중국산 물품이 우리나라의 부산항에 머물다가 다른 외국으로 반출되려고 할 때 MADE IN·CHINA의 물품이 MADE IN KOREA로 둔갑하는 경우 그 물품은 부산세관장이 유치할 수 있다.
세관장은 위의 사유로 외국물품을 유치할 때에는 그 사실을 그 물품의 화주나 그 위임을 받은 자에게 통지하여야 한다. 세관장은 이 통지를 할 때에는 이행기간을 정하여 원산지 표시의 수정 등 필요한 조치를 명할 수 있다. 이 경우 지정한 이행기간 내에 명령을 이행하지 아니하면 매각한다는 뜻을 함께 통지하여야 한다. 세관장은 해당 명령이 이행된 경우에는 유치된 물품의 유치를 즉시 해제하여야 하며, 명령이 이행되지 아니한 경우에는 이를 매각할 수 있다.

27 관세법상 일시적으로 육지에 내려지거나 다른 운송수단으로 환적 또는 복합환적되는 외국물품 중 원산지를 우리나라로 허위표시한 물품의 처리에 대한 설명으로 옳지 않은 것은?　　　　2015 국가직 7급

☐☐☐

① 세관장은 위 외국물품을 유치할 때에는 그 사실을 그 물품의 화주나 그 위임을 받은 자에게 통지하여야 한다.

② 위 외국물품을 유치할 때에는 세관장이 관리하는 장소에 보관하여야 하나, 세관장이 필요하다고 인정할 때에는 그러하지 아니하다.

③ 세관장이 위 외국물품의 유치사실을 통지할 때 이행기간을 정하여 원산지 표시의 수정 등 필요한 조치를 명한 경우 지정된 이행기간 내에 명령이 이행되면 세관장은 그 외국물품의 유치를 즉시 해제하여야 한다.

④ 세관장은 위 외국물품의 유치사실을 통지할 때 지정한 이행기간 내에 명령을 이행하지 아니하면 반송한다는 뜻을 함께 통지하여야 한다.

▌ 관련 법조문: 법 제231조　　　　　　　　　　　　　　　　　　　　　　　　　답 ④

세관장은 유치 사실을 통지를 할 때에는 이행기간을 정하여 원산지 표시의 수정 등 필요한 조치를 명할 수 있다. 이 경우 지정한 이행기간 내에 명령을 이행하지 아니하면 '매각한다'는 뜻을 함께 통지하여야 한다(법 제231조 제4항).

28

관세법상 원산지 확인기준 및 원산지 허위표시 물품 등의 통관제한에 대한 설명으로 타당하지 않은 것은?

2004 관세사

① 원산지 확인기준이란 관세법·조약·협정 등에 의하여 관세를 부과·징수하기 위한 원산지를 확인하는 때에 적용하는 기준이다.

② 해당 물품의 전부를 생산·가공·제조한 나라를 원산지로 한다.

③ 해당 물품이 2개국 이상에 걸쳐 생산·가공 또는 제조된 경우에는 그 물품의 본질적 특성을 부여하기에 충분한 정도의 실질적인 생산·가공·제조과정이 최종적으로 수행된 나라를 원산지로 한다.

④ 원산지 표시가 법령에서 정하는 기준과 방법에 부합되지 아니하게 표시된 경우 세관장은 이를 보완·정정하도록 한 후 통관하여야 한다.

| 관련 법조문: 법 제229조, 제230조　　　　　　　　　　　　　　　　　　　　답 ④

세관장은 법령에 따라 원산지를 표시하여야 하는 물품이 다음 각 호의 어느 하나에 해당하는 경우에는 해당 물품의 통관을 허용하여서는 아니 된다. 다만, 그 위반사항이 경미한 경우에는 이를 보완·정정하도록 한 후 통관을 허용할 수 있다.

> 1. 원산지 표시가 법령에서 정하는 기준과 방법에 부합되지 아니하게 표시된 경우
> 2. 원산지 표시가 부정한 방법으로 사실과 다르게 표시된 경우
> 3. 원산지 표시가 되어 있지 아니한 경우

29

관세법령상 원산지의 확인 등과 통관의 제한에 대한 설명으로 옳지 않은 것은?

2023 국가직 7급

① 세관장은 물품의 품질등을 오인할 수 있는 표지를 부착한 물품으로서 「부정경쟁방지 및 영업비밀보호에 관한 법률」 등 품질등의 표시에 관한 법령을 위반한 물품에 대하여는 통관을 허용하여서는 아니된다.

② 세관장은 원산지의 확인이 필요한 물품을 수입하는 자가 원산지증명서를 제출하지 아니하는 경우에는 조약 등에 따른 관세율을 적용할 때 편익관세를 배제하는 등 관세의 편익을 적용하지 아니할 수 있다.

③ 세관장은 원산지를 표시하여야 하는 물품의 원산지 표시가 부정한 방법으로 사실과 다르게 표시된 경우에는 그 위반사항이 경미한 경우에도 그 위반사항을 정정하도록 한 후 통관을 허용할 수 없다.

④ 수입물품의 통관 등을 위하여 원산지를 확인할 때 당해 국가의 영역에서 생산된 식물성 생산물은 그 물품의 전부를 생산·가공·제조한 나라를 원산지로 한다.

| 관련 법조문: 법 제299조, 제230조, 제230조의2, 제232조, 규칙 제74조　　　　답 ③

세관장은 법령에 따라 원산지를 표시하여야 하는 물품이 <u>다음 각 호의 어느 하나에 해당하는 경우에는 해당 물품의 통관을 허용하여서는 아니 된다. 다만, 그 위반사항이 경미한 경우에는 이를 보완·정정하도록 한 후 통관을 허용할 수 있다</u>(법 제230조).

> 1. 원산지 표시가 법령에서 정하는 기준과 방법에 부합되지 아니하게 표시된 경우
> 2. 원산지 표시가 부정한 방법으로 사실과 다르게 표시된 경우
> 3. 원산지 표시가 되어 있지 아니한 경우

⊘ 선지분석

① 법 제230조의2(품질등 허위·오인 표시물품의 통관 제한)

② 법 제232조(원산지증명서 등) 제2항

④ 법 제229조(원산지 확인 기준) 제1항 제1호, 규칙 제74조(일반물품의 원산지결정기준) 제1항 제1호

2 원산지 증명

30 수입업자가 수입신고시 원산지증명서를 세관장에게 제출하여야 하는 경우는?

2010 국가직 7급

① 개인에게 무상으로 송부된 탁송품·별송품 또는 여행자 휴대품
② 관세청장이 관계행정기관의 장과 협의하여 정하는 물품
③ WTO협정 등에 의한 양허관세규정 제5조의 유엔무역개발회의 개발도상국간 양허관세(GSTP) 적용
대상 물품
④ 과세가격(종량세의 경우 과세표준을 수량으로 산출한 가격)이 15만원 이하인 물품

> **관련 법조문: 법 제73조, 제78조, 제79조, 제80조, 영 제236조**   답 ③

'WTO협정 등에 의한 양허관세규정 제5조의 유엔무역개발회의 개발도상국간 양허관세(GSTP)'를 적용받기 위해서는 GSTP 특혜대상국이 원산지인 수입물품이라는 사실을 원산지증명서로 증명하여야 한다.

31 관세법령상 원산지증명서에 대한 설명으로 옳지 않은 것은?

2015 국가직 9급

① 관세법, 조약, 협정 등에 따라 관세를 양허받을 수 있는 물품의 수출자가 원산지증명서의 발급을 요청하는 경우에는 세관장이나 그 밖의 원산지증명서를 발급할 권한이 있는 기관은 그 수출자에게 원산지증명서를 발급하여야 한다.
② 관세율의 적용 그 밖의 사유로 인하여 원산지 확인이 필요하다고 대통령령으로 정한 물품을 수입하는 자는 해당 물품의 수입신고시에 원산지증명서를 세관장에게 제출하여야 한다.
③ 수입신고시에 세관장에게 제출하여야 할 원산지증명서에는 해당 수입물품의 품명, 수량, 생산지, 수출자 등 관세청장이 정하는 사항이 적혀 있어야 한다.
④ 세관장은 수입신고된 물품 및 원산지증명서의 내용이 사전 확인서상의 내용과 동일하다고 인정되는 때에는 특별한 사유가 없는 한 사전확인서의 내용에 따라 관세의 경감 등을 적용하여야 한다.

> **관련 법조문: 법 제232조, 제232조의2, 영 제236조, 제236조의2**   답 ②

다음 각 호의 어느 하나에 해당하는 자는 해당 물품의 수입신고시에 그 물품의 원산지를 증명하는 서류(원산지증명서)를 세관장에게 제출하여야 한다. 다만, 제1호에 해당하는 자로서 수입신고전에 원산지증명서를 발급받았으나 분실 등의 사유로 수입신고시에 원산지증명서를 제출하지 못한 경우에는 원산지증명서 유효기간 내에 해당 원산지증명서 또는 그 부본을 제출할 수 있다(영 제236조 제1항).

> 1. 법·조약·협정 등에 의하여 다른 국가의 생산(가공을 포함한다)물품에 적용되는 세율보다 낮은 세율을 적용받고자 하는 자로서 원산지 확인이 필요하다고 '관세청장'이 정하는 자
> 2. 관세율의 적용 기타의 사유로 인하여 원산지 확인이 필요하다고 '관세청장'이 지정한 물품을 수입하는 자

✓ 선지분석

① 이 법, 조약, 협정 등에 따라 원산지 확인이 필요한 물품을 수입하는 자는 해당 물품의 원산지를 증명하는 서류(원산지증명서)를 제출하여야 한다. 다만, 대통령령으로 정하는 물품의 경우에는 그러하지 아니하다(법 제232조의2 제1항).
③ 원산지증명서에는 해당 수입물품의 품명, 수량, 생산지, 수출자 등 관세청장이 정하는 사항이 적혀 있어야 하며, 제출일부터 소급하여 1년 이내에 발행된 것이어야 한다(영 제236조 제4항).
④ 세관장은 수입신고된 물품 및 원산지증명서의 내용이 사전확인서상의 내용과 동일하다고 인정되는 때에는 특별한 사유가 없는 한 사전확인서의 내용에 따라 관세의 경감 등을 적용하여야 한다(영 제236조의2).

32

관세법령상 원산지 확인 및 원산지증명서에 대한 설명으로 옳지 않은 것은?

① 세관장은 원산지증명서가 발급된 물품을 수입하는 국가의 권한 있는 기관으로부터 원산지증명서 및 원산지증명서확인자료의 진위 여부, 정확성 등의 확인을 요청받은 경우 등 필요하다고 인정되는 경우에는 원산지증명서를 발급받은 자 또는 원산지증명서를 발급한 자 또는 수출물품의 수입자를 대상으로 서면조사 또는 현지조사를 할 수 있다.

② 세관장은 일시적으로 육지에 내려지거나 다른 운송수단으로 환적 또는 복합환적되는 외국물품 중 원산지를 우리나라로 허위 표시한 물품은 유치할 수 있다.

③ 해당물품이 2개국 이상에 걸쳐 생산·가공 또는 제조된 경우, 그 물품의 원산지는 당해 물품의 생산과정에 사용되는 물품의 품목분류표상 6단위 품목번호와 다른 6단위 품목번호의 물품을 최종적으로 생산한 국가로 한다.

④ 촬영된 영화용 필름은 그 제작자가 속하는 국가를 원산지로 인정한다. 다만, 수출물품에 대한 원산지 결정기준이 수입국의 원산지 결정기준과 다른 경우에는 수입국의 원산지 결정기준을 따를 수 있다.

| 관련 법조문: 법 제231조, 제233조, 규칙 제74조, 제75조　　　　답 ①

세관장은 원산지증명서가 발급된 물품을 수입하는 국가의 권한 있는 기관으로부터 원산지증명서 및 원산지증명서확인자료의 진위 여부, 정확성 등의 확인을 요청받은 경우 등 필요하다고 인정되는 경우에는 원산지증명서를 발급받은 자 또는 원산지증명서를 발급한 자 또는 '수출물품의 생산자 또는 수출자'를 대상으로 서면조사 또는 현지조사를 할 수 있다(법 제233조 제3항).

ⓧ 선지분석
② 법 제231조(환적물품 등에 대한 유치 등) 제1항
③ 규칙 제74조(일반물품의 원산지결정기준) 제2항
④ 규칙 제75조(특수물품의 원산지결정기준)

33

원산지 확인이 필요한 물품 중 관세법령상 원산지증명서 제출을 생략할 수 있는 물품에 해당하지 않는 것은?

① 대외무역법 제11조에 따른 수출입의 승인을 받은 우편물
② 세관장이 물품의 종류·성질·형상 또는 그 상표·생산국명·제조자 등에 의하여 원산지를 확인할 수 있는 물품
③ 과세가격(종량세의 경우에는 이를 관세법 제15조의 규정에 준하여 산출한 가격을 말한다)이 15만원 이하인 물품
④ 개인에게 무상으로 송부된 탁송품·별송품 또는 여행자의 휴대품

| 관련 법조문: 영 제236조　　　　답 ①

'대외무역법 제11조에 따른 수출입의 승인을 받은 우편물'은 수출입신고를 하여야 하는 우편물에 해당한다. 신고대상 우편물이므로 원산지증명서 제출이 생략되지 않는다. 원산지증명서 제출대상과 제출생략대상은 각각 다음과 같다.

세관장에게 원산지증명서를 제출해야 하는 경우	1. 법·조약·협정 등에 의하여 다른 국가의 생산(가공을 포함한다)물품에 적용되는 세율보다 낮은 세율을 적용받고자 하는 자로서 원산지 확인이 필요하다고 관세청장이 정하는 자
	2. 관세율의 적용 기타의 사유로 인하여 원산지 확인이 필요하다고 관세청장이 지정한 물품을 수입하는 자
원산지증명서 제출이 생략되는 경우	1. 세관장이 물품의 종류·성질·형상 또는 그 상표·생산국명·제조자 등에 의하여 원산지를 확인할 수 있는 물품
	2. 우편물(신고대상 우편물을 제외한다)
	3. 과세가격(종량세의 경우에는 이를 법 제15조의 규정에 준하여 산출한 가격을 말한다)이 15만원 이하인 물품
	4. 개인에게 무상으로 송부된 탁송품·별송품 또는 여행자의 휴대품
	5. 기타 관세청장이 관계 행정기관의 장과 협의하여 정하는 물품

34 물품의 수입신고시에 해당 물품의 원산지증명서 제출 생략대상이 아닌 것은? 2009 관세사

① 세관장이 물품의 종류·성질·형상 또는 그 상표·생산국명·제조자 등에 의하여 원산지를 확인할 수 있는 물품

② 우편물(관세법 제258조 제2항의 규정에 해당하는 것을 제외한다)

③ 개인에게 유상으로 송부된 탁송품·별송품 또는 여행자의 휴대품

④ 과세가격이 15만원 이하인 물품

⑤ 기타 관세청장이 관계 행정기관의 장과 협의하여 정하는 물품

관련 법조문: 영 제236조 답 ③

개인에게 '무상'으로 송부된 탁송품·별송품 또는 여행자의 휴대품은 원산지증명서의 제출이 생략된다.

35 관세법령상 원산지증명서의 제출 면제대상으로 옳지 않은 것은? 2016 국가직 7급

① 세관장이 물품의 상표·생산국명·제조자 등에 의하여 원산지를 확인할 수 있는 물품

② 과세가격이 15만원 이하인 물품

③ 개인에게 송부된 탁송품·별송품 또는 승무원의 휴대품

④ 기타 관세청장이 관계 행정기관의 장과 협의하여 정하는 물품

관련 법조문: 영 제236조 답 ③

개인에게 무상으로 송부된 탁송품·별송품 또는 '여행자의 휴대품'은 원산지증명서의 제출이 생략된다. 승무원의 휴대품은 해당되지 않는다.

36 관세법령상 원산지증명서 제출이 면제되는 것만을 모두 고르면?

> ㄱ. 대외무역법 제11조에 따른 수출입승인을 받은 우편물
> ㄴ. 과세가격이 30만원 이하인 물품
> ㄷ. 개인에게 무상으로 송부된 탁송품·별송품 또는 여행자의 휴대품
> ㄹ. 세관장이 물품의 종류·성질·형상 또는 그 상표·생산국명·제조자 등에 의하여 원산지를 확인할 수 있는 물품

① ㄱ, ㄴ　　　　　　　　　　　② ㄱ, ㄷ
③ ㄴ, ㄹ　　　　　　　　　　　④ ㄷ, ㄹ

┃ 관련 법조문: 법 제258조, 영 제236조　　　　　　　　　　답 ④

ㄷ. '개인에게 무상으로 송부된 탁송품·별송품 또는 여행자의 휴대품'은 원산지증명서 제출이 면제된다(영 제236조 제2항).
ㄹ. '세관장이 물품의 종류·성질·형상 또는 그 상표·생산국명·제조자 등에 의하여 원산지를 확인할 수 있는 물품'은 원산지증명서 제출이 면제된다(영 제236조 제2항).

 선지분석

ㄱ. '대외무역법 제11조에 따른 수출입승인을 받은 우편물'은 신고 대상 우편물이다(법 제258조 제2항). '우편물(법 제258조 제2항에 규정에 해당하는 것을 제외한다)'이 원산지증명서 제출이 면제되는 우편물이다(영 제236조 제2항).
ㄴ. '과세가격이 15만원 이하인 물품'은 원산지증명서 제출이 면제된다(영 제236조 제2항).

---

37 관세법상 원산지증명서에 대한 설명으로 옳지 않은 것은?

① 세관장에게 제출하는 원산지증명서에는 관세청장이 정하는 사항이 적혀 있어야 하며, 제출일부터 소급하여 1년 이내 발행된 것이어야 한다.
② 세관장은 원산지증명서를 발급한 국가의 세관이나 발급권한이 있는 기관에 제출된 원산지증명서의 진위 여부에 대한 확인 요청을 해당 물품의 수입신고가 수리되기 전에 하여야 한다.
③ 개인에게 무상으로 송부된 별송품의 경우 원산지증명서를 제출할 필요가 없다.
④ 세관장은 원산지증명서 제출대상자가 원산지증명서를 제출하지 않을 경우 조약, 협정 등에 따른 관세율을 적용할 때 일반특혜관세·국제협력관세 등의 적용을 배제할 수 있다.

┃ 관련 법조문: 법 제232조, 제233조, 영 제236조　　　　　　　　　　답 ②

세관장은 원산지증명서를 발급한 국가의 세관이나 그 밖에 발급권한이 있는 기관에 원산지증명서 및 원산지증명서 확인자료의 진위 여부, 정확성 등의 확인을 요청할 수 있다. 이 경우 세관장의 확인요청은 해당 물품의 수입신고가 수리된 이후에 하여야 하며, 세관장은 확인을 요청한 사실 및 회신내용과 그에 따른 결정내용을 수입자에게 통보하여야 한다.

38

□□□

관세법 시행령상 관세율의 적용 기타의 사유로 인하여 원산지 확인이 필요하다고 관세청장이 지정한 물품을 수입하는 자가 세관장에게 제출하는 원산지증명서에 해당하지 않는 것은? 2017 국가직 7급(하반기)

① 원산지국가의 상공회의소가 당해 물품에 대하여 원산지국가를 확인 또는 발행한 것

② 원산지국가에서 바로 수입되지 아니하고 제3국을 경유하고 수입된 물품에 대하여 그 제3국의 세관 기타 발급권한이 있는 기관에서 제3국에서 생산된 물품을 기초로 확인 또는 발행한 것

③ 원산지국가의 세관이 당해 물품에 대하여 원산지국가를 확인 또는 발행한 것

④ 관세청장이 정한 물품의 경우에는 당해물품의 상업송장 또는 관련서류에 생산자·공급자·수출자 또는 권한 있는 자가 원산지국가를 기재한 것

▌관련 법조문: 영 제236조　　　　　　　　　　　　　　　　　　　　답 ②

세관장에게 제출하는 원산지증명서는 다음 각 호의 어느 하나에 해당하는 것이어야 한다(영 제236조 제3항).

　1. 원산지국가의 세관 기타 발급권한이 있는 기관 또는 상공회의소가 당해 물품에 대하여 원산지국가(지역을 포함한다)를 확인 또는 발행한 것
　2. 원산지국가에서 바로 수입되지 아니하고 제3국을 경유하여 수입된 물품에 대하여 그 제3국의 세관 기타 발급권한이 있는 기관 또는 상공회의소가 확인 또는 발행한 경우에는 원산지국가에서 당해 물품에 대하여 발행된 원산지증명서를 기초로 하여 원산지국가(지역을 포함한다)를 확인 또는 발행한 것
　3. 관세청장이 정한 물품의 경우에는 당해 물품의 상업송장 또는 관련 서류에 생산자·공급자·수출자 또는 권한 있는 자가 원산지국가를 기재한 것

39

□□□

관세법상 원산지의 확인 및 원산지증명서 등에 관한 설명 중 옳은 것은? 2014 관세사

① 세관장은 원산지증명서 확인자료를 제출한 자가 정당한 사유를 제시하여 그 자료를 공개하지 아니할 것을 요청한 경우에는 그 제출인의 명시적 동의 없이 해당 자료를 공개할 수 있다.

② 세관장은 원산지증명서를 발행한 국가의 세관 기타 발급권한이 있는 기관에 제출된 원산지증명서 및 원산지증명서 확인자료의 진위 여부, 정확성 등의 확인을 해당 물품의 수입신고가 수리되기 전에 요청할 수 있다.

③ 정부는 관세법과 자유무역협정의 이행을 위한 관세법의 특례에 관한 법률 및 조약·협정 등에 따라 수출입물품의 원산지정보 수집·분석과 활용 및 검증 지원 등에 필요한 업무를 효율적으로 수행하기 위하여 원산지확인위원회를 설립한다.

④ 수출입물품의 원산지 정보 관리를 위한 시스템의 구축 및 운영에 관한 사항은 관세청장이 정하는 법인 또는 단체의 장에게 위탁할 수 있다.

▌관련 법조문: 법 제232조, 제233조, 제233조의2　　　　　　　답 ④

✅ 선지분석

① 세관장은 원산지증명서 확인자료를 제출한 자가 정당한 사유를 제시하여 그 자료를 공개하지 아니할 것을 요청한 경우에는 그 제출인의 '명시적 동의 없이는 당해 자료를 공개하여서는 아니 된다'(법 제232조 제4항).

② 세관장은 원산지증명서를 발행한 국가의 세관 기타 발급권한이 있는 기관에 제출된 원산지증명서 및 원산지증명서 확인자료의 진위 여부, 정확성 등의 확인을 당해 물품의 '수입신고가 수리된 후'에 요청할 수 있다(법 제233조 제1항).

③ 정부는 관세법과 자유무역협정의 이행을 위한 관세법의 특례에 관한 법률 및 조약·협정 등에 따라 수출입물품의 원산지정보 수집·분석과 활용 및 검증 지원 등에 필요한 업무를 효율적으로 수행하기 위하여 한국원산지정보원을 설립한다(법 제233조의2 제1항).

40 관세법상 원산지증명서 등의 확인요청 및 조사에 관한 설명으로 옳지 않은 것은? (단, 조약 및 협정은 고려하지 않음)

① 세관장은 해당 물품의 수입신고가 수리되기 이전에 원산지증명서를 발급한 국가의 세관이나 그 밖에 발급권한이 있는 기관에 원산지증명서 및 원산지증명서확인자료의 진위 여부, 정확성 등의 확인을 요청할 수 있다.

② 세관장은 외국세관 등이 기획재정부령으로 정한 기간 이내에 그 결과를 회신하지 아니한 경우에는 일반특혜관세·국제협력관세 또는 편익관세를 적용하지 아니할 수 있다.

③ 세관장은 원산지증명서가 발급된 물품을 수입하는 국가의 권한 있는 기관으로부터 원산지증명서 및 원산지증명서확인자료의 진위 여부, 정확성 등의 확인을 요청받은 경우 등 필요하다고 인정되는 경우에는 원산지증명서를 발급한 자를 대상으로 서면조사를 할 수 있다.

④ 세관장에게 신고한 원산지가 실제 원산지와 다른 것으로 확인되어 일반특혜관세·국제협력관세 또는 편익관세를 적용하지 아니한 경우 세관장은 납부하여야 할 세액 또는 납부하여야 할 세액과 납부한 세액의 차액을 부과·징수하여야 한다.

⑤ 외국세관 등의 회신내용에 원산지증명서 및 원산지증명서확인자료를 확인하는 데 필요한 정보가 포함되지 아니한 경우에는 세관장은 일반특혜관세·국제협력관세 또는 편익관세를 적용하지 아니할 수 있다.

■ 관련 법조문: 법 제233조　　　　　　　　　　　　　　　　　　　　　답 ①

세관장은 원산지증명서를 발급한 국가의 세관이나 그 밖에 발급권한이 있는 기관(외국세관 등)에 법 제232조 제1항 및 제3항에 따라 제출된 원산지증명서 및 원산지증명서확인자료의 진위 여부, 정확성 등의 확인을 요청할 수 있다. 이 경우 세관장의 확인요청은 해당 물품의 '수입신고가 수리된 이후'에 하여야 하며, 세관장은 확인을 요청한 사실 및 회신내용과 그에 따른 결정내용을 수입자에게 통보하여야 한다(법 제233조 제1항).

☑ 선지분석

②④⑤ 세관장은 원산지증명서를 발급한 국가의 세관이나 그 밖에 발급권한이 있는 기관에 법 제232조 제1항 및 제3항에 따라 제출된 원산지증명서 및 원산지증명서확인자료의 진위 여부, 정확성 등의 확인을 요청할 수 있다(법 제233조 제1항). 법 제233조 제1항에 따라 세관장이 확인을 요청한 사항에 대하여 조약 또는 협정에서 다르게 규정한 경우를 제외하고 다음 각 호의 어느 하나에 해당하는 경우에는 일반특혜관세·국제협력관세 또는 편익관세를 적용하지 아니할 수 있다(법 제233조 제2항 전단). 이 경우 세관장은 법 제38조의3 제6항(경정) 및 제39조 제2항(관세추징)에 따라 납부하여야 할 세액 또는 납부하여야 할 세액과 납부한 세액의 차액을 부과·징수하여야 한다(법 제233조 제2항 후단).

> 1. 외국세관 등이 기획재정부령으로 정한 기간 이내에 그 결과를 회신하지 아니한 경우
> 2. 세관장에게 신고한 원산지가 실제 원산지와 다른 것으로 확인된 경우
> 3. 외국세관 등의 회신내용에 법 제229조에 따른 원산지증명서 및 원산지증명서확인자료를 확인하는 데 필요한 정보가 포함되지 아니한 경우

③ 세관장은 원산지 증명서가 발급된 물품을 수입하는 국가의 권한 있는 기관으로부터 원산지증명서 및 원산지증명서확인자료의 진위 여부, 정확성 등의 확인을 요청받은 경우 등 필요하다고 인정되는 경우에는 원산지증명서를 발급받은 자, 원산지증명서를 발급한 자, 수출품의 생산자 또는 수출자를 대상으로 서면조사 또는 현지조사를 할 수 있다(법 제233조 제3항).

41 관세법상 원산지의 확인 등에 관한 설명으로 옳지 않은 것은?

① 원산지표시위반단속기관협의회의 구성·운영과 그 밖에 필요한 사항은 기획재정부령으로 정한다.

② 세관장은 일시적으로 육지에 내려지거나 다른 운송수단으로 환적 또는 복합환적되는 외국물품 중 원산지를 우리나라로 허위 표시한 물품은 유치할 수 있다.

③ 세관장은 환적물품 등에 대한 유치 등에 따라 외국물품을 유치할 때에는 그 사실을 그 물품의 화주나 그 위임을 받은 자에게 통지하여야 한다.

④ 관세법, 조약, 협정 등에 따라 원산지 확인이 필요한 물품을 수입하는 자는 해당 물품의 원산지를 증명하는 서류를 제출하여야 한다. 다만, 대통령령으로 정하는 물품의 경우에는 그러하지 아니하다.

⑤ 관세법, 조약, 협정 등에 따라 관세를 양허받을 수 있는 물품의 수출자가 원산지 증명서의 발급을 요청하는 경우에는 세관장이나 그 밖에 원산지증명서를 발급할 권한이 있는 기관은 그 수출자에게 원산지증명서를 발급하여야 한다.

> **관련 법조문: 법 제231조, 제232조, 제233조**　　　　　　　　　답 ①

관세법, 농수산물의 원산지표시에 관한 법률 및 대외무역법에 따른 원산지표시 위반 단속업무에 필요한 정보교류 등 대통령령으로 정하는 사항을 협의하기 위하여 관세청에 원산지표시위반단속기관협의회를 둔다(법 제233조의3 제1항). 제1항에 따른 원산지표시위반단속기관협의회의 구성·운영과 그 밖에 필요한 사항은 '대통령령'으로 정한다(법 제233조의3 제2항).

✅ 선지분석

② 세관장은 일시적으로 육지에 내려지거나 다른 운송수단으로 환적 또는 복합환적되는 외국물품 중 원산지를 우리나라로 허위 표시한 물품은 유치할 수 있다(법 제231조 제1항).

③ 세관장은 환적물품 등에 대한 유치 등에 따라 외국물품을 유치할 때에는 그 사실을 그 물품의 화주나 그 위임을 받은 자에게 통지하여야 한다(법 제231조 제3항).

④ 관세법, 조약, 협정 등에 따라 원산지 확인이 필요한 물품을 수입하는 자는 해당 물품의 원산지를 증명하는 서류를 제출하여야 한다. 다만, 대통령령으로 정하는 물품의 경우에는 그러하지 아니하다(법 제232조 제1항).

⑤ 관세법, 조약, 협정 등에 따라 관세를 양허받을 수 있는 물품의 수출자가 원산지 증명서의 발급을 요청하는 경우에는 세관장이나 그 밖에 원산지증명서를 발급할 권한이 있는 기관은 그 수출자에게 원산지증명서를 발급하여야 한다(법 제232조의2 제1항).

42 관세법령상 원산지의 확인 등에 대한 설명으로 옳지 않은 것은?

① 해당 물품이 2개국 이상에 걸쳐 생산·가공 또는 제조된 경우에는 그 물품의 본질적 특성을 부여하기에 충분한 정도의 실질적인 생산·가공·제조 과정이 최종적으로 수행된 나라를 원산지로 한다.

② 세관장은 원산지 표시가 부정한 방법으로 사실과 다르게 표시된 경우라도 그 위반사항이 경미한 경우에는 이를 보완·정정하도록 한 후 통관을 허용할 수 있다.

③ 세관장은 물품의 상표·생산국명·제조자 등에 의하여 원산지를 확인할 수 있는 물품이라도 원산지증명서의 제출이 없으면 관세율을 적용할 때 편익관세를 배제할 수 있다.

④ 세관장은 관세법 제141조에 따라 일시적으로 육지에 내려지거나 다른 운송수단으로 환적 또는 복합환적되는 외국물품 중 원산지를 우리나라로 허위 표시한 물품을 유치할 수 있다.

관세법, 조약, 협정 등에 따라 원산지 확인이 필요한 물품을 수입하는 자는 해당 물품의 원산지를 증명하는 서류(원산지증명서)를 제출하여야 한다. 다만, 대통령령으로 정하는 물품의 경우에는 그러하지 아니하다(법 제232조 제1항). '대통령령으로 정하는 물품' 중의 하나가 '세관장이 물품의 종류·성질·형상 또는 그 상표·생산국명·제조자 등에 의하여 원산지를 확인할 수 있는 물품'이다(영 제236조 제2항 제1호). 그러므로 세관장은 물품의 상표·생산국명·제조자 등에 의하여 원산지를 확인할 수 있는 물품의 경우, 원산지증명서의 제출이 없더라도 편익관세 등 관세율 적용상의 편익을 적용할 수 있다.

✅ 선지분석

① 법 제229조(원산지 확인 기준) 제1항 제2호
② 법 제230조(원산지 허위표시물품 등의 통관 제한)
④ 법 제231조(환적물품 등에 대한 유치 등) 제1항

---

43 관세법령상 원산지의 확인 등에 관한 설명으로 옳지 않은 것은?   2019 관세사

☐☐☐

① 세관장은 일시적으로 육지에 내려지거나 다른 운송수단으로 환적 또는 복합환적되는 외국물품 중 원산지를 우리나라로 허위 표시한 물품은 유치할 수 있다.

② 세관장은 법령에 따라 원산지를 표시하여야 하는 물품의 원산지 표시가 법령에서 정하는 기준과 방법에 부합되지 아니하게 표시된 경우 해당 물품의 통관을 허용하여서는 아니 된다.

③ 세관장은 물품의 품질, 내용, 제조방법, 용도, 수량을 사실과 다르게 표시한 물품 또는 품질 등을 오인(誤認)할 수 있도록 표시하거나 오인할 수 있는 표지를 붙인 물품으로서 부정경쟁방지 및 영업비밀보호에 관한 법률, 식품 등의 표시·광고에 관한 법률, 산업표준화법 등 품질 등의 표시에 관한 법령을 위반한 물품에 대하여는 통관을 허용하여서는 아니 된다.

④ 세관장은 원산지증명서가 발급된 물품을 수입하는 국가의 권한 있는 기관으로부터 원산지증명서 및 원산지증명서확인자료의 진위 여부, 정확성 등의 확인을 요청받은 경우에는 지체 없이 수출물품의 생산자 또는 수입자를 대상으로 서면조사 또는 현지조사를 하여야 한다.

⑤ 세관장은 외국물품을 유치할 때에는 그 사실을 그 물품의 화주나 그 위임을 받은 자에게 통지하여야 한다.

| 관련 법조문: 법 제230조, 제230조의2, 제231조, 제233조 | 답 ④ |

세관장은 원산지증명서가 발급된 물품을 수입하는 국가의 권한 있는 기관으로부터 원산지증명서 및 원산지증명서확인자료의 진위 여부, 정확성 등의 확인을 요청받은 경우 등 필요하다고 인정되는 경우에는 다음 각 호의 어느 하나에 해당하는 자를 대상으로 서면조사 또는 현지조사를 할 수 있다(법 제233조 제3항, 원산지증명서 등의 확인요청 및 조사). '수입자'는 조사대상에 포함되지 않는다.

> 1. 원산지증명서를 발급받은 자
> 2. 원산지증명서를 발급한 자
> 3. 수출물품의 생산자 또는 수출자

✅ 선지분석

① 법 제231조(환적물품 등에 대한 유치 등) 제1항
② 법 제230조(원산지 허위표시물품 등의 통관 제한)
③ 법 제230조의2(품질등 허위·오인 표시물품의 통관 제한)
⑤ 법 제231조(환적물품 등에 대한 유치 등) 제3항

44
□□□

관세법령상 세관장이 수출물품의 생산자와 수출자에게 공통적으로 제출을 요구할 수 있는 원산지증명서확인자료가 아닌 것은? (단, 두 당사자는 원산지증명서를 발급 받음) 2024 관세사

① 원가계산서·원재료내역서 및 공정명세서
② 수출신고필증
③ 해당 물품 및 원재료의 출납·재고관리대장
④ 원산지증명서 발급 신청서류
⑤ 해당 물품 및 원재료의 생산 또는 구입 관련 증명 서류

| 관련 법조문: 영 제236조의6 | 답 ② |

수출물품의 생산자가 제출하는 자료는 다음과 같다(영 제236조 제1항 제1호).

가. 수출자에게 해당 물품의 원산지를 증명하기 위하여 제공한 서류
나. 수출자와의 물품공급계약서
다. 해당 물품의 생산에 사용된 원재료의 수입신고필증(생산자 명의로 수입신고한 경우만 해당한다)
라. 해당 물품 및 원재료의 생산 또는 구입 관련 증명 서류
마. 원가계산서·원재료내역서 및 공정명세서
바. 해당 물품 및 원재료의 출납·재고관리대장
사. 해당 물품의 생산에 사용된 재료를 공급하거나 생산한 자가 그 재료의 원산지를 증명하기 위하여 작성하여 생산자에게 제공한 서류
아. 원산지증명서 발급 신청서류(전자문서를 포함하며, 생산자가 원산지증명서를 발급받은 경우만 해당한다)

수출자가 제출하는 자료는 다음과 같다(영 제236조 제1항 제2호). 위의 라, 마, 바의 자료는 수출물품의 생산자와 수출자에게 공통으로 제출을 요구할 수 있는 원산지증명서 확인자료이다.

가. 원산지증명서가 발급된 물품을 수입하는 국가의 수입자에게 제공한 원산지증명서(전자문서를 포함한다)
나. 수출신고필증
다. 수출거래 관련 계약서
라. 원산지증명서 발급 신청서류(전자문서를 포함하며, 수출자가 원산지증명서를 발급받은 경우만 해당한다)
마. 제1호 라목부터 바목까지의 서류(수출자가 원산지증명서를 발급받은 경우만 해당한다)

45
□□□

관세법령상 원산지표시위반단속기관협의회와 관련한 설명으로 옳은 것은? 2020 국가직 7급

① 관세법, 농수산물의 원산지표시에 관한 법률, 대외무역법에 따른 원산지표시 위반 단속업무에 필요한 정보교류 등 대통령령으로 정하는 사항을 협의하기 위하여 관세청에 원산지표시위반단속기관협의회를 둔다.
② 원산지표시위반단속기관협의회의 구성·운영과 그 밖에 필요한 사항은 기획재정부령으로 정한다.
③ 원산지표시위반단속기관협의회는 위원장 1명과 30명 이내의 위원으로 구성한다.
④ 원산지표시위반단속기관협의회의 위원장은 원산지표시 위반 단속업무를 관장하는 기획재정부의 고위공무원단에 속하는 공무원 중에서 기획재정부장관이 지정하는 사람이 된다.

| 관련 법조문: 법 제233조의3, 영 제236조의9 | 답 ① |

관세법, 농수산물의 원산지표시에 관한 법률, 대외무역법에 따른 원산지표시 위반 단속업무에 필요한 정보교류 등 대통령령으로 정하는 사항을 협의하기 위하여 관세청에 원산지표시위반단속기관협의회를 둔다(법 제233조의3 제1항).

② 원산지표시위반단속기관협의회의 구성·운영과 그 밖에 필요한 사항은 '대통령령'으로 정한다(법 제233조의3 제2항). '협의회' 규정에는 '기획재정부령'이 없다.

③ 원산지표시위반단속기관협의회는 위원장 1명을 포함하여 25명 이내의 위원으로 구성한다(영 제236조의9 제2항). 위원 수도 틀렸지만, 위원 수에 위원장이 포함되므로 '위원장 1명과'라는 표현도 잘못 되었다.

④ 원산지표시위반단속기관협의회의 위원장은 원산지표시 위반 단속업무를 관장하는 '관세청'의 고위공무원단에 속하는 공무원 중에서 '관세청장'이 지정하는 사람이 된다(영 제236조의9 제3항).

> **명호샘의 한마디**
>
> 관세법령상 '협의회'는 원산지표시위반단속기관협의회(영 제236조의9)와 수출입물품안전관리기관협의회(영 제251조의3) 가 있다.
>
> | 구분 | 원산지표시위반단속기관협의회 | 수출입물품안전관리기관협의회 |
> |---|---|---|
> | 위원장 | 원산지표시 위반 단속업무를 관장하는 관세청의 고위공무원단에 속하는 공무원 중에서 관세청장이 지정하는 사람 | 관세청 소속 고위공무원단에 속하는 공무원 중에서 관세청장이 지정하는 사람 |
> | 위원 | 위원장 1명 포함 25명 이내의 위원 | |
> | 의결방식 | 재적위원 과반수의 출석으로 개의하고, 출석위원 3분의 2 이상의 찬성으로 의결 | |

46

관세법령상 원산지표시위반단속기관협의회에 관한 설명으로 옳지 않은 것은? 2024 관세사

① 위원장 1명을 포함하여 25명 이내의 위원으로 구성한다.

② 위원장은 원산지표시 위반 단속업무를 관장하는 관세청의 고위공무원단에 속하는 공무원 중에서 관세청장이 지정하는 사람이 된다.

③ 위원에는 특별자치도의 장이 지정하는 과장급 공무원 1명도 포함된다.

④ 위원장이 부득이한 사유로 직무를 수행하지 못하는 경우에는 관세청장이 미리 지명한 사람이 직무를 대행한다.

⑤ 원산지표시 위반 단속업무에 필요한 정보교류에 관한 사항은 협의사항에 포함된다.

관련 법조문: 영 제236조의9 답 ④

위원장은 협의회를 대표하고 사무를 총괄한다. 다만, 부득이한 사유로 위원장이 그 직무를 수행하지 못하는 경우에는 위원장이 미리 지명한 사람이 그 직무를 대행한다(영 제236조의9 제4항).

✓ 선지분석

① 영 제236조의9(원산지표시위반단속기관협의회) 제2항
② 영 제236조의9(원산지표시위반단속기관협의회) 제3항
③ 영 제236조의9(원산지표시위반단속기관협의회) 제3항 제1호
⑤ 영 제236조의9(원산지표시위반단속기관협의회) 제1항 제1호

제3관 통관의 제한(법 제234조 ~ 제238조)

1 수출입금지 품목

47 다음 관세법상 통관의 제한에 관한 설명으로 옳은 것은?

① 화폐, 채권 그 밖의 유가증권은 수출입금지 물품이다.

② 관세법에 의하여 보호되는 지식재산권의 범위는 상표법에 따라 등록된 상표권과 저작권법에 따른 저작권에 국한된다.

③ 수입신고 수리된 물품으로서 원산지 표시가 적법하게 표시되지 않은 물품은 신고 수리기간 경과 여부를 불문하고 보세구역 반입명령대상이다.

④ 관세청장은 감시상 필요하다고 인정되는 경우에는 특정한 세관에서 통관할 수 있는 물품을 제한할 수 있다.

> **관련 법조문: 법 제234조, 제235조, 제236조, 영 제245조**　　　　　답 ④

✓ 선지분석

① 화폐, 채권, 기타 유가증권의 '위조품, 모조품, 변조품'이 수출입금지 물품이다.

② 관세법에 의하여 보호되는 지식재산권의 범위는 상표법에 따라 등록된 상표권과 저작권법에 따른 저작권에 국한되지 않는다. 저작인접권, 품종보호권, 지리적 표시권과 지리적 표시, 특허권, 디자인권도 보호범위에 들어가기 때문이다.

③ 수입신고 수리된 물품으로서 원산지 표시가 적법하게 표시되지 않은 물품은 신고 수리기간 경과 여부를 따져서 보세구역 반입명령 여부를 결정한다. 관세청장 또는 세관장은 수출입신고가 수리된 물품이 다음 각 호의 어느 하나에 해당하는 경우에는 해당 물품을 보세구역으로 반입할 것을 명할 수 있다. 다만, 해당 물품이 수출입신고가 수리된 후 3개월이 지났거나 관련 법령에 따라 관계 행정기관의 장의 시정조치가 있는 경우에는 그러하지 아니하다.

> 1. 법 제227조에 따른 의무를 이행하지 아니한 경우
> 2. 법 제230조에 따른 원산지 표시가 적법하게 표시되지 아니하였거나 수출입신고 수리 당시와 다르게 표시되어 있는 경우
> 3. 법 제230조의2에 따른 품질 등의 표시(표지의 부착을 포함한다)가 적법하게 표시되지 아니하였거나 수출입신고 수리 당시와 다르게 표시되어 있는 경우
> 4. 지식재산권을 침해한 경우

48 다음 중 관세법상 수출입금지 물품이 아닌 것은?

① 화폐의 위조품　　　　　② 미풍양속을 해치는 그림

③ 첩보활동에 사용되는 물품　　　　　④ 지식재산권 침해물품

> **관련 법조문: 법 제234조**　　　　　답 ④

관세법 제234조의 수출입금지 품목이란 수출입 요건 등을 따지지 않는 '절대 수출입금지' 품목을 말한다. 다음 각 호의 어느 하나에 해당하는 물품은 수출하거나 수입할 수 없다.

> 1. 헌법질서를 문란하게 하거나 공공의 안녕질서 또는 풍속을 해치는 서적·간행물·도화, 영화·음반·비디오물·조각물 또는 그 밖에 이에 준하는 물품
> 2. 정부의 기밀을 누설하거나 첩보활동에 사용되는 물품
> 3. 화폐·채권이나 그 밖의 유가증권의 위조품·변조품 또는 모조품

49 수출입금지 물품에 해당하지 않는 것은?

2012 국가직 7급

① 풍속을 해치는 도화
② 기업의 영업기밀을 누설하는 물품
③ 헌법질서를 문란하게 하는 간행물
④ 화폐·채권이나 그 밖의 유가증권의 위조품·변조품 또는 모조품

| 관련 법조문: 법 제234조 ‖ 답 ②

'정부의 기밀을 누설'하는 물품은 수출입금지 품목에 해당하지만, '기업의 영업기밀을 누설'하는 물품은 수출입금지 품목으로 명시되어 있지 않다.

50 밑줄 친 (가) ~ (마)에 관한 설명으로 옳지 않은 것은?

2011 관세사

> 관세청은 (가) 마약류·가짜상품·보석류·(나) 농산물 등을 밀수하거나 (다) 수입가격을 실제가격보다 낮게 신고하여 관세를 포탈하는 행위 및 (라) 불법외환거래 등을 제보한 민간인에게 최근 3년간 (마) 포상금을 22억원을 지급하겠다고 밝혔다.

① (가)에 해당하는 물품은 관세법에 수출입금지 품목으로 명시되어 있다.
② (나)에 해당하는 참깨를 신고하지 않고 수입한 자는 밀수입죄로 처벌한다.
③ (다)에 해당하는 행위를 한 자는 관세포탈죄로 처벌한다.
④ (라)에 대한 처벌은 관세법이 아니라 외국환거래법에 의한다.
⑤ (마)의 포상금은 관세범을 세관이나 그 밖의 수사기관에 통보하거나 체포한 자로서 공로가 있는 사람에게 지급될 수 있다.

| 관련 법조문: 법 제234조 ‖ 답 ①

'수출입금지 품목'이란 관세법 제234조에 열거된 세 가지 대상(헌, 정, 화)만을 말한다.

51 관세법상 수입하거나 수출할 수 없는 물품으로 규정된 것에 해당하지 않는 것은?

2021 국가직 7급

① 풍속을 해치는 서적·영화·조각물
② 국민보건 등을 해칠 우려가 있는 물품
③ 화폐의 모조품
④ 식물신품종 보호법에 따라 설정등록된 품종보호권을 침해하는 물품

| 관련 법조문: 법 제234조, 제235조 ‖ 답 ②

이 문제는 법 제234조(수출입의 금지) 품목만 묻는 것이 아니라 '수출하거나 수입할 수 없는' 물품을 모두 묻는 문제이다. ①, ③은 법 제234조에 따라, ④는 법 제235조(지식재산권 보호)에 따라 '수출하거나 수입할 수 없다'. ② '국민보건 등을 해칠 우려가 있는 물품'은 ㉠ (해당 물품이 휴대품이라면) 유치대상, ㉡ 통관 보류대상, ㉢ 보세구역 반입명령대상, ㉣ 통관 후 유통이력 신고대상에 해당한다.

52 **지식재산권 보호에 관한 설명으로 옳지 않은 것은?**
2015 관세사

① 상표법에 따라 설정 등록된 상표권을 침해하는 물품은 수출 또는 수입할 수 없다.

② 저작권법에 따른 저작권과 저작인접권을 침해하는 물품은 수출 또는 수입할 수 없다.

③ 식물신품종 보호법에 따라 설정 등록된 품종보호권을 침해하는 물품은 수출 또는 수입할 수 없다.

④ 전자상거래진흥법에 따라 설정 등록된 물품을 침해하는 물품은 수출 또는 수입할 수 없다.

⑤ 디자인보호법에 따라 설정 등록된 디자인권을 침해하는 물품은 수출 또는 수입할 수 없다.

│ 관련 법조문: 법 제235조 답 ④

다음 각 호의 어느 하나에 해당하는 지식재산권을 침해하는 물품은 수출하거나 수입할 수 없다.

> 1. 상표법에 따라 설정 등록된 상표권
> 2. 저작권법에 따른 저작권과 저작인접권
> 3. 식물신품종 보호법에 따라 설정 등록된 품종보호권
> 4. 농수산물 품질관리법에 따라 등록되거나 조약·협정 등에 따라 보호대상으로 지정된 지리적 표시권 또는 지리적 표시
> 5. 특허법에 따라 설정 등록된 특허권
> 6. 디자인보호법에 따라 설정 등록된 디자인권

53 **관세법령상 지식재산권 보호대상으로 명시되어 있지 않은 것은?**
2020 관세사

① 특허법에 따른 화폐·채권

② 저작권법에 따른 저작권과 저작인접권

③ 농수산물 품질관리법에 따라 등록되거나 조약·협정 등에 따라 보호대상으로 지정된 지리적표시권 또는 지리적표시

④ 식물신품종 보호법에 따라 설정등록된 품종보호권

⑤ 디자인보호법에 따라 설정등록된 디자인권

│ 관련 법조문: 법 제235조 답 ①

특허법에 따라 설정 등록된 특허권이 보호대상이다.

54 **관세법상 지식재산권 보호에 대한 설명으로 옳은 것은?**
2012 국가직 9급

① 기획재정부장관은 상표권 등을 침해하는 물품을 효율적으로 단속하기 위하여 필요한 경우에는 해당 상표권 등을 등록한 자로 하여금 상표권 등에 관한 사항을 신고하게 할 수 있다.

② 관세청장은 수출입신고된 물품이 관세법 규정에 따라 신고된 상표권 등을 침해하였다고 인정될 때에는 그 상표권 등을 신고한 자에게 수출입신고 사실을 통보하여야 한다.

③ 상표권 등을 보호받으려는 자는 세관장에게 담보를 제공하고 해당 물품의 통관 보류나 유치를 요청할 수 있다.

④ 상표권 등에 관한 신고, 담보제공, 통관의 보류·허용 등에 필요한 사항은 기획재정부령으로 정한다.

상표권 등을 보호받으려는 자는 세관장에게 담보를 제공하고 해당 물품의 통관 보류나 유치를 요청할 수 있다. 이때의 담보제공은 '필수'이며, 금전, 국채 또는 지방채, 세관장이 인정하는 유가증권, 세관장이 인정하는 보증인의 납세보증서 중의 하나로 제공하여야 한다.

☑ **선지분석**

① '관세청장'은 상표권 등(지식재산권)을 침해하는 물품을 효율적으로 단속하기 위하여 필요한 경우에는 해당 상표권 등을 등록한 자로 하여금 상표권 등에 관한 사항을 신고하게 할 수 있다(법 제235조 제2항).

② '세관장'은 수출입신고된 물품이 관세법 규정에 따라 신고된 상표권 등을 침해하였다고 인정될 때에는 그 상표권 등을 신고한 자에게 수출입신고 사실을 통보하여야 한다(법 제235조 제3항). 상표권 등의 신고는 '관세청장'에게 하지만, 그 신고된 상표권 등을 침해한 물품에 대한 통관 절차를 통제하는 것은 '세관장'이다.

④ 지식재산권에 관한 신고, 담보제공, 통관의 보류·허용 및 유치·유치해제 등에 필요한 사항은 '대통령령'으로 정한다(법 제235조 제6항).

---

55 관세법상 통관에 관한 설명으로 옳지 않은 것은?

2009 국가직 7급

☐☐☐

① 관세법규에 의하여 수입신고 수리시에 부과된 의무를 면제받으려는 자는 세관장에게 통보하여 의무를 면제받을 수 있다.

② 통관표지첨부대상, 통관표지의 종류, 첨부방법 등에 관하여 필요한 사항은 관세청장이 정한다.

③ 상표권 및 저작권 등을 보호받고자 하는 자는 세관장에게 담보를 제공하고 해당 물품의 통관 보류를 요청할 수 있다.

④ 관세청장 또는 세관장은 감시상 필요하다고 인정되는 때에는 통관역·통관장 또는 특정한 세관에서 통관할 수 있는 물품을 제한할 수 있다.

| 관련 법조문: 법 제235조, 제236조, 영 제234조, 제235조 | 답 ①

수입신고 수리시에 부과된 의무를 면제받고자 하는 자는 다음 각 호의 어느 하나에 해당하는 경우에 한하여 당해 의무이행을 요구한 세관장의 승인을 얻어야 한다.

1. 법령이 정하는 허가·승인·추천 기타 조건을 구비하여 의무이행이 필요하지 아니하게 된 경우
2. 법령의 개정 등으로 인하여 의무이행이 해제된 경우
3. 관계 행정기관의 장의 요청 등으로 부과된 의무를 이행할 수 없는 사유가 있다고 인정된 경우

56 관세법상 지식재산권 보호에 대한 설명으로 옳지 않은 것은?

□□□

① 농수산물 품질관리법에 따라 등록되거나 조약·협정 등에 따라 보호대상으로 지정된 지리적표시권을 침해하는 물품은 수출하거나 수입할 수 없다.

② 관세청장은 지식재산권을 침해하는 물품을 효율적으로 단속하기 위하여 필요한 경우에는 해당 지식 재산권을 관계 법령에 따라 등록 또는 설정등록한 자 등으로 하여금 해당 지식재산권에 관한 사항을 신고하게 할 수 있다.

③ 세관장은 지식재산권을 침해했음이 명백한 경우에는 기획재정부령으로 정하는 바에 따라 직권으로 해당 물품의 통관을 보류하거나 해당 물품을 유치할 수 있다.

④ 세관장은 보세운송신고된 물품이 신고된 지식재산권을 침해하였다고 인정될 때에는 그 지식재산권을 신고한 자에게 해당 물품의 보세운송 신고사실을 통보하여야 한다.

▌관련 법조문: 법 제235조　　　　　　　　　　　　　　　　　　　　　　답 ③

세관장은 지식재산권을 침해했음이 명백한 경우에는 <u>대통령령으로 정하는</u> 바에 따라 직권으로 해당 물품의 통관을 보류하거나 해당 물품을 유치할 수 있다. 이 경우 세관장은 해당 물품의 수출입신고 등을 한 자에게 그 사실을 즉시 통보하여야 한다(법 제235조 제7항).

⊘ 선지분석

① 다음 각 호의 어느 하나에 해당하는 <u>지식재산권을 침해하는 물품은 수출하거나 수입할 수 없다</u>(법 제235조 제1항).

> 1. 상표법에 따라 설정등록된 상표권
> 2. 저작권법에 따른 저작권과 저작인접권(이하 '저작권 등'이라 한다)
> 3. 식물신품종 보호법에 따라 설정등록된 품종보호권
> 4. <u>농수산물 품질관리법에 따라 등록되거나 조약·협정 등에 따라 보호대상으로 지정된 지리적표시권</u> 또는 지리적 표시(이하 '지리적표시권 등'이라 한다)
> 5. 특허법에 따라 설정등록된 특허권
> 6. 디자인보호법에 따라 설정등록된 디자인권

② 관세청장은 지식재산권을 침해하는 물품을 효율적으로 단속하기 위하여 필요한 경우에는 해당 지식재산권을 관계 법령에 따라 등록 또는 설정등록한 자 등으로 하여금 해당 지식재산권에 관한 사항을 신고하게 할 수 있다(법 제235조 제2항).

④ "세관장은 <u>보세운송신고된 물품이 신고된 지식재산권을 침해하였다고 인정될 때에는 그 지식재산권을 신고한 자에게 해당 물품의 보세운송 신고사실을 통보하여야 한다.</u>"는 지문은 다음의 규정이 조합되어 만들어진 문장이다. 세관장은 다음 각 호의 어느 하나에 해당하는 물품이 신고된 지식재산권을 침해하였다고 인정될 때에는 그 지식재산권을 신고한 자에게 해당 물품의 <u>수출입, 환적, 복합환적, 보세구역 반입, 보세운송, 법 제141조 제1호에 따른 일시양륙의 신고 또는 통관우체국 도착 사실을 통보하여야</u> 한다. 이 경우 통보를 받은 자는 세관장에게 담보를 제공하고 해당 물품의 통관 보류나 유치를 요청할 수 있다(법 제235조 제3항).

> 1. 수출입신고된 물품
> 2. 환적 또는 복합환적 신고된 물품
> 3. 보세구역에 반입신고된 물품
> 4. <u>보세운송신고된 물품</u>
> 5. 법 제141조 제1호에 따라 일시양륙이 신고된 물품
> 6. 통관우체국에 도착한 물품

57

관세법령상 지식재산권 보호를 위한 통관 보류 관련 규정에 대한 설명으로 옳지 않은 것은?

2010 국가직 7급

① 수출입신고된 물품이 신고된 저작권 등을 침해하였다고 인정되어 지식재산권 권리자의 통관 보류요청을 받은 세관장은 저작권 등을 침해하는 불법복제된 물품을 수출입신고 한 자가 담보를 제공하고 통관을 요청하는 경우에는 해당 물품의 통관을 허용할 수 있다.

② 수출입신고된 물품의 상표권 침해 사실을 세관장으로부터 통보받은 상표권 신고자는 세관장에게 담보를 제공하고 해당 물품의 통관 보류를 요청할 수 있다.

③ 세관장은 수출입신고된 물품이 통관의 보류가 요청된 상표권 또는 저작권 등을 침해한 물품이라고 인정되더라도 상표권 또는 저작권 등의 권리자가 해당 물품의 통관에 동의하는 때에는 관세청장이 정하는 바에 따라 통관을 허용할 수 있다.

④ 세관장은 통관의 보류를 요청한 자가 해당 물품의 통관의 보류사실을 통보받은 후 10일(법 제8조 제3항 각 호에 해당하는 날은 제외) 이내에 법원에의 제소사실을 입증하는 때에는 해당 통관의 보류를 계속할 수 있다.

■ 관련 법조문: 법 제235조, 영 제239조　　　　　　　　　　　　　　　　　답 ①

'저작권 등을 침해하는 불법복제된 물품'을 수출입신고를 한 자가 담보를 제공하고 통관을 요청하는 경우에도 통관을 허용해서는 안 된다. 통관 보류나 유치의 요청을 받은 세관장은 특별한 사유가 없으면 해당 물품의 통관을 보류하거나 유치하여야 한다. 다만, 수출입신고 등을 한 자 또는 제3항 제6호에 해당하는 물품(통관우체국에 도착한 물품)의 화주가 담보를 제공하고 통관 또는 유치 해제를 요청하는 경우에는 다음 각 호의 물품을 제외하고는 해당 물품의 통관을 허용하거나 유치를 해제할 수 있다.

> 1. 위조하거나 유사한 상표를 붙여 상표권을 침해하는 물품
> 2. 불법복제된 물품으로서 저작권 등을 침해하는 물품
> 3. 같거나 유사한 품종명칭을 사용하여 품종보호권을 침해하는 물품
> 4. 위조하거나 유사한 지리적 표시를 사용하여 지리적 표시권 등을 침해하는 물품
> 5. 특허로 설정 등록된 발명을 사용하여 특허권을 침해하는 물품
> 6. 같거나 유사한 디자인을 사용하여 디자인권을 침해하는 물품

58

관세법령상 통관의 제한 등에 대한 설명으로 옳지 않은 것은?

2019 국가직 9급

① 세관장은 수출입신고된 물품이 특허법에 따라 설정등록된 특허권을 침해하였음이 명백한 경우에는 대통령령으로 정하는 바에 따라 직권으로 해당 물품의 통관을 보류하거나 해당 물품을 유치할 수 있다. 이 경우 세관장은 해당 물품의 수출입신고를 한 자에게 그 사실을 즉시 통보하여야 한다.

② 세관장은 통관 보류 등을 요청한 자가 해당 물품에 대한 통관 보류 등의 사실을 통보받은 후 휴일 및 공휴일을 제외한 10일 이내에 법원에의 제소사실 또는 무역위원회에의 조사신청사실을 입증하였을 때에는 해당 통관 보류 등을 계속할 수 있다.

③ 세관장은 수출입신고 등이 된 물품의 지식재산권 침해 여부를 판단하기 위하여 필요하다고 인정되는 경우는 해당 지식재산권의 권리자로 하여금 지식재산권에 대한 전문인력 또는 검사시설을 제공하도록 할 수 있다.

④ 수출입신고 등을 한 자가 통관 보류 등이 된 물품의 통관 또는 유치 해제를 요청하려는 때에는 대통령령으로 정하는 바에 따라 신청서와 해당 물품이 지식재산권을 침해하지 아니하였음을 소명하는 자료를 관세청장에게 제출하여야 한다.

영 제240조(통관 보류 등이 된 물품의 통관 또는 유치 해제요청) ① 수출입신고 등을 한 자 또는 법 제235조 제3항 제6호에 해당하는 물품의 화주가 법 제235조 제5항 단서에 따라 통관 또는 유치 해제를 요청하려는 때에는 관세청장이 정하는 바에 따라 신청서와 해당 물품이 지식재산권을 침해하지 않았음을 소명하는 자료를 세관장에게 제출해야 한다. ⇨ ④

✓ 선지분석

① 법 제235조(지식재산권 보호) 제7항
② 영 제239조(통관 보류 등) 제3항
③ 영 제242조(지식재산권 침해 여부의 확인 등) 제1항

59 수출입신고 등을 한 자가 담보를 제공하고 통관 또는 유치 해제를 요청하는 경우에도 해당 물품의 통관을 허용하거나 유치를 해제할 수 없는 물품으로 옳지 않은 것은? 2014 국가직 7급

① 같거나 유사한 품종명칭을 사용하여 관세법 제235조 제1항 제3호에 따른 디자인권을 침해하는 물품
② 위조하거나 유사한 상표를 붙여 관세법 제235조 제1항 제1호에 따른 상표권을 침해하는 물품
③ 불법 복제된 물품으로서 저작권 등을 침해하는 물품
④ 위조하거나 유사한 지리적 표시를 사용하여 지리적 표시권 등을 침해하는 물품

| 관련 법조문: 법 제235조 | 답 ① |

같거나 유사한 품종명칭을 사용하여 '품종보호권'을 침해하는 물품은 통관을 허용하거나 유치를 해제할 수 없다(법 제235조 제5항).

60 관세법상 통관의 제한 등에 대한 설명으로 옳은 것은? 2011 국가직 7급

① 세관공무원이 관세법의 규정에 따라 제공받은 승객예약자료를 열람하려는 때에는 대통령령으로 정하는 바에 따라 미리 관세청장의 승인을 받아야 한다.
② 관세법에 따라 지식재산권을 보호받으려는 자는 담보제공 없이도 세관장에게 해당 물품의 통관 보류나 유치를 요청할 수 있으며, 이러한 요청을 받은 세관장은 특별한 사유가 없으면 해당 물품의 통관을 보류하거나 유치하여야 한다.
③ 관세법에 따라 통관 보류 또는 유치된 물품의 통관 또는 유치 해제요청을 받은 세관장은 해당 물품의 통관 또는 유치 해제 허용 여부를 요청일로부터 10일 이내에 결정한다.
④ 관세법에 따라 지식재산권을 보호받으려는 자가 세관장에게 담보를 제공하고자 할 때 해당 물품의 과세가격의 100분의 120에 상당하는 금액을 세관장이 인정하는 보증인의 납세보증서로 할 수 있다.

⊘ **선지분석**

① 세관공무원이 관세법의 규정에 따라 제공받은 '보존'승객예약자료를 열람하려는 때에는 '관세청장'이 정하는 바에 따라 미리 '세관장'의 승인을 받아야 한다(영 제158조의2 제4항).

② 관세법에 따라 지식재산권을 보호받으려는 자는 세관장에게 해당 물품의 통관 보류나 유치를 요청할 수 있다. 이때에는 반드시 담보를 제공하여야 한다(법 제235조 제4항).

③ 관세법에 따라 통관 보류 또는 유치된 물품의 통관 또는 유치 해제요청을 받은 세관장은 해당 물품의 통관 또는 유치 해제 허용 여부를 요청일로부터 '15일' 이내에 결정한다(영 제240조 제3항).

---

61 관세법상 수출입물품에 대한 지식 재산권 보호 제도에 대한 내용으로 옳지 않은 것은?   2011 국가직 7급

☐☐☐

① 관세청장은 지식재산권을 침해하는 물품을 효율적으로 단속하기 위하여 필요한 경우에는 해당 지식재산권을 관계 법령에 따라 등록 또는 설정 등록한 자 등으로 하여금 해당 지식재산권에 관한 사항을 신고하게 할 수 있다.

② 세관장은 수출입신고된 물품이 신고된 지식재산권을 침해하였다고 인정될 때에는 그 지식재산권을 신고한 자에게 해당 물품의 수출입신고 사실을 통보하여야 한다.

③ 관세법에 규정된 지식재산권은 상표법에 따라 설정 등록된 상표권, 저작권법에 따른 저작권과 저작인접권, 국제조약에 따라 특허를 받은 품종보호권 등이며, 이러한 지식재산권을 침해하는 물품은 수출하거나 수입할 수 없다.

④ 지식재산권에 관한 신고, 통관의 보류·허용 등에 필요한 사항은 대통령령으로 정한다.

관련 법조문: 법 제235조   답 ③

품종보호권은 국제조약에 따라 특허된 것이 아니라 식물신품종 보호법에 따라 설정 등록된 지식재산권이다.

---

62 관세법령상 지식재산권 보호를 위해 통관의 보류나 유치를 요청하려는 자가 세관장에게 제출하여야 하는 신청서의 기재사항으로 명시되어 있지 않은 것은?   2019 관세사

☐☐☐

① 물품의 수량 및 가격

② 품명·수출입자 및 수출입국

③ 지식재산권의 내용 및 범위

④ 요청사유

⑤ 침해사실을 입증하기 위하여 필요한 사항

관련 법조문: 영 제238조   답 ①

통관의 보류나 유치를 요청하려는 자는 다음 각 호의 사항을 적은 신청서와 해당 법령에 따른 정당한 권리자임을 증명하는 서류를 세관장에게 제출하여야 한다(영 제238조).

1. 품명·수출입자 및 수출입국
2. 지식재산권의 내용 및 범위
3. 요청사유
4. 침해사실을 입증하기 위하여 필요한 사항

63 상표권을 보호받고자 하는 자는 세관장에게 담보를 제공하고 수입물품의 통관 보류를 요청할 수 있는데, 통관 보류 요청시 담보물의 종류가 아닌 것은 무엇인가? 2002 관세사

① 국채 또는 지방채　　　　　　　　　② 금전
③ 세관장이 인정하는 유가증권　　　　④ 납세보증보험증권
⑤ 세관장이 인정하는 보증인의 납세보증서

| **관련 법조문: 영 제241조** | 답 ④ |

지식재산권 보호를 위하여 통관 보류, 유치요청 및 이에 대응하는 통관허용, 유치 해제요청을 할 수 있는데, 이때에는 금전, 국채 또는 지방채, 세관장이 인정하는 유가증권, 세관장이 인정하는 보증인의 납세보증서만 담보로 제공할 수 있다.

64 관세법령상 상표법에 따라 설정등록된 상표권의 보호에 대한 설명으로 옳지 않은 것은? 2017 국가직 7급

① 상업적 목적이 아닌 개인용도에 사용하기 위한 여행자휴대품으로서 소량으로 수입되는 물품이 상표권을 침해하는 경우 그 물품은 수입할 수 없다.
② 관세청장은 상표권을 침해하는 물품을 효율적으로 단속하기 위하여 필요한 경우 해당 상표권을 설정등록한 자로 하여금 해당 상표권에 관한 사항을 신고하게 할 수 있다.
③ 상표권을 보호받으려는 자는 세관장에게 담보를 제공하고 해당 물품의 통관 보류나 유치를 요청할 수 있다.
④ 세관장은 수입신고된 물품이 상표권을 침해하였음이 명백한 경우에는 대통령령으로 정하는 바에 따라 직권으로 해당 물품의 통관을 보류하거나 해당 물품을 유치할 수 있다.

| **관련 법조문: 법 제235조, 영 제243조** | 답 ① |

상표권, 저작권과 저작인접권, 품종보호권, 지리적 표시권 또는 지리적 표시, 특허권, 디자인권을 침해하는 물품은 수출하거나 수입할 수 없다(법 제235조 제1항). 다만, 상업적 목적이 아닌 개인용도에 사용하기 위한 여행자휴대품으로서 소량으로 수출입되는 물품에 대하여는 법 제235조 제1항을 적용하지 아니한다(영 제243조). 즉, 상업적 목적이 아닌 개인용도에 사용하기 위한 여행자휴대품으로서 소량으로 수입되는 물품은 상표권을 침해하는 경우라도 그 물품을 수입할 수 '있다'.

✅ **선지분석**
② 법 제235조(지식재산권 보호) 제2항
③ 법 제235조(지식재산권 보호) 제4항
④ 법 제235조(지식재산권 보호) 제7항

① 보세창고 운영인이 미리 세관장에게 신고를 하고 외국물품이나 통관을 하려는 물품의 장치에 방해되지 아니하는 범위에서 보세창고에 장치한 내국물품으로서 장치기간이 지난 물품은 그 기간이 지난 후 10일 내에 그 운영인의 책임으로 반출하여야 한다.

② 상업적 목적이 아닌 개인용도에 사용하기 위한 여행자휴대품으로서 소량 수입되는 물품이 저작권법에 따른 저작권을 침해할 우려가 있는 경우 세관장은 저작권자에게 그 물품의 수입 사실을 통보하고 통관을 보류할 수 있다.

③ 세관장은 납세의무자가 관세법에 따라 환급하여야 할 환급세액의 환급을 청구할 때에는 대통령령으로 정하는 바에 따라 지체 없이 이를 관세환급금으로 결정하고 30일 이내에 환급하여야 하며, 세관장이 확인한 관세환급금은 납세의무자가 환급을 청구하지 아니하더라도 환급하여야 한다.

④ 관세범인이 통고서의 송달을 받은 날부터 15일 이내에 통고처분을 이행하지 아니하였을 때에는 관세청장이나 세관장은 즉시 고발하여야 한다. 다만, 15일이 지난 후 고발이 되기 전에 관세범인이 통고처분을 이행한 경우에는 그러하지 아니하다.

▌관련 법조문: 법 제46조, 제184조, 제235조, 제316조, 영 제243조 답 ②

상표권, 저작권과 저작인접권, 품종보호권, 지리적 표시권 또는 지리적 표시, 특허권, 디자인권을 침해하는 물품은 수출하거나 수입할 수 없다(법 제235조 제1항). 다만, 상업적 목적이 아닌 개인용도에 사용하기 위한 여행자휴대품으로서 소량으로 수출입되는 물품에 대하여는 법 제235조 제1항을 적용하지 아니한다(영 제243조). 그러므로 권리자에게 수입사실을 통보하고 통관을 보류하는 등의 지식재산권 보호 규정을 적용받지 않는다.

✓ 선지분석

① 법 제183조 제2항에 따른 내국물품(운영인이 미리 세관장에게 신고를 하고 외국물품이나 통관을 하려는 물품의 장치에 방해되지 아니하는 범위에서 보세창고에 장치한 내국물품)으로서 장치기간이 지난 물품은 그 기간이 지난 후 10일 내에 그 운영인의 책임으로 반출하여야 한다(법 제184조 제1항).

③ 세관장은 납세의무자가 관세·가산세 또는 강제징수비로 납부한 금액 중 잘못 납부하거나 초과하여 납부한 금액 또는 관세법에 따라 환급하여야 할 환급세액의 환급을 청구할 때에는 대통령령으로 정하는 바에 따라 지체 없이 이를 관세환급금으로 결정하고 30일 이내에 환급하여야 하며, 세관장이 확인한 관세환급금은 납세의무자가 환급을 청구하지 아니하더라도 환급하여야 한다(법 제46조 제1항).

④ 관세범인이 통고서의 송달을 받았을 때에는 그날부터 15일 이내에 이를 이행하여야 하며, 이 기간 내에 이행하지 아니하였을 때에는 관세청장이나 세관장은 즉시 고발하여야 한다. 다만, 15일이 지난 후 고발이 되기 전에 관세범인이 통고처분을 이행한 경우에는 그러하지 아니하다(법 제316조).

3 통관의 보류

66 세관장이 물품의 통관을 보류할 수 있는 경우에 대한 설명으로 잘못된 것은?

2006 관세사

① 관세법에 따른 의무사항을 위반한 경우
② 수출·수입 또는 반송에 관한 신고서의 기재사항의 보완이 필요한 경우
③ 수입신고시 제출서류 등이 미비되어 보완이 필요한 경우
④ 국민보건 등을 해칠 우려가 있는 경우
⑤ 관세법에 따라 필요한 사항을 확인할 필요가 있다고 인정하여 세관장이 정하는 경우

> **관련 법조문: 법 제237조, 영 제244조**　　　　　　　　　　　　　　답 ⑤

세관장은 다음 각 호의 어느 하나에 해당하는 경우에는 해당 물품의 통관을 보류할 수 있다(법 제237조).

> 1. 법 제241조 또는 제244조에 따른 수출·수입 또는 반송에 관한 신고서의 기재사항에 보완이 필요한 경우
> 2. 법 제245조에 따른 제출서류(신고시 제출서류) 등이 갖추어지지 아니하여 보완이 필요한 경우
> 3. 이 법에 따른 의무사항(대한민국이 체결한 조약 및 일반적으로 승인된 국제법규에 따른 의무를 포함한다)을 위반하거나 국민보건 등을 해칠 우려가 있는 경우
> 4. 법 제246조의3 제1항에 따른 안전성 검사가 필요한 경우
> 4의2. 법 제246조의3 제1항에 따른 안전성 검사 결과 불법·불량·유해 물품으로 확인된 경우
> 5. 국세징수법 제30조 및 지방세징수법 제39조의2에 따라 세관장에게 강제징수 또는 체납처분이 위탁된 해당 체납자가 수입하는 경우
> 6. 그 밖에 이 법에 따라 필요한 사항을 확인할 필요가 있다고 인정하여 대통령령으로 정하는 경우(영 제244조)
>   1) 관세 관계 법령을 위반한 혐의로 고발되거나 조사를 받는 경우
>   2) 수출입 관계 법령에 따른 일시적 통관 제한·금지 또는 이에 따른 중앙행정기관의 장의 일시적 통관 제한·금지 요청이 있어 세관장이 그 해당 여부를 확인할 필요가 있는 경우

67 관세법령상 통관의 보류사유에 해당하지 않는 것은?

2022 국가직 9급

① 수출·수입 또는 반송의 신고 시 제출해야 할 서류 등이 갖추어지지 아니하여 보완이 필요한 경우
② 관세 관계 법령을 위반한 혐의로 고발되거나 조사를 받는 경우
③ 대한민국이 체결한 조약 및 일반적으로 승인된 국제법규에 따른 의무를 위반한 경우
④ 물품의 품질, 내용 등을 오인할 수 있도록 표시한 물품으로서 「산업표준화법」 등 품질등의 표시에 관한 법령을 위반한 경우

> **관련 법조문: 법 제230조의2, 제237조, 영 제244조**　　　　　　　　　답 ④

세관장은 물품의 품질, 내용, 제조 방법, 용도, 수량을 사실과 다르게 표시한 물품 또는 품질등을 오인(誤認)할 수 있도록 표시하거나 오인할 수 있는 표지를 붙인 물품으로서 「부정경쟁방지 및 영업비밀보호에 관한 법률」, 「식품 등의 표시·광고에 관한 법률」, 「산업표준화법」 등 품질등의 표시에 관한 법령을 위반한 물품에 대하여는 통관을 허용하여서는 아니 된다(법 제230조의2). 즉 ④는 '통관 불허' 대상이지 '통관 보류' 대상이 아니다.

✓ 선지분석

①③ 법 제237조(통관의 보류) 제1항
② 영 제244조(통관의 보류)

68

관세법령상 통관에 대한 설명으로 옳은 것은?

① 세관장은 관세법 제237조(통관의 보류) 제1항에 따라 통관을 보류할 때에는 즉시 그 사실을 화주(화주의 위임을 받은 자를 포함) 또는 수출입 신고인에게 통지하여야 한다.

② 세관장은 수출신고가 수리되어 외국으로 반출되기 전에 있는 물품으로서 관세법에 따른 의무사항을 위반한 물품에 대해서는 기획재정부령으로 정하는 바에 따라 화주 또는 수출입 신고인에게 보세구역으로 반입할 것을 명할 수 있다.

③ 세관장은 관세법 제233조(원산지증명서 등의 확인요청 및 조사)에 따라 서면조사 또는 현지조사를 하는 경우에는 대통령령으로 정하는 사항을 조사대상자에게 조사 시작 7일 전까지 서면으로 통지하여야 한다.

④ 세관장은 대통령령으로 정하는 물품을 수입하는 자가 수입신고기한이 경과한 날부터 50일 내에 신고를 한 때에는 당해 물품의 과세가격의 1천분의 20의 금액을 가산세로 징수한다.

> **관련 법조문: 법 제236조의8, 제237조, 제238조, 제241조, 영 제247조**   답 ①

세관장은 통관을 보류할 때에는 즉시 그 사실을 화주(화주의 위임을 받은 자를 포함한다) 또는 수출입 신고인에게 통지하여야 한다(법 제237조 제2항).

✓ 선지분석

② 관세청장이나 세관장은 다음 중 어느 하나에 해당하는 물품으로서 관세법에 따른 의무사항을 위반하거나 국민보건 등을 해칠 우려가 있는 물품에 대해서는 <u>대통령령으로 정하는 바에 따라</u> 화주(화주의 위임을 받은 자를 포함한다) 또는 수출입 신고인에게 보세구역으로 반입할 것을 명할 수 있다(법 제238조 제1항).

> 1. <u>수출신고가 수리되어 외국으로 반출되기 전에 있는 물품</u>
> 2. 수입신고가 수리되어 반출된 물품

③ 세관장은 서면조사 또는 현지조사를 하는 경우에는 <u>기획재정부령으로 정하는 사항</u>을 조사대상자에게 조사 시작 7일 전까지 서면으로 통지하여야 한다(법 제236조의8).

④ <u>신고기한이 경과한 날부터 50일 내에 신고를 한 때에는 당해 물품의 과세가격의 1천분의 10의 금액</u>을 가산세로 징수한다(영 제247조).

4 보세구역반입명령

69

관세법상 관세청장이나 세관장이 수출입신고가 수리된 물품에 대하여 보세구역으로 반입할 것을 명할 수 있는 경우로 옳지 않은 것은?

① 수입신고가 수리되어 반출된 물품으로서 관세법의 규정에 의한 의무사항을 위반한 경우

② 해당 물품이 수출입신고가 수리된 후 3개월이 지났거나 관련 법령에 따라 관계 행정기관의 장의 시정조치가 있는 경우

③ 수출입신고가 수리된 물품으로서 원산지 표시가 적법하게 표시되지 아니하였거나 수출입신고 수리 당시와 다르게 표시되어 있는 경우

④ 수출신고가 수리되어 외국으로 반출되기 전에 있는 물품으로서 국민보건을 해칠 우려가 있는 물품

▌관련 법조문: 법 제238조, 영 제245조 답 ②

관세청장 또는 세관장은 수출입신고가 수리된 물품이 다음 각 호의 어느 하나에 해당하는 경우에는 해당 물품을 보세구역으로 반입할 것을 명할 수 있다. 다만, <u>해당 물품이 수출입신고가 수리된 후 3개월이 지났거나 관련 법령에 따라 관계 행정기관의 장의 시정조치가 있는 경우에는 그러하지 아니하다</u>(영 제245조 제1항).

> 1. 법 제227조(의무이행의 요구)에 따른 의무를 이행하지 아니한 경우
> 2. 원산지 표시가 적법하게 표시되지 아니하였거나 수출입신고 수리 당시와 다르게 표시되어 있는 경우
> 3. 법 제230조의2에 따른 품질 등의 표시(표지의 부착을 포함한다)가 적법하게 표시되지 아니하였거나 수출입신고 수리 당시와 다르게 표시되어 있는 경우
> 4. 지식재산권을 침해한 경우

---

70 관세법상 통관에 대한 설명으로 옳지 않은 것은? 2018 국가직 9급

① 관세청장이나 세관장은 수입신고가 수리되어 반출된 물품이 관세법에 따른 의무사항을 위반하거나 국민보건 등을 해칠 우려가 있는 경우 기획재정부령으로 정하는 바에 따라 화주(화주의 위임을 받은 자를 포함한다) 또는 수출입 신고인에게 보세구역으로 반입할 것을 명할 수 있다.

② 화폐·채권이나 그 밖의 유가증권의 위조품·변조품 또는 모조품은 수출하거나 수입할 수 없다.

③ 정부의 기밀을 누설하거나 첩보활동에 사용되는 물품은 수출하거나 수입할 수 없다.

④ 관세청장이나 세관장은 감시에 필요하다고 인정될 때에는 통관역·통관장 또는 특정한 세관에서 통관할 수 있는 물품을 제한할 수 있다.

▌관련 법조문: 법 제234조, 제238조 답 ①

관세청장이나 세관장은 다음 각 호의 어느 하나에 해당하는 물품으로서 관세법에 따른 의무사항을 위반하거나 국민보건 등을 해칠 우려가 있는 물품에 대해서는 '대통령령'으로 정하는 바에 따라 화주(화주의 위임을 받은 자를 포함한다) 또는 수출입 신고인에게 보세구역으로 반입할 것을 명할 수 있다(법 제238조 제1항).

> 1. 수출신고가 수리되어 외국으로 반출되기 전에 있는 물품
> 2. <u>수입신고가 수리되어 반출된 물품</u>

⊘ 선지분석

②③ 다음 각 호의 어느 하나에 해당하는 물품은 수출하거나 수입할 수 없다(법 제234조, 수출입의 금지).

> 1. 헌법질서를 문란하게 하거나 공공의 안녕질서 또는 풍속을 해치는 서적·간행물·도화, 영화·음반·비디오물·조각물 또는 그 밖에 이에 준하는 물품
> 2. <u>정부의 기밀을 누설하거나 첩보활동에 사용되는 물품</u>
> 3. <u>화폐·채권이나 그 밖의 유가증권의 위조품·변조품 또는 모조품</u>

④ 관세청장이나 세관장은 감시에 필요하다고 인정될 때에는 통관역·통관장 또는 특정한 세관에서 통관할 수 있는 물품을 제한할 수 있다(법 제236조, 통관물품 및 통관절차의 제한).

71 관세법 시행령 제245조(반입명령) 제1항에 의거하여, 관세청장 또는 세관장이 수출입신고가 수리된 물품을 보세구역으로 반입할 것을 명할 수 있는 경우에 해당하지 않는 것은?

2013 국가직 7급

① 수출입신고가 수리된 후 3개월이 지난 경우
② 관세법 제230조에 따른 원산지 표시가 적법하게 표시되지 아니한 경우
③ 관세법 제227조(의무이행의 요구)에 따른 의무를 이행하지 아니한 경우
④ 지식재산권을 침해한 경우

▌ 관련 법조문: 영 제245조   답 ①

수출입신고가 수리된 후 3개월이 지났거나 관련 법령에 따라 관계 행정기관의 장의 시정조치가 있는 경우에는 보세구역 반입명령 대상에서 제외한다.

---

72 관세법상 보세구역 반입명령에 관한 설명으로 옳지 않은 것은?

2014 관세사

① 관세청장 또는 세관장은 해당 물품이 수출입신고가 수리된 후 3개월이 지난 경우에는 반입할 것을 명할 수 없다.
② 물품에 원산지 표시가 적법하게 표시되지 아니하였거나 수출입신고 수리 당시와 다르게 표시되어 있는 경우 반입명령대상이 될 수 있다.
③ 반입된 물품이 반출 또는 폐기된 경우에는 당초의 수출입신고 수리는 취소된 것으로 본다.
④ 반출 또는 폐기에 드는 비용은 반입의무자가 부담한다.
⑤ 반입명령서를 받을 자의 주소 또는 거소가 불분명한 때에는 관세청에 반입명령사항을 공시할 수 있으며, 공시한 날부터 10일이 경과한 때에는 명령서를 받을 자에게 반입명령서가 송달된 것으로 본다.

▌ 관련 법조문: 법 제238조, 영 제245조   답 ⑤

관세청장 또는 세관장은 명령서를 받을 자의 주소 또는 거소가 불분명한 때에는 관세청 또는 세관의 게시판 및 기타 적당한 장소에 반입명령사항을 공시할 수 있다. 이 경우 공시한 날부터 '2주일'이 경과한 때에는 명령서를 받을 자에게 반입명령서가 송달된 것으로 본다(영 제245조 제3항).

---

73 관세법령상 보세구역 반입명령대상에 해당하지 않는 것은? (단, 수출입신고가 수리된 후 3개월이 지나지 않았고 관계 행정기관의 장의 시정조치가 없었던 물품임)

2021 국가직 9급

① 관세법 제227조(의무 이행의 요구 및 조사)에 따른 의무를 이행하지 아니한 경우
② 관세법 제230조(원산지 허위표시물품 등의 통관 제한)에 따른 원산지 표시가 적법하게 표시되지 아니한 경우
③ 관세법 제230조의2(품질 등 허위·오인 표시물품의 통관 제한)에 따른 표지의 부착을 제외한 품질 등의 표시가 수출입신고 당시와 다르게 표시되어 있는 경우
④ 지식재산권을 침해한 경우

관련 법조문: 영 제245조　　　　　　　　　　　　　　　　　　　　　　　답 ③

법 제230조의2에 따른 품질 등의 표시(표지의 부착을 포함한다. 이하 이 호에서 같다)가 적법하게 표시되지 아니하였거나 수출입신고 수리 당시와 다르게 표시되어 있는 경우 보세구역으로 반입할 것을 명할 수 있다(영 제245조 제1항).

74 관세법령상 보세구역 반입명령에 관한 내용으로 (　　)에 들어갈 사항으로 옳은 것은?　　2021 관세사
□□□

> 세관장은 명령서를 받을 자의 주소 또는 거소가 불분명하여 반입명령사항을 공시한 경우 공시한 날부터 (　　)이 경과한 때에는 명령서를 받을 자에게 반입명령서가 송달된 것으로 본다.

① 1주일　　　　　　　　　　　　　　　② 2주일
③ 1개월　　　　　　　　　　　　　　　④ 2개월
⑤ 6개월

관련 법조문: 영 제245조　　　　　　　　　　　　　　　　　　　　　　　답 ②

관세청장 또는 세관장은 명령서를 받을 자의 주소 또는 거소가 불분명한 때에는 관세청 또는 세관의 게시판 및 기타 적당한 장소에 반입명령사항을 공시할 수 있다. 이 경우 공시한 날부터 2주일이 경과한 때에는 명령서를 받을 자에게 반입명령서가 송달된 것으로 본다(법 제245조 제3항).

75 최근 들어 국제무역에서 지식재산권의 침해가 적지 않은 문제가 되고 있다. 다음 중 관세법에 의한 지식재
□□□ 산권보호 활동과 가장 밀접한 관련이 있는 것은?　　2003 관세사

① 잠정가격신고제도　　　　　　　　　　② 입항 전 수입신고제도
③ 보세구역 반입명령제도　　　　　　　　④ 수입신고전 물품 반출제도

관련 법조문: 법 제27조, 제238조, 제244조, 제253조　　　　　　　　　　　답 ③

지식재산권을 침해한 경우 보세구역으로 반입할 것을 명령한다. 이것은 지식재산권 보호를 위한 규정이다.

> **명호샘의 한마디**
> 보세구역 반입명령을 받은 자는 해당 물품을 지정받은 보세구역으로 반입하여야 한다(법 제238조 제2항). 법 제238조에 따른 보세구역 반입명령에 대하여 반입대상 물품의 전부 또는 일부를 반입하지 아니한 자는 물품원가 또는 2천만원 중 높은 금액 이하의 벌금에 처한다(법 제276조 제2항).

제4관 통관의 예외 적용(법 제239조 ~ 제240조)

76

관세법상 통관의 예외적용 및 보세구역에 대한 설명으로 옳지 않은 것은?

① 다른 법률에 따라 실시하는 검사·검역 등을 위하여 견본품으로 채취된 물품으로서 세관장의 확인을 받은 물품이 사용·소비된 경우에는 수입신고를 하여 관세를 납부하고 수리된 것으로 본다.

② 보세구역에 장치된 외국물품이 멸실되거나 폐기되었을 때에는 그 운영인이나 보관인으로부터 즉시 그 관세를 징수한다. 다만, 재해나 그 밖의 부득이한 사유로 멸실된 때와 미리 세관장의 승인을 받아 폐기한 때에는 예외로 한다.

③ 체신관서가 외국으로 발송한 우편물은 관세법에 따라 적법하게 수출되거나 반송된 것으로 본다.

④ 관세법에 따라 매각된 외국물품은 관세법에 따라 적법하게 수입된 것으로 보고 매수인에게 관세 등을 징수한다.

> **관련 법조문: 법 제160조, 제161조, 제240조**　　　　　　　　　　　　　　답 ④

이 문제는 '통관의 예외 적용'과 '보세구역'이라는 어울리지 않는 두 개념을 하나의 문제에 모아 놓았다. 여기에서 '통관의 예외 적용'이란 관세법 제239조의 '수입으로 보지 아니하는 소비 또는 사용'과 관세법 제240조의 '수출입의 의제'를 말한다.

관세법에 따라 매각된 외국물품은 '수입의 의제'대상이다. 그러므로 이 물품은 관세법에 따라 적법하게 수입된 것으로 보고 관세 등을 따로 징수하지 아니한다(법 제240조 제1항). 다음 각 호의 어느 하나에 해당하는 외국물품은 이 법에 따라 적법하게 수입된 것으로 보고 관세 등을 따로 징수하지 아니한다(법 제240조 제1항).

1. 체신관서가 수취인에게 내준 우편물
2. 이 법에 따라 매각된 물품
3. 이 법에 따라 몰수된 물품
4. 법 제269조, 제272조, 제273조 또는 제274조 제1항 제1호에 해당하여 이 법에 따른 통고처분으로 납부된 물품
5. 법령에 따라 국고에 귀속된 물품
6. 제282조 제3항에 따라 몰수를 갈음하여 추징된 물품

⊘ 선지분석

① 다음 각 호의 어느 하나에 해당하는 물품이 사용·소비된 경우에는 수입신고를 하여 관세를 납부하고 수리된 것으로 본다(법 제161조 제5항).

> 1. 법 제161조 제4항("세관공무원은 보세구역에 반입된 물품에 대하여 검사상 필요하면 그 물품의 일부를 견본품으로 채취할 수 있다")에 따라 채취된 물품
> 2. 다른 법률에 따라 실시하는 검사·검역 등을 위하여 견본품으로 채취된 물품으로서 세관장의 확인을 받은 물품

② 법 제160조(장치물품의 폐기) 제2항

③ 법 제240조(수출·반송의 의제) 제2항

77

관세법에 따라 적법하게 수입된 것으로 보고 관세 등을 따로 징수하지 아니하는 외국물품에 해당하지 않는 것은?

① 여행자가 운송수단 또는 관세통로에서 사용하는 휴대품
② 체신관서가 수취인에게 내준 우편물
③ 관세법에 따라 매각된 물품
④ 법령에 따라 국고에 귀속된 물품

관련 법조문: 법 제239조, 제240조

답 ①

'관세법에 따라 적법하게 수입된 것으로 보고 관세 등을 따로 징수하지 아니하는 외국물품'이란 수입의 의제대상이 되는 물품을 묻는 말이다. 다음 각 호의 어느 하나에 해당하는 외국물품은 관세법에 따라 적법하게 수입된 것으로 보고 관세 등을 따로 징수하지 아니한다(법 제240조 제1항).

> 1. 체신관서가 수취인에게 내준 우편물 ⇨ ②
> 2. 관세법에 따라 매각된 물품 ⇨ ③
> 3. 관세법에 따라 몰수된 물품
> 4. 관세법 제269조, 제272조, 제273조 또는 제274조 제1항 제1호에 해당하여(관세 형벌 규정에 해당하여) 관세법에 따른 통고처분으로 납부된 물품
> 5. 법령에 따라 국고에 귀속된 물품 ⇨ ④
> 6. 몰수를 갈음하여 추징된 물품

여행자가 휴대품을 운송수단 또는 관세통로에서 소비하거나 사용하는 경우는 그 소비나 사용을 수입으로 보지 아니한다(법 제239조). 이 문제는 '수입으로 보는' 경우를 묻고 있는데, ①은 오히려 '수입으로 보지 아니하는' 경우이다. 법 제239조(수입으로 보지 아니하는 소비 또는 사용)와 법 제240조(수출입의 의제)를 비교하여 공부하는 것은 매우 의미 있는 일이다. 2016 관세사 시험에서도 동일한 형태의 문제가 출제되었는데, '여행자가 운송수단 또는 관세통로에서 소비한 휴대품'이 오답이었다.

78 관세법상 외국물품으로서 적법하게 수입된 것으로 보고 관세 등을 따로 징수하지 아니하는 물품을 모두
□□□ 고른 것은?

2022 관세사

> ㄱ. 관세법에 따라 몰수된 물품
> ㄴ. 여행자가 운송수단에서 소비한 휴대품
> ㄷ. 법령에 따라 국고에 귀속된 물품
> ㄹ. 체신관서가 보관중인 우편물
> ㅁ. 관세법 제273조(범죄에 사용된 물품의 몰수 등)에 해당하여 관세법에 따른 통고처분으로 납부된 물품

① ㄴ, ㄹ   ② ㄹ, ㅁ
③ ㄱ, ㄴ, ㄷ   ④ ㄱ, ㄷ, ㅁ
⑤ ㄴ, ㄷ, ㄹ, ㅁ

관련 법조문: 법 제240조

답 ④

ㄱ, ㄷ, ㅁ은 수입 의제 대상이다(법 제240조 제1항).

✅ **선지분석**

ㄴ. 여행자가 운송수단에서 소비한 휴대품: 수입으로 보지 아니하는 소비 또는 사용에 해당한다(법 제239조).

ㄹ. 체신관서가 보관중인 우편물: 우편물은 수입 의제와 수출·반송 의제에 모두 해당하지만 '체신관서가 보관 중인 우편물'은 어디에도 해당하지 않는다.

수입 의제	체신관서가 수취인에게 내준 우편물
수출·반송 의제	체신관서가 외국으로 발송한 우편

79

다음에 해당하는 외국물품은 관세법의 규정에 의하여 적법하게 수입된 것으로 보고 관세 등은 따로 징수하지 아니한다. 이에 해당하지 않는 것은?

2004 관세사

① 체신관서가 수취인에게 교부한 우편물
② 관세법에 의하여 압수된 물품
③ 법령에 의하여 국고에 귀속된 물품
④ 관세법에 의하여 매각된 물품
⑤ 관세법 제282조 제3항의 규정에 의하여 몰수에 갈음하여 추징된 물품

▌ 관련 법조문: 법 제240조
답 ②

압수물품은 수입의제대상이 아니다.

80

관세법상 통관에 대한 설명으로 옳지 않은 것은?

2017 국가직 7급(하반기)

① 수출입을 할 때 법령에서 정하는 바에 따라 허가·승인·표시 또는 그 밖의 조건을 갖출 필요가 있는 물품은 세관장에게 그 허가·승인·표시 또는 그 밖의 조건을 갖춘 것임을 증명하여야 한다.
② 세관장은 다른 법령에 따라 수입 후 특정한 용도로 사용하여야 하는 등의 의무가 부가되어 있는 물품에 대하여는 문서로써 해당 의무를 이행할 것을 요구할 수 있다.
③ 외국물품인 선박용품·항공기용품 또는 차량용품을 운송수단 안에서 그 용도에 따라 소비하거나 사용하는 경우에는 수입으로 보지 아니한다.
④ 체신관서가 수취인에게 내준 우편물은 관세법에 따라 적법하게 수입된 것으로 보고 관세 등을 징수한다.

▌ 관련 법조문: 법 제226조, 제227조, 제239조, 제240조
답 ④

체신관서가 수취인에게 내준 우편물은 수입의 의제대상이다. 그러므로 관세법에 따라 적법하게 수입된 것으로 보고 관세 등을 따로 징수하지 아니한다(법 제240조 제1항).

✅ **선지분석**

① 법 제226조(허가·승인 등의 증명 및 확인) 제1항
② 법 제227조(의무 이행의 요구 및 조사) 제1항
③ 법 제239조(수입으로 보지 아니하는 소비 또는 사용) 제1호

제5관 통관 후 유통이력 관리(법 제240조의2 ~ 제240조의3)

81

관세법상 통관 후 유통이력 관리에 관한 설명으로 옳지 않은 것은?

2010 국가직 9급

① 외국물품을 수입하는 자와 수입물품을 국내에서 거래하는 자는 유통이력 신고물품에 대한 유통단계별 거래내역을 관세청장에게 신고하여야 한다.
② 유통이력 신고의무자는 유통이력을 장부에 기록하고, 그 자료를 거래일부터 1년간 보관하여야 한다.
③ 관세청장은 유통이력 신고물품을 지정함에 있어 미리 관계 행정기관의 장과 협의하여야 한다.
④ 유통이력 신고물품별 신고의무 존속기한, 유통이력의 범위, 신고절차 및 그 밖에 유통이력 신고에 관하여 필요한 사항은 세관장이 정한다.

관련 법조문: 법 제240조의2　　　　　　　　　　　　　　　답 ④

유통이력 신고물품별 신고의무 존속기한, 유통이력의 범위, 신고절차, 그 밖에 유통이력 신고에 필요한 사항은 '관세청장'이 정한다.

> **📧 명호샘의 한마디**
>
> 통관 후 유통이력 관리제도에는 '세관장'이 등장하지 않는다. 이 제도에는 관세청장과 세관공무원만 등장하므로 '세관장'이 언급되면 그것은 틀린 문장이다.

82 관세법상 수입물품의 유통이력 신고에 관한 설명으로 옳지 않은 것은?　　　　　　2011 관세사
□□□

① 유통이력 신고대상은 사회안전 또는 국민보건을 해칠 우려가 현저한 물품 등으로 관세청장이 지정하는 물품이다.
② 유통이력 신고물품에 대해서는 유통단계별 거래명세를 관세청장에게 신고하여야 한다.
③ 유통이력 신고의무자는 외국물품을 수입하는 자와 수입물품을 국내에서 거래하는 수입판매업자, 도·소매업자이다.
④ 유통이력 신고의무자는 유통이력을 장부에 기록하여야 하며, 이때 전자적 기록 방식을 사용할 수 있다.
⑤ 유통이력을 기록한 자료는 거래일부터 1년간 보관하여야 한다.

관련 법조문: 법 제240조의2　　　　　　　　　　　　　　　답 ③

외국물품을 수입하는 자와 수입물품을 국내에서 거래하는 자(소비자에 대한 판매를 주된 영업으로 하는 사업자는 제외한다)는 사회안전 또는 국민보건을 해칠 우려가 현저한 물품 등으로서 관세청장이 지정하는 물품(유통이력 신고물품)에 대한 유통단계별 거래명세(유통이력)를 관세청장에게 신고하여야 한다. '소매업자'는 유통 이력 신고의무자에 포함되지 않는다.

83 관세법상 통관 후 유통이력 관리에 대한 설명으로 옳지 않은 것은?　　　　　　2013 국가직 7급
□□□

① 외국물품을 수입하는 자, 수입물품을 국내에서 거래하는 자 그리고 소비자에 대한 판매를 주된 영업으로 하는 사업자는 국민보건을 해칠 우려가 현저한 물품 등으로서 관세청장이 지정하는 물품에 대한 유통단계별 거래명세를 관세청장에게 신고하여야 한다.
② 관세법 제240조의2 제1항에 따라 유통이력 신고의 의무가 있는 자는 유통이력을 장부에 기록하고, 그 자료를 거래일부터 1년간 보관하여야 한다.
③ 유통이력 신고물품별 신고의무 존속기한, 유통이력의 범위, 신고절차, 그 밖에 유통이력 신고에 필요한 사항은 관세청장이 정한다.
④ 관세청장은 유통이력 신고물품의 지정, 신고의무 존속기한 및 신고대상 범위 설정 등을 할 때 수입물품을 내국물품에 비하여 부당하게 차별하여서는 아니 된다.

관련 법조문: 법 제240조의2　　　　　　　　　　　　　　　답 ①

소비자에 대한 판매를 주된 영업으로 하는 사업자는 유통이력 신고의무가 없다.

① 외국물품을 수입하는 자와 수입물품을 국내에서 거래하는 자(소비자에 대한 판매를 주된 영업으로 하는 사업자는 제외한다)는 사회안전 또는 국민보건을 해칠 우려가 현저한 물품 등으로서 관세청장이 지정하는 물품에 대한 유통단계별 거래명세를 관세청장에게 신고하여야 한다.

② 유통이력 신고의 의무가 있는 자는 유통이력을 장부에 기록(전자적 기록방식은 제외한다)하고, 그 자료를 거래일부터 3년간 보관하여야 한다.

③ 관세청장은 유통이력 신고물품을 지정할 때 미리 관계 행정기관의 장과 협의하여야 한다.

④ 관세청장은 유통이력 신고물품의 지정, 신고의무 존속기한 및 신고대상 범위 설정 등을 할 때 수입물품을 내국물품에 비하여 부당하게 차별하여서는 아니 되며, 이를 이행하는 유통이력 신고의무자의 부담이 최소화 되도록 하여야 한다.

⑤ 유통이력 신고물품별 신고의무 존속기한, 유통이력의 범위, 신고절차, 그 밖에 유통이력 신고에 필요한 사항은 관세청장이 정한다.

> **관련 법조문: 법 제240조의2**   답 ②

유통이력 신고의 의무가 있는 자는 유통이력을 장부에 기록(전자적 기록방식을 '포함'한다)하고, 그 자료를 거래일부터 '1년간' 보관하여야 한다(법 제240조의2 제2항).

---

85 ☐☐☐

관세법상 통관 후 유통이력 관리에 관한 설명으로 옳지 않은 것은?   2021 관세사

① 수입물품을 국내에서 거래하는 자로서 소비자에 대한 판매를 주된 영업으로 하는 사업자는 유통이력 신고물품에 대한 유통이력을 관세청장에게 신고하여야 한다.

② 유통이력 신고의무자는 유통이력을 장부에 기록하고, 그 자료를 거래일부터 1년간 보관하여야 한다.

③ 관세청장은 유통이력 신고물품을 지정할 때 미리 관계 행정기관의 장과 협의하여야 한다.

④ 관세청장은 유통이력 신고물품의 지정, 신고의무 존속기한 및 신고대상 범위 설정 등을 할 때 수입물품을 내국물품에 비하여 부당하게 차별하여서는 아니 된다.

⑤ 관세청장은 유통이력 신고를 시행하기 위하여 필요하다고 인정할 때에는 세관공무원으로 하여금 유통이력 신고의무자의 사업장에 출입하여 영업 관계의 장부나 서류를 열람하여 조사하게 할 수 있다.

> **관련 법조문: 법 제240조의2, 제240조의3**   답 ①

외국물품을 수입하는 자와 수입물품을 국내에서 거래하는 자(소비자에 대한 판매를 주된 영업으로 하는 사업자는 제외한다)는 사회안전 또는 국민보건을 해칠 우려가 현저한 물품 등으로서 관세청장이 지정하는 물품(유통이력 신고물품)에 대한 유통단계별 거래명세(유통이력)를 관세청장에게 신고하여야 한다(법 제240조의2 제1항). 즉, '소비자에 대한 판매를 주된 영업으로 하는 사업자'는 유통이력 신고의무자가 아니다.

 선지분석

② 법 제240조의2(통관 후 유통이력 신고) 제2항
③ 법 제240조의2(통관 후 유통이력 신고) 제3항
④ 법 제240조의2(통관 후 유통이력 신고) 제4항
⑤ 법 제240조의3(유통이력 조사) 제1항

통관 후 유통 단계에서의 관리 제도에는 다음의 두 가지가 있다.
- 보세구역 반입명령(법 제238조)
- 통관 후 유통이력 관리(법 제240조의2, 법 제240조의3)

제6관 통관절차 등의 국제협력(법 제240조의4 ~ 제240조의6)

86 관세법상 무역원활화 기본계획에 포함되는 사항을 모두 고른 것은?　　2024 관세사

ㄱ. 무역원활화 정책의 기본 방향에 관한 사항
ㄴ. 무역원활화 기반 시설의 구축과 운영에 관한 사항
ㄷ. 무역원활화의 환경조성에 관한 사항
ㄹ. 무역원활화와 관련된 국제협력에 관한 사항

① ㄱ, ㄷ
② ㄴ, ㄷ
③ ㄴ, ㄹ
④ ㄱ, ㄷ, ㄹ
⑤ ㄱ, ㄴ, ㄷ, ㄹ

관련 법조문: 법 제240조의4	답 ⑤

기획재정부장관은 「세계무역기구 설립을 위한 마라케쉬협정」에 따라 이 법 및 관련법에서 정한 통관 등 수출입 절차의 원활화 및 이와 관련된 국제협력의 원활화(무역원활화)를 촉진하기 위하여 다음 각 호의 사항이 포함된 무역원활화 기본계획을 수립·시행하여야 한다(법 제240조의4 제1항).

1. 무역원활화 정책의 기본 방향에 관한 사항
2. 무역원활화 기반 시설의 구축과 운영에 관한 사항
3. 무역원활화의 환경조성에 관한 사항
4. 무역원활화와 관련된 국제협력에 관한 사항
5. 무역원활화와 관련된 통계자료의 수집·분석 및 활용방안에 관한 사항
6. 무역원활화 촉진을 위한 재원 확보 및 배분에 관한 사항
7. 그 밖에 무역원활화를 촉진하기 위하여 필요한 사항

87 관세법령상 통관절차 등의 국제협력에 관한 설명으로 옳지 않은 것은?

☐☐☐

① 국제무역 및 교류를 증진하고 국가간의 협력을 촉진하기 위하여 우리나라에 대하여 통관절차의 편익을 제공하는 국가에서 수입되는 물품에 대하여는 상호 조건에 따라 대통령령으로 정하는 바에 따라 간이한 통관절차를 적용할 수 있다.

② 관세청장은 관세의 부과와 징수를 위하여 수출입신고자료 등 기획재정부령으로 정하는 사항을 대한민국 정부가 다른 국가와 관세행정에 관한 협력 및 상호지원에 관하여 체결한 협정에 따라 다른 법률에 저촉되지 아니하는 범위에서 다른 국가와 교환하여야 하며, 상호주의원칙에 따라 상대국에 수출입신고자료 등을 제공하는 것을 제한하여서는 아니 된다.

③ 무역원활화위원회는 위원장 1명을 포함하여 20명 이내의 위원으로 구성한다.

④ 관세청장은 물품의 신속한 통관과 관세법을 위반한 물품의 반입을 방지하기 위하여 세계관세기구에서 정하는 수출입 신고항목 및 화물식별번호를 발급하거나 사용하게 할 수 있다.

⑤ 기획재정부장관은 무역원활화 기본계획을 시행하기 위하여 대통령령으로 정하는 바에 따라 무역원활화에 관한 업무를 수행하는 기관 또는 단체에 필요한 지원을 할 수 있다.

▌ **관련 법조문: 법 제240조의4, 제240조의5, 제240조의6, 영 제245조의2**　　　　답 ②

관세청장은 관세의 부과와 징수, 과세 불복에 대한 심리, 형사소추 및 수출입신고의 검증을 위하여 수출입신고자료 등 '대통령령'으로 정하는 사항을 대한민국 정부가 다른 국가와 관세행정에 관한 협력 및 상호지원에 관하여 체결한 협정과 국제기구와 체결한 국제협약에 따라 다른 법률에 저촉되지 아니하는 범위에서 다른 국가와 '교환할 수 있다'(법 제240조의6 제3항, 국가간 세관정보의 상호 교환 등). 그럼에도 불구하고 관세청장은 '상호주의원칙에 따라' 상대국에 수출입신고자료 등을 제공하는 것을 제한할 수 있다(법 제240조의6 제4항).

☑ 선지분석
---
① 법 제240조의5(상호주의에 따른 통관절차 간소화)
③ 영 제245조의2(무역원활화위원회의 구성) 제2항
④ 법 제240조의6(국가간 세관정보의 상호 교환 등) 제1항
⑤ 법 제240조의4(무역원활화 기본계획의 수립 및 시행) 제2항

88 관세법령상 국가간 세관정보의 상호 교환 등에 관한 설명으로 옳지 않은 것은?

☐☐☐

① 관세청장은 세계관세기구에서 정하는 수출입 신고항목 및 화물식별번호 정보를 다른 국가와 상호 조건에 따라 교환할 수 있다.

② 관세청장은 관세의 부과와 징수, 과세 불복에 대한 심리, 형사소추 및 수출입신고의 검증을 위하여 수출입신고자료 등 대통령령으로 정하는 사항을 대한민국 정부가 다른 국가와 관세행정에 관한 협력 및 상호지원에 관하여 체결한 협정과 국제기구와 체결한 국제협약에 따라 다른 법률에 저촉되지 아니하는 범위에서 다른 국가와 교환할 수 있다.

③ 관세청장은 관세법 제240조의6 제3항에 따라 다른 국가와 수출입신고자료 등을 교환하는 경우에는 이를 신고인 또는 그 대리인에게 통지하지 않는다.

④ 관세청장은 물품의 신속한 통관과 관세법을 위반한 물품의 반입을 방지하기 위하여 세계관세기구에서 정하는 수출입 신고항목 및 화물식별번호를 발급하거나 사용하게 할 수 있다.

⑤ 관세청장은 상호주의 원칙에 따라 상대국에 수출입신고자료 등을 제공하는 것을 제한할 수 있다.

▌관련 법조문: 법 제240조의6   답 ③

관세청징은 관세법 제240조의6 제3항에 따라 다른 국가와 수출입신고자료 등을 교환하는 경우에는 <u>대통령령으로 정하는 바에 따라 이를 신고인 또는 그 대리인에게 통지하여야 한다</u>(법 제240조의6 제5항).

☑ 선지분석

① 법 제240조의6(국가간 세관정보의 상호 교환 등) 제2항
② 법 제240조의6(국가간 세관정보의 상호 교환 등) 제3항
④ 법 제240조의6(국가간 세관정보의 상호 교환 등) 제1항
⑤ 법 제240조의6(국가간 세관정보의 상호 교환 등) 제4항

🔍 명호샘의 한마디

통관절차 등의 국제협력과 통관절차의 특례는 구분하여야 한다.

통관절차 등의 국제협력	통관절차의 특례
• 법 제240조의4(무역원활화 기본계획의 수립 및 시행) • 법 제240조의5(상호주의에 따른 통관절차 간소화) • 법 제240조의6(국가간 세관정보의 상호 교환 등)	• 법 제252조(수입신고수리전 반출) • 법 제253조(수입신고전의 물품 반출) • 법 제254조(전자상거래물품의 특별통관 등) • 법 제254조의2(탁송품의 특별통관) • 법 제255조의2~제255조의7(수출입 안전관리 우수업체의 공인)

제1관 신고(법 제241조 ~ 제245조)

01 수출입신고제도에 대한 설명으로 옳지 않은 것은?

2012 국가직 7급

① 수입하려는 물품을 지정장치장 또는 보세창고에 반입하거나 보세구역이 아닌 장소에 장치한 자는 그 반입일 또는 장치일부터 30일 이내에 세관장에게 신고를 하여야 한다.

② 세관장은 법정 기간 내에 수입신고를 하지 아니한 경우에는 해당 물품 과세가격의 100분의 5에 상당하는 금액의 범위에서 대통령령으로 정하는 금액을 가산세로 징수한다.

③ 수출 또는 수입신고는 화주 또는 관세사 등의 명의로 하여야 한다. 다만, 수출신고의 경우에는 화주에게 해당 수출물품을 제조하여 공급한 자의 명의로 할 수 있다.

④ 휴대품·탁송품 또는 별송품은 대통령령으로 정하는 바에 따라 수입신고를 생략하게 하거나 관세청장이 정하는 간소한 방법으로 신고하게 할 수 있다.

> **관련 법조문: 법 제241조, 제242조**   답 ②

세관장은 법정 기간(반입일 또는 장치일부터 30일) 내에 수입신고를 하지 아니한 경우에는 해당 물품 과세가격의 '100분의 2'에 상당하는 금액의 범위에서 대통령령으로 정하는 금액을 가산세로 징수한다(법 제241조 제4항).

☑ 선지분석

① 수입하거나 반송하려는 물품을 지정장치장 또는 보세창고에 반입하거나 보세구역이 아닌 장소에 장치한 자는 그 반입일 또는 장치일부터 30일 이내에 세관장에게 신고하여야 한다(법 제241조 제3항).

③ 수입신고(입항전 수입신고 포함), 반송신고, 수출신고, 즉시반출신고는 화주 또는 관세사 등의 명의로 하여야 한다. 다만, 수출신고의 경우에는 화주에게 해당 수출물품을 제조하여 공급한 자의 명의로 할 수 있다(법 제242조).

④ '휴대품·탁송품 또는 별송품'(법 제241조 제2항 제1호)은 대통령령으로 정하는 바에 따라 수입신고(입항전 수입신고 포함), 반송신고, 수출신고, 즉시반출신고를 생략하게 하거나 관세청장이 정하는 간소한 방법으로 신고하게 할 수 있다(법 제241조 제2항).

02 관세법상 수출·수입 또는 반송의 신고에 대한 내용 일부이다. ㉠, ㉡에 들어갈 내용으로 옳은 것은?

2019 국가직 9급

> 수입하거나 반송하려는 물품을 지정장치장 또는 보세창고에 반입하거나 보세구역이 아닌 장소에 장치한 자는 그 반입일 또는 장치일부터 __㉠__ 이내(관세법 제243조 제1항에 해당하는 물품은 관세청장이 정하는 바에 따라 반송신고를 할 수 있는 날로부터 __㉡__ 이내)에 해당 물품의 품명·규격·수량 및 가격과 그 밖에 대통령령으로 정하는 사항을 세관장에게 신고하여야 한다.

	㉠	㉡		㉠	㉡
①	20일	10일	②	20일	20일
③	30일	30일	④	30일	60일

> **관련 법조문: 법 제241조**   답 ③

수입신고나 반송신고는 '반입일 또는 장치일', '반송신고를 할 수 있는 날'부터 30일 이내에 하여야 한다(법 제241조 제3항).

03 반송통관에 대한 설명으로 옳지 않은 것은?

① 반송이란 국내에 도착한 외국물품이 수입통관절차를 거치지 아니하고 다시 외국으로 반출되는 것을 말한다.

② 물품을 반송하려면 해당 물품의 품명·규격·수량 및 가격과 그 밖에 대통령령으로 정하는 사항을 세관장에게 신고하여야 한다.

③ 반송통관의 대상은 외국물품뿐만 아니라 내국물품도 포함된다.

④ 반송신고 수리 전에는 운송수단, 관세통로, 하역통로 또는 관세법에 따른 장치 장소로부터 신고된 물품을 반출하여서는 아니 된다.

┃ **관련 법조문: 법 제2조, 제241조, 제248조** 답 ③

반송이란 국내에 도착한 외국물품이 수입통관절차를 거치지 아니하고 다시 외국으로 반출되는 것을 말한다. 즉, 반송통관의 대상은 '외국물품' 뿐이다(법 제2조).

04 관세법상 수입신고와 관련된 설명 중 맞는 것은?

① 외국으로부터 반입되는 물품은 예외 없이 세관장에게 수입신고하여야 한다.

② 수입하려는 물품을 보세창고에 반입한 자는 그 반입일부터 60일 이내에 수입신고하여야 한다.

③ 여행자 휴대품 등 관세가 면제된 물품은 그 검사를 마친 때에 해당 물품에 대한 수입신고가 수리된 것으로 본다.

④ 여행자 및 이사자가 과세대상물품을 신고하지 아니하여 과세하는 때 과징금을 납부하여야 한다.

⑤ 수입신고서를 작성할 때 선적지는 필수 기재사항이 아니다.

┃ **관련 법조문: 법 제241조, 영 제246조** 답 ③

법 제241조 제2항의 규정(신고생략 또는 간이신고대상)에 의한 수입물품 중 관세가 면제되거나 무세인 물품에 있어서는 그 검사를 마친 때에 해당 물품에 대한 수입신고가 수리된 것으로 본다(영 제246조 제5항).

⊘ **선지분석**

① 법 제241조 제1항에 따라 수출, 수입, 반송을 할 때엔 세관장에게 신고하여야 한다. 그러나 법 제241조 제2항에서 휴대품, 탁송품, 별송품, 우편물 등은 신고를 생략하게 하거나 관세청장이 정하는 간소한 방법으로 신고하게 할 수 있는 '예외'를 두고 있다. 그러므로 '예외 없이 수입신고하여야 한다'는 말은 틀린 표현이다.

② 수입하려는 물품을 보세창고에 반입한 자는 그 반입일부터 30일 이내에 수입신고하여야 한다(법 제241조 제3항).

④ 여행자 및 이사자가 과세대상물품을 신고하지 아니하여 과세하는 때 '가산세'를 납부하여야 한다(법 제241조 제5항).

⑤ 수입신고서를 작성함에 있어 '선적지'는 필수 기재사항이다. 물품을 수출·수입 또는 반송하려면 해당 물품의 품명·규격·수량 및 가격과 그 밖에 대통령령으로 정하는 사항을 세관장에게 신고하여야 한다(법 제241조). 여기에서 '대통령령으로 정하는 사항'에 '선적지'가 포함된다(영 제246조 제1항).

밑줄 친 부분에 해당하는 물품만을 열거한 것은?

> 소정의 물품은 그 물품의 특성으로 인하여 일정한 시설 또는 장치 등을 이용하여 수출·수입 또는 반송하는 자는 1개월을 단위로 하여 <u>해당 물품</u>에 대한 수출·수입 또는 반송신고 사항을 다음 달 10일까지 신고하여야 한다.

① 전기, 용수(用水), 전자
② 전기, 가스, 휘발유
③ 용수(用水), 용액, 철강
④ 수출용 원재료, 부품류
⑤ 전기, 전자, 자동차

▎**관련 법조문: 법 제241조, 영 제246조**   답 ②

제시된 규정은 법 제241조 제6항의 연속통관 물품의 신고기한 및 가산세 징수와 관련된 내용이다. 연속통관 물품에는 '전기, 가스, 유류(휘발유 포함), 용수'가 있다(영 제246조 제7항).

관세법령상 수입신고에 대한 설명으로 옳지 않은 것은?

① 우편물(관세법 제258조 제2항에 해당하는 것은 제외한다)은 관세법 제241조 제2항에 따른 신고를 생략하게 할 수 있다. 다만, 관세법 제226조의 규정에 해당하는 물품을 제외한다.
② 세관장은 대통령령으로 정하는 물품을 수입하는 자가 관세법에 따른 기간 내에 수입의 신고를 하지 아니한 경우에는 해당 물품 과세가격의 100분의 2에 상당하는 금액의 범위에서 대통령령으로 정하는 금액을 가산세로 징수한다.
③ 관세법 제241조 제2항의 규정에 의한 수입물품 중 관세가 면제되거나 무세인 물품에 있어서는 그 검사를 마친 때에 당해 물품에 대한 수입신고가 수리된 것으로 본다.
④ 전기를 대통령령으로 정하는 시설 또는 장치 등을 이용하여 수입하는 자는 1개월을 단위로 하여 해당 물품에 대한 수입신고를 다음 달 15일까지 하여야 한다.

▎**관련 법조문: 법 제241조, 영 제246조**   답 ④

전기, 유류 등을 전선이나 배관로 등을 이용하여 수출, 수입, 반송하는 자는 1개월을 단위로 하여 '다음 달 10일까지' 해당 신고를 하여야 한다(법 제241조 제6항).

07 관세법령상 수출·수입 또는 반송의 신고를 생략하게 하거나 관세청장이 정하는 간소한 방법으로 신고하게 할 수 있는 물품이 아닌 것은?

2020 관세사

① 휴대품·탁송품

② 별송품

③ 우리나라에 수입할 목적으로 최초로 반입되는 운송수단

④ 국제운송을 위한 컨테이너(별표 관세율표 중 기본세율이 무세인 것으로 한정)

⑤ 우편물

> **관련 법조문: 법 제241조**　　　　　　　　　　　　　　　　　　　답 ③

다음에 해당하는 물품은 신고를 생략하게 하거나 관세청장이 정하는 간소한 방법으로 신고하게 할 수 있다(법 제241조 제2항). 그러나 아래의 밑줄 친 '운송수단'은 제외한다.

　　1. 휴대품·탁송품 또는 별송품
　　2. 우편물
　　3. 제91조부터 제94조까지, 제96조 제1항 및 제97조 제1항에 따라 관세가 면제되는 물품
　　3의2. 제135조, 제136조, 제149조 및 제150조에 따른 보고 또는 허가의 대상이 되는 운송수단. 다만, 다음 각 목의
　　　어느 하나에 해당하는 운송수단은 제외한다.
　　　가. <u>우리나라에 수입할 목적으로 최초로 반입되는 운송수단</u>
　　　나. <u>해외에서 수리하거나 부품 등을 교체한 우리나라의 운송수단</u>
　　　다. <u>해외로 수출 또는 반송하는 운송수단</u>
　　4. 국제운송을 위한 컨테이너(별표 관세율표 중 기본세율이 무세인 것으로 한정한다)

08 수출입신고의 형태에는 몇 가지가 있다. 다음은 관세청장이 그 수출입신고를 생략하거나 간소한 방법으로 신고할 수 있도록 정할 수 있는 대상을 열거한 것이다. 이에 해당되지 아니하는 것은?

2006 관세사

① 여행자 휴대품

② 여행자의 별송품

③ 기본세율이 무세인 컨테이너

④ 구호의 목적으로 기증되는 물품으로 관세가 면제되는 물품

⑤ 국가기관이 교육용으로 사용할 물품으로 관세가 감면되는 물품

> **관련 법조문: 법 제241조**　　　　　　　　　　　　　　　　　　　답 ⑤

'국가기관이 교육용으로 사용할 물품으로 관세가 감면되는 물품'은 법 제90조(학술연구용품의 감면) 대상일 것이다. 관세가 완전히 '면제'되는 물품은 신고가 생략되거나 간소한 방법으로 신고할 수 있으나, 관세가 일부 '경감'이 되는 물품은 정식 신고를 하여야 한다.

09 수출·수입 또는 반송의 신고에 대한 관세법 제241조 제1항에서 '대통령령으로 정하는 사항'으로 옳지 □□□ 않은 것은?

2014 국가직 7급

① 목적지·원산지 및 경유지
② 포장의 종류·번호 및 개수
③ 원산지 표시 대상물품인 경우에는 표시 유무·방법 및 형태
④ 상표

| 관련 법조문: 법 제241조, 영 제246조 | 답 ①

물품을 수출·수입 또는 반송하려면 해당 물품의 품명·규격·수량 및 가격과 그 밖에 대통령령으로 정하는 사항을 세관장에게 신고하여야 한다(법 제241조 제1항). 이것은 '신고서 필수 기재사항'이다. '대통령령으로 정하는 사항' 이란 다음과 같다(영 제246조 제1항). 목적지, 원산지, 선적지는 포함되지만 '경유지'는 포함되지 않는다.

1. 포장의 종류·번호 및 개수
2. 목적지·원산지 및 선적지
3. 원산지 표시 대상물품인 경우에는 표시 유무·방법 및 형태
4. 상표
5. 납세의무자 또는 화주의 상호(개인의 경우 성명을 말한다)·사업자등록번호·통관고유부호와 해외공급자부호 또는 해외구매자부호
6. 물품의 장치장소
7. 그 밖에 기획재정부령으로 정하는 참고사항

10 관세법령상 물품을 수출·수입 또는 반송하려면 해당 물품의 품명·규격·수량 및 가격과 그 밖에 대통령 □□□ 령으로 정하는 사항을 세관장에게 신고하여야 하는데, 이때 대통령령으로 정하는 사항에 해당하지 않는 것은?

2018 국가직 9급

① 운송수단 종류와 그 명칭
② 물품의 장치장소
③ 목적지·원산지 및 선적지
④ 해외공급자부호 또는 해외구매자부호

| 관련 법조문: 법 제241조, 영 제246조 | 답 ①

이 문제는 수출·수입 또는 반송신고를 할 때의 필수 신고사항에 관한 문제이다. 운송수단 종류와 그 명칭은 필수신고사항이 아니다(영 제246조 제1항).

관세법령상 물품의 수출입 통관에 대한 설명으로 옳지 않은 것은?

① 관세가 무세인 물품은 수입신고하는 때에 수입신고가 수리된 것으로 본다.

② 관세법에 따른 의무사항을 위반한 경우 세관장은 해당 물품의 통관을 보류할 수 있다.

③ 관세 보전을 위하여 세관장은 관세의 감면 또는 용도세율의 적용을 받은 물품에 통관표지를 첨부할 것을 명할 수 있다.

④ 수입신고가 수리되어 보세구역에서 반출된 물품이라도 원산지 표시가 수입신고 수리 당시와 다르게 표시되어 있는 경우 세관장은 보세구역에 반입할 것을 명할 수 있다. 다만, 해당 물품이 수입신고가 수리된 후 3개월이 지났거나 관련 법령에 따라 관계 행정기관의 장의 시정조치가 있는 경우에는 그러하지 아니한다.

> **관련 법조문: 법 제228조, 제237조, 제238조, 영 제235조, 제245조, 제246조**   답 ①

법 제241조 제2항의 규정에 의한 수입물품(대통령령으로 정하는 바에 따라 수입신고를 생략하게 하거나 관세청장이 정하는 간소한 방법으로 신고하게 할 수 있는 수입물품) 중 관세가 면제되거나 무세인 물품에 있어서는 그 검사를 마친 때에 당해 물품에 대한 수입신고가 수리된 것으로 본다(영 제246조 제5항).

⊘ **선지분석**

② 관세법에 따른 의무사항(대한민국이 체결한 조약 및 일반적으로 승인된 국제법규에 따른 의무를 포함한다)을 위반하거나 국민보건 등을 해칠 우려가 있는 경우 세관장은 해당 물품의 통관을 보류할 수 있다(법 제237조).

③ 세관장은 관세보전을 위하여 관세의 감면 또는 용도세율의 적용을 받은 물품, 관세의 분할납부승인을 얻은 물품 및 부정수입물품과 구별하기 위하여 관세청장이 지정하는 물품에 대하여는 통관표지의 첨부를 명할 수 있다(법 제228조, 영 제235조).

④ 수입신고가 수리되어 보세구역에서 반출된 물품이라도 원산지 표시가 수입신고 수리 당시와 다르게 표시되어 있는 경우 세관장은 보세구역에 반입할 것을 명할 수 있다(법 제238조 제1항, 영 제245조 제1항). 다만, 해당 물품이 수입신고가 수리된 후 3개월이 지났거나 관련 법령에 따라 관계 행정기관의 장의 시정조치가 있는 경우에는 그러하지 아니한다(영 제245조 제1항 단서).

관세법령상 수출에 대한 내용으로 옳지 않은 것은?

① 관세법 제241조, 제244조 또는 제253조에 따른 신고는 화주 또는 관세사 등의 명의로 하여야 한다. 다만, 수출신고의 경우에는 화주에게 해당 수출물품을 제조하여 공급한 자의 명의로 할 수 있다.

② 수출신고가 수리된 물품은 수출신고가 수리된 날부터 30일 이내에 운송수단에 적재하여야 한다. 다만, 기획재정부령으로 정하는 바에 따라 1년의 범위에서 적재기간의 연장승인을 받은 것은 그러하지 아니하다.

③ 세관공무원은 수출하려는 물품에 대하여 검사를 할 수 있다.

④ 수출신고가격을 산정하기 위하여 외국통화로 표시된 가격을 내국통화로 환산하는 때에는 수출신고일이 속하는 주의 전주의 기준환율 또는 재정환율을 평균하여 대통령령으로 정한 율로 하여야 한다.

> **관련 법조문: 법 제242조, 제246조, 제251조, 영 제246조**   답 ④

수출신고를 함에 있어 수출신고가격을 산정하기 위하여 외국통화로 표시된 가격을 내국통화로 환산할 때에는 수출신고일이 속하는 주의 전주의 기준환율 또는 재정환율을 평균하여 '관세청장'이 정한 율로 하여야 한다.

13 관세법령상 수출·수입 또는 반송의 신고에 대한 내용으로 옳지 않은 것은?

2014 국가직 9급

① 휴대품·탁송품 또는 별송품과 우편물은 대통령령으로 정하는 바에 따라 신고를 생략하게 하거나 관세청장이 정하는 간소한 방법으로 신고하게 할 수 있다.

② 수출·수입 또는 반송의 신고는 화주 또는 관세사 등의 명의로 하여야 하며, 수출신고의 경우에는 화주에게 해당 수출물품을 제조하여 공급한 자의 명의로 할 수 있다.

③ 수입하려는 물품의 신속한 통관이 필요할 때에는 대통령령으로 정하는 바에 따라 해당 물품을 적재한 선박이나 항공기가 입항하기 전에 수입신고를 할 수 있다.

④ 수출신고를 함에 있어 수출신고가격을 산정하기 위하여 외국통화로 표시된 가격을 내국통화로 환산하는 때에는 수출신고일 다음 날에 속하는 주의 기준환율 또는 재정환율을 참고하여 세관장이 정한 율로 하여야 한다.

> **관련 법조문: 법 제241조, 제244조, 영 제246조** 　　답 ④

'수출신고일이 속하는 주의 전주'이다. 즉, '다음 날'이 빠지고, '전주'가 들어가야 한다. 그리고 '세관장이 정한 율'이 아니라 '관세청장이 정한 율'이어야 한다.

---

14 관세법령상 수출·수입 또는 반송의 신고에 대한 설명으로 옳은 것만을 모두 고르면?

2023 국가직 9급

　ㄱ. 관세법 제241조 제2항의 규정에 의한 수입물품중 관세가 면제되거나 무세인 물품에 있어서는 그 검사를 마친 때에 당해 물품에 대한 수입신고가 수리된 것으로 본다.
　ㄴ. 관세법 제241조 제1항에 따른 물품의 수출·반송 신고시 그 신고가격은 해당 물품을 본선에 인도하는 조건으로 실제로 지급받았거나 지급받아야 할 가격으로서 최종 선적항 또는 선적지까지의 운임·보험료를 포함한 가격이다.
　ㄷ. 세관장은 대통령령으로 정하는 물품을 수입하거나 반송하는 자가 관세법에 따른 기간 내에 수입 또는 반송의 신고를 하지 아니한 경우에는 해당 물품 과세가격의 100분의 4에 상당하는 금액의 범위에서 대통령령으로 정하는 금액을 가산세로 징수한다.
　ㄹ. 세관장은 우리나라로 거주를 이전하기 위하여 입국하는 자가 입국할 때에 수입하는 이사물품을 신고하지 아니하여 과세하는 경우, 해당 물품에 대하여 납부할 세액(관세 및 내국세를 포함한다)의 100분의 40에 상당하는 금액을 가산세로 징수한다.

① ㄱ, ㄴ　　　　　　　　　② ㄱ, ㄷ
③ ㄴ, ㄹ　　　　　　　　　④ ㄷ, ㄹ

> **관련 법조문: 법 제241조, 영 제246조** 　　답 ①

ㄱ. 영 제246조(수출·수입 또는 반송의 신고) 제5항
ㄴ. 영 제246조(수출·수입 또는 반송의 신고) 제3항 제1호

⊘ 선지분석

ㄷ. 세관장은 대통령령으로 정하는 물품을 수입하거나 반송하는 자가 관세법에 따른 기간 내에 수입 또는 반송의 신고를 하지 아니한 경우에는 해당 물품 과세가격의 '100분의 2'에 상당하는 금액의 범위에서 대통령령으로 정하는 금액을 가산세로 징수한다(법 제241조 제4항).

ㄹ. 세관장은 우리나라로 거주를 이전하기 위하여 입국하는 자가 입국할 때에 수입하는 이사물품을 신고하지 아니하여 과세하는 경우, 해당 물품에 대하여 납부할 세액(관세 및 내국세를 포함한다)의 '100분의 20'에 상당하는 금액을 가산세로 징수한다(법 제241조 제5항 제2호).

15 「관세법」상 신고에 대한 설명으로 옳은 것은?

① 세관장은 대통령령으로 정하는 물품을 지정장치장에 반입하여 수입하는 자가 반입일부터 30일 이내에 수입신고를 하지 아니한 경우에는 해당 물품 과세가격의 100분의 2에 상당하는 금액의 범위에서 대통령령으로 정하는 금액을 가산세로 징수한다.

② 우리나라로 거주를 이전하기 위하여 입국하는 자가 입국할 때에 수입하는 이사물품을 신고하지 아니하여 과세하는 경우에는 해당 물품에 대하여 납부할 관세의 100분의 20에 상당하는 금액을 가산세로 징수한다.

③ 밀수출 등 불법행위가 발생할 우려가 높거나 감시단속을 위하여 필요하다고 인정하여 기획재정부령으로 정하는 물품은 관세청장이 정하는 장소에 반입한 후 수출의 신고를 하게 할 수 있다.

④ 입항전수입신고가 수리되고 보세구역 등으로부터 반출되지 아니한 물품은 해당 물품이 지정보세구역에 장치되어 있는 경우에 한하여 「관세법」 제106조(계약 내용과 다른 물품 등에 대한 관세 환급)를 준용한다.

관련 법조문: 법 제241조, 제243조, 제244조 답 ①

수입하거나 반송하려는 물품을 지정장치장 또는 보세창고에 반입하거나 보세구역이 아닌 장소에 장치한 자는 그 반입일 또는 장치일부터 30일 이내(제243조 제1항에 해당하는 물품은 관세청장이 정하는 바에 따라 반송신고를 할 수 있는 날부터 30일 이내)에 제1항에 따른 신고를 하여야 한다(법 제241조 제3항). 세관장은 대통령령으로 정하는 물품을 수입하거나 반송하는 자가 위 기간 내에 수입 또는 반송의 신고를 하지 아니한 경우에는 해당 물품 과세가격의 100분의 2에 상당하는 금액의 범위에서 대통령령으로 정하는 금액을 가산세로 징수한다(법 제241조 제4항).

⊘ 선지분석

② 우리나라로 거주를 이전하기 위하여 입국하는 자가 입국할 때에 수입하는 이사물품을 신고하지 아니하여 과세하는 경우에는 해당 물품에 대하여 납부할 세액(관세 및 내국세를 포함한다)의 100분의 20에 상당하는 금액을 가산세로 징수한다(법 제241조 제5항).

③ 밀수출 등 불법행위가 발생할 우려가 높거나 감시단속을 위하여 필요하다고 인정하여 대통령령으로 정하는 물품은 관세청장이 정하는 장소에 반입한 후 수출의 신고를 하게 할 수 있다(법 제243조 제4항).

④ 입항전수입신고가 수리되고 보세구역 등으로부터 반출되지 아니한 물품은 해당 물품이 지정보세구역에 장치되어 있는지 여부와 관계없이 「관세법」 제106조(계약 내용과 다른 물품 등에 대한 관세 환급)를 준용한다(법 제244조 제5항).

---

16 물품의 신속한 유통이 긴요하다고 인정하여 보세구역의 종류와 물품의 특성을 감안하여 관세청장이 정한 물품을 수입하거나 반송하는 자가 정해진 기간 내에 수입 또는 반송의 신고를 하지 아니한 경우에 징수하는 가산세의 세율로 옳지 않은 것은?

① 신고기한이 경과한 날부터 15일째 되는 날에 신고를 한 때: 해당 물품 과세가격의 1천분의 5

② 신고기한이 경과한 날부터 40일째 되는 날에 신고를 한 때: 해당 물품 과세가격의 1천분의 10

③ 신고기한이 경과한 날부터 70일째 되는 날에 신고를 한 때: 해당 물품 과세가격의 1천분의 15

④ 신고기한이 경과한 날부터 150일째 되는 날에 신고를 한 때: 해당 물품 과세가격의 1천분의 25

수입반송신고지연 가산세의 가산세액은 다음 각 호의 율에 의하여 산출한다. 문제의 '신고기한이 경과한 날부터 150일'은 아래의 4번에 포함된다.

> 1. 신고기한이 경과한 날부터 20일 내에 신고를 한 때에는 당해 물품의 과세가격의 1천분의 5
> 2. 신고기한이 경과한 날부터 50일 내에 신고를 한 때에는 당해 물품의 과세가격의 1천분의 10
> 3. 신고기한이 경과한 날부터 80일 내에 신고를 한 때에는 당해 물품의 과세가격의 1천분의 15
> 4. 제1호 내지 제3호 외의 경우에는 당해 물품의 과세가격의 1천분의 20

17 관세법령상 물품을 수입하는 경우 신고기한 경과시에 부과되는 가산세율로 옳은 것은? 2022 관세사

① 신고기한이 경과한 날부터 9일이 되는 날 신고를 한 때: 당해 물품의 과세가격의 1천분의 1
② 신고기한이 경과한 날부터 29일이 되는 날 신고를 한 때: 당해 물품의 과세가격의 1천분의 5
③ 신고기한이 경과한 날부터 59일이 되는 날 신고를 한 때: 당해 물품의 과세가격의 1천분의 10
④ 신고기한이 경과한 날부터 89일이 되는 날 신고를 한 때: 당해 물품의 과세가격의 1천분의 15
⑤ 신고기한이 경과한 날부터 99일이 되는 날 신고를 한 때: 당해 물품의 과세가격의 1천분의 20

신고기한이 경과한 날부터 99일이 되는 날은 '81일 이상 경과'한 경우이다. 이때에는 당해 물품의 과세가격의 1천분의 20(2%)에 해당하는 가산세를 부과한다.

18 관세법령상 가산세율에 관한 내용이다. (   )에 들어갈 숫자를 옳게 나열한 것은? 2024 관세사

> 법 제241조(수출·수입 또는 반송의 신고) 제4항의 규정에 의한 가산세액은 다음의 율에 의하여 산출한다.
> • 법 제241조 제3항의 규정에 의한 신고기한이 경과한 날부터 (ㄱ)일내에 신고를 한 때에는 당해 물품의 과세가격의 1천분의 5
> • 신고기한이 경과한 날부터 50일내에 신고를 한 때에는 당해 물품의 과세가격의 1천분의 (ㄴ)

	ㄱ	ㄴ
①	20	10
②	20	15
③	20	20
④	30	15
⑤	30	20

신고기한이 경과한 날부터 20일 내에 신고를 한 때에는 당해 물품의 과세가격의 1천분의 5가 가산세로 부과된다. 신고기한이 경과한 날부터 50일 내에 신고를 한 때에는 당해 물품의 과세가격의 1천분의 10이 가산세로 부과된다.

19
☐☐☐

수입업자 'A'는 부산항의 보세구역인 컨테이너 야드(CY)에 과세가격 5,000만원의 외국물품을 2009년 2월 1일에 반입하고 2009년 4월 11일에 수입신고를 하였다. 이때 수입신고 지연을 이유로 부과될 수 있는 가산세는 얼마인가?

① 100만원
② 50만원
③ 150만원
④ 250만원

❘ 관련 법조문: 법 제241조　　　　　　　　　　　　　　　　　　　　　답 ②

2월 1일에 반입하였으므로, 3월 2일이 되어야 수입신고가 지연된 것으로 볼 수 있다. 4월 11일에 수입신고를 하였다면 40일이 지연된 것이므로, '신고기한이 경과한 날부터 50일 내에 신고를 한 때'에 해당되어 가산세는 과세가격의 1천분의 10이 적용된다. 과세가격이 5천만원이므로 이것의 1%는 50만원이다.

20
☐☐☐

다음 관세법상 가산세에 대한 설명으로 옳지 않은 것은?

> • 수입하거나 반송하려는 물품을 지정장치장 또는 보세창고에 반입하거나 보세구역이 아닌 장소에 장치한 자는 그 반입일 또는 장치일부터 30일 이내에 신고를 하여야 한다.
> • 세관장은 대통령령으로 정하는 물품을 수입하거나 반송하는 자가 기간 내에 수입 또는 반송의 신고를 하지 아니한 경우에는 해당 물품 과세가격의 100분의 2에 상당하는 금액의 범위에서 대통령령으로 정하는 금액을 가산세로 징수한다.

① 신고기한이 경과한 날부터 20일 내에 신고를 한 때에는 해당 물품의 과세가격의 1천분의 5
② 신고기한이 경과한 날부터 50일 내에 신고를 한 때에는 해당 물품의 과세가격의 1천분의 10
③ 신고기한이 경과한 날부터 80일 내에 신고를 한 때에는 해당 물품의 과세가격의 1천분의 15
④ 가산세액은 1,000만원을 초과할 수 없다.

❘ 관련 법조문: 영 제247조　　　　　　　　　　　　　　　　　　　　　답 ④

보세구역에 수입물품을 반입한 후 30일 이내에 수입신고나 반송신고를 하지 않는 경우, 수입신고 등이 지연되었다는 이유로 가산세가 부과된다. 이때의 가산세는 신고기한이 경과한 날부터 며칠이 더 지났느냐에 따라 그 금액이 달라지며, 가산세액의 상한금액은 500만원이다.

21 보세구역장치물품의 신고기한과 가산세에 대한 설명으로 옳지 않은 것은?

① 반송하고자 하는 물품을 보세창고에 반입한 자는 반입일부터 30일 이내에 반송신고를 하여야 한다.

② 반송하고자 하는 자가 규정된 물품을 규정된 기간 내 반송신고를 하지 않은 경우 해당 물품의 과세가격의 100분의 2에 상당하는 금액의 범위 안에서 대통령령으로 정하는 금액을 가산세로 징수한다.

③ 전기, 유류 등 대통령령으로 정하는 물품을 그 물품의 특성으로 인하여 전선이나 배관 등 대통령령으로 정하는 시설 또는 장치 등을 이용하여 반송하는 자는 1개월을 단위로 하여 다음 달 10일까지 해당 물품에 대한 반송신고를 하여야 한다.

④ 유치된 여행자 휴대품의 경우에는 세관장이 정하는 바에 따라 반송신고를 할 수 있는 날부터 30일 이내 반송신고를 하여야 한다.

> ▌관련 법조문: 법 제241조, 제243조　　　　　　　　　　　　　　　　　　답 ④

유치된 여행자의 휴대품 중 관세청장이 정하는 물품으로서 반송방법이 제한된 물품은 '관세청장'이 정하는 바에 따라 반송신고를 할 수 있는 날부터 30일 이내에 신고를 하여야 한다(법 제241조 제3항).

---

22 관세법상 수출·수입 또는 반송의 신고에 대한 설명으로 옳지 않은 것은?

① 수출·수입 또는 반송하는 휴대품·탁송품 또는 별송품은 대통령령으로 정하는 바에 따라 수출·수입 또는 반송의 신고를 생략하게 하거나 관세청장이 정하는 간소한 방법으로 신고하게 할 수 있다.

② 밀수출 등 불법행위가 발생할 우려가 높거나 감시단속을 위하여 필요하다고 인정하여 대통령령으로 정하는 물품은 관세청장이 정하는 장소에 반입한 후 관세법 제241조 제1항에 따른 수출의 신고를 하게 할 수 있다.

③ 수출·수입 또는 반송의 신고는 정당한 이유가 있는 경우에만 세관장의 승인을 받아 취하할 수 있다. 다만, 수입 및 반송의 신고는 운송수단, 관세통로, 하역통로에서 물품을 반출한 후에는 취하할 수 없다.

④ 세관장은 대통령령으로 정하는 물품을 수입하는 자가 관세법 제241조 제3항에 따른 기간 내에 수입신고를 하지 아니한 경우에는 해당 물품 관세의 100분의 2에 상당하는 금액을 가산세로 징수한다.

> ▌관련 법조문: 법 제241조, 제243조, 제250조　　　　　　　　　　　　　답 ④

세관장은 대통령령으로 정하는 물품을 수입하거나 반송하는 자가 법 제241조 제3항에 따른 기간 내에 수입 또는 반송의 신고를 하지 아니한 경우에는 해당 물품 '과세가격의 100분의 2'에 상당하는 금액의 범위에서 대통령령으로 정하는 금액을 가산세로 징수한다(법 제241조 제4항).

✅ 선지분석

① 휴대품·탁송품 또는 별송품은 대통령령으로 정하는 바에 따라 수출·수입 또는 반송의 신고를 생략하게 하거나 관세청장이 정하는 간소한 방법으로 신고하게 할 수 있다(법 제241조 제2항).

② 밀수출 등 불법행위가 발생할 우려가 높거나 감시단속을 위하여 필요하다고 인정하여 대통령령으로 정하는 물품은 관세청장이 정하는 장소에 반입한 후 법 제241조 제1항에 따른 수출의 신고를 하게 할 수 있다(법 제243조 제4항).

③ 수출·수입 또는 반송의 신고는 정당한 이유가 있는 경우에만 세관장의 승인을 받아 취하할 수 있다. 다만, 수입 및 반송의 신고는 운송수단, 관세통로, 하역통로 또는 이 법에 규정된 장치 장소에서 물품을 반출한 후에는 취하할 수 없다(법 제250조 제1항).

23 관세법상 수출·수입 및 반송신고에 대한 설명으로 옳지 않은 것은?

① 별송품은 대통령령으로 정하는 바에 따라 제241조 제1항에 따른 신고를 생략하게 하거나 관세청장이 정하는 간소한 방법으로 신고하게 할 수 있다.

② 세관장은 대통령령으로 정하는 물품을 반송하는 자가 1개월 이내에 반송의 신고를 하지 아니한 경우에는 해당 물품 관세의 100분의 2에 상당하는 금액의 범위에서 대통령령으로 정하는 금액을 가산세로 징수한다.

③ 밀수출 등 불법행위가 발생할 우려가 높거나 감시단속을 위하여 필요하다고 인정하여 대통령령으로 정하는 물품은 관세청장이 정하는 장소에 반입한 후 제241조 제1항에 따른 수출의 신고를 하게 할 수 있다.

④ 수입하려는 물품의 신속한 통관이 필요할 때에는 대통령령으로 정하는 바에 따라 해당 물품을 적재한 선박이나 항공기가 입항하기 전에 수입신고를 할 수 있다.

> **관련 법조문: 법 제241조, 제243조, 제244조**　　　　　　　　　　답 ②

세관장은 대통령령으로 정하는 물품을 수입하거나 반송하는 자가 지정장치장 또는 보세창고에 반입하거나 보세구역이 아닌 장소에 장치한 자는 그 반입일 또는 장치일부터 30일 이내에 수입 또는 반송의 신고를 하지 아니한 경우에는 해당 물품 과세가격의 100분의 2에 상당하는 금액의 범위에서 대통령령으로 정하는 금액을 가산세로 징수한다(법 제241조 제4항).

⊘ 선지분석

① 휴대품·탁송품 또는 별송품은 대통령령으로 정하는 바에 따라 신고를 생략하게 하거나 관세청장이 정하는 간소한 방법으로 신고하게 할 수 있다(법 제241조 제2항).

③ 법 제243조(신고의 요건) 제4항

④ 법 제244조(입항전수입신고) 제1항

24 여행자가 휴대품(세관장이 타당하다고 인정하는 면세대상 물품은 제외)을 신고하지 아니하여 과세하는 경우 그 여행자의 휴대품에 대한 과세가격이 US $5,000, 납부할 세액(관세 및 내국세 포함)이 US $1,000이라고 가정할 경우 세관장이 징수하게 되는 가산세는 얼마인가?

① US $1,500

② US $1,000

③ US $500

④ US $400

⑤ US $300

> **관련 법조문: 법 제241조**　　　　　　　　　　답 ④

휴대품 및 이사물품을 신고하지 않아 부과하는 가산세는 그 기준금액이 '납부세액'이다. 휴대품신고불이행가산세는 납부세액의 40%이므로, 1,000달러의 40%인 400달러가 가산세액이 된다. 다만, 반복적으로 자진신고를 하지 아니하는 경우 등 대통령령으로 정하는 사유(여행자나 승무원에 대하여 그 여행자나 승무원의 입국일을 기준으로 소급하여 2년 이내에 2회 이상 가산세를 징수한 경우)에 해당하는 경우에는 납부세액의 60%를 가산세로 징수한다.

25 입국여행자들에게 배포된 다음 <보기> 유의사항 부분의 ( ) 안에 들어갈 관세법령 내용을 순서대로 바르게 나열한 것은?

<보기>

여행자(승무원) 세관신고서

(생략)

*유의사항: 허위신고하거나 불성실하게 신고할 경우 관세법에 따라 5년 이하의 징역에 처해지거나, 납부세액의 ( )%에 해당하는 ( )이/가 부과됩니다. (생략)

---

① 10, 과태료
② 30, 가산세
③ 30, 과태료
④ 40, 가산세

▌관련 법조문: 법 제241조 답 ④

과세대상 휴대품을 신고하지 않은 경우 납부세액의 40%에 해당하는 가산세가 부과된다. 세관장은 다음 각 호의 어느 하나에 해당하는 경우에는 해당 물품에 대하여 납부할 세액(관세 및 내국세를 포함한다)의 100분의 20(제1호의 경우에는 100분의 40으로 하되, 반복적으로 자진신고를 하지 아니하는 경우 등 대통령령으로 정하는 사유에 해당하는 경우에는 100분의 60)에 상당하는 금액을 가산세로 징수한다(법 제241조 제5항).

> 1. 여행자나 승무원이 법 제241조 제2항 제1호에 해당하는 휴대품(면세대상은 제외한다)을 신고하지 아니하여 과세하는 경우
> 2. 우리나라로 거주를 이전하기 위하여 입국하는 자가 입국할 때에 수입하는 이사물품(면세대상은 제외한다)을 신고하지 아니하여 과세하는 경우

26 화주에게 해당 물품을 제조하여 공급한 공급자가 신고인이 될 수 있는 신고의 종류로 옳은 것은?

① 수출신고
② 반송신고
③ 수입신고
④ 입항 전 수입신고

▌관련 법조문: 법 제242조 답 ①

수출신고는 화주, 관세사 등, 화주에게 해당 물품을 제조하여 공급한 공급자의 명의로 할 수 있다.

27 관세법령상 입항 전 수입신고에 대한 설명으로 옳지 않은 것은? (다툼이 있는 경우 판례에 의함)

① 입항 전 수입신고가 수리되고 보세구역 등으로부터 반출되지 아니한 물품에 대하여는 해당 물품이 지정보세구역에 장치되었는지 여부와 관계없이 재해로 멸실되거나 변질 또는 손상되어 그 가치가 떨어졌을 때에는 대통령령으로 정하는 바에 따라 그 관세의 전부 또는 일부를 환급할 수 있다.

② 액화천연가스 수입업자인 갑 공사가 2006.1.1. 우리나라에 도착 예정인 액화천연가스에 대하여 2005. 12.30. 입항 전 수입신고를 하였는데, 당시 2006.1.1.부터 액화천연가스에 대한 특별소비세율을 인상하는 내용이 예정된 물품은 입항 전 수입신고대상에 해당된다.

③ 입항 전 수입신고를 한 물품 중 검사대상으로 결정된 물품은 수입신고를 한 세관의 관할 보세구역(보세구역이 아닌 장소에 장치하는 경우 그 장소를 포함한다)에 반입되어야 하나, 세관장이 적재상태에서 검사가 가능하다고 인정하는 물품은 해당 물품을 적재한 선박이나 항공기에서 검사할 수 있다.

④ 입항 전 수입신고는 당해 물품을 적재한 선박 또는 항공기가 그 물품을 적재한 항구 또는 공항에서 출항하여 우리나라에 입항하기 5일 전(항공기의 경우 1일 전)부터 할 수 있다.

▌관련 법조문: 법 제244조, 영 제249조　　　　　　　　　　　　　　　답 ②

다음 각 호의 어느 하나에 해당하는 물품은 해당 물품을 적재한 선박 등이 우리나라에 도착된 후에 수입신고하여야 한다(영 제249조 제3항). 즉, 입항 전 수입신고를 할 수 없다.

> 1. 세율이 인상되거나 새로운 수입요건을 갖추도록 요구하는 법령이 적용되거나 적용될 예정인 물품
> 2. 수입신고하는 때와 우리나라에 도착하는 때의 물품의 성질과 수량이 달라지는 물품으로서 관세청장이 정하는 물품

> **@ 명호샘의 한마디**
> 입항전수입신고는 다음의 다섯 가지가 핵심이다.
>
> 1. 신고시기: 5일전(1일전)부터 신고
> 2. 입항전 신고 불가 물품(도착 후 신고 대상)
> 3. '신고'와 '도착'의 관계
> 4. 지정보세구역 관세환급과의 관계
> 5. 통관절차 등 '관세청장이 정한다'

28 입항 전 수입신고에 대한 설명으로 옳지 않은 것은?

① 출항부터 입항까지의 기간이 단기간인 경우 등 해당 선박 등이 출항한 후에 신고하는 것이 곤란하다고 인정되어 출항하기 전에 신고하게 할 필요가 있을 때에는 관세청장이 정하는 바에 따라 그 신고시기를 조정할 수 있다.

② 입항 전 수입신고된 물품은 우리나라에 도착된 것으로 본다.

③ 세율이 인상되거나 새로운 수입요건을 갖추도록 요구하는 법령이 적용되거나 적용될 예정인 물품은 해당 물품이 보세구역에 장치된 후에 수입신고하여야 한다.

④ 검사대상으로 결정되지 아니한 물품에 대하여는 입항 전에 수입신고를 수리할 수 있다.

▌관련 법조문: 법 제244조, 영 제249조　　　　　　　　　　　　　　　답 ③

세율이 인상되거나 새로운 수입물품을 갖추도록 요구하는 법령이 적용되거나 적용될 예정인 물품은 당해 물품이 '우리나라에 도착된' 후에 수입신고하여야 한다.

29 관세법상 입항 전 수입신고에 대한 설명으로 옳지 않은 것은?

① 수입하려는 물품의 신속한 통관이 필요할 때에는 대통령령으로 정하는 바에 따라 해당 물품을 적재한 선박이나 항공기가 입항하기 전에 수입신고를 할 수 있다. 이 경우 입항 전 수입신고가 된 물품은 우리나라에 도착한 것으로 본다.

② 세관장은 입항 전 수입신고를 한 물품에 대하여 물품검사의 실시를 결정하였을 때에는 수입신고를 한 자에게 이를 통보하여야 한다.

③ 검사대상으로 결정된 수입하려는 물품은 수입신고를 한 세관의 관할 보세구역(보세구역이 아닌 장소에 장치하는 경우 그 장소를 제외한다)에 반입되어야 한다. 다만, 세관장이 적재상태에서 검사가 가능하다고 인정하는 물품은 해당 물품을 적재한 선박이나 항공기에서 검사할 수 있다.

④ 입항 전 수입신고된 물품의 통관절차 등에 관하여 필요한 사항은 관세청장이 정한다.

▌관련 법조문: 법 제244조　　　　　　　　　　　　　답 ③

검사대상으로 결정된 물품은 수입신고를 한 세관의 관할 보세구역(보세구역이 아닌 장소에 장치하는 경우 그 장소를 포함한다)에 반입되어야 한다. 다만, 세관장이 적재상태에서 검사가 가능하다고 인정하는 물품은 해당 물품을 적재한 선박이나 항공기에서 검사할 수 있다(법 제244조 제3항).

✅ 선지분석

① 법 제244조(입항 전 수입신고) 제1항
② 법 제244조(입항 전 수입신고) 제2항
④ 법 제244조(입항 전 수입신고) 제6항

30 관세법령상 입항 전 수입신고에 대한 설명으로 옳지 않은 것은?

① 입항 전 수입신고가 수리되고 보세구역 등으로부터 반출되지 아니한 물품이 재해로 멸실되거나 변질 또는 손상되어 그 가치가 떨어졌을 때에는 해당 물품이 지정보세구역에 장치된 경우에 한하여 대통령령으로 정하는 바에 따라 그 관세의 전부 또는 일부를 환급할 수 있다.

② 입항 전 수입신고는 당해 물품을 적재한 선박 또는 항공기가 그 물품을 적재한 항구 또는 공항에서 출항하여 우리나라에 입항하기 5일 전(항공기의 경우 1일 전)부터 할 수 있다.

③ 세율이 인상되거나 새로운 수입요건을 갖추도록 요구하는 법령이 적용되거나 적용될 예정인 물품은 해당 물품을 적재한 선박 등이 우리나라에 도착된 후에 수입신고하여야 한다.

④ 출항부터 입항까지의 기간이 단기간인 경우 등 당해 선박 등이 출항한 후에 신고하는 것이 곤란하다고 인정되어 출항하기 전에 신고하게 할 필요가 있을 때에는 관세청장이 정하는 바에 따라 그 신고시기를 조정할 수 있다.

▌관련 법조문: 법 제106조, 제244조, 영 제249조　　　답 ①

수입신고가 수리된 물품이 수입신고 수리 후에도 지정보세구역에 계속 장치되어 있는 중에 재해로 멸실되거나 변질 또는 손상되어 그 가치가 떨어졌을 때에는 대통령령으로 정하는 바에 따라 그 관세의 전부 또는 일부를 환급할 수 있다(법 제106조 제4항). 다만, 입항 전 수입신고가 수리되고 보세구역 등으로부터 반출되지 아니한 물품에 대하여는 해당 물품이 지정보세구역에 장치되었는지 여부와 관계없이 법 제106조 제4항을 준용한다(법 제244조 제5항).

✅ 선지분석

② 영 제249조(입항 전 수입신고) 제1항
③ 영 제249조(입항 전 수입신고) 제3항
④ 영 제249조(입항 전 수입신고) 제2항

31 수입하고자 하는 물품의 입항 전 수입신고에 관한 설명으로 옳지 않은 것은?

① 수입하고자 하는 물품의 신속한 통관이 필요한 때에는 대통령령으로 정하는 바에 따라 해당 물품을 적재한 선박 또는 항공기가 입항하기 전에 수입신고를 할 수 있으며, 이 경우 입항 전 수입신고가 된 물품으로 우리나라에 도착된 것으로 본다.

② 입항 전 수입신고를 한 물품이 검사대상으로 결정된 경우 수입신고를 한 세관의 관할보세구역에 반입되어야 한다. 다만, 세관장이 적재상태에서 검사가 가능하다고 인정하는 물품은 해당 물품을 적재한 선박 또는 항공기에서 검사할 수 있다.

③ 입항 전 수입신고가 수리되고, 보세구역으로부터 반출되지 아니한 물품이 재해로 인하여 멸실되거나 변질 또는 손상으로 인하여 그 가치가 감소된 때에는 해당 물품이 지정보세구역에 장치된 경우에만 그 관세의 전부 또는 일부를 환급할 수 있다.

④ 입항 전 수입신고는 해당 물품을 적재한 항공기가 그 물품을 적재한 공항에서 입항하기 1일 전부터 할 수 있다.

> **관련 법조문: 법 제244조, 영 제249조**　　　　　　　　　　　　　　　　답 ③

입항 전 수입신고가 수리되고, 보세구역으로부터 반출되지 아니한 물품이 재해로 인하여 멸실되거나 변질 또는 손상으로 인하여 그 가치가 감소된 때에는 당해 물품이 지정보세구역에 장치되었는지의 여부와 관계없이 그 관세의 전부 또는 일부를 환급할 수 있다.

32 입항 전 수입신고 제도 등에 관한 설명으로 옳은 것은?

① 수입신고하는 때와 우리나라에 도착하는 때의 물품의 성질과 수량이 달라지는 물품으로서 관세청장이 정하는 물품은 해당 물품을 적재한 선박 등이 우리나라에 도착된 후에 수입신고하여야 한다.

② 입항 전 수입신고는 당해 물품을 적재한 항공기가 그 물품은 적재한 공항에서 출항하여 우리나라에 입항하기 3일 전부터 할 수 있다.

③ 출항부터 입항까지의 기간이 단기간인 경우 등 당해 선박 등이 출항한 후에 신고하는 것이 곤란하다고 인정되어 출항하기 전에 신고하게 할 필요가 있는 때에는 세관장이 정하는 바에 따라 그 신고시기를 조정할 수 있다.

④ 입항 전 수입신고가 된 물품은 우리나라에 도착한 것으로 보지 않는다.

⑤ 입항 전 수입신고는 당해 물품을 적재한 선박이 그 물품을 적재한 항구에서 출항하여 우리나라에 입항하기 7일 전부터 할 수 있다.

> **관련 법조문: 법 제244조, 영 제249조**　　　　　　　　　　　　　　　　답 ①

 선지분석

②⑤ 입항 전 수입신고는 당해 물품을 적재한 선박 또는 항공기가 그 물품을 적재한 항구 또는 공항에서 출항하여 우리나라에 입항하기 5일 전(항공기의 경우 1일 전)부터 할 수 있다(영 제249조 제1항).

③ 출항부터 입항까지의 기간이 단기간인 경우 등 당해 선박 등이 출항한 후에 신고하는 것이 곤란하다고 인정되어 출항하기 전에 신고하게 할 필요가 있는 때에는 '관세청장'이 정하는 바에 따라 그 신고시기를 조정할 수 있다(영 제249조 제2항).

④ 입항 전 수입신고가 된 물품은 우리나라에 도착한 것으로 본다(법 제244조 제1항).

33

입항 전 수입신고에 관한 설명으로 옳은 것은?

① 입항 전 수입신고는 해당 물품을 적재한 선박이 그 물품을 적재한 항구에서 출항하여 우리나라에 입항하기 10일 전부터 할 수 있다.

② 입항 전 수입신고가 된 물품은 우리나라에 도착하기 전 물품이라서 적용법령은 입항한 날의 법령을 적용한다.

③ 검사대상으로 결정되지 아니한 입항 전 수입신고물품은 입항과 동시에 수입신고를 수리하여야 한다.

④ 세율이 인상되거나 새로운 수입요건을 갖추도록 요구하는 법령이 적용되거나 적용될 예정인 물품도 입항 전 수입신고를 할 수 있다.

⑤ 입항 전 수입신고 수리 후 보세구역 등으로부터 반출되지 아니한 물품이 재해로 멸실되거나 변질 또는 손상되어 그 가치가 떨어졌을 때에는 해당 물품이 지정보세구역에 장치되어 있는지 여부와 관계없이 그 관세의 전부 또는 일부를 환급받을 수 있다.

▌관련 법조문: 법 제244조, 영 제249조   답 ⑤

⊘ 선지분석

① 입항 전 수입신고는 당해 물품을 적재한 선박이 그 물품을 적재한 항구에서 출항하여 우리나라에 입항하기 '5일' 전부터 할 수 있다(영 제249조 제1항).

② 입항 전 수입신고가 된 물품은 우리나라에 도착한 것으로 본다(법 제244조 제1항). 그러므로 적용법령은 일반적인 경우와 마찬가지로 '수입신고 시점'의 법령을 적용한다.

③ 검사대상으로 결정되지 아니한 입항 전 수입신고물품은 '입항 전'에 수입신고를 수리할 수 있다(법 제244조 제4항).

④ 세율이 인상되거나 새로운 수입요건을 갖추도록 요구하는 법령이 적용되거나 적용될 예정인 물품은 '우리나라에 도착된 후'에 수입신고하여야 한다(영 제249조 제3항 제1호).

34

관세법상 입항 전 수입신고에 대한 다음의 내용 중 잘못된 것은?

① 입항 전 수입신고가 된 물품은 우리나라에 도착된 것으로 본다.

② 세관장은 입항 전 수입신고를 한 물품에 대하여 관세법에 따른 물품검사의 실시를 결정한 때에는 수입신고를 한 자에게 통보하여야 한다.

③ 관세법 규정에 의하여 검사대상으로 결정된 물품은 수입신고를 한 세관의 관할 보세구역에 반입되어야 한다.

④ 관세법 규정에 의하여 검사대상으로 결정되지 아니한 물품에 대해서는 입항 전에 그 수입신고를 수리할 수 있다.

⑤ 입항 전 수입신고된 물품의 통관절차 등에 관하여 필요한 사항은 세관장이 정한다.

▌관련 법조문: 법 제244조   답 ⑤

입항 전 수입신고된 물품의 통관절차 등에 관하여 필요한 사항은 '관세청장'이 정한다.

35 관세법 제243조에 수입신고 요건으로 수입의 신고는 해당 물품을 적재한 선박 또는 항공기가 입항한 후에 한하여 신고할 수 있다고 규정하고 있고, 관세법 제247조에는 이 물품에 대한 검사장소에 관하여 규정하고 있다. 또한, 관세법 제244조에는 입항 전 수입신고에 관하여 규정하고 있으며, 동법 시행령 제249조에서는 구체적인 신고시기에 관하여 정하고 있다. 다음은 수입물품에 대한 신고시기로서 위 법령 조항의 취지에 따른 종류를 나열한 것이다. 가장 부적당하다고 생각되는 것은 어느 것인가? (단, 아래에서 출항은 외국의 항구에서 출발하는 것, 입항은 우리나라 항구에 도착하는 것을 말하며, 보세구역은 수입신고를 하기 위하여 물품을 반입하는 우리나라 보세구역을 지칭함)

2002 관세사

① 출항 전 신고
② 입항 전 신고
③ 보세구역 도착 전 신고
④ 보세구역 도착 후 신고
⑤ 보세구역 반출 후 신고

| 관련 법조문: 법 제244조   답 ⑤

수입신고를 신고의 시기 기준으로 구분하는 경우 ㉠ 출항 전 신고, ㉡ 입항 전 신고, ㉢ 보세구역 도착 전 신고, ㉣ 보세구역 장치 후 신고로 구분할 수 있다.

36 관세법령상 입항전수입신고에 대한 설명으로 옳지 않은 것은?

2022 국가직 9급

① 수입하려는 물품의 신속한 통관이 필요하여 해당 물품을 적재한 선박이나 항공기가 입항하기 전에 수입신고를 한 경우 그 신고가 된 물품은 우리나라에 도착한 것으로 본다.
② 입항전수입신고된 물품의 통관절차 등에 관하여 필요한 사항은 관세청장이 정한다.
③ 새로운 수입요건을 갖추도록 요구하는 법령이 적용될 예정인 물품은 당해 물품을 적재한 선박이 그 물품을 적재한 항구에서 출항하여 우리나라에 입항하기 5일전부터 입항전수입신고를 할 수 있다.
④ 수입신고할 물품을 적재한 선박이 그 물품을 적재한 항구에서 출항한 후에 신고하는 것이 곤란하다고 인정되어 출항하기 전에 신고하게 할 필요가 있는 때에는 관세청장이 정하는 바에 따라 그 신고시기를 조정할 수 있다.

| 관련 법조문: 법 제244조, 영 제249조   답 ③

새로운 수입요건을 갖추도록 요구하는 법령이 적용될 예정인 물품은 해당 물품을 적재한 선박 등이 우리나라에 도착된 후에 수입신고하여야 한다(영 제249조 제3항 제1호). 즉 입항전수입신고를 할 수 없다.

✓ **선지분석**
① 법 제244조(입항전수입신고) 제1항
② 법 제244조(입항전수입신고) 제6항
④ 영 제249조(입항전수입신고) 제2항

37 관세법령상 통관에 대한 설명으로 옳지 않은 것은?

2017 국가직 7급

① 세관장은 다른 법령에 따라 수입 후 특정한 용도로 사용하여야 하는 등의 의무가 부가되어 있는 물품에 대하여는 문서로써 해당 의무를 이행할 것을 요구할 수 있다.

② 관세청장은 사회안전 또는 국민보건을 해칠 우려가 현저한 물품을 유통이력 신고물품으로 지정할 때 미리 관계 행정기관의 장과 협의하여야 한다.

③ 공공의 안녕질서 또는 풍속을 해치는 서적·간행물·도화, 영화·음반·비디오물·조각물 등은 수출하거나 수입할 수 없다.

④ 수입신고하는 때와 우리나라에 도착하는 때의 물품의 성질과 수량이 달라지는 물품으로서 관세청장이 정하는 물품은 당해 물품을 적재한 선박 또는 항공기가 우리나라에 입항하기 5일 전(항공기의 경우 1일 전)부터 입항전수입신고를 할 수 있다.

> **관련 법조문: 법 제227조, 제234조, 제240조의2, 제249조** 　　　　답 ④

입항전 수입신고는 당해 물품을 적재한 선박 또는 항공기가 그 물품을 적재한 항구 또는 공항에서 출항하여 우리나라에 입항하기 5일 전(항공기의 경우 1일 전)부터 할 수 있다(영 제249조 제1항). 다만, 세율이 인상되거나 새로운 수입요건을 갖추도록 요구하는 법령이 적용되거나 적용될 예정인 물품 및 수입신고하는 때와 우리나라에 도착하는 때의 물품의 성질과 수량이 달라지는 물품으로서 관세청장이 정하는 물품은 해당 물품을 적재한 선박 등이 우리나라에 도착된 후에 수입신고하여야 한다(영 제249조 제3항).

⊘ 선지분석
① 법 제227조(의무 이행의 요구 및 조사) 제1항
② 법 제240조의2(통관 후 유통이력 신고) 제1항·제3항
③ 법 제234조(수출입의 금지)

38 수출입 및 반송신고절차에 관한 설명으로 옳지 않은 것은?

2009 관세사

① 관세율표 중 기본세율이 무세인 국제운송을 위한 컨테이너는 수입신고가 생략된다.

② 수입신고가 생략되거나 간이한 방법으로 신고하게 하는 물품 중 관세가 면제된 물품은 그 검사를 마친 때에 해당 물품의 수입신고가 수리된 것으로 본다.

③ 반송신고는 해당 물품이 관세법 규정에 의한 장치장소에 있는 경우에 한하여 이를 할 수 있다.

④ 입항 전 수입신고물품은 선박 또는 항공기가 우리나라에 입항 후에 도착된 것으로 본다.

⑤ 입항 전 수입신고물품 중 검사생략대상으로 선별된 물품은 입항 전에 수입신고를 수리할 수 있다.

> **관련 법조문: 법 제243조, 제244조, 영 제246조** 　　　　답 ④

입항 전 수입신고가 된 물품은 우리나라에 도착한 것으로 본다.

제2관 물품의 검사(법 제246조 ~ 제247조)

39 관세법상 수출·수입 및 반송에 관한 설명으로 옳은 것은?

2016 관세사

① 물품을 수출·수입 또는 반송하려면 해당 물품의 품명·규격·수량 및 가격과 그 밖에 기획재정부령으로 정하는 사항을 관세청장에게 신고하여야 한다.

② 관세청장은 검사의 효율을 거두기 위하여 검사대상, 검사범위, 검사방법 등에 관하여 필요한 기준을 정할 수 있다.

③ 입항 전 수입신고된 물품의 통관절차 등에 관하여 필요한 사항은 세관장이 정한다.

④ 화주는 수입신고를 하려는 물품에 대하여 수입신고전에 세관장이 정하는 바에 따라 확인을 할 수 있다.

⑤ 수출신고가 수리된 물품은 수출신고가 수리된 날부터 60일 이내에 운송수단에 적재하여야 한다. 다만, 기획재정부령으로 정하는 바에 따라 3년의 범위에서 적재기간의 연장승인을 받은 것은 그러하지 아니하다.

> **관련 법조문: 법 제241조, 제244조, 제246조, 제251조**   답 ②

세관공무원은 수출·수입 또는 반송하려는 물품에 대하여 검사를 할 수 있다(법 제246조 제1항). 관세청장은 검사의 효율을 거두기 위하여 검사대상, 검사범위, 검사방법 등에 관하여 필요한 기준을 정할 수 있다(법 제246조 제2항).

✅ 선지분석

① 물품을 수출·수입 또는 반송하려면 해당 물품의 품명·규격·수량 및 가격과 그 밖에 '대통령령'으로 정하는 사항을 '세관장'에게 신고하여야 한다(법 제241조 제1항).

③ 입항 전 수입신고된 물품의 통관절차 등에 관하여 필요한 사항은 '관세청장'이 정한다(법 제244조 제6항).

④ 화주는 수입신고를 하려는 물품에 대하여 수입신고전에 '관세청장'이 정하는 바에 따라 확인을 할 수 있다(법 제246조 제3항).

⑤ 수출신고가 수리된 물품은 수출신고가 수리된 날부터 '30일 이내'에 운송수단에 적재하여야 한다. 다만, 기획재정부령으로 정하는 바에 따라 '1년'의 범위에서 적재기간의 연장승인을 받은 것은 그러하지 아니하다(법 제251조 제1항).

---

40 관세법상 물품의 검사에 대한 설명으로 옳지 않은 것은?

2019 국가직 7급

① 세관공무원은 수출·수입 또는 반송하려는 물품에 대하여 검사를 할 수 있다.

② 관세청장은 검사의 효율을 거두기 위하여 검사대상, 검사범위, 검사방법에 관하여 필요한 기준을 정할 수 있다.

③ 관세청장은 불량 물품으로 인정될 가능성이 있는 물품의 정보를 관세청 인터넷 홈페이지를 통하여 공개할 수 있다.

④ 안전성 검사에 필요한 정보교류, 제264조의10에 따른 불법·불량·유해물품에 대한 정보 등의 제공요청 등 대통령령으로 정하는 사항을 협의하기 위하여 관세청에 수출입물품안전관리기관협의회를 둔다.

> **관련 법조문: 법 제246조의3**   답 ③

관세청장은 안전성 검사 결과 불법·불량·유해 물품으로 확인된 물품의 정보를 관세청 인터넷 홈페이지를 통하여 공개할 수 있다(법 제246조의3). 즉, 불량물품으로 '확인'되어야지, '인정될 가능성'이 있는 정도로는 해당 정보를 공개할 수 없다.

41 관세법상 물품의 검사에 관한 설명으로 옳지 않은 것은?

① 세관장은 효율적인 검사를 위하여 부득이하다고 인정될 때에는 수출하려는 물품도 보세구역에 반입하게 한 후 검사할 수 있다.
② 화주는 수입신고를 하려는 물품에 대하여 수입신고전에 확인할 수 있다.
③ 세관장은 수입신고인이 검사에 참여할 것을 신청하거나 신고인의 참여가 필요하다고 인정하는 때에는 검사에 참여할 것을 통지할 수 있다.
④ 세관장은 수입신고를 하지 아니한 물품에 대해서는 직권으로 이를 검사할 수 없다.

> **관련 법조문: 법 제246조, 제247조, 영 제251조**
>
> 답 ④

세관장은 수입신고를 하지 아니한 물품에 대하여는 관세청장이 정하는 바에 의하여 직권으로 이를 검사할 수 '있다'(영 제251조 제1항).

> 🔍 **명호샘의 한마디**
>
> 물품 검사 장소는 다음과 같이 간략하게 정리할 수 있다.
>
> | 원칙적인 검사 장소 | 장치 장소 |
> |---|---|
> | 효율적인 검사 장소 | 보세구역 |

42 관세법령상 물품의 검사에 관한 설명으로 옳지 않은 것은?

① 관세청장은 검사의 효율을 거두기 위하여 검사대상, 검사범위, 검사방법 등에 관하여 필요한 기준을 정할 수 있다.
② 화주는 수입신고를 하려는 물품에 대하여 수입신고전에 관세청장이 정하는 바에 따라 확인을 할 수 있다.
③ 안전성 검사에 필요한 정보교류, 제264조의10에 따른 불법·불량·유해물품에 대한 정보 등의 제공 요청 등 대통령령으로 정하는 사항을 협의하기 위하여 관세청에 수출입물품안전관리기관협의회를 둔다.
④ 수출입물품안전관리기관협의회는 위원장 1명을 포함하여 30명 이내의 위원으로 구성한다.
⑤ 관세청장은 중앙행정기관의 장의 요청을 받아 세관장으로 하여금 관세법 제226조에 따른 세관장의 확인이 필요한 수출입물품 등 다른 법령에서 정한 물품의 성분·품질 등에 대한 안전성 검사를 하게 할 수 있다.

> **관련 법조문: 법 제246조, 제246조의3, 영 제251조의3**
>
> 답 ④

수출입물품안전관리기관협의회는 위원장 1명을 포함하여 <u>25명 이내의 위원으로 구성한다</u>(영 제251조의3 제2항).

☑ **선지분석**
----

① 법 제246조(물품의 검사) 제2항
② 법 제246조(물품의 검사) 제3항
③ 법 제246조의3(물품에 대한 안전성 검사) 제7항
⑤ 법 제246조의3(물품에 대한 안전성 검사) 제1항

43 관세법령상 물품의 검사에 관한 설명으로 옳지 않은 것은?

☐☐☐

① 기획재정부장관은 관세법에 따른 세관공무원의 적법한 물품검사로 인하여 물품에 손실이 발생한 경우 그 손실을 입은 자에게 보상하여야 한다.

② 관세청장은 검사의 효율을 거두기 위하여 검사대상, 검사범위, 검사방법 등에 관하여 필요한 기준을 정할 수 있다.

③ 화주는 수입신고를 하려는 물품에 대하여 수입신고 전에 관세청장이 정하는 바에 따라 확인을 할 수 있다.

④ 세관공무원은 수출·수입 또는 반송하려는 물품에 대하여 검사를 할 수 있다.

⑤ 물품의 검사에 대한 손실보상 금액은 해당 물품을 수리할 수 없는 경우에는 관세법 제30조부터 제35조까지의 규정에 따른 해당 물품의 과세가격에 상당하는 금액으로 한다.

> **▌관련 법조문: 법 제246조, 제246조의2, 영 제251조의2**　　　　　답 ①

'관세청장 또는 세관장'은 관세법에 따른 세관공무원의 적법한 물품검사로 인하여 물품 등에 손실이 발생한 경우 그 손실을 입은 자에게 보상하여야 한다(법 제246조의2 제1항).

✅ 선지분석
---
② 법 제246조(물품의 검사) 제2항
③ 법 제246조(물품의 검사) 제3항
④ 법 제246조(물품의 검사) 제1항
⑤ 영 제251조의2(물품의 검사에 대한 손실보상의 금액) 제2항 제1호 가목

44 「관세법」상 물품의 검사와 관련하여 관세청장이 정하거나 정할 수 있는 것만을 모두 고르면?

ㄱ. 물품의 검사대상, 검사범위, 검사방법 등에 관한 필요한 기준
ㄴ. 물품의 검사에 따른 손실보상의 기준, 보상금액에 관한 사항
ㄷ. 물품의 검사에 따른 손실보상의 지급절차 및 방법, 그 밖에 필요한 사항
ㄹ. 수출입물품안전관리기관협의회의 구성·운영과 그 밖에 필요한 사항

① ㄱ, ㄴ　　　　　　　　　　　② ㄱ, ㄷ
③ ㄴ, ㄹ　　　　　　　　　　　④ ㄷ, ㄹ

> **▌관련 법조문: 법 제246조, 제246조의2, 제246조의3**　　　　　답 ②

ㄱ. 관세청장은 검사의 효율을 거두기 위하여 검사대상, 검사범위, 검사방법 등에 관하여 필요한 기준을 정할 수 있다(법 제246조 제2항).
ㄷ. 물품의 검사에 따른 손실보상의 지급절차 및 방법, 그 밖에 필요한 사항은 관세청장이 정한다(법 제246조의2 제3항).

✅ 선지분석

ㄴ. 물품의 검사에 따른 손실보상의 기준, 대상 및 보상금액에 관한 사항은 <u>대통령령</u>으로 정한다(법 제246조의2 제2항).
ㄹ. 수출입물품안전관리기관협의회의 구성·운영과 그 밖에 필요한 사항은 <u>대통령령</u>으로 정한다(법 제246조의3 제8항).

☐☐☐ 관세법령상 수출·수입 및 반송하려는 물품의 검사에 따른 손실보상에 대한 설명으로 옳지 않은 것은?

2020 국가직 7급

① 다른 법령에서 정한 물품의 성분·품질 등에 대한 안전성을 검사한 결과 물품에 손실이 발생한 경우 관세청장은 관세법령에 따라 그 손실을 입은 자에게 보상하여야 한다.

② 손실보상의 기준, 대상 및 보상금액에 관한 사항은 대통령령으로 정한다.

③ 손실보상의 지급절차 및 방법, 그 밖에 필요한 사항은 관세청장이 정한다.

④ 손실보상의 금액은 해당 물품을 수리할 수 있는 경우 수리비에 상당하는 금액으로 하고, 관세법 제30 조부터 제35조까지의 규정에 따른 해당 물품의 과세가격에 상당하는 금액을 한도로 한다.

> ▌관련 법조문: 법 제246조의2, 영 제251조의2   답 ①

관세청장 또는 세관장은 관세법에 따른 세관공무원의 적법한 물품검사로 인하여 물품 등에 손실이 발생한 경우 그 손실을 입은 자에게 보상(손실보상)하여야 한다(법 제246조의2 제1항). 즉, 손실보상은 '적법한 물품검사'로 인하여 물품에 손실이 발생하였을 때 취하는 조치이다. '다른 법령에서 정한 물품의 성분·품질 등에 대한 안전성을 검사'는 법 제246조의3(물품에 대한 안전성 검사)에 등장하는 표현이다.

제3관 신고의 처리(법 제248조 ~ 제251조)

46

☐☐☐ 관세법령상 수입신고를 수리할 때 세관장이 관세에 상당하는 담보의 제공을 요구할 수 있는 자에 해당하지 않는 것은?

2020 관세사

① 수출용원재료에 대한 관세 등 환급에 관한 특례법 제23조를 위반하여 징역형의 실형을 선고받고 그 집행이 끝나거나 면제된 후 2년이 지나지 아니한 자

② 수출용원재료에 대한 관세 등 환급에 관한 특례법 제23조를 위반하여 징역형의 집행유예를 선고받고 그 유예기간이 종료된 후 2년이 지나지 아니한 자

③ 수출용원재료에 대한 관세 등 환급에 관한 특례법 제23조에 따라 벌금형 또는 통고처분을 받은 자로서 그 벌금형을 선고받거나 통고처분을 이행한 후 2년이 지나지 아니한 자

④ 관세법 제241조 또는 제244조에 따른 수입신고일을 기준으로 최근 2년간 관세 등 조세를 체납한 사실이 있는 자

⑤ 최근 2년간 계속해서 수입실적이 없는 자

> ▌관련 법조문: 법 제248조   답 ②

세관장은 관세를 납부하여야 하는 물품에 대하여는 수입신고를 수리할 때에 다음 각 호의 어느 하나에 해당하는 자에게 관세에 상당하는 담보의 제공을 요구할 수 있다(법 제248조 제2항).

> 1. 이 법 또는 수출용원재료에 대한 관세 등 환급에 관한 특례법 제23조를 위반하여 징역형의 실형을 선고받고 그 집행이 끝나거나(집행이 끝난 것으로 보는 경우를 포함한다) 면제된 후 2년이 지나지 아니한 자
> 2. 이 법 또는 수출용원재료에 대한 관세 등 환급에 관한 특례법 제23조를 위반하여 징역형의 집행유예를 선고받고 그 유예기간 중에 있는 자
> 3. 제269조부터 제271조까지, 제274조, 제275조의2, 제275조의3 또는 수출용원재료에 대한 관세 등 환급에 관한 특례법 제23조에 따라 벌금형 또는 통고처분을 받은 자로서 그 벌금형을 선고받거나 통고처분을 이행한 후 2년이 지나지 아니한 자
> 4. 제241조 또는 제244조에 따른 수입신고일을 기준으로 최근 2년간 관세 등 조세를 체납한 사실이 있는 자

5. 수입실적, 수입물품의 관세율 등을 고려하여 대통령령으로 정하는 관세채권의 확보가 곤란한 경우에 해당하는 자
　　1) 최근 2년간 계속해서 수입실적이 없는 자
　　2) 파산, 청산 또는 개인회생절차가 진행 중인 자
　　3) 수입실적, 자산, 영업이익, 수입물품의 관세율 등을 고려할 때 관세채권 확보가 곤란한 경우로서 관세청장이 정하는 요건에 해당하는 자

47
□□□

관세법령상 관세를 납부해야 하는 물품에 대하여 세관장이 수입신고를 수리할 때에 관세에 상당하는 담보의 제공을 요구할 수 있는 자가 아닌 자는?　　2021 관세사

① 관세법을 위반하여 징역형의 집행유예를 선고받고 그 유예기간 중에 있는 자
② 수입신고일을 기준으로 최근 2년간 관세 등 조세를 체납한 사실이 있는 자
③ 개인회생절차 종료 후 2년이 지나지 아니한 자
④ 최근 2년간 계속해서 수입실적이 없는 자
⑤ 관세법을 위반하여 징역형의 실형을 선고받고 그 집행이 끝난 후 2년이 지나지 아니한 자

｜ 관련 법조문: 법 제248조, 영 제252조　　답 ③

파산, 청산 또는 개인회생절차가 진행 중인 자는 담보의 제공을 요구할 수 있다(영 제252조). 중요한 것은 그런 절차가 진행 '중'이어야 한다는 점이다.

> **명호샘의 한마디**
> 수입신고를 수리할 때 담보제공이 요구되는 사유에는 '~중(中)'인 경우가 있다. '~중인 자'가 '2년이 지나지 아니한 자'로 바뀌는 것이 가장 대표적인 오답이다. '~중'인 경우는 다음의 두 가지이다.
> 1. 이 법 또는 수출용원재료에 대한 관세 등 환급에 관한 특례법 제23조를 위반하여 징역형의 집행유예를 선고받고 그 유예기간 중에 있는 자(법 제248조 제2항)
> 2. 파산, 청산 또는 개인회생절차가 진행 중인 자(영 제252조)

48
□□□

관세법 제250조에 따른 신고의 취하 및 각하에 대한 설명으로 옳지 않은 것은?　　2008 국가직 9급

① 신고는 정당한 이유가 있는 때에 한하여 세관장의 승인을 받아 취하할 수 있다.
② 수입 및 반송은 운송수단, 관세통로, 하역통로 또는 관세법에 규정된 장치장소에서 물품을 반출한 후에도 이를 취하할 수 있다.
③ 수출·수입 또는 반송의 신고를 수리한 후에 신고의 취하를 승인한 때에는 신고 수리의 효력은 상실된다.
④ 세관장은 수출·수입 또는 반송의 신고 및 입항 전 수입신고가 그 요건을 갖추지 못하였거나 부정한 방법으로 된 때에는 해당 수출·수입 또는 반송의 신고를 각하할 수 있다.

｜ 관련 법조문: 법 제250조　　답 ②

수입 및 반송의 신고는 운송수단, 관세통로, 하역통로 또는 이 법에 규정된 장치 장소에서 물품을 반출한 후에는 취하할 수 없다.

49 관세법상 신고의 취하 및 각하에 관한 설명으로 옳지 않은 것은?

2011 관세사

① 신고는 정당한 이유가 있는 경우에만 세관장의 승인을 받아 취하할 수 있다.

② 수출, 수입 및 반송의 신고는 운송수단, 관세통로, 하역통로 또는 관세법에 규정된 장치 장소에서 물품을 반출한 후에는 취하할 수 없다.

③ 수출, 수입 또는 반송의 신고를 수리한 후 그 신고의 취하를 승인한 때에는 신고 수리의 효력이 상실된다.

④ 입항 전 수입신고가 그 요건을 갖추지 못하였거나 부정한 방법으로 신고된 경우, 세관장은 해당 신고를 각하할 수 있다.

⑤ 수입신고 또는 입항 전 수입신고를 하고 관세를 납부한 후 신고가 취하 또는 각하된 경우, 관세환급청구권을 행사할 수 있는 날은 신고의 취하일 또는 각하일로 한다.

▌ 관련 법조문: 법 제250조   답 ②

수입 및 반송의 신고는 운송수단, 관세통로, 하역통로 또는 관세법에 규정된 장치 장소에서 물품을 반출한 후에는 취하할 수 없다.

---

50 관세법령상 수출·수입 또는 반송 신고의 취하 및 각하에 관한 설명으로 옳지 않은 것은?

2023 관세사

① 세관장은 신고를 각하한 때에는 각하한 날로부터 10일 이내에 그 신고인에게 각하사유 등을 기재한 통지서를 송부하여야 한다.

② 세관장은 신고가 그 요건을 갖추지 못하였거나 부정한 방법으로 신고되었을 때에는 해당 수출·수입 또는 반송의 신고를 각하할 수 있다.

③ 수입 및 반송의 신고는 운송수단, 관세통로, 하역통로 또는 관세법에 규정된 장치 장소에서 물품을 반출한 후에는 취하할 수 없다.

④ 수출·수입 또는 반송의 신고를 수리한 후 신고의 취하를 승인한 때에는 신고수리의 효력이 상실된다.

⑤ 세관장은 수출·수입 또는 반송신고 취하 승인의 신청을 받은 날부터 10일 이내에 승인 여부를 신청인에게 통지하여야 한다.

▌ 관련 법조문: 법 제250조, 영 제254조   답 ①

세관장은 신고를 각하한 때에는 '즉시' 그 신고인에게 각하사유 등을 기재한 통지서를 송부하여야 한다(영 제254조).

✅ 선지분석
② 법 제250조(신고의 취하 및 각하) 제3항
③ 법 제250조(신고의 취하 및 각하) 제1항 단서
④ 법 제250조(신고의 취하 및 각하) 제2항
⑤ 법 제250조(신고의 취하 및 각하) 제4항

51 관세법상 수입신고의 처리에 관한 설명으로 옳지 않은 것은?

① 세관장은 수입신고가 적법하게 이루어졌을 때에는 이를 지체 없이 수리하고 신고인에게 신고필증을 발급하여야 한다.

② 수입신고 물품은 원칙적으로 신고 수리 전에는 운송수단, 관세통로, 하역통로로부터 신고된 물품을 반출하여서는 아니 된다.

③ 세관장은 수입신고서의 기재사항 중 미비된 사항이 경미하고 신고 수리 후에 보완이 가능하다고 인정되는 경우 신고 수리 후 이를 보완하게 할 수 있다.

④ 수입신고 물품이 관세법에 규정된 장치장소에서 반출된 경우 정당한 이유가 있는 때에 한하여 이를 취하할 수 있다.

⑤ 세관장은 부정한 방법으로 수입신고 된 때에는 수입신고를 각하할 수 있다.

| 관련 법조문: 법 제248조, 제249조, 제250조 | 답 ④

신고는 정당한 이유가 있는 경우에만 세관장의 승인을 받아 취하할 수 있다. 다만, 수입 및 반송의 신고는 운송수단, 관세통로, 하역통로 또는 관세법에 규정된 장치 장소에서 물품을 반출한 후에는 취하할 수 없다. 즉 수출신고는 물품이 반출된 후에도 취하할 수 있다(2003년 국가직 9급).

52 수출신고 수리물품의 적재 등에 관한 설명 중 그 내용이 잘못 기술된 것은 어느 것인가?

① 수출신고가 수리된 물품은 수출신고가 수리된 날부터 30일 이내에 운송수단에 적재하여야 한다.

② 세관장은 우리나라와 외국간을 왕래하는 운송수단에 적재하는 기간을 초과하는 물품에 대하여 수출신고의 수리를 취소하여야 한다.

③ 세관장은 수출신고의 수리를 취소하는 때에는 즉시 신고인에게 그 내용을 통지하여야 한다.

④ 세관장이 수출신고의 수리를 취소하기 전에 해당 물품의 적재를 확인한 경우에는 수출신고의 수리를 취소하지 아니한다.

⑤ 부득이한 사유로 적재기간 내에 적재하지 못한 경우에는 1회에 한하여 1년의 범위에서 적재기간연장 승인을 받을 수 있다.

| 관련 법조문: 법 제251조, 영 제255조 | 답 ⑤

수출신고가 수리된 물품을 부득이한 사유로 적재기간 내에 적재하지 못한 경우에는 1년의 범위 내에서 적재기간연장 승인을 얻을 수 있다. 그러나 그 연장 횟수가 '1회'로 제한되는 것은 아니다.

53

다음 ( ) 안에 들어갈 내용을 순서대로 바르게 나열한 것은?

2011 관세사

> 수출신고가 수리된 물품은 수출신고가 수리된 날부터 ( )일 이내에 운송수단에 적재하여야 한다. 다만, 기획재정부령으로 정하는 바에 따라 1년의 범위에서 적재기간의 연장승인을 받은 것은 그러하지 아니하다. 세관장은 위에서 정한 기간 내에 적재되지 아니한 물품에 대하여는 대통령령으로 정하는 바에 따라 수출신고의 수리를 ( )할 수 있다.

① 30, 취소　　　　　　　　　　② 30, 각하

③ 30, 취하　　　　　　　　　　④ 60, 취소

⑤ 60, 각하

▌관련 법조문: 법 제251조　　　　　　　　　　　　　　　　　　답 ①

수출신고가 수리된 물품은 수출신고가 수리된 날부터 (30)일 이내에 운송수단에 적재하여야 한다. 다만, 기획재정부령으로 정하는 바에 따라 1년 범위에서 적재기간의 연장승인을 받은 것은 그러하지 아니하다. 세관장은 위에서 정한 기간 내에 적재되지 아니한 물품에 대하여는 대통령령으로 정하는 바에 따라 수출신고의 수리를 (취소)할 수 있다.

제4관 통관절차의 특례(법 제252조 ~ 제255조의2)

54

관세법에서 규정하고 있는 통관절차의 특례제도가 아닌 것은?

2012 관세사

① 전자상거래물품 등의 특별통관

② 탁송품의 특별통관

③ 수입신고전의 물품 반출

④ 검역물품의 통관

⑤ 수입신고수리전 반출

▌관련 법조문: 법 제252조, 제253조, 제254조, 제254조의2　　　　　답 ④

통관절차의 특례란 다음의 5가지 특례를 말한다.

통관절차의 특례	1. 수입신고수리전 반출(법 제252조) 2. 수입신고전의 물품 반출(법 제253조) 3. 전자상거래물품의 특별통관 등(법 제254조) 4. 탁송품의 특별통관(법 제254조의2) 5. 수출입 안전관리 우수업체의 공인(법 제255조의2)

55 관세법령상 탁송품의 특별통관에 대한 설명으로 옳지 않은 것은?

① 자가사용물품으로서 물품가격이 미화 200달러인 탁송품은 탁송품 운송업자가 관세법에 따른 통관목록을 세관장에게 제출함으로써 수입신고를 생략할 수 있다.

② 관세청장 또는 세관장은 탁송품에 대하여 세관공무원으로 하여금 검사하게 하여야 한다.

③ 세관장은 탁송품에 대한 감시·단속에 지장이 없다고 인정하는 경우 탁송품을 해당 탁송품 운송업자가 운영하는 보세창고 또는 자유무역지역의 지정 및 운영에 관한 법률 제11조에 따라 입주계약을 체결하여 입주한 업체가 해당 자유무역지역에서 운영하는 시설에서 통관할 수 있다.

④ 세관장은 탁송품 운송업자가 관세법에 따라 통관이 제한되는 물품을 국내에 반입하는 경우에는 관세법 제254조의2(탁송품의 특별통관) 제1항에 따른 특별통관절차의 적용을 배제할 수 있다.

│ 관련 법조문: 법 제254조의2, 규칙 제79조의2 답 ①

법 제241조 제2항 제1호의 탁송품(대통령령으로 정하는 바에 따라 신고를 생략하게 하거나 관세청장이 정하는 간소한 방법으로 신고하게 할 수 있는 탁송품)으로서 기획재정부령으로 정하는 물품은 운송업자가 통관목록을 세관장에게 제출함으로써 법 제241조 제1항에 따른 수입신고를 생략할 수 있다(법 제254조의2 제1항). 여기에서 '기획재정부령으로 정하는 물품'이란 자가사용물품 또는 면세되는 상업용 견본품 중 물품가격이 미화 150달러 이하인 물품을 말한다(규칙 제79조의2 제1항).

56 관세법상 통관절차의 특례에 대한 설명으로 옳지 않은 것은?

① 세관장은 관세청장이 정하는 절차에 따라 세관검사장에서 탁송품을 통관하여야 한다. 다만, 세관장은 탁송품에 대한 감시·단속에 지장이 없다고 인정하는 경우 탁송품을 해당 탁송품 운송업자가 운영하는 보세창고에서 통관할 수 있다.

② 수입하려는 물품을 수입신고전에 운송수단, 관세통로, 하역 통로로부터 즉시 반출하려는 자는 대통령령으로 정하는 바에 따라 세관장에게 즉시반출신고를 하여야 한다.

③ 관세청장 또는 세관장은 탁송품에 대하여 세관공무원으로 하여금 검사하게 하여야 하며, 탁송품의 통관목록의 제출시한, 물품의 검사 등에 필요한 사항은 관세청장이 정하여 고시한다.

④ 관세청장은 수출입물품의 통관 등 무역과 관련된 자가 시설, 서류 관리 등에서 수출입에 관련된 법령에 따른 의무 또는 절차와 재무 건전성 등 대통령령으로 정하는 안전관리기준을 충족하는 경우 수출입 안전관리 우수업체로 공인할 수 있다.

│ 관련 법조문: 법 제253조, 제254조의2, 제255조의2 답 ①

세관장은 관세청장이 정하는 절차에 따라 '별도로 정한 지정장치장'에서 탁송품을 통관하여야 한다. 다만, 세관장은 탁송품에 대한 감시·단속에 지장이 없다고 인정하는 경우 탁송품을 해당 탁송품 운송업자가 운영하는 보세창고 또는 시설(자유무역지역의 지정 및 운영에 관한 법률 제11조에 따라 입주계약을 체결하여 입주한 업체가 해당 자유무역지역에서 운영하는 시설에 한정한다)에서 통관할 수 있다(법 제254조의2 제6항).

57 관세법령상 통관절차의 특례에 관한 설명으로 옳은 것은?

□□□ ① 수입신고를 한 물품을 세관장의 수리 전에 해당 물품이 장치된 장소로부터 반출하려는 자는 납부하여 야 할 관세에 상당하는 담보를 제공하고 관세청장에게 신고하여야 한다.

② 수입하려는 물품을 수입신고전에 운송수단, 관세통로, 하역통로 또는 관세법에 따른 장치 장소로 즉시 반입하려는 자는 세관장의 승인을 받아야 한다.

③ 수입하고자 하는 물품을 수입신고전에 즉시반출하고자 하는 자는 당해 물품의 품명·규격·수량 및 가격을 기재한 신고서를 제출하여야 한다.

④ 세관장은 전자문서로 거래되는 수출입물품에 대하여 기획재정부령으로 정하는 바에 따라 수출입신고 ·물품검사 등 통관에 필요한 사항을 따로 정할 수 있다.

⑤ 관세사는 세관장이 정하는 절차에 따라 별도로 정한 관할장치장에서 탁송품을 통관하여야 한다.

│ 관련 법조문: 법 제252조, 제253조, 제254조, 제254조의2, 영 제257조   답 ③

수입하고자 하는 물품을 수입신고전에 즉시반출하고자 하는 자는 당해 물품의 품명·규격·수량 및 가격을 기재한 신고서를 제출하여야 한다(영 제257조 제1항).

☑ 선지분석

① 수입신고를 한 물품을 제248조에 따른 세관장의 수리 전에 해당 물품이 장치된 장소로부터 반출하려는 자는 납부하여야 할 관세에 상당하는 담보를 제공하고 세관장의 승인을 받아야 한다(법 제252조, 수입신고수리전 반출).

② 수입하려는 물품을 수입신고전에 운송수단, 관세통로, 하역통로 또는 이 법에 따른 장치 장소로부터 즉시 반출 하려는 자는 대통령령으로 정하는 바에 따라 세관장에게 즉시반출신고를 하여야 한다(법 제253조, 수입신고전 의 물품 반출).

④ 관세청장은 전자상거래물품에 대하여 대통령령으로 정하는 바에 따라 수출입신고·물품검사 등 통관에 필요한 사항을 따로 정할 수 있다(법 제254조 제1항, 전자상거래물품의 특별통관 등).

⑤ 세관장은 관세청장이 정하는 절차에 따라 별도로 정한 지정장치장에서 탁송품을 통관하여야 한다. 다만, 세관장 은 탁송품에 대한 감시·단속에 지장이 없다고 인정하는 경우 탁송품을 해당 탁송품 운송업자가 운영하는 보세 창고 또는 시설(자유무역지역의 지정 및 운영에 관한 법률 제11조에 따라 입주계약을 체결하여 입주한 업체가 해당 자유무역지역에서 운영하는 시설에 한정한다)에서 통관할 수 있다(법 제254조의2 제6항).

---

58 관세법상 통관절차의 특례에 대한 설명으로 옳은 것은?

□□□ ① 수입신고를 한 물품을 관세법 제248조에 따른 세관장의 수리 전에 해당 물품이 장치된 장소로부터 반출하려는 자는 납부하여야 할 관세에 상당하는 담보를 제공하고 세관장의 허가를 받아야 한다.

② 수입하려는 물품을 수입신고전에 운송수단, 관세통로, 하역통로 또는 관세법에 따른 장치 장소로부터 즉시 반출하려는 자는 관세청장이 정하는 바에 따라 세관장에게 즉시반출승인을 받아야 한다.

③ 세관장은 전자문서로 거래되는 수출입물품에 대하여 대통령령으로 정하는 바에 따라 수출입신고·물 품검사 등 통관에 필요한 사항을 따로 정할 수 있다.

④ 관세청장 또는 세관장은 탁송품에 대하여 세관공무원으로 하여금 검사하게 하여야 하며, 탁송품의 통 관목록의 제출시한, 실제 배송지의 제출, 물품의 검사 등에 필요한 사항은 관세청장이 정하여 고시 한다.

| 관련 법조문: 법 제252조, 제253조, 제254조, 제254조의2 | 답 ④ |

관세청장 또는 세관장은 탁송품에 대하여 세관공무원으로 하여금 검사하게 하여야 하며, 탁송품의 통관목록의 제출시한, 실제 배송지의 제출, 물품의 검사 등에 필요한 사항은 관세청장이 정하여 고시한다(법 제254조의2 제5항).

✓ 선지분석

① 수입신고를 한 물품을 관세법 제248조에 따른 세관장의 수리 전에 해당 물품이 장치된 장소로부터 반출하려는 자는 납부하여야 할 관세에 상당하는 담보를 제공하고 세관장의 '승인'을 받아야 한다(법 제252조, 수입신고수리전 반출).

② 수입하려는 물품을 수입신고전에 운송수단, 관세통로, 하역통로 또는 관세법에 따른 장치 장소로부터 즉시 반출하려는 자는 '대통령령으로' 정하는 바에 따라 세관장에게 '즉시반출신고'를 하여야 한다(법 제253조 제1항).

③ '관세청장'은 전자상거래물품에 대하여 대통령령으로 정하는 바에 따라 수출입신고·물품검사 등 통관에 필요한 사항을 따로 정할 수 있다(법 제254조 제1항).

59

□□□

「관세법」상 통관절차의 특례에 대한 설명으로 옳은 것은?   2024 국가직 9급

① 관세청장 또는 세관장은 탁송품에 대하여 세관공무원으로 하여금 검사하게 하여야 하며, 탁송품의 통관목록의 제출시한, 실제 배송지의 제출, 물품의 검사 등에 필요한 사항은 관세청장이 정하여 고시한다.

② 수출입안전관리우수업체가 양도, 양수, 분할 또는 합병하거나 그 밖에 관세청장이 정하여 고시하는 변동사항이 발생한 경우에는 지체 없이 그 사항을 관세청장에게 보고하여야 한다.

③ 수입신고를 한 물품을 세관장의 수리 전에 해당 물품이 장치된 장소로부터 반출하려는 자는 납부하여야 할 관세에 상당하는 담보를 제공하고 세관장의 허가를 받아야 한다.

④ 세관장은 즉시반출을 한 자가 즉시반출을 한 날부터 10일 이내에 수입신고를 하지 아니하는 경우 해당 물품에 대한 납부할 세액의 100분의 20에 상당하는 금액을 가산세로 징수한다.

| 관련 법조문: 법 제252조, 제253조, 제254조의2, 제255조의4 | 답 ① |

관세청장 또는 세관장은 탁송품에 대하여 세관공무원으로 하여금 검사하게 하여야 하며, 탁송품의 통관목록의 제출시한, 실제 배송지의 제출, 물품의 검사 등에 필요한 사항은 관세청장이 정하여 고시한다(법 제254조의2 제5항, 탁송품의 특별통관).

✓ 선지분석

② 수출입안전관리우수업체가 양도, 양수, 분할 또는 합병하거나 그 밖에 관세청장이 정하여 고시하는 변동사항이 발생한 경우에는 그 변동사항이 발생한 날부터 30일 이내에 그 사항을 관세청장에게 보고하여야 한다. 다만, 그 변동사항이 수출입안전관리우수업체의 유지에 중대한 영향을 미치는 경우로서 관세청장이 정하여 고시하는 사항에 해당하는 경우에는 지체 없이 그 사항을 보고하여야 한다(법 제255조의4 제3항, 수출입안전관리우수업체에 대한 사후관리).

③ 수입신고를 한 물품을 세관장의 수리 전에 해당 물품이 장치된 장소로부터 반출하려는 자는 납부하여야 할 관세에 상당하는 담보를 제공하고 세관장의 승인을 받아야 한다. 다만, 정부 또는 지방자치단체가 수입하거나 담보를 제공하지 아니하여도 관세의 납부에 지장이 없다고 인정하여 대통령령으로 정하는 물품에 대하여는 담보의 제공을 생략할 수 있다(법 제252조, 수입신고수리전 반출).

④ 세관장은 즉시반출을 한 자가 즉시반출을 한 날부터 10일 이내에 수입신고를 하지 아니하는 경우 해당 물품에 대한 관세의 100분의 20에 상당하는 금액을 가산세로 징수한다(법 제253조 제3항, 제4항, 수입신고전의 물품반출).

60

수입신고수리전 반출 승인을 받아 반출된 물품에 대하여 담보를 제공하지 아니하여도 관세의 납부에 지장이 없다고 인정하여 대통령령으로 담보제공 생략대상으로 정한 경우가 아닌 것은? 2007 국가직 7급

① 관세 등의 체납이 없고 최근 3년 동안 수출입 실적이 있는 제조업자가 수입하는 물품
② 최근 2년간 관세법의 위반 사실이 없는 수출입자가 수입하는 물품
③ 수출용 원재료 등 수입물품의 성질, 반입사유 등을 고려할 때 관세채권의 확보에 지장이 없다고 관세청장이 인정하는 물품
④ 신용평가기관으로부터 신용도가 높은 것으로 평가를 받은 자로서 관세청장이 정하는 자가 수입하는 물품

▌ 관련 법조문: 영 제256조 　　　　　　　　　　　　　　　　　　　　　　　답 ①

수입신고수리전 반출 승인을 받아 물품을 반출하려는 경우 담보를 제공하여야 한다. 다만, 다음 각 호의 어느 하나에 해당하는 물품에 대해서는 담보의 제공을 생략할 수 있다.

> 1. 국가, 지방자치단체, 공공기관의 운영에 관한 법률 제4조에 따른 공공기관, 지방공기업법 제49조에 따라 설립된 지방공사 및 같은 법 제79조에 따라 설립된 지방공단이 수입하는 물품
> 2. 법 제90조(학술연구용품의 감면) 제1항 제1호 및 제2호에 따른 기관이 수입하는 물품
> 3. 최근 2년간 법 위반(관세청장이 법 제270조, 제276조 및 제277조에 따른 처벌을 받은 자로서 재범의 우려가 없다고 인정하는 경우를 제외한다) 사실이 없는 수출입자 또는 신용평가기관으로부터 신용도가 높은 것으로 평가를 받은 자로서 관세청장이 정하는 자가 수입하는 물품
> 4. 수출용 원재료 등 수입물품의 성질, 반입사유 등을 고려할 때 관세채권의 확보에 지장이 없다고 관세청장이 인정하는 물품
> 5. 거주 이전(移轉)의 사유, 납부할 세액 등을 고려할 때 관세채권의 확보에 지장이 없다고 관세청장이 정하여 고시하는 기준에 해당하는 자의 이사물품

61

관세법령상 수입신고수리전 물품 반출시 담보제공이 생략될 수 있는 물품이 아닌 것은? 2022 관세사

① 지방자치단체가 수입하는 물품
②「지방공기업법」에 따라 설립된 지방공단이 수입하는 물품
③ 최근 1년간 법 위반 사실이 없는 신용평가기관으로부터 신용도가 높은 것으로 평가를 받은 자가 수입하는 물품
④ 수출용원재료 등 수입물품의 성질, 반입사유 등을 고려할 때 관세채권의 확보에 지장이 없다고 관세청장이 인정하는 물품
⑤ 거주 이전의 사유, 납부할 세액 등을 고려할 때 관세채권의 확보에 지장이 없다고 관세청장이 정하여 고시하는 기준에 해당하는 자의 이사물품

▌ 관련 법조문: 영 제256조 　　　　　　　　　　　　　　　　　　　　　　　답 ③

최근 2년간 법 위반(관세청장이 법 제270조·제276조 및 제277조에 따른 처벌을 받은 자로서 재범의 우려가 없다고 인정하는 경우를 제외한다) 사실이 없는 수출입자 또는 신용평가기관으로부터 신용도가 높은 것으로 평가를 받은 자로서 관세청장이 정하는 자가 수입하는 물품에 대해서는 담보의 제공을 생략할 수 있다(영 제256조 제3항). '최근 2년간 법 위반 사실이 없는'이라는 말은 '수출입자'에게 붙는 말이다.

62 관세법령상 수입신고한 물품을 세관장의 수리 전에 해당 물품이 장치된 장소로부터 반출하려고 할 때 담보의 제공을 생략할 수 있는 물품이 아닌 것은?

2023 국가직 7급

① 「지방공기업법」 제79조에 따라 설립된 지방공단이 수입하는 물품
② 「공공기관의 운영에 관한 법률」 제4조에 따른 공공기관이 수입하는 물품
③ 수출용원재료 등 수입물품의 성질, 반입사유 등을 고려할 때 관세채권의 확보에 지장이 없다고 관세청장이 인정하는 물품
④ 신용평가기관으로부터 신용도가 높은 것으로 평가를 받은 자로서 기획재정부령으로 정하는 자가 수입하는 물품

| 관련 법조문: 영 제256조 | 답 ④ |

'신용평가기관으로부터 신용도가 높은 것으로 평가를 받은 자로서 관세청장이 정하는 자가 수입하는 물품'은 담보의 제공을 생략할 수 있다(영 제256조 제3항).

63 관세법령상 수입신고전의 물품 반출에 대한 설명으로 옳지 않은 것은?

2010 국가직 9급

① 수입신고전에 즉시반출하고자 하는 자는 해당 물품의 품명·규격·수량 및 가격을 기재한 신고서를 제출하여야 한다.
② 즉시반출신고를 하고 반출을 하는 자는 즉시반출신고를 한 날부터 10일 이내에 수입신고를 하여야 한다.
③ 수입신고전 즉시반출신고를 한 경우에는 수입신고일의 다음 날을 관세의 납부기한으로 한다.
④ 수입신고전 즉시반출신고를 하고 반출한 물품의 관세는 즉시반출신고를 하는 때의 물품의 성질과 그 수량에 의하여 부과한다.

| 관련 법조문: 법 제253조 | 답 ③ |

수입신고전 즉시반출신고를 하고 반출된 물품은 수입신고일부터 15일 내에 관세를 납부하여야 한다.

64 관세법상 ㉠, ㉡에 들어갈 내용으로 옳은 것은?

2018 국가직 7급

> 수입하려는 물품을 수입신고전에 운송수단, 관세통로, 하역통로 또는 관세법에 따른 장치 장소로부터 즉시반출신고를 하고 반출을 하는 자는 즉시반출신고를 한 날부터 (㉠) 이내에 수입신고를 하여야 한다. 세관장은 즉시반출을 한 자가 기간 내에 수입신고를 하지 아니하는 경우에는 관세를 부과·징수한다. 이 경우 해당 물품에 대한 (㉡)에 상당하는 금액을 가산세로 징수한다.

	㉠	㉡
①	10일	관세의 100분의 20
②	10일	납부세액의 100분의 20
③	15일	관세의 100분의 20
④	15일	납부세액의 100분의 20

수입하려는 물품을 수입신고전에 운송수단, 관세통로, 하역통로 또는 관세법에 따른 장치 장소로부터 즉시반출하려는 자는 대통령령으로 정하는 바에 따라 세관장에게 즉시반출신고를 하여야 한다. 이 경우 세관장은 납부하여야 하는 관세에 상당하는 담보를 제공하게 할 수 있다(법 제253조 제1항). 이에 따라 즉시반출신고를 하고 반출을 하는 자는 즉시반출신고를 한 날부터 <u>10일</u> 이내에 제241조에 따른 수입신고를 하여야 한다(법 제253조 제3항). 세관장은 즉시반출을 한 자가 기간 내에 수입신고를 하지 아니하는 경우에는 관세를 부과·징수한다. 이 경우 해당 물품에 대한 <u>관세의 100분의 20</u>에 상당하는 금액을 가산세로 징수하고, 즉시반출대상의 지정을 취소할 수 있다(법 제253조 제4항).

65 관세법령상 수입신고전의 물품 반출(즉시반출)에 대한 내용으로 옳지 않은 것은?   2014 국가직 9급
□□□

① 관세 등의 체납이 없고 최근 3년 동안 수출입 실적이 있는 제조업자 또는 외국인투자자가 수입하는 시설재에 해당하는 물품 중에 통관을 할 때, 구비조건의 확인에 지장이 없는 경우로서 세관장이 지정하는 물품에 한하여 즉시반출대상이 될 수 있다.

② 즉시반출신고를 하고 반출한 물품에 대해서는 수입신고를 한 다음 날의 성질과 수량에 따라 관세를 부과한다.

③ 즉시반출신고를 하고 반출을 하는 자 및 물품은 통관을 할 때, 구비조건의 확인에 지장이 없는 경우로서 세관장이 지정하는 것에 한하는데, 기타 관세 등의 체납 우려가 없는 경우로서 관세청장이 정하는 물품도 해당될 수 있다.

④ 수입하려는 물품을 수입신고전에 운송수단, 관세통로, 하역통로 또는 이 법에 따른 장치장소로부터 즉시반출하려는 자는 대통령령으로 정하는 바에 따라 세관장에게 즉시반출신고하여야 한다.

■ 관련 법조문: 법 제16조, 제253조, 영 제257조   답 ②

즉시반출신고를 하고 반출한 물품에 대해서는 '즉시반출신고를 한 때'의 성질과 수량에 따라 관세를 부과한다.

66 통관절차의 특례에 관한 내용 중에서 수입신고전의 물품 반출에 대한 내용으로 옳지 않은 것은?
□□□
                                                                                 2014 국가직 7급

① 수입하려는 물품을 수입신고전에 운송수단, 관세통로, 하역통로 또는 관세법에 따른 장치 장소로부터 즉시반출하려는 자는 대통령령으로 정하는 바에 따라 세관장에게 즉시반출신고를 하여야 한다.

② 관세법 제253조 제1항에 따른 즉시반출을 할 수 있는 자 또는 물품은 대통령령으로 정하는 바에 따라 세관장이 지정한다.

③ 관세법 제253조 제1항에 따른 즉시반출신고를 하고 반출을 하는 자는 즉시 반출신고를 한 날로부터 10일 이내에 관세법 제241조에 따른 수입신고를 하여야 한다.

④ 관세법 제253조 제1항에 따라 반출을 한 자가 동법 동조 제3항에 따른 기간 내에 수입신고를 하지 아니하는 경우에는 세관장이 관세를 부과·징수한다. 이 경우에 해당 물품에 대한 관세의 100분의 30에 상당하는 금액을 가산세로 징수한다.

■ 관련 법조문: 법 제253조   답 ④

관세법 제253조 제1항에 따라 반출을 한 자가 동법 동조 제3항에 따른 기간 내에 수입신고를 하지 아니하는 경우에는 세관장이 관세를 부과·징수한다. 이 경우에 해당 물품에 대한 관세의 '100분의 20'에 상당하는 금액을 가산세로 징수한다(법 제253조 제4항).

67 관세법상 통관절차의 특례에 대한 설명으로 옳은 것은?

① 수입하려는 물품을 수입신고전에 하역통로로부터 즉시 반출하려는 자는 대통령령으로 정하는 바에 따라 세관장에게 즉시반출신고를 하여야 한다.

② 세관장은 즉시반출을 한 자가 즉시반출신고를 한 날부터 5일 이내에 수입신고를 하지 아니하는 경우에는 관세를 부과·징수한다. 이 경우 해당 물품에 대한 과세가격의 100분의 20에 상당하는 금액을 가산세로 징수한다.

③ 세관장은 전자문서로 거래되는 수출입물품에 대하여 기획재정부령으로 정하는 바에 따라 수출입신고·물품검사 등 통관에 필요한 사항을 따로 정할 수 있다.

④ 수출입 안전관리 우수업체에 대한 공인의 유효기간은 10년으로 하되, 기획재정부령으로 정하는 바에 따라 갱신할 수 있다.

> **관련 법조문: 법 제253조, 제254조, 제255조의2**　　　　　답 ①

수입하려는 물품을 수입신고전에 운송수단, 관세통로, 하역통로 또는 이 법에 따른 장치 장소로부터 즉시반출하려는 자는 대통령령으로 정하는 바에 따라 세관장에게 즉시반출신고를 하여야 한다. 이 경우 세관장은 납부하여야 하는 관세에 상당하는 담보를 제공하게 할 수 있다(법 제253조 제1항).

✅ **선지분석**

② 즉시반출신고를 하고 반출을 하는 자는 즉시반출신고를 한 날부터 10일 이내에 제241조에 따른 수입신고를 하여야 한다(법 제253조 제3항). 세관장은 제1항에 따라 반출을 한 자가 제3항에 따른 기간 내에 수입신고를 하지 아니하는 경우에는 관세를 부과·징수한다. 이 경우 해당 물품에 대한 관세의 100분의 20에 상당하는 금액을 가산세로 징수하고, 제2항에 따른 지정을 취소할 수 있다(법 제253조 제4항).

③ 관세청장은 전자상거래물품에 대하여 대통령령으로 정하는 바에 따라 수출입신고·물품검사 등 통관에 필요한 사항을 따로 정할 수 있다(법 제254조 제1항).

④ 수출입 안전관리 우수업체의 공인의 유효기간은 5년으로 하되, 대통령령으로 정하는 바에 따라 갱신할 수 있다(법 제255조의2 제5항).

---

68 관세법상 수입신고전의 물품 반출에 관한 설명으로 옳지 않은 것은?

① 수입하려는 물품을 수입신고전에 운송수단, 관세통로, 하역통로 또는 관세법에 따른 장치 장소로부터 즉시반출하려는 자는 대통령령으로 정하는 바에 따라 세관장에게 즉시반출신고를 하여야 한다.

② 세관장은 즉시반출신고를 하는 자에게 납부하여야 하는 관세에 상당하는 담보를 제공하게 할 수 있다.

③ 수입신고전 즉시반출신고를 하고 반출을 하는 자는 즉시반출신고를 한 날부터 10일 이내에 수입신고를 하여야 한다.

④ 세관장은 수입신고전 즉시반출을 한 자가 정해진 기간 이내에 수입신고를 하지 아니하는 경우에는 해당 물품에 대한 관세의 100분의 10에 상당하는 금액을 가산세로 징수한다.

⑤ 수입하고자 하는 물품을 수입신고전에 즉시반출하고자 하는 자는 당해 물품의 품명·규격·수량 및 가격을 기재한 신고서를 제출하여야 한다.

즉시반출신고를 하고 반출을 하는 자는 즉시반출신고를 한 날부터 10일 이내에 관세법 제241조에 따른 수입신고를 하여야 한다(법 제253조 제3항). 세관장은 즉시반출을 한 자가 '정해진 기간'(법 제253조 제3항에 따른 기간) 내에 수입신고를 하지 아니하는 경우에는 관세를 부과·징수한다. 이 경우 해당 물품에 대한 관세의 100분의 20에 상당하는 금액을 가산세로 징수하고, 즉시반출 지정을 취소할 수 있다(법 제253조 제4항). 즉, 즉시반출신고를 하고 물품을 반출한 자가 반출신고를 한 날부터 10일 이내에 수입신고를 하지 않으면 ㉠ 즉시반출대상 지정 취소, ㉡ 가산세 부과(관세의 20%), ㉢ 부과고지 조치가 이루어진다.

✅ 선지분석

①② 법 제253조(수입신고 전의 물품반출) 제1항
③ 법 제253조(수입신고 전의 물품반출) 제3항
⑤ 영 제257조(수입신고 전 물품반출) 제1항

69 관세법령상 관세청장이 전자상거래물품에 대하여 따로 정할 수 있는 통관에 필요한 사항으로 명시되어 있지 않은 것은? 2024 관세사

① 물품검사장소
② 관세 등에 대한 납부방법
③ 수출입신고 방법 및 절차
④ 특별통관 대상 거래물품
⑤ 특별통관 대상 업체

관세청장은 전자상거래물품에 대하여 대통령령으로 정하는 바에 따라 수출입신고·물품검사 등 통관에 필요한 사항을 따로 정할 수 있다(법 제254조 제1항). 관세청장은 전자상거래물품에 대하여 다음 각 호의 사항을 따로 정할 수 있다(영 제258조 제1항).

1. 특별통관대상 거래물품 또는 업체
2. 수출입신고방법 및 절차
3. 관세 등에 대한 납부방법
4. 물품검사방법
5. 그 밖에 관세청장이 필요하다고 인정하는 사항

70 관세법령상 '자가 사용물품 또는 면세되는 상업용 견본품 중 물품가격이 미화 150달러 이하인 물품'으로서 법에서 정한 자가 통관목록을 세관장에게 제출함으로써 수입신고를 생략할 수 있는 것은? 2011 국가직 9급

① 탁송품
② 여행자 휴대품
③ 우편물
④ 외국에서 선박의 일부를 수리하기 위하여 사용된 물품

| 관련 법조문: 법 제254조의2, 규칙 제79조의2 | 답 ① |

자가 사용물품 또는 면세되는 상업용 견본품 중 물품가격이 미화 150달러 이하인 '탁송품'은 탁송품 운송업자가 통관목록을 세관장에게 제출함으로써 수입신고를 생략할 수 있다.

71

☐☐☐

관세법상 수출입 안전관리 우수업체의 공인에 대한 내용으로 옳지 않은 것은?

2013 국가직 9급

① 관세청장은 수출입물품의 제조·운송·보관 또는 통관 등 무역과 관련된 자가 시설, 서류 관리, 직원 교육 등에서 관세법 또는 「자유무역협정의 이행을 위한 관세법의 특례에 관한 법률」 등 수출입에 관련된 법령의 준수 여부, 재무 건전성 등 대통령령으로 정하는 안전관리 기준을 충족하는 경우 수출입 안전관리 우수업체로 공인할 수 있다.

② 관세청장은 수출입 안전관리 우수업체 공인을 받기 위하여 심사를 요청한 자에 대하여 대통령령으로 정하는 바에 따라 심사하여야 한다.

③ 관세청장은 수출입 안전관리 우수업체로 공인된 업체에 통관절차 및 관세행정상의 혜택으로서 대통령령으로 정하는 사항을 제공할 수 있다.

④ 관세청장은 수출입 안전관리 우수업체로 공인된 중소기업기본법 제2조에 따른 중소기업의 경우에는 대통령령으로 정하는 안전관리기준을 충족하지 못하게 되더라도 공인을 취소할 수 없다.

| 관련 법조문: 법 제255조의2, 제255조의3, 제255조의5, 제255조의6 | 답 ④ |

관세청장은 수출입안전관리우수업체가 다음 각 호의 어느 하나에 해당하는 경우에는 공인을 취소할 수 있다(법 제255조의5).

1. 거짓이나 그 밖의 부정한 방법으로 공인을 받거나 공인을 갱신받은 경우
2. 수출입안전관리우수업체가 양도, 양수, 분할 또는 합병 등으로 공인 당시의 업체와 동일하지 아니하다고 관세청장이 판단하는 경우
3. 법 제255조의2 제1항에 따른 안전관리 기준을 충족하지 못하는 경우
4. 법 제255조의3 제3항에 따른 정지 처분을 공인의 유효기간 동안 5회 이상 받은 경우
5. 법 제255조의3 제4항에 따른 시정명령을 정당한 사유 없이 이행하지 아니한 경우
6. 그 밖에 수출입 관련 법령을 위반한 경우로서 대통령령으로 정하는 경우

중소기업이라 할지라도 위의 '공인 취소 사유'에 해당하면 공인을 취소할 수 있다. 다만, 관세청장은 「중소기업기본법」 제2조에 따른 중소기업 중 수출입물품의 제조·운송·보관 또는 통관 등 무역과 관련된 기업을 대상으로 수출입안전관리우수업체로 공인을 받거나 유지하는 데에 필요한 상담·교육 등의 지원사업을 할 수 있다(법 제255조의6).

☑ 선지분석

① 법 제255조의2(수출입 안전관리 우수업체의 공인) 제1항
② 법 제255조의2(수출입 안전관리 우수업체의 공인) 제2항
③ 법 제255조의3(수출입 안전관리 우수업체에 대한 혜택 등) 제1항

72 관세법상 수출입 안전관리 우수 공인업체와 관련된 관세청장의 권한으로 옳지 않은 것은? 2012 국가직 9급

① 통관절차상의 혜택이나 세액의 감면을 제공할 수 있다.
② 안전관리기준을 충족하지 못하게 되는 경우에는 공인을 취소할 수 있다.
③ 수출입안전관리우수업체가 안전관리 기준을 충족하는지를 주기적으로 확인하여야 한다.
④ 다른 국가의 수출입 안전관리 우수업체에 상호 조건에 따라 통관절차 및 관세행정상의 혜택을 제공할 수 있다.

| 관련 법조문: 법 제255조의3, 제255조의4, 제255조의5, 영 제259조의4 | 답 ① |

'관세청장'은 제255조의2에 따라 수출입 안전관리 우수업체로 공인된 업체(수출입안전관리우수업체)에 통관절차 및 관세행정상의 혜택으로서 대통령령으로 정하는 사항을 제공할 수 있다(법 제255조의3 제1항). 여기에서 "대통령령으로 정하는 사항"이란 수출입물품에 대한 검사 완화나 수출입신고 및 관세납부 절차 간소화 등의 사항을 말한다(영 제259조의4). 그러나 세액의 감면을 혜택으로 제공하지는 않는다.

✓ 선지분석
② 법 제255조의5(수출입안전관리우수업체의 공인 취소): '관세청장'은 수출입안전관리우수업체가 안전관리 기준을 충족하는 못하는 경우에는 공인을 취소할 수 있다.
③ 법 제255조의4(수출입안전관리우수업체에 대한 사후관리) 제1항: '관세청장'은 수출입안전관리우수업체가 안전관리 기준을 충족하는지를 주기적으로 확인하여야 한다.
④ 법 제255조의3(수출입안전관리우수업체에 대한 혜택 등) 제2항: '관세청장'은 다른 국가의 수출입 안전관리 우수업체에 상호 조건에 따라 통관절차 및 관세행정상의 혜택을 제공할 수 있다.

73 관세법령상 수출입 안전관리 우수업체의 공인 등에 대한 설명으로 옳지 않은 것은? 2017 국가직 9급(하반기)

① 관세청장은 수출입 안전관리 우수업체에 대한 심사를 할 때 「국제항해선박 및 항만시설의 보안에 관한 법률」 제12조에 따른 국제선박보안증서를 교부받은 국제항해선박소유자 또는 같은 법 제27조에 따른 항만시설적합확인서를 교부받은 항만시설소유자에 대하여는 안전관리 기준 중 일부에 대하여 심사를 생략할 수 있다.
② 수출입 안전관리 우수업체에 대하여 관세율 적용상의 혜택을 제공할 수 있다.
③ 관세청장은 다른 국가의 수출입 안전관리 우수업체에 상호 조건에 따라 통관절차 및 관세행정상의 혜택을 제공할 수 있다.
④ 관세청장은 수출입안전관리우수업체로 공인받기 위한 신청 여부와 관계없이 수출입물품의 제조·운송·보관 또는 통관 등 무역과 관련된 자 중 대통령령으로 정하는 자를 대상으로 안전관리 기준을 준수하는 정도를 대통령령으로 정하는 절차에 따라 측정·평가할 수 있다.

| 관련 법조문: 법 제255조의3, 제255조의7, 영 제259조의2, 제259조의4 | 답 ② |

관세청장은 수출입 안전관리 우수업체에 대한 통관절차 및 관세행정상의 혜택으로서 대통령령으로 정하는 사항을 제공할 수 있다(법 제255조의3 제1항). 여기에서 "대통령령으로 정하는 사항"이란 수출입물품에 대한 검사 완화나 수출입신고 및 관세납부 절차 간소화 등의 사항을 말한다(영 제259조의4 제1항). 그러나 '관세율 적용상의 혜택'은 포함되지 않는다.

✓ 선지분석
① 영 제259조의2(수출입 안전관리 기준 등) 제2항
③ 법 제255조의3(수출입 안전관리 우수업체에 대한 혜택 등) 제2항
④ 법 제255조의7(수출입 안전관리 기준 준수도의 측정·평가) 제1항

74
□□□

관세청장은 수출입물품의 제조·운송·보관 또는 통관 등 무역과 관련된 자가 시설, 서류 관리, 직원 교육 등에서 관세법 또는 「자유무역협정의 이행을 위한 관세법의 특례에 관한 법률」 등 수출입에 관련된 법령의 준수 여부, 재무 건전성 등 대통령령으로 정하는 안전관리 기준을 충족하는 경우 수출입 안전관리 우수업체로 공인할 수 있다. 여기에서 '대통령령으로 정하는 안전관리 기준'에 해당하지 않는 것은?

2017 국가직 7급(하반기)

① 관세법, 자유무역협정의 이행을 위한 관세법의 특례에 관한 법률, 대외무역법 등 수출입에 관련된 법령을 성실하게 준수하였어야 한다.
② 관세 등 영업활동과 관련한 세금을 체납하지 않는 등 재무 건전성을 갖추고 있어야 한다.
③ 국제표준화기구에서 정한 수출입안전관리에 관한 표준 등을 반영하여 관세청장이 정하는 기준을 갖추어야 한다.
④ 수출입물품의 안전한 관리를 확보할 수 있는 운영시스템, 거래업체, 운송수단 및 직원교육체계 등을 갖추고 있어야 한다.

▌관련 법조문: 영 제259조의2   답 ③

안전관리기준은 다음 각 호와 같다(영 제259조의2 제1항).

1. 관세법, 자유무역협정의 이행을 위한 관세법의 특례에 관한 법률, 대외무역법 등 수출입에 관련된 법령을 성실하게 준수하였을 것
2. 관세 등 영업활동과 관련한 세금을 체납하지 않는 등 재무 건전성을 갖출 것
3. 수출입물품의 안전한 관리를 확보할 수 있는 운영시스템, 거래업체, 운송수단 및 직원교육체계 등을 갖출 것
4. 그 밖에 세계관세기구에서 정한 수출입 안전관리에 관한 표준 등을 반영하여 관세청장이 정하는 기준을 갖출 것

75
□□□

관세법령상 수출입 안전관리 우수업체의 공인에 대한 설명으로 옳지 않은 것은?   2019 국가직 7급

① 수출입 안전관리 우수업체의 공인을 받기 위하여 심사를 요청하려는 자는 제출서류의 적정성, 개별 안전관리 기준의 충족 여부 등 관세청장이 정하여 고시하는 사항에 대하여 미리 관세청장에게 예비심사를 요청할 수 있다.
② 자율 평가 결과를 보고하지 아니하는 등 대통령령으로 정하는 사유에 해당하여 6개월의 범위에서 통관절차 및 관세행정상의 혜택의 전부 또는 일부를 정지 처분을 공인의 유효기간 동안 5회 이상 받은 경우 공인을 취소할 수 있다.
③ 수출입 안전관리 우수업체에 대한 공인의 유효기간은 5년으로 하되, 대통령령으로 정하는 바에 따라 공인을 갱신할 수 있다.
④ 수출입 안전관리 우수 공인업체의 합병이 그 업체의 유지에 중대한 영향을 미치는 경우에는 합병한 날부터 10일 이내에 이를 관세청장에게 보고하여야 한다.

▌관련 법조문: 법 제255조의2, 제255조의4, 제255조의5   답 ④

수출입안전관리우수업체가 양도, 양수, 분할 또는 합병하거나 그 밖에 관세청장이 정하여 고시하는 변동사항이 발생한 경우에는 그 변동사항이 발생한 날부터 30일 이내에 그 사항을 관세청장에게 보고하여야 한다. 다만, 그 변동사항이 수출입안전관리우수업체의 유지에 중대한 영향을 미치는 경우로서 관세청장이 정하는 사항에 해당하는 경우에는 지체 없이 보고하여야 한다(법 제255조의4 제3항). 수출입안전관리우수업체가 '합병'을 하면 그 변동사항이 발생한 날부터 '30일' 이내에 그 사실을 관세청장에게 보고하여야 한다. 다만, 그 사유가 업체의 유지에 중대한 영향을 미치는 경우에는 '지체 없이' 보고하여야 한다. 즉, '10일 이내에 이를 관세청장에게 보고하여야 한다.'라는 부분은 '지체 없이 이를 관세청장에게 보고하여야 한다.'로 바꿔야 한다.

선지분석
① 법 제255조의2(수출입 안전관리 우수업체의 공인) 제3항
② 법 제255조의5(수출입안전관리우수업체의 공인 취소)
③ 법 제255조의2(수출입 안전관리 우수업체의 공인) 제5항

76

관세법령상 수출입안전관리우수업체에 대한 사후관리와 공인 취소에 관한 설명으로 옳은 것은?

2023 관세사

① 수출입안전관리우수업체가 합병을 한 경우에는 합병일로부터 10일 이내에 관세평가분류원장에게 보고하여야 한다.
② 관세청장은 관세법에 따른 안전관리 기준을 충족하지 못하는 경우에는 공인을 취소할 수 있다.
③ 관세평가분류원장은 관할지역에 있는 수출입안전관리우수업체의 안전관리 기준 충족여부를 주기적으로 확인하여야 한다.
④ 관세평가분류원장은 수출입안전관리우수업체의 안전관리기준의 충족 여부에 대한 평가를 하여 업체를 관할하는 세관장에게 통지하여야 한다.
⑤ 관세평가분류원장은 수출입안전관리우수업체별로 안전관리기준의 충족 여부를 평가하는 관리책임자를 지정해야 한다.

관련 법조문: 법 제255조의4, 제255조의5, 영 제259조의5 | 답 ②

관세청장은 관세법에 따른 안전관리 기준을 충족하지 못하는 경우에는 공인을 취소할 수 있다(법 제255조의5 제3호).

선지분석
① 수출입안전관리우수업체가 합병을 한 경우에는 '그 변동사항이 발생한 날부터 30일 이내에' 그 사항을 '관세청장'에게 보고하여야 한다(법 제255조의4 제3항).
③ '관세청장'은 수출입안전관리우수업체의 안전관리 기준 충족여부를 주기적으로 확인하여야 한다(법 제255조의4 제1항).
④ '관세청장'은 수출입안전관리우수업체의 안전관리기준의 충족 여부를 '자율적으로 평가'하도록 하여 그 결과를 보고하게 할 수 있다(법 제255조의4 제2항).
⑤ 수출입안전관리우수업체별로 안전관리기준의 충족 여부를 평가하는 관리책임자를 지정해야 한다(영 제259조의5 제1항).

77 관세법령상 통관에 대한 설명으로 옳은 것만을 모두 고르면? 2023 국가직 9급

□□□

> ㄱ. 통관우체국의 장이 수출·수입 또는 반송하려는 우편물을 접수하였을 때에는 세관장에게 우편물목록을 제출하고 해당 우편물에 대한 검사를 받아야 한다. 다만, 세관장이 정하는 우편물은 검사를 생략할 수 있다.
> ㄴ. 수출입안전관리우수업체심의위원회의 위원장은 관세청장으로 하고, 위원은 관세청 소속 공무원, 관세행정에 관한 학식과 경험이 풍부한 사람 중에서 성별을 고려하여 관세청장이 임명하거나 위촉한다.
> ㄷ. 관세청장은 수출입안전관리우수업체의 공인을 받은 자에게 공인을 갱신하려면 공인의 유효기간이 끝나는 날의 6개월 전까지 갱신을 신청하여야 한다는 사실을 해당 공인의 유효기간이 끝나는 날의 7개월 전까지 휴대폰에 의한 문자전송, 전자메일, 팩스, 전화, 문서 등으로 미리 알려야 한다.
> ㄹ. 통관우체국의 장은 관세법 제257조에 따른 검사를 위하여 세관공무원이 해당 우편물의 포장을 풀고 검사할 필요가 있다고 인정하는 경우에는 그 우편물의 포장을 풀었다가 다시 포장해야 한다.

① ㄱ, ㄴ   ② ㄱ, ㄷ
③ ㄴ, ㄹ   ④ ㄷ, ㄹ

│ 관련 법조문: 법 제257조, 영 제259조의3, 제259조의7, 제260조   답 ④

ㄷ. 영 제259조의3(수출입 안전관리 우수업체의 공인절차 등) 제3항
ㄹ. 영 제260조(우편물의 검사) 제2항

⊘ 선지분석

ㄱ. 통관우체국의 장이 수출·수입 또는 반송하려는 우편물을 접수하였을 때에는 세관장에게 우편물목록을 제출하고 해당 우편물에 대한 검사를 받아야 한다. 다만, '관세청장'이 정하는 우편물은 검사를 생략할 수 있다(법 제257조).
ㄴ. 수출입안전관리우수업체심의위원회의 위원장은 '관세청 차장'으로 하고, 위원은 관세청 소속 공무원, 관세행정에 관한 학식과 경험이 풍부한 사람 중에서 성별을 고려하여 관세청장이 임명하거나 위촉한다(영 제259조의7 제3항).

---

78 관세법상의 절차 중에서 상대국과 상호주의 적용을 전제조건으로 하지 않는 것은? 2010 관세사·국가직 7급

□□□

① 개발도상국가를 원산지로 하는 일정 물품에 대한 일반특혜관세의 적용
② 외국과의 조약·협정 등에 의하여 수입되는 물품에 대한 재수출 감면의 적용
③ 다른 국가의 수출입안전관리 우수업체에 대한 통관절차 및 관세행정상의 혜택 제공
④ 다른 국가와 세계관세기구에 정하는 수출입 신고항목 및 화물식별번호 정보의 교환
⑤ 우리나라에 대하여 통관절차의 편익을 제공하는 국가에서 수입되는 물품에 대한 간이한 통관절차의 적용

│ 관련 법조문: 법 제76조, 제98조, 제255조, 제255조의2   답 ①

일반특혜관세는 UNCTAD에서 남북문제 해결의 일환으로서 1971년부터 선진국이 개발도상국에 대하여 실시하고 있는 특혜관세이다. 기존 특혜제도인 영연방특혜 등은 지리적으로 수 개 국가에 국한된데 비하여 일반특혜관세는 범세계적이고 무차별적이며 수혜국에게 상호주의를 요구하지 않는다는 점이 특징이다.

제9장 통관 **579**

79
□□□
관세법령상 관세청장이 수출입물품의 제조·운송·보관 또는 통관 등 무역과 관련된 자 가운데 안전관리기준의 준수 정도에 대한 측정·평가를 할 수 있는 대상이 아닌 자는?

2023 관세사

① 보세운송업자
② 관세법에 따른 관세의 납세의무자
③ 관세법상 보세화물을 취급하는 선박회사 또는 항공사
④ 자유무역지역의 지정 및 운영에 관한 법률에 따른 입주기업체
⑤ 전자문서중계사업자

▌관련 법조문: 영 제259조의6   답 ⑤

관세청장은 연 4회의 범위에서 다음 각 호의 어느 하나에 해당하는 자를 대상으로 안전관리기준의 준수 정도에 대한 측정·평가를 할 수 있다(영 제259조의6 제1항). 전자문서중계사업자는 여기에 포함되지 않는다.

> 1. 운영인
> 2. 법 제19조에 따른 납세의무자
> 3. 법 제172조 제2항에 따른 화물관리인
> 4. 법 제225조 제1항에 따른 선박회사 또는 항공사
> 5. 법 제242조에 따른 수출·수입·반송 등의 신고인(화주를 포함한다)
> 6. 법 제254조 및 이 영 제258조 제1호에 따른 특별통관 대상 업체
> 7. 보세운송업자등
> 8. 자유무역지역의 지정 및 운영에 관한 법률 제2조 제2호에 따른 입주기업체

01 우편물의 통관에 관한 설명 중 옳지 않은 것은?

2009 국가직 7급

① 수출·수입 또는 반송하고자 하는 우편물(서신을 제외한다)은 통관우체국을 경유하여야 하며, 통관우체국은 체신관서 중에서 관세청장이 지정한다.

② 통관우체국의 장의 납세통지를 받은 자는 대통령령으로 정하는 바에 따라 해당 관세를 금전 또는 지급보증서로 납부하여야 하며, 체신관서는 관세를 징수할 우편물을 관세를 징수하기 전에 수취인에게 교부할 수 없다.

③ 통관우체국의 장은 우편물 검사를 받는 때에는 소속공무원을 참여시켜야 하며, 통관우체국의 장은 세관공무원이 해당 우편물의 포장을 풀고 검사할 필요가 있다고 인정하는 경우에는 그 우편물의 포장을 풀었다가 다시 포장해야 한다.

④ 우편물에 대한 관세의 납세의무는 해당 우편물이 반송됨으로써 소멸한다.

> **관련 법조문: 법 제256조, 제260조, 제261조, 영 제260조**　　　답 ②

납세통지를 받은 자는 대통령령으로 정하는 바에 따라 해당 관세를 '수입인지' 또는 '금전'으로 납부하여야 한다.

02 관세법령상 우편물(서신은 제외)의 통관에 관한 설명으로 옳지 않은 것은?

2021 관세사

① 통관우체국의 장은 세관장으로부터 우편물에 대한 검사를 받는 때에는 경찰공무원을 참여시켜야 한다.

② 통관우체국은 체신관서 중에서 관세청장이 지정한다.

③ 세관장은 우편물통관에 대한 결정을 한 경우에는 그 결정사항을 통관우체국장에게 통지하여야 한다.

④ 체신관서는 관세를 징수하여야 하는 우편물은 관세를 징수하기 전에 수취인에게 내줄 수 없다.

⑤ 우편물에 대한 관세의 납세의무는 해당 우편물이 반송되면 소멸한다.

> **관련 법조문: 법 제256조, 제257조, 제259조, 제260조, 제261조, 영 제260조**　　　답 ①

통관우체국의 장은 세관장으로부터 우편물에 대한 검사를 받는 때에는 <u>소속공무원을</u> 참여시켜야 한다(영 제260조 제1항).

☑ 선지분석

② 법 제256조(통관우체국) 제2항
③ 법 제259조(세관장의 통지) 제1항
④ 법 제260조(우편물의 납세절차) 제2항
⑤ 법 제261조(우편물의 반송)

03 관세법령상 수출입신고대상 우편물이 아닌 것은?

① 대외무역법 제11조에 따른 수출입의 승인을 받은 우편물
② 법령에 의하여 수출입이 제한되거나 금지되는 물품
③ 가공무역을 위하여 우리나라와 외국간에 무상으로 수출입하는 물품 및 그 물품의 원·부자재
④ 증여를 목적으로 대가를 지급하지 않고 반입하는 물품

│ 관련 법조문: 법 제258조, 영 제261조 답 ④

판매를 목적으로 반입하는 우편물이나 대가를 지급하였거나 지급하여야 할 우편물이 수출입신고대상 우편물이다.

수출입신고대상 우편물	1. 대외무역법 제11조에 따른 수출입의 승인을 받은 것 2. 법령에 따라 수출입이 제한되거나 금지되는 물품 3. 세관장의 확인이 필요한 물품 4. 판매를 목적으로 반입하는 물품 또는 대가를 지급하였거나 지급하여야 할 물품(통관허용 여부 및 과세대상 여부에 관하여 관세청장이 정한 기준에 해당하는 것으로 한정한다) 5. 가공무역을 위하여 우리나라와 외국간에 무상으로 수출입하는 물품 및 그 물품의 원·부자재 6. 다음 각 목의 어느 하나에 해당하는 물품 　가. 「건강기능식품에 관한 법률」 제3조 제1호에 따른 건강기능식품 　나. 「약사법」 제2조 제4호에 따른 의약품 　다. 그 밖에 가목 및 나목의 물품과 유사한 물품으로서 관세청장이 국민보건을 위하여 수출입신고가 필요하다고 인정하여 고시하는 물품 7. 그 밖에 수출입신고가 필요하다고 인정되는 물품으로서 관세청장이 정하는 금액을 초과하는 물품

04 관세법령상 수출입신고대상 우편물이 아닌 것은? (단, 우편물임을 전제로 함)

① 위탁판매수출을 위하여 우리나라와 외국간에 무상으로 수출하는 물품 및 그 물품의 원·부자재
② 법령에 따라 수출입이 제한되거나 금지되는 물품
③ 대외무역법에 따른 수출입의 승인을 받은 우편물
④ 판매를 목적으로 반입하는 물품 또는 대가를 지급하였거나 지급하여야 할 물품(통관허용 여부 및 과세대상여부에 관하여 관세청장이 정한 기준에 해당하는 것으로 한정한다)
⑤ 관세법 제226조에 따라 세관장의 확인이 필요한 물품

│ 관련 법조문: 법 제258조, 영 제261조 답 ①

'가공무역'을 위하여 우리나라와 외국간에 무상으로 수출하는 물품 및 그 물품의 원·부자재는 수출입신고 대상 우편물이다(영 제261조 제4호).

05 관세법령상 우편물(서신은 제외한다)의 통관절차에 대한 설명으로 옳지 않은 것은?

① 통관우체국의 장은 수출·수입 또는 반송하려는 우편물에 대한 세관장의 검사를 받는 때에는 소속 공무원을 참여시켜야 한다.

② 우편물에 대한 관세의 납세의무는 해당 우편물이 반송되면 소멸한다.

③ 체신관서는 관세를 징수하여야 하는 우편물은 관세를 징수하기 전에 수취인에게 내줄 수 없다.

④ 통관우체국의 장은 세관장이 우편물에 대하여 반송을 할 수 없다고 결정하였을 때에는 그 우편물을 수취인에게 내주어야 한다.

| 관련 법조문: 법 제258조, 제260조, 제261조, 영 제260조 　　　　　　　　　　　　　 답 ④

통관우체국의 장은 세관장이 우편물에 대하여 수출·수입 또는 '반송'을 할 수 없다고 결정하였을 때에는 '그 우편물을 발송하거나 수취인에게 내줄 수 없다'(법 제258조 제1항).

✅ 선지분석
....
① 영 제260조(우편물의 검사) 제1항
② 법 제261조(우편물의 반송)
③ 법 제260조(우편물의 납세절차) 제2항

06 관세법상 우편물 통관에 관한 설명으로 옳은 것은?

① 외국으로부터 반입된 서신을 포함한 모든 우편물은 통관 우체국을 경유하여야 한다.

② 통관 우체국은 우체국 중 체신관서장이 지정한다.

③ 판매목적으로 반입되는 우편물은 일반 수입물품의 신고절차에 따라 정식 수입신고하여야 한다.

④ 체신관서는 관세를 징수할 우편물을 관세를 징수하기 전에 수취인에게 교부할 수 있다.

⑤ 우편물의 과세물건은 통관 우체국에서 세관검사를 하는 때에 확정된다.

| 관련 법조문: 법 제16조, 제256조, 제258조, 영 제261조 　　　　　　　　　　　　　 답 ③

우편물로서 판매를 목적으로 반입하는 물품 또는 대가를 지급하였거나 지급하여야 할 물품(통관허용 여부 및 과세 대상 여부에 관하여 관세청장이 정한 기준에 해당하는 것으로 한정한다)에 대해서는 해당 우편물의 수취인이나 발송인이 법 제241조(수출·수입 또는 반송의 신고) 규정에 의한 신고를 하여야 한다.

✅ 선지분석
....
① 수출·수입 또는 반송하려는 우편물(서신을 제외한다)은 통관 우체국을 경유하여야 한다(법 제256조 제1항).
② 통관 우체국은 체신관서 중에서 관세청장이 지정한다(법 제256조 제2항).
④ 체신관서는 관세를 징수할 우편물을 관세를 징수하기 전에 수취인에게 내줄 수 없다(법 제260조 제2항).
⑤ 수입신고대상 우편물의 과세물건 확정시기는 수입신고를 하는 때이며, 수입신고대상이 아닌 우편물의 과세물건 확정시기는 통관 우체국에 도착한 때이다(법 제16조).

07 우편물의 통관에 관한 설명으로 옳은 것은?

□□□
① 수출·수입 또는 반송하려는 모든 우편물은 통관 우체국을 경유하여야 한다.
② 체신관서는 관세를 징수하여야 하는 우편물은 관세를 징수하기 전에 수취인에게 내줄 수 없다.
③ 통관 우체국의 장이 우편물에 대하여 수출·수입 또는 반송을 할 수 없다고 결정하였을 때에는 그 우편물을 발송하거나 수취인에게 내줄 수 없다.
④ 통관 우체국은 체신관서 중에서 세관장이 지정한다.
⑤ 우편물에 대한 관세의 납세의무는 납세가 완료되기 전에는 소멸하는 경우가 없다.

> **관련 법조문: 법 제240조, 제256조, 제258조, 제260조, 제261조**　　　　　답 ②

✅ **선지분석**
-----
① 모든 우편물이 통관 우체국을 경유하여야 하는 것은 아니다. '서신'은 제외된다(법 제256조 제1항).
③ '세관장'이 수출, 수입, 반송을 '결정'한다(법 제258조 제1항).
④ 통관 우체국은 체신관서 중에서 '관세청장'이 정한다(법 제256조 제2항).
⑤ 우편물에 대한 납세의무는 해당 우편물이 '반송'되면 소멸한다(법 제261조).

08 관세법령상 우편물 통관에 대한 결정의 내용으로 옳지 않은 것은?

□□□
① 세관장은 우편물 통관에 대한 결정을 한 경우에는 그 결정사항을 수취인에게 통지하여야 한다.
② 가공무역을 위하여 우리나라와 외국간에 무상으로 수출입하는 우편물의 수취인이나 발송인은 해당 우편물에 대하여 수출·수입 또는 반송의 신고를 하여야 한다.
③ 통관 우체국의 장은 세관장이 우편물에 대하여 수출·수입 또는 반송을 할 수 없다고 결정하였을 때에는 그 우편물을 발송하거나 수취인에게 내줄 수 없다.
④ 통관 우체국의 장은 우편물의 검사규정에 따른 검사를 받는 때에는 소속공무원을 참여시켜야 한다. 이 경우 통관 우체국은 세관공무원이 해당 우편물의 포장을 풀고 검사할 필요가 있다고 인정하는 경우에는 그 우편물의 포장을 풀었다가 다시 포장해야 한다.

> **관련 법조문: 법 제259조, 제260조, 영 제260조, 제261조**　　　　　답 ①

세관장은 법 제258조에 따른 결정(우편물 통관에 대한 결정)을 한 경우에는 그 결정사항을, 관세를 징수하려는 경우에는 그 세액을 통관 우체국의 장에게 통지하여야 한다. 세관장은 '결정'하고, 통관 우체국은 '통지'한다.

09 관세법상 우편물에 대한 설명으로 옳지 않은 것은?

□□□
① 통관우체국의 장은 세관장이 우편물에 대하여 수출·수입 또는 반송을 할 수 없다고 결정하였을 때에는 그 우편물을 발송하거나 수취인에게 내줄 수 없다.
② 세관장은 우편물에 대하여 관세를 징수하려는 경우에는 그 세액을 우편물의 수취인과 발송인에게 통지하여야 한다.
③ 체신관서는 관세를 징수하여야 하는 우편물은 관세를 징수하기 전에 수취인에게 내줄 수 없다.
④ 우편물에 대한 관세의 납세의무는 해당 우편물이 반송되면 소멸한다.

> **관련 법조문: 법 제258조, 제259조, 제260조, 제261조**　　　　　　　　　답 ②

세관장으로부터 통지를 받은 통관우체국의 장은 우편물의 수취인이나 발송인에게 그 결정사항을 통지하여야 한다(법 제259조 제2항).

✓ 선지분석

① 법 제258조(우편물통관에 대한 결정) 제1항
③ 법 제260조(우편물의 납세절차) 제2항
④ 법 제261조(우편물의 반송)

10 □□□　관세법령상 우편물에 관한 설명으로 옳지 않은 것은?　　　2022 관세사

① 반송하려는 서신은 통관우체국을 경유하지 않아도 된다.
② 통관우체국은 체신관서 중에서 관세청장이 지정한다.
③ 우편물이 법령에 따라 수출입이 금지되는 물품인 경우 해당 우편물의 수취인이나 발송인은 관세법 제241조(수출·수입 또는 반송의 신고) 제1항에 따른 신고를 하여야 한다.
④ 체신관서는 관세를 징수하여야 하는 우편물은 관세를 징수하기 전에 수취인에게 내줄 수 없다.
⑤ 우편물에 대한 관세의 납세의무는 해당 우편물이 반송되어도 소멸하지 않는다.

> **관련 법조문: 법 제256조, 제258조, 제260조, 제261조**　　　　　　　　　답 ⑤

우편물에 대한 관세의 납세의무는 해당 우편물이 반송되면 소멸한다(법 제261조).

✓ 선지분석

① 법 제256조(통관우체국) 제1항
② 법 제256조(통관우체국) 제2항
③ 법 제258조(우편물통관에 대한 결정) 제2항, 영 제261조(수출입신고대상 우편물) 제1호
④ 법 제260조(우편물의 납세절차) 제2항

11 □□□　관세법상 신속한 통관을 위하여 여러 가지 제도를 두고 있는데, 여기에 해당되지 않는 것은?　　　2007·2002 관세사

① 수입신고수리전 반출제도
② 입항 전 수입신고제도
③ 간이수입통관제도
④ 수입신고수리전 세액심사제도
⑤ 수입신고전 물품 반출제도

> **관련 법조문: 법 제38조, 제241조, 제244조, 제252조, 제253조**　　　　　　　　　답 ④

수입신고수리전 세액 심사제도는 수입신고를 수리하기 전에 신중하게 세액을 심사하기 위한 제도로써, 신속한 통관을 위한 제도로 보기가 어렵다. 오히려 세액 심사기간만큼 통관이 지연될 수 있다.

제 10장

세관공무원의
자료 제출 요청 등

제1절 | 세관장 등의 과세자료 요청 등(법 제262조 ~ 제264조의9)

01 관세법상 세관공무원의 자료제출요청 등에 대한 설명으로 옳은 것은?　　　　　　　2018 국가직 9급

① 관세청장이나 세관장은 관세법 또는 관세법에 따른 명령(대한민국이 체결한 조약 및 일반적으로 승인된 국제법규에 따른 의무를 포함한다)을 집행하기 위하여 필요하다고 인정될 때에는 운송수단의 출발을 중지시키거나 그 진행을 정지시킬 수 있다.

② 세관장은 국가기관 및 지방자치단체 등 관계 기관 등에 대하여 관세의 부과·징수 및 통관에 관계되는 자료 또는 통계를 요청할 수 있다.

③ 과세자료제출기관의 장은 분기별로 분기만료일이 속하는 달의 말일까지 대통령령으로 정하는 바에 따라 관세청장 또는 세관장에게 과세자료를 제출하여야 한다.

④ 세관장은 관세법에 따른 과세자료의 효율적인 관리와 활용을 위한 전산관리 체계를 구축하는 등 필요한 조치를 마련하여야 한다.

> **관련 법조문: 법 제262조, 제264조, 제264조의6**　　　　　　　답 ①

'세관공무원의 자료제출요청 등'이란 법 제262조부터 시작되는 법 제10장의 제목이다.
관세청장이나 세관장은 관세법 또는 관세법에 따른 명령(대한민국이 체결한 조약 및 일반적으로 승인된 국제법규에 따른 의무를 포함한다)을 집행하기 위하여 필요하다고 인정될 때에는 운송수단의 출발을 중지시키거나 그 진행을 정지시킬 수 있다(법 제262조, 운송수단의 출발 중지 등).

⊘ 선지분석

② '관세청장'은 국가기관 및 지방자치단체 등 관계 기관 등에 대하여 관세의 부과·징수 및 통관에 관계되는 자료 또는 통계를 요청할 수 있다(법 제264조, 과세자료의 요청).

③ 과세자료제출기관의 장은 분기별로 분기만료일이 속하는 달의 '다음 달' 말일까지 대통령령으로 정하는 바에 따라 관세청장 또는 세관장에게 과세자료를 제출하여야 한다(법 제264조의4 제1항, 과세자료의 제출방법). 다만, 과세자료의 발생빈도와 활용시기 등을 고려하여 대통령령으로 정하는 바에 따라 그 과세자료의 제출시기를 달리 정할 수 있다.

④ '관세청장'은 관세법에 따른 과세자료의 효율적인 관리와 활용을 위한 전산관리 체계를 구축하는 등 필요한 조치를 마련하여야 한다(법 제264조의6 제1항, 과세자료의 관리 및 활용 등). 관세청장은 관세법에 따른 과세자료의 제출·관리 및 활용 상황을 수시로 점검하여야 한다(법 제264조의6 제2항).

관세법상 세관공무원의 자료제출요청 등에 관한 설명으로 옳지 않은 것은?

① 과세자료의 제출서식 등 제출방법에 관하여 그 밖에 필요한 사항은 기획재정부령으로 정한다.
② 과세자료제출기관의 장은 그 소속 공무원이나 임직원이 관세법에 따른 과세자료의 제출의무를 성실하게 이행하는지를 수시로 점검하여야 한다.
③ 관세청장은 국가기관 및 지방자치단체 등 관계 기관 등에 대하여 관세의 부과·징수 및 통관에 관계되는 자료 또는 통계를 요청할 수 있다.
④ 과세자료 비밀유지의무를 위반한 자는 4년 이하의 징역 또는 2천만원 이하의 벌금에 처하며 징역과 벌금은 병과할 수 없다.
⑤ 관세청장은 관세법에 따른 과세자료의 효율적인 관리와 활용을 위한 전산관리 체계를 구축하는 등 필요한 조치를 마련하여야 한다.

┃ **관련 법조문: 법 제264조, 제264조의4, 제264조의6, 제264조의7, 제264조의9**　　　답 ④

관세청 및 세관 소속 공무원은 법 제264조(과세자료의 요청), 법 제264조의2부터 제264조의5까지의 규정에 따라 제출받은 과세자료를 타인에게 제공 또는 누설하거나 목적 외의 용도로 사용하여서는 아니 된다. 다만, 법 제116조 제1항 단서 '사용 목적에 맞는 범위에서 납세자의 과세정보를 제공할 수 있는 경우' 및 같은 조 제2항 '과세정보의 제공을 요구하는 자는 문서로 해당 세관장에게 요구하여야 한다'에 따라 제공하는 경우에는 그러하지 아니하다(법 제264조의8 제1항). 제1항 단서에 따라 과세자료를 제공받은 자는 이를 타인에게 제공 또는 누설하거나 목적 외의 용도로 사용하여서는 아니 된다(법 제264조의8 제3항). 법 제264조의8 제1항 또는 제3항을 위반하여 과세자료를 타인에게 제공 또는 누설하거나 목적 외의 용도로 사용한 자는 '3년 이하'의 징역 또는 '1천만원' 이하의 벌금에 처한다(법 제264조의9 제1항). 제1항에 따른 징역과 벌금은 병과할 수 '있다'(법 제264조의9 제2항). 따라서 지문의 세 부분을 수정해야 한다.

⊘ 선지분석
① 법 제264조의4(과세자료의 제출방법) 제4항
② 법 제264조의7(과세자료제출기관의 책임 등) 제1항
③ 법 제264조(과세자료의 요청)
⑤ 법 제264조의6(과세자료의 관리 및 활용 등) 제1항

「관세법」상 세관공무원의 자료 제출 요청 등에 대한 설명으로 옳은 것은?

① 과세자료제출기관의 장은 반기별로 반기만료일이 속하는 달의 다음 달 말일까지 대통령령으로 정하는 바에 따라 관세청장에게 과세자료를 제출하여야 한다.
② 관세청장은 과세자료제출기관 또는 그 소속 공무원이나 임직원이 과세자료의 제출 의무를 이행하지 아니하는 경우 기획재정부장관에게 그 사실을 통보하여야 한다.
③ 과세자료를 타인에게 제공 또는 누설하거나 목적 외의 용도로 사용한 자는 2년 이하의 징역 또는 2천만원 이하의 벌금에 처하며, 징역과 벌금은 병과할 수 있다.
④ 세관공무원은 「관세법」에 따른 직무를 집행하기 위하여 필요하다고 인정될 때에는 판매업자에 대하여 문서화·전산화된 장부, 서류 등 관계 자료 또는 물품을 조사하거나, 그 제시 또는 제출을 요구할 수 있다.

┃ **관련 법조문: 법 제264조의4, 제264조의7, 제264조의9, 제266조**　　　답 ④

세관공무원은 「관세법」에 따른 직무를 집행하기 위하여 필요하다고 인정될 때에는 수출입업자·판매업자 또는 그 밖의 관계자에 대하여 질문하거나 문서화·전산화된 장부, 서류 등 관계 자료 또는 물품을 조사하거나, 그 제시 또는 제출을 요구할 수 있다(법 제266조 제1항).

① 세자료제출기관의 장은 <u>분기별로 분기만료일이 속하는 달의 다음 달 말일까지</u> 대통령령으로 정하는 바에 따라 <u>관세청장 또는 세관장에게</u> 과세자료를 제출하여야 한다. 다만, 과세자료의 발생빈도와 활용시기 등을 고려하여 대통령령으로 정하는 바에 따라 그 과세자료의 제출시기를 달리 정할 수 있다(법 제264조의4 제1항).

② 관세청장은 과세자료제출기관 또는 그 소속 공무원이나 임직원이 이 법에 따른 과세자료의 제출 의무를 이행하지 아니하는 경우 <u>그 기관을 감독 또는 감사·검사하는 기관의 장에게</u> 그 사실을 통보하여야 한다(법 제264조의7 제2항).

③ 과세자료를 타인에게 제공 또는 누설하거나 목적 외의 용도로 사용한 자는 <u>3년 이하의 징역 또는 1천만원 이하의 벌금</u>에 처하며, 징역과 벌금은 병과할 수 있다(법 제264조의9 제1항, 제2항).

04

□□□

관세법령상 과세자료제출기관에 해당하는 것을 모두 고른 것은?

2018 관세사

ㄱ. 지방자치단체의 업무를 위탁받은 기관	ㄴ. 지방자치단체조합
ㄷ. 지방공기업법에 따른 지방공사	ㄹ. 여신전문금융업법에 따른 신용카드업자
ㅁ. 지방자치단체의 보조를 받는 단체	

① ㄱ, ㅁ   ② ㄱ, ㄷ, ㄹ

③ ㄱ, ㄴ, ㄷ, ㅁ   ④ ㄴ, ㄷ, ㄹ, ㅁ

⑤ ㄱ, ㄴ, ㄷ, ㄹ, ㅁ

▌ 관련 법조문: 법 제264조의2   답 ⑤

ㄱ. 지방자치단체의 업무를 위탁받은 기관(법 제264조의2 제2호)
ㄴ. 지방자치단체조합(법 제264조의2 제2호)
ㄷ. 지방공기업법에 따른 지방공사(법 제264조의2 제3호)
ㄹ. 여신전문금융업법에 따른 신용카드업자(법 제264조의2 제5호)
ㅁ. 지방자치단체의 보조를 받는 단체(법 제264조의2 제3호)

법 제264조의2(과세자료제출기관의 범위) 제264조에 따른 과세자료를 제출하여야 하는 기관 등(이하 '과세자료제출기관'이라 한다)은 다음 각 호와 같다.
1. 국가재정법 제6조에 따른 중앙관서(중앙관서의 업무를 위임받거나 위탁받은 기관을 포함한다. 이하 같다)와 그 하급행정기관 및 보조기관
2. 지방자치단체(지방자치단체의 업무를 위임받거나 위탁받은 기관과 지방자치단체조합을 포함한다. 이하 같다)
3. 공공기관, 정부의 출연·보조를 받는 기관이나 단체, 지방공기업법에 따른 지방공사·지방공단 및 지방자치단체의 출연·보조를 받는 기관이나 단체
4. 민법 외의 다른 법률에 따라 설립되거나 국가 또는 지방자치단체의 지원을 받는 기관이나 단체로서 그 업무에 관하여 제1호나 제2호에 따른 기관으로부터 감독 또는 감사·검사를 받는 기관이나 단체, 그 밖에 공익 목적으로 설립된 기관이나 단체 중 대통령령으로 정하는 기관이나 단체
5. 여신전문금융업법에 따른 신용카드업자와 여신전문금융업협회
6. 금융실명거래 및 비밀보장에 관한 법률 제2조 제1호에 따른 금융회사 등

05 관세법령상 관세청장이 관세의 부과·징수 및 통관에 관계되는 자료 또는 통계를 요청할 수 있는 '과세자료제출기관'에 해당하지 않는 것은?

① 국가재정법 제6조에 따른 중앙관서의 업무를 위탁받은 기관
② 지방자치단체조합
③ 지방공기업법에 따른 지방공단
④ 민법에 따라 설립되어 국가 또는 지방자치단체의 지원을 받지 않는 단체
⑤ 여신전문금융업법에 따른 여신전문금융업협회

┃ **관련 법조문: 법 제264조의2**   답 ④

<u>민법 외의 다른 법률에 따라 설립되거나 국가 또는 지방자치단체의 지원을 받는 기관이나 단체</u>로서 그 업무에 관하여 제1호나 제2호에 따른 기관으로부터 감독 또는 감사·검사를 받는 기관이나 단체, 그 밖에 공익 목적으로 설립된 기관이나 단체 중 대통령령으로 정하는 기관이나 단체는 '과세자료제출기관'에 포함된다(법 제264조의2 제4호). 즉, '지원을 받지 않는'을 '지원을 받는'으로 바꿔야 한다.

06 관세법령상 과세자료의 범위 및 제출시기 등과 관련하여 과세자료제출기관과 과세자료명의 연결이 옳지 않은 것은?

① 농림축산식품부 – 관세법 시행령 제94조(농림축산물에 대한 양허세율의 적용신청)에 따른 양허세율 적용의 추천에 관한 자료
② 환경부 – 관세법 제92조(정부용품 등의 면세) 제7호에 따라 상수도 수질 측정 또는 보전·향상을 위하여 수입하는 물품에 대한 관세 면제를 위한 신청에 관한 자료
③ 산업통상자원부 – 관세법 제93조(특정물품의 면세 등) 제3호에 따라 핵사고 또는 방사능 긴급사태 복구지원과 구호를 위하여 기증되는 물품에 대한 관세 면제를 위한 신청에 관한 자료
④ 방위사업청 –「방위사업법」제57조의2에 따른 군수품무역대리업의 등록을 한 업체의 사업자등록번호
⑤ 행정안전부 –「지방세법」제55조에 따른 제조자 또는 수입판매업자의 반출신고에 관한 자료

┃ **관련 법조문: 시행령 별표 3**   답 ③

관세법 제93조(특정물품의 면세 등) 제3호에 따라 핵사고 또는 방사능 긴급사태 복구지원과 구호를 위하여 기증되는 물품에 대한 관세 면제를 위한 신청에 관한 자료는 '원자력안전위원회'가 제출하여야 한다(영 제263조의2 제1항 관련, 별표 3).

관세법령상 과세자료제출기관이 실시간으로 제출하여야 하는 과세자료에 해당하는 것은?　　　2019 관세사

① 출입국관리법 제3조 및 제6조에 따른 국민의 출국심사 및 입국심사에 관한 자료
② 자동차관리법 제5조에 따른 자동차 등록에 관한 자료
③ 지방세법 제55조에 따른 제조자 또는 수입판매업자의 반출신고에 관한 자료
④ 여권법 제7조 제1항에 따른 여권발급에 관한 자료
⑤ 부가가치세법 제8조, 법인세법 제111조 및 소득세법 제168조에 따른 사업자등록에 관한 자료

▌ 관련 법조문: 영 제263조의2　　　　　　　　　　　　　　　　　　　답 ④

과세자료제출기관이 제출하여야 하는 과세자료의 범위, 과세자료를 제출받을 기관 및 제출시기는 별표 3과 같다(영 제263조의2 제1항). 별표 3에 따르면 과세자료 제출시기는 ㉠ 매년 1월 31일, ㉡ 매년 7월 31일, ㉢ 매일, ㉣ 실시간, ㉤ 기타로 구분된다. 이 중 '실시간'으로 제출하여야 하는 과세자료는 다음의 세 가지 자료이다.

과세자료제출기관	과세자료명	받을 기관	과세자료 제출시기
외교부	여권법 제7조 제1항에 따른 여권발급에 관한 자료	인천공항세관	실시간
지방자치단체	지방세기본법 제60조 제1항에 따른 지방세환급금 내역(관세 등의 체납이 있는 자만 해당한다)	관세청	실시간
여신전문금융업법에 따른 신용카드업자 및 여신전문금융업협회	외국환거래법 제3조 제1항 제14호에 따른 거주자의 여신전문금융업법 제2조 제5호 가목에 따른 신용카드 등의 대외지급(물품구매 내역만 해당한다) 및 외국에서의 외국통화 인출에 관한 자료	관세청	실시간

 선지분석

① 출입국관리법 제3조 및 제6조에 따른 국민의 출국심사 및 입국심사에 관한 자료: 매일
② 자동차관리법 제5조에 따른 자동차 등록에 관한 자료: 매일
③ 지방세법 제55조에 따른 제조자 또는 수입판매업자의 반출신고에 관한 자료: 매일
⑤ 부가가치세법 제8조, 법인세법 제111조 및 소득세법 제168조에 따른 사업자등록에 관한 자료: 매일

08
☐☐☐

관세법령상 과세자료에 대한 설명으로 옳지 않은 것은?　　　2023 국가직 7급

① 과세자료제출기관의 장은 관세청장으로부터 과세자료의 보완을 요구받은 경우 정당한 사유가 없으면 그 요구를 받은 날부터 15일 이내에 그 요구를 따라야 한다.
② 국세청장은 관세 등의 체납이 있는 자의 「국세기본법」 제51조에 따른 법인세 환급금 내역을 관세청장에게 매년 1월 31일, 7월 31일까지 제출하여야 한다.
③ 관세청 소속 공무원이 과세자료에 대한 비밀유지의무에 위반하여 과세자료를 타인에게 제공한 경우 3년 이하의 징역 또는 1천만원 이하의 벌금에 처하며, 징역과 벌금은 병과할 수 있다.
④ 수입하는 물품에 대하여 내국세등을 감면받도록 추천 등을 한 경우에 그에 관한 자료로서 관세의 부과·징수와 통관에 직접적으로 필요한 자료는 과세자료제출기관이 제출하여야 하는 과세자료에 해당한다.

| 관련 법조문: 영 제263조의2, 제264조의3, 제264조의9, 별표 3 | 답 ② |

국세청장은 관세 등의 체납이 있는 자의 「국세기본법」 제51조에 따른 법인세 환급금 내역을 관세청장에게 **매년 4월 30일까지** 제출하여야 한다(영 별표 3).

✅ 선지분석

① 영 제263조의2(과세자료의 범위 및 제출시기 등) 제2항
③ 법 제264조의9(과세자료 비밀유지의무 위반에 대한 처벌) 제1항, 제2항
④ 법 제264조의3(과세자료의 범위) 제1항 제1호

---

09 관세법령상 관세청장이 마약류 관련 정보의 제출을 요구할 수 있는 관계 중앙행정기관의 장으로 옳지 않은 것은? 2024 관세사

① 과학기술정보통신부장관
② 경찰청장
③ 법무부장관
④ 외교부장관
⑤ 검찰총장

| 관련 법조문: 영 제263조의3 | 답 ② |

관세청장은 법 제264조의11(마약류 관련 정보의 제출 요구) 제1항에 따라 관계 중앙행정기관의 장에게 다음 각 호의 구분에 따른 정보의 제출을 요구할 수 있다(영 제263조의3).

1. 과학기술정보통신부장관: 「국제우편규정」 제3조에 따른 국제우편물(법령을 위반하여 우리나라에 반입되거나 우리나라에서 반출되는 마약류를 배달한 우편물만 해당한다) 수취인의 성명·주소, 배송일자·배송경로를 조회한 인터넷 프로토콜(protocol) 주소와 접속기기 및 조회일시
2. 외교부장관: 국외에서 마약류 밀수 또는 유통 범죄로 최근 10년간 체포·구금 또는 수감된 사람으로서 「재외국민보호를 위한 영사조력법」 제11조에 따라 재외공관의 장의 영사조력을 받은 재외국민(해당 범죄로 유죄 판결이 확정된 경우만 해당한다)의 성명·생년월일·여권번호, 범죄사실 및 처벌내용
3. 법무부장관: 국내에서 마약류 밀수 또는 유통 범죄로 처벌받은 외국인으로서 최근 10년간 「출입국관리법」 제46조 제1항 제13호에 따른 강제퇴거 대상자에 해당하게 된 외국인의 성명·생년월일·외국인등록번호 및 처분내역
4. 검찰총장: 다음 각 목의 정보
   가. 마약류 밀수 또는 유통 범죄와 관련하여 최근 10년간 「형의 실효 등에 관한 법률」에 따른 수형인명부에 기재된 국민의 성명·생년월일, 범죄사실 및 처벌내용
   나. 마약류 밀수 또는 유통 범죄와 관련하여 최근 10년간 「형의 실효 등에 관한 법률」에 따른 수형인명부에 기재된 외국인의 성명·생년월일·외국인등록번호, 범죄사실 및 처벌내용

10 관세법령상 세관장 등의 과세자료 요청 등에 관한 설명으로 옳지 않은 것은?

① 관세청장으로부터 과세자료의 제출을 요청받은 기관 등의 장은 다른 법령에 특별한 제한이 있는 경우 등 정당한 사유가 없으면 이에 협조하여야 한다.

② 과세자료제출기관의 장이 세관장으로부터 과세자료의 추가 또는 보완을 요구받은 경우에는 그 요구를 받은 날의 다음 날부터 30일 이내에 그 요구에 따라야 한다.

③ 관세청장은 관세법에 따른 명령(대한민국이 체결한 조약 및 일반적으로 승인된 국제법규에 따른 의무를 포함한다)을 집행하기 위하여 필요하다고 인정될 때에는 운송수단의 출발을 중지시키거나 그 진행을 정지시킬 수 있다.

④ 과세자료제출기관의 장은 그 소속 공무원이나 임직원이 관세법에 따른 과세자료의 제출의무를 성실하게 이행하는지를 수시로 점검하여야 한다.

⑤ 관세청장은 관세법에 따른 과세자료의 효율적인 관리와 활용을 위한 전산관리체계를 구축하는 등 필요한 조치를 마련하여야 한다.

▌관련 법조문: 법 제262조, 제263조의2, 제264조의5, 제264조의6, 제264조의7　　　　답 ②

과세자료제출기관의 장이 세관장으로부터 과세자료의 추가 또는 보완을 요구받은 경우에는 정당한 사유가 없으면 그 요구를 받은 날부터 15일 이내에 그 요구에 따라야 한다(영 제263조의2 제2항).

☑ 선지분석

① 법 제264조의5(과세자료의 수집에 관한 협조) 제1항
③ 법 제262조(운송수단의 출발 중지 등)
④ 법 제264조의7(과세자료제출기관의 책임 등) 제1항
⑤ 법 제264조의6(과세자료의 관리 및 활용 등) 제1항

---

11 관세법상 과세자료 요청 등에 관한 설명으로 옳지 않은 것은?

① 관세청장은 국가기관 및 지방자치단체 등 관계 기관 등에 대하여 관세의 부과·징수 및 통관에 관계되는 자료 또는 통계를 요청할 수 있다.

② 「여신전문금융업법」에 따른 신용카드업자와 여신전문금융업협회는 과세자료제출기관에 해당한다.

③ 과세자료제출기관의 장이 분기별로 관세청장 또는 세관장에게 과세자료를 제출하는 경우에는 그 기관이 접수하거나 작성한 자료의 목록을 함께 제출하여야 한다.

④ 과세자료 비밀유지의무를 위반한 자는 1년 이하의 징역 또는 3천만원 이하의 벌금에 처하며, 이에 따른 징역 또는 벌금은 병과할 수 없다.

⑤ 관세청장은 우리나라로 반입되거나 우리나라에서 반출되는 물품의 안전 관리를 위하여 필요한 경우 중앙행정기관의 장에게 해당 기관이 보유한 「관세법」에서 정한 구비 조건·품질 등을 위반한 물품에 관한 정보 등을 제공하여 줄 것을 요청할 수 있다.

│ 관련 법조문: 법 제264조, 제264조의2, 제264조의4, 제264조의9, 제264조의10   답 ④

과세자료 비밀유지의무를 위반하여 과세자료를 타인에게 제공 또는 누설하거나 목적 외의 용도로 사용한 자는 <u>3년 이하의 징역 또는 1천만원 이하의 벌금</u>에 처한다(법 제264조의9 제1항). 이에 따른 징역 또는 벌금은 <u>병과할 수 있다</u>(법 제264조의9 제2항).

✅ 선지분석

① 법 제264조(과세자료의 요청)
② 법 제264조의2(과세자료제출기관의 범위) 제5호
③ 법 제264조의4(과세자료의 제출방법) 제2항
⑤ 법 제264조의10(불법·불량·유해물품에 대한 정보 등의 제공 요청과 협조) 제1항

12

관세법령상 과세자료제출과 비밀유지의무에 대한 설명으로 옳은 것은?   2020 국가직 9급

① 과세자료 비밀유지의무 위반에 대한 처벌은 징역과 벌금을 병과할 수 있다.
② 관세법 제264조의8 제1항 또는 제3항을 위반하여 과세자료를 목적 외의 용도로 사용한 자는 1년 이하의 징역 또는 1천만원 이하의 벌금에 처한다.
③ 관세법 제264조의8 제1항 또는 제3항을 위반하여 과세자료를 타인에게 제공 또는 누설한 자는 3년 이하의 징역 또는 2천만원 이하의 벌금에 처한다.
④ 과세자료제출기관의 장은 관세법 제264조의4 제3항에 따라 관세청장 또는 세관장으로부터 과세자료의 추가 또는 보완을 요구받은 경우에는 정당한 사유가 없으면 그 요구를 받은 날부터 20일 이내에 그 요구에 따라야 한다.

│ 관련 법조문: 법 제264조의9, 영 제263조의2   답 ①

비밀유지 의무를 위반하여 과세자료를 타인에게 제공 또는 누설하거나 목적 외의 용도로 사용한 자는 3년 이하의 징역 또는 1천만원 이하의 벌금에 처한다(법 제264조의9 제1항). 이 경우 징역과 벌금은 병과할 수 있다(법 제264조의9 제2항).

✅ 선지분석

②③ 법 제264조의9(과세자료 비밀유지의무 위반에 대한 처벌) 제1항·제2항
④ 과세자료제출기관의 장은 추가 또는 보완 요구를 받은 날부터 '15일' 이내에 그 요구에 따라야 한다(영 제263조의2 제2항).

13 관세법 및 관세법 시행령 조문의 일부이다. (   )에 들어갈 숫자를 옳게 나열한 것은?

> 관세법 제264조의9(과세자료 비밀유지의무 위반에 대한 처벌) ① 제264조의8 제1항 또는 제3항을 위반하여 과세자료를 타인에게 제공 또는 누설하거나 목적 외의 용도로 사용한 자는 (ㄱ)년 이하의 징역 또는 (ㄴ)천만원 이하의 벌금에 처한다.
>
> 관세법 시행령 제263조의2(과세자료의 범위 및 제출시기 등) ② 과세자료제출기관의 장은 법 제264조의4 제3항에 따라 관세청장 또는 세관장으로부터 과세자료의 추가 또는 보완을 요구받은 경우에는 정당한 사유가 없으면 그 요구를 받은 날부터 (ㄷ)일 이내에 그 요구에 따라야 한다.

① ㄱ: 1, ㄴ: 2, ㄷ: 10
② ㄱ: 1, ㄴ: 3, ㄷ: 10
③ ㄱ: 2, ㄴ: 1, ㄷ: 30
④ ㄱ: 3, ㄴ: 1, ㄷ: 15
⑤ ㄱ: 3, ㄴ: 2, ㄷ: 15

▌관련 법조문: 법 제264조의9, 영 제263조의2　　　　　　　　　　　　　　　　　　　　　　답 ④

비밀유지의무를 위반한 경우 '3년 이하의 징역 또는 1천만원 이하의 벌금'에 처한다. 과세자료제출기관의 장은 제출 요구를 받은 날부터 '15일' 이내에 그 요구에 따라야 한다.

01 다음은 세관공무원의 자료제출요청 등 관세법상 조치의 내용을 나열한 것이다. 그 내용으로 옳지 않은 것은?
□□□

① 관세청장 또는 세관장은 관세법을 집행하기 위하여 필요하다고 인정되는 때에는 운송수단의 출발을 중지시키거나 그 진행을 정지시킬 수 있다.

② 관세청장은 해상에서 직무를 집행하기 위하여 필요하다고 인정되는 때에는 각 군부대장·국가경찰관서의 장·해양경찰관서의 장에게 협조를 요청할 수 있다.

③ 관세청장 또는 세관장은 관세법을 집행하기 위하여 필요하다고 인정되는 때에는 물품·운송수단 또는 장치장소에 관한 서류를 제출, 보고 기타 필요한 사항을 명할 수 있다.

④ 관세청장은 국가기관 및 지방자치단체 등 관계 기관에 대하여 관세의 부과·징수 및 통관에 관계되는 자료 또는 통계를 요청할 수 있다.

⑤ 세관공무원은 관세법 또는 관세법에 따른 명령(대한민국이 체결한 조약 및 일반적으로 승인된 국제법규에 따른 의무를 포함한다)을 위반한 행위를 방지하기 위하여 필요하다고 인정되는 때에는 물품·운송수단·장치장소 및 관계 장부 서류를 검사하거나 봉쇄 기타 필요한 조치를 할 수 있다.

> **관련 법조문: 법 제262조, 제263조, 제264조, 제265조, 제267조의2**　　　　　　답 ②

'세관장'은 직무를 집행하기 위하여 필요하다고 인정될 때에는 다음 각 호의 어느 하나에 해당하는 자에게 협조를 요청할 수 있다(법 제267조의2 제1항).

> 1. 육군·해군·공군의 각 부대장
> 2. 국가경찰관서의 장
> 3. 해양경찰관서의 장

02 관세법상 세관공무원에 부여된 권한과 책임에 대한 설명 중 옳지 않은 것은?
□□□

① 세관장은 관세법에 따른 명령(대한민국이 체결한 조약 및 일반적으로 승인된 국제법규에 따른 의무를 포함한다)을 집행하기 위하여 필요하다고 인정될 때에는 운송수단의 출발을 중지시킬 수 있다.

② 세관장은 국가기관 및 지방자치단체 등 관계기관에 대하여 관세의 부과·징수 및 통관에 관계되는 자료 또는 통계를 요청할 수 있다.

③ 세관공무원은 관세법에 위반한 행위를 방지하기 위하여 필요하다고 인정될 때에는 관계장부, 서류를 검사 또는 봉쇄하거나 그 밖에 필요한 조치를 할 수 있다.

④ 세관장은 직무를 집행하기 위하여 필요하다고 인정될 때에는 그 소속공무원으로 하여금 무기를 휴대하게 할 수 있다.

⑤ 세관장은 직무를 집행하기 위하여 필요하다고 인정될 때에는 해양경찰관서의 장에게 협조를 요청할 수 있다.

> **관련 법조문: 법 제262조, 제264조, 제267조, 제267조의2**　　　　　　답 ②

'관세청장'은 국가기관 및 지방자치단체 등 관계 기관 등에 대하여 관세의 부과·징수 및 통관에 관계되는 자료 또는 통계를 요청할 수 있다(법 제264조).

관세법상 비밀유지 및 비밀유지의무에 관한 설명으로 옳은 것은?

① 관세청장은 지방자치단체에 대하여 관세의 부과·징수 및 통관에 관계되는 자료 또는 통계를 요청할 수 없다.

② 세관공무원은 국가기관이 관세범에 대한 소추를 목적으로 과세정보를 요구할 경우에도 이를 제공하여서는 안 된다.

③ 제출받은 과세자료를 타인에게 제공 또는 누설하거나 목적 외의 용도로 사용한 자는 3년 이하의 징역 또는 1천만원 이하의 벌금에 처한다.

④ 과세자료 비밀유지의무 위반에 대한 처벌은 징역과 벌금을 병과할 수 없다.

⑤ 수입하는 물품에 대하여 낮은 관세율을 적용받을 수 있도록 허가, 승인, 추천 등을 한 경우 그에 관한 자료로서 관세의 부과·징수와 통관에 직접적으로 필요한 자료는 비밀유지의무대상 과세자료가 아니다.

▍ **관련 법조문: 법 제116조, 제264조, 제264조의3, 제264조의9**　　　　답 ③

✅ **선지분석**

① 관세청장은 국가기관 및 지방자치단체 등 관계 기관 등에 대하여 관세의 부과·징수 및 통관에 관계되는 자료 또는 통계를 요청할 수 있다(법 제264조).

② 세관공무원은 국가기관이 관세에 관한 쟁송이나 관세범에 대한 소추(訴追)를 목적으로 과세정보를 요구하는 경우 납세자의 과세정보를 제공할 수 있다(법 제116조).

④ 과세자료 비밀유지의무 규정을 위반하여 과세자료를 타인에게 제공 또는 누설하거나 목적 외의 용도로 사용한 자는 3년 이하의 징역 또는 1천만원 이하의 벌금에 처한다. 이 경우 징역과 벌금은 병과할 수 있다(법 제264조의9).

⑤ 과세자료제출기관이 제출하여야 하는 과세자료는 다음 각 호의 어느 하나에 해당하는 자료로서 관세의 부과·징수와 통관에 직접적으로 필요한 자료로 한다(법 제264조의3).

> 1. 수입하는 물품에 대하여 관세 또는 내국세등을 감면받거나 낮은 세율을 적용받을 수 있도록 허가, 승인, 추천 등을 한 경우 그에 관한 자료
> 2. 과세자료제출기관이 법률에 따라 신고받거나 제출받아 보유하고 있는 자료 중 법 제27조, 제38조, 제241조에 따른 신고내용의 확인 또는 제96조에 따른 감면 여부의 확인을 위하여 필요한 자료
> 3. 법 제226조에 따라 허가·승인·표시 또는 그 밖의 조건을 증명할 필요가 있는 물품에 대하여 과세자료제출기관이 허가 등을 갖추었음을 확인하여 준 경우 그에 관한 자료
> 4. 관세법에 따라 체납된 관세 등의 징수를 위하여 필요한 자료
> 5. 법 제264조의2 제1호에 따른 중앙관서 중 중앙행정기관 외의 기관이 보유하고 있는 자료로서 관세청장이 관세의 부과·징수와 통관에 필요한 최소한의 범위에서 해당 기관의 장과 미리 협의하여 정하는 자료
> 6. 거주자의 여신전문금융업법에 따른 신용카드 등의 대외지급(물품구매 내역에 한정한다) 및 외국에서의 외국통화 인출 실적

04 관세법상 세관공무원의 자료제출요청 등에 관한 설명으로 옳지 않은 것은? 2017 관세사

① 관세청장이나 세관장은 관세법 또는 관세법에 따른 명령(대한민국이 체결한 조약 및 일반적으로 승인된 국제법규에 따른 의무를 포함한다)을 집행하기 위하여 필요하다고 인정될 때에는 운송수단의 출발을 중지시키거나 그 진행을 정지시킬 수 있다.

② 관세청장이나 세관장은 관세법 또는 관세법에 따른 명령을 집행하기 위하여 필요하다고 인정될 때에는 물품·운송수단 또는 장치 장소에 관한 서류의 제출·보고 또는 그 밖에 필요한 사항을 명하거나, 세관공무원으로 하여금 수출입자·판매자 또는 그 밖의 관계자에 대하여 관계 자료를 조사하게 할 수 있다.

③ 관세청장이나 세관장은 세관의 조사·감시 등 관세행정과 관련한 정보 제공 및 관계 자료 조사를 위하여 명예세관원을 위촉할 수 있으나 그 활동에 대하여 활동 경비를 지급하지 못한다.

④ 세관공무원은 관세법 또는 관세법에 따른 명령을 위반한 행위를 방지하기 위하여 필요하다고 인정될 때에는 물품, 운송수단, 장치 장소 및 관계 장부·서류를 검사 또는 봉쇄하거나 그 밖에 필요한 조치를 할 수 있다.

⑤ 세관공무원은 관세법에 따른 직무를 집행하기 위하여 필요하다고 인정될 때에는 수출입업자·판매업자 또는 그 밖의 관계자에 대하여 질문하거나 문서화·전산화된 장부, 서류 등 관계 자료 또는 물품을 조사하거나, 그 제시 또는 제출을 요구할 수 있다.

> **관련 법조문: 법 제262조, 제263조, 제265조, 제266조, 제268조, 규칙 제80조의2**　　　　답 ③

관세청장은 밀수감시단속 활동의 효율적인 수행을 위하여 필요한 경우에는 수출입 관련 분야의 민간종사자 등을 명예세관원으로 위촉하여 공항·항만에서의 밀수 감시, 정보 제공과 밀수 방지의 홍보 활동을 하게 할 수 있다(법 제268조 제1항). 명예세관원의 자격요건, 임무, 그 밖에 필요한 사항은 기획재정부령으로 정한다(법 제268조 제2항). 관세청장은 필요한 경우 명예세관원에게 활동경비 등을 지급할 수 있다(규칙 제80조의2 제3항). 명예세관원의 임무는 다음 각 호와 같다(규칙 제80조의2 제2항).

1. 세관의 조사·감시 등 관세행정과 관련한 정보제공
2. 밀수방지 등을 위한 홍보 활동 지원 및 개선 건의
3. 세관직원을 보조하여 공항, 항만 또는 유통단계의 감시 등 밀수단속 활동 지원
4. 세관직원을 보조하여 원산지 표시 위반, 지식재산권 침해 등에 대한 단속 활동 지원

✅ **선지분석**

① 법 제262조(운송수단의 출발 중지 등)
② 법 제263조(서류의 제출 또는 보고 등의 명령)
④ 법 제265조(물품 또는 운송수단 등에 대한 검사 등)
⑤ 법 제266조(장부 또는 자료의 제출 등) 제1항

05 관세법령상 외국에서 생산된 물품에 관한 세금계산서나 수입사실 등을 증명하는 자료의 비치가 의무화되
☐☐☐ 는 상설영업장이 아닌 것은?

① 백화점
② 최근 1년간 수입물품의 매출액이 5억원 이상인 수입물품만을 취급하거나 수입물품을 할인판매하는
　상설영업장
③ 통신판매하는 자로서 최근 2년간 수입물품의 매출액이 5억원 이상인 상설영업장
④ 관세청장이 정하는 물품을 판매하는 자로서 최근 1년간 수입물품의 매출액이 전체 매출액의 30퍼센
　트를 초과하는 상설영업장
⑤ 상설영업장의 판매자 또는 그 대리인이 최근 3년 이내에 관세법 또는 관세사법 위반으로 처벌받은
　사실이 있는 경우 그 상설영업장

▌관련 법조문: 법 제266조, 규칙 제80조　　　　　　　　　　　　　　　　　　　　　　답 ③

상설영업장을 갖추고 외국에서 생산된 물품을 판매하는 자로서 기획재정부령으로 정하는 기준에 해당하는 자는 해
당 물품에 관하여 부가가치세법 제32조 및 제35조에 따른 세금계산서나 수입 사실 등을 증명하는 자료를 영업장에
갖춰 두어야 한다(법 제266조 제2항).

> **규칙 제80조(자료를 갖춰 두어야 하는 영업장)** 법 제266조 제2항에서 '기획재정부령으로 정하는 기준에 해당하는 자'
> 란 다음 각 호의 어느 하나에 해당하는 상설영업장을 갖추고 외국에서 생산된 물품을 판매하는 자를 말한다.
> 1. 백화점 ⇨ ①
> 2. 최근 1년간 수입물품의 매출액이 5억원 이상인 수입물품만을 취급하거나 수입물품을 할인판매하는 상설영업장
> 　⇨ ②
> 3. 통신판매하는 자로서 <u>최근 1년간</u> 수입물품의 매출액이 <u>10억원 이상인</u> 상설영업장 ⇨ ③
> 4. 관세청장이 정하는 물품을 판매하는 자로서 최근 1년간 수입물품의 매출액이 전체 매출액의 30퍼센트를 초과하
> 　는 상설영업장 ⇨ ④
> 5. 상설영업장의 판매자 또는 그 대리인이 최근 3년 이내에 관세법 또는 관세사법 위반으로 처벌받은 사실이 있는
> 　경우 그 상설영업장 ⇨ ⑤

06 관세법령상 자료의 제출 등에 관한 내용으로 (   )에 들어갈 사항으로 옳은 것은? 2021 관세사

□□□

> 다음 각 호의 어느 하나에 해당하는 상설영업장을 갖추고 외국에서 생산된 물품을 판매하는 자는 해당 물품에 관하여 부가가치세법에 따른 세금계산서나 수입 사실 등을 증명하는 자료를 영업장에 갖춰 두어야 한다.
> 1.~2. <생략>
> 3. 통신판매하는 자로서 최근 1년간 수입물품의 매출액이 (   )억원 이상인 상설영업장

① 1   ② 2
③ 3   ④ 5
⑤ 10

관련 법조문: 규칙 제80조   답 ⑤

> **규칙 제80조(자료를 갖춰 두어야 하는 영업장)** 법 제266조 제2항에서 '기획재정부령으로 정하는 기준에 해당하는 자'란 다음 각 호의 어느 하나에 해당하는 상설영업장을 갖추고 외국에서 생산된 물품을 판매하는 자를 말한다.
> 1. 백화점
> 2. 최근 1년간 수입물품의 매출액이 5억원 이상인 수입물품만을 취급하거나 수입물품을 할인판매하는 상설영업장
> 3. 통신판매하는 자로서 최근 1년간 수입물품의 매출액이 <u>10억원</u> 이상인 상설영업장
> 4. 관세청장이 정하는 물품을 판매하는 자로서 최근 1년간 수입물품의 매출액이 전체 매출액의 30퍼센트를 초과하는 상설영업장
> 5. 상설영업장의 판매자 또는 그 대리인이 최근 3년 이내에 관세법 또는 관세사법 위반으로 처벌받은 사실이 있는 경우 그 상설영업장

07 관세법령상 세관공무원의 물품검사 등과 관련하여 '자료를 갖춰 두어야 하는 영업장'에 해당하지 않는 것은? 2022 관세사

□□□

① 최근 1년간 수입물품의 매출액이 10억원인 수입물품만을 취급하는 상설영업장
② 통신판매하는 자로서 최근 1년간 수입물품의 매출액이 15억원인 상설영업장
③ 최근 2개월간 수입물품의 매출액이 1억원인 백화점
④ 최근 1년간 수입물품의 매출액이 전체 매출액의 20퍼센트인 상설영업장
⑤ 외국에서 생산된 물품을 판매하는 상설영업장의 판매자가 최근 2년 이내에 관세법 위반으로 처벌받은 사실이 있는 경우 그 상설영업장

관련 법조문: 규칙 제80조   답 ④

'관세청장이 정하는 물품을 판매하는 자로서 최근 1년간 수입물품의 매출액이 전체 매출액의 30퍼센트를 초과하는 상설영업장'이 '자료를 갖춰 두어야 하는 영업장'에 해당한다(규칙 제80조).

제11장

벌칙

01

관세법상 그 위반행위에 따른 법정형을 중(重)한 것부터 순서대로 옳게 나열한 것은? 2021 관세사

ㄱ. 풍속을 해치는 서적을 수입한 경우
ㄴ. 관세청장의 지정을 받지 아니하고 전자문서중계업무를 행한 경우
ㄷ. 납세의무자의 재산을 점유하는 자가 강제징수를 면탈하게 할 목적으로 그 재산에 대한 거짓계약을 한 경우
ㄹ. 부정한 방법으로 적재화물목록을 작성한 경우

① ㄱ - ㄴ - ㄷ - ㄹ
② ㄱ - ㄷ - ㄹ - ㄴ
③ ㄴ - ㄱ - ㄷ - ㄹ
④ ㄷ - ㄱ - ㄴ - ㄹ
⑤ ㄷ - ㄹ - ㄱ - ㄴ

관련 법조문: 법 제268조의2, 제269조, 제275조의2, 제276조 답 ①

ㄱ. 헌법질서를 문란하게 하거나 공공의 안녕질서 또는 풍속을 해치는 서적·간행물·도화, 영화·음반·비디오물·조각물 또는 그 밖에 이에 준하는 물품을 수출하거나 수입한 자는 7년 이하의 징역 또는 7천만원 이하의 벌금에 처한다(법 제269조 제1항, 법 제234조).
ㄴ. 관세청장의 지정을 받지 아니하고 전자문서중계업무를 행한 자는 5년 이하의 징역 또는 5천만원 이하의 벌금에 처한다(법 제268조의2 제2항).
ㄷ. 납세의무자 또는 납세의무자의 재산을 점유하는 자가 강제징수를 면탈할 목적 또는 면탈하게 할 목적으로 그 재산을 은닉·탈루하거나 거짓 계약을 하였을 때에는 3년 이하의 징역 또는 3천만원 이하의 벌금에 처한다(법 제275조의2 제1항).
ㄹ. 부정한 방법으로 적재화물목록을 작성하였거나 제출한 자는 2천만원 이하의 벌금에 처한다(법 제276조 제3항).

02

수출입이 금지되는 물품을 수출하거나 수입하는 자는 (A)년 이하의 징역에 처하며, 그리고 관세를 포탈했을 때에는 (B)년 이하의 징역 또는 포탈한 관세액의 (C)배와 물품원가 중 높은 금액 이하에 상당하는 벌금에 처한다. 괄호 안에 들어갈 말을 순서대로 바로 연결한 것은? 2007 관세사

	(A)	(B)	(C)
①	5	5	5
②	7	3	5
③	10	5	10
④	5	10	5
⑤	7	10	5

관련 법조문: 법 제269조, 제270조 답 ②

• A: 금지품 수출입죄는 7년 이하의 징역 또는 7천만원 이하의 벌금에 처한다.
• B, C: 관세포탈죄는 3년 이하의 징역 또는 포탈한 관세액의 5배와 물품원가 중 높은 금액 이하에 상당하는 벌금에 처한다.

03
□□□

관세법 제269조(밀수출입죄)에 관한 내용이다. (   )에 들어갈 숫자를 옳게 나열한 것은? 2024 관세사

> • 관세법 제241조(수출·수입 또는 반송의 신고) 제1항·제2항에 따른 신고를 하였으나 해당 수입물품과 다른 물품으로 신고하여 수입한 자는 (ㄱ)년 이하의 징역 또는 관세액의 (ㄴ)배와 물품원가 중 높은 금액 이하에 상당하는 벌금에 처한다.
> • 관세법 제241조 제1항 및 제2항에 따른 신고를 하지 아니하고 물품을 수출하거나 반송한 자는 (ㄷ)년 이하의 징역 또는 물품원가 이하에 상당하는 벌금에 처한다.

① ㄱ: 3, ㄴ: 5, ㄷ: 1
② ㄱ: 3, ㄴ: 5, ㄷ: 3
③ ㄱ: 3, ㄴ: 10, ㄷ: 3
④ ㄱ: 5, ㄴ: 5, ㄷ: 1
⑤ ㄱ: 5, ㄴ: 10, ㄷ: 3

▌ 관련 법조문: 법 제269조   답 ⑤

• 다음 각 호의 어느 하나에 해당하는 자는 5년 이하의 징역 또는 관세액의 10배와 물품원가 중 높은 금액 이하에 상당하는 벌금에 처한다(법 제269조 제2항, 밀수입죄).

> 1. 법 제241조 제1항·제2항 또는 제244조 제1항에 따른 신고를 하지 아니하고 물품을 수입한 자. 다만, 제253조 제1항에 따른 반출신고를 한 자는 제외한다.
> 2. 법 제241조 제1항·제2항 또는 제244조 제1항에 따른 신고를 하였으나 해당 수입물품과 다른 물품으로 신고하여 수입한 자

• 다음 각 호의 어느 하나에 해당하는 자는 3년 이하의 징역 또는 물품원가 이하에 상당하는 벌금에 처한다(법 제269조 제3항, 밀수출·밀반송죄).

> 1. 법 제241조 제1항 및 제2항에 따른 신고를 하지 아니하고 물품을 수출하거나 반송한 자
> 2. 법 제241조 제1항 및 제2항에 따른 신고를 하였으나 해당 수출물품 또는 반송물품과 다른 물품으로 신고하여 수출하거나 반송한 자

04
□□□

관세법상 벌칙에 대한 설명으로 옳지 않은 것은? 2013 국가직 7급

① 부정한 방법으로 관세를 환급받은 자는 3년 이하의 징역 또는 환급받은 세액의 5배 이하에 상당하는 벌금에 처한다.
② 특허보세구역의 특허사항을 위반한 운영인에게는 200만원 이하의 과태료를 부과한다.
③ 세액결정에 영향을 미치기 위하여 과세가격 또는 관세율 등을 거짓으로 신고한 자는 5년 이하의 징역 또는 포탈한 관세액의 10배와 물품원가 중 높은 금액 이하에 상당하는 벌금에 처한다.
④ 부정한 방법으로 적재화물목록을 작성하였거나 제출한 자는 2천만원 이하의 벌금에 처한다.

▌ 관련 법조문: 법 제270조, 제276조, 제277조   답 ③

관세포탈죄는 3년 이하의 징역 또는 포탈한 관세액의 5배와 물품원가 중 높은 금액 이하에 상당하는 벌금에 처한다.

05 관세법상 벌칙에 대한 설명으로 옳지 않은 것은?

☐☐☐

① 관세법 제264조의8 제1항 또는 제3항을 위반하여 과세자료를 타인에게 제공 또는 누설하거나 목적 외의 용도로 사용한 자는 3년 이하의 징역 또는 1천만원 이하의 벌금에 처한다.

② 관세법 제241조 제1항 및 제2항에 따른 수출신고를 한 자 중 법령에 따라 수출에 필요한 허가 또는 그 밖의 조건을 갖추지 아니하고 수출한 자는 3년 이하의 징역 또는 3천만원 이하의 벌금에 처한다.

③ 관세법 제38조의3 제1항에 따른 수정신고를 할 때 부당하게 재산상 이득을 취득하거나 제3자로 하여 금 이를 취득하게 할 목적으로 물품의 가격을 조작하여 신고한 자는 2년 이하의 징역 또는 물품원가 와 5천만원 중 높은 금액 이하의 벌금에 처한다.

④ 납세의무자가 강제징수를 면탈할 목적으로 그 재산을 은닉·탈루하거나 거짓 계약을 하였을 때에는 3년 이하의 징역 또는 3천만원 이하의 벌금에 처한다.

> **관련 법조문: 법 제264조의9, 제270조, 제270조의2, 제275조의2**　　　답 ②

관세법 제241조 제1항 및 제2항에 따른 수출신고를 한 자 중 법령에 따라 수출에 필요한 허가 또는 그 밖의 조건을 갖추지 아니하고 수출한 자는 <u>1년 이하의 징역 또는 2천만원 이하의 벌금에 처한다</u>(법 제270조 제3항). 이것을 '부정수출죄'라고 한다.

> **법 제264조의9(과세자료 비밀유지의무 위반에 대한 처벌)** ① <u>제264조의8 제1항 또는 제3항을 위반하여 과세자료를 타인에게 제공 또는 누설하거나 목적 외의 용도로 사용한 자는 3년 이하의 징역 또는 1천만원 이하의 벌금에 처한다.</u>
> ② <u>제1항에 따른 징역과 벌금은 병과할 수 있다.</u> ⇨ ①
> **법 제270조의2(가격조작죄)** 다음 각 호의 신청 또는 신고를 할 때 부당하게 재물이나 재산상 이득을 취득하거나 제3자로 하여금 이를 취득하게 할 목적으로 물품의 가격을 조작하여 신청 또는 신고한 자는 2년 이하의 징역 또는 물품원가와 5천만원 중 높은 금액 이하의 벌금에 처한다.
> 1. 제38조의2 제1항·제2항에 따른 보정신청
> 2. <u>제38조의3 제1항에 따른 수정신고</u> ⇨ ③
> 3. 제241조 제1항·제2항에 따른 신고
> 4. 제244조 제1항에 따른 신고
> **법 제275조의2(강제징수면탈죄 등)** ① <u>납세의무자 또는 납세의무자의 재산을 점유하는 자가 강제징수를 면탈할 목적 또는 면탈하게 할 목적으로 그 재산을 은닉·탈루하거나 거짓 계약을 하였을 때에는 3년 이하의 징역 또는 3천만원 이하의 벌금에 처한다.</u> ⇨ ④

06 관세법상에 규정된 내용 설명 중 옳지 않은 것은?

☐☐☐

① 우리나라에서 보세가공수출을 포함한 수출물품으로서 수출신고 수리일로부터 2년 내에 재수입되는 해당 물품에 대하여 관세의 감면을 받은 경우에는 관세를 면제하지 아니한다.

② 물품이 천공 또는 절단되었거나 통상적인 조건으로 판매할 수 없는 상태로 처리되어 견본품으로 사용될 것으로 인정되는 물품은 그 관세를 면제할 수 있다.

③ 세관장은 관세법의 규정에 의하여 납부세액이나 납부하여야 하는 세액에 부족한 금액을 징수하고자 하는 때에는 미리 납세의무자에게 그 내용을 서면으로 통지하여야 하며, 납세의무자는 그 통지를 받은 날부터 30일 이내에 통지내용에 대한 적법성 여부에 관한 과세전적부심사를 청구할 수 있다.

④ 관세법의 규정에 의한 수입신고를 한 자 중 세액결정에 영향을 미치기 위하여 과세가격 또는 관세율 등을 허위로 신고하거나 신고하지 아니하고 수입한 자는 5년 이상의 징역 또는 포탈한 관세액의 10배에 상당하는 벌금에 처한다.

수입신고를 한 자 중 다음 각 호의 어느 하나에 해당하는 자는 3년 이하의 징역 또는 포탈한 관세액의 5배와 물품원가 중 높은 금액 이하에 상당하는 벌금에 처한다.

1. 세액결정에 영향을 미치기 위하여 과세가격 또는 관세율 등을 거짓으로 신고하거나 신고하지 아니하고 수입한 자
2. 세액결정에 영향을 미치기 위하여 거짓으로 서류를 갖추어 품목분류 사전심사를 신청한 자
3. 법령에 따라 수입이 제한된 사항을 회피할 목적으로 부분품으로 수입하거나 주요 특성을 갖춘 미완성·불완전한 물품이나 완제품을 부분품으로 분할하여 수입한 자

---

07 관세법에 규정된 관세포탈죄 등의 처벌내용에 관한 설명으로 옳지 않은 것은?   2009 국가직 9급

① 세액결정에 영향을 미치기 위하여 허위의 서류를 갖추어 품목분류 사전심사를 신청하였다면 관세포탈죄로 처벌될 수 있다.
② 관세포탈죄를 저지른 자는 3년 이하의 징역 또는 포탈한 관세액의 5배와 물품원가 중 높은 금액 이하에 상당하는 벌금에 처한다.
③ 부정한 방법으로 관세감면을 받은 자는 3년 이하의 징역 또는 감면받거나 면탈한 관세액의 3배 이하에 상당하는 벌금에 처한다.
④ 부정한 방법으로 관세환급을 받은 자는 3년 이하의 징역 또는 환급받은 세액의 5배 이하에 상당하는 벌금에 처한다.

부정한 방법으로 관세를 감면받거나 관세를 감면받은 물품에 대한 관세의 징수를 면탈한 자는 3년 이하의 징역에 처하거나, 감면받거나 면탈한 관세액의 5배 이하에 상당하는 벌금에 처한다.

---

08 국가관세종합정보시스템이나 전자문서중계사업자의 전산처리설비에 기록된 전자문서 등 관련정보를 위조 또는 변조하거나 위조 또는 변조된 정보를 행사한 자에 대하여 관세법상에 규정된 처벌로 옳은 것은?   2010 국가직 9급

① 1년 이상 10년 이하의 징역 또는 1억원 이하의 벌금
② 1년 이상 5년 이하의 징역 또는 3억원 이하의 벌금
③ 1년 이상 5년 이하의 징역 또는 1억원 이하의 벌금
④ 1년 이상 10년 이하 징역 또는 3억원 이하의 벌금

국가관세종합정보시스템이나 전자문서중계사업자의 전산처리설비에 기록된 전자문서 등 관련 정보를 위조 또는 변조하거나 위조 또는 변조된 정보를 행사한 자는 1년 이상 10년 이하의 징역 또는 1억원 이하의 벌금에 처한다.

09 관세법상 벌칙에 대한 설명으로 옳지 않은 것은? 2016 국가직 9급

① 국가관세종합정보시스템에 기록된 전자문서 등 관련 정보를 위조 또는 변조한 자는 5년 이하의 징역 또는 5천만원 이하의 벌금에 처한다.

② 관세법 제244조 제1항에 따른 수입신고를 한 자 중 법령에 따라 수입에 필요한 허가 · 승인 · 추천 · 증명 또는 그 밖의 조건을 갖추지 아니하거나 부정한 방법으로 갖추어 수입한 자는 3년 이하의 징역 또는 3천만원 이하의 벌금에 처한다.

③ 부정한 방법으로 관세를 환급받은 자는 3년 이하의 징역 또는 환급받은 세액의 5배 이하에 상당하는 벌금에 처한다.

④ 납세의무자의 재산을 점유하는 자가 강제징수를 면탈하게 할 목적으로 그 재산을 은닉하였을 때에는 3년 이하의 징역 또는 3천만원 이하의 벌금에 처한다.

▌ 관련 법조문: 법 제268조의2, 제270조　　　　　　　　　　　　　　　　　　　답 ①

국가관세종합정보시스템이나 전자문서중계사업자의 전산처리설비에 기록된 전자문서 등 관련 정보를 위조 또는 변조하거나 위조 또는 변조된 정보를 행사한 자는 1년 이상 10년 이하의 징역 또는 1억원 이하의 벌금에 처한다(법 제268조의2 제1항). 5년 이하의 징역 또는 5천만원 이하의 벌금에 처하는 다음의 경우와 구분하여야 한다(법 제268조의2 제2항).

1. 관세청장의 지정을 받지 아니하고 전자문서중계업무를 행한 자
2. 국가관세종합정보시스템 또는 전자문서중계사업자의 전산처리설비에 기록된 전자문서 등 관련 정보를 훼손하거나 그 비밀을 침해한 자
3. 업무상 알게 된 전자문서 등 관련 정보에 관한 비밀을 누설하거나 도용한 한국관세정보원 또는 전자문서중계사업자의 임직원 또는 임직원이었던 사람

⊘ 선지분석

② 부정수입죄에 해당하는 경우 3년 이하의 징역 또는 3천만원 이하의 벌금에 처한다(법 제270조 제2항).
③ 부정환급죄에 해당하는 경우 3년 이하의 징역 또는 환급받은 세액의 5배 이하에 상당하는 벌금에 처한다(법 제270조 제5항).
④ 강제징수면탈죄에 해당하는 경우 3년 이하의 징역 또는 3천만원 이하의 벌금에 처한다(법 제275조의2).

10 관세법상 벌칙에 대한 설명으로 옳지 않은 것은? 2011 국가직 9급

① 해당 수입물품과 다른 물품으로 신고하여 수입한 자는 10년 이하의 징역 또는 관세액의 10배와 물품원가 중 높은 금액 이하에 상당하는 벌금을 부과한다.

② 관세법에 따라 수입신고를 한 자 중 세액결정에 영향을 미치기 위하여 과세가격 또는 관세율 등을 신고하지 아니하고 수입한 자는 3년 이하의 징역 또는 포탈한 관세액의 5배와 물품원가 중 높은 금액 이하에 상당하는 벌금에 처한다.

③ 관세법에 따라 수입신고를 한 자 중 법령에 따라 수입에 필요한 승인조건을 부정한 방법으로 갖추어 수입한 자는 3년 이하의 징역 또는 3천만원 이하의 벌금에 처한다.

④ 국가관세종합정보시스템이나 전자문서중계사업자의 전산처리설비에 기록된 전자문서 등 관련 정보를 위조 또는 변조하거나 위조 또는 변조된 정보를 행사한 자는 1년 이상 10년 이하의 징역 또는 1억원 이하의 벌금에 처한다.

> **관련 법조문: 법 제268조의2, 제269조, 제270조**   답 ①

다음 각 호의 어느 하나에 해당하는 자는 '5년' 이하의 징역 또는 관세액의 10배와 물품원가 중 높은 금액 이하에 상당하는 벌금에 처한다. 이를 밀수입죄라 한다.

> 1. 수입신고를 하지 아니하고 물품을 수입한 자. 다만, 즉시반출신고를 한 자는 제외한다.
> 2. 수입신고를 하였으나 해당 수입물품과 다른 물품으로 신고하여 수입한 자

11 관세법상 위반에 대한 처벌사항 중 옳지 않은 것은?   2012 국가직 9급

① 수입신고를 하지 않고 물품을 수입한 자는 5년 이하의 징역 또는 관세액의 10배와 물품원가 중 높은 금액 이하에 상당하는 벌금에 처한다.
② 수출신고를 하지 않고 물품을 수출한 자는 3년 이하의 징역 또는 물품원가 이하에 상당하는 벌금에 처한다.
③ 납세의무자가 강제징수를 면탈할 목적으로 그 재산을 은닉·탈루하거나 거짓 계약을 하였을 때에는 3년 이하의 징역 또는 3천만원 이하의 벌금에 처한다.
④ 법령에 따라 수입이 제한된 사항을 회피할 목적으로 완제품을 부분품으로 분할하여 수입한 자는 3년 이하의 징역 또는 2천만원 이하의 벌금에 처한다.

> **관련 법조문: 법 제269조, 제270조, 제275조의2**   답 ④

'법령에 따라 수입이 제한된 사항을 회피할 목적으로 완제품을 부분품으로 분할하여 수입한 자'는 관세포탈죄에 해당한다. 관세포탈죄의 경우 3년 이하의 징역 또는 포탈한 관세액의 5배와 물품원가 중 높은 금액 이하에 상당하는 벌금에 처한다.

12  관세법상 벌칙에 관한 설명으로 옳은 것은?   2023 관세사

① 부정한 방법으로 관세를 감면받거나 관세를 감면받은 물품에 대한 관세의 징수를 면탈한 자는 5년 이하의 징역에 처한다.
② 부정한 방법으로 관세를 환급받은 자는 5년 이하의 징역에 처한다.
③ 세관공무원이 그 직무와 관련하여 금품을 수수(收受)하였을 때에는 국가공무원법 제82조에 따른 징계절차에서 그 금품 수수액의 5배 내의 징계부가금 부과 의결을 징계위원회에 요구하여야 한다.
④ 관세법 제269조(밀수출입죄)의 죄를 저지를 목적으로 그 예비를 한 자도 본죄와 동일하게 처벌해야 한다.
⑤ 관세청장 또는 세관장은 세관공무원에게 금품을 공여한 자에 대해서는 그 금품 상당액의 6배의 과태료를 부과·징수한다.

> **관련 법조문: 법 제270조, 제271조, 제277조의2**   답 ③

세관공무원이 그 직무와 관련하여 금품을 수수(收受)하였을 때에는 국가공무원법 제82조에 따른 징계절차에서 그 금품 수수액의 5배 내의 징계부가금 부과 의결을 징계위원회에 요구하여야 한다(법 제277조의2 제1항).

✅ **선지분석**

① 부정한 방법으로 관세를 감면받거나 관세를 감면받은 물품에 대한 관세의 징수를 면탈한 자는 '3년 이하의 징역에 처하거나, 감면받거나 면탈한 관세액의 5배 이하에 상당하는 벌금에' 처한다(법 제270조 제4항).

② 부정한 방법으로 관세를 환급받은 자는 '3년 이하의 징역 또는 환급받은 세액의 5배 이하에 상당하는 벌금에' 처한다(법 제270조 제5항).

④ 관세법 제269조(밀수출입죄)의 죄를 저지를 목적으로 그 예비를 한 자는 '본죄의 2분의 1을 감경하여 처벌'한다(법 제271조 제3항).

⑤ 관세청장 또는 세관장은 세관공무원에게 금품을 공여한 자에 대해서는 그 금품 상당액의 '2배 이상 5배 내'의 과태료를 부과·징수한다(법 제277조의2 제5항).

13 관세법상 징역형 또는 벌금형에 처해질 수 있는 자는?

① 제240조의2(통관 후 유통이력신고) 제1항을 위반하여 유통이력을 신고하지 아니하거나 거짓으로 신고한 자

② 제321조(세관의 업무시간·물품취급시간) 제2항 제2호를 위반하여 운송수단에서 물품을 취급한 자

③ 특허보세구역의 특허사항을 위반한 운영인

④ 제327조의3(전자문서중계사업자의 지정 등) 제1항을 위반하여 관세청장의 지정을 받지 아니하고 전자문서중계업무를 행한 자

▌**관련 법조문: 법 제268조의2, 제277조**   답 ④

관세청장의 지정을 받지 아니하고 전자문서중계업무를 행한 자는 5년 이하의 징역 또는 5천만원 이하의 벌금에 처한다(법 제268조의2 제2항).

✅ **선지분석**

① 유통이력을 신고하지 아니하거나 거짓으로 신고한 자에게는 500만원 이하의 과태료를 부과한다(법 제277조 제5항).

②③ 다음 각 호의 어느 하나에 해당하는 자에게는 200만원 이하의 과태료를 부과한다(법 제277조 제6항).

> 1. 특허보세구역의 특허사항을 위반한 운영인
> 2. 법 제321조(세관의 업무시간·물품취급시간) 제2항 제2호를 위반하여 운송수단에서 물품을 취급한 자

14 수입신고를 한 자가 법령에 의하여 수입이 제한되는 사항을 회피할 목적으로 완제품을 부분품으로 분할하여 수입한 경우 적용될 수 있는 처벌조항은?

① 관세법 제270조 관세포탈죄 등

② 관세법 제269조 밀수출입죄 등

③ 관세법 제275조의2 강제징수면탈죄 등

④ 관세법 제268조의2 전자문서 위조·변조죄 등

⑤ 관세법 제274조 밀수물품의 취득죄 등

수입신고를 한 자가 법령에 의하여 수입이 제한되는 사항을 회피할 목적으로 완제품을 부분품으로 분할하여 수입한 경우 법 제270조(관세포탈죄 등)에 따라 처벌된다.

15 「관세법」상 관세포탈죄 등에 대한 설명으로 옳지 <u>않은</u> 것은? (징역과 벌금의 병과는 고려하지 아니함)

① 부정한 방법으로 관세를 감면받은 자는 3년 이하의 징역에 처하거나, 감면받은 관세액의 5배 이하에 상당하는 벌금에 처한다.

② 수출신고를 한 자 중 법령에 따라 수출에 필요한 허가·승인·추천·증명을 부정한 방법으로 갖추어 수출한 자는 1년 이하의 징역 또는 2천만원 이하의 벌금에 처한다.

③ 수입신고를 한 자 중 법령에 따라 수입이 제한된 사항을 회피할 목적으로 부분품으로 수입한 자는 3년 이하의 징역 또는 3천만원 이하의 벌금에 처한다.

④ 부정한 방법으로 관세를 환급받은 행위를 그 정황을 알면서 방조한 자는 3년 이하의 징역 또는 환급받은 세액의 5배 이하에 상당하는 벌금에 처한다.

관련 법조문: 법 제270조, 제271조   답 ③

수입신고를 한 자 중 법령에 따라 수입이 제한된 사항을 회피할 목적으로 부분품으로 수입한 자는 <u>3년 이하의 징역 또는 포탈한 관세액의 5배와 물품원가 중 높은 금액 이하에 상당하는 벌금에 처한다</u>(법 제270조 제1항).

⊘ 선지분석

① 법 제270조(관세포탈죄 등) 제4항
② 법 제270조(관세포탈죄 등) 제3항
④ 부정한 방법으로 관세를 환급받은 자는 3년 이하의 징역 또는 환급받은 세액의 5배 이하에 상당하는 벌금에 처한다. 이 경우 세관장은 부정한 방법으로 환급받은 세액을 즉시 징수한다(법 제270조 제5항). 그 정황을 알면서 법 제269조(밀수출입죄) 및 제270조(관세포탈죄 등)에 따른 행위를 교사하거나 방조한 자는 정범(正犯)에 준하여 처벌한다(법 제271조).

16 「관세법」상 벌칙에 대한 설명으로 옳은 것만을 모두 고르면?

> ㄱ. 유가증권의 모조품을 수입한 자는 7년 이하의 징역 또는 7천만원 이하의 벌금에 처한다.
>
> ㄴ. 수입신고를 하였으나 해당 수입물품과 다른 물품으로 신고하여 수입한 자는 5년 이하의 징역 또는 5천만원 이하의 벌금에 처한다.
>
> ㄷ. 수입신고를 한 자 중 법령에 따라 수입이 제한된 사항을 회피할 목적으로 부분품으로 수입한 자는 3년 이하의 징역 또는 3천만원 이하의 벌금에 처한다.
>
> ㄹ. 부정한 방법으로 관세를 환급받은 자는 3년 이하의 징역 또는 환급받은 세액의 5배 이하에 상당하는 벌금에 처한다.

① ㄱ, ㄷ
② ㄱ, ㄹ
③ ㄴ, ㄷ
④ ㄴ, ㄹ

ㄱ. 화폐·채권이나 그 밖의 유가증권의 위조품·변조품 또는 모조품을 수출입한 자는 7년 이하의 징역 또는 7천만 원 이하의 벌금에 처한다(법 제269조 제1항).

ㄹ. 부정한 방법으로 관세를 환급받은 자는 3년 이하의 징역 또는 환급받은 세액의 5배 이하에 상당하는 벌금에 처한다. 이 경우 세관장은 부정한 방법으로 환급받은 세액을 즉시 징수한다(법 제270조 제5항).

☑ 선지분석

ㄴ. 수입신고를 하였으나 해당 수입물품과 다른 물품으로 신고하여 수입한 자는 5년 이하의 징역 또는 관세액의 10배와 물품원가 중 높은 금액 이하에 상당하는 벌금에 처한다(법 제269조 제2항 제2호).

ㄷ. 수입신고를 한 자 중 법령에 따라 수입이 제한된 사항을 회피할 목적으로 부분품으로 수입한 자는 3년 이하의 징역 또는 포탈한 관세액의 5배와 물품원가 중 높은 금액 이하에 상당하는 벌금에 처한다(법 제270조 제1항 제3호).

17 다음 ( ) 안에 들어갈 내용을 순서대로 바르게 나열한 것은?

□□□

> 수입신고를 한 자(법 제19조 제5항 제1호 다목에 따른 구매대행업자를 포함한다) 중 세액결정에 영향을 미치기 위하여 과세가격 또는 관세율 등을 거짓으로 신고하고 수입한 자(법 제19조 제5항 제1호 다목에 따른 구매대행업자를 포함한다)는 ( ) 이하의 징역 또는 포탈한 관세액의 ( )와 물품원가 중 높은 금액 이하에 상당하는 벌금에 처한다.

① 1년, 3배
② 2년, 3배
③ 2년, 5배
④ 3년, 3배
⑤ 3년, 5배

┃ 관련 법조문: 법 제270조   답 ⑤

수입신고를 한 자(법 제19조 제5항 제1호 다목에 따른 구매대행업자를 포함한다) 중 세액결정에 영향을 미치기 위하여 과세가격 또는 관세율 등을 허위로 신고하거나 신고하지 아니하고 수입한 자(법 제19조 제5항 제1호 다목에 따른 구매대행업자를 포함한다)는 (3년) 이하의 징역 또는 포탈한 관세액의 (5배)와 물품원가 중 높은 금액 이하에 상당하는 벌금에 처한다.

18 다음 ( ) 안에 들어갈 내용을 순서대로 바르게 나열한 것은?

> 부정한 방법으로 관세를 환급받는 자는 ( )년 이하의 징역 또는 환급받은 세액의 ( )배 이하에 상당하는 벌금을 처한다. 이 경우 세관장은 부정한 방법으로 환급받은 세액을 즉시 ( )한다.

① 2, 3, 몰수
② 3, 3, 몰수
③ 2, 5, 징수
④ 2, 4, 독촉
⑤ 3, 5, 징수

┃ 관련 법조문: 법 제270조　　　　　　　　　　　　　　　　　　　　　답 ⑤

부정한 방법으로 관세를 환급받은 자는 (3)년 이하의 징역 또는 환급받은 세액의 (5)배 이하에 상당하는 벌금에 처한다. 이 경우 세관장은 부정한 방법으로 환급받은 세액을 즉시 (징수)한다.

---

19 다음 ( ) 안에 들어갈 내용이 순서대로 옳은 것은?

> 공공의 안녕질서를 해치는 영화, 비디오물 등의 밀수입물품을 취득·양도·보관한 자는 ( ) 이하의 징역 또는 ( ) 이하에 상당하는 벌금에 처한다.

① 1년, 물품원가
② 2년, 1천만원
③ 2년, 물품원가
④ 3년, 물품원가
⑤ 5년, 5천만원

┃ 관련 법조문: 법 제274조　　　　　　　　　　　　　　　　　　　　　답 ④

'공공의 안녕질서를 해치는 영화, 비디오물'은 수출입금지품으로서 이것들을 밀수입하여 취득, 양도, 보관한 자는 법 제274조의 밀수품 취득죄 등으로 처벌한다. 다음 각 호의 어느 하나에 해당되는 물품을 취득·양도·운반·보관 또는 알선하거나 감정한 자는 3년 이하의 징역 또는 물품원가 이하에 상당하는 벌금에 처한다.

　1. 법 제269조(밀수출입죄)에 해당되는 물품
　2. 법 제270조 제1항 제3호(부분품, 분할수입), 같은 조 제2항(부정수입죄) 및 제3항(부정수출죄)에 해당되는 물품

20 □□□ '甲'은 중국에 오래 거주한 적이 있어 현지 농산물의 유통구조에 밝다. '甲'은 '乙'에게 관세율이 높은 농산물을 저가로 신고하고 수입할 경우 큰 돈을 벌 수 있다고 알려주면서 불법적인 저가신고를 통한 관세포탈 방법을 가르쳐 주었다. '甲'이 가르쳐 준 바에 따라 물품을 저가 수입하던 '乙'이 관세포탈죄로 처벌을 받게 될 때 '甲'은 어떤 처벌을 받게 되는가?

2006 관세사

① '甲'의 죄질이 '乙'보다 더 나쁜 것이므로 '乙'은 관세법에 의해, '甲'은 특정범죄가중처벌법에 따라 징역처벌을 받게 된다.
② 직접 범죄를 저지른 것은 '乙'이므로 '乙'이 처벌되더라도 '甲'은 별도의 처벌을 받지 아니한다.
③ '甲'은 '乙'의 처벌과는 관계없이 징역 또는 벌금처벌을 받게 된다.
④ '甲'도 '乙'과 같은 처벌을 받게 된다.
⑤ '乙'과는 달리 비교적 가벼운 과태료처분을 받게 된다.

| **관련 법조문: 법 제271조** | 답 ④ |

'甲'이 '乙'에게 관세포탈을 '가르쳐' 주었다. '甲'은 교사자로서 '乙'과 같은 수준의 처벌을 받게 된다. 그 정황을 알면서 법 제269조(밀수출입죄) 및 제270조(관세포탈죄 등)에 따른 행위를 교사하거나 방조한 자는 정범(正犯)에 준하여 처벌한다.

---

21 □□□ 관세법상 벌칙 및 조사와 처분 등에 대한 설명으로 옳지 않은 것은?

2017 국가직 7급

① 법인의 대표자가 그 법인의 업무에 관하여 관세법 제277조(과태료)에 해당하는 위반행위를 한 경우 양벌규정에 따라 법인의 대표자 외에 그 법인에게도 과태료를 부과한다.
② 관세범에 관한 사건에 대하여는 관세청장이나 세관장의 고발이 없으면 검사는 공소를 제기할 수 없다.
③ 세관공무원은 관세범 조사에 필요하다고 인정할 때에는 선박·차량·항공기·창고 또는 그 밖의 장소를 검증하거나 수색할 수 있다.
④ 세관공무원은 여성 피의자가 범죄사실을 증명하기에 충분한 물품을 신변(身邊)에 은닉하였다고 인정될 때에는 이를 내보이도록 요구하고, 이에 따르지 아니하는 경우에는 성년의 여성을 참여시켜 신변을 수색할 수 있다.

| **관련 법조문: 법 제279조, 제284조, 제300조, 제301조** | 답 ① |

법인의 대표자나 법인 또는 개인의 대리인, 사용인, 그 밖의 종업원이 그 법인 또는 개인의 업무에 관하여 관세법 제11장에서 규정한 벌칙(법 제277조의 과태료는 제외한다)에 해당하는 위반행위를 하면 그 행위자를 벌하는 외에 그 법인 또는 개인에게도 해당 조문의 벌금형을 과(科)한다(법 제279조 제1항). 즉, 과태료가 부과되는 경우에는 '양벌규정'이 적용되지 않는다.

 선지분석
② 법 제284조(공소의 요건) 제1항
③ 법 제300조(검증수색)
④ 법 제301조(신변 수색 등) 제1항·제2항

22 ( ) 안에 들어갈 내용이 순서대로 옳은 것은?

> 입항 전 수입신고를 한 자 중 법령에 따라 수입에 필요한 허가·승인·추천·증명 또는 그 밖의 조건을 갖추지 아니하거나 부정한 방법으로 갖추어 수입한 자는 ( ) 이하의 징역 또는 ( ) 이하의 벌금에 처한다.

① 1년, 1천만원

② 2년, 2천만원

③ 3년, 2천만원

④ 3년, 3천만원

⑤ 5년, 5천만원

관련 법조문: 법 제270조 답 ④

법 제241조 제1항·제2항 또는 제244조 제1항에 따른 수입신고를 한 자 중 법령에 따라 수입에 필요한 허가·승인·추천·증명 또는 그 밖의 조건을 갖추지 아니하거나 부정한 방법으로 갖추어 수입한 자는 3년 이하의 징역 또는 3천만원 이하의 벌금에 처한다(법 제270조 제2항).

법 제241조 제1항	물품을 수출·수입 또는 반송하려면 해당 물품의 품명·규격·수량 및 가격과 그 밖에 대통령령으로 정하는 사항을 세관장에게 신고하여야 한다.
법 제241조 제2항	다음 각 호의 어느 하나에 해당하는 물품은 대통령령으로 정하는 바에 따라 수출입·반송신고를 생략하게 하거나 관세청장이 정하는 간소한 방법으로 신고하게 할 수 있다. 1. 휴대품·탁송품 또는 별송품 2. 우편물 3. 법 제91조부터 제94조까지, 제96조 및 제97조 제1항에 따라 관세가 면제되는 물품 3의2. 입항보고, 출항허가, 도착보고, 출발허가의 대상이 되는 운송수단 4. 국제운송을 위한 컨테이너(별표 관세율표 중 기본세율이 무세인 것으로 한정한다)
법 제244조 제1항	수입하려는 물품의 신속한 통관이 필요할 때에는 제243조 제2항에도 불구하고 대통령령으로 정하는 바에 따라 해당 물품을 적재한 선박이나 항공기가 입항하기 전에 수입신고를 할 수 있다.

---

23 다음 ( ) 안에 들어갈 내용으로 옳은 것은?

> 납세의무자 또는 납세의무자의 재산을 점유하는 자가 강제징수를 면탈할 목적 또는 면탈하게 할 목적으로 그 재산을 은닉·탈루하거나 거짓 계약을 하였을 때에는 ( )에 처한다.

① 1년 이하의 징역 또는 물품원가 이하에 상당하는 벌금

② 2년 이하의 징역 또는 물품원가 이하에 상당하는 벌금

③ 3년 이하의 징역 또는 물품원가 이하에 상당하는 벌금

④ 2년 이하의 징역 또는 3천만원 이하의 벌금

⑤ 3년 이하의 징역 또는 3천만원 이하의 벌금

관련 법조문: 법 제275조의2 답 ⑤

납세의무자 또는 납세의무자의 재산을 점유하는 자가 강제징수를 면탈할 목적 또는 면탈하게 할 목적으로 그 재산을 은닉·탈루하거나 거짓 계약을 하였을 때에는 3년 이하의 징역 또는 3천만원 이하의 벌금에 처한다.

24 관세법상 벌칙에 관한 설명으로 옳은 것은?

2016 관세사

① 관세의 회피 또는 강제집행의 면탈을 목적으로 타인에게 자신의 명의를 사용하여 납세신고를 할 것을 허락한 자는 3년 이하의 징역 또는 3천만원 이하의 벌금에 처한다.

② 강제징수면탈의 사정을 알고도 이를 방조하거나 거짓 계약을 승낙한 자는 2년 이하의 징역 또는 2천만원 이하의 벌금에 처한다.

③ 밀수출입죄에 해당되는 물품이 다른 물품 중에 포함되어 있는 경우 그 물품이 범인의 소유일 때에는 그 다른 물품은 몰수할 수 없다.

④ 부정한 방법으로 관세를 감면받거나 관세를 감면받은 물품에 대한 관세의 징수를 면탈한 자는 5년 이상의 징역에 처하거나, 감면받거나 면탈한 관세액의 5배 이상에 상당하는 벌금에 처한다.

⑤ 부정한 방법으로 관세를 환급받은 자는 5년 이상의 징역 또는 환급받은 세액의 5배 이상에 상당하는 벌금에 처한다. 이 경우 세관장은 부정한 방법으로 환급받은 세액을 즉시 징수한다.

관련 법조문: 법 제270조, 제273조, 제275조의2, 제275조의3　　　　　답 ②

납세의무자 또는 납세의무자의 재산을 점유하는 자가 강제징수를 면탈할 목적 또는 면탈하게 할 목적으로 그 재산을 은닉·탈루하거나 거짓 계약을 하였을 때에는 3년 이하의 징역 또는 3천만원 이하의 벌금에 처한다(법 제275조의2 제1항). 이 사정을 알고도 이를 방조하거나 거짓 계약을 승낙한 자는 2년 이하의 징역 또는 2천만원 이하의 벌금에 처한다(법 제275조의2 제3항).

✅ 선지분석

① 관세의 회피 또는 강제집행의 면탈을 목적으로 타인에게 자신의 명의를 사용하여 납세신고를 할 것을 허락한 자 또는 타인의 명의를 사용하여 납세신고를 한 자는 '1년 이하'의 징역 또는 '1천만원 이하'의 벌금에 처한다(법 제275조의3).

③ 밀수출입죄에 해당되는 물품이 다른 물품 중에 포함되어 있는 경우 그 물품이 범인의 소유일 때에는 그 다른 물품도 '몰수할 수 있다'(법 제273조 제2항).

④ 부정한 방법으로 관세를 감면받거나 관세를 감면받은 물품에 대한 관세의 징수를 면탈한 자는 '3년 이하'의 징역에 처하거나, 감면받거나 면탈한 관세액의 '5배 이하'에 상당하는 벌금에 처한다(법 제270조 제4항).

⑤ 부정한 방법으로 관세를 환급받은 자는 '3년 이하'의 징역 또는 환급받은 세액의 '5배 이하'에 상당하는 벌금에 처한다. 이 경우 세관장은 부정한 방법으로 환급받은 세액을 즉시 징수한다(법 제270조 제5항).

---

25 관세법상 벌칙에 관한 설명으로 옳은 것은?

2012 관세사

① 그 정황을 알면서 제269조(밀수출입죄) 및 제270조(관세포탈죄 등)에 따른 행위를 교사하거나 방조한 자는 미수범에 준하여 처벌한다.

② 제269조(밀수출입죄)에 해당되는 물품이 다른 물품 중에 포함되어 있는 경우 누구의 소유이든 그 다른 물품을 몰수할 수 있다.

③ 제276조(허위신고죄 등)의 죄를 저지른 자는 정상에 따라 징역과 벌금을 병과할 수 있다.

④ 관세법에 따른 벌칙에 위반되는 행위를 한 자에게는 형법 제38조(경합법과 처벌례) 제1항 제2호 중 벌금경합에 관한 제한가중규정을 적용하지 아니한다.

⑤ 관세법상 몰수할 물품의 전부 또는 일부를 몰수할 수 없을 때에는 그 몰수할 수 없는 물품의 범칙 당시 정상거래가격을 범인으로부터 추징한다.

☑ 선지분석

① 그 정황을 알면서 제269조(밀수출입죄) 및 제270조(관세포탈죄 등)에 따른 행위를 교사하거나 방조한 자는 '정범'에 준하여 처벌한다.

② 법 제269조(밀수출입죄)에 해당되는 물품이 다른 물품 중에 포함되어 있는 경우 '그 다른 물품도 범인의 소유일 때' 그 다른 물품을 몰수할 수 있다.

③ 법 제276조(허위신고죄 등)의 죄를 저지른 자는 정상에 따라 징역과 벌금을 병과할 수 '없다.' 벌금형만 부과되는 죄목이기 때문이다.

⑤ 관세법상 몰수할 물품의 전부 또는 일부를 몰수할 수 없을 때에는 그 몰수할 수 없는 물품의 범칙 당시 '국내도매가격에 상당한 금액'을 범인으로부터 추징한다.

26

관세법상 가격조작죄에 관한 규정의 일부이다. (   )에 들어갈 사항으로 옳은 것은?   2023 관세사

> 다음 각 호의 신청 또는 신고를 할 때 부당하게 재물이나 재산상 이득을 취득하거나 제3자로 하여금 이를 취득하게 할 목적으로 물품의 가격을 조작하여 신청 또는 신고한 자는 2년 이하의 징역 또는 물품원가와 (   ) 중 높은 금액 이하의 벌금에 처한다.
> 1. 제38조의2 제1항·제2항에 따른 보정신청
> 2. ~4. <생략>

① 1천만원
② 2천만원
③ 3천만원
④ 4천만원
⑤ 5천만원

관련 법조문: 법 제270조의2   답 ⑤

> **법 제270조의2(가격조작죄)** 다음 각 호의 신청 또는 신고를 할 때 부당하게 재물이나 재산상 이득을 취득하거나 제3자로 하여금 이를 취득하게 할 목적으로 물품의 가격을 조작하여 신청 또는 신고한 자는 2년 이하의 징역 또는 물품원가와 <u>5천만원</u> 중 높은 금액 이하의 벌금에 처한다.
> 1. 제38조의2 제1항·제2항에 따른 보정신청
> 2. 제38조의3 제1항에 따른 수정신고
> 3. 제241조 제1항·제2항에 따른 신고
> 4. 제244조 제1항에 따른 신고

27 관세법상 정상(情狀)에 따라 징역과 벌금의 병과를 할 수 있는 범죄가 아닌 것은?

□□□

① 강제징수면탈죄 　　　　　　② 관세포탈죄
③ 가격조작죄 　　　　　　　　　④ 밀수출입죄
⑤ 밀수품의 취득죄

| 관련 법조문: 법 제275조 | 답 ① |

징역과 벌금을 병과할 수 있는 경우는 다음과 같다.
1. 과세자료를 타인에게 제공 또는 누설하거나 목적 외의 용도로 사용한 자(법 제264조의9)
2. 법 제269조부터 제271조까지 및 제274조의 죄를 저지른 자

법 제269조	1) 금지품수출입죄 2) 밀수입죄 3) 밀수출·밀반송죄
법 제270조	4) 관세포탈죄 5) 부정수입죄 6) 부정수출죄 7) 부정감면죄 8) 부정환급죄
법 제270조의2	9) 가격조작죄
법 제271조	10) 미수범 등
법 제274조	11) 밀수품 취득죄 등

28 관세법 제275조에서 정상(情狀)에 따라 징역과 벌금을 병과할 수 있는 범죄에 해당하지 않는 것은?

□□□

① 밀수출입죄 　　　　　　　　② 전자문서 위조·변조죄
③ 관세포탈죄 　　　　　　　　④ 밀수품의 취득죄

| 관련 법조문: 법 제275조 | 답 ② |

관세법 제275조(징역과 벌금의 병과)의 전문은 이렇다. "법 제269조부터 제271조까지 및 제274조의 죄를 저지른 자는 정상(情狀)에 따라 징역과 벌금을 병과할 수 있다." 그러므로 법 제268조의2(전자문서 위조·변조죄 등)는 병과대상에 포함되지 않는다.

29 관세법상 죄를 저지른 자의 정상에 의하여 징역과 벌금을 병과할 수 있는 대상에 해당되지 않는 것은?

□□□

① 수입신고 또는 입항 전 수입신고를 하지 아니하고 물품을 수입한 자
② 세액결정에 영향을 미치기 위하여 과세가격 등을 허위로 신고한 자
③ 관세를 포탈하도록 교사하거나 방조한 자
④ 부정한 방법으로 적재화물목록을 작성하였거나 제출한 자

| 관련 법조문: 법 제269조, 제270조, 제271조, 제275조, 제276조 | 답 ④ |

'징역과 벌금을 병과할 수 있는 대상'이 되려면 '~년 이하의 징역 또는 ~ 이하의 벌금'의 형식을 취하는 죄목이어야 한다. 부정한 방법으로 적재화물목록을 작성하였거나 제출한 자는 '2천만원 이하의 벌금'에 처한다. 이 경우 징역과 벌금을 병과할 수 없다.

618 해커스공무원 학원·인강 gosi.Hackers.com

30 ☐☐☐ 관세법령상 징역과 벌금을 병과할 수 있는 경우가 아닌 것은?

2019 관세사

① 화폐·채권이나 그 밖의 유가증권의 위조품·변조품 또는 모조품을 수출하거나 수입한 경우
② 수입신고를 한 자가 법령에 따라 수입이 제한된 사항을 회피할 목적으로 부분품으로 수입하거나 주요 특성을 갖춘 미완성·불완전한 물품이나 완제품을 부분품으로 분할하여 수입한 경우
③ 납세의무자 또는 납세의무자의 재산을 점유하는 자가 강제징수를 면탈할 목적 또는 면탈하게 할 목적으로 그 재산을 은닉·탈루하거나 거짓 계약을 한 경우
④ 입항전수입신고를 할 때 부당하게 재물이나 재산상 이득을 취득하거나 제3자로 하여금 이를 취득하게 할 목적으로 물품의 가격을 조작하여 신고한 경우
⑤ 관세청 및 세관 소속 공무원이 비밀유지의무를 위반하여 과세자료를 타인에게 제공 또는 누설하거나 목적 외의 용도로 사용한 경우

▎ **관련 법조문: 법 제264조의9, 제269조, 제270조, 제270조의2, 제275조, 제275조의2**   답 ③

법 제269조부터 제271조까지 및 제274조의 죄를 저지른 자는 정상(情狀)에 따라 징역과 벌금을 병과할 수 있다(법 제275조). 한편, 과세자료 비밀유지의무를 위반한 경우에도 징역과 벌금은 병과할 수 있다(법 제264조의9). 그러나 강제징수면탈죄(법 제275조의2)는 징역과 벌금의 병과대상에 포함되지 않는다.

✅ **선지분석**

① 법 제269조(금지품 수출입죄) 제1항
② 법 제270조(부정수입죄) 제1항 제3호
④ 법 제270조의2(가격조작죄)
⑤ 법 제264조의9(과세자료 비밀유지의무 위반죄)

31 ☐☐☐ 관세법상 벌칙에 관한 설명으로 옳지 않은 것은?

2022 관세사

① 관세법 제268조의2(전자문서 위조·변조죄 등)의 죄를 저지른 자에 대해서는 징역과 벌금이 병과되지 않는다.
② 그 정황을 알면서 관세법 제269조(밀수출입죄)에 따른 행위를 방조한 자는 정범에 준하여 처벌한다.
③ 관세법 제270조의2(가격조작죄)의 죄를 저지를 목적으로 그 예비를 한 자는 본죄의 2분의 1을 감경하여 처벌한다.
④ 관세법 제270조(관세포탈죄 등)의 미수범은 본죄에 준하여 처벌한다.
⑤ 납세의무자가 강제징수를 면탈할 목적으로 그 재산을 은닉·탈루하였을 때에는 3년 이하의 징역 또는 3천만원 이하의 벌금에 처한다.

▎ **관련 법조문: 법 제271조, 제275조, 제275조의2**   답 ③

법 제268조의2(전자문서 위조·변조죄 등), 제269조(밀수출입죄) 및 제270조(관세포탈죄 등)의 죄를 저지를 목적으로 그 예비를 한 자는 본죄의 2분의 1을 감경하여 처벌한다(법 제271조 제3항). 여기에 '가격조작죄'는 포함되지 않는다.

> **법 제271조(미수범 등)** ① 그 정황을 알면서 제269조 및 제270조에 따른 행위를 교사하거나 방조한 자는 정범(正犯)에 준하여 처벌한다.
> ② 제268조의2, 제269조 및 제270조의 미수범은 본죄에 준하여 처벌한다.
> ③ 제268조의2, 제269조 및 제270조의 죄를 저지를 목적으로 그 예비를 한 자는 본죄의 2분의 1을 감경하여 처벌한다.

제11장 | 제11장 벌칙   **619**

해커스공무원 이명호 관세법 단원별 기출문제집

① 법 제269조부터 제271조까지 및 제274조의 죄를 저지른 자는 정상(情狀)에 따라 징역과 벌금을 병과할 수 있다(법 제275조). 그러므로 관세법 제268조의2(전자문서 위조·변조죄 등)의 죄를 저지른 자에 대해서는 징역과 벌금이 병과되지 않는다.

② 그 정황을 알면서 관세법 제269조(밀수출입죄) 및 제270조(관세포탈죄 등)에 따른 행위를 방조한 자는 정범에 준하여 처벌한다(법 제271조 제1항).

④ 법 제268조의2(전자문서 위조·변조죄 등), 제269조(밀수출입죄) 및 제270조(관세포탈죄 등)의 미수범은 본죄에 준하여 처벌한다(법 제271조 제2항).

⑤ 납세의무자 또는 납세의무자의 재산을 점유하는 자가 강제징수를 면탈할 목적 또는 면탈하게 할 목적으로 그 재산을 은닉·탈루하거나 거짓 계약을 하였을 때에는 3년 이하의 징역 또는 3천만원 이하의 벌금에 처한다(법 제275조의2 제1항).

---

32 관세법령상 징역과 벌금을 병과할 수 있는 경우에 해당하지 않는 것은? 2020 관세사

① 관세법 제270조의2(가격조작죄)의 미수범의 죄를 저지른 자의 경우

② 관세법 제269조(밀수출입죄)의 미수범의 죄를 저지른 자의 경우

③ 관세법 제274조(밀수품의 취득죄 등)의 죄를 저지른 자의 경우

④ 그 정황을 알면서 관세법 제269조(밀수출입죄)에 따른 행위를 교사하는 죄를 저지른 자의 경우

⑤ 그 정황을 알면서 관세법 제270조(관세포탈죄 등)에 따른 행위를 방조하는 죄를 저지른 자의 경우

▌관련 법조문: 법 제275조 답 ①

법 제271조(미수범 등)에 해당하는 죄는 징역과 벌금의 병과대상이지만, 법 제270조의2(가격조작죄)는 미수범 처벌대상이 아니다. 따라서 '가격조작죄의 미수범'도 징역과 벌금의 병과대상이 아니다.

> 📖 **명호샘의 한마디**
> '징역과 벌금의 병과'는 '병과가 되지 않는 경우'를 외우는 것이 좋다. 징역과 벌금이 병과되지 않는 경우는 다음과 같다.
> • 전자문서 위조·변조죄 등(법 제268조의2)
> • 강제징수 면탈죄 등(법 제275조의2)
> • 명의대여행위죄 등(법 제275조의3)
> • 보세사의 명의대여죄 등(법 제275조의4)
> • 허위신고죄 등(법 제276조)

---

33 관세법상 형벌에 대한 내용으로 옳지 않은 것은? 2013 국가직 9급

① 수출·수입 또는 반송의 신고 또는 입항 전 수입신고를 할 때 부당하게 재물이나 재산상 이득을 취득하거나 제3자로 하여금 이를 취득하게 할 목적으로 물품의 가격을 조작하여 신고한 자는 2년 이하의 징역 또는 물품원가와 5천만원 중 높은 금액 이하의 벌금에 처한다.

② 보세구역 반입명령에 대하여 반입대상 물품의 전부 또는 일부를 반입하지 아니한 자는 물품원가 또는 2천만원 중 높은 금액 이하의 벌금에 처한다.

③ 부정한 방법으로 적재화물목록을 작성하였거나 제출한 자는 과실에 따라 3백만원 이하의 과태료에 처한다.

④ 세관공무원의 질문에 대하여 거짓의 진술을 하거나 그 직무의 집행을 거부 또는 기피한 자는 1천만원 이하의 벌금에 처한다.

부정한 방법으로 적재화물목록을 작성하였거나 제출한 자는 과실을 따지지 않고 2천만원 이하의 벌금에 처한다.

> **명호샘의 한마디**
>
> 2천만원 이하의 벌금(과실: 300만원)과 1천만원 이하의 벌금(과실: 200만원)에는 '과실'인 경우 벌금액이 경감되는 규정이 있다. 그러나 과실을 따지지 않는 경우가 있다.
>
> | 2천만원 이하의 벌금 | 1천만원 이하의 벌금 |
> | --- | --- |
> | • 부정한 방법으로 적재화물목록을 작성하였거나 제출한 자
• 특허보세구역의 설치 · 운영에 관한 특허를 받지 아니하고 특허보세구역을 운영한 자
• 기업자율심사 결과를 거짓으로 작성하여 제출한 자 | • 세관공무원의 질문에 대하여 거짓의 진술을 하거나 그 직무의 집행을 거부 또는 기피한 자
• 부정한 방법으로 신고필증을 발급받은 자
• 서류의 제출 · 보고 또는 그 밖에 필요한 사항에 관한 명령을 이행하지 아니하거나 거짓의 보고를 한 자
• 세관장 또는 세관공무원의 조치를 거부 또는 방해한 자
• 세관공무원의 장부 또는 자료의 제시요구 또는 제출요구를 거부한 자 |

34

관세법령상 밀수출입죄에 전용(專用)되는 선박이 몰수되는 경우에 해당하지 않는 것은? (단, 선박의 소유자는 그것이 범죄에 사용되는 정황을 알고 있음을 전제로 함)　　　　2018 관세사

① 범죄물품을 선박에 적재하려고 한 경우
② 선박을 이용하여 범죄물품을 운반한 경우
③ 범죄물품 등을 운반할 수 있는 선박을 매입하려는 경우
④ 선박을 이용하여 범죄물품을 해상에서 취득한 경우
⑤ 검거를 기피하기 위하여 권한 있는 공무원의 정지명령을 받고도 정지하지 아니하고 선박에 적재된 범죄물품을 해상에서 투기한 경우

관련 법조문: 법 제272조　　　　　　　　　　　　　　　　　　　　　　답 ③

법 제269조(밀수출입죄)의 죄에 전용(專用)되는 선박 · 자동차나 그 밖의 운반기구는 그 소유자가 범죄에 사용된다는 정황을 알고 있고, 다음 각 호의 어느 하나에 해당하는 경우에는 몰수한다(법 제272조).

> 1. 범죄물품을 적재하거나 적재하려고 한 경우
> 2. 검거를 기피하기 위하여 권한 있는 공무원의 정지명령을 받고도 정지하지 아니하거나 적재된 범죄물품을 해상에서 투기 · 파괴 또는 훼손한 경우
> 3. 범죄물품을 해상에서 인수 또는 취득하거나 인수 또는 취득하려고 한 경우
> 4. 범죄물품을 운반한 경우

35

관세법상 관세범의 처벌에 대한 내용으로 옳지 않은 것은?

① 관세의 회피 또는 강제집행의 면탈을 목적으로 타인에게 자신의 명의를 사용하여 납세신고를 할 것을 허락한 자는 1년 이하의 징역 또는 1천만 원 이하의 벌금에 처한다.

② 보세구역 반입명령에 대하여 반입대상 물품의 전부 또는 일부를 반입하지 아니한 자는 2년 이하의 징역 또는 2천만원 이하의 벌금에 처한다.

③ 밀수출입죄에 전용(專用)되는 선박·자동차나 그 밖의 운반기구는 그 소유자가 범죄에 사용된다는 정황을 알고 있고, 범죄물품을 적재하거나 적재하려고 한 경우에는 몰수한다.

④ 특허보세구역의 특허사항을 위반한 운영인에게는 200만원 이하의 과태료를 부과한다.

▌관련 법조문: 법 제272조, 제275조의3, 제276조, 제277조 답 ②

다음 각 호의 어느 하나에 해당하는 자는 물품원가 또는 2천만원 중 높은 금액 이하의 벌금에 처한다(법 제276조 제2항).

제198조 제1항	종합보세사업장의 설치·운영에 관한 신고를 하지 아니하고 종합보세기능을 수행한 자
제204조 제2항	세관장의 종합보세기능 수행 중지 조치 또는 같은 세관장의 종합보세사업장 폐쇄 명령을 위반하여 종합보세기능을 수행한 자
제238조	보세구역 반입명령에 대하여 반입대상 물품의 전부 또는 일부를 반입하지 아니한 자
제241조 제1항	수출·수입·반송신고, 입항전수입신고를 할 때 해당 물품의 품명·규격·수량 및 가격과 그 밖에 대통령령으로 정하는 사항을 신고하지 아니하거나 허위신고를 한 자(타인의 명의를 사용하여 납세신고를 한 자는 제외한다)
	보정신청 또는 수정신고를 할 때 해당 물품의 품명·규격·수량 및 가격과 그 밖에 대통령령으로 정하는 사항에 따른 사항을 허위로 신청하거나 신고한 자
제248조 제3항	신고수리 전에 운송수단, 관세통로, 하역통로 또는 관세법에 따른 장치장소로부터 신고된 물품을 반출한 자

⊘ 선지분석

① 법 제275조의3(명의대여행위죄 등)

③ 법 제269조(밀수출입죄)의 죄에 전용(專用)되는 선박·자동차나 그 밖의 운반기구는 그 소유자가 범죄에 사용된다는 정황을 알고 있고, 범죄물품을 적재하거나 적재하려는 경우에는 몰수한다(법 제272조).

④ 법 제277조(과태료) 제6항 제1호

36

관세법령상 내용에 대한 설명으로 옳지 않은 것은?

① 특허보세구역(보세전시장과 보세건설장을 제외한다)의 특허기간은 10년의 범위 내에서 신청인이 신청한 기간으로 한다. 다만, 관세청장은 보세구역의 합리적 운영을 위하여 필요한 경우에는 신청인이 신청한 기간과 달리 특허기간을 정할 수 있다.

② 관세법 제174조 제1항에 따른 특허보세구역의 설치·운영에 관한 특허를 받지 아니하고 특허보세구역을 운영한 자는 물품원가 또는 2천만원 중 높은 금액 이하의 벌금에 처한다.

③ 지정장치장에 물품을 장치하는 기간은 6개월의 범위에서 관세청장이 정한다. 다만, 관세청장이 정하는 기준에 따라 세관장은 3개월의 범위에서 그 기간을 연장할 수 있다.

④ 국제무역선이나 국제무역기에 물품을 하역하려면 세관장에게 신고하고 현장에서 세관공무원의 확인을 받아야 한다. 다만, 세관공무원이 확인할 필요가 없다고 인정하는 경우에는 그러하지 아니하다.

| 관련 법조문: 법 제140조, 제170조, 제276조, 영 제192조 | 답 ②

특허보세구역의 설치·운영에 관한 특허를 받지 아니하고 특허보세구역을 운영한 자는 <u>2천만원 이하의 벌금에 처한다</u>(법 제276조 제3항 제3의2호).

✓ **선지분석**

① 영 제192조(특허기간)
③ 법 제170조(장치기간)
④ 법 제140조(물품의 하역) 제4항

---

37 관세법상 벌금에 처해질 수 있는 경우는?

2021 국가직 7급

① 특허보세구역의 특허사항을 위반한 운영인의 경우
② 제28조(잠정가격의 신고 등) 제2항에 따른 신고를 하지 아니한 자의 경우
③ 제202조(설비의 유지의무 등) 제2항에 따른 신고를 하지 아니하고 종합보세구역 외의 장소에서 작업을 한 자의 경우
④ 제227조(의무 이행의 요구 및 조사)에 따른 세관장의 의무 이행 요구를 이행하지 아니한 자

| 관련 법조문: 법 제276조, 제277조 | 답 ④

세관장의 의무 이행 요구를 이행하지 아니한 자는 <u>2천만원 이하의 벌금</u>에 처한다(법 제276조 제3항).

✓ **선지분석**

① 특허보세구역의 특허사항을 위반한 운영인에게는 <u>200만원 이하의 과태료</u>를 부과한다(법 제277조 제6항).
② 잠정가격 신고물품에 대하여 확정가격신고를 하지 아니한 자에게는 <u>100만원 이하의 과태료</u>를 부과한다(법 제277조 제7항).
③ 다음에 해당하는 자에게는 <u>1천만원 이하의 과태료</u>를 부과한다(법 제277조 제4항).

> 제187조 제1항(제89조 제5항에서 준용하는 경우를 포함한다) 또는 제195조 제1항에 따른 허가를 받지 아니하거나 제202조 제2항에 따른 신고를 하지 아니하고 보세공장·보세건설장·종합보세구역 또는 지정공장 <u>외의 장소에서 작업을 한 자</u>

---

38 관세법상 물품원가 또는 2천만원 중 높은 금액 이하의 벌금에 처하는 경우가 아닌 것은? 2008 국가직 7급

① 종합보세사업장의 설치·운영에 관한 신고를 하지 아니하고 종합보세기능을 수행한 자
② 관세법 제240조 제2항의 규정에 의한 세관장의 중지조치에 위반하여 종합보세기능을 수행한 자
③ 특허보세구역의 특허사항을 위반한 운영인
④ 보세구역반입명령에 대하여 반입대상 물품의 전부 또는 일부를 반입하지 아니한 자

| 관련 법조문: 법 제276조, 제277조 | 답 ③

특허보세구역의 특허사항을 위반한 운영인은 2백만원 이하의 과태료에 처한다.

39 관세법상 벌칙에 대한 내용으로 옳은 것은?

2014 국가직 9급

① 국가관세종합정보시스템의 전산처리설비에 기록된 전자문서를 위조한 자는 10년 이하의 징역 또는 2억원 이하의 벌금에 처한다.
② 세액결정에 영향을 미치기 위하여 관세율 등을 거짓으로 신고하여 수입한 자는 2년 이하의 징역 또는 3천만원 이하의 벌금에 처한다.
③ 부정한 방법으로 관세를 환급받은 자는 3년 이하의 징역 또는 환급받은 관세액의 3천만원 이하에 상당하는 벌금에 처한다.
④ 보세구역 반입명령에 대하여 반입대상 물품의 전부 또는 일부를 반입하지 아니한 자는 물품원가 또는 2천만원 중 높은 금액 이하의 벌금에 처한다.

> ▌관련 법조문: 법 제268조의2, 제270조, 제276조   답 ④

✅ **선지분석**

① 국가관세종합정보시스템이나 전자문서중계사업자의 전산처리설비에 기록된 전자문서 등 관련 정보를 위조 또는 변조하거나 위조 또는 변조된 정보를 행사한 자는 1년 이상 10년 이하의 징역 또는 1억원 이하의 벌금에 처한다(법 제268조의2 제1항).
② 세액결정에 영향을 미치기 위하여 과세가격 또는 관세율 등을 거짓으로 신고하거나 신고하지 아니하고 수입한 자는 3년 이하의 징역 또는 포탈한 관세액의 5배와 물품원가 중 높은 금액 이하에 상당하는 벌금에 처한다(법 제270조 제1항 제1호).
③ 부정한 방법으로 관세를 환급받은 자는 3년 이하의 징역 또는 환급받은 세액의 5배 이하에 상당하는 벌금에 처한다(법 제270조 제5항).

40 관세법상 벌칙에 대한 설명으로 옳은 것은?

2023 국가직 9급

① 특허보세구역의 설치·운영에 관한 특허를 받지 아니하고 특허보세구역을 운영한 자는 2천만원 이하의 벌금에 처한다.
② 부정한 방법으로 관세를 감면받거나 관세를 감면받은 물품에 대한 관세의 징수를 면탈한 자는 5년 이하의 징역에 처하거나, 감면받거나 면탈한 관세액의 5배 이하에 상당하는 벌금에 처한다.
③ 납세의무자가 강제징수를 면탈할 목적으로 그 재산을 은닉·탈루하거나 거짓 계약을 하였을 때에는 5년 이하의 징역 또는 5천만원 이하의 벌금에 처한다.
④ 밀수출입죄에 해당되는 물품을 취득·양도·운반·보관 또는 알선하거나 감정한 자는 3년 이하의 징역 또는 물품원가와 2천만원 중 높은 금액 이하의 벌금에 처한다.

> ▌관련 법조문: 법 제70조, 제274조, 제275조의2, 제276조   답 ①

> 법 제276조(허위신고죄 등) ③ 다음 각 호의 어느 하나에 해당되는 자는 2천만원 이하의 벌금에 처한다. 다만, 과실로 제2호, 제3호 또는 제4호에 해당하게 된 경우에는 300만원 이하의 벌금에 처한다.
> 1. 부정한 방법으로 적재화물목록을 작성하였거나 제출한 자
> 2. 제12조 제1항(제277조 제7항 제2호에 해당하는 경우는 제외한다), 제98조 제2항, 제109조 제1항(제277조 제6항 제3호에 해당하는 경우는 제외한다), 제134조 제1항(제146조 제1항에서 준용하는 경우를 포함한다), 제136조 제2항, 제148조 제1항, 제149조, 제222조 제1항(제146조 제1항에서 준용하는 경우를 포함한다) 또는 제225조 제1항 전단을 위반한 자
> 3. 제83조 제2항, 제88조 제2항, 제97조 제2항 및 제102조 제1항을 위반한 자. 다만, 제277조 제6항 제3호에 해당하는 자는 제외한다.
> 3의2. 제174조 제1항에 따른 특허보세구역의 설치·운영에 관한 특허를 받지 아니하고 특허보세구역을 운영한 자

4. 제227조에 따른 세관장의 의무 이행 요구를 이행하지 아니한 자
5. 제38조 제3항 후단에 따른 자율심사 결과를 거짓으로 작성하여 제출한 자
6. 제178조 제2항 제1호·제5호 및 제224조 제1항 제1호에 해당하는 자

⊘ 선지분석

② 부정한 방법으로 관세를 감면받거나 관세를 감면받은 물품에 대한 관세의 징수를 면탈한 자는 '3년' 이하의 징역에 처하거나, 감면받거나 면탈한 관세액의 5배 이하에 상당하는 벌금에 처한다(법 제270조 제4항).
③ 납세의무자가 강제징수를 면탈할 목적으로 그 재산을 은닉·탈루하거나 거짓 계약을 하였을 때에는 '3년' 이하의 징역 또는 '3천만원' 이하의 벌금에 처한다(법 제275조의2 제1항).
④ 밀수출입죄에 해당되는 물품을 취득·양도·운반·보관 또는 알선하거나 감정한 자는 3년 이하의 징역 또는 '물품원가 이하에 상당하는 벌금'에 처한다(법 제274조 제1항 제1호).

41
☐☐☐ 과세가격 결정에 있어서 특수관계에 있는 자가 수입하는 물품의 과세가격의 적정성을 심사하기 위해 자료 제출을 요구받은 특수관계자는 요구받은 날부터 관세법에서 규정한 기일 내에 해당 자료를 제출하여야 한다. 정당한 사유 없이 정한 기한까지 자료를 제출하지 아니하거나 거짓의 자료를 제출하는 경우 이에 해당하는 벌칙은?

2015·2014 관세사

① 1억원 이하 과태료
② 5천만원 이하 과태료
③ 3천만원 이하 과태료
④ 1천만원 이하 과태료
⑤ 500만원 이하 과태료

| **관련 법조문: 법 제37조의3, 제277조**   답 ①

세관장은 세액심사시 특수관계에 있는 자가 수입하는 물품의 과세가격의 적정성을 심사하기 위하여 해당 특수관계자에게 과세가격결정자료를 제출할 것을 요구할 수 있다(법 제37조의3 제1항). 이 규정에 따라 과세가격결정자료 등의 제출을 요구받은 특수관계에 있는 자가 법 제10조(천재지변 등으로 인한 기한의 연장)에서 정하는 정당한 사유 없이 법 제37조의4 제4항 각 호의 어느 하나에 해당하는 경우 1억원 이하의 과태료에 처한다.

42
☐☐☐ 관세법상 관세질서벌 중 200만원 이하의 과태료처분에 해당하지 않는 것은?

2009 국가직 7급

① 특허보세구역의 특허사항을 위반한 운영인
② 지정장치장의 화물관리 비용의 요율에 대하여 세관장의 승인을 얻지 아니한 자
③ 보세운송의 신고 또는 승인신청을 화주, 관세사 등, 보세운송업자의 명의로 하지 아니한 자
④ 보세창고 장치물품의 장치기간 내 세관장의 반출명령을 이행하지 아니한 자

| **관련 법조문: 법 제277조**   답 ④

'보세창고 장치물품의 장치기간 내 세관장의 반출명령을 이행하지 아니한 자'는 1백만원 이하의 과태료에 처한다.

43 다음 중 세관장의 과태료처분대상이 되는 자는?

① 세액결정에 영향을 미치기 위하여 과세가격을 허위로 신고한 자
② 전자문서중계사업자의 전산처리설비에 기록된 전자문서를 위조 또는 변조한 자
③ 특허보세구역의 특허사항을 위반한 운영인
④ 수출신고를 한 자 중 법령에 의하여 수출에 필요한 증명을 부정한 방법으로 구비하여 수출한 자
⑤ 법령에 의하여 수입이 제한된 사항을 회피할 목적으로 완제품을 부분품으로 분할하여 수입한 자

> **관련 법조문: 법 제268조의2, 제270조, 제277조**　　　　　　　답 ③

특허보세구역의 특허사항을 위반한 운영인은 2백만원 이하의 과태료에 처한다.

☑ 선지분석

① 세액결정에 영향을 미치기 위하여 과세가격을 허위로 신고한 자: 관세포탈죄(징역/벌금)
② 전자문서중계사업자의 전산처리설비에 기록된 전자문서를 위조 또는 변조한 자: 전자문서 위조·변조죄(징역/벌금)
④ 수출신고를 한 자 중 법령에 의하여 수출에 필요한 증명을 부정한 방법으로 구비하여 수출한 자: 부정수출죄(징역/벌금)
⑤ 법령에 의하여 수입이 제한된 사항을 회피할 목적으로 완제품을 부분품으로 분할하여 수입한 자: 관세포탈죄(징역/벌금)

44 관세법상 벌칙에 대한 설명으로 옳은 것은?

① 세관공무원의 질문에 대하여 거짓의 진술을 하거나 그 직무의 집행을 거부 또는 기피한 자는 2천만원 이하의 벌금에 처한다.
② 부정한 방법으로 적재화물목록을 작성하였거나 제출한 자는 3천만원 이하의 벌금에 처한다.
③ 특허보세구역의 특허사항을 위반한 운영인에게는 500만원 이하의 과태료를 부과한다.
④ 납세의무자는 잠정가격으로 가격신고를 하였을 때에는 대통령령으로 정하는 기간 내에 해당 물품의 확정된 가격을 세관장에게 신고하여야 하는데, 이를 신고하지 아니한 자는 100만원 이하의 과태료를 부과한다.

> **관련 법조문: 법 제276조, 제277조**　　　　　　　답 ④

☑ 선지분석

① 세관공무원의 질문에 대하여 거짓의 진술을 하거나 그 직무의 집행을 거부 또는 기피한 자에게는 5천만원 이하의 과태료를 부과한다(법 제277조 제3항).
② 부정한 방법으로 적재화물목록을 작성하였거나 제출한 자는 '2천만원' 이하의 벌금에 처한다(법 제276조 제3항). '(징역 없이) 3천만원 이하의 벌금'인 경우는 관세법에 없다.
③ 특허보세구역의 특허사항을 위반한 운영인에게는 '200만원' 이하의 과태료를 부과한다(법 제277조 제6항).

45

관세법상 과태료 부과대상이 아닌 것은?

① 자료제출을 요구받은 특수관계에 있는 자가 세관장으로부터 수입물품 과세가격 결정 자료의 제출을 요구받고 거짓으로 자료를 제출하는 경우
② 유통이력 신고의 의무가 있는 자가 유통이력을 신고하지 아니한 경우
③ 해당 보세구역을 관할하는 세관장에게 등록하지 아니하고 보세사로 근무하는 경우
④ 세관장의 허가를 받지 아니하고 보세구역에 장치된 물품을 해체하는 작업을 한 경우
⑤ 운영인이 특허보세구역의 특허사항을 위반한 경우

| 관련 법조문: 법 제276조, 제277조 | 답 ③

법 제165조 제3항을 위반한 자는 500만원 이하의 벌금에 처한다(법 제276조 제5항). 즉, 세관장에게 등록하지 않고 보세사로 근무하는 죄는 '벌금' 부과대상이다.

> 법 제165조(보세사의 자격 등) ③ 제1항의 자격을 갖춘 사람이 보세사로 근무하려면 해당 보세구역을 관할하는 세관장에게 등록하여야 한다.

✓ 선지분석

① 과세가격결정자료등의 제출을 요구받은 특수관계에 있는 자로서 관세법 제10조에서 정하는 정당한 사유(천재지변 등의 사유) 없이 법 제37조의4 제4항 각 호의 어느 하나에 해당하는 행위를 한 자에게는 1억원 이하의 과태료를 부과한다. 이 경우 제276조는 적용되지 아니한다(법 제277조 제1항).
② 유통이력을 신고하지 아니하거나 거짓으로 신고한 자 또는 유통이력 관련 장부기록 자료를 보관하지 아니한 자에게는 500만원 이하의 과태료를 부과한다(법 제277조 제5항).
④ 보세구역에 장치된 물품에 대하여는 그 원형을 변경하거나 해체·절단 등의 작업을 할 수 있다(법 제159조 제1항). 해당 작업을 하려는 자는 세관장의 허가를 받아야 한다(법 제159조 제2항). 이 규정을 위반한 자에게는 1천만원 이하의 과태료를 부과한다(법 제277조 제4항).
⑤ 특허보세구역의 특허사항을 위반한 운영인에게는 200만원 이하의 과태료를 부과한다(법 제277조 제6항).

46

관세법 제279조(양벌규정)의 내용에서 밑줄 친 개인에 해당하는 사람으로 옳지 않은 것은?

> 법인의 대표자나 법인 또는 개인의 대리인, 사용인, 그 밖의 종업원이 그 법인 또는 개인의 업무에 관하여 제11장에서 규정한 벌칙(제277조의 과태료는 제외한다)에 해당하는 위반행위를 하면 그 행위자를 벌하는 외에 그 법인 또는 개인에게도 해당 조문의 벌금형을 과(科)한다. 다만, 법인 또는 개인이 그 위반행위를 방지하기 위하여 해당 업무에 관하여 상당한 주의와 감독을 게을리하지 아니한 경우에는 그러하지 아니하다.

① 관세법 제327조의3 제3항에 따른 전자문서중계사업자
② 수출, 수입, 운송 또는 보험을 업으로 하는 사람
③ 국제항 안에서 물품 및 용역의 공급을 업으로 하는 사람
④ 특허보세구역 또는 종합보세사업장의 운영인

| 관련 법조문: 법 제279조 | 답 ②

양벌규정 중 '개인 처벌'에 해당하는 사람은 다음과 같다(법 제279조 제2항). '보험'을 업으로 하는 사람은 여기에 해당하지 않는다. 양벌규정 중 '개인 처벌'대상은 다음 각 호의 어느 하나에 해당하는 사람으로 한정한다.

1. 특허보세구역 또는 종합보세사업장의 운영인
2. 수출(수출용원재료에 대한 관세 등 환급에 관한 특례법 제4조에 따른 수출등을 포함한다)·수입 또는 운송을 업으로 하는 사람
3. 관세사
4. 국제항 안에서 물품 및 용역의 공급을 업으로 하는 사람
5. 제327조의3 제3항에 따른 전자문서중계사업자

47

다음에 해당하는 자의 사용인이 개인의 업무에 관하여 관세법에 규정한 벌칙에 위반되는 행위를 한 때에는 그 행위자를 처벌하는 외에 개인도 처벌한다. 이에 해당하지 않는 자는? 2015·2013 관세사

① 수출, 수입 또는 운송을 업으로 하는 자
② 관세사
③ 전자문서중계사업자
④ 국제항 안에서 물품 및 용역의 공급을 업으로 하는 자
⑤ 보세사

│ 관련 법조문: 법 제279조 답 ⑤

보세사는 '개인 처벌'대상에 포함되지 않는다.

48

사용인이 개인의 업무에 관하여 관세법에 규정한 범칙행위에 위반되는 행위를 하면 그 행위자를 처벌하는 외에 개인에게도 해당 조문형의 벌금형을 과한다. 다음 중 관세법상 이 규정에 의한 개인 처벌대상자가 아닌 자는? 2008 관세사

① 종합보세사업장의 운영인   ② 보세운송업자
③ 관세사   ④ 보세운송주선업자
⑤ 국제항 안에서 급수공급을 업으로 하는 자

│ 관련 법조문: 법 제280조 답 ④

'개인 처벌'대상 중 '운송업을 업으로 하는 자'에 보세운송업자는 포함되지만, 보세운송주선업자는 포함되지 않는다는 점을 주의하여야 한다. 한편, 특허보세구역 또는 종합보세사업장의 운영인은 '개인 처벌'대상에 포함되지만, 지정보세구역의 화물관리인은 포함되지 않는다는 것도 알아두어야 한다(2002년 관세사 기출).

49 □□□ 몰수할 물품의 전부 또는 일부를 몰수할 수 없을 때 물품의 범칙 당시의 어떤 가격을 범인으로부터 추징하는가?

2001 국가직 9급

① 국내도매가격
② 국내소매가격
③ 법정가격
④ 수입가격

▌ 관련 법조문: 법 제282조   답 ①

몰수할 물품의 전부 또는 일부를 몰수할 수 없을 때에는 그 몰수할 수 없는 물품의 범칙 당시의 국내도매가격에 상당한 금액을 범인으로부터 추징한다.

---

50 □□□ 관세법상 몰수와 압수에 대한 설명으로 옳지 않은 것은?

2020 국가직 7급

① 위조화폐의 수입에 전용(專用)된 자동차의 소유자가 범죄에 사용된다는 정황을 알고 위조화폐를 운반한 경우 그 자동차를 몰수한다.
② 관세법에 따른 수입신고를 하였으나 해당 수입물품과 다른 물품으로 신고하여 수입한 물품이 다른 물품 중에 포함되어 있는 경우 그 물품이 범인의 소유일 때에는 그 다른 물품도 몰수할 수 있다.
③ 관세법 제282조에 따라 몰수할 물품의 전부 또는 일부를 몰수할 수 없을 때에는 그 몰수할 수 없는 물품을 몰수할 당시의 국내도매가격에 상당한 금액을 범인으로부터 추징한다.
④ 관세법에 따라 압수된 물품에 대하여 그 압수일부터 6개월 이내에 해당 물품의 소유자 및 범인을 알 수 없는 경우에는 해당 물품을 유실물로 간주하여 유실물 공고를 하여야 하고, 그 공고일부터 1년이 지나도 소유자 및 범인을 알 수 없으면 해당 물품은 국고에 귀속된다.

▌ 관련 법조문: 법 제272조, 제273조, 제282조, 제299조   답 ③

관세법 제282조에 따라 몰수할 물품의 전부 또는 일부를 몰수할 수 없을 때에는 <u>그 몰수할 수 없는 물품의 범칙 당시의 국내도매가격</u>에 상당한 금액을 범인으로부터 추징한다(법 제282조 제3항).

⊘ 선지분석

① 법 제269조에는 '위조화폐'를 수입하는 금지품수출입죄가 포함된다. <u>법 제269조(밀수출입죄)의 죄에 전용(專用)되는 선박·자동차나 그 밖의 운반기구는 그 소유자가 범죄에 사용된다는 정황을 알고 있고, 범죄물품을 운반한 경우에는 몰수한다</u>(법 제272조).
② '수입신고를 하였으나 해당 수입물품과 다른 물품으로 신고하여 수입한 물품'은 밀수입물품에 해당한다. 법 제269조(밀수출입죄)에 해당되는 물품이 다른 물품 중에 포함되어 있는 경우 그 물품이 범인의 소유일 때에는 그 다른 물품도 몰수할 수 있다(법 제273조).
④ 관세법에 따라 압수된 물품에 대하여 그 압수일부터 6개월 이내에 해당 물품의 소유자 및 범인을 알 수 없는 경우에는 해당 물품을 유실물로 간주하여 유실물 공고를 하여야 하고, 그 공고일부터 1년이 지나도 소유자 및 범인을 알 수 없으면 해당 물품은 국고에 귀속된다(법 제299조 제1항).

제12장

조사와 처분

제1절 | 통칙(법 제283조 ~ 제289조)

01 관세법상의 조사·처분과 관련하여 옳은 것은?　　　　　　　　　　　　　2005 국가직 9급

☐☐☐
① 경찰 등 수사기관이 관세범을 인지하거나 피의자를 체포하였을 경우 직접 조사·처분할 수 있다.
② 관세범에 대해서는 통고처분 없이 바로 수사기관에 고발할 수 없다.
③ 관세법상 위법 또는 부당한 통고처분은 행정쟁송의 청구대상이 된다.
④ 가중처벌되는 특정 관세범의 경우 검사는 관세청장이나 세관장의 고발 없이도 공소를 제기할 수 있다.

> ▌ **관련 법조문: 법 제119조, 제283조, 제284조, 특정범죄 가중처벌 등에 관한 법률 제16조**　　답 ④

특정범죄 가중처벌 등에 관한 법률에 따라 가중처벌되는 관세범의 경우 관세청장이나 세관장이 고발하지 않아도 공소를 제기할 수 있다.

✅ 선지분석

① 경찰 등 '다른 기관'이 관세범에 관한 사건을 발견하거나 피의자를 체포하였을 때에는 즉시 관세청이나 세관에 인계하여야 한다(법 제284조 제2항).
② 관세청장이나 세관장은 관세범에 대해 통고처분을 하거나 또는 통고처분 없이 고발할 수도 있다.
③ 통고처분은 관세법상 행정심판의 불복청구대상에 포함되지 않는다.

02 관세법령상 조사와 처분에 관한 내용으로 옳은 것은?　　　　　　　　　　　　2020 관세사

☐☐☐
① 관세범에 관한 조사·처분은 검찰공무원이 한다.
② 관세범에 관한 사건에 대하여는 관세청장이나 세관장의 고발이 없어도 검사는 공소를 제기할 수 있다.
③ 관세법 제284조의2 제1항에 따라 제주세관에 관세범칙조사심의위원회를 둔다.
④ 관세범에 관한 서류는 우편으로 송달하여야 한다.
⑤ 압수물품은 편의에 따라 소지자나 시·군·읍·면사무소에 보관시킬 수 있다.

> ▌ **관련 법조문: 법 제283조, 제284조의2, 제288조, 제303조, 영 제266조의2**　　답 ⑤

압수물품은 보세구역이 아닌 장소에 장치할 수 있다. 다만, 압수물품은 편의에 따라 소지자나 시·군·읍·면사무소에 보관시킬 수 있다(법 제303조 제2항).

✅ 선지분석

① 관세범에 관한 조사·처분은 '세관공무원'이 한다(법 제283조).
② 관세범에 관한 사건에 대하여는 관세청장이나 세관장의 고발이 없으면 검사는 공소를 제기할 수 없다(법 제284조 제1항).
③ 관세범칙조사심의위원회를 두는 곳은 ㉠ 관세청, ㉡ 본부세관(인천공항세관·서울세관·부산세관·인천세관·대구세관·광주세관), ㉢ 평택세관이다(법 제284조의2, 영 제266조의2).
④ 관세범에 관한 서류는 인편이나 등기우편으로 송달한다(법 제288조).

03 관세범에 대한 관세법의 규정과 일치하지 않는 것은?

① 관세범이라 함은 관세법 또는 관세법에 의한 명령에 위배하는 행위로서 관세법에 의하여 형사처벌 또는 통고처분되는 것을 말한다.

② 관세범에 관한 사건은 관세청장 또는 세관장의 고발이 없는 한 검사는 공소를 제기할 수 없다.

③ 관세범에 관한 조사는 세관공무원이 하고 그 처분은 검사가 행한다.

④ 다른 기관이 관세범에 관한 사건을 발견하거나 피의자를 체포한 때에는 즉시 관세청 또는 세관에 인계하여야 한다.

관련 법조문: 법 제283조, 제284조   답 ③

관세범에 관한 조사·처분은 세관공무원이 한다. '조사·처분'을 모두 세관공무원이 전담한다는 것에 주의하여야 한다.

04 관세법상의 내용으로 옳지 않은 것은?

① 담보제공이 없거나 징수한 금액이 부족한 관세의 징수에 관하여는 관세법에 규정된 것을 제외하고는 국세기본법과 국세징수법의 예에 따른다.

② 세관장이 관세의 강제징수를 할 때에는 강제징수비를 징수할 수 있다.

③ 세관장은 납세담보의 제공을 받은 관세 및 강제징수비가 납부되었을 때에는 지체 없이 담보해제의 절차를 밟아야 한다.

④ 납세의무자가 강제징수를 면탈할 목적으로 재산을 은닉한 때에는 1년 이하의 징역 또는 1천만원 이하의 벌금에 처한다.

⑤ 관세의 체납정리에 관한 사항을 심의하기 위하여 세관에 관세체납정리위원회를 둘 수 있다.

관련 법조문: 법 제26조, 제26조의2, 제45조, 제275조의2   답 ④

납세의무자 또는 납세의무자의 재산을 점유하는 자가 강제징수를 면탈할 목적 또는 면탈하게 할 목적으로 그 재산을 은닉·탈루하거나 거짓 계약을 하였을 때에는 '3년' 이하의 징역 또는 '3천만원' 이하의 벌금에 처한다(법 제275조의2 제1항).

05 관세법령상 관세범칙조사심의위원회의 구성 및 운영에 관한 설명으로 옳지 않은 것은? 2023 관세사

□□□

① 관세범칙조사심의위원회의 회의는 위원장을 포함한 재적위원 과반수의 출석으로 개의하고, 출석위원 과반수의 찬성으로 의결한다.

② 관세범칙조사심의위원회의 사무를 처리하기 위하여 간사 1명을 두고, 간사는 위원장이 관세청 소속 공무원 중에서 지명한다.

③ 관세범칙조사심의위원회의 회의와 회의록은 공개하지 않는다. 다만, 위원장이 필요하다고 인정하는 경우에는 공개할 수 있다.

④ 관세범칙조사심의위원회의 위원장은 관세청 차장이 된다.

⑤ 관세범칙조사심의위원회는 의안에 관하여 필요하다고 인정되는 때에는 공무원 등 관계자에게 출석을 요청하여 의견을 들을 수 있고 관련 기관에 필요한 자료를 요청할 수 있다.

┃ 관련 법조문: 영 제266조의2, 제266조의5 답 ④

관세범칙조사심의위원회의 위원장은 '관세청의 3급부터 5급까지에 해당하는 공무원 중 관세청장이 지정하는 사람'이 된다(영 제266조의2 제3항).

⊘ 선지분석

① 영 제266조의5(관세범칙조사심의위원회의 운영) 제2항
② 영 제266조의5(관세범칙조사심의위원회의 운영) 제3항
③ 영 제266조의5(관세범칙조사심의위원회의 운영) 제6항
⑤ 영 제266조의5(관세범칙조사심의위원회의 운영) 제7항

01 관세법상 관세범의 조사에 관한 설명 중 옳지 않은 것은?
2007 국가직 9급

① 세관공무원은 관세범에 관하여 사법경찰관리의 직무를 수행할 자와 그 직무범위에 관한 법률에서 정하는 바에 따라 사법경찰관리의 직무를 수행한다.

② 관세법에 따라 수색·압수를 할 때에는 관할지방법원 판사의 영장을 받아야 한다. 다만, 긴급을 요하는 경우에는 영장을 교부받지 않아도 된다.

③ 관세범의 현행범인이 그 장소에 있는 때에는 누구든지 체포할 수 있으며, 범인을 체포한 자는 지체 없이 세관공무원에게 범인을 인도하여야 한다.

④ 관세청장 또는 세관장은 압수물품 중 사람의 생명 또는 재산을 해할 우려가 있는 물품, 부패 또는 변질한 물품, 유효기간이 경과한 물품, 상품 가치가 없어진 물품은 피의자 또는 관계인에게 통고 후 폐기할 수 있다. 다만, 통고의 여유가 없는 때에는 폐기한 후 즉시 통고하여야 한다.

> **관련 법조문: 법 제295조, 제296조, 제298조, 제304조**
답 ②

관세법에 따라 수색·압수를 할 때에는 관할 지방법원 판사의 영장을 받아야 한다. 다만, 긴급한 경우에는 '사후에 영장을 발급'받아야 한다(법 제296조 제1항).

02 관세법상 관세범에 대한 조서작성과 관련된 설명으로 옳은 것으로만 묶인 것은?
2012 국가직 9급

> 가. 조서에는 연월일과 장소를 적고, 조사를 한 사람, 진술자, 참여자가 함께 서명·날인하여야 한다.
> 나. 진술자가 조서내용의 증감 변경을 청구한 경우에는 그 진술을 조서에 적어야 한다.
> 다. 조서는 피의자나 증인을 심문한 경우에 한해서 작성한다.
> 라. 세관공무원은 조서의 기재사실에 대하여 피의자에게 서로 다른 점을 확인할 수 없도록 한다.

① 가, 나 　　　　　　　　　　　② 가, 라
③ 나, 다 　　　　　　　　　　　④ 다, 라

> **관련 법조문: 법 제292조, 제305조**
답 ①

✅ **선지분석**

다. 세관공무원이 피의자, 증인, 참고인을 조사하였을 때에는 조서를 작성하여야 한다. 즉, 피의자나 증인을 심문한 경우에 한해서 조서를 작성하는 것이 아니다. 이 뿐만이 아니라 검증, 수색 또는 압수를 하였을 때에도 조서를 작성한다(법 제305조).

라. 조서는 세관공무원이 진술자에게 읽어 주거나 열람하게 하여 기재 사실에 서로 다른 점이 있는지 물어보아야 한다. 만약 진술자가 조서내용의 증감 변경을 청구한 경우에는 그 진술을 조서에 적어야 한다(법 제292조 제2항·제3항).

03 관세범의 조사에 대한 설명으로 옳은 것은?

① 세관공무원은 관세범 조사에 필요하다고 인정할 때에는 피의자는 조사할 수 있으나 증인 또는 참고인은 조사할 수 없다.
② 관세범의 현행범인이 그 장소에 있을 때에는 누구든지 체포할 수 있다.
③ 세관공무원은 관세범 조사에 필요하다고 인정할 때에는 관할 세관장의 영장을 발부받아 항공기를 수색할 수 있다.
④ 세관공무원은 조사를 종료하였을 때에는 관할지역 경찰서장에게 서면으로 그 결과를 보고하여야 한다.

> **관련 법조문: 법 제291조, 제298조, 제300조, 제310조**   답 ②

세관공무원이 관세범의 현행범인을 발견하였을 때에는 즉시 체포하여야 한다(법 제297조). 다만, 관세범의 현행범인이 그 장소에 있을 때에는 누구든지 체포할 수 있다(법 제298조 제1항).

☑ 선지분석

① 세관공무원은 관세범 조사에 필요하다고 인정할 때에는 '피의자·증인 또는 참고인'을 조사할 수 있다(법 제291조).
③ 관세법에 따라 수색·압수를 할 때에는 '관할 지방법원 판사'의 영장을 받아야 한다. 다만, 긴급한 경우에는 사후에 영장을 발급받아야 한다(법 제296조 제1항).
④ 세관공무원은 조사를 종료하였을 때에는 '관세청장이나 세관장'에게 서면으로 그 결과를 보고하여야 한다(법 제310조 제1항).

04 관세법상 조사와 처분에 관한 설명으로 옳지 않은 것은?

① 관세법에 관한 사건은 관세청장 또는 세관장의 고발이 없는 한 검사가 공소를 제기할 수 없다.
② 세관공무원이 관세범 조사상 필요하다고 인정하는 때에는 피의자·증인 또는 참고인의 출석을 요구할 수 있다.
③ 세관공무원이 관세범의 현행범인을 발견하면 검사의 지휘를 받아 즉시 체포하여야 한다.
④ 세관공무원은 관세범 조사상 필요하다고 인정하는 때에는 선박·차량·항공기·창고 기타의 장소를 검증 또는 수색할 수 있다.
⑤ 관세범에 대한 통고처분을 할 수 있는 자는 관세청장과 세관장이다.

> **관련 법조문: 법 제284조, 제294조, 제297조, 제300조, 제301조**   답 ③

세관공무원이 관세범의 현행범인을 발견하였을 때에는 즉시 체포하여야 한다(법 제297조). 그러나 이때 검사의 지휘를 받아야 하는 것은 아니다.

05 관세법상 조사와 처분에 대한 설명으로 옳은 것은?

① 현행범이 아닌 경우 해 진 후부터 해 뜨기 전까지는 수색을 할 수 없지만, 이미 시작한 수색은 해가 진 이후에도 계속할 수 있다.

② 세관장은 물품을 압수한 날부터 3개월 이내에 그 물품의 소유자를 알 수 없는 경우에는 유실물 공고를 하여야 한다.

③ 관세범에 관한 서류는 인편으로 송달하여야 한다. 다만, 인편 송달이 곤란한 사정이 있는 경우에는 우편으로 송달할 수 있다.

④ 세관공무원이 피의자의 출석을 요구하기 위하여 출석요구서를 발급할 때에는 관할 지방법원 판사의 영장을 받아야 한다.

| 관련 법조문: 법 제288조, 제294조, 제299조, 제306조 답 ①

해 진 후부터 해 뜨기 전까지는 검증·수색 또는 압수를 할 수 없다. 다만, 현행범인 경우에는 그러하지 아니하다(법 제306조 제1항). 이미 시작한 검증·수색 또는 압수는 법 제306조 제1항에도 불구하고 계속할 수 있다(법 제306조 제2항).

✓ 선지분석

② 세관장은 법 제269조, 제270조 제1항부터 제3항까지 및 제272조부터 제274조까지의 규정에 해당되어 압수된 물품에 대하여 그 압수일부터 '6개월' 이내에 해당 물품의 소유자 및 범인을 알 수 없는 경우에는 해당 물품을 유실물로 간주하여 유실물 공고를 하여야 한다(법 제299조 제1항).

③ 관세범에 관한 서류는 인편이나 등기우편으로 송달한다(법 제288조). 인편으로 송달하는 것이 곤란할 때 우편으로 하는 것이 아니다. 인편과 등기우편이 동일 수준의 송달방법이다. 우편도 '등기우편'이라고 정확하게 표현해야 한다.

④ 관세법에 따라 수색·압수를 할 때에는 관할 지방법원 판사의 영장을 받아야 한다(법 제296조 제1항). 출석요구를 할 때에는 출석요구서를 발급하면 된다(법 제294조 제3항).

---

06 관세법상 조사와 처분에 대한 설명으로 옳은 것은?

① 현행범인에 대한 조사로서 긴급히 처리할 필요가 있을 때에는 그 주요 내용을 적은 서면으로 조서를 대신할 수 있다.

② 세관공무원은 관세범 조사에 필요하다고 인정할 때에는 세관장의 사전 승인을 받아 피의자·증인 또는 참고인을 조사하여야 한다.

③ 세관공무원은 관세범이 있다고 인정할 때에는 세관장의 사전 승인을 받아 범인, 범죄사실 및 증거를 조사하여야 한다.

④ 관세법에 따라 수색·압수를 할 때에는 관세청장의 수색·압수 허가를 받아야 한다. 그러나 소유자·점유자 또는 보관자가 임의로 제출한 물품이나 남겨 둔 물품은 허가 없이 압수할 수 있다.

| 관련 법조문: 법 제290조, 제291조, 제293조, 제296조 답 ①

세관공무원이 피의자·증인 또는 참고인을 조사하였을 때에는 조서를 작성하여야 한다(법 제292조 제1항). 다만, 현행범인에 대한 조사로서 긴급히 처리할 필요가 있을 때에는 그 주요 내용을 적은 서면으로 조서를 대신할 수 있다(법 제293조 제1항).

✓ 선지분석

②③ 조사 과정에 '세관장의 사전승인'은 필요 없다.

④ 수색·압수를 할 때에는 '관할 지방법원 판사'의 영장을 받아야 한다(법 제296조 제1항). 소유자·점유자 또는 보관자가 임의로 제출한 물품이나 남겨 둔 물품은 '영장 없이' 압수할 수 있다(법 제296조 제2항).

07

□□□

「관세법」상 조사와 처분에 대한 설명으로 옳지 않은 것은?

2023 국가직 7급

① 압수를 할 때에는 관할 지방법원 판사의 영장을 받아야 하지만, 소유자가 임의로 제출한 물품을 압수한 경우에는 사후에 영장을 발급받아야 한다.

② 세관공무원은 관세범에 관하여 「사법경찰관리의 직무를 수행할 자와 그 직무범위에 관한 법률」에서 정하는 바에 따라 사법경찰관리의 직무를 수행한다.

③ 관세범에 관한 사건에 대하여는 관세청장이나 세관장의 고발이 없으면 검사는 공소를 제기할 수 없다.

④ 관세범의 현행범인이 그 장소에 있을 때에는 그 현행범인을 체포한 자는 지체 없이 세관공무원에게 범인을 인도하여야 한다.

▌관련 법조문: 법 제 284조, 제295조, 제296조, 제298조　　　답 ①

관세법에 따라 수색·압수를 할 때에는 관할 지방법원 판사의 영장을 받아야 한다. 다만, 긴급한 경우에는 사후에 영장을 발급받아야 한다(법 제296조 제1항). 소유자·점유자 또는 보관자가 임의로 제출한 물품이나 남겨 둔 물품은 영장 없이 압수할 수 있다(법 제296조 제2항).

✅ 선지분석

② 법 제295조(사법경찰권)
③ 법 제284조(공소의 요건) 제1항
④ 법 제298조(현행범의 인도) 제1항, 제2항

08

□□□

관세법상 관세범의 현행범 및 조사처분에 대한 설명으로 옳지 않은 것은?

2017 국가직 9급(하반기)

① 세관공무원은 현행범인 납세자가 도주할 우려가 있는 등 조사 목적을 달성할 수 없다고 인정되는 경우에는 납세자권리헌장을 내주지 아니할 수 있다.

② 세관장은 밀수입 물품에 해당되어 압수된 물품에 대하여 그 압수일부터 6개월 이내에 해당 물품의 소유자 및 범인을 알 수 없는 경우에는 해당 물품을 유실물로 간주하여 유실물 공고를 하여야 한다.

③ 관세범의 현행범인이 그 장소에 있는 경우 세관공무원이 범죄행위를 제지할 수는 있지만 영장 없이 체포할 수는 없다.

④ 세관공무원은 관세범 조사로 발견한 물품이 범죄의 사실을 증명하기에 충분하거나 몰수하여야 하는 것으로 인정될 때에는 이를 압수할 수 있다.

▌관련 법조문: 법 제110조, 제297조, 제299조, 제303조　　　답 ③

세관공무원이 관세범의 현행범인을 발견하였을 때에는 즉시 체포하여야 한다(법 제297조). 관세범의 현행범인이 그 장소에 있을 때에는 누구든지 체포할 수 있다(법 제298조 제1항). 이 두 가지 경우 모두 영장 발급을 요건으로 하지 않는다.

✅ 선지분석

① 법 제110조 제3항
② 법 제299조 제1항
④ 법 제303조 제1항

다음 괄호 안에 들어갈 내용으로 옳은 것은?

> • 세관장은 관세법의 규정에 해당되어 압수된 물품에 대하여 그 압수일부터 (㉠) 이내에 해당 물품의 소유자 및 범인을 알 수 없는 경우에는 해당 물품을 유실물로 간주하여 유실물의 공고를 하여야 한다.
> • 위의 근거에 따른 유실물 공고일부터 (㉡)이 경과하여도 소유자 및 범인을 알 수 없는 경우에는 해당 물품은 국고에 귀속된다.

　　　　(㉠)　　　　(㉡)

① 6개월　　　　1년

② 3개월　　　　6개월

③ 1년　　　　1년 6개월

④ 1년　　　　2년

┃ 관련 법조문: 법 제299조　　　　답 ①

세관장은 관세법 제269조, 제270조 제1항부터 제3항까지 및 제272조부터 제274조까지의 규정에 해당되어 압수된 물품에 대하여 그 압수일부터 '6개월' 이내에 해당 물품의 소유자 및 범인을 알 수 없는 경우에는 해당 물품을 유실물로 간주하여 유실물 공고를 하여야 한다. 이 규정에 따른 공고일부터 '1년'이 지나도 소유자 및 범인을 알 수 없는 경우에는 해당 물품은 국고에 귀속된다.

10

다음 중 압수물품의 폐기대상이 아닌 것은?

① 상품가치가 없어진 것

② 유효기간이 지난 것

③ 수입자가 불명한 것

④ 부패하거나 변질된 것

⑤ 사람의 생명이나 재산을 해칠 우려가 있는 것

┃ 관련 법조문: 법 제304조　　　　답 ③

관세청장이나 세관장은 압수물품 중 다음 각 호의 어느 하나에 해당하는 것은 피의자나 관계인에게 통고한 후 폐기할 수 있다. 다만, 통고할 여유가 없을 때에는 폐기한 후 즉시 통고하여야 한다.

> 1. 사람의 생명이나 재산을 해칠 우려가 있는 것
> 2. 부패하거나 변질된 것
> 3. 유효기간이 지난 것
> 4. 상품가치가 없어진 것

ⓔ 명호샘의 한마디

장치물품의 폐기(법 제160조)와 압수물품의 폐기(법 제304조)는 유사하므로 함께 외우면 좋다.

장치물품의 폐기대상	압수물품의 폐기대상
1. 사람의 생명이나 재산에 해를 끼칠 우려가 있는 물품	1. 사람의 생명이나 재산을 해칠 우려가 있는 것
2. 부패하거나 변질된 물품	2. 부패하거나 변질된 것
3. 유효기간이 지난 물품	3. 유효기간이 지난 것
4. 상품가치가 없어진 물품	4. 상품가치가 없어진 것
5. 제1호부터 제4호까지에 준하는 물품으로서 관세청장이 정하는 물품	

11 관세범 조사에서 발견한 범죄혐의가 있는 물품의 압수에 관한 설명으로 옳지 않은 것은?

2015 국가직 7급, 2009 관세사

① 압수물품은 편의에 따라 해당 물품의 소지자에게도 보관시킬 수 있다.

② 관세청장이나 세관장은 압수물품이 일정 요건에 해당할 경우 피의자나 관계인에게 통고한 후 매각하고, 그 대금을 보관하거나 공탁할 수 있다.

③ 관세청장이나 세관장은 압수물품이 일정 요건에 해당할 경우 피의자나 관계인에게 통고한 후 폐기할 수 있다.

④ 세관공무원이 신분을 증명하는 증표제시 요구에 응하였으나 제복을 착용하지 아니한 경우 압수처분을 받을 자는 그 처분을 거부할 수 있다.

⑤ 해 진 후부터 해 뜨기 전까지는 압수를 할 수 없다. 그러나 이미 압수를 개시하였거나 현행범인 경우는 야간일지라도 압수할 수 있다.

> **관련 법조문: 법 제303조, 제304조, 제306조, 제308조**　　　　　　　　답 ④

세관공무원은 조사·검증·수색 또는 압수를 할 때에는 제복을 착용하거나 그 신분을 증명할 증표를 지니고 그 처분을 받을 자가 요구하면 이를 보여 주어야 한다. 세관공무원이 제복을 착용하지 아니한 경우로서 그 신분을 증명하는 증표제시 요구를 따르지 아니하는 경우에는 처분을 받을 자는 그 처분을 거부할 수 있다(법 제308조).

12 관세법령상 검증·수색 또는 압수조서의 기재사항이 아닌 것은?

2024 관세사

① 당해 물품의 품명 및 수량

② 포장의 종류·기호·번호 및 개수

③ 검증·수색 또는 압수의 장소 및 일시

④ 조사를 한 사람과 참여자의 주소 또는 거소와 성명

⑤ 보관장소

> **관련 법조문: 영 제269조**　　　　　　　　답 ④

검증·수색 또는 압수조서에는 다음 각 호의 사항을 기재하여야 한다(영 제269조).

1. 당해 물품의 품명 및 수량
2. 포장의 종류·기호·번호 및 개수
3. 검증·수색 또는 압수의 장소 및 일시
4. 소유자 또는 소지자의 주소 또는 거소와 성명
5. 보관장소

13
□□□

관세법상 관세범의 조사에 관한 설명으로 옳지 않은 것은?

2016 관세사

① 세관공무원은 관세범이 있다고 인정할 때에는 범인, 범죄사실 및 증거를 조사하여야 한다.
② 세관공무원이 관세범 조사에 필요하다고 인정할 때에는 피의자·증인 또는 참고인의 출석을 요구할 수 있다.
③ 세관공무원은 범죄사실을 증명하기에 충분한 물품을 피의자가 신변(身邊)에 은닉하였다고 인정될 때에는 이를 내보이도록 요구하고, 이에 따르지 아니하는 경우에는 신변을 수색할 수 있다.
④ 세관공무원은 관세범 조사에 의하여 발견한 물품이 범죄의 사실을 증명하기에 충분하거나 몰수하여야 하는 것으로 인정되더라도 이를 압수할 수 없다.
⑤ 압수물품은 편의에 따라 소지자나 시·군·읍·면사무소에 보관시킬 수 있다.

▌관련 법조문: 법 제290조, 제294조, 제301조, 제303조　　　　　답 ④

세관공무원은 관세범 조사에 의하여 발견한 물품이 범죄의 사실을 증명하기에 충분하거나 몰수하여야 하는 것으로 인정될 때에는 이를 압수할 수 있다(법 제303조 제1항).

◎ 선지분석
① 세관공무원은 관세범이 있다고 인정할 때에는 범인, 범죄사실 및 증거를 조사하여야 한다(법 제290조).
② 세관공무원이 관세범 조사에 필요하다고 인정할 때에는 피의자·증인 또는 참고인의 출석을 요구할 수 있다(법 제294조 제1항). 세관공무원이 관세범 조사에 필요하다고 인정할 때에는 지정한 장소에 피의자·증인 또는 참고인의 출석이나 동행을 명할 수 있다(법 제294조 제2항). 피의자·증인 또는 참고인에게 출석 요구를 할 때에는 출석요구서를 발급하여야 한다(법 제294조 제3항).
③ 세관공무원은 범죄사실을 증명하기에 충분한 물품을 피의자가 신변(身邊)에 은닉하였다고 인정될 때에는 이를 내보이도록 요구하고, 이에 따르지 아니하는 경우에는 신변을 수색할 수 있다(법 제301조 제1항). 여성의 신변을 수색할 때에는 성년의 여성을 참여시켜야 한다(법 제301조 제2항).
⑤ 압수물품은 편의에 따라 소지자나 시·군·읍·면사무소에 보관시킬 수 있다(법 제303조 제2항).

14
□□□

관세법상 관세범 조사에 관한 설명으로 옳지 않은 것은?

2022 관세사

① 조서는 세관공무원이 진술자에게 읽어 주거나 열람하게 하여 기재 사실에 서로 다른 점이 있는지 물어보아야 한다.
② 현행범인이 아닌 관세범에 대한 조사로서 긴급히 처리할 필요가 있을 때에는 그 주요 내용을 적은 서면으로 조서를 대신할 수 있다.
③ 점유자 또는 보관자가 임의로 제출한 물품이나 남겨 둔 물품은 영장 없이 압수할 수 있다.
④ 관세범의 현행범인이 그 장소에 있을 때에는 누구든지 체포할 수 있다.
⑤ 압수물품은 편의에 따라 소지자나 시·군·읍·면사무소에 보관시킬 수 있다.

▌관련 법조문: 법 제292조, 제293조, 제296조, 제298조, 제303조　　　　　답 ②

'현행범인'에 대한 조사로서 긴급히 처리할 필요가 있을 때에는 그 주요 내용을 적은 서면으로 조서를 대신할 수 있다(법 제293조 제1항).

◎ 선지분석
① 법 제292조(조서 작성) 제2항
③ 법 제296조(수색·압수영장) 제2항
④ 법 제298조(현행범의 인도) 제1항
⑤ 법 제303조(압수와 보관) 제2항

01 관세법상 통고처분을 할 때에는 통고서를 작성하여야 하는데, 통고서의 기재내용에 해당하지 않는 것은?

☐☐☐

① 벌금에 상당하는 금액, 몰수에 해당하는 물품 또는 추징금에 상당하는 금액
② 범죄사실
③ 처분을 받을 자의 성명·연령·성별·직업 및 주소
④ 통고처분의 효력 및 미이행시의 처벌내용
⑤ 이행장소

▌관련 법조문: 법 제314조   답 ④

통고처분의 효력 및 미이행시의 처벌내용은 통고처분에 있어 중요한 부분이기는 하지만, 통고서의 항목에는 포함되지 않는다. 통고서의 항목은 다음과 같다(법 제314조).

1. '처분을 받을 자'의 성명, 나이, 성별, 직업 및 주소
2. 벌금에 상당한 금액, 몰수에 해당하는 물품 또는 추징금에 상당한 금액
3. 범죄사실
4. 적용 법조문
5. 이행 장소
6. 통고처분 연월일

02 관세법상 통고처분에 관한 설명으로 옳은 것은?

☐☐☐

① 세관장은 관세범의 조사결과 범죄의 확증을 얻었을 때에는 대통령령으로 정하는 바에 따라 그 대상이 되는 자에게 그 이유를 구체적으로 밝히고 벌금과 추징금에 해당하는 금액을 납부할 것을 통고할 수 있으나, 몰수에 해당하는 물품을 납부하도록 통고할 수는 없다.
② 세관장은 통고처분을 받은 자가 벌금 또는 추징금에 상당한 금액을 예납하고자 하더라도 이를 예납시킬 수 없다.
③ 세관장의 통고처분이 있는 때에는 공소의 시효가 정지된다.
④ 세관장은 범죄의 정상이 징역형에 처하여 질 것으로 인정되는 경우에도 통고처분할 수 있다.
⑤ 관세범인이 통고서의 송달을 받은 때에는 그날부터 15일 이내에 이를 이행하여야 하며, 이 기간 내에 이행하지 아니한 때에는 세관장은 그 불이행을 이유로 과태료를 부과하여야 한다.

▌관련 법조문: 법 제311조, 제312조, 제316조   답 ③

✅ **선지분석**

① 세관장은 관세법의 조사결과 범죄의 확증을 얻은 때에는 대통령령으로 정하는 바에 따라 그 대상이 되는 자에게 그 이유를 명시하고 벌금과 추징금에 해당하는 금액을 납부할 것을 통고할 수 '있고', 몰수에 해당하는 물품을 납부하도록 통고할 수'도 있다'(법 제311조 제1항).
② 세관장은 통고처분을 받은 자가 벌금 또는 추징금에 상당한 금액을 예납하고자 하더라도 이를 예납시킬 수 '있다'(법 제311조 제2항).
④ 세관장은 범죄의 정상이 징역형에 처하여 질 것으로 인정되는 경우 '즉시 고발하여야 한다'(법 제312조).
⑤ 관세범인이 통고서의 송달을 받은 때에는 그날로부터 15일 이내에 이를 이행하여야 하며, 이 기간 내에 이행하지 아니한 때에는 세관장은 '고발하여야 한다'(법 제316조).

관세법령상 통고처분에 관한 조문의 일부분이다. (   )에 들어갈 내용을 순서대로 바르게 나열한 것은?

2018 관세사

> • 관세법 제311조(통고처분) ① 관세청장이나 세관장은 관세범을 조사한 결과 범죄의 확증을 얻었을 때에는 대통령령으로 정하는 바에 따라 그 대상이 되는 자에게 그 이유를 구체적으로 밝히고 다음 각 호에 해당하는 금액이나 물품을 납부할 것을 통고할 수 있다.
> 　1. 벌금에 상당하는 금액
> • 관세법 시행령 제270조의2(통고처분) ① 법 제311조 제1항 제1호에 따른 벌금에 상당하는 금액은 해당 벌금 최고액의 (ㄱ)으로 한다. 다만, 별표 4에 해당하는 범죄로서 해당 물품의 원가가 해당 벌금의 최고액 이하인 경우에는 해당 물품 원가의 (ㄱ)으로 한다.
> 　② 관세청장이나 세관장은 관세범이 조사를 방해하거나 증거물을 은닉·인멸·훼손한 경우 등 관세청장이 정하여 고시하는 사유에 해당하는 경우에는 제1항에 따른 금액의 (ㄴ) 범위에서 관세청장이 정하여 고시하는 비율에 따라 그 금액을 늘릴 수 있다.
> 　③ 관세청장이나 세관장은 관세범이 조사 중 해당 사건의 부족세액을 자진하여 납부한 경우, 심신미약자인 경우 또는 자수한 경우 등 관세청장이 정하여 고시하는 사유에 해당하는 경우에는 제1항에 따른 금액의 (ㄴ) 범위에서 관세청장이 정하여 고시하는 비율에 따라 그 금액을 줄일 수 있다.

① ㄱ: 100분의 20, ㄴ: 100분의 30　　② ㄱ: 100분의 30, ㄴ: 100분의 50
③ ㄱ: 100분의 30, ㄴ: 100분의 20　　④ ㄱ: 100분의 50, ㄴ: 100분의 20
⑤ ㄱ: 100분의 50, ㄴ: 100분의 50

| 관련 법조문: 법 제311조, 영 제270조의2　　　　　　　　　　답 ②

통고처분의 금액은 벌금 최고액의 30%이고, 그 금액의 50% 범위에서 그 금액을 늘리거나 줄일 수 있다.

관세법령상 통고처분에 대한 설명으로 옳지 않은 것은?

2020 국가직 7급

① 관세청장이나 세관장은 통고처분을 받는 자가 벌금이나 추징금에 상당한 금액을 예납(豫納)하려는 경우에는 이를 예납시킬 수 있다.
② 통고처분을 받은 자는 납부하여야 할 금액을 대통령령으로 정하는 통고처분납부대행기관을 통하여 신용카드, 직불카드 등으로 납부할 수 있다.
③ 관세청장은 납부에 사용되는 신용카드등의 종류 등 납부에 필요한 사항을 정할 수 있고, 신용카드등으로 납부하는 경우에는 통고처분납부대행기관의 예납일을 납부일로 본다.
④ 관세청장이나 세관장은 통고처분을 하는 경우 관세범의 조사를 마친 날부터 10일 이내에 그 범칙행위자 및 관세법 제279조의 양벌규정이 적용되는 법인 또는 개인별로 통고서를 작성하여 통고해야 한다.

| 관련 법조문: 법 제311조, 영 제270조의2　　　　　　　　　　답 ③

관세청장은 납부에 사용되는 신용카드 등의 종류 등 납부에 필요한 사항을 정할 수 있다(영 제270조의2 제8항). 신용카드 등으로 납부하는 경우에는 통고처분납부대행기관의 <u>승인일을 납부일로</u> 본다(법 제311조 제6항).

 선지분석
① 법 제311조(통고처분) 제2항
② 법 제311조(통고처분) 제5항
④ 영 제270조의2(통고처분) 제5항

05 관세법령상 세관장의 통고처분에 대한 설명으로 옳은 것은?

① 통고처분을 한 세관장은 관세범인이 그 통고서의 송달을 받은 날부터 15일이 지난 후에 그 통고처분을 이행한 경우에는 그 이행한 날까지 고발하지 않았다면 즉시 고발하여야 한다.

② 세관장은 통고처분을 하는 경우 관세범의 조사를 마친 날부터 10일 이내에 그 범칙행위자 및 양벌규정이 적용되는 법인 또는 개인별로 통고서를 작성하여 통고해야 한다.

③ 세관장은 벌금에 상당하는 금액이 30만원 이하인 관세범에 대하여는 관세범칙조사심의위원회의 의결을 거치지 아니하고 통고처분을 면제할 수 있다.

④ 추징금에 해당하는 금액을 납부할 것을 통고하려는 경우 그 금액은 해당 물품 원가의 100분의 30으로 한다.

| 관련 법조문: 법 제311조, 제316조, 영 제270조의2　　　　　　　　　　　　　답 ②

관세청장이나 세관장은 통고처분을 하는 경우 관세범의 조사를 마친 날부터 10일 이내에 그 범칙행위자 및 양벌규정이 적용되는 법인 또는 개인별로 통고서를 작성하여 통고해야 한다(영 제270조의2 제5항).

✅ 선지분석

① 관세범인이 통고서의 송달을 받았을 때에는 그 날부터 15일 이내에 이를 이행하여야 하며, 이 기간 내에 이행하지 아니하였을 때에는 관세청장이나 세관장은 즉시 고발하여야 한다. 다만, 15일이 지난 후 고발이 되기 전에 관세범인이 통고처분을 이행한 경우에는 그러하지 아니하다(법 제316조).

③ 다음의 법 제311조 제8항과 제9항의 요건을 모두 만족해야 통고처분을 면제할 수 있다.

> **법 제311조(통고처분)** ⑧ 관세청장이나 세관장은 통고처분 대상자의 연령과 환경, 법 위반의 동기와 결과, 범칙금 부담능력과 그 밖에 정상을 고려하여 제284조의2에 따른 관세범칙조사심의위원회의 심의·의결을 거쳐 제1항에 따른 통고처분을 면제할 수 있다. 이 경우 관세청장이나 세관장은 관세범칙조사심의위원회의 심의·의결 결과를 따라야 한다.
> ⑨ 제8항에 따른 통고처분 면제는 다음 각 호의 요건을 모두 갖춘 관세범을 대상으로 한다.
> 1. 제1항 제1호의 금액이 30만원 이하일 것
> 2. 제1항 제2호의 물품의 가액과 같은 항 제3호의 금액을 합한 금액이 100만원 이하일 것

④ 관세법령에는 '벌금에 상당하는 금액은 해당 벌금 최고액의 100분의 30으로 한다'는 규정 밖에 없다(영 제270조의2 제1항). '추징금에 해당하는 금액'에 대한 규정은 없다.

---

06 관세법상 조사와 처분에 관한 설명으로 옳지 않은 것은?

① 관세범에 관한 사건에 대하여는 관세청장이나 세관장의 고발이 없으면 검사는 공소를 제기할 수 없다.

② 세관공무원이 작성하는 조서에는 연월일과 장소를 적고 조사를 한 사람, 진술자, 참여자가 함께 서명날인 하여야 한다.

③ 이미 수색을 시작한 경우에는 해가 진 후에도 계속하여 할 수 있다.

④ 세관장이 관세범을 조사하여 통고처분을 한 때에는 공소의 시효가 정지된다.

⑤ 세관장은 관세범의 벌금에 해당하는 금액이 50만원 이하인 경우 통고처분을 면제한다.

| 관련 법조문: 법 제284조, 제292조, 제306조, 제311조　　　　　　　　　　답 ⑤

관세청장이나 세관장은 통고처분 대상자의 연령과 환경, 법 위반의 동기와 결과, 범칙금 부담능력과 그 밖에 정상을 고려하여 관세범칙조사심의위원회의 심의·의결을 거쳐 통고처분을 면제할 수 있다. 이 경우 관세청장이나 세관장은 관세범칙조사심의위원회의 심의·의결 결과를 따라야 한다(법 제311조 제8항). 통고처분 면제는 다음 각 호의 요건을 모두 갖춘 관세범을 대상으로 한다(법 제311조 제9항).

1. 벌금에 상당하는 금액이 30만원 이하일 것
2. 몰수에 해당하는 물품의 가액과 추징금에 해당하는 금액을 합한 금액이 100만원 이하일 것

⊘ 선지분석

① 법 제284조(공소의 요건) 제1항
② 법 제292조(조서 작성) 제4항
③ 법 제306조(야간집행의 제한)
④ 법 제311조(통고처분) 제3항

---

07 관세법상 관세범의 조사와 처분에 관한 설명으로 옳지 않은 것은?

2012 관세사

① 관세범에 관한 사건에 대하여는 관세청장이나 세관장의 고발이 없으면 검사는 공소를 제기할 수 없으며 다른 기관이 관세범에 관한 사건을 발견하거나 피의자를 체포하였을 때에는 즉시 관세청이나 세관에 인계하여야 한다.

② 관세청장이나 세관장은 관세범을 조사한 결과 범죄의 확증을 얻었을 때에는 벌금에 상당하는 금액, 추징금에 해당하는 금액이나 몰수에 해당하는 물품을 납부할 것을 통고할 수 있으나, 범죄의 정상이 징역형에 처해질 것으로 인정될 때에는 즉시 고발하여야 한다.

③ 세관공무원은 관세범 조사에 필요하다고 인정할 때에는 피의자·증인 또는 참고인을 조사할 수 있으며 관세범의 현행범인을 발견하였을 때에는 즉시 체포하여야 한다.

④ 관세청장이나 세관장은 관세범인이 통고를 이행할 수 있는 자금능력이 없다고 인정되는 경우나 주소 및 거소가 분명하지 아니하거나 그 밖의 사유로 통고를 이행하기 곤란하다고 인정되는 경우에는 즉시 고발하여야 한다.

⑤ 관세청장이나 세관장은 관세범인이 통고서의 송달을 받은 날부터 15일 내에 이를 이행하지 않았을 때에는 즉시 고발하여야 하는 규정은 강행규정이므로 15일이 지난 후 고발이 되기 전에 통고처분을 이행한 경우에도 즉시 고발하여야 한다.

> **관련 법조문:** 법 제284조, 제291조, 제297조, 제311조, 제312조, 제316조, 제318조   답 ⑤

관세범인이 통고서의 송달을 받았을 때에는 그날부터 15일 이내에 이를 이행하여야 하며, 이 기간 내에 이행하지 아니하였을 때에는 관세청장이나 세관장은 즉시 고발하여야 한다. 다만, 15일이 지난 후 고발이 되기 전에 관세범인이 통고처분을 이행한 경우에는 그러하지 아니하다(법 제316조).

08 관세법상 내용으로 옳지 않은 것은?

① 관세법은 관세의 부과·징수 및 수출입물품의 통관을 적정하게 하고 관세수입을 확보함으로써 국민경제의 발전에 이바지함을 목적으로 한다.

② 국세징수의 예에 따라 관세를 징수하는 경우 강제징수의 대상이 해당 관세를 납부하여야 하는 물품이 아닌 재산인 경우에는 관세의 우선순위는 국세기본법에 따른 국세와 동일하게 한다.

③ 세관장은 관세의 강제징수를 할 때에는 재산의 압류, 보관, 운반 및 공매에 드는 비용에 상당하는 강제징수비를 징수할 수 있다.

④ 관세청장이나 세관장은 관세법을 조사한 결과 관세범인이 통고를 이행할 수 있는 자금능력이 없다고 인정되는 경우 그 대상이 되는 자에게 그 이유를 구체적으로 밝히고 추징금에 해당하는 물품을 납부할 것을 통고하여야 한다.

관련 법조문: 법 제1조, 제3조, 제26조, 제318조　　　　　　답 ④

관세청장이나 세관장은 다음 각 호의 어느 하나의 경우에는 제311조(통고처분) 제1항에도 불구하고 즉시 고발하여야 한다(법 제318조).

> 1. 관세범인이 통고를 이행할 수 있는 자금능력이 없다고 인정되는 경우
> 2. 관세범인의 주소 및 거소가 분명하지 아니하거나 그 밖의 사유로 통고를 하기 곤란하다고 인정되는 경우

✓ 선지분석

① 법 제1조(목적)
② 법 제3조(관세징수의 우선) 제2항
③ 법 제26조(담보 등이 없는 경우의 관세징수) 제2항

---

09 관세법상 조사와 처분에 관한 설명으로 옳지 않은 것은?

① 관세범에 관한 조사·처분은 세관공무원이 한다.

② 관세범에 관한 사건에 대하여는 관세청장이나 세관장의 고발이 없더라도 필요한 경우 검사는 세관장에게 통보하고 공소를 제기할 수 있다.

③ 사법경찰관리의 직무를 행하는 세관공무원이 법령에 의하여 피의자를 구속하는 때에는 세관관서·국가경찰관서 또는 교도관서에 유치하여야 한다.

④ 세관공무원은 관세범 조사에 필요하다고 인정할 때에는 선박·차량·항공기·창고 또는 그 밖의 장소를 검증하거나 수색할 수 있다.

⑤ 세관공무원은 범죄사실을 증명하기에 충분한 물품을 피의자가 신변(身邊)에 은닉하였다고 인정될 때에는 이를 내보이도록 요구하고, 이에 따르지 아니하는 경우에는 신변을 수색할 수 있다.

관련 법조문: 법 제283조, 제284조, 제300조, 제301조, 영 제267조　　　　　　답 ②

관세범에 관한 사건에 대하여는 관세청장이나 세관장의 고발이 없으면 검사는 공소를 제기할 수 없다(법 제284조 제1항).

✓ 선지분석

① 법 제283조(관세범) 제2항
③ 영 제267조(피의자의 구속)
④ 법 제300조(검증수색)
⑤ 법 제301조(신변 수색 등) 제1항

관세법상 조사와 처분에 대한 설명으로 옳은 것은?

① 관세청장이나 세관장은 압수물품 중 부패나 변질의 우려가 있는 것은 피의자나 관계인에게 통고 없이 폐기할 수 있다.

② 관세청장이나 세관장은 통고처분의 대상이 되는 관세범인이 통고를 이행할 수 있는 자금능력이 없다고 인정되는 경우에는 즉시 고발하여야 한다.

③ 관세청장이나 세관장은 범죄의 정상이 벌금형 이상에 처해질 것으로 인정될 때에는 즉시 고발하여야 한다.

④ 현행범을 제외하고 해가 지기 전에 이미 시작한 수색 또는 압수는 해가 진 후에는 계속할 수 없다.

┃ 관련 법조문: 법 제304조, 제306조, 제312조, 제318조　　　　　　　　　답 ②

관세청장이나 세관장은 다음 각 호의 어느 하나의 경우에는 법 제311조(통고처분) 제1항에도 불구하고 즉시 고발하여야 한다(법 제318조).

> 1. 관세범인이 통고를 이행할 수 있는 자금능력이 없다고 인정되는 경우
> 2. 관세범인의 주소 및 거소가 분명하지 아니하거나 그 밖의 사유로 통고를 하기 곤란하다고 인정되는 경우

⊘ 선지분석

① 관세청장이나 세관장은 압수물품 중 '부패나 변질된 것'은 피의자나 관계인에게 '통고한 후' 폐기할 수 있다(법 제304조 제1항 제2호).

③ 관세청장이나 세관장은 범죄의 정상이 '징역형'에 처해질 것으로 인정될 때에는 즉시 고발하여야 한다(법 제312조).

④ 현행범을 제외하고 해가 지기 전에 이미 시작한 수색 또는 압수는 해가 진 후에는 계속할 수 '있다'(법 제306조 제2항).

제13장

보칙

제13장 보칙

1 관세법 보칙

01
□□□
관세법령상 '개청시간 및 물품취급시간외 통관절차 등에 관한 수수료'에 관한 내용으로 (   )에 들어갈 사항을 순서대로 올바르게 나열한 것은?

2022 관세사

> 관세법 제321조 제3항의 규정에 의하여 납부하여야 하는 개청시간외 통관절차·보세운송절차 또는 입출항절차에 관한 수수료는 기본수수료 (ㄱ)원[휴일은 (ㄴ)원]에 다음 각호의 구분에 의한 금액을 합한 금액으로 한다. 다만, 수출물품의 통관절차 또는 출항절차에 관한 수수료는 수입물품의 통관절차 또는 출항절차에 관한 수수료의 4분의 1에 상당하는 금액으로 한다.
> 1. 오전 6시부터 오후 6시까지: 1시간당 3천원
> 2. 오후 6시부터 오후 10시까지: 1시간당 (ㄷ)원
> 3. 오후 10시부터 그 다음날 오전 6시까지: 1시간당 7천원

	(ㄱ)	(ㄴ)	(ㄷ)
①	2천	1만	4천
②	2천	1만2천	5천
③	4천	1만	4천8백
④	4천	1만2천	4천8백
⑤	5천	1만	5천

│ 관련 법조문: 규칙 제81조   답 ④

규칙 제81조(개청시간 및 물품취급시간외 통관절차 등에 관한 수수료) ① 법 제321조 제3항의 규정에 의하여 납부하여야 하는 개청시간외 통관절차·보세운송절차 또는 입출항절차에 관한 수수료(구호용 물품의 경우 당해 수수료를 면제한다)는 기본수수료 4천원(휴일은 1만2천원)에 다음 각호의 구분에 의한 금액을 합한 금액으로 한다. 다만, 수출물품의 통관절차 또는 출항절차에 관한 수수료는 수입물품의 통관절차 또는 출항절차에 관한 수수료의 4분의 1에 상당하는 금액으로 한다.
1. 오전 6시부터 오후 6시까지: 1시간당 3천원
2. 오후 6시부터 오후 10시까지: 1시간당 4천8백원
3. 오후 10시부터 그 다음날 오전 6시까지: 1시간당 7천원

02 관세법상 세관설비사용료 중 토지에 관한 기준은? (단, 기본사용료는 제외함)

① 분기마다 1제곱미터당 780원

② 분기마다 1제곱미터당 1,560원

③ 분기마다 1제곱미터당 1,780원

④ 분기마다 1제곱미터당 2,560원

⑤ 분기마다 1제곱미터당 3,120원

┃ 관련 법조문: 규칙 제83조   답 ①

물품장치나 통관을 위한 세관설비를 사용하려는 자는 기획재정부령으로 정하는 사용료를 납부하여야 한다(법 제323조). 법 제323조의 규정에 의하여 납부하여야 하는 세관설비사용료는 기본사용료 1만2천원에 다음 각 호의 구분에 의한 금액을 합한 금액으로 한다(규칙 제83조).

토지	분기마다 1제곱미터당 780원
건물	분기마다 1제곱미터당 1,560원

03 관세법령상 포상에 대한 설명으로 옳지 않은 것은?

① 그 정황을 알면서 관세포탈죄에 해당하는 행위를 방조한 자를 세관에 통보한 자로서 공로가 있는 사람은 관세청장이 포상할 수 있는 사람에 해당한다.

② 은닉재산을 신고한 자에 대한 포상금은 재산은닉 체납자의 체납액에 해당하는 금액을 징수한 후 지급한다.

③ 체납자 은닉재산의 신고를 통하여 징수된 금액이 2천만원 이상인 경우에는 공무원이 그 직무와 관련하여 은닉재산을 신고한 경우에도 포상금을 지급한다.

④ 관세청장이 포상금의 수여기준을 정하는 경우 포상금의 수여대상자가 공무원인 때에는 1인당 수여액을 100만원 이하로 하는 때를 제외하고는 공무원에게 수여하는 포상금총액을 그 공로에 의한 실제 국고수입액의 100분의 25 이내로 하여야 한다.

┃ 관련 법조문: 법 제324조, 영 제277조   답 ③

관세청장은 체납자의 은닉재산을 신고한 사람에게 대통령령으로 정하는 바에 따라 10억원의 범위에서 포상금을 지급할 수 있다. 다만, 은닉재산의 신고를 통하여 <u>징수된 금액이 대통령령으로 정하는 금액(2천만원) 미만인 경우</u> 또는 공무원이 그 직무와 관련하여 은닉재산을 신고한 경우에는 포상금을 지급하지 아니한다(법 제324조 제2항, 영 제277조 제5항).

⊘ 선지분석

① 법 제324(포상) 제1항 제1호

② 영 제277조(포상방법) 제7항

④ 영 제277조(포상방법) 제2항

04 다음 내용에 따른 징수금액과 포상금의 연결이 바르지 않은 것은?

> 관세법 시행령상 관세청장은 체납자의 은닉재산을 신고한 자에 대해서는 은닉재산의 신고를 통하여 징수된 금액(이하 '징수금액')에 지급률을 곱하여 금액을 포상금으로 지급할 수 있다. 다만, 10억원을 초과하는 부분은 지급하지 아니한다.

	징수금액(원)	포상금(원)
①	5천만	5백만
②	1억	2천만
③	10억	1억 7천 5백만
④	50억	5억 2천 5백만

관련 법조문: 법 제324조, 영 제277조   답 ①

체납자의 은닉재산을 신고한 자에 대한 포상금 지급률은 다음과 같다(영 제277조 제4항).

징수금액	지급률
2천만원 이상 5억원 이하	100분의 20
5억원 초과 20억원 이하	1억원 + 5억원을 초과하는 금액의 100분의 15
20억원 초과 30억원 이하	3억2천5백만원 + 20억원을 초과하는 금액의 100분의 10
30억원 초과	4억2천5백만원 + 30억원 초과 금액의 100분의 5

① 5천만원의 20% = 1천만원

☑ 선지분석

② 1억의 20% = 2천만원
③ 1억원 + 5억원의 15% = 1억 7천 5백만원
④ 4억 2천 5백만원 + 20억원의 5% = 5억 2천 5백만원

---

05 관세법령상 다음 사례에서 甲에게 지급할 수 있는 포상금의 최대액수는?

> 甲은 관세 10억원을 체납하고 있는 乙이 현금 5억원을 은닉하고 있다는 사실을 관세청장에게 신고하였다. 甲의 신고를 접수한 관세청장은 乙이 체납하고 있던 관세 10억원 중 5억원을 징수하였다.

① 5천만원   ② 6천만원
③ 1억원   ④ 1억7천만원
⑤ 2억8천5백만원

관련 법조문: 법 제324조, 영 제277조   답 ③

관세청장은 체납자의 은닉재산을 신고한 사람에게 대통령령으로 정하는 바에 따라 10억원의 범위에서 포상금을 지급할 수 있다(법 제324조 제2항). 법 제324조 제2항에 따라 체납자의 은닉재산을 신고한 자에 대해서는 은닉재산의 신고를 통하여 징수된 금액에 지급률을 곱하여 계산한 금액을 포상금으로 지급할 수 있다. 다만, 10억원을 초과하는 부분은 지급하지 아니한다(영 제277조 제4항).

징수금액	지급률
2천만원 이상 5억원 이하	100분의 20
5억원 초과 20억원 이하	1억원 + 5억원을 초과하는 금액의 100분의 15
20억원 초과 30억원 이하	3억2천5백만원 + 20억원을 초과하는 금액의 100분의 10
30억원 초과	4억2천5백만원 + 30억원 초과 금액의 100분의 5

제시된 사례에서 체납액은 10억원이고, 은닉재산은 5억원이다. 그러나 포상금의 최대액수를 계산하는 기준금액은 '징수금액'이다. 징수금액이 5억원이므로 '2천만원 이상 5억원 이하'에 해당되어 '징수금액의 20%'로 계산하면 포상금의 최대액수는 1억원이다.

06 관세법령상 체납자 은닉재산을 신고한 자에 대하여 지급하는 포상금 지급률에 관한 내용이다. (ㄱ), (ㄴ)에 들어갈 사항으로 옳은 것은?

2023 관세사

은닉재산 신고를 통하여 징수된 금액	지급률
5억원 초과 20억원 이하	1억원 + 5억원 초과 금액의 100분의 (ㄱ)
20억원 초과 30억원 이하	3억2천5백만원 + 20억원 초과 금액의 100분의 (ㄴ)

	(ㄱ)	(ㄴ)
①	20	15
②	20	10
③	15	15
④	15	10
⑤	10	10

▌ **관련 법조문: 영 제277조**   답 ④

은닉재산 신고를 통하여 징수된 금액이 5억원 초과 20억원 이하인 경우 그 지급률은 '1억원 + 5억원을 초과하는 금액의 100분의 15'이며, 징수된 금액이 20억원 초과 30억원 이하인 경우 그 지급률은 '3억2천5백만원 + 20억원을 초과하는 금액의 100분의 10'이다(영 제277조 제4항).

07 관세법상 내용으로 옳지 않은 것은?

2017 국가직 7급(하반기)

① 기획재정부장관은 세계무역기구 설립을 위한 마라케쉬협정에 따라 관세법 및 관련 법에서 정한 통관 등 수출입 절차의 원활화 및 이와 관련된 국제협력의 원활화를 촉진하기 위하여 무역원활화 기본계획을 수립·시행하여야 한다.

② 관세청장은 여신전문금융업법에 따른 신용카드업자와 여신전문 금융업협회에 대하여 관세의 부과·징수 및 통관에 관계되는 자료 또는 통계를 요청할 수 있다.

③ 관세청장이나 세관장은 직무를 집행하기 위하여 필요하다고 인정될 때에는 그 소속 공무원에게 무기를 휴대하게 할 수 있다.

④ 세관장은 몰수품 등이 농산물인 경우로서 국내시장의 수급조절과 가격안정을 도모하기 위하여 필요하다고 판단될 때에는 해당 몰수품 등을 농림축산식품부장관에게 이관해야 한다.

답 ④

세관장은 관세법에 따라 몰수되거나 국고에 귀속된 물품을 공매 또는 그 밖의 방법으로 처분할 수 있다(법 제326조 제1항). 그럼에도 불구하고 세관장은 몰수품등이 농산물인 경우로서 국내시장의 수급조절과 가격안정을 도모하기 위하여 <u>농림축산식품부장관이 요청할 때</u>에는 대통령령으로 정하는 바에 따라 몰수품등을 <u>농림축산식품부장관에게 이관할 수 있다</u>(법 제326조 제6항).

✓ 선지분석

① 법 제240조의4(무역원활화 기본계획의 수립 및 시행) 제1항
② 법 제264조의2(과세자료제출기관의 범위) 제5호
③ 법 제267조(무기의 휴대 및 사용) 제1항

---

08 관세법 시행령 제284조(매각 및 폐기의 공고)에 의해 일반경쟁입찰의 방법으로 물품을 매각하고자 하는 때에 공고하여야 할 사항으로 명시되어 있지 않은 것은? 2024 관세사

① 당해 물품의 품명·규격 및 수량
② 포장의 종류 및 개수
③ 화주의 주소 및 성명
④ 매각사유
⑤ 매각의 일시 및 장소

답 ③

영 제14조(담보물의 매각)에 규정된 경우를 제외하고 법의 규정에 의하여 물품을 일반경쟁입찰에 의하여 매각하고자 하는 때에는 다음 사항을 공고하여야 한다(영 제284조).

> 1. 당해 물품의 품명·규격 및 수량
> 2. 포장의 종류 및 개수
> 3. 매각의 일시 및 장소
> 4. 매각사유
> 5. 기타 필요한 사항

---

09 전자문서 등에 대한 내용으로 옳지 않은 것은? 2014 국가직 7급

① 누구든지 관세정보시스템 또는 전자문서중계사업자의 전산처리설비에 기록된 전자문서 등 관련 정보를 위조 또는 변조하거나, 위조 또는 변조된 정보를 행사하여서는 아니 된다.
② 관세정보원 또는 전자문서중계사업자의 임직원이거나 임직원이었던 자는 업무상 알게 된 전자문서상의 비밀과 관련 정보에 관한 비밀을 누설하거나 도용하여서는 아니 된다.
③ 기획재정부장관은 관세법 제255조의3에 따른 국가간 세관 정보의 원활한 상호 교환을 위하여 세계관세기구 등에서 정하는 사항을 고려하여 전자신고 등 및 전자송달에 관한 전자문서의 표준을 정할 수 있다.
④ 누구든지 관세정보시스템 또는 전자문서중계사업자의 전산처리설비에 기록된 전자문서 등 관련 정보를 훼손하거나 그 비밀을 침해하여서는 아니 된다.

답 ③

'관세청장'은 관세법 제240조의6에 따른 국가간 세관 정보의 원활한 상호 교환을 위하여 세계관세기구 등 국제기구에서 정하는 사항을 고려하여 전자신고 등 및 전자송달에 관한 전자문서의 표준을 정할 수 있다(법 제327조의5).

① 법 제327조의4(전자문서 등 관련 정보에 관한 보안) 제1항
② 법 제327조의4(전자문서 등 관련 정보에 관한 보안) 제3항
④ 법 제327조의4(전자문서 등 관련 정보에 관한 보안) 제2항

10 관세법상 국가관세종합정보시스템의 구축 및 운영에 대한 설명으로 옳지 않은 것은? 2016 국가직 7급

□□□

① 세관장은 관세청장이 정하는 바에 따라 관세정보시스템의 전산처리설비를 이용하여 신고·납부 등과 법령에 따른 허가·승인 또는 그 밖의 조건을 갖출 필요가 있는 물품의 증명 및 확인신청 등을 하게 할 수 있다.

② 세관장은 관세청장이 정하는 바에 따라 관세정보시스템 또는 정보통신망 이용촉진 및 정보보호 등에 관한 법률 제2조 제1항 제1호에 따른 정보통신망으로서 이 법에 따른 송달을 위하여 관세정보시스템 과 연계된 정보통신망을 이용하여 전자신고 등의 승인·허가·수리 등에 대한 교부·통지·통고 등을 할 수 있다.

③ 송달을 받아야 할 자가 전자송달을 신청한 경우에도 불구하고 관세정보시스템 또는 연계정보통신망 의 전산처리설비의 장애로 전자송달이 불가능한 경우에는 교부·인편 또는 우편의 방법으로 송달할 수 있다.

④ 전자신고 등은 관세청장이 정하는 관세정보시스템의 전산처리설비에 입력된 때에 세관에 접수된 것으로 보고, 전자송달은 송달받을 자가 지정한 컴퓨터로 발송한 때에 그 송달을 받아야 할 자에게 도달된 것으로 본다.

┃ 관련 법조문: 법 제327조 답 ④

전자신고 등은 관세청장이 정하는 관세정보시스템의 전산처리설비에 '저장된 때'에 세관에 접수된 것으로 보고, 전자송달은 송달받을 자가 지정한 전자우편주소나 관세정보시스템의 전자사서함 또는 연계정보통신망의 전자고지함(연계정보통신망의 이용자가 접속하여 본인에게 송달된 고지내용을 확인할 수 있는 곳을 말한다)에 고지내용이 '저장된 때'에 그 송달을 받아야 할 자에게 도달된 것으로 본다(법 제327조 제5항).

✅ **선지분석**

① 세관장은 관세청장이 정하는 바에 따라 관세정보시스템의 전산처리설비를 이용하여 관세법에 따른 신고·신청·보고·납부 등과 법령에 따른 허가·승인 또는 그 밖의 조건을 갖출 필요가 있는 물품의 증명 및 확인신청 등(전자신고 등)을 하게 할 수 있다(법 제327조 제2항).

② 세관장은 관세청장이 정하는 바에 따라 관세정보시스템 또는 정보통신망 이용촉진 및 정보보호 등에 관한 법률 제2조 제1항 제1호에 따른 정보통신망으로서 이 법에 따른 송달을 위하여 관세정보시스템과 연계된 정보통신망을 이용하여 전자신고 등의 승인·허가·수리 등에 대한 교부·통지·통고 등을 할 수 있다(법 제327조 제3항).

③ 전자송달은 대통령령으로 정하는 바에 따라 송달을 받아야 할 자가 신청하는 경우에만 한다(법 제327조 제6항). 이에도 불구하고 관세정보시스템 또는 연계정보통신망의 전산처리설비의 장애로 전자송달이 불가능한 경우, 그 밖에 대통령령으로 정하는 사유가 있는 경우에는 교부·인편 또는 우편의 방법으로 송달할 수 있다(법 제327조 제7항). 여기에서 대통령령으로 정하는 사유란 다음 각 호의 어느 하나에 해당하는 경우를 말한다(영 제285조의2 제2항).

> 1. 정전, 프로그램의 오류 그 밖의 부득이한 사유로 인하여 금융기관 또는 체신관서의 전산처리장치의 가동이 정지된 경우
> 2. 전자송달을 받으려는 자의 법 제327조 제1항에 따른 국가관세종합정보시스템 또는 같은 조 제3항에 따른 연계정보통신망 이용권한이 정지된 경우
> 3. 그 밖의 전자송달이 불가능한 경우로서 관세청장이 정하는 경우

11 관세법상 국가관세종합정보시스템에 관한 설명으로 옳지 않은 것은?

2009 국가직 7급

① 구축 목적의 하나는 전자통관의 편의 증진이다.

② 전산처리설비와 데이터베이스에 관한 것으로서 관세청장이 구축·운영할 수 있다.

③ 전자신고 등은 소정의 전산처리설비에 입력된 때에 세관에 접수된 것으로 본다.

④ 전자송달은 송달을 받아야 할 자가 신청하는 경우에 한하여 이를 행한다.

▌관련 법조문: 법 제327조   답 ③

이행된 전자신고 등은 관세청장이 정하는 관세정보시스템의 전산처리설비에 '저장된 때'에 세관에 접수된 것으로 보고, 전자송달은 송달받을 자가 지정한 전자우편주소나 관세정보시스템의 전자사서함 또는 연계정보통신망의 전자고지함(연계정보통신망의 이용자가 접속하여 본인에게 송달된 고지내용을 확인할 수 있는 곳을 말한다)에 고지내용이 '저장된 때'에 그 송달을 받아야 할 자에게 도달된 것으로 본다.

---

12 전자문서중계사업자 지정기준에 관한 설명으로 옳지 않은 것은?

2009 관세사

① 전자문서를 변환·처리·전송 및 보관할 수 있는 소프트웨어를 자기사업장에 설치하고 해당 설비에 대한 정당한 사용권을 가질 것

② 국가기술자격법에 의한 정보처리 또는 통신 분야의 기술사 이상의 자격이 있는 자 2인 이상일 것

③ 전자문서중계사업을 위한 표준전자문서의 개발 또는 전자문서중계방식과 관련한 기술 분야의 근무경력이 2년 이상인 자 2인 이상일 것

④ 전자문서와 데이터베이스의 보안관리를 위한 전문요원 1인 이상일 것

⑤ 관세사법에 의한 관세사 자격이 있는 자 1인 이상일 것

▌관련 법조문: 영 제285조의4, 규칙 제84조, 제85조   답 ②

전자문서중계사업자 지정기준은 다음과 같다(규칙 제85조).

1. 전자문서중계사업에 필요한 다음 각 목의 설비를 자기 사업장에 설치하고 당해 설비에 대한 정당한 사용권을 가질 것
   가. 전자문서중계사업을 안정적으로 수행할 수 있는 충분한 속도 및 용량의 전산설비
   나. 전자문서를 변환·처리·전송 및 보관할 수 있는 소프트웨어
   다. 전자문서를 전달하고자 하는 자의 전산처리설비로부터 관세청의 전산처리설비까지 전자문서를 안전하게 전송할 수 있는 통신설비 및 통신망
   라. 전자문서의 변환·처리·전송·보관, 데이터베이스의 안전한 운영과 보안을 위한 전산설비 및 소프트웨어
2. 전자문서중계사업에 필요한 다음 각 목의 기술인력을 보유할 것
   가. 국가기술자격법에 의한 정보처리 또는 통신 분야의 기술사 이상의 자격이 있는 자 '1인' 이상
   나. 전자문서중계사업을 위한 표준전자문서의 개발 또는 전자문서중계방식과 관련한 기술 분야의 근무경력이 2년 이상인 자 2인 이상
   다. 전자문서와 데이터베이스의 보안관리를 위한 전문요원 1인 이상
   라. 관세사법에 의한 관세사 자격이 있는 자 1인 이상

13 관세법령상 전자문서중계사업자 지정기준의 설비로 옳은 것만을 모두 고르면?

□□□

> ㉠ 전자문서중계사업을 안정적으로 수행할 수 있는 충분한 속도 및 용량의 전산설비
> ㉡ 전자문서를 변환·처리·전송 및 보관할 수 있는 소프트웨어
> ㉢ 전자문서를 전달하고자 하는 자의 전산처리설비로부터 관세청의 전산처리설비까지 전자문서를 안전하게 전송할 수 있는 통신설비 및 통신망
> ㉣ 전자문서의 변환·처리·전송·보관, 데이터베이스의 안전한 운영과 보안을 위한 전산설비 및 소프트웨어

① ㉠, ㉡
② ㉠, ㉢
③ ㉠, ㉡, ㉢
④ ㉠, ㉡, ㉢, ㉣

| 관련 법조문: 영 제285조의4, 규칙 제85조 답 ④

전자문서중계사업에 필요한 ㉠㉡㉢㉣의 설비를 자기 사업장에 설치하고 당해 설비에 대한 정당한 사용권을 가질 때 전자문서중계사업자로 지정될 수 있다.

14 다음 중 관세법에 의해 관세청장이 과징금을 부과할 수 있는 사람은?

□□□

① 관세사
② 전자신고 등의 업무수행과 관련하여 관세청장이 지정한 전자문서중계사업자
③ 수출입을 업으로 하는 자
④ 국제무역선에 물품을 하역하는 것을 업으로 하는 자
⑤ 이상 모두

| 관련 법조문: 법 제224조, 제327조의3 답 ②

과징금 부과대상은 ㉠ 특허보세구역 운영인, ㉡ 보세운송업자 등(국제무역선에 물품을 하역하는 것을 업으로 하는 자 포함), ㉢ 전자문서 중계사업자이다. 이 중 '관세청장'이 과징금을 부과할 수 있는 경우는 전자문서중계사업자에게 과징금을 부과하는 경우이다.

15 다음 중 세관장이 '청문'을 실시하지 않고 할 수 있는 처분은?

□□□

① 관세법 제164조 제6항에 따른 자율관리보세구역의 지정취소
② 관세법 제167조에 따른 지정보세구역 지정의 취소
③ 관세법 제178조 제2항에 따른 특허보세구역운영인의 특허취소
④ 관세법 제204조 제2항에 따른 종합보세기능의 수행중지
⑤ 관세법 제159조 제2항에 따른 해체·절단 작업 허가의 취소

세관장은 다음 각 호의 어느 하나에 해당하는 처분을 하려면 청문을 하여야 한다.

1. 법 제164조 제6항에 따른 자율관리보세구역 지정의 취소
2. 법 제165조 제4항에 따른 보세사 등록의 취소 및 업무정지
3. 법 제167조에 따른 지정보세구역 지정의 취소
4. 법 제172조 제6항에 따른 화물관리인 지정의 취소
5. 법 제178조 제1항 및 제2항(특허보세구역)에 따른 물품반입 등의 정지 및 운영인 특허의 취소
6. 법 제204조 제1항에 따른 종합보세구역 지정의 취소
7. 법 제204조 제2항에 따른 종합보세기능의 수행 중지
7의2. 제204조 제3항에 따른 종합보세사업장의 폐쇄
8. 법 제224조에 따른 보세운송업자 등의 등록 취소 및 업무정지
9. 법 제255조의5에 따른 수출입안전관리우수업체 공인의 취소
10. 법 제327조의3 제3항에 따른 전자문서중계사업자 지정의 취소 및 사업·업무의 전부 또는 일부의 정지

16 관세법상 세관장이 해당 처분을 하고자 할 때 청문절차가 반드시 필요한 경우에 해당하지 않는 것은?

2017 국가직 9급(하반기)

① 관세환급금 지급 결정의 취소
② 자율관리보세구역 지정의 취소
③ 수출입 안전관리 우수업체 공인의 취소
④ 보세사의 등록의 취소 및 업무정지

'관세환급금 지급 결정의 취소'는 관세법상 세관장이 청문을 하여야 하는 경우에 포함되지 않는다.

> **명호쌤의 한마디**
>
> 관세법상 청문의 사유인 것과 '아닌 것'을 구분해야 한다.
>
> | 청문의 사유인 것 | 청문의 사유가 아닌 것 |
> | --- | --- |
> | 1. 지정 취소, 등록 취소, 특허 취소, 공인 취소
2. 업무 정지(물품반입 등 정지, 종합보세기능 수행 중지, 사업·업무의 전부 또는 일부 정지)
3. 종합보세사업장 폐쇄 | 허가 취소 (×)
승인 취소 (×)
결정 취소 (×) |

17 관세법상 권한의 위임 및 위탁에 관한 설명 중 잘못된 것은?

2002 관세사

① 관세청장은 품목분류의 사전심사에 관한 권한을 관세평가분류원장에게 위임할 수 있다.
② 세관장은 장치기간이 지난 물품에 대한 수출, 수입, 반송 통고의 권한을 자가용 보세구역의 운영인에게 위탁한다.
③ 세관장은 보세운송의 도착보고의 수리에 관한 권한을 보세구역의 운영인 또는 화물관리인에게 위탁한다.
④ 세관장은 보세사의 등록에 관한 권한을 민법 제32조에 따라 설립된 사단법인 중 관세청장이 지정하여 고시하는 법인의 장에게 위탁한다.
⑤ 관세청장은 관세범 검거에 따른 포상에 관한 권한을 세관장에게 위임할 수 있다.

답 ②

세관장은 장치기간이 지난 물품에 대한 수출, 수입, 반송 통고(자가용 보세구역에서의 통고를 제외한다)의 권한을 보세구역의 운영인 또는 화물관리인에게 위탁한다(영 제288조 제5항).

18 관세법령상 내용으로 옳은 것은?   2018 국가직 7급

① 적재화물목록에 관한 자료의 보관기간은 당해 신고에 대한 수리일부터 3년이다.
② 보세운송업자 등록의 유효기간은 3년으로 하되, 기획재정부령으로 정하는 바에 따라 갱신할 수 있다. 다만, 관세청장이나 세관장은 안전관리기준의 준수 정도 측정·평가 결과가 우수한 자가 등록을 갱신하는 경우에는 유효기간을 2년의 범위에서 연장하여 정할 수 있다.
③ 관세청장은 수출입 안전관리 우수 공인업체 심사에 관한 권한을 세관장 또는 관세평가분류원장에게 위임할 수 있다.
④ 국제무역선이나 국제무역기가 국제항을 출항하려면 선장이나 기장은 출항하기 전에 세관장에게 출항신고를 하여야 한다.

답 ③

관세청장은 법 제329조(권한 또는 업무의 위임·위탁) 제1항에 따라 법 제255조의2(수출입 안전관리 우수업체의 공인) 제2항 및 제3항에 따른 수출입안전관리우수업체의 심사 및 예비심사에 관한 권한을 세관장 또는 관세평가분류원장에게 위임한다(영 제288조 제4항).

☑ 선지분석

① 적재화물목록에 관한 자료의 보관기간은 당해 신고에 대한 수리일부터 '2년'이다(영 제3조 제1항 제3호 나목).
② 보세운송업자 등록의 유효기간은 3년으로 하되, '대통령령'으로 정하는 바에 따라 갱신할 수 있다. 다만, 관세청장이나 세관장은 안전관리기준의 준수 정도 측정·평가 결과가 우수한 자가 등록을 갱신하는 경우에는 유효기간을 2년의 범위에서 연장하여 정할 수 있다(법 제222조 제5항).
④ 국제무역선이나 국제무역기가 국제항을 출항하려면 선장이나 기장은 출항하기 전에 세관장에게 '출항허가를 받아야 한다'(법 제136조 제1항).

2 관세 이론 등 기타

19 실효보호율에 대한 다음의 설명 중 틀린 것은?   2004 국가직 9급

① 생산측면의 관세이론이다.
② 최종완제품의 세율이 투입재의 세율보다 낮은 경우 실효보호율이 높다.
③ 완제품에 대하여 고세율을 적용하는 것이 바람직한 관세정책이다.
④ 투입재에 대한 이론적 고찰이다.

답 ②

최종완제품의 세율이 낮고, 투입재(수입원료)의 세율이 높은 경우 국내생산자 입장에서 보면, 경쟁상품(수입상품)의 수입원가가 낮아지고 생산자가 사용하여야 원료의 수입원가는 높아지는 것이므로 불리해지는 상황이다. 즉, 이런 경우 실효보호율이 낮아진다.

20
☐☐☐

A상품 1단위의 완제품 가격이 200달러이고, 그에 대한 관세율이 20%, A상품의 원료인 B상품의 가격은 100달러, 그에 대한 관세율이 10%일 때, A상품의 실효보호관세율은 얼마나 되는가?
2002 관세사

① 10%   ② 15%
③ 20%   ④ 25%
⑤ 30%

┃ 관련 법조문: 없음   답 ⑤

실효보호율 = {(완제품가격 × 완제품관세율) − (투입재가격 × 투입재관세율)} / (완제품가격 − 투입재가격) = (200 × 20% − 100 × 10%) / (200 − 100) = 30%

21
☐☐☐

관세의 실효보호율에 대한 설명으로 옳지 않은 것은?
2010 국가직 7급

① 특정상품이 관세부과로 인하여 실질적으로 보호를 받는 정도를 나타내는 지표이다.
② 최종재의 명목관세율보다 높거나 낮지만 때로는 동일할 수도 있다.
③ 최종재에 대한 관세율이 낮고 원자재나 중간재에 대한 관세율이 높을수록 관세의 실효보호율은 높아진다.
④ 최종재의 관세율이 중간투입계수에 중간재의 관세율을 곱한 것보다 작다면 실효보호율은 마이너스가 된다.

┃ 관련 법조문: 없음   답 ③

최종재에 대한 관세율이 '높고', 원자재나 중간재에 대한 관세율이 '낮을수록' 관세의 실효보호율은 높아진다.

22
☐☐☐

종량세와 비교할 때 종가세의 특징과 거리가 먼 것은?
2008 국가직 9급

① 과세방법이 비교적 간단하다.
② 우리나라 관세율표에는 종가세 품목이 더 많다.
③ 관세의 부담이 수입물품의 가격에 비례하므로 공평한 편이다.
④ 인플레이션하에서 적합한 과세방법이다.

┃ 관련 법조문: 없음   답 ①

종가세로 과세하기 위해서는 '관세평가'를 하여야 한다. 즉, 과세방법이 복잡하다.

23 종량세와 종가세에 대한 설명 중 옳지 <u>않은</u> 것은?

2002 국가직 9급

① 종량세가 저가품에 대한 국내산업의 보호기능이 강하다.

② 해당 수입물품의 가격이 낮은 경우 종가세를, 높은 경우에는 종량세를 적용하는 것이 일반적이다.

③ 종가세는 시장가격의 등락에 불구하고 과세부담의 균형을 유지할 수 있다.

④ 관세법 제49조(세율의 종류) 제3호에 따른 세율을 적용할 때 관세법 별표 관세율표 중 종량세인 경우에는 해당 세율에 상당하는 금액을 적용한다.

| **관련 법조문: 법 제50조** | 답 ② |

수입물품이 가격이 낮은 경우 가격과 세액이 무관한 '종량세'를, 수입물품의 가격이 높은 경우 가격에 따라 부과하는 '종가세'를 적용하는 것이 (정부 입장에서 유리하므로) 이런 방식을 일반적으로 적용한다.

---

24 종가세에 대한 설명으로 옳지 <u>않은</u> 것은?

2014 국가직 7급

① 관세 부담이 수입물품 가격에 비례하므로 종량세보다 공평하게 적용할 수 있다.

② 동일한 수입물품의 수출국이 다른 경우에도 그 물품의 단위 수입량에 대한 관세금액이 일정하다.

③ 가격변동이 심하거나 인플레이션이 발생하는 경우에 적합한 과세방법이다.

④ 국내시장에서 수입물품의 수량에 대해 가격을 표시한 수입 물품의 공급곡선은 종가세 부과로 인해 위로 이동한다. 이러한 수입물품 공급곡선의 상향 이동폭은 수입물품 가격이 높을수록 보다 확대된다.

| **관련 법조문: 없음** | 답 ② |

동일한 수입물품의 수출국이 같거나 다르거나 종가세로 계산하는 경우, 해당 물품의 관세율에 따라 관세액은 동일하다. 그러나 '단위 수입량에 대한 관세금액'이 일정한 것은 아니다. 수량에 따라 관세금액이 정해지는 관세 부과 방식은 '종량세'이다.

✅ 선지분석

① 관세 부담에서 '공평'하다는 것은 돈 많이 버는 사람이 세금도 많이 내는 개념이 아니다. 관세 부담에서의 '공평'은 가격이 높을 때 세금(관세)도 많아지면 공평하다고 한다. 종가세가 가격에 비례하는 관세이므로 '공평'한 것이다.

③ 가격변동이 심하거나 인플레이션이 발생하는 경우, 가격에 비례하여 관세액이 자동적으로 조정되므로 '적합'하다고 하겠다.

④ 국내시장의 가격이 높을수록 외국의 수출자들이 우리나라의 시장을 매력적으로 느낄 것이므로, 국내시장 가격과 수입물품 공급량은 우상향 직선의 모양으로 나타난다. 여기에 관세가 부과되면 그 관세만큼 국내시장 가격이 변하게 된다(가격′ → 가격″). 이때 변화폭은 종가세로 관세액을 계산하는 경우 '가격 × 관세율(t)'이므로 결국 가격이 높을수록 변화폭도 커지게 된다(= 수입물품 공급곡선의 상향 이동폭은 수입물품 가격이 높을수록 보다 확대된다).

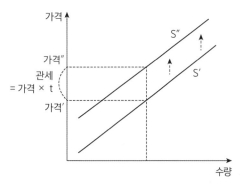

25 관세율표상 기본세율이 아래 밑줄 친 부분에 해당되는 품목은? 2009 국가직 9급

□□□

> 대통령령 또는 기획재정부령으로 정하는 세율을 적용함에 있어서 별표 관세율표 중 종량세인 경우에는 <u>해당 세율</u>에 상당하는 금액을 적용한다.

① 밀가루
② 견직물
③ 포도주와 포도즙
④ 노광하여 현상한 영화용 필름

▌ 관련 법조문: 법 제50조, 관세율표   답 ④

종량세 품목에는 ㉠ 일부 농산물, ㉡ 촬영된 영화용 필름, 녹화된 비디오 테잎이 있다.

26 다음 설명 중 옳지 않은 것은? 2003 관세사

□□□

① 종가세는 수입물품의 가격을 관세액 산정의 기초로 하는 것으로서 '물품가격 × 관세율 = 관세액'으로 세액이 결정된다.
② 종량세는 과세표준을 수입물품의 수량, 즉 상품의 개수, 부피, 중량, 치수 등으로 한다.
③ 우리나라의 종량세 품목은 영화용 필름(HS 3706.10-6010)과 레코드플레이어(HS 8519. 10-0000)이다.
④ 한 품목에 대하여 종가세율과 종량세액을 동시에 정하여 놓고 그중 높게 산출되는 세액(또는 낮게 산출되는 세액)을 선택하여 부과하는 관세를 선택세라 한다.
⑤ 복합세란 한 품목에 대하여 종가세와 종량세를 동시에 정하여 놓고 이것을 합계하여 부과하는 관세를 말한다.

▌ 관련 법조문: 법 제15조, 관세율표   답 ③

영화용 필름은 종량세 품목이지만, 레코드 플레이어는 종가세 품목이다.

27 현행 관세법이나 관세법 시행령에 규정된 각종 위원회를 설명하는 것으로 옳지 않은 것은? 2007 국가직 7급

□□□

① 보세사징계위원회는 위원장 1명을 포함하여 5명 이상 10명 이하의 위원으로 구성한다.
② 관세품목분류위원회는 위원장 1인과 10인 이상 15인 이하의 위원으로 구성한다.
③ 관세체납정리위원회는 위원장 1인을 포함한 5인 이상 7인 이내의 위원으로 구성되며, 세관장이 그 위원장이 된다.
④ 수출입안전관리우수업체 심의위원회는 관세청에 두며, 위원장 1명을 포함하여 20명 이상 30명 이내의 위원으로 구성한다.

▌ 관련 법조문: 영 제42조, 제100조, 제185조의3, 제259조의7   답 ②

관세품목분류위원회는 위원장 1명과 30명 이상 40명 이하의 위원으로 구성한다(영 제100조 제1항).

28
☐☐☐

관세법상 관세품목분류위원회에 관한 설명으로 옳지 않은 것은?

① 관세품목분류위원회는 위원장 1명과 30명 이상 40명 이하의 위원으로 구성한다.

② 관세품목분류위원회의 위원장은 관세청 차장 또는 고위공무원단에 속하는 특수직 공무원으로서 관세청장이 지정하는 자가 된다.

③ 관세청장은 회의의 원활한 운영을 위하여 품목분류와 관련된 기술적인 사항 등에 대한 의견을 듣기 위하여 관련 학계·연구기관 또는 협회 등에서 활동하는 자를 기술자문위원으로 위촉할 수 있다.

④ 관세품목분류위원회의 회의는 위원장과 위원장이 매 회의마다 지정하는 14명 이상 16명 이하의 위원으로 구성한다.

⑤ 관세품목분류위원회는 관세법 제86조(특정물품에 적용될 품목분류의 사전심사)에 따른 특정물품에 적용될 품목분류의 사전심사 및 재심사에 관한 사항을 심의한다.

▌관련 법조문: 법 제85조, 영 제100조, 제101조   답 ②

관세품목분류위원회의 위원장은 관세의 '3급 공무원' 또는 고위공무원단에 속하는 '일반직공무원'으로서 관세청장이 지정하는 자가 된다(영 제100조 제2항).

⊘ 선지분석

① 영 제100조(관세품목분류위원회의 구성 등) 제1항
③ 영 제100조(관세품목분류위원회의 구성 등) 제6항
④ 영 제101조(관세품목분류위원회의 회의) 제2항
⑤ 법 제85조(품목분류의 적용기준 등) 제2항

29 관세법령상 관세품목분류위원회에 관한 내용으로 옳지 않은 것은? 2020 관세사

① 위원회의 위원장은 관세청의 3급 공무원 또는 고위공무원단에 속하는 일반직공무원으로서 관세청장이 지정하는 자가 된다.
② 관세청장은 위원회의 위원이 심신장애로 인하여 직무를 수행할 수 없게 된 경우에는 해당 위원을 해임 또는 해촉할 수 있다.
③ 위원회의 위원장이 직무를 수행하지 못하는 부득이한 사정이 있는 때에는 위원장이 지명하는 위원이 그 직무를 대행한다.
④ 위원회의 위원장은 회의의 원활한 운영을 위하여 품목분류와 관련된 기술적인 사항 등에 대한 의견을 듣기 위하여 관련 학계에서 활동하는 자를 기술자문위원으로 위촉한다.
⑤ 위원회의 위원이 해당 안건 당사자의 대리인이거나 최근 5년 이내에 대리인이었던 경우에는 심의·의결에서 제척된다.

관련 법조문: 영 제100조　　　　　　　　　　　　　　　　　　　　　　　　　　답 ④

'관세청장'은 회의의 원활한 운영을 위하여 품목분류와 관련된 기술적인 사항 등에 대한 의견을 듣기 위하여 관련 학계·연구기관 또는 협회 등에서 활동하는 자를 기술자문위원으로 위촉할 수 있다(영 제100조 제8항).

---

30 관세법령상 관세청장이 관세품목분류위원회의 위원을 해임 또는 해촉할 수 있는 사유가 아닌 것은? 2024 관세사

① 심신장애로 인하여 직무를 수행할 수 없게 된 경우
② 직무와 관련된 비위사실이 있는 경우
③ 위원 스스로 직무를 수행하는 것이 곤란하다고 의사를 밝히는 경우
④ 직무태만, 품위손상이나 그 밖의 사유로 인하여 위원으로 적합하지 아니하다고 인정되는 경우
⑤ 위원이 해당 안건 당사자의 대리인이어서 그 심의·의결에서 회피한 경우

관련 법조문: 영 제100조　　　　　　　　　　　　　　　　　　　　　　　　　　답 ⑤

세청장은 관세품목분류위원회의 위원이 다음 각 호의 어느 하나에 해당하는 경우에는 해당 위원을 해임 또는 해촉할 수 있다(영 제100조 제4항).

1. 심신장애로 인하여 직무를 수행할 수 없게 된 경우
2. 직무와 관련된 비위사실이 있는 경우
3. 직무태만, 품위손상이나 그 밖의 사유로 인하여 위원으로 적합하지 아니하다고 인정되는 경우
4. 위원 스스로 직무를 수행하는 것이 곤란하다고 의사를 밝히는 경우
5. 제101조의2 제1항 각 호의 어느 하나에 해당함에도 불구하고 회피하지 아니한 경우

31 관세법령상 내용으로 옳지 않은 것은?

① 관세품목분류위원회는 위원장 1인과 10인 이상 20인 이하의 위원으로 구성한다.

② 즉시 반출신고를 하고 반출을 하는 자는 즉시 반출신고를 한 날부터 10일 이내에 관세법 제241조에 따른 수입신고를 하여야 한다.

③ 세관장은 담보를 제공한 납세의무자가 그 납부기한까지 해당 관세를 납부하지 아니하면 기획재정부령으로 정하는 바에 따라 그 담보를 해당 관세에 충당할 수 있다.

④ 세관장은 법령에 따라 원산지를 표시하여야 하는 물품의 원산지 표시가 법령에서 정하는 기준과 방법에 부합되지 아니하게 표시된 경우에는 해당 물품의 통관을 허용하여서는 아니 된다. 다만, 그 위반사항이 경미한 경우에는 이를 보완·정정하도록 한 후 통관을 허용할 수 있다.

> **관련 법조문: 법 제25조, 제230조, 제253조, 영 제100조**   답 ①

관세품목분류위원회는 위원장 1명과 30명 이상 40명 이하의 위원으로 구성한다. 관세품목분류위원회의 위원장은 관세청의 3급 공무원 또는 고위공무원단에 속하는 일반직공무원으로서 관세청장이 지정하는 자가 되고, 위원은 다음의 어느 하나에 해당하는 자 중에서 관세청장이 임명 또는 위촉한다.

> 1. 관세청소속 공무원
> 2. 관계 중앙행정기관의 공무원
> 3. 시민단체(비영리민간단체 지원법 제2조의 규정에 의한 비영리민간단체를 말한다)에서 추천한 자
> 4. 기타 상품학에 관한 지식이 풍부한 자

32 관세법상의 위원회에 대한 설명으로 옳지 않은 것은?

① 관세의 체납처리에 관한 사항을 심의하기 위하여 관세체납정리위원회를 둘 수 있다.

② 품목분류의 적용기준을 심의하고 특정 물품에 적용될 품목분류의 사전심사 등을 위하여 관세품목분류위원회를 둔다.

③ 관세청장에게 제기된 과세전적부심사 청구를 심의하기 위하여 관세심사위원회를 둔다.

④ 관세의 부과, 징수, 통관 등의 정보를 심의하기 위하여 관세정보위원회를 둔다.

> **관련 법조문: 법 제45조, 제85조, 제116조의2, 영 제144조의7**   답 ④

관세정보위원회는 체납자의 인적사항과 체납액 등에 대한 공개 여부를 심의 또는 재심의하고 법 제116조의4 제1항 제3호에 따른 체납자에 대한 감치 필요성 여부를 의결하기 위하여 관세청에 두는 위원회이다.

33 관세법의 내용으로 옳지 않은 것은?

① 세관장은 관세정보위원회의 심의를 거친 공개대상 예정자에게 체납자 명단 공개대상예정자임을 통지하여 소명할 기회를 주어야 한다.

② 납세의무자가 관세청장이 정하는 사유로 과세가격이나 관세율 등을 결정하기 곤란하여 부과고지를 요청하는 경우에는 관세법 제38조에도 불구하고 세관장이 관세를 부과·징수한다.

③ 국제무역선이 국제항의 바깥에서 물품을 하역하거나 환적하려는 경우에는 선장은 세관장의 허가를 받아야 한다.

④ 관세의 분할납부를 승인받은 법인이 해산한 경우에는 그 청산인이 관세를 납부하여야 한다.

| 관련 법조문: 법 제39조, 제107조, 제116조의2, 제142조   답 ①

'관세청장'은 관세정보위원회의 심의를 거친 공개대상예정자에게 체납자 명단공개대상 예정자임을 통지하여 소명할 기회를 주어야 한다.

34 관세법령상의 각종 위원회에 대한 설명으로 옳지 않은 것은?

① 특정물품에 적용될 품목분류의 사전심사 및 재심사 등을 심의하기 위하여 관세청에 관세품목분류위원회를 둔다.

② 고액·상습체납자의 인적사항과 체납액 등에 대한 공개 여부를 심의 또는 재심의하고 체납자에 대한 감치 필요성 여부를 의결하기 위하여 관세청에 관세정보위원회를 둔다.

③ 관세(세관장이 징수하는 내국세등을 포함한다)의 체납정리에 관한 사항을 심의하기 위하여 관세청에 관세체납정리위원회를 둔다.

④ 관세범칙조사심의위원회는 위원장 1명을 포함하여 20명 이내의 위원으로 성별을 고려하여 구성한다.

| 관련 법조문: 법 제45조, 제85조, 제116조의2, 제284조의2   답 ③

관세(세관장이 징수하는 내국세등을 포함한다)의 체납정리에 관한 사항을 심의하기 위하여 '세관'에 관세체납정리위원회를 둘 수 있다(법 제45조 제1항).

✅ 선지분석

① 법 제85조(품목분류의 적용기준 등) 제2항
② 법 제116조의2(고액·상습체납자 등의 명단 공개) 제2항
④ 법 제284조의2(관세범칙조사심의위원회) 제2항

35 관세법령상 관세체납정리위원회의 구성에 관한 설명으로 옳지 않은 것은?

① 관세체납정리위원회의 위원장은 세관장이 된다.
② 관세체납정리위원회는 위원장 1인을 포함한 5인 이상 7인 이내의 위원으로 구성한다.
③ 관세체납정리위원회의 모든 위원의 임기는 3년으로 한다.
④ 관세체납정리위원회는 세관에 둔다.
⑤ 관세체납정리위원회의 위원은 세관장이 임명 또는 위촉한다.

▌ **관련 법조문: 법 제45조, 영 제42조**　　　　　　　　　　　　　　　　답 ③

관세체납정리위원회의 민간위원의 임기는 2년으로 한다. '모든 위원'의 임기가 규정된 것이 아니며, 3년이 아니라 '2년'이다.

> **영 제42조(관세체납정리위원회의 구성)** ① 법 제45조의 규정에 의하여 세관에 관세체납정리위원회(이하 '관세체납정리위원회'라 한다)를 둔다. ⇨ ④
> ② 관세체납정리위원회는 위원장 1인을 포함한 5인 이상 7인 이내의 위원으로 구성한다. ⇨ ②
> ③ 관세체납정리위원회의 위원장은 세관장이 되며, 위원은 다음 각 호의 자 중에서 세관장이 임명 또는 위촉한다.
> 　⇨ ①, ⑤
> 1. 세관공무원
> 2. 변호사 · 관세사 · 공인회계사 · 세무사
> 3. 상공계의 대표
> 4. 기획재정에 관한 학식과 경험이 풍부한 자
> ④ 제3항 제2호부터 제4호까지의 규정에 해당하는 위원의 임기는 2년으로 하되, 한번만 연임할 수 있다. 다만, 보궐위원의 임기는 전임위원 임기의 남은 기간으로 한다. ⇨ ③

36 관세법령상 관세체납정리위원회에 관한 설명으로 옳지 않은 것은?

① 관세체납정리위원회 보궐위원의 임기는 전임위원 임기의 남은 기간으로 한다.
② 관세체납정리위원회는 위원장 1인을 포함한 6인 이상 8인 이내의 위원으로 구성한다.
③ 관세체납정리위원회의 위원장은 당해 위원회에서 의결된 사항을 관세청장에게 통보하여야 한다.
④ 세관장은 관세체납정리위원회의 위원이 관할 구역 내에 거주하지 아니하게 된 경우에는 해당 위원을 해임 또는 해촉할 수 있다.
⑤ 관세체납정리위원회의 회의의 의사는 위원장을 포함한 재적위원 과반수의 출석으로 개의하고 출석위원 과반수의 찬성으로 의결한다.

▌ **관련 법조문: 영 제42조, 제43조, 제45조, 제48조**　　　　　　　　　답 ②

관세체납정리위원회는 위원장 1인을 포함한 '5인 이상 7인 이내'의 위원으로 구성한다(영 제42조 제2항).

✅ **선지분석**

① 관세체납정리위원회 민간위원의 임기는 2년으로 하되, 한번만 연임할 수 있다. 다만, 보궐위원의 임기는 전임위원 임기의 남은 기간으로 한다(영 제42조 제4항).
③ 영 제48조(의결사항의 통보)
④ 영 제43조(관세체납정리위원회의 구성) 제7호
⑤ 영 제45조(관세체납정리위원회의 회의) 제2항

□□□
① 세관장은 관세체납정리위원회의 위원이 관할 구역 내에 거주하지 아니하게 된 경우에는 해당 위원을 해임 또는 해촉할 수 있다.
② 관세체납정리위원회의 위원이 해당 안건 당사자의 대리인이거나 최근 10년 이내에 대리인이었던 경우에는 심의에서 제척된다.
③ 관세체납정리위원회의 회의의 의사는 위원장을 포함한 재적위원 과반수의 출석으로 개의하고 출석위원 과반수의 찬성으로 의결한다.
④ 관세체납정리위원회의 위원장은 당해 위원회에서 의결된 사항을 관세청장에게 통보하여야 한다.

> **관련 법조문: 영 제43조, 제45조, 제45조의2, 제48조** 답 ②

관세체납정리위원회의 위원이 다음 각 호의 어느 하나에 해당하는 경우에는 심의·의결에서 제척된다(영 제45조의2 제1항).

1. 위원이 해당 안건의 당사자(당사자가 법인·단체 등인 경우에는 그 임원을 포함한다. 이하 이 항에서 같다)이거나 해당 안건에 관하여 직접적인 이해관계가 있는 경우
2. 위원의 배우자, 4촌 이내의 혈족 및 2촌 이내의 인척의 관계에 있는 사람이 해당 안건의 당사자이거나 해당 안건에 관하여 직접적인 이해관계가 있는 경우
3. <u>위원이 해당 안건 당사자의 대리인이거나 최근 5년 이내에 대리인이었던 경우</u>
4. 위원이 해당 안건 당사자의 대리인이거나 최근 5년 이내에 대리인이었던 법인·단체 등에 현재 속하고 있거나 속하였던 경우
5. 위원이 최근 5년 이내에 해당 안건 당사자의 자문·고문에 응하였거나 해당 안건 당사자와 연구·용역 등의 업무 수행에 동업 또는 그 밖의 형태로 직접 해당 안건 당사자의 업무에 관여를 하였던 경우
6. 위원이 최근 5년 이내에 해당 안건 당사자의 자문·고문에 응하였거나 해당 안건 당사자와 연구·용역 등의 업무 수행에 동업 또는 그 밖의 형태로 직접 해당 안건 당사자의 업무에 관여를 하였던 법인·단체 등에 현재 속하고 있거나 속하였던 경우

✓ **선지분석**

① 세관장은 관세체납정리위원회의 위원이 다음 각 호의 어느 하나에 해당하는 경우에는 해당 위원을 해임 또는 해촉(解囑)할 수 있다(영 제43조).

1. 심신장애로 인하여 직무를 수행할 수 없게 된 경우
2. 직무와 관련된 비위사실이 있는 경우
3. 직무태만, 품위손상이나 그 밖의 사유로 인하여 위원으로 적합하지 아니하다고 인정되는 경우
4. 위원 스스로 직무를 수행하는 것이 곤란하다고 의사를 밝히는 경우
5. 제42조 제3항 제1호 및 제2호에 따른 신분을 상실한 경우
6. 제45조의2 제1항 각 호의 어느 하나에 해당함에도 불구하고 회피하지 아니한 경우
7. <u>관할 구역 내에 거주하지 아니하게 된 경우</u>
8. 관세 및 국세를 체납한 경우

③ 영 제45조(관세체납정리위원회의 회의) 제2항
④ 영 제48조(의결사항의 통보)

38 관세법령상 무역원활화위원회의 구성과 운영에 대한 설명으로 옳지 않은 것은? 2018 국가직 9급

① 기획재정부장관이 위촉하는 위원은 관세사법에 따른 관세사회, 대한무역투자진흥공사법에 따른 대한무역투자진흥공사, 민법 제32조에 따라 산업통상자원부장관의 허가를 받아 설립된 한국무역협회 및 상공회의소법에 따른 대한상공회의소의 임원 중에서 그 소속기관의 장이 추천하는 사람으로 한다.

② 무역원활화위원회 회의를 소집하려면 회의 개최 7일 전까지 회의 일시·장소 및 안건을 각 위원에게 서면으로 알려야 한다. 다만, 긴급한 사정이 있는 경우에는 회의 개최 전날까지 구두로 알릴 수 있다.

③ 무역원활화위원회는 위원장 1명을 포함하여 20명 이내의 위원으로 구성하며 위원장은 기획재정부장관이 된다.

④ 무역원활화위원회의 사무를 처리하기 위하여 간사 1명을 두며, 간사는 기획재정부의 고위공무원단에 속하는 공무원 중에서 기획재정부장관이 지명하며, 위원회는 재적위원 과반수의 출석으로 개의하고, 출석위원 과반수의 찬성으로 의결한다.

▌관련 법조문: 영 제245조의2   답 ③

무역원활화위원회는 위원장 1명을 포함하여 20명 이내의 위원으로 구성한다(영 제245조의2 제2항). 위원회의 위원장은 '기획재정부차관'이 된다(영 제245조의2 제3항).

✅ 선지분석

① 위원회의 위원장은 기획재정부차관이 되고, 위원은 다음 각 호의 사람이 된다(영 제245조의2 제3항).

> 1. 무역원활화 관련 행정기관의 고위공무원단에 속하는 공무원 중에서 기획재정부장관이 임명하는 사람
> 2. 다음 각 목의 어느 하나에 해당하는 사람 중에서 기획재정부장관이 위촉하는 사람
>   가. 무역원활화 관계 기관 및 단체의 임직원
>   나. 무역원활화에 관한 학식과 경험이 풍부한 사람으로서 해당 업무에 2년 이상 종사한 사람

영 제245조의2 제3항 제2호 가목에 따라 기획재정부장관이 위촉하는 위원은 관세사법에 따른 관세사회, 대한무역투자진흥공사법에 따른 대한무역투자진흥공사, 민법 제32조에 따라 산업통상자원부장관의 허가를 받아 설립된 한국무역협회 및 상공회의소법에 따른 대한상공회의소의 임원 중에서 그 소속기관의 장이 추천하는 사람으로 한다(규칙 제77조의4).

② 무역원활화위원회의 회의를 소집하려면 회의 개최 7일 전까지 회의 일시·장소 및 안건을 각 위원에게 서면으로 알려야 한다. 다만, 긴급한 사정이나 그 밖의 부득이한 사유가 있는 경우에는 회의 개최 전날까지 구두로 알릴 수 있다(영 제245조의3 제3항).

④ 무역원활화위원회의 사무를 처리하기 위하여 간사 1명을 두며, 간사는 기획재정부의 고위공무원단에 속하는 공무원 중에서 기획재정부장관이 지명한다(영 제245조의2 제6항). 위원회는 재적위원 과반수의 출석으로 개의하고, 출석위원 과반수의 찬성으로 의결한다(영 제245조의3 제4항).

---

39 관세법 시행령상 무역원활화위원회에 대한 설명으로 옳은 것은? 2019 국가직 7급

① 무역원활화위원회는 위원장 1명을 포함하여 25명 이내의 위원으로 구성하며, 위원회의 위원장은 기획재정부장관이 된다.

② 무역원활화위원회의 사무를 처리하기 위하여 간사 1명을 두며, 간사는 기획재정부의 고위공무원단에 속하는 공무원 중에서 기획재정부차관이 지명한다.

③ 무역원활화위원회의 회의를 소집하려면 회의 개최 7일 전까지 회의 일시·장소 및 안건을 각 위원에게 서면으로 알려야 하지만, 긴급한 사정이 있는 경우에는 회의 개최 전날까지 구두로 알릴 수 있다.

④ 기획재정부차관은 무역원활화위원회의 위원에게 심신장애가 발생한 경우에는 해당 위원을 해임 또는 해촉할 수 있다.

위원회의 회의를 소집하려면 회의 개최 7일 전까지 회의 일시·장소 및 안건을 각 위원에게 서면으로 알려야 한다. 다만, 긴급한 사정이나 그 밖의 부득이한 사유가 있는 경우에는 회의 개최 전날까지 구두로 알릴 수 있다(영 제245조의3 제3항).

⊘ 선지분석

① 무역원활화위원회는 위원장 1명을 포함하여 '20명' 이내의 위원으로 구성하며(영 제245조의2 제2항), 위원회의 위원장은 '기획재정부차관'이 된다(영 제245조의2 제3항).
② 무역원활화위원회의 사무를 처리하기 위하여 간사 1명을 두며, 간사는 기획재정부의 고위공무원단에 속하는 공무원 중에서 '기획재정부장관'이 지명한다(영 제245조의2 제6항).
④ '기획재정부장관'은 무역원활화위원회의 위원에게 심신장애가 발생한 경우에는 해당 위원을 해임 또는 해촉할 수 있다(영 제245조의2 제5항).

40

관세법령상 본부세관에 두는 납세자보호위원회의 위원 구성에 관한 내용이다. (ㄱ), (ㄴ)에 들어갈 사항으로 옳은 것은?

2023 관세사

가. (ㄱ) 1명
나. 해당 본부세관의 5급 이상의 공무원 중 본부세관장이 임명하는 7명 이내의 사람
다. 관세청장이 정하는 일선세관(본부세관 외의 세관을 말한다. 이하 같다)의 5급 이상의 공무원 중 본부세관장이 임명하는 40명 이내의 사람(일선세관별 임명 위원은 5명 이내로 한다)
라. 관세·법률·재정 분야에 관한 전문적인 학식과 경험이 풍부한 사람으로서 (ㄴ)이 성별을 고려하여 위촉하는 32명 이내의 사람
마. 관세·법률·재정 분야에 관한 전문적인 학식과 경험이 풍부한 사람으로서 일선세관장이 성별을 고려하여 추천한 사람 중에서 본부세관장이 위촉하는 80명 이내의 사람(일선세관별 위촉 위원은 10명 이내로 한다)

	(ㄱ)	(ㄴ)
①	납세자보호관	본부세관장
②	납세자보호관	관세청장
③	납세자보호담당관	본부세관장
④	납세자보호담당관	관세청장
⑤	납세자보호담당관	기획재정부장관

납세자보호위원회는 위원장 1명을 포함하여 본부세관에 두는 위원회는 160명 이내의 위원, 관세청에 두는 위원회는 45명 이내의 위원으로 구성한다(영 제144조의3 제1항). 본부세관에 두는 위원회와 관세청에 두는 위원회의 위원 구성은 다음과 같다(영 제144조의3 제2항).

구분	위원
본부세관에 두는 위원회	가. 납세자보호담당관 1명 나. 해당 본부세관의 5급 이상의 공무원 중 본부세관장이 임명하는 7명 이내의 사람 다. 관세청장이 정하는 일선세관(본부세관 외의 세관을 말한다. 이하 같다)의 5급 이상의 공무원 중 본부세관장이 임명하는 40명 이내의 사람(일선세관별 임명 위원은 5명 이내로 한다) 라. 관세·법률·재정 분야에 관한 전문적인 학식과 경험이 풍부한 사람으로서 본부세관장이 성별을 고려하여 위촉하는 32명 이내의 사람 마. 관세·법률·재정 분야에 관한 전문적인 학식과 경험이 풍부한 사람으로서 일선세관장이 성별을 고려하여 추천한 사람 중에서 본부세관장이 위촉하는 80명 이내의 사람(일선세관별 위촉 위원은 10명 이내로 한다)
관세청에 두는 위원회	가. 납세자보호관 1명 나. 관세청의 3급 또는 고위공무원단에 속하는 공무원 중에서 관세청장이 임명하는 9명 이내의 사람 다. 관세·법률·재정 분야의 전문가 중에서 관세청장이 성별을 고려하여 위촉하는 22명 이내의 사람(기획재정부장관이 추천하여 위촉하는 7명 이내의 사람을 포함한다) 라. 관세사법 제21조에 따른 관세사회의 장이 추천하는 5년 이상 경력을 가진 관세사 중에서 관세청장이 위촉하는 사람 3명 마. 세무사법 제18조에 따른 한국세무사회의 장이 추천하는 5년 이상 경력을 가진 세무사 또는 공인회계사법 제41조에 따른 한국공인회계사회의 장이 추천하는 5년 이상의 경력을 가진 공인회계사 중에서 관세청장이 위촉하는 사람 3명 바. 변호사법에 따른 대한변호사협회의 장이 추천하는 5년 이상 경력을 가진 변호사 중에서 관세청장이 위촉하는 사람 3명 사. 비영리민간단체 지원법 제2조에 따른 비영리민간단체가 추천하는 5년 이상의 경력을 가진 관세·법률·재정 분야의 전문가 중에서 관세청장이 위촉하는 사람 4명

41 관세법령상 위원회의 구성에 대한 설명으로 옳지 않은 것은?

2024 국가직 9급

① 관세체납정리위원회는 세관에 두며, 위원장 1인을 포함한 5인 이상 7인 이내의 위원으로 구성한다.
② 관세품목분류위원회는 관세청에 두며, 위원장 1명과 30명 이상 40명 이하의 위원으로 구성한다.
③ 관세심사위원회는 본부세관과 일선세관의 납세자보호위원회에 두며, 본부세관 납세자보호위원회에 두는 경우 위원장 1명과 31명 이내의 위원으로 구성한다.
④ 보세사징계위원회는 세관에 두며, 위원장 1명을 포함하여 5명 이상 10명 이하의 위원으로 구성한다.

관련 법조문: 법 제85조, 영 제42조, 제100조, 제144조의6, 제185조의3   답 ③

관세심사위원회는 관세청과 본부세관의 납세자보호위원회에 두며, 관세청 납세자보호위원회에 두는 경우 위원장 1명을 포함하여 31명 이내의 위원으로 구성한다(영 제144조의6 제1항, 제2항).

> **영 제144조의6(관세심사위원회의 구성 등)** ① 다음 각 호의 구분에 따라 납세자보호위원회에 관세심사위원회를 둔다. 이 경우 제1호나목의 위원회는 관세청장이 정하는 바에 따라 본부세관에 둔다.
> 1. 본부세관 납세자보호위원회에 두는 관세심사위원회: 다음 각 목의 분과위원회
>   가. 본부세관분과 관세심사위원회: 1개
>   나. 일선세관분과 관세심사위원회: 8개 이내
> 2. 관세청 납세자보호위원회에 두는 관세심사위원회: 관세청 관세심사위원회 1개
> ② 관세심사위원회는 해당 위원회의 위원장(이하 이 조 및 제144조의7에서 "위원장"이라 한다) 1명을 포함하여 다음 각 호의 구분에 따른 위원으로 구성한다.
> 1. 본부세관 납세자보호위원회에 두는 관세심사위원회: 다음 각 목의 위원
>   가. 본부세관분과 관세심사위원회: 22명 이내의 위원
>   나. 일선세관분과 관세심사위원회: 15명 이내의 위원
> 2. 관세청 납세자보호위원회에 두는 관세심사위원회: 31명 이내의 위원

✅ 선지분석

① 영 제42조(관세체납정리위원회의 구성) 제1항, 제2항
② 법 제85조(품목분류의 적용기준 등) 제2항, 영 제100조(관세품목분류위원회의 구성 등) 제1항
④ 영 제185조의3(보세사징계위원회의 구성 등) 제1항, 제2항

2025 대비 최신개정판

해커스공무원

이명호
관세법

단원별 기출문제집

개정 5판 1쇄 발행 2024년 8월 26일

지은이	이명호 편저
펴낸곳	해커스패스
펴낸이	해커스공무원 출판팀
주소	서울특별시 강남구 강남대로 428 해커스공무원
고객센터	1588-4055
교재 관련 문의	gosi@hackerspass.com
	해커스공무원 사이트(gosi.Hackers.com) 교재 Q&A 게시판
	카카오톡 플러스 친구 [해커스공무원노량진]
학원 강의 및 동영상강의	gosi.Hackers.com
ISBN	979-11-7244-287-3 (13360)
Serial Number	05-01-01

공무원 교육 1위,
해커스공무원 gosi.Hackers.com

해커스공무원

· **해커스공무원 학원 및 인강** (교재 내 할인쿠폰 수록)
· 해커스공무원 스타강사의 **공무원 관세법 무료 특강**
· 다회독에 최적화된 **회독용 답안지**
· 정확한 성적 분석으로 약점 극복이 가능한 **합격예측 온라인 모의고사** (교재 내 응시권 및 해설강의 수강권 수록)